十三經清人注疏

尚書孔傳參正

上

〔清〕王先謙 撰
何晉 點校

圖書在版編目(CIP)數據

尚書孔傳參正/(清)王先謙撰;何晉點校.—北京:中華書局,2011.9(2022.7 重印)
(十三經清人注疏)
ISBN 978-7-101-07663-9

Ⅰ.尚… Ⅱ.①王…②何… Ⅲ.①中國-古代史-商周時代②尚書-考證 Ⅳ.K221.04

中國版本圖書館 CIP 數據核字(2010)第 213105 號

責任編輯:陳　殿
責任印製:管　斌

十三經清人注疏
尚書孔傳參正
(全二册)
〔清〕王先謙 撰
何　晉 點校
*
中華書局出版發行
(北京市豐臺區太平橋西里 38 號　100073)
http://www.zhbc.com.cn
E-mail:zhbc@zhbc.com.cn
三河市博文印刷有限公司印刷
*
850×1168 毫米 1/32・35 印張・4 插頁・1000 千字
2011 年 9 月第 1 版　2022 年 7 月第 4 次印刷
印數:5301-6100 册　定價:128.00 元

ISBN 978-7-101-07663-9

十三經清人注疏出版説明

自漢至清，經學在各門學術中占有統治的地位。經學的發展經歷了幾個不同的階段，而清代則是很重要的也是最後的一個階段。清代經學家在經書文字的解釋和名物制度等的考證上，超越了以前各代，取得了重要成果，這對我們利用經書所提供的材料研究古代的經濟、政治、文化、思想以至科技等，有重要的參考意義。

清代的經學著作，數量極多，體裁各異，研究的方面也不同。其中用疏體寫作的書，一般是吸收、總結了前人多方面研究的成果，又是現在文史哲研究者較普遍地需要參考的書，因此我們在十三經清人注疏這個名稱下，選擇這方面有代表性的著作，陸續整理出版。所選的并非全是疏體，這是因爲有的書未曾有人作疏，或雖然有人作疏，但不够完善，因此選用其他注本來代替或補充。禮書通故既非疏體又非注體，但它與禮記訓纂等配合，可起疏的作用，故也入選。大戴禮記不在十三經之内，但它與禮記（小戴禮記）是同類型的書，因此也收進去。對收入的書，均按統一的體例加以點校。

清代的經學著作還有不少有重要參考價值，這有待於今後條件許可時，按新的學科分類，選擇整理出版。

十三經清人注疏的擬目如下：

周易集解纂疏	李道平撰
尚書今古文注疏	孫星衍撰
今文尚書考證	皮錫瑞撰
尚書孔傳參證	王先謙撰
詩毛氏傳疏	陳　奐撰
毛詩傳箋通釋	馬瑞辰撰
詩三家義集疏	王先謙撰
周禮正義	孫詒讓撰
儀禮正義	胡培翬撰
禮記訓纂	朱　彬撰
禮記集解	孫希旦撰
禮書通故	黃以周撰

大戴禮記補注　孔廣森撰
（附王樹枏校正、孫詒讓斠補）
大戴禮記解詁　王聘珍撰
左傳舊注疏證　劉文淇等撰
春秋左傳詁　洪亮吉撰
公羊義疏　陳　立撰
穀梁古義疏　廖　平撰
穀梁補注　鍾文烝撰
論語正義　劉寶楠撰
孝經鄭注疏　皮錫瑞撰
孟子正義　焦　循撰
爾雅義疏　郝懿行撰
爾雅正義　邵晉涵撰

中華書局編輯部
一九八二年五月

點校説明

尚書是一部彙編記載上起堯舜，下至春秋中期的歷史文獻的書，據説孔子曾用它教授過學生。流傳到漢代時，因爲寫定字體和説解等等的不一樣，尚書出現了今文和古文的區别，今文在兩漢有歐陽、大小夏侯之學，古文在東漢則有賈逵、馬融、鄭玄等爲之作注。

古文尚書大約在魏晉之際亡佚，東晉時梅賾所獻的「古文尚書」，除了其中三十三篇與今文尚書内容基本相同外，還多出了另外二十五篇，加上書前一篇孔安國作的序，共五十九篇。雖然全書都有孔安國作的注，在唐代還有孔穎達爲它作疏，並由政府組織刻經於石，但在後代受到了吴棫、朱熹、吴澄、梅鷟等人的質疑，到清初閻若璩著成尚書古文疏證，列舉上百條證據，考定古文二十五篇爲僞作。稍後，惠棟作古文尚書考，程廷祚著晚書訂疑，進一步證成閻説。從此，梅獻孔傳尚書的古文二十五篇及書前的孔序、全書的孔傳皆爲僞作，在學界被絶大部分人所接受。

除此引人注目的尚書辨僞成就外，清人還對尚書作了不少重新疏解的工作。其中通解全經的，從十八世紀開始，重要的有江聲尚書集注音疏、王鳴盛尚書後案、段玉裁古文尚書撰異、孫星衍尚書今古文注疏、陳喬樅今文尚書經説考、皮錫瑞今文尚書考證。這種工作一直不斷，到王先謙光緒三十年（一九〇四）撰成尚書孔傳參正時，已跨入二十世紀初了。

王先謙（一八四二——一九一七），湖南長沙人，字益吾，晚號葵園，室名虚受堂。清同治四年（一八六五）進士，授翰林院庶吉士。清光緒六年（一八八〇）爲國子監祭酒。曾典雲南、江西、浙江鄉試。光緒十一年（一八八五）任江蘇學政，在江陰南菁書院開設書局，校刻皇清經解續編。光緒十五年（一八八九）辭官歸里，曾主講長沙思賢講舍、城南書院、嶽麓書院，在嶽麓書院主講達十年之久。王氏著述甚豐，有尚書孔傳參正、詩三家義集疏、漢書補注、後漢書集解、水經注合箋、荀子集解、莊子集解、釋名疏證補、日本源流考、外國通鑑等等。光緒三十三年（一九〇七），湖南巡撫岑春蓂等以其所著尚書孔傳參正等書進呈，朝廷賞内閣學士銜。

尚書孔傳參正刊於光緒三十年（一九〇四），全書共三十六卷，其中前三十二卷疏解梅獻孔傳五十八篇經文，後四卷疏解書序和僞孔序。書前有尚書孔傳參正序例、書序百篇異同表、尚書孔傳參正目録。其書體例，於經文之後，先列僞孔傳，然後詳列今文和古文在文字上的同異，最後再就這些同異及其各自的説解進行引證、闡述。大抵五十八篇之中，僞古文二十五篇部分，則羅列梅鷟尚書考異、尚書譜、閻若璩尚書古文疏證、惠棟古文尚書考、程廷祚晚書訂疑四家之説，間下己意；其餘三十三篇及書序部分，則多采清人已有之説，大致説來，古文部分多參考孫星衍之書，今文部分則多襲用皮錫瑞之書。皮錫瑞在其經學通論「書經」部分之末，言王氏此書「兼疏今、古文，詳明精確，最爲善本」，蓋爲不實之詞。

然參正一書亦有其特殊之處，那就是一仍梅獻僞孔經傳原文之舊，僞經、僞傳、僞孔序全數保留。王氏於其尚書孔傳參正序例中説，他之所以保留僞經、僞傳，是因爲「功令所布，家傳僮習，莫敢廢也」。我們知道，尚書自經閻若璩、惠棟辨定之後，其僞經、僞傳部分人人皆知其僞，除王鳴盛尚書後案中尚保留僞傳、書末附有僞經外，其他如江聲、段玉裁、孫星衍、陳喬樅、皮錫瑞等書中都已擯棄了僞孔經傳。尚書孔傳參正一書中，於僞經部分，彙聚了梅、閻、惠、程之説，使散見於各書的考證裒聚一起，於後人瀏覽僞經之僞甚爲方便；於僞傳部分，書中除偶有糾謬或指出其所本外，並無更多的詮釋或者駁斥，但對於瞭解魏晉人對尚書的注解來説，僞傳仍是十分重要的資料而值得留取。清儒之中，江、段、孫、王雖皆尊鄭而黜僞孔，然亦有如焦循獨稱僞孔傳之善者，陳澧也認爲僞古文部分的經傳可廢，二十八篇僞傳不可廢，若拋卻作者的問題，直目爲魏晉人的解經之作，則亦非常具有保留和參攷的價值。此外，孫星衍尚書今古文注疏一書雖對今、古文均作疏解，但仍偏重於馬、鄭之説的闡釋，且誤以史記所用尚書全爲古文而爲人詬病；皮錫瑞今文尚書考證一書又基本只闡釋伏傳、史記等今文之説，一以今文爲折衷，於古文説之異除了駁斥之外多避而不談。而參正一書晚成，又無太多門户之見，故能彙聚孫、皮二書今、古文之説於一書之中，若在案語中表明自己意見，則或從今文，或從古文。無疑，參正一書對瞭解尚書今、古文的差異以及清人對於尚書今、古文的疏解，提供了觀覽之便。

尚書孔傳參證序例雖言於僞孔經傳「仍用其經傳元文」，在篇目的分合、順序上亦没有變動，但王先謙卻認爲「書序本自爲卷，不在每篇之前」（尚書孔傳參正堯典篇），因而把僞孔傳本原本分列在各篇之前（或之後）的書序剔出彙聚在一起，作爲單獨的書序部分置於書末，並在各篇書序之後還附以相應的佚文，其實已非僞孔經傳之原貌了。蓋自僞孔經傳一經辨定之後，通解尚書全經者，最早如江聲已開始將各篇書序與經文分離，合在一起另列，此後王鳴盛、段玉裁、孫星衍、陳喬樅、皮錫瑞諸家亦無不如此，以爲古本之舊。王氏此書則亦從之。

尚書孔傳參正僅有光緒三十年（一九〇四）虚受堂刊本，本書的點校，即以此本爲底本。此本經文爲單行大字，僞傳和王先謙的參正爲雙行中字，參正之中又有雙行小字夾注。今爲排版方便，經文仍用單行大字，僞傳、參正用小五號字，夾注則用較小的六號字，均單行直下，於夾注前後加圓括號以資區別。夾注部分，一般均視爲獨立部分進行標點，只在個別情況下爲觀覽之便，稍作了調整。經文的斷句，並不依據僞孔傳，而是以王先謙的理解爲準。對王氏的引書，點校中基本上都以今之通行本加以核查過，大致説來，經部文獻核以中華書局的「十三經清人注疏」點校本和阮元重刻宋刊十三經注疏影印本，其餘清人解經之作，則核以清經解和續清經解，二十四史核以中華書局點校本，諸子各書核以中華書局「新編諸子集成」本，其它各書，兹不具列。書中文字，凡有所改補訂正處，均在當頁出以校記。但前人引書往往極不嚴格，王先謙此書亦是如此，引文前後割裂者有之，打亂次序者有之，述以己意者有之，遺其作者和書名者有之，至於增損個別字詞者，更是枚不勝舉，但只要無損於文義，本書點校時概不改動，也不出校記，只有在有損原文文義或容易使人産生歧解時，才加以訂正並出校記。書中引文，用引號標明，但有些引文與原文差别太大，引號加或不加，實爲兩難，此時則往往斷於己意；引文之中若又有多重引文，則以雙引號和單引號嵌套，但一般最多只嵌套三層。此外，點校本書時，還根據文義作了適當的分段。

本書最初的點校，發軔於十多年前我攻讀博士期間，承吴榮曾先生指導與授意，致力於斯。然此一工作常被他事打斷，白馬過隙，轉瞬已過十餘年，但值得感念的是，在本書的點校過程中，一直都能得到吴榮曾先生和張衍田先生的指導，他們仔細閲讀稿件，給我提出許多修改意見，在此我要深致謝意。點校不妥之處，請大家批評指正。

何　晉

二〇一〇年五月

目録

尚書孔傳參正序例

賜進士出身前翰林院編修國子監祭酒加五級王先謙謹撰

自伏先生脱秦燼，發壁藏，以延三代聖經一綫之脈，厥功甚鉅。歐陽、張生傳習本經，志記明白，而治古文尚書學者誣之曰口授，鄙之曰俗儒，不恤虚誕競勝，過甚其辭。文人相輕，豈有量乎！古文之阨甚矣，阻於巫蠱，厭於博士，亡於永嘉，亂於梅、姚，且若顯若晦於數百年閒。劉向取校三家文字，異者七百有餘，脱字數十。賈逵復奉詔撰歐陽夏侯古文同異三卷，此於本經爲有實益，其卒增訂與否，莫能明也。馬、鄭諸儒，可云篤好，然其所述，不及逸篇，致文誼罕通，積久澌滅，是所謂古文尚書者，徒供僞學藏身之固，發千古爭鬨之端已耳。獨馬、鄭二十九篇傳注，於今、古文同異藉資推究，有助經恉。有宋朱子、吴草廬氏發僞孔之覆，明梅氏鷟繼之，國朝諸儒，抉僞扶經，既美既備，惜其散而無紀，尋繹爲難，學者束髮受尚書，垂老而不明真僞古今之辨，豈不哀哉！先謙從事斯經，自史、漢、論衡、白虎通諸書，迄於熹平石經可以揮發三家經文者，采獲略備，兼輯馬、鄭傳注，旁徵諸家義訓，其有未達，閒下己意，今、古文説，炳焉著明。以僞孔古文雖經純皇帝論定，然功令所布，家傳僮習，莫敢廢也，仍用其經傳元文，坿諸考證，爲尚書孔傳參正三十六卷，以便讀者。雅才好博，亦或取斯云爾。

漢書藝文志「尚書」下云：「經二十九卷。」班自注：「大、小夏侯二家。」顔注：「此二十九卷，伏生傳授者。」先謙案：此一篇爲一卷也。伏生之二十九篇：堯典一，連「慎徽五典」以下。皋陶謨二，連「帝曰『來，禹』」以下。禹貢三，甘誓四，湯誓五，盤庚六，高宗肜日七，西伯戡黎八，微子九，坶誓十，鴻範十一，大誥十二，金縢十三，康誥十四，酒誥十五，梓材十六，召誥十七，雒誥十八，多士十九，無佚二十，君奭二十一，多方二十二，立政二十三，顧命二十四，康王之誥二十五，粊誓二十六，甫刑二十七，文侯之命二十八，秦誓二十九。史記周本紀「作顧命、作康誥」，明爲二篇，則二十九已足，並無太誓在内。隋書經籍志：「伏生口傳二十八篇。又河内女子得太誓一篇獻之。」宋王應麟說同。釋文云：「太誓與伏生所誦合三十篇。」書疏云：「伏生二十九篇，（併數太誓。）序在外。」皆非。藝文志班自注又云：「歐陽經三十二卷。」志又云：「歐陽章句三十一卷。」「大、小夏侯章句各二十九卷。」先謙案：云「大、小夏侯章句各二十九卷」者，堯典一，仝上。皋陶謨二，仝上。禹貢三，甘誓四，湯誓五，盤庚六，高宗肜日七，西伯戡黎八，微子九，太誓十，三篇同卷。坶誓十一，鴻範十二，大誥十三，金縢十四，康誥十五，酒誥十六，梓材十七，召誥十八，雒誥十九，多士二十，無佚二十一，君奭二十二，多方二十三，立政二十四，顧命康王之誥二十五，粊誓二十六，甫刑二十七，文侯之命二十八，秦誓二十九。知顧命、康王之誥爲一篇者，僞孔序云：「伏生康王之誥合於顧命。」以歐陽、夏侯爲即伏生本，誤。釋文云：「歐陽、大小夏侯，同爲顧命。」此其明證也。既以康王之誥合於顧命，則二十八矣。仍爲二十九者，王充、房宏皆云：「後得太誓，二十九篇始定。」是後漢人見歐陽、夏侯本皆有太誓，合爲二十九篇之明證也。云「歐陽章句三十一卷」者，分盤庚爲三篇故也。詳盤庚本篇。云「歐陽經三十二卷」者，併經三十一卷、序一卷數之。經三十二卷而章句三十一卷者，西漢人不爲序作解詁也。馬、鄭始爲序作傳注。藝文志又云：「尚書古文經四十六卷。」班自注云：「爲五十七篇。」先謙案：云「四十六卷」者，據藝文志云孔安國所得壁中古文，以考伏生二十九篇，云伏生二十九篇，則是無太誓者。得多十六篇，據此篇爲一卷。共四十五卷。釋文云馬、鄭之徒百篇之序總爲一卷，以一加四十五是四十六卷也。馬、鄭序總一卷，蓋本孔壁之舊。陸德明但見馬、鄭本如此，故據以爲言也。得多十六篇者，書疏引鄭注書序云：「舜典一，別有舜典，非梅賾所分。汩作二，九共九篇十一，大禹謨十二，益當作「弃」。稷十三，五子之歌十四，胤征十五，湯誥十六，咸有一德十七，典寶十八，伊訓十九，肆命二十，原命二十一，武成二十二，旅獒二十三，冏命二十四。漢書律曆志有畢命文，此劉歆載之三統術者，是古文有畢命矣。穎達作冏命，「冏」當爲「畢」字之誤也。惠棟、王鳴盛說同。以此二十四爲十六卷者，九共九篇共卷，除八篇，故爲十六是也。云「爲五十七篇」者，書疏又云：「鄭於伏生二十九篇之内，案：此歐陽、夏侯本，云伏生，誤。分出盤庚二篇、此歐陽所分，以爲鄭分，誤。康王之誥、此歐陽、夏侯合於顧命之後，鄭又分之。又泰誓三篇，爲三十四篇，此就歐陽、夏侯本有太誓者分出二篇，足證上云伏生之誤，更增益僞書二十四篇，此孔穎達祖僞孔傳，以此二十四篇爲張霸僞書。惠棟云：「漢志先述逸書，後稱張霸百兩篇，明逸書非百兩。經典敘録云：『百二篇文意淺陋，成帝時劉向校之，非是，後遂黜其書。』校古文者，向也，識百兩之非古文，亦向也。豈有向撰别録仍取張霸僞書者？篤學如康成，亦豈以民間僞書信爲壁中逸典者邪？」爲五十八。」桓譚新論亦云：「古文尚書，舊有四十五卷，除序言之。爲五十八篇。」僞武成疏引鄭云：「武成，逸書，建武之際亡。」譚云五十八者，譚没於世祖時，在建武前，武成未亡。班云五十七者，班作漢書在顯宗時，武成已亡故也。

書疏引馬融書傳序云：「太誓後得。案其文，似若淺露。」此孔壁不見太誓之明證也。使民間得之，孔壁又與之符合，馬豈能爲此言乎？然龔自珍以爲今、古文皆無太誓，則又非也。謂今文無太誓，何以處王充、房宏之説？彼二人皆親見今文有太誓者也。明伏生與夏侯、歐陽二本之不同，則諸説無所閡礙矣。鄭書論依尚書緯云：「孔子求書，定可以爲世法者百二十篇，百二篇爲尚書，十八篇爲中候。」讀後得太誓「赤烏白魚」之文，與中候合，明其爲中候，則有以處太誓矣。

漢、魏人無謂伏書爲今文者，晉、宋之間始有之，如徐廣史記音義「今文尚書作『不怡』」之類，裴松之三國志注「今文尚書曰『優賢揚歷』」是也。至釋文、正義，則今文之稱愈顯，皆對僞古文而名之。龔自珍云：「伏生壁中書實古文也，歐陽、夏侯之徒以今文讀之，傳諸博士，後世因曰伏生今文家之祖，此失其名也。孔壁固古文也，孔安國以今文讀之，則與博士何以異？而曰孔安國古文家之祖，此又失其名也。」先謙謂今文固無定之稱，因時代而異，秦、漢今文，是謂隸書，隋書經籍志「今字尚書十四卷」，孔安國傳。案：隋世已有今字，蓋劉焯、炫等所爲。衛包所改，亦號「今文」，則今之楷字是已。周代，以倉頡所作爲古文，籀書爲今文。秦初，則李斯小篆爲今文，其改用隸書，在始皇焚書之際。伏生當漢文時年九十餘，上溯爲秦博士，齒方壯强，所習尚書，應從篆體，未必尚是古文元本。亂定之後，發壁藏以教齊、魯，亦早易作今文，非歐陽、夏侯始以今文讀之也。藝文志云：「六體者，古文、奇字、篆書、隸書、繆書、蟲書。」顔注：「古文，謂孔子壁中書。」志又云：「史籀篇者，周時史官教學童書也。與孔氏壁中古文異體。」説文序云：「宣王太史籀箸大篆十五篇，與古文或異。至孔子書六經，左丘明述春秋傳，皆以古文。」蓋古文乃書之本文，如今所摹鐘鼎款識籀篆，則周代通俗文字與古文兩體並行。漢志云「異體」，説文云「或異」，雖變古，不全異也。孔子以古文書六經，不用時字，蓋尊經之意。安國以今文讀尚書，其古文真本固在，實有專稱，通儒傳授，不没其本來。而以爲與今文博士無異，稱古文者失其名，又非也。

司馬遷爲史記時，止歐陽尚書立學，故遷書叙述五帝、三代、秦本紀，魯、衛、宋、蔡、晉、齊、燕世家，無不原本伏書。漢書儒林傳云：「司馬遷亦從安國問故，遷書載堯典、禹貢、洪範、微子、金縢諸篇，多古文説。」然則堯典諸篇以外，皆今文説可知。孫星衍以遷爲用古文，誤也。兩漢博士治歐陽、夏侯尚書，載在令甲，平帝詔立古文。莽滅，遂廢。後漢古文雖盛，不立學官，詔册章奏，皆用博士所習。蔡邕石經，亦據學官本。至應劭、徐幹之論箸，介於漢、魏之閒，則頗有出矣。緯書、漢人所作漢碑通用今文，皆與書義相證發，明其時代限斷而後可以言今、古文之别也。

法言問神篇云：「昔之説書者，序以百。」漢書藝文志云：「故書之所起遠矣，至孔子篹焉，上斷於堯，下訖於秦，凡百篇。」論衡正説篇引俗儒説云：「俗儒」謂今文博士。「尚書二十九篇，法北斗七宿，四七二十八，其一曰斗。」直至孔安國書出，方知有百篇之目。漢書劉歆傳歆移太常博士書云：「往者綴學之士，保殘守缺，以尚書爲備。」臣瓚注：「當時學者，謂尚書惟有二十八篇，除序言之。不知本百篇。」書疏云：「鄭序以爲虞夏書二十篇，商書四十篇，周書四十篇。」是百篇之説，在孔壁書出後，壁書止多十六篇，云百篇者，當是據序知之。然史記本紀、世家所云「作某篇」者五十餘條，其文字説解，與古文書序多異，塙是今文書序。據此，已不止二十九篇，至大傳之引九共、帝告佚文，史記之引湯征、湯誥佚文，及書文之見於孟、荀、禮記、左傳所引，皆不止二十九篇之明證。博士之以尚書爲備，特專己守殘之成見，非真不知有百篇也。

據漢書儒林傳，安國古文，都尉朝、膠東庸生、胡常、徐敖、涂惲、桑欽遞相傳授。後漢書稱張楷作注，衛宏作訓旨，賈逵作訓，則得多之十六篇，不容無説。而書疏引馬序云：「逸十六篇，絶無師説。」疑都尉朝等所傳，但習其句讀，而不釋其文義。張、衛、賈之注訓，皆止解二十九篇。其後康成作注，分伏書爲三十四，逸篇爲二十四，凡五十八篇，見書疏。而逸篇仍無注，釋文云：「馬、鄭所注，並伏生所誦，非古文也。」案：陸所謂「古文」，即指梅賾僞書言。陸及見馬、鄭注，若鄭有二十四篇之注，當有流傳於後，陸不得爲此言。以此知鄭惟注三十四篇也。又堯典疏云鄭注尚書篇數，並與三家同。是鄭未注二十四篇也。説本江聲。其故皆不可曉。朱子云：「孔壁得古文儀禮五十六篇，鄭康成曾見，且引其文於注中，不知緣何止解十七篇，而三十九篇不解，竟無傳焉。」案：鄭於尚書逸篇不注，與儀禮同。王鳴盛以爲，古文在東漢未立學官，故鄭亦不注。其或然邪？

或疑後漢杜林所得西州桼書一卷，見本傳。非古文尚書真本。然後漢儒林傳載尹敏、楊倫、孫期、周防以及周磐、張楷，皆習古文，所稱授受淵源，與林無涉。又孔僖自其祖安國以下，世傳古文，是安國真本具存，林何從而僞之？且賈逵傳言逵父徽受古文於涂惲，逵悉傳父業，儒林傳又言杜林傳古文尚書，同郡賈逵爲之作訓，馬融作傳，鄭玄注解，由是古文遂顯於世。使林傳贋本，逵豈肯舍父業而爲林書作訓乎？蓋必桼書與孔壁文字頗有同異，足資考證，或且有勝於安國所傳者，古文四十六卷。桼書一卷，蓋非全本。故逵既作訓，而馬、鄭諸儒雖於古文別有師承，益重此本也。

安國本藏於中秘，其副本流傳民閒，庸生之徒，私相授受，不無譌脱變亂，如「我其試哉」上脱「帝曰」，史記五帝紀有「堯曰」。「夔曰」八字重出，「優賢揚」作「心腹腎腸」，殷三宗無太宗而有祖甲，必非孔壁之舊。據此知薄今愛古者，未嘗平心考覈也。歐陽、夏侯三家，皆今文説。小夏侯當古文出後，其文義乃頗合於古文，亦趨時之一驗矣。王莽時，古文立學，義説漸盛，如禹貢所述水地，桑欽輩㧜之；立六宗，建三公，三統曆之文王受命九年崩，武王十三年克殷，劉歆㧜之。厥後衛、賈、馬出，古文之説大明，康成作注，雜糅今、古，旁通曲暢，又爲書學一大變，風會日新，涂軌歧出，高才超世，囊括衆家，蓋有不得不然者。近儒強仞爲今文，知亦非鄭所心許耳。

向疑賈、馬、許、鄭皆大儒，何以必舍今從古？及觀石經、漢碑，文字多譌，乃知今文因當時通行，不免譌俗，諸君好古，故鄙棄今學也。但今文有譌俗，不妨以古文參考，古文無説解，仍兼采三家所長，庶爲盡善。乃諸君詆諆今文，别張幟志，學官未立，微顯不常，王肅輩得乘其隙，僞造孔安國傳，後人誤信之，而東漢古文與西漢今文，同歸於盡。且諸君之崇古文，崇其文字之古耳，唐衛包乃盡易以譌俗之字，又豈諸君所及料者哉！說本皮錫瑞。

僞孔之辨，定於國朝，天子考文之功美矣盛矣。諸儒力闢僞經，推見至隱，擷其精粹，各載本篇。自熹平石經亡後，今文遂無完本，二十九篇反藉僞傳而存，古書遺碣，可以參證文字同異。馬、鄭傳注亡佚，宋以來頗有輯本，所當全采，以暢經恉。衆家疏解，冶爲一鑪。時有管闚，弗忍割棄，增塵足嶽，庶其企而。

梅書廿五，詞旨坦明，益之傳語，衹形駢贅，它篇舛謬，隨文記注，閒襲馬、鄭，亦加披抉，假託安國，初無主名，唐陸德明云：「王肅注大類古文。」孔穎達又云：「其言多是孔傳。」已頗滋疑議矣。近儒推勘，皆謂傳出肅手，尤莫詳於丁晏尚書餘論。今取傳義與王注合者條繫經下，以資證明。晉書皇甫謐傳言古文授受淵源，謐亦與撰古文者也。肅之孔叢、家語，謐之汲郡紀年，本冀輔真，轉以證僞，心勞日拙，其自贊邪？

凡以古字易經文，如郭忠恕、薛季宣所造作；自唐至今，有集古篆繕寫之尚書，號壁中本，二十四篇亦在其中。蓋集說文、字林、魏石經及一切離奇之字爲之。釋文序録云：「穿鑿之徒，務欲立異，依傍字部，改變經文，疑惑後生，不可承用。」據此，唐以前久有此僞書。至郭忠恕作古文尚書釋文，晁公武刻石於蜀，薛季宣爲書古文訓，宋人多誤仞此爲壁中真本。以時字易經文，如衛包所改；唐明皇不喜古文，天寶三載命集賢學士衛包改古文爲時字，名之曰「今文尚書」，其改古字，多錯謬，詳段玉裁古文尚書撰異。至宋開寶中，陳鄂等奉詔删改釋文，令與包相應，而舊音古字無可尋求矣。以古書易經文，如近儒取經傳、諸子、説文所引尚書以改本經；其意以爲安國真本如是，但馬、鄭與僞孔不同處，梗槩已具於釋文、正義，不當於釋文、正義外斷其妄竄。且魏晉人作僞時，衛、賈、馬、鄭之書尚存，皆知爲安國遞傳之本，作僞者斷不敢取三十四篇塗改字句，令與安國傳本不類，以啟天下之疑，故堯典雖析一爲二，而「慎徽」之上未著一字，後有愚者乃爲之耳，（説本段玉裁。）其或僞書偶有竄易證據塙鑿者，仍各揭明於本篇句下。以臆説易經文，如近儒點竄經字，以伸己見，若宋儒改經之爲，皆亂經之甚者。包改之謬，詳具本篇，餘屏不取。光緒三十年歲次甲辰秋八月。

書序百篇異同表

偽古文孔傳	馬、鄭古文 書疏：鄭依賈逵所奏別録爲次。	史記、大傳今文	伏生二十九篇	歐陽、大小夏侯二十九篇
虞書	虞夏書	虞夏書 大傳有虞夏傳。		
一 堯典一	堯典	堯典 五帝紀有書無序。	堯典一 連「慎徽五典」以下。	堯典一 連「慎徽五典」以下。
二 舜典二	舜典 書疏：鄭云二十四逸篇。 逸一	舜典		
三 汩作 傳云：「以下十一篇皆亡。」	汩作 逸二	汩作 五帝紀無。		
四 九共一	九共一 逸三	九共一 大傳虞夏傳引九共篇文，五帝紀無。		
五 九共二	九共二 逸四	九共二		

六	九共三	九共三　逸五	九共三			
七	九共四	九共四　逸六	九共四			
八	九共五	九共五　逸七	九共五			
九	九共六	九共六　逸八	九共六			
十	九共七	九共七　逸九	九共七			
十一	九共八	九共八　逸十	九共八			
十二	九共九	九共九　逸十一	九共九			
十三	稾飫	稾飫　鄭云亡。	稾飫	五帝紀無。		
十四	大禹謨三	大禹謨　逸十二〔二〕	大禹謨	夏紀無。		
十五	皋陶謨四	皋陶謨	皋陶謨	夏紀有書無序。	皋陶謨二　連「帝曰來禹」以下。	皋陶謨二　連「帝曰來禹」以下。
十六	益稷五	弃稷　逸十三	益稷			

〔二〕「逸十二」原誤倒爲「逸二十」。因後肆命爲「逸二十」，故此改爲「逸十二」。

夏書	虞夏書	虞夏書		
十七 禹貢一	禹貢	禹貢 見夏紀。	禹貢三	禹貢三
十八 甘誓二	甘誓	甘誓 見夏紀。	甘誓四	甘誓四
十九 五子之歌三	五子之歌 逸十四	五子之歌 見夏紀。		
二十 胤征四	胤征 鄭引佚文。 逸十五	胤征 見夏紀。		
二十一 帝告 傳云二篇皆亡。	商書 釋文：此下五篇，馬、鄭以爲商書。案：與今文同。	商書 帝誥見殷傳，則帝誥以下五篇今文當入商書。		
二十二 釐沃	帝告 鄭云亡。	帝誥 見殷紀、大傳引佚文。		
二十三 湯征 傳云亡。	釐沃	釐沃 殷紀無。		
二十四 汝鳩 傳云二篇皆亡。	湯征 鄭云亡。	湯征 殷紀引佚文。		
二十五 汝方	女鳩 鄭云亡。	女鳩 見殷紀。		
商書	女方	女房		

二十六 湯誓一	夏社 鄭云三篇亡。	湯誓 見殷紀。	湯誓五	湯誓五
二十七 夏社 傳云三	疑至	典寶 見殷紀。		
二十八 疑至 篇皆亡。	臣扈	疑至 殷紀無。		
二十九 臣扈	湯誓 書疏云：「鄭在臣扈後。」	臣扈		
三十 典寶 傳云亡。	仲虺之誥 鄭云亡。	夏社 見殷紀。		
三十一 仲虺之誥二	湯誥 逸十六	中鸓之誥 見殷紀。		
三十二 湯誥三	咸有一德 逸十七 緇衣注：「今亡。」蓋鄭時亡之。云在湯誥後。	湯誥 見殷紀。		
三十三 明居 傳云亡。	典寶 逸十八	咸有一德 見殷紀。		
三十四 伊訓四	伊訓 逸十九	明居 見殷紀。		
三十五 肆命 傳云二	肆命 逸二十	伊訓 見殷紀。		
三十六 徂后 篇亡。	徂后 鄭云亡。	顧命		

三十七　太甲上五		明居	鄭云咎單亡。明居一稱咎單。	徂后			
三十八　太甲中六		太甲上	鄭云三篇亡。	太甲訓一	見殷紀。		
三十九　太甲下七		太甲中		太甲訓二			
四十　咸有一德八		太甲下		太甲訓三			
四十一　沃丁	傳云亡。	沃丁	鄭云亡。	沃丁	見殷紀。		
四十二　咸乂一	以下四篇，傳云皆亡。	咸乂一	鄭云四篇皆亡。	咸乂	見殷紀，不言四篇。		
四十三　咸乂二		咸乂二					
四十四　咸乂三		咸乂三					
四十五　咸乂四		咸乂四					
四十六　伊陟	傳云二篇亡。	伊陟	鄭云亡。	太戊	見殷紀，莊述祖云即伊陟。		
四十七　原命		原命	逸二十一	原命	見殷紀。		

四十八　仲丁　傳云亡。	仲丁　鄭云亡。	仲丁　殷紀云書闕不具。		
四十九　河亶甲　傳云亡。	河亶甲　鄭云亡。	河亶甲　殷紀無。		
五十　祖乙　傳云亡。	祖乙　鄭云亡。	祖乙　殷紀無。		
五十一　盤庚上九	盤庚上　鄭云：「盤庚爲臣至爲王時事。」	盤庚上　殷紀：「小辛時民思盤庚，作三篇。」	盤庚六	盤庚六　歐陽盤庚分三篇，故漢志爲三十一卷，大、小夏侯仍二十九卷。
五十二　盤庚中十	盤庚中	盤庚中		
五十三　盤庚下十一	盤庚下	盤庚下		
五十四　説命上十二	説命上　鄭云三篇亡。	説命上　見殷紀。		
五十五　説命中十三	説命中	説命中		
五十六　説命下十四	説命下	説命下		
五十七　高宗肜日　十五	高宗肜日	高宗肜日　見殷紀。	高宗肜日七	高宗肜日七
五十八　高宗之訓　傳云亡。	高宗之訓　鄭云亡。	高宗之訓		

五十九 西伯戡黎 十六	西伯戡黎	西伯戡黎 見殷紀。	西伯戡黎八	西伯戡黎八
六十 微子十七	微子	微子 見殷紀、宋世家。	微子九	微子九
周書	**周書**	**周書**		
六十一 泰誓上一	大誓上	大誓上 見周紀。		大誓十 王充、房宏皆云後得大誓，二十九篇始定。是東漢人見歐陽、夏侯本如此。
六十二 泰誓上二	大誓中	大誓中		
六十三 泰誓上三	大誓下	大誓下		
六十四 牧誓四	牧誓	牧誓 見周紀。	牧誓十	牧誓十一
六十五 武成五	武成 逸二十二。鄭又云建武之際亡。	武成 見周紀。		
六十六 洪範六	洪範	洪範 見周紀。	洪範十一	洪範十二
六十七 分器 傳云亡。	分器 鄭云亡。	分器 見周紀。		
六十八 旅獒七	旅獒 逸二十三	旅獒 周紀無。		

六十九　旅巢命　傳云亡。	旅巢命　鄭云亡。	旅巢命　周紀無。		
七十　金縢八	金縢	大誥　見周紀、大傳，在金縢前。	大誥十二	大誥十三
七十一　大誥九	大誥	金縢	金縢十三	金縢十四
七十二　微子之命十	微子之命　鄭云亡。	微子之命　見周紀、宋世家。		
七十三　歸禾　傳云亡。	歸禾　鄭云亡。	餽禾　見周紀、魯世家。		
七十四　嘉禾　傳云亡。	嘉禾　鄭云亡。	嘉禾　見周紀、魯世家。		
七十五　康誥十一	康誥	康誥　見周紀。	康誥十四	康誥十五
七十六　酒誥十二	酒誥	酒誥	酒誥十五	酒誥十六
七十七　梓材十三	梓材	梓材	梓材十六	梓材十七
七十八　召誥十四	召誥	召誥　見周紀。	召誥十七	召誥十八
七十九　洛誥十五	洛誥	雒誥	雒誥十八	雒誥十九

八十　多士十六	多士	多士　見周紀、魯世家。	多士十九	多士二十
八十一　無逸十七	無逸	無佚	無佚二十	無佚二十一
八十二　君奭十八	君奭	君奭　見燕世家。	君奭二十一	君奭二十二
八十三　蔡仲之命十九	成王政　鄭云亡。馬「政」作「征」。	成王政　見大傳、周紀。		
八十四　成王政　傳云亡。	將薄姑　鄭云亡。馬「蒲」作「薄」。	將薄姑　見周紀。		
八十五　將薄姑〔一〕　傳云亡。	多方	多方　見周紀。	多方二十二	多方二十三
八十六　多方二十	周官　鄭云亡，在立政前。	周官　見周紀。		
八十七　立政二十一	立政	立政　見周紀。	立政二十三	立政二十四
八十八　周官二十二	賄息慎之命　鄭云亡。	賄息慎之命　見周紀。		

〔一〕「姑」，原誤作「始」，今改。

八十九　賄肅慎之命　傳云亡。	亳姑　鄭云亡。	亳姑　周紀無。				
九十　亳姑　傳云亡。	君陳　鄭云亡。	君陳　周紀無。				
九十一　君陳二十三	顧命	顧命　見周紀。	顧命二十四	周紀明爲二篇。	顧命康王之誥二十五	釋文叙云：歐陽、大小夏侯同爲顧命。
九十二　顧命二十四	康王之誥	康誥　見周紀。	康誥二十五			
九十三　康王之誥二十五	畢命　鄭云亡。疑當作「逸」。段云	畢命　見周紀。				
九十四　畢命二十六	君牙　鄭云亡。	君牙　周紀無。				
九十五　君牙二十七	冏命　逸二十四。疑當作「亡」。段云	臩命　見周紀。				
九十六　冏命二十八	蔡仲之命　鄭云亡，在柴誓前。	蔡仲之命　見蔡世家。				

九十七 呂刑二十九	粊誓 鄭云在呂刑前。	肸誓 見魯世家。	粊誓二十六	粊誓二十六
九十八 文侯之命三十	呂刑	甫刑 見周紀。	甫刑二十七	甫刑二十八
九十九 費誓三十一	文侯之命	晉文侯命 見晉世家。	文侯之命二十八	文侯之命二十九
一百 秦誓三十二	秦誓	秦誓 見秦紀。	秦誓二十九	秦誓二十九

尚書孔傳參正目録

尚書

○藝文類聚引春秋說題辭云：「尚者，上也。上世帝王之遺書也。」又云：「尚書者，二帝之迹，三王之義，所以推期運，明受命之際。」尚書璇璣鈐云：「尚書，篇題號，尚者，上也，上天垂文象，布節度；書者，如也，如天行也。」又云：「書務以天言之。」緯書多同今文，此皆今文說。論衡正說篇：「尚書者，以爲上古帝王之書，或以爲上所爲下所書。」又須頌篇：「或說尚書曰：尚者，上也，上所爲，下所書也。下者誰也？曰：臣子也。」王充所引，亦今文說。釋名釋書契云：「尚書，尚，上也，以堯爲上始，而書其時事也。」其義大同。鄭君書贊云：「孔子尊而命之曰尚書，尚者，上也。尊而重之，若天書然，故曰尚書。」引璇璣鈐云：「因而謂之書，加『尚』以尊之。」孔穎達書疏云：「鄭康成依緯，以『尚』字爲孔子所加。」今遺其文。此古文說，仍本之今文說，惟云孔子加「尚」異。

孔傳參正一

堯典第一

○書疏本疏前幖目作「古文尚書堯典第一」，疏云：「檢古本竝石經，直言『堯典第一』，無『古文尚書』。以孔君從隸古，仍號『古文』，故後人因而題於此，以別伏生所出、大、小夏侯及歐陽所傳爲今文故也。」先謙案：云「古本」者，蓋歷代相傳尚書本；漢石虞書○書疏云：「堯典雖曰唐事，本以虞史所録，故謂之『虞書』，鄭玄云『舜之美事，在於堯時』是也。馬融、鄭玄（後稱「馬、鄭」）、別録題皆曰『虞夏書』，以虞、夏同科，雖虞事，亦連夏。鄭序以爲虞夏書二十篇，商書四十篇，周書四十篇，贊云『三科之條，五家之教』，是虞、夏同科也。」案：據此，馬、鄭古文題「虞夏書」，所謂三科者，虞、夏一科，商一科，周一科，謂作三書之時代也。堯典、皋陶謨、禹貢三篇，或曰虞史記之，或曰夏史記之，莫能別異，故相承謂之「虞夏書」；商史所記爲商書，周史所記爲周書，古文例也。五家者，唐一家，虞一家，夏一家，商一家，周一家。五家之教猶言五代之書，堯典爲唐書，皋陶謨爲虞書，禹貢以下爲夏書，湯誓、盤庚以下爲商書，牧誓以下爲周書，今文例也。大傳「堯典」前題「唐傳」，後題「虞傳」、「夏傳」，所治尚書，實爲五家捌例。僞孔傳託於「古文尚書」，則應依三科之條題曰「虞夏書」，今反用今文五家之例，分題曰「虞書」、「夏書」，斯爲謬矣！段玉裁云（後稱「段云」）：「左傳以『慎徽五典』六句繫之虞書，以『敷内以言』三句繫之夏書，（三句是皋陶謨文。）是孔子時，原以堯典爲虞書，皋陶謨及禹貢爲夏書。漢初不分別，則謂之『虞夏書』，合商書、周書而有三科之說。說文引堯典『假于上下』、『平豑東作』、『宅堣夷』、『鳥獸毨髦』、『鳥獸褎毛』、『帝曰𠷎咨』、『方救僝功』、『旁逑孱功』、『洪水浩浩』、『有能俾嬖』、『方命圮族』、『岳曰异哉』、『䌛類于上帝』、『雉埶』、『明試以功』、『竄三苗』、『殛鯀于羽山』、『放勛乃殂』、『闢四門』、『時惟懋哉』、『臯咎繇』、『僉曰伯夷』、『教育子』、『八音克龤』、『龍，朕堲讒說殄行』皆言『虞書』；『五品不遜』、『稘三百有六旬』（此條徐鍇本。）言『唐書』，此從五家之說者也。所引『假于上下』等句，本皆作『唐書』，蓋盡爲淺人轉寫所改，獨留此一二處耳。」論衡正說篇：「唐、虞、夏、殷、周者，土地之名。堯以唐侯嗣位，舜從虞地得達，禹由夏而起，湯因殷而興，武王階周而伐，皆本所興昌之地，重本不忘始，故以爲號，若人之有姓矣。說尚書謂之有天下之代號唐、虞、夏、殷、周者，功德之名，盛隆之意也，故唐之爲言蕩蕩也；虞者，樂也；夏者，大也；殷者，中也；周者，至也。堯則蕩蕩民無能名；舜則天下虞樂；禹承二帝之業，使道尚蕩蕩，民無能名；殷則道得中；周武則功德無不至。其立義美矣，其襃五家大矣，然而違其正實，失其初意。唐、虞、夏、殷、周，猶秦之爲秦，漢之爲漢。秦起於秦，漢興於漢中，故曰由秦、漢，亦猶王莽從新都侯起，故曰亡新，使秦、漢在經傳之上，說者皆復爲秦、漢作道德之說矣。」王充引今文家言而駁正之，其說不同，而以唐、虞、夏、殷、周爲五家則同。

孔氏傳〇依書疏本舊題。　**臣王先謙參正**

堯典言堯可爲百代常行之道。〇風俗通皇霸篇引大傳云：「堯典可以觀美。」孫星衍云（後稱「孫云」）：

「典者，釋詁：『常也。』釋言：『經也。』楚語申叔時曰：『教之訓典。』韋昭注：『訓典，五帝之書也。』是其稱在孔子序書前。説文『典』下云：『从册在六〔二〕上。尊閣之也。』一曰：『典，大典也。』莊都説。古文作『䈞』。」案：漢衛尉卿衡方碑「典謨」作「⿱艹典謨」，「⿱艹典」即「䈞」之變體。先謙案：「典」是書名，僞孔因「典」有「常」義，釋爲「百代常行之道」，非也。僞孔以書序列入堯典前，以下每篇皆然，並爲之傳。考書序本自爲卷，不在每篇之前，今彙入書末爲一卷。

曰若稽古，帝堯若，順。稽，考也。能順考古道而行之者，帝堯。○「曰若稽古，帝堯」，今文與古文同。僞孔傳云「能順考古道而行之者，帝堯」，本王肅説「堯順考古道而行之」，見三國魏志高貴鄉公紀引。後儒以爲僞傳出肅所造，此一證也。○「曰若稽古」者，桓譚新論云：「秦延君説堯典，篇目兩字之説至十餘萬言。但説『曰若稽古』至三萬言。」據漢書儒林傳，延君名恭，爲夏侯建再傳弟子。是小夏侯今文尚書以「曰若稽古」四字絕句。逸周書武穆解：「粤若稽古，昭天之道，熙帝之載。」班固東巡頌：「曰若稽古，在漢迪哲。」王文考靈光殿賦：「粤若稽古，帝漢祖宗。」「曰」或作「粤」，三家文異。曰、若皆詞也。「曰」又通作「越」。（釋詁：「粤，曰也。」漢書楊雄傳注：「越，曰也。」）召誥：「若翼日。」又云：「越翼日。」漢書律曆志引武成「若翌日」，僞武成作「越翼日」，「越」與「若」義同也。連言之，則爲「曰若」，

〔二〕「六」原誤作「六」，據孫星衍尚書今古文注疏和説文解字原文改。

召誥「越若來三月」，來之言至也。「越若」與此「曰若」同。「稽古」猶考古，漢書武紀詔、郊祀志、律曆志、董賢傳、王莽傳、後漢章帝紀、范升傳、馬融誣奏李固疏、班固東都賦、張衡陳事疏、黄瓊請舉藉田禮疏、桓榮傳、安帝策夏勤文、郭丹傳、蔡邕和熹鄧后謚議、趙岐孟子題辭、荀悦漢紀、續漢律曆志、劉寬碑引用「稽古」之文，並作「考古」解。書言考之於古，有帝堯云云耳，詩殷武疏引契握云「若稽古王湯」、詩譜引擿雒戒云「曰若稽古周公旦」同。劉逢禄云（後稱「劉云」）：「左傳引堯典多曰夏書，墨子明鬼篇云：『尚書：夏書，其次商、周之書。』孔子序三統之書，首夏書而唐、虞者，夏之三統也。故皆以『曰若稽古』四字首之，以別於三代。可見『曰若稽古』四字，或是孔子尊加之詞，或周史臣所加。史公述五帝本紀無此四字，於夏、商亦稱帝。（説詳吕刑「皇帝」注。）則以此四字屬下讀者，由白虎通不得其説，馬、鄭從而誤之也。」（説詳皋陶謨。）先謙案：古文家説相承謂之「虞夏書」，猶存孔子序書微意。至「曰若稽古」蓋周史之詞，以爲聖人所加，失尼山不作之恉矣。三國魏志引賈、馬云：「順考古道。」又引鄭云：「稽古，同天。」書疏云：「稽，同；古，天。」李固傳注引作：「稽，同也；古，天也。言能同天而行者。」孫云：「小宰職注：『稽，合也。』説文『同』下云：『合會也。』是『稽』義近『同』。周書周祝解：『天爲古。』樂記：『久則天。』古猶久也。或鄭亦以帝號同天起義。」先謙案：此古文異説。書疏云：「『古』之爲天，經無此訓。高貴鄉公以鄭爲長，非篤論也。」「帝」者，白虎通號篇：「帝王者何？號也。德合天地者稱帝。帝者，天號。號言爲帝者何？帝者，諦也，象可承也。」璇璣鈐曰：「帝者，天號；王者，人稱。在政不私公位，稱之曰帝。」樂稽耀嘉曰：「德象天地爲帝，仁義所生爲王。」莊述祖云：「孔穎達書疏亦以唐、虞稱帝，夏、殷、周稱王，謂名號以功德爲優劣。案：春秋繁露三代改制質文篇云：『德侔天地者稱帝，天祐而子之號稱天子。故聖王生則稱天子，崩遷則存爲三王，絀滅則爲五帝，下至附庸，絀爲九皇，下極其爲民。雖絶也，廟號祝牲，猶列于郊號，宗于岱宗。』此六經之通義也。（鄭司農周禮解詁云四類，三王、五帝、九皇、六十四民咸祀之。荀卿禮論云：「郊者，并百王於上天而祭祀之。」所謂「列于郊號」也。管子云：「古者封泰山禪梁父者七十二家，而夷吾所記者十有二焉。」謂無懷、伏羲、神農、炎帝、黄帝、顓頊、帝嚳、堯、舜、禹、湯、周成王。太史公亦云所謂宗于岱宗也。）然則由王而帝、而皇、而民，親疏之稱，遠近之詞，尊卑之號也。此百王之所同也。有功德者，三代以來，則有禘郊祖宗之禮，子孫雖至絀絶，猶列于郊號、宗于岱宗，此伏羲、神農、黄帝、堯、舜、禹、湯、文、武所以百世祀也。又云：『王者之法必正號。絀王謂之帝，封其後以小國，使奉祀之。下存二王之後以大國，使服其服，行其禮樂，稱客而朝。故同時稱帝者五，稱王者三，所以昭五端通三統也。是故周人之王，尚推神農爲九皇，而改號軒轅謂之黄帝，因存帝顓頊、帝嚳、帝堯之帝號，絀虞而號舜曰帝舜，録五帝以小國。下存禹之後於杞，存湯之後於宋，以方百里，爵號公，皆使服其服，行其禮樂，稱先王客而朝。』史公聞春秋於董生，故夏、殷紀、表皆稱帝而周稱王，褚少孫等不得其説，遂於殷本紀羼入周『後世貶帝號，號爲王』以爲之解，由不明春秋之義也。春秋傳云：『周禮未改，今之王，古之帝也。』大傳云：『惟十有三祀，帝乃稱王而入唐。』注云：『帝謂舜也。』是帝舜在當時亦稱王也。易曰：『古者庖犧氏之王天下也。』是皇亦稱王也。從後録之，或謂之帝，或謂之皇，非當時紀事者所稱名號然也。孔子序書，據周太史所録，唐、虞稱帝，夏、商、周稱王，其帝典乃大禹、皋陶謨，上紀唐、虞之際，首以『曰若稽古』者，所以别之於三代也，故皆謂之『夏書』。聖人述而不作，六經之所論定，託諸微言，以示後世云爾。帝王之號，古今之稱，無優劣之别也。」皮錫瑞云（後稱「皮云」）：「周世稱王，推前二代並爲三王，又推前五代爲五帝，又推前九代爲九皇。後人以夏、殷、周爲三王，黄帝、顓頊、帝嚳、堯、舜爲五帝，皆沿周制言之。漢舊儀云：「祭三王、五帝、九皇、六十四民，皆古帝王，凡八十一姓。」蓋用董子之説。蒼頡，黄帝史臣，其製字，以王居門中爲『閏』，是黄帝當時亦稱王。據董子説，黄帝乃周人追謚耳。此西漢今文説，東漢以後知之者尟矣。」先謙案：周代傳世久遠，戰國七雄並王，後遂有尊秦爲帝之説。及嬴政混一，自稱皇帝，而漢祖因之。暴秦絶祀，封存前代之典泯焉。非董子書，則古義湮滅矣。「堯」者，説文云：「高也。从垚在兀上。高遠也。」風俗通皇霸篇引大傳説云：「堯者，高也，饒也，言其隆興焕炳最高明也。舜者，推也，循也，言其推行道德循堯緒也。」白虎通號篇：「書曰『帝堯』、『帝舜』。謂之堯者何？堯，猶嶢嶢也，至高之貌，清妙高遠，優游博衍，衆聖之主，百王之長也。謂之舜者何？舜，猶僢僢也，言其能推信堯道而行之。」劉熙謚法云：「以爲其尊高堯堯然，物莫之先，故謂之堯也。」義本大傳。又白虎通謚篇：「帝者，天號也。以爲堯，猶謚。顧上世質直，死後以其名爲號耳。所以謚之爲堯何？謚有七十二品。禮謚法記曰：『翼善傳聖曰堯，仁聖盛明曰舜。』」皮云：「此今文家以堯爲名，死後即以名爲謚也。檀弓曰：『死謚，周道也。』自殷以上，未有謚法，但以生前之號即爲死後之稱，如黄帝、顓頊、帝嚳、堯、舜皆是也。大傳説五帝之稱皆一例，是伏生以堯爲號，故史記三代世表云：『號唐堯。』正義引譙周説亦以堯爲號。」先謙案：釋文引馬云：「堯，謚也。翼善傳聖曰堯。」與白虎通合，生名爲號，死謚亦爲號。古文説以堯爲謚，今文説以爲生名死謚。説不同，爲謚一也。或謂白虎通引謚法有「堯」、「舜」爲後人所加，非是。

曰放勳，欽明文思安安，勳，功。欽，敬也。言堯放上世之功化，而以敬明文思之四德安天下之當安者。○「曰放勳」，今文與古文同。「欽明文思安安」，古文也，今文作「欽明文塞晏晏」。僞傳「言堯放上世之功化」，讀「放」爲方往反，不以爲名。安安、晏晏並疊字爲訓。僞傳云「安天下之當安者」，二字串説，謬。○「曰放勳」者，王引之云：「曰者，實有所指之詞。」如此及下文「曰暘谷」、「曰昧谷」、「曰幽都」，洪範「一曰水，二曰火，三曰木，四曰金，五曰土」之類皆是。「放勳」者，史記堯本紀云：「帝堯者，放勳。」釋文引馬云：「放勳，堯名。」一云：「放勳，堯字。」是今、古文説同。釋文：「鄭如字。」讀爲「放從」之「放」，「放」有「大」義，（段玉裁説。）放勳猶言大勳。是古文説與僞孔異。云「放勳，堯字」者，蓋以堯是名，疑放勳是字。然皋陶一名庭堅，則古有二名。孟子萬章篇「放勳乃殂落」、滕文公篇引「放勳曰」，大戴禮五帝德篇「宰我問孔子曰『請問帝堯曰放勳』」，則放勳是堯名無疑。御覽八十引中候運衡曰：「帝堯刻璧，率羣臣東沈于雒，書曰：天子臣放勛，德薄施行不元。」（白虎通爵篇亦引「天子臣放勛」。）祀天自稱名也。武梁祠畫象云：「帝堯，放勳。帝舜，名重華。」是放勳、重華皆名可知。段云：「説文：『勳，古文作「勛」。』司勳注：『故書「勳」作「勛」。鄭司農云：「勛，讀爲『勳』。勳，功也。」』以説文『殂』下引『勛乃殂』證之，則壁中故書作『放勛』，孔安國、庸生易爲『勳』。許存壁中之舊，故『殂』下引書作『勛』。注中凡言『讀爲』者，皆易其本字。若勳、勛一字，先鄭不當言『讀爲』。蓋古文既絶，漢初不識。周禮初出時，以意定之。至許乃敢斷爲一字異體耳。」皮云：「緯書多同今文。」亦作「勛」者，段以爲「壁中亦有今文，伏生亦有古文。非孔氏者皆古文無今字，伏生者皆今文無古字」是也。○「欽明文塞晏晏」者，後漢馮衍傳李注引尚書考靈燿云：「放勳欽明文塞（今本作「思」，淺人所改。）晏晏。」第五倫傳注引考靈燿云：「堯文塞晏晏。」陳寵傳注引考靈燿云：「堯聰（當作「欽」。）明文塞晏晏。」段云：「思、塞同部雙聲，故古『思』今『塞』。今、古文異，不盡關音韻，此則關乎音韻者。『塞』字從土，或改從心作『悳』，以傅合説文。考詩燕燕、定之方中、常武字皆作『塞』，魏受禪碑

『欽明文塞』刻畫可稽，不得偏據許書盡改古籍所有以爲尊許也。」案：後漢和熹鄧后紀「崇晏晏之政」，第五倫傳「體晏晏之姿」，陳寵傳「宏崇晏晏」，何敞傳諫爲篤、景起第疏云「陛下履晏晏之姿」，又奏記宋由云「明公履晏晏之純德」，又上疏論郅壽云「誠不欲聖朝行誹謗之誅，以傷塞晏之化」，馮衍傳顯志賦「思唐、虞之晏晏」，祭祀志注引東觀書云「孝順皇帝寬裕晏晏」，崔瑗司隸校尉箴「昔唐、虞晏晏，庶績以熙」，蔡邕司空袁逢碑「其惠和也，晏晏然」，衡方碑「少以文塞，敦厖允元；長以欽明，耽詩悅書」，唐扶頌「崇晏晏之惠康」，皆漢人引今文義也。爾雅：「晏晏，温和也。」古安、晏通用，左傳「安孺子」漢書人表作「晏孺子」是也。論衡恢國篇：「唐之晏晏。」明王充用今文。須頌篇云：「問說書者：『欽明文思』以下，誰所言也？曰：篇家也。篇家誰也？孔子也。」此指書序言。今序作「聰明」，充作「欽明」，或今、古文書序字不同，然不得執是爲今文一作「文思」之證。釋文引馬云：「威儀表備謂之欽，照臨四方謂之明，經緯天地謂之文，道德純備謂之思。」書疏引鄭云：「敬事節用謂之欽，照臨四方謂之明，經緯天地謂之文，慮通深敏謂之思。」馬義本周書謚法解，「表」作「悉」，此字誤。郅壽傳注引鄭考靈燿注云：「道德純備謂之塞。」言道德純備充實，故以訓塞。今、古文鄭各依字釋之。馬云「道德純備謂之思」，讀「思」爲「塞」也。「安安」與「晏晏」義同。考靈燿鄭注：「寬容覆載謂之晏。」狀其寬和之德，故曰安安。晏、安聲義同。**允恭克讓，光被四表，格于上下。**允，信。克，能。光，充。格，至也。既有四德，又信恭能讓，故其名聞充溢四外，至于天地。○「允恭克讓」，古文也，今文作「允恭克攘」。「光被四表」，今文與古文同，一作「橫被」，一作「廣被」。「格于上下」，今文與古文同，「格」一作「假」。僞傳訓「光」爲「充」，本今文說。○「允恭克攘」者，說苑敬慎篇：「昔堯履天子之位，猶允恭以持之，虚靜以待下。」漢書藝文志：「道家者流，清虚以自守，卑弱以自持，此人君南面之術也，合於堯之克攘。」説文「攘」下云：「推也。」「讓」下云：「相責讓也。」明今文作「攘」，正字；古文作「讓」，借字。堯紀所稱「富而不驕，貴而不舒」即其義也。書疏引鄭云：「不懈於位曰恭，推賢尚義曰讓。」孫云：「詩韓奕：『夙夜匪懈，虔共爾位。』鄭云：『古之「恭」字或作「共」。』」此用其義。晉語文公曰：『讓，推賢也。』荀子成相篇云『堯讓賢，以爲民，讓賢推德天下治』是也。」〇「光被四表」者，漢書宣紀、蕭望之傳載黄霸、于定國等議皆云：「聖德充塞天地，光被四表。」荀爽易注：「聖王之信，光被四表。」樂緯注：「言德被四表。」黄瓊言宦官縱恣疏云：「光被八極。」胡廣邊都尉箴云：「光被八埏。」班固典引云：「光被六幽。」蔡邕注：「六幽，謂上下四方也。」引尚書曰：「光被四表，格于上下。」蔡邕釋誨云：「舒之足以光四表。」高誘淮南注云：「頗，讀『光被四表』之『被』。」史晨祀孔廟碑：「光于上下。」魏公卿上尊號奏碑：「光被四表。」曹植求通親親表云：「欲使陛下崇光被時雍之美。」吴封禪國山碑：「格于上下，光被六幽。」皆用今文也。一作「横被」者，漢書王褒傳聖主得賢臣頌云「化溢四表，横被無窮」，王莽傳「昔唐堯横被四表」，後漢馮異傳「昔我光武受命，横被四表」，崔駰傳「聖德滂以横被兮」，班固傳「是故横被六合」，張衡東京賦「惠風横被」，東巡誥「帝道横被，旁行海表」是也。一作「廣被」者，禮緯含文嘉「堯廣被四表」，漢書禮樂志平當正雅樂議云「況於聖主廣被之資」，成陽靈臺碑「爰生聖堯，名蓋世兮；廣被之恩，流荒外兮」，樊毅復華下民租田口算碑云「廣被四表」，沈子琚緜竹江堰碑云「廣被四表」，唐扶頌云「追惟堯德廣被之恩」，五經通義云「舞四夷之樂，明德澤廣被四表也」，三國魏志文帝紀注引獻帝傳「廣被四表」是也。皮云：「光、廣古通用；光、横古同聲，亦通用。漢人引用，或作『横』，或作『廣』，或作『光』，皆歐陽、大小夏侯三家今文異字，然字異義同，光被即廣被，亦即橫被，皆充塞之義。後漢陳寵傳云：「聖德充塞，假于上下。」是其明證。」戴震云：「郭本爾雅：『桄、熲，充也。』注：『皆充盛也。』釋文：『桄，孫作「光」，古黃反。』爾雅『桄』字，六經不見。說文：『桄，充也。』孫愐唐韻古曠反。樂記：『號以立橫，橫以立武。』鄭注：『橫，充也。謂氣作充滿也。』釋文：『橫，古曠反。』孔子閒居篇：『必達於禮樂之原，以致五至，而行三無，以橫於天下。』堯典『橫被四表』，正如記所云『橫於天下』、『橫乎四海』是也。橫四表、格上下對舉，溥徧所及曰橫，貫通所至曰格。『橫』轉寫爲『桄』，脱誤爲『光』，追原古初當讀古曠反，庶合充霩廣遠之義。而釋文於堯典無音切，於爾雅乃云『古黃反』，殊少精覈。」段云：「伏生作『橫』，壁書作『光』，皆即『桄』字。爾雅、說文：『桄，充也。』桄、橫通用，與今文尚書合。孫本爾雅作『光，充也』，與古文尚書合。孟子『擴而充之』，『擴』即『橫』字之異體。」「四表」者，開元占經引考靈燿云：「二十八宿之外各有萬五千里，是謂四遊之極，謂之四表。書說云：日照四極九光，東日日中，南日日永，西日宵中，北日日短，光照四十四萬六千里。又云：日道出於列宿之外萬有餘里，正月假上八萬里，假下一十萬四千里。又云：地與星辰四遊，升降於三萬里之中。春則星辰西遊，夏則星辰北遊，秋則星辰東遊，冬則星辰南遊。地有四遊，冬至地上行北而西三萬里，夏至地下行南而東亦三萬里，春秋二分則其中矣。」月令疏引鄭注考靈燿云：「天傍行四表之中，冬南夏北，春西秋東，皆薄四表而上；地亦升降於天之中，冬至而下，夏至而上，二至上下，蓋極地厚也。」詩噫嘻疏引鄭云：「言堯德光燿及四海之外，至于天地。所謂大人與天地合其德，與日月齊其明。」鄭以經文「光」爲「光燿」，就本義釋之，非是。王祖畬云：「被，及也。光被四表猶言廣及四表。禹貢『導荷澤被孟豬』，言導菏澤及孟豬也。」○「格于上下」者，蔡邕典引注、張超靈帝河閒舊廬碑、王粲無射鐘銘、樂緯注、獻帝傳、吴國山碑皆引「格于上下」，用今文也。一作「假」者，楚詞招魂王逸注：「假，至也。書曰：『假于上下。』」逸多用今文尚書。後書明帝紀、順帝紀、陳寵傳皆引「假于上下」，馮異傳安帝詔云「昭假上下」，白虎通禮樂篇引尚書曰「前歌後舞，假于上下」，所引雖太誓之文，然作「假」當無異。此三家尚書異文。段云：「説文『假』下引虞書曰：『假于上下。』許自序云：『其稱易，孟氏；書，孔氏；詩，毛氏；禮、周官、春秋左氏、論語、孝經，皆古文也。』然則許所稱尚書，皆孔安國壁中本。凡壁中本有安國以今文讀之改定其字者，如『掤』改作『朋』，『𠜱』定作『斷』，『蛓』定作『蠽』之類是也。許存故書本字往往與今本乖異，職此之由，許見壁書是『假』字，而今本堯典『格』字五見。詩楚茨、抑作『格』，毛傳：『來也，至也。』雲漢作『假』，毛傳：『至也。』是古時格、假通用。尚書作『格』，其來已久。」**克明俊德，以親九族。**能明俊德之士任用之，以睦高祖玄孫之親。○「克明俊德」，今文與古文同，一作「峻德」，一作「馴德」。「以親九族」，今文與古文同。僞傳「能明俊德之士任用之」，本鄭説；「以睦高祖玄孫之親」，本馬、鄭説。○「克明俊德」者，論衡程材篇：「堯以俊德，致黎民雍。」王充習歐陽尚書，蓋歐陽别本有作「俊」者。又講瑞篇云：「然而唐、虞之瑞必真是者，堯之德明也。」充以明德屬堯，與大學自明義合。郙閣頌云：「降兹惠君，克明俊德，允武允文。」亦以明德爲自明其德也。一作「峻德」者，大學引帝典作「峻德」，大、小戴與夏侯尚書同師，是夏侯本作「峻」。漢書平當傳：「昔者帝堯南面而治，先『克明峻德，以親九族』，而化及萬國。」當習歐陽尚書，見儒林傳，則歐陽家亦作「峻」也。當引此以證聖人之德亡以加於孝，亦以峻德爲堯德。一作「馴德」者，堯紀作「能明馴德」，克、能，故訓字。集解引徐廣曰：「馴，古『訓』字。」索隱：「史記『馴』字徐皆讀曰『訓』。訓，順也。言聖德能順人也。」段云：「『書』『五品不訓』，史記作『不馴」。周禮「土馴」鄭司農讀「馴」爲「訓」，（今本作「土訓」，注云：「訓，讀爲『馴』。」淺人妄改。別有說。）而釋以「告道」，引爾雅「訓，道也」以明之。周易：「馴致其道。」徐仙民音「訓」。堯典釋爲「順」者，本紀作「馴」，「馴予工」、「馴予上下草木鳥獸」是也。或徑作「順」，「順此事」是也。洪範「于帝其訓」，世家「訓」作「順」。知馴、訓、順三字通用。今文蓋作「克明訓德」，與「五品不訓」用字正同。徐中散在晉末，雖今文尚書已佚，而「祖飢」、「謐哉」之類尚存一二，又采集舊聞，知「馴」即「訓」字，故稱「古『訓』字」也。」書疏引鄭云：「俊德，賢才兼人者。」孫云：「春秋繁露爵國篇：『萬人曰英，千人曰俊，百人曰傑，十人曰豪。』說文『俊』下云：『才千人也。』故以俊爲兼人。鄭意以『明』爲明揚，『俊德』爲賢才，蓋言九族中之賢才，如論語所云『汎愛衆，而親仁』也。」先謙案：此鄭古文說，與今文說以俊德爲堯德者異，今文義較長。

○「以親九族」者，堯紀如此。書疏引夏侯、歐陽等以爲：「九族者，父族四，母族三，妻族二，皆據異姓有服。」異義引尚書歐陽說：「九族乃異姓有屬者。父族四：五屬之內爲一族，父女昆弟適人者與其子爲一族，己女昆弟適人者與其子爲一族，己之女子子適人者與其子爲一族。母族三：母之父姓爲一族，母之母姓爲一族，母女昆弟適人者與其子爲一族。妻族二：妻之父姓爲一族，妻之母姓爲一族。」古尚書說：「九族者，從高祖至玄孫凡九，皆同姓。」許慎案：「禮緦麻三月以上服，恩之所及。禮爲妻父母有服，明在九族中。九族不得但施於同姓。」鄭駁云：「玄之聞也，婦人歸宗。女子雖適人子，猶繫姓，明不得與父兄爲異族。其子則然。昏禮請期辭曰：『唯是三族之不虞。』欲及今三族未有不億度之事而迎婦也。如此，所云三族，不當有異姓。異姓其服皆緦麻。禮雜記下，緦麻之服不禁嫁女取婦，是爲異姓不在族中明矣。」據此，許從今文，鄭從古文。白虎通宗族篇：「族者何也？族者，湊也，聚也，謂恩愛相流湊也。生相親愛，死相哀痛，有會聚之道，故謂之族。尚書曰：『以親九族。』族所以有九何？九之爲言究也。親疏恩愛究竟，謂之九族也。父族四，母族三，妻族二。四者，謂父之姓爲一族也，父女昆弟適人有子爲二族也，身女昆弟適人有子爲三族也，身女子適人有子爲四族也。母族三者，母之父母爲一族也，母之昆弟爲二族也，母之女昆弟爲三族也。母昆弟者，男女皆在外親，故合言之也。妻族二者，妻之父爲一族，妻之母爲二族。妻之親略，故父母各一族。禮曰：『惟氏三族之不虞。』尚書云：『以親九族。』」案：此與異義引歐陽説同，惟歐陽以母之父母各爲一族，班以母之父母合爲一族，略異。母之昆弟即母之父族，不得別爲一族，班引夏侯義不如歐陽義塙也。白虎通又云：「一説合言九族者，欲明堯時俱三也。禮所以獨父族四何？欲言周承二弊之後，民人皆厚于末，故與禮母族妻之黨，廢禮母族父之族，是以貶妻族以附父族也。或言九者據有交接之恩也，若『邢侯之姨，譚公惟私』也。言四者據有服耳，不相害所異也。」盧文弨云：「語不甚了，大約謂三代之季，民有厚母族薄父族、厚妻族薄母族者，故矯其弊，損妻族三爲二，增父族三爲四也。」喪服傳云：「禽獸知母而不知父，野人曰：父母何算焉？」是厚於末之義。則此一説意謂堯時父、母、妻皆三族，合爲九。周時則父族四、母族三、妻族二也。此今文家異説。妻族三當與母族相同，父族亦止於三，則四族中當少一族，不知所少者爲何，其詳不可得聞矣。釋文云：「九族，上自高祖，下至玄孫，凡九族。馬、鄭同。」是馬以九族爲同姓，與鄭同。孫云：「小宗伯：『掌三族之列名。』喪服小記説服之義曰：『親親，以三爲五，以五爲九。』以此言之，知高祖至玄孫昭然察矣。

詩葛藟序云：『周道衰，棄其九族。』傳云：〔一〕『九族者，據己上至高祖，下及玄孫。』漢書高帝紀：『七年，置宗正官以序九族。』是漢初俱以九族爲同姓。夏侯、歐陽說爲異姓者，蓋因堯德光被自家及外族；鄭不然者，以經文下云『百姓』可該異姓也。」先謙案：據下文百姓爲別族定姓之事，此「九族」宜從古文說。**九族既睦，平章百姓。**既，已也。百姓，百官。言化九族而平和章明。○「九族既睦，平章百姓」，今文與古文同，一作「便章」，一作「辯章」，一作「辨章」。僞傳言「百官」、「化九族而平和章明」，本鄭說而誤會其指。天子建有德爲公卿，若其先不平和章明，不當在百官之位。釋「平」爲平和，望文生義，尤爲巨失。○「九族既睦」者，堯紀如此。後漢班固傳李注引鄭云：「睦，親也。」○「平章百姓」者，白虎通姓名篇：「人所以有姓者何？所以崇恩愛，厚親親，遠禽獸，別昏姻也。故禮別類，使生相愛，死相哀，同姓不得相娶，皆爲重人倫也。姓，生也。人所稟天氣，所以生者也。尚書曰：『平章百姓。』姓所以有百何？以爲古者吹律定姓，以紀其族。人含五常而生，正聲有五，宮商角爲便，轉而相雜，五五二十五。轉生四時異氣，殊音悉備，故姓有百也。」皮云：「據此，平章百姓蓋辨別章明之，即吹律定姓之事。白虎通用今文亦作『平』者，平、便一聲之轉。三家異文，或同古文作『平』，崔駰章帝謚議云『唐書數堯之德曰「平章百姓」』，曹植求通親親表引『平章百姓』，蔡邕封事云『平章賞罰』，亦引用今文經字也。」一作「便章」者，堯紀如此，集解引徐廣曰：「下云『便程東作』，然則訓『平』爲『便』也。」索隱：「『平』既訓『便』，因作『便章』。」皮云：「洪範『王道平平』，史記張釋之馮唐傳引作『王道便便』，

〔一〕「傳」字疑當作「箋」。詩序之注，僅有箋、疏而無傳。

平、便一聲之轉，史公所據今文尚書本必作『便』字，非訓『平』爲『便』以訓詁代經也。」一作「辯章」、一作「辨章」者，索隱云：「其今文作『辯章』。『便』既訓『辯』，遂爲『辯章』。鄒誕生本亦同。」後漢劉愷傳：「職在辯章百姓。」注引尚書曰：「九族既睦，辯章百姓。」鄭玄注：「辯，別也。章，明也。」鄭亦用今文義。詩采菽疏：「堯典『平章百姓』，書傳作『辨章』。」（今尚書大傳無「辨章百姓」之語，散佚非完書。）癸辛雜識前集引尚書大傳曰：「辨章百姓，百姓昭明。」班固典引云：「惇睦辨章之化洽。」答賓戲云：「辨章舊聞。」御覽引東觀漢記云：「臣下百僚，力誦聖德，紀述明詔，不能辯章。」三國魏志景元元年有司議奏曰：「朝廷所以辨章於天下者也。」皆用今文。段云：「詩毛傳：『平平，辯治也。』論語鄭注：『便便，辨也。』古便、平、辨、辯四字通用。」「百姓」者，集解引鄭云：「百姓，羣臣之父子兄弟。」孫云：「周語富辰曰：『百姓兆民。』注：『百姓，百官也。官有世功，受氏姓也。』楚語觀射父曰：『民之徹官百。王公之子弟之質能言能聽徹其官者，而物賜之姓，以監其官，是爲百姓。』鄭說所本。」先謙案：堯於九族之外，又辨別章明百官之姓。鄭言羣臣，以別於下文之「黎民」，言父子兄弟，亦即定姓別族之義。至禹平水土，錫土姓於中國，則姓氏之受徧於九州矣。**百姓昭明，協和萬邦，黎民於變時雍。**昭，亦明也。協，合。黎，衆。時，是。雍，和也。言天下衆民皆變化從上，是以風俗大和。○「百姓昭明」，今文與古文同。「協和萬邦」，古文也；今文作「協和萬國」，「協」一作「叶」。「黎民於變時雍」，古文也，今文作「黎民於蕃時雍」。○「百姓昭明」者，堯紀如此。說文「昭」下云：「日明也。」○「協和萬國」者，堯紀作「合和萬國」，協，合，故訓字。段云：「古文『邦』字，今文皆作『國』。漢人詩、書不諱不改經字。蔡邕所書今文般庚『試以爾遷，安定厥國』可證。宋史禮志禮部太常寺言：『漢法：「邦」之字曰「國」，「盈」之字曰「滿」，止是讀曰「國」、讀曰「滿」，本字見於經傳者未嘗改易。史記：「先王之制，邦内畿服，邦外侯服。」又曰：「盈而不持則傾。」「邦」、「盈」字俱不改易。』蓋引經傳，皆仍其舊，若『常雨若』、『常暘若』，則以故訓字代之。」皮云：「史記高祖侯功臣年表序，漢書宣紀、成紀、地理志，皆引『協和萬國』。法言先知篇：『堯親九族，協和萬國。』王莽傳：『萬國和協。』東觀記和帝賜彭城王恭詔云：『蓋聞堯親九族，萬國協和。』漢紀杜業云：『昔唐、虞協和萬方，致雍熙之政。』易『國』爲『方』，臨文不拘也。後漢明帝紀、論衡儒增篇引作『協和萬邦』，疑後人改之。地理志云：『昔在黄帝，作舟車以濟不通，旁行天下，方制萬里，畫壄分州，得百里之國萬區。是故易稱「先王以建萬國，親諸侯」，書曰「協和萬國」，此之謂也。』據此，今文説以萬國爲實有萬國，非虚數也。」「協」一作「叶」者，論衡齊世篇引如此，説曰：「唐之萬國，固增而非實者也。」又藝增篇云：「尚書『協和萬國』，是美堯德致太和之化，化諸夏並及夷狄也。言協和方外，可也；言萬國，增之也。欲言堯之德大，所化者衆，諸夏夷狄，莫不雍和，故曰萬國。」王充以萬國爲增而非實，蓋歐陽説，與班用夏侯説不同。「協」作「叶」者，「叶」是「協」古文。大傳「不叶于極」，白虎通「叶時月」，皆引作「叶」，是伏生今文亦有古文之證。○「黎民於蕃時雍」者，漢書成紀詔曰：「『黎民於蕃時雍』，明以陰陽爲本也。」應劭曰：「黎，衆也。時，是也。雍，和也。言衆民於是變化，用是大和也。」韋昭曰：「蕃，多也。」段云：「應用古文，讀『蕃』爲『變』，正如五行志『思心曰容』應亦用古文讀『容』爲『睿』。韋訓『蕃』爲『多』，則如今文説不改字。顔引應注蓋删去『古文作「變」』之語。漢孔宙碑『於亣時雍』，『亣』即今之『卞』字，『弁』之變體。『弁』蓋『蕃』之假借，古音『弁』讀如『盤』。」孫云：「應釋『於』爲『於是』，則『於』讀如字。『於變』猶『爰變』也。爰，於，釋詁文。潛夫論考績篇：『此堯、舜所以養黎民而致時雍也。』以養釋蕃；云『致時雍』，疑又以『時』爲『時代』之『時』。」皮云：「後漢魯恭傳：『夫王者之作，因時爲法。深惟古人之道，助三正之微，定律著令，冀承天心，順物性命，以致時雍。』則今文説有以『時』爲『時代』之『時』者。」

乃命羲、和，欽若昊天，曆象日月星辰，敬授人時。 重、黎之後羲氏、和氏世掌天地四時之官，故堯命之使敬順昊天。昊天，言元氣廣大。星，四方中星。辰，日月所會。曆象其分節，敬記天時以授人也。此舉其目，下別序之。○「乃命羲、和，欽若昊天，曆象日月星辰」，今文與古文同，「乃」一作「迺」，「羲」一作「曦」。「敬授人時」者，今、古文皆當作「敬授民時」。僞傳以羲、和爲掌天地四時，用今文説。○「乃命羲、和」者，堯紀如此。孫云：「今文説以羲仲等四人即是羲、和。禮月令云：『乃命太史司天日月星辰之行。』是羲、和於周爲太史之職。史記天官書：『昔之傳天數者，於唐、虞，羲、和。』是不以爲六卿。漢書成紀陽朔元年詔曰：『昔在帝堯，立羲、和之官，命以四時之事，令不失其序。』百官公卿表：『書載唐、虞之際，命羲、和四子，順天文，授民時。』食貨志：『堯命四子以「敬授民時」。』魏相傳：『明王謹於尊天，慎於養人，故立羲、和之官，以乘四時，節授民事。』論衡是應篇：『堯候四時之中，命曦、和察四星以占時氣。』是以仲、叔等四子爲即羲、和，今文説也。」皮云：「羲、和專掌天文，不治民事。孫所引外，如史記曆書云：『堯立羲、和之官，明時正度，則陰陽調，風雨節，茂氣至。』漢書律曆志云：『曆數之起，上矣。傳述顓頊命南正重司天，火正黎司地。其後三苗亂德，二官咸廢，而閏餘乖次，孟陬殄滅，攝提失方。堯復育重、黎之後，使纂其業，故書曰：「迺命羲、和，欽若昊天，曆象日月星辰，敬授民時。」』藝文志云：『陰陽家者流，蓋出於羲、和之官，敬順昊天，曆象日月星辰，敬授民時。此其所長也。』古今人表有羲中、羲叔、和中、和叔，別無羲、和。後漢質帝紀詔曰：『昔堯命四子，以欽天道。』續漢天文志云：『故星官之書自黄帝始，唐、虞之時，羲仲、和仲。』律曆志云：『承聖帝之命若昊天，典曆象三辰，以授民事，立閏定時，以成歲功，羲、和其隆也。』中論曆數篇：『堯復育重、黎之後不忘舊者，使復典教之，故書曰：「乃命羲、和。」』三國魏志注引王沈魏書云：『丙戌，令史官奏修重、黎、羲、和之職。』諸説皆以羲、和爲司天無異義。」「乃」一作「迺」者，見漢書律曆志。（見上。）漢書引經，「乃」皆作「迺」。「羲」一作「曦」者，論衡是應篇引如此。案：廣雅釋天：「日御謂之羲和。」楚詞離騷、天問王逸注並云：「羲和，日御也。」淮南子：「爰止羲和，爰息六螭，是謂懸車。」潛夫論愛日篇：「化國之日舒以長。舒長者，非謂羲和安行，乃君明民靜而力有餘也。」此皆以羲和爲日御。漢志云：「黄帝使羲、和占日。」楊雄河東賦云：「羲、和司日。」李尤漏刻銘：「乃建日官。」又云：「乃命羲、和。」是羲、和即日官。此皆以羲、和爲日官。蓋羲和本日御之名，黄帝取其名立是官以司日，堯命羲、和，蓋亦因於古耳。王充引作「曦」，則三家今文有别本從日作「曦」者，亦可證羲、和必非兼治民事之官矣。釋文引馬云：「羲氏掌天官，和氏掌地官，四子掌四時。」周禮序及書疏引鄭云：「高辛氏之世，命重爲南正司天，黎爲火正司地。堯育重、黎之後羲氏、和氏之子，賢者使掌舊職，天地之官，亦紀於近氏，命以民事，其時官名蓋曰稷、司徒。」馬、鄭皆云此命羲、和者，命爲天地之官；下云「分命」、「申命」，爲四時之職。天地四時，於周則冢宰、司徒之屬，六卿是也。案：馬、鄭説本之鄭語、楚語及左昭十七年傳文。其以羲、和、四子爲六卿，則傅合周禮，以春爲秩宗，夏爲司馬，秋爲士，冬爲共工，通稷與司徒，爲六官。皮云：「虞有九官，見尚書，無六官之名。九官中亦無司馬。舜以蠻夷猾夏，屬之作士，是兵刑合爲一官。班固作漢書刑法志，兼言兵，不别立兵志，即用今文尚書義。稷爲天官，古無明文。國語云『稷爲大官』，不爲天官。鄭蓋以緯書云『稷爲司馬』，又云『司馬主天』，故爲是説。然據鄭義，夏爲司馬，則司馬非主天。鄭又云：『初，堯天官爲稷，禹登用之年，舉棄爲之，時天下賴后稷之功，故以官名通稱。』其箋詩又云：『堯登用之，使居稷官，民賴其勞，後雖作司馬，天下猶以后稷稱焉。』如其説，則棄於堯時已爲天官，其職最尊，若周之冢宰矣，何以堯、舜禪讓皆不及棄？且稷爲天官，司馬爲夏官，天官尊於夏官，后稷有功於民，何以又由天官降爲司馬？舜時九官並命，皆屬要職，何以舉其五而遺其四，又於其内增一司馬？是其説皆不可通。鄭挕爲是説者，蓋以重、黎司天地，似近天官、地官。四子分主四時，近春、夏、秋、冬之官。但唐、虞官制與周制不同，非可强合爲一。羲、和司天之官，不得兼治方岳之事。漢書百官公卿表云：『書載唐、虞之際，命羲、和四子順天文，授民時；咨四岳，以舉賢才，揚側陋。』是今文家於四子、四岳分别甚明。古文家無師説，專據周官等書比附爲之，即此可見其槩。據伏生大傳，古有三公九卿，無六卿，虞時九官當即九卿。大傳曰：『舜攝時，有三公九卿百執事，此堯之官也，故使百官事舜。』其時三公，不知何名，或如周制三公在六卿中，其時三公即在九卿之中，或别有三公，蓋未可知。司徒、司空之外，或增太尉，或增司馬，亦未可知。要與羲、和四子司天之官不相涉也。」○「欽若昊天」者，堯紀作「敬順昊天」，以故訓代經。漢書藝文志亦作「敬順」。詩黍離疏、大宗伯疏云：「今尚書歐陽説：春曰昊天，夏曰蒼天，秋曰旻天，冬曰上天，總爲皇天。爾雅亦然。」許氏：「謹案：尚書『堯命羲、和，欽若昊天』，總敕四時，知昊天不獨春。」鄭氏云：「春氣博施，故以廣大言之。浩浩昊天，求天之博施。尚書所云者，論其義也，則『堯命羲、和，欽若昊天』無可怪耳。」疏又引古文説云：「天有五號，各用所宜稱之。尊而君之則稱皇天，元氣廣大則稱昊天，仁覆閔下則稱旻天，自上監下則稱上天，據遠視之蒼蒼然則稱蒼天。」先謙案：今爾雅春夏互易。蓋許、鄭所據，與李巡、孫、郭本不同。説文「昦」下云：「春爲昦天，元氣昦昦。」兼採今、古文説。「旻」下云：「虞書曰：『仁覆閔下，則稱旻天。』」所引虞書，謂古文説也。○「曆象日月星辰」者，堯紀作「數法日月星辰」，以詁訓代經。孫云：「曆，數，釋詁文。王逸楚詞懷沙注：『象，法也。』大戴禮五帝德篇：『帝嚳曆日月而迎送之。』易繫辭云：『天垂象，見吉凶，聖人則〔二〕之。』史記曆書：『方士唐都分其天部，而巴落下閎運算轉曆。』落下閎之法，即所謂曆，如周馮相氏所掌，今之推步學也；唐都之法，即所謂象，如周保章氏所掌，今之占驗學也。漢書李尋傳：『書曰：「曆象日月星辰。」此言仰視天文，俯察地理，觀日月消息，候星辰行伍。』尋言『俯察地理』，蓋謂下『宅嵎夷』、『宅南交』等，亦以羲、和即羲仲等四子也。」皮云：「尋師張山拊，受小夏侯尚書，所引，小夏侯説。文燿鉤云：『堯眉八彩，是謂通明，曆象日月璇璣玉衡。』白虎通聖人篇：『堯曆象日月璇璣玉衡。』以璇璣玉衡當書之『星辰』，即今文家以璇機爲北極，玉衡爲斗建之説也。後書襄楷傳：『臣聞皇天不言，以文象設教。堯、舜雖聖，必曆象日月星辰，察五緯所在，故能享百年之壽，爲萬世之法。』又以『星辰』爲五緯所在。」書疏云：「鄭以星、辰爲一。」孫云：「大宗伯職：『以實柴祀日月星辰。』注：『星謂五緯，辰謂日月所會於十二次。』是『辰』當作『⿸厂會』。鄭以星、辰爲一，則謂中星也。魯語展禽曰：『帝嚳能序三辰以固民。』注：『三辰，日、月、星。謂能次序三辰，以治曆明時，教民稼穡以安也。』亦以星、辰爲一。」○今、古文作「敬授民時」者，堯紀作「敬授民時」。段云：「自來尚書無作『人時』者，即以注疏本證之，洪範孔傳、皋陶謨疏皆作

〔二〕「則」字易繫辭原文作「象」。

『民』，唐初本不誤也。自孝明天寶三載始命衛包改古文尚書，包以『民』字在卷首，非他『民』字可比，竟改爲『人』，而古人引用，如漢書律曆志、食貨志、藝文志、李尋傳、王莽傳、漢孫叔敖碑、鄭注大傳、徐幹中論曆數篇、韋注鄭語皆引『敬授民時』。」是今、古文並作「民」。皮云：「漢書百官公卿表序、漢官儀、潛夫論愛日篇、班禄篇、後漢書劉陶改鑄大錢議，亦皆引作『敬授民時』。惟大傳云：『主春者，張昏中，可以種稷。主夏者，火昏中，可以種黍。主秋者，虛昏中，可以種麥。主冬者，昴昏中，可以收斂蓋藏，田獵斷伐，當上告之天子，而下賦之民。故天子南面，而視四星之中，知民之緩急，急則不賦籍，不舉力役，故曰「敬授人時」，此之謂也。』大傳『人時』，蓋後人所改。御覽十一引大傳作『民時』。禮月令疏引尚書考靈燿云：『主春者，鳥星昏中，可以種稷。主夏者，心星昏中，可以種黍。主秋者，虛星昏中，可以種麥。主冬者，昴星昏中，則入山可斬伐具器械。王者南面而坐，視四星之中者，而知民之緩急，急則不賦力役，故「敬授民時」。』文與大傳略同。說苑雜言篇文亦與大傳略同，引書曰『敬授民時』，蓋亦全摭大傳之文，而作『民』，不作『人』，則大傳亦必作『民時』也。」孫云：「五行大義引曾子云亦同，所云據昏中星以授民時，亦以羲、和即四子，與馬、鄭義異。」**分命羲仲，宅嵎夷，曰暘谷。**宅，居也。東表之地稱嵎夷。暘，明也，日出於谷而天下明，故稱暘谷。暘谷、嵎夷一也。羲仲，居治東方之官。○「分命羲仲」，今文與古文同。「宅嵎夷」，古文也；今文作「度嵎夷」，一作「禺銕」，一作「郁夷」。「曰暘谷」，今文與古文同，一作「曰崵谷」，一作「曰湯谷」。○「分命羲仲」者，堯紀如此。周禮疏序及聖賢羣輔録引鄭云：「官名。蓋春爲秩宗，夏爲司馬，秋爲士，冬爲共工，通稷與司徒，是六官之名見也。仲、叔亦羲、和之子。堯既分陰陽爲四時，命羲仲、和仲、羲叔、和叔等爲之官，又主方岳之事，是爲四岳。掌四時者曰仲、叔，則掌天地者其曰伯乎？」孫云：「大傳有羲伯、和伯等樂，與陽伯、夏伯、秋伯、冬伯爲六。周禮序引鄭注云：『堯始得羲、和，命爲六卿，其主春、夏、秋、冬者，並掌方嶽之事，是爲四嶽，出則爲伯。後稍死，鴅吺、共工等代之，乃分置八伯。』又注大傳『儀伯』云：『儀，當爲「羲」。羲仲之後也。羲伯，羲叔之後也。和伯，和仲之後也。』不及和叔者，脱文。」皮云：「鄭據大傳爲説，實與伏義不同。伏以四子即羲、和，無四子即四嶽之説。大傳云：『惟元祀，巡狩四嶽八伯。』是其時四嶽八伯並列，鄭云四嶽死，乃分置八伯，明與大傳不合。大傳有儀伯，又有羲伯，何以知『儀』當爲『羲』，一是仲後，一是叔後？大傳八伯缺一，又何以知爲和叔之後？鄭據大傳爲説，不過因其中有羲伯、和伯，與經所云羲、和偶合，遂傅會爲一，以證其四子即四嶽之説耳。伏義雖難詳知，據漢儒所引，今文皆不以四子爲四嶽，則不得如孫氏傅會鄭義爲今文説也。」○「度嵎夷」者，段云：「周禮注引『度西，曰柳穀』，此鄭引今文也。然則『宅嵎夷』、『宅南交』、『宅朔方』，今文本皆作『度』。方言：『度，凥（今之「居」字。）也。東濟海岱之閒或曰度。』考『三危既宅』夏本紀作『既度』，『是降丘宅土』風俗通作『度土』，『五流有宅，五宅三居』五帝紀作『有度』、『五度』，然則凡古文皆作『宅』，凡今文皆作『度』。五帝紀『居郁夷』、『居南交』、『居西土』、『居北方』，皆以故訓代之。書疏卷二引夏侯、歐陽等書『宅嵎鐵』字作『宅』者，蓋誤依古文。『嵎』本當作『堣』，説文『堣』下云：『堣夷，在冀州暘谷。立春日，日值之而出。从土禺聲。尚書曰：「宅堣夷。」』案：許用古文，惟从土與从山異。蓋字本从土，轉寫誤从山。説文『土部』『堣夷』，『山部』『封嵎』，二字畫然。玉篇：『堣夷，日所出。虞書：「分命羲仲，宅堣夷。」本亦作「嵎」。』蓋有堣、嵎二本，後人舍是從非耳。」釋文引馬云：「嵎，海隅也。夷，萊夷也。」王鳴盛云：「『寅賓出日』，自當於正東之青州。蓋青州上言嵎夷，下言萊夷。上言『既略』總指海隅之地，下言『作牧』專就萊夷言之。」以經解經，較説爲冀州遼東西者更確。一作「禺銕」者，説文「崵」下云：「嵎銕，（大徐作「銕」，小徐作「鐵」。）崵谷也。」此用今文。「嵎」當本是「禺」，或增山旁耳。夏本紀索隱：「嵎夷，今文尚書及帝命驗並作『禺鐵』。」堯典釋文云：「尚書考靈燿及史記作『禺銕』。」書疏卷二：「夏侯等書『宅嵎夷』爲『宅嵎鐵』。」案：「嵎鐵」即「禺銕」，「銕」者古文「鐵」字，「鐵」者「銕」之譌體也。廣韻「峓」下云：「嵎峓，山名。書作『嵎夷』。以指切。」集韻「銕」下云：「嵎銕，東表之地。延脂切。」廣韻、集韻十二齊皆有「銕」字，引字林云：「鐵名。」然則夷、銕、峓三字通用。（集韻無「峓」字，疑廣韻「峓」乃「銕」之誤。）凡緯書，皆出漢人手，故考靈燿、帝命驗皆用今文也。（禮月令注云：「今尚書曰『分命羲仲，宅嵎夷』。」疏云：「今尚書，今文尚書也。」案：鄭注經引今文尚書絶少，惟周禮有「度西，曰柳穀」一條，且古文「堣夷」今文作「禺銕」，皆有左證，不當以「宅嵎夷」系之夏侯、歐陽書也。或云「今尚書」者，猶言「今月令」，蓋本作「度禺銕」，而後人用所習古文改之。余以爲周禮注引「柳穀」者爲「檟」讀「柳」之證，此引書爲「命田舍東郊」之證，不必援「禺銕」字也，非有脱文。則「今」爲衍字。）一作「郁夷」者，堯紀作「居郁夷」，乃「禺銕」之别本。（見上釋文引史記。）案：釋文之「史記」二字疑「説文」二字之誤，謂「崵」下所云也。或陸所據史記，與司馬貞、張守節本不同。皮云：「或據詩『周道倭遲』，漢書地理志引作『郁夷』，謂郁夷即倭夷之地，『郁』音近『倭』，即今日本地。據後漢東夷傳説夷者九種，云：『昔堯命羲仲，宅嵎夷，曰暘谷，蓋日之所出也。』或説似近之。而説文云：『崵山在遼西。』索隱：『案：今文尚書及帝命驗並作「禺鐵」，在遼西。』則今文説以爲在遼西，非倭夷地。」○「曰暘谷」者，段云：「説文『暘』下云：『日出也。从日昜聲。虞書曰：「曰暘谷。」』（大、小徐本皆有脱牘。）此與『土部』『宅堣夷』相屬，許引古文也。」釋文引馬云：「暘谷，海嵎，夷之地名。」今文同者，堯紀如此。

一作「曰暘谷」者，説文「暘」下云：「一曰嵎銕，暘谷也。」(「暘」上當有「曰」字，轉寫失之。)段云：「許引今文也。以『嵎銕』今文，則知相屬之『暘谷』爲今文無疑。許云其偁書，孔氏古文也。然則引書必皆孔氏古文，今考許序述言其梗槩，其所引『禺銕』、『暘谷』、『戔戔』、『圮梓』、『褎毛』、『旁逑孱功』，則不廢今文。正如偁詩，毛氏，而『江之永矣』偁毛，『江之羕矣』則偁韓；偁春秋，左氏，而引公羊，非一也。」一作「曰湯谷」者，索隱云：「史記舊本作『湯谷』，今並依尚書字。案：淮南子曰：『日出湯谷，浴于咸池。』」據索隱説，史記本作「湯谷」，亦出今文尚書。它如楚詞天問：「出自湯谷。」王逸注：「言日出東方湯谷之中。」又遠遊云：「朝濯髮於湯谷兮。」山海經云：「黑齒之北曰湯谷。」論衡説日篇云：「禹貢、山海經言日有十，在海外東方有湯谷。」又談天篇云：「且日，火也；湯谷，水也。」説文「叒」下云：「日初出東方湯谷所登榑桑，叒木。」皆作「湯」，與史記同。

寅賓出日，平秩東作。寅，敬。賓，導。秩，序也。歲起於東而始就耕，謂之東作。東方之官敬導出日，平均次序東作之事，以務農也。〇「寅賓出日，平秩東作」，今文與古文同，「平秩」一作「便程」，一作「辯秩」，一作「辨秩」；古文一作「平豒」。僞傳「賓，導也」，本史記説，訓「平」爲「平均」，謬。下同。〇「寅賓出日」者，堯紀作「敬道日出」，以故訓代經。段云：「説文『寅』下云：『辰名。』『夤』下云：『敬惕也。』尚書古本多作『夤』字，故唐人引書多作『夤』。李仲璇孔子廟碑作『夤賓』，集韵引『寅餞』作『夤淺』也。」釋文：「賓，如字。徐音儐。」説文：「儐，導也。」或从手作「擯」，如字，非也。皮云：「大傳云：『古者帝王躬率有司百執事，而以正月朝迎日於東郊，以爲萬物先而尊事天也。祀上帝於南郊，所以報天德。迎日之辭曰：「維某年月上日，明光於上下，勤施於四方，旁作穆穆，維予一人某，敬拜迎日東郊。」迎日，謂春分迎日也。堯典曰「寅賓出日」，此之謂也。』蔡邕獨斷云：『天子父事天，母事地，兄事日，姊事月，常以春分朝日於東門之外，示有所尊，訓民人事君之道也。』正用大傳之義。帝命驗云：『春夏欲早作，故令民先日出而作，是謂「寅賓出日」。』其解經與大傳殊，蓋三家義異也。」釋文引馬云：「寅，從也。」孫云：「釋詁：『賓，服也。』『服』義近『從』。」書疏引鄭云：「謂春分朝日。」鄭亦用今文說。○「平秩東作」者，趙岐孟子萬章篇注引「平秩東作」，或三家今文有作「平」者，如「辯章」亦作「平章」之比。先謙案：以例下文夏秋冬，今文本皆當有作「平秩」者，大傳云：「東方者何也？動方也，物之動也。何以謂之春？春，出也，萬物之出也。故謂東方春也。」「平秩」一作「便程」者，堯紀如此，索隱云：「劉伯莊傳皆依古文作『平秩』音，然尚書大傳曰『辯秩東作』，則是訓『秩』爲『程』，言便課其作程者也。」正義云：「便、程，並如字，後同。耕作在春，故言東作。命羲、和恭勤道訓萬民東作之事，使有程期。」孫云：「平、便、秩、程，聲俱相近。說文『𢧢』：『从大戥聲。讀若詩「𢧢𢧢大猷」。』今作『秩』是也。平秩，謂使課其事。薛綜西京賦注：『程，謂課其技能也。』」皮云：「史記作『便程』，蓋歐陽尚書異文，非訓『秩』爲『程』也。」一作「辯秩」、一作「辨秩」者，索隱引大傳曰：「辯秩東作。」馮相氏注引「仲春辨秩東作，仲夏辨秩南譌，仲秋辨秩西成，仲冬辨在朔易」，賈疏云：「據書傳而言。」是鄭引今文，與索隱引合。辯、辨一字。風俗通祀典篇引青史子云：「歲終更始，辨秩東作，萬物觸户而出。」與大傳合。段云：「平、辨皆訓『使』，雒誥『伻來以圖』，賈昌朝羣經音辨作『平來以圖』，漢書劉向傳同；雒誥『伻來來示予』，漢人引作『辨來來示予』。釋文引馬云：『苹，使也。』案：詩桑柔傳：『荓，使也。』釋詁：『拼，抨，使也。』集韵十三耕云拼、抨、伻、迸、(疑當作「荓」。)平、苹六字同。詩、書作从艸之『荓』、『苹』，皆字之假借也。」古文一作「平豒」者，說文「豒」下云：「爵之次弟也。虞書曰：

『平豒東作。』」段云：「此蓋壁中古文，今本古文皆作『秩』，由孔安國以今文字讀之易『豒』爲『秩』也。壁書初出時少通其讀者，孔以隸書定其音讀，通其假借。如『豒』易爲『秩』，『卲』易爲『斷』，『𧑓』易爲『肆』，『𢦟』易爲『蠢』，此定其音讀也；如『𢻮』易爲『好』，『狟』易爲『桓』，『敀』易爲『伯』，『堋』易爲『朋』，『炪』易爲『拙』，『萛』易爲『蔑』，『緢』易爲『䫉』，此通其假借也。『豒』字不見於他經，許以會意說之云『爵之次第也』，爵與豊同爲禮器，故其字以豊弟會意。『秩』字經典多用，許以形聲說之曰『積也。从禾失聲』，引詩『稽之秩秩』，是則用爲次序之義。二字皆屬假借，近人云『豒』其本字，『秩』其借字，漫改『秩』爲『豒』，好古而不通其原也。」孫云：「月令：『天子迎春東郊，還反，賞公卿諸侯大夫於朝，命相布德和令，行慶施惠，下及兆民。』疑即謂此事。蓋依其爵秩次序而賞之也。」「東作」者，皮云：「趙岐孟子注：『東野人，東作田野之人。』書曰『平秩東作』，謂治農事也。」漢書王莽傳：『每縣則耕，以勸東作。每縣則薅，以勸南僞。每縣則穫，以勸西成。每縣則粟，以勸蓋藏。』後漢質帝紀、續漢禮儀志皆云：『方春東作。』蔡邕行考城頌云：『勸茲穡民，東作是營。』應劭漢書注：『東作，耕也。』是兩漢今文家以『東作』爲『耕』皆無異義。列子楊朱篇：『宋有田父，暨春東作。』則其義古矣。」書疏云：「鄭以『作』爲『生』，計秋言西成，春宜言東生。」駁云：「四時之功皆須作力，不可不言力作，直說生成也。」**日中，星鳥，以殷仲春。**日中，謂春分之日。鳥，南方朱鳥七宿。殷，正也。春分之昏，鳥星畢見，以正仲春之氣節，轉以推季孟則可知。○「日中，星鳥，以殷仲春」，今文與古文同。僞傳云「春分之昏，鳥星畢見」，書疏云：「馬、鄭以爲：星鳥、星火謂正在南方，春分之昏七星中，仲夏之昏心星中，秋分之昏虛星中，冬至之分昴星中，皆舉正中之星，不爲一方盡見。舉仲月以統一時。」孔氏直取「畢見」，迂闊。○「日中，星鳥」者，堯紀如此。「日中」者，月令：「仲春之月，日月分。」詩東方未明疏引馬云：「日中、宵中者，日見之漏，與不見者齊也。」鄭說同。書疏引馬云：「古制，刻漏晝夜百刻。晝長六十刻，夜短四十刻。晝短四十刻，夜長六十刻。晝中五十刻，夜亦五十刻。」孫云：「開元占經引張衡渾儀注云：『春分秋分，日在黃、赤二道之交，中去極俱九十一度少强。出卯入酉，晝行地上，夜行地下，俱一百八十二度半强。』後漢律曆志云：『孔壺爲漏，浮箭爲刻，下漏數刻，以考中星，昏明生焉。』禮樂記：『百度得數而有常。』注：『百度，百刻也。言日月晝夜不失正也。』是漏刻本古制也。月令疏引鄭注尚書云：『日見之漏五十五刻，不見之漏四十五刻。』與詩疏異者，月令疏云：『馬據日出日入爲限，蔡邕以爲星見爲夜。日入後三刻、日出前三刻，皆屬晝。晝有五十六刻，夜有四十四刻。』與鄭注『日見之漏與不見者齊』不同者，馬氏又多一刻屬晝。是漢曆之不同也。」「星鳥」者，大傳云：「主春者，張昏中。」則鳥即張也。天官書云：「張，嗉。」即鳥之嗉也。淮南子高注：「三月昏張，其星中于南方。」詩七月疏、釋文、文選陸士衡樂府注引鄭云：「星鳥，鶉火之方。」王鳴盛云：「南方三次：鶉尾、鶉火、鶉首。舉其中一次言之。僞傳以爲總舉南方朱鳥七宿，非也。」孫云：「大傳云：『天子南面，而視四星之中。』故說經者知昏中于南方也。張，南方朱鳥之宿。天官書：『七星，頸。』即鳥之頸。此云星鳥昏中爲仲春，南方七宿〔一〕，總爲鳥星，井星即鳥星之分，故云星鳥，與此同也。案：春分之昏，斗指卯，角、亢在卯，則井星、柳星、張正在南方也。以星鳥爲七星者，柳、七星即鳥之體。在七星之中，故曰正中。古無歲差之說，故鄭以月令舉其月

〔一〕「宿」字前原脫「南方七」三字，據孫星衍尚書今文古注疏原文補

初，尚書總舉一月，是中星不同。案：月令：「仲春之月，日在奎。」呂覽古樂篇：「黃帝鑄十二鐘，以和五音，以施英韶。以仲春之月，乙卯之日，日在奎，始奏之。」此先秦人説黃帝時日躔與周時無差之證，中星亦必同也。云「鶉火之方」者，南方三次，鶉首、鶉火、鶉尾，此言其中。後人疑仲春之月，星鳥未中，捌爲歲差之説，豈知經不言昏，更不以昏幾刻爲限。既舉仲月，鄭又以爲總舉一月，則昏後數刻，鳥星正中，無可疑矣。」○「以殷仲春」者，堯紀「仲」作「中」。皮云：「西嶽華山廟碑云：『皆以四時之中月。』」是今文作「中」。段云：「古字多以『中』爲『仲』，蓋古文亦然，後人改之。」釋文：「殷，馬、鄭云：『中也。』」文選陸士衡樂府注引鄭云：「春秋，言温涼也。」孫云：「殷，中，釋詁文。『春秋，言温涼』者，春温秋涼也。」**厥民析，鳥獸孳尾。** 冬寒無事，並入室處。春事既起，丁壯就功。厥，其也。言其民老壯分析。乳化曰孳，交接曰尾。○「厥民析」，今文與古文同。「鳥獸孳尾」，古文也，今文作「鳥獸字微」。段云：「史記集解云：『尚書「微」作「尾」。』説云：『尾，交接也。』」此用僞傳。『説云』轉寫作『説文云』，大誤。」○「厥民析」者，堯紀「厥」作「其」，故訓字。呂覽仲春〔一〕紀「耕者少舍」高注：「皆耕在野，少有在都邑者也。尚書曰：『厥民析。』散布在野。」風俗通祀典篇：「春者，蠢也，蠢蠢搖動。尚書：『以殷仲春，厥民析。』」段云：「厥，其，釋言文。若汗簡等之古文尚書作『氒』，則與爾雅不相應矣。」○「鳥獸字微」者，堯紀如此。孳、字，尾、微，古通用。説文「孳」下云：「汲汲生也。」「字」下云：「言孳乳而寖多也。」「尾」下云：「微也。」釋名釋形體云：「尾，微也。承脊之末稍微殺也。」江聲云

〔一〕「春」原誤作「夏」，據所引爲呂覽仲春紀文而改。

（後稱「江云」）：「魯語：『鳥獸孕。』韋昭注：『謂春時。』又曰：『鳥獸成。』韋注：『謂立夏，鳥獸以成。』是則春時鳥獸方字乳而尚微也。」**申命羲叔，宅南交。**申，重也。南交言夏與春交，舉一隅以見之。此居治南方之官。○「申命羲叔」，今文與古文同。「宅南交」，今文當作「度大交」，僞傳言「夏與春交」者，史記索隱云：「孔注未是。然則冬與秋交，何故下無其文？且東嵎夷、西昧谷、北幽都，三方皆言地，而夏獨不言地，乃云與春交，斯不例之甚也。」○「申命羲叔」者，堯紀如此。○「度大交」者，（「度」義見上。）堯紀作「居南交」，「度」作「居」，故訓字。古文作「南交」，此史公用古文說之一也。大傳云：「堯南撫交阯。」先謙案：交阯即大交，墨子節用篇：「古者堯治天下，南撫交阯，北際幽都。」韓子十過篇文同，淮南修務訓：「堯北撫幽都，南道交阯。」說苑反質篇：「臣聞堯有天下，其地南至交阯，北至幽都，東西至日所出入。」大戴禮少閒篇：「虞舜以天德嗣堯，朔方幽都來服，南撫交阯。」以交阯、幽都對舉，南交即交阯無疑。大傳無北服幽都，文不具耳。大傳又云：「中祀大交。」鄭注：「中，仲也，古字通。春爲元，夏爲仲。五月南巡守，祭大交之氣於霍山也。南交稱大交，書曰『宅南交』是也。」段云：「疑今文作『大交』，鄭以古文釋之。凡鄭注大傳言『書曰』、『經曰』者，皆謂古文尚書。」王引之云：「大傳所稱皆今文，鄭注大傳所引皆古文，是古文作『南交』，今文作『大交』。幽都，山名。大交與之相對，則亦山名。」先謙案：書疏引鄭云：「夏不言『曰明都』三字，摩滅也。」駁云：「伏生所誦與壁中舊本並無此字，非摩滅也。」**平秩南訛，敬致。**訛，化也。掌夏之官，平叙南方化育之事，敬行其教，以致其功。四時同之，亦舉一隅。○「平秩南訛」，今文與古文同，一作「便程南爲」，一作「辨秩南僞」。「敬致」，今文與古文同。劉云：「僞傳說與王肅云『夏無「明都」，避「敬致」』意合，非也。『敬致』即周官馮相氏義，（見下。）舉一隅也。」○「平秩南訛」者，説見上。（後同，不復出。）一作「便程南爲」者，堯紀如此，（據官本作「爲」，汲古本作「譌」。）索隱：「爲，依字讀。春言東作，夏言南爲，皆是耕作營爲勸農之事。孔强讀爲『訛』字，雖則訓『化』，解釋亦甚紆回也。」段云：「據此，知孔本作『南爲』。鄭注『東作』曰生，則知『南爲』鄭必訓『化』，由生而化、而成，是禾之節次。淮南天文訓曰『禾不爲』，『菽麥不爲』是也。小司馬直云作、爲同義，則『爲』混於東作；高誘注：『爲，成也。』則『爲』混於西成。僞傳亦合古音義，而淺人謂『爲』不得訓『化』，必是孔讀作『訛』，衛包因徑改爲『訛』字，則言音義者誤之也。小司馬，開元時人，其所據尚是『南爲』。」一作「辨秩南僞」者，馮相氏鄭注引如此。段云：「釋文：『僞，五禾反。』今俗本改注作『南譌』，並妄改釋文之『僞』作『譌』，而宋本釋文不誤。（葉林宗影鈔宋本，在蘇州朱奂文游處。通志堂本作『譌』，非。）羣經音辨『人部』：『僞，化也。音訛。』引書『平秩南僞』。此據周禮音義。集韵、類篇亦本之曰：『僞同吪，吾禾切。』古僞、爲通用，荀卿書分別性與僞，人爲曰僞也。漢書王莽傳：『予之南巡，必躬載耨，每縣則薅，以勸南僞。』顔注：『僞，讀曰「訛」。訛，化也。』莽用今文，此今、古文同作『僞』之證。顔注即用僞孔而增『讀曰「訛」』數字。僞孔注書，大致倣毛詁訓傳，無『讀爲』、『讀曰』之例。」皮云：「以『南僞』爲耘薅，亦今文説。大傳云：『南方者何也？任方也。任方者，物之方任。何以謂之夏？夏者，假也，吁荼萬物養之外者也，故曰南方夏也。』」○「敬致」者，堯紀如此。江云：「馮相氏：『冬夏致日，春秋致月，以辨四時之叙。』注：『冬至日在牽牛，景長三尺。夏至日在東井，景尺五寸。此長短之極，極則氣至，冬無僁陽，夏無伏陰。春分日在婁，秋分日在角，而月弦於牽牛、東井，亦以其景知氣至不。春秋冬夏氣皆至，則是四時之叙正矣。』」左桓十七年傳：『日官居卿以底日。』漢律曆志注：『蘇林曰：「底，致也。」』」**日永，星**

火，以正仲夏。永，長也。謂夏至之日。火，蒼龍之中星。舉中則七星見可知。以正仲夏之氣節，季孟亦可知。○「日永，星火，以正仲夏」，今文與古文同。○「日永，星火」者，堯紀如此。「日永」者，白虎通日月篇：「日所以有長短何？陰陽更相用事也。故夏節晝長，夏日宿在東井，出寅入戌。」凡十二時，日見有其八，故極長也。書疏引馬云：「日長，則晝漏六十刻，夜漏四十刻。」挈壺氏疏、詩東方未明疏及書疏引鄭云：「日長者，日見之漏五十五刻，於四時最長也。日不見之漏四十五刻。」孫云：「考靈燿鄭注：『九〔一〕日增減一刻。』計春分至夏至九十二日，當增十刻。春分晝漏五十刻，則夏至六十刻矣。此與馬義異者，馬云春秋分晝夜五十刻，據日見之漏。若兼日未見、日没後五刻，晝五十五刻，夜四十五刻。若夏至，晝六十刻，通日未見、日没後五刻，則晝六十五刻，夜三十五刻。一年通閏有三百六十五日四分日之一，四分之閒九日有餘，較一刻爲率是也。吕覽高注：『夏至之日，晝漏水上刻六十五，夜漏水上刻三十五。』各不同者，日自長至漸長，日增刻數，各據一月上中下旬言之也。」「星火」者，考靈燿云：「立夏者，心星昏中。」則火即心也。又云：「鳥星爲春候，火星爲夏期，專陽相助，同精感符。」詩七月疏引鄭云：「星火，大火之屬。司馬之職，治南岳之事，得則夏氣和。夏至之氣，昏火星中。」孫云：「月令：『仲夏，昏亢中。』仲夏斗指午，杓攜龍角。角、亢在午，則氐、房、心尚在巳。此云『星火』，與月令不同者，月令疏引鄭荅孫顥云：『星火非謂心星也。卯之十三度總爲大火，其曰大火之次有心者，月令舉其月初，尚書總舉一月，故不同也。』案：月令是月朔登明堂頒政之書，故據朔日之昏言

〔一〕「九」原誤作「五」，據尚書堯典疏引考靈燿鄭注原文改。

之。尚書總舉一月，通朔至晦而言。仲夏之晦，與季夏之朔，僅差一日，火星已移至午矣。後世求其說不得，疑爲歲差，不察鄭義。蓋歲氣有差，日躔盈縮使然。天體無差，二十八宿隨斗杓視而可識也。云『星火，大火之屬』者，夏小正：『五月，初昏大火中。』傳曰：『大火者，心也。』是星火即大火，亦即鶉火也。云『夏至之氣〔二〕，昏火星中』者，夏至火星未中。月令疏引鄭志，總舉一月，則夏至在五月上旬，加十五日小暑，又十五日大暑，角、亢西移，火亦正中矣。」○「以正仲夏」者，堯紀「仲」作「中」，說見上。**厥民因，鳥獸希革。**因，謂老弱因就在田之丁壯以助農也。夏時鳥獸毛羽希少改易。革，改也。○「厥民因，鳥獸希革」，今文與古文同。○「厥民因」者，堯紀「厥」作「其」。孫云：「釋詁：『儴，因也。』說文：『漢令，解衣耕謂之襄。』蓋謂民相就而助成耕耨之事。」○「鳥獸希革」者，堯紀如此。詩斯干疏引鄭云：「夏時，鳥獸毛疏皮見。」孫云：「『希』，『稀』省文。說文：『稀，疏也。从禾希聲。』說文無『希』。蓋『黹』字省文。漢書鼂錯傳：『揚粵之地，鳥獸希毛，其性能暑。』鄭以希爲疏，用說文義。革爲皮者，說文：『革，獸皮治去其毛，革更之。』」**分命和仲，宅西，曰昧谷。**昧，冥也。日入於谷而天下冥，故曰昧谷。昧谷曰西，則嵎夷東可知。此居治西方之官，掌秋天之政也。○「分命和仲」，今文與古文同，一作「申命和仲」。「宅西」，古文也，今文作「度西」。「曰昧谷」，僞古文也，今文作「曰桺谷」，一作「曰柳穀」；古文當作「曰丣谷」。○「分命和仲」者，縫人鄭注引書曰：「分命和仲，度西，曰桺穀。」既與「度西」句連引，知今文作「分命」也。一作「申命和仲」者，堯紀如此。孫云：「申，重，釋詁

〔二〕「氣」字原脫，據詩七月疏引鄭注原文補。

文。以和仲即羲、和之和，承乃命，曰重命也。」先謙案：孫説是也。羲、和即四子，故夏秋冬三重命，承乃命言之，羲仲司春居首，特冠「分」字以明，上總下分，非有異人，經文簡而義見。蓋歐陽本與夏侯異，較以二分承二申言者爲長。○「度西」者，縫人鄭注引如此，堯紀作「居西土」，以故訓代經。集解引徐廣曰：「一無『土』字。」又引鄭云：「西者，隴西之西，今人謂之兑山。」先謙案：漢書地理志「隴西郡」有「西縣」，後漢改屬漢陽。一統志：「故城今秦州西南百二十里。禹貢嶓冢山在境内。」○僞古文「曰昧谷」、今文「曰桺谷」、古文「曰丣谷」者，堯紀作「曰昧谷」，集解引徐廣曰：「一作『桺谷』。」段云：「壁書作『卯谷』，鄭讀作『昧谷』。吴志虞翻傳注引翻别傳曰：『翻奏鄭注尚書違失四事：一曰古大篆「丣」字讀當爲「桺」，古桺、丣同字，而以爲「昧」，甚違不知蓋闕之義。』又云古篆「丣」字反以爲「昧」。」按虞翻言，則鄭本作『丣』。鄭云『丣』讀當爲『昧』，虞意今文作『桺』近是，故非之也。裴松之云：『翻謂大篆「丣」字讀當爲「桺」。竊謂翻言爲然，與日辰「丣」字字同音異。』據裴語，益證經文作『丣』，鄭讀作『昧』矣。虞説鄭失，『丣』即『桺』而誤易爲『昧』，與『月』似『同』而從誤作『同』、『兆』似『𠔁』而從誤作『𠔁』、『洮』『濯』音近而更『洮』爲『濯』，四事一例。僞孔作『昧』即用鄭説。僞孔意謂壁中『丣』字孔安國已易爲『昧』，在鄭之前，非鄭刱見也。余案：史記用今文。徐云一作『桺』者，是司馬真本；今作『昧』者，淺人以所習古文改之也。或疑班書説史記堯典諸篇多古文説，余謂至鄭而後讀『丣』爲『昧』見駁於虞翻，司馬安能逆知而從之乎？虞以爲壁中『丣』字即伏書『桺』字，其云讀當爲『桺』者，據伏書而云然。余謂虞説非也。伏作『桺』者，蓋其壁書本作『桺』，或作『丣』而伏讀爲『桺』，皆未可定。『丣』者，古文『酉』字。『桺』從『丣』聲，古字多同聲假借。虞見鄭注『丣』讀當爲『昧』之説，疑其何不讀爲『桺』較有依據。以余審之，卯、丣二字易溷，壁中必是『丣』字，鄭於雙聲求之而讀爲『昧』，正與詩箋茅蒐韎聲、茅韎雙聲一例。若壁中是『丣』字，則鄭豈不能比合今文『桺谷』爲說？伏生作『桺』，孔壁作『丣』，形聲皆畧相似，（丣、丣古音同在第三部尤幽內。）虞不細考，輒謂壁中與伏生合，而妄譏鄭。裴亦云『丣』與『卯』字同音異，夫二字，豈得云同哉！」皮云：「書疏引夏侯等書『昧谷』爲『柳谷』，是今文作『柳谷』之明證。案：莊述祖云：『説文「丣」，古文「酉」字。「丣爲春門，萬物以出；酉爲秋門，萬物以入。」故秋曰丣谷。伏生借「桺」作「丣」，如字讀之，今文之誤。漆書本作「丣」，鄭誤以爲「丣」而讀「昧」，虞又從今文以改古文。今當從古文正作「丣」。』愚謂莊説非是。論衡説日篇：『儒者論日旦出扶桑，暮入細柳。扶桑，東方地；細柳，西方野也。桑、柳，天地之際，日月常所出入之處。』蓋柳谷即細柳之地，故索隱以爲日入處地名。東爲暘谷，西爲柳谷，相對爲義，不必作『丣』字。」今文一作「曰柳穀」者，縫人「衣翣柳之材」鄭注：「柳之言聚，諸飾之所聚。書曰：『分命和仲，度西，曰柳穀。』故書『柳』作『樻』，鄭司農讀爲『桺』。」賈疏：「『書曰』者，是濟南伏生書傳文。（俗本誤作書「桺」。）桺者，諸色所聚。日將没，其色赤，兼有餘色，故曰桺穀。」大傳云：「秋祀桺穀華山。」鄭注：「八月西巡守，祭桺穀之氣於華山也。桺，聚也。齊人語。」據此，今文作「谷」，亦作「穀」。其實作「穀」字者，亦即假借爲「谷」。大傳用假借，史記、夏侯等書用本字，乃三家異文。谷、穀古通。莊子「臧與穀二人相與牧羊」，崔譔本「穀」作「谷」是其證也。桺谷乃日入處地名，鄭、賈訓「桺」爲「聚」，非今文義。

寅餞納日，平秩西成。餞，送也。日出言導，日入言送，因事之宜。秋，西方，萬物成。平序其政，助成物。○「寅餞納日」，僞古文也。今文作「寅餞入日」，古文當作「寅淺納日」。「平秩西成」，今文與古文同，一作「便程西成」，一作「辯秩西成」。僞傳「餞，送也」本今文義。○僞古文「寅餞納日」、今文「寅餞入日」、古文「寅淺納日」者，經文「納」本作「入」，僞孔改之也。堯紀作「敬道日入」，以故訓代經，「道」猶「導」，導兼迎、送二義。寅賓迎日之出，故云「敬道日出」；寅餞送日之入，故云「敬道日入」。大傳云：「『寅餞入日，辯秩西成。』傳曰：天子以秋命三公將率選士厲兵，以征不義，決獄訟，斷刑罰，趣收斂，以順天道，以佐秋殺。」帝命驗云：「秋冬欲早息，故令民候日入而息，是謂『寅餞納日』。（「納」當爲「入」，淺人所改。）春迎其來，秋送其去，無不順。」王應麟漢藝文志考載漢人引書異字作「寅餞入日」者，今文；作「夤淺納日」者，古文也。大戴禮五帝德篇：「帝嚳曆日月而迎送之。」與今文義合。大傳以寅賓出日爲春分朝日，此文缺焉，弗詳。然據鄭注以寅賓出日爲春分朝日，與大傳同，則此注以寅餞納日爲秋分夕月，亦必與大傳同。鄭亦用今文義也。段云：「『納』當爲『內』，其誤已久，『內』讀入聲。凡古文『出內』字，今文多作『入』，如『寅餞入日』，見大傳；『內于百揆』作『偏入百官』，『內于大麓』作『入于大麓』，『出內朕命』作『出入朕命』，『出納五言』作『出入五言』，『內錫大龜』作『入賜大龜』，見史記，皆今文本文如此，非史公所易。」古文當作「寅淺納日」，藝文志考引如此。釋文：「餞，賤衍反。馬云：『滅也。滅猶没也。』」段云：「集韻：『淺，在演切。滅也。書：「夤淺納日。」馬融讀。通作「餞」。』案：馬意不讀爲『餞』，直就『淺』字訓爲薄迫之義，故云『滅也。滅，猶没也』。羣經音辨云：『淺，送也，滅也。音餞。書：「寅淺納日。」』」江云：「士虞禮鄭注：『古文餞爲踐。』是餞、踐同字。今文尚書作『餞』，古文或作『踐』，亦作『淺』。『踐』與『淺』義相近。鄭注成王政序訓『踐』爲『滅』。馬云：『淺，滅也。』是以『踐』爲『淺』。」○「平秩西成」者，崔駰西巡頌云：「惟秋穀既登，上將省斂，平秩西成。」此今文作「平秩」之證。一作「便程西成」者，堯紀如此。一作「辯秩西成」者，大傳如此。引見上。大傳又云：「西方者何也？鮮方也。鮮，訊也。訊者，始入之皃。始入者，何以謂之秋？秋者，愁也。愁者，萬物愁而入也。故曰西方者秋也。」白虎通情性篇：「西方亦金，成萬物也。」**宵中，星虛，以殷仲秋。**宵，夜也。春言日，秋言夜，互相備。虛，玄武之中星。亦言七星皆以秋分日見，以正三秋。○「宵中，星虛」，今文與古文同。「以殷仲秋」，古文也，今文作「以正中秋」。○「宵中，星虛」者，堯紀「宵」作「夜」，故訓字。挈壺氏疏引鄭云：「夜中者，日不見之漏與見者齊。」孫云：「注意與『日中』同。馬義亦如此。惜已缺略。司寤氏鄭注：『宵，定昏也。書曰：「宵中，星虛。」』」「星虛」者，詩、月令疏引鄭云：「虛，玄武中虛宿也。」孫云：「天官書：『北宮玄武，虛。』月令疏云：『「仲秋之月，昏牽牛中。」尚書曰：「宵中，星虛。」其仲冬之月云：「東壁中。」尚書云：「日短，星昴。」不同者，亦是月令舉其初朔，尚書總舉一月之中，理亦不異。孔注尚書與此則別。』案：牽牛亦北宮七宿。經文不限初昏宵分，則虛亦移而南矣。」○「以正中秋」者，堯紀如此。廣雅釋詁：「殷，正也。」**厥民夷，鳥獸毛毨。**夷，平也。老壯在田與夏平也。毨，理也。毛更生整理。○「厥民夷，鳥獸毛毨」，今文與古文同。古文一作「鳥獸毴毨」。僞傳「毨，理也。毛更生整理」，本鄭說。○「厥民夷」者，堯紀作「其民夷易」。臧琳云（後稱「臧云」）：「當是以『易』代『夷』，轉寫誤兩存之。易，平也。」孫云：「夷，當讀如泰誓『夷居』之『夷』。謚法解：『安心好靜曰夷。』時無農功也。」○「鳥獸毛毨」者，堯紀如此。司裘疏引鄭云：「毨，理也。毛更生整理。」說文「毨」下云：「仲秋鳥獸毛盛，可選取以爲器用也。从毛先聲。讀若『選』。」孫云：「此賈、馬諸君孔壁古文說。」古文亦作「鳥獸毴毨」。段云：「司裘注：『中秋鳥獸毴毨。』釋文：『毴，音毛。』集韻：『毛，亦作「毴」。』此蓋壁中堯典古文。鄭未定爲『毛』字，（倘是『毛』字，則不當與下文『毛』異體。）故仍其舊。如巾車故書有

『⿰馬毛』字，亦或爲『⿱甚毛』。⿰馬毛者，『鬣』之古文。⿱甚毛者，『氄』之譌體。釋文云『⿰馬毛，或音毛』者，或以爲『髦』字也。釋文之『⿺毛隹音毛』，用今本尚書定之。今本古文尚書，蓋自孔安國、都尉朝、膠東庸生，久易『⿺毛隹』爲『毛』矣。鄭不易之，或別有見。」

申命和叔，宅朔方，曰幽都。平在朔易。 北稱朔，亦稱方。言一方則三方見矣。北稱幽，則南稱明從可知也。都，謂所聚也。易，謂歲改易於北方，平均在察其政，以順天常。上總言羲、和敬順昊天，此分別仲、叔，各有所掌。

○「申命和叔」，今文與古文同。「宅朔方」，古文也，今文作「度北方」。「曰幽都」，今文與古文同。「平在朔易」，古文也；今文作「便在伏物」，一作「辯在朔易」。僞傳云「北稱幽，則南稱明從可知也」，影附鄭說「曰明都」爲言。（見上。）

○「申命和叔」者，堯紀如此。○「度北方」者，堯紀「度」作「居」，故訓字。皮云：「大傳云：『北方者何也？伏方也。』大傳於『朔易』云：『朔，始也。』而朔方『朔』字無訓，則伏生今文不作『朔方』。」○「曰幽都」者，大傳云：「幽都宏山祀。」鄭注：「宏山，恒山也。十有一月朔巡守，祭幽都之氣於恒山也。互言之者，明祭山北稱幽都也。」淮南地形訓：「西北方曰不周之山，曰幽都之門。」高注：「幽，闇也。都，聚也。玄冥將始用事，順陰而聚，故曰幽都之門。」幽都，即幽州也，下文「流共工於幽州」，莊子、淮南子作「幽都」。○「便在伏物」者，堯紀如此，索隱：「使和叔察北方藏伏之物，謂人畜積聚等冬皆藏伏。尸子亦曰：『北方者，伏方也。』尚書作『平在朔易』。今案：大傳云『便在伏物』，太史公據之而書。」又大傳云：「北方者何也？伏方也。伏方也者，萬物伏藏之方。伏藏之方，則何以謂之冬？冬者，中也。中也者，萬物方藏於中也，故曰北方冬也。」一作「辯在朔易」者，大傳云：「『辯在朔易，日短，星昴。』朔，始也。傳曰：天子以冬命三公，謹蓋藏，閉門閭，固封境，入山澤田獵，以順天道，以佐冬固藏也。」段云：「此『朔易』二字，乃淺人所改。『朔，始也』三字，亦淺人妄增。『命三公』云云，所謂辯在伏物，絶無始易之意。漢人多用今文尚書，王莽傳『予之北巡，以勸蓋藏』，蓋藏即伏物，此今文説也。」侯康云：「段説非也。段所疑者，以大傳下數語絶無始易之意。然大傳於『辯秩西成』傳，亦與西成意不相涉，蓋渾舉大意而已。況書疏引王肅此注云：『改易者，謹約蓋藏，循行積聚。詩：「嗟我婦子，曰爲改歲，入此室處。」言人物皆易。』正與大傳意合。使大傳果爲『伏物』言之，王肅必不取以解『朔易』，此今文之不作『伏物』又一證也。」皮云：「段、侯二説皆失之。御覽引大傳作『辯在朔易』，與賈疏合，不得以『朔易』非大傳説。史記作『便在伏物』，小司馬以爲據大傳，亦不得以『伏物』非大傳説也。其所以異者，大傳乃伏生没後，歐陽、張生各記所聞，蓋亦如三家今文互有同異，故『伏物』、『朔易』二本不同。若以今文必不作『伏物』，大傳明曰『北方者何？伏方也』，伏方即北方，與伏物義合，不必定作『朔方』，始與上東南西三方相配也。王肅亂經之人，其説何足依據。肅蓋影附『朔易』、『伏物』二義，而兼用之耳。」**日短，星昴，以正仲冬。** 日短，冬至之日。昴，白虎之中星，亦以七星並見，以正冬之三節。○「日短，星昴，以正仲冬」，今文與古文同。○「日短，星昴」者，堯紀如此。「日短」者，白虎通日月篇：「冬節夜長，冬日宿在牽牛，出辰入申。」凡十二時，日見有其四。故極短也。呂覽「日短至」高注：「冬至之日，晝漏水上刻四十五，夜漏水上刻五十五。」史記集解及書疏引馬云：「日短，晝漏四十刻，夜六十刻。」挈壺氏疏引鄭云：「日見之漏四十五刻，於時最短。」與高説同。「星昴」者，考靈耀云：「虚星爲秋候，昴星爲冬期，陰氣相佐，德乃不邪，子助母收，母合子符。」詩七月疏引鄭云：「昴，白虎中宿也。」孫云：「天官書：『西宮咸池。參爲白虎。』昴與參連體。」宋翔鳳云（後稱「宋云」）：「後世言歲差者，據堯典、月令謂唐、虞與周末中星輒差一月。漢儒未嘗言也。

劉歆三統術推昏旦中星，（見月令疏。）二月節，昏，井廿二度中；春分，昏，柳五度中；三月節，昏，張二度中；清明，昏，翼四度中。則春分之後七星已中。月令頒月朔之令，故紀月初之中星；堯典敬授民時，必俟一月之中氣。（季春之初二月，中氣未盡，故可云七星中。）三統術推五月節，昏，氐二度中；（仲夏之初四月，中氣未盡，故月令五月言昏亢中也。）五月中，昏，房二度中；六月節，昏，尾七度中；（季夏之初五月，中氣未盡，故月令言昏火中也。）則夏至後大火已中。三統術推八月節，昏，斗十六度中；八月中，昏，女三度中；九月節，昏，虛二度中。則秋分後虛星已中。是堯典與月令未始相差也。惟三統術言大雪，昏，壁五度中；冬至，昏，奎十度中；小寒，昏，婁十度中；大寒，昏，昴二度中。馬、鄭以爲冬至昴昏中，三統術冬至則昴實未中，似未可通。案：大寒前一日昴初度已中，節氣可入前月，是昴星中適是十一月晦，則是月爲無中氣之月，而閏月生焉。堯典紀星昴於仲冬，乃閏月定四時之法也。說歲差者又云夏小正星象與堯典合，與月令輒差一氣。此更不然。小正『正月：初昏參中』，與月令孟春昏參中，未嘗差也。小正惟『四月：南門正』，『五月：大火中』，與月令昏中星不合。然小正正月始啟蟄，十月記時有養夜，其節氣已入前月，則南門、大火亦是後月之節氣，於前月紀之也。至小正『八月：辰則伏』，辰是房而非心。周書周月冬至『日月俱起於牽牛之初』，是中氣而非節氣，（月令仲冬月在斗，三統術大雪日在斗十二度，冬至日在牛初度，其節氣與月令同，其中氣與周月同。）後儒必謂周初在牽牛，周末在南斗者，俱不辨自明。又案：小正『正月：啟蟄』，莊氏說推正月甲寅朔旦啟蟄爲曆元，以夏正建寅也；周月篇：「惟一月〔二〕，既南至。」此以朔旦冬至爲日月權輿，此周正建子也，故推朔旦冬至；堯正建丑，故推朔旦大寒以定曆，並據中氣也。一行日度議云：「梁武帝據虞劆術百八十六年差一度，則唐、虞之際日在斗牛間，而冬至昴尚未中，以爲皆承閏後，節前月卻使然。」予案：節前月却者是也，然惟昴中爲承閏後，以見建丑之法以爲四仲皆承閏後，則爲支離，宜一行以頓有四閏譏之也。」○「以正仲冬」者，堯紀「仲」作「中」，說見上。**厥民隩，鳥獸氄毛。**隩，室也。民改歲入此室處，以辟風寒。鳥獸皆生耎毳細毛以自温焉。○「厥民隩」，今、古文並當作「厥民奧」。「鳥獸氄毛」，今文與古文同，古文一作「鳥獸褎毛」，一作「鳥獸毴髦」。○「厥民奧」者，堯紀作「其民燠」，厥、其，故訓字。釋文：「隩，馬云：『煖也。』」段云：「史記當作『奧』，後人因馬訓加火旁。但讀『奧』爲『燠』，自可引伸兼煖義，不俟加火旁。洪範說『庶徵』字本作『奧』，史記、漢書、公羊傳注皆然。又古文亦本作『奧』，故僞孔云『室也』。書疏引爾雅：『室西南隅爲奧。』經文斷不作『隩』。釋宮音義雖云：『奧，本或作「隩」。』然又云：『尚書並說文皆云：「奧，室也。」』可證尚書經傳本作『奧』字。文選赭白馬賦李注云：『鄭玄尚書注曰：「奧，內也。」』此鄭注古文作『奧』之明證。」○「鳥獸氄毛」者，堯紀如此。釋文：「氄，馬云：『温柔貌。』」皮云：「漢書鼂錯傳：『夫胡、貉之地，積陰之處也，木皮三寸，冰厚六尺，食肉而飲酪，其人密理，鳥獸毳毛。』錯親受書於伏生，疑今文有作『毳毛』者。」一作「褎毛」者，說文「褎」下云：

〔二〕「月」原誤作「日」，據周書周月篇原文改。

「虞書曰：『鳥獸褎毛。』从朕从衣。」一作「氄毷」者，說文「氄」下云：「毛盛也。从〔二〕毛隼聲。虞書曰：『鳥獸氄毷。』」段云：「蓋壁書如是。玉篇：『氄，衆也，聚也。』『毷』同。」**帝曰：「咨，汝羲暨和，朞三百有六旬有六日，以閏月定四時成歲。**咨，嗟。暨，與也。帀四時曰朞，一歲十二月，月三十日，正三百六十日，除小月六爲六日，是爲一歲有餘十二日〔三〕，未盈三歲足得一月，則置閏焉，以定四時之氣節，成一歲之曆象。○「帝曰：『咨，汝羲暨和』」，古文也，今文無。「朞三百有六旬有六日，以閏月定四時成歲」，今文與古文同，「朞」一作「歲」。古文「朞」一作「稘」，今文「定」一作「正」。○「帝曰：『咨，汝羲暨和』」者，堯紀及漢書律曆志皆無此七字，非消文。段云：「『女』者，對己之詞，假借之字本如字讀，後人改爲『汝』字，非也。女、爾雙聲，『爾』古音近禰，今俗用『伱』字，見玉篇，即古『爾』字。經籍中絕不用『汝』字。自唐天寶、開寶兩朝荒陋，尚書全用『汝』字，與羣經乖異。如此條音義必同他經有『女音汝』之文，因衛包既改尚書之『女』爲『汝』，開寶中陳鄂遂删音義。暨，壁書當作『臮』，以許引『臮咎繇』知之。蓋亦漢人以今文讀爲『暨』，『臮』字罕識，故易之。」○「朞三百有六旬有六日」者，白虎通四時篇作「朞三百有六旬有六日」，四時篇又云：「所以名爲歲何？歲者，遂也。三百六十六日一周天，萬物畢成，故爲一歲也。」元命包云：「歲之言遂也。」宋均注：「遂，出也。出行事於所直辰也。」「朞」一作「歲」者，堯紀作「歲三百六十六日」，易「旬」爲「十」，以故訓

〔二〕「从」原誤作「以」，據說文解字原文改。

〔三〕「日」原誤作「月」，據阮元刻本僞孔傳原文改。

代之。漢書律曆志作「歲三百有六旬有六日」，知堯紀約文，刪兩「有」字。古文「朞」一作「稘」者，説文「稘」下云：「復其時也。从禾其聲。唐書曰（據小徐本。大徐作「虞書」。）『稘三百有六旬』。」段云：「作『稘』者，壁中故書；作『期』者，孔安國以今字讀之，易『稘』爲『期』也。宋次道家之古文尚書作『𣍘』，則好事者皮傅『期』字古文爲之而已矣。」○「以閏月定四時成歲」者，漢書律曆志、白虎通四時篇、公羊隱元年傳注並如此。白虎通日月篇：「月有閏餘何？周天三百六十五度四分度之一，歲十二月，日過十二度，故三年一閏，五年再閏，明陰不足陽有餘也。故讖曰：閏者陽之餘。」獨斷云：「閏月者，所以補小月之減日以正歲數，故三年一閏，五年再閏。」淮南天文訓：「日行十三度七十六分度之二十六，二十九日九百四十分日之四百九十九而爲月，而以十二月爲歲。歲有餘十日九百四十分日之八百二十七，故十九歲而七閏。」後漢律曆志引杜預長曆云：「書稱『朞三百有六旬有六日』云云。是以天子必置日官，諸侯必置日御，世修其業，以考其術。舉全數而言，故曰六日，其實五日四分之一日。日行一度，而月行十三度十九分度之有畸。日官常會集此之遲疾，以考成晦朔，錯綜以設閏月。閏月無中氣，而斗指兩辰之閒，所以異於他月也。積此以相通，四時八節無違，乃得成歲。其微密至矣。得其精微，以合天道，事序而不悖。」今文「定」一作「正」者，堯紀作「以閏月正四時」，無「成歲」二字，蓋因上「朞」作「歲」而刪約其文。孫云：「詩疏引孫炎爾雅注：『定，正也。』」段云：「困學紀聞曰：『晁景迂云古文「定」作「正」。開元誤作「定」。』（閻若璩云：「『開元』當作『天寶』。」）案：晁氏所謂古文，即宋次道、王仲至家之古文尚書，薛季宣書古文訓作『正』是也。此竊史記『正』字，晁氏臆斷耳。衛包自改僞孔作傳之古文，非改宋次道家之古文也。」公羊隱元年傳疏引鄭云：「以閏月推四時，使啟閉分至不失其常，著之用成歲曆，將以授民時，且記時事。」孫云：「分謂春分、秋分，至謂夏至、冬至，啟謂立春、立夏，閉謂立秋、立冬。是爲八節。推四時以置閏，皆當其節，不失其正，則歲曆成，所謂舉正於中也。」**允釐百工，庶績咸熙。**」允，信。釐，治。工，官。績，功。咸，皆。熙，廣也。言定四時成歲曆，以告時授事，則能信治百官，衆功皆廣。歎其善。○「允釐百工，庶績咸熙」，今文與古文同，一作「庶績咸喜」。○「允釐百工」者，堯紀作「信飭百官」，孫云：「易噬嗑鄭注：『飭，猶理也。』詩傳：『釐，理也。』釐、飭同義。詩傳：『工，官也。』」漢書律曆志作「允釐百官」，並以故訓代經。○「庶績咸熙」者，蔡邕薦皇甫規表：「臣聞唐、虞以師師咸熙。」太尉橋公廟碑：「庶績既熙。」此今文作「熙」之證。堯紀作「衆功皆興」，漢書律曆志引作「衆功皆美」。熙，興，釋詁文，郭注引書：「庶績咸熙。」下「熙帝之載」，舜本紀作「美堯之事」。是「熙」兼興、美二義。史、漢並以訓故字代。段云：「釋詁：『熙，光也。』周語、毛詩傳皆云：『熙，廣也。』鄭、虞、韋皆曰『廣當爲光』，美即光意，僞孔泥周語而不從爾雅，此其有心異鄭者。古廣、光字通，如『積厚者流光』即流廣是也。」一作「庶績咸喜」者，楊雄美新云：「百工伊凝，庶績咸熹。」雄所用，皆今文。段云：「疑今文尚書別本作『咸熹』，熹、熙古通用。（見文選注引李登聲類。）賈魴作滂熹篇，言滂沱大盛，（見書斷。）或誤作『滂喜』，（隋書經籍志及庾元威論書。）匡謬正俗亦言『熹』誤爲『喜』字，誤讀『喜』音。然則『咸喜』，『咸熹』之誤。」皮云：「段說非。漢膠東令王君碑云：『庶績咸喜。』續漢律曆志云：『今欲改行四分，以遵於堯，以順孔聖奉天之文。冀百君子越有民，同心敬授，獲咸喜，以明予祖之遺功。』皆作『咸喜』，與美新所引合，是『喜』非『熹』字之誤。今文尚書本然也。」

帝曰：「疇咨若時登庸？」疇，誰。庸，用也。誰能咸熙庶績順是事者，將登用之。○「帝曰：『疇咨若時登庸』」，今文與古文同，一作「訓咨」。古文一作「𤾊咨」。○「帝曰：『疇咨若時登庸』」者，漢西嶽華山廟碑「是以唐、虞疇咨四嶽」是其證。一作「訓咨」者，漢劉寬碑「訓咨儒林」，魏元丕碑「訓咨羣寮」，吴谷朗碑「訓咨羣司」，後漢書崔篆慰志賦云「亦號咷以訓咨」，是其證。書疏云：「咨，嗟。嗟人之難得也。」先謙案：方言：「疇，誰。」繼以嗟歎，堯獨憂深念，史臣狀其語聲如此。段謂當作「咨疇」，「而倒易二字者，史臣紀帝語恐失其真，不求明順」。未解其意。古文一作「𤾊咨」者，説文「𤾊」下云：「詞也。从白𢎘聲。虞書曰：『帝曰𤾊咨。』」段云：「此壁書也。蓋孔安國以今文讀之，改爲『疇』，訓爲『誰』，依漢人所習用也。『𤾊』字从白，白者，『自』之省。自，鼻也。詞言之气從鼻出，與口相助。『𤾊』从自，故訓爲『詞』。説文『𠷎』下云『誰也』，然則『誰』之訓，當作『𠷎』；『詞』之訓，當作『𤾊』；『田』之訓，當作『疇』。（説文「⿰日𢎘」字。）𤾊、𠷎字皆不行，漢人多假『疇』訓『誰』，堯典五『疇』字，壁書蓋皆作『𤾊』，許止偁其一。近人注尚書者，依用説文分別異義，似是而非。凡治經不得以本字易其假借字。」堯紀作：「堯曰：（書「帝曰」，紀改「堯曰」，下並同。）『誰可訓此事？』」先謙案：此併下經義櫽括成文，「順此事」即「若予采」也，故堯紀下文但云「又曰誰可者」，不更舉其事。皮云：「張守節正義：『言將登用之嗣位也。』以『登庸』爲登用嗣位，蓋本漢人舊説，三家今文之遺。楊雄美新云：『陛下以至聖之德，龍興登庸。』此今文説以『登庸』爲登帝位之證。如今文説，可解書疏『求官而薦太子』之疑。」僞傳以胤子朱爲胤國君，其謬不待辨矣。書疏引馬云：「『羲、和爲卿官，堯之末年，皆以老死，庶績多闕。故求賢順四時之職，欲用以代羲、和。』」孫云：「馬説或本衛、賈諸人，故鄭注大傳亦云：『堯始得羲、和，命爲六卿。後稍死，鴅吺、共工等代之也。』」

放齊曰：「胤子朱啟明。」帝曰：「吁！嚚訟，可乎？」放齊，臣名。胤，國；子，爵。朱，名。啟，開也。吁，疑怪之辭。言不忠信爲嚚，又好爭訟，可乎？言不可。○「放齊曰：『胤子朱啟明』」，古文也，今文「啟」作「開」。「朱」一作「絑」。「帝曰：『吁！嚚訟，可乎』」，古文也，今文「嚚訟」作「頑凶」。僞傳「胤，國；子，爵」，憑虛臆造，爲僞夏書胤侯伏根，疑誤後學之甚者。○「啟」作「開」者，堯紀作「放齊曰：『嗣子丹朱開明』」，釋文引馬云：「胤，嗣也。」史記正義引鄭云：「帝堯胤嗣之子，名曰丹朱。」案釋詁：「胤、嗣，繼也。」是胤、嗣義同。正義又引帝王世紀云：「堯娶散宜氏女，曰女皇，生丹朱。」范汪荆州記：「丹水縣在丹川，堯子朱之所封也。」括地志：「丹水故城在鄧州内鄉縣西南百三十里，故爲縣。」皮云：「漢書律曆志：『堯使子朱處於丹淵爲諸侯。』朱之封丹，必在舜徵庸之後，其先則朱爲太子，故曰胤子。『丹』字乃史遷以意增之，非今文尚書本然也。大傳云：『堯爲天子，丹朱爲太子，舜爲左右。堯知丹朱之不肖，必將壞其廟社，滅其社稷，而天下同賊之，故堯推尊舜而尚之，屬諸侯焉。』略説曰：『古之帝王，必立大學、小學，使王太子、王子、羣后之子，以至公卿、大夫、元士之適子，十有三年始入小學，年二十入大學。小師取小學之賢者登之大學，大師取大學之賢者登之天子，天子以爲左右。』鄭注：『「天子」當爲「太子」。』禮志曰：『周公居攝踐阼而治，亢世子法於伯禽，使之與成王居，欲使成王之知父子、君臣、長幼之義，所以善成王也。』據大傳，堯使舜爲丹朱左右，如周公使伯禽與成王居，抗世子法之意。其後灼知舜聖而丹朱不肖，乃使朱處丹淵爲諸侯，以舜爲太子。下文『賓于四門』馬注云：『諸侯羣臣朝者，舜賓迎之，皆有美德也。』馬云舜迎諸侯，正與大傳云『孟侯者，於四方諸侯來朝，迎於郊』相合。蓋堯既廢朱，乃使舜居太子之職。此時舜未登用，放齊稱朱爲胤子，則不得稱丹朱。史遷就其後日所封言之，欲人易曉。」段云：「今文作『開』，與古文作『啟』異，必非爲漢諱也。金縢『開籥乃見書』同此。禮古文作『啟』，今文『啟』皆爲『開』，可證。」「朱」一作「絑」者，說文「絑」下云：「虞書丹朱如此。」段云：「按：此謂壁書也，故書作『絑』，以今文讀之乃易爲『朱』字。許云『虞書丹朱如此』，則知他經『丹朱』字不作『絑』也。」先謙案：淮南泰族訓云：「雖有天下，而絑勿能統也。」高注：「絑，堯子也。」淮南時古文之學未行，高用今文，則知「朱」一作「絑」，非特古文尚書如此。○「嚚訟」作「頑凶」者，堯紀作：「堯曰：『吁！頑凶，不用。』」「不用」二字說經不可意也。皮云：「史記『嚚訟』爲『頑凶』，或云今文作『頑訟』，史遷訓『訟』爲『凶』；或云爾雅、說文皆曰『訩，訟也』，疑本作『訩』誤爲『凶』。二說皆無確證。案：頑、嚚各有本義，對文則別，散文則通。下文『父頑母嚚』，史遷文亦相同。非『頑』易曉而『嚚』難知，何必以『頑』代『嚚』，故知所引爲今文，非以故訓改經也。潛夫論論榮篇：『堯，聖父也，而丹凶傲。』傲，見皋陶謨。丹朱傲凶，即史記所云之『凶』，又今文作『凶』之證也。漢樊毅修西嶽廟碑：『建武之初，彗埽頑凶。』蓋用今文。」釋文：「訟，馬本作『庸』。」段云：「『訟』作『庸』，蓋假借字。古『訟』通作『頌』，『頌』通作『庸』。周禮注『頌，或作「庸」』，儀禮注『古文頌爲庸』是也。」孫云：「說文：『吁，驚也。』左僖二十四年傳：『口不道忠信之言爲嚚。』說文：『訟，爭也。』楚詞王逸注：『讙譁爲訟。』言其妄言而好爭。」**帝曰：「疇咨若予采？」**采，事也。復求誰能順我事者。○「帝曰：『疇咨若予采』」，今文與古文同。○「帝曰：『疇咨若予采』」者，堯紀作：「堯又曰：『誰可者？』」承上文說之。釋文：「采，馬云官也。」今文說訓「事」，古文說訓「官」，用釋詁文。**驩兜曰：「都！共工方鳩僝功。」**驩兜，臣名。都，於，歎美之辭。共工，官稱。鳩，聚。僝，見也。歎共工能方方聚見其功。○「驩兜曰：『都』」，古文也，今文「驩」作「讙」。「共工方鳩僝功」，古文也，今文作「旁逑孱功」。古文一作「旁救僝功」。僞傳訓「方」爲「方方」，「僝」爲「見」，皆謬。○「驩」作「讙」者，堯紀如此，漢書人表同。段云：「廣韻『鴅』下云：『驩兜，四凶名。古文尚書作「鴅」。』（今本廣韻不爾者，後人改也。）說文『吺』下徐鍇注：『古文尚書「驩兜」字作「吺」。』集韻廿六桓：『鴅吺，四凶之一。通作「鴅」，今通作「驩」。』案：此出宋次道、王仲至家之本，陸氏所謂穿鑿之徒務欲立異，依傍字部改變經文者。汗簡『鳥部』云：『鴅，驩字也。見尚書。』『口部』云：『吺，兜字也。見尚書。』正是竊此。管子侈靡篇『鴅然若謞之靜』注：『鴅然，和順貌。』作僞者謂古驩、歡同字，『鴅』亦『歡』字，則假之，而鳥、曷相似，又致譌亂。『吺』字則取諸說文與『兜』同音，其不可信如此，辨之以曉好古而惑者。經傳子史，惟『驩』作『讙』爲異耳，山海經有讙頭國，服虔本之注左傳『渾敦』；博物志有驩兜國，神異經亦言南方有人，人面鳥喙有翼，名鴅兜，一名驩兜，並以爲驩兜之後。此等書疑皆僞作，未必東方朔所爲、張華所注也。而服注『檮杌饕餮』亦引神異經，則自漢有之，學者闕疑可也。」「都」者，堯紀無，渻文。其它述尚書，「咨」皆爲「嗟」，「俞」皆爲「然」，「都」皆爲「於」，皋陶謨言「都」者五，皆作「於」。段云：「漢初說尚書者以爾雅，故史遷仍之。釋詁：『都，於也。』有兩義，一今人通用之語助，本義也，『烏呼』之『烏』亦作『於』，今文家據爾雅釋爲『於』；『於』訓爲『歎』，此別一義，僞傳用其說，亦云『都，於』，復益之曰『歎美之辭』。僞孔意『於』訓『歎』，『都』訓義合，和爲此說，不知『都』『美』之訓不容相牽也。」○「共工旁逑孱功」者，堯紀作「共工旁聚布功」，以故訓代經。說文「逑」下云：「斂聚也。虞書曰：『旁逑孱功。』」古文一作「旁救僝功」者，說文「僝」下云：「具也。讀若汝南潺水。虞書曰：『旁救僝功。』」（小徐作「方鳩」，大徐作「旁救」，汲古閣剜改作「方鳩」。今案：當是「方救」。小徐「僝」作「僝」，玉篇「人部」作「僝」，引虞書「方鳩僝功」。）皮云：「旁逑孱功，古說指治水言。張衡引春秋讖云：「共工理水。」淮南本經訓：「舜之時，共工振滔洪水以薄空桑。」此今文説也。」史記集解引鄭云：「共工，水官名。」書疏引鄭云：「其人名氏未聞。先祖居此官，故以官氏也。」周禮疏序引鄭云：「堯末，羲、和之子皆死，庶績多闕。當此之時，驩兜、共工，更相爲舉。」孫云：「周語：『太子晉曰：「昔共工棄此道也，虞于湛樂，淫失其身，欲壅防百川，墮高堙庳，以害天下。皇天弗福，庶民弗助，禍亂並興，共工用滅。」』注：『賈侍中云：「共工，諸侯，炎帝之後，姜姓也。顓頊氏衰，共工氏侵陵諸侯，與高辛爭而王也。」或云：「共工，堯時諸侯，爲高辛所滅。」』昭謂：言爲高辛所滅，不得爲堯諸侯。又堯時共工，與此異也。』案：周語共工，賈逵以爲姜氏。左傳説窮奇爲少皞氏之不才子。少皞，已姓，又非一人。故鄭亦云『其人名氏未聞』以疑之。」此古文説也。段云：「凡古文尚書作『方』，今文尚書作『旁』，如『方施象刑』，白虎通作『旁』；『方告無辜』，論衡作『旁』，皆可證。士喪禮注：『今文「旁」爲「方」。』予謂儀禮則今文爲『方』，古文爲『旁』，尚書則今文爲『旁』，古文爲『方』。廣雅釋詁：『方，大也。』此古文家説也。又曰：『旁，大也。』此今文家説也。鳩，壁書作『救』，集韻：『勼，聚也。古作「救」，通作「鳩」。』大司徒職『正日景以求地中』鄭注：『故書「求」爲「救」。』是古文以『救』爲『求』也。尚書借『救』爲『勼』，孔安國以今文讀之，易爲『鳩』字。左昭十八年傳『五鳩，鳩民者也』，襄十六年傳『敢使魯無鳩乎』，襄二十五年傳『鳩藪澤』，皆借『鳩』爲『勼』而訓聚，故以之易『救』字也。」「釋文：『孱，馬云具也。』與説文合，古文説也。説文『逑』下引書作『孱』，假借字。後漢楊賜傳引亦作『孱』。堯紀作『布』，今文説也。參釋互證，知許偁古文不廢今文。」**帝曰：「吁！靜言庸違，象恭滔天。」**靜，謀。滔，漫也。言共工自爲謀言，起用行事而違背之，貌象恭敬而心傲很若漫天。言不可用。○「帝曰：『吁！靜言庸違』」，今文與古文同，一作「靖言庸違」，一作「靖言庸回」，一作「靖譖庸回」。「象恭滔天」，今文與古文同，一作「象龔滔天」。○「靜言庸違」者，堯紀作「堯曰：『共工善言，其用僻』」，渻「吁」字，以「善」詁「靜」，以「用僻」詁「庸違」。說文「靜」下云：「審也。」周書謚法解：「恭己鮮言曰靜。」蓋出言沈審令善爲靜言。漢書翟義傳莽詔「義兄宣靜言令色，外巧內嫉」，「靜言」二字即本經文。徐幹中論考僞篇亦引書曰「靜言庸違，象恭滔天」。「靜」又與「竫」通，帝堯碑「竫恭祈福」，蔡邕王子喬碑作「靜言祈福」，是其證。廣雅釋詁：「竫，善也。」公羊文十二年傳：「惟諓諓善竫言。」楚詞九辨王注：「靜言諓諓，而無信。」九歎注又引尚書「諓諓竫言」，是竫言即靜言，亦即善言也。廣雅釋訓：「諓諓，善也。」賈逵外傳注：「諓諓，巧言也。」是善言即巧言也。一作「靖言庸違」者，漢書王尊傳引如此，藝文類聚八十七引韓詩：「靖，善也。」史記周宣王靜，漢書人表作靖，是靜、靖字通。一作「靖言庸回」者，潛夫論明暗篇引如此，論衡恢國篇：「驩兜之行，靖言庸回，共工私之，稱薦於堯。」共工、驩兜，乃傳寫倒互，其作「靖言庸回」則同也。一作「靖譖庸回」者，左文十八年傳：「少皞氏有不才子，靖譖庸回，天下之民謂之窮奇。」窮奇謂共工。「靖譖庸回」即「靖言庸違」也。吳志陸抗傳：「抗疏曰：『靖譖庸回，唐書攸戒。』」以堯典爲唐書，用五家說，尤今文作「靖譖庸回」之證。衆經音義十七引三倉云：「譖，讒也。」楚詞九歎王注：「諓諓，讒言貌。」潛夫論救邊篇：「淺淺善靖。」是「靖譖」即謂善讒也。周語韋注：「違，邪也。」文選西征賦薛注：「回，邪僻也。」詩大雅「厥德不回」傳：「回，違也。」違、回同義。左傳：「晏子云：『君無違德。』」（下云「若德回亂」，明「回」與「違」同。）回，邪辟也。論衡引作「回德」，回，邪辟也。史記云「其用僻」，是訓「違」爲「僻」，與「回」義同。楚詞天問：「康回馮怒，地何故以東南傾？」王注：「康回，共工名。」或以爲共工名無出典，古「庸」字或作「康」，「康回」即「庸回」。案：共工與顓頊爭帝，不得，怒觸不周山，地柱折，東南傾，出淮南子，非堯時共工，且「庸回馮怒」不詞，無當經義，不可從。○「象恭滔天」者，堯紀作「似恭漫天，不可」，以故訓代經，以「不可」足經意也。孫云：「『象』爲『似』者，漢書集注亦云。『滔』爲『漫』者，『漫』與『慢』同。詩蕩云：『天降滔德。』傳云：『天，君。滔，慢也。』蓋謂其貌似恭敬，而慢其天性。白虎通壽命篇：『又欲使民務仁立義，無滔天。滔天則司命舉過。』」皮云：「據史記作『漫天』，與下文『洪水滔天』仍作『滔』字者不同，疑經文兩『滔』字本非一字。水旁與心旁易亂，此『滔』字當作『慆』，史記『漫天』字當作『慢』。」先謙案：訓「滔天」爲「慢天」近之，改「滔」爲「慆」、「漫」爲「慢」則非矣。楊雄司空箴：「象恭滔天。」班彪北征賦：「巨滔天以猾夏兮。」漢書敘傳述王莽傳云「篡漢滔天」，及白虎通之「無滔天」，仍作「滔」不作「慆」也。蓋謂共工爲人，貌似恭謹，而其橫肆不敬之心，彌漫充滿，上極於天。詞義自明，不煩曲說。段云：「宋人林之奇、朱子、蔡沈皆疑『滔天』二字涉下文而誤，然據史記，則伏壁所藏，與孔壁所出，若合一契，可無疑矣。」一作「象龔滔天」者，王尊傳湖三老公乘興等上書訟尊曰：「今御史大夫奏尊靖言庸違，象龔滔天。」段云：「古以『龏』爲『恭』，或誤爲『龔』。」**帝曰：「咨！四岳，**四岳即上羲、和之四子，分掌四岳之諸侯，故稱焉。○「帝曰：『咨！四岳』」，古文也，今文「咨」一作「諮」，「岳」作「嶽」，一作「岳」。僞傳云四岳即羲、和四子分掌四岳諸侯，本鄭說。○「咨」一作「諮」者，白虎通號篇：「或稱天子，或稱帝王何？以爲接上稱天子者，明以爵事天也。接下稱帝王者，得號天下至尊言稱，以號令臣下也。故尚書曰：『帝曰：「諮！四嶽。」』」「岳」作「嶽」者，說文「嶽」下云：「从山，獄聲。」「岳」下云：「古文，象高形。」是「岳」爲古文，「嶽」爲今文也。堯紀作「堯又曰：『嗟！四嶽』」，大傳同。一作「岳」者，漢書百官公卿表云：「或說四岳謂四方諸侯。」蓋夏侯尚書本作「岳」，與古文同，其引或說以四岳爲四方諸侯。又韋昭國語注云：「四岳，官名，主四岳之祭，爲諸侯伯。」今文說也。史記集解引鄭云：「四岳，四時官，主方岳之事。」周禮疏序引鄭云：「始羲、和之時，主四岳者謂之四伯，至其死，分岳事，置八伯，皆王官。其八伯惟驩兜、共工、放齊、鯀四人而已，其餘四人，無文可知。」古文說也。孫云：「堯時稱岳，殷、周稱伯。曲禮云：『五官之長曰伯，是職方。』王制云：『二百一十國以爲州，州有伯。八州，八伯。各以其屬，屬於天子之老二人。分天下以爲左右二伯。』公羊隱五年傳云：『天子三公者何？天子之相也。則何以三？自陝以東者，周公主之；自陝而西者，召公主之；一相處乎内。』然則四岳之職，堯時四人，殷、周則二人也。周語太子晉云四岳佐禹，爲一王四伯，則唐、虞亦稱伯。故鄭又云是爲四岳，謂之四伯也。云『至其死，分岳事，置八伯』者，大傳有陽伯、儀伯、夏伯、羲伯、秋伯、和伯、冬伯，其一人缺文。鄭彼注以陽伯爲伯夷掌之；夏伯，棄掌之；秋伯，咎繇掌之；冬伯，垂掌之；餘則羲仲、和叔之後。此云驩兜等四人，『其餘四人，無文可知』者，鄭以大傳所言在舜即真之年，此在堯時，當別有人也。周語云：『共之從孫四岳佐之。』又云：『胙四岳國，命爲侯伯，賜姓曰姜，氏曰有呂。』鄭不據之爲說，以是佐禹治水者，此時方薦用鯀，事在前也。玉篇『⿰骨系』下引世本：『顓頊生⿰骨系，⿰骨系生高密，是爲禹也。』『⿰骨系』是『⿰骨系』之誤，『⿰骨系』又『鯀』之誤。」段云：「覲禮『四享皆束帛加璧』鄭注：『「四」當爲「三」。書作「三」「四」或皆積畫，此篇又多「四」字，字相似，由此誤也。』疏云：『古書作「三」「四」之字，或皆積畫者，堯典云「帝曰：『咨，三岳』」，皋陶謨云「外薄三海」，是古文作「四」字積畫也。』案：尚書自有此一種與今本絶異者，如郭璞說『茂才茂才』，賈公彥說『三岳』、『三海』，釋玄應說『高宗夢㝷說』、說『砅砥砮丹」，陸德明說『昚徽五典』，孔穎達說壁内之書『治』皆作『乿』，顔師古說『湯斷』『奴搦』，徐鍇說『才生明』、說『驩吺』，皆在宋次道以前。」**湯湯洪水方割**，湯湯，流貌。洪，大。割，害也。言大水方方爲害。○「湯湯洪水方割」，古文也，今文作「湯湯洪水滔天」。僞傳訓「方」爲「方方」，與上文訓「方鳩」之「方」同謬。○「湯湯洪水滔天」者，堯紀如此，無「方割」字，說詳下。說文「洪」下云：「洚水也。」「洚」下云：「水不遵道。」吕覽審爲篇：「昔上古龍門未闢，吕梁未發，河出孟門，大溢逆流，無有丘陵沃衍，平原高阜，盡皆滅之，名曰鴻水。」皮云：「石經作『鴻水』，夏本紀亦作『鴻水』，疑堯紀本是『鴻水』，後人改『洪』。」蘇輿云：「孟子云：『「洚水警予」，洚水者，洪水也。』是孟子所見尚書作『洚』，而以『洪』釋之，今本作『洪』，已非古書之舊，『鴻』又後來假借字耳。」孫云：「『方』與『旁』通，說文：『旁，溥也。』大誥『天降割于我家』，釋文：『馬本「割」作「害」。』廣雅釋言：『害，割也。』是『方割』爲『溥害』。」段云：「詩唐譜疏引堯典『湯湯洪水方割』，『割』訓『害』，音同，故徑引作『害』。」**蕩蕩懷山襄陵，浩浩滔天。**蕩蕩，言水奔突有所滌除。懷，包。襄，上也。包山上陵，浩浩盛大若漫天。○「蕩蕩懷山襄陵，浩浩滔天」，古文也，今文作「浩浩懷山襄陵」。○「浩浩懷山襄陵」者，堯紀如此，無「蕩蕩」字。滔天，見上。臧云：「論語『君子坦蕩蕩』，鄭注：『魯讀「坦蕩」爲「坦湯」。今從古。』魯論，今文也。是古文『蕩蕩』，今文作『湯湯』，古文尚書『蕩蕩洪水』，今文尚書『湯湯洪水』。孔本不當別出『湯湯』，蓋『懷山』上誤衍『蕩蕩』二字，俗人欲區別之，因據今文改上『蕩蕩』爲『湯湯』也。」皮云：「臧說是。據史記，今文直當作『湯湯洪水滔天，浩浩懷山襄陵』。皋陶謨云：『鴻水滔天，浩浩懷山襄陵。』此經當同，特上多『湯湯』二字。若『方割』字，蓋今文本無之，非史遷渻文。無二字，文義爲順。論衡感虚篇：『堯之時，洪水滔天，懷山襄陵。』帝堯吁嗟，博求賢者。』此今文尚書以『洪水滔天』爲句，『懷山襄陵』爲句之證。王充引經，惟省去『湯湯』、『浩浩』四字耳。『懷』亦作『褱』，見漢書地理志，蓋夏侯尚書多古字。」段云：「廣雅釋訓：『湯湯、浩浩、潒潒，流也。』説文『潒』下云：『水潒瀁也，讀若「蕩」。』潒潒即蕩蕩也。説文『浩』下云：『澆也，从水告聲。虞書曰「洪水浩浩」。』案：此櫽括書詞，如引詩『東方昌矣』合二句爲一句之類。」孫云：「『蕩』即『潒』借字，文選西京賦『褱岸夷途』薛注：『褱謂高也。』大阜曰陵。説文『滔』下云：『水漫漫大貌。』」先謙案：「褱岸」與「夷途」對文，褱亦夷意也。説文：「解衣耕謂之襄。」襄有壄闢削除之義，經意洪水漫大山則包之陵之，小於山者則削除無有，故謂之襄。呂覽所謂「平原高阜，盡皆滅之」是也。

下民其咨，有能俾乂？」俾，使。乂，治也。言民咨嗟憂愁，病水困苦，故問四岳，有能治者將使之。○「下民其咨，有能俾乂」，今文與古文同，古文「乂」一作「𡰯」。○「下民其咨，有能俾乂」者，堯紀作「下民其憂，有能使治者」，以故訓代經。皮云：「『乂』，今文當作『艾』。大傳『從作艾』、石經『艾用三德』可證。」古文「乂」一作「𡰯」者，説文「𡰯」下云：「治也，从辟乂聲。虞書曰：『有能俾𡰯。』」段云：「此蓋壁中故書，孔安國以今文讀之易爲『乂』，以漢時『𡰯』不行也。」**僉曰：「於，鯀哉？」**僉，皆也。鯀，崇伯之名。朝臣舉之。○「僉曰：『於，鯀哉』」，今文與古文同。○「僉曰：『於，鯀哉』」者，堯紀作「皆曰鯀可」。皮云：「今文亦作『鮌』，漢書人表、開母廟碑皆作『鮌』。釋文『鯀』馬云禹父也。（史記集解引作：『鯀，臣名，禹父。』）詩文王疏引鄭云：『於者，烏聲。』」孫云：「説文『烏』下云：『孔子曰：「烏，吁呼也。」取其助氣，故以爲烏呼。』古文『烏』，皆作『於』。」**帝曰：「吁，咈哉！方命圮族。」**凡言「吁」者，皆非帝意。咈，戾。圮，毁。族，類也。言鯀性很戾，好此方名，命而行事，輒毁敗善類。○「帝曰：『吁，咈哉！方命圮族」」，今文與古文同，一作「放命圮族」。僞傳「好此方名」云云，書疏釋爲「好此方直之名，内有姦同之志，命而行事，輒毁敗善類」，以「方」爲「好此方名」，不詞之甚。阮氏校勘記據纂傳改「此」爲「比」，義亦未安。○「帝曰：『吁，咈哉！方命圮族』」者，堯紀作「堯曰：『鯀負命毁族，不可』」，以故訓代經，夏本紀同，此消「吁咈哉」三字，以「不可」足經意也。説文「咈」下云：「違也。」言所舉違錯也。孟子梁惠王篇引晏子言「方命虐民」，即用經文。孫云：「史記『方』爲『負』者，方、負聲之轉。孟子趙注：『方，猶逆也。』逆意近負。圮，毁，釋詁文。漢書叙傳孟康注引此經云：『言鯀之惡，壞其族類。』韋昭楚語注：『類，善也。』言敗善。」一作「放命圮族」者，漢書傳喜傳傳太后詔曰：「同心背畔，放命圮族。」薛宣朱博傳制曰：「今晏放命圮族。」應劭注：「放棄教命，毁其族類。」是今文作「放」。釋文引馬云：「方，放也。」徐云：「鄭音放。」書疏云：「鄭以『方』爲『放』，謂放棄教命。」此古文作「方」，馬、鄭依今文讀之。段云：「説文『圮』下云：『虞書曰「方命圮族」。』此古文也，馬、鄭讀『方』爲『放』，如『黎民阻飢』，馬用今文『祖飢』爲説，讀『阻』爲『祖』也。張載魏都賦注：『方命，放棄王命也。書曰「咈哉方命」。』此用馬、鄭説。羣經音辨云：『匚，放也。甫妄切。書：「匚命圮族。」』賈氏此條，與『薄韋蕽父』及『乿』字、『冰』字，頗信郭忠恕輩所傳之古文尚書。集韻：『放，逐也。古作「匚」。』蓋其所據一也。今、古文『方』、『放』皆常語，作『匚命』太奇，且賈、丁僅用爲『方命』之駁文，讀去聲。近注尚書者，凡『方』字皆作『匚』，何也？」先謙案：「圮族」即謂毁其族類，傳喜等傳可證，孫依僞傳釋爲「善類」，亦非。**岳曰：「异哉，試可乃已。」**异，已也；已，退也。言餘人盡已，唯鯀可試，無成乃退。○「岳曰：『异哉』」，今文作「嶽曰：『异哉』」。「試可乃已」，今文與古文同。僞傳訓「异哉」爲餘人盡已，與上不貫，增文成義，無當經恉。○「嶽曰：『异哉』」者，堯紀如此。岳、嶽，今、古文之異。釋文：「徐云鄭音異。」説文「异」下云：「舉也，从廾目聲。（各書皆從已聲，「已」誤爲「目」。）虞書曰『岳曰：「异哉」』。」段云：「鄭音異，蓋讀『异哉』爲『異哉』，四岳賢鯀，聞堯短之，輒驚愕而歎曰『異哉』，鄭注不傳，往往可於音求義，此類是也。許訓『异』爲『舉』，就从廾釋之，其於虞書不必訓『舉』，觀圛、莫、塈等字注可知其説。」先謙案：段説非也。夏本紀云「岳曰：『等之未有賢於鯀者，願帝試之。』」就鄭音推之，以爲惟鯀獨異哉，即本夏紀「未有賢於鯀」之意，非驚異之謂。帝以爲不可，而岳以爲獨賢，亦與許釋「异」爲「舉」無不合也。廣韻：「异哉，歎也，退也，舉也。」退義用僞傳誤本。（今本脱「退」上「已」字，説詳校勘記。）○「試可乃已」者，堯紀作「試不可用而已」。錢大昕云：「古人語急，以不可爲可也。古經簡質，得史記而義益明。」**帝曰：「往，欽哉！」**勑鯀往治水，命使敬其事。堯知其性很戾圮族，未明其所能，而據衆言可試，故遂用之。○「帝曰：『往，欽哉』」，今文與古文同。○「帝曰：『往，欽哉』」者，堯紀作「堯於是聽嶽用鯀」，此釋經意也。後漢鄭興傳：「堯知鯀不可用而用之者，屈己之明，因人之心也。」後漢紀作「帝知鯀不可，然猶屈己之是，從嶽之非，重違衆也。」書疏引馬云：「堯以大聖，知時運當然，人力所不能治也。下民其咨，亦當憂勞。屈己之是，從人之非，遂用於鯀。」今、古文説同。

九載，績用弗成。載，年也。三考九年，功用不成，則放退之。○「九載，績用弗成」，古文也，今文「弗」作「不」，「載」一作「歲」。○「弗」作「不」者，後漢張衡傳衡疏云：「尚書堯使鯀理洪水，九載，績用不成。」崔駰尚書箴：「四岳阿鯀，績用不成。」東觀書杜林郊祭上疏：「羣臣僉薦鯀，考績不成，九載乃殛。」吳越春秋云：「受命九載，功不成。」亦與古文「九載」同。論衡恢國篇云：「鯀不能治水，知力極盡也。」「載」一作「歲」者，堯紀作「九歲，功用不成」，（汲古本如此，官本改「載」。）「績」作「功」，故訓字。臧云：「史記下云『七十載』，故知此非訓『載』爲『歲』，乃本異也。下文『三載考績』，史記亦作『三歲一考功』。」

帝曰：「咨！四岳，朕在位七十載，堯年十六以唐侯升爲天子，在位七十年，則時年八十六，老將求代。○「帝曰：『咨！四岳』」，古文也，今文「岳」作「嶽」。「朕在位七十載」，今文與古文同。僞傳云堯年十六爲天子，書疏云：「徧檢書傳，無堯即位之年。孔氏必當有所案據，未知出何書。」則僞傳外無言堯即位之年者。論衡氣壽篇：「堯典曰：『朕在位七十載。』求禪得舜，舜徵三十歲在位。堯退而老，八歲而終，至殂落九十八歲。未在位之時，必已成人，今計數百有餘矣。」男子二十冠，爲成人，非年十六之謂。王充習今文尚書，而論衡言如此，則所見大傳、書緯必皆無堯即位之年，僞孔何從而知之？臆造顯然。○「岳」作「嶽」者，堯紀作「堯曰：『嗟！四嶽』」，岳、嶽，今、古文之異。咨、嗟，故訓字。○「朕在位七十載」者，堯紀如此，白虎通號篇：「或稱朕何？亦王者之稱也。朕，我也。」釋文引馬云：「朕，我也。」蔡邕獨斷云：「三代年歲之别名，唐、虞曰載。載，歲也，言一歲莫不覆載，故曰載也。堯曰：『朕在位七十載。』」書緯云：「初，堯在位七十載矣，見丹朱之不肖，不足以嗣天下，乃求賢以巽于位。」**汝能庸命，巽朕位？」**巽，順也。言四岳能用帝命，故欲使順行帝位之事。○「汝能庸命，巽朕位」，古文也，今文「巽」作「踐」。○「巽」作「踐」者，堯紀作「汝能庸命，踐朕位」。漢書王莽傳：「往踐乃位。」蔡質立宋皇后儀云：「立貴人爲皇后，其往踐爾位。」皆用今文。釋文：「巽，馬云讓也。」史記集解引鄭云：「言汝諸侯之中，有能順事用天命者，入處我位，就治天子之事。」巽爲入，用易説卦文。皆古文説。**岳曰：「否德忝帝位。」**否，不。忝，辱也。辭不堪。○「岳曰：『否德忝帝位』」，古文也，今文「岳」作「嶽」，「否」作「鄙」。〇「岳」作「嶽」」、「否」作「鄙」者，堯紀作：「嶽應曰：『鄙德忝帝位。』」段云：「論語『予所否者』，論衡問孔篇作『予所鄙者』，解爲鄙陋。公治長篇古論『猶吾大夫崔子』，魯讀『崔』爲『高』，而論衡有『猶吾大夫高子』之文，則王充實治魯論。『予所鄙者』亦魯論也，魯讀『否』爲『鄙』。今文尚書蓋本作『否』，説者讀爲『鄙』，而史遷仍之。僞孔釋『否德』爲『不德』，音方久反。釋文云：『又音鄙。』蓋他家義，與今文同。周易釋文云：『否音鄙，惡也。』」**曰：「明明揚側陋。」**堯知子不肖，有禪位之志，故明舉明人在側陋者。廣求賢也。〇「曰：『明明揚側陋』」，今文與古文同，「揚」一作「敭」，「側」一作「仄」。〇「明明揚側陋」者，堯紀作「堯曰：『悉舉貴戚及疏遠隱匿者』」，以「悉舉」總訓「明揚」，「貴戚」訓「明」，「疏遠隱匿」訓「側陋」；僞傳以「明舉」總訓「明揚」，明人在側陋者平列，即用史記文例也。「貴」對「隱匿」言，「戚」對「疏遠」言，皆明者。孫云：「淮南高注：『側，伏也。』釋言：『陋，隱也。』是側陋爲隱匿疏遠。」「揚」一作「敭」、「側」一作「仄」者，文選、宋書恩倖傳論「明敭幽仄」李注引尚書「明明敭仄陋」，張衡思玄賦「幽獨守此仄陋兮」李注又引尚書：「帝曰：『明明揚仄陋。』」後漢劉毅論鄧太后注紀疏云：「顯揚仄陋。」三國魏志：「堯復使嶽揚舉仄陋。」又漢書循吏傳：「孝宣繇仄陋而登至尊。」班固北征頌：「拔所用於仄陋。」左雄疏：「興於仄陋。」「敭」字兩見，「仄」字七見，皆今文作「敭」、作「仄」之證。**師錫帝曰：「有鰥在下，曰虞舜。」**師，衆。錫，與也。無妻曰鰥。虞，氏；舜，名。在下民之中，衆臣知舜聖賢，耻己不若，故不舉，乃不獲已而言之。〇「師錫帝曰：『有鰥在下，曰虞舜』」，今文與古文同，「鰥」一作「矜」。僞傳云「耻己不若」、「不獲已而言之」，妄以私意揣測，古人抑何鄙淺乃爾？〇「師錫帝曰」者，堯紀作「衆皆言於堯曰」，是今文訓

「師」爲「衆」。書疏引鄭云：「師，諸侯之師。」周禮鄭注：「師，長也。」言諸侯之長。此古文説。○「有鰥在下」者，大傳云：「男三十而娶，女二十而嫁。書：『有鰥在下，曰虞舜。』」又引孔子曰：「舜父頑，母嚚，不見室家之端，故謂之鰥。」論衡吉驗篇：「舜未逢堯，鰥在側陋。」用今文，皆作「鰥」，風俗通皇霸篇引亦作「鰥」。「鰥」一作「矜」者，堯紀作「有矜在民間」，易「下」爲「民間」，以故訓代經。大傳「矜寡」字多作「矜」，矜、鰥古通用。○「曰虞舜」者，堯紀如此。王符志氏姓：「舜，姓虞。」鄭語史伯稱舜之先曰虞幕。虞是國名，後以封國爲姓氏也，今山西虞城縣是其地。書疏曰：「舜居虞地，以虞爲氏。堯封之虞，爲諸侯。及王天下，遂爲天子之號。故從微至著，常稱虞氏。」皮云：「風俗通皇霸篇：『舜、禹本以白衣砥行顯名，升爲天子，雖復更制，不如名著，故因名焉。經曰「有鰥在下，曰虞舜」、「僉曰：伯禹」、「禹平水土」是也。』則今文家以舜、禹爲名不爲謚。蔡邕琅玡王傅蔡公碑：『四嶽稱名，帝曰予聞。』尤以舜爲名之切證。」江聲云（後稱「江云」）：「戰國策：『宋人有學者，三年反，而名其母，其母曰：「子學三年反，而名我者何也？」其子曰：「吾所賢者，無過堯、舜，堯、舜，名。」』則其義甚古。」書疏引鄭云：「虞，氏；舜，名。」亦用今文義。釋文引馬云：「舜，謚也。舜死後，賢臣録之。臣子爲諱，故變名言謚。」馬以舜名爲重華也。白虎通謚篇引禮記謚法曰：「仁聖盛明曰舜。」史記集解引同。皮云：「此亦生號死謚之説。中候鄭注云：『禹，號也，因爲德謚。』是其證。」是今、古文説同義異。段云：「風俗通山澤篇：『謹案尚書舜生姚墟。』此今文説，當在『曰虞舜』下。」**帝曰：「俞，予聞。如何？」**俞，然也，然其所舉，言我亦聞之。其德行如何？○「帝曰：『俞，予聞。如何』」，今文與古文同。○「帝曰：『俞，予聞。如何』」者，堯紀作：「堯曰：『然，朕聞之，其何如？』」俞、然，故訓字。書疏：「解堯使人舉舜之意。」引鄭六藝論云：「若堯知命在舜，舜知命在禹，猶求於羣臣，舉於側陋，上下交讓，務在服人。」亦古文遺說也。

岳曰：「瞽子。父頑，母嚚，象傲。無目曰瞽。舜父有目，不能分別好惡，故時人謂之瞽，配字曰瞍。瞍，無目之稱。心不則德義之經爲頑。象，舜弟之字，傲慢不友。言並惡。○「岳曰：『瞽子』」，古文也，今文「岳」作「嶽」。「父頑，母嚚，象傲」，古文也，今文「象」作「弟」。僞傳云「舜父有目，不能分別好惡，故時人謂之瞽」，書疏云：「孔以經說舜德行，美其能養惡人。父自名瞍，何須言之？身有固疾，非善惡之事，輒言舜是盲人之子，意欲何所見乎？史記又說瞽瞍使舜上廩，從下縱火焚廩；使舜穿井，下土實井。若其身自能然，不得謂之無目。」先謙案：史記明言舜父瞽瞍盲，此又云盲者子，文義互證益明。則瞽瞍是名，身實無目。下文「父頑」，即是明著其惡，若經止言盲，不及其惡，尚爲有詞，既說「父頑」，何取更以「瞽」喻？舜方在下而岳舉之，兼及先世有無聞人，情理應爾，而謂輒言盲子，欲何所見，斯不通之論也。孟子述象言「謨蓋都君咸我績」，是焚廩實井，瞽瞍使象爲之，非其身自能然，不得以此爲有目之證。徧檢傳記，無瞽瞍有目之文，僞傳妄說，書疏曲袒，適以增成其謬。○「岳」作「嶽」者，堯紀作：「嶽曰：『盲者子。』」以故訓說經。近人或以瞽爲官名，望文生義，非。○「象」作「弟」者，堯紀如此。皮云：「象獨稱名，與上云『父』、『母』不一例，當從史記作『弟』。論衡云：『舜兄狂弟傲。』言舜有兄，乃今文家異說，而云『弟傲』則同。」先謙案：岳言「象」不言「弟」，則堯無緣知爲何人，今文較長。段云：「『傲』經典多作『敖』，音五報反，此恐亦天寶所改。」**克諧，以孝烝烝，乂不格姦。」**諧，和。烝，進也。言能以至孝和諧頑嚚昏傲，使進進以善自治，不至於姦惡。○「克諧，以孝烝烝，乂不格姦」，今文與古文同。僞傳云「進進以善自治」，不詞之甚。○「克諧，以孝烝烝，乂不格姦」者，堯紀作「能和，以孝烝烝，治不至姦」。能、和、治、至，並故訓字。王引之云：「『克諧』句，『以孝烝烝』句，『乂不格姦』句。列女傳云：『舜父頑，母嚚。父號瞽叟，弟曰象，傲遊於嫚，舜能諧柔之，承事瞽叟以孝。』蔡邕九疑山碑：『志逮于虞舜，聖德克明，克諧頑傲，以孝蒸蒸。』是讀『克諧』爲句，『以孝烝烝』爲句也。列女傳又云：『母憎舜而愛象，舜猶内治靡有姦意。』是讀『乂不格姦』爲句也。經言『以孝烝烝』，烝烝即孝德之形容。謂之烝烝者，言孝德之厚美也。大雅文王有聲云：『文王烝哉。』韓詩云：『烝，美也。』魯頌泮水云『烝烝皇皇』，傳云：『烝烝，厚也。』故漢、魏人多以烝烝爲孝者。新語道基篇：『虞舜蒸蒸於父母。』論衡恢國篇：『舜之烝烝。』後漢紀靈帝紀：『崇有虞之孝，昭蒸蒸之仁。』後漢章帝紀：『陛下至孝烝烝。』又云：『仰惟先帝烝烝之情。』和熹鄧后紀：『以崇陛下烝烝之孝。』宋〔一〕意傳：『陛下至孝烝烝。』張禹傳：『陛下體烝烝之至孝。』馬融傳：『陛下履有虞烝烝之孝。』袁紹傳：『伏惟將軍至孝烝烝。』張衡東京賦：『蒸蒸之心，感物曾思。』巴郡太守張納碑：『修烝烝之孝友。』高陽令楊著碑：『孝烝内發。』又云：『烝烝其孝。』蔡邕胡公碑：『夫烝烝至孝，德本也。』朱公叔墳前石碑：『孝于二親，蒸蒸雝雝。』續漢祭祀志引蔡邕議云：『孝章皇帝，至孝烝烝。』魏志甄后傳注引三公奏云：『陛下至孝烝烝。』魏卞蘭贊引太子表云：『昔舜以烝烝顯其德。』曹植鼙舞歌：『盡孝於田隴，烝烝不違仁。』廣雅：『蒸蒸，孝也。』則知兩漢經師皆以烝烝爲孝。」皮云：「王氏引證外，後漢黄香和帝冠頌云：『躬烝烝之至孝。』後漢書謝弼論青蛇封事云：『願陛下仰慕有虞烝烝之化。』蔡邕陳留太守胡

〔一〕「宋」原誤作「宗」，據後漢書原文改。

公碑：「孝于二親，養色寧意，蒸蒸雍雍。」東觀漢記丁鴻上奏云：「陛下尊履蒸蒸。」魏志陳留王紀云：「俯順聖敬烝烝之心。」陶潛孝傳云：「以孝烝烝。」皆今文家說也。後漢紀東平王蒼上疏云：「昔虞氏克諧，君象有鼻，不及以政。」亦以克諧屬待象，與列女傳合。惟楊孟文石門頌云：「烝烝艾寧。」則漢人亦有以「烝烝乂」斷句者。今文尚書「乂」皆作「艾」，石經可證。惠棟謂今文作「乂」，古文作「艾」，非也。」孫云：「『乂』訓『治』，謂舜能內治己。僞傳云『使以善自治』，是謂舜化其父母及弟。孟子述象日以殺舜爲事，又有捐階、掩井等事，知『治』訓自治爲安。」先謙案：「不格姦」者，言象欲殺兄，舜惟務自克治，不至以惡意待弟也。**帝曰：「我其試哉。」**言欲試舜，觀其行迹。○「帝曰」二字，今文有，古文無。僞孔增之。傳云試舜行迹，亦非。○「帝曰：『我其試哉』」者，堯紀作：「堯曰：『吾其試哉。』」論衡正說篇：「堯老求禪，四嶽舉舜，堯曰：『我其試哉。』說尚書曰：『試者，用也；我其用之爲天子也。』」明今文有「帝曰」。書疏云：「馬、鄭、王本說此經皆無『帝曰』，當時庸生之徒漏之也。」（段云：「九字疏語。」）明古文無「帝曰」。皮云：「直以『我其試哉』爲四岳語，殊不可通。古文不如今文，即此可證。王充以爲試者試之於職，（見下。）與用爲天子，皆今文說，而充說爲長。後漢章帝紀引建武詔書云：『堯試臣以職，不直以言語筆札。』後漢紀楊賜疏云：『昔堯用舜，猶尚先試考績以成厥功。』賜習歐陽尚書，與充說同，無四岳試舜之事。」書疏引鄭云：「試以爲臣之事。」王肅云：「試之以官。」鄭、王皆以舜典合於此篇，故指歷試之事，充此「試哉」之言。先謙案：鄭義即用今文說。**女于時，觀厥刑于二女。**女，妻。刑，法也。堯於是以二女妻舜，觀其法度接二女，以治家觀治國。○「女于時，觀厥刑于二女」，今文與古文同。僞傳「堯於是以二女」云云，用史記說。○「女于時」者，堯紀作「於是妻之二女」，時，是，釋詁文。「女于時」，堯紀以爲「於是妻之」，經倒文也。書疏引鄭云：「不言妻者，不告其父，不序其正。」段云：「鄭注禮記亦云：『舜不告而娶，不立正妃。』凡言妻者，必爲其正妻，如『以子妻之』、『以其兄之子妻之』是也。凡言女者，不必爲其正妻，如左傳驪戎男女晉以驪姬，孟子齊景公涕泣而女於吴是也。左桓十一年傳：『鄭昭公之敗北戎也，齊人將妻之。』以其未有嫡妃也。又曰『宋雍氏女於鄭莊公曰雍姞』，明非莊公夫人也。僖二十三年傳云『齊桓公妻之』，此謂正妻。凡言妻之，一人而已，雖有娣姪之媵從，必統於所尊也。凡言女之，不分尊卑，故曰『二女』，曰『三妃』，曰『納女五人』，皆不分尊卑之詞也。當時頑嚚情形，告則不得娶，帝深知之。故萬章問孟子舜不告而娶及帝妻舜不告之故。帝妻舜不告，謂帝不預告舜也；帝知告則不得妻者，謂帝預告舜，舜必告父母，或告而從，或不從，而帝親告其父母，皆不免挾天子以令其父母，予舜以大難，有損於大孝。且舜重傷父母心，必出於辭，是不得妻舜，即不得試舜而巽位矣。故反復思之，不使舜預知，舜不知而二女已至，舜與其父母皆有所不能違。當時禮不備，故言女不言妻。孟子時，百篇未亡，舜不告父母而娶，帝不預告舜而妻之，及焚廩浚井云云，皆百篇中語也。」〇「觀厥刑于二女」者，堯紀作「觀其德於二女」，以故訓代經，易「刑」爲「德」者，釋詁：「刑，法也。」觀舜之德行爲二女法則者何如也。論衡正説篇：「説尚書曰：『「女于時，觀厥刑于二女」，觀示（本作「爾」，段云「爾」乃「示」之譌，「尔」形近「示」，又誤爲「爾」。今據正。）虞舜於天下，不謂堯自觀之也。』若此者，高大堯、舜，以爲聖人相見已審，不須觀試，精燿相炤，曠然相信。夫聖人才高，未必相知也。舜難知佞，使皋陶陳知人之法，佞難知，聖亦難別。堯之才，猶舜之知也。堯聞舜賢，四嶽舉之，心知其奇，而未必知其能，故言『我其試哉』。試之於職，妻以二女，觀其夫婦之法。」王充引當時博士書説，以爲試者用之爲天子，觀者觀之於天下，聖人相信，不待試之、觀之。充以爲非，謂試者試之於職，觀者觀其夫婦之法也。先謙案：「帝曰：『我其試哉』」，堯答岳之詞，當時尚未見舜，不應遽云用爲天子，將欲觀其治家之法，非即以之觀示天下也。充說較長。書疏引列女傳云：「二女長曰娥皇，次曰女英。舜既升爲天子，娥皇爲后，女英爲妃。」「然則初適舜時，即娥皇爲妻。」**釐降二女于嬀汭，嬪于虞。**降，下。嬪，婦也。舜爲匹夫，能以義理下帝女之心，於所居嬀水之汭，使行婦道於虞氏。○「釐降二女于嬀汭，嬪于虞」，今文與古文同。僞傳「能以義理下帝女之心」云云，用史記說。○「釐降二女于嬀汭，嬪于虞」者，孟子萬章篇趙注引堯典曰：「釐降二女。」太宰職注引堯典曰：「釐降二女，嬪于虞。」是其證。堯紀作「舜飭下二女于嬀汭，如婦禮」，解「釐」爲「飭」，屬舜言，「如婦禮」謂「嬪于虞」而行婦道也。後漢荀爽傳爽對策曰：「降者，下也。嬪者，婦也。言雖帝堯之女，下嫁於虞，猶屈體降下，勤修婦道。」降，以妻道言；嬪，以婦道言。漢書五行志谷永對云：「昔舜飭正二女，以崇至德。」釋「釐降」與史記同。舜本紀亦云：「舜居嬀汭，内行彌謹。堯二女不敢以貴驕，事舜親戚，甚有婦道。」不敢以貴驕，即「釐降」義；親戚，謂父母。嬪者，有舅姑之詞；嬪于虞，至虞地見舅姑而行婦禮也。水經河水注引馬云「水所出入曰汭」，以嬀爲水名，釋文引杜預注左傳亦云「水之隈曲曰汭」。河水注又云：「河東郡南有歷山，舜所耕處也。有舜井，嬀、汭二水出焉。南曰嬀水，北曰汭水，西徑歷山下。尚書所謂『釐降二女于嬀、汭』也。虞原上道東有虞城，堯妻舜以嬪于虞者也。」以嬀、汭爲二水名，此如衛詩「淇澳」爲淇水隩曲處，或說以淇、澳爲二水也。漢河東郡蒲坂縣，今山西蒲州府。虞，故國名，後爲姓氏，故僞傳亦言虞氏。段云：「周語伶州鳩説武王反及嬴内，韋注：『嬴内，地名。』宋庠曰：『舊音，上音嬀，下音汭。今案，本或作「嬴」，非是。古文尚書作「嬴」，與「嬀」同。』玉裁案：

『舊音』者，唐人所爲也；云『今按』者，宋説也。宋引古文尚書，即宋次道、王仲至所藏晁公武刻石於蜀者也。本當作『嬴』，蓋由國語古本作『嬴』，相傳讀若『嬀』，『内』讀若『汭』。僞作古文尚書者，遂比附竄改，此正陸氏所謂穿鑿之徒務欲立異者也。」段又云：「『女于時』二句連上『我其試哉』俱爲四岳語。『釐降』二句，自堯言之。上三句記言，此二句記事。」又云：「降者，禮不備也。若如史記『釐降』自舜言之，聞逆王姬矣，聞尚公主矣，未聞人臣婚帝女而曰降之者也。」皮云：「段説謬。堯使九男事舜，二女女焉，當出堯之獨斷。今文説最塙。若如古文説，四岳試舜而遽請以帝女妻舜，殊非人情。經云『女于時，觀厥刑于二女』，言堯試舜之事也；『釐降二女于嬀汭，嬪于虞』，言舜刑于二女之事也。蓋舜時在嬀汭，其父母在虞，故舜妻二女而其父母不知，舜以理義飭下二女于嬀汭，乃使行婦道於虞，故堯見而善之。列女傳云：『四嶽薦之於堯，堯乃妻以二女，以觀厥内。二女承事舜於畎畝之中，不以天子之女故而驕盈怠慢，謙謙恭儉，思盡婦道。』又頌云：『嬪列有虞，承舜於下。』與史記『飭下』義同。漢書外戚傳云：『書美釐降，夫婦之際，人道之大倫也。』是班亦以『釐降』屬舜。若秦、漢尚主之事，惡足以説唐、虞之書哉？」**帝曰：「欽哉！」**歎舜能修己行敬以安人，則其所能者大矣。○「帝曰：『欽哉』」，今文與古文同。僞傳歎舜能行敬，用史記義。○「帝曰：『欽哉』」者，堯紀作「堯善之」，此釋經意也。書疏云：「帝歎曰：『此舜能敬其事哉！』歎其善治家，知其可以治國。」或以四字屬下「慎徽五典」，或以謂帝飭戒二女之詞，史錯舉記之，未安。

尚書孔傳參正二

舜典第二

舜典第二○釋文：「王氏注。相承云：梅賾上孔氏傳古文尚書，云（「亡」誤。）舜典一篇。時以王肅注頗類孔氏，故取王注從『謹徽五典』以下爲舜典，以續孔傳，徐仙民亦音此本。今依舊音之。」先謙案：陸氏叙録云：「王肅亦注今文，而解大與古文相類，或肅私見孔傳而秘之乎？」則釋文言王注類孔者，今文王注也。叙録又云：「元帝時梅賾上古文尚書，亡舜典一篇，購不能得，乃取王肅注堯典從『慎徽五典』以下分爲舜典篇以續之。」案：言「亡舜典一篇」者，趙岐注孟子有舜典亡失之語，而今梅書所上别無舜典，羣以爲梅書亡此篇也。言取王注堯典分爲舜典者，或以爲王肅分之。案：叙録云孔傳堯典止於「帝曰：『往，欽哉』」，而馬、鄭、王之本同爲堯典。又堯典孔疏云：「鄭、王皆以舜典合於此篇。」是肅未嘗割分舜典。此梅書出後，時人見僞孔序云「伏生以舜典合於堯典」，競以伏生爲誤，從而分王本爲兩篇也。後范甯變爲今文集注，（段云「今」是「古」之譌，云變者，變孔傳古文尚書爲之。蓋孔注五十八篇，采馬兼鄭、王三十一篇。隋志有晉豫章太守范甯注古文尚書舜典一卷，云梁時有甯注尚書十卷，亡。唐初釋玄應作衆經音義，引范甯尚書集解寇賊姦宄之説。所以獨存舜典一篇者，正因陸氏、孔氏所云用此注補孔傳之亡也。至正義用方興，經用方興，而此一篇又亡，不見於舊唐書經籍志、唐書藝文志矣。）俗閒或取其舜典篇以續孔氏。案：此言或用肅傳，或用范注補之也。敘傳又云：「齊明帝建武中吳興姚方興采馬、王之注，造孔傳舜典一篇，云於大航（史通作「航」，隋書作「桁」，尚書正義作「航」。）頭買得，上之。」案：此雜取馬、王古文注本僞爲孔傳也。段云：「僞傳五十七篇，出一人之手，僞孔傳之真者；舜典一篇，出方興之手，僞孔傳之僞者。陸所音舜典，王肅注也；正義所疏舜典，姚方興采馬、王注所造也。陸不信姚注，而孔穎達信之，以此爲真孔傳而方興得之，故爲之正義，猶謂二十五篇爲真古文而梅賾得之，故捨鄭、王本而用孔本也。」

虞書　孔氏傳　臣

王先謙參正

舜典「典」之義與堯同。○惠棟云（後稱「惠云」）：「連叢子孔臧與侍中從弟安國書曰：『堯典説者以爲堯、舜同道，弟素常以爲雜有舜典，今果如所論。』案：此以僞扶僞，欲欺天下後世，謂分析者果壁中本也。」劉云：「堯典、舜典異序同篇，故序言『將孫于位，讓于虞舜』，即前半篇咨岳舉舜之事也；又序言『虞舜側微，堯聞之聰明，將使嗣位，歷試諸難，作舜典』，即下半篇『賓四門』以下之事也。今文二典合爲一篇，猶顧命、康王之誥伏生本皆合爲一篇，則亦一書而兩序也。惟趙岐孟子注云：『孟子時尚書凡百二十篇，逸書有舜典之序，亡失其文，孟子諸所言舜事皆舜典及逸書所載。」考漢人多以百篇爲尚書，二十篇爲中候，孟子所載『舜往于田』、『完廩』之事不稱『典曰』，又不稱『書曰』，其『祇載見瞽瞍』稱『書曰』，蓋逸書之類也。又曰『不及貢，以政接于有庳』，亦傳記書說，未足爲舜典之證。即史記云『逸書得十餘篇』，所作舜本紀亦無出堯典所述之外，可知非別有篇矣。」先謙案：堯典割分舜典後，姚方興因之加二十八字以冠其首，然篇目雖分，它書所引經文不能假借。孟子萬章篇引「二十有八載放勳乃殂落」（僞孔改「放勳」爲「帝」。）作「堯典曰」，不作「舜典」，證一；周禮春官序官鄭司農注引「帝曰：『咨，四岳，有能典朕三禮？』」作「堯典曰」，證二；論衡氣壽篇引「舜生三十徵庸，三十在位，五十載，陟方乃死」作「堯典云」，證三；漢書王莽傳兩引「肇十有二州」皆曰堯典，證四；後漢張純傳光武時奏「宜遵唐堯之典，『二月，東巡狩』」，證五；陳寵傳章帝時寵言「唐堯著典，『眚災肆赦』」，證六；晉武帝時幽州秀才張髦上書引「肆類于上帝」云云作「堯典曰」，證七；釋名〔二〕釋典藝云五典「今皆亡，唯堯典存也」，是劉熙所見尚書惟堯典一篇，不分舜典，證八；魏公卿上尊號奏云：「缺唐典之明憲，尊大麓之遺訓」，「大麓」文在唐典，即堯典，證九；晉書禮志摯虞表：「案尚書堯典祀山川之禮，惟於東岳備陳牲幣之數，其餘則但曰『如初』」，證十；鄭氏詩譜引虞書「詩言志」四語，疏云：「鄭注在堯典之末」，

〔二〕「名」原誤作「文」。本句所引乃釋名釋典藝文，且劉熙爲釋名作者，「文」顯誤，今改。

證十一；周頌般疏云：「堯典説巡守之禮，望秩於山川」，證十二；周禮疏序云：「堯典曰『伯禹作司空』」，證十三；又云「堯典有典樂納言之職」，證十四；大宗伯疏：「案尚書堯典：『禋于六宗』」，證十五；（唐世孔書盛行，而馬、鄭真古文尚存，故諸儒猶得據爲堯典。）説文『心部』「愻」下引「五品不愻」作「唐書曰」不作「虞書」，證十六；尚書大傳引「明試以功，車服以庸」作「唐傳曰」不作「虞傳」，證十七；至史記五帝紀云「堯妻之二女，觀其德于二女。舜飭下二女於嬀汭，如婦禮。堯善之，乃使舜慎和五典，五典能從。」文勢相承不斷，尤經文本一篇之明證。史公親從孔安國問故，而贊稱「尚書獨載堯以來」，惟其止有堯典，故有「獨載堯」之語。後漢周磐傳：「學古文尚書，臨終寫堯典一篇置棺前，示不忘聖道」，正惟彼時堯舜典合爲一。今、古文皆然，故單稱堯不及舜，不然孔書列學官，後志聖道者胡不並舉二典之名？是古文未嘗分堯典爲舜典也。以上多諸儒所已言，復次第之如此。

曰若稽古，帝舜亦言其順考古道而行之。○説見前。**曰重華，協于帝。**華謂文德，言其光文重合於堯，俱聖明。○閻若璩云（後稱「閻云」）：「史記五帝紀云：『虞舜者，名曰重華。』夏本紀：『夏禹名曰文命。』孟子引『放勳曰』同。楚詞離騷云『就重華而陳詞』，涉江云『吾與重華遊兮瑤之圃』，懷沙云『重華不可遌兮』，『重華』凡三見，皆實謂舜。自僞古文出，『重華協于帝』、『文命敷于四海』，『重華』、『文命』不斷句，竟連下『協于帝』、『敷于四海』，自不得不謂是史臣贊頌之詞矣。」段云：「宋書禮志：『明帝即位，有改正朔之議，侍中高堂隆議曰：「書曰：曰若稽古，帝舜曰重華，建皇（「黄」誤。）授政改朔。』」（御覽八十一引同。）案：此書緯尚書中候之文。古人稱引，多有以緯書及經説稱經者。首九字即方興藍本，而贅以『協于帝』三字，方興不解重華爲舜名，致與堯典句法僢背。」**濬哲文明，温恭允塞。**濬，深。哲，智也。舜有深智文明，温恭之德信充塞上下。○惠云：「詩商頌：『濬哲維商』、『温恭朝夕』。易乾文言：『天下文明。』周詩：『王猷允塞。』」明鄭曉説同。**玄德升聞，乃命以位。**玄謂幽潛。潛行道德，升聞天朝，遂見徵用。○惠云：「『玄德』，本淮南鴻烈訓舜『執玄德于心，而化馳若神』。」鄭曉云：「『乃命以位』，掠史記伯夷傳，用『乃試之於位』。」胡渭云：「『升聞』二字，掠大戴禮用兵篇。」姚際恒云：「王延壽魯靈光殿賦：『粤若稽古，帝漢祖宗，濬哲欽明。』王粲七釋云：『稽若古則，叡哲文明，温恭玄塞。』皆襲前人之文，又不僅襲詩與易也。舜典出南齊，二王漢魏人，何由皆與舜典增加之字預相暗合？其爲方興所襲自明。」先謙案：釋文云：「『曰若稽古，帝舜曰重華，協于帝』此十二字，是姚方興所上，孔氏傳本無。阮孝緒七録亦云然。方興本或此下更有『濬哲文明，温恭允塞，玄德升聞，乃命以位』。凡二十八字〔二〕。聊出之，（猶言姑存之於釋文，大書十二字，綴書十六字，以爲是方興本之别本，尤不可信。）於王注無施也。（言王本無注。）」段云：「方興傳則採馬、王注造之，其經比馬、鄭所注多『曰若稽古，帝舜曰重華，協于帝』十二字，梁武時爲博士議曰，孔序稱伏生誤合五篇，皆文相承接，所以致誤。舜典首有『曰若稽古』，伏生雖昏耄，何容合之？遂不行用。方興本或十二字下更有『濬哲』以下十六字，共二十八字，既未施行，方興以罪致戮。隋開皇初始

〔二〕「字」下釋文原有「異」字。

購得之，冠於妄分舜典之首，盛行至今。」阮元校勘記云：「方興奏上孔傳不容遽有異本，疑經文『濬哲』以下十六字及傳三十六字又後人所加。鄭曉謂舜典孔傳乃劉光伯僞撰託名姚方興。細按方興之事見釋文序録，不可誣也。惟『濬哲』以下十六字或劉氏所增耳。或問：陸氏著釋文時已知世有劉光伯乎？曰：隋文帝得舜典在開皇二年壬寅，陸氏著書在癸卯，較後一年，時南北雖未混一，陸氏或遙聞其説而筆之於書也。」程廷祚云（後稱「程云」）：「梁武之言，雖若證孔氏之不誣，實以明伏生之非誤。『濬哲』下十六字出開皇二年購募遺典之時，二十八字自齊建武至是百年而後具。」**慎徽五典，五典克從。**徽，美也。五典，五常之教：父義、母慈、兄友、弟恭、子孝。舜慎美篤行斯道，舉八元使布之於四方。五教能從，無違命。○「慎徽五典，五典克從」，今文與古文同。左文十八年傳：「舜臣堯，舉八元，使布五教于四方：父義、母慈、兄友、弟恭、子孝。故虞書數舜之功曰：『慎徽五典，五典克從。』無違命。」僞傳所本。○「慎徽五典，五典克從」者，堯紀「堯善之」下作「乃使舜慎和五典，五典能從」。徽、和，克、能，故訓字。釋文引馬云：「徽，善也。」史記集解引鄭云：「五典，五教也。蓋試以司徒之職。」案釋詁：「典，常也。」五常之教，司徒之職見後經文。**納于百揆，百揆時叙。**揆，度也。度百事，總百官，納舜於此官。舜舉八凱，使揆度百事，百事時叙，無廢事業。○「納于百揆，百揆時叙」，古文也，今文「納」作「入」、「叙」作「序」。左傳云：「舜臣堯，舉八凱，使主后土，以揆百事，莫不時叙。」又云：「虞書數舜之功曰：『納于百揆，百揆時叙』，無廢事也。」亦僞傳所本。「百揆」非官名，見下。○「納」作「入」、「叙」作「序」者，堯紀作「乃徧入百官，百官時序」。史記舜本紀云：「於是堯乃試舜五典百官，皆治。」總上文言之。左傳言「主后土」，是試以司空之職，總度百事。皮云：「史記『叙』皆作『序』。蔡邕太尉楊公碑：『遷少府光禄勳，敬揆百事，莫不時序。』太傅祠前銘〔二〕：『越尹三卿，百揆時序。』禰衡顔子碑：『百揆時序。』皆今文作『序』之證。少府光禄勳、三卿皆非相位，而蔡引此經以美之，蓋不以百揆爲相名。又以百揆爲敬揆百事，並不以爲官名。史遷以爲『偏入百官』，謂使舜入百官揆事之處，則舜命禹使度百揆，亦謂使居百官揆事之處。入百揆在徽五典、賓四門之閒，五典、四門非官名，則百揆亦非官名可知。淮南泰族訓：『堯乃妻以二女，以觀其內；任以百官，以觀其外。』任以百官，與史記義合，即入于百揆之事也。撰僞古文者，誤以百揆爲官名，乃造周官篇云：『內有百揆四岳。』沿其誤者，遂以百揆爲相，又以四岳共爲一人，皆由僞孔亂經，致違古義。論衡恢國篇：『舜以司徒，因堯授禪；禹以司空，緣功代舜。』王充舉司徒、司空而不及百揆，是今文家説以司徒、司空爲官名，不以百揆爲官名。孫云：「廣雅釋詁：『選，入也。』則偏入爲偏選也。」先謙案：後漢百官志注引古史考云：「説者以百揆堯初別置，於周更名冢宰。」是蜀漢之末，僞説已萌芽矣。

賓于四門，四門穆穆。穆穆，美也。四門，四方之門。舜流四凶族，四方諸侯來朝者，舜賓迎之，皆有美德，無凶人。○「賓于四門，四門穆穆」，今文與古文同。左傳言：「舜臣堯，流四凶族。」虞書數舜之功曰：『賓于四門，四門穆穆。』無凶人也。」僞傳本之。○「賓于四門，四門穆穆」者，堯紀如此，申之曰：「遠方賓客皆敬。」釋訓：「穆穆，敬也。」是今文説以「穆穆」爲敬。集解引馬云：「四門，四方之門。諸侯羣臣朝者，舜賓迎之，皆有美德也。」釋詁：「穆穆，美也。」是古文説以「穆穆」爲美。舜本紀云：「舜賓于四門，乃流四凶族。於是四門辟，言無凶人也。」書疏引鄭云：

〔二〕「前」字前原脱「祠」字，據皮錫瑞今文尚書考證補。

「賓，擯。謂舜爲上擯以迎諸侯。」孫云：「擯即儐字。聘禮：『卿爲上擯，大夫爲承擯，士爲紹擯。』大宗伯云：『朝覲會同，則爲上相。』注云：『出接賓曰相。』古者朝諸侯必於明堂，御覽五百三十二引明堂：『東，應門。南，庫門。西，皋門。北，雉門。』周書明堂解、禮記明堂位皆云：『九夷之國，東門之外。八蠻之國，南門之外。六戎之國，西門之外。五狄之國，北門之外。』是四門也。」皮云：「今文説蓋以『賓四門』爲攝太子之職。大傳云：『天子太子年十八曰孟侯。孟侯者，於四方諸侯來朝，迎於郊，問其所不知也。』白虎通朝聘篇：『遣世子迎之五十里之郊。』孝經鄭注：『天子使世子郊迎。』儀禮疏以爲異代之制，疑本唐、虞舊法。四門，四郊之門也。」**納于大麓，烈風雷雨弗迷。**麓，録也。納舜使大録萬機之政。陰陽和，風雨時，各以其節，不有迷錯愆伏。明舜之德合於天。○「納于大麓，烈風雷雨弗迷」，古文也；今文「弗」作「不」，「納」或作「入」，「麓」或作「鹿」，「烈」或作「列」。僞傳「大録萬機之政」用今文説。○今文「弗」作「不」、「納」作「入」者，歐陽本也，史記、論衡可證；作「納」者，夏侯本也。「麓」作「鹿」、「烈」作「列」者，今文異字。「納于大麓」云云者，堯紀云：「堯使舜入山林川澤，暴風雷雨，舜行不迷。」舜紀云：「舜入于大麓，烈風雷雨不迷。堯乃知舜之足授天下。」大傳云：「納之大麓之野，烈風雷雨不迷，乃致以昭華之玉。」又云：「致天下於大麓之野。」是史公、伏生皆以「麓」爲山麓，今文説也。水經濁漳水注引應劭説云：「鉅鹿，鹿者，林之大者也。尚書曰堯將禪舜，『納之大麓之野，烈風雷雨不迷』。而縣取目焉。」十三州志云：「鉅鹿，唐、虞時大麓也。虞舜百揆，納于大麓。麓者，林之大也。堯欲使天下皆見之，故置諸侯，合羣臣與百姓，納之大麓之野，然後以天下授之，明己禪之公也。大陸縣今有堯臺，高與城等，乃堯禪舜之處。」據此，則大麓之地實有可考。其以「大麓」爲「大録」者，漢書于定國傳上報定國曰：「萬方之事，大録於君。」王莽傳張竦引書曰：「『納于大麓，列風雷雨不迷。』公之謂矣。」（班氏燕然山銘作「納」，明夏侯本如此。）又莽改鑄錢書曰：「予前在大麓。」桓譚新論云：「昔堯試舜於大麓者，領録天下事，如今尚書官矣。」論衡正説篇：「尚書曰：『四門穆穆，入于大麓，烈風雷雨不迷。』言大麓，三公之位也。居一公之位，大總録二公之事，衆多並吉，若疾風大雨。」以大麓爲大録，此夏侯博士説。三公、丞相皆可稱大録也。論衡又自爲説云：「試之於職，妻以二女，觀其夫婦之法。復令人庶之野，（「人」是「入」誤，「庶」是「鹿」誤，中脱「大」字。）而觀其聖。烈風疾雨，終不迷惑。堯乃知其聖。」又吉驗篇：「使入大麓之野，虎狼不搏，蟲蛇不噬，逢烈風疾雨，行不迷惑。」又亂龍篇：「舜以聖德入大麓之野，虎狼不犯，蟲蛇不害。」以麓爲山麓，與正説篇所引尚書説三公位不同。淮南泰族訓：「既入大麓，烈風雷雨而不迷。」高注：「林屬於山曰麓，堯使舜入林麓之中，遭大風雨不迷也。」鹽鐵論除狹篇：「大夫曰：『賢者處大林，遭風雷而不迷。』」蓋引用此經，以大林爲大麓。風俗通山澤篇：「謹案：尚書堯禪舜，『納于大麓』，麓，林屬於山者也。」並與史公、伏生説合。皮云：「堯必使舜入山林川澤者，夏本紀云：『舜登用，攝行天子之政，巡狩。行視鯀之治水無狀。』行視治水，必入山林川澤。亦非一時之事，有時或遇暴風雷雨，而舜不迷，則天與之可知。鄭注書序於舜典云：『入麓伐木。』正歷試諸艱之一事。入麓，即入于大麓。此古説之僅存者。」先謙案：鄭注大傳云：「山足曰麓。麓者，録也。古者天子命大事、命諸侯，則爲壇國之外。堯聚諸侯，命舜陟位居攝，致天下之事，使大録之。」既訓「麓」爲山足，又釋「大麓」爲大録，立説未免兩歧。釋文引王云：「麓，録也。」馬、鄭云：「山足也。」是馬、鄭古文説與王異，並不以麓爲録，何獨鄭注大傳顯違伏生之恉？疑「麓者，録也」以下數語，爲後人羼入。魏公卿上尊號奏云：「遵大鹿之遺訓。」魏受禪表云：「義莫顯於禪德，美莫盛於受終。故書陳『納于大麓』。」桓階等奏云：「舜受大麓，桑蔭未移而已陟帝位。」直以大麓爲受禪之地，與應劭、闞駰説合。則漢末博士傅會之詞也。陳喬樅云（後稱「陳云」）：「山麓，歐陽説。大録，大、小夏侯説。史公、王充皆用歐陽尚書，周堪、孔霸事夏侯勝，授元帝經，元帝報于定國用夏侯尚書，説俱出今文家，非今、古文異也。」**帝曰：「格汝舜，詢事考言乃言底可績，三載，汝陟帝位。」**格，來。詢，謀。乃，汝。底，致。陟，升也。堯呼舜曰：「來，汝所謀事，我考汝言，汝言致，可以立功，三年矣。三載考績，故命使升帝位。」將禪之。○「帝曰：『格汝舜，詢事考言乃言底可績，三載，汝陟帝位』」，古文也，今文無「乃言」二字。○「帝曰：『格汝舜』」者，堯紀説云：「堯以爲聖，召舜曰。」孫云：「言『召舜』者，以『格』爲『來』也。」○今文作「詢事考言底可績」者，堯紀作「汝謀事至而言可績」。孫云：「釋詁：『詢，謀也。』『乃言』疑衍。古文『考』作『丂』，似『乃』，故重出。二字史記無之。釋言：『底，致也。』周語注：『底，至也。』致即至也。」先謙案：孫説今文無「乃言」二字是也。「底」指「詢事」，「可績」指「考言」，謂謀事既至，而考言又見功也。釋文引馬云：「底，定也。」孫云：「釋詁：『底、定，止也。』『底』義同『定』。」○「三載，汝陟帝位」者，堯紀作「三年矣，汝登帝位」。釋詁：「陟、登，升也。」「陟」義同「登」。史記集解引鄭云：「三年者，賓四門之後三年也。」江云：「鄭以納大麓、命陟位爲一時事。賓四門在納大麓前，知此三年是賓門之後三年也。」段云：「案裴駰於此當云『鄭本作「載」，云三載者』云云乃合。依史記改『載』爲『年』，非也。惠棟因改經文之『載』爲『年』，尤誤。如禹貢作『十有三載』，馬、鄭本作『年』，釋文必識之。此處鄭果作『年』，亦必識之也。」先謙案：古文作「載」，今文作「年」，段説是。**舜讓于德弗嗣。**辭讓於德不堪，不能嗣承帝位。○「舜讓于德弗嗣」，古文也，今文作「舜讓于德不台」。○「舜讓于德不台」者，堯紀作「舜讓於德不懌」。集解引徐廣注：「今文尚書作『不怡』。怡，懌也。」先謙案：釋詁：「怡、懌，樂也。」故史公以故訓代之。「不怡」本作「不台」，史記自序云：「唐堯遜位，虞舜不台。」索隱：「台音怡。怡，説也。」又云：「惠之早霣，諸呂不台。」徐廣注：「不爲百姓所説。」後漢書班固傳典引云：「有于德不台淵穆之讓。」皆用今文也。説「不台」有兩義：以薄德不爲百姓所説，爲遜讓之詞，六字作一句讀，是一義；請更擇有德，不以有天下爲樂，「舜讓于德」一句，「不台」一句，又一義。史公報任安書云：「主上爲之食不甘味，聽朝不怡。」用此經字屬武帝，説以例唐堯遜位虞舜不台之文，則不台當屬舜，説與「諸呂不台」義異。孔子言舜有天下而不與，即謂此也。索隱五帝紀注云：「古文作『不嗣』。」文選典引李注引漢書音義云：「昭曰：『古文台爲嗣。』」章懷典引注云：「前書曰：『舜讓于德不台。』音義曰：『台，讀曰「嗣」。』」（前書謂王莽傳文。今本「不嗣」，後人所改。漢書音義，韋昭作。）魏公卿上尊號奏云：「光被四表，讓德不嗣。」裴松之引魏王上書云：「猶執謙讓于德不嗣。」皆用古文。今、古文並作「不」，惟僞傳作「弗」。

正月上日，受終于文祖。上日，朔日也。終，謂堯終帝位之事。文祖者，堯文德之祖廟。○「正月上日，受終于文祖」，今文與古文同。僞傳以「文祖」爲「堯文德之祖廟」，語意含混。○「正月上日」者，堯紀如此。白虎通三正篇：「王者受命，必改朔何？明易姓，示不相襲也。明受之於天，不受之於人。所以變易民心，革其耳目，以助化也。故大傳曰『王者始起，改正朔，易服色，殊徽號，異器械，別衣服』也，是以舜、禹雖繼太平，猶宜改以應天。」漢書董仲舒傳：「孔子曰：『亡爲而治者，其舜乎！』改正朔，易服色，以順天命而已；其餘盡循堯道，更何爲哉！」尚書中候云：「若稽古帝舜曰重華，欽翼皇象，建黄授政改朔。」詩緯推度災云：「軒轅、高辛、夏后氏、漢皆以十三月爲正，少昊、有唐、有殷皆以十二月爲正，高陽、有虞、有周皆以十一月爲正。」緯書多同今文。書疏引鄭云：「帝王易代，莫不改正。堯正建丑，舜正建子。此時未改堯正，故云『正月上日』。即位，乃改堯正，故云『月正元日』，故以異文。」是今、古文説正月同。史記集解引馬云：「上日，朔日也。」孫云：「鄭注禮記云：『朔，初也。』唐以十二月爲正，當如殷以鷄鳴爲朔。見大傳。」御覽十四引大傳云：『上日，元日。』」王引之云：「上旬之善日，非謂朔日也。元日，善日也，吉日也。王制：『元日習射上功，習鄉上齒。』正義以元日爲善日。月令：『孟春，天子乃以元日祈穀于上帝。』盧植、蔡邕並曰：『元，善也。』」先謙案：大傳以上日爲元日，其説亦當是善日，則今、古文説上日異。○「受終于文祖」者，堯紀云：「舜受終于文祖」，復申之曰：「文祖者，堯太祖也。」孫云：「堯與舜同始祖，故受終於其廟。王制疏引禮稽命徵云：『唐、虞五廟，親廟四，始祖廟一。』則黄帝爲堯四世祖。此太祖不知何人。舜祖黄帝，則亦同太祖矣。」又云：「漢書元后傳云：『黄帝姓姚氏，八世生虞舜，舜起嬀汭，以嬀爲姓。』則舜與堯别姓而爲昏。禮大傳云：『四世而緦服之窮也。』」又云：「系之以姓而弗别，綴之以食而弗殊，百世而昏姻不通者，周道然也。」釋文引馬云：「文祖，天也。天爲文，萬物之祖，故曰文祖。」史記集解引鄭云：「文祖，五府之大名，猶周人之明堂。」孫云：「馬以文祖爲天者，荀子禮論：『王者天太祖。』堯之祖黄帝，亦必以配天。説與史記合。尚書帝命驗云：『五府，五帝之廟。蒼曰靈府，赤曰文祖，黄曰神斗，白曰顯紀，黑曰玄矩。』注云：『唐、虞謂之五府，夏謂之世室，殷謂之重屋，周謂之明堂，皆祀五帝之所也。』史記正義云：『文祖者，赤帝赤熛怒之府，名曰文祖。火精光明，文章之祖，故謂之文祖。周曰明堂。』孝經云：

『宗祀文王於明堂，以配上帝。』上帝即五府之帝。唐時蓋以黄帝配之明堂。既爲五府之總稱，又爲南向室之尊名也。離火文明，故曰文祖。鄭説亦與史遷、馬氏同義。」江云：「帝堯火德，赤帝之所感生，故以文祖爲五府之大名。受終于文祖，告感生之帝，即告天也。」皮云：「漢書王莽傳：『以漢高廟爲文祖廟。』莽自以己之代漢如舜之代堯，故以漢高廟比堯太祖廟，是以文祖爲太祖廟，與史記説同。論衡讀告篇云：『受終于文祖，是不言受終于天，堯之心知天之意也。堯授之，天亦授之。』是以文祖爲天，與馬同。史遷、王充皆用歐陽尚書，一以爲太祖廟，一以爲天，足徵二説之異而不異矣。桓譚新論云：『明堂，堯謂之五府。府，聚也，言五帝之神聚於此。』此亦古説文祖即明堂之證。」**在璿璣玉衡，以齊七政。**在，察也。璿，美玉。璣、衡，王者正天文之器可運轉者。七政：日、月、五星，各異政。舜察天文，齊七政，以審己當天心與否。○「在璿璣玉衡，以齊七政」，今文與古文同，「璿璣」一作「旋機」，「政」一作「正」。僞傳云「以審己當天心與否」，本鄭説「觀受禪是非也」。○「在璿璣玉衡，以齊七政」者，堯紀云：「於是帝堯老，命舜攝行天子之政，以觀天命。舜乃在璿璣玉衡，以齊七政。」「璿璣」一作「旋機」者，大傳云：「齊，中也。七政者，謂春、夏、秋、冬、天文、地理、人道，所以爲政也。道正而萬事順成，故天道，政之大也。旋機者何也？傳曰：旋者，還也；機者，幾也，微也。其變幾微，而所動者大，謂之旋機，是故旋機謂之北極。」皮云：「旋機玉衡，今文當兼北極、北斗言之。史記律書云：『旋機玉衡，以齊七政，即天地二十八宿。十母，十二子。』天官書云：『北斗七星，所謂「旋機玉衡，以齊七政」。』

索隱：「春秋運斗樞云：『斗，第一天樞〔二〕，第二璇，第三璣，第四權，第五衡，第六開陽，第七摇光。第一至第四爲魁，第五至第七爲標，合而爲斗。』文耀鉤云：『斗者，天之喉舌。玉衡屬杓，魁爲璇璣。』」又『填星』下引文耀鉤云：『鎮，黄帝含樞紐之精，其體旋璣，中宿之分也。』説郛引運斗樞有『旋星明』、『旋星散』、『璣星散』、『玉衡星散』云云，此以旋璣玉衡皆爲北斗。文耀鉤以旋璣爲中宿，則近『旋璣，北極』之義。渾言則合，析言則分。續漢志注引星經云：『璿璇，謂北極星也。玉衡，謂斗九星也。』説苑辨物篇：「書曰：『在璿璣玉衡，以齊七政。』璿璣，謂北辰句陳樞星也。（孫云：「疑脱『玉衡，謂斗九星也』一句。」）以其魁杓之所指二十八宿爲吉凶禍福。天文列舍盈縮之占，各以類爲驗。」據星經，説苑兼用大傳『旋機，北極』、史記『玉衡，北斗』之説。漢書律曆志：『衡，平也。其在天也，佐助旋機，斟酌建指，以齊七政，故曰玉衡。』是北斗名玉衡，而佐旋機，北斗非即旋機也。疑伏生專就北極言之，史公專就北斗言之，旋機玉衡各舉其一，古書簡略不分析也。古書『旋』或作『琁』，或作『璇』，或作『璿』，『機』或作『璣』，參錯不一。據大傳當以『旋機』爲正。其改从玉者，因古文説以爲渾天儀，云以美玉爲之，其字从玉，併改諸書从玉耳。考兩漢人引經，皆以機衡爲星。春秋感精符云：『人主含天光，據璣衡，齊七政，操八極。』楊子太玄攡云：『運諸泰政，繫之太始，極焉以通璇璣之統，正玉衡之平。』長楊賦云：『是以玉衡正而泰階平。』『玉衡』與『泰階』對舉，亦必以爲星名。劉歆遂初賦云：『惟太階之侈闊兮，機衡爲之難運；懼魁杓之前後兮，遂隆集於河濱。』歆習古文尚書，而以機衡與太階、魁杓並言，則以爲

〔二〕「樞」，原誤作「極」，據皮錫瑞今文尚書考証原文改。

星名與今文不異。其時馬、鄭異說尚未出也。」書疏及史記索隱引馬云：「璿，美玉也；璣，渾天儀，可轉旋，故曰璣。衡，其中橫筩，（書疏作「簫」。）所以視星宿也。以璿爲璣，以玉爲衡，蓋貴天象也。七政者，北斗七星，各有所主：第一曰主日，法天；第二曰主月，法地；第三曰命火，謂熒惑也；第四曰伐水，謂辰星也；第五曰煞土，謂填星也；第六曰危木，謂歲星也；第七曰罰金，謂太白也。日月五星各異，故名七政也。日月星皆以璿璣玉衡度知其盈縮進退失政所在。聖人謙讓猶不自安，視璿璣玉衡以驗齊日月五星行度，知其政是與否，重審己之事也。」史記集解及宋書天文志引鄭云：「璿璣玉衡，渾天儀也。七政，日月五星也。動運爲璣，持正爲衡。皆以玉爲之。視其行度，觀受禪是非也。」此古文說，僞傳本之。初學記引尚書考靈耀云：「觀玉儀之旋，昏明主時。」鄭注：「以玉爲渾儀，故曰玉儀。」晉書天文志引文耀鉤云：「唐、虞即位，羲和立渾儀。」隋書天文志引晉劉智云：「或問曰：『顓頊造渾儀，黄帝爲蓋天。』」開元占經六十七引詩含神霧云：「七政者，斗上一星天位，二主地，三主火，四主水，五主土，六主木，七主金。」諸說又馬、鄭所本。段云：「『璣』當作『機』，唐石經以下皆作『璣』，因上文『璿』从玉旁而誤也。釋文『璿音旋』，並無『璣音機』之文，而禹貢『璣』字則詳釋之，可知陸本作『機』，人所共識，故不爲音也。文選宋元皇后哀策文云『仰陟天璣』，李注：『天璣，喻帝位也。尚書考靈耀曰：「璿璣玉衡。」尚書爲此「璣」，曹植秋胡行曰：「歌以永言，大魏承天璣。」然「璣」與「機」同也。』」予案：此當云『尚書爲此「機」』，以別於考靈耀之從玉。曹植秋胡行亦作『機』，其下總申言之曰『「璣」與「機」同也』。後漢安帝紀永初二年詔曰：『據琁機玉衡，以齊七政。』魏受禪表：『上在璿機。』周公禮殿記：『旋機離常。』堯廟碑：『據旋機之政。』王弼周易略例：『故處璇璣，以觀大運。』釋文：『璣，又作「機」。』此其字之不同也。」先謙案：段說「璣」本作「機」是也。據馬說渾天儀可轉旋故曰璣，鄭說運動爲璣，皆就「機」字訓釋，若作「璣」則不可通。即僞孔傳「璣、衡，王者正天文之器可運轉者」，既以運轉爲義，其字亦必作「機」，今作「璣」者，皆後人妄改之也。玉海天文書引大傳云：「七政布位，日月星之主。五星時之紀，日月有薄食，五星有錯聚，七者得失，在人君之政，故謂之爲政。」與御覽所引大傳不同，而與馬、鄭以七政爲日月五星合。大傳乃伏生没後歐陽、張生所記録，或所承師説有殊。孫以玉海所引爲歐陽說，理或然也。緯書多同今文。既有造立渾儀之文，不得謂唐、虞時無測天儀器，特經馬、鄭推衍而其說始大顯耳。魏志魏王上書曰：「堯禪重華，舉其克諧之德；舜授文命，采其齊聖之美，猶下咨四岳，上觀璿璣。」蜀志先主傳議郎陽泉侯劉豹等上言：「時時有景雲祥風，從璿璣下來。」又管寧傳王基薦寧曰：「上正璇璣，協和皇極。」其時馬、鄭說雖已出，而斗極爲璣衡之義又何嘗廢絶不用乎？段云：「『在』之言『司』也。司，伺古今字，故假『在』爲『伺』。」「政」一作「正」者，史記律書引書曰「七正」，「正」即「政」也。

肆類于上帝，堯不聽舜讓，使之攝位，舜察天文，考齊七政而當天心，故行其事。肆，遂也。類，謂攝位事類。遂以攝告天及五帝。○「肆類于上帝」，今文與古文同，「肆」一作「遂」，古文「肆」一作「𨽸」。○「肆類于上帝」者，論衡祭意篇引尚書曰：「肆類于上帝。」李氏家書引亦作「肆」。「肆」一作「遂」者，堯紀云：「遂類于上帝。」封禪書、漢書王莽傳引同，蓋今文本然，非故訓也。五經異義云：「今尚書夏侯、歐陽說：類，祭天名也。以事類祭之奈何？天位在南方，就南郊祭之是也。古尚書說：非時祭天謂之類，言以事類告也，『肆類于上帝』，時舜告攝，非常祭。許慎謹案：周禮郊天無言類者，知類非常祭，從古尚書說。」而說文「示部」作「禷」，云：「以事類祭天也。」仍從今尚書說。蓋今、古文義不相遠，三代異物，唐、虞之禮不得以周禮繩之。詩文王：「是類是禡。」毛傳：「於內曰類，於外曰禡。」釋天：「是類是禡，師祭也。」王制：「天子將出，類乎上帝。」非必告攝乃有類祭。馬云：「上帝，太一神，在紫微宮，天之最尊者。」史記集解引鄭云：「禮，祭上帝於圜丘。」案天官書：「中宮天極星，其一明者，太一常居也。」孫云：「鄭注禮經所言『周祀天之禮，夏至祀五帝于南郊，冬至祀天于圜丘』。此言圜丘者，所祭即天皇大帝北極耀魄寶，與馬義合。」古文「肆」一作「䢅」者，說文「䢅」下云：「古文肆」，引虞書曰：「䢅類于上帝。」段云：「此壁中故書也。作『肆』者，孔安國以今文讀之。夏小正傳：『肆，遂也。』」**禋于六宗，**精意以享謂之禋。宗，尊也。所尊祭者其祀有六，謂四時也、寒暑也、日也、月也、星也、水旱也。祭亦以攝告。

○「禋于六宗」，今文與古文同，「禋」一作「湮」，一作「煙」，一作「堙」。僞傳「精意以享謂之禋」，本馬說；「其祀有六」云云者，書疏云：「祭法云：『埋少牢於太昭，祭時。相近於坎壇，祭寒暑。王宮，祭日。夜明，祭月。幽禜，祭星。雩禜，祭水旱。』此言六宗，彼祭六神，故傳以彼六神謂此六宗，必謂彼之所祭是此六宗者，彼文上有祭天、祭地，下有山谷、丘陵，此『六宗』之文在『上帝』之下『山川』之上，二者次第相類，故知是此六宗。王肅亦引彼文乃云：『禋于六宗，此之謂矣。』」案：其文亦見僞家語。據此，王肅所引，與家語、僞傳同。近人言家語、僞傳出肅所造，又一證也。○「禋于六宗」者，堯紀及封禪書、漢書郊祀志、王莽傳、敘傳、後漢光武紀、說苑辨物篇、論衡祭意篇引皆作「禋于六宗」。釋文引馬云：「禋，精意以享也。」。「禋」一作「湮」者，大傳如此。（見下。）續漢志：「尚書歐陽家說，謂六宗者，在天地四方之中，爲上下四方之宗。」劉昭注引李氏家書曰：「六宗者，上不及天，下不及地，旁不及四方，在六合之中，助陰陽，化成萬物。漢祀甘泉汾陰天地，亦禋六宗。孝成時，匡衡奏立南北郊祀，復祀六宗。及王莽謂六宗即易六子。」是漢初已祭六宗，用今文義，王莽始用劉歆異説耳。五經異義引今尚書歐陽、夏侯説：「六宗者，上不及天，下不及地，旁不及四時，居中央，恍惚無有，神助陰陽變化，有益於人，故郊天並祭之。」漢書郊祀志引三家説曰：「上不及天，下不及地，旁不及四方，在六者之閒，助陰陽變化，實一而名六。」變「四時」爲「四方」者，東方春，南方夏，西方秋，北方冬，其義不殊。論衡謂：「六宗居六合之閒，助天地變化，王者尊而祭之，故曰六宗。」魏景初中劉劭言：「萬物負陰抱陽沖氣以爲和。六宗者，太極沖和之氣。」晉書禮志載摯虞奏，亦依之。諸説並同。大傳云：「萬物非天不生，非地不載，非春不動，非夏不長，非秋不收，非冬不藏。故書曰『湮于六宗』，此之謂也。」呂覽月令高誘注：「宗，尊也。凡天地四時皆爲天宗。」下文與大傳同，惟「湮」字作「禋」，以宗爲天地四時，與在天地四方之中其義微異。公羊僖三十一年傳何氏解詁引禮曰：「六宗、五嶽、四瀆，角尺。」禮稽命徵云：「天子祭天地、宗廟、六宗、五嶽。」是六宗在五嶽四瀆之外，下文明言山川，當以今文説爲合。書疏引馬云：「萬物非天不覆，非地不載，非春不生，非夏不長，非秋不收，非冬不藏，此其謂六也。」用今文説。大宗伯疏引古尚書説云：「六宗，天地神之尊者。謂天宗三，地宗三。天宗，日、月、星辰；地宗，岱山、河、海。日、月爲陰、陽宗，北辰爲星宗，岱爲山宗，河爲水宗，海爲澤宗。祀天則天文從，祀地則地理從。」書疏引賈逵以爲：「六宗者，天宗三，日、月、星也；地宗三，河、海、岱也。」續志劉昭注引賈逵云：「六宗謂日宗、月宗、星宗、岱宗、河宗、海宗也。」明古文説乃賈説。儀禮通解續因事之祭引大傳鄭注云：「馬氏以爲六宗謂日、月、星辰、泰山、河、海也。」與上馬説不同，疑書疏誤大傳爲馬説。書疏引鄭云：「禋之言煙，周人尚臭，煙氣之臭聞者也。」大宗伯疏引許慎異義云：「謹案：夏侯、歐陽説云宗實一而有六，名實不相應。春秋：魯郊，祭三望。言郊天。日、月、星、河、海、岱，凡六宗，魯下天子，不祭日、月、星，故祭分野星國中山川，故言三望。六宗，與古尚書同。」「玄之聞也，書曰：『肆類于上帝，禋于六宗，望于山川，偏于羣神。』此四物之類也，禋也、望也、偏也，所祭之神各異。六宗言禋，山川言望，則六宗無山川明矣。周禮大宗伯曰：『以禋祀祀昊天上帝，以實柴祀日、月、星、辰，以槱燎祀司中、司命、風師、雨師。』凡此所祭，皆天神也。禮記郊特牲曰：『郊之祭也，迎長日之至也，大報天而主日也。兆於南郊，就陽位也。埽地而祭，於其質也。』祭義曰：『郊之祭，大報天而主日，配以月。』則郊祭并祭日月可知。其餘星也、辰也、司中、司命、風師、雨師，此之謂六宗，亦自明矣。」此則許從古文說，而鄭駮之。書疏云：「孔光、劉歆以六宗謂乾、坤六子：水、火、雷、風、山、澤也。」（亦見郊祀志、王莽傳。）大傳「禋」作「湮」，假借字。一作「煙」者，魏公卿上尊號奏云：「煙于六宗。」疑因鄭說改。字一作「堙」者，續志注以「堙」（俗字，段改作「垔」。）即爾雅之「祭地曰瘞薶」，引虞喜云虞書改土正合祭義。是梁世尚書，其字作「堙」，所據不同如此。**望于山川，偏于羣神。**九州名山、大川、五岳、四瀆之屬，皆一時望祭之。羣神，謂丘陵、墳衍，古之聖賢皆祭之。○「望于山川，偏于羣神」，今文與古文同，一作「望秩于山川」，一作「辯于羣神」，一作「班于羣神」。僞傳「羣神謂丘陵、墳衍」，本鄭說。○「望于山川」者，堯紀如此，論衡祭意篇同。白石神君碑：「類帝禋宗，望于山川，偏于羣神。」所引亦今文。陳云：「蓋歐陽經無『秩』字。」一作「望秩于山川」者，郊祀志、王莽傳、續漢祭祀志、光武封泰山刻石文作「望秩于山川」。說苑辨物篇引書：「禋于六宗，望秩山川。」漢書叙傳：「類帝禋宗，望秩山川。」東觀書趙熹請封禪疏言：「望秩羣神，以承天心。」皆引此經文也。大傳鄭注引經：「望秩于山川。」魏公卿上尊號奏云：「告類上帝，望秩五岳。」皆用今文。江云：「穀梁僖三十一年傳范注引鄭云：『望者，祭山川之名。』」○「偏于羣神」者，黃圖載元始儀、説苑辨物篇、漢書王莽傳、論衡祭意篇、白石神君碑、魏公卿上尊號奏皆作「徧于羣神」。一作「辯于羣神」者，堯紀如此，徐廣注：「辯音班。」樊毅修西岳廟記同。一作「班于羣神」者，光武封泰山刻石文、黄圖載元始儀、楊雄太常箴皆如此。案：辨、辯一字。段云：「『辯』讀『班』，蓋今文家相傳如此。王莽傳『辨社諸侯』義作『班』，左襄二十五年傳『男女以班』，哀元年『蔡人男女以辨』，與此同。」皮云：「土虞禮：『明日以其班祔。』鄭注：『古文「班」或爲「辨」。』鄉飲酒禮、大射儀鄭注：『今文「辯」皆爲「徧」。』是『辨』古文，『班』、『徧』皆今文。然班、辨一聲之轉，辨、徧音近，故古亦通用。」詩時邁疏及般正義引鄭云：「徧以尊卑次秩祭之，羣神若丘陵、墳衍之屬。」孫云：「大司樂：『凡六樂者，一變而致川澤之示，再變而致山林之示，三變而致丘陵之示，四變而致墳衍之示。』上言山川，則此羣神當爲丘陵、墳衍。鄭據周禮推之。」**輯五瑞，既月乃日，覲四岳羣牧，班瑞于羣后。** 輯，斂。既，盡。覲，見。班，還。后，君也。舜斂公侯伯子男之瑞圭璧，盡以正月中乃日日見四岳及九州牧監，還五瑞於諸侯，與之正始。○「輯五瑞」，今、古文並當作「揖五瑞」。「既月乃日，覲四岳羣牧，班瑞于羣后」，古文也，今文作「擇吉月日，見四嶽諸牧，班瑞」。僞傳云「舜斂公侯伯子男之瑞還班于諸侯」，本馬説；訓「既月乃日」爲「盡以正月中乃日日」，謬甚。○「揖五瑞」者，堯紀作「揖五瑞」，（汲古本如是，官本併注改「輯」。）漢書郊祀志、魏封孔羨碑引同。漢書兒寬傳顔注引書作「楫五瑞」，其字從木，乃「揖」之誤字。白虎通引書「輯五瑞」，淺人改之。段云：「唐石經以下作『輯』，衛包所改，釋文大字作『輯』，當是開寶中改。詩螽斯『羽揖揖兮』傳云：『揖揖，會聚也。』板『辭之輯矣』傳云：『輯，和也。』聚、和分二義。玉篇、廣韻皆云：『輯，和也。』不言聚也。」史記秦始皇紀「摶心揖志」索隱：「揖音集。」白虎通瑞贄篇：「王者始立，諸侯皆見何？

當受法稟正教也。尚書『輯五瑞』、『覲四岳』，謂舜始即位，見四方諸侯，合符信。何謂五瑞？謂圭、璧、琮、璋也。禮曰：『天子珪尺有二寸。』又曰：『博三寸，剡上，左右各寸半，厚半寸。半珪爲璋，方中圓外曰璧，半璧曰璜，圓中牙外曰琮。五玉者，各何施？蓋璜以徵召，璧以聘問，璋以發兵，珪以質信，琮以起土功之事也。』」皮云：「據白虎通義，今文家以珪、璧、琮、璜、璋爲五瑞，亦即下文五玉。易林需之井、否之訟皆云：『珪、璧、琮、璜、璋，執贄見王。』漸之履云：『圭、璧、琮、璜，執贄見王。』是古以珪、璧、琮、璜、璋皆爲見王之贄。易林四字爲句，故文以互見爲義。公羊定八年傳何氏解詁云：『不言璋言玉者，起珪、璧、琮、璜、璋五玉盡亡之也。珪以朝，璧以聘，琮以發兵，璜以發衆，璋以徵召。』與白虎通言五玉所施正同，焦、何皆習今文也。白虎通朝聘篇：『諸侯來朝，天子親與之合瑞信者何？正君臣，重法度也。尚書曰：「輯五瑞。」』」釋文：「輯，馬云：『斂也。』」史記集解引馬云：「揖，斂也。」明釋文馬注作『輯』，後人改之。又云：「五瑞，公侯伯子男所執，以爲瑞信也。堯將禪舜，使羣牧斂之，使舜親往班之。」皮云：「據白虎通爵篇引含文嘉、禮王制鄭注，皆云『殷爵三等』，則周以前不得有公侯伯子男五等之爵，當從今文說爲正。」○「擇吉月日，見四嶽諸牧，班瑞」者，堯紀如此，封禪書、漢書郊祀志引同，明今文本異，非史公以故訓代經也。「既月乃日」言既擇月，乃卜筮吉日也。大傳云：「古者圭必有冒，言不敢專達之義也。天子執冒以朝諸侯，見則覆之。故冒圭者，天子所與諸侯爲瑞也。瑞也者，屬也。無過行者，得復其圭以歸其國；有過行者，留其圭；能改過者，復其圭；三年圭不復，少絀以爵；六年圭不復，少絀以地；九年圭不復，而地畢。此所謂諸侯之朝於天子也。義則見屬，不義則不見屬。」孫云：「馬以爲堯使羣牧斂瑞，僞傳以爲舜斂，皆誤。」

歲二月，東巡守，至于岱宗，柴，諸侯爲天子守土，故稱守，巡行之。即班瑞之明月，乃順春東巡。岱宗，泰山，爲四岳所宗。燔柴祭天告至。○「歲二月，東巡守，至于岱宗，柴」，今文與古文同，「守」一作「狩」，「柴」一作「祡」。○「歲二月」者，堯紀如此。集解引馬云：「舜受終後五年之二月。」鄭云：「建卯之月也。」公羊隱八年傳疏引「建」上多「歲二月者，正歲」六字。孫云：「知爲受終後五年者，以下云『五載一巡狩』知之。」皮云：「春秋運斗樞云：『舜以太尉受號即位爲天子，五年二月，東巡狩。』馬注本緯書。羅泌路史非之云：『歲二月者，乃次一年二月也，世不之究，虞夏傳云：「惟元祀，巡守四岳八伯。」馬説非也。』案：羅據大傳説似更塙。」段云：「或問鄭云：堯建丑，舜建子，上文正月爲丑月，此二月非寅月而何？曰：周禮凡言正月之吉，皆謂周正月；凡言正歲、言歲終、言歲十有二月，皆謂夏正。寅月、丑月，詳見戴氏周禮太史正歲年解。推之他書，孟子言『七八月之閒旱』、『七八月之閒雨集』，謂周之七八月也，不言歲也；『歲十月（作「十一月」誤。）徒杠成，十一月（作「十二月」誤。）輿梁成』，謂夏正十月、十一月也，系之歲也。爾雅：『石杠謂之徛。』今本郭注：『孟子曰：「歲十一月徒杠成。」』邢疏引孟子『歲十一月徒杠成』而云：『此注作「十月」，誤脱，或所見本異。』然則邢本爾雅注故作『歲十月』也。考孟子注疏本，注作『周十月，夏九月』、『周十一月，夏十月』，推求文義，當是孟子正文作『十月徒杠成，十一月輿梁成』，注作『周十月，夏八月』、『周十一月，夏九月』，今轉改譌亂耳。近曲阜孔氏刊孟子趙注作『周十一月，夏九月；周十二月，夏十月』，理是而文恐非矣。趙氏不知歲字之解，其説謬誤。上推虞書，早刱斯例，曰正月者，唐正月也；云歲二月者，建寅之二月也。鄭以經文此云『歲二月』即知上文『正月』之上不言歲者，非建寅也。二月系之歲，則建卯之月也。惟寅數得天，稱歲自唐、虞已無異議，作堯典者，夏之史官，書法精嚴如是。』」陳云：「小宰鄭注：『正歲謂夏之正月。』則知巡狩必以寅正之仲月。」○「東巡守」者，白虎通巡狩篇：「王者所以巡狩何？巡者，循也；狩者，牧也。爲天下巡行守牧民也。道德太平，恐遠近不同化，幽隱不得所者，故必親自行之，謹敬重民之至也。」又曰：「巡狩所以四時出何？當承宗廟，故不踰時也。以夏之仲月者，同律度，當得其中也。二月、八月，晝夜分。五月、十一月，陰陽終。」漢書郊祀志、禮王制皆作「守」。皮云：「班習夏侯尚書，戴記與夏侯尚書同一師承，蓋夏侯本作『守』也。白虎通亦出班氏，據其故訓，亦當作『守』，後人妄加犬旁。」先謙案：公羊隱八年傳疏引鄭云：「巡守者，行視所守也。」語本孟子。是今、古文同作「守」。「守」一作「狩」者，堯紀如此，或歐陽本不同。○「至于岱宗，柴」者，白虎通巡狩篇：「巡狩必祭天何？本巡狩爲天，祭天所以告至也。尚書曰：『東巡狩，至于岱宗，柴。』」禮郊特牲：「天子適四方，先柴。」鄭注：「所到必先燔柴，有事于上帝也。書曰：『歲二月，東巡守，至于岱宗，柴。』」此今、古文同之證。「至于岱宗」者，釋山：「河東，岱。」又曰：「泰山爲東嶽。」巡狩篇云：「嶽之爲言桷也，桷功德也。東方爲岱宗何？言萬物更相代於東方也。」史記封禪書：「岱宗，泰山也。」皮云：「『至于岱宗，柴』，今文家以爲封禪。後漢張純傳請封禪奏云：『書曰「歲二月，東巡狩，至于岱宗，柴」，則封禪之義也。』風俗通正失篇：『謹案：尚書天子巡狩，歲二月，至于岱宗。孔子稱：「封泰山，禪梁父，可得而數七十有二。」蓋王者受命易姓，改制應天，功成封禪，以告太平也。所以必於岱宗者，長萬物之宗，陰陽交代，觸石而出，膚寸而合，不崇朝而徧雨天下，唯泰山乎？』風俗通山澤篇：『岱者，長也，（續漢書引：「岱者，胎也；宗者，長也。」此脱文。）萬物之始，陰陽交代，王者受命易姓，改制應天，功成封禪，以告天地。』五經通義云：『泰山一名岱宗，言王者受命易姓，報功告成，必於岱宗。東方，萬物始交代之處。宗，長也，言爲羣嶽之長。』是以『至于岱宗，柴』即是封禪，今文義也。」「漢人引經作『柴』者，漢世今文通行，取其便俗，故中有俗字。西嶽華山碑云：『五歲壹巡狩，皆以四時之中月，各省其方，親至其山，柴祭燔燎。』此石刻之可據者。」釋文引馬云：「祭時積柴加牲其上而燔之。」孫云：「大宗伯『禋祀』、『實柴』、『槱燎』注：『三祀皆積柴實牲體焉，或有玉帛，燔燎而升煙，所以報陽也。鄭司農云：「實柴，實牛柴上也。」』」又王制鄭注：「柴，祭天告至也。」疏云：「謂燔柴以祭上天而告至。其祭天之後，乃望祀山川。所祭之天，則蒼帝靈威仰。」以此爲祭靈威仰，蓋亦今文義。東觀漢記丁鴻上奏云：「臣聞古之帝王統治天下，五載巡狩，至于岱宗，柴祭於天。」又曰：「柴祭之日，白氣上升，與燎煙合。」古皆以「柴」字斷句，不連「望」字爲義。「柴」一作「祡」者，堯紀云：「至于岱宗，祡。」（汲古本如是，官本改「柴」。）説文「祡」下云：「燒柴尞祭天也。虞書曰：『至于岱宗，祡。』」「𥛒」下云：「古文祡。」「𥛒」爲古文，則「祡」爲今文。楊雄甘泉賦：「於是欽祡宗祈，燎熏皇天。」樊毅修華嶽碑：「故帝舜受堯曆數，親自巡省，設五鼎之奠，祡燎堙埋。」史記集解引鄭云：「祡祭東嶽者，考績。祡，燎也。」（汲古本如是，官本改「柴」。）段云：「此語出孝經緯。禮器注引孝經説云『封乎泰山，考績燔燎；禪乎梁父，刻石紀號』是也。考績，謂考己之功績。禮器疏云考諸侯功績，非也。」**望秩于山川，**東岳諸侯竟内名山大川如其秩次望祭之。謂五岳牲禮視三公，四瀆視諸侯，其餘視伯子男。○「望秩于山川」，今文與古文同，一作「望秩于山川，班于羣神」，一作「望秩于山川，徧于羣神」。僞傳云岳、瀆視公侯伯子男，本鄭説。○「望秩于山川」者，堯紀如此，封禪書同。一作「望秩于山川，班于羣神」者，續漢祭祀志載光武封禪刻石文云：「望秩于山川，班于羣神」，引此經以明巡守封禪之義。一作「望秩于山川，徧于羣神」者，詩時邁鄭箋引書曰：「歲二月，東巡守，至于岱宗，柴，望秩于山川，徧于羣神。」鄭所據尚書亦多一句。皮云：「今文多此四字，與上文同。此經孔疏：『書「二月」不言「徧于羣神」，此一句衍文。』蓋不知今文與古文異也。其或作『班』或作『徧』者，亦猶上文所據本異耳。白虎通封禪篇：『於岱宗何？明知易姓也。刻石紀號，知自紀于百王也。燎祭天，報之義也。望祭山川，祀羣神也。』班氏所據今文亦有『班于羣神』一句，無此四字者，或歐陽本。」公羊隱八年疏引鄭云：「望秩于山川者，徧以尊卑祭之。五嶽視三公，四瀆視諸侯，其餘小者或視卿大夫，或視伯子男矣。秩，次也。」鄭注書傳云：「所視者，謂其牲幣粢盛籩豆爵獻之數。」**肆覲東后。**遂見東方之國君。○「肆覲東后」，古文也；今文作「遂覲東后」，一作「遂見東后」。○「遂覲東后」者，史記封禪書如此，復申之曰：「東后者，諸侯也。」漢書郊祀志、續漢律曆志、祭祀志載光武封禪刻石文，白虎通巡狩篇、公羊隱八年傳解詁引皆作「遂覲」。一作「遂見東后」者，堯紀作「遂見東方君長」，以「東方君長」釋「東后」，以故訓代經。大行人注、風俗通山澤篇引作「遂見」。**協時月正日，同律度量衡。**合四時之氣節，月之大小，日之甲乙，使齊一也。律法制及尺丈、斛斗、斤兩，皆均同。○「協時月正日，同律度量衡」，今文與古文同，一作「叶時月正日」，一作「乃同律度量衡」。○「協時月正日」者，公羊隱八年傳解詁引如此。一作「叶時月正日」者，白虎通巡狩篇、續漢律曆志元和二年詔、月令章句引並作「叶」。段云：「『叶、叶皆古文『協』字。書大傳『不協于極』作『不叶』，五行志『協用五紀』作『叶用』。於此見今文尚書之字未嘗無古文也。古文、今文猶言古本、今本，非古文皆用蒼頡古文、今文皆用秦隸書也。」堯紀「協」作「合」，以故訓代經。集解引鄭云：「協正四時之月數及日名，備有失誤。」通典吉禮巡狩篇引鄭云：「其節氣晦朔，恐諸侯有不同，故因巡狩而合正之。」孫云：「文選六代論

注：『月數，謂閏月正四時。日名，謂甲乙之類。』云『備有失誤』者，失閏則四時乖誤。」○「同律度量衡」者，堯紀如此。釋文引馬云：「律，法也。」鄭云：「陰吕陽律也。」又史記集解引鄭云：「同，音律。度，丈尺。量，斗斛。衡，斤兩也。」孫云：「律，法，釋詁文。『同，音律』，有誤字。『陰吕陽律也』當作『同，陰律；吕，陽律也』。太師掌六律六同之和，以辨天地四方之律。以銅爲管。竹，陽也；銅，陰也。各順其性。漢書律曆志：『律十有二，陽六爲律，陰六爲吕。』是六同又名六吕。」先謙案：典同鄭注：「同，陰律也。不以陽律名官者，謂其先言耳。書曰：『協時月正日，同律度量衡。』太師職曰：『執同律以聽軍聲。』」「陰吕陽律也」，謂「同，陰吕；律，陽律也」，釋文消字，致閲者不明，若改「同，陰律；吕，陽律」，轉不誤爲誤矣。皮云：「此鄭據古周禮説以易今尚書説之明證也。」「此『同』字，古書皆不以爲陰吕。漢書律曆志：『虞書曰「乃同律度量衡」，所以齊遠近立民信也。』上加『乃』字，則『同』謂齊等。下言律度量衡，無一語及『同』。又云：『同律，審度，嘉量，平衡，鈞權，正準，直繩。』亦不以『同』爲實義。新莽量銘云：『改正建丑，長壽隆崇，同律度量衡。』東觀漢記丁鴻上奏云：『協時月正日，同斗斛權衡，使人不爭。』白虎通巡狩篇：『考禮義，正法度，同律曆，叶時月，皆爲民也。』張衡東京賦：『同衡律而一軌量。』亦以『同』爲齊等之義。蔡邕明堂月令論云：『書曰：「歲二月，同律度量衡。」仲春月令曰：「日夜分，則同度量鈞衡石。」』魏封孔羨碑：『鈞衡石，同度量。』皆不以『同』爲陰吕。」一作「乃同律度量衡」者，漢書律曆志引如此，（見上。）蓋本夏侯尚書。度量衡，詳律曆志。**修五禮、五玉、**修吉、凶、賓、軍、嘉之禮，五等諸侯執其玉。○「修五禮、五玉」，古文也，今文當作「修五禮、五樂、五玉」。僞傳以「五禮」爲吉、凶、軍、賓、嘉，本馬説。○「修五禮、五樂、五玉」者，堯紀及封禪書作「修五禮、五玉」，漢書郊祀志作「修五

禮、五樂」，顏注：「五樂，謂春則琴瑟，夏則笙竽，季夏則鼓，秋則鐘，冬則磬也。『五樂』，尚書作『五玉』。今志亦有作『五玉』者。五玉，即五瑞。」孫云：「大傳『五玉』作『五樂』。虞夏傳云：『樂正定樂名。元祀代泰山，貢兩伯之樂焉。陽伯之樂，舞侏離，其歌聲比余謠，名曰晳陽。儀伯之樂，舞鼚哉，其歌聲比大謠，名曰南陽。中祀大交霍山，貢兩伯之樂焉。夏伯之樂，舞謾彧，其歌聲比中謠，名曰初慮。羲伯之樂，舞將陽，其歌聲比大謠，名曰朱于。秋祀柳穀華山，貢兩伯之樂焉。秋伯之樂，舞蔡俶，其歌聲比小謠，名曰苓落。和伯之樂，舞玄鶴，其歌聲比中謠，名曰歸來。幽都弘山祀，貢兩伯之樂焉。冬伯之樂，舞齊陽，曰緩緩，（今本作「舞齊落，歌曰緩緩」。）并論八音四會。』鄭注：『上下有脱詞，其説未聞。』大傳又云：『樂者，人性之所自有也，故聖王巡十有二州，觀其風俗，習其性情，因論十有二俗，定以六律、五聲、八音、七始，著其素簇以爲八，此八伯之事也。分定於五，此五嶽之事也。五聲，天音也。八音，天化也。七始，天統也。』與漢志合，是今文有『五樂』，在『五禮』之下，或即『五玉』之異文。」陳云：「王制曰：『禮樂制度衣服正之。』則其所據堯典亦有『修五禮、五樂』之文，足與漢志相證明。班書多用夏侯尚書，禮記與夏侯尚書同一師承，故脗合也。後人傳寫史、漢，或存『五樂』而去『五玉』，或存『五玉』而去『五樂』，此志所以有作『玉』、作『樂』之不同耳。」皮云：「今文有『五樂』字無疑。然帛所以薦玉，下有『三帛』，無『五玉』則文義不完，經文『五樂』、『五玉』皆當有之。廣韻『帛』字注引大傳『舜修五禮、五玉、三帛』，則又存『五玉』而去『五樂』，非大傳之舊也。師古釋五樂之名，必有所受，蓋出服虔、如淳諸人舊注，今文遺説也。」史記集解引馬云：「五禮，吉、凶、賓、軍、嘉也。」又引鄭云：「五玉，即五瑞也。執之曰瑞，陳列曰玉。」

三帛、二生、一死贄，三帛，諸侯世子執纁，公之孤執玄，附庸之君執黃。二生，卿執羔，大夫執雁。一死，士執雉。

玉、帛、生、死，所以爲贄以見之。○「三帛、二生、一死」，今文與古文同，「二生」一作「二牲」。贄，古文也；今文作「爲摯」，一作「爲贄」。古文一作「摯」。僞傳云三帛纁、玄、黄者，書疏云：「經言『三帛』，必有三色，所云纁、玄、黄者，孔時或有所據，未知出何書。王肅云：『三帛，纁、玄、黄也。附庸與諸侯之適子、公之孤執皮帛，其執之色未詳。聞或曰孤執玄，諸侯之適子執纁，附庸執黄。』王肅之注尚書，其言多同孔傳。」案：僞傳言纁、玄、黄三色，他無所見，惟肅與之同，此又僞傳出肅之一證也。二生羔、雁，本馬説。○「三帛」者，堯紀如此，集解引馬云：「三孤所執也。」集解及公羊隱八年傳疏引鄭云：「帛，所以薦玉也。必三者，高陽氏後用赤繒，高辛氏後用黑繒，其餘諸侯皆用白繒。周禮改之爲纁也。」案：用「纁」詳見典瑞。皮云：「虞時不聞有三孤。馬用古周禮『孤執皮帛』爲説，非也。通典五十五引尚書中候云：『高陽氏尚赤，薦玉以赤繒。高辛氏尚黑，薦玉以黑繒。陶唐氏尚白，薦玉以白繒。』鄭據爲説，與大傳三統三正之義合，當本今文家説。禮檀弓疏云推鄭之意，謂堯以十二月爲正，尚白，諸侯奉堯正朔，故曰『其餘諸侯皆用白繒』。高辛氏以十三月爲正，尚黑，故其後用黑繒。高陽氏以十一月爲正，尚赤，故其後用赤繒。少皥以十二月爲正，尚白。黄帝以十三月爲正，尚黑。神農以十一月爲正，尚赤。女媧以十二月爲正，尚白。伏羲以上未聞。禮緯含文嘉云：『天子、三公、諸侯皆以三帛薦玉。』宋均注：『其殷禮，三帛謂朱、白、蒼，象三正。其五帝之禮，薦玉用一色之帛。』宋是鄭弟子，而説不同。」先謙案：書明言「三帛」，則宋謂五帝一色之帛非也。○「二生」者，堯紀如此，白虎通朝聘篇同。一作「二牲」者，封禪書、漢書郊祀志、風俗通山澤篇、續漢祭祀志載光武封禪刻石文同。孫云：「白虎通文質篇：『臣見君所以有贄何？贄者質也，質己之誠，至己之悃愊也。公侯以玉爲贄者，取其燥不輕、溼不重，公之德全。卿以羔者，取其羣不黨。大夫以雁爲贄者，取其飛成行列。』又云：『卿大夫贄，古以麑鹿，今以羔雁何？古者質，取其内，謂得美草鳴相呼。今文，取其外，謂羔跪乳，雁有行列也。禮相見經曰：「上大夫相見以羔，左顧右贄執麑。」（今儀禮作「左頭如麛」。）明古以麑鹿，今以羔也。』據此知唐、虞二生是麑鹿，非羔雁。」史記集解引馬云：「摯：二生，羔、雁，卿大夫所執。」〇「一死」者，堯紀如此。白虎通文質篇：「士以雉爲贄者，取其不可誘之以食，懾之以威，必死不可生畜。」集解引馬云：「一死，雉，士所執。」說同。〇「爲摯」者，堯紀如此。一作「爲贄」者，漢書郊祀志如此。史記正義引鄭云：「贄之言至，所以自致也。」皮云：「封禪書作『贄』，無『爲』字，後人改之。」段云：「釋文：『贄，本又作「摯」。』贄，俗字，定从摯。」古文一作「𡠗」者，說文「𡠗」下云：「至也。从女執聲。商書曰：『大命不𡠗。』讀若『摯』同，一曰虞書『雉𡠗』。」段云：「即堯典之『一死摯』也。『大命不𡠗』，字之本義。『雉𡠗』，引申叚借，故引虞書在商書後，中以『讀若「贄」同，一曰』隔之。古文商書、虞書皆不作『𡠗』而作『摯』者，孔安國以今字讀之，既改從今字矣，許存其壁中元字於說文，猶鄭君注禮每云『故書作某』、『古文作某』也。」**如五器，卒乃復。**卒，終。復，還也。器，謂圭璧。如五器，禮終則還之；三帛、生、死則否。〇「如五器，卒乃復」，今文與古文同。僞傳云五玉還之，三帛、生、死則否，本馬說。〇「如五器，卒乃復」者，堯紀如此，集解引馬云：「五器，上五玉。五玉禮終則還之，三帛以下不還也。」此以經文「卒」爲「終」、「復」爲「還玉」。公羊隱八年傳疏引鄭云：「如者，以物相授與之；言授贄之器有五，卿、大夫、上士、中士、下士也。器各異飾，飾未聞所用也。周禮改之，飾羔雁飾雉，執之而已，皆去器。卒，已也。復，歸也。巡守禮畢，乃反歸矣。每歸，用特牛告于文祖矣。」以「卒乃復」爲巡守還歸。孫云：「禽止三種，而器有五，蓋上、中、下士三等，器各異飾，并羔雁之器爲五。士相見禮云：「摯，冬用雉，夏用腒，左頭奉之。下大夫相見以雁，飾之以布，維之以索，如執雉。上大夫相見以羔，飾之以布，四維之結於面，左頭如麛執之。」是周禮不用器也。」皮云：「馬、鄭二注不同，未知孰與今文義合。鄭以藝祖爲文祖，與今文尚書禰祖異，則鄭用古文說。馬以『卒』爲禮終，『復』爲還玉，蓋用今文說也。」段云：「集韻：『如，乃個切，若也。書曰：「如五器，卒乃復。」鄭康成讀。』案：此讀今釋文不載，蓋開寶中陳鄂等刪之，丁度自據未改釋文本也。『如』字本有『那』音，論語『如之何』即『柰之何』也，詩『柔遠能邇』鄭箋：『能，侞也。』『侞』字當亦音乃個反，鄭不作音，後人推『以物相授與之』訓爲之。凡釋文馬、鄭音，皆後人於解得音。爲尚書者四人，中有鄭君，後人所託。」江聲云：「鄭讀『如』爲『笯』，鳥籠也，大誤。器以盛羔雁雉相授。謂器爲笯可通，『如』亦訓『笯』，則複矣。」**五月，南巡守，至于南岳，如岱禮。**南岳，衡山。自東岳南巡，五月至。〇「五月，南巡守，至于南岳，如岱禮」，古文也，今文「岳」作「嶽」。〇「岳」作「嶽」者，大傳如此。史記封禪書云：「南嶽，衡山也。」孫云：「漢書郊祀志用之，或孔安國說。地理志長沙國湘南縣：『衡山在東南。』今在湖南衡州府西。白虎通巡狩篇引大傳云：『五嶽，謂岱山、霍山、華山、恒山、嵩山也。』又云：『南爲霍山何？霍之爲言護也，言太陽用事，護養萬物也。』論衡書虛篇：『舜巡狩，東至岱宗，南至霍山，西至太華，北至恒山。以爲四嶽者，四方之中，諸侯之來，並會嶽下，幽深遠近，無不見者，聖人舉事求其宜適也。』此以霍山爲南嶽，皆今文說。爾雅釋山說『五嶽』云『江南，衡』，用孔安國古文說也。又云『霍山爲南嶽』，用今文說也。郭璞注：『漢武帝以衡山遼曠，因讖緯皆以霍山爲南嶽，故移其神於此。』案：緯書皆本今文，漢武案古圖書遂復南嶽之舊，非漢武始以霍山爲南嶽也。通典引三禮義宗云：『唐、虞以衡山爲南嶽，周氏以霍山爲南嶽。』蓋傳寫互誤，非崔靈恩之失。周禮以衡山爲南嶽，唐、虞南嶽即是霍山也。竊謂經言『五月，南巡守，至于南岳』，舜都平陽，吉行五十里，計一月可至霍山。若至衡山，遼遠且又涉江，不便以覲南方諸侯，故歐陽、夏侯等説爲霍山，蓋本之伏生，是以大傳又有『中祀霍山』及『奠南方霍山』之文也。」皮云：「大傳『中祀大交霍山』鄭注謂五月南巡守所祭。是鄭從今文説。説苑辨物篇：『五嶽者何謂也？泰山，東嶽也。霍山，南嶽也。華山，西嶽也。常山，北嶽也。嵩高山，中嶽也。』説文：『嶽，東岱、南霍、西華、北恒、中太室。』許叔重治古文，其言五嶽亦從今文説。廣雅釋山：『岱宗謂之泰山，天柱謂之霍山，華山謂之太華，常山謂之恒山，外方謂之嵩高，岣嶁謂之衡山。』以霍山列泰、華之閒，而衡山别見於後，則亦以霍山爲南嶽矣。衡、霍兩山皆有二名，古多謂霍爲衡，後多謂衡爲霍。史記黥布列傳：『九江、廬江、衡山、豫章郡皆屬布。』淮南衡山列傳：『徙爲衡山王，王江北。』皆即霍山。始皇本紀：『乃西南渡淮水，之衡山、南郡。浮江，至湘山祠。』案：由淮水至南郡，不過今之衡山，衡山又在湘山南，此云『之衡山』，亦即霍山，與淮水近。然則封禪書之南嶽衡山亦是霍山，非别用古文説矣。孫引郭注『因讖緯皆以霍山爲南嶽』，考詩、書、左傳疏，皆無此十字。」先謙案：水經昔人以爲桑欽撰，第四十卷禹貢山水澤地所在篇，乃古文尚書家相傳舊説，與班志所引桑欽言及古文以爲云云悉合。欽治古文尚書，則水經爲欽撰無疑，其列衡、霍二山，云：「霍山爲南嶽，在廬江灊縣西南。」「衡山在長沙湘南縣南。」是古文家不以衡山爲南嶽而屬之霍山，與今文家説無異。

八月，西巡守，至于西岳，如初。西岳，華山。初，謂岱宗。○「八月，西巡守，至于西岳，如初」，古文也，今文「岳」作「嶽」。○「岳」作「嶽」者，大傳如此。封禪書：「西嶽，華山也。」白虎通巡狩篇：「西方爲華山者何？華之爲言穫也，言萬物成熟可得穫也。」山水澤地篇：「華山爲西嶽，在弘農華陰縣西南。」明今、古文同。在今陝西華陰縣南。**十有一月，朔巡守，至于北岳，如西禮。**北岳，恒山。○「十有一月，朔巡守，至于北岳」，古文也，今文「朔巡守」「朔」作「北」，「岳」作「嶽」。「如西禮」，僞古文也，今、古文並作「如初」。據陸氏釋文，王注本作「如西禮」，（見下。）王肅稱用古文，而與梅賾、方興本同，此又僞書出肅之一證也。○「朔」作「北」、「岳」作「嶽」者，堯紀如此。封禪書：「北嶽，恒山也。」白虎通巡狩篇：「北岳爲恒山者何？恒者，常也。萬物伏藏於北方有常也。」山水澤地篇：「恒山爲北嶽，在中山上曲陽縣西北。」今直隸曲陽縣西北。今、古文作「如初」者，堯紀云：「五月，南巡狩；八月，西巡狩；十一月，北巡狩：皆如初。」此史公渻約其文。然據史記則此文作「如初」無疑，是今文作「如初」之證。釋文：「『如西禮』，方興本同，馬本作『如初』。」公羊隱八年傳疏引鄭云：「五月不言初者，以其文相近。八月、十一月言初者，文相遠故也。」段云：「陸用王注本作音義，謂王本作『如西禮』，方興本亦然。書疏本即方興本也。據鄭注本文，馬同。」先謙案：據此，馬、鄭本作「如初」，是古文作「如初」之證。段云：「何休公羊注引尚書此下又有『還，至嵩，如初禮』，封禪書於『皆如岱宗之禮』下亦云：『中嶽，嵩高也。』郊祀志同。或云：假令尚書元文無中嶽，必不敢增竄。余謂：史、漢不言至中嶽，但言『中嶽，嵩高也』，然則備五嶽之訓故而已。風俗通山澤篇：『中嶽，嵩高也，王者所居，故不巡焉。』可證今文、古文本皆無至于中嶽之文，何補經文曰『還，至嵩，如初禮』，蓋亦今文家說，而較封禪書、郊祀志爲蛇足矣。論衡書虛篇：『舜巡狩，東至岱宗，南至霍山，西至太華，北至衡山。』不言中嶽，亦可以證今文尚書本無中嶽。」皮云：「嵩高王者所居，惟於東周爲合，唐、虞都平陽、蒲阪，嵩高豈王者所居？應氏兼通今、古文，風俗通所云，蓋用古文說，而以周制說虞制，殊爲疏失。」先謙案：何云「還，至嵩，如初禮」，亦必指東周言之，唐、虞都在今山西省，不得於今河南省地言還也。十一月至北岳，往返之後，一歲告終，必無還至平陽復往河南之事。大傳云：「分定於五，此五嶽之事也。五嶽皆觸石而出雲，扶寸而合，不崇朝而雨天下。」以嵩高列五岳中。白虎通巡狩篇：「中央爲嵩高者何？嵩言其高大也。中央之嶽獨加高字者何？中央居四方之中而高，故曰嵩高山。」皆與史、漢合，亦不言至中嶽，足明何說非。

歸，格于藝祖，用特。巡守四岳然後歸，告至文祖之廟。藝，文也。言祖則考著。特，一牛。○「歸，格于藝祖，用特」，古文也；今文作「歸，假于禰祖，用特」，「禰祖」一作「祖禰」。僞傳以「藝祖」爲文祖，本鄭說。○「歸，格于禰祖，用特」者，大傳如此。「禰祖」一作「祖禰」者，堯紀作：「歸，至于祖禰廟，用特牛禮。」是「禰祖」一作「祖禰」，「格」作「至」，增「廟」字、「牛禮」字，以故訓明之。大傳又云：「天子游不出封圻，不告祖廟。」又云：「古者巡守，以遷廟之主行。出，以幣帛皮圭告於祖，遂奉以載於齊車。每舍，奠焉，然後就舍。反，必告奠，卒，斂幣玉藏之兩階之間，蓋貴命也。」白虎通巡狩篇：「王者出必告廟何？孝子出辭反面，事死如事生。尚書曰：『歸，假于祖禰。』」三軍篇云：「王者將出，辭於禰，還，格于祖禰者，言子辭面之禮，尊親之義也。尚書曰：『歸，假于藝祖。』」（段云：據巡狩篇及此篇上下文，不當獨作「藝」，後人妄改。）公羊隱八年傳注亦引尚書：「歸，假于禰祖。」禮王制、説苑修文篇、後漢肅宗紀、安帝紀皆作「祖禰」。皮云：「此傳本偶異，而今文義不異，故白虎通引書一作『禰祖』，一作『祖禰』也。禮曾子問云：『天子諸侯將出，造乎禰。』義雖不備，而與大傳、白虎通説同。禮記與夏侯尚書同一師承，班氏亦習夏侯尚書，故白虎通兩引禮文。大傳云『以遷廟主行』，又云『以幣帛告于祖，載于齊車』者，蓋無遷廟主則以幣帛，故曾子問曰：『古者師行無遷主，則何主？孔子曰：主命。』下即大傳所引。白虎通巡狩篇：『王者、諸侯出，必將主何？示有所尊，故孔子曰：「王者將出，必以遷廟主行，載於齊車，示有尊也。無遷主，以幣帛皮圭告于祖禰廟，遂奉以出，每舍，奠焉，蓋貴命也。」必以遷主者，明廟不可空也。』較大傳尤詳明。大傳云『告祖』不云『告禰』，蓋舉祖以賅禰。」釋文引馬云：「藝，禰也。」先謙案：藝、禰聲近通借，馬用今文說。詩我將疏及通典巡守篇引鄭云：「藝祖，文祖，猶周之明堂。每歸用特者，明祭一岳即歸也，如尚書、王制之文。所以不一岳之後而云歸者，因明四岳禮同，使其文相次，是以終巡狩之後，乃始云歸耳。」案：「明堂」義見上「文祖」注。段云：「續漢祭祀志劉昭注引晉武帝初幽州秀才張髦上疏引書：『格于藝祖。』晉初皆治古文尚書，故髦引作『藝祖』。書疏云：『王制説巡狩之禮云：「歸，格于祖禰，用特。」特者，獨也，故爲一牛。偏告諸廟，廟用一牛。故鄭彼注云祖下及禰皆一牛也。』」**五載一巡守，羣后四朝。**各會朝于方岳之下，凡四處，故曰四朝。將説「敷奏」之事，故申言之。堯、舜同道，舜攝則然，堯又可知。○「五載一巡守」，今文與古文同，一作「五歲一巡狩」。「羣后四朝」，今文與古文同。○「五載一巡守」者，大傳如此，封禪書作「五載一巡狩」，郊祀志同。皮云：「白虎通四時篇有『二帝言載』之文，則今文有作『載』者，非盡後人所改。」一作「五歲一巡狩」者，堯紀如此。西嶽華山碑作「五歲壹巡狩」，白虎通巡守篇：「所以不歲巡狩何？爲太煩也。過五年，爲太疏也。因天道時有所生，歲有所成，三歲一閏，天道小備；五載再閏，天道大備，故五年一巡狩。三年二伯出述職黜陟。」風俗通山澤篇：「所以五載一出者，五載再閏，天道大備。」御覽引逸禮云：「所以五年一巡守何？五歲再閏，天道大備。」公羊隱八年傳解詁云：「三年一使三公黜陟。」疏云：「書傳文。」又云：「五年親自巡守。巡猶循也，守猶守也，循行守視之詞，亦不可國至人見爲煩擾，故至四嶽，知四方之政而已。」疏云：「堯典文。」陳云：「堯典無此文，蓋皆出伏生堯典傳，疏脱『傳』字耳。」○「羣后四朝」者，堯紀如此。大傳云：「古者諸侯之於天子，五年一朝，朝見其身，述其職，述其職者，述其所職也。」公羊桓元年傳：「諸侯時朝乎天子。」何氏解詁云：「五年一朝，王者亦貴得天下之歡心。以事其先王，因助祭以述其職，故分四方諸侯爲五部，部有四輩，輩主一時。」孝經曰『四海之内，各以其職來助祭』，尚書曰『羣后四朝。敷奏以言，明試以功，車服以庸』是也。」陳云：「禮王制疏引鄭孝經注云：『諸侯五年一朝天子，天子亦五年一巡守。』案：鄭注孝經，與注尚書異。孝經注蓋用今文尚書説，故與何休説略同。漢書藝文志載孝經后氏説，后氏爲夏侯始昌弟子，與夏侯勝同師，故孝經説有與尚書説合者，以其同一師授也。五經異義云：『公羊説：諸侯比年一小聘，三年一大聘，五年一朝天子。左氏説：十二年之間，八聘，四朝，再會，一盟。許慎謹案：公羊説，虞、夏制；左氏説，周禮。傳曰：三代不同物。明古今異説。』是許君亦以五年一朝爲虞、夏之制也。但鄭孝經注與何公羊傳注又同中有異。鄭言四方諸侯分爲四部，四年乃偏，則是巡守之年，諸侯不朝於京師也。據何云五年一朝者，所重不僅述職，兼重在助祭京師，故分四方諸侯爲五部，部分四輩，輩主一時，則五年之中，四時祭祀皆有諸侯助祭。至巡守之年，諸侯各就其方，以四時朝於方嶽之下，而所分之第五部，於是年亦分四輩，以四時朝于京師，因助祭而述職，故五年乃偏也。若如鄭説止分四部，四年而偏，則巡守之年四方諸侯無一來京師助祭者，於大典有缺，是不如何説爲長。」釋文引馬云：「四面朝于方岳之下。」孫云：「言諸侯因天子巡守，四面來見於方岳之下，不復來朝京師也。」釋文又引鄭云：「四朝，四年朝京師也。」史記集解及王制疏引鄭云：「巡守之年，諸侯見于方岳之下。其間四年，四方諸侯分來朝于京師，歲徧是也。」先謙案：如何説，諸侯分爲五部助祭京師，天子巡守之年，仍有一部來朝助祭者。巡守之年，四時在外，若諸侯既朝方嶽，復朝京師，奔走守候，重爲煩擾，所謂「合天下之歡心以事先王」者，疑不如是。不如鄭説一年朝方嶽，四年分朝京師爲允當也。詩韓奕疏引賈逵周禮説：「一方四分之，或朝春，或覲秋，或宗夏，或遇冬。藩屏之臣，不可虛方俱行，故分趣四時助祭也。」王制：「諸侯礿則不禘，禘則不嘗，嘗則不烝，烝則不礿。」注云：「虞、夏之制，諸侯歲朝，廢一時祭。」魯語曹劌曰：「先王制諸侯，五年四王一相朝也。」注：「唐尚書云：『先王，謂堯也。五載一巡守，諸侯四朝。』」與鄭義同。**敷奏以言，明試以功，車服以庸。**敷，陳。奏，進也。諸侯四朝，各使陳進治理之言。明試其言，以要其功。功成則賜車服，以表顯其能用。○「敷奏以言，明試以功，車服以庸」，今文與古文同，「敷」一作「傅」。僞傳「明試以言」云云，誤解。○「敷奏以言」者，堯紀作「徧告以言」，以故訓代經。告，下告上也。徧奏國政，非書契所能罄，故必以言。「敷」一作「傅」者，漢書宣帝紀：「傅奏其言，考試功能。」師古注：「傅，讀曰『敷』。」後漢梁統傳統上疏曰：「謹表其尤害於體者，傅奏於左。」是今文「敷」一作「傅」。（詳見禹貢。）大傳鄭注云：「奏猶白。」公羊桓元年傳疏：「敷奏以言，謂諸侯來朝之時，徧奏以言語也。」○「明試以功，車服以庸」者，堯紀如此。説文「試」下云：「用也，从言式〔一〕聲。虞書曰：『明試以功。』」公羊桓元年傳疏：「言『明試以功』者，國功曰功，謂明試以國事之功也。言『車服以庸』者，民功曰庸，若欲賜車服之時，以其治民之功高下也。」先謙案：經謂巡狩之時，諸侯畢見，明顯試用者，必以其治事之功；錫予車服者，必以其治民之庸。合許書、公羊疏觀之，其義始明。疏云「明試

〔一〕「式」原誤作「試」，據説文解字原文改。

以國事之功」，非也。大傳云：「見諸侯，問百年。命太師陳詩以觀民風俗，命市納賈以觀民好惡。山川神祇有不舉者爲不敬，不敬者削以地；宗廟有不順者爲不孝，不孝者黜以爵；變禮易樂者爲不從，不從者君流；改衣服制度爲畔，畔者君討。有功者賞之。尚書曰：『明試以功，車服以庸。』」白虎通考黜篇：「禮説九錫：車馬、衣服、樂則、朱户、納陛、虎賁、鈇鉞、弓矢、秬鬯，皆隨其德可行而賜。能安民者賜車馬，能富民者賜衣服，書曰：『明試以功，車馬以庸。』」後漢書章帝詔：「『敷奏以言』，則文章可采；『明試以功』，則政有異迹。」續漢輿服志：「書曰：『明試以功，車服以庸。』夫禮服之興也，所以報功章德，尊仁尚賢。故禮尊尊貴貴，不得相踰，所以爲禮也。非其人不得服其服，所以順禮也。」

肇十有二州，肇，始也。禹治水之後，舜分冀州爲幽州、并州，分青州爲營州，始置十二州。○「肇十有二州」，今文與古文同，一作「兆十有二州」。僞傳訓「肇」爲「始」，用馬、鄭説。○「肇十有二州」者，堯紀如此。一作「兆十有二州」者，大傳云：「惟元祀，巡守四嶽八伯，壇四奥，沈四海，封十有二山，兆十有二州，濬川。」案：虞傳以爲巡守時事，二句互相前後，「肇」作「兆」，今文説也。鄭注：「祭者必封，封亦禪也。兆，域也，爲營域以祭十有二州之分星也。壇、沈、封、兆，皆因所宜爲之。」「兆十有二州」在「封十有二山」之下。皮云：「兆、肇古通用。詩生民『后稷肇祀』，禮表記引作『后稷兆祀』。玄鳥『肇域彼四海』箋云：『肇，當作「兆」。』小宗伯『兆五帝于四郊』鄭注：『兆，爲壇之營域。』説文『垗』下引周禮：『垗五帝于四郊。』然則『垗』，古文；『兆』乃今文渻借字，『肇』乃今文通叚字。史記作『肇』，義當與大傳作『兆』不殊。」江云：「十二州，蓋自古有之。伏傳謂爲兆域以祭分星，於義允愜。天有十二次，爲十二州之分野。天象見於某次，則灾祥見於某州，是相繫屬者也。」史記集解引馬云：「禹平水土，置九州。舜以冀州之北廣大，分置并州。燕、齊遼遠，分燕置幽州，分齊爲營州，於是爲十二州也。」釋地釋文引鄭云：「舜以青州越海，而分齊爲營州。冀州南北太遠，分衛爲并州，燕以北爲幽州。新置三州，並舊爲十二州也。」蓋本漢書地理志冀北創并部之名，燕、齊起幽、營之號。此或古文以「肇十有二州」居上，或後人據馬、鄭注移易其文，皆未可知。皮云：「地理志云：『堯遭洪水，褱山襄陵，天下分絶爲十二州，使禹治之。水土既平，更治九州。』又谷永傳永對曰：『堯遭洪水之灾，天下分絶爲十二州。』王莽傳：『堯典十二州，後定爲九州。』據今文家説，十二州之分，因洪水之故。蓋州本水中可居之名，洪水橫流，天下分絶，水中可居者十有二處，因分爲十二州。水土既平，更制九州。西漢今文無分九州爲十二州之説。若如馬、鄭之義，以分十二州在平水土、置九州後，則分九爲十二，又合十二爲九，紛紛更置，不太煩乎！」**封十有二山，濬川。**封，大也。每州之名山殊大之，以爲其州之鎮。有流川，則深之使通利。○「封十有二山，濬川」，今文與古文同，一無「封十有二山」句。○「封十有二山」者，大傳如此。（見上。）鄭注：「祭者必封，封亦壇也。十有二山，十有二州之鎮也。」孫云：「職方氏：九州皆有山鎮，揚州會稽，荆州衡山，豫州華山，青州沂山，兖州岱山，雍州嶽山，幽州醫無閭，冀州霍山，并州昭餘祁，凡九山。唐、虞十有二州，則山鎮當十有二，無文可知。」一無「封十有二山」句者，堯紀如此。○「濬川」者，堯紀作「決川」，濬、決，故訓字。集解引鄭云：「更爲之定界，濬水害也。」更爲定界，指「肇十有二州」言。孫云：「説文『睿』下云：『深通川也。』或作『濬』，古文作『濬』。周語：『爲川者決之使導。』」**象以典刑，**象，法也。法用常刑，用不越法。○「象以典刑」，今文與古文同。○「象以典刑」者，堯紀如此。象者，畫象也。釋詁：「典，常也。」大傳云：「唐、虞象刑，而民不敢犯；苗民用刑，而民興相漸。」又云：「唐、虞之象刑，上刑赭衣不純，中刑雜屨，下刑墨幪，以居州里，而反於禮。」又云：「唐、虞象刑，犯墨者蒙皂巾，犯劓者赭其衣，犯臏者以墨幪其臏處而畫之，犯大辟者布衣無領。」周禮疏引孝經緯云：「三皇無文，五帝畫象，三王肉刑。畫象者，上罪墨蒙赭衣雜屨，中罪赭衣雜屨，下罪雜屨而已。」公羊襄二十九年傳注引孔子曰：「五帝畫象世順機。」徐疏以爲孝經説，云：「畫猶設也。其象刑者，即唐傳云：『唐、虞之象刑，上刑赭衣不純。』注云：『純，緣也。時人尚德義，犯刑者但易之衣服，自爲大恥。中刑雜屨。屨，履也。下刑墨幪。幪，巾也，使不得冠飾。周禮罷民亦然。上刑易三，中刑易二，下刑易一，輕重之差，以居州里，而民耻之是也。』」白虎通五刑篇：「五帝畫象者，其衣服象五刑也。犯墨者蒙巾，犯劓者以赭著其衣，犯臏者以墨蒙其臏處而畫之，犯宫者履雜扉，犯大辟者布衣無領。」史記孝文帝紀：「蓋聞有虞氏之時，畫衣冠異章服以爲僇，而民不犯。」漢書武帝紀：「朕聞昔在唐、虞，畫象而民不犯。」元帝紀：「蓋聞唐、虞象刑而民不犯。」楊雄廷尉箴：「唐、虞象刑，天民是全。」論衡儒增篇：「儒書稱堯、舜之德，至優至大，天下太平，一人不刑。」風俗通云：「五帝畫象，三王肉刑。」又云：「謹案：尚書夏禹始作肉刑。」周禮司圜注：「弗使冠飾者，著墨幪，若古之象刑與！」三國志魏明帝詔云：「有虞氏畫象而民勿犯。」皆今文説也。今文説以象刑爲畫象，其義甚古。荀子云：「古無肉刑而有象刑。墨黥，慅嬰；共，艾畢；菲，紂屨；殺，赭衣而不純。」墨子云：「畫衣冠而民不犯。」慎子云：「有虞氏之誅，以幪巾當墨，以草纓當劓，以菲履當刖，以艾鞸當宫，布衣無領當大辟。」皆與今文義合。大傳言刑無宫，蓋有闕佚。又上刑當云赭衣不純，墨蒙雜屨；中刑墨蒙雜屨；下刑墨蒙；乃與鄭注「上刑易三，中刑易二，下刑易一」義合。據鄭注，則今本大傳有闕文，觀孝經緯可見。孝經緯言下罪雜屨，大傳言下刑墨蒙，則所傳之異也。史記集解引馬云：「言咎繇制五常之刑，無犯之者，但有其象，無其人也。」孫云：「時皋陶未制刑，疑是皋陶謨『方施象刑』之注，裴誤附於此。大司徒職：『以鄉八刑糾萬民，一曰不孝之刑，二曰不睦之刑，三曰不婣之刑，四曰不弟之刑，五曰不任之刑。』注：『鄭司農云：「任，謂朋友。」』是此八刑之立，因五常而設，疑即馬義。白虎通五刑篇：『五刑者，五常之鞭策也。』」馬以典爲常，言無犯之，惟有畫衣冠之象耳。**流宥五刑，**宥，寬也。以流放之法寬五刑。○「流宥五刑」，今文與古文同。○「流宥五刑」者，堯紀如此。大傳云：「決關梁、踰城郭而略盜者，其刑臏。男女不以義交者，其刑宫。觸易君命、革輿服制度、姦軌盜攘傷人者，其刑劓。非事而事之、出入不以道義而誦不詳之辭者，其刑墨。降叛寇賊劫略奪攘矯虔者，其刑死。」五刑，少昊時九黎之君苗民所作，吕刑謂之五虐之刑，此五刑之條目，飾其象以待犯者而已。又以流放及三宥之法宥之，故大傳稱「唐、虞象刑而民不敢犯」也。皮云：「古説象刑，後世疑之者，蓋疑五刑但飾畫象，則五刑反輕於流宥。或云象刑成罪不復齒，故重，似亦不然。疑所謂流宥五刑者，流放之人又畫五刑以別異之，如王制云『屏之遠方，終身不齒』，而玉藻有『玄冠縞武，不齒之服也』。」釋文引馬云：「宥，三宥也。」史記集解引馬云：「流，放。宥，寬也。一曰幼少，二曰老耄，三曰惷愚。五刑：墨、劓、剕、宫、大辟。」司刑疏引鄭云：「五刑：墨、劓、剕、宫、大辟。正刑五，加之流宥、鞭、扑、贖刑，此之謂九刑。其輕者或流放之，四罪是也。」史記正義引鄭云：「三宥，一曰弗識，二曰過失，三曰遺忘也。」孫云：「司刺：『掌三刺三宥三赦之法。一宥曰不識，再宥曰過失，三宥曰遺忘。』馬以三赦爲三宥，亦見司刺職。廣雅釋言：『宥，赦也。』可通。鄭説九刑，左文十八年傳『在九刑不忘』是也。案：昭六年傳又云：『周有亂政，而作九刑。』不應以說唐、虞象刑之制，鄭氏失之。」**鞭作官刑**，以鞭爲治官事之刑。○「鞭作官刑」，今文與古文同。僞傳本馬說。○「鞭作官刑」者，堯紀如此。後漢肅宗紀詔引書曰：「鞭作官刑。」三國志魏明帝紀詔曰：「鞭作官刑，所以糾慢怠也。」史記集解引馬云：「爲辨治官事者爲刑。」孫云：「魯語『薄刑用鞭扑』注：『鞭，官刑。』案：庶人在官有禄者，過則加之鞭笞。」**扑作教刑**，扑，榎楚也。不勤道業則撻之。○「扑作教刑」，今文與古文同。僞傳本鄭說。○「扑作教刑」者，堯紀如此。鄉射禮注引書曰：「扑作教刑。」段云：「扑，攴之隸變，手與又同，从木作『樸』非。」史記集解引鄭云：「『扑，榎楚也。扑爲教官爲刑者。』」孫云：「學記：『榎楚二物，收其威也。』注：『榎，槄也。楚，荆也。二者所以扑撻犯禮者。』」案：犯禮是不率教，故云『爲教官爲刑』。」**金作贖刑**，金，黄金。誤而入刑，出金以贖罪。○「金作贖刑」，今文與古文同。僞傳本馬說。○「金作贖刑」者，堯紀如此。潛夫論述赦篇：「金作贖刑，赦過宥罪，皆謂良人吉士，時有過誤，不幸陷離者爾。」國語韋昭注：「小罪不入于五刑者，以金贖之，有分兩之差，今之罰金是也。」史記集解引馬云：「金，黄金也。意善功惡，使出金贖罪，坐不戒慎者。」孫云：「黄金者，本漢法說經也。『功』謂事，如過失殺人之類。然贖罪則死刑亦可贖，固不止如馬所說。職金：『掌受士之金罰、貨罰，入于司兵。』注引此經文。案：金可用以鑄兵，淮南氾論訓：『齊桓公將欲征伐，甲兵不足，令有重罪者出犀角一戟，有輕罪者贖以金分，訟而不勝者作一束箭。』是赤金可鑄兵，非黄金。書疏引鄭駁異義云：『贖死罪千鍰，鍰六兩大半兩，爲四百一十六斤十兩大半兩銅，與今贖死罪金三斤爲價相依附。』是古贖罪皆用銅。」**眚災肆赦，怙終賊刑**。眚，過。災，害。肆，緩。賊，殺也。過而有害，當緩赦之。怙姦自終，當刑殺之。○「眚災肆赦，怙終賊刑」，今文與古文同。古文一作「眚裁過赦」。○「眚災肆赦」者，後漢陳寵傳寵疏云：「故唐堯著典，眚災肆赦。」孫云：「左莊二十五年傳云：『非日月之眚不鼓。』注：『眚猶災也。』是日月之食謂之眚。乾象通鑑七引尚書緯云：『當赦不赦，月爲之食。』是今文有説此眚災爲月食者。開元占經引石氏云：『若月行疾則君刑緩，行遲則君刑急，故人君月有變則省刑。書曰：「眚災肆赦。」』古文一作「眚烖過赦」者，堯紀如此。史公堯典用古文説，又其一也。集解引鄭云：「眚烖，爲人作患害者也。過失，雖有害則赦之。」孫云：「説文『烖』籒文作『災』。『肆』作『過』者，古文異字。以眚災爲作患害者，康誥云：『乃有大罪，非終，乃惟眚災，時乃不可殺。』鄭用此義，以眚爲患、災爲害也。鄭本『肆』亦作『過』，故隨文解之。穀梁莊二十二年經『肆大眚』，傳云：『肆，失也。眚，災也。』注云：『易稱「赦過宥罪」，書稱「眚災肆赦」，經稱「肆大眚」，皆放赦罪人。』如其説，則『肆』當讀如『肆大眚』之『肆』。釋文本作『佚』，謂縱佚之也。左傳杜注云：『肆，緩也。』緩即寬宥之意。漢魏諸儒堅持赦非善政之説，併此經義删落之。然經之言赦，不一而足。平法之代，自可不赦。若遇淫刑之時，賴有赦以補救天災人怨，未可執偏見也。」○「怙終賊刑」者，堯紀如此。孝經援神契云：「刑者，侀也。過出罪施，侀爲著也。行刑者，所以著人身體，過誤者出之，實罪者施刑，是以尚書云：『眚災肆赦，怙終賊刑。』」大傳云：「不赦有過謂之賊。」呂覽高注：「賊，殺也。」經云「怙終賊刑」，言有所恃而終不改過者，如賊殺人之刑，不赦之也。史記集解引徐廣云：「終，一作『衆』。」又引鄭云：「怙其姦邪，終身以爲殘賊，則用刑之。」孫云：「鄭以賊屬怙終解，疑非。此有虞氏之施刑，雖不赦，亦衣之畫象而已。」先謙案：五刑之設，在唐、虞前，堯、舜時爲非者少，刑措不用，偶有犯者，設爲畫象以示恥辱，然禁令之出，必不可廢，果有怙終爲惡者，仍在所必刑。若如孫説，廢刑不用，雖不赦，但施畫象，豈足以治天下！

殊失虞廷欽恤之指。終、衆，古書多借用。孫云言怙衆爲亂，望文生義。**欽哉欽哉，惟刑之恤哉！**舜陳典刑之義，敕天下使敬之，憂欲得中。○「欽哉欽哉，惟刑之恤哉」，今文與古文同，「恤」一作「卹」，一作「謐」。○「欽哉欽哉，惟刑之恤哉」者，漢書刑法志成帝詔曰：「書不云乎，『惟刑之恤哉！』」陳云：「儒林傳言鄭寬中習小夏侯尚書，以博士授成帝經，是作『恤』者，小夏侯之本也。」皮云：「蔡邕文烈侯楊公碑云：『惟刑之恤。』」「恤」一作「卹」者，潘岳籍田賦：「欽哉欽哉，惟穀之卹。」李注引尚書曰：「欽哉欽哉，惟刑之卹哉！」說文引書「無毖于卹」，字皆从卩，說文：「卹，憂也。」「恤，憂也。」二字音義皆同。「恤」一作「謐」者，堯紀作「惟刑之靜哉」，集解引徐廣云：「今文云『惟刑之謐哉』。爾雅曰：『謐，靜也。』」索隱：「案：古文作『恤哉』，且今文是伏生口誦，卹、謐聲近，遂作『謐』也。」段云：「史記作『靜』，以故訓代，使讀者易通。『謐』訓『靜』，故易爲『靜』也。古文作『卹』，亦靜慎之意。周頌『誐以謐我』，春秋傳引作『何以恤我』，今毛詩作『假以溢我』。釋詁：『毖、神、溢，慎也。』又云：『忥、謐、慎、貉、謐、顗、頠、密、寧，靜也。』卹、恤、謐，假借字，皆謂慎靜。」又云：「匡謬正俗云：『古文尚書作「惟」，今文尚書作「維」。』此據漢石經拓本在祕書府者言。洪适隸釋石經尚書殘碑『維』字八見，皆從糸也。」先謙案：顏據所見今、古文本言之，但以惟、維爲今、古文之分，亦有不盡然者，詳禹貢。

流共工于幽洲，象恭滔天，足以惑世，故流放之。幽洲，北裔。水中可居者曰洲。○「流共工于幽洲」，今、古文「洲」作「州」，一作「幽陵」，一作「幽都」。僞傳「幽洲，北裔」，本馬說。○今、古文「洲」作「州」者，孟子萬章篇、大戴禮、淮南子及射義注、左文十八年傳疏引經皆作「流共工于幽州」，漢書王莽傳：「流棻于幽州。」是今文作「幽州」。段云：「古文本作『洲』，衛包以俗字改也。」一作「幽陵」者，引見下。一作「幽都」者，後漢侯霸傳光武賜霸璽書曰：「崇山、幽都何可偶。」是今文或作「幽都」，與莊子在宥篇合。史記集解引馬云：幽陵，「北裔。」正義：「括地志云：『故龔城在檀州燕樂縣界。故老傳云舜流共工幽州，居此城。』」**放驩兜于崇山**，黨於共工，罪惡同。崇山，南裔。〇「放驩兜于崇山」，古文也，今文「驩」作「讙」。「崇山，南裔」，本馬說。〇今文「驩」作「讙」者，堯紀如此，史記集解引馬云：崇山，「南裔也。」孫云：「御覽四十九引盛弘之荊州記曰：『書云：「放驩兜于崇山。」崇山在澧〔一〕陽縣南七十五里。』」**竄三苗于三危**，三苗，國名，縉雲氏之後，爲諸侯，號饕餮。三危，西裔。〇「竄三苗于三危」，今文與古文同。僞傳「三苗，國名」云云，本馬說。〇「竄三苗于三危」者，堯紀如此，「竄」作「遷」，故訓字。釋文：「三苗，馬云：『國名也，縉雲氏之後，爲諸侯，蓋饕餮也。』」史記集解引馬云：三危，「西裔也。」後漢西羌傳：「舜流四凶，徙之三危，河關之西南羌是也。」注：「三危，山，在今沙州敦煌縣東南，山有三峯，曰三危也。」段云：「說文『𥨍』下云：『塞也，讀若虞書曰「竄三苗」之「竄」。』（二「竄」字誤「𥨍」，小徐本已然。用本字爲音，說文全書無此例。）『竄』字今音七亂切，古音七外切。『𥨍』音與『竄』同。孟子萬章篇作『殺』，『殺』非殺戮，即『竄』之叚借字也，『竄』讀如『鎩』，左昭元年傳『周公殺管叔而蔡蔡叔』釋文：『蔡，說文作「㷉」。』」按：說文：「䊛㷉，散之也。」私列、桑割二切。經典竄、蔡、殺、㷉四字同音通用，皆謂放流之。」**殛鯀于羽山**，方命圮族，績用不成，殛、竄、放、流，皆誅也，異其文，述作之體。羽山，東裔，在海中。

〔一〕「澧」原誤作「澄」，據太平御覽原文改。

○「殛鯀于羽山」，今文與古文同。殛與流、放、竄同義，非誅殺也。僞孔不明「殛」義，並「竄」、「放」、「流」皆訓「誅」矣；「羽山，東裔」，本馬說。○「殛鯀于羽山」者，堯紀云：「讙兜進言共工，堯曰不可而試之工師，共工果淫辟。四嶽舉鯀治鴻水，堯以爲不可，嶽彊請試之，試之而無功，故百姓不便。三苗，在江淮、荆州，數爲亂。於是舜歸而言於帝，請流共工于幽陵，以變北狄；放讙兜於崇山，以變南蠻；遷三苗於三危，以變西戎；殛鯀於羽山，以變東夷。」集解引徐廣云：「變，一作『燮』。」又引馬云：「殛，誅也。羽山，東裔也。」索隱：「變，謂變其形及衣服，同於夷狄也。徐云作『燮』，燮，和也。」皮云：「大戴禮亦作『以變』，與史記同，謂流四凶於四夷，使變夷狄之俗同於中國，蓋用夏變夷，非如索隱說用夷變夏使同於夷狄也。一作『燮』，謂使四凶燮和夷狄。班固西都賦：『北燮丁令。』其所據史記蓋作『燮』，四凶皆有過人之才，故使燮和夷狄之俗。」先謙案：論衡恢國篇：「共工之行，靖言庸回，讙兜私之，稱薦於堯。三苗巧佞之人，或言有罪之國。鯀不能治水，知力極盡。罪皆在身，不加於上，唐、虞放流，死於不毛。」漢書刑法志：「唐、虞之際，至治之極，猶流共工，放驩兜，竄三苗，殛鯀，然後天下服。」鮑宣傳：「昔堯放四罪而天下服。」劉向傳：「故舜有四放之罰。」息夫躬傳贊：「書放四罪。」後漢楊震傳：「四凶流放，天下咸服。」是「殛」亦放也。夏本紀：「舜登用，攝行天子之政，巡狩。行視鯀之治水無狀，乃殛鯀於羽山以死。」是因殛而死，殛非死刑。楚詞天問：「永遏在羽山，夫何三年不施？」王逸注：「言堯長放鯀於羽山，絶在不毛之地，三年不舍其罪也。」鄭志荅趙商云：「鯀非誅死，鯀放居東裔，至死不得反於朝。禹乃其子也，以有聖功，故堯興之，若以爲殺人父用其子，而舜、禹何以忍乎？」大宰職「八柄」：「廢，以馭其罪。」鄭注：「廢，猶放也。舜殛鯀于羽山是也。」是今、古文說並以殛爲放。蓋殛之爲言極也，投之極邊之地，故謂之殛。殛、極音義並同。洪範「殛死」本亦作「極死」，爾雅：「殛，誅也。」馬注本之。說文：「殛，殊也。」「殊」當爲「誅」之誤字，「誅」訓「責」，疑謂罪責而放殛之。漢書地理志「東海郡」「祝其縣」：「禹貢羽山在南，鯀所殛。」山在今山東郯城縣東北七十里，江南贛榆縣界。

四罪而天下咸服。皆服舜用刑當其罪，故作者先叙典刑，而連引四罪，明皆徵用所行，於此揔見之。○「四罪而天下咸服」，今文與古文同。○「四罪而天下咸服」者，堯紀如此，「罪」作「辠」。說文「辠」下云：「犯法也。秦以『辠』似『皇』字，改爲『罪』。」四凶族，見左文十八年傳，書疏云鄭具引傳文，乃云：「命驩兜舉共工，則驩兜爲渾敦也，共工爲窮奇也，鯀爲檮杌也，而三苗爲饕餮亦可知。禹治水事畢，乃流四凶。舜不刑此四人者，以爲老臣，不忍刑之。」王肅難云：「若待禹治水功成而後以鯀爲無功殛之，是舜用人子之功，而流放其父，則禹之勤勞適足使父致殛，舜失『五典克從』之義，禹陷三千莫大之罪，進退無據，亦甚迂哉！」先謙案：鄭謂流殛在治水功成後，蓋古文說。夏紀云：「舜攝政，巡狩。見鯀治水無狀，請於堯而殛之。」（引見上。）是殛鯀在禹治水功成前，今文說是。

二十有八載，帝乃殂落。殂落，死也。堯年十六即位，七十載求禪，試舜三載，自正月上日至崩二十八載，堯死壽一百一十七歲。○「二十有八載，帝乃殂落」，今文「帝」作「放勳」，古文作「放勛」，僞孔改「帝」。今文「殂落」作「徂落」，古文無「落」字。僞傳「堯年十六即位」不實，說見前。○「二十有八載，帝乃殂落」者，堯紀云：「堯立七十年得舜，二十年而老，令舜攝行天子之政，薦之於天。堯辟位凡二十八年而崩。」本尚書爲說，不言堯年。正義引皇甫謐云：「堯即位九十八年，通舜攝二十八年也，凡年百一十七歲。」案：論衡氣壽篇不記堯年，（引見「在位七十載」下。）漢人不知，至晉何由知之？謐亦造言也。今文「殂落」作「徂落」者，孟子引堯典曰：「二十有八載，放勳乃徂落。」趙岐注：「放勳，堯名。徂落，死也。」春秋繁露五十二、御覽八十四引五經通義作「放勳」，御覽八十引帝王世紀作「放勛」。古文無「落」字者，說文「殂」下云：「往死也。虞書曰：『放勛乃殂。』」（小徐本無「放」字。）集韻十一模引、王應麟藝文志考引漢儒所用異字同。（今大徐本作「放勛乃殂落」，淺人增之。）案：董子用今文，許慎、皇甫謐用古文，蓋古文作「放勛」，今文作「放勳」，皆不作「帝」。段云：「自僞傳不以放勳爲堯名，而云堯放上古之功化，則『放勛乃殂』不可通。於是方興傅會，易爲『帝』字，推見至隱，其在斯乎？說文無『落』字，當是古文尚書。繁露、白虎通有『落』字，則同今文。方興本、僞古文有『落』字，未可爲據。王莽傳師古注引虞書『放勳乃徂』，（从彳。）無『落』字，當是馬、鄭、王古文本。或問爾雅『殂落，死也』，爾雅古文之學，何以同今文？曰：『殂、落，死也』，無妨『殂』字、『落』字各自爲句，於古文亦無不合。李巡乃後漢中黄門，必治今文尚書者，故注云：『殂落，堯死之稱。』而郭璞因之耳。『二十』唐石經作『廿』。」皮云：「中候、考靈燿皆作『放勛』，緯書多同今文，是今文作『勳』亦或作『勛』也。孟子、爾雅、論衡皆作『徂』，漢涼州刺史魏元丕碑『徂落不留』、祝長嚴訢碑『顛霣徂落』、劉歆遂初賦『幾不免乎徂落』，皆今文作『徂』之證。」**百姓如喪考妣，**考妣，父母。言百官感德思慕。○「百姓如喪考妣」，今文與古文同。○「百姓如喪考妣」者，堯紀作「百姓悲哀，如喪父母」，以故訓代經。江云：「『四海』乃謂民閒，則『百姓』是羣臣。」白虎通崩薨篇：「喪者，亡。人死謂之喪，言其喪亡不可復得見也。不直言死稱喪何？孝子不忍言。」孟子趙岐注：「如喪考妣，思之如父母也。」釋親：「父爲考，母爲妣。」**三載，四海遏密八音。**遏，絶。密，靜也。八音，金、石、絲、竹、匏、土、革、木。四夷絶音三年，則華夏可知。言盛德恩化所及者遠。○「三載，四海遏密八音」，今文與古文同，「載」一作「年」，「遏」一作「閼」。僞傳訓「四海」爲「四夷」，非，説見下。○「三載」者，白虎通四時篇：「或言歲，或言載，或言年何？言歲者，以紀氣物，帝王共之。載之言成也，載成萬物，終始言之也。二帝言載，三王言年，尚書曰：『三載，四海遏密八音。』謂二帝也。又曰：『諒闇三年。』謂三王也。」白虎通用今文，引書作「載」。又崔瑗和帝誄曰：「三載，四海遏密八音。」亦用今文。「載」一作「年」者，堯紀云：「三年，四方莫舉樂，以思堯。」以故訓代經。孟子引經作「三年」。春秋繁露煖燠孰多篇：「堯視民如子，民視堯如母。尚書曰：『二十有八載，放勳乃徂落，百姓如喪考妣，三年。』三年，陽氣厭陰，陰氣大興，此禹所以有水名也。」○「四海遏密八音」者，孟子趙岐注：「遏，止也。密，無聲也。八音不作，哀思甚也。」三國志魏明帝詔曰：「昔放勛殂落，四海如喪考妣，遏密八音，明喪葬之禮同於王者也。」「遏」一作「閼」者，春秋繁露五十二引作「閼密八音」。「八音」者，白虎通禮樂篇：「樂記曰：土曰塤，竹曰管，皮曰鼓，匏曰笙，絲曰弦，石曰磬，金曰鐘，木曰柷敔，此謂八音也。」孫云：「塤作於周時。唐、虞八音，蓋鼓兼皮、土二音。籥章：『掌土鼓。』注：『杜子春云：「土鼓，以瓦爲匡，以革爲兩面，可擊。」』周語單穆公言八音，以瓦易土，知白虎通所説八音，非古也。史記集解引皇覽云：『堯冢在濟陰城陽。』今山東濮州有堯冢。」先謙案：上文「百姓」即訓百官，江説以「四海」爲民間是也。

月正元日，舜格于文祖。月正，正月。元日，上日也。舜服堯喪三年畢，將即位，故復至文祖廟告。○「月正元日」，今文無徵。「舜格于文祖」，今文與古文同。○「月正元日」者，孫云：「舜改建子之月爲正也。釋詁：『元，始也。』説見上『正月上日』。」帝王世紀云：「堯崩三年，喪畢，以仲冬甲子月次于畢，始即真。以土承火，色尚黃。」皮云：「皇甫謐知爲仲冬月者，詩緯推度災言有虞以十一月爲正。時舜以改正，故以夏之仲冬月爲月正也。漢書王莽傳：『首冠以戊子爲元日。』顔注：『元，善也。』薛綜東京賦注引作『正月元日』，蓋誤倒，非今文異文。」○「舜格于文祖」者，史記舜本紀：「舜得舉用事二十年，而堯使攝政。攝政八年而堯崩。三年喪畢，讓丹朱，天下歸舜。於是舜乃至于文祖。」格，至，故訓字。孫云：「孝經援神契曰：『明堂有五室，天子每於其室聽朔布教，祭五帝之神，配以有功德之君。』案：此知舜畢堯喪，至于文祖，是宗祀堯于明堂，以赤帝配也。江云：『下文命官授職，是明堂之事。』」**詢于四岳，闢四門，**詢，謀也。謀政治於四岳，開闢四方之門未開者，廣致衆賢。○「詢于四岳」，古文也，今文「岳」作「嶽」。「闢四門」，今文與古文同，「闢」一作「辟」，一作「𨷲」。○「岳」作「嶽」者，舜紀作「謀于四嶽」，岳、嶽，今、古文之異。詢，謀，故訓字。○「闢四門」者，大傳云：「帝猶反側晨興，闢四門，來仁賢。」漢書王莽傳、後漢申屠剛傳、郅壽傳、班昭傳、潛夫論明闇篇、風俗通十反篇引皆作「闢四門」。說文「闢」下云：「開也。」「闢」一作「辟」者，舜紀如此。漢書梅福傳福上書云：「博覽兼聽，謀及疏賤，令深者不隱，遠者不塞，所謂辟四門、明四目也。」一作「𨷲」者，說文「𨷲」下云：「虞書曰：『𨷲四門。』从門𠬞。」段云：「下古文『闢』字從門𠬞，會意。𠬞，引也。普班切。所引虞書，壁中故書也。書序馬本『東郊不𨷲』，此可證壁中『闢』皆作『𨷲』，孔安國以今文讀之，改爲『闢』，而柴誓序則好古所留遺者。」**明四目，達四聰。**廣視聽於四方，使天下無壅塞。○「明四目，達四聰」，古文也，今文「達」作「通」，一作「開四聰」，一作「開四窻」。○「明四目，達四聰」者，舜紀作「明通四方耳目」，以詁訓代經。「達」一作「通」者，韓詩外傳云：「故牧者所以開四目，通四聰。」王莽傳崔發等曰：「虞帝闢四門，通四聰。」潛夫論明暗篇：「夫堯、舜之治，闢四門，明四目，通四聰。（今本誤作「達」，據羣書治要引。）是以天下輻輳而聖無不昭，故共、鯀之徒弗能塞也，靖言庸回弗能惑也。」皮云：「晁錯傳：『近者獻其明，遠者通厥聰。』亦用此經義。說苑君道篇引作『達』，蓋後人用古文改之。」一作「開四聰」、一作「開四窻」者，後漢郅壽傳何敞疏曰：「臣聞聖王闢四門，開四聰。」魯丕傳：「陛下既廣納謇謇以開四聰。」班昭傳：「隆唐、虞之政，闢四門而開四聰。」風俗通十反篇：「蓋人君者，闢門開窻，號咷博求。」左文十八年傳杜預注：「闢四門，達四窻，（「開」作「達」，後人誤改。）以賓禮衆賢。」是其證。段云：「『窻』者，『囪』之俗體。蓋尚書本作『囪』，『窗』之或字。『聰』又『囪』之同音字。作『囪』而或如字，或讀爲『聰』，猶之『台』可讀爲『怡』，『尼』可讀爲『昵』，『庸』可讀爲『鏞』也。作『窗』正合惠氏棟明堂之說。」陳云：「尚書釋文無『聰』字音義，亦不言馬、鄭本同異，則古文作『聰』可知。史記言『明通四方耳目』，則歐陽尚書作『聰』可知。然則作『窗』者，大、小夏侯尚書之文。」何敞、班昭以闢門、開窗彙舉，蓋亦讀「聰」爲「窗」與？俞樾云：「釋名：『窻，聰也，於内窺外爲聰明也。』窻、聰聲近義通。闢四門所以明四目也，達四窻所以達四聰也。『門』與『目』聲義隔，故兩言之；『窻』與『聰』聲義通，故一言之。古明堂制，四旁爲兩夾，兩夾皆有窻，故曰：『四旁兩夾窻，白盛。』四窻，即四旁之窻也。四門在前，故以喻目。四窻在旁，故以喻耳。」**咨十有二牧，曰：「食哉，惟時，**咨，亦謀也。所重在於民食，惟當敬授民時。○「咨十有二牧」，今文與古文同。「曰：『食哉，惟時』」，今文無徵。據史公說「咨十有二牧」下是論帝德語，僞傳訓爲重民食，敬授時，謬。○「咨十有二牧」者，白虎通封公侯篇：「唐、虞謂之牧者何？尚質，使大夫往來牧諸侯，故謂之牧。旁立三人，（旁、方字同。）凡十二人。尚書曰：『咨十有二牧。』何知堯時十有二州也？以禹貢言九州也。」韓詩外傳云：「王者必立牧，方三人者何？所以使窺遠牧衆也。」説苑君道篇：「十二牧，方三人，出舉遠方之民。」漢書朱博傳何武、翟方進言：「古選諸侯賢者以爲州伯，書曰：『咨十有二牧。』所以廣聰明，燭幽隱也。」百官公卿表叙引「十有二牧」應劭注：「牧，州牧也。」陳云：「禮王制：『州有伯。』鄭彼注云：『殷之州長曰伯，虞、夏及周皆曰牧。』是知此牧即州伯，十有二牧，十有二州之伯也。鄭説與何、應同，皆用今文説。」皮云：「白虎通亦用今文説而其義不同。使大夫牧諸侯，蓋本王制『天子使其大夫爲三監，監于方伯之國，國三人』之義，不如何、應説長。大傳云：『維元祀，巡狩四嶽八伯。』疑四嶽外更置八伯，蓋四方每方立一嶽，每方又立二伯以佐嶽，如周制一州立一侯，一州又立二伯以佐侯之比。四嶽八伯，合之即十二牧。胡益之以爲四嶽寓於十二牧，其説近是。鄭云『四嶽死，乃分置八伯』，（引見前。）與大傳不合。史記數二十二人，云禹、皋陶、契、后稷、伯夷、夔、龍、垂、益、彭祖共十人，後又歷舉其功與十二牧之功，則以十人合十二牧爲二十二人，可知二十二人中不別舉四嶽，則四嶽即在十二牧中亦可知。伏生、史公今文家説當如是也。」○「曰：『食哉，惟時』」者，舜紀云：「命十二牧論帝德，行厚德，遠佞人，則蠻夷率服」，此句「曰」下是論帝德意。孫云：「方言：『食，勸也。』廣雅釋詁同。爾雅釋詁：『食，僞也。』案：『僞』即『爲』也，言勸使有爲。魏志華陀傳：『陀恃能厭食事。』言厭爲事也。」「惟時」下屬爲句。皮云：「『食哉』疑是『欽哉』，因偏旁形似缺蝕譌脱。」陳説同。先謙案：「惟時」不下屬爲合。「食哉」，勸勉之意。時，是也，勉哉惟是，猶言惟是勉哉，與下文「惟時懋哉」同義，文係倒裝。上文「女于時」，史記釋爲「于是妻之」，句法正同。本文可通，不勞改字。

柔遠能邇，惇德允元，柔，安。邇，近。惇，厚也。元，善之長。言當安遠，乃能安近，厚行德信，使足長善。○「柔遠能邇，惇德允元」，今文與古文同。○「柔遠能邇」者，漢書百官公卿表叙引如此，説苑君道篇：「十二牧，方三人。故牧者所以辟四門，明四目，達四聰也。是以近者親之，遠者安之。」皮云：「安遠親近，即『柔遠能邇』也。今文説以『柔遠』與『能邇』相對。漢督郵班碑作『渘遠而邇』，亦今文也。漢碑『柔』多作『渘』，能、而古通用。」孫云：「『能』讀爲『而』。而，如也。言安遠國如其近者。説苑以親訓能。孟子趙岐注：『親，愛也。』漢書師古注：『能，善也。』義相近。詩民勞『柔遠能邇』釋文引鄭云：『能，恣也。』箋云：『能，猶伽也。安遠方之國，順如其近者。』伽即如字。呂覽高注：『恣，從也。』則此恣當謂順從其意。」○「惇德允元」者，漢官儀靈帝策書云：「司徒胡廣，惇德允元。」是其證。案：謂帝當厚德信善也，舜紀總之曰「行厚德」。惇，厚；允，信，釋詁文。**而難任人，蠻夷率服。**」任，佞。難，拒也。佞人斥遠之，則忠信昭於四夷，皆相率而來服。○「而難任人，蠻夷率服」，今文與古文同，「率」一作「帥」。○「而難任人」者，舜紀云「遠佞人」，以故訓代經。孫云：「釋詁：『阻，難也。』阻有遠意。」「任人」者，段云：「咎繇謨作『壬』。釋詁：『任、壬，佞也。』論語『色厲而内荏』皇氏義疏引江熙曰：『古聖難於荏人。』江所據尚書作『荏』字。」○「蠻夷率服」者，舜紀如此。「率」一作「帥」者，漢書景武昭宣元成功臣表叙曰：「昔書稱『蠻夷帥服』，許其慕諸夏也。」孫云：「舜時即位於明堂，四方諸侯及蠻夷皆來朝與助祭，天子耳目不能周徧四方，故勉十二牧以助聽明，厚德信善，屏遠凶人，則蠻夷循服。皆明堂布政之訓。」先謙案：經文「咨十有二牧」以下，史記正義云：「舜命十二牧論帝堯之德。」江、孫諸儒從之，大誤。史記云「論帝德」者，言君德當如是則遠人服，與下「踐帝位」之「帝」同義，至經下「熙帝之載」，「帝」指堯言，史公易爲美堯之事，以彼「帝」訓堯，則知此「帝」非謂堯矣。舜與岳牧稱美堯德，情理固然，但案上下文義不合，故知非也。**舜曰：「咨，四岳，有能奮庸熙帝之載，**奮，起。庸，功。

載，事也。訪羣臣有能起發其功廣堯之事者。言「舜曰」，以別堯。○「舜曰：『咨，四岳』」，古文也，今文「岳」作「嶽」。「有能奮庸熙帝之載」，今文與古文同。○「岳」作「嶽」者，舜紀作「舜謂四嶽曰」，岳、嶽，今、古文之異。此處首言「舜曰」，以下乃言「帝曰」，以別於前文之「帝曰」。○「有能奮庸熙帝之載」者，舜紀作「有能奮庸美堯之事者」，以故訓代經，集解引馬云：「奮，明。庸，功也。」書疏引鄭云：「載，行也。」孫云：「經文『庶績咸熙』，漢書律曆志作『衆功皆美』，是熙爲美也。」「明，勉也，謂奮勉。周書謚法解：『載，事也。』國語韋昭注：『載，行也。』」案：廣雅釋詁：「奮，進也。」『奮庸』言進用。」**使宅百揆，亮采惠疇？**」亮，信。惠，順也。求其人使居百揆之官，信立其功，順其事者誰乎？○「使宅百揆，亮采惠疇」，古文也，今文「宅」當爲「度」。○「宅」爲「度」者，說見前。舜紀作「使居官相事」，夏本紀云「有能成美堯之事者，使居官」，皆以「居官」訓「度百揆」。皮云：「史公不以百揆爲官名。」孫云：「經文『納于百揆』，史公『百揆』亦作『百官』。」「亮采」爲相事者，孫云：「釋詁：『亮、相，導也。』亮、相義同。采，事，釋詁文。」釋言：「惠，順也。」易九家注：「疇，類也。」言居官相事順其疇類。**僉曰：「伯禹作司空。」**四岳同辭而對，禹代鯀爲宗伯，入爲天子司空，治洪水有成功，言可用之。○「僉曰：『伯禹作司空』」，今文與古文同。○「僉曰：『伯禹作司空』」者，舜紀作「皆曰：『伯禹爲司空，可美帝功』」，下四字，足經意也。風俗通皇霸篇引經曰：「僉曰：『伯禹。』」大傳云：「天子三公：一曰司徒公，二曰司馬公，三曰司空公。溝瀆壅遏，水爲民害，則責之司空。」白虎通封公侯篇：「司馬主兵，司徒主人，司空主地。」又云：「司空主土，不言土言空者，空尚主之，何況於實？以微見著。」北堂書鈔五十引五經異義：「今尚書夏侯、歐陽說云：『天子三公，一曰司徒，二曰司馬，三曰司空。九卿，二十七大夫，八十一元士，凡百二十。」」皮云：「史公不以『百揆』爲官名，云『爲司空』即『可美帝功』，非謂由司空遷百揆始可美帝功也。尚書刑德放云：『禹長於地理水泉九州，得括地象圖，故堯以爲司空。』説苑、鹽鐵論、潛夫論、論衡、吴越春秋皆云『禹爲司空』，不云『禹爲百揆』，是今文家説無以百揆爲官名者。」周禮疏序引鄭云：「初，堯冬官爲共工。舜舉禹治水，堯知其有聖德必成功，故改命司空，以官名寵異之，非常官也。至禹登百揆之任，捨司空之職，爲共工與虞，故曰『垂作共工，益作朕虞』是也。」孫云：「周禮司空主事，故共工屬司空。若山虞、澤虞，皆屬司徒。鄭以虞與共工並言者，以禹隨山刊木，暨益奏庶鮮食，則禹實兼虞而益佐之。案：馬氏注前『堯』、『舜』俱以爲謚，引謚法文，則此當有『禹，謚也。受禪成功曰禹』，蓋脱文。今本謚法亦爲後人删落。」「經稱伯禹，蓋禹此時已爵爲伯。」皮云：「古天子止有三公，不得於三公之上更立一百揆之官，鄭刱異説，即僞孔所本。」**帝曰：「俞，咨，禹，汝平水土，惟時懋哉！」**然其所舉，稱禹前功以命之。懋，勉也。惟居是百揆，勉行之。○「帝曰：『俞，咨，禹』」，古文也，今文「俞，咨」當作「咨，俞」。「汝平水土，惟時懋哉」，今文也，古文「惟時」作「時惟」。僞孔號稱古文，反從今文，違謬顯然。○「俞，咨」當作「咨，俞」者，舜紀作「舜曰：『嗟，然。禹』」，以故訓代經。夏本紀同。段云：「蓋今文尚〔一〕書『咨』在『俞』上是也。」○「汝平水土，惟時懋哉」者，舜紀作「禹〔二〕平水土，維是勉哉」，時、是，故訓字。今文如此。古文「惟時」作「時惟」者，説文「懋」

〔一〕「尚」原誤作「何」，據文義改。

〔二〕「禹」字後史記五帝本紀有「汝」字。

下云：「勉也。虞書曰：『時惟懋哉。』」大、小徐本及玉篇同。是古文作「時惟」，與今文「維時」異。釋文：「懋，音茂。馬云：『美也。』」段云：「古茂、懋通用，茂義近美，故馬云『美也』。釋故：『茂，勉也。』董仲舒對策、爾雅郭璞注皆引書『茂哉茂哉』，董用今文，郭用古文，則今、古文皆一作『茂』可證。」**禹拜稽首，讓于稷、契暨皋陶。**居稷官者，棄也。契、皋陶，二臣名。稽首，首至地。○「禹拜稽首，讓于稷、契暨皋陶」，今文與古文同。○「禹拜稽首」者，舜紀如此。段云：「『稽』者，『䭫』之借字。」○「讓于稷、契暨皋陶」者，舜紀如此，「暨」作「與」，故訓字。說文「臮」下云：「衆與詞也。从乑自聲。虞書曰：『臮咎繇。』」「穼」下云：「古文臮。」段云：「蕭該漢書音義云：『臮，尚書音巨洎反。』可證六朝時尚書作『臮』。今本作『暨』，蓋衞包本。音義無『臮』，開寶時刪之。」「稷」者，書疏云：「棄也。」引鄭云：「時天下賴后稷之功，故以官名通稱。」劉云：「稷不稱棄者，周史以諱改之。」「契」者，說文「偰」下云：「偰，高辛氏之子，堯司徒，殷之先。从人契聲。」別無他義。蓋壁中尚書正作「偰」也。「禼」下云：「讀與『偰』同。」可知漢人通用「偰」，人所共曉，不知何時遺去人旁，借用「書契」。偰乃高辛氏八元之一，班書人表不得主名，故既舉八元，復舉禼，禼者，「偰」之借字。許書云「讀與『偰』同」，謂其音同，非謂字同。「竊」下云：「禼，古文偰。」此淺人妄增，非許語也。釋文於孔序云：「皋，本又作『咎』；陶，本又作『繇』。」考自來古文尚書有作「皋陶」者，有作「咎繇」者，是以顏注漢書引尚書皆作「咎繇」，李注文選皆作「皋陶」。說文引虞書作「咎繇」，則壁中原本也。**帝曰：「俞，汝往哉！」**然其所推之賢，不許其讓，勑使往宅百揆。○「帝曰：『俞，汝往哉』」，今文與古文同。僞傳「然所推之賢，不許其讓」，本鄭說。○「帝曰：『俞，汝往哉』」者，舜紀作：「舜曰：『然，往矣！』」夏本紀作「女其往視爾事矣」，集解引鄭云：「然其舉得其人。汝往居此官。不聽其所讓也。」案：夏本紀序舜命在治水前，禹奉帝命，遂往治水也。**帝曰：「棄，黎民阻飢，汝后稷播時百穀。」**阻，難。播，布也。衆人之難在於饑，汝后稷布種是百穀以濟之。美其前功以勉之。○「帝曰：『棄，黎民阻飢』」，僞古文也，古文當作「俎飢」，今文當作「祖飢」。「汝后稷」，僞古文也，今、古文皆當作「汝居稷」。「播時百穀」，今文與古文同。○今文作「祖飢」、古文作「俎飢」者，舜紀作「舜曰：『棄，黎民始飢。』」以故訓代經，周本紀同。集解引徐廣曰：「今文尚書作『祖饑』。祖，始也。」漢書食貨志：「舜命后稷以『黎民祖飢』，是爲政首。」孟康注：「祖，始也。黎民始飢，命棄爲稷官也。古文言『阻』。」詩釋文引馬注尚書作「祖」，云：「始也。」是馬用今文。詩思文疏引鄭云：「『阻』讀曰『俎』。阻，戹也。」段云：「『阻』非難識之字，蓋壁中故書作『俎』，故鄭云：『「俎」讀曰「阻」。阻，戹也。』學人改經文作『阻』，則注不可通，乃又倒之云『「阻」讀曰「俎」』。經書中此類甚多，古文作『俎』，鄭讀爲『阻』，此正如『昧谷』，壁中作『丣谷』，鄭讀爲『昧』也。古『且』與『俎』音義同，且，薦也。俎，所以薦肉也。孔壁、伏壁疑本作『且』，伏讀『且』爲『祖』，訓『始』。孔安國本或通以今字作『俎』，而說者仍依今文讀爲『祖』，訓『始』，馬注是也。鄭意以九載績墮，黎民久飢，不得云『始』，故讀作『阻』，而訓爲『戹』，方興徑用鄭說，易經字作『阻』不作『俎』，亦如僞孔用鄭說，易經文作『昧谷』不作『丣谷』。釋文本簡略，且開寶改竄之後，原委尤不可考矣。蘇州袁廷檮藏宋本毛詩正義引『黎民俎飢』，『俎』讀曰『阻』，與日本七經考文合。」○「汝后稷」當作「汝居稷」者，「居稷」

與下「作司徒」、「作士」相對爲文，舜紀「后」，誤字。周本紀作「爾后稷」，皆後人改之。皮云〔一〕：「列女棄母姜嫄傳：「堯使棄居稷官，更國邰地，遂封棄於邰，號曰后稷。及堯崩，舜即位，乃命之曰：「棄，黎民阻飢，汝居稷，播時百穀。」其後世世居稷。』論衡初稟篇：『棄事堯爲司馬，居稷官，故爲后稷。』鄭注亦云：『汝居稷官。』（引見下。）是今、古文家引經皆作『汝居稷』。又鄭箋詩閟宮云：『后稷長大，堯登用之，使居稷官。』據此，尚書作『汝居稷』於義爲長。正義云：『單名爲稷，尊而君之，稱爲后稷，非官稱后也。』此亦强説。舜命其臣，不當從尊稱，疑作『后』直是誤字，『后』與『居』形似，又經傳多言『后稷』，故因而致誤。史記周本紀：『帝舜曰：「棄，黎民始飢，爾后稷播時百穀。」封棄于邰，號曰后稷。』據史公『號曰后稷』之文，則上文『爾后稷』之『后』，亦當本是『居』字，蓋因帝使居稷，故號曰后稷也。若上已云『爾后稷』，下云『號曰后稷』，不亦贅乎？以此推之，則五帝紀之『汝后稷』亦當爲『汝居稷』。國語：『昔我先王，世后稷。』『世后稷』不詞，亦當是『世居稷』。列女傳云：『世世居稷。』此『世居稷』之明證也。作『后』者，皆淺人所改。」○「播時百穀」者，舜紀如此，周本紀同。集解引鄭云：「始者，洪水時，衆民戹于飢，汝居稷官，種蒔土穀，以救活之。」段云：「説文『蒔』下云：『更別種也。』周頌箋：『后稷播殖百穀。』殖、植古通用，亦即易『時』作『蒔』之意也。吕刑：『稷降播種，農殖嘉穀。』祭法：『其子曰農，能殖百穀，周棄繼之。』鄭語：『周棄能播殖百穀蔬以衣食民人者也。』韋注：『殖，長也。』」先謙案：周本紀：「堯舉棄爲農師，天下得其利，有功。」舜既命棄，遂封於邰。**帝曰：**

〔一〕「皮云」原作「江云」，按其以下所引内容，實爲皮錫瑞今文尚書考證内容，故改爲「皮云」。

「**契，百姓不親，五品不遜，**五品，謂五常。遜，順也。○「帝曰：『契，百姓不親，五品不遜』」，古文也。今文「遜」作「馴」，一作「訓」。古文「遜」一作「愻」。○「遜」作「馴」、一作「訓」者，舜紀作「舜曰：『契，百姓不親，五品不馴』」，殷本紀作「不訓」，皆今文也。集解引鄭云：「五品，父、母、兄、弟、子也。」索隱：「史記『馴』字，徐廣皆讀曰『訓』；訓，順也。」孫云：「鄭語：『史伯曰：「商契能合和五教，以保于百姓者也。」』注云：『五教，謂父義、母慈、兄友、弟恭、子孝也。』」先謙案：與上「五典」義同。大傳云：「百姓不親，五品不訓，則責之司徒。」又曰：「臣多弑主，孽多殺宗，五品不訓，責於人公。」皮云：「孝經援神契：『五更者訓於五品。』漢書霍光傳：『五品以訓。』韋賢傳韋玄成自劾責詩曰：『五品以訓。』王莽傳：『五品乃訓。』漢紀云：『契作司徒，訓五品。』後漢鄧禹傳拜大司徒策云：『五品不訓。』劉愷傳陳忠疏云：『調訓五品。』周舉傳：『五品不訓。』陳蕃傳：『齊七政，訓五典。』謝夷吾傳班固薦夷吾云：『下使五品咸訓於嘉時。』蔡邕獨斷云：『兄事五更者訓于五品也。』胡公碑云：『訓五品於司徒。』又云：『訓五品於羣黎。』太尉楊公碑：『將訓品物。』潛夫論五德志篇：『契爲堯司徒，職親百姓，訓五品。』地官鄭注：『教所以親百姓，訓五品。』皆用今文尚書。說苑貴德篇引作『五品不遜』，劉向用今文，亦當作『訓』，後人據古文尚書改之。」古文「遜」一作「愻」者，說文「愻」下云：「順也，从心孫聲。唐書曰『五品不愻』。」段云：「案：『遜』訓『遁』，今本作『遜』，未審衛包所改？抑衛包前已然？禮緇衣：『恭以涖之，則民有孫心。』毛氏居正所見本，『孫心』二字有作『愻』一字者。漢魏人書内，間有『愻』字。（如王肅家語云：「小人以不愻爲勇。」）學記『不陵節而施之謂遜』，說苑作『學不陵節而施之曰馴』，遜、馴皆順也。今文作『訓』，『訓』通作『馴』，非教訓之謂。鄭注詩、禮用今文尚書絶少，惟地官序官注『訓五品』一見。」**汝作司徒，敬敷五教，在寬。」**布五常之教，務在寬，所以得人心。亦美其前功。〇「汝作司徒，敬敷五教」，今文與古文同，一「敬」上多「而」字，「敷」一作「傅」，「在」上當重「五教」二字。〇「汝作司徒」者，舜紀作「汝爲司徒」，殷本紀同。作、爲，故訓字。白虎通引別名記曰：「司徒典名。」又曰：「司徒主人，不言人言徒者，徒，衆也，重民衆。」〇「敬敷五教」者，後漢鄧禹傳、後漢紀三十引書可證。一「敬」上多「而」字者，舜紀如此，殷本紀、列女傳同。皮云：「蔡邕司空楊公碑：『命公作司徒，而敬敷五教。』是今文尚書多一『而』字也。足利古本亦有『而』字。」「敷」一作「傅」者，漢孔宙碑云：「祗傅五教。」三家今文異字也。集解引馬云：「五品之教。」〇「在」上當重「五教」二字者，殷本紀重二字，舜紀奪文，蓋古人重字輒於字下加「二」，後人誤刪之。後漢明帝紀、和帝紀、鄧禹傳大司徒策文、王暢傳、寇榮傳、續漢志注引夏勤策文、順帝紀注、質帝紀注、詩商頌譜、後漢紀三十引書皆重「五教」二字，唐石經「五教」下叠二字尚可辨，是今、古文並有之。**帝曰：「皋陶，蠻夷猾夏，寇賊姦宄，**猾，亂也。夏，華夏。羣行攻劫曰寇，殺人曰賊，在外曰姦，在內曰宄。言無教所致。〇「帝曰：『皋陶，蠻夷猾夏，寇賊姦宄』」，今文與古文同，「姦」一作「奸」，「宄」一作「軌」。〇「帝曰：『皋陶，蠻夷猾夏』」者，舜紀如此，「帝」作「舜」。白虎通禮樂篇：「何以名爲蠻夷？曰〔二〕：聖人本不治外國，非爲制名也，因其國名而言之耳。一說曰：因其短而爲之制名也。夷者傳夷無禮義，蠻者執心違邪。」風俗通云：「東方曰夷。東方仁好生，萬物觝觸地而生，夷者觝也。南方曰蠻。君臣同川而浴，極

〔二〕「曰」原誤作「口」，據白虎通改。

爲簡慢，蠻者慢也。」今文家説蠻夷如此。皮云：「漢書刑法食貨志、王莽匈奴傳、後漢馮緄傳皆作『猾』，大傳、潛夫論志氏族篇並引作『滑』，法言孝至篇『宗夷滑夏』，是今文作『猾』亦作『滑』。史記酷吏傳『滑賊任威』，漢書作『猾』，蓋篆體从水、从犬之字偏旁相似而誤。」集解引鄭云：「猾夏，侵亂中國也。」俞樾云：「孔宙碑『是時東嶽黔首，猾夏不寧』，東嶽黔首，亦華夏之人，而云『猾夏』，不可通。疑『猾夏』尚有別解。説文：『夏，中國之人也。从夊从頁从臼。臼，兩手。夊，兩足也。』此説難通，豈中國人有首、手、足，而外國無之乎？抑豈中國所以爲中國止以有首、手、足乎？説文：『夒〔一〕，貪獸也，又曰母猴，从〔二〕人。从頁。巳、止、夊，其手、足。』然則『夏』、『夒』〔三〕二字意同，而一以爲中國人，一以爲貪獸，何與？愚意『夒』从手則爲『擾亂』字，疑『夏』字亦有『擾亂』義，故漢碑『擾』字往往作『⿰扌夏』，李翊碑『時益部⿰扌夏攘』，樊敏碑『京師⿰扌夏攘』，周公禮殿記『會值⿰扌夏亂』，皆省『夒』爲『夏』，蓋由義本相通，不得竟謂漢隸之苟且也。古語以『猾夏』二字連文同義。猾，亂也；夏，亦亂也。此可即孔宙碑以考今文異説之遺。」〇「寇賊姦宄」者，漢書王莽傳、潛夫論、吕覽高誘注可證。「姦」一作「奸」者，大傳如此。「宄」一作「軌」者，舜紀如此。漢書刑法食貨志、後漢李固傳注同。軌，「宄」借字。史記集解、司刑疏引鄭云：「强取爲寇，殺人爲賊，由内爲姦，起外爲軌。」説文「宄」下云：「姦也。外爲盜，内爲宄。」魯語：「里革曰：『毁則爲賊，竊寶者爲軌，用軌之財者爲姦。』」注：「亂在内爲軌。」晉語：「長魚

〔一〕「夒」原誤作「夔」，據説文解字原文改。
〔二〕「从」字説文解字原文作「似」。
〔三〕「夒」原誤作「夔」，據説文解字原文改。

矯曰：『亂在內爲軌，在外爲姦。』」鄭注互誤，引之者舛也。**汝作士，五刑有服，**士，理官也。五刑，墨、劓、剕、宮、大辟。服，從也。言得輕重之中。○「汝作士，五刑有服」，今文與古文同。○「汝作士」者，舜紀如此。大傳云：「蠻夷猾夏，寇賊奸宄，則責之司馬。」白虎通封公侯篇：「司馬主兵，不言兵言馬者，馬陽物，乾之所爲，行兵用馬。不以傷害爲文，故云馬也。」則臯陶爲司馬，三公之職。史記集解引馬云：「獄官之長。」書疏引鄭云：「士，察也，主察獄訟之事。」孫云：「周禮士師在小司寇下，而云『獄官之長』者，唐、虞三公，無司寇之名，其刑官名士，即當周之司寇，故今文以爲司馬主兵。士，察，釋詁文。不以爲士師之士也。」皮云：「經列九官，惟有司徒、司空，並無司馬，則虞時無司馬之官。大傳云：『天子三公，一曰司徒公，二曰司馬公，三曰司空公。每一公，三卿佐之。』鄭注：『此夏時之官也。』又王制注云：『此夏制也。』周禮序官疏引夏傳曰：『司馬在前。』考工記序工疏引夏傳鄭注云：『坐而論道，謂之三公，通職名，無正官名。』鄭兼通今、古文說，孔、賈皆得見伏生大傳元本，合觀諸說，則大傳以司馬、司徒、司空爲三公，乃夏傳之文，以爲夏制，未以爲虞制，其謂『蠻夷猾夏，寇賊奸宄，則責之司馬』，亦即後世司馬之職推言之，未嘗明指臯陶爲司馬如孫說也。陳喬樅又以后稷、司徒、秩宗、司馬、士、共工爲六卿，益以虞及典樂、納言爲九卿，其制非虞非周，不今不古，自造官制，尤不可據。尚書刑德放云：『益爲司馬。』說苑君道篇：『契爲司馬。』論衡初稟篇：『棄事堯爲司馬。』蓋以司馬無明文，故各以意言之，其實虞時無司馬也。史記與說苑修文篇皆曰：『臯陶爲大理。』獨斷云：『唐、虞曰士官。』史記曰『臯陶爲理』，尚書曰『臯陶作士』，是士即理官。漢書刑法志引孫卿曰：『若夫舜修百僚，咎繇作士，命以「蠻夷猾夏，寇賊姦軌」，而刑無所用，所謂善師不陳者也。』」先謙案：唐、虞兵刑合爲一官，故述臯陶作士之功而必舉蠻夷寇賊爲言，漢儒謂皋陶爲司馬，即原於此，故班氏作刑法志仍以兵刑並叙也。呂覽君守篇高注、文選應劭注皆引書「汝作士師」，則今文別本有多一「師」字者。○「五刑有服」者，舜紀如此，集解引馬云：「五刑，墨、劓、剕、宫、大辟。」孫云：「服，謂畫衣冠。」**五服三就；**既從五刑，謂服罪也。行刑當就三處，大罪於原野，大夫於朝，士於市。○「五服三就」，今文與古文同。○「五服三就」者，舜紀如此，集解引馬云：「三就，謂大罪陳諸原野，次罪於市朝，同族適甸師氏。既服五刑，當就三處。」書疏云：「鄭與馬同。」孫云：「就，當讀如『縓藉五就』之『就』，鄭注云：『成也。』唐、虞之象刑，上刑赭衣不純，中刑雜屨，下刑墨幪，以居州里，而民耻之，而反於禮。所謂五刑之服，有上中下三等，故云『三就』。」魯語：「臧文仲曰：『大刑用甲兵，其次用斧鉞；中刑用刀鋸，其次用鑽笮；薄刑用鞭朴。故大者陳之原野，小者致之市、朝，五刑三次。』」韋注：「『次，處也。三處，野、朝、市也。』」案：馬、鄭以市朝爲一，增出甸師氏，蓋以周法言之，不如韋注之當。御覽七百六十四引大傳云『古者中刑用鑽鑿』而脱其全文，是今文有以五刑爲肉辟者。」江云：「『蠻夷猾夏，寇賊姦宄』，豈象刑足以威之乎？則五刑自當有甲兵、斧鉞矣，至於刀鋸、鑽笮，據韋注則是墨、劓、剕、宫、大辟也。蓋制是刑而復設是象，其時之民重耻畏象刑，尤甚於畏肉刑，罕有犯者，雖有象刑，而用之蓋尠，況肉刑乎？然刑制固不可廢也。皋陶見爲刑官，安得謂唐、虞無刑制哉？」先謙案：江説是，餘詳「象以典刑」下。**五流有宅，五宅三居：**謂不忍加刑，則流放之，若四凶者。五刑之流，各有所居。五居之差，有三等之居：大罪四裔，次九州之外，次千里之外。○「五流有宅，五宅三居」，古文也，今文作「五流有度，五度三居」。僞傳「三等之居」，本馬説。○「五流有度，五度三居」者，舜紀如此。孫云：「王制：『度地以居民。』五流者，謂流有五刑。王制：『司徒命鄉簡不帥教者以告。不變，命國之右鄉移之左，國之左鄉移之右。不變，移之郊。不變，移之遂。不變，屏之遠方。』又云：『屏之遠方，西方曰棘，東方曰寄。』注云：『棘當爲僰，僰之言偪，使之偪寄於夷戎。不屏於南北，爲其太遠。』案：王制殷禮，所本古矣，疑可以説此『五宅三居』。又王制云：『公家不畜刑人，屏之遠方，唯其所之，不及以政，示弗故生也。』鄭引此經『五流有宅』，似謂左右鄉一、郊二、遂三、東西二，爲五也。三居者，郊、遂、遠方也。晉書刑法志：『舜命皋陶以「五刑有服，五服三就；五流有宅，五宅三居」，方乎前古，事既參倍。』謂五刑有服，即象以典刑；五流有宅，即流宥五刑。增出三就、三居，故云參倍前古也。」史記集解引馬云：「謂在八議，君不忍刑，宥之以遠。五等之差，亦有三等之居：大罪投四裔，次九州之外，次中國之外。」王制疏引鄭云：「宅，讀曰『咤』，懲刈之器。謂五刑之流，皆有器懲刈。五咤者，是五種之器，謂桎一、梏二、拲三。三居者，自九州之外至于四海，三分其地，遠近若周之夷、鎮、蕃也。」孫云：「八議，小司寇職議親、議故、議賢、議能、議功、議貴、議勤、議賓之八辟，以周法推虞制。四裔，若四罪。九州之外者，萬里之外。中國之外者，五千里之外也。『咤』即『叱』字，廣雅釋詁：『懲、懓，忿也。』『宅』與『度』通，『懓』即『度』字，俗加心，是宅爲懲刈之義。」江云：「桎一、梏二、拲三，爲數不符。掌囚云：『上罪梏拲而桎，中罪桎梏，下罪梏。王之同族拲，有爵者桎。』鄭言五種，其此之謂與？夷、鎮、蕃，見職方氏九服之辨。鄭注大行人職亦云：『九州之外，夷服、鎮服、蕃服也。』」皮云：「王制與大傳相出入，孫説可補今文家説之遺。」**惟明克允。」**言皋陶能明信五刑，施之遠近，蠻夷猾夏，使咸信服，無敢犯者。因禹讓三臣，故歷述之。○「惟明克允」，今文與古文同，一作「維明維允」。僞傳「因禹讓三臣，故歷述之」，本鄭説。○「惟明克允」者，舜紀作「惟明能信」，以故訓代經。集解引馬云：「當明其罪，能使信服之。」周禮疏序引鄭云：「此三官是堯時事，舜因禹讓，述其成功。」一作「維明維允」者，漢衡方碑如此。皮云：「衡方碑用今文，其云『少以文塞』與今文合可證，則今文尚書有作『維明維允』者。」**帝曰：「疇若予工？」僉曰：「垂哉。」**問誰能順我百工事者，朝臣舉垂。垂，臣名。○「帝曰：『疇若予工？』僉曰：『垂哉』」，今文與古文同。○「帝曰：『疇若予工？』僉曰：『垂哉』」者，舜紀作：「舜曰：『誰能馴予工？』皆曰垂可。」以故訓代經，馴亦順也。集解引馬云：「謂主百工之官也。」段云：「『工垂』字他書皆作『倕』」，山海經：「南方不距之山，巧倕葬其西。」郭傳：「倕，堯巧工也，音瑞。」顧命當同此篇。」**帝曰：「俞，咨，垂，汝共工。」**共謂供其職事。○「帝曰：『俞，咨，垂，汝共工』」，今文與古文同。僞傳釋「共」爲「供」，本馬說。○「帝曰：『俞，咨，垂，汝共工』」者，舜紀作「於是以垂共工」，依經說之也。集解引馬云：「爲司空，共理百工之事。」漢書百官表叙云：「垂作共工，利器用。」應劭注：「爲共工，理百工之事也。」先謙案：舜紀云「爲共工」，漢書云「作共工」，以共工爲官名，今文說也。應注亦用今文說。馬云「共理百工之事」，釋「共」爲「供」，「工」爲職事。書疏云：「其官或以共工爲名，要帝意，言共，謂共此職也。」鄭言：「堯冬官爲共工，及舜舉禹，堯改名司空，以官名寵異之。禹登百揆，捨司空，司空復爲共工，故曰垂作共工。」（引見上。）馬云爲司空者，舉其前官名。皆古文說。**垂拜稽首，讓于殳斨暨伯與。**殳斨、伯與，二臣名。○「垂拜稽首，讓于殳斨暨伯與」，古文也，今文「殳」作「朱」，「伯與」作「柏譽」○「殳」作「朱」，「伯與」作「柏譽」者，漢書人表朱斨、柏譽二人列上中。朱、殳聲近。柏、伯，與、譽通用。**帝曰：「俞，往哉，汝諧。」**汝能諧和此官。○「帝曰：『俞，往哉，汝諧』」，今文與古文同。○「帝曰：『俞，往哉，汝諧』」者，自「垂拜稽首」至此，史公刪渻之。崔瑗河閒相張平子碑：「往才，汝諧。」哉、才，通假字。孫云：「諧者，偕也，『俞』則然其讓矣，仍使偕往治事。」皮云：「東觀漢記桓榮傳：『歐陽尚書博士缺，上欲用榮，榮叩頭讓曰：「臣經術淺薄，不如同門生郎中彭閎、揚州從事皋弘。」帝曰：「俞，往，汝諧。」因拜榮爲博士，引閎爲議郎。』用此經文。」與孫説合。段云：「古文苑張平子碑章樵注：『古文尚書「哉」作「才」。』此謂宋次道家之古文尚書，晁公武刊石於蜀者也。薛季宣書古文訓正是此本，故『哉』皆作『才』。溯厥由來，乃作僞者竊取張平子碑耳。郭注爾雅引書『茂才茂才』即『懋哉懋哉』也。論語鄭注：『古字材、哉同。』」**帝曰：「疇若予上下草木鳥獸？」僉曰：「益哉！」**上謂山，下謂澤，順（「順」上疑奪文。）謂施其政教，取之有時，用之有節。言伯益能之。○「帝曰：『疇若予上下草木鳥獸』」，今文與古文同；「僉曰：『益哉』」，僞古文也，今、古文作「禹曰：『益哉』」。閻云：「禹同治水者，益、稷。稷既仍舊職，益時烈山澤之功又畢，虞適缺官，禹深知其才，習於草木鳥獸，特薦之。僞傳竄爲『僉曰』，欲與上下文一例，不知聖朝大公，衆知其賢，則交譽而不爲朋黨，若獨知其賢，即越衆以對而不爲異也。」段云：「此方興之謬，非梅賾也。」○「帝曰：『疇若予上下草木鳥獸』」者，舜紀作：「舜曰：『誰能馴予上下草木鳥獸？』」以故訓代經。集解引馬云：「上謂原，下謂隰。」孫云：「公羊昭元年傳：『上平曰原，下平曰隰。』漢書楊雄傳：『昔者禹任益虞而上下和，屮木茂。』説文『屮』下云：『艸木初生也。古文或以爲「艸」字，讀若「徹」。』」劉云：「上下兼及天文地理之正，夏小正詳之。」○「禹曰：『益哉』」者，書疏云：「馬、鄭、王本皆作『禹曰：「益哉」』。」詩秦譜疏引虞書：「禹曰：『益哉！』」皮云：「文選羽獵賦：『昔者禹任益虞。』李注亦引尚書『禹曰：「益哉」』，雄箸述存於今者，皆與今文尚書合，則雄亦習今文，不得因其好古文字遂以爲用古文也。賦云

「禹任益虞」，則今文亦作『禹曰』，與馬、鄭、王本同，蓋今、古文皆作『禹』，惟方興本作『僉』耳。史記亦當作『禹曰』，今作『皆曰』，蓋後人據方興本以故訓字改之。」**帝曰：「俞，咨，益，汝作朕虞。」**虞，掌山澤之官。○「帝曰：『俞，咨，益，汝作朕虞』」者，舜紀作「於是以益爲朕虞」，依經説之。漢書地理志：「爲舜朕虞，養育草木鳥獸。」百官公卿表序：「垂作共工，蓐作朕虞。」王莽傳：「更名水衡都尉曰予虞。」漢記云：「垂作共工，益作朕虞。」後漢劉陶傳：「益典朕虞。」文選二十七注引應劭曰：「垂，共工；益，朕虞。」兩漢人用今文尚書，皆「朕虞」二字爲官名，王莽更曰「予虞」，用今文義也。書疏引鄭云：「言朕虞，重草木鳥獸。」秦詩譜：「有伯翳者，舜命作虞官。」史記集解引馬云：「虞，掌山澤之官名。」是古文説不連「朕」爲官名。劉云：「虞官主歲虞汁月之事。非重草木鳥獸也。」先謙案：史記秦本紀：「柏翳佐舜，調馴鳥獸，鳥獸多馴服。」「調馴」是「若」之本義，劉謂不重草木鳥獸，非也。**益拜稽首，讓于朱、虎、熊、羆。帝曰：「俞，往哉，汝諧。」**朱虎、熊羆，二臣名。垂、益所讓四人，皆在元凱之中。○「益拜稽首，讓于朱、虎、能、羆。帝曰：『俞，往哉，汝諧』」，今文與古文同。僞傳以朱虎、熊羆爲二臣名，非，説見下。○「益拜稽首，讓于朱、虎、熊、羆」者，舜紀如此，「于」下增「諸臣」二字，以多人故，與上文殳斨、伯與二人不同。漢書人表有伯虎、仲熊、季熊，無朱。段云：「左氏傳：『伯虎、仲熊、叔豹、季貍』，人表作『季熊』，『熊』疑『羆』之誤。蓋朱、虎、熊、羆四人也。」○「帝曰：『俞，往哉，汝諧』」者，舜紀作：「舜曰：『往矣，汝諧。』遂以朱、虎、熊、羆爲佐。」孫云：「據此，『諧』字當訓作『偕』審矣。」**帝曰：「咨，四岳，有能典朕三禮？」僉曰：「伯夷。」**三禮，天、地、人之禮。伯夷，臣名，姜姓。○「帝曰：『咨，四岳』」，古文也，今文「岳」作「嶽」。「有能典朕三禮？僉曰：『伯夷』」，今文與古文同，「伯夷」一作「柏夷」，一作「百夷」。○「岳」作「嶽」者，舜紀作「舜曰：『嗟，四嶽』」，岳、嶽，今、古文之異。咨、嗟，故訓字。○「有能典朕三禮？僉曰：『伯夷』」者，舜紀作「有能典朕三禮？皆曰伯夷可」，集解引馬云：「三禮，天神、地祇、人鬼之禮也。」鄭云：「天事、地事、人事之禮也。」孫云：「『典』與『敷』同，周禮鄭注：『典，主也。』」「伯夷」一作「柏夷」者，見人表。一作「百夷」者，見蔡邕姜淮碑。**帝曰：「俞，咨，伯，汝作秩宗。**秩，序；宗，尊也。主郊廟之官。○「帝曰：『俞，咨，伯，汝作秩宗』」，古文也，今文一作「咨，伯夷」，一作「咨，爾伯」。○一作「咨，伯夷」者，舜紀作「舜曰：『嗟，伯夷』」。一作「咨，爾伯」者，白虎通王者不臣篇：「先王老臣不名。親與先王戮力共治國，有功於天下，故尊而不名也。尚書曰『咨，爾伯』，不言名也。」皮云：「齊太公世家：『其先祖嘗爲四嶽，佐禹平水土，甚有功。虞、夏之際，封於呂，或封於申。』陳杞世家云：『伯夷之後，至周武王復封于齊，曰太公望。』潛夫論志氏姓篇：『炎帝苗胄，四嶽伯夷，爲堯典禮，折民惟刑，以封申、呂。』是今文説以伯夷爲堯時四嶽，故舜尊爲老臣而不名，而伯夷即在四嶽之中。」先謙案：白虎通作「伯」者，班用夏侯尚書；作「伯夷」者，史公用歐陽尚書，故不同也。○「汝作秩宗」者，舜紀云：「以汝爲秩宗。」史記集解引鄭云：「主次秩尊卑。」論衡書虛篇：「案：秩宗官缺，帝舜博求，衆稱伯夷，稽首讓于夔、龍。秩宗，卿官，漢之宗正也。」皮云：「漢書百官表云：『王莽太常曰秩宗，依古也。』莽用今文，以太常典禮故也。伯夷不與舜同宗，以漢之宗正當之，誤。」**夙夜惟寅，直哉惟清。」**夙，早也。言早夜敬思其職，典禮施政教，使正直而清明。○「夙夜惟寅，直哉惟清」，今文與古文同。○「夙夜惟寅，直哉惟清」者，舜紀作「夙夜惟敬，直哉惟靜絜」，以故訓代經。蔡邕胡公碑：「夙夜惟寅，以允帝命。」孔彪碑云：「直哉維清。」皆其證。孫云：「説文：『瀞，無垢薉也。』」**伯拜稽首，讓于夔、龍。**夔、龍，二臣名。○「伯拜稽首，讓于夔、龍」，今文與古文同，「夔」一作「歸」。○「伯拜稽首，讓于夔、龍」者，舜紀作「伯夷讓夔、龍」，消約其文。「夔」一作「歸」者，水經江水注引樂緯曰：「昔歸典協聲律。」宋忠注：「歸，即夔。」尚書中候：「讓于益、歸。」注云：「『歸』讀曰『夔』。」緯書多同今文，蓋三家本有作「歸」者。**帝曰：「俞，往，欽哉。」**然其賢，不許讓。○「帝曰：『俞，往，欽哉』」，今文與古文同。○「帝曰：『俞，往，欽哉』」者，舜紀作「舜曰：『然』」，直接下「以夔爲典樂」，消約經文。**帝曰：「夔，命汝典樂，教冑子。**冑，長也，謂元子以下至卿大夫子弟。以歌詩蹈之舞之，教長國子中、和、祗、庸、孝、友。○「帝曰：『夔，命汝典樂，教冑子』」，今文與古文同，「冑子」一作「育子」。○「帝曰：『夔，命汝典樂』」者，舜紀作「以夔爲典樂」，依經説之。○「教冑子」者，漢書禮樂志：「昔者自卿大夫師瞽以下，皆選有道德之人，朝夕習業，以教國子。國子者，卿大夫之子弟也，皆學歌九德，誦六詩，習六舞、五聲、八音之和，故帝舜命夔曰：『女典樂，教冑子。』」此今文作「冑」之證。一作「教育子」者，楊雄宗正箴：「各有育子，世以不錯。」則今文亦作「育子」。説文「育」下云：「養子使從善也。从𠫓肉聲。虞書曰：『教育子。』」所引今文也。舜紀作「教稺子」。段云：「釋言：『育，稚也。』詩谷風鄭箋云：『「昔育」之「育」，稚也。』鴟鴞〔二〕『鬻子之閔斯』毛傳：『鬻子，稚子也。』史記多以故訓代經，此『稺子』即經之『育子』。知古文作『冑子』者，釋文：

〔二〕「鴞」原誤作「鶚」，據詩經豳風原文改。

『胄，直又反。』王云：『胄子，國子也。』馬云：『胄，長也，教長天下之子弟。』」陸用王本爲音義，馬、王本作『胄』，則鄭本作『胄』可知。史記集解引鄭云：『國子也。』然則王注即襲鄭注。王制鄭注引虞書曰『教胄子』，是鄭本同王本也。大司樂注：『若舜命夔典樂，教育子是也。』則鄭亦引今文。」陳云：「作『育子』者歐陽尚書也，作『胄子』者大、小夏侯尚書也，皆三家今文也。何以明之？漢志云『國子者，卿大夫之子弟也。故帝舜命夔曰「女典樂，教胄子」』，是以胄子訓爲國子，與史記不同。馬、鄭、王本作『胄子』，此古文經之同於夏侯尚書者也。鄭『國子』之訓，當即本夏侯說。歐陽尚書作『育子』，史公以故訓字代之作『穉子』，物穉不可不養。許云養之使善，即馬所云『教長天下之子弟』，長、養義通，則許、馬皆用歐陽說也。」孫云：「王制：『樂正崇四術，立四教。』注引經文，云：『幼者教之於小學，長者教之於大學。尚書傳曰：「年十五始入小學，十八入大學。」』王制又云：『王太子，羣后之太子，卿大夫、元士之適子，國之俊選，皆造焉。』是胄子爲適子也。」王引之云：「凡未冠者通謂之穉子，穉子即育子。內則：『十有三年，學樂誦詩，舞勺。成童，舞象。』周書太子晉解云：『人生而重丈夫，謂胄子。胄子成人，能治上官，謂之士。』亦謂未冠者爲胄子也。孔穎達誤以爲適長子，而史記之『教穉子』更無通其義者矣。」案：此今、古文說不同，王氏合而一之，非也。僞傳「謂元子以下至卿大夫子弟」者，阮元校勘記云：「王本『謂』上有『子』字。」案釋文：「王云：『胄子，國子也。』馬云：『胄，長也，教長天下之子弟。』」如馬說，則「教胄」二字連文，「子」字單出，謂教長此子也。如王說，則「教」字單出，「胄子」二字連文，謂教此國子也。僞孔云「教長國子」，「國子」二字取之王，「教長」二字取之馬，則孔意亦「教胄」連文，「子」字單出。上文「胄，長也」者，乃長養之長，非長幼之長，當從古本「謂」上加「子」字爲是。以疏考之，則孔穎達時已謁脱矣。又案：「胄」無「長」義，馬本未必作「胄」，疑亦作「育」，故訓作「長」，長即養也。僞孔於文從王，於義從馬，殊爲牽率。先謙案：段又云：「大司樂釋文：『育音胄，本亦作「胄」。』育、胄二字音義皆通。育从肉聲，胄从由聲，肉、由同部。爾雅『猶如麂』舍人本『猶』作『鬻』，郭璞音育。『胄』亦可讀余六，『育』亦可讀直又也。長、養義近，育、胄訓同。馬、許『教胄』連讀。其訓『穉子』、『國子』，則言其可長可養，『胄子』連讀。」**直而温，寬而栗，**教之正直而温和，寬弘而能莊栗。○「直而温，寬而栗」，今文與古文同。○「直而温，寬而栗」者，舜紀如此，漢書禮樂志同。集解引馬云：「正直而色温和，寬大而謹敬戰栗也。」孫云：「聘義：『縝密以栗。』注：『栗，堅貌。』性行寬大者，勝之以堅栗。温和爲春生，堅栗爲秋成，此言仁義所本也。表記：『虞帝寬而有辨。』注：『辨，别也，猶「寬而栗」也。』梗直者加以温和，寬厚者加以明辨，性以相反者相成。」「鄭箋詩云：『栗，析也。古者聲栗裂同也。』是鄭以『栗』爲分析，與辨别義近。」今文「栗」一作「慄」，皮云：「衡方碑引作『寬慄』，蓋三家今文異字。」**剛而無虐，簡而無傲；**剛失之虐，簡失之傲。教之以防其失。○「剛而無虐，簡而無傲」，今文與古文同。○「剛而無虐，簡而無傲」者，舜紀如此，「無」並作「毋」，字同。漢書禮樂志「傲」作「敖」。皮云：「蔡邕太尉橋公碑：『剛而不虐。』蓋以意易之。陳仲弓碑亦作『剛而無虐。』」孫云：「淮南高注：『虐，害也。』説文：『傲，倨也。』乾剛，坤簡，古教學必先治性情，法天地四時，於虞書爲四德，皋陶謨爲九德，洪範爲三德，此大學之道也。」**詩言志，歌永言。**謂詩言志以導之，歌詠其義以長其言。○「詩言志，歌永言」，古文也，今文作「歌咏言」。○「詩言志，歌永言」者，舜紀作「詩言意，謌長言」，以故訓代經，所用古文説。集解引馬云：「謌，所以長言詩之意也。」（汲古本如是，官本「謌」作「歌」。）孫云：「禮檀弓鄭注：『志，意也。』永，長，釋詁文。」詩序云：「詩者，志之所之也。在心爲志，發言爲詩。」樂記：「歌之爲言也，長言之也。説之，故言之。言之不足，故長言之。」今文作「歌咏言」者，漢書禮樂志如此。又藝文志云：「書曰：『詩言志，哥詠言。』故哀樂之心感，而歌詠之聲發。誦其言謂之詩，詠其聲謂之哥。」班用今文説作「咏」不作「永」。皮云：「禮樂志篇首云：『和説之情難形，則發之於詩歌詠言，鐘石筦弦。』是以詠爲實字，其義甚明。説文『歌』下云『詠也』，『哥』下云『聲也，古文以爲謌字』，『詠』下云『或作「咏」』，哥、歌、咏、詠，字並同。論衡謝短篇云：『尚書曰：「詩言志，歌詠言。」此時已有詩也。』王充所據本與班同。」先謙案：據馬注，知古文作「永」，與班、王用今文作「詠」不同，史公作「歌長言」，以長代永，此又堯典用古文説之一也，馬注是其明證，以爲歐陽異義者，非。**聲依永，律和聲，**聲謂五聲：宮、商、角、徵、羽。律謂六律六吕，十二月之音氣。言當依聲律以和樂。○「聲依永，律和聲」，古文也，今文作「聲依咏」。○「聲依永，律和聲」者，舜紀如此。（官本如此，汲古本「永」誤「詠」。上文既作「永」，下不當又作「詠」，且與鄭注不合。）集解引鄭云：「聲之曲折又依長言，聲中律乃爲和也。」今文作「聲依咏」者，漢書禮樂志如此。皮云：「顔注：『咏，永也。永，長也。』志明作『咏』，顔以永長之義解之，非。」釋文：「永，徐音詠。」徐仙民讀「永」爲「咏」，即本今文。孫云：「淮南時則訓高注：『聲，絲竹金石之聲也。』陽聲六爲律，陰聲六爲吕，陽統陰，故言律以該吕。」**八音克諧，無相奪倫，神人以和。**倫，理也。八音能諧理不錯奪，則神人咸和。命夔使勉之。○「八音克諧，無相奪倫，神人以和」，今文與古文同。古文「諧」一作「龤」。○「八音克諧」者，舜紀如此，「克」作「能」，故訓字。春秋繁露正貫篇、蔡邕文烈侯楊公碑並引「八音克諧」。「諧」一作「龤」者，説文「龤」下云：「樂和龤也，从龠皆聲。虞書曰：『八音克龤。』」蓋故書作「龤」。○「無相奪倫，神人以和」者，舜紀如此，「無」作「毋」，字同。蔡邕文烈侯楊公碑亦引：「神人以和。」集解引鄭云：「祖考來格，羣后德讓，其一隅也。」孫云：「以皋陶謨說經『神人』。祖考爲神，羣后爲人。」繁露正貫篇：「德在天地，神明休集，竝行而不竭，盈于四海。而頌聲詠。書曰：『八音克諧，無相奪倫，神人以和。』乃是謂也。」風俗通聲音篇：「聲者，宮、商、角、徵、羽也。音者，土曰塤，匏曰笙，革曰鼓，竹曰管，絲曰絃，石曰磬，金曰鐘，木曰柷。書：『八音克諧，無相奪倫。』由是言之，聲本音末也。」皆今文家推演之詞。**夔曰：「於，予擊石拊石，百獸率舞。」**石，磬也。磬，音之清者。拊，亦擊也。舉清者和，則其餘皆從矣。樂感百獸，使相率而舞，則神人和可知。○「夔曰：『於，予擊石拊石，百獸率舞。』」，今文與古文同。○「夔曰：『於，予擊石拊石，百獸率舞』」者，舜紀如此，漢書禮樂志、劉向傳、風俗通聲音篇引經同。公羊哀十四年傳疏、史記集解引鄭云：「石，磬也。百獸，服不氏所養者也。率舞，言音和也。謂聲音之道，與政通焉。」呂氏春秋云：「帝堯立，乃命質爲樂。質乃效山谿澗谷之音以歌，（質即夔。）乃以麋輅置缶而鼓之，乃拊石擊石以象上帝玉磬之音，以舞百獸。」是堯時夔已司樂，故承舜命。而言樂之感人如此，樂緯叶圖徵云：「擊石以知民，磬音調，則民道得。鐘磬之音能動千里也。」論衡感虛篇：「尚書曰：『擊石拊石，百獸率舞。』此雖奇怪，然尚可信。何則？鳥獸好悲聲，耳與人耳同也。」皆今文說。釋文：「於，如字。或音『烏』而絶句者，非。」段云：「依釋文，則當作『于』，如孟子『女其于予治』，尚書既作『於』，則音『烏』句絶是也。史記正義云：『於，音烏。』」**帝曰：「龍，朕堲讒說殄行，震驚朕師，**堲，疾。殄，絶。震，動也。言我疾讒說絶君子之行而動驚我衆，欲遏絶之。○「帝曰：『龍，朕堲讒說殄行，震驚朕師』」，今文與古文同，「行」一作「僞」，「讒」一作「齊」。○「帝曰：『龍，朕堲讒說殄行，震驚朕師」」者，漢書賈捐之傳引書：「讒說殄行，震驚朕師。」潛夫論斷訟篇：「舜敕龍以『讒說殄行，震驚朕師』，乃自上古患之矣，故先慎己惟舌，以示小民。」並引今文。楊雄尚書箴：「龍爲納言，是機是密。出入朕命，王之喉舌。獻善宣美，而讒說是折。」雄據今文亦作「讒說」，漢以尚書當古之納言也。「行」一作「僞」者，舜紀作：「舜曰：『龍，朕畏忌讒說殄僞，振驚朕衆。』」以「畏忌」訓「堲」，「振」訓「震」，「衆」訓「師」。「讒」一作「齊」者，集解引徐廣云：「一云『齊說殄行，振驚衆。』」皆今文。段云：「『齊』者，『讒』之駁文。齊，疾也，謂利口捷給也。說文『堲』下云：『古文垐，虞書曰：「龍，朕堲讒說殄行。」堲，疾惡也。』」孫云：「五帝本紀：『生而徇齊。』索隱引尚書大傳曰：『多聞而齊給。』鄭注：『齊，疾也。』蓋謂有口辨，即讒說也。『僞』亦爲也。漢景君碑：『殘僞易心。』殘、殄聲相近，疑即用此文，言其說齊給而行貪殘也。」三國吴志注引馬云：「殄，絶也，絶君子之行。」史記集解引鄭云：「所謂色取仁而行違，是驚動我之衆臣，使之疑惑。」**命汝作納言，夙夜出納朕命，惟允。**」納言，喉舌之官，聽下言納於上，受上言宣於下，必以信。○「命汝作納言，夙夜出納朕命，惟允」，今文與古文同，「納」一作「入」。○「命汝作納言」者，舜紀云：「命汝爲納言。」作，爲，故訓字。漢書谷永傳：「治遠自近始，習善在左右。昔龍筦納言，而帝命惟允。」「筦」亦「作」也。北堂書鈔設官部引鄭云：「納言，如今尚書，管王喉舌也。」「夙夜出納朕命，惟允」者，蔡邕西鼎銘：「出納帝命，乃無不允，雖龍作納言，山甫喉舌，靡以尚之。」太傅胡公碑：「夙夜出納，紹跡虞龍。」後漢李固傳：「陛下之有尚書，猶天之有北斗也。斗爲天喉舌，尚書亦爲陛下喉舌。斗斟酌元氣，尚書出納王命。」是今文作「出納」也。「納」亦作「入」者，舜紀作「夙夜出入朕命，惟信」，允、信，故訓字。楊雄尚書箴：「出入朕命。」漢書百官表、漢紀皆云「出入帝命」。**帝曰：**

「咨，汝二十有二人，禹、垂、益、伯夷、夔、龍六人新命有職，四岳、十二牧，凡二十二人，特敕命之。○「帝曰：『咨，汝二十有二人』」，今文與古文同。○「帝曰：『咨，汝二十有二人』」者，舜紀作：「舜曰：『嗟，女二十有二人』」，集解引馬云：「稷、契、皋陶皆居官久，有成功，但述而美之，無所復敕。禹及垂以下皆初命，凡六人，與上十二牧、四嶽，凡二十二人。」又引鄭云：「皆格于文祖時所敕命也。」書疏云：「鄭以爲二十二人數殳斨、伯與、朱虎、熊羆，不數四岳。」皮云：「史記：『禹、皋陶、契、后稷、伯夷、夔、龍、垂、益、彭祖自堯時而皆舉用，未有分職。於是舜乃至于文祖』云云。又曰：『此二十二人咸成厥功：皋陶爲大理，平，民各伏得其實；伯夷主禮，上下咸讓；垂主工師，百工致功；益主虞，山澤辟；棄主稷，百穀時茂；契主司徒，百姓親和；龍主賓客，遠人至；十二牧行而九州莫敢辟違；惟禹之功爲大。』據史記之文，則史公用今文家説。二十二人爲禹、皋陶、契、稷、伯夷、夔、龍、垂、益、彭祖，凡十人，合十二牧，適符其數。不及四嶽者，四嶽即在十二牧之中，故史公數二十二人之功不及四嶽。九官之外增彭祖者，蓋史公所據古説有之。大戴禮五帝德篇孔子曰：『舉舜、彭祖而任之。』則彭祖自堯時已舉，正與史公説合。據漢書儒林傳，夏侯始昌爲伏生三傳弟子，大、小戴與大、小夏侯同出始昌，皆今文説，故與史公説合。説苑修文篇：『是故皋陶爲大理，平，民各服得其實；伯益主禮，上下皆讓；倕爲工師，百工致功；益主虞，山澤辟成；棄主稷，百穀時茂；契主司徒，百姓親和；龍主賓客，遠人至；十二牧行而九州莫敢僻違。』説與史記同，或即引用史文，惟不及彭祖耳。考今文家説，炳如日星。史公云『此二十二人咸成厥功』，則二十二人即上所數之二十二人無可疑者，乃後人不用古説，多生異義。馬不數皋陶、稷、契而數四嶽，鄭不數四嶽而數殳斨、伯與、朱虎、熊羆，皇甫謐數九官、十二牧及殳斨、朱虎、熊羆爲二十五人，蔡沈以四嶽爲一人，王引之以二十二人爲三十二人之誤，紛紛臆説，無一可通。」**欽哉，惟時亮天功。**」各敬其職，惟是乃能信立天下之功。○「欽哉，惟時亮天功」，今文與古文同，「功」一作「工」。段云：「方輿假『亮』爲『諒』而訓爲『信』，云『信立天下之功』，拙甚。」○「欽哉，惟時亮天功」者，衡方碑：「剋亮天功。」是今文作「功」。一作「工」者，舜紀作「敬哉，惟時相天事」。段云：「蓋今文『功』作『工』，故史公云『天事』。皋陶謨『天工人其代之』亦詁以『天事』。古者『工』有『事』訓也。」皮云：「丁孚漢儀夏勤策文云：『時亮天工。』蔡邕橋公廟碑：『時亮天工。』又陳太丘碑：『惟亮天工。』皆作『工』。」**三載考績，三考黜陟幽明，**三年有成，故以考功，九載則能否幽明有別，黜退其幽者，升進其明者。○「三載考績，三考黜陟幽明」，今文與古文同，一作「三考黜陟」，以「幽明」下屬；「載」一作「歲」。○「三載考績，三考黜陟幽明」者，大傳云：「書曰：『三歲考績，三考黜陟幽明。』其訓曰：三歲而小考者，正職而行事；九歲而大考者，黜無職而賞有功也。其賞有功也，諸侯賜弓矢者得專征，賜鈇鉞者得專殺，賜圭瓚者得爲鬯以祭。不得專征者以兵屬於得專征之國，不得專殺者以獄屬於得專殺之國，不得賜圭瓚者資鬯於天子之國然後祭。」谷永傳引經曰：「三載考績，三考黜陟幽明。」論衡治期篇：「上古之黜陟幽明，考功，據有功而加賞，按無功而施罰。」潛夫論考績篇：「書曰：『三載考績，黜陟幽明。』蓋所以昭賢愚而勸能否也。」風俗通山澤篇：「嶽者捔功考德，黜陟幽明也。」皆同大傳之義，於「幽明」句絶。一作「三考黜陟」、以「幽明」下屬者，舜紀作：「三歲一考功，三考絀〔二〕陟。」

〔二〕「絀」原誤作「黜」，與史記作「絀」不符，且與下文「黜、絀字同」不相應，故改爲「絀」。

績、功，故訓字；黜、絀，字同；「載」作「歲」，與大傳同。漢書食貨志、谷永李尋傳、白虎通、潛夫論、漢紀八、後漢楊賜傳引經皆作『三載』，是載、歲乃今文異字也。白虎通考黜篇：「諸侯所以考黜者何？王者所以勉賢抑惡，重民之至也。尚書曰：『三載考績，三考黜陟。』」後又引「三考黜陟」，皆以「陟」字絕句。食貨志、李尋傳、三國志杜恕傳皆引「三考黜陟」，與史記合，此三家今文讀異也。皮云：「考績有二說。一以爲三考始黜陟，路史注引大傳曰：『九歲大考，絀無職、賞有功也。一之三以至九年，天數窮矣，陽德終矣。積不善至於幽，六極以類降，故絀之。積善至於明，五福以類升，故陟之。皆所自取，聖無容心也。』春秋繁露考功名篇：『考績之法，考其所績〔一〕也。考試之法，大者緩，小者急；貴者舒，賤者促。諸侯月試其國，州伯時試其部，四試而一考。天子歲試天下，三試而一考。前後三考而絀陟，命之曰計。』則以黜陟須至九年。白虎通云：『所以三歲一考績何？三年有成，故於是賞有功，黜不肖。尚書曰：「三載考績，三考黜陟。」何以知始考輒黜之？尚書曰三年一考，少黜以地。書所言「三考黜陟」者，謂爵土異也。小國考之有功，增土進爵。後考無功，削黜。後考有功，上而賜之矣。五十里不過五賜而進爵土，七十里不過七賜而進爵土，能有大小，行有進退也。公，一削爲百里之侯，再削爲七十里伯，三削爲寄公。七十里伯，一削爲五十里伯，再削爲五十里子，三削地盡。五十里子，一削爲三十里子，再削爲三十里男，三削地盡。五十里男，一削爲三十里男，再削爲三十里附庸，三削地盡。所以至三削何？禮成於三，三而不改，雖反無益也。』潛夫論三式篇：『是故三公在三載之後，宜明考績黜

〔一〕「績」字春秋繁露考功名篇原文作「積」。

刺。』皆以爲一考即黜陟，與大傳、繁露所云三考始黜陟不同。其黜陟爵土先後，又有二説。白虎通瑞贄篇引書傳云：『三年珪不復，少絀以爵。六年珪不復，少絀以地。九年珪不復，而地畢削。』與儀禮集注引書傳云『諸侯有不率正者，天子絀之。一絀少絀以爵，再絀則絀以地，三絀而地畢』其説略同。白虎通又云：『尚書曰：「三考黜陟。」先削地而後絀爵者何？爵者尊號也，地者人所任也。今不能治廣土衆民，故先削其土地也。故王制曰：「宗廟有不順者，君絀以爵。山川神祇有不舉者，君削以地。」明爵土不相隨也。』則以爲先地後爵，與大傳所云先爵後地異，亦三家今文説之不同也。公羊隱八年傳解詁引書傳曰：『三年一使三公絀陟。』白虎通巡守篇：『三歲一閏，天道小備；五歲再閏，天道大備。故五年一巡守，三年二伯出述職黜陟。一年物有終始，歲有所成，方伯行國。時有所生，諸侯行邑。傳曰：周公入爲三公，出作二伯，中分天下，出黜陟。詩曰：「周公東征，四國是皇。」言東征述職，周公黜陟而天下皆正也。又曰：「蔽芾甘棠，勿翦勿伐，召伯所茇。」言召公述職，親説舍於野樹之下也。』是今文説以三載考績爲三公述職之事。」**庶績咸熙，分北三苗。**考績法明，衆功皆廣。三苗幽闇，君臣善否，分北流之，不令相從，善惡明。○「庶績咸熙，分北三苗」，今文與古文同，「熙」一作「喜」。○「庶績咸熙」者，舜紀作「遠近衆功咸興」，以「遠近」詁「幽明」，下屬爲句。庶、衆，績、功，熙、興，故訓字。「熙」一作「喜」者，説見前。○「分北三苗」者，舜紀如此。書疏引鄭云：「流四凶，卿爲伯、子，大夫爲男，降其位耳，猶爲國君，故以三苗爲西裔諸侯。猶爲惡，乃復分北流之。（史記集解作「分析流之」。）謂分北西裔之三苗也。」吳志虞翻注引鄭云：「北，猶別也。」（翻奏「鄭解尚書違失事目：尚書『分北三苗』，北，古『別』字，鄭云『北，猶「別」也』，誠可怪也。」段云：「説文『厶』下云：『姦，衺也。韓非曰倉頡作字，自營爲厶。』『公』下云：『平分也。从八厶。八猶背也。韓非曰：「背厶爲公。」韓以「背」訓「八」，故許釋曰「八猶背也」。古北、背同音通用。吴語韋注：「北，古之背字。」許書云：「八，别也，象分别相背之形。」又云：「八，猶背也。」與鄭注「北，猶别也」互相發明。分别之乃相偝〔一〕背，義正相足，故許不云「八，背也」而云「猶背也」，鄭不云「北，别也」而云「猶别也」。凡訓故言「猶」者視此。虞不知經自作「北」，鄭注古義，輒欲改爲𠔁字而譏鄭非也。説文「𠔁」下云：「分也，从重八；八，别也，亦聲。」虞蓋因「北」篆作「北」，疑爲「𠔁」字之誤，不知「北」可訓「别」，無煩改字。且𠔁、别同音義而異字，許未嘗以「𠔁」爲古文「别」字繫之「别」後也。玉篇、汗簡皆云「𠔁，古文『别』」，虞誤之耳。」）孫云：「此三苗，似非竄三危者。韓詩外傳云：『當舜之時，有苗不服。其不服者，衡山之南，岐山之北，左洞庭之陂，右彭澤之水，由此險也。以其不服，禹請伐之，而舜不許，曰：「吾喻教猶未竭也。」久喻教，而有苗民請服。』事見淮南子、鹽鐵論、説苑諸書。堯時三苗已竄三危，此有苗不服，在楚荆州之地，是舜時三苗非堯時所竄也。吕覽召類篇：『舜卻有苗，更易其俗。』淮南兵略訓：『舜伐有苗。』修務訓：『舜南征三苗，道死蒼梧。』注云：『三苗之國，在彭蠡，舜時不服，故往征之。』檀弓：『舜葬於蒼梧之野。』鄭注：『舜征有苗而死，因葬焉。』書説舜曰『陟方乃死』。蒼梧於周南越之地，今爲郡。分北者，即吕覽所謂『卻』也。」先謙案：此經文終言舜治天下，大事三苗，不服，舜先喻教以柔之，猶有梗化者，始征伐之，既破，卻其人，乃分析安置其黨類，而變易其俗，封象有庳，又使吏治其國，納其貢税，建立親賢以鎮撫之。巡方觀俗，遠至蒼梧，皆平苗後事。若云舜征有苗而死，既與經文「陟方」不合，二妃何以從軍？而象何以封有庳乎？論衡

〔一〕「偝」原誤作「瞬」，據段玉裁古文尚書撰異改。

率性篇：「三苗之民，或賢或不肖，堯、舜齊之，恩教加也。」此亦今文說釋舜「分北三苗」之意。

舜生三十徵庸，言其始見試用。○「舜生三十徵庸」，今文與古文同，古文「徵」一作「登」。○「舜生三十徵庸」者，舜紀云：「舜年二十以孝聞，堯舉之。」古文「徵」一作「登」者，書疏引鄭云：「登庸二十。」中庸鄭注：「徵，或爲登。」（宋本如是。）**三十在位，**歷試二年，攝政二十八年。○「三十在位」，古文也，今文作「二十」。○今文作「二十」者，舜紀云：「年五十攝行天子事。」案合上「三十」言爲五十也。説詳下。**五十載，陟方乃死。**方，道也。舜即位五十年，升道南方巡守，死於蒼梧之野而葬焉。三十徵庸，三十在位，服喪三年，其一在三十之數，爲天子五十年，凡壽百一十二歲。○「五十載，陟方乃死」，今文與古文同。○「五十載，陟方乃死」者，舜紀云：「年五十八堯崩，年六十一代堯踐帝位。踐帝位三十九年，南巡狩，崩於蒼梧之野。葬於江南九疑，是爲零陵。」段云：「舜年五十八堯崩，所謂『二十有八載，放勳乃殂落』也；年六十一代堯踐帝位，此三年遏密之後乃踐帝位也；踐位三十九年南巡狩崩，此在位『五十載，陟方乃死』也。論衡氣壽篇：『堯典曰：「朕在位七十載。」求禪得舜，舜徵二十歲（今本誤作「三十」。）在位，堯退而老，八歲而終，至殂落九十八歲。未在位之時，必已成人，今計數百有餘矣。又云：「舜生三十徵用，二十（今本誤作「三十」。）在位，五十載，陟方乃死。」適百歲矣。』孟子萬章篇：『五十而慕者，予於大舜見之矣。』趙注：『書曰：「舜生三十徵庸，二十（今本注疏誤「五十」，孔刻孟子注誤「三十」。）在位。」在位時尚慕，故言五十也。』儻同古文尚書作『三十在位』，則不爲『五十而慕』之證矣。書疏云：『鄭玄（作「云」者誤。）讀此經云：「『舜生三十』，謂生三十年也。『登庸二十』，謂歷試二十年。『在位五十載，陟方乃死』，謂攝位至死爲五十年。舜年一百歲也。」』然則古本作『登庸二十』，鄭注云『三十』當爲『二十』，以今文正古文，故孔疏謂之『讀此經』也，假令鄭本作『登庸二十』，與方興所據馬、王本不同，則釋文、正義必繫別之云『三十，鄭本作「二十」』，不若是墨墨而已。大戴禮五帝德云：『二十以孝聞乎天下，三十在位，嗣帝所，五十乃死。』與今文尚書合，此鄭所以讀從今文也。二十以孝聞之後又十年，堯舉之，又二十年乃攝行天子事，是爲大戴禮之『三十在位』。大戴之『三十在位』合上文『二十』言之，今文尚書之『二十在位』合上文『舜生三十』言之，皆五十歲。合下文『五十乃死』，則皆百歲也。故曰大戴與今文尚書合。『二十有八載，放勳乃殂落』，合舜之徵庸二十、攝位八年言之，孟子所謂舜相堯二十有八載也。舜之在位五十載，合攝位八年、如喪三年、即真四十年言之。堯典自『慎徽』以下，乃徵庸二十年之實，『乃言底可績，三載』，此三載在二十年内也。自『正月上日，受終于文祖』以下，乃攝位八年之實，合二十年、八年爲二十有八載。自『月正元日』至『分北三苗』，乃即真四十年之實，併前攝位八年、如喪三年，（其一在八年内。）爲在位五十載。此今文家説也。」孫云：「僞傳云『舜壽百一十二歲』，增多一十二〔二〕歲，與史記、論衡不同，誤計之也。『陟方』者，史公説爲巡守。按：巡守至五岳而止，此至蒼梧，蓋此行分北三苗，且行九歲之大考也。淮南高注云：『書曰：「舜陟方乃死。」』舜死蒼梧，葬於九疑之山，在蒼梧馮乘縣東北，零陵之南千里也。案：馮乘在今廣西賀縣北一百二十里。地理志『零陵郡』『營道』：『九疑山在南。』營道縣在今湖南道州西，九疑山在甯遠縣南六十里。」皮云：「白虎通巡守篇：『王者巡守，崩于道，歸葬何？夫太子當爲喪主，天下皆來奔喪。京師，四方之中也。即如是，舜葬蒼梧，禹葬會稽何？於時尚質，故死則止葬，不重煩擾也。』」

〔二〕「二」原誤作「三」，據孫星衍尚書今古文注疏原文改。

尚書孔傳參正三

大禹謨第三　虞書　孔氏傳　臣王先謙參正

大禹謨禹稱大，大其功。謨，謀也。○梅氏增多古文二十五篇，此梅氏古文之一。梅鷟云：「伏生今文，無典、謨、誓雜者。此篇自首至『時乃功』，謨體也；自『帝曰：「格汝禹」』至『若帝之初』，典體也；自『帝曰：「咨，禹」』至『有苗格』，誓體也。混三體而成一篇，變亂聖經如此。且皋陶謨舜、禹交相儆戒，此篇禹以六府三事自述，帝以地平天成歸功，反易謨體也；堯典『乃言底可績』，『可』之一字，不以舜功爲有餘，默寓儆勉，正天子告臣之體，此篇以『惟汝賢』、『嘉乃丕績』諛禹，反易典體也；會后誓師，三旬逆命，是征苗之誓，茫無成算，猶在甘、湯、泰、牧之下，反易誓體也。又不惟變亂之而已。」

曰若稽古，大禹順考古道而言之。○史記集解引謚法曰：「受禪成功曰禹。」**曰文命，敷於四海，祗承于帝。**言其外布文德教命，内則敬承堯、舜。○史記夏本紀：「夏禹名曰文命。」僞傳釋「文命」爲「文德教命」，與

「敷於四海」聯屬爲文，謬甚。「敷於四海」，約禹貢「敷土」及「東漸」數句而成文。惠云：「『祗承于帝』，本孟子『啟賢能敬承繼禹之道』。」**曰：「后克艱厥后，臣克艱厥臣，政乃乂，黎民敏德。」**敏，疾也。能知爲君難，爲臣不易，則其政治，而衆民皆疾修德。○梅云：「『后克』二句，本論語『爲君難，爲臣不易』。『敏德』本康誥曰『丕則敏德』也。」**帝曰：「俞！允若兹，嘉言罔攸伏，野無遺賢，萬邦咸寧。**攸，所也。善言無所伏，言必用。如此則賢才在位，天下安寧。○梅云：「『俞』、『允』字俱見前篇；『若兹』見周誥諸篇；『嘉言』即『昌言』之別；『伏』字見般庚『毋或敢伏小人之攸箴』；『野無遺賢』見詩小序；『萬邦咸寧』見易傳。」惠云：「『嘉言』二句意本荀子正論篇：『堯、舜南面而聽天下，天下無隱士，無遺善。』」**稽于衆，舍己從人，不虐無告，不廢困窮，惟帝時克。」**帝謂堯也，舜因嘉言無所伏，遂稱堯德以成其義。考衆從人，矜孤愍窮，凡人所輕，聖人所重。○梅云：「『稽於衆』，用召誥『稽我古人之德』、『稽謀自天』之『稽』；『舍己從人』，孟子稱舜語，今入之舜語中以稱堯；『不虐無告』，本左文十五年傳『君子之不虐幼賤』、孟子『天下之窮民而無告者』；『困窮』二字兩用，其一則商書『子惠困窮』；『惟帝時克』倣『惟帝時舉』，此其蒐輯之大畧也。」程云：「莊子天道篇：『堯曰吾不敖無告，不廢窮民。』」**益曰：「都！帝德廣運，乃聖乃神，乃武乃文。**益因舜言又美堯也。「廣」謂所覆者大，「運」謂所及者遠；聖無所不通，神妙無方；文經天地，武定禍亂。○惠云：「呂覽諭大篇引夏書曰：『天子之德廣運，乃神乃武乃文。』左傳：『王甚神聖。』」**皇天眷命，奄有四海，爲天下君。」**眷，視。奄，同也。言堯有此德，故爲天所命，所以勉舜也。○惠云：「後漢黃瓊傳瓊疏云：『皇乾眷命。』詩：『奄有九有。』」王先慎云：「洪範：『以爲天下王。』」**禹**

曰：「惠迪吉，從逆凶，惟影響。」迪，道也。順道吉，從逆凶，吉凶之報，若影之隨形，響之應聲。言不虛。○惠云：「御覽卷八十一引尸子曰：『舜云從道必吉，反道必凶，如影如響。』」**益曰：「吁！戒哉！儆戒無虞，罔失法度。**先吁後戒，欲使聽者精其言。虞，度也。無億度，謂無形，戒於無形，備慎深，秉法守度，言有恒。○梅云：「詩：『用戒不虞。』」**罔遊于逸，罔淫于樂。**淫，過也。遊逸過樂，敗德之原。富貴所忽，故特以爲戒。○梅云：「依無逸『罔淫于逸』，兼用論語『逸遊』與莊子『淫樂』字也。」**任賢勿貳，去邪勿疑。疑謀勿成，百志惟熙。**一意任賢，果於去邪，疑則勿行，道義所存於心，日以廣矣。○梅云：「戰國策趙武靈王引書云『去邪勿疑，任賢勿貳』，禮曰『疑事毋質』。」**罔違道以干百姓之譽，**干，求也。失道求名，古人賤之。**罔咈百姓以從己之欲。**咈，戾也。專欲難成，犯衆興禍，故戒之。○梅云：「左僖二十年傳臧文仲曰：『以欲從人則可，以人從欲鮮濟。』」**無怠無荒，四夷來王。」**言天子常戒慎，無怠惰荒廢，則四夷歸往之。○惠云：「後漢崔駰傳引書：『矜矜業業，無怠無荒。』」先謙案：詩商頌：「莫敢不來王。」**禹曰：「於！帝念哉！德惟善政，政在養民。**歎而言念，重其言。爲政以德，則民懷之。○梅云：「此一節，全宗左傳文六〔一〕年傳，邾文公曰：『命在養民。』」**水、火、金、木、土、穀，惟修，**言養民之本，在先修六府。○梅云：「『惟修』，『修』字見禹貢。左文七年傳郤缺曰：『水、火、金、木、土、穀，謂之六府。』」姚際恒云：「使書文果有水、火、金、木、土、穀等句，郤缺何必屑屑釋之？」**正德、**

〔一〕「六」當爲「十三」，事在十三年。

利用、厚生，惟和，正德以率下，利用以阜財，厚生以養民，三者和，所謂善政。○梅云：「左襄二十八年傳晏子曰：『夫民生厚而用利，於是乎正德以幅之，使無黜嫚謂之幅利。』郤缺又云：『正德、利用、厚生，謂之三事。』」**九功惟叙，九叙惟歌。**言六府三事之功有次叙，皆可歌樂，乃德政之致。○梅云：「郤缺又云：『九功之德，皆可歌也，謂之九歌。六府三事，謂之九功。』」**戒之用休，董之用威，勸之以九歌，俾勿壞。」**休，美。董，督也。言善政之道，美以戒之，威以督之，歌以勸之。使政勿壞，在此三者而已。○梅云：「郤缺又云：『夏書曰：「戒之用休，董之用威，勸之以九歌，勿使壞。」』」閻云：「楚辭離騷云：『啟九辨與九歌。』天問云：『啟棘賓商，九辨、九歌。』則九歌爲啟樂，猶九鼎爲啟鑄也。伏生大傳云：『惟十有四祀，還歸二年，而廟中苟有歌：大化、大訓、六府、九原，而夏道興。』鄭注：『四章皆歌。』禹獨無九歌，明九歌乃啟樂也。僞古文以爲禹告舜之詞，則似虞時已有此歌，恐未然。」程云：「此郤缺恐趙宣子不知九歌之義，故解之。若今禹謨即古夏書，郤何不直引其文而費辭如此？」蘇輿云：「大司樂『九德之歌，九磬之舞』，先鄭引春秋傳：『六府、三事，謂之九功。九功之德，皆可歌也，謂之九歌。』經以九德與九磬並列，而鄭以春秋傳釋之，是亦以九歌爲虞時樂。梅氏蓋因於此。賈疏言先鄭不見古文尚書故引春秋，不悟其僞也。」

帝曰：「俞！地平天成，六府三事允治，萬世永賴，時乃功。」水土治曰平，五行叙曰成，因禹陳九功而歎美之，言是汝之功，明衆臣不及。○梅云：「左僖二十四年傳：『夏書曰「地平天成」，稱也。』皋陶謨：『時乃功。』『六府三事』，見上。」惠云：「史記自序云：『厥美帝功，萬世載之。』」

帝曰：「格汝禹。朕宅帝位三十有三載，耄期倦于勤。汝惟不怠，總朕師。」八十、九十曰耄，百年曰期頤。言已年老，厭倦萬機，汝不懈怠於位，稱總我衆。欲使攝。○惠云：「『格汝禹』，倣堯命舜語。汲郡古文云：『帝舜三十三年，命夏后總師。』射義云『旄期稱道不亂者』，『旄』字，本如此，今作『耄』者，説文：『眊，目少精也。虞書「耄」字從此。』」故薛季宣古文又作『眊』。」程云：「紀年出晚書前二百餘年，晉書稱所載自夏以來，則以前皆其本書所無而爲造晚書者所增竄無疑，『倦』、『勤』尤非聖人之語。」梅云：「柳下惠曰：『舜勤民事，而野死。』祭法亦以此爲言，未嘗倦勤猶如此，何遽以此示人？」**禹曰：「朕德罔克，民不依。皋陶邁種德，德乃降，黎民懷之。**邁，行。種，布。降，下。懷，歸也。言己無德，民所不能依。皋陶布行其德，下治於民，民歸服之。○梅云：「此因孟子言『舜以不得禹、皋陶爲己憂』，又見下文皋陶。妄意當時禹必讓皋陶也，民不依。非臣子對君父之語。」閻云：「左莊八年傳：『夏書曰：「皋陶邁種德。」德乃降。姑務修德，以待時乎！』杜注『皋陶』句曰：『夏書，逸書也。』注『德乃降』句曰：『言人苟有德，乃爲人所降服也。』孔疏：『杜謂「德乃降」爲莊公語。』」案：宣十二年：「詩曰：『亂離瘼矣，奚其適歸。』歸於怙亂者也夫。」襄三十一年：「詩曰：『靡不有初，鮮克有終。』終之實難。」昭十年：「詩曰：『德音孔昭，視民不恌。』恌之謂甚矣。」皆其例也。中庸引：「詩曰：『德輶如毛。』毛猶有倫。」亦同。作僞者不察，並竄入大禹謨中。**帝念哉！念茲在茲，釋茲在茲。**茲，此。釋，廢也。念此人在此功，廢此人在此罪。言不可誣。**名言茲在茲，允出茲在茲，惟帝念功。」**名言此事，必在此義，信出此心，亦在此義。言皋陶之德，以義爲主，所宜念之。○惠云：「左襄二十一年傳引夏書曰：『念茲在茲，釋茲在茲，名言茲在茲，允出茲在茲，惟帝念功。』將謂由己壹也，信由己壹，而後功可念也。」程云：「此虞、夏大臣納誨於君之詞，故其言諄復不厭。念者，存心之謂。上『兹』以時言，下『兹』以地言。『念兹』之時，固在於兹；『釋兹』之時，亦在於兹。『名言』、『允出』，出身加民，皆在於兹。如此則心無往而不存矣。『惟帝念功』言心存而天下之理得，可久、可大之德業成矣。帝舜所謂『敕天之命，惟時惟幾』，蓋即此意。晚書不知其解，而以爲贊美臯陶之語，可爲歎恨！」梅云：「左傳〔一〕疏曰：『此斷章爲義。故與尚書本文稍殊也。』案：左襄二十三年〔二〕傳：『仲尼曰：「夏書曰念兹在兹，言順事、恕施也。」』非指臯陶。又哀六年傳：『孔子曰：「楚昭王知大道矣，其不失國也宜哉！夏書曰：惟彼陶唐，帥彼天常。有此冀方。」』又曰：『允出兹在兹，由己帥常可矣。』意與臧武仲『由己壹也』合。安得謂之斷章？」**帝曰：「臯陶！惟兹臣庶，罔或干予正。**或，有也。無有干我正。言順命。○先謙案：孟子萬章篇：「惟兹臣庶。」**汝作士，明于五刑，以弼五教，期于予治，**弼，輔。期，當也。歎其能以刑輔教，當於治體。○閻云：「堯典命臯陶曰：『汝作士，五刑有服。』」先謙案：孟子萬章篇：「汝期于予治。」**刑期于無刑，民協于中，時乃功，懋哉！」**雖或行刑，以殺止殺，終無犯者。刑期于無所刑，民皆合於大中之道，是汝之功，勉之。○惠云：「通典百六十九引商鞅書曰：『明刑之猶，至于無刑也。』案通典載：『商鞅著刑名書，大畧云：「晉文將欲明刑，於是合諸卿大夫于冀宮，顛頡後至，遂斷顛頡之脊。人皆愳曰：顛頡之有寵也，斷脊以徇，而況于我乎！乃無犯禁，晉國大治。昔周公誅管叔、放蔡

〔一〕「左傳」原誤作「書」，據梅鷟書及孔穎達左傳正義改。

〔二〕「二十三年」原誤作「二十四年」，據梅鷟書及左傳原文改。

叔、流霍叔，曰：犯禁者也。天下皆曰：親屬昆弟有過，不違，況疏遠乎！故外不用甲兵于天下，內不用刀鋸于周庭，而海內治。故曰：明刑之猶，至于無刑也」」云云。是所謂『刑期于無刑』者。特法立誅，必而然，乃申、商之學，非堯、舜之治也。」梅云：「『民協于中』用吕刑『士制百姓于刑之中』，『時乃功』見皋陶謨。淮南子詮言訓：『聽獄制中者，皋陶也。』」**皋陶曰：「帝德罔愆，臨下以簡，御衆以寬。**愆，過也。善則歸君，人臣之義。○惠云：「論語：『居敬而行簡，以臨其民。』又曰：『寬則得衆。』」**罰弗及嗣，賞延于世。**嗣亦世，俱謂子。延，及也。父子罪不相及，而及其賞，道德之政。○梅云：「二句用孟子『罪人不孥，仕者世祿』。」**宥過無大，刑故無小。**過誤所犯，雖大必宥。不忌故犯，雖小必刑。○惠云：「王充論衡：『故曰刑故無小，宥過無大。』」**罪疑惟輕，功疑惟重。**刑疑附輕，賞疑從重，忠厚之至。○蘇輿云：「宋蘇軾刑罰忠厚之至論引傳曰：『賞疑從與，罰疑從去。』」**與其殺不辜，寧失不經。好生之德，洽于民心，兹用不犯于有司。」**辜，罪。經，常。司，主也。皋陶因帝勉己，遂稱帝之德，所以明民不犯上也。寧失不常之罪，不枉不辜之善，仁愛之道。○梅云：「左襄二十六年傳：『夏書曰：「與其殺不辜，寧失不經。」』哀公問舜冠，孔子不對。曰：『其政好生而惡殺。』所謂『好生之德，洽于民心』也。」蘇輿云：「御覽六百五十二引尚書大傳曰：『與其殺不辜，甯失有罪。與其增以有罪，甯失過以有赦。』」**帝曰：「俾予從欲以治，四方風動，惟乃之休。」**使我從心所欲而政以治，民動順上命若草應風，是汝能明刑之美。○梅云：「荀子大略篇：『舜曰：「維予從欲而治。」』」**帝曰：「來，禹！降水儆予，成允成功，惟汝賢。**水性流下，故曰下水。儆，戒也。能成聲教之信，成治水之功，言禹最賢，重美之。○阮校勘記云：「纂傳引朱子云：

『降水，洪水也，古文作「洚」。』」惠云：「『帝曰：「來，禹」』，皋陶謨文。孟子：『書云：「洚水警予。」』洚水者，洪水也。蓋『洚』讀爲『洪』。梅賾不識字，訓爲『下水』。左襄五年傳：『夏書曰：「成允成功。」』」**克勤于邦，克儉于家，不自滿假，惟汝賢。**滿謂盈實。假，大也。言禹惡衣薄食，卑其宮室，而盡力爲民，執心謙沖，不自盈大。○梅云：「夏本紀稱：『禹爲人，敏給克勤。』論語：『禹菲飲食，惡衣服，卑宮室，而盡力乎溝洫。』」**汝惟不矜，天下莫與汝爭能；汝惟不伐，天下莫與汝爭功。**自賢曰矜，自功曰伐。言禹推善讓人而不失其能，不有其勞而不失其功，所以能絶衆人。○顧炎武云：「左襄二十九年傳季札見舞大夏者，曰：『美哉！勤而不德，非禹，其孰能修之？』不矜不伐，是勤而不德。梅正用傳意。」惠云：「逸周書：『矜功不至。』易曰：『勞而不伐，有功而不德。』」程云：「荀子君子篇：『謂之聖，不矜矣夫。故天下不與爭能。』」梅云：「老子曰：『不自伐故有功，不自矜故長。夫惟不爭，故天下莫能與之爭。』後章又云：『自伐者無功，自矜者不長。』」**予懋乃德，嘉乃丕績，天之曆數在汝躬，汝終陟元后。**丕，大也。曆數謂天道。元，大也。大君，天子。舜善禹有治水之大功，言天道在汝身，汝終當升爲天子。○梅云：「論語堯曰篇：『咨！爾舜！天之曆數在爾躬。舜亦以命禹。』」**人心惟危，道心惟微，惟精惟一，允執厥中。**危則難安，微則難明，故戒以精一，信執其中。○梅云：「荀子解蔽篇：『昔者舜之治天下也，不以事詔而萬物成，處一之危，其榮滿側，養一之微，榮矣而未知。故道經曰：「人心之危，道心之微。」危微之幾，惟明君子而後能知之。』下云：『好義者衆矣，而舜之獨傳者一也。自古及今，未有兩而能精者也。』又曰：『蚊蝱之聲聞則挫其精，可謂危矣，未可謂微。』此其『精』字、『一』字之所自來也。論語：『允執其中。』」**無稽之言勿**

聽，弗詢之謀勿庸。無考無信驗，不詢專獨，終必無成，故戒勿聽用。○惠云：「荀子正名篇：『無稽之言，不見之行，不聞之謀，君子慎之。』」**可愛非君？可畏非民？衆非元后何戴？后非衆罔與守邦。**民以君爲命，故可愛。君失道民叛之，故可畏。言衆戴君以自存，君恃衆以守國，相須而立。○梅云：「周語：『內史過曰：「夏書有之曰：衆非元后何戴？后非衆無與守邦。」』」**欽哉！慎乃有位，敬修其可願，四海困窮，天禄永終。**有位，天子位。可願，謂道德之美。困窮，謂天民之無告者。言爲天子勤此三者，則天之禄籍長終汝身。○梅云：「『四海』二句見論語。」閻云：「『四海困窮』，欲其俯而恤人之窮；『天禄永終』，欲其仰而承天之福，亦如洪範『考終命』、大雅『高朗令終』耳。漢書王嘉傳『不終其禄』，薛宣朱博傳序『鮮終其禄』，方是不祥。作僞者誤仞此二語爲一連，故於上文先作儆詞曰『欽哉』云云，即以論語此文續之，若極言安危存亡之戒，而不知與元義相左。班彪王命論云：『則福祚流於子孫，天禄其永終矣。』漢武帝立子齊王閎策曰：『悉爾心，允執其中，天禄永終。』魏使鄭沖奉策晉王曰：『允執其中，天禄永終。』皆節去『四海困窮』一句，以聯上下文。雋不疑謂暴勝之曰：『樹功揚名，永終天禄。』靈帝立皇后詔曰：『無替朕命，永終天禄。』孫權告天文曰：『左右有吴，永終天禄。』倒置之義，尤顯白『終』不訓『絕』也。更博徵之，金縢：『惟永終是圖。』易歸妹象辭：『君子以永終知敝。』周頌：『以永終譽。』漢元帝紀詔曰：『不得永終性命，朕甚閔焉。』韋賢傳匡衡曰：『其道應天，故福禄永終。』外戚傳班婕妤賦：『共洒埽於帷幄兮，永終死以爲期。』孫權傳文帝策命曰：『以勸相我國家，永終爾顯烈。』又權詔公孫淵曰：『相我國家，永終爾休。』虞翻傳：『非所以永終忠孝，揚名後世。』皆無『絕』訓，何獨至論語而云然？以『絕』訓『終』，朱子及蔡傳所未安處。惟三國志載明帝詔曰：『山陽公深識天禄永終之運，禪位文皇帝。』又曰：『山陽公昔知天命永終於己，深觀曆數，久在聖躬。』又陳留王奐咸熙二年十二月壬戌，『天禄永終，曆數在晉』，詔『禪位於晉嗣王』。此方解『終』是畢也、盡也，與大禹謨說同，益驗僞書出晉、魏閒，即其時人手筆也。」先謙案：閻說是也。但僞傳「言爲天子，勤此三者，則天之禄籍長終汝身」仍依古訓，不作畢、盡解。與輯僞經之意相反，似經傳出二人手，各主一說，如鄭沖策及明帝詔之比，至宋人乃順僞經訓「終」爲「絶」耳。「慎乃有位」本益稷「慎乃在位」。**惟口出好興戎，朕言不再。**」好謂賞善，戎謂伐惡。言口榮辱之主，慮而宣之，成於一也。○惠云：「墨子尚同篇：『先王之書術令之道曰：「惟口出好興戎。」』」**禹曰：「枚卜功臣，惟吉之從。」**枚謂歷卜之，而從其吉。此禹讓之志。○梅云：「左哀十七年傳：『王與葉公枚卜子良以爲令尹。』杜注：『枚卜，不斥言所卜以令龜。』」**帝曰：「禹，官占，惟先蔽志，昆命于元龜。**帝王立卜占之官，故曰官占。蔽，斷。昆，後也。官占之法，先斷人志，後命於元龜，言志定然後卜。○梅云：「左哀十八年傳：『夏書曰：「官占，惟能蔽志，昆命于元龜。」』」（丁晏云：「左傳杜注：『官占，卜筮之官。蔽，斷也。昆，後也。言當先斷意，後用龜也。』案：左傳本作『惟能』，故釋文云：『尚書「能」作「克」。』「克」亦「能」也。」今杜注從僞古文訓爲『先』，又與孔傳說同，是明據晚書竄改也。」先謙案：釋文云「尚書『能』作『克』」，陸所見，蓋别一本。克、先，形近致誤。）西伯戡黎曰：「格人元龜，罔敢知吉。」**朕志先定，詢謀僉同，鬼神其依，龜筮協從，卜不習吉。」**習，因也。然已謀之於心，謀及卜筮，四者合從，卜不因吉，無所枚卜。○梅云：「哀十八年傳：『及巴師至，將卜師。王曰：「甯如志，何卜焉？」』」此所謂『朕志先定』。洪範曰：『汝則有大疑，謀及乃心，謀及卿士，謀及庶人，謀及卜筮。汝則從，龜從，筮從，卿士從，庶民從，是之謂大同。』此所謂『詢謀僉同，鬼神其依，龜筮協從』。」惠云：「禮表記曰：『卜、筮不相襲。』注：『襲，因也。』金縢曰：『一習吉。』左哀十年傳：『趙孟曰：「卜不襲吉。」』襲、習，古字通。」**禹拜稽首，固辭。**再辭曰固。○梅云：「堯典：『禹拜稽首。』儀禮：『敢固以辭。』」**帝曰：「毋！惟汝諧。」**言毋，所以禁其辭。禹有大功德，故能諧和元后之任。○梅云：「論語：『子曰：「毋。」』堯典：『往哉！汝諧。』」**正月朔旦，受命于神宗，**受舜終事之命。神宗，文祖之宗廟。言神，尊之。○程云：「汲郡古文曰：『帝舜三十三年春正月，夏后受命于神宗。』」案：舜繼堯，禹繼舜，義與世及同。舜嗣位，別立親廟，無毁堯祖廟之理，則禹之受命，仍於文祖廟無疑。今曰「神宗」，其即文祖乎？抑舜別立之廟乎？以別立之廟命禹，則舜無以對堯，即文祖，則廟之更名何義？爲此以增竄紀年而不顧其有所不受也。**率百官，若帝之初。**順舜初攝帝位故事奉行之。

帝曰：「咨！禹，惟時有苗弗率，汝徂征。」三苗之民，數干王法。率，循。徂，往也。不循常道，言亂逆。命禹討之。○顧棟高云：「經言有苗，七見：舜典言『竄三苗』，又曰『分北三苗』；臯陶謨言『何遷乎有苗』；禹貢言『三苗丕敘』；益稷言『苗頑弗即功』；（此亦臯陶謨，非益稷。）呂刑言『遏絶苗民』；與僞經『徂征有苗』，凡七。元儒王耘云：『謂之「分北」，非止一人。謂其「丕敘」，非止一君。云「遷」、云「遏絶」，則不特遷絶其君長，必併其國。人俱從之，又何來徂征逆命之事邪？且舜執其君，而無所難。禹征以六師，而反不服，迨來格向化，又從而分北之。豈叛則討之，服則舍之之義！』又云：『舜以倦勤而授禹，禹豈宜舍朝廷之事，而親征有苗？舜又安能以倦勤之餘，而誕敷文德？若果能之，則亦不必授禹矣。』其言深合事理。愚謂『竄』與『分北』，若在徂征後，則苗以逆命而班師，以來格而遭竄，則有苗當自悔其來；若在徂征前，則三苗已丕叙於三危流竄之地，即有不即功者，亦使皋陶施象刑威之足矣，不煩興師動衆也。」先謙案：禹征有苗作禹誓見墨子兼愛篇。據荀子曰：「誥、誓不及五帝。」則禹誓乃即真後事，非攝位時事。堯、舜竄三苗于三危，在堯老舜攝之年，以左傳證之，蓋是其君長，或兼有其族姓。皋陶謨云「遷有苗」與「竄三苗」實爲一事。故禹治水至雍州而云「三危既宅，三苗丕叙」。則遷竄之三苗，已安居就序矣。至苗民居在洞庭、彭蠡間者，恃其險遠，叛服不常。其來服者，或分散其黨與，堯典所謂「分北三苗」也；或改變其習俗，吕覽召類篇所謂「舜卻有苗更易其俗」也。其不服者，或加以喻教，韓詩外傳所謂「久喻教而有苗民請服」〔二〕也；或威以征伐，淮南修務訓所謂「舜南征三苗，道死蒼梧」也。蓋舜在位五十年，與有苗相首尾，爲虞代一絶大政事，足徵苗性頑獷，馴服尤難，干、羽舞階，即致來格，情理所不可通。徒以竄入經文，歷代侈爲盛事，僞作古文者，不知是何肺腸也。**禹乃會羣后，誓于師曰：「濟濟有衆，咸聽朕命。**會諸侯共伐有苗。軍旅曰誓。濟濟，衆盛之貌。○惠云：「墨子兼愛篇引禹誓云：『禹曰：「濟濟有衆，咸聽朕言。」』」**蠢茲有苗，昏迷不恭，**蠢，動。昏，闇也。言其所以宜討之。○惠云：「禹誓又云：『非台小子，敢行稱亂，蠢茲有苗，用天之罰。』」**侮慢自賢，反道敗德，**狎侮先王，輕慢典教，反正道，敗德義。○程云：「『道』、『德』二字，『德』字最古，唐、虞即有之；『道』字後起。『三百篇』但作『道路』之『道』説。書惟洪範『遵王之道』，亦『道路』之『道』也。書傳所引諸逸篇，皆然。易爻詞『復自道』、『反復其道』，諸『道』字，指

〔二〕「久喻教而有苗民請服」原誤作「久喻教而苗民不服」，據韓詩外傳原文及文義改。

其人所由而言，非『道理』、『道法』之『道』也。惟周禮中始有『以道得民』、『以爲道本』語。至『道』、『德』並稱，尤屬後起。詩、書言天命，無言『天道』者，晚書多『道』字，俱作『道理』、『道法』解。此文乃『道』、『德』並稱，又有『天道』之說，他篇亦多有之。」**君子在野，小人在位，**廢仁賢，任姦佞。○惠云：「詩隰桑序曰：『小人在位，君子在野。』」**民棄不保，天降之咎，**言民叛之，天災之。**肆予以爾衆士，奉辭伐罪。**肆，故也。辭謂「不恭」，罪謂「侮慢」以下事。○惠云：「禹誓又云：『若予既率爾羣對諸羣，以征有苗。』鄭語史伯曰：『君以成周之衆，奉辭伐罪。』」閻云：「左傳知瑤伐齊曰：『以辭伐罪。』」**爾尚一乃心力，其克有勳。」**尚，庶幾。一汝心力，以從我命。**三旬，苗民逆命。**旬，十日也。以師臨之，一月不服，責舜不先有文誥之命、威讓之辭，而便憚之以威，脅之以兵，所以生辭。○閻云：「本左傳：『文王聞崇德亂而伐之，軍三旬而不降。退修教而復伐之，因壘而降。』」**益贊于禹曰：「惟德動天，無遠弗屆。**贊，佐。屆，至也。益以此義佐禹，欲其修德致遠。○梅云：「詩：『致天之屆。』」**滿招損，謙受益，時乃天道。**自滿者人損之，自謙者人益之，是天之常道。○梅云：「易謙彖傳：『天道虧盈而益謙。』易『虧盈』爲『滿招損』，易『益謙』爲『謙受益』，然後以『時乃天道』終之，藏形匿跡如此，且於上下文皆無當。」**帝初于歷山，往于田，日號泣于旻天、于父母，**仁覆愍下謂之旻天。言舜初耕于歷山之時，爲父母所疾，日號泣于旻天及父母，克己自責，不責於人。○梅云：「史記：『舜耕于歷山。』孟子萬章曰『舜往于田，號泣于旻天』，長息曰『日號泣于旻天、于父母』。」**負罪引慝，祗載見瞽瞍，夔夔齊慄，瞽亦允若。**慝，惡。載，事也。夔夔，悚懼之貌。言舜負罪引惡，敬以事見于父，悚懼齊莊，父亦信順之。言能以至誠感頑父。○梅云：「孟子曰：「書曰：『祗載見瞽瞍，夔夔齊慄，瞽瞍亦允若。』」此因典、謨有『父頑』、『苗頑』字相同，遂蒐輯以立言。堯典有『瞽子』之文，故節去『瞍』字。但舜在側微，四岳在天子前稱『瞽子』無害，今舜爲天子，禹、益皆其臣子，瞽瞍爲天子父，時地不同，以『瞽』稱之，不惟不敢亦不忍。且以天子之父，亦既允若底豫，乃諄諄言之，比諸流竄、分北之苗，儗不於倫，亦厚誣矣。」**至諴感神，矧茲有苗。」**諴，和。矧，況也。至和感神，況有苗乎！言易感。○梅云：「『諴』字用召誥『其丕能諴于小民今休』，『感神』用孝經『通于神明』句。」**禹拜昌言，曰：「俞！」班師振旅。**昌，當也。以益言爲當，故拜受而然之，遂還師。兵入曰振旅，言整衆。○梅云：「『禹拜』句，全用皋陶謨文。左襄十年傳：『荀偃、士匄請班師。』又曰：『出曰治兵，入曰振旅。』」**帝乃誕敷文德，**遠人不服，大布文德以來之。○先謙案：此文即以「季氏將伐顓臾」章語爲藍本。**舞干、羽于兩階，**干，楯。羽，翳也。皆舞者所執。修闡文教，舞文舞于賓、主階間，抑武事。**七旬，有苗格。**討而不服，不討自來，明御之者必有道。三苗之國，左洞庭、右彭蠡，在荒服之例，去京師二千五百里也。○程云：「王者之師，未有不料敵慮勝而可輕用民命者，今不能預知苗民之逆命，而挫天威於絕遠，何以號令天下？至於引過以退，而乃講求文德，抑何見之晚也！且使苗民干、羽可格，則亦不至逆命。執意典、謨中有此迂誕之書邪！」又云：「典以記事，謨以記言，此虞書之體也。此篇以謨名，乃載及受禪、征苗諸大事，體殊不類。」惠云：「淮南子繆稱訓：『禹執干、戚舞於兩階之閒，而三苗服。』氾論訓：『舜舞干、戚而服有苗。』齊俗訓：『當舜之時，有苗不服，於是舜修政、偃兵，執干、戚而舞之。』荀子成相篇：『禹勞心力，堯有德，干戈不用三苗服，舉舜甽畝，任之天下身休息。』」先謙案：韓非子五蠹篇：「當舜之時，有苗不服，禹將伐之，舜曰：『不可，上德不厚而行武，非道也。』乃修政三年，執干、戚舞，有苗乃服。」説苑君道篇：「舜之時，有苗氏不服，禹欲伐之，舜不許，曰：『諭教猶未竭也。』究諭教焉，而有苗氏請服。」蓋秦、漢人有是説。紀年：「帝舜三十五年，命夏后征有苗，有苗氏來朝。」紀年乃皇甫謐僞撰，僞古文又謐等所爲，影附古説，兩相證合，以愚後人耳。餘詳舜典「分北三苗」下。禹誓别爲一事，辨見前「來格」之説。韓非「三載」與僞書「七旬」遲速不同，或是會逢其適，非必干、羽之舞致然。古事流傳日久，記者侈爲美談，而不悟其非實也。

尚書孔傳參正四

臯陶謨第四　虞書　孔氏傳　臣王先謙參正

臯陶謨謨，謀也。臯陶爲帝舜謀。○大傳云：「臯陶謨可以觀治。」説文「謨」下云：「議謀也，从言莫聲。」虞書曰（段云：「當作『有』。」）咎繇謨。」史記夏本紀云：「臯陶作士以理民。帝舜朝，禹、伯夷、臯陶相與語帝前。臯陶述其謀。」案：夏紀言禹治水畢，「帝錫禹玄圭，以告成功于天下。天下於是太平治」，故大傳云「臯陶謨可以觀治」也。孫云：「大戴禮誥志篇子引虞史伯夷曰『明，孟也。幽，幼也』，似解『幽明庶績咸熙』，是伯夷爲虞史官。史遷以『臯陶方祗厥叙』及『夔曰戛擊鳴球』至『庶尹允諧』爲史臣叙事之文，則即伯夷所述語也。」先謙案：孫説是。臯陶陳謨，伯夷述語，故史記云然，否則「伯夷」二字爲衍文矣。冠以「曰若稽古」者，劉逢禄以唐、虞、夏初之事，皆爲夏史所述，故加此四字是也。

曰若稽古，臯陶亦順考古道以言之。夫典、謨，聖帝所以立治之本，皆師法古道以成不易之則。○「曰若稽古」，今文與古文同，「皋陶」下屬，僞傳謬解，說見前。○「曰若稽古」者，白虎通聖人篇：「何以言皋陶聖人也？以目篇『曰若稽古』。（段云：「『曰』下轉寫奪一『曰』字。」）皋陶聖人，而能爲舜陳道，『朕言惠，可底行』，又『旁施象刑，維明』。」案：此亦於「曰若稽古」句絶，與堯典以此四字發端者同。楚辭惜誦王注：「咎繇，聖人也。」與白虎通義合。書疏引鄭云：「以『皋陶』下屬爲句。」是今、古文說同。若「皋陶」上屬，則下文「曰」字不可通。**曰：「允迪厥德，謨明弼諧。」**迪，蹈。厥，其也；其，古人也。言人君當信蹈行古人之德，謀廣聰明以輔諧其政。○「曰：『允迪厥德，謨明弼諧』」，今文與古文同。僞傳訓「謨明」爲「謀廣聰明」，謬。段云：「『帝堯曰放勳』，此本紀記事之體也；『皋陶曰』云云，此記言之體也。僞孔不得其句讀，開端便非體矣。」○「曰：『允迪厥德，謨明弼諧』」者，夏紀作：「皋陶述其謀曰：『信其道德，謀明輔和。』」以故訓代經，可證「曰」字連上「皋陶」爲句。段云：「史記『信其道德』當爲『信道其德』，各本誤倒。」皮云：「蔡邕中鼎銘：『公允迪厥德。』朱公叔墳前石碑：『允迪聖矩。』陳留范史雲碑：『允迪德譽。』張玄祠堂碑銘：『允迪懿德。』皆以『允迪』連文。」段說是也。孫云：「釋詁：『繇，道也。』『明，成也。』『繇』即『由』，『道』亦『導』，言信由其德，則謀成而輔和矣。」**禹曰：「俞，如何？」**然其言，問所以行。○「禹曰：『俞，如何』」，今文與古文同。○「禹曰：『俞，如何』」者，夏紀作：「禹曰：『然，如何？』」俞、然，故訓字。論衡問孔篇：「皋陶陳道帝舜之前，淺略未極。禹問難之，淺言復深，略指復分。蓋起問難，此言說激而深切，觸而著明也。」**皋陶曰：「都，慎厥身修，思永，**歎美之重也。慎修其身，思爲長久之道。○「皋陶曰：『都，慎厥身修，思永』」，今文與古文同。○「皋陶曰：『都，慎厥身修，思永』」者，夏紀作「皋陶曰：『於！慎其身修，思長』」，都、於，厥、其，永、長，故訓字。漢書元紀永光四年詔曰：「愼身修永。」此省約其文，以「愼厥身」爲句，「修思永」爲句，「愼身」猶謹身自修，必思永久，言不懈也。**惇叙九族，庶明勵翼，邇可遠在茲。」**言愼修其身，厚次叙九族，則衆庶皆明其教而自勉勵翼戴上命，近可推而遠者在此道。○「惇叙九族，庶明勵翼，邇可遠在茲」，今文與古文同，「惇」一作「敦」、「叙」一作「序」。僞孔訓「庶明」爲「衆庶皆明其教」，謬。○「惇叙九族」者，漢書平紀元始五年詔曰：「昔堯睦九族，舜惇叙之。」韋昭國語注：「謂若『惇叙九族』。」並作「惇叙」，蓋夏侯本如此。「惇」一作「敦」、「叙」一作「序」者，夏紀如此。王莽傳：「書不云乎，『惇序九族』。」三國蜀志先主上書漢帝曰：「在昔虞書，敦叙九族。」表於漢帝曰：「敦叙九族。」蓋歐陽本。○「庶明勵翼」者，蜀志先主上書漢帝曰：「庶明厲翼。」裴注引鄭云：「厲，作也。」厲，作，釋詁文。夏紀作「衆明高翼」，以故訓代之。庶，衆，釋詁文。淮南修務訓高注：「厲，高也。」段云：「『厲』作『勵』，衛包所改也。據書疏僞孔訓『勉勵』，王訓『砥礪』，古皆作『厲』，無作『礪』、『勵』者。『厲』本旱石，引申爲勉厲意。」孫云：「據史公說堯典『明明』，此『庶明』當爲衆貴戚。禮文王世子鄭注：『翼，助也。』文選西都賦注引薛君章句云：『翼，附也。』」○「邇可遠在茲」者，夏紀作「近可遠在已」，以故訓代經。集解引鄭云：「次序九族而親之，以衆明作羽翼之臣。（書疏「明」上增「賢」字。）此政由近可以及遠也。」案釋詁：「茲、已，此也。」故史公易「茲」爲「已」，鄭訓「茲」爲「此」。孫云：「經言謹身睦族，貴近附助，則道德可以自近及遠也。」**禹拜昌言，曰：「俞。」**以皋陶言爲當，故拜受而然之。○「禹拜昌言，曰：『俞』」，今文與古文同，「昌」一作「讜」、一作「黨」。○「禹拜昌言，曰：『俞』」者，夏紀作：「禹拜美言，曰：『然。』」以故訓代經。說文「昌」下云：「美言也。」中論貴驗篇曰：「禹拜昌言。」三國吳志評曰：「或拜昌言。」

釋詁「昌，當也」，郭注引書曰：「禹拜昌言。」「昌」一作「讜」者，孟子公孫丑篇「禹聞善言則拜」，趙岐注引尚書曰「禹拜讜言」，是其證。段云：「益稷『禹拜昌言』，僞傳亦釋『昌』爲『當』。釋文：『當，丁浪反。本亦作「讜」。』引李登聲類：『讜言，善言也。』文選班固東〔一〕都賦『讜言弘説』李注引字林：『讜言，美言也。音黨。』班蓋用今文尚書。」一作「黨」者，逸周書蔡公解：「拜手稽首黨言。」荀子非相篇：「博而黨正。」注：「謂直言也。」張平子碑：「黨言允諧。」劉寬碑：「朝克忠讜。」又云：「對策嘉黨。」可見漢人讜、黨通用。蓋古止作「黨」，漢人或加言旁，故説文不收，而聲類、字林收之。昌、黨音義並同，如「閶闔」揚雄賦作「闛闔」，「鼓聲不過閶」，「閶」即「鼞」字，可證。字林訓「讜」，亦是美言。然則「昌」本字，「黨」借字也。陳云：「作『讜』、『黨』者，夏侯本也，歐陽本但作『昌』。」皮云：「漢書叙傳：『吾久不見班生，今日復聞讜言。』又述董仲舒云：『讜言訪對，爲世純儒。』班用夏侯尚書。陳説是也。」**臯陶曰：「都，在知人，在安民。」**歎修身親親之道在知人所信任，在能安民。○「臯陶曰：『都，在知人，在安民』」，今文與古文同。○「臯陶曰：『都，在知人，在安民』」者，夏紀如此，「都」作「於」，故訓字。孫云：「人，謂官人；民，謂衆民。詩假樂：『宜民宜人。』傳云：『宜安民，宜安人也。』疏云：『民、人，散雖義通，對宜有別。』引此經文。漢書薛宣傳亦引之。臯陶既以修身睦族告禹，又言此者，宗族貴戚人才不一，務在知而器使之。民衆在下，在偏安之，其政乃可及遠也。」**禹曰：「吁，咸若時，惟帝其難之。**言帝堯亦以知人安民爲難，故曰吁。○「禹曰：『吁，咸若時，惟

〔一〕「東」原誤作「西」，據文選原文改。

帝其難之』」，今文與古文同，一作「惟帝難之」。○「禹曰：『吁，咸若時，惟帝其難之』」者，夏紀如此，「咸若時」作「皆若是」，以故訓代經。鹽鐵論論誹篇：「皋陶對舜：『在知人，惟帝其難之。』」白虎通封公侯篇引尚書曰：「惟帝其難之。」一作「惟帝難之」者，漢書武紀元狩元年詔曰：「朕聞皋陶對禹曰：『在知人，知人則哲，惟帝難之。』」後書虞延傳顯宗曰：「知人則哲，惟帝難之。」東觀書同。論衡定賢篇：「書曰：『知人則哲，惟帝難之。』據才高卓異者則謂之賢耳，何難之有？然而難之，獨有難者之故也。夫虞舜不易知人，而世人自謂能知賢者，誤也。」又是應篇：「經曰：『知人則哲，惟帝難之。』」又答佞篇：「書曰：『知人則哲，惟帝難之。』虞舜大聖，驩兜大佞。大聖難知大佞，何易之有？」引經皆無「其」字，蓋三家文異。皮云：「『惟帝其難之』，乃禹所言，而武帝詔、鹽鐵論並以爲皋陶對禹者，蓋以其在皋陶謨中，即以爲皋陶言，不加分別，如漢人引用論語皆以爲孔子之言也。」**知人則哲，能官人；安民則惠，黎民懷之。**哲，智也。無所不知，故能官人。惠，愛也，愛則民歸之。○「知人則哲，能官人；安民則惠，黎民懷之」，今文與古文同，「哲」一作「悊」。○「知人則哲，能官人」者，夏紀如此，「哲」作「智」，故訓字。漢書薛宣傳谷永疏曰：「帝王之德莫大於知人，知人則百僚任職，天工不曠，故皋陶曰：『知人則哲，能官人。』」王莽傳陳崇、張竦稱莽功德引書曰：「知人則哲。」後漢楊秉傳秉上疏曰：「皋陶誡虞，在於官人。」「哲」一作「悊」者，漢書五行志引「知人則悊，能官人」顔注：「悊，智也。能知其材，則能官之，所以爲智也。」説文「哲」或作「悊」，蓋三家異文作「悊」。○「安民則惠，黎民懷之」者，夏紀如此。後漢順帝紀詔曰：「書稱『安民則惠』。」左雄傳雄疏云：「臣聞柔遠和邇，莫大寧人；寧人之道，莫重用賢；用賢之道，必存考黜；是以皋陶對禹，貴在知人，『安民則惠，黎民懷之。』」風俗通過譽篇：歐陽歙教引書曰：「安民則惠，黎民懷之。」**能哲而惠，何憂乎驩兜？**佞人亂眞，堯憂其敗政，故流放之。○「能哲而惠，何憂乎驩兜」，古文也；今文「而」作「能」，一作「且」。○「而」作「能」者，夏紀云：「能知能惠，何憂乎驩兜？」「哲」作「知」，故訓字。衡方碑：「能悊能惠。」「悊」字與漢志合，「能」字與史記合，皆用今文。尉氏令鄭季宣碑：「能惠者也。」亦作「能」字。江云：「『而』當爲『耐』。據史記，則此『而』實是『能』，依古文當爲『耐』。」孫云：「『而』爲『能』」者，吕覽士容篇：「柔能堅，虛能實。」高注：「能，而也。」能、而字通。「而」一作「且」者，淮南泰族訓引書如此。皮云：「『且』與『而』義近。」**何遷乎有苗？何畏乎巧言令色孔壬？**孔，甚也。巧言，靜言庸違。令色，象恭滔天。禹言有苗、驩兜之徒甚佞如此，堯畏其亂政，故遷放之。○「何遷乎有苗？何畏乎巧言令色孔壬」，今文與古文同，一無次句。僞傳以巧言令色屬共工，是「甚佞」即共工也，又以「甚佞」爲有苗、驩兜，自相違異，其謬如此。○「何遷乎有苗？何畏乎巧言令色孔壬」者，夏紀如此，「令色孔壬」作「善色佞人」，以故訓代經。壬，佞，釋詁文。「一無次句」者，淮南修務訓引「書曰：『能哲且惠，黎民懷之，何憂驩兜？何遷有苗？』故仁莫大於愛人，知莫大於知人」，無下「何畏乎」句。論衡答佞篇云：「驩兜大佞。」恢國篇云：「三苗，巧佞之人。」是今文説以「巧言令色孔壬」即指驩兜、有苗言之，不以佞人爲共工。史記集解引鄭云：「禹爲父隱，故言不及鯀。」書疏引馬同，是古文説以「巧言令色孔壬」即指共工。白虎通五行篇：「父爲子隱何法？法木〔一〕之藏火也。子爲父隱何法？法水逃金也。」聖人

〔一〕「木」原誤作「水」，據白虎通五行篇原文改。

法天，則爲父隱者，天道，非私也。四凶爲三，故云「不及鯀」也。是鄭義仍本之今文說。

皋陶曰：「都，亦行有九德，言人性行有九德，以考察真僞則可知。○「皋陶曰：『都』」，古文也，今文「都」下當有「俞」字。「亦行有九德」，今文與古文同。○「都」下有「俞」字者，夏紀作「皋陶曰：然於」可證。○「亦行有九德」者，夏紀如此。孫云：「『亦行』，舊說爲『掖行』。玉篇：『亦，臂也，今作「掖」。』書云：『亦行有九德。』」顧野王，晉人，或引舊説也。『行』者，師氏：『以三德教國子。』鄭注：『在心爲德，施之爲行。』行謂寬、柔、愿、亂、擾、直、簡、剛、彊之行。九德謂栗、立、恭、敬、毅、温、廉、塞、義之德，所以扶掖九行。」**亦言其人有德，乃言曰：『載采采。』」**載，行。采，事也。稱其人有德，必言其所行某事某事以爲驗。○「亦言其人有德」，今、古文「有德」上並無「人」字。「乃言曰：『載采采』」，今文與古文同。○今文無「人」字者，夏紀作「亦言其有德」。古文無「人」字者，段云：「唐石經每行十字，獨此行『其有德，乃言曰：「載采采」』止九字，諦視『有德』二字，初刻三字，『人』字居首，波擻可辨，是『亦言其人有德』。唐時有此本。唐玄度覆定石經，刪『人』字重刻，今注疏本乃沿襲別本也。唐石摩去重刻者多同今本，獨此與今本異。」○「乃言曰：『載采采』」者，夏紀作「乃言曰：『始事事』」，以故訓代經。書疏云：「薦舉人者，稱其人有德，欲上用之，必須言其常行某事某事以爲有德之驗。」義當然也。孫云：「『載』爲『始』者，釋詁：『哉，始也。』『載』同『哉』。『采』爲『事』，亦釋詁文。論衡答佞篇云：『唯聖賢之人，以九德檢其行，以事效考其言。行不合於九德，言不驗於事效，人非賢則佞矣。』」**禹曰：「何？」**問九德品例。○「禹曰：何」，今文無徵。**皋陶曰：「寬而栗，**性寬弘而能莊栗。○「皋陶曰」，夏紀無。孫云六字「或今文本無，或史公節省經文，未詳」。○「寬而栗」，今文與古文同，「栗」一作「慄」。〇「寬而栗」者，夏紀如此。「栗」一作「慄」者，衡方碑作「寬慄」。孫云：「寬綽近緩而能堅栗。」**柔而立，**和柔而能立事。〇「柔而立」，今文與古文同。〇「柔而立」者，夏紀如此。孫云：「柔順近弱而能對立。」**愿而恭，**慤愿而恭恪。〇「愿而恭」，古文也，今文作「願而共」。〇「願而共」者，夏紀如此。段云：「謹愿之人多不能供辦，能治之人多不能敬慎，德與才不能互兼也。史記『恭敬』字不作『共』，即堯典『允恭』、『象恭』可證。此今文勝於古文。」**亂而敬，**亂，治也。有治而能謹敬。〇「亂而敬」，今文與古文同。〇「亂而敬」者，夏紀作「治而敬」，亂、治，故訓字，釋詁：「亂，治也。」孫云：「治事多能而能敬慎。」**擾而毅，**毅，順也。致果爲毅。〇「擾而毅」，今文與古文同。〇「擾而毅」者，夏紀如此。孫云：「馴擾可狎而能果毅。」**直而温，**行正直而氣温和。〇「直而温」，今文與古文同。〇「直而温」者，夏紀如此。孫云：「梗直不撓而能温克。」**簡而廉，**性簡大而有廉隅。〇「簡而廉」，今文與古文同。〇「簡而廉」者，夏紀如此。孫云：「簡大似放而能廉約。釋詁：『簡，大也。』釋名：『廉，斂也。』說文：『廉，仄也。』義似相反。」段云：「中庸：『簡而文，温而理。』鄭注：『猶簡而辨，直而温也。』案：此用尚書。『廉』作『辨』，未詳。豈鄭本有異與？」**剛而塞，**剛斷而實塞。〇「剛而塞」，今文與古文同，古文一作「剛而𡫯」。〇「剛而塞」者，夏紀如此，「塞」作「實」，故訓字。孫云：「剛者内荏而能充實。」古文一作「剛而𡫯」者，說文「𡫯」下云：「實也。虞書曰：『剛而𡫯。』」段云：「作『𡫯』者，壁書，孔安國以今文讀作『塞』也。」**彊而義，**無所屈撓，動必合義。〇「彊而義」，今文與古文同。〇「彊而義」者，夏紀如此。王引之云：「詩傳：『義，善也。』謂性發彊而又能良善也。」孫云：「此似相反而實相成，五行生剋之用，聖人法陰陽以治性情之學也。」先謙案：書疏引鄭云：「凡人之性有異，有其上者不必有下，有其下者不必有上，上下相協，乃成其德。」又云：「鄭連言之，寬謂度量寬宏，柔謂性行和柔，擾謂事理擾順，三者相類，即洪範云『柔克』也。愿謂容貌恭正，亂謂剛柔治理，直謂身行正直，三者相類，即洪範云『正直』也。簡謂器量凝簡，剛謂事理剛斷，强謂性行堅强，三者相類，即洪範云『剛克』也。而九德之次，從柔而至剛也，惟『擾而毅』在『愿』、『亂』之下耳。其洪範三德，先人事而後天地，與此不同。」**彰厥有常，吉哉！**彰，明。吉，善也。明九德之常，以擇人而官之，則政之善。○「彰厥有常，吉哉」，今文與古文同。○「彰厥有常，吉哉」者，夏紀作「章其有常，吉哉」，彰、章字同；厥、其，故訓字。後漢鄭均傳元和元年詔云：「書不云乎，『章厥有常，吉哉！』其賜均、義穀各千斤。」注云：「章，明也。吉，善也。言爲天子當明其有常德者，優其廪餼，則政之善也。」疑今文義。書疏引鄭云：「人能明其德行，所行使有常，則成善人矣。」意謂自明之，與上説異。易象上傳：「君子以常德行。」説文：「吉，善也。」**日宣三德，夙夜浚明有家。**三德，九德之中有其三。宣，布。夙，早。浚，須也。卿大夫稱家。言能日日布行三德，早夜思之，須明行之，可以爲卿大夫。○「日宣三德」，今文與古文同。「夙夜浚明有家」，古文也，今文作「蚤夜翊明有家」。○「日宣三德」者，夏紀如此。書疏引鄭云：「三德、六德，皆『亂而敬』以下之文。」孫云：「是以三者爲簡、剛、彊三德。」○「蚤夜翊明有家」者，夏紀如此。段云：「『翊』同『翌』，爾雅：『翌，明也。』『翊明』重言之，猶無逸之『皇暇』也。」皮云：「華嚴經音義七十四引尚書大傳：『翊，輔也。』似解此經之傳，則今文作『翊』是也。但大傳以翊爲輔，與段不同。蔡邕文烈侯楊公碑：『翊明其政。』與史記文合，乃今文作『翊』之明證。史記於『夙夜維寅』、『夙夜出入朕命』皆不作『蚤夜』，此乃今文尚書本文，非故訓字也。」書疏引馬云：「浚，大也。」此古文説。孫云：「釋言：『宣，徇也。』」

周語：「劉康公曰：『宣所以教施也。』」方言：「浚，敬也。」釋詁：「明，成也。」『明』又與『孟』通，故『孟諸』即『明都』。釋詁：「孟，勉也。」有家，謂有采地之臣。春官『家宗人』鄭注：「家，謂大夫所食采邑。」『翊』與『翼』同，亦敬也。馬以『浚』爲『大』者，釋詁：「駿，大也。」『浚』與『駿』同。大明謂大勉也。」**日嚴祇敬六德，亮采有邦。**有國，諸侯。日日嚴敬其身，敬行六德，以信治政事，則可以爲諸侯。○「日嚴祇敬六德」，今文與古文同。「亮采有邦」，古文也，今文作「亮采有國」。○「日嚴祇敬六德」者，夏紀如此，「祇」作「振」，通用字。段云：「般庚『震動萬民』，石經作『祇動』，柴誓『祇復之』，無逸『治民祇懼』，魯世家作『振復』、『振懼』，皆祇、振通用之證。内則『祇見孺子』注云：『祇，或作「振」。』」釋文：「嚴，如字。馬魚檢反。」段云：「經典多嚴、儼不分，如無逸『嚴恭』，馬作『儼』；論語『儼然人望而畏之』，本又作『嚴』。」孫云：「詩傳：『儼，矜莊貌。』説文『嚴』下云：『教令急也。』釋詁：『祇，敬也。』『祇敬』重文者，無逸云『嚴恭寅畏』，亦皆敬，不嫌重文。説文『肅』下云：『持事振敬也。』振敬猶祇敬。此六德，鄭意以爲『亂而敬』至『彊而義』之文。」○「亮采有國」者，夏紀如此，古文「邦」今文多作「國」，不關避諱，説見前。集解引馬云：「亮，信。采，事也。」皆釋詁文。**翕受敷施，九德咸事，俊乂在官。**翕，和也。能合受三六之德而用之以布施政教，使九德之人皆用事。謂天子如此，則俊德治能之士並在官。○「翕受敷施，九德咸事，俊乂在官」，今文與古文同，「乂」一作「艾」。○「俊乂在官」者，夏紀如此，「敷」作「普」，故訓字。孫云：「孟子萬章篇趙注：『普，偏也。』敷、普音義同。釋詁：『翕，合也。』詩傳：『敷，偏也。』莊子釋文引馬注云：『施，用也。』言合受三六德之人，偏用之。説文：『事，職也。』『咸事』言皆任職。漢書王尊傳：「三公典〔一〕五常九德。」是謂下文『俊乂』也。」皮云：「後漢楊震傳：『方今九德未事。』班固薦謝夷吾云：『行包九德。』蔡邕太傅胡公碑：『九德咸修。』陳太丘碑：『兼資九德。』汝南周巨勝碑：『備九德。』盧江太守范式碑：『九德靡爽。』並屬臣下言。東觀書：『章帝初即位，賜東平王蒼書曰：「朕夙夜伏思，念先帝躬履九德。」』魏受禪碑：『九德既該。』疑今文家有以九德屬君德者。」〇「俊乂在官」者，夏紀如此，鹽鐵論、論衡、後漢楊震楊賜傳同。史公、王充、楊氏父子皆習歐陽尚書，蓋歐陽本作「乂」。「乂」一作「艾」者，漢書谷永傳永對曰：「經云：『九德咸事，俊艾在官。』未有衆賢布於官而不治者也。」孫云：「釋詁：『艾，長也，歷也。』郭注：『艾，長者多更歷。』俊艾，言大臣耆老也。漢書孔光傳詔曰：『誣愬大臣，令俊艾者久失其位。』又云：『今年耆有疾，俊乂大臣，惟國之重。』是俊爲大，艾爲老也。周語：『耆、艾修之。』韋昭注：『師、傅也。』」皮云：「今文『乂』多作『艾』，漢碑亦多作『艾』，樊敏碑：『書載俊艾。』李孟初碑劉俊字叔艾。王褒聖主得賢臣頌：『俊艾將自至。』是『俊乂』字作『艾』之明證。作『艾』者，蓋用夏侯本。」書疏引馬、鄭云：「才德過千人爲俊，百人爲乂。」孫云：「春秋繁露爵國篇：『萬人曰英，千人曰俊，百人曰傑，十人曰豪。』馬、鄭以才爲才德者，望文生義也。『百人爲乂』之文，未見出典。」江云：「宣，顯。亮，相也。日顯著其三德，早夜敬明其德於家者，謂未仕者也。日益儼然敬行六德以相事於國者，謂已仕者也。合受而用之，以敷施政教，使九德之人皆任事，則在官者皆俊乂之士矣。」**百僚師師，百工惟時。**

〔一〕「典」原誤作「與」，據漢書原文改。

僚、工，皆官也。師師，相師法也。百官皆是，言政無非。○「百僚師師，百工惟時」，今文與古文同。○「百僚師師，百工惟時」者，鹽鐵論刺復篇、中論譴交篇引如此。鹽鐵論云：「尚書曰：『俊乂在官，百僚師師，百工惟時。庶尹允諧。』言官得其人，人任其事，則官治而不亂，事起而不廢。士守其職，大夫理其位，公卿總要執凡是也。」中論云：「其爵之命也，各隨其才之所宜，不以大司小，不以輕任重，故書曰：『百僚師師，百工惟時。』此先王取士官人之法也。」孫云：「公卿謂俊乂，大夫謂百僚，士謂百工也。」「師師，相師法也，見漢書叙傳『高平師師』注引鄧展説、西京賦薛注。荀子致仕篇：『耆艾而信，可以爲師。』謂師法俊艾也。『百僚』二句，夏紀説爲『百吏肅謹』。詩傳：『工，官也。』釋詁：『肅肅，敬也。』師、肅聲相近。楚詞王逸注：『謹，善也。』『時』亦訓『善』，義同。」皮云：「漢官舊儀云：『漢拜丞相、御史大夫，皇帝延登，親詔之，皆曰：「朕鬱於大道，獲保宗廟，兢兢師師。」』則『師師』與『兢兢』義近，故史公訓爲『肅』。蔡邕薦皇甫規表：『臣聞唐、虞以師師咸熙。』」**撫于五辰，庶績其凝。**凝，成也。言百官皆撫順五行之時，衆功皆成。○「撫于五辰」二句，今文無徵。僞傳「凝，成」用鄭説。○「撫于五辰，庶績其凝」者，釋文：「凝，馬云：『定也。』」書疏引鄭云：「凝，成也。」孫云：「楚詞王逸注：『撫，循也。』詩傳：『辰，時也。』禮禮運『播五行於四時』，故五時謂之五辰。白虎通五行篇：『土王四季各十八日，合九十日爲一時。』後漢東平王蒼傳有『五時衣各一襲』是也。淮南高注：『凝，正也。』言循四海以正庶事，即明堂月令之政也。廣雅釋詁：『凝，定也。』中庸鄭注：『凝，成也。』」段云：「羣經音辨云：『冰，古文尚書「凝」字。』案：此所謂古文尚書，即宋次道、王仲至家本也。」**無教逸欲。有邦**不爲逸豫貪欲之教，是有國者之常。○「無教逸欲有邦」，古文讀如此。今文「無教佚欲」句，「有邦」下屬，一作「無教逸遊」，一作「亡敖佚欲」。○「無教逸欲有邦」者，玉篇人部「佚」下引書曰：「無教佚欲有邦。」佚，豫也。顧引古文尚書。今文作「無教佚欲」者，夏紀作「毋教邪淫奇謀」，以故訓代經。段云：「『無』作『毋』者，今文多用『毋』，古文多用『無』。」孫云：「『佚』爲『邪淫』者，方言：『佚，淫也。』故云邪淫。『欲』爲『奇謀』者，古『欲』或作『猷』，猷、猶一字，禮器注引詩『匪革其猷』，詩文王有聲『猶』作『欲』，猷、欲聲形相近，釋詁：『猷，謀也。』故云『奇謀』。」一作「無教逸遊」者，「猷」又與「遊」通，師氏：「貴遊子弟。」注：「杜子春云：『遊』當爲『猶』。」後漢陳蕃傳蕃疏云：「故皋陶戒舜『無教逸遊』，周公戒成王『無槃于遊田』。虞舜、成王猶有此戒，況德不及二主者乎？」後漢紀陳蕃上書云「皋陶誡舜曰『無敢遊佚』」，即後漢書所載疏，「敢」是「教」之誤，「遊佚」又「佚遊」倒文。謝承後漢書云「陳蕃諫桓帝曰『故皋陶戒帝無畋遊』」，亦即此疏。蓋今文説以逸遊爲畋遊。漢書韋賢傳諫詩曰：「邦事是廢，逸遊是娛。」引此經也。一作「亡敖佚欲」者，漢書王嘉傳嘉奏封事曰：「臣聞皋陶戒帝舜曰：『亡敖佚欲，有國兢兢業業，一日二日萬機。』」顔注：「言有國之人不可傲慢逸欲，但當戒慎危懼，以理萬事之機也。『敖』讀曰『傲』。」陳云：「『亡』與『毋』、『無』同，『佚』與『逸』同。『幾』者『機』之省文，『機』謂發動所由也。『教』作『敖』，亦三家異文。」皮云：「『有國』當屬下讀。顔斷句非是。」

兢兢業業，一日二日萬幾。兢兢，戒慎。業業，危懼。幾，微也。言當戒懼萬事之微。○「有邦兢兢業業，一日二日萬幾」，古文也；今文「邦」作「國」，「幾」作「機」。○「邦」作「國」、「幾」作「機」者，漢書王嘉傳如此。（引見上。）百官公卿表：「相國丞相，助理萬機。」段云：「魏晉南北朝用『萬機』字皆從木旁。」文選典引李注引尚書同。皆用今文。」書疏引馬云：「一日二日，猶日日也。」孫云：「釋訓：『兢兢，戒也。業業，危也。』易繫辭云：『幾者，動之微，吉之先見者也。』本或作『吉凶之先見』。」**無曠庶官，天工人其代之。**曠，空也。位非其人爲空官。言人代天理官，不可以天官私非其才。○「無曠庶官，天工人其代之」，今文與古文同，「無」一作「毋」，「工」一作「功」。○「無曠庶官，天工人其代之」者，夏紀云：「非其人居其官，是謂亂天事。」此説經意也。風俗通過譽篇：「尚書：『無曠庶官。』」中論爵禄篇：「書曰：『無曠庶官，天工人其代之。』」後漢馬嚴傳嚴上封事曰：「書稱『無曠庶官，天工人其代之』，言王者代天官人也。」「無」一作「毋」者，論衡藝增篇：「尚書曰：『毋曠庶官』，曠，空。庶，衆也。毋空衆官，寘非其人，與空無異，故言空也。」漢書孔光傳策免光曰：「書不云乎，『毋曠庶官，天工人其代之。』」引亦作「毋」。潛夫論貴忠篇：「書稱『天工人其代之』，王者法天而建官，自公卿至于小司，莫非天官也。故明主不敢以私授，忠臣不敢以虚受。」此訓「天工」爲「天官」。後漢劉元傳李淑上書曰：「夫三公上應台宿，九卿下括河海，故天工人其代之。」論衡紀妖篇：「天官百二十，與地之王者無以異也。地之王者，官屬備具，法象天官，稟取制度。」春秋説云：「立三台以爲三公，北斗九星是爲九卿，二十七大夫内宿部衛之列，八十一紀以爲元士，凡百二十官焉。」此今文家法天建官之説。王莽傳太后下詔言「君年幼稚，必有寄託而居攝焉」，引「天工人其代之」爲居攝義。此傅會之説，非正解。「工」一作「功」者，大傳云：「書稱『天功人其代之』。夫成天地之功者，未嘗不蕃昌也。」漢書律曆志：「人者，繼天順地，序氣成物，以終天地之功。書曰：『天功人其代之。』」顔注：「虞書咎繇謨也。言聖人稟天造化之功代而行之。」孫云：「肆師：『凡師不工。』注：『故書「功」爲「工」。』鄭司農「工」讀爲「功」，古工、功同字。』」先謙案：史公云「天事」，知所用尚書本作「天功」。**天叙有典，勑我五典五惇哉。**天次叙人之常性，各有分義，當勑正我五常之叙，使合于五厚，厚天下。○「天叙」二句，今文無徵。○叙者，釋詁：「順，叙也。」注：「謂次序。」「天叙有典，勑我五典五惇哉」者，釋文：「『有典』馬本作『五典』。」孫云：「釋詁：『典，常也。』是五典即五常也。白虎通性情篇：『五常者何？謂仁、義、禮、智、信也。』云『我五典』者，詩烝民：『天生烝民，有物有則。』言人各有此五常之性也。中庸：『天命之謂性。』鄭注：『木神則仁，金神則義，火神則禮，水神則信，土神則知。』『知』、『信』蓋互舛。釋詁：『順，叙也。』郭注：『謂次序。』說文：『敕，誡也。』釋詁：『惇，厚也。』」段云：「五經文字曰：『敕，古「勑」字。今相承皆作「勑」。』廣韻二十四職：『敕，今相承用「勑」。』『勑』本音賚。」先謙案：皋陶言天叙人以五常之性則施之政事者，惟誡用我五常之德，使五者愈歸於厚，有典有禮，有德有罪，相配爲文。馬本「有典」作「五典」，誤字。**天秩有禮，自我五禮有庸哉。**

庸，常。自，用也。天次秩有禮，當用我公侯伯子男五等之禮以接之，使有常。○「天秩有禮」，今文與古文同。「自我五禮有庸哉」，今文無徵。王鳴盛云：「此五禮與堯典不同，泛言平日，通於天下，故鄭兼天子及庶民言之。僞傳專指五等諸侯，非。」○「天秩有禮」者，漢書刑法志、後漢應劭傳引如此。言貴賤有等，乃天自然之秩序，而禮於是生，故曰「天秩有禮」也。「自我五禮有庸哉」者，書疏引鄭云：「五禮，天子也，諸侯也，卿大夫也，士也，庶民也。」釋文：「『有庸』，馬本作『五庸』。」孫云：「『自』與『循』轉相訓。庸，常也。俱見釋詁。禮書云：『聖人緣人情而制禮。』又云：『禮由人起。』」故云「我五禮」。「據堯典惟言『典朕三禮』，則當爲五等之禮。鄭以爲自天子至庶人者，曲禮云：『天子穆穆，諸侯皇皇，大夫濟濟，士蹌蹌，庶人僬僬。』又云：『天子之妃曰后，諸侯曰夫人，大夫曰孺人，士曰婦人，庶人曰妻。』王制殯葬廟祭之禮，皆自天子達於庶人。江聲以禮不下庶人，疑鄭說之無本，非也。」先謙案：馬作「五庸」是也。「五禮」當如鄭說。自我爲五等之禮，使五等之人皆守其常制，黷亂不生，而上下定矣。**同寅協恭和衷哉。**衷，善也。以五禮正諸侯，使同敬合恭而和善。○「同寅協恭和衷哉」，今文與古文同。○「同寅協恭和衷哉」者，蔡邕中鼎銘：「同寅協恭，以和天衷。」邕石經皆用今文，足證今文尚書不異古文。以和衷爲和天衷，亦今文說也。自朝廷至岳牧，同敬協恭，遵行典禮，自能上合天心，書疏引鄭云「并上典禮，共有此事」是也。江云：「恭在貌，衷謂心，言内外叶和也。」於義亦通。**天命有德，五服五章哉。**五服，天子、諸侯、卿、大夫、士之服也。尊卑采章各異，所以命有德。○「天命有德，五服五章哉」，今文與古文同。○「天命有德，五服五章哉」者，禮書引大傳虞傳曰：「天子衣服，其文華蟲、作繢、宗彝、藻火、山龍；諸侯，作繢、宗彝、藻火、山龍；子男，宗彝、藻火、山龍；大夫，藻火、山龍；士，山龍。故書曰：『天命有德，五服五章哉。』山龍，青也。華蟲，黄也。作繢，黑也。宗彝，白也。藻火，赤也。天子服五，諸侯服四，次國服三，大夫服二，士服一。」大宗伯疏引鄭云：「五服：十二也，九也，七也，五也，三也。」孫云：「今文說五服爲五章，蓋秦滅禮學，郊祀之服易以袀玄，伏生猶見先秦制度，傳授其義，似較可信。至後漢〔一〕輿服志稱：『孝明皇帝永平二年，初詔有司采周官、禮記、尚書皋陶篇，乘輿服從歐陽說，公卿以下從大、小夏侯氏說。』鄭據此爲說，則漢時章服，亦不能證明古義矣。大傳以自天子至士皆有山龍者，釋言：『衮，黻也。』司服『衮冕』注：『鄭司農云：「衮，卷龍衣〔二〕也。」』」

〔一〕「後漢」之「後」原脱，今補。

〔二〕「龍衣」原誤作「襲」，據周禮司服鄭注原文改。

衮，自天子至士總名之服，故爾雅單舉之。廣雅：『山龍，彰也。』亦舉山龍以該五章，則今文家謂自天子至士皆有之説也。論衡語增篇：『五服，五采之服也。服五采，畫日月星辰。』王充以此釋『弼成五服』，蓋誤。大傳亦不云『畫日月星辰』也。鄭以十二章爲五服者，謂日一、月二、星辰三、山四、龍五、華蟲六、宗彝七、藻八、火九、粉米十、黼十一、黻十二。此十二章，天子備有，公自山龍而下，侯伯自華蟲而下，子男自藻火而下，卿大夫自粉米而下，則此十二章爲五等之服也。」皮云：「歐陽説：乘輿備文，日月星辰十二章。大、小夏侯氏説：三公、諸侯用山龍九章，九卿以下用華蟲七章，皆備五采。則是歐陽説冕服章數以十二、九、七爲節，大、小夏侯氏説冕服章數天子至公侯以九爲節、卿以下以七爲節，皆與大傳言五服五章不同，此三家今文之背其師説者。以五經次序而論，尚書應列周官之前，而明帝詔首舉周官，則當時必以周官爲重，故三家博士變今文尚書之師説以傅會周官，不知周禮非可以解虞書。經明言五服五章，不得有十二章、九章、七章之制。鄭據周禮以推虞制，其義正本於歐陽、夏侯。後世皆從鄭説，不知亦本於三家博士，然皆非伏生之義也。白虎通考黜篇：『言成章，行成規，卷龍之衣服表顯其德。』亦不及日月星辰也。漢書王嘉傳曰：『臣聞爵禄土地，天之有也。書曰：「天命有德，五服五章哉。」王者代天爵人，尤宜慎之。』引書與今本同。後漢應劭傳：『尚書稱「天秩有禮，五服五章哉。天討有罪，五刑五用哉。」』蓋合上文引之，非必今文異本。胡廣傳亦曰：『「五服五章」，「天秩所作。」』

天討有罪，五刑五用哉。言天以五刑討五罪，用五刑宜必當。○「天討有罪，五刑五用哉」，今文與古文同，「用」一作「庸」。○「天討有罪，五刑五用哉」者，夏紀如此，「罪」作「辠」。潛夫論述赦〔一〕篇：「天子在於奉天威命，共行賞罰，故書稱：『天命有德，五服五章。天討有罪，五刑五用。』」漢書刑法志：「書云『天秩有禮』、『天討有罪』，故聖人因天秩而制五禮，因天討而作五刑。大刑用甲兵，其次用斧鉞；中刑用刀鋸，其次用鑽鑿；薄刑用鞭朴。大者陳諸原野，小者致諸市朝，其所由來者上矣。」御覽引大傳云：「古者，中刑用鑽鑿。」足證唐、虞之世，明有五刑，特至治之時，犯刑者少，偶用象刑，以示恥辱，非竟廢刑不用，專以象刑爲事也。「用」一作「庸」者，後漢梁統傳統對尚書問曰：「臣聞聖帝明王，制立刑罰，故雖堯、舜之聖，猶誅四凶。經曰：『天討有罪，五刑五庸哉。』」「用」作「庸」，與史記諸書不合，或據夏侯尚書。**政事懋哉懋哉。**言叙典、秩禮、命德、討罰，（「罪」之誤。）無非天意者。故人君居天官，聽政治事，不可以不自勉。○「政事懋哉懋哉」，古文也，今文「懋」作「茂」。○「懋」作「茂」者，漢書董仲舒傳仲舒對策曰：「書云『茂哉茂哉』，彊勉之謂也。」顏注：「『茂哉茂哉』，虞書咎繇謨之詞也。」段云：「古茂、懋音同通用。左傳引康誥『惠不惠，茂不茂』，今尚書作『懋不懋』。釋詁：『茂，勉也。』郭注：『書曰：「茂哉茂哉。」』釋文：『「茂」又作「懋」，亦作「悉」，同。』注『茂哉』或作『茂才』。」孫云：「晉語韋昭注：『政，職也。』」先謙案：茂，美也。言人君以此典禮服刑施之政事，上下中外粲然有紀，則可謂美哉美哉也。**天聰明，自我民聰明。**言天因民而降之福，民所歸者天命之。天視聽人君之行，用民爲聽明。○「天聰明，自我民聰明」，今文與古文同。僞傳以聰明屬天，非，說見下。

〔一〕「赦」原誤作「教」，據潛夫論改。

○「天聰明，自我民聰明」者，漢書李尋傳尋説王根曰：「書云『天聰明』。」孔光傳亦云：「上天聰明，苟無其事，變不虛生。」鄉大夫鄭注引書曰：「天聰明，自我民聰明。」皮云：「鄭注禮在贊書之前，所引尚書是當時立學官之本。」是今文不異也。詩烝民鄭箋亦引「天聰明，自我民聰明」，疏云：「引書曰者，泰誓文也。彼注云：『天之所謂聰明有德者，由民也。』言天所善惡，與民同。引之者，證天從民意也。」王鳴盛云：「詩言民好懿德，又言周政教光明，民之所謂聰明者，天亦以爲聰明。則聰明自指人君有聰明睿知之德者而言。傳以聰明屬天，則是泰誓天視聽自民視聽之義，非此經意也。烝民箋，疏誤爲泰誓注。」**天明畏，自我民明威。**天明可畏，亦用民成其威，民所叛者，天討之，是天明可畏之効。○「天明畏，自我民〔二〕明威」，僞古文也。今、古文「畏」並作「威」。○「畏」並作「威」者，鄉大夫鄭注引書曰：「天明威，自我民明威。」據上文引皮説，是今文作「威」。釋文：「畏，如字。馬本作『威』。」是古文作「威」也。段云：「困學紀聞：『古文「自我民明畏」，今作「威」，蓋衛包所改。』案：此非衛改。王氏所云『古文』者，即宋次道家本也，不可信。上句從下句作『威』則可，不當下句從上句作『畏』也。考工記注：『故書「畏」作「威」，杜子春云當爲「畏」。』案：『當爲「畏」』今本作『當爲「威」』，誤。古威、畏二字同音通用，不分上去。」孫云：「明威，謂賞罰。呂刑『德畏惟威，德明惟明』是也。周語：『尊貴明賢。』韋注：『明，顯也。』釋詁：『從，自也。』自亦爲從。」**達于上下，敬哉有土。**」言天所賞罰，惟善惡所在，不避貴賤。有土之君，不可不敬懼。○「達于上下，敬哉有土」，今文無徵。「達」當爲

〔二〕「民」原誤作「明」，據經文改。

「通」。〇「達」當爲「通」者，以禹貢例之當然。「上下」者，江云：「上謂天，下謂民。天之賞罰皆由民，是上下通。」孫云：「有土，即謂上有邦者，重言以爲戒。」

皋陶曰：「朕言惠，可底行？」其所陳「九德」以下之言，順於古道，可致行。〇「皋陶曰：『朕言惠，可底行』」，今文與古文同。〇「皋陶曰：『朕言惠，可底行』」者，夏紀作：「吾言底可行乎？」朕、吾，故訓字；渻「皋陶曰」。孫云：「史公以前文俱皋陶之言，不必再舉。非今、古文之異也。」先謙案：「底可」疑誤倒。白虎通聖人篇：「皋陶爲禹陳道，『朕言惠，可底行？』」獨斷云：「朕，我也。古者尊卑共之。貴賤不嫌，則可同號之義也。堯典曰：『朕在位七十載。』皋陶與帝舜言曰：『朕言惠，可底行？』」此其義也。」據此，今文尚書有「惠」字，「底可」當爲「可底」也。惠者，言順於理。江云：「下云『予未有知』，此必非自矜詡之言，據史記『乎』字，此是問詞是也。」**禹曰：「俞，乃言底可績。」**然其所陳，從而美之，曰：「用汝言，致可以立功。」〇「禹曰：『俞，乃言底可績』」，今文與古文同。〇「禹曰：『俞，乃言底可績』」者，夏紀作：「禹曰：『汝言致可績行。』」渻「俞」字；乃、汝，故訓字。説「績」爲「績行」者，「績」與「迹」同，亦謂行也。左哀元年傳：「復禹之績。」釋文：「本亦作『迹』。」績、迹通。王逸楚詞注：「迹，行也。」文選顔延年詩注引春秋合誠圖宋注云：「迹，行迹，謂功績也。」是「績行」猶云履而行之也。**皋陶曰：「予未有知，思曰贊贊襄哉。」**言我未有所知，未能思致於善，徒亦贊奏上古行事而言之。因禹美之，承以謙辭，言之序。〇「皋陶曰：『予未有知，思曰贊贊襄哉』」，今文與古文同。書疏引王肅云：「贊贊，猶贊奏也。」僞傳云「贊奏上古行事」，與肅説合，近儒以傳出肅手，又一證也。〇「皋陶曰：『予未有知，思曰贊贊襄哉』」者，夏紀作：「皋陶曰：『余未有知，思贊道哉。』」湝約其文。孫云：「周語：『内史贊之。』韋昭注：『贊，道也。』道，謂導之。張守節正義以爲『贊於古道』，非也。」先謙案：道猶言也。謂以所言贊明帝德也。段云：「書疏云：『曰者，謂我上之所言也。』是此字音越，唐石經正作『曰』；今俗本作『日』，讀人實反，誤也。」先謙案：曰亦言也。書疏引鄭云：「贊，明也。贊之言揚。（一作「暢」，下同，孫從毛本。）言我未有所知，所思徒贊明帝德，暢我忠言而已。謙也。」孫云：「明之言勉，贊贊猶明明，明明即勉勉也，『贊明帝德』謂贊勉之。云『揚我忠言』者，襄、揚聲相近，得爲揚。云『忠言』者，蓋以曰爲言也。」釋文：「襄，馬云：『因也。』」王鳴盛云：「説文：『贊，見也。』見有明義，詩譜序疏亦云：『贊，明也。』謚法解：『因事有功曰襄。』鄭以皋陶爲謙，今因人成事，正是謙詞也。」

尚書孔傳參正五

益稷第五　夏書　孔氏傳　臣王先謙參正

益稷禹稱其人，因以名篇。○「帝曰：『來，禹，汝亦昌言』」以下，本皋陶謨文。自梅氏古文出，其僞孔序云「伏生以益稷合於皋陶謨」，時人因之分爲二篇。書序云：「皋陶矢厥謨，禹成厥功，帝舜申之，作大禹、皋陶謨、益稷。」劉云：「此今書也。其言皆禹、皋之言，故以謨歸之；所述兼益、稷之功，復以名繫之，例至昭然。以是知典、謨皆完書也。逸書十六篇乃有大禹謨及弃稷。然書序孔子所定，稷爲配天之祖，周人以諱事神，故典、謨稷獨稱官，惟帝命乃名耳。據周立法，必無以『弃稷』名之理，其可信乎！」閻云：「益稷，據書序，原名弃稷。馬、鄭、王本皆然，蓋别爲一書，中多載后稷之言或契之言，是以楊雄親見之，其法言孝至篇云：『或問忠言嘉謨。曰：言合稷、契之謂忠，謨合皋陶之謂嘉。』今虞書五篇，皋陶矢謨固多矣，稷、契無一言流傳，雄豈鑿空者邪？胡爲輕立此論！當雄時，酒誥偶亡，故謂酒誥之篇俄空焉，賴劉向以中古文校，今篇籍具存。雄時弃稷見存，故謂『言合稷、契之謂忠』，以篇名無『謨』字，僅以謨屬皋陶。惜永嘉之亂亡失，今遂不知中作何語矣！」丁晏云（後稱「丁云」）：「史記夏本紀『皋陶述其謀』云云，至『帝拜曰：然，往欽哉』，文義貫注。史公親受安國古文，此皋陶謨、益稷合一之明證也。續漢輿服志：『永平〔二〕二年，初詔有司采周官、禮記、尚書皋陶謨篇，乘輿服從歐陽說，公卿以下從大、小夏侯說。』即謂『日月星辰』至『絺繡』之文。蔡邕獨斷：『漢明皇詔采尚書皋陶篇制冕旒。』是漢人皆以益稷本爲皋陶謨也。禮王制疏引尚書皋陶謨注『要服之弼當其夷服』，又引尚書皋陶謨『予欲觀古人之象』云云，月令疏引鄭注皋陶謨曰『采施曰色』，又引尚書皋陶謨云『日月星辰山龍華蟲作繪』云云，詩鄭譜序疏：『皋陶與虞舜相答爲歌』，齊譜又引皋陶謨『弼成五服，至於五千』，商頌殷武疏引皋陶謨云『禹曰惟荒度土功』，唐人猶依馬、鄭、王本，亦以益稷爲皋陶謨也。」先謙案：書疏云：「馬、鄭、王所據書序此篇爲弃稷。又合此篇於皋陶謨，謂其別有弃稷之篇，皆由不見古文，妄爲説耳。」孔沖遠謂馬、鄭不見古文而妄説，抑揚乖謬一至如此，誠一言以爲不智也。

帝曰：「來，禹，汝亦昌言。」因皋陶謨九德，故呼禹，使亦陳當言。○「帝曰：『來，禹，汝亦昌言』」，今文與古文同。○「帝曰：『來，禹，汝亦昌言』」者，夏紀作：「帝舜謂禹曰：『汝亦昌言。』」案歐陽尚書作「昌言」，大、

〔二〕「平」原誤作「初」，據後漢書輿服志原文改。

小夏侯尚書當作「讜」，或作「黨」，說見上。**禹拜曰：「都，帝，予何言！予思日孜孜。」**拜而歎，辭不言，欲使帝重皋陶所陳，言己思日孜孜不怠，奉承臣功而已。○「禹拜曰：『都，帝，予何言』」，古文也，今文無「帝」字。「予思日孜孜」，古文也，今文「孜孜」作「孳孳」。○今文無「帝」字者，夏紀作：「禹拜曰：『於，予何言！』」都、於，故訓字。皮云：「無『帝』字，蓋今文本無。」○「孜孜」作「孳孳」者，夏紀云「予思日孳孳」。孫云：「『孜孜』，古文；『孳孳』，今文也。『思』猶『斯』也，詩泮水『思樂泮水』，禮器疏作『斯』。又『言歸思復』，唐石經作『斯』。禹言予此日孜孜不遑耳。廣雅釋訓：『孜孜，劇也。』劇，蓋『勮』字，言勞勮。說文『孜』下云：『汲汲也。』引周書曰：『孜孜無怠。』『孳』下云：『汲汲生也。』是『孳』與『孜』同。」皮云：「漢書谷永傳說王音曰：『夙夜孳孳。』東方朔傳：『此士所以日夜孳孳。』楊雄揚州牧箴：『股肱不可不孳孳。』後漢李固傳固疏曰：『夕惕孳孳。』皆用今文尚書。」**皋陶曰：「吁，如何？」**問所以孜孜之事。○「皋陶曰：『吁，如何』」，今文與古文同。○「皋陶曰：『吁，如何』」者，夏紀作：「皋陶難禹曰：『何謂孳孳？』」此說經意。難，猶問也。渻「吁」字。**禹曰：「洪水滔天，浩浩懷山襄陵，下民昏墊。**言天下民昏瞀墊溺，皆困水災。○「禹曰：『洪水滔天，浩浩懷山襄陵』」，古文也，今文「洪」作「鴻」。「下民昏墊」，今文與古文同。○今文「洪」作「鴻」者，夏紀作：「禹曰：『鴻水滔天，浩浩懷山襄陵。』」說詳堯典。○「下民昏墊」者，夏紀作「下民皆服於水」。孫云：「依史記，『昏』疑當爲『皆』，形相近。以『墊』爲『伏於水』者，廣雅釋詁：『墊，伏藏也。』文選陸士衡詩李注：『伏、服古字通。』是伏於水謂陷於水也。」書疏引鄭云：「昏，没也。墊，陷也。禹言洪水之時，人有没溺之害。」方言：「墊，下也。」是墊、陷俱爲下溼義。先謙案：據鄭說，昏、墊皆謂伏於水，史公說經意也不必改「昬」爲「皆」。皮云：「蔡邕和熹鄧后謚議曰：『故自昬墊，以迄康乂。』亦作『昬』，不作『皆』，孫説未可從。」**予乘四載，隨山刊木。**所載者四，謂水乘舟，陸乘車，泥乘輴，山乘樏。隨行九州之山林，刊槎其木，開通道路以治水也。○「予乘四載」，古文也；今文作「予陸行乘車，水行乘舟，泥行乘橇，山行乘檋」，一作「陸行乘車，水行載舟，泥行蹈毳，山行即橋」，一作「陸行載車，水行乘舟，泥行乘毳，山行則梮」。「隨山刊木」，今、古文皆當爲「隨山栞木」。

○今文作「予陸行乘車，水行乘舟，泥行乘橇，山行乘檋」者，夏紀如此。（紀前文序禹治水事，亦有「陸行乘車，水行乘船，泥行乘橇，山行乘檋」十六字。惟「舟」作「船」異，餘同。舟、船蓋故訓字。）集解引徐廣曰：「橇，他書或作『蕝』。」「檋」一作「橋」、一作「陸行乘車，水行載舟，泥行蹈毳，山行即橋」者，史記河渠書引夏書如此，集解引徐廣曰：「『橋』一作『檋』。檋，直轅車也，音已足反。尸子曰『山行乘樏』，音力追反。尸子又曰『行塗以楯，行險以樶，行沙以軌』。」索隱：「毳，亦作『橇』，音昌芮反。注以『樶』子芮反，又子絶反，與『蕝』音同。」一作「陸行載車，水行乘舟，泥行乘毳，山行則梮」者，漢書溝洫志引夏書如此，孟康曰：「毳形如箕，擿行泥上。」如淳曰：「『毳』音『茅蕝』之『蕝』，謂以板置泥上以通行路也。梮謂以鐵如錐頭，長半寸，施之履下，以上山，不蹉跌也。」韋昭曰：「梮，木器，如今轝牀，人轝以行也。」説文「欙」下引虞書云：「予乘四載，水行乘舟，陸行乘車，山行乘欙，澤行乘𨊥。」先謙案：「予乘四載」引古文經，「水行」十六字兼引今文以明之。知者，古文統言四載，則下不析舉；今文析舉四載，則上不統言，屬文一定之理也。泥即澤也。書疏引應劭云：「梮，或作『欙』，爲人所牽引也。」吕覽慎勢篇：「水用舟，陸用車，塗用楯，沙用鳩，山用欙。」皆異字，可依聲近推詳其義。四載車、舟，諸書同。橇、毳、蕝、樶、𨊥、楯、輴爲一物，檋、輂、橋、樏、欙、梮爲一物。段云：「檋、輂、梮、橋同字，（橋者，輂之轉語。）欙、樏與「輂」異字同義，一物而異名也。輂，自其盛載而言；欙，自其輓引而言，纍，大索也。此聲義之相倚者也。韋訓「輂」云「人舉以行」，應訓「欙」云「人所牽引」，皆得其正解。孟子滕文公篇「虆梩而揜之」，趙注：「虆梩，籠臿之屬。」案：説文「梩」下云：「徙土輂。」然則虆亦輓引之稱。趙注未了。如氏「如錐，長半寸」之説，是其物如齒屐，不得稱四載之一，豈履屐等皆可稱載乎？顔、張從之，誤矣。書疏引尸子曰「泥行乘蕝」，引慎子曰「爲毳者，患塗之泥也」，徐引尸子作「楯」，僞傳作「輴」，説文作「䡅」，毳、橇、蕝、䡅、楯一聲之轉。䡅，敇倫切，本訓車約䡅，此借爲板行泥上之字耳。説文云虞書，史、漢云夏書者，三科之條，虞夏書爲一科，故或以爲虞，或以爲夏。又史公系皋陶謨於本紀，故謂之夏書。」先謙案：夏紀「陸行乘車」上有「予」字，爲此經今文之確證。史、漢它處所引夏書不同，乃三家今文異字。無「予」字者，删之也。○今、古文當爲「隨山栞木」者，夏紀作「行山栞木」，隨、行，故訓字，廣雅釋詁：「隨，行也。」段云：「唐石經以下『栞』作『刊』，後人改也。説文『⿱㚘木』下云：『槎識也。从木㚘。闕。夏書曰：「隨山栞木。」讀若「刊」。』『栞』下云：『篆文从幵。』案：云『闕』者，謂从㚘不知何字，象形、會意、諧聲何屬也。篆文从幵，則⿱㚘木爲古文，出於孔壁，可知李斯改『⿱㚘木』爲『栞』，則孔安國以今文讀古文，早易『⿱㚘木』爲『栞』，夏紀云『行山栞木』，然則今文尚書亦作『栞』可證。許云『讀若「刊」』，謂音與『刊』同，非栞、刊同字也。假令栞、刊同字，則當『刊』傅『木部』矣。槎，衺斫也，衺斫木使其白多，以爲道路高下表識，故云『槎識』。後人誤以栞、刊爲古今字，乃改『栞』爲『刊』。刊，剟也，字不從木，非謂斫木，即左傳有『井堙木刊』之語，然不可用以改虞夏書亦明矣。玩書疏，則『栞』之改『刊』在天寶前。」

暨益奏庶鮮食。奏謂進於民。鳥獸新殺曰鮮。與益槎木，獲鳥獸，民以進食。○「暨益奏庶鮮食」，古文也，今文「庶」下多「稻」字。○「庶」下多「稻」字者，夏紀作「與益予衆稻鮮食」，暨、與，奏、予，故訓字。鄭注：「奏爲授。」（見下。）授、予義同。紀前序禹治水事云「令益予衆庶稻，可種卑溼」，而無「鮮食」字，下又以「鮮食」爲食少。段云：「此經『鮮食』，今文作『稻食』而誤多『稻鮮食』之『鮮』字，如大誥『民獻儀』之比。」先謙案：釋文引馬云：「鮮，生也。」詩思文疏引鄭云：「授以水之衆鱻食，謂魚鼈也。」孫云：「說文：『稻，稌也。』『沛國謂稻爲稬。』『稴，稻不黏者。』『秔，稻屬。』是稻有此諸種也。周禮庖人：『凡其死生鱻薨之物。』注：『鄭司農云：「鮮，謂生肉。」』蓋兼六畜、六獸、六禽言之。馬意以益焚山澤，禽獸逃匿，可以爲民食也。說文『鱻』下云：『新魚精也。从三魚不變。』與『鮮』音相近。」皮云：「史記於下『鮮食』字代以『食少』，則下『鮮食』不作鳥獸魚鼈解，而此文作『鮮』，與下文義不同。今文不應舍禽獸魚鼈不言，有『鮮』字是也。」**予決九川，距四海，濬畎澮，距川。**距，至也。決九州名川，通之至海。一畎之閒，廣尺深尺曰畎；方百里之閒，廣二尋深二仞曰澮。澮畎深之至川，亦入海。○「予決九川，距四海，濬畎澮，距川」，今文與古文同。○「予決九川，距四海」者，夏紀作「以決九川，致四海」，距、致，故訓字。說文「決」下云：「行水也。」「九川」，謂弱、黑、河、漾、江、沇、淮、渭、雒九水，非謂九州之川，說見禹貢。廣雅釋詁：「距，至也。」漢書食貨志孟康注同。致、至聲義並通。河入北海，濰、淄、泲入東海，江、漢入南海，弱水入西海，不得以海晦之義解之。段云：「廣韻八語『岠』下云：『其呂切，書傳云「至也」。』『距』下切同，『雞距也』，與說文合。後人用『距』爲『岠』，輒以改經，而陸、孫所據書傳固未誤。文選三十注引尚書傳：『距，至也。』不若廣韻所引爲正。唐開元時釋慧苑華嚴音義引孔安國尚書傳曰：『岠，違也。』（見禹貢。）然則今本作『距』，乃衛包所改。」○「濬畎澮，距川」者，夏紀作「浚畎澮，致之川」。說文「浚」下云：「抒也。」史公「濬」作「浚」，假音字。公羊莊元年傳：「浚之者，深之也。」亦以「浚」爲「濬」。釋言：「濬，深也。」説文「睿」下云：「深通川也。从谷从卢。卢，殘地，阬坎意也。虞書曰：『睿畎澮，距川。』」「濬」下云：「古文『睿』」，又作「濬」。」「〈」下云：「水小流也。周禮：『一耦之伐，廣尺深尺謂之〈。』」「甽」下云：「古文〈，从田川。」「畎」下云：「篆文〈(二)，从田犬聲。」「巜」下云：「水流澮澮也。方百里爲巜，廣二尋，深二仞。」「川」下云：「貫穿通流水也。虞書曰：『濬〈巜，距川。』(段注：「距」當爲「歫」，今本作「距」誤。)言深〈巜之水，會爲川也。」案：濬、濬同是古文。段云：「濬者，倉頡古文。睿者，小篆。〈，倉頡古文。(〈、巜、川三字必一人所制，皆倉頡古文。甽从田川，當是籒文，今本説文籒誤爲古耳。)畎者，小篆。巜者，倉頡古文。澮者，同音借字。作『濬〈巜』者，壁中故書。作『睿畎澮』者，孔安國以今字讀之也。」史記集解引鄭云：「畎澮，田間溝也。」文選長笛賦注：「澮，所以通水於川也。」孫云：「考工記：『匠人爲溝洫，耜廣五寸，二耜爲耦。一耦之伐，廣尺深尺謂之甽。田首倍之。廣二尺深二尺謂之遂。九夫爲井，井間廣四尺深四尺謂之溝。方十里爲成，成間廣八尺深八尺謂之洫。方百里爲同，同間廣二尋深二仞謂之澮。專達於水，各載其名。』俱是在田間，通水於川也。」管子桓公問篇：「水之出於他水，溝流於大水及海者，命曰川水。」**暨稷播奏庶艱食，鮮食，**艱，難也。衆難得食處，則與稷教民播種之，決川有魚鼈，使民鮮食之。○「暨稷播奏庶艱食，鮮食」，今文與古文同。○「暨稷播奏庶艱食」者，夏紀作「與稷予衆庶難得之食」，以故訓代經，紀前序禹治水亦云「命后稷予衆庶

(二) 此處「古文〈」及「篆文〈」之「〈」字原作「巜」，今據説文與文意改。

之食」。釋文：「艱，馬本作『根』，云：『根生之食，謂百穀也。』」孫云：「鄭語：『周棄能播殖百穀。』注：『播，布也。』史記不言『布』，疑今文本無『播』字。決水致之川，則有平土可以布穀。不耕之土，得食爲難，故云『艱食』也。説文『艱』下云：『土難治也。』史公云『難得之食』，即謂百穀。馬『艱』作『根』者，釋名：『艱，根也，如物根也。』艱、根形聲俱相近。詩思文疏引鄭云：『禹復與稷教民種澤物、菜蔬、艱戹之食。』云『復與』者，以上已與益奏鮮食，此復奏艱食。云『澤物』者，司徒：『川澤，其植物宜膏物。』注云：『膏，當爲櫜，蓮芡之屬有櫜韜。』是澤物爲蓮芡之屬也。云『菜蔬』者，魯語：『柱能播殖百穀百蔬，周棄繼之。』注：『草實曰蔬。』是蔬與穀，俱稷所植。釋天：『疏不熟爲饉。』郭注：『凡草菜爲食者，通名爲疏。』是菜蔬亦兼草也。云『艱戹之食』者，遺人：『賙萬民之囏戹。』注：『囏戹即饑乏也。』説文作『𩜁』，云：『飢也。』」〇「鮮食」者，夏紀作「食少」，前叙禹治水亦作「食少」，説此「鮮食」與上不同。江云：「鮮、鱻、尟三字誼別，今俗混用一『鮮』字，非。依少誼則字當作『尟』，説文『尟』下云：『是少也。』」皮云：「今文尚書未必皆用古文字。漢世通行今文，字多淆俗，如漢碑所引用、唐張參五經文字所引石經可證。若古文，出於山巖屋壁，當時本不通行，故字未改易，劉向以中古文校三家尚書，三家皆有脱簡可證。故論文字則古文爲勝，論説解則今文爲長。如左氏春秋古經勝於公、穀，而説解則丘明不傳春秋，其義當從公、穀。蓋今文傳自漢初，遠有師承。古文本無師承，其説解乃諸儒附會爲之，故與古書多不合也。此『鮮』字，或今文本用通假，不必皆依説文。而其義則當爲食少。陳喬樅不從史記，而用思文疏引鄭注『鱻食，魚鼈』之訓，失之。」**懋遷有無化居。**化，易也。居謂所宜居積者。勉勸天下，徙有之無，魚鹽徙山林，木徙川澤，交易其所居積。〇「懋遷有無化居」，今文與古文同，一作「貿遷有無化居」。〇「懋遷有無化居」者，漢書食貨志：「食足貨通，然後國實民富，而教化成。禹平洪水，定九州，制土田，各因所生遠近入貢棐，楙遷有無，萬國作艾。」叙傳：「『商以足用，茂遷有無。』顏注：『「楙」與「茂」通，勉也。言勸勉天下，遷易有無，使之交足，則萬國皆治。」案：楙、懋字同，懋、茂字通，並訓爲「勉」，言勸勉天下爲之。合方氏注：「茂遷其有無。」是今文「懋」一作「茂」。皮云：「楊雄大司農箴：『厥僚后稷，有無遷易。』荀悦申鑒時事篇：『貿遷有無。』皆不連『化居』爲義，或三家句讀不同。」一作「貿遷有無化居」者，文選永明九年策秀才文李注引尚書曰：『貿遷有無化居。』宋王天與尚書纂傳、元吳澄尚書纂言皆云伏生大傳作『貿遷』。」荀悦申鑒同。（見上。）夏紀説爲「調有餘補不足，徙居」，紀前叙禹治水作「調有餘相給，以均諸侯」。孫云：「説文『貿』下云：『易財也。』『調』者，廣雅釋詁：『賣也。』經文『有』爲有餘，『無』爲不足。釋詁：『遷，徙也。』化，古『貨』字，古布以化爲貨。居者，積貯之名。晉語叔向曰：『假貸居賄。』韋注：『居，蓄也。』史記呂不韋傳：『此奇貨可居。』漢書食貨志：『廢居居邑。』如湻注：『居賤物於邑中，以待貴也。』」江云：「調有餘補不足，即貿遷有無。徙居，即化居，謂遷徙其居積之貨也。」劉云：「懋遷有無，謂行貨爲商。徙居，謂居貨爲賈。」先謙案：「調有餘相給」者，相給即補不足之義；「以均諸侯」者，申明徙居之意，使諸侯國貨物得以流通也。據書疏云「變化是改易之義」，則移民説亦可通。大司徒「大荒則令邦國移民通財」、廩人「若食不能人二鬴，則令邦移居就穀」即其義。史記作「貿」者，用歐陽本；漢書作「楙」、「茂」者，夏侯本也。**烝民乃粒，萬邦作乂。**」米食曰粒。言天下由此爲治本。○「烝民乃粒，萬邦作乂」，古文也，今文作「烝民乃立，萬國作艾」。○「烝民乃粒」者，詩思文疏引鄭作「粒」。（引見下。）今文作「烝民乃立」者，夏紀作「衆民乃定」，以故訓代經，蒸、衆，釋詁文。説文：「立，住也。」住即定。吕覽孝行篇高注：「定，安也。」故史公改「立」爲「定」。皮云：「詩思文『立我烝民』，即此之『烝民乃立』也。左傳、周語皆引『立我烝民』，並不作『粒食』解。自古文尚書假借作『粒』，鄭以『粒食』訓之，又破詩之『立』字爲『粒』，以致詩、書皆失其解。此由鄭本古文已誤，僞孔不任咎也。」○「萬國作艾」者，漢書食貨志引如此。夏紀作「萬國爲治」，以故訓代經。思文疏引鄭云：「粒，米〔一〕也。乂，養也。衆民乃復粒食〔二〕，萬國作相養之禮。」孫云：「乂，養，釋詁文。」王引之曰：「『作』之言『乍』，乍者始也。『作』與『乃』相對成文。」**皋陶曰：「俞，師汝昌言。」**言禹功甚當，可師法。○「皋陶曰：『俞，師汝昌言』」，古文也，今文「師」作「斯」。○「師」作「斯」者，夏紀作：「皋陶曰：『然，此而美也。』」江云：「史公輒以故訓代經，然則『師』當爲『斯』聲之誤。」先謙案：禹所述者，已往之迹。皋陶何從師之？今文作「斯」是也。禹言已與益、稷勤苦之事，以見當居安思危，非自伐。

禹曰：「都，帝，慎乃在位。」帝曰：「俞。」然禹言，受其戒。○「禹曰：『都，帝，慎乃在位』」，今文與古文同，無「帝曰：『俞』」。○「禹曰：『都，帝，慎乃在位。』」者，夏紀作：「禹曰：『於，帝，慎乃在位。』」都、於，故訓字。無「帝曰：『俞』」者，夏紀無。**禹曰：「安汝止。惟幾惟康，其弼直，**言慎在位，當先安好惡所止，念慮幾微，以保其安，其輔臣必用直人。○「安汝止」，今文與古文同，無「禹曰」二字、「惟幾惟康」四字。「其弼直」，

〔一〕「米」原誤作「食」，據思文疏引鄭注原文改。

〔二〕「食」原誤作「米」，據思文疏引鄭注原文改。

今文當作「其弼惪」。○無「禹曰」者，夏紀無，及上「帝曰：『俞』」三字，或今文本無，或史公消文，未詳。「安汝止」者，夏紀作「安爾止」，汝、爾，故訓字。孫云：「孟子盡心篇：『人能充無受爾汝之實。』爾、汝，聲之轉。詩雄雉：『百爾君子。』箋：『爾，汝也。』」史記集解引鄭云：「安汝之所止，無妄動，動則擾民。」孫云：「止即位也。大學篇：『在止於至善。』注：『止猶自處也。』論語：『君子思不出其位。』呂覽任數篇：『古之王者，其所爲少，其所因多。因者，君術也；爲者，臣道也。爲則擾矣，因則靜矣。』史記蕭相國世家：『治道貴清靜，而民自定。』又云：『慎勿擾也。』」「惟幾惟康」者，釋詁：「惟，思也。」「幾，殆也。」「康，安也。」「其弼惪」者，夏紀作「輔惪」，弼、輔，故訓字。孫云：「『直』當爲『惪』壞字。（江、段説同。）説文『惪』下云：『外得於人，内得於己也。』言君能思危以圖其安，其輔臣用有惪者。」**惟動丕應。徯志**徯，待也。帝先安所止，動則天下大應之，順命以待帝志。○「惟動丕應」，今文與古文同。○「惟動丕應」者，夏紀説爲「天下大應」。孫云：「惟動則天下大應之，言無妄動，動必依德。」其應如此。「徯志」見下。**以昭受上帝，天其申命用休。**昭，明也。非但人應之，又乃明受天之報施，天又重命用美。○「徯志以昭受上帝，天其申命用休」，今文與古文同。○「徯志以昭受上帝」者，夏紀作「清意以昭待上帝命」。孫云：「釋詁：『徯，待也。』徯志，如管子曰『虚心平意以待須』也。文侯之命馬注：『昭，明也。』『上帝』下，史記有『命』字，疑此脱。史以『志』爲『清意』者，周語：『有不祭則修意。』韋注：『意，志意也。』是『志』與『意』同。説文：『精意以享爲禋。』初學記引作『絜意』。（本周語。）北堂書鈔九十引白虎通云：『齋者，言己之意念專一精明也。』是清意亦潔滌其意。此蓋言禋祀上帝。」○「天其申命用休」者，夏紀作「天其重命用休」，集解引鄭云：「天將重命汝以美應，謂符瑞也。」孫云：「禮器云『升中於天，而鳳皇降，龜龍假。饗帝於郊，而風雨節，寒暑時』是也。」莊述祖云：「禹重在君德，言九德之人皆所以輔成君德，然後動則天下大應之。帝又歎息，又求助於臣鄰也。」**帝曰：「吁，臣哉，鄰哉。鄰哉，臣哉。」禹曰：「俞。」**鄰，近也。言君臣道近，相須而成。○「帝曰：『吁，臣哉，鄰哉。鄰哉，臣哉』」，古文也；今文作「臣哉臣哉，鄰哉鄰哉」，無「禹曰：『俞』」。○「帝曰：『吁，臣哉，鄰哉。鄰哉，臣哉』」者，書疏引鄭云：「臣哉，汝當爲我鄰哉；鄰哉，汝當爲我臣哉。反復言此，欲其志心入禹。」孫云：「『臣』謂禹，『鄰』謂下四鄰。禹宅百揆，故欲其兼助四輔之事。下文『翼』、『爲』、『明』、『聽』是諸臣之事，『弼違，無面從』是四鄰之事。史公説『鄰』爲『臣』，故下『欽四鄰』爲『欽四輔臣』，此單言『臣』，似亦謂禹。云『欲其志心入禹』者，欲四輔之與禹一德一心也。」今文作「臣哉臣哉，鄰哉鄰哉」者，夏紀作「帝曰：『吁，臣哉臣哉』」，三國魏志何晏奏曰：「舜戒禹曰『鄰哉鄰哉』，言慎所近也。」史記無「鄰哉」句，蓋渻文。此與詩「委蛇委蛇」一作「委委佗佗」同例。無「禹曰：『俞』」者，夏紀無。**帝曰：「臣作朕股肱耳目。**言大體若身。○「帝曰：『臣作朕股肱耳目』」，今文與古文同，無「帝曰」二字。○無「帝曰」者，夏紀無，與上「帝曰：『俞』」三字，或今文本無，或史記渻文，未詳。「臣作朕股肱耳目」者，夏紀如此。書疏引鄭云：「動作視聽，皆由臣也。」孫云：「注義未備，當云『皆由臣助之也』。」**予欲左右有民，汝翼。**左右，助也。助我所有之民富而教之，汝翼成我。○「予欲左右有民，汝翼」，今文與古文同。僞傳「翼成我」，本馬説。○「予欲左右有民，汝翼」者，夏紀作「予欲左右有民，汝輔之」，史公釋「翼」爲「輔」。文王世子：「慎其身以輔翼之。」是翼有輔義。今文説也。集解引馬云：「我欲左右助民，汝當翼成我也。」釋「翼」爲「成」。左文三年傳「以燕翼子」注：「翼，成也。」孔疏：「翼者，贊成之義。」是翼有成義。古文説也。易泰象「以左右民」鄭注：「左右，助也。」**予欲宣力四方，汝爲。**布力立治之功，汝羣臣當爲之。○「予欲宣力四方」，今文當與古文同。「汝爲」，今文無徵。○今文同者，漢夏勤策文云：「宣力四表。」蔡邕司空文烈侯楊公碑云：「帝欲宣力於四方，公則翼之。」可證。夏紀湝文。孫云：「『宣力』，言用力。左傳杜注：『宣，用也。』」司勳：「治功曰力。」「汝爲」者，詩箋云：「爲，助也。」**予欲觀古人之象，**欲觀示法象之服制。○「予欲觀古人之象」，今文與古文同。○「予欲觀古人之象」者，夏紀如此，「予」作「余」，同。許慎説文解字序引作「予」。孫云：「古人謂黃帝。象者，易象也。易繫辭云：『黃帝、堯、舜垂衣裳而天下治，蓋取諸乾、坤。』後漢輿服志：『乾巛有文，故上衣玄，下裳黃也。』」**日月星辰，山龍華蟲，**日月星爲三辰，華象草華蟲雉也。畫三辰、山龍華蟲於衣服旌旗。○「日月星辰，山龍華蟲」，今文與古文同。僞傳以華、蟲爲一物。左昭二十五年傳「九文」杜注：「華若草華。」即本僞傳。近儒以僞傳出王肅，肅，晉武帝外祖，故杜阿附之，不誣也。梁武帝以裳有圓花當之。（引見下。）○「日月星辰」者，夏紀如此，下云：「作文繡服色，女明之。」以「作文繡服色」總「山龍」以下經文。皮云：「史公以『日月星辰』別出於上者，蓋不以日月星辰在文繡服色之中，其義與伏生同。若日月星辰亦是服章，何不以日月星辰並括於文繡服色之中，而必單舉四字以別見義乎？日月星辰之用，書傳無文，或虞、夏以畫旌旗，或別有所用，不可考。自漢明帝永平二年采尚書皋陶篇，乘輿服備文，日月星辰十二章，而古義晦矣。」孫云：「今文不言日月星辰者，司馬法云：『章夏后氏以日月，尚明也。』則日月星辰畫旌旗，亦夏制，漢東平王南北郊服議云：『日月星辰，山龍華藻，天王衮冕十有二旒，以則天數。旂有龍章日月，以備其文。』是古説以日月爲旂章也。」先謙案：郊特牲云：「祭之日，王被衮以象天。」鄭注：

「謂有日月星辰之章。」鄭蓋據下文云「龍章」而設日月以象天也。論衡語增篇云：「服五采，畫日月星辰。」量〔二〕知篇云：「繡之未刺，恒絲庸帛。加五采之巧，施鍼縷之飾，文章炫燿，黼黻華蟲山龍日月。」御覽七十六引春秋合誠圖曰：「大帝冠五采，衣青衣，黑下裳，抱日月。日在上，月在下，黄色，正方居日間，名曰五光。」是言日月星辰畫衣者，皆在鄭前，與伏生、史公異。鄭注王制云：「虞、夏之制，天子服有日月星辰。」此古文説，仍本今文家説。○「山龍華蟲」者，大傳引見上「五服五章」下。皮云：「大傳説『山龍純青』者，東方爲蒼龍，東方屬木，木色青，故山龍純青。『華蟲純黄』者，華蟲當是鳳皇，大戴禮云：『羽蟲三百六十，鳳皇爲之長。』是鳳皇可稱蟲。釋言：『皇，華也。』王制：『有虞氏皇而祭。』鄭注：『皇，冕屬也，畫羽飾焉。』周禮樂師教皇舞，先鄭注：『皇舞者，以羽冒覆頭上，衣飾翡翠之羽。』後鄭注：『皇，雜五采羽如鳳皇色。』合二鄭説，是皇爲鳳皇五采之色，飾於冠，並飾於衣。虞有鳳皇來儀之瑞，故以皇名其冠，又飾之於衣。鳳皇，羽蟲之長，故惟天子得服之。虞土德，尚黄，土數五，故天子服五色，尚黄，故華蟲居首。周木德，色青，尚山龍。虞土德，色黄，尚華蟲。周制與虞異也。鳳皇五采而多黄。五采，故曰華蟲。所以知色多黄者，説文『鶠』下云：『鶠鷞也，五方神鳥也。東方發明，南方焦明，西方鷫鷞，北方幽昌，中央鳳皇。』左傳：『唐成公有兩肅爽馬。』賈逵曰：『色如霜紈。』然則西方鷫鷞蓋色白。師曠禽經云：『白鳳謂之鷫。』以此推之，東方發明色青，南方焦明色赤，北方幽昌色黑，中央鳳皇當色黄矣。隋書禮儀志『古有冕服畫鳳皇者』，其文曰：『天監七年，周捨議：「詔旨以王

〔二〕「量」原誤作「莫」，據論衡原文改。

者衮服，宜畫鳳皇，以示差降。案禮：『有虞氏皇而祭，深衣而養老。』鄭玄所言，皇則是畫鳳皇羽也。（鄭注但曰畫羽，此云是鳳皇羽。）又案禮所稱雜服，皆以衣定名，猶加衮冕，則是衮衣而冕。明有虞言皇者，是衣名，非冕明〔二〕矣。（此謂皇是衣名，足徵皇畫於衣。）畫鳳之旨，事實灼然。」制：「可。」又王僧崇云：「今祭服，三公衣身畫獸，（此「虎」字，唐避諱改。）其腰及袖又有青獸，形與獸（亦是「虎」。）同，義應是蜼，即宗彝也。兩袖各有禽鳥，形類鸞鳳，（此則當時已畫鳳，若是雉，不得類鸞鳳。）似是華蟲。今畫宗彝，即是周禮，但鄭玄云：『蜼，𧍧屬，昂鼻長尾。』是獸之輕小者，謂宜不得同獸。（亦「虎」字。）尋冕服無鳳，應改爲雉。又裳有圓花，於禮無礙，疑是畫師加葩蘤耳。藻米黼黻，並乖古制，今請改正，並去圓花。」帝曰：「古文日月星辰，此以一辰攝三物也。山龍華蟲，又以一山攝三物也。藻火粉米，又以藻攝三物也。是爲九章。今衮服畫龍，則宜應畫鳳明矣。孔安國云：『華者，花也。』則爲花非疑，若一向畫雉，差降之文，復將安寄？鄭義是所未允。」』據周說，有虞氏皇是畫鳳皇羽於衣。據王說，當時冕服猶畫鳳，蓋古制之僅存者，非始於梁武也。惟王氏專執鄭義，欲改畫雉，梁武以爲上下皆畫雉，無差降，故仍用畫鳳耳。」**作會宗彝**，會，五采也。以五采成此畫焉。宗廟彝樽亦以山龍華蟲爲飾。○「作會宗彝」，今、古文並當作「作繪宗彝」，僞傳誤，詳下。云「宗廟彝樽以山龍華蟲爲飾」，則與作服無涉矣，可謂巨謬。○古文「會」作「繪」者，説文「繪」下云：「會五采繡也。虞書曰：『山龍華蟲作繪。』」左太沖魏都賦：「有虞作繪。」張載注引咎繇謨：「山龍華蟲作繪。」釋文云：「會，胡對反。馬、鄭作『繪』。」可證。今文作

〔二〕「明」原誤作「名」，據隋書禮樂志原文改。

「繪」者，尚書大傳虞傳咎繇謨「作繪」三見可證。段云：「文選景福殿賦：『命共工使作繢，明五采之彰施。』李注：『尚書曰：「予欲觀古人之象，作繪。」鄭玄曰：「繢，讀曰『繪』。凡畫者爲繪。」胡對切。』玉裁案：經本作『繪』，鄭以爲『繪』訓『會五采繡也』，『畫繪』字當依考工記作『繢』，故注尚書云『繪，讀曰「繢」』。『讀曰』與『讀爲』同易其字也。『繢』音胡對反，在十八隊；『繪』音黃外反，在十四泰，此唐韻如是，本於陸法言切韻，故釋文云『繪，馬、鄭作「繢」，胡對反』，書疏云：『鄭云：「繪，讀爲『繢』。」凡畫者爲繢。』」左昭二十五年傳疏云：『鄭玄讀「繪」爲「繢」，謂畫也。』文選注云：『「繪」讀曰「繢」，凡畫者爲繢，胡對切。』此可細推而得者也。僞孔本本作『繪』，故傳云『繪，會五采也』，『會五采』三字即説文『繪』下所云『會五采繡也』，孔釋爲畫事，故去『繡』字耳。今本作『會，五采也』，此不成文理，五采可謂之會乎？揆其舛謬之由，以繢、繪二字俗既通用不分，因之鄭讀『繪』爲『繢』者，『繢』皆譌『繪』而不可通，則去『繪』之半以通之，此所以馬、鄭、僞孔尚書作『繢』而誤爲『會』。釋文、孔疏引鄭『讀「繪」爲「繢」』而誤云『讀「會」爲「繪」』也。選注引尚書作『繪』，又引鄭注『「繪」讀曰「繢」』，以爲何賦作『繢』之證，必如是而後文理可讀。今轉寫倒亂，不可通矣。洪範五行傳、景福殿賦引書皆作『繢』字，鄭注周禮司服、注尚書大傳同，此鄭易『繪』爲『繢』，因徑用『繢』字，與箋詩易『田』爲『朄』、其注明堂位徑引詩『應朄』、『縣鼓』同也。司服釋文『繢，胡對反』、論語八佾篇釋文『繪，胡對反，本又作「繢」同。按：『又作』本爲善。續漢志『作繪宗彝』，此用鄭本尚書也，劉昭注：『古文尚書「繢」作「會」。』此用僞孔誤本也。鄭司農注周禮引論語『繢事後素』字作『繢』，與考工記合，與許本論語作『繪』異。或謂：説文引虞書、論語作『繪』，如其文是繡也非畫也，豈得以作繪爲作畫乎？曰：其字从糸，故本義爲繡，其引虞書、論語，則六書之叚借，如

『朕塈讒説』，『塈』訓『嫉』，非以土增道也；『尚狟狟』訓『威武』，非犬行也；『無有作政』，『政』即『好』字，非姓也；『堋淫于家』，『堋』即『朋』字，非葬下棺也。『繪』本義訓『繡』，何妨借爲『畫繪』字乎？繢从糸，亦非本字，鄭據考工記當用此字，故云『「繪」讀曰「繢」』也。且大傳云『作繪，黑也』，則今文家説『作繪』非謂畫也，安知許不用今文説乎？」先謙案：自三家今文有十二章之説，東漢諸儒從之，遂爲定解，馬、鄭皆從「作繪」斷句，取與「絺繡」相配成文，上句「日、月、星辰、山、龍、華蟲」六章在衣用畫，下句「宗彝、藻、火、粉米、黼、黻」六章在裳用繡，許雖從「作繪」斷句，仍釋「繪」爲繡，不以爲畫，與鄭説異，而與續漢志引三家今文「乘輿刺繡，公卿以下皆織成」説合，是許仍用今文説也。至大傳「作繪」，亦有二説：隋書禮儀志大業元年，虞世基奏：「近代故實，依尚書大傳：『山龍純青，華蟲純黄，作繪宗彝純黑，藻純白，火純赤。』」此以作繪宗彝爲一物；陳祥道禮書引大傳：「山龍青也，華蟲黄也，作繪黑也，宗彝白也，藻火赤也。」又以作繪、宗彝爲二事。陳壽祺以爲陳所見係誤字，當從隋志更正。予案：大傳乃伏生没後歐陽、張生輩各記所聞，容有互異，正如「朔易」之爲「伏物」，皆出大傳，而其説不同，非必陳本誤也。皮云：「『作繪宗彝純黑』者，宗彝即尊彝，古宗、尊通用，左傳『伯宗』穀梁作『伯尊』可證。據明堂位，虞、夏已有彝。宗彝，蓋繡尊彝之形，如黼作斧形、黻作亞形之比。尊彝古器，年久色黑，故爲黑。『作繪』者，作，起也，如考工記『作其鱗之而』之『作』，淮南天文訓高注：『作、鄂，皆物芒枝起之貌。』玄衣繡黑章，色不甚著，故爲作起之勢，以著其色，如今之堆花。」孫云：「大傳云『作繪，黑』者，衣玄質，合青黄白赤四色爲五章，故説文『繪』爲『會五采』。玄與黑同也。説文：『黵，沃黑色。』玉篇『沃』作『淺』。説文又有『嬒』，云：『女黑色也。』是繪音義當爲黑。云『宗彝，白』者，釋文云：『彝音夷，馬同。』又引鄭云：『宗彝，虎也。」疑與青龍相對，西方金，色白也。」「説文『彝』从糸，糸，綦也。詩出其東門傳云：『綦巾，蒼艾色。』艾爲白縞，綦爲織文。書疏引鄭云：『宗彝，謂宗廟之鬱鬯樽也。故虞、夏以上，蓋取虎彝、蜼彝而已。』案：司尊彝有鷄彝、鳥彝、斝彝、黄彝、虎彝、蜼彝，明堂位云『夏后氏以鷄彝，殷以斝，周以黄目』，則鳥彝與雞同類，爲夏物，斝是殷，黄目是周，推知虎、蜼是虞〔一〕之彝器，蜼爲虎類，故以虎説之。」**藻火粉米，黼黻絺繡。**藻，水草有文者。火爲火字，粉若粟冰，米若聚米，黼若斧形，黻爲兩己相背。葛之精者曰絺。五色備曰繡。○「藻火粉米，黼黻絺繡」，今文與古文同，「藻火」古文一作「璪火」，「粉米」古文一作「黺絑」，「絺」古文一作「希」。僞傳分粉米爲二及釋「黼黻」並誤，詳見下。○「藻火」者，隋志、禮書引大傳作「藻火」。古文一作「璪火」者，説文「璪」下云：「玉飾如水藻之文也。从玉喿聲。虞書曰：『璪火黺米。』」既與「黺米」連引，知是古文。段云：「此壁書也，今本作『藻』，蓋孔安國以今字讀之。」皮云：「大傳『藻純白』者，即『玉藻』之『藻』，玉色白，故爲白；『火純赤』者，當爲圜火形，考工記：『火以圜。』火色赤，故爲赤也。」孫云：「大傳云『藻火，赤』者，火，南方之行，赤色。今文家以經文上有『五服五章』，下有『五采五色』，故爲此説以釋之，必有所本。」先謙案：水藻色青，飾衣以玉藻之文，故色純白，字從「璪」爲正。梁武以「藻火粉米」爲以藻攝三物，（引見上。）蓋釋藻爲華采之義，又別一説。○「粉米」者，説見下。古文一作「黺絑」者，説文「黺」下云：「衮衣山龍華蟲黺。畫粉也。（黺與山龍華蟲不相屬，蓋許之筆誤。）从黹，从粉省。衛宏説。」又「璪」下亦引虞書「璪火黺米」，（見上引。）

〔一〕「虞」原誤作「周」，據孫星衍尚書今古文注疏原文改。

「絲」下云：「繡文如聚細米也。从糸米，米亦聲。」段云：「『黺絲』蓋皆壁書本字。釋文：『粉米，説文作「黺絲」』。徐「米」作「絲」，音米。』是徐仙民時尚有作『絲』者。説文『璪』下之『黺米』當是本作『絲』，轉寫佚其糸旁。司服注引作『粉米』，則孔安國以今文讀之，易爲『粉米』久矣。書疏引鄭云：『粉米，白米也。』是依所易之字。説文依衛説以『黺絲』爲二物，又黺爲畫，絲爲繡，皆與鄭不合。許時鄭説未出。後漢書云衛宏從杜林受古文尚書，爲作訓旨，『黺，畫粉也』蓋訓旨中語。困學紀聞云：『古文尚書及説文璪火黺絲黼黻字皆從黹，同謂之希冕。』所稱古文尚書，宋次道、王仲至家本也。其『米』字作『絲』，實據誤本釋文。」先謙案：今文不言粉米，（詳下。）孔安國以今字讀「黺絲」爲「粉米」，則今文爲「粉米」甚明。孫云：「司几筵『紛純』注：『鄭司農云：「紛，讀爲『豳』，又讀爲『和粉』之『粉』，謂白繡也。」』論語『繪事後素』，蓋以粉分畫界域，繡以成文也。漢書黄霸傳：『米鹽靡密。』注：『米鹽，細靡也。』此繡文細靡，故謂之米。」〇「黼黻絺繡」者，孫云：「今文不言粉米黼黻絺繡，意以黼黻粉米爲刺繡之文，衣裳並用之，惟衣有山龍以下五章，裳則粉米黼黻絺繡而已。知衣亦絺繡爲今文説者，白虎通衣裳篇：『聖人所制衣服何？以爲絺綌蔽形，表德勸善別尊卑也。』云『絺綌蔽形』者，上古始制衣服，以絺蔽形，亦如市之蔽前，後人因以爲飾。云『表德勸善別尊卑』者，即謂山龍等五章，以別尊卑也。淮南主術訓云：『人主好黼黻文章絺綌綺繡。』高注：『白與黑爲黼，青與赤爲黻。絺、綌，葛也。精曰絺，麤曰綌，五采具曰繡也。』是西漢人説絺繡爲絺綌之有文繡也。五帝本紀：『堯乃賜舜絺衣與琴。』孟子盡心篇：『舜被袗衣。』趙注：『袗，畫也。被畫衣，黼黻絺繡也。』袗衣即絺衣，知以絺爲之，説文：『袗，玄服。』以玄衣加繪繡。故大戴禮五帝德稱帝堯『純衣』，言衣之質則爲純，言衣有華蟲則爲黄也。皆衣裳並用絺繡之明證矣。」「考工記：『白與黑謂之黼，青與赤謂之黻。五采備謂之繡。』繡裳兼赤黃二色，合黼黻白黑青三色，亦成五采，故謂之繡裳也。釋器：『斧謂之黼。』書疏引孫炎注：『黼文如斧形。』蓋半白半黑，似斧刃白而身黑，此之謂斧扆。禮書二引白虎通紼冕篇云：『黻，譬君臣可否相濟，見善改惡。』此黻文爲兩己相戾。其字作『市』，一名『韠』，所以蔽前，與此『黻』不同。」皮云：「古説皆謂繡，不謂畫，續漢輿服志：『乘輿服從歐陽氏説，公卿以下從大、小夏侯説；乘輿刺繡，公侯九卿以下皆織成，陳留襄邑獻之云。』後漢明帝紀注引董巴輿服志同。是三家今文皆以爲刺繡、織成。鄭始云『「繪」讀爲「繢」。凡畫者爲繢』，徐廣『車服』注：『漢明帝案古禮備其服章，天子郊廟衣皁上絳下，前三幅，後四幅，衣畫而裳繡。』蓋用鄭説，與董巴、劉昭皆不合。」「絺」一作「希」者，司服鄭注引書作「希繡」，云：「希，讀爲『絺』」，或作「黹」，字之誤也。」案絺、黹字互譌，説文「黹」下云：「箴縷所紩衣。」「紩，縫也。」書疏引鄭云：「希，讀爲『黹』。黹，紩也。」與周禮注合。段云：「疏依附孔本，不分別之。曰鄭本作『希』，云『希，讀爲「黹」』，輒改『希』爲『絺』使從孔，非也。釋文云：『絺，徐勑私反，又勑其反。馬同。（謂同孔。）鄭陟里反。刺也。』『陟里』者，『黹』之反語。（鄭不作音，此於義得音。）陸當云『鄭作「希」』，而不爲分別之詞，亦非也。或開寶誤刪之。説文無『希』字，而字以希爲聲者，多以虞書、周禮斷之，則『希』者，古文『黹』字也，俗借爲『稀少』字，許云『希，讀爲「黹」』，是爲以今易古字。」孫又云：「大傳説自天子至士皆有山龍。書疏引馬云：『上句「日月星辰，山龍華蟲」，尊者在上；下句「藻火粉米黼黻」，尊者在下。黼黻尊於粉米，粉米尊於藻火，故從上以尊卑差之。士服藻火，大夫加以粉米，並藻火爲四章。』又引鄭云：『自日月至黼黻，凡十二章，天子以飾祭服。凡畫者爲繪，刺者爲繡。此繡與繪各有六，衣用繪，裳用繡。至周而變之，以三辰爲旂旗，謂龍爲衮，宗彝爲毳。或損益上下，更其等差。』案：周以前冕服之制不可考，其見於經者，禮器云：『天子龍衮，諸侯黼，大夫黻，士玄衣纁裳。天子之冕，朱緑藻，十有二旒。諸侯九，上大夫七，下大夫五，士三。』鄭注云：『朱緑，似夏、殷之禮也，周禮天子五采藻。』據鄭此注，則『龍衮』以下之制，亦夏、殷禮也。書疏云〔二〕：『夏、殷衣有日月星辰山龍，此云龍衮者，舉多文爲首耳。日月之文不及龍也。崔云然也。』但此經上文云『禮有以文爲貴者』，疑是卑者讓尊〔三〕者之等差，非定制也。明堂位云：『有虞氏服韍，夏后氏山，殷火，周龍章。』『凡四代之服器，魯兼用之。』鄭注以爲韠，又云『韍』或作『黻』，則是蔽前之市，非黼黻衣裳也，故與此經俱不合。大戴禮五帝德云：『黄帝黼黻衣，大帶，黼裳。帝嚳、帝堯黄黼黻衣，大帶，黼裳。』御覽八十引尸子曰：『君天下者黼衣九種，而堯大布。』九種即是九章，不數日月星辰爲十二。此先秦説。黼黻亦爲衣，不必如鄭注專以爲裳。其餘旂常服色，見於儀禮、禮記、左傳者，多周制，不足證經。」「大傳説士服一，亦有山龍者，節服氏：『衮冕六人。』是士服山龍也。史公説自山龍以下爲作文繡者，山龍至藻火謂之文，粉米以下謂之繡。説文『文』下云：『錯畫也，象交文。』即是畫繢。説文説春秋傳『媽馬』爲畫馬，是文即畫，謂畫此山龍以下至藻火之文。粉米黼黻之屬既刺於絺，皆謂之繡，故以繡該之。説文：『絺，細葛也。』刺繡必於絺紈，漢書賈誼傳云『薄紈之裏』是也。堯賜舜絺衣，即謂畫繡之衣，不必破字爲『黹』也。鄭説『自日月至黼黻，凡十二章，天子以飾祭服』者，左哀七年

〔二〕「書疏」當爲「禮疏」，蓋孫氏所記有誤。

〔三〕「尊」原誤作「爭」，據孫星衍尚書今古文注疏原文改。

傳：「子服景伯曰：『制禮，上物不過十二，以爲天之大數也。』」鄭云「衣用繪，裳用繡」者，謂日、月、星辰、山、龍、華蟲六章，經文在「作繪」之上，當爲衣；宗彝、藻、火、粉米、黼、黻六章，經文在「絺繡」之上，當爲裳。上衣下裳，適配天數十二。又黄帝制衣裳，象乾坤，乾坤各六爻，此正配之也。鄭以日、月、星辰、山、龍、華蟲等在衣不在裳者，論衡佚文篇：「衣裳在身，文著於衣，不在於裳，衣，法天也。」與鄭説同。知「至周而變之，以三辰爲旂旗，謂龍爲衮，宗彝爲毳」者，司服：「享先王則衮冕，享先公饗射則鷩冕，祀四望山川則毳冕，祭社稷五祀則希冕，祭羣小祀則玄冕。」注：「鄭司農云：『衮，卷龍衣也。鷩，裨衣也。毳，罽衣也。』」鄭謂「王者相變，至周而以日月星辰畫於旌旗，所謂『三辰旂旗，昭其明也』。而冕服九章，登龍於山，登火於宗彝，尊其神明也。九章：初一曰龍，次二曰山，次三曰華蟲，次四曰火，次五曰宗彝，皆畫以爲繪；次六曰藻，次七曰粉米，次八曰黼，次九曰黻，皆希以爲繡。鷩畫以雉，謂華蟲也。毳畫虎蜼，謂宗彝也。」可證此經之注。云「三辰爲旂旗」者，左桓二年傳臧哀伯之言也。又昭二十五年傳「九文」杜注：「謂山、龍、華、蟲、藻、火、粉米、黼、黻也。華若草華；藻，水草；火，畫火；粉米若白米；黼若斧；黻若兩己相戾。」以華、蟲爲二，與鄭異。僞傳及疏引顧氏取先儒等説同之，不可從。」皮云：「經云『五服五章』，無十二章、九章、七章之文。虞，土德，土數五，故天子服五，不取日月星辰與粉米黼黻，故王肅用今文義，謂日月星辰舜時即畫旌旗，不在衣，粉米黼黻或繡於裳，或爲雜采，亦不入正數也。左傳云『周之王也，上物不過十二，以爲天之大數』，是天子數用十二乃周制，周以前無十二旒之冕，即不必有十二章之服，不得以周制爲虞制也。至三家博士，説又不同，歐陽説有日月星辰，大、小夏侯説無之。日月星辰可不入章數，則粉米黼黻亦可不入章數矣。王充習歐陽尚書，故論衡説有日月星辰。鄭注尚書、周禮兼采歐陽、夏侯義，以有日月星辰十二章爲虞制，從歐陽說；無日月星辰九章爲周制，從夏侯說。後人多宗鄭以爲抝解，不知其出於歐陽、夏侯也。又解『華蟲』爲雉、『宗彝』爲虎蜼，以合周官之鷩冕、毳冕，說雖善於傅會，然皆周制，未可以解虞書也。」先謙案：鄭以「作繪」與「黹繡」複出，故讀「繪」爲「繢」而釋爲畫。案：孟子「袗衣」，趙解爲畫衣，趙用今文，是今文家有畫衣之說，非鄭抝義也。史記易爲絺衣，則絺亦是衣，又不僅黼黻不專爲裳矣。**以五采彰施于五色作服，汝明。**天子服日月而下，諸侯自龍衮而下至黼黻，士服藻火，大夫加粉米。上得兼下，下不得僭上。以五采明施于五色，作尊卑之服，汝明制之。○「以五采彰施于五色作服，汝明」，古文也，今文「彰」作「章」。○「以五采彰施于五色作服，汝明」者，夏紀云「日月星辰，作文繡，服色女明之」。「日月星辰，作文繡」，見上；「服色女明之」，指此經言。「彰」作「章」者，鄭注大傳引經作「章」。案：「彰厥有常」夏紀作「章」，是今文作「章」。論衡量知篇：「染練布帛，名之曰采。」「五采」者，絲所以繡也。「五色」者，孫云：「考工記：『畫繢之事，雜五色，東方謂之青，南方謂之赤，西方謂之白，北方謂之黑，天謂之玄，地謂之黃。』玄出於黑，故六者有黃無玄爲五也。禮禮運：『五色，六章，十二衣。』疏云：『六章者，兼天玄也。以玄、黑爲同色，則五。中通玄纁以對五方，則爲六色，爲六章也。』彰，明也。施，用也。如今文說，山龍以下五章，先以五色畫之，又以五采絲刺繡也。日、月、星爲衣飾，疑服兼旂章。都宗人：『正都禮，與其服。』注云『謂衣服及宮室車旗』是也。『明』者，明其等差，或訓爲『成』也。」又云：「五色，畫也；五采，繡也。」禮月令：「命婦官染采。」以黼黻之文制於山龍等五章空隙之處，復分畫爲界域，俾五色不相亂，故謂之黺，視其文如聚米也。荀子正論篇說天子則服五采，雜間色，重文繡。云五采，如今文說山龍等五色也。間色，如黼黻，各有二色相間也。重文繡，謂衣裳俱用之。重，襲也。書疏及月令疏引鄭云：「性曰采，施曰色。未用謂之采，已用謂之色。作服者，此十二章爲五服，天子備有焉。公自山、龍而下，侯伯自華蟲而下，子男自藻、火而下，卿大夫自粉米而下。」性之言質，書疏云「以本性施於繒帛」是也。司服：「公之服，自衮冕而下，如王之服；侯伯之服，自鷩冕而下，如公之服；子男之服，自毳冕而下，如侯伯之服；孤之服，自希冕而下，如子男之服；卿大夫之服，自玄冕而下，如孤之服。」鄭注上文「衮冕」云「衮之衣五章，裳四章，凡九也」，注「鷩冕」云「其衣三章，裳四章，凡七也」，注「毳冕」云「其衣三章，裳二章，凡五也」，注「希冕」云「希刺粉米，無畫也。其衣一章，裳二章，凡三也」，注「玄冕」云「衣無文，裳刺黼而已，是以謂之玄焉。凡冕服皆玄衣纁裳」是也。

予欲聞六律五聲八音，在治忽，以出納五言，汝聽。言欲以六律和聲音，在察天下治理及忽怠者，又以出納仁義禮智信五德之言，施于民以成化，汝當聽審之。○「予欲聞六律五聲八音，在治忽，以出納五言，汝聽」，古文也，今文作「予欲聞六律五聲八音七始，訓以出納五言，女聽」，古文「聞」一作「同」。○「予欲聞六律五聲八音」者，白虎通禮樂篇引書如此。夏紀「予」作「余」，字同。古文「聞」一作「同」者，大傳洪範五行傳鄭注如此，訓如堯典「同律」之「同」。書疏引鄭云：「六律六吕。言六律者，舉陽，陰從可知也。」漢書律曆志：「律十有二，陽六爲律，陰六爲吕。律以統氣類物，一曰黄鍾，二曰太族，三曰姑洗，四曰蕤賓，五曰夷則，六曰無射。吕以旅陽宣氣，一曰林鐘，二曰南吕，三曰應鍾，四曰大吕，五曰夾鍾，六曰仲吕。其傳曰，黄帝之所作也。」白虎通云：「『予欲聞六律五聲八音』，五聲者何謂也？宫、商、角、徵、羽。土謂宫，金謂商，木謂角，火謂徵，水謂羽。所以名之何？角者，躍也，陽氣動躍；徵者，止也，陽氣止；商者，張也，陰氣開張，陽氣始降也；羽者，紆也，陰氣在上，陽氣在下；宫者，容也，含容四時者也。八音者何謂也？樂記曰：『土曰壎，竹曰管，皮曰鼓，匏曰笙，絲曰弦，石曰磬，金曰鐘，木曰柷敔。』此謂八音也，法易八卦也。樂記曰：壎，坎音也；管，艮音也；鼓，震音也；弦，離音也；鐘，兑音也；柷敔，乾音也；笙，巽音也；磬，坤音也。」「一説笙、柷、鼓、簫、瑟、塤、鐘、磬也。如其次，笙在北方，柷在東北方，鼓在東方，簫在東南方，瑟在南方，塤在西南方，鐘在西方，磬在西北方。聲五音八何？聲爲本，出於五行。音爲末，象八風。故樂記曰：聲成文謂之音，知音而樂之謂之樂也。」孫云：「周語單穆公曰：『金爲羽，石爲角，瓦絲尚宫，匏竹尚義，革木一聲。』則以瓦易土爲八音也。案：籥章：『掌土鼓豳籥。』注：『杜子春云：「土鼓以瓦爲匡，以革爲兩面，可擊也。」』是古八音，鼓爲土，塤則周時所爲，非唐、虞八音之土也。」○「在治忽」者，夏紀作「來始滑」，集解云：「尚書作『曶』，音忽。」引鄭云：「曶者，臣見君所秉，書思對命者也。君亦有焉，以出内政教於五官。」段云：「曶、忽，古今字。小篆本作『㫚』，隸變作『曶』。説文『㫚』下云：『出气詞，从曰，上象形。』籀文作『㫚』，一曰佩也。鄭以『笏』訓『曶』，與説文訓『佩』合。小司馬所見古文尚書則作『忽』矣。古忽、曶通用，如春秋『鄭太子忽』説文作『太子㫚』，論語『仲忽』漢表作『中曶』是也。」又云：「賈昌朝、宋敏求之古文尚書『治』字作『乿』，此蓋隋唐閒有此本，陸德明所謂務欲立異疑惑後生者。盤庚疏云：『壁内之書，安國先得，「治」字作「乿」，其字與「始」不類，無緣誤作「始」字。』據此，則孔穎達亦爲所惑也。今本疏『乿』字譌『亂』，而宋本不誤。詳考古經，皋陶謨『始滑』作『治忽』，序『始宅殷』作『治亳殷』，皆始、治形聲相近之故，『乿』字恐無足依據也。孔疏轉云『乿』字出真古文，束晳不見，此爲顛倒見。」「來始」當爲「七始」者，大傳云：「五載一巡守，羣后德讓，貢正聲，而九族具成。雖禽獸之聲，猶悉關於律。樂者，人性之所自有也。故聖王巡十有二州，觀其風俗，習其性情，因論十有二俗，定以六律、五聲、八音、七始。著其素簇以爲八，此八伯之事也。分定於五，此五嶽之事也。五聲，天音也。八音，天化也。七始，天統也。」鄭注：「族，當爲『奏』。言諸侯貢其正聲，而天子九奏之樂乃具成也。關，猶入也。五聲，宮、商、角、徵、羽也。八音，鐘、鼓、笙、磬、塤、篪、柷敔、琴也。七始，黄鍾、林鍾、大族、南吕、姑洗、應鍾、蕤賓也。歌聲不應此則去之。素，猶始也。族，猶聚也。樂音多，聚以爲八也。五，謂塤在北方，鼓在東方之屬。天所以理陰陽也。」漢書律曆志：「『予欲聞六律五聲八音七始，詠以出内五言，女聽。』予者，帝舜也。言以律吕和五聲，施之八音，合之成樂。七者，天地、四時、人之始也。順以歌詠五常之言，聽之則順乎天地，序乎四時，應人倫，本陰陽，原情性，風之以德，感之以樂，莫不同乎一。唯聖人爲能同天下之意，故帝舜欲聞之也。」又禮樂志高祖唐山夫人安世房中歌曰：「七始華始，肅倡和聲。」孟康注：「七始，天地、四時、人之始也。」又叙傳曰：「八音七始，五聲六律。」劉德注：「天地、四方、人之始也。」（「方」是「時」之誤。）是七始之義甚古，惟漢志「詠」當作「訓」。隋書律曆志引書「予欲聞六律五聲八音七始，訓以出納五言」正用漢志。（段云：「藝文志考、困學紀聞皆引作『七始詠』，是宋時漢書已無善本。」）「訓」字下屬，與「順」同義，如堯紀「能明馴德」徐廣讀「馴」爲「訓」而解爲「順」，舜紀「五品不馴」，殷紀作「五品不訓」，亦解爲「順」，皆今文訓、順義同之證。故漢志釋「訓以出納五言」爲「順以歌詠五常之言」，以「順」釋「訓」，非以「歌詠」釋「詠」也。夏紀作「來始滑」，「來始」即「七始」之誤。索隱云：「今文作『采政忽』。來、采字相近，滑、忽聲相亂。」案：「采政」亦「七政」之誤。段云：「大傳唐傳曰：『在琁璣玉衡以齊七政。』七政謂春、秋、冬、夏、天文、地理、人道所以爲政也，蓋泛言之爲七政，在樂則爲七始，左昭二十年傳謂之『七音』，周語謂之『七律』，賈逵注云：『周有七音，謂七律，謂七器音也，

（當作「爲七音器也」。先謙案：爲、謂同字，「器音」誤倒。）黄鐘爲宫，太蔟爲商，姑洗爲角，林鐘爲徵，南吕爲羽，應鐘爲變宫，蕤賓爲變徵。」韋昭注略同。皆與大傳「七始」鄭注合。楚語觀射父曰：「先王之祀也，以一純、二精、三牲、四時、五色、六律、七事、八種、九祭、十日、十二辰以致之。天地、民及四時之務謂之七事。」韋注：「八種，八音也。」案：六律、七事、八種即六律、八音、七始，書言七政、七始，傳言七事、七音、七律，實一物也。「七」字古多假「桼」爲之，太玄經玄攡云：「運諸桼政。」「桼政」即「七政」也。又玄棿云「棿擬之二桼」，方言云「秦有桼娥之臺」，（廣韻：「秦有榛娥臺。」今本方言脱「秦有」。）王莽候鉦銘「重五十桼斤」，楊子「桼政」，蓋用今文尚書。夏紀作「來」者，「桼」之誤字。漢隸「桼」作「𣎳」，與「來」之變體作「来」不甚别，轉寫竟成「來」字。明楊慎謂史記「來」乃「桼」之誤，誠然。小司馬謂今文作「采」者，永嘉之亂，三家書説已亡，漢石經尚存，書疏卷二引夏侯等書四條，匡謬正俗所言「今文作某」，皆據石經拓本。小司馬所引今文數條，非能憑臆，必亦略見拓本，其云「今文作『采』」者，蓋石經作「𣎳」，與新莽候鉦銘字同，小司馬誤仞爲「采」字，又以「采」與古文「在」字聲近，此其原委之可知者也。」〇「以出入五言，女聽」者，夏紀如此，明今文「納」作「入」，當讀爲「滑以出入五言」，與漢志「訓以出納五言」同義。説文「滑」下云：「利也。」「利」與「順」同義。孫云：「『忽』當爲『𡿧』，『𡿧』音近『滑』。」先謙案：説文「𡿧」下云：「水流也，从川曰声。」水流就下亦順意也。「出入五言」者，今文訓爲歌詠五常之言，（引見上。）律曆志云：「協之五行，則角爲木，五常爲仁，五事爲貌。商爲金，爲義，爲言。徵爲火，爲禮，爲視。羽爲水，爲智，爲聽。宫爲土，爲信，爲思。」以五常之言播之歌詠，而以五聲節和之也。以歌詠爲出入者，歌詠亦長言之，與出納教命同，故云出入也。言必衷於五常，則施於教爲中和，措之政無邪辟，歌詠之，美由是生焉。

下文「帝庸作歌以慶治平」，是出五言也；皋陶賡歌以陳諫戒，是入五言也。故樂記云：「審聲以知音，審音以知樂，審樂以知政，而王道備矣。」「汝聽」者，懼有乖戾，爲我聽審之也。孫云：「鄭説以『出納政教於五官』者，是言即政教。周禮有六官，虞時五者，無明文。鄭注堯典云：『蓋春爲秩宗，夏爲司馬，秋爲士，冬爲共工，通稷與司徒，是六官。』此不數天官，故六官爲五也。」**予違，汝弼。汝無面從，退有後言。**我違道，汝當以義輔正我。無得面從我違，而退後有言我不可弼。○「予違，汝弼。汝無面從，退有後言」，今文與古文同。○「予違，汝弼。汝無面從，退有後言」者，夏紀作「予即辟，女匡拂予。女無面諛，退而謗予」，「違」與「辟」同義。説文「𡘋」下云：「讀若『予違，汝弼』。」段云：「弼、弗古音同。弼，古文亦作『𢐀』。孟子『法家拂士』孫氏音『弼』。」大戴禮保傅篇：「弼者，拂天子之過者也。」孫云：「從，史公讀爲『慫』。漢書汲黯傳：『從諛承意。』從諛即慫恿，方言云：『慫，勸也。』楚語韋注：『聳，獎也。』説文：『誹，謗也。』」案漢書成紀建始三年詔曰：「公卿其各思朕過失，明白陳之。『女無面從，退有後言。』」後漢章帝紀永平十八年詔曰：「『予違，汝弼，汝無面從』，股肱之義也。」潛夫論明闇篇引此經云：「故爲國之道，勸之使諫，宣之使言，然後君明察而治情通矣。」蔡邕文烈侯楊公碑云：「辟道或回，公則弼之。」三國吴志孫權傳權報陸遜書曰：「書載『予違，汝弼。汝無面從』。」皆用今文。**欽四鄰，庶頑讒説，若不在時，**四近，前後左右之臣，勑使敬其職。衆頑愚讒説之人，若所行不在於是而爲非者，當察之。○「欽四鄰，庶頑讒説」，今文與古文同。「若不在時」，今文無徵。○「欽四鄰」者，夏紀作「敬四輔臣」，「欽」作「敬」，故訓字。説「四鄰」爲「四輔臣」也，大傳云：「古者天子必有四鄰，前曰疑，後曰丞，左曰輔，右曰弼。天子中立而聽朝，則四聖維之。是以慮無失計，舉無過事，故書曰『欽四鄰』，此之謂也。」又云：「天子必有四鄰，前儀，後丞，左輔，右弼，直立而敢斷，（脱「謂之儀」。）廣心而從欲，（脱「謂之丞」。）輔善而相承謂之輔，廉潔而切直謂之弼。」又云：「古者天子必有四鄰，前曰疑，後曰丞，左曰輔，右曰弼。天子有問無以對，責之疑。可志而不志，責之丞。可正而不正，責之輔。可揚而不揚，責之弼。其爵視卿，其禄視次國之君也。」書疏引鄭云：「四近，爲左輔、右弼、前疑、後丞。」是今、古文説同。禮文王世子云：「有師、保，有疑、丞。」大戴禮保傅篇：明堂之位謂之前道、左充、右弼、後丞，周公、太公、召公、史佚爲之。用古制也。虞之四弼，不知何臣爲之。皮云：「列子、莊子皆有『舜問乎丞』之文，丞即四輔之一。列子『丞』或作『烝』，誤。」○「庶頑讒説」者，夏紀作「諸衆讒嬖臣」。孫云：「周禮『庶子』鄭注云『諸子』，曲禮『諸母』注云『庶母』，是諸即庶也。鄭語：『非親即頑。』謂非親戚即衆人。」是頑即衆也。楚語韋注：「説，媚也。」周語厲王説榮夷公，謂嬖之。是「説」即「嬖」也。○「若不在時」者，孫云：「在，察；時，是：見上。言如不能察是諸衆讒媚之人，故設有土之君以明察之，謂下識記其過之事。」劉云：「若，詞也。論語：『舉直錯諸枉，不仁者遠矣。』」言庶頑讒説皆不在是而遠去，以應史記「君德誠施皆清矣」之文。於義亦通。**侯以明之，撻以記之，**當行射侯之禮以明善惡之教，笞撻不是者使記識其過。○「侯以明之，撻以記之」，今文無徵。古文「撻」字一作「遽」。○「侯以明之」者，孫云：「釋詁云：『侯，君也。』儀禮喪服傳注：『天子諸侯及卿大夫有地者皆曰君。』」皮云：「大傳説皋陶謨有諸侯貢士之義，則此與下『惟帝時舉』皆言貢士。古者諸侯歲獻貢士於天子，天子試之於射宫，故有『侯以明之』等語。」先謙案：孫以「侯」訓「君」，「明」訓「清」，夏紀云「君德誠施皆清矣」，以爲專釋「侯以明之」句，非也。大傳以此經有諸侯貢士之説，射禮有序賓以賢詢衆擇善之義，則諸侯、射侯説皆可通。○「撻以記之」

者，説文「撻」下云：「鄉飲酒罰不敬，撻其背。」閻胥：「各掌其閭之政令。凡事掌其比，觵撻罰之事。」注：「觵撻者，失禮之罰也。觵用酒，其爵兕角爲之。撻，扑也。」春秋繁露制度篇説「誰敢弗讓」之義云：「朝廷有位，鄉黨有序。」朝廷有位，謂侯以明之；鄉黨有序，謂鄉飲酒罰不敬也。記之者，謂記其過。古文「撻」一作「遽」者，説文「遽」下云：「古文『撻』。周書曰：『遽以記之。』」段云：「『周』是『虞』之誤。古文『撻』从『虍』，未詳。」唐釋玄應衆經音義引古文最多，有『邀』、『敎』無『遽』，疑『虍』即『攴』之誤字。」**書用識哉，欲並生哉。**書識其非，欲使改悔，與共並生。○「書用識哉，欲並生哉」，今文無徵。○「書用識哉，欲並生哉」者，「書」謂刑書也，吕刑：「明啟刑書胥占。」孫云：「司救：『凡民之有衺惡者，三讓而罰之。罰而士加明刑。』注：『罰謂撻擊之也。加明刑者，去其冠飾而書其衺惡之狀著之背也。』可證此經之義。過小則記之，大則識其罪。欲並生者，鄭注周禮云：『生猶養也。』」**工以納言，時而颺之，**工，樂官，當誦詩以納諫，當是正其義而颺導之。○「工以納言，時而颺之」，今文無徵。○「工以納言，時而颺之」者，工，官；時，是，皆見上。納言者，即下文所云「敷納以言」。孫云：「颺者，文王世子：『或以言揚。』『颺』同『揚』。堯典：『揚側陋。』史公説『揚』爲『舉』。文王世子云：『必取賢斂才焉。或以事舉，或以言揚，曲藝皆誓之，以待又語。三而有一焉，乃進其等。』可證此經之義。」**格則承之庸之，否則威之。**天下人能至於道則承用之，任以官。不從教則以刑威之。○「格則承之庸之，否則威之」，今文無徵。○「格則承之庸之，否則威之」者，格，來也，不必改假。承，同「烝」，進也。皆釋詁文。詩傳：「庸，用也。」言舉於官者，來則進用之。廣雅釋詁：「否，隔也。」易否象上傳崔憬注：「否，不通也。」經言蔽賢則加之罰也。後漢紀魯丕對策云：「古者，貢士得其人者有慶，不得其人者有讓。」潛夫論考績篇：「古者諸侯貢士，一適謂之好德，載適謂之尚賢，三適謂之有功，則加之賞。其不貢士也，一則黜爵，載則黜地，三黜則爵土俱畢。附下而罔上者刑，與聞國政而無益於民者斥，在上位而不能進賢者逐。」以上言舉賢則讒變自遠。夏紀自「若不在時」至此，説爲「君德誠施皆清矣」，徐廣注：「『君』一作『吾』。」先謙案：自舜言作「吾」亦通。讒變既遠，賢才進用，故曰「皆清」。

禹曰：「俞哉，帝！光天之下，至于海隅蒼生，光天之下，至于海隅，蒼蒼然生草木。言所及廣遠。○「禹曰：『俞哉，帝』」，今文與古文同。「光天之下，至于海隅蒼生」，今文無徵。蒼生，民也。僞傳以「蒼生」爲「蒼蒼然生草木」，謬。○「禹曰：『俞哉，帝』」者，夏紀作「禹曰：『然，帝』」，俞、然，故訓字。○「光天之下，至于海隅蒼生」者，釋言：「桄，充也。」孫炎作「光」。「光天之下」，猶充滿天之下，與詩「普天之下」、「敷天之下」義同。釋地：「齊有海隅。」呂覽有始篇高注：「隅，崖也。」文選史岑出師頌云：「蒼生更始。」李注：「蒼生，黔首也。」史釋「蒼生」爲「民」，是用今文尚書説。**萬邦黎獻，共惟帝臣。惟帝時舉，敷納以言，明庶以功，車服以庸。**獻，賢也。萬國衆賢，共爲帝臣，帝舉是而用之，使陳布其言，明之皆以功大小爲差，以車服旌其能用之。○「萬邦黎獻，共惟帝臣。惟帝時舉，敷納以言，明庶以功，車服以庸」，古文也；今文「獻」作「儀」，「共」作「具」，「敷」作「傅」，一作「賦」，「庶」作「試」，「車」一作「輿」，「以」一作「有」。○「萬邦黎獻」者，今文「邦」當爲「國」，可以例推。釋詁：「黎，衆也。」「獻」作「儀」者，漢孔宙碑：「黎儀以康。」堂邑令費鳳碑：「黎儀瘁傷。」斥彰長田君碑：「安惠黎儀。」是今文尚書作「黎儀」，如「民獻」作「民儀」之比。○「共」作「具」者，張衡東京賦：「具惟帝臣。」薛綜注：「具之言俱也。」李善注引經文作「具」。潘岳藉田賦：「具惟命臣。」潘尼贈陸機詩：「具惟近臣。」皆本今文。○「惟帝時舉」者，漢書叙傳：「時舉傳納，聽斷惟精。」李奇注：「時，是也。」「時舉」與「傅納」連引，是今文「惟帝時舉」之證，此與上「惟」，並當爲「維」，可以例推。○「敷」作「傅」者，漢書叙傳作「傅納」。（見上。）文紀：「詔諸侯王公卿郡守舉賢良能直言極諫者，傅納以言。」成紀鴻嘉二年詔曰：「古之選賢，傅納以言，明試以功。」師古注：「傅，讀曰『敷』。敷，陳也。」一作「賦」者，潛夫論考績篇引夏書「賦納以言」，左僖二十七年傳趙衰引書同。○「庶」作「試」者，漢書成紀、潛夫論考績篇並作「明試以功」，左傳趙衰引同，又云：「君其試之。」疏云：「『敷』作『賦』，『庶』作『試』，師受不同，古字改易耳。」山井鼎七經孟子考文云：「足利古本『庶』作『試』。」與左傳合。○「車服以庸」者，孫云：「此謂舉賢，與堯典考績不同。車服者，謂車馬衣服。庸即用也。『車服以庸』，謂命爲士。大傳云：『未命爲士，車不得有飛軨。』又或作『不得朱軒』。注云：『飛軨，如今窗車也。軒，輿也。士以朱飾之。』其文見文選注，疑是此傳。御覽六百三十七引韓詩傳云：『古者必有命。民有能敬長憐孤取舍好讓者，命於其君，然後敢飾車駢馬。未得命者，不得乘車，乘車皆有罰。是故其民雖有錢財侈物，而無禮義功德，即無所用其錢財。故其民皆興仁義，而賤不爭貴，强不淩弱，衆不暴寡，是唐、虞之所以象典刑，而民莫敢犯也。』説苑修文篇説同。潛夫論浮侈篇：『古者必有命，民然後乃得衣繒綵而乘車馬。』皆説此經之義。」皮云：「考工記輿人疏引殷傳：『未命爲士者，不得乘飾車。』外紀卷二：『成湯令未命之爲士者，車不得朱軒及有飛軨，不得乘飾車駢馬、衣文繡。命，然後得，以順有德。』通志器服略説同。則文選注所引乃殷傳文，非此經之傳也。惟詩碩人、都人士疏，周禮巾車疏、禮玉藻、大學疏、後漢王符傳注、藝文類聚、禮書、御覽引大傳曰：『古之帝王必有命民。

民能敬長衿孤，取舍好讓，舉事力者，命於其君，得命，然後得乘飾車駢馬、衣文錦。未有命者，不得衣不得乘，乘、衣者有罰。』中有『敬長』、『好讓』等語，與下文『誰敢不讓，敢不敬應』相合，塙是此經傳文。玉藻疏、巾車疏明引唐傳，更非殷傳可比。其稱唐傳不稱虞傳者，或與堯典『車服以庸』傳同。其前數語，與韓詩傳大同，蓋韓詩傳亦即引用此傳也。續漢輿服志：「書曰：『明試以功，車服以庸。』夫禮服之興也，所以報功章德，尊仁尚賢。非其人不得服其服，所以順禮也。』」潛夫論考績篇引書「車服以庸」。「車」一作「輿」，「以」一作「有」者，春秋繁露制度篇曰：「故貴賤有等，衣服有別，朝廷有位，鄉黨有序，則民有所讓而不敢爭，所以一之也。書曰：『轝服有庸。誰敢不讓？敢不敬應？』此之謂也。」是今文一作「輿服有庸」。後漢左雄傳雄上疏曰：「輿服有庸。」鹽鐵論大夫曰：「古者宮室有度，輿服有庸。」漢樊安碑：「庸以輿服。」皆與董子合。**誰敢不讓？敢不敬應？**上惟賢是用，則下皆敬應上命而讓善。○「誰敢不讓？敢不敬應」，今文與古文同，「敢」一作「能」，下多「誰」字。○「誰敢不讓？敢不敬應」者，春秋繁露制度篇引如此。「敢」一作「能」，下多「誰」字者，潛夫論考績篇：「辭言應對，各緣其文，以覈其實，則奉職不解，而陳言者不得誣矣。書曰：『賦納以言，明試以功，車服以庸。誰能不讓？誰能不敬應？』此堯、舜所以養黎民而致時雍也。」皆今文異字。孫云：「據王符說，則讓爲推賢尚善。」**帝不時敷同，日奏罔功。**帝用臣不是，則遠近布同而日進於無功，以賢愚並位、優劣共流故。○「帝不時敷同，日奏罔功」，今文與古文同。○「帝不時敷同，日奏罔功」者，夏紀：「帝即不時布同善惡，則無功。」孫讀「帝不時敷」句，「同日奏罔功」句，云：「敷，分也。奏，進也。罔，無也。帝不以是分別，善惡同日進用，則無功狀。謂讒說之人與黎獻同日進用，無治績也。」先謙案：史公以「敷」爲「布」，布亦徧也。言旌賢宜徧，蔽賢宜懲，萬邦皆爲帝臣，若不以是時颺否威善善惡惡之法布同於天下，雖日進人而用，亦無功效。「帝不時敷同」句，「日奏罔功」句。**「無若丹朱傲，惟慢遊是好，**丹朱，堯子。舉以戒之。○「無若丹朱傲，惟慢遊是好」，古文也，今文上有「帝曰」字，「無」、「傲」作「毋」、「敖」，古文「敖」一作「奡」，「惟」作「維」。○「帝曰：『毋若丹朱敖』」者，夏紀如此。漢書楚元王傳劉向奏云：「臣聞帝舜戒伯禹：『毋若丹朱敖。』周公戒成王：『毋若殷王紂。』」論衡譴告篇：「舜戒禹曰：『毋若丹朱敖。』周公勑成王曰：『毋若殷王紂。』」又問孔篇：「尚書曰：『毋若丹朱敖，惟慢遊是好。』謂帝舜勑禹，毋子不肖子也。重天命，恐禹私其子，故引丹朱以勑戒之。禹曰：『予娶若時，辛壬癸甲，開呱呱而泣，予弗子。』陳已行事，以往推來，以見卜隱，效己不敢私不肖子也。」段云：「後漢梁冀傳汝南袁著詣闕上書曰：『昔舜、禹相戒「無若丹朱敖」，周公戒成王「無如殷王紂」。』渾融其詞曰『舜、禹相戒』，蓋因古文尚書文異故更之。丹朱見堯典『胤子朱』下。『傲』本當爲『敖』，衛包改『傲』。管子宙合篇：『若敖之在堯也。』房注：『敖，堯子丹朱慢而不恭，故曰敖。』引書：『無若丹朱敖。』知天寶以前，本不作『傲』也。」古文一作「奡」者，説文「奡」下云：「嫚也。虞書曰：『若丹朱奡。』讀若『敖』。」段云：「此壁中故書。」先謙案：釋文：「『傲』又作『奡』。」則非壁書也。丹朱性敖，因以敖著稱。故管子書不言「朱」，直名曰「敖」。「敖」又爲「奡」，論語稱「奡盪舟」是也。○「惟」作「維」者，夏紀云「維慢遊是好」，今文「惟」多作「維」。孫云：「釋詁：『伊，維也。』維爲綱維，惟爲思惟，俱假借字。説文：『慢，惰也。』」**傲虐是作，罔晝夜頟頟，**傲戲而爲虐，無晝夜常頟頟肆惡無休息。○「傲虐是作」，今文無徵。「罔晝夜頟頟」，古文也，今文作「鄂鄂」。○「傲虐是作」者，夏紀無文。釋文：「傲，五羔反。」段云：「説文：『敖，出游也。』僞傳云『傲戲』，則字本作『敖』可知，衛包改『傲』。」○今文「頟頟」作「鄂鄂」者，潛夫論斷訟篇：「晝夜鄂鄂，慢游是好。」是今文作「鄂鄂」。「頟」即「額」字，頟、鄂雙聲通用。釋名釋形體：「額，鄂也，有垠鄂也。故幽州人謂之鄂。」漢書霍光傳：「羣臣皆驚鄂失色。」顏注：「凡言鄂者，皆謂阻礙不依順也。」大戴禮曾子立事篇：「是故君子出言以鄂鄂。」注：「鄂鄂，辨厲也。」出言不順人爲鄂鄂，行事不順人亦爲鄂鄂，晝作夜息，人道之常，今不分晝夜，無有休息，是於天時人事皆阻礙不順，故曰鄂鄂也。**罔水行舟，朋淫于家，用殄厥世，**朋，羣也。丹朱習於無水陸地行舟，言無度。羣淫〔一〕於家，妻妾亂，用是絶其世，不得嗣。○「罔水行舟，朋淫于家，用殄厥世」，今文與古文同，「朋」一作「風」，古文一作「堋」。○「罔水行舟」者，夏紀作「毋水行舟」，（汲古本「行舟」作「舟行」，誤。）罔、毋，故訓字。孟子梁惠王篇趙注：「書曰：『罔水行舟。』丹朱慢遊是好，無水而行舟。」書疏引鄭云：「丹朱見洪水時人乘舟，今水已治，猶居舟中，頟頟使人推行之。」孫云：「『禹水行乘舟』，治洪水也。『今水已治』，釋『罔水』也。『猶居舟中』，是舟行以爲戲也。『頟頟使人推行之』者，水淺舟滯，使人推舉行之。所謂慢游也。或以爲陸地行舟，非。」○「朋淫于家」者，夏紀如此。「朋」一作「風」者，後漢樂成靖王黨傳安帝詔曰：「風淫于家。」孫云：「朋，讀爲『風』，放也。風、放聲又相近。書疏引鄭云：『朋淫，淫門內。』楚詞王逸注：『淫，遊也。』詩傳：『朋，比也。』丹朱朋比佚遊於門內，亦謂慢遊也。或以淫爲婬亂，非。丹朱隱惡，舜不應斥言於朝。」古文一作「堋」者，說文「堋」下云：「喪葬下土也。从土朋聲。春秋傳曰：『朝而堋。』禮謂之

〔一〕「淫」字原重，據阮元校刻本删。

封，周官謂之窆。虞書曰：『堋淫于家。』亦如是。」（小徐本有三字，大徐本無。）段云：「此壁中故書，孔安國以今文讀之，易『堋』爲『朋』，此古書假借，與假『狟狟』爲『桓桓』、假『莫』爲『蔑』、假『敃』爲『好』一例。閻若璩謂堋淫爲居喪犯婬，堋乃下棺之名，此時斷無犯婬者。果爾，則于野，非于家矣。況說文引春秋傳之堋，本義也，故先引而用封、窆申明之；虞書之『堋』，借義也，故列於後，而言『亦如是』，謂義不同而字亦如是作也。」○「用殄厥世」者，夏紀作「用絶其世」，殄、絶，厥、其，故訓字。周語韋注：「父子相繼曰世。」案丹朱之死，書無明文，據論語「奡盪舟，不得其死然」，則朱非善終，舜亦不能爲之諱也。若以不能繼位爲「殄世」，舜方將禪禹，豈肯爲是言乎？**予創若時。」「娶于塗山，辛壬癸甲。**創，懲也。塗山，國名。懲丹朱之惡，辛日娶妻，至于甲日復往治水，不以私害公。○「予創若時，娶于塗山，辛壬癸甲」，古文也，今文「娶于」作「予娶」，上多「禹曰」二字，「塗」一作「嵞」。○「予創若時」者，夏紀作「予不能順是」。孫云：「說文：『創，傷也。』若，順也。時，是也。言予以順是爲傷，故不順之。孟子趙岐注：『順，愛也。』義亦同。」先謙案：「是」者，指上文丹朱所爲。舜以其殄世，爲懲戒，故言不能順愛是也。○「禹曰：『予娶塗山，辛壬癸甲』」者，夏紀作：「禹曰：『予辛壬娶塗山，癸甲生啟。』」索隱云：「蓋今文尚書脱漏，太史公取以爲言，亦不稽其本意。豈有辛壬娶妻，經二日生子？不經之甚。」陳云：「史記『予辛壬娶塗山，癸甲生啟予不子』當爲『予娶塗山，辛壬癸甲，生啟予不子』，『予娶塗山』句，『辛壬癸甲』句，『生啟予不子』句。集解引僞傳云『辛日娶妻，至于甲四日，復往治水』，知裴所見史記作『予娶塗山，辛壬癸甲』。正義亦云：『禹辛日至甲四日，往理水。』是張據史記本與裴同。」先謙案：書疏引鄭云：「登用之年，始娶于塗山氏，三宿而爲帝治水。」以辛爲娶日，三宿歷壬癸甲日也。呂覽云：「禹娶塗山氏女，不以私害公。自辛至甲四日，復往治水，故江、淮之俗以辛壬癸甲爲嫁娶日也。」楚詞天問王逸注：「禹以辛酉日娶，甲子日去，而有啟也。」吳越春秋云：「禹因娶塗山，謂之女嬌。取辛壬癸甲。」諸説皆同。「塗」一作「嵞」者，説文「嵞」下云：「會稽山也。一曰九江當嵞也，民以辛壬癸甲之日嫁娶。虞書曰：『予娶嵞山。』」此尚書作「予娶塗山」之塙證。許前説本左哀七年傳文禹會諸侯之所也，「一曰」以下則此經之塗山。吕覽音初篇：「禹行功，見塗山之女。」高誘注：「塗山在九迴，近當塗也。」漢書地理志「九江」「當塗縣」應劭注：「禹所娶塗山氏國也，有禹虛。」今安徽鳳陽府懷遠縣是。論衡問孔篇：「禹曰：『予娶若時，辛壬癸甲。』」（引見上。）「予娶若時」乃「予娶塗山」之誤文。（劉逢禄、鄒漢勛、皮錫瑞説並同。）

啟呱呱而泣，予弗子，惟荒度土功。啟，禹子也。禹治水，過門不入，聞啟泣聲，不暇子名之，以大治度水土之功故。○「啟呱呱而泣，予弗子，惟荒度土功」，古文也，今文無「而」字，「弗」作「不」，「啟」一作「開」。○「啟呱呱而泣，予弗子」者，夏紀作「生啟，予不子」，湝約其文。今文作「啟呱呱泣」者，説文「呱」下云：「小兒嗁聲。」白虎通姓名篇：「人生所以泣何？一幹而分，得氣異息，故泣，重離母之義也。尚書曰：『啟呱呱泣。』」列女傳頌：「辛壬癸甲，禹往敷土，啟呱呱泣，母獨論序。」吳越春秋云：「禹行十月，女嬌生子啟，啟生不見父，晝夜呱呱嗁泣。」皆無「而」字。「啟」一作「開」者，論衡作「開」，今文「啟」多爲「開」。「弗」作「不」者，夏紀如此。（見上。）釋文：「子，鄭將吏反。」是讀「子」爲「字」。禮記「易直子諒」鄭注：「子，讀爲『不子』之『子』。」列子楊朱篇：「惟荒土功，子產不字，過門不入。」「弗」皆作「不」。「子」讀爲「字」，疑今文亦然。江云：「禹因帝引丹朱以相戒，故言不子其子，『荒度』是勤，述往事以推來，明不敢效丹朱也。」論衡説弗子之意云「己不敢私不肖子」，（見上。）恐非經恉。○「惟荒度土功」者，夏紀云「以故能成水土功」。孫云：「廣雅釋詁：『度，就也。』就，亦成也。」列子作「惟荒土功」，（見上。）詩傳：「荒，大也。」詩殷武疏引鄭云：「荒，奄也，奄大九州四海之土。」釋詁：「奄，大也。」土功謂分土之功。**弼成五服，至于五千，州十有二師，**五服，侯、甸、綏、要、荒服也，服五百里，四方相距爲方五千里。治洪水輔成之，一州用三萬人功，九州二十七萬庸。○「弼成五服，至于五千，州十有二師」，今文與古文同，古文「弼」作「㔗」。○「弼成五服」者，夏紀作「輔成五服」，弼、輔，故訓字。言以敷土輔成之。論衡語增篇：「經曰：『弼成五服。』五服，五采之服也。服五采，畫日月星辰。」段云：「此今文說。與上下文不貫，可怪之甚。」皮云：「不知下文之解若何。若以五服爲天子、諸侯、次國、大夫、士五章之服，如後世所云冠帶之國，義亦可通。」古文「弼」一作「㔗」者，說文「㔗」下云：「輔信也。从卩比聲。虞書曰：『㔗成五服。』」段云：「輔信者，以其字从卩。卩，瑞信也。从比則有輔義，比亦聲也。蓋壁書如此。詩殷武鄭箋引仍作『弼成五服』。」孫云：「職方氏鄭注：『服，服事天子也。詩云：「侯服于周。」』周語韋注：『服，服其職業也。』五服，禹貢甸服、侯服、綏服、要服、荒服。」○「至于五千」者，夏紀作「至于五千里」。王制疏引異義云：「今尚書歐陽、夏侯說中國方五千里，古文尚書說五服方五千里，相距萬里。」釋文引馬云：「面五千里，爲方萬里。」詩殷武疏、書疏、王制疏引鄭云：「五服已五千，又弼成爲萬里。敷土既畢，廣輔五服而成之，至于面方各五千里，四面相距爲萬里。堯制五服，服各五百里。要服之內四千里，曰九州。其外荒服，曰四海。此禹所受地記書曰『崑崙山東南五千里，名曰神州』者。禹弼五服之殘數，亦每服者合五百里，故有萬里之界、萬國之封焉。去王城五百里曰甸服，其弼當侯服，去王城千里。其外五百里爲侯服，當甸服，去王城一千五百里，其弼當男服，去王城二千里。又其外五百里爲綏服，當采服，去王城二千五百里，其弼當衛服，去王城三千里。又其外五百里爲要服，與周要服相當，去王城三千五百里，四面相距爲七千里，是九州之内也。要服之弼當其夷服，去王城當四千里。又其外五百里爲荒服，當鎮服，其弼當蕃服，去王城五千里。四面相距爲方萬里也。」孫云：「至于五千者，甸服在千里内，侯服二千里内，綏服三千里内，要服四千里内，荒服五千里内。史公説禹貢，亦與今文同。中國方五千里，亦有萬國者，五五二十五，爲方千里者二十五，除王圻千里，則方千里者二十四〔二〕也。八州，每州方千里者三。依鄭注建國之法差之，一州方七十里之國二百，方五十里之國四百，方三十里之國八百，餘方百里者三十，不在數内，州共一千四百國。以二百國爲名山大川不封之地，八州共九千六百國。四百國在圻内，適得爲萬國也。鹽鐵論結和篇：『伯翳之始封秦，地爲七十里。』孟子亦云『湯以七十里』，知虞、夏封，大不過七十里也。知五千爲方五千里者，舜本紀云：『禹定九州，各以其職來貢，不失厥宜。方五千里。』下云：『至于荒服。』異義説中國方五千里者，以五服四面相距爲五千里。甸服千里，侯、綏、要、荒各五百里也。史記説禹貢『五服』亦同，云：『天子之國以外五百里甸服，甸服外五百里侯服，侯服外五百里綏服，綏服外五百里要服，要服外五百里荒服。』故詩殷武疏云：『司馬遷説以爲諸小數者，皆是五百里之别名，大界與堯不殊。』案：禹貢甸服之外有『百里賦納總』之屬，是謂小數，史公不爲正數也。鹽鐵論地廣篇：『古者天子之立於天下之中，縣内方不過千里，諸侯列國不及不食之地，禹貢至於五千里。民各供其君，諸侯各保其國，是以百姓均調，而繇役不勞也。』説苑修文篇：『禹定九州，各

〔二〕「四」原誤作「五」，據孫星衍尚書今古文注疏改。

以其職來貢，不失厥宜。方五千里，至于荒服。』漢書賈捐之傳：『以三聖之德，地方不過數千里。』案：三聖，堯、舜、禹。此西漢人說。論衡別通篇：『殷、周之地，極五千里，荒服、要服，勤能牧之。漢氏廓土，牧萬里之外。』俱同今文。王制疏又引許慎謹案：『以漢地考之，百里外至東海，衡山之陽至于朔方，經略萬里。』從古尚書說。鄭云『廣輔五服而成之，至于面各五千里』者，鄭注禹貢云：『堯之五服，服五百里耳。禹平水土之後，每服更以五百里輔之，是五服服別千里，故一面而爲差至于五千也。』云『禹所受地記書』者，河圖括地象也。職方氏疏、曲禮疏皆引括地象文，與此同。以崑崙山在東南地方五千里名曰神州者，史記孟子傳引騶衍說云：『中國名曰神州。赤縣神州內有九州，禹之序九州也。』說文：『丘，从北从一。一，地也。中邦之居，在昆侖東南。』是神州在崑崙東南。釋詁：『神，治也。』言神農至禹所治之地。云禹弼五服之殘數之內，故有萬里之界也。云『去王城五百里曰甸服』云云者，職方氏云：『乃辨九服之邦國：方千里曰王畿，其外方五百里曰侯服，又其外方五百里曰甸服，又其外方五百里曰男服，又其外方五百里曰采服，又其外方五百里曰衛服，又其外方五百里曰蠻服，又其外方五百里曰夷服，又其外方五百里曰鎮服，又其外方五百里曰藩服。』是周之九服爲方萬里，其中方千里爲王畿。堯之五服，甸、侯、綏、要、荒各五百里，爲方五千里。禹輔成之，至於面各五千里，則亦爲方萬里。而其中方千里爲甸服，是甸服當周之王畿，甸服之弼當周之侯服。由是以推，則侯服當周之甸服，其弼當其男服。綏服當其采服，其弼當其衛服也。要服於周爲蠻服，鄭言『與周要服相當』者，大行人職於『衛服』之下言：『又其外方五百里謂之要服。』注云：『要服，蠻服也。』是周之蠻服亦爲要服也。云『是九州之內』者，大行人職云：『又其外方五百里謂之要服，六歲一見，其貢貨物。九州之外，謂之藩國，世一見。』於要服下特言九州之外，明要服在九州之内也。玉篇云：『三千五百里曰華夏。』據一面言之。顧野王同鄭説也。周禮蠻服之外爲夷、鎮、藩三服，故鄭云『要服之弼當其夷服。荒服當鎮服，其弼當藩服』也。周書立政云：『其克詰爾戎兵，以陟禹之迹。旁行天下，至于海表，罔有不服。』是周之幅員，與禹弼成五服同，故鄭從古尚書説爲廣輔至於萬里也。」皮云：「史記云：『令天子之國以外五百里甸服。』是甸服在天子之國以外。天子之地方千里，此外甸、侯、綏、要、荒五服，每服五百里，五五二千五百里，四面相距爲五千里，加以天子之地千里，方六千里。賈逵、馬融説中國方六千里，即用史公之説。此云『弼成五服，至于五千』，史公云『輔成五服，至于五千里』，當不兼天子之國言之，未知歐陽、夏侯之説何如，恐亦不兼天子之國言之也。白虎通爵篇：『帝王之德有優劣，所以俱稱天子者何？以其俱命於天而王，治五千里也。』御覽引孫子云：『夫帝王處四海之内，居五千里之中。』皆同今尚書説。淮南子云：『禹平治水土，定千八百國。』亦今文家説。今文家不以爲實有萬國，故不以爲有萬里也。」○「州十有二師」者，夏紀作「州十二師」。大傳云：「古之處師，八家而爲鄰，三鄰而爲朋，三朋而爲里，五里而爲邑，十邑而爲都，十都而爲師。州十有二師焉。家不盈三口者不朋，由命士以上不朋。」鄭注：「州凡四十三萬二千家，此蓋虞、夏之數也。」（段云：「此廣雅所本。廣雅釋地：『十邑爲鄉，十鄉爲都。』然則今本大傳『十邑』之下有脱文。」皮云：「此虞夏傳也，禮雜記疏引作洛誥，誤。」王念孫廣雅疏證云：「各本作『十邑爲鄉，十鄉爲都』，若加以『十都爲師，十二師爲州，凡有四百三十二萬家』，與鄭注不合，蓋後人以意加之。晉書地理志、初學記、御覽、路史疏仡紀並作『十邑爲都』，今據以訂正。晉志引此以爲『昔在帝堯，叶和萬邦』之制，陳、袁所輯大傳以爲周傳文，非也。」）孫云：「州謂九州，其一爲王畿，餘有八也。每州設師十二，八州當有九十六人。大傳云『十都爲師』，則三萬六千家有一師也。周禮司徒之屬『鄉〔一〕大夫』注：『鄭司農云：「萬二千五百家爲鄉。」』『州長』注：『鄭司農云：「二千五百家爲州。」』與此不同，故知爲虞、夏之數也。」釋文、書疏、詩蓼蕭疏引鄭云：「猶用要服之内爲九州，州更方七千〔二〕里。七七四十九，得千里者四十九。其一以爲圻内，餘四十八，八州分而各有六。春秋傳曰：『禹朝羣臣於會稽，執玉帛者萬國。』言執玉帛者，則九州之内諸侯也。其制特置牧。以諸侯賢者爲之師，蓋百國一師，州十有二師，則州千二百國也。二千五百人爲師。師，長也。計一州方百里之國二百，七十里之國四百，五十里之國八百，計一州有一千四百國，以二百國爲名山大川不封之地，餘有一千二百國。八州凡九千六百國，其餘四百國在圻内。舉王制之法準之，八州通率，封公侯百里之國者一，伯七十里之國二，子男五十里之國四，方百里者三，封國七有畸。至于圻内，則子男而已。九州，州立十二人爲諸侯之師，以佐其牧。外則五國，立長使各守其職。」孫云：「鄭謂『要服之内爲九州，州更方七千〔三〕里』者，周之九服，與禹輔成五服相等，故以周禮推之，知要服之内有九州也。要服去王城三千五百里，四面相距，則爲方七千里矣。方七千里者七，以七乘七則四十九，故云七七四十九，得方千里者四十九。云『其一以爲畿内』者，詩殷頌曰：『邦畿千里。』唐、虞稱服，夏或稱縣。王制云：『天子之縣内。』注云：『縣内，夏時天子所居州界名也。』云『餘四十八，八州分而各有六』者，

〔一〕「鄉」原誤作「卿」，據周禮改。
〔二〕「千」原誤作「十」，據尚書臯陶謨疏引鄭注原文改。
〔三〕「千」原誤作「十」，據尚書臯陶謨疏引鄭注原文改。

六八四十八，故八分之各有六也。云『執玉帛，則九州之内諸侯』者，大行人職：『九州之外，謂之藩國，世一見，各以其所貴寶爲贄。』是九州之外，諸侯不執玉帛也。云『其制特置牧』者，王制鄭注：『凡長，皆因賢侯爲之。殷之州長曰伯，虞、夏及周皆曰牧。』蓋據堯典有『十二州』，又云『咨十有二牧』，是州長曰牧也。云『以諸侯賢者爲之師』者，師之言長，爲諸侯之長，以佐牧者也。云『百國一師』者，州千二百國，當設十二師也。云『計一州方百里之國二百』云云者，鄭意以一州有方千里者六，封三等之國，各以方千里者二。計方千里，爲百里者百。千里之方二，則封方百里之國二百也。計方百里，爲方十里者百。以封方七十里之國，七七四十九，得方百里者四十九，兩之則九十八。是方百里者，截長補短，可封方七十里者二國，猶餘方十里者二也。故方千里者二，以封方七十里之國，可四百有奇。止言四百者，約舉其準數耳。計方五十里者四，當[二]百里之方一，故方千里者二，可封方五十里之國八百也。總此三等，凡有一千四百國。云『以二百國爲名山大川不封之地，餘有一千二百國』者，王制云：『名山大澤不以朌。』此據州十有二師，則當千二百國，故計以二百國爲名山大川不封之地也。州有千二百國，以八乘千，則八千；以八乘二百，則千有六百；故八州凡九千六百國。計滿萬國之數，當更益以四百國，故云其餘四百國在圻内。鄭志答趙商云：『公卿大夫有田禄者，其四百國，非采地爲何？』是鄭以采地在四百國之數也。王制疏引異義：『古春秋左氏説禹會諸侯于塗山，執玉帛者萬國。唐、虞之地萬里，容百里地萬國。其侯伯七十里，子男五十里，餘爲天子閒田。』其説略與鄭同。云『百里者三，封國七有奇』

[二]「當」下原有「四」字，據上下文義，「四」字當爲衍文，故删。

者，王制疏云：『所以百里三封國七者，以百里之方一，爲公侯之國一。又以百里之方一，爲伯七十里之國二。又以百里之方一，爲子男五十里之國四。是百里之方三，封國七也。言「有奇」者，謂百里之方，封七十里之國二有奇者。以百里之方二，故云有奇。以此計之，州有千里之方六，以千里之方二，爲公侯之國二百；又以千里之方三，爲子男之國八百，總爲一千四百國也。』」**外薄四海，咸建五長。**薄，迫也。言至海。諸侯五國立賢者一人爲方伯，謂之五長，以相統治，以奬帝室。○「外薄四海，咸建五長」，今文與古文同。古文「薄」一作「敷」。○「外薄四海，咸建五長」者，夏紀如此。釋詁：「薄，至也。」大傳云：「夏成五服，外薄四海。東海，魚須、魚目；南海，魚革、珠璣、大貝；西海，魚骨、魚幹、魚脅；北海，魚劍、魚石、出瑱、擊閭。」皮云：「據大傳，則今文家説實有東西南北四海之名，與爾雅云『九夷、八狄、七戎、六蠻謂之四海』不同，但其地不可考耳。」古文「薄」一作「敷」者，詩蓼蕭鄭箋引此文，釋文云：「諸本作『外敷四海』。」敷、薄聲相近。鄭云：「外則五國，立長使各守其職。」（引見上。）鄭以要服之内有師有牧，此立長當在四海外也。王制云：「五國以爲屬，屬有長。」鄭獨言四海外者，以曲禮云：「九州之長入天子之國曰牧。其在東夷、北狄、西戎、南蠻，雖大曰子。」注云：「謂九州之外長也，天子亦選其諸侯之賢者以爲之子。子猶牧也。」**各迪有功，苗頑弗即工，帝其念哉。**」九州五長各蹈爲有功，惟三苗頑凶，不得就官。善惡分別。○「各迪有功，苗頑弗即工，帝其念哉」，古文也，今文「弗」作「不」，「工」作「功」。○「弗」作「不」，「工」作「功」者，夏紀作「各道有功，苗頑弗即功〔一〕，

〔一〕「功」原誤作「工」，據史記夏本紀及此文意改。

帝其念哉」，「迪」作「道」，故訓字。釋詁：「迪，作也。」詩傳：「即，就也。」禹言各邦皆勸作有功，惟有苗頑凶，梗化弗克就功，願帝以爲念，勿因天下將平，遂涉怠忽也。故帝此後頻有征苗之事。**帝曰：「迪朕德，時乃功惟叙。」**言天下蹈行我德，是汝治水之功有次序，敢不念乎！○「帝曰：『迪朕德，時乃功惟叙』」，古文也，今文「叙」作「序」，僞傳「敢不念乎」是以上文禹念爲請念其功，謬。○「叙」作「序」者，夏紀云：「帝曰：『道吾德，乃女功序之也。』」迪、道，朕、吾，乃、汝，故訓字。「叙」作「序」，今、古文之異。孫云：「晉語韋注：『道，達也。』時，是也。叙者，釋詁與『順』轉訓，言禹功順成之也。」

皋陶方祗厥叙，方施象刑，惟明。方，四方。禹五服既成，故皋陶敬行其九德考績之次序於四方，又施其法刑，皆明白。史因禹功重美之。○「皋陶方祗厥叙，方施象刑，惟明」，古文也，今文「叙」作「緒」，「方」作「旁」，「惟」作「維」。○「皋陶旁祗厥緒」者，續漢志劉昭注引丁孚漢儀夏勤策文云：「旁祗厥緒。」魏志注引袁宏漢紀建安二十五年詔同。旁、方，今、古文之異。釋詁：「祗，敬也。」緒、叙、序，字同。釋詁：「叙，緒也。」詩閔予小子傳：「序，緒也。」廣雅釋詁：「緒，業也。」釋詁：「緒，事也。」詩閟宫「纘禹之緒」箋云：「纘禹之事。」夏紀説此文爲「皋陶於是敬禹之德」，禹之德，即其治水之事。業見於行則爲事，業被於民即爲德也。故史公以德言之。「旁」之言「普」，言無所不敬。○「旁施象刑，維明」者，白虎通聖人篇：「皋陶，聖人，而能爲舜陳道，『朕言惠，可底行。』又旁施象刑，維明。」王應麟藝文志考引同。新序節士篇：「書曰：『象刑旁施，維明。』及禹不能。」楊子先知篇：「唐、虞象刑，維明。夏后肉刑三千。」崔駰大理箴：「旁施作明。」蔡邕司空文烈侯楊公碑：「旁施四方，維明。」皆用今文，以「明」屬「刑」言，解如前文「明于五刑」之「明」，一説也。夏紀云：「令民皆則禹。不如言，刑從之。舜德大明。」以「明」屬「舜德」言，又一説也。孫云：「史公説『方施』爲『令民皆則禹』云云者，詩傳：『方，則也。』是説『方』爲『則』。説『象刑』爲『不如言，刑從之』者，言設此畫象以示民，告以不從教則當加刑，而民無犯者，故云『舜德大明』也。」皮云：「今文作『旁施』，『方』可訓『則』，『旁』不可訓『則』。荀子云：『世俗之爲説者，以爲治古者無肉刑，有象刑，墨黥之屬，菲屨赭衣而不純。是不然矣。』所謂『象刑，惟明』者，言象天道而作刑，安有菲屨赭衣者哉？然則象刑無肉刑，乃古説相傳。以爲象天道作刑，乃荀卿刱論也。」先謙案：旁，溥；施，用也。「旁施象刑」謂溥用象刑而民無犯者。餘詳見堯典。風俗通云：「皋陶謨虞始造律。」書疏引鄭云：「歸美于三臣。」大傳云：「昔舜左禹而右皋陶，不下席而天下治。」即謂此也。孫云：「『皋陶』以下，虞史所述，非舜言也。史公説伯夷語帝前，即此至『庶尹允諧』經文。」

夔曰戛擊鳴球，搏拊琴瑟以詠，祖考來格，戛擊，柷敔，所以作止樂。搏拊，以韋爲之，實之以糠，所以節樂。球，玉磬。此舜廟堂之樂，民悦其化，神歆其祀，禮備樂和，故以祖考來至明之。○「夔曰戛擊鳴球，搏拊琴瑟以詠，祖考來格」，今文與古文同，「戛擊」一作「拮隔」，「格」一作「假」。○「夔曰：『戛擊鳴球』」者，夏紀云「於是夔行樂」，則「曰」不作言語解。孫云：「『夔曰』至『來儀』，爲虞史之言，故史公説『曰』爲『於是』。」釋詁：「爰，曰也。」洪範『土爰稼穡』，史公『爰』作『曰』，此『曰』當訓『爰』。釋訓：『曰，于也。』曹大家注〔一〕幽通賦：『爰，于是也。』」大司

〔一〕「注」字原脱，據孫星衍尚書今古文注疏補。

樂鄭注引下『夔曰』爲『夔又曰』，則鄭以爲夔言，與史公異。」「戛擊鳴球」者，白虎通禮樂篇：「降神之樂在上何？爲鬼神舉也。故書曰：『戛擊鳴球，搏拊琴瑟以詠，祖考來格。』所以用鳴球搏拊何？鬼神清虛，貴靜賤鏗鏘也。」是今文作「戛擊」。一作「拮隔」者，漢書楊雄傳長楊賦云：「拮隔鳴球。」韋昭注：「拮，擽也。鳴球，玉磬也。古文『隔』爲『擊』。」段云：「古說皆謂戛擊爲柷敔，『拮』即『戛』字，擽謂擽敔也。『隔』即『擊』字，謂擊柷也。韋云『古文「隔」爲「擊」』者，謂今文尚書『隔』字古文尚書作『擊』也。『隔』者，『擊』之借字。韋以『隔』字難曉，故援古釋今。不言今文尚書作『隔』者，漢今文在學官，韋時尚人人誦習，不待言也。不言古文『拮』爲『戛』者，或當韋時今、古文皆作『拮』，或略之，今難定也。禮明堂位：『拊搏，玉磬，揩擊，大琴，大瑟，中琴，小瑟，四代之樂器也。』拊搏即書之『搏拊』，玉磬即『鳴球』，揩擊即『戛擊』，大琴、大瑟、中琴、小瑟即『琴瑟』。『戛』又作『揩』，不同如秸、稭、鞂一字三形之比。鄭注禮記云：『揩擊謂柷敔也。』古說不可易。」大傳云：「古者帝王升歌清廟之樂，大琴練弦達越，大瑟朱弦達越，以韋爲鼓，謂之搏拊。何以也？君子有大人聲，不以鐘鼓竽瑟之聲亂人聲。清廟升歌者，歌先人之功烈德澤也，故欲其清也。故書曰：『搏拊琴瑟以詠，祖考來格。』此之謂也。」又云：「搏拊鼓振以秉，琴瑟練絲徽弦，鳴者貴玉聲也。」又云：「拊革裝之以穅。」釋文引馬云：「戛，櫟也。」書疏、大司樂疏引鄭云：「戛，櫟也。戛擊鳴球三者，皆總下樂，櫟戛此四器也。鳴球即玉磬也。磬，縣也，而以合堂上之樂。玉磬和，尊之也。搏拊以韋爲之，裝之以穅，所以節樂。云『以詠』者，謂歌詩也。」孫云：「大傳以爲禹之五祀，則舜薦禹攝位之後，作樂於明堂也。白虎通禮樂篇：『柷敔者，終始之聲，萬物之所生也。柷，始也。敔，終也。』柷敔在堂下而合樂，以爲終始之節，故特先言戛柷擊敔，而堂上之聲應之也。鳴球即明堂位之玉磬。亦先言之者，班、鄭俱以爲玉聲清，故以合堂上之樂，商頌那亦以鼓管之聲依我磬聲也。搏拊即明堂位之器，亦名拊鼓，亦名相。大師：『大祭祀，帥瞽登歌，令奏擊拊。』注云：『謂拊形如鼓，以韋爲之，著之以穅。』樂記：『會守拊鼓。』注云：『言衆皆待擊鼓乃作。』樂記又云：『治亂以相。』注云：『相即拊也。』拊搏擊在樂之先，故大戴禮三本篇云：『縣一磬而尚拊搏。』史記禮書作『拊膈』，亦作『搏膈』。搏拊在堂上，亦先及之。琴瑟即大琴、大瑟、中琴、小瑟，鄉飲酒禮、鄉射禮、燕禮記授瑟皆在工升西階之後，是瑟在堂上，琴亦從之也。以詠，謂工歌。大師：『大祭祀，帥瞽登歌。』郊特牲：『歌者在上，匏竹在下，貴人聲也。』大傳説爲『升歌清廟之樂』。升歌者，謂工升堂上歌詩。清廟者，明堂。明堂位云：『季夏六月，以禘禮祀周公于太廟。』下云：『升歌清廟也。』云『大琴練弦達越』云云者，説文：『琴，神農所作，洞越，練朱五弦，周加二弦。』『瑟，庖犧所作弦樂也。』廣雅釋樂云：『神農氏琴，長三尺六寸六分，上有五弦，曰宮、商、角、徵、羽。』通典引楊雄清音云：『舜彈五弦之琴而天下化，堯加二弦以合君臣之思。』廣雅又云：『伏羲氏瑟，長七尺二寸，上有二十七弦。』呂覽古樂篇：『瞽叟乃拌以五弦之瑟，作以爲十五弦之瑟。舜乃拌瞽叟之所爲瑟，益之八弦，以爲二十三弦之瑟。』御覽引白虎通云：『大瑟謂之灑，長八尺一寸。』諸家説各不同。練者，華嚴經音義引珠叢云：『煮絲令熟曰練。』越者，韋昭注周語〔一〕云：『謂爲之孔也。』云『以韋爲鼓』者，周禮疏云：『白虎通引大傳云：「拊革著以穅。」』今見白虎通禮樂篇，引云『拊搏鼓振以秉』，多三字，并下云云今本脱之也。釋名：『搏拊也，以

〔一〕「語」原誤作「禮」，今據韋昭國語集解改。

韋盛穅，形如鼓，以手拊拍之也。」蓋一手振秉，一手拊拍之。云『不以鐘鼓竽瑟之聲亂人聲』者，謂不以堂下之樂亂工歌也。戛爲櫟者，廣雅釋詁：『櫟，擊也。』从木。从手者誤。櫟即籈也。釋樂：『所以鼓敔謂之籈。』郭注：『以木長一尺櫟之。籈者其名。』云『玉磬尊』者，郊特牲云：『擊玉磬，諸侯之僭禮也。』是玉磬尊異也。」段云：「戛擊鳴球搏拊琴瑟皆謂器。可戛者謂之戛，可擊者謂之擊，可鳴之球謂之鳴球，可搏拊者謂之搏拊。後人妄爲異說則非矣。」皮云：「搏拊本可單稱拊，見周官、禮記。搏拊蓋搏其拊，與鳴球句義同。大傳引書與今本同，又云『以韋爲鼓，謂之搏拊』，則大傳亦作『搏拊』，不作『拊革』，可知其謂『拊，革裝以穅』者，當以『拊』字略逗，謂拊者革裝以穅耳；或以『拊革』二字連讀，非。大傳云『搏拊鼓振以秉』者，説文『柄』重文作『棅』，史記天官書『斗柄』字作『斗秉』，此謂振其秉以鼓之耳。白虎通引此經爲降神之樂，則當在初獻之時。禮祭統云：『獻之屬莫重於祼，聲莫重於升歌。』是祼獻之時，降神之樂在上。大傳以此爲禹之祭祀，大傳鄭注：『舜既使禹攝天子之事，於祭祀辟之，居賓客之位，獻酒則爲亞獻也。大室，明堂中央室也。』則今文説此爲禹攝位後祀明堂作樂之禮。『虞賓在位』爲亞獻，則『來格』以上爲初獻降神明矣。史記於『帝拜往欽』之下即繼以『天下於是皆宗禹』云云，是亦以爲舜薦禹於天爲嗣而作樂，與伏生合也。」〇「祖考來格」者，白虎通禮樂篇引經如此，夏紀云「鬼神至」，格、至，故訓字。一作「假」者，大傳虞傳、後漢肅宗紀建初七年詔引書並作「祖考來假」，蔡邕禮樂志云：「宗廟樂，虞書所謂『琴瑟以詠，祖考來假。』」東觀漢記引同。據蔡志，則今文説爲宗廟樂，舜祭宗廟，乃使禹攝事，而自居賓客之位者，二帝官天下，禘郊祖宗不必皆其祖考，則其祭祖考，亦可使人攝事，不以神不歆非類爲疑也。大傳云：「維十有三祀，帝乃稱王，而入唐郊，猶以丹朱爲尸。於時百執事咸昭然乃知王世不絶，爛然必有繼祖守宗廟之君。」鄭注：「舜承堯猶子承父。雖已改正易樂，猶祭天於唐郊。以丹朱爲尸。至十三年，天下既知已受堯位之意矣，將自正郊，而以丹朱爲王者後，欲天下昭然知之，然後爲之，故稱王也。晉祀夏郊，以董伯爲尸，知當以丹朱爲王者後，使祭其郊也。」孫星衍云：「疑丹朱爲顓頊尸也，其天尸及帝嚳、堯尸，無文可知。」案：孫説據祭法「有虞氏祖顓頊」，故疑丹朱爲顓頊尸。然據鄭注大傳，以大室爲明堂，明堂與郊不得爲一，未知舜時明堂以何人爲尸也。書疏引馬云：「此是舜除瞽叟之喪，祭宗廟之樂。」孫云：「馬以經文稱考，是爲瞽叟已卒之稱。」王制疏引禮稽命徵云：「唐、虞五廟，親廟四，始祖廟一。」故馬以爲舜親廟之祭。」大司樂疏引鄭云：「祖考來格者，謂祖考之神來至也。」孫云：「大司樂：『六變而致象物，及天神。九變則人鬼可得而禮矣。』古文以感神及致鳳皇、舞百獸爲樂之效。」**虞賓在位，羣后德讓。**丹朱爲王者後，故稱賓。言與諸侯助祭班爵同，推先有德。◎「虞賓在位，羣后德讓」，今文與古文同。僞傳以「虞賓」爲丹朱，本今文説。◎「虞賓在位」者，白虎通王者不臣篇：「尚書曰『虞賓在位』，不臣丹朱也。」大傳云：（陳喬樅輯本。）「維十有四祀，鐘石笙管變。聲樂未罷，疾風發屋，天大雷雨。帝沈首而笑曰：『明哉，非一人之天下也，乃見于鐘石。』帝乃雍而歌者重篇。招爲賓客，而雍爲主人。始奏肆夏，納以孝成。還歸二年，而廟中苟有歌，大化、大訓、六府、九原，而夏道興。維十有五祀，祀者貳尸。舜爲賓客，而禹爲主人。樂正進贊曰：『尚考大室之義，唐爲虞賓。至今衍於四海，成禹之變，垂於萬世之後。』」鄭注：「舜既使禹攝天子之事，於祭祀避之，居賓客之位，獻酒則爲亞獻也。尚考，猶言往時也。太室，明堂中央室也。義，當爲『儀』。儀，禮儀也，謂祭太室之禮，堯爲舜賓也。」孫云：「漢書禮樂志：『九疑賓，夔、龍舞。』如淳注：『言以舜爲賓客也。夔典樂，龍管納言，皆隨舜而來，舞以樂神。』史記以此經爲舜薦禹于天，與馬說『舜除瞽叟之喪，祭宗廟』云云異也。」皮云：「漢書王莽傳莽乃策命孺子曰：『永爲新室賓。』又曰：『漢後定安公劉嬰位爲賓。』蓋用今文尚書之義，莽自比如禹之代舜，以孺子比舜，非比丹朱也。後漢獻帝紀贊曰：『獻生不辰，身播國屯。終我四百，永作虞賓。』蓋蔚宗沿謝承、華嶠舊文，猶用今文家說，以獻帝禪魏比舜禪禹，故比獻帝於虞賓。若依古文說，以虞賓爲丹朱，范氏擬不於倫矣。據大傳，則舜受禪十三祀，猶以丹朱爲尸，後乃以丹朱爲王者後。至十四祀，帝曰『明哉，非一人之天下』，已有禪禹之意。十五祀，即自處賓位。是舜在位五十載，以大位自處者實無幾時，足見聖人公天下之心矣。」先謙案：以「虞賓在位」爲舜在賓位，此歐陽說。白虎通以「虞賓在位」爲丹朱在賓位，班用夏侯說也。光武封禪刻石文云：「漢賓二王之後在位。」用「虞賓在位」之義，以爲丹朱，亦用夏侯說也。大司樂疏引鄭云：「虞賓在位者，謂舜以爲賓，即二王後丹朱也。」據上文「用殄厥世」，是禪禹時丹朱已死，歐陽說長。孫云：「郊特牲云：『王者存二代之後，猶尊賢也。尊賢不過二代。』史記堯本紀云：『堯子丹朱，舜子商均，皆有疆土，以奉先祀。服其服，禮樂如之。以客見天子，天子弗臣，示不敢專也。』詩振鷺疏引鄭駁異義云：『言所存二王之後者，命使郊天，以天子禮祭其始祖受命之王，自行其正朔服色，此之謂通天三統。』是丹朱稱賓，得郊天，又以天子禮祭其先。舜存二王後，更有高辛氏後，當是帝摯子孫封於唐者。」○「羣后德讓」者，夏紀作「羣后相讓」。大傳云：「羣后德讓，貢正聲，而九族具成。」孫云：「春秋繁露王道篇：『立明堂宗祀先帝，以祖配天。天下諸侯各以其職來祭，貢土地所有，先以入宗廟。』故羣后亦在焉。德讓猶言陟讓，陟、德聲近。說文：『德，升也。』大卜注：『陟之言得也，讀如「王德翟人」之「德」。』得、登亦音之轉，故公羊傳以『得來』爲『登來』。此『德讓』依今文義則是迎尸。祭統：『君迎牲而不迎尸。』曾子問：『尸弁冕而出，卿、大夫、士皆讓之。』諸侯亦讓之。」大司樂疏引鄭云：「羣后德讓者，謂諸侯助祭者以德讓。已上皆宗廟堂上之樂所感也。」孫云：「鄭以德爲讓之美德。魯語曹劌曰：『天子祀上帝，諸侯會之受命焉。』韋昭注：『助祭受政命也。』」劉云：「德讓，言升降揖讓無失容也。」**下管鼗鼓，合止柷敔，**堂下樂也。上下合止樂，各有柷敔，明球、弦、鐘、籥，各自互見。○「下管鼗鼓」，古文也，今文「鼗」作「鞀」。「合止柷敔」，今文與古文同。○「下管鞀鼓」者，白虎通禮樂篇：「歌者在堂上，舞在堂下何？歌者象德，舞者象功，君子上德而下功。郊特牲曰：『歌者在上。』論語曰：『季氏八佾舞於庭。』書曰：『下管鞀鼓，笙鏞以間。』」又云：「鞀者，震之氣也，上通昴星以通王道，故謂之鞀也。管，艮音也。」大司樂疏引鄭云：「『下管鼗鼓』以下謂舜廟堂下之樂，故言下。」太師「下管」注：「特言管者，貴人氣也。」鄭司農云：『下管，吹管者在堂下。』」宋書樂志引月令章句云：「管形長尺，圍寸，有六孔，無底。」風俗通聲音篇：「禮樂記云：『管，桼竹長一尺，六孔，十二月之音也。物貫地而芽，故謂之管。』尚書大傳曰：『舜之時，西王母來獻其白玉琯。』昔章帝時，零陵文學奚景，於泠道舜祠下得笙白玉琯，知古以玉爲管，後乃易之以竹耳。夫以玉作音，故神人和，鳳凰儀也。」王制疏引漢禮樂器制度云：「鞀，如小鼓，長柄，旁有耳，搖之使自擊。」釋名云：「鞉，導也，所以導作樂也。」鞀、鼗、鞉，一名異字。孫云：「鼓者，古以瓦爲質。籥章〔一〕『土鼓』杜子春注云：『土鼓，以瓦爲匡，以革爲面。』考工記：『韗人爲皋陶。』陶亦瓦器之名。周語單穆公說八音，有瓦無土，下云『節之鼓』，

〔一〕「章」原作「師」，據周禮原文和下引經文及杜子春注改。

是以鼓兼革土二音也。經文有八音無塤，恐有疑其缺土音者，故及之。」皮云：「樂節，先升歌，次或笙或管，次間，次合樂，著於儀禮。孔子閒居云：『下管象、武，夏籥序興。』明堂位：『升歌清廟，下管象。朱干玉戚，冕而舞大武。皮弁素積，裼而舞大夏。』則舞在下管之後，故白虎通引『下管鞀鼓』爲舞時所用。鞀所以進舞，大射儀『鼗倚于頌磬西紘』，備舞勺設之是也。」樂記：「聖人作爲鞉、鼓、椌、楬、壎、篪。此六者，德音之音也。然後鐘、磬、竽、瑟以和之，干、戚、旄、狄以舞之，此所以祭先王之廟也。」論語：「樂則韶舞。」韓詩外傳：「韶用干戚。」詩簡兮：「左手執籥，右手秉翟。」鄭箋云：「籥舞。」是知下管即有舞，合白虎通舞者在下言之，是今文説以爲舞也。○「合止柷敔」者，風俗通聲音篇云：「柷。謹案：禮樂記：『柷，漆桶，方畫木，方三尺五寸，高尺五寸，中有椎，止用柷之音爲節。』書曰：『合止柷敔，笙鏞以間。』」詩有瞽疏引鄭云：「合止柷敔者，合樂用柷敔。柷，狀如漆筩，中有椎，摇之以節樂。合之者，投椎於其中而撞之。敔，狀如伏虎，背有刻，以物櫟之，所以止樂。」書疏引漢初以來學者相傳皆云，樂之初，擊柷以作之；樂之將末，戛敔以止之，故謂之合。柷敔之狀，諸家説同，惟釋名與鄭注相反，蓋劉熙誤也。

笙鏞以間，鳥獸蹌蹌，鏞，大鐘。間，迭也。吹笙擊鐘，鳥獸化德，相率而舞，蹌蹌然。○「笙鏞以間」，今文與古文同。「鳥獸蹌蹌」，古文也，今文作「鳥獸鶬鶬」，古文一作「牄牄」。○「笙鏞以間」者，白虎通禮樂篇、風俗通聲音篇引同。（見上。）段云：「『鏞』本作『庸』。大司樂注引虞書：『笙庸以間。』疏引鄭注云：『笙庸以間者，東方之樂謂之笙。笙，生也，東方生長之方，故名樂爲笙也。西方之樂謂之庸。庸，功也。西方物熟有成功。亦謂之頌，頌亦是頌其成也。以間者，堂上堂下間代而作。』今俗人妄改『庸』爲『鏞』，致不可讀。眡瞭注：『頌，或作「庸」。庸，功也。』疏云：『注「頌」或作「庸」，尚書云「笙庸以間」。

孔以庸爲大鐘。鄭云：「庸即大射儀之頌，一也。」』又大射儀『頌磬』注云：『言成功曰頌，古文「頌」爲「庸」。』疏云：『尚書「笙庸以間」，庸亦功也。』亦有成功之義。據此諸條，鄭、孔古文皆作『庸』，惟訓不同耳。僞孔訓笙、庸爲二器，蓋以『庸』爲『鏞』之叚借字；鄭訓以大射儀之『笙頌』，頌、庸古通用，尚書『笙庸』兼阼階之笙磬、笙鐘，西階之頌磬、頌鐘言之。自衛包依附孔訓改爲『鏞』字，陳鄂等又依衛包改竄釋文，鄭注遂無可附麗，淺學者校大司樂注疏，遂併改『庸』爲『鏞』矣。爾雅：『大鐘謂之鏞。』郭注：『書曰：「笙鏞以間。」』案書疏云：『李巡曰：「大鐘，音聲大。鏞，大也。」孫炎曰：「鏞，深長之聲。」』據此二家注，知爾雅本作『庸』，倘是金旁，則但爲器名，無庸別解。李云『庸，大也』，孫云『庸，深長之聲』，俗間尚書既改『庸』爲『鏞』，乃併疏盡改之，其爾雅作『鏞』，亦非善本也。」孫云：「釋詁：『間，代也。』謂如樂記『鐘、磬、竽、瑟以和之』，鄉飲酒義：『工入，升歌三終。主人獻之，笙入三終。主人獻之，間歌三終，合樂三終，工告樂備。』釋樂：『大鐘謂之鏞。』郭注：『亦名鏄。』眡瞭：『掌凡樂事，播鼗，擊頌磬、笙磬。』鄭以笙爲東方之樂，庸爲西方之樂，皆樂縣也。大射禮云：『樂人宿縣于阼階東，笙磬西面，其南笙鐘，其南鑮，皆南陳。建鼓在阼階西，南鼓；應鼙在其東，南鼓。』注：『笙猶生也，東爲陽中，萬物以生，是以東方鐘磬謂之笙，皆編而縣之。』大射禮又云：『西階之西，頌磬東面，其南鐘，其南鑮，皆南陳。一建鼓在其南，東鼓，朔鼙在其北。一建鼓在西階之東，南面。簜在建鼓之間，鼗倚于頌磬西紘。』注：『言成功曰頌。西爲陰中，萬物之所成，是以西方磬鐘謂之庸。古文頌爲庸。』義與此同。鄭以經言笙庸，而東西階樂器畢舉，兼有磬鑮諸器縣也。宮縣之制，大傳云：『六律者何？黄鐘、蕤賓、無射、大蔟、夷則、姑洗是也。故天子左五鐘，右五鐘。天子將出，則撞黄鐘，右五鐘皆應。入則撞蕤賓，左五鐘皆應。』注：『六律爲陽，六呂爲陰，凡律呂十二，各一鐘。天子宮縣，黃鐘、蕤賓在南北，其餘則在東面。』又云：『黃鐘在陽，陽氣動；西五鐘在陰，陰氣靜。君將出，故以動告靜，靜者皆和也。蕤賓在陰，東五鐘在陽。君入，故靜告動，動則亦皆和之也。』小胥：『正樂縣之位，王宮縣。』注：『樂縣，謂鐘磬之屬縣于筍簴者。鄭司農云：「宮縣，四面縣。」』經又云：『凡縣鐘磬，半爲堵，全爲肆。』注：『鐘磬者，編縣之。二十八枚而在一虡，謂之堵。鐘一堵，磬一堵，謂之肆。西縣鐘，東縣磬。』此樂縣之大概見於經者。」○「鳥獸鶬鶬」者，説苑辨物篇：「君子辟神也，觀彼威儀，游燕幽閒有似鳳也，書曰：『鳥獸鶬鶬，鳳凰來儀。』」大傳云：「舟張辟雍，鶬鶬相從。八風回回，鳳皇喈喈。」禮緯含文嘉云：「舜損己以安百姓，致鳥獸鶬鶬，鳳皇來儀。」皆今文作「鶬鶬」之證。夏紀作「鳥獸翔舞」，鳥以翔言，獸以舞言。大傳云：「雖禽獸之聲，猶悉關於律。」又云：「維五祀，定鐘石，論人聲，乃及鳥獸，咸變於前。」「翔舞」、「咸變」，並説經「蹌蹌」意也。古文「蹌」一作「牄」者，大司樂注引鄭云：「鳥獸牄牄者，謂飛鳥走獸牄牄然而舞也。」仍用今文説。説文「牄」下云：「鳥獸來食聲也。虞書曰：『鳥獸牄牄。』」玉篇引作「食穀聲」。段云：「此壁書作『牄』，孔安國以今字讀之改爲『蹌』也。」釋文引馬云：「鳥獸，筍簴也。」孫云：「考工記：『梓人爲筍簴。天下之大獸五，贏者、羽者、鱗者，以爲筍簴。小蟲之屬，以爲雕琢。擊其所縣，而由其簴鳴。』明堂位：『夏后之龍簨虡。』注云：『簨虡，所以縣鐘磬也。横曰簨，飾之以鱗屬。植曰虡，飾之以贏屬、羽屬。簨以大版爲之，謂之業。』説文『業』下云：『大版也，所以飾縣鐘鼓。捷業如鋸齒，以白畫之，象其鉏鋙相承也。』『虡』下云：『鐘鼓之柎也，飾爲猛獸，从虍，異象其下足。』或作『鐻』，篆文作『虡』。是筍一名業，爲横版。虡爲樂縣之柎，飾爲猛獸，擊之由其虡鳴，故馬以爲『鳥獸蹌蹌』即此也。」**簫韶九成，鳳皇來儀。**韶，舜樂名。言簫，見細器之備。雄曰鳳，雌曰皇，靈鳥也。儀，有容儀。備樂九奏而致鳳皇，則餘鳥獸不待九而率舞。○「簫韶九成，鳳皇來儀」，今文與古文同，「韶」一作「招」。○「簫韶九成」者，夏紀如此。論衡講瑞篇、公羊襄十四年傳注、離騷王逸注引書同。白虎通禮樂篇：「簫韶者，舜能繼堯之道也。」段云：「左襄二十九傳季札見舞韶箾者，說者云韶箾即簫韶。說文『韶』下云：『虞舜樂也。書曰：「簫韶九成，鳳皇來儀。」』『箾』下云：『以竿擊人也，从竹削聲。虞舜樂曰箾韶。』案：箾韶即韶箾，猶『拊搏』即『搏拊』。『箾韶』決非以竿擊人之謂，乃『簫』之假借字也。說文『音部』引書作『簫』，『竹部』引左傳作『箾』，古經傳異字，顯然不必改書從左。困學紀聞謂古文作『箾韶』，此宋次道家之古文，不足信也決矣！宋均注樂說云：『簫之言肅。舜時民樂其肅敬，而紹堯道，故謂之簫韶。』或云：『韶，舜樂名，舞舜樂者，其秉簫乎？』今、古文皆作簫韶，宋說當可信。」皮云：「風俗通聲音篇：『簫。謹案：尚書：「舜作，簫韶九成，鳳皇來儀。」其形參差，象鳳之翼，十管，長一尺。』其說簫韶以簫爲主，鳳皇來儀爲儀象鳳皇之形，與馬注以鳥獸爲筍虡相似，蓋古文說。」案樂記鄭注：「韶之言紹也，言舜能繼紹堯之德。」「韶」一作「招」者，舜紀作「招」，（引見下。）說苑修文篇同。大傳云：「乃浡然招樂興於大鹿之野。」又云：「招爲賓客，而雍爲主人。」漢禮樂志云：「舜作招。」呂覽古樂篇：「帝嚳歌九招、六列、六英。帝舜乃令質修九招、六列、六英，以昭帝德。」是今文「韶」一作「招」之證。書疏及公羊哀十四年疏引鄭云：「樂備作，謂之成，成猶終也。每曲一終，必變更奏。」案：韶樂九成，故謂之九招，大司樂作九磬。○「鳳皇來儀」者，夏紀如此。論衡講瑞篇、說苑辨物篇、公羊襄十四年傳注、漢書宣紀元康元年詔引同。舜紀云：「於是禹乃興九招之樂，致異物，鳳皇來翔。天下明德皆自虞帝始。」史公意謂此太室之祭，是薦禹於天，禹爲主人，故云禹作九招也。說苑修文篇與舜紀同。論衡講瑞篇引：「大傳云：『鳳皇在列樹。』不言羣鳥從也。」齊世篇云：「無嘉瑞之應，若『叶和萬國』、『鳳皇來儀』之類。」又曰：「有虞氏之鳳皇，宣帝以五致之矣。」書緯帝命驗云：「舜受終，鳳皇來儀。」又曰：「舜舞終而絑鳳來。」考靈燿云：「明王之制，鳳皇下之。」中候云：「帝軒提象，鸞鳳來儀。」雒書靈準聽云：「正月上日，舜受終，鳳皇儀。」樂緯云：「是以清和上升，天下樂其風俗，鳳皇來儀，百獸率舞。」後漢書章帝詔云：「獲來儀之貺。」左雄疏云：「故能降來儀之瑞。」田弱〔一〕薦法真疏云：「必能唱清廟之歌，致來儀之鳳矣。」皆今文說以鳳皇爲瑞應之證。公羊哀十四年傳疏引鄭云：「『簫韶九成，鳳皇來儀』者，若樂九變，則人鬼可得而禮，故致得鳳皇來儀。雄曰鳳，雌曰皇。來儀，止巢而乘匹。」孫云：「釋詁：『儀，匹也。』釋鳥：『鶠，鳳。其雌皇。』列子黃帝篇：『堯使夔典樂，擊石拊石，百獸率舞，鳳皇來儀，簫韶九成，此以聲致禽獸者也。』其義最古。」

夔曰：「於，予擊石拊石，百獸率舞，庶尹允諧。」尹，正也。衆正官之長，信皆和諧，言神人洽，始於任賢，立政以禮，治成以樂，所以太平。○「夔曰：『於，予擊石拊石』」，今文無。「百獸率舞，庶尹允諧」，今文與古文同。○「夔曰：『於，予擊石拊石』」者，大司樂鄭注引作「夔又曰」，知古文本有此二「夔曰」，蒙上文，故曰「又」也。今文無者，夏紀無。孫云：「史公無『夔曰』八字者，以禹、伯夷、皋陶相與語帝前時，本無夔，此文已見堯典，不應重出也。」皮云：「漢書宣紀獲嘉瑞詔曰：『書不云虖，「鳳皇來儀，庶尹允諧。」』後漢明帝紀詔引書曰：『鳳皇來儀，百獸率舞。』皆無『夔曰』八字。明

〔一〕「弱」原誤作「羽」，據後漢書法真傳改。

今文本無。左莊二十二年傳疏引服虔曰：『虞舜祖考來格，鳳皇來儀，百獸率舞。』引經文三句連文，亦無『夔曰』八字。」○「百獸率舞，庶尹允諧」者，夏紀作「百獸率舞，百官信諧」。孫云：「庶，衆，故爲『百』。」廣雅釋詁：「尹，官也。」釋詁：「允，信也。」「率，循也。」說文「循」下云：「行順也。」「率舞」猶云「順舞」，大司樂云：「大合樂以致鬼神祇，以和邦國，以諧萬民，以安賓客，以悅遠人，以作動物。」大司樂疏、公羊哀四年傳疏引鄭云：「夔說舜云，聲有大小，予擊大石磬，拊小石磬，則感百獸相率而舞。百獸，服不氏所養者。謂音聲之道，與政通焉。庶，衆也。尹，正也。允，信也。言樂之所感，使衆正之官得其諧和。」孫云：「磬有大小，以經言二石知之。釋器：『大磬謂之毊。』郭注：『毊形似犁錧，以玉石爲之。』周禮服不氏：『掌養猛獸而教擾之。』注：『猛獸，虎豹熊羆之屬。』鄭以舜作樂廟堂，不應有野獸率舞，故以爲服不氏之獸。」

帝庸作歌，曰：「勑天之命，惟時惟幾。」用「庶尹允諧」之政，故作歌以戒，安不忘危。勑，正也。奉正天命以臨民，惟在順時，惟在慎微。○「帝庸作歌，曰：『勑天之命，惟時惟幾』」，古文也，今文「勑」作「陟」。○「帝庸作歌」者，夏紀云「帝用以作歌」，以故訓代經。段云：「句絕，目下文。」○今文「勑」作「陟」者，夏紀作「曰：『陟天之命，惟時惟幾』」。江云：「帝位，天命所在也。陟帝位則膺受天命，是爲『陟天之命』。」孫云：「釋詁：『假、陟，陞也。』陟、假同義，謂薦禹於天而告之。經文作『勑』，釋詁：『勑，勤，勞也。』『勞，勤也。』廣雅釋言：『勑，謹也。』樂書：『太史公曰：「余每讀虞書，至於君臣相勑，惟是幾安，而股肱不良，萬事墮壞。」』釋詁：『惟，思。』『時，是。』『幾，危也。』說文：『幾，微也，殆也。』以幾爲危，以康爲安，安即下『庶事康哉』之義。」皮云：「史公謂君臣相勑者，勑猶戒也，指帝用作歌及皋陶揚言皆君臣相戒之意。」或以爲兼用古文，非。書疏引鄭云：「戒臣。」孫云：「臣，謂禹、皋陶之屬。」**乃歌曰：「股肱喜哉，元首起哉，百工熙哉！」**元首，君也。股肱之臣，喜樂盡忠，君之治功乃起，百官之業乃廣。○「乃歌曰：『股肱喜哉，元首起哉，百工熙哉』」，今文與古文同。○今文同者，夏紀如此。漢書魏相丙吉傳贊云：「經謂君爲元首，臣爲股肱，明其一體，相待而成也。」王褒四子講德論云：「蓋君爲元首，臣爲股肱，明其一體，相待而成也。」後漢陳蕃傳蕃疏云：「君爲元首，臣爲股肱，同體相須，共成美惡者也。」皆用今文。釋詁：「喜、康，樂也。」興，起也。熙，興也。工，官也。**皋陶拜手稽首颺言曰：「念哉，**大言而疾曰颺，承歌以戒帝。○「皋陶拜手稽首颺言曰：『念哉』」，古文也，今文「颺」作「揚」。○「颺」作「揚」者，夏紀云：「皋陶拜手稽首揚言曰：『念哉。』」皮云：「釋詁：『賡、揚，續也。』此『揚』訓『續』，承上『帝曰』言，謂拜手稽首而續言也。」錢大昕云：「燕禮：『主人媵觚於賓。』注：『媵，送也，讀爲『揚』。』禮檀弓『杜蕢洗而揚觶。』注云：『禮『揚』作『媵』。』案：禮賓主獻酢畢，乃有媵觚媵爵者，則『揚觶』之『揚』，蓋取義於『續』矣。此『揚』訓『續』之證。」集解引鄭云：「使羣臣念帝之戒。」荀子大略篇：「平衡曰拜，下衡曰稽首。」**率作興事，慎乃憲，欽哉！**憲，法也。天子率臣下爲起治之事，當慎汝法度，敬其職。○「率作興事，慎乃憲，欽哉」，今文與古文同。○今文同者，夏紀作「率爲興事，慎乃憲，敬哉」，作，爲，欽，敬，故訓字。**屢省乃成，欽哉！」**屢，數也。當數顧省汝成功，敬終以善，無懈怠。○「屢省乃成，欽哉」，今文當與古文同。○「屢省乃成，欽哉」者，夏紀無文。漢書谷永傳：「夙夜孳孳，婁省無怠。」王莽傳張竦爲陳崇草奏云：「婁省朝政。」顏注並云：「婁，古『屢』字。」楊雄揚州牧箴：「堯崇屢省。」中論貴驗篇：「帝舜屢省。」皆本此經「屢省」字，則今文蓋同。段云：「『屢』疑衛包所改，古本當止作『婁』，如唐石經『式居婁驕』、『婁豐年』尚不誤可證。」孫云：「釋言：『婁，亟也。』此言百工之事，信守常法，而數察之，乃不敗壞也。」**乃賡載歌曰：「元首明哉，股肱良哉，庶事康哉！」**賡，續。載，成也。帝歌歸美股肱，義未足，故續歌。先君後臣，衆事乃安，以成其義。○「乃賡載歌曰：『元首明哉，股肱良哉，庶事康哉』」，今文與古文同。○「乃賡載歌曰」，夏紀作「乃更爲歌曰」。段云：「説文『賡』下云：『古「續」字。』許蓋謂此字會意，非形聲也。釋文：『賡，加孟反。劉皆行反。』爾雅釋文亦云古孟反，沈、孫音庚。羣經音辨云：『唐韻謂説文誤。』案：宋廣韻本於唐韻。廣韻十二庚有「賡」字，三燭無，蓋仍孫愐之舊。徐鉉修説文云『今俗作古行切』，正謂唐韻也。考詩大東『西有長庚』毛傳：『庚，續也。』書疏引作『賡』。爾雅：『賡，續也。』詩疏引作『庚』。古庚、更通用，列子云：『五年之後，心庚念是非，口庚言利害。七年之後，從心之所念，庚無是非；從口之所言，庚無利害。』皆以『庚』爲『更』，『更』有轉移、相續二訓，相反而相成也。『賡』之音訓亦同。自爾雅至唐韻，皆不合賡、續爲一字。夏紀以『更』代『賡』，與列子合。」孫云：「晉語：『性利相更。』注：『更，續也。』」古文「載」者，孟子滕文公篇「自葛載」注：「一説言當作『再』字。」言續帝歌，再爲歌也。史公説「載」爲「爲」者，釋詁：「載，僞也。」僞、爲字通。大宗伯鄭注：「載，爲也。」書疏引鄭云：「載，始。」始歌謂帝所作歌。○「元首明哉，股肱良哉，庶事康哉」者，夏紀如此。大傳虞傳云：「『元首明哉，股肱良哉』，元首，君也；股肱，臣也。」漢書元紀詔引「股肱」二句，司馬相如傳引「元首」二句，黃霸傳引「股肱」二句，漢紀王閎上書曰：「元首明哉，股肱良哉，以法天地。」中論審大臣篇引「元首」三句。孫云：「大戴禮誥志篇：『明，孟也。』釋詁：『孟，勉也。』是『明』即『勉』也。詩傳：

『良，善也。』康，安也。」皮云：「大傳云：『明哉，非一人之天下也。』此『明哉』義同。」**又歌曰：「元首叢脞哉，股肱惰哉，萬事墮哉！」**叢脞，細碎無大略。君如此，則臣懈惰，萬事墮廢，其功不成。歌以申戒。○「又歌曰：『元首叢脞哉，股肱惰哉，萬事墮哉』」，今文與古文同。○「又歌曰」者，夏紀誤作「舜又歌曰」。（汲古本如此，官本無「舜」字。）段云：「此今文不同也。」先謙案：下文有「帝拜曰」，此處不當爲舜歌，且夏紀帝舜謂禹曰「汝亦昌言」之下，四「帝曰」皆作「帝」，不應此獨作「舜」，明係誤衍。段說非。○「元首叢脞哉」者，夏紀如此。廣雅釋詁：「叢、湊，遽也。」（俗本脱「湊」，以七候反音「叢」。）治事急遽無序，則衆務叢湊於前。脞、湊，雙聲字。釋文引馬云：「叢，總也；脞，小也。」書疏引鄭云：「叢脞，總聚小小之事以亂大政。」案：說文無「脞」字，「叢」下云：「聚也。」「睉」下云：「目小也。」徐鉉注云：「案尚書『元首叢睉哉』，叢睉猶細碎也。今从肉，非是。」段云：「書『脞』字从肉，自來古本如是。豈得因說文無『脞』字，妄思易之，其流弊至趙凡夫而最甚，此小學之妖魔障硋，名尊說文，而非所以尊說文。經傳之字不見於許書者，其說有三：或意在別裁，或當年失檢，或傳寫遺亡，不得主一而廢二也。」○「股肱惰哉，萬事墮哉」者，夏紀如此。說文：「惰，不敬也。」樂書「股肱不良，萬事墮壞」即說此經文。說文「墮」作「陊」，方言：「陊，壞也。」**帝拜曰：「俞，往欽哉！」**拜受其歌，戒羣臣，自今以往，敬其職事哉。○「帝拜曰：『俞，往欽哉』」，今文與古文同。僞傳訓「往」爲「自今以往」，謬。○今文同者，夏紀作：「帝拜曰：『然，往欽哉。』」俞、然，故訓字。下云：「於是天下皆宗禹之明度數聲樂，爲山川神主。帝舜薦禹於天，爲嗣。十七年而帝舜崩。」集解引劉熙曰：「若此，則舜格于文祖，三年之後，攝禹使得祭祀與？」案：據此，「往欽哉」指命禹攝位言，與上文「往哉」同義。孫云：「拜，揖也。司儀：「詔王儀，南鄉見諸侯，土揖庶姓，時揖異姓，天揖同姓。」注：「土揖，推手小下之也。時揖，平推手也。天揖，推手小舉之。」又司士：「孤卿特揖。」説文引楊雄説：「拜从兩手下。」是君於臣亦拜也。」

尚書孔傳參正六

禹貢第一　夏書○古文尚書應題「虞夏書」，僞孔誤，説見虞書下。　孔氏傳

臣王先謙參正

禹貢禹制九州貢法。○大傳云：「禹貢可以觀事。」史記夏本紀：「禹乃行相地宜所有以貢，及山川之便利。」又河渠書：「以別九州，隨山浚川，任土作貢。」漢書地理志：「堯遭洪水，褱山襄陵，天下分絶，爲十二州。使禹治之，水土既平，更制九州，列五服，任土作貢。」鹽鐵論文學曰：「禹平水土，定九州，四方各以土地所生貢獻。」書疏：「禹制貢法，故以『禹貢』名篇。」

禹敷土，隨山刊木，洪水汎溢，禹布治九州之土，隨行山林，斬木通道。○「禹敷土」，今文與古文同，「敷」一作「傅」。「隨山刊木」，今、古文皆當作「隨山栞木」。僞傳「布治九州之土」、「斬木通道」，本鄭説。○今文同者，地理志作「禹敷土」。班用夏侯本，與古文同。「敷」一作「傅」者，夏本紀云：「禹乃遂與益、后稷奉帝命，命諸侯百姓興人徒以

傳土。」蓋歐陽本作「傳」。索隱：「大戴禮作『傳土』，故此紀依之。（今五帝德作「敷土」，淺人所改。）『傳』即『付』也，謂付工屬役之事。令人分布理九州之土地也。」荀子成相篇作「傳土」。張衡司徒呂公誄云：「四嶽在虞，傳土佐禹。」並與史記合。大司樂疏引鄭云：「敷，布也。布治九州之水土。」說文「敷」下云：「施也。」施有分布義。釋文云：「敷，馬云分也。」分之言別也。書序：「禹別九州。」馬義所本。○今、古文當爲「隨山栞木」者，漢志如此。夏紀作「行山表木」，用故訓代經。皋陶謨作「行山栞木」，是今文作「栞」；古文亦作「栞」，說見前。索隱：「表木，謂刊木立爲表記。」淮南修務訓：「隨山栞木，平治水土，定千八百國。」鹽鐵論云：「隨山刊木，定高下而度九州。」書疏引鄭云：「必隨州中之山而登之，除木爲道，以望觀所當治者，則規其形而度其功焉。」**奠高山大川。**奠，定也。高山，五岳。大川，四瀆。定其差秩，祀禮所視。○「奠高山大川」，今文與古文同。僞傳全用馬、鄭說。○今文同者，漢志作「奠高山大川」，夏紀云「定高山大川」。奠、定，故訓字。大傳云：「高山大川，五嶽、四瀆之屬。五嶽，謂岱山、霍山、華山、恒山、嵩山也。五嶽皆觸石而出雲，扶寸而合，不崇朝而雨天下。江、淮、河、濟爲四瀆，大川相間，小川相屬，東歸於海。五嶽視三公，四瀆視諸侯，其餘山川視伯，小者視子男。」鄭注：「所視者，謂其牲幣粢盛籩豆爵獻之數，非謂尊卑。」史記集解引馬云：「定其差秩，祀禮所視也。」與大傳合。是今、古文說同。案：奠者，定其主名。吕刑云：「禹平水土，主名山川。」高山大川，其先無名，自禹定之。下文所列是也。

冀州既載，堯所都也。先施貢賦役，載於書。○「冀州既載」，今文與古文同。書疏引王肅云：「言已賦功屬役，載於書籍。」與僞傳意同。近儒以爲傳出肅手，又一證也。○「冀州既載」者，漢志如此，夏紀同，上文云：「禹行自冀州始。」漢志師古注：「載，始也。」或據爲今文家說。案：史公明引書文，上句敘述之詞，不必執爲今文訓「始」之證。史記集解、公羊莊十年傳疏，及書疏引鄭云：「兩河閒曰冀州。不書其界者，時帝都之，使若廣大然。『載』之言事，事謂作徒役也。禹知所當治水，又知用徒之數，則書於策以告帝，徵役而治之。」劉讀「冀州」句，「既載」屬下。「兩河曰冀州」，釋地文。王鳴盛云：「郭璞注云：『自東河至西河。』東、西皆據冀州言，河自積石、龍門南流爲西河；至華陰東經底柱，孟津過洛汭爲南河；至大伾北流過洚水、大陸，又北播爲九河，同爲逆河入海爲東河。然則東河之西、西河之東爲冀州。惟言兩河閒，不言南河，南河之北，從可知也。據孫炎、郭璞注釋地『九州』，以爲殷制。而鄭注此經用之者，『舜肇十二州』鄭注謂舜於舊九州外，分青州爲營州、冀州爲并州、幽州，故十二。夏仍合爲九。釋地九州有冀，幽而無并，既非唐、虞制，又非夏制，故郭以爲殷制。於『兩河閒』注云『東河至西河』，而於『燕曰幽州』則注云『自易水至北狄』，然則殷分夏冀州之東北爲幽，而正北并州之地仍屬冀。視唐、虞之冀則大，而視夏之冀差小。職方氏：『東北曰幽州，河內曰冀州，正北曰并州。』鄭彼注云：『此州界與禹貢略同，幽、并，則冀之北也。』然則周之冀州不但小於禹貢，並小於釋地。要之，唐、虞、三代，冀州互有更改者，總在東北、正北二境，其居東、西兩河之閒，則無不同。故鄭即取釋地解之，其義不可易也。云『不書其界者，時帝都之，使若廣大然』者，據疏引此，以爲馬與鄭同。此必周、漢經師相承古義也。知堯都在冀州者，哀六年傳引夏書：『惟彼陶唐，有此冀方。』疏云：『堯治平陽，在冀州也。』漢書地理志『河東郡』『平陽』應劭曰：『堯都也，在平水之陽。』今山西平陽府臨汾縣西南平陽故城是。稱爲『陶唐』者，其始本封於唐爲諸侯，及升爲天子，方都平陽，其後又嘗居陶。臣瓚云：『堯初居唐，後居陶，故曰陶唐是也。』唐，今山西太原府太原縣；陶，今山東曹州府定陶縣，詳見詩唐譜、漢志「太原郡」「晉陽縣」、續志「泲陰郡」「定陶縣」、説文「自部」各條下。定陶雖在沇州，要之太原、平陽則皆在冀州，故鄭以堯都在冀州也。書疏云「冀州之水不經沇州」，考河自冀州之降水、大陸以東，播爲九河，其經流之徒駭，尚在冀域，而八枝已入沇域，則冀州之水，非不經沇州者。疏謂「九州之次」即治水之次，其義甚確。若謂冀水無經沇者，故先冀次沇，則不必泥也。以今輿地約之，山西全省，河南懷慶、衛輝、彰德三府，直隸順天、永平、保定、廣平、順德、宣化、承德等府，及真定、河閒二府之西北境，東北則奉天、錦州等府，北則踰塞抵陰山下，西起東受降城之北，東訖於大遼水，皆冀州域也。」**壺口治梁及岐。**壺口在冀州，梁、岐在雍州，從東循山治水而西。○「壺口治梁及岐」，今文與古文同。○「壺口治梁及岐」者，夏紀、漢志如此。志「河東郡」「北屈」（今山西省吉州。）云：「禹貢壺口山在東南。」「左馮翊」「夏陽」（陝西省韓城縣南。）云：「禹貢梁山在西北。」「右扶風」「美陽」（武功縣西南。）云：「禹貢岐山在西北。」水經注禹貢山水澤地所在篇與志合。釋文引馬云：「壺口，山名。」鄭引地理志同，見史記集解。明今、古文無異説。壺口，古孟門山，在吉州東南；梁山，在韓城縣西；岐山，在岐山縣東北。書疏引鄭云：「於此言『治梁及岐』者，蓋治水從下起，以襄水害易也。」疏又云：「壺口西至梁山，梁山西至岐山，從東向西言之也。」案：梁、岐是雍州山而見於冀州，故云「從下起」。王鳴盛云：「禹治壺口、梁山以開河道，岐雖與河無涉，但既至河西，工宜並舉。『及岐』者，正謂治汧、漆諸水以入渭也。」**既修太原，至于岳陽。**高平曰太原，今以爲郡名。岳，太岳，在太原西南。山南曰陽。○「既修太原，至于岳陽」，今文與古文同，「岳」一作「嶽」。○「既修太原」者，夏紀、漢志如此。大傳云：「大而高平者謂之太原。」詩唐譜疏引鄭云：「於地理志，太原今以爲郡名。」案：漢郡治晉陽。（今山西省太原府太原縣治。）段云：「大，唐石經以下作『太』，非古也。漢人書碑廟號如『太宗』，官名如『太尉』、『太常』、『太中』，地名如『太原』、『太陽』，皆作『大』，『泰山』亦作『大』。經典凡『太子』『太學』皆作『大』。此經如大原、大行、大華、大甲、大戊等，衛包皆依俗讀改爲『太』，而開寶中又刪釋文『大音泰』之語，惟僞武成『大王』、僞畢命『大師』未改。」王鳴盛云：「時堯都平陽，太原據其上游。鯀蓋極意崇防，然〔二〕必河道既通，而汾水始有所受。鯀但知治太原，不知道壺口，功用不成。故禹必先事壺口、梁山〔三〕，而後修鯀舊跡，自太原以至岳陽也。」○「至于岳陽」者，楊雄冀州箴：「岳陽是都。」是今文有作「岳」者。一作「嶽」者，夏紀作「至于嶽陽」，漢志同。志「河東郡」「彘縣」（今霍州東南。）云：「霍大山在東。」（加「霍」以應周官。）即大嶽山也。後志更「彘」曰「永安」。山水澤地篇：太嶽山在永安縣。今山西霍州東南接趙城、洪洞二縣，周二百餘里謂之中鎮。**覃懷底績，至于衡漳。**覃懷，近河地名。漳水横流入河，從覃懷致功至衡漳。○「覃懷底績，至于衡漳」，今文與古文同，「漳」一作「章」。僞傳「漳水横流入河」，本鄭說。○「覃懷底績」者，漢志如此。夏紀作「覃懷致功」，底、致，績、功，故訓字。集解引鄭云：「懷縣屬河内。」索隱：「蓋『覃懷』二字，或當時共爲一地之名。」案漢志河内郡懷縣（河南省武陟縣西南。）即覃懷，後但稱懷，荀子儒效篇「武王伐紂，至懷而壞」是也。王鳴盛云：「懷縣，地當孟津之東少北，太行山之正南，沛水出其西，淇水出其東，爲河北沃壤。蓋太行乃河北之脊，脊上諸州並山

〔二〕「然」字後王鳴盛尚書後案原文有「洪水之時」四字。

〔三〕「梁山」王鳴盛尚書後案原文作「梁、岐」。

險，惟太行南瀕河，地平衍，洪水時亦受河患。今底績則孟津、洛汭之河治矣。」○「至于衡漳」者，夏紀如此。一作「章」者，漢志作「至于衡章」。漳、章字同。釋文：「衡，馬云『水名』。」古文異説，王肅從之。職方疏引鄭云：「衡漳，漳水横流入河。」漢志「上黨郡」「長子」（今山西省長子縣西。）云：「鹿谷山，濁漳水所出，東至鄴，入青（「清」之誤。）漳。」「沾縣」（平定州南。）云：「大黽（「⿱宀⿱臼六」之誤。「⿱宀⿱臼六」即「要」字。）谷，清漳水所出，東北至邑城（「阜成」之誤。）入大河。」據水經清漳水注，清漳水出沾縣，南流逕魏郡沙縣，（涉縣西北。）武安（武安縣西南。）合濁漳水，（即霈水，先與絳水合。）鄴縣，（臨漳縣西。）梁期、（磁州東。）斥丘、（成安縣東南。）即裴、（肥鄉縣南。）廣平國列人、（肥鄉東北。）斥章。（曲周縣東南。）曹魏鑿渠引漳水，東入清洹以通河漕。漳津故瀆水斷，舊溪東北出。尚書所謂「覃懷底績，至于衡漳」者也。衡，横也，言漳水横流也。衡漳故瀆，又逕魏郡平恩、（邱縣西。）廣平國南曲、（邱縣北。）曲周、（曲周縣東北。）鉅鹿郡鉅鹿、（平鄉縣治。）堂陽、（新河縣西。）信都郡南宫，（南宫縣西北。）與絳水分流。衡漳故瀆，又歷堂陽，逕信都國扶柳、（冀州西南。）昌城、（冀州西北。）西梁、（東鹿縣南。）桃縣、（冀州西北。）鉅鹿郡鄡縣、（東鹿縣東。）信都國下博、（深州南。）樂鄉、（深州東南。）河閒國武隧、（武强縣東北。）信都國武邑、（武邑縣治。）東昌、（武邑東北。）河閒國弓高、（阜城縣東南。）勃海郡阜城、（阜城東。）河閒國樂成、（獻縣東南。）勃海郡建成、（交河縣東。）成平、（交河東。）南皮、（南皮縣東北。）浮陽、（滄州東南。）章武（滄州東北。）入海。**厥土惟白壤，**無塊曰壤，水去土復，其性色白而壤。○「厥土惟白壤」，今文與古文同。○「厥土惟白壤」者，漢志如此。夏紀「厥」改「其」，無「惟」字，三家本異。釋名釋地：「壤，瀼也。瀼瀼，肥濡意也。」釋文引馬云：「壤，天性和美也。」**厥賦惟上上錯，**賦謂土地所生，以供天子。上上，第一。錯，雜，雜出第二之賦。○「厥賦惟上上錯」，古文也，今文無「惟」字。

○今文無「惟」字者，漢志如此。夏紀並省「厥」字，歐陽本異。釋文引馬云：「地有上下相錯，通率第一。」禮王制疏、書疏引鄭云：「此州入穀不貢。賦之差，一井，上上出九夫税，上中出八夫税，上下出七夫税，中上出六夫税，中中出五夫税，中下出四夫税，下上出三夫税，下中出二夫税，下下出一夫税。通率九州，一井税五夫。」孫云：「王制：『天子百里之内以共官，千里之内以爲御。』注云：『謂此州之田税所給也。官，謂其文書、財用；御，謂衣食。』閭師疏引鄭志云：『田税，如今租矣。』王制又云『千里之内曰甸』，注：『服治田出穀税。』『千里之外曰采』，注：『九州之内，地取其美物以當穀税。』據此，知冀州畿内，惟入穀税也。詩甫田疏引鄭志云：『凡所貢篚之物，皆以税物市之，隨時物價以當邦賦。』太宰『以九貢致邦國之用』疏云：『諸侯國内得民税，大國貢半，次國三之一，小國四之一。所貢者，市取當國所出美物，則禹貢所云「厥篚」、「厥貢」之類是也。』據此，知餘州雖有『厥貢』之文，不入穀，準其賦之額，買土物以貢。此州不言『厥貢』，以帝都所需，令有司市買，不煩諸侯貢篚，故入穀不貢也。」劉云：「夏時正月，農及雪澤，初服於公田。蓋畫井始於黄帝。夏雖行貢法，亦兼助法，故有公田。公劉當夏時，徹田爲糧，則徹亦夏制。龍子所譏貢法，蓋夏季之弊政。其初蓋亦以年之上下出斂法，孟子所謂『其實皆什一也』。」**厥田惟中中。**田之高下肥瘠，九州之中爲第五。○「厥田惟中中」，古文也，今文無「惟」字。僞傳兼「肥瘠」言，本王肅云「言其土地各有肥瘠」。（書疏引。）王鳴盛云：「鄭以高下言，不論肥瘠於賦之多寡，可見肅務與鄭違，故變言肥瘠與賦之多寡，儳互不合。」僞傳兼之，尤非。○今文無「惟」字者，漢志作「厥田中中」，夏紀並省「厥」字，歐陽本異。釋文引馬云：「土地有高下。」書疏引鄭云：「田著高下之等者，當爲水害備也。地當陰陽之中，能吐生萬物者曰土，據人功作力競得而田之，則謂之田。」案：漢書叙傳：「坤作墬埶，高下九則。」劉德注：「九則，九州土田上中下九等也。」班義與馬、鄭同。**恒、衛既從，大陸既作。**二水已治，從其故道，大陸之地已可耕作。○「恒、衛既從，大陸既作」，今文與古文同。○「恒、衛既從」者，漢志如此。夏紀「恒」作「常」，歐陽本異，不關避諱。志「常山郡」「上曲陽」（今曲陽縣西。）云：「禹貢恒水所出，東入滱。」「代郡」「靈丘」（靈丘縣東。）云：「滱河東至文安，（文安縣東北。）入大河。」「常山」「靈壽」（靈壽縣西北。）云：「禹貢衛水出，東入虖沱。」鄭引地理志同，見史記集解。案：滱河，今靈丘縣唐河；大河，今文安西境西淀也。據滱水篇，「滱河東南過上曲陽北，恒水從西來注之」注云，滱水出靈丘，逕廣昌、（廣昌縣東。）中山唐縣、（唐縣東。）上曲陽合恒水，自此滱水兼納恒水之稱，禹貢所謂「恒、衛既從」也。又逕中山安險、（定州東。）盧奴、（定州治。）安國、（祁州南。）陸成、（蠡縣南。）涿郡高陽、（高陽縣東。）阿陵，（任邱東北。）又至長城，入南易水。自下，滱、易互受通稱。又下至文安，合滹沱。經文舉恒水，實包滱、易，通稱矣。陸隴其衛水尋源記云：「今靈壽縣東北十五里有良同村，衛水發源於其北，東南流四十里入滹沱。源流甚近，不足當禹功荒度之目。蓋靈壽以下之滹沱本名衛水。」胡渭云：「滱即職方氏之漚夷，衛即職方氏之滹池。水經有自下目上互受通稱之例。曾謂幽、冀二大川，禹不一及之，而僅施功於恒、衛小水邪？」○「大陸既作」者，漢志如此。夏紀「作」改「爲」，故訓字。志「鉅鹿郡」「鉅鹿」（今平鄉縣治。）云：「禹貢大陸澤在北。」案：淮南墬形訓「晉之大陸，趙之鉅鹿」高注：「大陸，魏獻子所游焚焉而死者是。鉅鹿，廣阿澤。」鄭志答張逸云：「鉅鹿，今廣河（「阿」之誤。）澤。」與班、高合。惟周禮疏引鄭注用爾雅十藪「晉有大陸」以釋禹貢，失之。在今山東任縣東北，與鉅鹿、隆平接界，俗稱甯晉北泊。焦循云：「治河之法，備於冀州。河出龍門，得渭力挾之而東，恐其溢也，修太原以通汾水而持之。既至孟津，將欲載之高地，則用伊、雒諸水挾之而北，恐其溢也，通沁水以持之，『覃懷底績』，沁水通也。沁持於河内，洛逼於河南，而河乃北就衡漳矣。渭之勢向東也，河因之而東；洛之勢向東北也，河因之而東北；漳之勢向北也，河因之而北。伊助洛北行，故闢伊闕以通之；恒、衛助漳北行，故通恒、衛以從之。水之合既多，則灑之爲漯，匯之爲大陸，播之爲九河，皆在北行之後。禹之治水，用諸水之力以相推挽，此中消息微矣。」胡渭云：「恒、衛、大陸，施功於九河既通之後，故變例書於田賦之下。」**島夷皮服，**海曲謂之島。居島之夷還服其皮，明水害除。○「島夷皮服」，今、古文並作「鳥夷皮服」。○今、古文作「鳥夷皮服」者，夏紀、漢志如此。説苑、大戴禮同。釋文引馬云：「鳥夷，北夷國。」書疏引鄭云：「鳥夷，東方之民搏食鳥獸者也。」是今、古文並作「鳥」。自僞傳誤讀「鳥」爲「島」，衛包徑改作「島」，宋開寶中，併釋文兩「鳥」字亦改爲「島」矣。江云：「鳥夷衣皮，故貢皮服。青之萊夷，徐之淮夷，揚之鳥夷，皆附於厥貢之末。此州無『貢篚』之文，故記於此。不言貢者，夷民本非州内，不制其貢，來則受之，不來亦不徵。它州之夷亦當然也。」**夾右碣石，入于河。**碣石，海畔山。禹夾行此山之右，而入河逆上。此州帝都，不説境界，以餘州所至則可知。先賦後田，亦殊於餘州。不言貢篚，亦差於餘州。○「夾右碣石，入于河」，今文與古文同，「河」一作「海」。○「夾右碣石，入于河」者，漢志如此。一作「海」者，夏紀作「入于海」，歐陽本異。書疏引鄭云：「禹由碣石山西北行，盡冀州之境，還從山東南行，入于河。」鄭以北行則東爲右，南行西爲右，故夾石兩旁，山常居右。又引鄭云：「戰國策碣石在九門縣，今屬常山郡。蓋别有碣石，與此名同。今驗九門，無此山也。治水既畢，更復行之，觀地肥瘠，定貢賦上下。」王鳴盛云：「王肅以此所記即治水所涉，殊覺無謂。若傳云『每州畢，還都白帝』，禹亟於治水，過門不入，啟生不子，何暇僕僕道長輒還都乎？僞傳非也。」先謙案：漢志「右北平」「驪成」云：「大（當作「禹貢」二字。）揭石山在縣西南。」「揭」當作「碣」。說文「碣」下云：「特立之石。東海有碣石山。」「遼西郡」「絫縣」（直隸省昌黎縣南。）云：「有揭石水。」河水注云：「山海經曰：『碣石之山，繩水出焉，東流注于河。』河之入海，舊在碣石，今川流所導，非禹瀆也。漢王璜云：『往者天嘗連雨，東北風，海水溢，西南出，侵數百里。』故張折云：『碣石在海中。』蓋淪于海水也。」山水澤地篇：「碣石山在遼西臨渝縣南水中。」注云：「大禹鑿其石，夾右而納河。秦皇、漢武皆嘗登之。海水西侵，歲月逾甚，而苞其山。故言水中矣。」案：驪成故縣地，說家失所在。自武紀文穎注云「碣石在絫縣。絫今罷，入臨渝，碣石著海旁」，始與班異。後之言碣石者，皆從穎說。王鳴盛云：「續志『遼西郡』『臨渝』劉注：『碣石山在縣南。』晉省臨渝入肥如，故元魏地形志「肥如縣」有碣石山。隋、唐省肥如入新昌，尋改盧龍，故隋志「盧龍縣」有碣石山。自後漢至唐，絫縣、臨渝、肥如、盧龍名四變，而山則一。至唐志及寰宇記所云「石城縣有碣石山」，而歐陽忞輿地廣記云：「石城，故驪成也。」又據大碣石言之。考歷代沿革，驪成故城，大約在今撫甯縣界；絫縣故城，大約在今昌黎縣界。河水注云「驪成枕海，有石如甬道，數十里，當山頂有大石，如柱形，立海中。潮水大至，不動不沒。世名天橋柱。韋昭亦指此爲碣石。」今石如甬道者，在昌黎東南。又仙人臺，碣石之頂也，在縣治北十里，撫甯之西，其臺崇廣，絕壁萬仞，頂石爲天橋柱，人罕能至。此山距海三十里，今見在。道元云淪海者，蓋偶然，非遂泯滅也。自漢武至碣石，後曹操征烏桓，遇碣石，作詩曰：「東臨碣石，以觀滄海。」元魏文成帝太安四年東巡，登碣石觀滄海，改山名「樂遊」。此明係山在平陸，而以爲淪海，謬矣。碣石當以在今昌黎北及撫甯西南者爲正。」

濟、河惟兗州。東南據濟，西北距河。○「濟、河惟兗州」，古文也；今文作「濟、河維沇州」，一作「泲、河惟兗州」。○「濟、河維沇州」者，夏紀如此。集解引鄭云：「言沇州之界在此兩水之閒。」呂覽有始篇：「河、濟之閒爲兗州，衛也。」高注：「河出其北，濟經其南。」春秋説題辭云：「濟之爲言齊也，齊者，度也；度者，員也。」説文「泲」下云：「沇也，从水𠂔聲。」「濟」下云：「水出常山房子贊皇山，東入泜。从水齊聲。」史記作「濟」，歐陽尚書本，假借字也。「兗」作「沇」者，段云：「説文『口部』云：『㕣，山間陷泥地。从口从水敗皃，讀若「沇州」之「沇」，九州之渥地也，故以沇名焉。』此當作『古文以爲「沇州」之「沇」。沇州者，九州之渥地也，故以㕣名焉。』今文譌舛，文義不通。『水部』云：『㕣，古文「沇」也。』亦謂此也。故徐鉉曰：『「口部」已有，此重出。』今本『水部』譌作『沿』，與緣水而下之『沿』相複。『口部』又云：『𠕒，古文「㕣」。』蓋古文尚書作『𠕒州』，今文尚書作『沇州』。『㕣』即『𠕒』之今字，故『水部』又謂『「㕣」爲古文「沇」』。『口部』謂古文以『㕣』爲『沇州』之『沇』，而『𠕒』字轉寫既久，漢碑皆作『兖』，參合『𠕒』、『沇』二體成此一字，今隸又消作『兗』耳。許云『九州之渥地故以㕣名』，此比附『山間陷泥地』爲一説，古文説也。古文尚書蓋『沇水』字作『沇』，『𠕒州』字作『𠕒』，不以水名爲州名。」一作「泲、河惟兗州」者，漢志如此。「兗州」亦當爲「沇州」。志「導沇水」及「河東」「垣」下自注：「沇水所出。」天文志：「角、亢、氐，沇州。」並作「沇」，明此「兗州」字出後人妄改。夏紀「惟」皆作「維」。匡謬正俗云：「古文尚書爲『惟』，今文尚書變『維』。」所云今文尚書，據熹平石經言之。但參考史、漢諸書，「惟」、「維」字初無一定，未可據爲今、古文之辨。蓋「泲」、「惟」二字，皆夏侯本如此。王鳴盛云：「泲自滎至菏，此沇州西南與豫分界處；自菏至會汶，則南與徐分界處；自會汶後東北行，則東與青分界處；河自大伾北至逆河入海，此沇州之西北與冀分界處。此鄭義也。書疏據漢志，以濟陰、山陽二郡屬沇州，則以後世改流，上擬禹迹，非也。爾雅：『泲、河間曰沇州。』則殷制，與禹貢同。職方：『河東曰沇州。』賈疏以爲侵禹貢青、徐之地。蓋言河不言泲，則越泲而東得岱矣。岱南爲徐，北爲青。禹貢『徐州』曰：『大野既豬。』而職方：『沇州山鎮曰岱山，澤藪曰大野。』故知周沇州方跨泲也。以今輿地約之，河南衛輝府東南境，直隸大名府及真定、河間二府東南境，山東東昌府及兖州、曹州、濟南、青州四府之西北境，皆兖州域也。」**九河既道，**河水分爲九道，在此州界，平原以北是。○「九河既道」，今文與古文同。九河皆在冀州，既歸故道。故沇土可耕桑。僞孔云「在此州界」，孔疏謂「嫌九河亦在冀州，故云『在此州界』」，殊爲迂曲。○今文同者，夏紀、漢志如此。集解引馬云：「九河，名徒駭、太史、馬頰、覆釜、胡蘇、簡、絜、鉤盤、鬲津。」詩般疏、書疏引鄭云：「河水自上至此，流盛而地平無岸，故能分爲九以衰其勢。壅塞，故通利之也。九河之名：徒駭、太史、馬頰、覆釜、胡蘇、簡、絜、鉤盤、鬲津。周時齊桓公塞之，同爲一河。今河閒弓高以東，至平原鬲津，往往有其遺處焉。」此古文說。漢書溝洫志河隄都尉許商以爲：「古說九河之名，有徒駭、胡蘇、鬲津，見在成平、東光、鬲界中。自鬲以北至徒駭間，相去二百餘里，今河雖數移徙，不離此域。」許習夏侯尚書，此今文說。班志地理「勃海郡「成平」（今直隸省交河縣東。）云：「虖沱河，民（當爲「或」。）曰徒駭河。」「東光」（東光縣東。）云：「有胡蘇亭。」「平原郡「鬲縣」（山東省德州北。）云：「平當以爲鬲津。」班據今文家言九河，止數其三。馬氏後起，不過據爾雅釋水舉九河空名，故鄭參依今文，仍約舉之。春秋緯寶乾圖云：「移河爲界在齊吕，填閼八流以自廣。」鄭説齊桓塞河本之，與溝洫志引王横言九河之地爲海所漸，並古世傳聞之詞。漢書叙傳云：「商竭周移，秦決南涯，自茲距漢，北亡八支。」統同言之，不詳時代也。

雷夏既澤，灉、沮會同。雷夏，澤名。灉、沮，二水，會同此澤。○「雷夏既澤」，今文與古文同。「灉、沮會同」，僞古文也。今、古文「灉」當爲「雍」。○「雷夏既澤」者，夏紀、漢志如此。志「濟陰郡」「成陽」（今山東省濮州東南。）云：「禹貢雷澤在西北。」山水澤地篇與志合。詩曹譜疏引志作「雷夏澤」。瓠子河注云：「瓠河，左徑雷澤北，其澤藪在大成陽縣故城西北十餘里，即舜所漁也。」澤在濮州東南，接菏澤縣界。○「灉」當爲「雍」者，夏紀、漢志並作「雍、沮會同」，周禮鄭注同。是今、古文並作「雍」。王引之云：「此與蒙縣灉水遠不相涉。晉人作『灉』，遂生謬解。」史記集解引鄭云：「雍水、沮水相觸而合入此澤中也。」職方鄭注：「『盧、維』當爲『雷、雍』。」謂雷澤與雍水也。王鳴盛云：「元和郡縣志云：『雷澤縣本漢郕陽縣，屬濟陰郡，隋開皇六年置。因縣北雷夏澤爲名。雍、沮二源，俱出縣西北平地中，去縣十四里。』然則雍、沮二水，唐時尚存。鄭生山左，宜目見之。爾雅『水自河出爲雍』，郭注以書『灉、沮會同』當之，謬。雷澤下流，未知何往，大抵不南注泲則北注濮。濮亦終歸於泲也。」五代後，河流經此，雍、沮二水蕩滅無存。

桑土既蠶，是降丘宅土。地高曰丘。大水去，民下丘，居平土，就桑蠶。○「桑土既蠶，是降丘宅土」，今文與古文同，一作「民乃降丘度土」。○「桑土既蠶」者，夏紀、漢志如此。詩譜疏引鄭云：「其地尤宜蠶桑，因以名之。今濮水之上，地有桑間者。」○「是降丘宅土」，漢志如此。蓋夏侯本與古文同。楊雄兗州牧箴亦云：「降丘宅土。」一作「民乃降丘度土」者，風俗通山澤篇：「謹案尚書：『民乃降丘度土。』」方言：「度，居也。」夏紀作「於是民得下丘居土」，以故訓代經。段云：「『是』字作『民乃』二字，此文字異者七百有餘之目也。史公所據今文亦當作『民乃降丘度土』。」書疏引鄭云：「此州寡於山，而夾川兩大流之閒，遭洪水，其民尤困。水害既除，於是下丘居土。以其免於厄，尤喜，故記之。」**厥**

土黑墳，色黑而墳起。○「厥土黑墳」，今文與古文同。○「厥土黑墳」者，漢志如此。夏紀「厥」作「其」，故訓字。釋文引馬云：「墳，有膏肥也。」王鳴盛云：「晉語『地墳』韋昭注：『墳，起也。』有膏肥則墳起。」江云：「草人鄭注：『墳壤，潤解。』然則墳是土之潤澤者，故云『有膏肥』。」孫云：「墳、肥聲之轉，故漢地理志『壤墳』應劭讀『墳』爲『肥』。」

厥草惟繇，厥木惟條。繇，茂。條，長也。○「厥草惟繇，厥木惟條」，古文也，今文作「草繇木條」。○今文作「草繇木條」者，夏紀如此。漢志作「屮繇木條」。班書「草」多作「屮」，非今、古文之異。說文「蘨」下云：「草盛皃。夏書曰：『厥艸惟繇。』」（大徐本作「蘨」。）知有「厥」、「惟」者，古文；無者，今文。段云：「陸德明、王應麟皆不引說文『蘨』爲異字。小徐本作『惟䌛』，（說文有「䌛」無「繇」，「䌛」即今「繇」字也。）䌛，隨從也。此引書以證『蘨』字从草䌛會意，正如引易『百穀艸木麗于地』以證『䕻』字从草麗會意，引易『豐其屋』以證『寷』字从宀豐會意，引易『地可觀者莫可觀于木』以證『相』字从目木會意。蘨，古音讀如『由』，釋文引馬云：『繇，抽也。』」王鳴盛云：「繇爲抽者，蓋以音近得義。」

厥田惟中下，田第六。○「厥田惟中下」，古文也，今文作「田中下」。○「田中下」者，夏紀如此。漢志作「厥田中下」，宋祁云：「正文『厥』字，別本無。」案：別本是，今文無也。

厥賦貞，貞，正也。州第九，賦正與九相當。○「厥賦貞」，古文也，今文無「厥」字。○無「厥」字者，夏紀、漢志無。集解引鄭云：「貞，正也。治此州正作不休，十三年乃有賦，與八州同。言功難也。其賦下下。」劉敞云：「田中下而言『厥賦貞』，乃第六，明矣。」何焯云：「賦迺與田正當，不謂與州也。」王先慎云：「據鄭注，當連下『作』字爲句，訓『作』爲治水者，誤。禹貢言『作』，皆謂耕作。若訓治水，其文不當在『降丘宅土』下。九州之賦惟缺下下，沇賦至少，固當第九。劉、何說非。」

作，十有三載，乃同。治水十三

年，乃有賦法，與他州同。○「十有三載，乃同」，僞古文也。今、古文「載」皆作「年」。「乃」一作「迺」。「貞作」連文，僞孔誤讀，而唐、宋人從之。説見上。○「十有三年，乃同」者，夏紀如此。「乃」一作「迺」者，漢志如此，夏侯本異。釋文：「載，馬、鄭本作『年』。」是今、古文同。僞孔改「載」。王鳴盛云：「爾雅：『唐、虞曰載，夏曰歲，商曰祀，周曰年。』僞古文斤斤守之不失，故大禹謨云『朕宅帝位三十有三載』，胤征云『每歲孟春』，伊訓云『惟元祀』，太甲云『惟三祀』，説命云『王宅憂亮陰三祀』，泰誓云『惟十有三年』。豈知古人臨文不拘，堯典『百姓如喪考妣三載』，孟子作『三年』，洪範『惟十有三祀』，劉歆引伊訓云『惟太甲元年』，論語引書『高宗諒陰三年不言』，多方前云『五年』後云『五祀』，是皆通稱。此『載』字當從馬、鄭作『年』。」林之奇尚書全解七、玉海十七及書疏引馬云：「『禹治水三年，八州平，故堯以爲功而禪舜。』鯀既九年，又加三年，爲十二年。惟沇州未得盡平，至明年乃畢。」皮云：「河渠書引夏書曰：『禹抑鴻水十三年，過家不入門。』三國志高堂隆傳：『洪水滔天，使鯀治之，績用不成，乃舉文命，隨山刊木，前後歷年二十二載。』合鯀九年、禹十三年計之。是云『禹治水十三年』者，今文説。馬並鯀九年爲十三年，古文異説也。」先謙案：鄭仍用今文説，（見上。）不從馬。**厥貢漆絲，厥篚織文。**地宜漆林，又宜桑蠶。織文，錦綺之屬。盛之筐篚而貢焉。○「厥貢漆絲，厥篚織文」，今文與古文同，「篚」一作「棐」。○今文同者，夏紀作「其貢漆絲，其篚織文」，厥、其，故訓字。「篚」一作「棐」者，漢志如此，夏侯本異。篚、棐，借字，依説文當作「匪」。書疏引鄭云：「貢者，百功之府，受而藏之。其實於篚者，入於女功，故以貢篚別之。」詩甫田疏引鄭志云：「凡所貢篚之物，皆以税物市之，隨時物價以當邦賦。」段云：「依説文，桼，木汁；漆，水名。周禮『桼林之征』，故書『桼』爲『漆』，杜子春云當爲『桼』。然則自古通用。」江云：「織文，染絲織之，若錦綺之屬。此州出者良，以充天子郊廟之服。」**浮于濟、漯，達于河。**順流曰浮。濟、漯，兩水名。因水入水曰達。○「浮于濟、漯，達于河」，古文也；今文「達」作「通」，「濟」一作「泲」。○「浮于濟、漯，通于河」者，夏紀、漢志如此。「濟」一作「泲」者，漢志作「浮于泲、漯」，夏侯本異。志「東郡」「東武陽」（今山東省朝城縣西。）云：「禹治（當作「貢」。）漯水，東北至千乘入海。」「平原郡」「高唐」（禹城縣西。）云：「桑欽言漯水所出。」班兼采今、古文說。據河水注：「河水徑漢東武陽，漯水出焉，戴延之謂之『武水』也。」漯水上承河水於武陽東南，徑陽平、（莘縣治。）清、（堂邑縣東南。）聊城、（聊城縣西北。）博平、（博平縣西北。）平原高唐，與河水合，再出爲源河，徑瑗縣、（禹城縣南。）漯陰、（臨邑縣西。）濟南郡著縣、（濟陽縣西南。）朝陽、（章邱縣西北。）鄒平、（鄒平縣北。）千乘郡東鄒、（青城縣境。）建信、（高苑縣西北。）千乘（高苑北。）入海。地理風俗記云：「漯水東北至千乘入海。河盛則通津委海，水耗則微涓絶流。書『浮于濟、漯』，亦是水者也。」又河水注云：「桑欽云『漯水出高唐』，余尋其沿歷徑趣，不得近出高唐也。」桑氏所言，蓋津流所出，次於是間也。俗以是水上承於河，亦謂之源河矣。史記集解引鄭云：「地理志：漯水出東郡東武陽。」仍用今文說。漯通河，河通濟，故浮濟、漯以通于河也。說文「漯」作「濕」，燥濕字作「溼」，今借「濕」爲「濕」，而水名作「漯」，俗誤。王鳴盛云：「宋時河決，濬滑東之商胡，朝城流絶，舊迹不可復見。惟指唐、宋以後所行之大清河爲故濕，小清河爲故泲耳。」

海、岱惟青州。東北據海，西南距岱。○「海、岱惟青州」，今文與古文同。○「海、岱惟青州」者，漢志如此。夏紀「惟」作「維」。公羊莊十年疏、史集解引鄭云：「青州界東自海，西至岱。東岳曰岱山。」案：漢志「泰山」「博」下云：「岱山在西北。」書疏云：「漢末公孫度竊據遼東，自號青州刺史，越海收東萊諸郡。」堯時青州當越海而有遼東也，舜時分青州爲營州，營州即遼東也。王鳴盛云：「爾雅『九州』以青爲營者，孫炎以爲殷制。職方『正東曰青州』鄭注：『青州則徐州地也。』蓋以其山沂山，川淮、泗，浸沂、沭知之。周官疏云『青州於禹貢侵豫州地』，蓋以『澤藪曰望諸』知之。望諸，即禹貢『豫州』之孟豬也。地理志『琅邪』『長廣縣』：『西有奚養澤。』琅邪郡屬徐州。按：長廣故城，今山東登州府萊陽縣，於東漢爲徐州，實禹貢之青州。職方：『幽州澤藪曰豯養。』疏謂幽侵徐，實幽侵青也。又幽州其川河、泲，其浸菑、時，亦皆侵青地也。蓋今青、登、萊三府地在青域者，周皆割入幽。其西又爲沇所侵，乃以徐爲青地。又割豫之東南境以益之。然徐之岱山及大野皆入沇，是青亦不全得徐也。鄭言其大略耳。」又云：「以今輿地約之，山東青州、登州、萊州等府，及濟南、泰山二府之北境，東北跨海爲今奉天、錦州等府及朝鮮國，皆青州域也。」

嵎夷既略，濰、淄其道。嵎夷，地名。用功少曰略。濰、淄二水復其故道。〇「嵎夷既略，濰、淄其道」，今文與古文同，「其」一作「既」。僞傳「用功少曰略」用馬説。〇「嵎夷既略」者，夏紀、漢志如此。集解引馬云：「嵎夷，地名。用功少曰略。」索隱：「按：今文尚書及帝命驗並作『禺鐵』，在遼西。鐵，古『夷』字也。」段云：「『鐵』當作『銕』。司馬貞所云今文尚書，蓋漢一字石經拓本存於秘府及民間者也。堯典釋文亦云尚書考靈燿及史記作『禺銕』。凡緯書出於漢，故考靈燿、帝命驗皆今文尚書也。」餘詳堯典。王念孫云：「説文『略』：『經略土地也。』廣雅『略』：『治也。』馬注失之。」〇「濰、淄其道」者，漢志如此，「濰、淄」作「惟、甾」，通用字。「其」一作「既」者，夏紀作「濰、淄既道」，歐陽本異。其、既通用。説詳「徐州」。漢志「惟」或作「維」，亦作「淮」，皆一字。「琅邪郡」「箕縣」（今山東省莒州東北。）云：「禹貢維水北至昌都（「都昌」誤倒。）入海。」「泰山郡」「萊蕪」（淄川縣東南。）云：「原山，甾水所出，東至博昌入泲。」鄭引地理志同，見史記集解。据濰水注，濰水出漢箕縣濰山，北徑諸縣、（諸城縣西南。）東武、（諸城治。）高密國石泉、（諸城東北。）琅邪郡平昌、（安邱縣南。）高密國高密、（高密縣西南。）昌安、（安邱治。）北海郡淳于、（安邱東北。）平城、（昌邑縣東。）密鄉、（昌邑東南。）膠東國下密、（昌邑東。）北海郡都昌（昌邑西。）入海。又据淄水注，淄水出萊蕪，東徑齊郡臨淄、（臨淄縣北。）甾川國東安平、（臨淄東。）齊郡鉅定、（樂安縣北。）廣饒、（樂安東北。）千乘郡琅槐（樂安東北。）合泲水，入海。王鳴盛云：「水經言『入海』者，乃魏以後語，與漢志不合，況禹貢哉？禹貢甾水，當自利縣東至博昌入泲而止，此所謂『其道』也。水經注所言東安平以下與禹貢無涉。河渠書於齊通淄、泲之閒，故淄得由博昌入泲。入泲之後，復由馬車瀆以下至琅槐，與泲同入海耳。」先謙案：濟水注引應劭云：「博昌東北八十里有琅槐鄉故縣也。」是琅槐後漢併入博昌，博昌即琅槐也。淄、澠、時、泲，亂流歸海，地望相接，故無病於參差矣。**厥土白墳，海濱廣斥。**濱，涯也。言復其斥鹵。○「厥土白墳」，今文與古文同。「海濱廣斥」，古文也，今文作「海濱廣潟」。○「厥土白墳」者，漢志如此。夏紀「厥」作「其」，故訓字。○「海濱廣斥」者，釋文引鄭云：「斥，謂地鹹鹵。」說文：「鹵，鹹地也。東方謂之斥，西方謂之鹵。」王鳴盛云：「青州，東方，故言斥。鄭以鹵解之者，對文異，散文通。『鹹』下注云：『北方味也。』故鄭連言鹹鹵。」陳奐云：「斥，讀爲『開拓』之『拓』，言海濱地廣，可以煮鹹。」今文「斥」作「潟」者，夏紀、漢志如此，（徐廣云：「一作『澤』，又作『斥』。」下有「厥田斥鹵」四字，段以爲誤賸，是也。）漢志「濱」作「瀕」。瀕，正字；濱，俗字。段云：「潟，古作『舄』。地理志『齊地負海舄鹵』，溝洫志『終古舄鹵兮生稻粱』，河渠書『溉澤鹵之地』索隱：『澤，亦作「舄」。』本或作『斥』。作『潟』者，或加水旁耳。」先謙案：斥，本字；舄、潟，假借。詩閟宮傳：「舄，大貌。」亦取廣斥之義也。**厥田惟上下，厥賦中上。**

田第三，賦第四。○「厥田惟上下，厥賦中上」，古文也，今文無「厥」、「惟」字。○無「厥」、「惟」字者，夏紀、漢志作「田上下，賦中上」。**厥貢鹽、絺，海物惟錯。**絺，細葛。錯，雜，非一種。○「厥貢鹽、絺，海物惟錯」，古文也，今文無「厥」字。○無「厥」字者，漢志無，夏紀有。史記「厥」字皆以「其」字代之。此作「厥」，明後人妄增。集解引鄭云：「海物，海魚也。魚種類尤雜。」釋地：「中有岱岳，與其魚鹽生焉。」**岱畎絲、枲、鉛、松、怪石。**畎，谷也。怪，異，好石似玉者。岱山之谷，出此五物，皆貢之。○「岱畎絲、枲、鉛、松、怪石」，今文與古文同。○今文同者，夏紀、漢志如此。孫云：「說文『畎』作『𡿨』，云：『水小流也。』古文作『甽』，篆文作『畎』。釋文引徐本作『畎，谷』，蓋作『畎』而訓爲『谷』也。釋名釋山云：『山下根之受霤處曰甽。甽，吮也，吮得山之肥潤也。』釋草：『枲，麻也。』說文：『鉛，青金也。』顏師古云：『怪石，石之次玉美好者也。』」**萊夷作牧，**萊夷，地名。可以放牧。○「萊夷作牧」，今文與古文同。○「萊夷作牧」者，漢志如此。夏紀「作」改「爲」，故訓字。齊語「通齊國之鹽於東萊」韋注：「東萊，齊東萊夷也。」漢爲東萊郡，治掖縣。今萊州府。孫云：「作牧，以鳥獸爲貢。太宰『以九職任萬民。四曰藪牧，養蕃鳥獸』，下『淮夷蠙珠暨魚』鄭注以爲『獻珠與魚』，此亦當是貢其所牧。」**厥篚檿絲。**檿桑蠶絲，中琴瑟弦。○「厥篚檿絲」，今文與古文同，「檿」一作「酓」。○今文同者，漢志作「厥棐檿絲」，「篚」作「棐」，夏侯本異。「檿」一作「酓」者，夏紀作「其篚酓絲」，厥、其，故訓字；「檿」作「酓」，蓋歐陽尚書異文。段云：「二字音同，讀如音，猶毛詩『厭厭』，韓詩『愔愔』，古同音也。其義當爲六書之假借。汗簡：『酓，古文檿。出尚書。』乃依附說文、史記爲之，非真見壁書如是也。」**浮于汶，達于濟。**○「浮于汶，達于濟」，古文也，今文「達」作「通」。○今文「達」作「通」者，夏紀如此。漢志作「達于泲」，「濟」作

「泲」，夏侯本異。王念孫云：「『達』本作『通』，凡古文作『達』者，今文皆作『通』。上文『達于河』漢志作『通于河』，此後人改之。」志「泰山郡」「萊蕪」（見上。）云：「禹貢汶水出西南入泲，桑欽所言。」先謙案：琅邪朱虛亦有汶水入濰，禹貢無之，此入泲之汶，故冠以禹貢。其舉欽言者，明古文說之不易而今文家所未及也。據汶水注，汶水出萊蕪原山西南，徑嬴、（今萊蕪縣西北。）奉高、（泰安縣東北。）博縣、（泰安東南。）鉅平、（泰安西南。）魯國汶陽、（甯陽縣東北。）泰山虵丘、（肥城縣南。）剛縣、（甯陽東。）東平國章縣、（東平州東。）泰山桃鄉、（汶上縣東北。）東平無鹽、（東平東。）東平陸、（汶上北。）東郡壽良（東平西南。）入泲，故浮汶以達于濟也。鄭引班志同，見史記集解。王鳴盛云：「元引汶絶泲爲會通河，明永樂中又築戴村壩遏汶，盡出南，旺資運，而水經安山出泲，故道久廢。」孫云：「今東平州安山鎮，古汶達泲之道。」

海、岱及淮惟徐州。 東至海，北至岱，南及淮。○「海、岱及淮惟徐州」，今文與古文同。○今文同者，漢志如此。夏紀「惟」作「維」。（汲古本作「惟」。）公羊莊十年傳疏引鄭云：「徐州界又南至淮水。」王鳴盛云：「言『又』者，蒙上『海岱青州』之文。鄭青州以海、岱分東西，徐州當同。徐之西境至大野、東原而止，大約在今東平州及汶上、鉅野等縣境與沇分界。此處僅越過岱南稍西，正可言至岱也。」又云：「爾雅『泲東曰徐州』郭注：『自泲東至海。』以爲禹貢徐州舊域。然堯時揚州跨江北至淮，而爾雅『江南曰揚州』，又不置青州，蓋商割淮南江北地屬青、揚者以益徐，視堯時之徐大矣。職方：『正東曰青州。』其山川皆禹貢徐州域，蓋以徐爲青地，大半入幽，則徐西又入於沇也。」又云：「以今輿地約之，江南徐州府、泗州、海州及鳳陽、淮安二府北境，山東兗州、沂州二府，濟甯州泰安府南境，曹州府東南境，皆徐州域也。」

淮、沂其乂，蒙、羽其藝。 二水已治，二山已可種藝。○「淮、沂其乂，蒙、羽其藝」，今文與古文同。孫云：

「廣雅釋詁：『藝，治也。』僞傳云『種藝』，非。」〇「淮、沂其乂」者，漢志如此。夏紀「乂」作「治」，故訓字。段云：「乂，今文作『艾』，於漢石經鴻範殘字知之。」職方氏疏引鄭云：「淮、沂，二水名。」詳「道川」。〇「蒙、羽其藝」者，夏紀、漢志如此，「藝」作「蓺」，是。志「泰山郡」「蒙陰」（今山東省蒙陰縣西南。）云：「禹貢蒙山在西南。」「東海郡」「祝其」（今江蘇省贛榆縣西。）云：「禹貢羽山在南。」山水澤地篇與志合。史記集解引鄭云：「蒙、羽，二山名。」案：蒙山在蒙陰縣南四十里，接費縣界。羽山在贛榆縣西南。江云：「『其』皆讀爲『既』。」先謙案：上文「濰、淄其道」，史記作「濰、淄既道」，此經記禹成功，篇内皆爲已然之詞，故知「既」爲是。古字其、既通。段駁江説，非。**大野既豬，東原底平。**大野，澤名。水所停曰豬。東原致功而平，言可耕。〇「大野既豬，東原底平」，今文與古文同，「豬」一作「都」。僞傳「水所停曰豬」用馬説。〇今文同者，漢志作「大壄既豬」，壄，古「野」字，夏侯本如此。「豬」一作「都」者，夏紀作「大野既都」，歐陽本異。志「山陽郡」「鉅壄」（今山東省鉅壄縣南。）云：「大壄澤在北。」山水澤地篇作「在東北」。史記集解引鄭云：「大野在山陽鉅野北，名鉅野澤。」釋文引馬云：「水所停止深者曰豬。」濟水注何承天云：「鉅野湖澤廣大，南通洙、泗，北接清、濟。舊縣故城正在澤中，故置戍於此城。城之所在，則鉅野澤也。衍東北，出爲大野矣。昔西狩獲麟於是處也。」王鳴盛云：「是澤自漢元光、石晉開運、宋咸平、天禧、熙甯、金明昌、元至正，河皆決入。及河益南徙，澤爲溢決所不及。又是澤本汶、泲所鍾，明永樂九年開會通河，遏汶、泲入運，澤乾涸無存。」〇「東原底平」者，夏紀、漢志如此。集解引鄭云：「東原，地名。今東平郡即東原。」王鳴盛云：「東原在徐之西北。謂之『東』者，在泲東故也。漢東平郡本侯國，景帝亦名濟東國，故城在今東平州東州，及泰安縣西南境皆古東原地，在岱之西南，泲之東，汶之北。」**厥土赤**

埴墳，草木漸包。土黏曰埴。漸，進長。包，叢生。○「厥土赤埴墳，草木漸包」，僞古文用今文也。古文作「厥土赤戠墳，草木蔪苞」。○僞古文用今文者，漢志作「厥土赤埴墳，草木漸包」，夏紀「厥」作「其」，故訓字。此今文也。古文作「厥土赤戠墳」者，釋文：「埴，鄭作『戠』。徐、鄭、王皆讀曰『熾』，韋昭音試。」文選蜀都賦李注引鄭云：「熾，赤也。」孫云：「説文：『熾，盛也。』古文作『戠』。火盛色赤，故戠爲赤也。」段云：「鄭不釋『戠』爲黏土者，意以赤熾言色，墳言性，與白壤、黃壤、白墳等一例。儻『戠』訓『黏』，則與墳爲二性，非經例。晉成公綏天地賦云：『海岱赤熾，華梁青黎。』（楊齊宣音義：「熾，尺志反。」汲古本妄改「熾」爲「埴」。）此用鄭本尚書，加土戠旁。玉篇、廣韻皆作『⿱戠土』，而訓爲『赤土』。御覽三十七『尚書禹貢曰徐州土赤戠墳』謝沈注曰：『戠，音志。』案：釋文序録：『東晉會稽謝沈，古文尚書注十五卷。』其字作『戠』，足證後人加土。又釋文云『韋昭音試』，統於鄭作『戠』之下，蓋陸氏所據漢書音義韋作『戠』音『試』也。集韻七志：『戠，式吏切。』本此。蓋漢書每多古字。」古文作「草木蔪苞」者，釋文：「漸，如字，本又作『蔪』。字林才冉反，草之相包裹也。『包』或作『苞』，非叢生也。」馬云：「『相包裹也。』」案：説文「蔪」下云：「艸相蔪苞也。从艸斬聲。書：『艸木蔪苞。』」段云：「蔪苞者，積緻之貌。『苞』字，説文引禹貢正从艸。釋詁：『苞，蕪茂豐也。』釋言：『苞，積也。』釋木：『如竹箭曰苞。』」皮云：「僞孔名傳古文尚書，實多襲今文説。蓋王肅兼通今文，故每陰用今文義以駁馬、鄭。惟此文王從鄭作『戠』，而僞孔作『埴』，則不可解。疑皇甫謐輩又間有竄亂，或肅故爲參差以掩其迹與？」**厥田惟上中，厥賦中中。**田第二，賦第五。○「厥田惟上中，厥賦中中」，古文也，今文無「厥」、「惟」字。○今文無「厥」、「惟」字者，漢志作「田上中，賦中中」。夏紀同，「田」上衍「其」字。**厥貢惟土五色，**王者封五色土爲社，建諸侯則各割其方色土與之，使立社。燾以黃土，苴以白茅，茅取其潔，黃取王者覆四方。○「厥貢惟土五色」，古文也；今文作「貢土五色」，一作「貢維土五色」。○「貢土五色」者，漢志如此，用夏侯本。「貢維土五色」者，夏紀如此，用歐陽本也。史記正義引韓詩外傳云：「天子社廣五丈，東方青，南方赤，西方白，北方黑。上冒以黃土，將封諸侯，各取方土，苴以白茅，以爲社也。」蔡邕獨斷云：「天子大社，以五色土爲壇。皇子封爲王者，授之大社之土，以所封之方色，苴以白茅，使之立社，謂之茅社。」史記集解引鄭云：「土五色者，所以爲大社之封。」今、古文説同。正義又引太康地記云：「城陽姑幕有五色土，封諸侯，錫之茅土，用爲社。此土即禹貢徐州土也。」案：姑幕，漢琅邪縣。（今山東省諸城縣西南。）

羽畎夏翟，嶧陽孤桐，夏翟，翟，雉名，羽中旌旄，羽山之谷有之。孤，特也。嶧山之陽特生桐，中琴瑟。○「羽畎夏翟，嶧陽孤桐」，今文與古文同，「翟」一作「狄」。僞傳「嶧山之陽」，本鄭説。○「羽畎夏翟」者，夏紀如此。（汲古本作「狄」。）「翟」一作「狄」者，漢志如此。染人注：「染夏者，染五色。謂之夏者，其色以夏狄爲飾。禹貢曰：『羽畎夏狄。』」段云：「古翟、狄相假借。有借『翟』爲『狄』者，春秋傳『翟人』是；有借『狄』爲『翟』者，毛詩『右手秉翟』，韓詩作『秉狄』；禮『王后揄翟』、『闕翟』亦作『狄』，及此經是。」或以「狄」爲古文，非。○「嶧陽孤桐」者，夏紀、漢志如此。志「東海郡」「下邳」（今江蘇省邳州東。）云：「葛嶧山在南。古文以爲嶧陽。」山水澤地篇：「嶧陽山在下邳縣西。」與志合。説文「嶧」下云：「葛嶧山在東海下邳。从山睪聲。夏書曰：『嶧陽孤桐。』」續漢志劉注：「山出名桐。」風俗通云：「梧桐出嶧陽山，采東南孫枝以爲琴，聲甚清雅。」皆以葛嶧山爲即嶧陽山。今、古文説同。史記集解引鄭云：「地理志：『嶧山在下邳。』」此古文異説，以陽爲山南。案：嶧山在邳州西北嶧縣東，嶧縣以此名。一曰，嶧陽山一名杜子山。**泗濱浮磬，淮夷蠙珠暨魚。**泗水涯水中見石，可以爲磬。蠙珠，珠名。淮、夷二水出蠙珠及美魚。○「泗濱浮磬」，今文與古文同。「淮夷蠙珠暨魚」，古文也，今文作「淮夷玭珠臮魚」。僞傳以淮、夷爲二水，用馬說。○「泗濱浮磬」者，夏紀如此。漢志「濱」作「瀕」，正字。泗，詳「道川」。○「淮夷玭珠臮魚」者，説文「玭」下云：「玭，珠也。从玉比聲。宋宏云：淮水中出玭珠。珠之有聲者。」段云：「小徐本作『玭珠，珠之有聲者』。案：當作『玭，蚌之有聲者』。釋文引韋昭云：『玭，蚌也。』廣韻云：『蠙，珠母也。』然則本蚌名，因以爲珠名耳。山海經西山經：『絮魮之魚，其狀如覆銚，鳥首而翼，魚尾，音如磬石之聲，是生珠石。』郭注亦『珠母，珠類而能生出之』，江賦所謂『文魮磬鳴』也。玭、蚌蓋類是，能鳴，故曰『蚌之有聲者』。」説文「蠙」下云：「夏書『玭』字也，从虫賓聲。」段云：「玭，小篆。蠙，是壁中古文，故許云夏書『玭』字作『蠙』。尚書釋文云：『蠙，字又作「玭」。』史記索隱：『蠙，一作「玭」。』顏師古注：『蠙，字或作「玭」。』大戴禮保傅篇：『玭珠以納其間。』盧注：『玭，亦作「蠙」。』蓋今文作『玭』，古文作『蠙』。宋説是今文尚書『淮夷玭珠』訓故也。釋文云：『又作「玭」。韋昭：「薄迷反，蚌也。」』韋音及義系『玭』字下用宋説，此韋本漢志作『玭』之明證，漢志用今文之明證也。以此知夏紀、漢志之一作『玭』者，皆是元本，其作『蠙』者，後人用古文改之。古文尚書作『蠙』是元本，其一作『玭』者乃或用今文尚書改之也。詩泮水疏引禹貢徐州『淮夷蠙珠洎魚』，可證唐初本『暨』有作『洎』者。以『臮咎繇』例之，壁書『暨』皆作『臮』，後有改易耳。夏紀、漢志皆作『臮魚』，則今文尚書與古文尚書同也。」皮云：「段説甚塙。惟三家尚書不同，史、漢傳本各異，或亦有作『蠙』者，不盡由後人改之。揚雄徐州箴亦作『蠙』，續漢輿服志云明帝詔『采周官、禮記、尚書皋陶謨篇，乘輿服從歐陽説，公卿以下從夏侯説。冕係白玉珠、青玉珠、黑玉珠不同」，據漢時今文説，是古以玉爲珠，非謂蚌珠，故此於蚌珠加『蠙』以明之也。」釋文引鄭云：「淮夷，淮水之上夷民也。」馬云：「淮、夷，二水名。」先謙案：馬以「淮夷」爲二水，古文説。宋云「淮水中出玭珠」，不言夷水，是以「夷」爲淮上之夷，而鄭與之同，用今文説也。**厥篚玄纖縞。**玄，黑繒。縞，白繒。纖，細也。纖在中，明二物皆當細。○「厥篚玄纖縞」，今文與古文同。○今文同者，漢志作「厥棐玄纖縞」，蓋夏侯本作「棐」。夏紀「厥」改「其」，故訓字。集解引鄭云：「纖，細也。祭服之材尚細。」**浮于淮、泗，達于河。**○「浮于淮、泗，達于河」，僞古文也。今、古文「河」並作「菏」。今文「達」作「通」。○古文「河」作「菏」者，泲水注引尚書曰：「浮于淮、泗，達于菏。」酈道元在後魏時所引古文尚書也。今文「河」作「菏」、「達」作「通」者，漢志「山陽郡」「湖陵」下云：「禹貢『浮于泗、淮，通于河』，水在南。」「達」作「通」即其證。夏紀述禹貢作「浮于淮、泗，通于河」，「通」不誤，而「菏」誤。漢志述禹貢作「浮于淮、泗，達于河」，則「通」、「菏」並誤。「湖陵」下「淮、泗」又誤倒。段謂此文當作：「禹貢『浮于淮、泗，通于菏』，菏水在南。」是也。説文「菏」下云：「菏澤水在山陽湖陵南。禹貢：『浮于淮、泗，達于菏。』从水苛聲。」山水澤地篇：「菏水在湖陸（莽改名，東漢後從之。）縣南。」並與志「湖陵」合。知志作「菏」不作「河」也。「菏」本又作「荷」，「湖陵」下應劭注：「尚書一名湖。」當作「一名荷」。張參五經文字云：「菏，古本一作『荷』。」漢志「菏」多作「荷」。下文「道荷澤」、「又東至于荷」及「濟陰郡」下云「禹貢荷澤在定陶東」皆是。水經泗水注引地理志亦作「荷」，故應氏云然也。黄公紹韻會舉要云：「説文引禹貢作『菏』，則是『菏』非『河』。」陸氏於「菏澤」下注：「徐音柯，又工可切。」於「達于河」下亦注云：「説文作『菏』，工可切。水出山陽湖陵南。」則非「九河」之「河」明矣。其云「『河』音如字」誤也。閻云：「豫之東北即徐之西北，舟自淮而泗，自泗而菏，然後由菏入泲，以達於河。此徐之水道也。上文沇州『浮于濟、漯，達于河』；次青州則『浮于汶，達于濟』，不復言『達于河』矣；又次徐州『浮于淮、泗，達于菏』，不復言『達于濟』矣；至揚州則『浮于江、海，達于淮、泗』，不復言『達于菏』矣。不復言者，蒙上文也。」段云：「班志之例，見於禹貢經文者則曰『禹貢某山某水在某』，此正例也。此條變例，則菏水、菏澤之不同。故『泲陰郡』下云：『禹貢菏澤在定陶東。』『湖陵』下云：『禹貢：「浮于淮、泗，通于菏。」菏水在南。』複舉禹貢者，謂此經文亦『通于菏』乃菏水而非菏澤也。若但云『禹貢菏水在南』，則恐混於菏澤矣。」王鳴盛云：「菏本澤名，泲水所豬，道沇水東至於菏主澤，言此豫州菏澤也。徐州之『達于菏』，則自乘氏至湖陵，乃菏澤之支流，說文名爲『菏澤水』者也。自僞傳枷還都之說，後人謂沇、青、徐、揚四州水道前後相承，總以入河爲歸宿。於是有謂滎陽引河爲禹迹，乃據誤書作『達于河』，以鴻溝、官渡、汴水爲禹時已有者，有明知禹時無汴，而必展轉推求爲由菏入泲、由泲入濕、由濕入河者，皆謬也。」先謙案：諸說詳明，足爲此經定論。濟水注：「菏水（以上見菏澤。）自山陽郡湖陵（今魚臺縣東南。）南入泗，澤水所鍾也。尚書曰『浮于淮、泗，達于菏』是也。又徑沛郡沛縣東北，（沛縣東。）泗與濟亂，故濟納互稱矣。菏水又出徑楚國留縣、（沛縣東南。）彭城、（銅山縣治。）臨淮郡徐縣、（泗州東南。）淮陰（清河縣東南。）與泗水同注至角城入淮。」漢志「濟陰」「乘氏」下云：「菏水東南至睢陵（「淮陰」形近而誤。）入淮。」是故浮淮、泗，皆可以通于菏也。

淮、海惟揚州。北距淮，南距海。○「淮、海惟揚州」，今文與古文同。王鳴盛云：「傳云『南距海』者，戰國策蔡澤曰：「吴起〔二〕爲楚南收揚、越。」史記尉佗傳：「秦以并天下，略定揚越，置桂林、南海、象郡。」集解引張晏曰：「揚州之南越。」正義亦曰：「夏禹九州，本屬揚州，故云揚越。」考桂林、南海、象郡，今廣東、廣西、交阯地，漢爲交州，吴分置廣州，晉因之。魏、晉間人以此爲禹揚州。僞傳出魏晉人，故云然。杜佑通典云：「揚州東南距海。自晉後，歷代史皆云五嶺之南至于海，並揚州地。然禹貢物產貢賦、職方山藪川浸，皆不及五嶺外，且荆州南境至衡山之陽，若五嶺之南在九州封域，則宜屬荆，豈有舍荆屬揚者？」杜説是，僞傳非也。禹敷土斥境爲方萬里，交、廣必在其中，不待漢武始開。但鄭注下文『五服』及注皋陶謨『弼成五服』，皆以要服内方七千里，置九州，此外連要服之弼，與荒服及荒服之弼，方得滿萬里，而不在九州之數，則知交、廣但爲聲教所暨，必在九州之外。」〇「淮、海惟揚州」者，漢志如此。夏紀「惟」作「維」。宋本史記「揚」作「楊」。景祐本地理志「揚州藪」、「揚州山」、「揚州川」亦作「楊」。古書揚、楊通作，本無一定。李巡注爾雅云：「江南厥性輕揚，故曰揚州。」釋名釋州國云：「揚州，州界多水，水波揚也。」皆後起之説。段云：「古人字多假借，所重惟音。州名當依古从木，唐石經作『揚』，未可爲是。」公羊莊十年傳疏引鄭云：「揚州界，自淮而南至海以東也。」王鳴盛云：「海岸雖自東北迤南，而篇末云『東漸于海』，則青、揚之海皆主東，故鄭云『至海以東也』。」又云：「殷割淮南江北地益徐，故爾雅云『江南曰揚州』，視夏揚州爲小。然其西又得夏荆州地。案：『道水』漢至大別入江，而爾雅曰『漢南曰荆州』，蓋漢水之名至大别而止，曰『漢南』者，大别以西，漢水之南也。曰『江南』者，大别以

〔二〕「吴起」原誤作「吴越」，據王鳴盛尚書後案及戰國策原文改。

東，江水之南也。荆、揚之界，當於此分。然則殷揚州境縮於北而贏於西，與夏之揚廣狹相當矣。周禮『東南曰揚州』，其藪澤川浸，與禹貢同也。以今輿地約之，江南：江淮、蘇松、安徽三布政司所轄，及浙江、江西；西則河南之汝甯，湖北之黄州等府，皆揚州域也。」**彭蠡既豬，陽鳥攸居。**彭蠡，澤名。隨陽之鳥，鴻雁之屬，冬月所居於此澤。○「彭蠡既豬，陽鳥攸居」，今文與古文同，「豬」一作「都」，一作「瀦」，「攸」一作「逌」。○「彭蠡既豬」者，漢志如此。「豬」一作「都」者，夏紀作「彭蠡既都」，索隱云：「都，古文尚書作『豬』。鄭云：『南方謂都爲豬。』」先謙案：夏侯本作「豬」，與古文同，非特古文作「豬」也。一作「瀦」者，楊雄揚州箴作「彭蠡既瀦」，論衡書虛篇同。漢志「豫章郡」「彭澤」（今江西省湖口縣東。）云：「禹貢彭蠡澤在西。」鄭引同，見史記集解。山水澤地篇云在西北，即今鄱陽湖也，今、古文無異說。釋文引張勃吴録云：「今名洞庭湖。」此自別說，不爲塙證，詳見「道川」。○「陽鳥攸居」者，論衡書虛篇如此。夏紀「攸」作「所」，故訓字。一作「逌」者，漢志作「陽鳥逌居」，夏侯本如此。楊雄揚州箴作「陽鳥攸處」，居、處，故訓字。詩匏有苦葉疏引鄭云：「陽鳥，謂鴻雁之屬，隨陽氣南北。」吕覽孟春紀「候雁北」高注：「候時之雁，從彭蠡來，北過至北極之沙漠。」仲秋紀「候雁來」注：「從北漠中來，過周、洛，之彭蠡。」季秋紀注：「候時之雁，從北方來南之彭蠡。」季冬紀「雁北鄉」注：「雁在彭蠡之澤，是月皆北鄉，將來至北漠也。」淮南時則訓注略同。高誘習今文尚書，與鄭義同。今、古文無異說。或以「陽鳥」爲地名，非也。**三江既入，震澤底定。**震澤，吴南大湖名。言三江已入，致定爲震澤。○「三江既入，震澤底定」，今文與古文同，「震」一作「振」。僞傳「大湖」誤釋，見下。○「三江既入」者，夏紀、漢志如此。三江者，南江、中江、北江。中江、北江見經，惟南江不具。漢志「丹陽郡」「石城」（今安徽省貴池縣南。）云：「分江水首受江，東至餘姚入海。」「會稽郡」「吴縣」（今江蘇省震澤縣西南。）云：「南江在南，東入海。」此三江之南江，亦即分江水也。分江水者，江至石城分爲南江。志以分江著其源，以餘姚入海標其委，合中江、北江爲三江，以應禹貢「三江」之文。書疏引鄭云：「三江分於彭蠡爲三孔。」經「東迆」下引鄭云：「東迆者，爲南江。」斷禹貢「東迆」爲句，用班志「南江」之文。言「分於彭蠡」則非分於震澤。言「分於彭蠡爲三孔」，則非合於彭蠡爲一孔。言「東入海」，則非三江入震澤，亦非彭蠡與漢入三江。可據班書鄭注，一埽後世紛紜之説。詳見「道川」。○「震澤底定」者，漢志如此。史記「底」作「致」，故訓字。「震」一作「振」者，索隱：「震，一作『振』。」案：廣雅釋地作「振澤」，張揖多用今文，蓋尚書今文有作「振澤」者。漢志「吴」下又云：「具區澤在西，古文以爲震澤。」山水澤地篇：「震澤在吴縣南五十里。」西、南皆通，然以南爲正，志「西」字蓋誤。釋地「十藪」：「吴越之閒有具區。」郭注：「今吴南太湖，即震澤也。」案：具區即震澤。郭依僞孔以太湖當之，非是。太湖乃五湖之總名，揚州浸曰「五湖」。葉夢得云：「周官九州有澤藪，有川，有浸。藪者，人資以爲利；浸則水之所鍾也。今平望、八尺、震澤之閒，水瀰漫而極淺，與太湖相接而非太湖，積潦暴至，無以洩之，則溢而害田。然蒲魚蓮芡之利，所資甚廣，亦可隄而爲田，與太湖異，所以謂之澤藪。」黄儀云：「今土人自包山以西謂之西太湖，水始淵深；自莫釐、武山以東謂之南湖，水極灘淺，蓋即古震澤，止以上流相通，後人遂溷稱太湖耳。」成蓉鏡云：「疑禹時震澤本巨浸，太湖水小，故禹貢稱震澤不稱太湖。歷商而周，震澤漸淤爲藪，而水乃瀦於太湖，故職方以五湖爲浸，震澤爲澤藪也。」平望，今震澤縣西南四十五里平望鎮；八尺，在縣南二十里八赤鎮；震澤，在縣西南八十五里。

篠簜既敷，篠，竹箭。簜，大竹。水去已布生。○「篠簜既敷」，今文與古文同，一作「竹箭既布」。○「篠簜既敷」者，漢志如此，夏侯本也。説文「筱」下云：「箭屬，小竹也。」隸變作「篠」。大射儀疏引鄭云：「篠，箭。簜，大竹也。」漢無極山碑「揚越之杶□條蕩」，蓋渻借字。一作「竹箭既布」者，夏紀如此，歐陽本也。孫云：「史公以『篠簜』作『竹箭』，今文異字。説文『搢』下引夏書『竹箭如搢』，言夏書『竹箭』讀『箭』如『搢』也。」陳壽祺云：「史記紀九州貢物無易以訓詁者，不應此處獨變，蓋今文作『竹箭』也。説文『書曰竹箭』，蓋節引今文竹箭之詞。」皮云：「史記於『禹敷土』作『傅』，不代以『布』字。説文引『布重莫席』，乃古文。而『敷』亦作『布』，是『布』亦今文本字，所傳本異。」**厥草惟夭，厥木惟喬**。少長曰夭。喬，高也。○「厥草惟夭，厥木惟喬」，古文也，今文作「草夭木喬」。○今文作「草夭木喬」者，漢志作「屮夭木喬」。志「草」皆作「屮」，非異文。夏紀多兩「其」字、兩「惟」字，後人妄增。史記「兖州」作「草繇木條」，與漢志同也。釋文引馬云：「夭，長也。」**厥土惟塗泥**，地泉濕。○「厥土惟塗泥」，古文也，今文無「惟」字。○今文無「惟」字者，漢志作「厥土塗泥」。夏紀「厥」改「其」，故訓字。集解引馬云：「漸洳也。」詩汾沮洳傳：「其漸洳。」義同。

厥田惟下下，厥賦下上上錯。田第九，賦第七，雜出第六。○「厥田惟下下，厥賦下上上錯」，古文也，今文無「厥」、「惟」字。○今文無「厥」、「惟」字者，夏紀作「田下下，賦下上上雜」。錯，雜，故訓字。漢志同，仍作「錯」，少一「上」字。**厥貢惟金三品**，金、銀、銅也。○「厥貢惟金三品」，古文也，今文無「厥」、「惟」字。王鳴盛云：「黄金白銀既不爲幣，施於器又寡，傳説非也。」先謙案：詩泮水疏引王肅云：「三品，金、銀、銅也。」與傳合，近儒以爲傳出肅手，又一證也。○今文無「厥」、「惟」字者，夏紀、漢志皆作「貢金三品」，集解引鄭云：「銅三色也。」案：三色，青、白、赤。孫云：「禹貢璆、鐵、錫、鉛、銀，各表其名，而不言銅，故知鄭義爲的。」**瑤、琨、篠簜**，瑤、琨皆美玉。○「瑤、琨、篠簜」，今文與古文同，一作「瑤、瓄、篠簜」，一作「瑤、琨、竹箭」。古文「琨」一作「瓄」。書疏引王肅云：「瑤、琨，美石次玉者。」詩木瓜釋文云：「瑤，説文云：『美石。』」（今説文作「玉之美者」，乃傳寫誤。）僞孔此傳與王異而誤。○今文同者，楊雄揚州箴云：「瑤、琨、篠簜。」一作「瑤、瓄、篠簜」者，漢志如此。説文：「瓄，『琨』或體。」一作「瑤、琨、竹箭」者，夏紀如此，與上「竹箭既布」同。説文「琨」下云：「石之美者。虞書曰揚州貢瑤、琨。」釋文：「馬本作『瓄』。」皆古文也。是古、今文本各異。説文「簜」下云：「大竹也。从竹湯聲。夏書曰：『瑤、琨、筱簜。』」「篠」作「筱」，亦古文家異字。簜可爲榦，筱可爲矢。

齒、革、羽、毛惟木。齒，象牙。革，犀皮。羽，鳥羽。毛，旄牛尾。木，楩梓、豫章。

○「齒、革、羽、毛惟木」，古文也。今文無「惟木」二字。今、古文「毛」皆作「旄」。○今文無「惟木」者，夏紀、漢志並作「齒、革、羽、毛」。今文「毛」作「旄」者，夏紀正義：「按：西南常貢旄牛尾，書、詩通謂之旄。」荆州「羽、旄、齒、革」作「旄」，則揚州作「毛」淺人所改也。汲古本漢書亦揚作「毛」，荆作「旄」，而揚州注内仍作「旄」，則正文亦淺人所改。皮云：「大傳『禹成五服，齒、革、羽、毛，器備』，『毛』字亦後人改之。顔師古注：『羽旄，謂衆鳥之羽可爲旄者也。』解雖未當，然證顔本漢志正作『旄』。」古文作「旄」者，段云：「僞傳『毛，旄牛尾』及經『毛』字，並衛包所改。開寶中依衛包並改釋文，乃謂『旄』字見傳不見經，移『旄音毛』於『犀，細兮反』之下，不知經果作『毛』，何由訓爲旄牛尾乎？孔疏云：『説文：「犛，西南夷長旄牛也。」此犛牛之尾可爲旌旗之飾，經、傳通謂之「旄」。』牧誓『右秉白旄』，詩云『建旐設旄』，皆謂此牛之尾，故知『旄』是旄牛尾也。』可證經、傳本是『旄』字。凡正義有唐、宋人改之未盡者，如此與高宗肜日之『尼』字是也。宋、元本『故知』下作『毛』字，此最劣本。」江云：「『惟木』二字，衍。史、漢全載此經，皆無『惟木』二字，可知漢世尚書本無，僞孔妄增，本應削去，以相傳既久，姑存之。」先謙案：木必具名，荆州「杶、榦、栝、柏」是其例，無渾舉之理。「惟木」單讀及連上讀皆不成句，江說是也，惜無古文本證之。**島夷卉服，**南海島夷，草服葛越。○「島夷卉服」，今、古文並作「鳥夷卉服」。○今文作「鳥夷卉服」者，漢志如此，顔注：「鳥夷，東南之夷善捕鳥者也。」夏紀作「鳥夷卉服」，後人妄改。古文亦本作「鳥」，孔讀爲「島」，衛包徑改爲「島」字。段云：「後漢度尚傳『椎髻鳥語之人』李注：『鳥語，謂語聲似鳥也。書曰：「鳥夷卉服。」』按：此衛包未改尚書也。夏紀『鳥』字，淺人用天寶後尚書改之。裴駰集解『冀州』用鄭注作『鳥』，『揚州』用孔注作『島』。張守節正義成於開元二十四年，釋以『可居之島』，則史記作『島』在開元前。」王鳴盛云：「『掌葛：徵艸貢之材於澤農』鄭注『艸貢出澤，蕢紵之屬可緝績者』是也。」**厥篚織貝。**織，細紵。貝，水物。○「厥篚織貝」，今文與古文同。王鳴盛云：「僞傳以織、貝爲二物。然經但曰織，安知其爲細紵？貝果水物，不當入篚，傳說非。」○「厥篚織貝」者，夏紀如此。「厥」作「其」，故訓字。漢志作「厥棐織貝」，夏侯本如此。書疏引鄭云：「貝，錦名。詩曰『萋兮斐兮，成是貝錦』，凡爲織者，先染其絲乃織之，則文成矣。禮記曰『士不衣織』。」案：毛傳：「貝錦，錦文也。」鄭箋「錦文，如餘泉、餘蚳之貝文」是也。**厥包橘、柚，錫貢。**小曰橘，大曰柚。其所包裹而致者，錫命乃貢。言不常。○「厥包橘、柚，錫貢」，今文與古文同。古文「包」一作「苞」。王鳴盛云：「僞傳以橘、柚爲一物，但大小異。說文：『橘，果出江南。』『柚，條也，似橙而酢。』引夏書曰：『厥包橘、柚。』傳誤。」又傳云「錫命乃貢，言不常也」，書疏引王肅云：「橘與柚，錫其命而後貢之，不常入，當繼荆州之無也。」先謙案：僞傳與肅說合，近儒以爲傳出肅手，又一證也。○「厥包橘、柚」者，漢志如此。夏紀「厥」作「其」，故訓字。古文「包」一作「苞」者，詩木瓜箋引尚書曰：「厥苞橘、柚。」○「錫貢」者，夏紀、漢志如此。集解引鄭云：「有錫則貢之，或時乏則不貢。錫，所以柔金也。」皮云：「史記『錫大龜』、『錫土、姓』，皆改作『賜』，惟此與『錫貢磬錯』作『錫』，是今文說亦當爲貢錫，與鄭說同。」

沿于江、海，達于淮、泗。 順流而下曰沿。沿江入海，自海入淮，自淮入泗。○「沿于江、海，達于淮、泗」，古文也；今文作「均江、海，通淮、泗」，一作「均江、海，通于淮、泗」。○「均江、海，通淮、泗」者，夏紀如此。「均江、海，通于淮、泗」者，漢志如此。釋文云：「沿，鄭本作『松』，『松』當爲『沿』。馬本作『均』，云：『均，平。』」段云：「今文作『均』，馬依今文也。鄭本作『松』，『松』者『沿』之字誤，故云當爲『沿』。此蓋壁書轉寫以水、木淆溷，公、㕣不分，而鄭正之。集解引鄭云：『均，讀曰「沿」。沿，順水行也。』或疑裴何以與陸異？答曰：裴依史記正文作『均』耳。裴當云『均，鄭本作「松」；松，讀曰「沿」』乃合。孔本依鄭作『沿』，如堯典『卯谷』，『卯』鄭讀爲『昧』，而孔本因之作『昧』也。」孫云：「『均』蓋『彴』字。一切經音義引三蒼云：『循，古文作「彴」。』則謂循於江、海也。」王鳴盛云：「禹必沿江入海，自海入淮者，爲欲徧巡州境，非爲邗溝未開，江、淮未通之故。然通江、淮之迹，亦不可不考。左哀九〔二〕年傳『吳城邗溝通江、淮』杜注：『於邗江築城穿溝，東北通射陽湖，西北至東口入淮，通糧道也。』哀十三年吳會晉于黃池，國語云『掘爲深溝於商、魯之閒，北屬之沂，西屬之泲。』然其水蓋未能深廣，故哀十年公會吳伐齊，徐承率舟師，將自海入齊，齊敗之而還。黃池之役，於越入吳，國語云『越王命范蠡帥師沿海、泝淮以絕吳路』，蓋邗溝以北至沂、泲水道猶淺狹，故必

〔二〕「九」原誤作「元」，據左傳改。

沿海也。至隋開皇七年，將伐陳，韓擒虎於揚州開山陽瀆，以通漕運。大業初，大發淮南兵夫十餘萬開邗溝，自山陽至楊子江三百餘里，闊四十步，可通龍舟，而後淮始達江也。以上叙通江、淮始末，乃自周季迄隋代事，近儒閻若璩、胡渭爲詳著之，而此道之非禹迹乃明。」

荆及衡陽惟荆州。北據荆山，南及衡山之陽。○「荆及衡陽惟荆州」，今文與古文同。○「荆及衡陽惟荆州」者，漢志如此。夏紀「惟」作「維」。志「南郡」「臨沮」（今湖北省當陽縣西北。）云：「禹貢南條荆山在東北。」「長沙國」「湘南」（今湖南省湘潭縣西。）云：「禹貢衡山在東南。」山水澤地篇與志合。漳水注云：「荆山在景山東百餘里新城沶鄉縣界，（晉縣。）雖羣峰競舉，而荆山獨秀。」衡山在衡山縣西三十里。公羊莊十年傳疏引鄭云：「荆州界，自荆山南至衡山之南。」王鳴盛云：「鄭意荆州北界起自荆山，不越荆北。書疏附會至荆山北，則侵豫、梁地，非也。」又云：「殷有荆無梁。爾雅『漢南曰荆州』郭注：『自漢南至衡山之陽。』漢水出嶓冢，梁州山也。自嶓冢以東至大别，凡在漢水之南者，皆爲荆州。案：李巡言『殷時雍兼梁地』，玩郭氏『漢南皆荆』之説，則梁地荆亦兼之，不盡歸雍。自大别以東，江南之地爲揚所侵，大别以西，漢東之地亦皆入豫。荆州之境縮於東北而嬴於西南也。周禮『正南曰荆州』，其山水如衡山、雲夢、江、漢，皆合禹貢，惟『其浸潁、湛』可疑。鄭云『潁出陽城，宜屬豫州；在此，非也。湛，未聞。』案：漢志潁水出潁川陽城縣陽乾山，東至下蔡入淮。『湛水』見杜預左傳注，襄十六年『晉、楚戰于湛阪』注云：『襄城昆陽縣北有湛水，東入汝。』潁、湛皆在河南淮北，周若割以屬荆，則斗入豫域七八百里，故鄭闕疑。又周承殷制，亦有荆無梁。賈公彦言『雍、豫並兼梁地』，顏師古亦言『周併梁合雍』，而皆不及荆，殆未察『漢南曰荆』之義，蓋荆、豫皆以漢水爲界，梁州漢北之地豫兼之，漢南之地荆兼之也。」又云：「以今輿地約之，湖北武昌、漢陽、安陸、黄州、德安、荆州、宜昌、施南等府，及襄陽之南境，湖南全省，及四川敘州、重慶、夔州等府之江南地，廣西桂林，貴州遵義等府，皆荆州域也。」**江、漢朝宗于海，**二水經此州而入海，有似於朝，百川以海爲宗。宗，尊也。○「江、漢朝宗于海」，今文與古文同。僞傳釋「朝」、「宗」本鄭説。○「江、漢朝宗于海」者，夏紀、漢志如此。説文「淖」下云：「水朝宗于海也。从水，朝省聲。」「衍」下云：「水朝宗于海皃也，从水行。」段云：「淖者，今之『潮』字。以淖釋朝宗于海，此今文説也。論衡書虚篇：『夫地之有百川也，猶人之有血脈也，血脈流行，汎揚動静，自有節度，百川亦然，其朝夕往來，猶人之呼吸氣出入也。經曰：「江、漢朝宗于海。」其發海中之時，漾馳而已，入三江之中，殆小淺狹，水激沸起，故騰爲濤。（先謙案：「濤」即「潮」，漢郊祀志「朝夕」即「潮汐」字。）虞翻易『習坎，有孚』注：『水行往來，朝宗于海，不失其時，如月行天。』皆今文説。」「洚水之時，江、漢不順軌，不與海通，海淖不上至。禹治之，江、漢始與海通。於『揚州』曰『三江既入』，於『荆州』曰『江、漢朝宗于海』，言海淖上達，直至荆州也。（今海潮上至安慶而止。）海淖上迎，江、漢下赴，如君臣一德一心，呼吸相通，與前此壅閼者異。」先謙案：廣雅釋詁：「宗，聚也。」如段説，此「宗」當訓「聚」。史記集解引鄭云：「江水、漢水，其流遄疾，又合爲一，共赴海也。猶諸侯之同心尊天子而朝事之。荆楚之域，國有道則後服，國無道則先强，故記其水之義以著人臣之禮。」此古文説也。楊雄荆州牧箴：「江、漢朝宗，其流湯湯。風慓以悍，氣鋭以剛，有道後服，無道先彊。」又鄭義所本。閻云：「江所歷之州曰梁、荆、揚，漢所歷之州曰梁、豫、荆。」**九江孔殷，**江於此州界分爲九道，甚得地勢之中。○「九江孔殷」，今文與古文同。僞傳「江分九道」，本應劭説。○「九江孔殷」者，漢志如此。夏紀作「九江甚中」。孔、甚，殷、中，故訓字。志「廬江郡」「尋陽」云：「禹貢九江在南，皆東合爲大江。」豫章郡，莽曰九江；柴桑，莽曰九江亭。河渠書太史公曰：「余南登廬山，觀禹疏九江。」淮南王傳：「擊廬江，有尋陽之船，結九江之浦，絶豫章之口。」龜筴傳：「廬江郡常歲時生龜長尺二寸者二十枚，輸太卜官。」與「九江納錫大龜」合，皆今文説。釋文引太康記曰：「九江，劉歆以爲湖漢九水入彭蠡澤也。」史記集解引鄭云：「地理志：九江在尋陽南，皆東合爲大江。」書疏引鄭云：「殷猶多也。九江從山谿所出，其孔衆多。言治之難也。」皆古文説。案：鄭既引漢志，則云「其孔衆多」者，非有别解，是劉、鄭説與今文義同。釋文引潯陽記云：「一曰烏江，二曰蚌江，三曰烏江，四曰嘉靡江，五曰畎江，六曰源江，七曰累江，八曰提江，九曰箘江。」張須元緣江圖云：「一曰三里江，二曰五州江，三曰嘉靡江，四曰烏土江，五曰白蚌江，六曰白烏江，七曰箘江，八曰沙提江，九曰廩江。參差隨水張落，或百里，或五十里。始於鄂陵，終於江口，會於桑落洲。」案：此皆瑣瑣，不足當禹九江之目。應劭注漢志「九江郡」云：「江至廬江尋陽分爲九也。」本九水合入江，而應謂「江分爲九」，誤甚。山水澤地篇：「九江地在長沙下雋縣西北。」本山海經「九江洞庭」爲文。此古文説。而劉、班、鄭皆不與之合，酈道元亦不用之。宋胡旦、毛晃竊其説，非也。江云：「九江至尋陽東而合。其未合於江之時，則在尋陽上，固是荆州地。故經於此言之。甚中，猶言水由地中行也。」孫云：「九江在豫章，非荆州水，而水經云『沔至江夏沙羨縣北，南入于江，沔水與江合流，又東過彭蠡澤』，是九江入此澤而合大江，故云『甚中』。」皮云：「禹貢所言，必合治水源流，施功次序，非必一州之水不可旁及他州。『冀州』云『治梁及岐』，梁、岐即不在冀州境也。」合觀諸説，亦可無疑於九水不屬荆州矣。**沱、潛既道，**沱，江别名。潛，水名。皆復其故道。○「沱、潛既道」，今文與古文同。○「沱、潛既道」者，夏紀作「沱、涔已道」，漢志作「沱、灊既道」。既、已，故訓字。潛、涔、灊，通用字。毛詩「潛有多魚」，韓詩「潛」作「涔」，非今、古文異也。漢志「南郡」「枝江」（今湖北省枝江縣東。）云：「江、沱出西，東入江。」山水澤地篇：「荆州沱水在枝江縣。」明今、古文説同。據江水注：「江水東過枝江縣南」，「江、汜枝分，東入大江，縣治洲上，故以枝江爲稱。地理志曰『江、沱出西，東入江』是也。」（今枝江縣東六十里百里洲是。）釋文引馬云：「沱，湖也。其中泉出而不流者謂之潛。」書疏引鄭云：「水出江爲沱，漢爲潛。（集解引作「涔」。）今南郡枝江有沱水，其尾入江，首不於江出也。華容有夏水，首出江，尾入沔，蓋此所謂沱也。潛則未聞象類。」王鳴盛云：「鄭意百里洲歧江爲二，謂之分江則可，謂之自江出則不可。爾雅：『水決復入爲汜，水自江出爲沱。』漢志『華容』云有『夏水，首受江，東入沔』。水經：『夏水出江流於江陵縣東南，又東過華容縣南，又東至江夏雲杜縣，入于沔。』酈注云：『江津豫章口東有中夏口，（在今荆州府治。）是夏水之首，江之沱也。』（閻云：「今本『沱』誤『汜』。」）正與鄭注合。至『枝江之沱』，道元以爲『江、汜枝分』是矣。又引地志之江、沱以證，則微誤矣。今考夏水自江陵縣東南首受北江，東北流徑監利縣、沔陽州與潛江縣分界。又東北至京山縣，東南注於漢。此正沱水也。至潛水，昔人以漢志『漢中』『安陽』（今陝西省成固縣南。）『鬵谷水出西南，北入漢』當之，（王念孫正「谷」爲衍字。）然與荆州無涉。」先謙案：潛、涔通作。此「潛水」即「涔水」也。説文：「涔陽渚，在郢中。」屈原所謂「望涔陽兮極浦」也。澧水注：澧水至作唐縣（後漢分孱陵立，在今湖南省安鄉縣北。）左合涔水，又東澹水出焉，又南合澹水，（王仲宣詩：「悠悠澹澧。」）涔水出天門郡界（吴分武陵立。）南徑涔坪屯，屯堨涔水，溉田數千頃，東南入澧。案：一統志涔水出澧州西北龍洞爲龍洞水，分爲二，又合流而東，爲青泥灘、竹根灘，又東合團潭水，又東爲黄潭合黄溪水，又東爲涔水，徑州東入澧。二水合流徑安鄉縣城西爲長河，分爲二，一東流徑華容縣入洞庭湖，一東南於安鄉境入湖。以此涔水當荆州之潛，於地望適合。經下言「東至于澧」，似上古之世，湖以南涔、澧二水較沅、湘尤著，經流遷變，今古不恒矣。馬説沱、潛皆不合。

雲土夢作乂。 雲夢之澤在江南，其中有平土丘，水去可爲耕作畎畝之治。○「雲土夢作乂」，今文也，古文作「雲夢土作乂」，今互誤。○今、古文互誤者，漢志作「雲夢土作乂」，夏紀作「雲夢土爲治」。作、爲，乂、治，故訓字。夏紀、漢志皆今文，「雲夢土」並當作「雲土夢」。史記索隱單行本出「雲土夢」三字，小注：「雲土、夢，二澤名。」引韋昭云：「雲土，今爲縣，屬江夏。」解之曰：「地理志江夏有雲杜縣，是其地。」此史記作「雲土夢」之證。段云：「韋昭注乃漢書音義，此漢書作『雲土夢』之證。今地理志作『雲夢土』，顔注云：『雲夢之土。』皆用尚書妄改之本耳。古土、杜通用，如韓詩『桑杜』，毛詩作『桑土』；毛詩『自土沮漆』，齊詩作『自杜』是也。本呼『雲土』，單呼之爲『雲』，此類甚多。楚語『雲連徒州』即『雲土』也。徒、土、杜，一字。『雲土』長言之爲『雲連徒州』，猶『怐瞀』二字，荀卿書則曰『傋猶瞀儒』，此如『穀於菟』之類，皆方俗語言也。古文尚書『雲土夢』當作『雲夢土』者，據僞傳『雲夢之澤在江南，其中有平土丘』，是經作『雲夢土』，故釋『土』於『雲夢』之下。僞孔多襲馬、鄭、王之舊，此『雲夢土作乂』必馬、鄭、王本固然。古文之誤作『雲土夢』，始於唐石經，而成於宋太宗。晁公武石經考異序云：『蜀石經尚書十三卷，僞蜀周德貞書，以監本校之，禹貢「雲土夢作乂」倒「土」、「夢」字。』是宋以前『雲夢土』之本盛行，僞蜀且以勒石。唐石經作『雲土夢』，而蜀石經不從，此蜀勝於唐也。宋沈括夢溪筆談云：『舊尚書禹貢作「雲夢土作乂」，太宗皇帝時得古本尚書，作「雲土夢作乂」，詔改從古本。』所偁舊尚書者，蜀石經之類也；古本尚書者，唐石經之類也。唐石經，名儒所不窺，是以蜀石本及宋太宗以前本皆作『夢土』，而太宗詔從『土夢』。自後板本乃無作『夢土』者。此非梅賾之咎，亦非衛包之咎。衛包敢於改字，而不敢倒字。開成中始從誤本刊石，至正義云『經之「土」字在二字之閒，蓋史文兼上下也』，此十六字蓋太宗詔改『土夢』之後妄人增之，元本所必無。唐正義果如是，何以『夢土』之本盛行至宋，僞蜀且以勒石哉？」皮云：「王逸楚詞注：『夢，澤中也。楚人名澤中爲夢中。』逸習今文，則今文家説夢即是澤，非澤之名。左傳『江南之夢』即江南之澤。雲土夢亦即雲土澤耳。」其作「雲夢土」者，成蓉鏡云：「『雲夢』，本一藪，見周官、爾雅、吕覽、戰國策、淮南墬形訓、鹽鐵論、説文、宋玉高唐賦、司馬相如子虚賦，或單稱『雲』，見左定傳，或單稱『夢』，見左宣、昭傳，杜預云：『楚之雲夢，跨江南北。』蓋其地至廣，中有澤有土，當洪水汎濫，皆在巨浸中，至是而水瀦於澤，其土乃可治。書此以著澤之底定耳。周官、爾雅所記者，雲夢澤；而楚王、宋玉所遊者，則雲夢土矣。」先謙案：「雲土夢」與「雲夢土」，乃今、古文異。段説是。雲杜，漢以名縣，是「雲土」連文，確不可易。今文是也。古文作「雲夢土」，則字有倒易，説者依文釋之耳。「雲土」單稱「雲」，春秋時已然。王逸解「夢」爲澤，此最古義。漢志「南郡」「華容」（今湖北省監利縣西北。）云：「雲夢澤在南。」山水澤地篇：「雲夢澤在華容縣東。」今、古文家説皆依俗稱，於「夢」下加「澤」字，小司馬以「雲夢」爲二澤，李吉甫諸儒並説江北爲雲，江南爲夢，非是。夏水注：「監利縣（晉縣也，今監利縣治。）土卑下，澤多陂池。西南自州陵（今沔陽州東南。）界迄於雲杜、（沔陽西北。）沌陽（今縣。）爲雲夢之藪。」**厥土惟塗泥，厥田惟下中，厥賦上下。**田第八，賦第三，人功修。○「厥土惟塗泥，厥田惟下中，厥賦上下」，古文也；今文有上「厥」字，無「惟」字。○今文有上「厥」字、無「惟」字者，漢志作「厥土塗泥，田下中，賦上下」。夏紀同，「厥」改「其」，故訓字。**厥貢羽、毛、齒、革，惟金三品，**土所出與揚州同。○「厥貢羽、毛、齒、革,惟金三品」,古文也,今文無「厥」、「惟」字。○今文無「厥」、「惟」字者,夏紀、漢志並作「貢羽、旄、齒、革,金三品」,經文「旄」字,衛包改「毛」,説見前。**杶、榦、栝、柏,**榦,柘也。柏葉松身曰栝。○「杶、榦、栝、柏」,今文與古文同。○「杶、榦、栝、柏」者,夏紀、漢志如此。志「榦」作「幹」,經典通用字。釋文引馬云:「栝,白栝也。」史記集解引鄭云:「四木名。」段云:「栝,説文作『桰』,『隱也。一曰矢桰隱弦處也。』禹貢借『栝』爲『檜』字。爾雅、毛詩、説文皆云:『檜,柏葉松身。』僞傳:『栝,柏葉松身。』正是一字。集韻十四太曰:『檜,或作「栝」。』」釋文『杶』又作『櫄』。考工記注:『禹貢荆州貢櫄、榦、栝、柏。』説文『杶』下云:『木也,从木屯聲。夏書曰:「杶、榦、栝、柏。」』『櫄』下云:『或从熏。』」**礪、砥、砮、丹,**砥細於礪,皆磨石也。砮,石,中矢鏃。丹,朱類。○「礪、砥、砮、丹」,今文與古文同。○「礪、砥、砮、丹」者,夏紀、漢志如此。志「礪」作「厲」,「厲」正字,「礪」俗字。書疏引鄭云:「礪,磨刀刃石也。精者曰砥。」賈逵云:「砮,矢鏃之名也。」一切經音義引尚書「砅、砥、砮、丹」。段云:「砅,同『厲』。本於三體石經。説文『砮』下云:『石可以爲矢族。从石奴聲。夏書曰梁州貢砮、丹。』『梁』是『荆』之誤。」**惟箘簵、楛,三邦厎貢厥名。**箘、簵,美竹。楛中矢榦。三物皆出雲夢之澤,近澤三國常致貢之,其名天下稱善。○「惟箘簵、楛,三邦厎貢厥名」,古文也。今文作「維箘簬、楛」,一作「箭足杆」,「邦」作「國」。僞傳「其名天下稱善」,本馬説。○今文作「維箘簬、楛」者,夏紀如此;一作「箭足杆」者,集解引徐廣説如此。段云:「説文『箘』下云:『箘,簬也。从竹路聲。夏書曰:「惟箘簬、楛。」』『簵』下云:『古文簬,从輅。』蓋壁書作『簵』也。説文『枯』下云:『槀也,从木古聲。夏書曰「惟箘輅、枯」。(「輅」當作「簵」。)木名也。』史記集解引徐廣曰:『一作「箭足杆」。』杆即楛也,音怙。

箭足者，矢鏃也，或以箭足訓釋「箘簵」乎？」玉裁按：箭非矢鏃，正謂矢稾。雖釋名謂矢鏑爲足，然此等首、足無定稱，如淮南謂木根爲首，賈逵左傳注謂人首爲末是也。蓋古文作『枯』，今文作『杆』；古文作『箘簵』，今文作『箭足』，非訓釋之謂也。」先謙案：許謂「簵」古文，則「簬」是今文。其「木部」引書「簵枯」連文，則「枯」爲古文，段說是也。「竹部」引書「簬楛」連文，則「楛」亦今文，不僅今文作「杆」也。汲古本史記作「維箘簬、楛」，集解：「駰案：鄭玄曰：『箘簬，聆風也。』」皆作「簬」。今官本皆改作「簵」。漢志用今文，當作「簬」。今志作「惟箘簵、楛」，蓋亦後人所改，或夏侯本與古文合也。皮云：「史記『篠簜』作『竹箭』，則『箘』作『箭』宜矣。『足』疑『路』之壞字。」釋文引馬云：「楛，木名，可以爲箭。」書疏引鄭云：「箘簵，簵（史集解作「聆」，釋文同。）風也。」段云：「合之說文，則『箘簵』合二字爲名，乃一物。孔疏云：『竹有二名，或大小異也。箘、簵是兩種竹。』非是。」釋文引馬云：「楛，木名，可以爲箭。」考工疏引鄭云：「楛，木類。周之始，肅慎氏貢楛矢、石砮。此州中生聆風與楛者衆多，三國致之。」「三國底貢厥名」者，漢志如此，夏紀作「三國致貢其名」。厎、致，厥、其，故訓字。史記集解引馬云：「言箘簵、楛，三國所致貢，其名善也。」書疏云鄭以「厥名」下屬，古文異說。江云：「禮雜記云：『凡宗廟之器，其名者，成則釁之以豭豚。』是物之貴者特稱名也。此以厥名表異之，言其名者謂菁茅，以其爲宗廟所用而貴重之也。」**包**橘柚。○書疏引王肅云：「揚州『厥包橘柚』從省而可知也。」王鳴盛云「包匭」連文，自屬一事。截「包」作注，以爲橘柚，割裂穿鑿之甚。且揚州明言橘柚，荆州並無橘柚字，反謂荆州常貢而揚州特繼其乏，（見上揚州注。）亦殊違反，皆非也。先謙案：近儒以爲僞傳出肅，又一證也。**匭菁茅**，匭，匣也。菁以爲菹，茅以縮酒。○「包匭菁茅」，今文與古文同。段云：「匭，从匚軌聲。匚者，受物之器，乃訓爲

「匣」，晉初已有此陋説，僞孔襲之。至唐武后乃有設匭受表之事，不識字之獘也。」王鳴盛云：「管子輕重篇：『江、淮之間，一茅三脊，名曰菁茅。』僞傳以菁茅爲二物，非。」○「包匭菁茅」者，夏紀、漢志如此。釋文：「菁，徐音精。馬同。」史記集解引鄭云：「匭，纏結也。菁茅，茅有毛刺者。（釋文引同。）給宗廟縮酒，重之，故包裹又纏結也。」段云：「『包』當作『苞』，詳見上。説文繫傳『苞』下、左僖四年傳注、穀梁僖四年傳疏引書皆作『苞匭』。又匭，古文『簋』字，讀如『九』。簋，黍稷方器也，故从匚。鄭讀『匭』爲『糾』，而訓爲『纏結』，從同音得義也。」先謙案：晉志「零陵」「泉陵縣」有香茅，古貢之以縮酒。括地志：「辰州盧溪縣西南三百五十里有包茅山，山際出包茅，有刺而三脊，因名。」**厥篚玄纁、璣組，**此州染玄纁色善，故貢之。璣，珠類，生於水。組，綬類。○「厥篚玄纁、璣組」，今文與古文同。○今文同者，夏紀作「其篚玄纁、璣組」，厥、其，故訓字。漢志作「厥棐玄纁、璣組」，「篚」作「棐」，夏侯本如此。釋文：「璣，音機，馬同。」又引馬云：「組，文也。」案：説文：「纁，淺絳也。」江云：「組以貫璣，謂之璣組。璣非篚實，篚實止是組耳。禮玉藻『天子佩白玉而玄組綬』鄭注：『綬所以貫玉相承受者。』則綬是組之下耑爲結以畢之玉者，其上貫玉，中者則是組矣。韓詩傳云：『佩玉上有葱珩，下有雙璜、衝牙、蠙珠以納其間。』是佩有珠，亦必以組貫矣。鄭『沇州』注云：『貢者，百物之府受而藏之。實於篚者，入於女功。』周禮『珠入於玉府』，不入女功。此經徐州蠙珠、雍州琅玕，皆不入篚。珠不圓者爲璣，亦必不入篚矣。」段云：「馬説『文』下有脱字。」〔一〕**九江納錫大龜。**尺二寸曰大龜，出於九江

〔一〕段玉裁古文尚書撰異原文爲：「『文』下『也』上恐有脱字。」

水中。龜不常用，錫命而納之。○「九江納錫大龜」，今文與古文同。○「九江納錫大龜」者，漢志如此。夏紀作「九江入賜大龜」，納、入，錫、賜，故訓字。釋文引馬云：「納，入也。」案：依僞孔説，經文當作「錫納大龜」，不當言「納錫大龜」。皮云：「『錫大龜』三字連讀，蓋天子錫諸侯之大龜。禮樂記：『青黑緣者，天子之寶龜也。』從之以牛羊之羣，則所以贈諸侯也。』公羊傳言『寶玉大弓』，有『龜青純』，是公羊以寶即是寶龜，與樂記合。明古天子有錫諸侯寶龜之禮。納錫大龜，謂納此賜諸侯之寶龜也。」釋義順成。通典：「蘄州廣濟縣蔡山出大龜，尚書曰：『九江納錫大龜。』即此。」

浮于江、沱、潛、漢，逾于洛，至于南河。逾，越也。河在冀州南東流，故越洛而至南河。○「浮于江、沱、潛、漢，逾于洛，至于南河」，今文與古文同，二「漢」上多「于」字，「逾」作「踰」。○今文同者，漢志作「浮于江、沱、灊、漢，逾于洛，至于南河」，潛、灊，通用字。「洛」本作「雒」，後人依俗本改之。凡伊、雒、瀍、澗之「雒」字從隹旁各，涇、渭、洛之「洛」字從水旁各，一爲豫州川，一爲雍州浸，載在職方，不相假借。漢志「弘農郡」「上雒」下云：「禹貢雒水出冢領山，東北至鞏入河。豫州川。」「左馮翊」「褱德」下云：「洛水東南入渭。雍州浸。」秩然不紊。魏志「黄初元年幸洛陽」裴注引魚豢魏略云：「詔以漢火行，火忌水，故『洛』去水加隹；魏於行次爲土，土，水之牡也，故除隹加水，變『雒』爲『洛』。」案：漢以前用「雒」，非漢去水加隹，魏文帝妄爲之説。自是經傳子史轉寫竄易，雒、洛錯出。若今文尚書之作「雒」，見於隸釋所載，漢石經殘碑多士篇兩「茲雒」字，此必伏生壁藏之本。古文尚書今本皆作「洛」。考天官序官注引召誥「朝至于雒」、「攻位于雒汭」，字皆作「雒」，則知黄初後傳寫者盡易之。不然許君説文，其偁書，孔氏古文也，何難據古文列熊耳之水於「洛」字下而必遵今文哉？段玉裁、王念孫言之甚詳，今略舉之如此。顔師古注：「南河在冀州南。」水道不通，故曰逾。」「漢」上多「于」字，「逾」作「踰」者，夏紀作「浮于江、沱、涔，于漢，踰于雒，至于南河」，涔、潛字同。案：釋文云：「本或作『潛于漢』，非。」段云：「今文尚書有此『于』字也。或改古文同今文，或今文本有，皆未可知。古文無逸篇『無淫于觀、于逸、于游、于田』，以『淫』領四『于』字，此以『浮』領二『于』字，句法正同。陸誤絶其句，故云非耳。」史記「逾」皆作「踰」，三家本異。江云：「每州末『浮于』云云，皆是巡行州境。此言浮于江、沱、潛、漢，是荆州境，雒與南河則豫州境，非荆州地矣。經於荆州下即記豫州，明禹治荆畢，即治豫。此逾雒至南河，是將治豫州也。」

荆、河惟豫州。西南至荆山，北距河水。○「荆、河惟豫州」，今文與古文同。○「荆、河惟豫州」者，漢志如此。史記「惟」作「維」。（汲古本誤「惟」。）公羊莊十年傳疏引鄭云：「豫州界，自荆山而北至于河。」王鳴盛云：「南條荆山其陰爲豫州，其陽爲荆州，乃豫之南界。僞傳兼言西，非也。爾雅：『河南曰豫州，漢南曰荆州。』呂覽亦云：『河、漢之閒曰豫州。』此所言皆殷制也。荆、豫二州，禹以荆山爲界，殷以漢水爲界。河之南、漢之北則豫州也。殷無梁州，蓋豫州亦兼梁地。周禮：『河南曰豫州，其山鎮曰華山，其澤藪曰圃田，其川滎、雒，其浸波、溠。』華山、圃田、滎、雒皆在禹貢豫州域，惟波、溠可疑。鄭注云：『「波」讀爲「播」。禹貢曰「滎播既都」。』春秋傳曰：『楚子除道梁溠，營軍臨隨。』則溠宜屬荆州，在此非也。』（見莊公四年。）案：『波』即『滎播』，説詳下文。溠水，水經注云：『出隨縣西北黄山，南逕㵐西縣西，又東南逕隨縣故城西，又南流注于溳。溳水出蔡陽縣大洪山，東南逕隨縣至安陸入沔。』溠既合溳，自下通稱，則溠在漢北。而鄭云宜在荆者，蓋周時豫州不全得漢北地，割以屬荆，故於豫州曰河南，與爾雅同；而於荆州曰正南，不曰漢南，明乎兼有漢北，與殷制異也。（馬融廣成頌：「浸以波、溠。」馬意亦未嘗指爲豫州域。）又案：周亦無梁州，豫亦兼有其地，當在華山之陽，嶓冢之東也。又王制曰『自南河至于江千里而近』，鄭云『豫州域』，自江至于衡山千里而遥，鄭云『荆州域』，然江北之地，不盡屬豫，而多有屬荆者，荆、豫本非以江爲界。則鄭云云亦略言之耳。」又云：「以今輿地約之，河南之河南、開封、陳州、歸德、南陽、汝甯六府，許、陜、汝、光四州及直隸大名府、山東曹州府、江南潁州府之西境，湖廣襄陽府、德安府之北境，鄖陽府之東境，皆豫州域也。」**伊、洛、瀍、澗既入于河，**伊出陸渾山，洛出上洛山，澗出沔（「澠」之誤。）池山，瀍出河南北山，四水合流而入河。○「伊、洛、瀍、澗既入于河」，今文與古文同。王鳴盛云：「四水所出，漢志是，傳多誤，疏既引地志，又曲護傳，皆非也。今考漢陸渾、盧氏本二縣。熊耳山在盧氏縣西南五十里，不與陸渾接界，安得以熊耳爲陸渾縣西之山而云伊出陸渾山乎？陸渾山在今嵩縣東北四十里，伊水經其下，非出也。新安、黽池亦本二縣，澗水出新安，穀水出黽池，雖下流同得通稱，而上源本異。今乃云澗出黽池山，是以穀源爲澗源，誤矣。至於河南，穀成本二縣，魏始省穀成入河南，晉因之，故晉書地理志『河南郡』有『河南』無『穀城』。傳云『瀍出河南北山』，是豈西漢時穀城山已爲河南縣地乎？若謂河南指郡言，則上文『伊出陸渾山，洛出上洛山，澗出澠池山』皆縣也，何獨於瀍而言郡不言縣乎？孔安國爲武帝博士，具見圖籍，所言決不如此，知爲魏晉人僞撰也。」○「伊、洛、瀍、澗既入于河」者，夏紀、漢志如此，「洛」並作「雒」，不誤。四水詳「道川」。**滎波既豬，**滎澤、波水已成遏豬。○「滎波既豬」，今文與古文同，一作「滎播既都」。○「滎波既豬」者，漢志如此，夏侯本也。説文「潘」下云：「水名，在河南滎陽。」陳云：「『波』乃『潘』之叚借。詩『番爲司徒』人表作『司徒皮』，儀禮既夕『設披』鄭注：『今文「披」皆作「藩」。』是其證。」先謙案：此水説文作「潘」，史記作「播」，漢志作「波」，蓋三家尚書文異。段謂後人以梅書改漢志，非也。一作「滎播既都」

者，夏紀如此，歐陽本也。釋文：「滎，澤也。」「馬本作『播』：『滎播，澤名。』」書疏云：「馬、鄭、王本皆作『滎播』，謂此澤名滎播。」史記索隱：「此及今文並云『滎播』。『播』是水播溢之義。鄭玄云：『今塞爲平地，滎陽人猶謂其處爲滎播。』」（今詩、書正義引「播」皆作「澤」。）案：小司馬所謂今文指石經言，釋「播」爲「播溢」，非也。楊雄豫州牧箴：「滎播枲漆。」地理志顔注云：「檜國在豫州外方之北，滎播之南，溱、洧之閒。」用鄭詩譜語。（今鄭譜「滎播之南」及正義引禹貢「滎播既都」皆改「播」爲「波」。）職方「其浸波、溠」鄭注：「『波』讀爲『播』，禹貢曰『滎播既都』。」賈疏：「禹貢有播水無波。」吕忱曰：「播水在滎陽。」皆以播爲水名。段云：「困學紀聞引古文云『滎嶓既都』，此宋次道、王仲至本，不必置辨。滎澤字古从火不从水，周官經、詩定之方中鄭箋、左閔二年、宣十二年傳、杜預後序、爾雅注釋文凡六『熒』字皆從火。左隱元年傳注：『虢國，今熒陽縣。』釋文云：『本或作「滎」，非。』尤爲此字起例。漢韓敕後碑、劉寬碑陰、鄭烈碑、唐盧藏用書紀信碑『熒陽』字皆從火。隋書王劭傳上表言符命曰『龍鬭於熒陽者，「熒」字三火，明火德之盛也。』然則熒澤、熒陽古無從水者，今文禹貢、釋文从水者，崇文總目云：『宋開寶中，詔以德明所釋乃古文尚書與唐明皇所訂今文駁異，令太子中舍陳鄂删定其文，改從隸書，蓋今文自曉者多，故音切彌省。』然則衛包庸妄，改『熒』作『滎』，而陳鄂和之。所當訂正者也。經典、史、漢、水經注皆爲淺人竄易，善本時有存者。」先謙案：今、古文皆「波」「播」、「豬」「都」兩作，如鄭君禮注之「滎播既都」及漢志之「滎波既豬」可證，非古文但作「豬」，今文但作「都」也。滎，詳「道川」。**導菏澤，被孟豬。**菏澤在胡陵。孟豬，澤名，在菏東北，水流溢覆被之。○「導菏澤，被孟豬」，古文也。今文「菏」作「荷」，「孟豬」作「明都」，一作「盟豬」，一作「孟諸」。○今文「菏」作「荷」者，夏紀、漢志並作「道荷澤」。「孟豬」作「明都」者，夏紀作「被明都」。一作「盟豬」者，漢志作「被盟豬」。一作「孟諸」者，大傳云「孟諸靈龜」是其證。段云：「周禮稱『望諸』。明、盟、孟、望，古音皆讀如『芒』。諸、豬、都，皆同音通用。」此亦三家文異，非必「孟豬」爲古文。道，今本作「導」。釋文：「導音道。」此是「道音導」而倒之。衛包改「道」爲「導」，李昉、陳鄂改釋文「道」、「導」互易也。五經文字云：「菏，古本亦作『荷』。」漢志「濟陰郡」下云：「禹貢荷澤在定陶東。」「梁國」「睢陽」（今河南省商邱縣南。）云：「禹貢盟諸澤在東北。」山水澤地篇與志合。據濟水注：「南濟徑陳留郡濟陽，（今河南省蘭儀縣北。）又東北，菏水東出焉。菏水上承濟水於濟陽縣，東爲五丈溝，徑濟陰郡定陶，（山東省定陶縣西北。）乘氏，（鉅野縣境。）與南濟、北濟、濮水合入鉅野澤，復出東南，徑乘氏城南。尚書曰：『導菏澤，被孟豬。』孟豬在睢陽縣之東北。十三州記云：『不言入而言被者，明不常入也。水盛方乃覆被矣。』」菏水又徑山陽郡昌邑、（成武縣東北。）東緡、（金鄉縣東北。）方與、（魚臺縣北。）湖陵（魚臺縣南。）入泗。其下水道見上文「達于河」。孟豬澤在商邱縣東北，接虞城縣界，虞城北有孟豬臺，俗謂之湄臺，亦故澤地。杜預所謂水草之交曰麋者也。元時屢爲河水衝突，禹迹不可復問矣。**厥土惟壤，下土墳壚。**高者壤，下者壚。壚，疏也。○「厥土惟壤，下土墳壚」，今文與古文同，一無「惟」字。僞孔「下者壚」，本馬說；「壚，疏也」，本鄭說。○今文同者，漢志如此。一無「惟」字者，夏紀作「其土壤，下土墳壚」，厥、其，故訓字。釋文引説文：「壚，黑剛土也。」陳祥道禮書引鄭云：「壚，疏也。」史記集解引馬云：「豫州地有三等，下者墳壚也。」**厥田惟中上，厥賦錯上中。**田第四，賦第二，又雜出第一。○「厥田惟中上，厥賦錯上中」，古文也，今文無「厥」、「惟」字。○今文無「厥」、「惟」字者，漢志作「田中上，賦錯上中」，夏紀同，「錯」改「雜」，故訓字。江云：「此『錯』文在上，是錯出上上之賦。冀州『錯』文在下，是上上雜出上中之賦也。」**厥貢漆、枲、絺、紵，厥篚織纊，**纊，細綿。○「厥貢漆、枲、絺、紵，厥篚織纊」，古文也；今文無「厥」字，「枲」作「絲」。○今文無「厥」字者，漢志如此。「枲」一作「絲」者，夏紀作「貢漆、絲、絺、紵，其篚織絮」，厥、其，纊、絮，故訓字。「枲」作「絲」，三家異文。楊雄豫州箴作「枲」，與志合。禮既夕記注：「纊，新絮也。」**錫貢磬錯。**治玉石曰錯。治磬錯。○「錫貢磬錯」，今文與古文同。○今文同者，夏紀、漢志如此。顏師古云：「亦待錫命而貢。」江云：「錯，厲石也。詩曰：『他山之石，可以爲錯。』豫州不產錫，或謂如揚州貢錫，非也。」**浮于洛，達于河。**○「浮于洛，達于河」，古文也；今文「洛」當作「雒」，「達」當作「通」。○「洛」當作「雒」，「達」當作「通」者，夏紀作「浮于雒，達于河」；漢志作「浮于洛，入于河」，「洛」亦當依夏紀作「雒」。「達」、「入」二字皆誤，依今文當作「通于河」，與上「浮于濟、漯，通于河」同例。

華陽、黑水惟梁州。東據華山之南，西距黑水。○「華陽、黑水惟梁州」，今文與古文同。○「華陽、黑水惟梁州」者，漢志如此。夏紀同，「惟」作「維」。（汲古本誤「惟」。）公羊莊十年傳疏引鄭云：「梁州界，自華山之南至于黑水也。」王鳴盛云：「黑水在西徼外，故梁、雍皆以是爲西界。梁在華陽，雍在華陰，故雍但以爲西界，梁則兼以爲西南界。因對華山言，故云南也。」又云：「殷、周皆無梁州。通典云梁當殷爲蠻夷，此州遂廢。賈公彥云雍、豫皆兼梁地。江、漢發源梁州，而職方爲荆州川，則荆亦兼梁地。然三州雖兼梁地，而禹貢梁州山川無一入職方者，大約不過羈縻不絕，非九州內地比也。」又云：「以今輿地約之，陝西漢中府之南境，及興安州、商州、甘肅鞏昌府之南境，及階州、秦州、湖北之鄖陽府、四川全省，（内敘州、重慶、夔州等府江南境宜屬荆。〔一〕）及雲南、貴州北境皆梁州域也。」**岷、嶓既藝，沱、潛既道。**岷山、嶓冢皆山名。水去已可種藝。沱、潛發源此州，入荆州。○「岷、嶓既藝，沱、潛既道」，今文與古文同。○「岷、嶓既藝」者，漢志如此，「藝」作「蓺」，是。夏紀作「汶、嶓既藝」。段謂「汶」今文，「𡸥」古文。蘇輿云：「崏，說文作『𡸥』，『岷』即『𡸥』之省。漢志作『岷』，亦作『崏』，亦作『汶』。夏紀作『汶』，河渠書作『岷』，參差不一，未可據爲今、古文之辨。」先謙案：楚詞悲回風云：「隱𡵨山以清江。」王逸注：「尚書曰：『𡵨山導江。』」「𡵨」一作「崏」，一作「𡵨」。說文無「𡵨」字。「山部」「𡸥」下云：「𡸥在蜀郡湔氏西徼外，从山敃聲。」「𡸥」字繁重，故省變爲「崏」，再省爲「𡵨」；或省變爲「崏」，再省爲「𡵨」，三省爲「文」，漢書武紀「文山郡」是也。或加水旁，通借爲「汶」，今四川「汶山縣」是也。岷、汶非今、古文異，蘇說是。「嶓」即「嶓冢」，見「道山」。「沱、潛既道」者，夏紀作「沱、涔既道」，漢志作「沱、灊既道」，潛、涔、灊，字同。志「巴郡」「宕渠」（今四川省渠縣東北。）云：「灊水西南入江。」說文：「灊，水，出巴郡宕渠，西南入江。」「一曰漢爲灊。」潛水注云：「潛水蓋漢水枝分潛出，故受其稱。有大穴，潛水入焉，通岡山下，西南潛出，謂之伏水，或以爲古之潛水。鄭玄云：『漢別爲潛，其穴本小，水積成潭，流與漢合。大禹自導漢疏通，即爲西漢水也，故書曰：「沱、潛既道。」』」又江水篇：「江水在江州合强水、涪水、漢水、白水、宕渠水五水。」注云：「宕渠水即潛水、渝水矣。」又漾水注：「宕渠水，自漢中南鄭東南流徑宕渠縣爲宕渠水，入西漢水。考潛水入江，與宕渠水入西漢，方位正合，

〔一〕「内」原誤作「由」、「荆」原誤作「府」，據王鳴盛尚書後案原文改。

則潛水即宕渠水也。今四川省通江縣渠河是，亦曰巴江。説文「一曰漢爲潛」者，與鄭説合。一統志：「爾雅『水自漢出爲潛』郭注：『有水從沔陽南流，至梓潼漢壽，入大穴中，通峒山下，西南潛出，一名沔水，即禹貢之潛。』括地志：『潛水，一名復水，今名龍門水，出龍門山大石穴下。』廣元縣志：『出縣北百三十里木寨山，流經神宣驛，又南二十里，經龍洞口至朝天驛北穿穴而出，入嘉陵江。』」是潛水即西漢水。後人知有西漢而不知潛水久矣。輿地紀勝云：「自朝天驛入谷十五里，有石洞三，水自第三洞發源，貫通兩洞，下合嘉陵江，即所謂『入大穴中，通峒山下，西南潛出』者也。自此而下，嘉陵水通謂之潛水矣。」案：以西漢爲潛，其説甚古。惟大穴潛通，源微流短，後人覺其未安，遂不從舊説，而以宕渠當潛水之目，説文兩存之。漢志潛水、西漢水並載，知班氏不以西漢爲潛也。沱見「道川」。**蔡、蒙旅平，和夷厎績。**蔡、蒙，二山名。祭山曰旅。平言治功畢。和夷之地，致功可藝。○「蔡、蒙旅平，和夷厎績」，今文與古文同。僞傳説「旅平」非，見下。○今文同者，夏紀、漢志如此。集解引鄭云：「地理志蔡、蒙在漢嘉縣。」索隱：「此非徐州之蒙。在蜀郡青衣縣。青衣後改漢嘉。蔡山，不知所在也。」先謙案：漢志「蜀郡」「青衣」（今四川省雅安縣北。）云：「禹貢蒙山谿。」依志例，當爲「禹貢蒙山在西有蒙谿」。志奪文。一統志：「蒙山跨雅安、名山、蘆山三縣及邛州境。又始陽山在蘆山縣東七里，本名蒙山。唐天寶中敕改爲始陽山。」案：據鄭説，蔡山亦在青衣，不知何山是蔡。王鳴盛云：「鄭云『蔡、蒙』蓋『蔡蒙』，本一山，亦可單稱『蒙』故也。」蘇輿云：「僞孔説『旅平』，顏師古采以注漢書，但『旅平』訓爲

『平治而陳祭』，既倒經文，且禹貢三言『旅』皆屬山，言治畢陳祭山川，皆同，何獨於山舉之〔二〕。傳説非也。案：旅，陳也，陳列也。洪水汎濫，山爲水懷，水歸山出，表識可驗，粲然陳列而平治也。故下以『刊旅』並言，『荆、岐既旅』，義亦同。」江云：「司儀『皆旅擯』鄭注：『「旅」讀爲「鴻臚」之「臚」。』此經『旅』字，釋文言：『韋昭音盧。』如韋音，則從周禮鄭讀矣。臚，陳叙也。言可陳叙其平治之功也。」先謙案：此處言陳叙平治之功，似未合。然則它處平治之功較此大且難者不陳叙，何於此獨先乎？蘇説較長。○「和夷厎績」者，夏紀、漢志如此。釋文引鄭云：「和，讀曰『桓』。」史記集解引馬云：「和夷，地名也。」桓水注引鄭云：「和夷，和上夷所居之地也。和，讀曰『桓』。」地理志曰「桓水出蜀郡蜀山西南，行羌中」者也。餘見「因桓是來」下。**厥土青黎，**色〔三〕青黑而沃壤。○「厥土青黎」者，今文與古文同，「黎」一作「驪」。段云：「僞傳以沃壤釋黎，其説未聞。」○「厥土青黎」者，漢志如此。「黎」一作「驪」者，夏紀作「其土青驪」，厥、其，故訓字。「黎」作「驪」，歐陽本如此。御覽三十七引尚書禹貢「揚州土青驪」。釋文引馬云：「黎，小疏也。」段云：「馬釋豫州之『壚』爲疏，故釋『黎』爲小疏。黎之言離。合黎山水經作『合離』是也。釋名釋地云：『土青曰黎，似藜草色也。』」江云：「史記作『驪』，似當解爲黑色馬。但此篇記九州之土色質，並言青是色，則黎當以質言，故馬訓小疏。」先謙案：驪，借字。**厥田惟下上，厥賦下中三錯。**田第七，賦第八，雜出第七、第九三等。○「厥

〔二〕「山」前，據文義疑脱「此」字。

〔三〕「色」原誤作「包」，據阮元校本及文義改。

田惟下上，厥賦下中三錯」，古文也，今文無「厥」、「惟」字。僞傳説非，見下。○今文無「厥」、「惟」字者，夏紀、漢志並作「田下上，賦下中三錯」。書疏引鄭云：「三錯者，此州之地有當出下下〔二〕之賦者，少耳，又有當出下上、中下者，差復益小。」（當作「少」。）王鳴盛云：「經云『下中三錯』，自當如鄭説於下品、中品之中居其三，若如傳説，則云『下三錯』足矣。非也。」**厥貢璆、鐵、銀、鏤、砮、磬，**璆，玉名。鏤，剛鐵。○「厥貢璆、鐵、銀、鏤、砮、磬」，僞古文也。今、古文「璆」並當作「鏐」，今文無「厥」字。○今文無「厥」字者，夏紀、漢志如此。今、古文並當作「鏐」者，釋文：「璆，徐又居虯反，又閭幼反。馬同。韋昭、郭璞云紫磨金。案：郭注爾雅『璆』即紫磨金。」史記集解引鄭云：「黄金之美者謂之鏐。鏤，剛鐵可以刻鏤也。」案：美玉之字從玉作「璆」，紫磨金之字從金作「鏐」，不能混一。段云：「釋文『馬同』之下當有『鄭作鏐』三字，其引韋昭云『紫磨金』者，以其注地理志即注禹貢也。又引郭注爾雅證之如此。馬本古文多異，如『沿於江海』作『均于江海』，『瑤琨』作『瑤環』是也。」先謙案：此陳鄂改釋文兩「鏐」字作「璆」，否則郭注爾雅「鏐」字不能亦作「璆」也，韋注作「紫磨金」，知所見漢書本作「鏐」，裴注、鄭、孔並引，「璆」、「鏐」雙收，疑所見史記本亦作「鏐」也。江云：「僞孔改『鏐』爲『璆』，『璆』乃『球』之或字，雍州所貢，非梁州物産。」王鳴盛云：「左思蜀都賦：『金沙銀礫，暐麗灼爍。』後漢書：『益州，金銀之所出。』金固梁産也，『璆』定當爲『鏐』。幸裴駰尚采鄭注，猶可見真古文也。」

〔二〕「下」字前原脱一「下」字，據書疏引鄭注原文補。

熊、羆、狐、貍，織皮貢四獸之皮，織，金罽。（集解引作「織皮金罽」，〔一〕是。）○「熊、羆、狐、貍，織皮」，今文與古文同。○今文同者，夏紀、漢志如此。江云：「熊、羆以爲射侯，狐、貍以爲裘，此皮之用。獸人：『春秋獻獸物。』又云：『凡獸入于腊人，皮毛、筋角入于玉府。』冥氏云：『若得其獸，則獻其皮、革、齒、須、備。』則四獸之爲用正多。」王鳴盛云：「僞孔以『織皮』屬上爲句，以四獸爲貢皮，以織皮爲罽。孔疏曲附之。然經但舉四獸，何以知其貢皮？雍州『織皮』與『昆侖、析支、渠搜』連文，不爲貢物，則此亦當與『西傾』連文，不爲貢物。傳、疏皆非也。」**西傾因桓是來，浮于潛，逾于沔，**西傾，山名。桓水自西傾山南行，因桓水是來，浮于潛。漢上曰沔。○「西傾因桓是來，浮于潛，逾于沔」，今文與古文同，「傾」一作「頃」，「來」一作「徠」，「潛」一作「灊」。○「西傾因桓是來」者，夏紀如此。「傾」一作「頃」，「來」一作「徠」者，漢志作「西頃因桓是徠」，夏侯本文異。史記集解引馬云：「治西傾山因桓水是來，言無餘道也。」又引鄭云：「地理志西傾山在隴西臨洮。」案：漢志「隴西郡」「臨洮」（今岷州治。）云「禹貢西頃山在縣西」，山水澤地篇云「在縣西南」。志「蜀郡」下云：「禹貢桓水出蜀郡蜀山西南，行羌中，入南海。」考西傾山在甘肅洮州衛西南三百餘里，番名「羅插普喇山」，綿亘千餘里，黄河以南諸山無大於此者。水經桓水篇與志文同，惟「蜀山」作「岷山」，岷、蜀一也，注云：「按經據書，岷山、西傾俱有桓水。桓水出西傾山，更無別流，所導者惟斯水，浮于潛、漢而達江、沔，故晉地道記曰：『梁州南至桓水，西抵黑水，東限扞關，今漢中、巴郡、汶山、蜀郡、漢嘉、江陽、朱提、涪陵、陰平、廣漢、新都、梓

〔一〕史記集解「金」作「今」，無「皮」字，作「織，今罽」。

潼、犍爲、武都、上庸、魏興、新城皆古梁州之地。自桓水以南爲夷，書所謂『和夷底績』也，所可當者，惟斯水與江耳。桓水蓋二水之別名，爲兩川之通稱矣。鄭玄注尚書言織皮謂西戎之國也；西傾，雍州之山也。雍、戎二野之閒，人有事于京師者，道當由此州而來。桓是，隴坂名，其道盤旋曲折而上，故名曰桓是。今其下民謂是坂曲爲盤也，（段云：當作「謂坂爲是，曲爲桓也」。先謙案：當作「謂坂盤曲爲是也」。）斯乃玄之別致，恐乖尚書『因桓』之義，非『浮潛』、『入渭』之文。余考校諸書，以具聞見，今略緝綜川流沿注之緒。自西傾至葭萌入西漢，鄭所謂潛水也；自西漢溯流而屆於晉壽界，沮槏枝津，南歷岡穴，迆邐而接漢，沿此入漾，書所謂『浮潛而逾沔』矣，歷漢川至南鄭縣，屬於褒水，遡褒暨於衙嶺之南，溪水枝灌於斜川，屆於武功，北達渭水，不乖禹貢『入渭』之宗，實符尚書『亂河』之義也。」段云：「上文『和』字，鄭讀爲『桓』，不應一物而一用假借一用本名，故此『桓』字不以爲桓水。古是、氏通用，見於曲禮、覲禮、宋微子世家、後漢李雲傳。說文『氏』下云：『巴蜀名山岸脅之堆旁著欲落墒者曰氏。』楊雄賦：「響若氏隤。」』『桓是』即此『氏』字也，漢書作『阺隤』。」江云：「鄭言有事京師，道由此州，當時京師在冀州，冀州在北方，雍州在西北，當冀州之西，西戎又在雍州之西，梁州則在雍州之南，雍、戎之人有事京師，但東向徑直而行，不必迂道南折而由梁也，且經於梁州言來，明是來於梁州，非往京師矣。余以爲，雍、戎之人來此州者，道由桓是而來也。說文『隴』下云：『天水大阪也。』郡國志『漢陽郡』『隴州』：『有大阪名隴坻。』漢陽，故天水郡，則桓是即天水之隴阪矣。西傾山在隴西郡，郡名隴西，是在隴阪之西，而梁州在隴阪南，則由西傾而來梁州，道由桓是也。西戎來梁必由雍州，則亦必由桓是矣。」王鳴盛云：「雍州之『織皮昆侖』云云，知織皮謂西戎之國，即昆侖等是也。漢臨洮今爲甘肅洮州廳治，三面臨番，南與四川松潘廳接界，外連蒙古邊境，西傾在界内。傳以桓爲水名，疏亦知其不通而附會，以爲初發西傾，未有水，南行得桓水。考元和志云蜀山桓水在茂州，今西傾在洮州西南，距茂州千餘里，何云因乎？」先謙案：織皮、桓是當如鄭説。馬以爲禹治西傾山而因桓水是來，雖與僞傳説異，其不可通一也。織皮西傾，來由桓是，江説書恉大明。○「浮于潛，逾于沔」者，夏紀作「浮于潛，踰于沔」，逾、踰字同，「潛」當爲「涔」，後人妄改。「潛」一作「灊」者，漢志作「浮于灊，逾于沔」，潛、灊字同。史記集解引鄭云：「或謂『漢』爲『沔』。」王鳴盛云：「浮于潛，逾于沔，自是禹巡行州境，非爲欲達帝都，『因桓是來』與『浮潛』各爲一截。」「沔水一名沮水，出武都沮縣東狼谷，東南流至沮口，與漾水合，漾於是兼有沔稱。導水之文，凡互受通稱者不志，故導漾不言沔。據道元注，以今輿地證之，浮嘉陵江至廣元縣北龍門第三洞口，舍舟從陸，越岡巒而北至第一洞口，出谷乘舟至沔縣南，經所謂浮潛而逾沔也。」**入于渭，亂于河。**越沔而北入渭，浮東渡河而還帝都，白所治。正絶流曰亂。○「入于渭，亂于河」，今文與古文同。○今文同者，夏紀、漢志如此。王鳴盛云：「自沔水入漢中府南鄭縣界，抵褒城東歷褒水登陸，絶水行百餘里，入斜水，至郿縣東北入渭，沿流而東亂河，則至雍州矣。經例，由水而陸以入水曰『逾』，由水入水曰『入』。此經不可兩言『逾』，故變言『入』，非沔、渭有相通之道，傳寅云『上言逾沔，可以該下而省文』是也。道元言褒灌于斜，强爲附會。河渠書、溝洫志可證。」江云：「渭、河皆在雍境，入渭亂河，爲治雍州而往也。」

黑水、西河惟雍州。西距黑水，東據河。龍門之河在冀州西。○「黑水、西河惟雍州」，今文與古文同。書疏云：「雍州之境，被荒服之外，東不越河，而西踰黑水，王肅云『西據黑水，東距西河』，所言得其實。孔誤也。」先謙案：此又孔與王異而誤。○今文同者，夏紀、漢志如此。公羊莊十年傳疏引鄭云：「雍州界，自黑水而東至于西河也。」書疏云：「河在雍州之東而謂之西河者，以冀州西界故。王制云：『自東河至于西河，千里而近。』是河相對而爲東、西也。」王鳴盛云：「鄭意以黑水在西徼外，梁、雍二州之西境皆至此爲界，義詳梁州也。」又云：「爾雅『河西曰雍州』注云：『自西河至黑水。』李巡云：『兼得梁州之地。』周禮：『正西曰雍州。』疏云：『周之雍、豫，於禹貢兼梁州之地。』然雍州西北二邊，世有戎翟之患，其疆域未必能悉如禹貢。又禹貢梁州之山水無一入職方者，故杜氏言梁州當夏、殷間爲蠻夷國，雍之併梁亦虚名耳。今據周禮言之，正東曰青州，其南則有揚，其北則有幽，而西則不然，目雍州以正西，其西北、西南兩隅皆缺焉。然則梁地爲羈縻之國固不待言，而雍之西境如西傾、積石、豬野、流沙、三危、黑水，皆没於戎翟矣。爾雅目雍州以河西，則華山以南不在界中，可知其西北亦當虧損。殷、周之雍實小於禹貢也。」又云：「以今輿地約之，陝西之西安、同州、鳳翔、延安、榆林，甘肅之蘭州、平涼、鞏昌、慶陽、甯夏、西甯、涼州、甘州、鎮西十四府，乾州、邠州、興安、鄜州、綏德、肅州、迪化、安西八州，洮州一廳，漢中府除鳳縣，秦州除徽縣，兩當爲梁州，餘皆雍州。其在化外者，南至西傾、積石，西踰三危，北至沙漠，遼闊不可紀極矣。」黑水，詳「道川」。**弱水既西，**導之西流，至於合黎。○「弱水既西」，今文與古文同。○今文同者，夏紀、漢志如此。書疏引鄭云：「衆水皆東，此水獨西，故記其西下也。」詳見「道川」。**涇屬渭汭。**屬，逮也。水北曰汭。言治涇水入於渭。○「涇屬渭汭」，今文與古文同。僞傳「水北曰汭」，謬，説見下。○今文同者，夏紀、漢志如此。釋文：「汭，本又作『内』，同。馬云：『入也。』」詩谷風疏引鄭云：「涇水、渭水發源皆幾二千里，然而涇小渭大，屬于渭而入于河。」案：説文「水相入曰汭」，「涇屬渭汭」言涇水及渭而入之，此馬義也。鄭召誥注：「汭，限曲中也。」是以「屬」爲逮及而入之，與馬義異。王鳴盛云：「僞孔拗『水北曰汭』之説，疏曲附云：『人南面望水，則北爲汭。』但人若北面望水，則又可以南爲汭矣。凡二水相入，其閒必有限曲，罕有十字相交徑橫入者。然但可以曲處爲内，豈能限以必北爲内乎？雍州有二渭汭，此渭汭當爲漢高陵縣地，後渭汭當爲漢褱德縣地。（今朝邑。）高陵者，涇、渭二水之會；褱德者，河、渭二水之會也。涇，詳「道川」。**漆沮既從，灃水攸同。**漆沮之水，已從入渭。灃水所同，同之於渭。〇「漆沮既從，灃水攸同」，今文與古文同。「灃」一作「酆」，「攸」一作「逌」。〇今文同者，夏紀作「漆沮既從，灃水所同」，攸、所，故訓字。一作「酆水逌同」者，漢志如此，夏侯本文異。「既從」者，從渭而入於河。同，合會也。漆沮、灃，見「道川」。**荆、岐既旅，**已旅祭，言治功畢。此荆在岐東，非荆州之荆。〇「荆、岐既旅」，今文與古文同。〇「荆、岐既旅」者，漢志如此，夏紀同，「既」作「已」，故訓字。旅，説見上。荆、岐，見「道山」。**終南惇物，至于鳥鼠。**三山名，言相望。〇「終南惇物，至于鳥鼠」，今文與古文同。僞傳「三山名」本漢志説。〇「終南惇物，至于鳥鼠」者，漢志如此，夏紀同，「惇」作「敦」，字同。書疏云：「三山空舉山名不言治，意蒙上『既旅』之文也。」漢志「右扶風」「武功」（今陝西省郿縣東。）云：『大壹山，古文以爲終南；垂山，古文以爲敦物，皆在縣東。』」山水澤地篇云「在縣西」。皮云：「志特舉古文説，則今文説當與古文不同。今文家蓋不以『惇物』爲山名，而班不從之，漢無極山碑云『有終南之惇物，岱宗之松，楊越之梽□條蕩』，洪適謂以惇物爲終南所産，與松、篠同科。此歐陽、夏侯家説，程大昌本之，謂終南産物殷阜，故稱惇物，非別有一山。考漢書東方朔傳云：『夫南山，天下之阻也，其地從汧、隴以東，商雒以西。其山出玉石、金、銀、銅、鐵、豫章、檀、柘異類之物，不可勝原。』是終南饒物産，至漢猶然。此文與下『原隰底績，至于豬野』對文，『惇物』正與『底績』相對。」先謙案：終南亦曰太白山，在郿縣東南四十里。垂山，封禪書、郊祀志並稱岳山，「垂」、「岳」形近致誤。今日武功山在郿縣東南，俗呼鰲山，據水經注，按其方位，太壹山在武功縣南，岳山又在太壹山南，志「東」當爲「南」字之誤。道元引杜彥達曰：「太白山，南連武功山，於諸山最爲秀傑。」是太白、武功明爲二山。又謂縣有太一山，亦曰太白山。太白山是終南，則武功爲悖物無疑。「鳥鼠」，見「道山」。**原隰底績，至于豬野。**下濕曰隰。豬野，地名。言皆致功。○「原隰底績，至于豬野」，今文與古文同，「豬」一作「都」。○今文同者，漢志作「原隰底績，至于豬壄」，野、壄字同。「豬」一作「都」者，夏紀作「至于都野」，歐陽本異。書疏引鄭以爲：「詩云『度其隰原』，即此『原隰』是也。原隰，豳地，從此致功，西至豬野之澤也。」此古文說。漢志「武威郡」「武威」（今甘肅省鎮番縣北。）云：「休屠澤在東北，古文以爲豬壄澤。」山水澤地篇與志合，注云：「馬城河東北徑武威縣故城東，地理志曰谷水出姑臧南山北至武威入海，屆此水流兩分，一北入休屠澤，俗謂之西海；一水又東行百五十里入豬野，世謂之東海。通謂之都野矣。」陳澧云：「今鎮番縣東北邊外大池。」**三危既宅，三苗丕叙。**西裔之山已可居，三苗之族大有次叙。美禹之功。○「三危既宅，三苗丕叙」，古文也，今文「宅」作「度」。○今文「宅」作「度」者，夏紀作「三危既度，三苗大序」，丕、大，故訓字；叙、序字同。漢志作「三危既宅，三苗丕叙」。段云：「作『宅』，後人所改。」索隱引鄭云：「三危山，在鳥鼠西南，與岐（「𡵎」之誤。）山相連。」御覽地部引河圖括地象云：「三危山，在鳥鼠之西南，與汶山相接。」司馬相如大人賦「直徑馳夫三危」張揖注：「三危山，在鳥鼠山之西，與峮山相近。」是其證。淮南墬形訓：「樂民拏閭在崑崙弱水之洲，三危在樂民西也。」皮云：「緯書多同今文。據河圖解三危亦當是今文家說。」先謙案：山水澤地篇：「三危山在燉煌縣南。」古文無異說也。注云：「山廣圓百里，在鳥鼠山西。書所謂『竄三苗于三危也』。」漢志「敦煌郡」

「敦煌」（今甘肅省敦煌縣治。）云：「杜林以爲古瓜州地。」（瓜州，今安西府治。）晉書地道記云：「三苗所處，今安西州。」案：史記五帝紀三苗在江淮荆山，舜遷三苗于三危，故雍州有三苗。水災既平，三苗得安定，故大順叙也。**厥土惟黄壤，厥田惟上上，厥賦中下。**田第一，賦第六，人功少。○「厥土惟黄壤，厥田惟上上，厥賦中下」，古文也；今文有第一「厥」字，無「惟」字。王鳴盛云：「田之上、中、下，鄭主地形高卑言，則與賦之上、中、下不妨參錯不齊。傳以上爲肥美，下爲磽薄，而賦輕重不能準是，乃妄爲『人功修』、『人功少』之説。疏曲附之，云『治水爲此差，後必更立其等』云云。聖王垂憲，豈如此苟且紛更？沇州云『貞作十有三年乃同』，是固計其民困已蘇之後，堪爲定制而立之法也，安得云禹貢非永定者邪？」○今文有第一「厥」字、無「惟」字者，漢志作「厥土黄壤，田上下，賦中下」，夏紀同，「厥」改「其」，故訓字。**厥貢惟球琳琅玕。**球、琳皆玉名。琅玕，石而似玉。○「厥貢惟球琳琅玕」，古文也，今文無「厥」、「惟」字。○今文無「厥」、「惟」字者，漢志作「貢球琳琅玕」，夏紀同，「球」作「璆」，歐陽本文異。論衡率性篇：「禹貢曰『球琳琅玕』，此則土地所生真玉、珠。」真玉謂璆琳，真珠謂琅玕也。詩韓奕疏引鄭云：「球，美玉也。琳，美石也。琅玕，珠也。」今、古文説同。詩釋文引鄭注尚書作「璆玲」，蓋古文作「玲」，其作「琳」者非。**浮于積石，至于龍門西河。**積石山在金城西南，河所經也。沿河順流而北，千里而東，千里而南。龍門山在河東之西界。○「浮于積石，至于龍門西河」，今文與古文同。王鳴盛云：「僞傳『金城郡』，漢昭帝時置，孔安國何以知之？僞託顯然。」○今文同者，夏紀、漢志如此。積石、龍門、西河，詳「道川」。**會于渭汭。**逆流曰會，自渭北涯逆水西上。○「會于渭汭」，今文與古文同。王鳴盛云：「此節依鄭注，是循行州境，浮積石至西河，自西而東，會渭汭，又自東而西，故僞孔亦云『逆流曰會」，必如此，循行州境乃徧。足見鄭注之確。自僞孔刱還都白帝之説，各州皆尚可强説，至此則窮矣。禹治水，功成在堯時，堯都平陽，禹至西河、河津、滎河等縣界，尚須從汾水往東幾百里方至平陽，何得反西至渭汭？於是僞孔不得不云「逆水西上」，而疏申之云「還都白帝訖，又到雍州」，且云「諸州皆然」，然則禹終年僕僕道涂，何暇治水邪？」○今文同者，夏紀、漢志如此。河南流，渭西注，交會於華陰，故曰渭汭。互詳上「渭汭」及下「道川」。

織皮崐崘、析支、渠搜，西戎即叙。織皮，毛布。有此四國，在荒服之外，流沙之内，羌、髳之屬皆就次叙，美禹之功及戎狄也。○「織皮崐崘、析支、渠搜，西戎即叙」，今文與古文同，「叙」一作「序」。○今文同者，夏紀、漢志如此。「崐崘」紀作「昆侖」，志作「昆崘」；「搜」志作「叟」，通用字。「叙」作「序」者，夏紀如此。織皮者，書疏引鄭云：「衣皮之民居此崐崘、析支、渠搜三山之野者，皆西戎也。」鄭説「織皮」與上「織皮西傾」義同。崐崘者，鄭云：「昆侖，謂别有昆侖之山，非河所出者也。」釋文引馬云：「昆侖在臨羌西。」王鳴盛云：「傳記言昆侖凡四處，一爲河源，山海經云：『昆侖虚在西北，河水出其東北隅。』河水注云：『自昆侖至積石一千七百四十里。』禹本紀所謂昆侖是也。一在海外，大荒經：『西海之南，流沙之濱，大山名曰昆侖，其下有弱水之淵環之。』此山與條支大秦國相近，禹本紀云『去嵩高五萬里』者也。一在酒泉，漢志『金城』『臨羌縣』：『西有弱水、昆侖山祠。』括地志云『在酒泉縣西南八十里』，今肅州西南昆侖是也。一在吐蕃，通典云：『吐蕃自云昆侖山在國中西南，河之所出。』唐書吐蕃傳劉元鼎〔一〕使還言『自湟水入河處西南行二千三百里，

〔一〕「劉元鼎」原誤倒爲「劉鼎元」，據王鳴盛尚書後案和唐書原文改。

有山直大羊同國，古所謂昆侖，蕃曰悶摩黎山，東距長安五千里，河源其閒』是也。馬云『昆侖在臨羌』，（漢金城郡，屬今甘肅省西甯縣治。）此西戎所居，非河所出。是酒泉之昆侖。與鄭説合。」江云：「逸周書王會解：『正西：昆侖、狗國、鬼親、祝已、禽耳、丹甸、雕題、離止、漆齒。』孔鼂注：『九者，西戎之别名。』是西戎有昆侖也。」段云説文無「崐崘」字。唐、宋人所加。析支者，馬云：「析支在河關西。」王鳴盛云：「河水注：『自析支以西，濱于河首，羌居其右。河水東流，屈而東北，徑于析支之地，是爲河曲矣。』後漢西羌傳：『西羌之本，出自三苗，姜姓之别也。其國近南岳。及舜流四凶，徙之三危，河關之西南羌地是也。濱于賜支，至乎河首，緜地千里，皆羌地。賜支者，禹貢所謂析支者也。』北音讀『析』如『賜』，字從聲變，故一作『賜支』。其地後爲党項所居。通典云：『党項羌在古析支之地，漢西羌之别種，北連吐谷渾是也。』段云：「析支，大戴禮五帝德作『鮮支』，古音斯、析同紐同義，『鮮』之雙聲轉讀同『斯』、『析』。是以説文鮮聲之『𩅦』，讀若『斯』也。列子湯問篇：『長子生則鮮而食之。』盧文弨謂『析而食之』是也。」「渠搜」者，江云：「五帝紀：『西戎析支、渠廋、氐羌。』廋、叟，借字。是析支、渠搜亦西戎也。」王鳴盛云：「『王會解『渠搜以鼩犬』孔鼂注『渠搜，西戎之别名』是也。釋文以漢志『朔方郡』有『渠搜縣』當之，非。」先謙案：涼土異物志：「古渠搜在大宛北界。」隋書西域傳：「鏺汗國都葱嶺之西五百餘里，古渠搜國也。」「西戎即叙」者，漢書西域傳贊云：「書曰『西戎即序』，言禹就而序之，非上威服致其貢物也。」叙傳：「西戎即序，夏后是表。」案：此以西戎總上文。

導岍及岐，至于荆山。更理説所治山川首尾所在，治山通水，故以山名之。三山皆在雍州。○「導岍及岐，至于荆山」，今文與古文同，古文「岍」一作「開」。○今文同者，夏紀、漢志如此，「岍」並作「汧」；汧，正字。説文有

「汧」無「岍」。導，史、漢皆作「道」。段云：「釋文：『道，音導。』衛包改經文『道』爲『導』，開寶間乃倒置之曰『導，音道』也。」古文「岍」一作「開」者，釋文：「馬本作『開』。」廣雅：「吳山謂之開山。」段云：「開，从門幵聲，古音與『岍』同。」紀「道」下增「九山」二字，索隱：「岍、壺口、厎柱、大行、西傾、熊耳、嶓冢、內方、岐是九山也。古分爲三條，故地理志有北條之荆山。馬融以岍爲北條，西傾爲中條，嶓冢爲南條。鄭玄分四列，岍爲陰列，（當爲正陰列。）西傾次陰列，嶓冢爲陽列，（當爲次陽列。）岐山次陽列。」（當爲正陽列。）王鳴盛云：「天官書：『中國山川東北流，其維，首在隴、蜀，尾没于勃、碣。』鄭分四列皆在隴、蜀，正所謂維首。鄭順經文先後之言，其實正陽、次陽、次陰、正陰爲列，而至于碣石，入于海，正居陰列之末，所謂『尾没于勃、碣』者，此古義也。馬云『三條』者，漢志有北條荆山、南條荆山，是古有此説，但以嶓冢、岷山二列併爲一條，恐不如鄭義長。」先謙案：四列，古文説。馬云「三條」，本今文説也。皮云：「西嶽華山堂闕碑云：『列三條則居其中。』三公山碑云：『三條列神。』白石神君碑云：『參三條之壹。』封龍山碑云：『三條之列神。』殽阬碑云：『中條之山蓋華嶽之體南通商雒。』皆爲中條。華山碑亦以太華爲中條。據此諸碑皆是漢世通行今文，多云三條，罕云四列。」漢志「右扶風」「汧縣」（今甘肅省隴州南。）云：「吳山在西，古文以爲汧山。」「美陽」（武功縣西南。）云：「禹貢岐山在西北。」「左馮翊」「懷德」云：「禹貢北條荆山在南，下有彊梁原。」山水澤地篇與志合。吳山，禹貢總稱汧山，周禮總名嶽山。俗分隴州西四十里爲汧山，南八十里爲嶽山者，非。岐山，今岐山縣東北五十里，西自鳳皇山，逾天柱山，東至箭括山，六十餘里皆是。王鳴盛云：「漢懷德故城，在今朝邑縣。其富平縣之懷德故城，寰宇記謂『後漢末及三國時因漢舊名，於此立縣爲名』。晉移富平來治，後魏徙去，故有故城存焉，與西漢舊縣無涉。隋地理志因此載荆山於富平縣，唐、宋仍其誤。今案：朝邑縣治地基頗高，在彊梁原上，土人謂原即荆山北麓，其東麓臨河。水經注言洛水東南歷彊梁原入渭，原在荆山下，而富平縣無洛水，證一。彊梁原爲荆山之麓，一名朝坂，一名華原，山在朝邑縣西，繞而北，而東，以絶於河，古河壖也，故曰『至于荆山，逾于河』，若富平則東距河二百餘里，與經意不合，證二。至水經沮水注云：『水東南歷土門南原下，東徑懷德城南，城在北原上。又澤泉水東徑懷德城北，注鄭渠，合沮水。』此皆指富平之懷德而言，不與在今朝邑縣者溷而爲一也。唐、宋以來因之致誤者，由先儒謂漆沮爲洛水，而澤泉徑富平、懷德城北，東南絶沮注濁水，得漆沮之名，遂以爲漢志東南入渭之洛，並荆山亦移之富平，非也。」**逾于河，**此謂梁山龍門西河。○「逾于河」，今文與古文同。○今文同者，漢志如此，夏紀作「踰」，同。書疏云：「三山皆在雍州。『逾于河』謂山逾之也，此處山勢相望，越河而東。」**壺口、雷首，至于太岳；**三山在冀州。太岳，上黨西。○「壺口、雷首，至于太岳」，古文也，今文「岳」作「嶽」。○今文「岳」作「嶽」者，夏紀、漢志如此。壺口、太岳見上。志「河東郡」「蒲反」（今山西省永濟縣東南。）云：「雷首山在南。」山水澤地篇與志合。河水注云：「雷首山臨大河，北去蒲坂三十里。尚書所謂『壺口、雷首』者也。」**厎柱、析城，至于王屋；**此三山在冀州南河之北。東行。○「厎柱、析城，至于王屋」，今文與古文同，「厎」一作「砥」。○今文同者，漢志如此。「厎」一作「砥」者，夏紀作「砥柱」。厎柱，見「道川」。漢志「河東郡」「濩澤」（今山西省陽城縣西。）云：「禹貢析城山在西南。」「垣縣」（今垣曲縣西。）云：「禹貢王屋山在東北。」山水澤地篇與志合。沁水注云：「析城山在濩澤南，山甚高峻，上平坦，有二泉，東濁西清，左右不生草木，數十步外多細竹。」案：在陽城縣西七十里。王屋山在垣曲縣東北百里。陽城、濟源接界，山有三重，其狀如屋，故名。**大行、恒山，至于碣**

石，入于海。此二山連延東北，接碣石而入滄海。百川經此衆山，禹皆治之，不可勝名，故以山言之。○「太行、恒山，至于碣石，入于海」，今文與古文同，「恒」一作「常」。僞傳『百川不可勝名，以山言之』，非，説見下。○今文同者，漢志如此。「恒」一作「常」者，夏紀作「常山」，恒、常古通作，不由避諱。漢志「河内郡」「壄王」（今河南省河内縣治。）云：「大行山在西北。」「常山郡」「上曲陽」（今曲陽縣西。）云：「恒山北谷在西北。」（北谷，徐松正作「北岳」，是。）山水澤地篇與志合。案：大行山在懷慶府城北二十里，恒山在曲陽縣西北，亦曰常山，一曰北岳，亘直隸保定府西境、山西大同府東境。碣石，見上。王鳴盛云：「『道山』本言山脈，經言『逾于河』，又云『過九江』，自是言山之脈，江河不能斷而逾之過之。天文志云：『尾没于勃海。』則經云『入于海』亦是山脈盡於此，故云『入』。傳云水入，孔疏附會爲漳、潞諸水，皆非也。且『道山』諸節，所舉之山在平陸，距水次絶遠去多矣，豈皆濱臨大川？知馬、鄭古注不可易也。」

西傾、朱圉、鳥鼠，西傾、朱圉在積石以東。鳥鼠，渭水所出，在隴西之西。三者，雍州之南山。○「西傾、朱圉、鳥鼠」，今文與古文同。王鳴盛云：「僞傳於西傾、朱圉牽引積石，孔疏申之，以爲河所經。案：河自積石以東，勢皆向北，西傾、朱圉皆在河之南，相距數百里，安得爲河所經？此等何異説夢？又云『鳥鼠，渭水所出』，但言治渭之功而舉鳥鼠，雍州已言之，下道渭又詳言之，此處言鳥鼠又爲治渭，何重見迭出不憚煩邪？若依馬、鄭以山脈言，則非爲治山旁之水，何須妄引。」○今文同者，夏紀如此。漢志「傾」作「頃」，夏侯本異。志「天水郡」「冀縣」（今甘肅省伏羌縣南。）云：「禹貢朱圉山在縣南梧中聚。」圉、圄古通用。山水澤地篇：「朱圉山在天水北，冀縣南。」與志合。渭水注：「山在梧中聚。有石鼓，不擊自鳴，鳴則兵起。」史記集解引鄭云：「地理志朱圉在漢陽南。」考天水郡，明帝改漢陽。鄭據後漢地理，故與前志異。案：在今伏羌縣西南三十里。鳥鼠，見下。王鳴盛云：「鳥鼠在渭源，朱圉在伏羌。若從傳爲治山旁水，則自西而東應先鳥鼠，後朱圉，經似誤倒。若以山脈言，則通典云：『天水郡上邽縣有朱圉山。』九域志『秦州成紀縣』、『岷州大潭縣』皆有朱圉山，是山脈緜亘於伏羌西南，可與鳥鼠錯舉。必執班志梧中聚，以爲村落中一小山，似非。」**至于太華；**相首尾而東。○「至于太華」，今文與古文同。○今文同者，夏紀、漢志如此。志「京兆尹」「華陰」（今陝西省華陰縣東南。）云：「太華山在南。」山水澤地篇：「華山爲西嶽，在華陰縣西南。」與志合。案：山在縣南十里。段云：「唐石經以下『大』皆作『太』，史、漢作『太』亦俗人所改。」**熊耳、外方、桐柏，至于陪尾。**四山相連，東南在豫州界。洛經熊耳，伊經外方，淮出桐柏，經陪尾。凡此皆先舉所施功之山於上，而後條列所治水於下，互相備。○「熊耳、外方、桐柏，至于陪尾」，古文也；今文「陪」作「負」，一作「倍」。淮水不經陪尾，僞傳非。○今文「陪」作「負」者，夏紀如此，歐陽本也。一作「倍」者，漢志如此，夏侯本也。負、倍音近字通。段云：「古字多以『負』爲『倍』，以『倍』爲『向背』之『背』，亦以『倍』爲『負』。漢月令『王萯生』，吕覽作『王菩生』，（俗本「菩」譌「善」。）穆天子傳郭注：『萯，今菩字，音倍。』皆其證。」熊耳、桐柏，見下。志「潁川郡」「崈高」（今河南省登封縣治。）云：「武帝置，以奉太室山，是爲中岳。古文以崈高爲外方山也。」「江夏郡」「安陸」（今湖北省安陸縣北。）云：「橫尾山在東北，古文以爲倍尾山。」山水澤地篇：「嵩高爲中岳，在潁川陽城縣西北。」又云：「外方山，崧高是也。」陪尾，與志合。史記集解引鄭云：「外方在潁川，嵩高山〔二〕。陪尾在江夏安陸東北，若横尾者。」案：陪尾山在安陸縣北六十里。

導嶓冢，至于荆山， 漾水出嶓冢，在梁州，經荆山。荆山在荆州。○「導嶓冢，至于荆山」，今文與古文同。○今文同者，夏紀、漢志如此。嶓冢，見下；荆山，見上。**内方，至于大别。** 内方、大别，二山名，在荆州，漢所經。○「内方，至于大别」，今文與古文同。○今文同者，夏紀、漢志如此。志「江夏郡」「竟陵」（今湖北省鍾祥縣西北。）云：「章山在東北，古文以爲内方山。」「六安國」「安豐」（今河南省固始縣東。）云：「禹貢大别山在西南。」山水澤地篇與志合。沔水注：「沔水東逕竟陵縣，又東南逕當陽縣之章山東，禹貢所謂『内方，至于大别』者也。既濱帶沔流，實會尚書之文矣。」案：章山在鍾祥縣西南，接荆門界，周百里，亦名馬良山。大别山在霍邱縣西南八十里。沈堯云：「大别山在光州西南，黄州西北，漢陽東北，霍邱西南。班志屬之安豐，但据山之東北一面言，若論其西南，則直至漢水入江處，故商城西南麻城、黄陂之山，古人皆目爲大别。」洪亮吉有大别山釋一篇，甚詳覈。

岷山之陽，至于衡山。 岷山，江所出，在梁州。衡山，江所經，在荆州。○「岷山之陽，至于衡山」，今文與古文同。齊召南云：「衡山，湘水所經，北去岷山甚遠。傳云『江所經』，謬。」○今文同者，夏紀、漢志如此。岷，紀作「汶」，志作「崏」，並渻變字。岷山，見下；衡山，見上。王鳴盛云：「岷山南至衡山至爲荒遠，相距數千里，不知山脈何以相承。又衡山在江南，九江在江北，敷淺原又在江南，其文參錯，經意尤難究悉。」先謙案：衡山，南嶽，綿延廣遠，大約自

〔二〕「嵩高山」下史記集解有「桐柏山在南陽平氏東南」一句。

大江以南，凡湘西衡北之山，皆可以衡山統之，不僅長沙一山爲嶽之麓也。唐杜甫過南嶽入洞庭湖詩云：「衡山引舳艫。」先過南嶽，而後入洞庭湖，特舉地望爲言，猶經意耳。山脈起岷山，訖敷淺原，九江特遙過之。衡山明，而後書恉可通也。

過九江，至于敷淺原。言衡山連延，過九江，接敷淺原。言「導」從首起，言「陽」從南。敷淺原，一名博（「傅」之誤。）陽山，在揚州豫章界。○「過九江，至于敷淺原」，今文與古文同。○今文同者，夏紀、漢志如此。九江，見下。志「豫章郡」「歷陵」（今江蘇省德安縣東。）云：「傅易山、傅易川在南。古文以爲傅淺原。」山水澤地篇與志合。案一統志：「傅易山在德安縣南十二里。」通典：「江州潯陽縣有蒲塘驛，即漢歷陵也。驛前有敷淺原，原西數十里有敷陽山。」胡渭云：「杜佑以驛爲歷陵，殆因莽改歷陵爲蒲亭，遂以蒲塘附會。」蔡傳注：「晁以道云：『饒州鄱陽界有歷陵故縣。』」成蓉鏡云：「鄱陽山在九江府治西北百五十里，吴至隋皆爲鄱陽郡，後唐移今所。然則府城西當即故歷陵地。蒲塘驛距九江甚近，以此當敷淺原，與經文『至于』義例不合。」明輿地圖饒州府治鄱陽縣有「敷淺」二字，以地望測之，今北珠湖、上湖、西湖之西，鄱陽湖之東，有平原長數十里，即其地。說文：「原，高平之野，人所登。」原有山體，故稱傅易山，猶彊梁原亦稱華原山也。

導弱水，至于合黎。合黎，水名，在流沙東。○「導弱水，至于合黎」，今文與古文同，「黎」一作「藜」。僞傳云「合黎，水名」，誤。○今文同者，夏紀如此，「導」下增「九川」二字。「黎」一作「藜」者，漢志如此，夏侯本文異。「導」並作「道」，是。釋文：「弱水，本或作『溺』。合黎，馬云地名。」書疏引鄭云：「凡言導者，發源於上未成流；凡言自者，亦發源於上未成流。」疏駁云：「言『自某山』者，皆是發源此山，欲使異於導河，故加『自』耳。必其俱未成流，何須別「導」與「自」？河出崐崘，發源甚遠，豈至積石猶未成流？而云「導河」也。」又引鄭云：「此經自弱水以下，言「過」言「會」者，皆是水名；言「至于」者，或山或澤，皆非水名。」又云：「合黎，鄭以爲山名。漢志「張掖郡」「删丹」（今甘肅省山丹縣治。）云：『桑欽以爲道弱水自此，西至酒泉合黎。』」說文「弱」作「溺」，引桑說同。山水澤地篇：「合離山，在會水縣東北。」（會水，漢屬酒泉，在今高臺縣鎮夷城東北。）注云：「合黎山也。」淮南子：「弱水出窮石山。」括地志：「蘭門山，一名合黎，一名窮石山，在删丹縣西南七里。」案：山自甘州衛西北綿延而西，接高臺鎮夷界。**餘波入于流沙。**弱水餘波，西溢入流沙。○「餘波入于流沙」，今文與古文同。○今文同者，夏紀、漢志如此。志「張掖郡」「居延」（今甘州衛西北千二百里。）云：「居延澤在東北，古文以爲流沙。」山水澤地篇與志合，注云：「澤在縣故城東北，尚書所謂流沙者也，形如月生五日。弱水入流沙，沙與水流行也。」又「觻得」（今張掖縣西北。）云：「羌谷水出羌中，東北至居延入澤。」括地志：「羌谷水，一名鮮水，一名合黎水，一名張掖河。」案：此水出張掖縣西，爲張掖河，至會水縣合弱水，爲合黎水。自合黎山至居延海，行千五百里，溯源則二千餘里。流沙在今安西縣沙門衛西。陳澧云：「今蒙古額濟納舊土爾扈特索博鄂模。」

導黑水，至于三危，入于南海。黑水自北而南，經三危，過梁州，入南海。○「導黑水，至于三危，入于南海」，今文與古文同。○今文同者，夏紀、漢志如此。「導」竝作「道」，是。書疏引鄭云：「今中國無也。」漢志「益州郡」「滇池」（今雲南省晉甯州東。）云：「有黑水祠。」陳澧云：「黑水，雲南怒江，西南流入緬甸國。其水在漢邊徼，故但於昆明縣望祀之。怒江上源曰喀喇烏蘇，蒙古謂黑曰『哈喇』，水曰『烏蘇』，其爲古黑水無疑。」五經異義云：『以今漢地考之，自黑水至東海，經略萬里。』漢地至黑水而盡，故班不著其源流耳。」先謙案：一統志：「怒江出西二十六度，北極出地三十四度之布喀鄂模番中大澤也，西北流，折而東南匯爲澤，東南流，會諸水，行數千里。」自怒夷界流入雲南麗江府西北境，過魯庫渡口西，自雲龍州曹澗西保山縣西北崩戛夷騰越廳東北大塘隘東四十里南，流徑保山境，又南徑馬面關東，又南徑蠻邊東猛賴，西合西溪水、雪山水，又南徑羅明，西合蒲縹河水、八塘灣水、平市河水，又南徑潞江安撫司東北，（「潞」乃「怒」之聲轉字變。）又東南合野豬河水、施南河水、回環河水，又東屈南流合南甸河水，又西南徑孟定土府爲查里江，又西南直騰越廳南稍東三百餘里出邊，入緬甸阿瓦木邦孟乃至擺古東南入海。此三危當别一山，非「三危既宅」之三危山也。前人以鳥鼠西近岷山之三危當之，云黑水出其南，誤溷爲一。

導河積石，至于龍門，施功發於積石，至于龍門，或鑿山，或穿地，以通流。○「導河積石，至于龍門」，今文與古文同。○今文同者，夏紀、漢志如此。河出昆侖，詳余所著漢書補注西域傳中。志「金城郡」「河關」云：「積石山在西南羌中，河水行塞外，東北入塞内，至章武入海。」山水澤地篇：「積石在河關縣西南。」注云：「山海經云在鄧林東，河所入也。」案：積石山即今大雪山，在西甯邊外西南五百三十餘里黄河北岸，綿亘三百餘里，上有九嶂，爲青海諸山冠。河流其南，至山之東乃折而北。唐名大積石，元史誤爲崑崙者也。徐松云：「自章懷注後漢書誤仞龍支縣之小積石（今河州西北七十里，山西北百二十里爲積石關。）爲禹貢之積石，杜佑通典踵其謬，蔡沈援以釋經，而大、小積石合而爲一矣。」河水注云：「河水自西域鄯善國來，東注於泑澤，即蒲昌海也，亦有鹽澤之稱，東去玉門陽關千四百里，廣輪四百里，其水澄渟，冬夏不減。（今名羅布淖爾，在安西廳沙州衛西北境外，天山以南葱嶺以東之水皆會於塔里木河，而瀦於淖爾，自此伏流而至鄂敦他拉也。）河水重源又發於西塞之外，出於積石之山。山海經云：『積石之山，其下有石門，河水冒以西流。』禹貢所謂『導河自積石』也。山在西羌中。河水屈而東北徑析支之地，是爲河曲。應劭云：『禹貢析支屬雍州，在河關之西，東去河關千餘里，羌人所居，謂之河曲羌也。』東北歷敦煌、酒泉、張掖南而纏絡遠矣。（言距郡遠。）又東徑西海郡南，王莽置，又歷大榆小榆谷北，（今貴德廳西。）又徑沙州北，（即漢河關縣境。）又徑廣違城北，（今循化、貴德二廳間。）又徑邯川城南，（巴燕戎格廳境。徐松云：「羅布淖爾水伏流東南千五百餘里，湧出於巴顏哈喇山麓，爲阿勒坦郭勒，東北行三百里，入鄂敦他拉。元潘昂霄河源志所謂火敦老兒也。會碧水，黄色稍淡，縱廣百里，南北長而東西狹，泉數百，如星，故有星宿海之號。又東出鄂敦他拉，東南流百三十里，瀦爲扎凌淖爾，出淖爾東南流，折而南五十里，瀦爲鄂凌淖爾，自淖爾東北出，東流五十里，折而東南百四十里，又南流二百六十里，折而東南三百里，徑阿彌耶瑪勒津木遜山南麓，又東流折而北，又折而西北，凡千六百餘里。徑山之東麓，迄於克僑渡口，山即古大積石也。自漢書始言河源出蔥嶺于闐，潛流地下，南出積石，得河之初源，而未言重源。唐劉元鼎使吐番，誤指庫爾坤山爲崑崙，而云河源出其間，則失河之初源，而並失崑崙。潘昂霄以火敦老兒爲河源，而誤指大積石山爲崑崙，小積石山爲禹貢積石，則失河之初源、重源，而並失崑崙與積石矣。」）又東歷鳳林北，（漢枹罕縣境，縣今河州治。）又東徑漢允吾，（今皋蘭縣西北。）金城，（皋蘭西南。）榆中，（金城縣西北。）天水郡勇士，（金城東北。）安定郡祖厲，（靖遠縣西南。）眴卷，（中衛縣東。）北地郡富平，（靈州西南。）朔方郡三封，（鄂爾多斯後旗正西河外。）臨戎，（故朔方城西，大河北流之東岸。）沃野，（套外河水北流一曲之西。）窳渾，（套外西北，河北流折東之處。）臨河，（榆林邊外，河套内。）五原郡河目，（故九原城西，今烏喇特旗東南境。）西安陽，（九原城西。）成宜，（烏喇特旗南。）宜梁，（九原城西。）河陰，（鄂爾多斯左翼後旗界内。）九原，（烏拉特旗東南。）五原，（烏拉特旗東，近茂明安旗界。）臨沃，（九原城東。）稒陽、（九原城東北，近雲中郡。）雲中郡咸陽、（托克托城地。）楨陵、（托克托城西南。）沙南、（鄂爾多斯左翼後旗地。）定襄郡桐過、（右玉縣東北，塞外歸化城西南，濱河。）西河郡圁陽、（陝西神木縣東。）離石、（永甯縣治。）隰成、（永甯州西。）中陽、（甯鄉縣西。）土軍、（今石樓縣治。）上郡高奴、（陝西膚施縣東。）河東郡北屈、（山西吉州東北。）皮氏、（河津縣西。）左馮翊夏陽（陝西韓城縣南二十里。）而出龍門口，昔禹疏決梁山，謂斯處。魏土地記云：『梁山北有龍門山，大禹所鑿。』河水又徑梁山原，原自山東南出至河，晉之望也，在夏陽縣西北。」**南至于華陰，**河自龍門南流，至華山北而東行。○「南至于華陰」，今文與古文同，一無「于」字。○今文同者，漢志如此。一無「于」字者，夏紀如此，歐陽本異。据河水注，河水又南徑漢河東郡汾陰、（山西榮河縣北。）左馮翊郃陽、（陝西郃陽縣東南。）河東蒲反、（永濟縣東南。）京兆尹船司空，（華陰縣東北。）又南至華陰縣潼關，（縣在今華陰縣東南。）水側有長坂，歷水出東嶠，通謂之函谷關也。**東至于底柱，**底柱，山名。河水分流，包山而過，山見水中若柱然。在西虢之界。○「東至于底柱」，今文與古文同，一無「于」字，「底」作「砥」。○今文同者，漢志如此。一無「于」字、「底」作「砥」者，夏紀如此。据河水注，河水又東徑漢京兆湖縣、（河南閿鄉縣東。）弘農郡陝縣、（陝州治。）河東郡大陽、（平陸縣東北。）偪砥柱山間。山在虢城東北大陽城東也。山水澤地篇：「砥柱山在大陽縣東。」漢志「大陽」下無，奪文。**又東至于孟津，**孟津，地名，在洛北，都道所湊，古今以爲津。○「又東至于孟津」，古文也，今文「孟」作「盟」。○今文「孟」作「盟」者，夏紀、漢志作「又東至于盟津」。据河水注：「河水又東徑漢河南郡平陰、（今河南孟津縣東。）雒陽、（雒陽縣東北。）河内郡河陽、（孟縣西三十五里，孟津在縣南十八里。）平縣，（孟縣東。）於斯有盟津之目，尚書所謂『東至于孟津』也。又曰富平津。」**東過洛汭，至于大伾，**洛汭，洛入河處。山再成曰伾。至于大伾而北行。○

「東過洛汭，至于大伾」，今文與古文同，「伾」一作「邳」。河水注：「爾雅：『山一成謂之伾。』許慎、吕忱等並以爲『邱一成』也。孔以爲『再成曰伾』，非。」今本説文作「再成」，乃後人妄改。○今文同者，漢志如此。「伾」一作「邳」者，夏紀作「東過雒汭，至于大邳」，歐陽本異。釋文：「伾，本或作『岯』，或作『胚』。」紀作「邳」，疑「邳」即「胚」異體也。据河水注：「河水又東徑漢河南郡鞏縣（河南省鞏縣西南。）合雒水謂之洛汭，（互見道洛。）又徑河内郡平皋、（温縣東。）懷縣、（武陟縣西南。）河南成皋（汜水縣西北。）大伾山下。尚書曰『過洛汭至大伾』者也。鄭云：『地喉也。沇出伾際矣。在河内修武、武德之界。濟、沇之水與滎播澤出入自此。』然則大伾即是山矣。奉溝水入之，即濟、沇之故瀆矣。成皋縣故城在伾上，縈帶伾阜，絶岸峻周，高四十許丈，城張翕險，奇而不平。」山水澤地篇：「大伾地在成皋縣北。」漢志無，奪文。

北過降水，至于大陸，降水，水名，入河。大陸，澤名。○「北過降水，至于大陸」，今文與古文同。○今文同者，夏紀、漢志如此。志「降」當作「絳」，「上黨郡」「屯留」云：「桑欽言絳水出西南，東入海。」（當作「入漳」，河水注引正作「漳」。）「信都國」「信都」云：「故章（同「漳」。）河，故虖池，東入海。禹貢絳水亦入海。」（郡國志亦云信都有絳水。）段云：「此皆釋禹貢而字作『絳』，則前志述禹貢經文亦必作『絳』，否則『禹貢絳水』四字前無所承。今本地理、溝洫二志皆作『降』，淺人用尚書改之耳。」先謙案：夏本紀、河渠書索隱亦皆作「降」，且云「地理志从糸作『絳』」。書疏引鄭云：「降，讀爲下江反，聲轉爲『共』。河内共縣淇水出焉，東至魏郡黎陽縣入河，此近降水也。周時國於此地者，惡言降水，改謂之共。」此鄭曶臆，不可從也。（鄭説詳見濁漳水注。又引地説云：「大河東北流，過絳水，千里至大陸爲地腹。」）此鄭古文異説。據此，今、古文皆有「降」、「絳」之不同，屯留、信都所述雖異，實一川也。據濁漳水注：「絳水出漢上黨郡穀遠東發鳩谷，（山西省沁源縣南，俗名高麗水。）又徑屯留（屯留縣南。）合濁漳水，又徑壺關、（長治縣東。）襄垣、（襄垣縣北。）潞縣、（潞城縣東北。）魏郡武安（河南武安縣西南。）合清漳水，又徑鄴縣、（臨漳縣西。）梁期、（元城縣東。）斥丘縣北、（成安縣東南。）即裴、（肥鄉縣南。）廣平國列人、（肥鄉東北。）斥章、（曲周縣東南。）魏郡平恩、（邱縣西。）廣平國南曲、（邱縣北。）曲周、（曲周縣東北。）鉅鹿郡鉅鹿、（平鄉縣治。）堂陽、（新河縣西。）信都國南宮，（直隸省南宮縣西北。）其水與隅醴通爲衡津，又有長蘆淫水之名、絳水之稱。今漳水既斷，絳水非復纒絡矣。又北絳水故瀆出焉，徑常山郡九門、（藁城縣西北，漳水故瀆別行入鉅鹿、堂陽。）清河郡繚縣、（南宮縣東南。）信都國信都、（冀縣治。）辟陽，（冀州東南。）又徑信都與張甲河故瀆，同歸於海。地理志曰：『禹貢絳水在信都，東入於海也。』」注又云：「据地理志云絳水發源屯留，下亂漳津，是乃與漳俱得通稱，故水流間關，所在著目，信都復見絳名，而東入于海。尋其川脈，無他殊瀆。」先謙案：此足明漳、絳同川異派，中流合而首尾分。班志「禹貢絳水」，今文家說，述其委；桑欽，古文家說，溯其源耳。唐人謂之枯洚，通典云「清河郡經城縣界有枯洚渠，北入信都郡界」是也。今南宮縣東南有虹江，一曰牛口峪，又有破塘在縣東北二十里，疑即古降水所經。今皆湮塞。据河水注：「河水自成皋又東徑漢河南郡滎陽、（河南省滎澤縣西南。）卷縣、（原武縣西北。）武德、（武陟縣東南。）酸棗、（延津縣北。）南燕，（延津東。）又東合淇水，又東徑滑臺城、（滑縣西。）黎陽、（濬縣東北。）白馬，（滑縣東，別爲白馬瀆入濮水。）又東北爲長壽津，河之故瀆出焉。漢書溝洫志曰：『故導河自積石，歷龍門，二渠以引河。』一則漯川，今所流也；一則北瀆，王莽時空，故世俗名是瀆爲王莽河也。王莽河故瀆東北徑衛縣之戚城、（觀城縣西。）繁陽、（內黃縣東北。）陰安、（清豐縣北。）樂昌、（南樂縣西北。）元城。（元城縣東。）縣北有沙丘堰，堰障水也。尚書禹貢曰『北過降水』，不遵其道曰降，亦曰潰。『至于大陸，北播爲九河』。風俗通曰：『河播也，播爲九河，自兹始也。』」漢志「魏郡」「鄴」（臨漳縣西。）云：「故大河在東北入海。」所謂大河，禹河也。閻若璩云：「周定王時，河徙不從此行。」錢坫云：「由鄴斥丘、（成安縣東南。）列人（肥鄉縣東北。）得横漳入海。」陳奂云：「故瀆當在滑、濬二縣之西。」先謙案：臨漳在滑縣北百里，漳、絳合流之後，王莽河徑其東南，經所謂「北過降水」也。漢志「鉅鹿」下云：「禹貢大陸澤在北。」濁漳水自鄴縣又東北過鉅鹿縣東，（引見上。）在河合横漳之後，經所謂「至于大陸」也。文義至爲明晰，諸家泥地説河過絳水千里至大陸之言，以致紛紛不定，殊可不必。「大陸」，詳上。

又北播爲九河，北分爲九河，以殺其溢。在兖州界。○「又北播爲九河」，今文與古文同，一無「又」字。○今文同者，漢志如此。一無「又」字者，夏紀如此。詩般疏引鄭云：「播，散也。」「九河」，見上。河水注云：「禹貢『沇州』：『九河既道。』謂徒駭、太史、馬頰、覆釜、胡蘇、簡、潔、句盤、鬲津也。及齊桓霸世，廣塞田居，同爲一河。故自堰以北，館陶、廮陶、貝丘、鬲、般、廣川、信都、東光、河閒、樂城以東，城地並存，川瀆多亡。漢世河決，金隄南北離其害。議者常欲求九河故迹而穿之，未知其所。」濁漳水注云：「九河既播，八枝代絶，遺迹故稱，往往時存，故鬲、般列于東北，徒駭瀆聯漳、降，同逆之狀初分，陂障之會猶在。案經考瀆，自安故目矣。」胡渭云：「古之九河，至章武高城柳縣之東合爲逆河入海。及周定王時，河徙自東光、南皮、浮陽，絶八枝而北合徒駭。漢人指此爲逆河。是九河之所同。故王莽改『勃海』曰『迎河郡』，『南皮縣』曰『迎河亭』，而其實非也。以意度之，徒駭大勢，北行亦迤東；八枝太史最北，宜最短，向南則漸加長；鬲津最南，最長，首受大河，當在南宮縣界也。要之，九河所在，後人率多附會。馮逡云：『九河既滅難明。』班固云：『自兹距漢北，亡八枝。』道元云：『城地並存，川瀆多亡。』斯爲實録，無俟深求。」先謙案：王莽河故瀆，自元城又東北徑漢東郡發干、（堂邑縣西南。）清河郡貝丘、（清平縣西南。）厝、（清平南。）靈、（恩縣西南。）鄃、（平原縣西南。）平原郡平原、（平原縣東。）清河郡繹幕、（平原西北。）平原縣、鬲縣、（德州北。）信都國脩縣、（景州南。）平原郡安縣、（吳橋縣西南。）勃海郡東光，（東光縣東。）北合漳水。「勃海郡」「成平」下云：「虖池河，民曰徒駭河。」（獻縣南。）許商曰：「徒駭在成平。」（交河縣東。）「東光」下云：「有胡蘇亭。」許商云：「胡蘇在東光。」于欽齊乘以滄州之大連淀當之。「鬲」下云：「平當以爲鬲津。」許商云：「鬲津在鬲縣界中，自界以北至徒駭，相去二百里。」「平原郡」「般」（德平縣東北。）顔師古注：「爾雅説九河云『鉤般』，郭璞以爲水曲如鉤流桓般也。」王鳴盛云：「以許説推之，太史、馬頰、覆釜三河，當在成平之南，東光之北；簡、潔、鉤般三河，當在東光之南，鬲縣之北。至水經注『徒駭瀆連漳、絳』，曰瀆連，則非正流。近儒因此以漳水即九河之經流曰徒駭者，並即是禹河故道，恐非也。」**同爲逆河，入于海。**同合爲一大河，名逆河，而入於渤海。皆禹所加功，故叙之。○「同爲逆河，入于海」，今文「逆」當作「迎」。○「逆」作「迎」者，夏紀、漢志作「逆」。書疏引鄭云：「下尾合名爲逆河，言相向迎受。」河渠書云：「同爲逆河，入于勃海。」又太史公曰：「東闚洛汭、大邳、迎河。」溝洫志云：「同爲逆河，入于勃海。」地理志「勃海郡」「南皮縣」莽曰「迎河亭」。史、漢用今文，當作「迎」，其或作「逆」者，後人以所習改之。「海」上當有「勃」字。陳云：「天官書：『中國山川，其爲首在隴、蜀，尾没於勃、碣。』天文志增其文曰『尾没於勃海、碣石』，此言川流盡於勃海，山脈盡於碣石。經言『夾右碣石，入于河』，知迎河在碣石西。又言『至于碣石，入于海』，知海在碣石東矣。」段云：「『迎』與『逆』雙聲。方言：『自關而東曰逆，自關而西曰迎。』白虎通引顧命『迎子釗』，此今文尚書之一證也。金縢之『新逆』，伏生書當作『迎』，此可意揣而知者也。」王鳴盛云：「漢志云『河至章武入海』，章武屬勃海郡，治浮陽，即今滄州。但九河故道在德棣、滄景間，此處已迫海口，似無地可著逆河者。溝洫志引王橫曰：『往者天嘗連雨，東北風，海水溢，西南出，寖數百里，九（閻云當作「逆」。）河之地，已爲海所漸矣。』蓋海西南岸所漸者，漢漯沃、琅槐、廣饒、鉅定、壽光、平壽界，今爲霑化、利津、蒲臺、樂安、壽光、濰縣界；其所溢出，南北殆三百餘里，則古之逆河，當北起天津、靜海、滄州、鹽山、海豐及霑化北界而止，至其入海，則禹河與漢河同也。」又云：「自周定王時河徙，而不詳其所以徙，自後代有變遷，歷漢至唐及宋，横隴之決，河已改流，猶存京東故道。至和二年李仲昌開六塔河，北流遂閉，金明昌五年，河徙自陽武，而東至壽昌，注梁山濼，分爲二派，汲、胙之流遂絶。元至元間，又徙自新鄉，出陽武之南，合泗奪淮，河又一大變。時會通河成，資河以利漕。明孝宗時築斷黄陵岡，更以一淮受全河，汴、泗、沂亦全注之。此河徙之略也。」

嶓冢導漾，東流爲漢。泉始出山爲漾水，東南流爲沔水，至漢中東流爲漢水。○「嶓冢導漾，東流爲漢」，今文與古文同，「漾」一作「瀁」，一作「養」。○今文同者，漢志如此。「漾」一作「瀁」者，夏紀如此。一作「養」者，志「隴西郡」「氐道」云：「禹貢養水所出，東至武都爲漢。」漾、瀁、養，三家異文。説文「漾」下云：「从水羕聲。」「瀁」下云：「古文从養。」山水澤地篇：「嶓冢山在氐道縣南。」（甘肅省清水縣西南，秦州西。）志「武都郡」「武都」（今成縣西。）云：「漢水受氐道水，一名沔，過江夏，謂之夏水，入江。」「沮縣」（略陽縣東。）云：「沮水出東狼谷，南至沙羨南入江。」史記集解引鄭云：「地理志瀁水出隴西氐道，至武都爲漢，至江夏謂之夏水。」沔水注云：「沔水一名沮水，東南徑沮水戍注漢，曰沮口，尚書：『嶓冢導漾，東流爲漢。』山海經所謂漢出鮒隅山也。東北流，合沮口，同爲漢水之源也。」志「隴西郡」「西縣」（秦州西南。）云：「禹貢嶓冢山，西漢所出。」沈垚云：「西縣在西，氐道在東，二縣相聯，嶓冢緜亘二縣之南，山之東南，漢水所出；山之西南，西漢水所出。班志本極分明，後世因氐道至武都，漾出故瀆不可見，於是專以沮水爲漢源，又別名一山曰嶓冢，而真嶓冢之在西與氐道者，轉付之茫昧矣。」陳澧云：「班志『氐道』云『養水至武都爲漢』，『武都』云『漢水受氐道水』，皆存禹貢故道。漢世漢水已不受氐道水，故更以沮水爲其源。凡漢水所納之水，志云『入漢』，或云『入沔』，惟不云『入沮』，以沮水本非漢水正源也。」**又東爲滄浪之水，**別流在荆州。○「又東爲滄浪之水」，今文與古文同，「滄」一作「蒼」。僞傳云「別流」，本馬、鄭說。○今文同者，漢志如此。「滄」一作「蒼」者，夏紀如此，歐陽本異。索隱：「馬、鄭皆以滄浪爲夏水，即漢之別流也。漁父歌曰『滄浪之水可以濯吾纓』，是此水也。」正義：「括地志：『均州武當縣有滄浪水。庚仲雍漢水記云「武當縣西四十里漢水中有洲，名滄浪洲」也。地記云「水出荆山，東南流爲滄浪水」。』」沔水注云：「沔水又東逕漢中郡沔陽、（今陝西省沔縣東南。）褒中、（褒城縣東南。）南鄭、（南鄭縣東。）安陽、（成固縣東。）成固、（成固西北。）西城、（興安府西北。）旬陽、（旬陽縣北。）錫縣、（白河縣東。）長利、（湖北省鄖西東北。）南陽郡堵陽、（裕州東。）武當。（均州北。）縣西北四十里，水中有洲，名滄浪洲。庚仲雍漢水記謂之千齡洲，非也，是世俗語訛，音與字變矣。（千、滄，齡、浪，並雙聲字。）地説曰：『水出荆山，東南流爲滄浪之水。』是近楚都，故漁父歌曰：『滄浪之水清兮可以濯我纓，滄浪之水濁兮可以濯我足。』余按尚書禹貢言道漾水『東流爲漢，又東爲滄浪之水』，不言『過』而言『爲』者，明非他水決入也，蓋漢、沔水自下有滄浪通稱耳，纏絡鄢、郢，地連紀、鄀，咸楚都矣。漁父歌之，不違水地，考按經傳，宜以尚書爲正耳。沔水又逕武當縣故城，北合平陽川水，又逕縣故城東合曾水。平陽水，出縣北伏龍山，南入沔；

曾水，出縣南武當山，發源山麓，越山陰，東北入沔爲曾口。」滄浪洲蓋因水受名。庾、酈之說，適符地望。道元據尚書兩「爲」字，以爲滄浪與漢同例，隨地異名，非有他水決入，過江夏，合夏水，則蒙夏名，故班志云：「漢水受氐道水，一名沔，謂之夏水，入江。」此今文說也。夏水注云：「自堵口下，（夏水決入處爲堵口。）沔水通兼夏目，而會于江，謂之夏汭也。左傳：『吳伐楚，沈尹射奔命夏汭。』杜預曰：『漢水曲入江，即夏口矣。』」與班志合。至馬、鄭以滄浪爲夏水，此古文說。然滄浪、夏水遼闊不關，欲求其通，則必滄浪入漢之後，同川異派，入江仍出爲夏水而後可。水經注亦多有此例，據括地志所言武當縣之滄浪水，惟沔水注之，平陽水、曾水當之，不能臆定也。班志「南郡」「華容」云：「夏水首受江入沔，行五百里。」夏水篇：「夏水出江津，於江陵縣東南。」注云：「江津豫章口東有中夏口，是夏水之首，江之汜也。」又云：「鄭注尚書滄浪之水，言今謂之夏水，來同，故世變名焉。劉澄之著永初山川記云：『夏水，古文以爲滄浪，漁父所歌也。（古文即謂馬、鄭古文。）因此言之，水應由沔。今案夏水是江流沔，非沔入夏。假使沔注夏，其勢西南，非尚書「又東」之文。』余亦以爲非也。」案：此水自江陵東流入監利、沔陽界，名長夏港，又名魯洑江，亦曰大馬長川。桑、酈言夏水出江，不云上源是漢，而於滄浪之流爲夏水，更無一語及之。近儒堅主鄭說，亦太偏執矣。**過三澨，至于大別，**

三澨，水名，入漢。大別，山名。○「過三澨，至于大別」，今文與古文同。○今文同者，漢志如此，夏紀「至」作「入」。案：大別，山名，不得言「入」，蓋誤字。索隱：「今竟陵有三參水，俗云是三澨水。參音去聲。」說文「澨」下云：「埤增水邊土，人所止者。夏書曰：『過三澨。』」山水澤地篇：「三澨，地在南郡邔縣北沱。」注云：「馬、鄭、王、孔咸以爲三澨，水名。左傳有『句澨』、『漳澨』、『薳澨』，服虔：『或謂之邑，又謂之地。』京相璠、杜預云：『水際及邊地名也。』」

今南陽、淯陽二縣間有南澨、北澨。諸儒之論水陸相半，惟鄭玄及劉澄之言在竟陵縣界。」案：山水澤地篇以三澨爲地，馬、鄭以爲水，是古文原有二說。又淯水注：「淯水徑南陽郡育陽縣，（今南陽縣南。）水南有南就聚。」案：淯水左右，舊有二澨，所謂南澨、北澨者，水側之濆聚，在淯陽之東北，考古推地則近矣。漢志「南陽郡」「宛縣」（今河南省南陽縣治。）云：「縣南有北筮山。」（當爲「聚」。）「育陽」（南陽南。）云：「有南筮聚，在東北。」則以爲地名者，是。据沔水注，沔水又東徑南陽郡鄾縣、（湖北省光化縣北。）陰縣、（光化西。）筑陽、（穀城縣東。）山都、（襄陽縣西北。）南郡襄陽，（襄陽治。）東北有宛口，淯水所入也。經云「過三澨」，當在左近。沔水，又徑中廬、（襄陽西南。）邔縣、（宜城縣東北。）宜城、（宜城南。）若縣、（宜城東南。）江夏郡竟陵、（鍾祥縣西南。）南郡當陽、（當陽縣治。）江夏郡雲杜（沔陽州西北。）合夏水，即堵口也。又東徑沙羡（漢川、漢陽、嘉魚、蒲圻、咸甯、崇陽皆沙羡地。）入江。大別，見上。**南入于江，**觸山迴，南入江。○「南入于江」，今文與古文同，僞傳本地記，見下。○「南入于江」者，夏紀、漢志如此。沔水注云：「地記：『古漢水東行，觸大別江之阪，南與江合。』」地記即地說。上文史記正義引地記云：「水出荆山，東南流爲滄浪水。」夏水篇載鄭引地說同，是其證。王鳴盛云：「觸者，僅漸及之，非水直至山下也。回者，回轉而後南入，非甫至山已入江也。經兩言『東』，不言『南』，至大別下方用『南』字，明係漢水抵東北始回轉而南，若以漢口西岸山爲大別，則『南』字爲贅疣矣。」**東匯澤爲彭蠡，**匯，迴也。水東迴，爲彭蠡大澤。○「東匯澤爲彭蠡」，今文與古文同。○「東匯澤爲彭蠡」者，夏紀、漢志如此。据沔水注：「沔水又東徑漢豫章郡彭澤，（江西省湖口縣東。）過彭蠡澤，尚書禹貢『匯澤』也。鄭玄云：『匯，回也。』漢與江鬭，轉東成其澤矣。」澤即今鄱陽湖也，亦曰宫亭湖。**東爲北江，入于海。**自彭蠡江分爲三，入震澤，遂爲北江，而入海。○「東爲北江，入于海」，今文與古文同，僞孔説非，見上「三江」及下「導江」注。○「東爲北江，入于海」者，夏紀、漢志如此。志「會稽郡」「毗陵」云：「北江在北，東入海。」（据汪本、監本。續志「吴郡」「毗陵」亦云「北江在北」〔一〕。）山水澤地篇：「北江在毗陵北界，東入海。」据沔水注沔水又東徑漢廬江郡居巢，（安徽省巢縣南。）此下文缺。今大江由江甯、鎮江、常州入海，即經「北江」也。

岷山導江，東別爲沱。江東南流，沱東行。○「岷山導江，東別爲沱」，今文與古文同。○今文同者，夏紀、漢志如此，紀「岷」作「汶」，志作「嶓」，並渻變字；「導」皆作「道」，是。志「蜀都」「湔氐道」云：「禹貢嶓山在西徼外，江水所出，東南至江都入海。」山水澤地篇與志合。据江水注岷山即瀆山，水曰瀆水，又謂之汶阜山，江源始發羊膊嶺下，東徑汶關而歷湔氐道，（今四川省松潘廳北西番界。）蠶陵、（疊溪營西。）汶江。（茂州北。）云「別爲沱」者，志「汶江」云：「江沱在西南，東入江。」又「郫縣」云：「禹貢江沱在西，東入大江。」山水澤地篇云：「益州沱水在汶江縣西南。其一在郫縣西南，皆還入江。」渾舉之，不別白。据江水注，江水又合湔水，又東別爲沱，開明之所鑿也，（陳澧云：「蓋即今理番廳孟董溝水，東南入江，其自江水分出之處已湮。」）又徑緜虒、（保縣南。）臨邛、（邛州治。）江原、（崇慶州東。）郫縣。（郫縣北，沱水於今灌縣西首受大江，東徑崇甯縣南、郫縣北、新繁縣南、新都縣南、漢州北入湔水，以合江水。）道元於此未叙沱水，蓋其疏也。山水澤地篇二沱未言何者爲禹貢之沱，是古文説如此；班以郫縣江沱應禹貢，蓋今文説。道元指汶江之沱爲開明所鑿，則班

〔一〕下「北」字原作「此」，今據後漢書改。

志允矣。釋水「江爲沱」郭璞注：「沱水自蜀郡都安縣湔山與江别而東流。」即此。鄭康成「梁沱」注云：「郫縣江沱首不於此出，江原有𨛬江，首出江南，至犍爲武陽又入江。」豈沱之别與？先謙案：𨛬水即大江，非沱江，（詳漢書補注「蜀郡」「江原」下。）郫縣江沱出江、入江，鄭意不可曉。古文家有心立異，轉不如今文家説之爲安矣。**又東至于澧，**澧，水名。○「又東至于澧」，今、古文皆當作「醴」，僞傳「澧，水名」本馬説。○今、古文皆作「醴」者，夏紀、漢志並作「又東至于醴」，是今文作「醴」；集解引馬、王皆以醴爲水名，鄭云：「醴，陵名也。大阜曰陵。長沙有醴陵縣。」是古文作「醴」也。段云：「唐石經以下『醴』作『澧』，並依衛包妄改，開寶又改釋文之『醴』爲『澧』也。楚詞云『濯余佩兮醴浦』，是醴亦爲水名。」（洪興祖本不誤。）書疏引鄭云：「此經自導弱水以下，言『過』、言『會』者，皆是水名；言『至于』者，或山或澤，皆非水名。」故以合黎爲山名，澧爲陵名。据江水注，江水又東徑成都、（今成都府治。）廣都、（華陽縣東南。）犍爲郡武陽、（彭山縣東。）南安、（夾江縣西北。）僰道、（宜賓縣治。）江陽、（盧州治。）符縣、（合江縣西。）巴郡江州、（巴縣西。）枳縣、（涪州西。）涪陵、（彭水縣治。）臨江、（忠州治。）朐忍、（雲陽縣西。）魚復、（奉節縣東北。）南郡巫縣、（巫山縣東。）秭歸、（湖北省歸州治。）夷陵、（東湖縣治。）夷道、（宜都縣西北。）枝江、（枝江縣東。）江陵、（江陵縣治。）郢縣、（江陵東南。）華容、（監利縣西北。）長沙國下雋（一統志計其地當在湖南澧州安鄉縣。）右合洞庭諸水。漢志「武陵郡」「充縣」（今湖南省永定縣西。）云：「歷山，澧水所出，（此作「澧」，疑亦後人所改。）東至下雋，入沅，行千二百里。」澧水注：澧水自充縣東徑零陽、（慈利縣東。）孱陵、（公安縣南。）下雋，西北會沅水入湖，即經所謂「至于澧」矣。湖匯水衆多，經獨舉澧爲言，蓋水道變遷，上古澧流爲大故也。互詳「沱潛既道」下。**過九江，至于東陵，**江分爲九道，在荆州。東陵，地名。○「過九江，至于東陵」，今文與古文同。僞傳「江分九道」，謬。〇「過九江」者，夏紀、漢志如此。志「廬江郡」「尋陽」（今湖北省黄梅縣界。）云：「禹貢九江在南，皆東合爲大江。」今文說也。山水澤地篇：「九江地在長沙下雋縣西北。」本山海經「洞庭九江」爲文，此古文異說，班、酈皆不用之。据江水注，江水又東逕漢沙羨，（見上。）又逕魯山南古翼際山也，（今龜山。）而左與漢水合，又逕邾縣、（黄岡縣治。）西陽、（黄岡東。）鄂縣、（武昌縣治。）軑縣、（蘄水縣西。）西陵、（蘄水西南。）蘄春、（蘄州西北。）下雉、（興國州東南。）廬江郡尋陽左得青林水口。青林水自東陵鄉來，西南歷尋陽縣入之，此下闕文。以地望稽之，又右逕今江西省瑞昌、德化二縣境，（漢柴桑地。）又逕湖口縣境，（漢彭澤地。）又東逕梅家洲與鄱陽湖水合湖漢，九水入之，經所謂「過九江」也。九水者，志「豫章郡」「鄱陽」云：「鄱水西入湖漢。」「餘汗」云：「餘水在北，至鄡陽入湖漢。」「艾縣」云：「修水東北至彭澤入湖漢。」「南城」云：「盱水西北至南昌入湖漢。」「建成」云：「蜀水東至南昌入湖漢。」「宜春」云：「南水東至新淦入湖漢。」「南壄」云：「彭水東入湖漢。」「雩都」云：「湖漢水東至彭澤入江。」「贛縣」云：「豫章水出西南，北入大江。」（豫章、湖漢二支並行。）班臚列九水之名而總之曰禹貢九江，在南皆東合爲大江，與劉歆釋九江爲湖漢九水入彭蠡澤之言合，（引見上。）是今、古文說不異。洞庭九江，古文異說，有乖地望，深所不取。〇「至于東陵」者，夏紀、漢志如此。志「廬江郡」下云：「金蘭西北有東陵鄉。」山水澤地篇：「東陵，地在金蘭縣西北。」而志無此縣。決水注：「灌水導源金蘭縣西北東陵鄉大蘇山。」據此，大蘇山即東陵也，在今河南商城縣東南五十里。江水注：「利水出廬江郡之東陵鄉。江夏有西陵縣，故是言東。尚書云江水『過九江，至于東陵』者也。」雖未言金蘭縣，然與決水注符合，則知鄉隸金蘭不誤。阮元浙江圖說云灌水、利水同出東陵一地。金蘭附注：「郡下則在郡治，蓋後改爲舒也。」廬江治舒。

据續志舒縣有桐鄉，劉注鵲岸在縣，今桐城縣，在漢屬舒。通典：宣城郡南陵有鵲州，即鵲岸，是漢舒縣地，直達大江洲渚。禹貢江水「過九江，至于東陵，東迆」實指至此東迆爲南江也，江之南岸，正丹陽郡之石城，與班志石城受江其義一也。漢六安國蓼縣在今霍邱縣西北。灌水自東陵至蓼，行五百一十里，今自桐城廬江至霍邱正五百里，則江至東陵東迆即石城分水，何疑？」先謙案：江水合鄱陽湖後，右徑湖口及安徽省，東流（並彭澤地。）貴池三縣境，貴池左對漢廬江郡樅陽縣，（今桐城界。）與阮說合。**東迆北會于匯，**迆，溢也。東溢分流，都共北會爲彭蠡。○「東迆北會于匯」，今文與古文同。僞傳「北會爲彭蠡」謬，詳見下。○今文同者，夏紀、漢志如此。釋文引馬云：「迆，靡也。」書疏引鄭云：「東迆者，爲南江。」阮元云：「說文：『迆，衺行也。』引夏書曰『東迆北會于匯』。漢志『丹揚』『石城』云：『分江水首受江，東至餘姚入海。』『會稽』『吳縣』云：『南江在南，東入海。』分江水即是南江。三江中惟南江北會具區，所謂『北會于匯』也。若彭蠡在江之南，無所謂北會也。江自石城分爲南江，正東迆也，蓋由今安徽池州、甯國二府合太湖，過吳江石門，出仁和臨平半山之西南，（今塘棲。）折而東，而北，由餘姚北入海。今吳江石門、仁和數百里皆爲沃土，惟一綫清流自北新關通漕達於吳江，猶是南江故道所。當以鄭注、說文一正諸家之誤。」先謙案：阮說是也。沔水注：「地理志曰江水自石城東出徑吳國南，爲南江，此知班氏以分江、南江爲一水也。」又云：「江水自石城東入爲貴口，東徑石城縣北，東合大溪，溪水首受江，北徑其縣故城東，又北入南江。」阮元云：「江南通志：『池口河在府西五里，古稱貴口，亦稱鱝口，宋時稱池口。齊書：「沈仲玉自鱝口欲斷江。」通鑑胡注：「即今之池州貴池口也。」』紀要：『石城廢縣在貴池縣西七十里。古之貴口在石城縣東，今縣在古縣西，故貴口又在今縣西也。』通志：『清溪河在府東北五里入江，即清溪口。』酈言溪水受江，蓋即此水。注又云：『南江又東與貴長池水合，水出縣南郎山，北流爲貴長池，池水又北注於南江。』」（先謙案：貴口、池口皆以貴長池得名。今有上池口、下池口。上池口在洲内，下池口入大江。疑古貴口更在上池口之上，故分江入爲貴口，而池水得注南江也。）阮元云：「通志：『郎山在府西南七十里，有玉鏡潭。』紀要：『池口，即貴池水。有五源會於秋浦，匯於玉鏡潭，入池口，達大江。』秋浦、玉鏡潭所匯，正古之貴長池也。」先謙案：江水入貴池縣境東北逕攔江磯，又東爲子陽河，又東逕貴池縣北，貴池水注之，又東，上、下清溪水注之。一統志：「古分江水在貴池縣西，今涸。」隋、唐後諸志無及分江水者，近人因此詆班、酈之妄，然言之鑿鑿，必非無據。今其道雖湮，未可輕訾也。先謙以輿圖覈之，分江水首受江，當自今李陽河而分也。据一統志：「李陽河在貴池縣西六十里，源引大江，以江流之消長爲盈縮。西五里曰新河，自河口出，江中有石槎枒横突，爲攔江、羅刹二磯，南唐役三十萬夫作支流以避其險。」是河水受江遺迹猶在，證一。宋史河渠志：「宣和六年，前太平判官盧宗元〔二〕言：『池州大江，東岸皆暗石，多至二十餘處。西岸沙洲，廣二百餘里。諺云「折船灣」，言船至此必毁折也。今東岸有車軸河口沙地四百餘里，若開通入杜塢，使舟經平水，徑出池口，可避二百里風濤折船之險。請速開修。』從之。」案：杜塢在貴口殷家匯之下游，故貴池水一名杜塢河，是沙地通河，古今不易，證二。今新河、車軸河遺址湮廢，李陽河之名尚存，竊意江岸洲渚連綿，今自李陽河以下入古夾洲、烏落洲、裕生洲、泥洲，相屬爲一。其下即下池口，貴池水合清溪水由此入江。疑當日即分江水道受此兩水，又下爲鐵板諸洲

〔二〕「元」字宋史河渠志原文作「原」。

及銅陵之荷葉洲、新洲、老洲頭、復興州、楊陵洲東屈而入丁家洲，以至涇縣，皆即分江，中流其外，洲岸聯屬，自爲一水，時代閱久，洲岸流移，而分江水道半合於大江，猶幸江流别派，沙地通河，端緒尚存，足爲左驗耳。注又云：「南江又東徑宣城之臨城縣南，（晉宣城郡，今南陵縣東。吴臨城縣，今青陽縣南五里。）又東合涇水。」阮元云：「晉、宋之臨城屬宣城郡，今池州青陽縣也。通志：青陽縣有臨城河在縣南，會大通河入江。」先謙案：臨城河即大通河，分江水自石城來，右入銅陵縣境，（漢陵陽縣地。）又東徑荷葉洲，北合大通河水，又出章家洲、丁家洲之閒，又東徑紫沙洲，又東屈徑新洲，右入繁昌縣境，（漢春穀縣地。）合荻港水，又東北徑黑沙洲，入蘆席夾，徑虎檻洲，出三山夾，右入蕪湖縣境，（漢縣。）又東入魯港爲南江也，南江水入魯港東南流，左與天成湖通，湖在蕪湖縣東南十五里。又東南與五丈湖通，湖在縣東南七十里。又與涇水合，水在涇縣（漢縣。）南出績溪徽嶺山爲徽水。北流徑旌德縣，合清潭水、東溪水、抱麟溪水，又北徑龍首山，北入涇縣境爲涇水，亦曰藤溪水。又西北合楓溪水，匯爲落星潭。下三門灘，合旋溪水，又北徑縣城西爲賞溪。又合幙溪水、琴溪水，入清弋江。注又云：「南江又東徑安吴縣，（晉分漢宛陵縣立。今涇縣西南。）號曰安吴溪，又東，旋溪水注之，水出陵陽山下，徑陵陽縣西（漢縣。）爲旋溪水。溪水又北合東溪水，水出南里山北，徑其縣東。桑欽曰淮水出縣東南，北入大江，其水北流，左合旋溪，北徑安吴縣東，同注南江。」先謙案：淮水即東溪水，今名小淮河，旋溪亦名舒溪，桑欽言入大江，大江即南江也。合旋溪者，自五丈湖東流而同注清弋也。（道元以爲注南江，則清弋爲南江故道，明甚。）南江之北，即宛陵縣界也。南江又東徑甯國縣南。（晉分宛陵縣立，故城在今甯國縣南。）先謙案：漢志「丹楊郡」「宛陵」（今宣城縣治。）云：「清水西北至蕪湖入江。」今清弋江也。其源有三：一旋溪，一涇水，一淮水。（俱見上。）旋溪、涇水合流後，北徑施家渡，有清弋江之名。又北，左與五丈湖通，淮水自湖東流注之。又至灣址鎮，北出，右合水陽江，南江水道由此東也。清弋江又西北歷黃池鎮，爲黃池水。又北，左與天成湖通。又西，徑蕪湖縣南入江。水陽江即宛溪水，出宛陵縣東爲宛溪，又北合句溪水，又徑敬亭山東爲敬亭潭，又北爲龍溪，又西北至水陽鎮爲水陽江，又西合清弋江。南江東流，由清弋江入水陽江，以達南湖也，注甯國縣南。「南」當爲「北」之誤。宣城在甯國西北，南江不得又徑甯國之南也。注又云：「南江又東徑故鄣（漢縣。）縣南、安吉縣北。」（在廣德縣東北。廣德、安吉，今分隸蘇、浙二省，漢並爲故鄣地。）阮元云：「紀要：故鄣在廣德州東南九十里，湖州府長興縣西南八十里。故安吉縣城在今州治西南三十里。弘治湖州志：故鄣城在安吉西北十五里。寰宇記云：今俗號府頭是也。」南江又東北爲長瀆，歷湖口。阮元云：「寰宇記：『箬谿在縣南五十步，一名顧渚口，一名趙瀆，注於湖。』趙瀆當即長瀆之故迹。」注又云：「南江又東與桐水合。」（注文在東過安吴縣上，依地望訂正。）阮元云：「左哀十五年：『楚伐吴及桐汭。』杜注：『宣城廣德縣西南有桐水，西北入丹陽湖。』紀要：源出廣德州南白石山，西北流徑建平縣境，又西入宣城縣爲白沙川，亦曰綏谿，匯於丹陽湖，入大江。」又曰：「宣城東北四十里有南碕湖，其北爲北碕湖，今總名南湖，周四十餘里。其東北百里有綏谿，一名白沙谿。廣德、建平諸水由此入南湖，府東境諸川亦匯焉，北達固城、丹陽諸湖，會於黃池，而達大江。又靈山在廣德州南七十里，又南十里，曰桐山，亦曰桐源山，一名白石山，桐水發源於此。其曰桐汭者，正桐水入江之處。道元未言其方向，蓋桐水自北而南注江也。晉時，已北入湖。道元所叙蓋猶古迹矣。」先謙案：阮氏既以桐水爲出廣德，則南江先合水陽江，而後至廣德桐水，當移訂於此。南江自合水陽江後，又東入南湖，其北與固城湖相連。南江又與桐水合。注又云：「南江東注于具區，謂之五湖口。」先謙案：經所云「北會于匯」也，漢志「會稽郡」「吳縣」（今蘇州府治。）云：「具區澤在西，古文以爲震澤。南江在南，東入海。」阮元云：「全祖望謂道元以南江當具區，然南江注具區而復出爲南江，非以南江即具區也。贛水入彭蠡，而後入江，不聞以彭蠡爲贛水也。」注又云：「一江東南行七十里，入小湖，爲次谿，自湖東南出爲谷水，谷水出吳小湖，徑由拳縣故城下。（漢縣，今浙江省嘉興縣南。）谷水又東南徑嘉興縣城西，又徑鹽官縣故城南，於縣出爲澉浦，以通巨海。」先謙案：漢志「由拳」云：「柴辟，故就李鄉，吳、越戰地。」南江自吳東南出，徑泰興、秀水、嘉善、桐鄉、石門五縣境，並漢由拳地。道元誤以爲谷水。阮元云：「由太湖至嘉興乃南江故道。由嘉興至澉浦則非南江。今海甯、海鹽、平湖三縣沿海之地，皆較嘉興地勢爲高。澉浦水皆西流，與海不通，所以古江水於出太湖後，不由海鹽入海，折而由杭州入海也。」注言「谷水出爲澉浦，以通巨海」，是澉水東流矣。此亦未確。又漸江水注云：「浙江自山陰東流，徑禦兒鄉。國語『句踐之地，北至禦兒』是也。韋昭云：『越北鄙在嘉興。』又東徑柴辟南，越絕稱吳故從由拳辟塞〔一〕渡會稽，湊山陰是也。」阮元云：「此條可爲南江即浙江之證，可爲南江由吳江、嘉興、石門、錢唐通名浙江之證。道元，北人，所注江南之水，非得諸傳聞，即原於故籍。而浙江徑禦兒、柴辟兩言，知其傳之舊也。惜道元惑於以漸爲浙，莫能分別。見此徑禦兒、柴辟之浙江，不敢注入沔水，下之南江而羼入漸江水下以敘浙江，臆謂江水自臨平湖上通禦兒，至於柴辟。一似漸江之枝分由臨平而入正流者，又似水由正流而倒上亦可以名浙江者。於是於沔水注中，亦微及之，曰『浙江自臨平湖南通

〔一〕「塞」原誤作「寨」，據水經注原文改。

浦陽江』。南江故道，浙江舊名，賴此而存。夫南江上自嘉興爲谷水，下自餘杭爲南江枝分，此徑禦兒、柴辟者，正嘉興至錢唐之正流也，特道元時已中塞耳。」沔水注又云：「今餘暨之南，餘姚西北，浙江與浦陽江同會歸海。但水名已殊，非班固所謂南江也。郭景純曰：『三江者，岷江、松江、浙江也。』然浙江出南蠻中，（此道元誤以漸江水爲浙江。）不與岷江同。作者述志，多言江水至山陰爲浙江。今南江枝分，歷烏程縣，南通餘杭縣，則與浙江合。故闞駰云：『江水至會稽與浙江合。』」阮元云：「此水不經吳縣之南，從長興、安吉即注錢唐，殊於班志南江在南之説，故道元以爲枝分，然從錢唐至餘姚之道未湮也，其正流自太湖東出，徑嘉興、石門至錢唐，是時石門之流中斷，嘉興之江從谷水而注澉浦矣，於是錢唐東折之，南江且西，續於烏程，上承安吉，而南江之流奪於枝分，蓋谷水自嘉興而北以至太湖，南江也。自嘉興至澉浦，非南江也。枝分自錢唐入海，南江也。自餘杭上承烏程之流，非南江也。安吉而西，又南江之上流矣。道元時之南江已異於班志。今谷水及南江枝分不可見，而浙江且續漸江而爲漸所冒矣。下塘運道由石門、嘉興上泝吳江，蓋古南江之正流。西湖保叔塔後西谿一帶，有古蕩等地，窪下積水，揆其形勢，猶見南江遺迹。胡朏明謂餘杭即餘姚之誤，非也。」上海范本禮吳疆域水道圖説云：「自長興、安吉歷烏程、餘杭，至錢唐，必絶東、西苕溪亂流東南注。恐無此理。漢烏程縣在今縣南。道元所謂南江枝分歷烏程通餘杭者，即東苕溪也。蓋道元泥於誤本山海經，以漸爲浙，於漢、晉諸儒所言江至山陰爲浙江，求其義而不得，又未敢遽以爲非，於是以東苕溪之北入太湖者謂爲南江枝分，强爲傅會，而引闞駰之言於沔水篇，又引許慎、晉灼之言於漸江水篇，以調停其説。不知漸江自黟縣至錢唐，雖有屈折，未嘗方折，豈可以當折之義？而東苕溪之自南而北者，又何得反謂之自北而南乎？阮氏謂南江枝分今不可見，亦未深考矣。」漸江水注又云：

「穀水東至錢唐縣而左入浙江。」先謙案：穀水合婺港水入漸江，漢志「大末」下云「穀水東北至錢唐入江」是也。漸江至錢唐入海，漢志「黟縣」下云「漸江水東入海」是也。（漸江水出黟縣，徑歙縣、富春、餘杭、烏傷、錢唐，合穀水入海。穀水出大末，即今龍游，徑烏傷，合於漸江水。）以上道元誤爲浙江。注又云：「浙江又東徑靈隱山。山下有錢唐故縣。（漢縣。）浙江徑其南。」先謙案：南江自由拳境西南流，徑仁和縣東北五十里之塘棲鎮，又屈而東南，徑臨平鎮北，自此南行，宋之下塘運河，其故道矣。南江又徑錢唐縣東漸江水、武林水於縣東入海。（漢志「錢唐」下云：「武林山，武林水所出，東入海。」案：即今西湖。）南江又絶武林水、漸江水而東流也。注又云：「浙江北合詔息湖。」阮元云：「咸淳臨安志：湖在縣東十八里。」注又云：「浙江又東合臨平湖，湖水上通浦陽江，下注浙江，名東江。行旅所從以出浙江也。」阮元云：「臨平湖在今上塘臨平山之西南，地高於下塘，故舊有四壩以蓄水。其水或西北洩於南江之近石門者，謂之下注浙江，可也。必不可上通浦陽。毛大可謂是『臨湖』之誤。臨湖即今臨浦，在蕭山南三十里。」先謙案：一統志：「臨平山在仁和東北五十四里，唐置臨平監於山下。臨平湖在山東南五里。」張勃吴録：「赤烏十二年，寶鼎出臨平湖。」通志：「湖在縣東長樂鄉，周四十里。」南宋爲運道所經，風波最險，紹定中築塘捍之，曰「永和後，湖日淤，僅存小河」。今上塘河所經也。案：今縣東北四十里臨平鎮，即唐臨平監治所。臨平湖距浦陽江尚遠，不相通。注又云：「浙江又徑固陵城北，今之西陵也。又徑柤塘，謂之柤瀆，有西陵湖，亦謂之西城湖，湖西有湖城山，東有夏架山。湖水上承妖皐溪，而下注浙江。」范本禮云：「一統志：固陵城在今蕭山縣西十二里。柤塘在縣西南九里。西陵湖在縣西二十五里。夏架山即翠嶂山，亦在縣西二十五里。」先謙案：紀要：「吴越時，以『陵』非吉語，改曰『西興』。柤瀆即查瀆，亦曰查浦。吴志孫策分軍夜投查瀆道襲高遷屯是也。」阮元云：「固陵以東乃正浙江。道元至此稱浙江不誤，宜合上文云『浙江南徑柴辟，南又徑禦兒鄉，又徑固陵城北』爲合。」又云：「今之海塘所以捍潮，自尖山至海甯州以西，隄雖險而地勢高，惟老鹽倉至杭州府府城東北數十里，地勢低平，潮汐往來，活沙無定，有朝爲桑田暮成滄海者。且加築隄塘，難施樁石，濬之愈深，則沙性愈散，不如老鹽倉東北鐵板沙之堅固。然則此數十里中非古浙江沙淤故道之明證，而確爲禹貢南江乎？」又云：「江水自九江至江甯，乃自西南至東北，自江都至海門入海。又爲自西北至東南，志於毗陵記。北江在北，明江至江都曲而東南也。南江自石城至安吉，爲由西而少東北。自太湖至錢唐，爲自北而少西南。由錢唐至餘姚入海，又爲自西而東。於吳記，南江在南，以明南江入海由太湖折而西南，又由錢唐折而東南也。江至江都而曲，故廣陵之江曰曲江。江至吳南而折，故餘姚入海之江曰浙江。『曲』猶環曲之義，『折』則方折矣。漸水自西而東，南至錢唐，雖非直注，何有於折？寰宇記引虞喜志林及盧肇海潮賦，皆假借海濤之回旋以爲『折』之取義，尤非也。」范本禮云：「詔息湖在今仁和縣東北，則漸江水注自北合詔息湖起，皆正浙江，非自固陵始也。」浙江水注又云：「浙江自由拳之柴辟，南（誤已見上。）徑永興縣北，縣在會稽東北二百里，故餘暨縣也。又東合浦陽江，江水導源烏傷縣，東徑諸暨縣南，又東南徑剡縣東，又東徑上虞縣。南江之道南有曹娥碑。上虞江東徑周市，而注永興。地理志云：『縣有仇亭，柯水東入海。』柯水疑即江也。又東北徑永興縣，東與浙江合，謂之浦陽江。地理志又云：『縣有蕭山，潘水所出，東入海。』又疑是浦陽江之別名也。韋昭以松江、浙江、浦陽江爲三江。」先謙案：漢志「餘暨」（今蕭山縣西。）云：「蕭山，（在縣西。）潘水所出，東入海。」南江自錢唐至餘暨，又絶潘水而東流。全祖望云：「浦陽江發源義烏，分於諸暨，爲曹娥、錢清二江。自義烏山南出者，道由蒿壩，所謂東小江也，下流爲曹娥；自山北出者，道由義橋，所謂西小江也，下流爲錢清。曹娥之水，由諸暨紆而東至嵊，至餘姚，則已折而北，始至上虞，遂由會稽入海。錢清之水至諸暨境，西下至蕭山反東向山陰入海。一曲一直，源流不同，然六朝皆以浦陽之名概之。考『浦陽』之名，漢所未有，故班志不録，然志於浦陽東道之水則曰柯水，而系之上虞，即曹娥也；西道之水則曰潘水，而系之餘暨，即錢清也。續志有潘水而失柯水。韋昭始以浦陽當三江之一。六朝時，合曹娥、錢清二江，總曰浦陽。故謝康樂山居賦所云皆指曹娥，李善因之，而南史爭戰之地則皆在錢清。歷唐、五代，作志乘者，尚無曹娥、錢清之名，故九域志以曹娥鎮屬會稽，錢清鎮屬山陰，尚未有江名。其以江名也，自南宋始。酈注水經所志浦陽之水，本屬曹娥，其末始引及蕭山之潘水，則是錢清之上流，而疏析不精，不知其分而爲二，反以爲合而爲一，故曰上虞江東至永興與浙江合，移東就西，其謬已甚。或者六朝之世，隄堰未備，東小江之水尚能西出，則東道之水得至永興，亦未可定。南史浦陽江南北津埭各有埭司以稽察行旅。通鑑胡注云浦陽江南津埭即今梁湖堰，北津埭即今曹娥堰。與西陵埭、柳浦埭稱四埭。然則浦陽終以東道曹娥之水爲經流，而西道匯於錢清者爲支流。六朝官制，足與水道相證明。」范本禮云：「自諸暨以上，則今浦陽江。自剡縣以下，則今曹娥江。自周市以下，則今紹興運河之道。蓋今浦陽江自諸暨以北入錢唐江者，乃古之東江。古之浦陽江東流而爲曹娥江，後乃中絶耳。夫曹娥江以曹娥投江得名，其未投江前，江必有名。以水經注、謝賦、南史證之，曹娥之本名浦陽無疑。至浦陽徑永興者，全氏以爲錢清是矣，而其言錢清之經流則恐非是。竊意浦陽江自諸暨以北者，於古爲東江，乃臨浦之支流入錢唐江者，與錢清本不相通，故班志潘水屬之餘暨，若如全氏所言，則班當屬之諸暨矣。然則今紹興運河之道，或即古錢清江所徑，而即班所謂潘水，道元所謂浦陽江乎？但班氏明言潘水入海，則錢清當自蕭山東流會浦陽江以入浙，道元乃欲强合入海之文，故曰『上虞江東徑周市而注永興』，又曰『又東北徑永興縣』，今地勢方向茫不可辨。今錢清鎮在蕭山東，與山陰接界，疑古錢清江本自蕭山東流，至鎮合浦陽江，即於此入浙江。班言入海者，亦如武林水、漸水之例耳。蓋浦陽江分三派入浙，在西爲錢清，道元所謂徑永興東與浙江合者，即志之潘水也；其中爲曹娥，即志之柯水也，全氏謂道元疏析不精，不知其已分爲二，而反以爲合爲一，亦未盡然。志言柯水東入海，道元以柯水當上虞江，亦知曹娥江之自入浙矣。既以柯水當上虞江，而下文又引志之潘水，疑即浦陽江之別名，則亦疑其分爲二矣。惟於引志柯水上未明言上虞之入浙，則其疏耳。」先謙案：一統志：浦陽江出今浦江縣西深裊山，曰東溪水，東流徑縣城南，又東北流逶迤百餘里，徑諸暨縣境，納五洩溪水，又徑茆渚潭分爲二，正流名下東江，西爲下西江，至三江口復合爲一，又北流至紀家匯爲錢清江，以後漢劉寵受父老一錢事爲名。又西北徑蕭山縣南二十里之臨浦鎮，注山陰之麻溪，又北過烏石山爲烏石江，又東北徑其縣東十五里，九折而東，復入山陰縣境，經錢清鎮入海。志所謂「潘水東入海」也。明天順初，知府彭誼以江水泛溢，築臨浦大小壩爲之內障，而江分爲二，又建白虎山閘以遏三江口之潮，閘東盡漲爲田，自是江水不通於海。近人謂錢清本不入海者誤也。南宋時開運河，自蕭山縣南，西興鎮東流徑蕭山縣治北，又東接錢清江，凡十五里，又東出至紹興府城西，長五十五里，又自城西東南出，徑會稽縣境，東流入上虞縣，接曹娥江，長百里。又自上虞縣西三十里梁湖堰流至通明壩入姚江，橫亘三十餘里。今人知爲宋漕渠故道，而不悟即南江故道。夫柯水即曹娥，潘水即錢清，各自入海。六朝前，二水之通，南江通之也；宋後，二水之通，運河通之也。南江絶潘水、柯水而至餘姚，潘、柯二水亦絶南江而入海，以南江通流之故，而後錢清、曹娥得通名浦陽江。六朝以後，南江之名既晦，浦陽之跡俱湮，曹娥、錢清各自爲江，人不知柯、潘二水之名，復不解浦陽通號之故，逮宋開運河，而曹娥、錢清復通爲一，後人以爲新工，不悟其因舊迹也。至水經注謂浦陽自諸暨入剡，此道元之誤，南江、運河之通，俱在曹娥、錢清下游，若諸暨、剡縣間，重嶺疊嶂，水無通道，不必因酈注强爲附會也。浙江水注又云：「浙江自錢唐徑山陰縣（今紹興府治。）東與蘭溪合，浙江又東北，得長湖口，有秦望山，在城南，史記云秦始皇登之以望南海。又有會稽山，東帶若邪溪，溪水下入湖。浙江又北徑山陰縣西，西門外有怪石，許慎、晉灼並言江水至山陰爲浙江。浙江又東北徑種山西，文種所葬也。」（下誤云入由拳。）先謙案：蘭溪在縣南，源出古博嶺，長湖在縣南三里，即鏡湖也，周三百五十八里，總納山陰、會稽二縣三十六源之水，南傍山，北屬郡城，東至曹娥江，西至西小江，其初本通潮汐，漢永和五年太守馬臻始環湖築塘，瀦水溉田，又界湖爲二，曰東湖，曰西湖，宋時縱民耕種，湖遂湮廢。今自會稽五雲門，東至娥江七十二里爲東湖，至常禧門，西至小江四十五里，爲西湖。府東二十里曰賀家池，周四十七里，南通鏡湖，北抵海塘，唐賀知章放生池也。舊有鑑湖，西起廣陵斗門，東抵曹娥斗門，亘百六十里。明嘉靖十七年，知府湯紹恩改築水滸，東西横亘百餘里，遂爲通衢。秦望山在縣東南四十里，若耶溪在縣東南二十里若耶山下〔二〕，北入境〔三〕湖。怪山亦名飛來山，在卧龍山南，卧龍山即種山矣，府治據其東麓。南江自餘暨徑山陰境始有浙江之目。江自太湖出，大勢南流，絶錢唐

〔二〕「若耶」水經注作「若邪」。
〔三〕「境」字水經注作「鏡」。

江，後折而東，其形方折，故曰浙江也。漢志「上虞」云：「有仇亭，柯水東入海。」先謙案：寰宇記：剡溪在漢剡縣（今嵊縣西。）南百五十步，有二源，一出台州天台縣，一出婺州武義縣，（武義是東陽之誤。）合爲剡溪，即王子猷雪夜訪戴逵之所也，亦名戴溪。至上虞縣爲上虞江，又徑會稽縣東九十里曹娥廟前爲曹娥江，又北絶南江，徑歷海所入海，志所謂「柯水東入海」也。南江自山陰徑上虞縣境，又絶柯水而東流矣。沔水注又云：「浙江自臨平湖南通浦陽江，又於餘曁東合浦陽江，自秦望分派，東至餘姚縣又爲江也，東與車箱水合。江水又東徑黄橋下，又東徑赭山南，又徑官倉，倉即日南太守虞國舊宅。江水又東徑餘姚縣故城南，（今餘姚縣治。）又東徑穴湖塘，又東注于海。是所謂三江者也。」先謙案：赭山在海甯州西南五十里，與蕭山縣龕山對峙，東接鼈子門，爲錢唐江入海之道，非南江所徑。一統志：「餘姚縣西嶼山有漢日南太守虞國宅。」南江自上虞徑餘姚境，由梁湖堰徑通明壩，皆運河水道，又東徑石堰鎮，歷觀海衞入海。漢志「南江東入海」、「分江水東至餘姚入海」，皆謂此也。禹貢三江，獨南江經文不顯，幸分江、餘姚源流載於漢志，康成有「東池爲南江」之注，叔重有「江水至山陰爲浙江」之説，賴此三者，藉以窺尋顛委。道元貫穿班書，定二文爲一水，是其卓識，惟於南江歸宿，緝綜不明，漸、浙溷淆，諸水倒亂，自分江湮失，學者瞢焉。先謙考求端緒於漢書補注，分縣載明，復依經文，彙注於此，既以故籍糾紛，務在推明恉要，詞之煩費，所弗恤云。

東爲中江，入于海。 有北則中、南可知。

○「東爲中江，入于海」，今文與古文同。○今文同者，夏紀、漢志如此。志「丹陽郡」「蕪湖」云：「中江在西南，東至陽羨入海。」山水澤地篇與志合。續志「蕪湖」下云：「中江在西。」寰宇記：「中江即荆溪也。」輿地紀勝：「荆溪首受蕪湖水，東至陽羨。出湖，蓋大江至蕪湖西南東出者也。」宋傅寅禹貢集解云班氏所指中江，今蕪湖斷港也。自宜興縣航太湖，徑溧陽至鄧步，凡兩日水路，自鄧步登岸，岸上小市名東壩，自東壩陸行十八里至銀林，復行水路，係大江支港，自支港行百餘里，乃至蕪湖界，即入大江也。銀林之港，鄧步之湖，止隔陸路十八里，故老相傳，謂大江此港本入震澤。知班氏所説中江，古蓋有之。」阮元浙江圖考云：「中江者，江水由高淳過五壩，至常州府宜興縣入海，自楊行密築五堰，其流始絶。永樂時，設三壩，陸行十八里矣。」又云：「班詳於南江、北江，而於中江僅云『至陽羨入海』，何也？廣陵國江都以東有臨淮郡之海陵，志云『有江海會祠』，言江至此而會海也。會稽郡、吴、毗陵、無錫、陽羨、丹徒、婁爲今鎮江、常州、蘇州地，婁在今崑山，而太倉、松江、海門及江北之通州皆不置縣，然則太湖以東，至漢猶荒，斥爲海潮所往來，故叙北江止毗陵，叙中江止陽羨，且云南江在吴南，北江在毗陵北，則中江在毗陵之南、吴之北可知。北江以曲而詳，南江以折而詳，中江必自陽羨直貫太湖，由婁縣之地入海又可知。此班之不詳而詳者也。」成蓉鏡云：「以今輿圖按之，東壩在高淳縣東南，自東壩以西爲南碕、固城諸湖，又西爲丹陽湖，又西即志所稱『中江出蕪湖西南』者也。東壩以東爲胥河，又東則爲西九。文選江賦注引水經注云：『中江東南左會滆湖。』西九北即滆湖也。由滆湖東出，又東入太湖。悉與傳説合。蓋中江水本自今蕪湖，經高淳、溧陽諸縣，至宜興入具區，復由具區東出，入海。考元和志當塗縣：『蕪湖水在縣西南八十里，源出縣東南之丹陽湖，西北流入大江。』然則元和以前，中江水已不復東，而今則建平、宣城、甯國、涇、旌德、太平、石埭諸縣水皆由此而西達江矣。」先謙案：中江水自蕪湖入而東流，傳氏所謂蕪湖斷港，即今蕪湖縣河也，東北絶黄池水入唐溝河，又東左入丹陽湖，湖東即高淳縣治也。中江又東南入固城湖，湖北有固城鎮，故受此名。固城湖右與南湖通。中江水又東徑東壩，又東爲胥溪，又東北徑溧陽縣城北，又東會滆湖，滆湖之北即長蕩湖也，又爲西氿，即西九也。

又東爲東氿，東氿南岸，今宜興縣城也。又東出爲沙港，而入太湖。禹貢「三江既入，震澤厎定」指謂是矣。北江入海，中江、南江入湖，三江入，而震澤以致奠定也。紀要引建康府志云：「銀林堰在溧水縣東南百里，長十二里，自銀林稍東曰分水堰，長十五里，又東五里曰苦李堰，長八里，又五里曰何家堰，長九里，又五里曰余家堰，長十里，所謂魯陽五堰也。今蕪湖縣南有支江，俗稱爲縣河，東達黃池，入三湖，三湖者，丹陽、固城、石臼也，至銀林而止，所謂『中江東至陽羨』即此也。蘇、常承此下流，常病漂没，故築銀林五堰以窒之，自是中江不復東，而宣、歙之水皆由蕪湖達於大江，濱湖之地皆隄爲圩田，而中江亦漸隘狹。故老云，當時慮後人復開此道則蘇、常之間必被水患，遂以石窒五堰路，又液鐵以固石，故曰『銀淋』。今譌『淋』爲『林』。」又云：「中江舊徑溧陽縣界，古三江之一。今永陽江一名九陽江，一名潁陽江，在縣西北三十五里，即其遺迹。唐開元十七年，蔣日用作本縣城隍記云此縣南壓中江，風波不借，舟楫無施。縣宰喬翔刱浮梁以便行旅，中江橋梁之設昉此。景福三年，楊行密將臺濛作五堰，施輕舸饋糧，是時中江置堰，江流亦既狹矣。東坡奏議云溧陽之西有五堰者，古所以節宣、歙、金陵、九陽江之衆水直趨太平州蕪湖，後之商人販賣簰木東入二浙，以五堰爲阻，因給官中廢去五堰。五堰既廢，則宣、歙、金陵、九陽江之水或遇暴漲，皆入宜興之荆溪，由荆溪而入震澤，時元祐六年也。」一統志引寰宇記云：「宋宣和七年，詔開江東古河，自蕪湖，由宣城，溧水至鎮江渡揚子趨淮、汴，免六百里江行之險。是此時中江已在通塞之閒，又有宜興進士單諤著書，言修臺濛五堰，蘇、常之水十可去其七八。明韓邦憲東壩考云太祖初都金陵，以蘇、浙糧道自東壩入可避江險，洪武二十五年，復濬胥溪河爲運河，建石閘啟閉，因置廣通鎮，又鑿溧水縣胭脂岡引丹陽諸湖之水，會秦淮以入江，於是蘇、浙運道經東壩直達金陵。永樂初，運道廢，改築土壩，自是宣、歙諸水，希入震澤。嘉靖三十五年倭入寇商旅，多由壩上行，復於壩東十里許分水堰處更作下壩，謂之東、西二壩，而統名曰東壩。自是兩壩相隔，湖水絶不復東矣。」沔水注：「南江東注于具區，東則松江出焉，上徑太湖，更徑笠澤，在吴南松江左右也。國語云越伐吴，吴禦之笠澤，越軍江南，吴軍江北者也。」阮元云：「道元以松江爲南江東出之流，非以爲中江也。文選江賦李注引水經注云：『中江東南左會滆湖。』（今水經注無此語。）滆湖在常州西南三十五里半，入宜興，當太湖北，正漢陽羨地。會於滆湖而東出，仍在太湖之北，不必出自太湖東南也。然則中江非松江乎？曰：必松江也。吴松江口正中江入海處，但中江由陽羨入海，正在吴之北，其趨海必歷崑山而至嘉定、上海之閒。自中江出滆湖之口既湮，南江徑禦兒之流亦塞，而中江入海之委轉與南江出湖之條兩相接續，於是曰松江，曰婁江，曰三江口，支派紛繁，莫可究詰，而庾氏三江之説起矣。今吴松海口在嘉定縣東，彼入滆湖而出滆湖直趨於此可也，何至出滆湖者南出吴江復北注邪？道元叙南江注具區東出爲松江，明以東出者爲南江，郭氏以松江當中江，蓋指吴松口而言耳。」范本禮云：「吴松口在今寶山縣南。考丁取忠輿地經緯度里表，寶山縣當緯度三十一度二十分，蘇州府當緯度三十一度二十三分。是吴松口在蘇州東南，阮氏既云中江在吴北直貫太湖東出，而以吴松口爲即中江入海之口，亦矛盾也。中江入海之道，當在今劉河口北。」先謙案：一統志：松江自太湖分流，經吴江、崑山、太倉、嘉定境入海，婁江自長洲婁門外承太湖東流，徑崑山、太倉界入海。宋、元以來，水道變遷，朱長文始以至和塘爲婁江，（即劉河口。）盧熊指松江爲二派，謂一出長橋，一出甘泉橋，已非一地，王鏊又分松江、吴松江爲二派，以吴松爲東江，又謂自大姚分支，與盧熊説又異，且謂婁江自太湖鮎魚口分流，則其口又不出自松江矣。諸説皆無的據。唐張守節謂三江口在蘇州府東南三十里，但渾舉之。蓋古今水道不同。漢世中江入海之道無能臆定，以方隅言，劉河口近之。婁者，劉也。注又云：「松江自湖東北流徑七十里，江水岐分，謂之三江口。吳越春秋稱范蠡去越，乘舟出三江之口入五湖之中者也。此亦別爲三江、五湖。雖名稱相亂，不與職方同。庾仲初揚都賦注曰：『今太湖東注爲松江，下七十里有水口，分流，東北入海爲婁江，東南入海爲東江，與松江而三。』非禹貢之三江也。」阮元云：「庾氏三江之説，道元駁之明，此可以辨正蔡沈書傳之謬。」

導沇水，東流爲濟，泉源爲沇，流去爲濟。在溫西北平地。○「導沇水，東流爲濟」，今文與古文同，一無「流」字。○今文同者，漢志作「道沇水，東流爲泲」。一無「流」字者，夏紀作「道沇水，東爲濟」。濟、泲，二家本異。「導」作「道」，是。濟水注云：「風俗通曰濟出常山房子縣贊皇山。濟者，齊也，齊其度量也。余按：二濟同名，所出不同，鄉原亦別，斯乃應氏之非矣。」段云：「説文：泲出河東垣縣，濟出常山房子。二字各殊，而應氏不別，至二水淆亂，可知漢人書濟瀆字不皆作『泲』也。釋名：『濟者，濟也。』亦不作『泲』。六經惟詩、周禮作『泲』，他經不爾。尚書『濟』字非必衞包所改也。史記作『濟』，漢志『泲』、『濟』錯出。」志「河東郡」「垣縣」（今山西省垣曲縣西。）云：「禹貢王屋山在東北，沇水所出，東南至武德（河南省武陟縣東南。）入河。」（酈道元云朱溝水分流爲奉溝水，其流合沁水，先儒以爲濟渠，故云至武德入河，分見沁水、河水注。）濟水注：「山海經曰：『王屋之山，聯水出焉，西北流注於泰澤。』郭景純曰：『聯、沇聲相近，即沇水也。潛行地下，至共山南。』重源出河内軹縣（濟源縣南。）西北平地。」**入于河，溢爲滎，**濟水入河，並流十數里而南截河，又並流數里溢爲滎澤，在敖倉東南。○「入于河」，今文與古文同。「溢爲滎」，今、古文皆當作「泆」，一作「軼」。○「入于河」者，夏紀、漢志如此。濟水注：「濟水：又東至温縣，（温縣西南。）爲濟水。與故瀆分，又南入河。

其濟水故瀆，東南出於温城西北，東南徑城北。濟水當王莽世川瀆枯竭，其後水流徑通，津渠勢改，故瀆合奉溝水入河。」（與河南鞏縣相直，今獲嘉縣治。）今、古文皆作「泆」者，夏紀作「泆爲滎」，是今文作「泆」。職方氏注：「滎，兖水也。出河東垣，入于河，泆爲滎。」疏引禹貢「泆爲滎」，是古文作「泆」。今禹貢作「溢」，衛包改也。説文「泆」下云：「水所蕩泆也。」「溢」下云：「器滿。」二義迥别。蕩泆者，動盪奔突而出，不必滿也。惟泲水能泆。漢書顔注「軼」與「溢」同，小學之不明久矣。一作「軼」者，漢志作「軼爲滎」，夏侯本異。段云：「左隱九年傳杜注：『軼，突也。』與蕩泆義近。説文『軼』下云『車相出也。』此假『軼』爲『泆』之恉。」志「垣縣」云：「軼出滎陽北地中，又東至琅槐入海。」濟水篇：「濟水與河合流，又東過成皋縣北，」（今汜水縣西北。）注云：「晉地道記云：『濟自大伾入河，與河水鬭，南泆爲滎澤。』濟水分河東南流，又東徑敖山北，又合滎瀆，瀆首受河水，有石門謂之滎口石門，地形殊卑，蓋故滎播所導，自此始也。滎瀆東南入濟，今無水。濟水又東徑滎陽，（滎澤縣西南。）又徑滎澤北，故滎水所都也。京相璠云滎澤在滎陽縣東南，與濟隧合，其水上承河水於卷縣北，（原武縣西北。）河之南，徑卷縣故城東，又南徑衡雍城西。左傳『諸侯伐鄭，西濟於濟隧』也。濟瀆又出垂隴城北，在滎陽東二十里，濟水自澤東出，是爲北濟；濟水又東南徑釐城東，在滎陽東四十里右合黄水，爲南濟。」

東出于陶丘北，陶丘，丘再成。○「東出于陶丘北」，今文與古文同，一無「于」字。古文「出」一作「至」，無「北」字。○今文同者，漢志如此。一無「于」字者，夏紀作「東出陶丘北」。「出」作「至」、無「北」字者，説文「陶」下云：「再成丘也。在濟陰。从阜匋聲。夏書曰：『東至于陶丘。』」（文選應貞華林園詩注引無「于」。）陶丘有堯城，堯嘗所居，故堯號陶唐氏也。」段云：「禹貢導水罕言『出』者，此經『出』當依説文作『至』。」先謙案：段説非也。無「北」則可言「至」，有

「北」則應作「出」。据濟水注：「北濟自滎澤中北流至衡雍，西與出河之濟會。蓋滎播、河、濟，往復逕通。出河之濟即陰溝水（即蒗蕩渠。）上源也，濟隧絶焉。故世謂十字溝。又南會於滎澤。北濟又東逕卷縣、原武、（今陽武縣治。）陽武、（陽武東南。）陳留郡酸棗、（延津縣北。）封丘、（封丘縣治。）濮渠水出焉，又逕浚儀、（祥符縣西北。）平丘、（長垣縣西南。）濟陽、（蘭儀縣北。）濟陰郡冤句、（荷澤縣西南。）吕都、（同上。）定陶、（定陶縣西北。）乘氏，（鉅野縣境。）合南濟、濮渠同入鉅野澤。漢志『定陶』云：『禹貢陶丘在西南，陶丘亭。』」（奪「在南」二字，濟水注引有。）山水澤地篇：「陶丘在定陶縣西南。」經所云「東出于陶丘北」也。南濟又東南流入陽武，蒗蕩渠出焉，又東逕封丘、浚儀、小黄、（今陳留縣東北。）東昏、（蘭陽縣東北。）濟陽，又東北，菏水東出焉，又逕冤句、定陶，又屈從縣東北流，又合菏水，又逕乘氏與北濟、濮水合。**又東至于菏，**菏澤之水。○「又東至于菏」，古文也，今文「菏」作「荷」。○今文「菏」作「荷」者，夏紀、漢志並作「又東至于荷」。此定陶之菏澤，非湖陵之菏水也。見上及前「達于河導菏澤」下。**又東北會于汶，**濟與汶合。○「又東北會于汶」，今文與古文同。○今文同者，夏紀、漢志如此。据濟水注：「濟水故瀆出鉅野澤北，合洪水，東北過漢東郡壽張（今東平州西南。）合汶水，所謂清口也。述征記云清河首受洪水，北注濟。或謂清即濟也。禹貢：濟東北會于汶。今枯渠注鉅澤，鉅澤北則清口，清與汶會也。又北逕梁山東，又逕須朐城西，又逕微鄉東，在壽張西北三十里。」**又北，東入于海。**北折而東。○「又北，東入于海」，今文與古文同。一作「又東北」。○今文同者，漢志如此。一作「又東北」者，夏紀如此，蓋歐陽本異。据濟水注，濟水又北過須昌，（今東平州西北。）自下通得清水之目。又逕東阿臨邑、（東阿縣北。）泰山郡盧縣，（長清縣南。）又東北逕濟南郡歷城、（歷城縣治。）臺縣、（歷城東北。）菅縣、（章丘縣西北。）梁鄒、（鄒平縣治。）千乘郡狄縣、（高苑縣西北。）被陽、（高苑治。）平安、（新城縣東北。）高昌、（博興縣西南。）樂安、（博興北。）博昌、（博興南。）齊郡利縣、（博興東。）千乘郡琅槐，又東北入海。

導淮自桐柏。 桐柏山在南陽之東。○「導淮自桐柏」，今文與古文同。○「導淮自桐柏」者，夏紀、漢志如此，「導」並作「道」，是。志「南陽郡」「平氏」云：「禹貢桐柏大復山在東南，淮水所出，東南至淮陵入海。」（「陵」當作「浦」。）淮水篇：「淮水出平氏縣（今桐柏縣西。）胎簪山，東北過桐柏山。」注云：「淮、醴同源俱導，西流爲醴，東流爲淮。潛流地下三十許里，東出桐柏之大復山南，謂之陽口，又東徑復陽縣，在大復山陽，故曰復陽。」（桐柏縣東。）桐柏山在桐柏縣西南三十里，大復山在縣東三十里，胎簪山，桐柏旁小山也。**東會于泗、沂，東入于海。** 與泗、沂二水合，入海。○「東會于泗、沂，東入于海」，今文與古文同。○今文同者，夏紀、漢志如此。据淮水注，淮水又東北徑汝南郡成陽、（今信陽州東北。）安陽、（正陽縣西南。）新息、（息縣東。）期思、（固始縣西北。）女陰、（阜陽縣治。）六安國安風、（霍邱西南。）九江郡壽春、（壽州治。）沛郡下蔡、（鳳臺縣西北。）九江曲陽、（鳳臺東北。）陰陵、（定遠縣西北。）當塗、（懷遠縣東南。）沛平阿、（懷遠西南。）義成、（懷遠東北。）九江鍾離、（鳳陽東北。）沛夏丘、（泗州治。）臨淮郡徐縣、（泗州東南。）盱眙、（盱眙縣東北。）淮陰、（清河縣東南。）合泗水，又徑泗水國淩縣、（宿遷縣東南。）臨淮淮浦，（安東縣西。）又東入海。泗水注：泗水出卞縣東南，（泗水縣東。）西南流徑魯國魯縣、（曲阜縣治。）山陽郡瑕丘、（滋陽縣西。）南平陽、（鄒縣治。）槖縣、（鄒縣西南。）方與、（魚臺縣北。）湖陵（魚臺東南。）合菏水。又徑沛郡沛縣、（沛縣東。）廣戚、（沛縣東。）楚國留縣、（沛縣東南。）彭城、（銅山縣治。）吕縣、（銅山北。）東海郡下邳（邳州東。）合沂水。又徑臨淮郡下相、（宿遷縣西。）厹猶、（宿遷東南。）泗水淩縣、（見上。）泗陽（清河縣南。）入淮。

漢志「魯國」「卞縣」云：「泗水西南至方與入沛。」（當作「入泲渠」。）序至泗、菏交會而止。泲渠即菏水也。湖陵以下皆不及，故道元補之。志「濟陰」「乘氏」又云：「泗水東南至睢陵入淮。」「泗」當作「菏」。酈注、孔疏所見已誤。沂水注：「沂水出泰山郡蓋縣（沂水縣西北。）沂山東南流徑琅邪郡東莞、（沂水治。）東海郡東安、（海州西。）城陽國陽都、（沂水南。）東海郡臨沂、（蘭山縣北。）開陽、（蘭山縣北。）襄賁、（蘭山西南。）郯縣、（郯城縣西。）良成、（邳州北。）下邳入泗。」漢志「泰山」「蓋縣」云：「沂水南至下邳入泗也。」

導渭自鳥鼠、同穴。鳥鼠共爲雌雄，同穴處此山，遂名山曰鳥鼠，渭水出焉。○「導渭自鳥鼠、同穴」，今文與古文同。○今文同者，夏紀、漢志如此，「導」並作「道」，是。志「隴西郡」「首陽」云：「禹貢鳥鼠、同穴山在西南，渭水所出。東至船司空入河。」据渭水注，「渭水出首陽縣（今甘肅省渭源縣東北。）首陽山渭首亭南谷，其山在鳥鼠山西北。此縣有高城嶺，嶺上有城號渭源城，渭水出焉，三源合注。東北流徑首陽縣西，與別源合。其水南出鳥鼠山渭水谷，禹貢所謂渭出鳥鼠者也。地説曰：『鳥鼠山，同穴之枝幹也。渭水出其中，東北過同穴枝間。』既言其二，明非一山也。」山水澤地篇引鄭云：「鳥鼠之山有鳥焉，與鼠飛行而處之。又有止而同穴之山焉。是二山也。鳥名爲鵌，似鵽而黄黑色。鼠如家鼠而短尾，穿地而共處，鼠内而鳥外。」**東會于灃，又東會于涇，**灃水自南涇水自北而合。○「東會于灃，又東會于涇」，古文也；今文作「東會于灃，又東北至于涇」，一作「東會于酆，又東至于涇」。○「東會于灃，又東北至于涇」者，夏紀如此，歐陽本也。「東會于酆，又東至于涇」者，漢志如此，夏侯本也。据渭水注，渭水又東南流徑襄武、（今隴西縣東。）天水郡獂道、（隴西東北。）冀縣、（伏羌縣南。）隴西郡上邽、（秦州西南。）天水縣諸道、（秦州東。）右扶風汧縣、（隴州南。)陳倉、(寶雞縣東。)郁夷、(隴州西。)郿縣、(郿縣東北。)武功、(郿縣東。)斄縣、(武功縣西南。)雍縣、(鳳翔縣南。)槐里(興平縣東南。)與豐水合。經所云「會于灃」也。又徑渭城、(咸陽縣東。)京兆尹長安、(長安縣西北。)霸陵、(咸甯東。)左馮翊高陵(高陵縣西南。)與涇水合。經所云「會于涇」也。灃、酆、豐字同。志「扶風」「鄠縣」(今鄠縣北。)云：「酆水出東南，北過上林苑入渭。」渭水注：「豐水出豐溪西北，流徑靈臺，西又至石墩，注於渭。地説云渭水與豐水會于短陰山内。水會，無他高山異巒，所有惟原阜石激而已。」先謙案：豐水出鄠縣東南終南山北，流經縣東，又經長安、咸陽二縣，東南入渭。吴卓信云：「詩云『豐水東注，維禹之績』，則渭南諸川，惟灃爲大。特關中諸水，自周後，歷代建都鑿引，諸川多非禹迹。」胡渭謂：「禹時，灃西之澇，灃東之鎬、潏、滈、滻，當悉合灃以入渭。是以得成其大。」而志云「北過上林苑入渭」，則是北流而非東注矣。禹導渭東會于灃，當在漢霸陵縣北灞、滻入渭之處也。志「安定郡」「涇陽」(今平涼縣西。)云：「幵頭山在西，禹貢涇水所出，東南至陽陵入渭。」水經注佚涇水篇。案：涇水有二源。北源出固原州南、隆德縣北，二派會流至平涼府城西北，與南源合。南源出華亭縣西北、隆德縣東南，二派會流，合北源。南爲正源，北爲別源。合流後東南徑涇州北，又徑陝西長武、邠縣、三水、淳化、永壽、醴泉、涇陽諸州縣，至高陵縣西南、咸陽縣東北入渭，即漢陽陵地也。幵頭即笄頭，一作鷄頭，崆峒山之別名，在平涼府西北固原州界。**又東過漆沮，入于河。**漆、沮，二水名，(「二」當爲「一」，見阮校勘記。)亦曰洛水，出馮翊北。○「又東過漆沮，入于河」，今文與古文同，一無「又」字。○今文同者，漢志如此。一無「又」字者，夏紀如此。歐陽、夏侯本異。据渭水注，渭水又東南徑京兆尹新豐、(今臨潼縣東北。)下邽、(渭南縣東北。)鄭縣、(華州北。)華陰、(華陰縣東南。)左馮翊懷德(富平縣西南。)與洛水合。經所云「過漆沮」也。又東徑船司空（華陰東北。）入河，春秋之渭汭也。志「北地郡」「歸德」（今甘肅省安化縣東北。）云：「洛水出北蠻夷中，入河。」「左馮翊」「褱德」（今陝西省富平縣西南。）云：「洛水東南入渭。」（王念孫云：一記所出，一記所入，「入河」二字衍。說文：「洛水出歸德北夷界中，東南入渭。」淮南地形訓「洛出獵山」高注：「獵山在北地西北夷中。洛水東南流入渭。」皆其證。）今水經注洛水篇佚。史記匈奴傳注引云：「洛水出上郡雕陰（綏德州治。）秦冒山，過華陰入渭。」地名雖異，方位仍符。其散見御覽、寰宇記、初學記、方輿紀要中者，經趙一清、謝鍾英輯補，尚存崖略。（見余所著合校水經注。）志「北地郡」「直路」（今陝西省中部縣西北。）云：「沮水出東，西入洛。」（「東」、「西」字倒誤。）說文「沮」作「瀘」，俗書從渻。據沮水注，沮水自直路東南流，逕左馮翊祋祤，（耀州東。）萬年，（臨潼縣北。）東注鄭渠。有濁谷水注之。又分爲二，一東南出，爲濁水，至白渠與澤泉合，俗謂之漆水，又謂之漆沮水。絶白渠東逕萬年縣故城北爲櫟陽渠，又南出爲石川水，又西南合白渠枝渠，南入渭。一水東出爲沮水，合澤泉，（即漆水也，出沮東澤中，與沮水隔。原相去十五里。東流逕懷德城北，東南注鄭渠，合沮水，又自沮直絶注濁水，與白渠合，故濁水得漆沮之名。）入鄭渠，又合白渠，逕頻陽、（富平縣東北。）蓮勺、（渭南縣東北。）粟邑（白水縣西北。）入洛。故洛水亦蒙漆沮之名也。其「右扶風」「漆縣」（邠州西南。）云：「水在縣西。」（漆水也，蒙縣名渻文。）水經云：「漆水出扶風杜陽縣（麟遊縣東北。）俞山，（岐山連麓。）東北入渭。」說文云：「漆水出杜陽岐山東入渭。」鄭注云：「今有水出岐山北漆溪，謂之漆渠，西南流，注岐水。」（合雍水、杜水以入渭。）實别一漆水，不與入洛之漆沮水相涉。

導洛自熊耳。在宜陽之西。○「導洛自熊耳」，今文與古文同。○今文同者，夏紀、漢志如此，「導」並作「道」，是。「洛」當爲「雒」，夏紀不誤。志「弘農郡」「上雒」（今陝西省商州治。）云：「禹貢雒水出冢領山，東北至鞏入河。」熊耳、獲輿山在東北。」案山海經云：「讙舉之山，洛水出焉。」讙、獲，舉、輿，音形相近，傳寫積譌也。熊耳、獲輿連麓異名。志言熊耳必兼獲輿者，以明近獲輿之熊耳爲真禹貢導雒之山，不與盧氏、宜陽二熊耳溷也。據雒水注：「雒水出冢領山，東流，門水出焉。爾雅所謂雒別爲波也。又東逕熊耳山北，禹貢所謂『導雒自熊耳』。博物志曰：『洛出熊耳。』蓋開其源者是也。」冢領山在今雒南縣西，即秦嶺也。**東北會于澗、瀍，**會于河南城南。○「東北會于澗、瀍」，今文與古文同。○今文同者，夏紀、漢志如此。據雒水注，雒水又東北逕盧氏、（今盧氏縣治。）宜陽、（宜陽縣西。）河南郡河南（洛陽縣西北。）與澗水、瀍水合，經所云「會于澗、瀍」也。澗水篇：「澗水出新安縣（黽池縣東。）南白石山。」注云：「山海經曰：『白石之山，澗水出其陰，北流注于穀。』澗水東北流，歷函谷東坂東，謂之八特坂。孔安國云『澗水出黽池山』，今新安縣西北有一水，北出黽池界，東南流逕新安縣，入穀水。安國所言當斯水也。又河南有離山，水謂之爲澗水，出離山，東南流，歷郟山，於穀城東而南流，注穀亂流，南入洛，疑是此水，然意所未詳。」又穀水注云：「穀水又東，澗水注之。」亦引山海經文而無所考實。又云：「北溪水出黽池山〔二〕，南注穀。疑孔安國所謂澗水也。」蓋澗水上出白石山，下至穀城入穀。黽池北溪水近似其源，河南離山水適符其委。既酈所不究，所當闕疑。志「弘農郡」「新安」云：「禹貢澗水在東，（句。）南入雒。」閻若璩云：「澗水、穀水，一東流，一東北流，折而會于新安縣東，自是澗遂兼穀之稱。故洛誥：『澗水東，瀍水西。』周語：『穀、洛鬭。』穀即澗也。蔡沈書傳謂澗水出黽池，至新安入洛，蓋誤讀班志之文，志云

〔二〕水經注穀水注原文爲「溪水北出黽池山」。

『南入洛』者，周時澗水，在王城西入洛，非新安也。逮建武以後，穿渠出堰，水之變遷，非一道矣。」又志「黽池」（黽池縣西。）云：「穀水出穀陽谷東北，至穀城入雒。」据穀水注，水出黽池徑新安合澗水，又徑河南郡穀城、（雒陽縣西北。）河南縣王城西北。水右有石磧，南出爲死穀，北出爲湖溝，又東徑乾祭門北入千金渠。又枝分，一東注天淵池，徑雒陽南；一爲陽渠水，徑偃師（偃師縣治。）東入雒。（此張純所穿也。禹迹所在，自是死穀，當時由彼入洛後，爲周靈王所壅。）又志「穀成」云：「禹貢瀍水出朁亭北，東南入雒。」据瀍水注：「穀城縣北有朁亭，瀍水出其北梓澤中，東南流徑雒陽，於千金渠合穀水，又徑偃師入雒。」**又東會于伊。**合於洛陽之南。○「又東會于伊」，今文與古文同。○今文同者，夏紀、漢志如此。志「弘農郡」「盧氏」云：「熊耳山在東，伊水出東北入雒。」据伊水注，伊水自熊耳東北徑陸渾、（嵩縣東北。）河南郡新成、（見上。）雒陽，（見上。）北入伊闕，東北流入雒。雒水又徑雒陽，與伊水合，經所云「會于伊」也。**又東北入于河。**合於鞏縣之東。○「又東北入于河」，今文與古文同，一無「又」字。○今文同者，漢志如此。一無「又」字者，夏紀無「又」字，歐陽、夏侯本異。据雒水注，雒水又東徑偃師、（見上。）緱氏、（偃師縣南。）鞏縣（鞏縣西南。）東北入河，謂之洛汭。

九州攸同。所同事在下。○「九州攸同」，今文與古文同，「攸」一作「逌」。僞孔「所同事在下」，以爲過脈語氣，上古無此文法也。○今文同者，夏紀如此，上增「於是」二字。「攸」一作「逌」者，漢志如此。歐陽、夏侯本異。蘇輿云：「此『攸』訓『所』，不可通。說文：『攸，行水也。』戴侗六書故引唐本『水行攸攸』也。案：當作『行水攸攸』。行水，順其性則安流攸攸而入於海，正與此『攸』義合。九州之水皆攸行而會同於海，承上文言之。史公於禹貢『攸』皆作

「所」，惟此作「攸」，句上又加「於是」二字，明不訓「攸」爲「所」。」**四隩既宅**，四方之宅可居。○「四隩既宅」，古文也。今文作「四奥既度」。古文「隩」一作「墺」。○今文作「四奥既度」者，夏紀作「四奥既居」。段云：「古文『宅』字，今文多作『度』，史記於『度』字多作『居』。此必經文作『既度』也。大傳曰：『壇四奥。』鄭注：『奥，内也，安也。四方之内，人所安居也。』此今文有『奥』無『隩』之證。」先謙案：今文「宅」作「度」，説已詳前。漢志作「四奥既宅」，蓋後人改之。古文「隩」一作「墺」者，玉篇「墺」下注云：「四方之土可居。」引夏書「四墺既宅」，蓋古文作「墺」。**九山刊旅，九川滌源，九澤既陂**，九州名山與槎木通道而旅祭矣，九州之川已滌除泉源無壅塞矣，九州之澤已陂障無決溢矣。○「九山刊旅，九川滌源，九澤既陂」，今文與古文同，「刊」一作「甄」，「滌源」一作「既疏」，「陂」一作「灑」。○今文同者，夏紀、漢志如此。「刊」作「栞」，（詳上。）「源」作「原」，是。「刊」一作「甄」者，漢延光二年開母廟石闕銘曰「九山甄旅」。皮云：「尚書鄭注：『甄，表也。』説文：『栞，槎識也。』徐鍇云：『槎識，謂隨所行，林木衺砍其枝爲道表識也。』是『甄』與『栞』義近。」「滌源」一作「既疏」者，河渠書、溝洫志如此。「陂」一作「灑」者，河渠書如此。並三家異文。段云：「陂者障其外，灑者泄其中，義相成也。」九川：弱水一，黑水二，河三，漾四，江五，沇六，淮七，渭八，洛九也。史公「弱水」上增「九川」二字，則九川非九州泉源可知。皮云：「史記『道九山』，則禹貢之山實有九數，非謂九州之山。以經考之，汧及岐至于荆山，一也；壺口、雷首至于太嶽，二也；厎柱、析城至于王屋，三也；太行、恒山至于碣石，四也；西傾、朱圉、鳥鼠至于太華，五也；熊耳、外方、桐柏至于陪尾，六也；嶓冢至于荆山，七也；内方至于大别，八也；崏山之陽至于衡山，九也。其數適合。蓋山數不止於九，而脈絡相承，數山實止一山，故可合爲一山。觀經文，皆自某山至于某山，此數山可合爲一山之證。九澤亦實有九數，非謂九州之澤。以經考之，雷夏一，大壄二，彭蠡三，震澤四，雲夢五，滎波六，菏澤七，盟豬八，豬壄九，適符九數。雷夏、彭蠡、震澤、菏澤，禹貢明著澤名；雲夢、盟豬、大壄皆爲澤，見職方；滎澤見左傳；豬壄澤見水經。其或一州無澤，或一州二澤、三澤，蓋無一定。非如職方所載一州一澤也。」**四海會同，六府孔修，**四海之內，會同于京師。九州同風，萬國共貫，水、火、金、木、土、穀，甚修治，言政化和。○「四海會同，六府孔修」，今文與古文同，一「府」下多「三事」二字。○今文同者，夏紀、漢志如此。紀「孔」作「甚」，故訓字。一多「三事」二字者，玉篇「人部」「修」下引書云「六府三事孔修」，蓋亦三家異文。四海，說見臯陶謨。**庶土交正，厎慎財賦，**交，俱也。衆土俱得其正，謂壤、墳、壚。致所慎者，財貨貢賦，言取之有節，不過度。○「庶土交正，厎慎財賦」，今文與古文同。○今文同者，漢志如此。夏紀「庶」作「衆」，「厎」作「致」，故訓字。集解引鄭云：「衆土美惡及高下得其正矣。亦致其貢篚，慎奉其財物之稅，皆法定制而入之也。」**咸則三壤，成賦中邦。**皆法壤田上、中、下大較三品，成九州之賦。明水害除。○「咸則三壤，成賦中邦」，古文也，今文「邦」作「國」。○今文「邦」作「國」者，夏紀、漢志如此。志於「中國」絕句。王褒傳四子講德論云「咸則三壤」，與漢志句讀同。集解引鄭云：「三壤，上、中、下各三等也。」**錫土姓：「祗台德先，不距朕行。」**台，我也。天子建德，因生以賜姓，謂有德之人生此地，以此地名賜之姓以顯之。王者常自以敬我德爲先，則天下無距違我行者。○「錫土姓：『祗台德先，不距朕行』」，今文與古文同。○今文同者，漢志如此。夏紀「錫」作「賜」。集解引鄭讀「中國」下屬，云：「中邦，九州也。天子建其國，諸侯胙之土，賜之姓，命之氏，其敬悅天子之德既先，又不距違我天子政教所行。」先謙案：潛夫論志氏族云：「昔堯賜契姓子，賜棄姓姬，賜禹姓姒，氏曰有夏。伯夷姓姜，氏曰有吕。」中候握河紀亦言：「稷、契、皋陶，皆賜姓號。」此堯因諸臣有功賜之。据此經上下文，是徧封賜諸侯，又不僅稷、契等矣。説文「台」下云：「悦也。」與鄭義合。

五百里甸服，規方千里之内謂之甸服，爲天子服治田，去王城面五百里。○「五百里甸服」，今文與古文同。○「五百里甸服」者，夏紀、漢志如此。書疏引鄭云：「服治田，出穀稅也。言甸者，主治田，故服名甸也。」夏紀「五」上有「令天子之國以外」七字。孫云：「王制云『天子之甸方千里』，又云『千里之内曰甸服』，周語云『夫先王之制，五百里甸服』，白虎通京師篇：『法日月之徑千里。』然則五百里者，去王城外面各五百里也。故史公説爲『令天子之國以外』。國者，鄭注曲禮云『城中也』。」皮云：「此言甸服在帝畿千里之外，如職方甸服在王畿千里之外也。其外，侯、綏、要、荒各五百里，五服四面相距方五千里，加帝畿千里，則六千里。蓋史公言五服五千里，不兼帝畿千里言之。若國即是城，史公何必分別其詞云『天子之國以外五百里甸服』乎？賈、馬以爲中國方六千里，蓋同史公之説。然史公之意，以爲帝畿之外乃爲五百里甸服，納總之屬即在五百里甸服中。而馬注云：『甸服之外，每百里爲差，所納總、銍、秸、粟、米者，是甸服之外特爲此數。其侯服之外每言三百里、二百里者，還就其服之内別爲名耳，非是服外更有其地也。甸服之外五百里，至城千里，其侯、綏、要、荒服各五百里，是面三千里，相距爲方六千里。』据此，則馬意以爲五百里甸服即是帝畿千里，甸服外乃別有納總之屬。雖皆云六千里，而其義稍異。蓋別爲古文説。」先謙案：皮説是。

百里賦納總，甸服内之百里近王城者。禾稾曰總，入之供飼國馬。○「百里賦納總」，今文與古文同。○今文同者，夏紀、漢志如此。志「納」作「内」，通用字，下同。詩甫田疏引鄭云：「甸服者，堯制，賦其田使入穀。禹弼其外。百里者賦入總，謂入所刈禾也。」

又云：「甸服之制，本是納總，禹爲之差，使百里從之爾。」江云：「鄭以稱甸服則是治田出穀稅者，使入穀，即是納總也。經言百里、二百里之等，皆謂甸服之弼。此百里在甸服外去王城六百里以内也。説文：『總，聚束也。』納總是聚禾而束之，總其稃稾俱納，故云『謂入所刈禾也』。」**二百里納銍，**銍，刈，謂禾穗。○「二百里納銍」，今文與古文同。○今文同者，夏紀、漢志如此。甫田疏引鄭云：「二百里銍，銍謂刈禾斷去稾也。」江云：「二百里，謂去王城七百里以内。稾，禾莖。斷去其莖，惟留穎於稃而納之，較納總輕便。」**三百里納秸服，**秸，稾也。服，稾役。○「三百里納秸服」，今文與古文同，「秸」一作「戞」，古文一作「鞂」。僞傳云「秸，稾」，誤。○今文同者，夏紀如此。「秸」一作「戞」者，漢志如此。歐陽、夏侯本異。古文一作「鞂」者，禮禮器鄭注：「穗去實曰鞂。禹貢：『三百里納鞂服。』」釋文引馬云：「去其穎音鞂。」「音」乃「曰」之誤。段云：「史記封禪書有『稭』，異字而同物也。」案：甫田疏引鄭云：「三百里稭，稭又去穎也。」江云：「三百里，謂去王城八百里之内。説文：『穎，禾末也。』案：穎非即稃，乃禾末近稃之細莖。稭又去穎，惟納其稃，則又輕於納銍矣。銍是斷禾之器，用銍斷稾而納之，即謂所納爲銍。稭是禾稾去皮者，去穎而納之，則盡去其稭，反謂所納爲稭也。」陳奐云：「秸服二字連文得義，斷去其稾，又去其穎，謂之秸。帶稃言謂之秸服。秸者，實也；秸服者，粟之皮也。『服』與『稃』聲相近。」**四百里粟，五百里米。**所納精者少，麤者多。○「四百里粟，五百里米」，今文與古文同。○今文同者，夏紀、漢志如此。甫田疏引鄭云：「四百里入粟，五百里入米，遠彌輕也。」江云：「謂去王城九百里及千里之内也。所納尤精，則尤少，故云彌輕也。」詩殷武疏引鄭云：「堯之五服，服五百里。禹平水土之後，每服更以五百里輔之，是五服服別千里，故一面而爲差至于五千里，相距爲方萬里也。每言五百里一服者，是堯舊服；每服之外更言三百里、二百里者，是禹所弼之殘數也。」江云：「此謂經百里至五百里，與下四服所云百里、二百里、三百里之等皆是。以綏、要、荒服下皆止言二百里、三百里，故鄭惟舉二百里、三百里爲説也。」齊譜疏引鄭云：「甸服比周爲王畿，其弼當侯服，在千里之内。」江云：「職方氏：『方千里曰王畿，其外方五百里曰侯服。』此言五百里甸服，是自中及外，就一偏言之，若合四道則亦方千里，是比周王畿也。其弼環周，其外亦面各五百里，是當周之侯服也。云『在千里之内』者，自甸服之中至所弼面服之外畔，四面面各千里，是在王城千里之内。皋陶謨注云『去王城千里』是也。」

五百里侯服，甸服外之五百里。侯，候也，斥候而服事。○「五百里侯服」，今文與古文同。○今文同者，夏紀、漢志如此。紀句上增「甸服外」三字。春秋緯云：「侯之言候，候逆順兼司候王命者。」**百里采，**侯服内之百里供王事而已，不主一。○「百里采」，今文與古文同。○今文同者，夏紀、漢志如此。集解引馬云：「采，事也。各受王事者。」禮王制：「千里之外曰采。」鄭注：「九州之内，地取其美物以當穀稅。」皆古文説。江云：「馬説與男邦任事之義無別，恐未然。」**二百里男邦，**男，任也。任王事者。○「二百里男邦」，古文也，今文作「二百里任國」。○「二百里任國」者，夏紀如此。漢志作「二百里男國」，後人改之。段云：「白虎通爵篇引酒誥『侯甸男衛邦伯』，作『侯甸任衛國伯』，可見今文作『任』，古文作『男』。王莽傳莽封王氏女皆爲任，又下書曰『在采任諸侯，是爲維翰』，用今文尚書制爵也。古南、男、任三字同音互訓，亦通用。」皮云：「晉書地理志亦云：『百里采，二百里任，三百里侯。』」**三百里諸侯。**三百里同爲王者斥候，故合三爲一名。○「三百里諸侯」，今文與古文同。○今文同者，夏紀、漢志如此。皮云：

「案：三百里不合，三當爲二。史、漢疑亦後人所改。」

五百里綏服，綏，安也。侯服外之五百里，安服王者之政教。○「五百里綏服」，今文與古文同。○今文同者，夏紀、漢志如此。紀句上增「侯服外」三字。詩齊譜疏引鄭云：「綏服於周爲采服，其弼當衛服，在三千里之内。」江云：「周禮：『男服外方五百里曰采服，又其外方五百里曰衛服。』上侯服之弼，當周之男服，則此綏服當其采服，其弼當其衛服矣。自甸服之中央，至禹所弼綏服之外畔，四面面各三千里，是在王城三千里内。皋陶謨注云『去王城三千里』是也。」**三百里揆文教，**揆，度也。度王者文教而行之，三百里皆同。○「三百里揆文教」，今文與古文同。○今文同者，夏紀、漢志如此。先謙案：文教可同者，則揆度而施之，不强齊壹也。**二百里奮武衛。**文教外之二百里奮武衛，天子所以安。○「二百里奮武衛」，今文與古文同。○今文同者，夏紀、漢志如此。先謙案：綏服尤遠者，奮揚威武，爲我藩衛而已。周之衛服義取此。

五百里要服，綏服外之五百里，要束以文教。○「五百里要服」，今文與古文同。○今文同者，夏紀、漢志如此。紀句上增「綏服外」三字。案：後漢南夷傳：「其在唐、虞，與之要質，故曰要服。」國語「蠻夷要服」韋注：「要，結好信而服從之。」齊譜疏引鄭云：「要服，於周爲蠻服，其弼當夷服，在四千里之内。」江云：「周禮：『衛服外方五百里曰蠻服，又其外方五百里曰夷服。』上綏服之弼當周之衛服，則此要服當周之蠻服，其弼當其夷服矣。周之蠻服，亦名要服，故鄭注皋陶謨言與周要服相當也。自甸服之中央，至禹所弼要服之外畔，四面面各四千里，是在王城四千里之内。皋陶謨注云『去王城四千里』是也。」**三百里夷，**守平常之教，事王者而已。○「三百里夷」，今文與古文同。○今文同者，夏紀、漢志如此。釋文引馬云：「夷，易也。」先謙案：謂其風俗可變易者，徐進之。江云：「大行人於要服下云：『九州之外，謂之蕃國。』明要服在九州之內，猶是中國，其彌在九州之外，是四夷矣。周禮九服有夷服，其地適與此要服之彌相當。」

二百里蔡。蔡，法也。法三百里而差簡。○「二百里蔡」，今文與古文同。○今文同者，夏紀、漢志如此。書疏引鄭云：「蔡之言殺，減殺其賦。」史記集解引馬云：「蔡，法也。受王者刑法而已。」先謙案：受王者刑法，恐非。要服所及，馬説非。江云：「先王之制，千里之內有賦無貢，千里之外以貢當賦。大行人職侯服以至要服，各有朝貢之歲貢之物，九州之外，則世一見，以所貴寶爲贄而已，無朝貢之歲。是夷服之貢，減殺於中國，貢所以當賦也。故鄭云然。廩人『詔王殺邦用』注：『殺猶減也。』左昭元〔二〕年傳『蔡蔡叔』釋文引説文作『𥻍』，故爲減殺也。」

五百里荒服，要服外之五百里，言荒，又簡略。○「五百里荒服」，今文與古文同。○「五百里荒服」者，夏紀、漢志如此。紀句上增「要服外」三字。集解引馬云：「政教荒忽，因其故俗而治之。」周語「戎狄荒服」韋注：「荒，荒忽無常之言也。」義與馬同。詩齊譜疏引鄭云：「荒服於周爲鎮服，其彌當藩服，在五千里之內。」江云：「周禮：『夷服外方五百里曰鎮服，又其外方五百里曰藩服。』上要服之彌當周之夷服，則此荒服當周鎮服，其彌當周藩服矣。自甸服之中央，至禹所彌荒服之外畔，四面皆五千里，是在王城五千里之內。皋陶謨注『去王城五千里，四面相距爲方萬里』也。」

三百里蠻，以文德，蠻來之，不制以法。○「三百里蠻」，今文與古文同。○今文同者，夏紀、漢志如此。集解引馬云：

〔二〕「元」原誤作「十」，據左傳原文改。

「蠻，慢也。禮簡怠慢，來不距，去不禁。」書疏引鄭云：「蠻者，聽從其俗，羈縻其人耳，故云蠻。蠻之言緡也。」疏引之云：「其意言蠻是緡也，緡是繩也。言蠻者以繩束物之名。」二百里流。流，移也。言政教隨其俗。凡五服，相距爲方五千里。○「二百里流」，今文與古文同。○今文同者，夏紀、漢志如此。集解引馬云：「流行無城郭常居。」詩殷武疏、書疏引馬云：「甸服之外每百里爲差，所納總、銍、秸、粟、米者，是甸服之外特爲此數，其侯服之外，每言三百、二百里者，還就其里之內別爲名耳，非是服外更有其地也。甸服之外五百里，至城千里，其侯、綏、要、荒服，各五百里，是面三千里，相距爲方六千里。」孫云：「禮王制疏引五經異義云：『今尚書歐陽、夏侯說中國方五千里；古尚書說五服旁五千里，相距萬里。』馬以百里納總，至二百、三百里俱在甸服外，與史公說又異。史公則以爲在王城之外、甸服之內。餘服又與史公說同。故馬以爲面三千里，相距爲六千里也。賈、馬、鄭說以甸服之內自皆納總，不當有納銍、納秸之差，故不從史公說，亦或本之歐陽、夏侯也。」書疏引王肅云：「賈、馬既失其實，鄭玄尤不然矣。」傳稱：「萬，盈數也。」萬國舉盈數而言，非謂其數滿萬也。詩桓曰「綏萬邦」，烝民曰「揉此萬邦」，豈周之建國，復有萬乎？天地之勢，平原者甚少，山川所在，不啻居半。豈以不食之地亦封建國乎？王圻千里，封五十里之國四百，則圻內盡以封人，王城宮室無建立之處。言不顧實，何至此也。百里一師，不出典記，自造此語，何以可從？「禹朝羣下于會稽」，魯語文也；「執玉帛者萬國」，左傳文也，采合二事，亦爲謬矣。「禹之功在於平治山川，不在拓境廣土。土地之廣三倍於堯，而書傳無稱焉，則鄭玄刱造，難可據信。且其所以爲服之名，輕重顛倒，遠近失所，難得而通。先王規方千里以爲甸服，其餘均平分之，公、侯、伯、子、男，使各有寰宇，而使甸服之外諸侯皆入禾稾，非其義也。」史遷以諸小數皆五百里服之別名，大界與堯不殊，得之矣。案：禹貢山川，皆在漢時郡縣之内，漢地廣萬里，則知禹時五服亦然，不得謂鄭注異於今文之非也。

東漸于海，西被于流沙，朔、南暨聲教，漸，入也。被，及也。此言五服之外皆與王者聲教而朝見。○「東漸于海，西被于流沙，朔、南暨聲教」，今文與古文同，「暨」一作「臮」。○「東漸于海，西被于流沙」者，夏紀、漢志如此。皮云：「論衡談天篇曰：『禹貢：「東漸于海，西被于流沙。」此則天地之極際也。』又曰：『東海、流沙，九州東西之際也，相去萬里。』案：王充習今文說，今文說中國方五千里。充云然者，以爲東海、流沙在中國之外，故東西相去萬里。中國之地實止五千里，故談天篇又曰：『案：周時九州，東西五千里，南北亦五千里。』周時疆域與禹貢略同，則充必以禹貢九州亦止五千里矣。王制曰：『西不盡流沙，東不盡東海。』王制之說多與大傳同，是知今文家說以東海、流沙皆在中國之外。經言『漸』、『被』，其德廣所及耳。」○「朔、南暨聲教」者，夏紀如此。「暨」一作「臮」者，漢志如此。段云：「以『蠙珠暨魚』紀『暨』作『臮』例之，此經作『暨』，淺人所改也。」集解「暨」字斷句，以「聲教」下屬，引鄭云：「朔，北方。」書疏引鄭云：「南北不言所至，容踰之。」皮云：「漢書賈捐之傳云：『以三聖之德，地方不過數千，西被流沙，東漸于海，朔、南暨聲教，訖于四海。欲與聲教則治之，不欲與者不彊治也。』蓋訓『暨』爲『與』，以『朔、南暨聲教』絶句。荀悅漢紀亦云『北盡朔裔，南暨聲教』，後漢杜篤傳：『朔、南暨聲教，諸夏是和。』是兩漢人皆以『朔、南暨聲教』爲句。後人於『暨』字斷句，非古義也。」

訖于四海。禹錫玄圭，告厥成功。玄，天色。禹功盡加於四海，故堯賜玄圭以彰顯之。言天功成。○「訖于四海。禹錫玄圭，告厥成功」，今文與古文同。○今文同者，夏紀、漢志如此。經文末二句，紀作「於是帝錫禹玄圭，以告成功于天下。」釋地：「九夷、八狄、七戎、六蠻謂之四海。」孫炎注：「海之言晦，晦闇於禮儀也。」四海以地言，非以水言也。御覽八十二引尚書璇璣鈐云：「禹開龍門，道積石山，玄珪出，刻曰：『延喜，王受德，天錫佩。』」漢武梁祠石刻祥瑞圖云：「玄圭，水泉疏通，四海會同，則至。」以玄圭爲天錫瑞。劉云：「中候亦出七十子，猶箕子言天乃錫禹洪範九疇也。」先謙案：秦本紀云：「大費與禹平水土已成，帝錫玄圭，禹受曰：『非予能成，亦大費爲輔。』帝舜曰：『咨爾費，贊禹功，其賜爾皁游。』」後漢何敞傳奏記宋由云：「明君賜賚，宜有品制。忠臣受賞，亦應有度。是以夏禹玄圭，周公束帛。」據此，玄圭實帝舜所賜，史公、何敞、漢人及書緯皆今文說，究以史記、後漢書爲正。

尚書孔傳參正七

甘誓第二　夏書　孔氏傳　臣王先謙參正

甘誓甘，有扈郊地名，將戰，先誓。○史記夏本紀：「啟即天子之位，有扈氏不服，啟伐之，大戰於甘。將戰，作甘誓」。淮南齊俗訓：「昔有扈氏爲義而亡。」高誘注：「有扈，夏啟之庶兄也，以堯、舜舉賢，禹獨與子，故伐啟，啟亡之。」高用今文説，與史記合。釋文：「扈，馬云：『姒姓之國爲無道者。』」吕覽高注：「有扈，夏同姓諸侯。」與注淮南略異，與馬説合。墨子明鬼篇引此經作「禹誓」。莊子人間世篇：「禹攻有扈，國爲虚厲。」吕覽召類篇：「禹攻曹魏、屈驁、有扈以行其教。」説苑正理篇：「昔禹與有扈氏戰，三陳而不服。禹於是修教一年，有扈氏請服。」皆以爲禹事。吕覽先己篇云：「夏后相與有扈戰于甘澤而不勝，六卿請復之。」孫云：「『相』當爲『柏』，謂伯禹也。以甘誓爲禹誓，當本古文書説。莊子既云『國爲虚厲』，則有扈滅於禹時，不應啟復伐之。」皮云：「古者天子征討諸侯，誅其君，不絶其後。若舜伐三苗，禹復伐三苗，周公踐奄，成王復踐奄，（是二事，説見多士、多方篇。）皆其明證。又或別封一姓，仍其國名不改，如成王滅唐而封叔虞國仍號唐之類。則禹伐有扈，何必啟不再伐？且高誘今文說以有扈爲啟庶兄，則禹或滅有扈以封其庶子，至啟即位，不服，而啟伐之，亦未可知。馬、鄭古文書序與史記同，是今、古文並無違異。墨子引此經爲禹誓，或所傳異耳。蔡邕銘論云：『殷湯有甘誓之勒。』蓋殷湯時曾以此勒銘。馮衍顯志賦云：『訊夏啟於甘澤兮，傷帝典之始傾。』注：『謂夏德之薄，同姓相攻。』蔡、馮所用，皆今文家說也。穀梁隱八年傳云：『誥、誓不及五帝。』范甯注：『五帝，謂黃帝、顓頊、帝嚳、帝堯、帝舜也。誥，誓，尚書六誓、七誥是其遺文。』據此，則夏以前無誓，而啟作誓，是帝典始傾矣。釋名釋言語云：『誓，制也，以拘制之也。』楚詞天問：『有扈牧豎，云何而逢？擊牀先出，其命何從？』王逸注謂扈本牧人，逢時爲侯，啟攻之於牀，擊殺之。逸習今文，其說當有所據。

大戰于甘，乃召六卿。天子六軍，其將皆命卿。○「大戰于甘，乃召六卿」，今文與古文同。○「大戰于甘」者，夏紀如此。（引見上。）「大戰」者，白虎通誅伐篇云：「戰者何謂也？尚書大傳曰：『戰者，憚警之也。』」孫云：「夏紀云『將戰』是未戰也。未戰稱大戰者，謂天子親征之師，故大傳以戰爲憚警之，不以爲鬭也。」書疏引鄭云：「天子之兵故曰大。」白虎通三軍篇說爲天子自出也。是今、古文說同。「于甘」者，漢書地理志「右扶風」「鄠」下班自注云：「古扈國，有扈谷、甘亭，（依王念孫訂正。）夏啟所伐。」此今文說。說文「扈」下云：「夏后同姓所封戰于甘者，在鄠，有扈谷、甘亭。」（玉篇同。）續志：「右扶風鄠有甘亭。」案：鄠縣故城在今鄠縣北，夏爲扈國，殷爲崇國，周爲豐邑。釋文：

「甘，有扈郊地名。馬云南郊地也。」此古文説，故皇甫謐帝王世紀云：「甘亭在縣南。」吕覽云「甘澤」者，（見上。）水經渭水注云：「渭水又東，合甘水，水出南山甘谷北，又北徑甘亭西。亭在水東鄠縣，昔夏啟伐有扈，作誓於是亭。故馬融曰：『甘，有扈南郊地名也。』甘水又東，得澇水，澇水北注甘水，而亂流入於渭，即上林故地也。」○「乃召六卿」者，夏紀云：「乃召六卿申之。」史公説爲「申之」者，孫云：「史記孫子傳云：『約束不明，申令不熟，將之罪也。』六軍吏士多，必告六卿，使申令也。六卿者，詩棫樸疏、禮曲禮疏引鄭云：『六卿者，六軍之將。』周禮六軍皆命卿，則三代同矣。曲禮疏又引鄭注大傳夏傳云：『所謂六卿者，后稷、司徒、秩宗、司馬、作士、共工也。』」皮云：「鄭據周制上推前代，以爲虞、夏皆同。大傳亡佚，未知其説如何，而以今文家説推之，必不同鄭説。何以明之？大傳云：『古者天子三公，每一公三卿佐之，每一卿三大夫佐之，每一大夫三元士佐之，故有三公九卿二十七大夫八十一元士，所與爲天下者若此而已。』鄭注：『自三公至元士凡百二十，此夏時之官也。』據鄭此注，亦以爲夏時有三公九卿，無六卿矣。天子三公九卿，大傳外又見於異義引今文尚書夏侯、歐陽説，禮記昏義篇，春秋繁露官制象天篇，白虎通封公侯篇，其説相同。自虞、夏至周初，官制皆然。大傳太誓篇曰：『乃告於司馬、司徒、司空、諸節。』史記周本紀、漢河内所出太誓，其文皆同。牧誓亦曰『司徒、司馬、司空』，是周初止有三公，無六卿也。立政曰『司徒、司馬、司空』，是文王時亦止三公。惟顧命曰『乃同召太保奭、芮伯、彤〔一〕伯、畢公、衛侯、毛公』，則在成王崩時，周公制禮之後，爲周有六卿之塙證。異義引古周禮説，以太

〔一〕「彤」原誤作「師」，據尚書顧命文改。

師、太傅、太保爲三公。又立三少爲之副，是謂三孤。冢宰、司徒、宗伯、司馬、司寇、司空，是爲六卿之屬。古周禮説乃周公制周禮之法，不可以概前代，並不可以例周初。許以古説爲周制，則今説爲前代制矣。鄭駁無考。據鄭注大傳，以三公九卿爲夏制，則亦必以古説爲周制，其於許君無駁可知。特解此經六卿與羲和四子，誤以周制説虞、夏制耳。兩漢今文家説以羲和四子爲司天之官，禹、稷、契等九官爲治民之官，初無六卿之説，三公之名爲司徒、司馬、司空，亦未分别九卿之名。惟王莽所定官制，以羲和、作士、秩宗、典樂、共工、予虞爲六卿，又置三公司卿以擬三孤，合爲九卿。莽用劉歆之説，兼準周禮，非用今文尚書。異義引古周禮説，當亦出於劉歆。然周官有六卿而無三公三孤，周官中屢言孤卿而不言孤有三人，亦不以六卿合三孤爲九，辨見王引之經義述聞。是九卿與六卿初不相蒙，莽蓋參用尚書、周禮而傅合爲一耳。班作百官公卿表，乃沿莽制之誤，以少師、少傅、少保爲三孤，合六卿爲九。鄭注周禮亦用其説，又稍變之以説虞、夏之制。鄭言六卿無羲和，較莽爲勝，而又加以司馬，司馬之名不見於尚書，惟緯書有之。稷爲天官，亦出緯書。然緯書並無六卿之説，且鄭解堯典以羲和與仲叔四子爲六卿，解夏書又以后稷、司徒之屬爲六卿。案：書序云：「羲和湎淫。」則羲和之官，夏時尚在，何以又不在六卿之列？此鄭古文説不及今文家説之可信也。今文説夏止有三公，而此云六卿者，穀梁傳：「古者天子六師。」言古者則前代相同，六師即六軍。白虎通引穀梁傳正作「六軍」。鄭以六卿爲六軍之將是也，以爲后稷、司徒等官則誤。其所以致誤者，在誤解周禮「軍將皆命卿」句，不知周禮之鄉大夫亦非分職之六卿。鄉大夫之職曰：「受教法於司徒，以歲時上其書。」小司徒之職曰：「頒比法於六鄉之大夫。」則六鄉大夫當爲司徒之屬官明甚。云「命卿」者，蓋假以卿名，使爲軍將耳。天子六軍出自六鄉，則六卿即六鄉之大夫。夏制與周制當同。大傳以爲夏有九卿，則六卿或於九卿中擇用六人，或别有六卿，亦未可知，要與羲和四子、后稷、司徒等官無涉也。魏劉劭爵制云：『故啟伐有扈，乃召六卿，大夫之在軍爲將者也。』其説不誤。羅泌路史云：『蓋大夫在軍爲將，如齊以高子、國子各率五鄉。』或六卿外别有此六人，無事掌其鄉之政，屬於大司徒，有事則率其鄉之萬二千五百人爲之軍將，屬於大司馬耳。用兵之時，事統司馬，孰有天官冢宰更從屬於司馬哉？」

王曰：「嗟！六事之人，各有軍事，故曰六事。○「王曰：嗟！六事之人」，今文與古文同。○今文同者，夏紀作「啟曰：『嗟！六事之人』」，以「啟」字代「王」。「王曰『嗟』」者，白虎通號篇：「仁義合者稱王。王者，五行之稱也。王者，往也，天下所歸往。」段云：「堯典曰『咨』，甘誓則曰『嗟』，此唐虞書與夏書語言之别也。」「六事之人」者，書疏引鄭云：「變六卿言六事之人者，言〔一〕軍吏下及士卒也。」江云：「六卿止謂軍將，此則六軍之執事者皆包之矣。」王鳴盛云：「下文左右及御皆不得爲六卿，故知兼軍吏且下及士卒也。」**予誓告汝：有扈氏威侮五行，怠棄三正，**五行之德，王者相承所取法，有扈與夏同姓，恃親而不恭，是則威虐侮慢五行，怠惰棄廢天、地、人之正道，言亂常。○「予誓告汝：有扈氏威侮五行，怠棄三正」，今文與古文同。○今文同者，夏紀如此，「汝」作「女」，是。「予誓告汝」者，釋文引馬云：「軍旅曰誓，會同曰誥。」書疏引鄭云：「誓戒，要之以刑，重失禮也。」墨子明鬼篇：「王

〔一〕「言」原誤作「容」，據書疏引鄭注原文改。

乃命左右六人下聽誓於中軍。」「威侮五行」者，史記集解引鄭云：「五行，四時盛德所行之政也。威侮，暴逆之。」江云：「禮禮運：『播五行于四時。』明堂月令云：『立春盛德在木，立夏盛德在火，立秋盛德在金，立冬盛德在水。』四時之政，皆順五行之德，故云盛德所行之政。『威侮，暴逆之』者，若月令孟春行夏令、行秋令之屬，皆是暴逆也。但政令由王者出，有扈是諸侯而云威侮五行者，王者順時出政，諸侯不奉順之即是威侮也。」「怠棄三正」者，大傳云：「王者存二王之後，與己爲三，所以通三統，立三正，周人以至日爲正，殷人以日至後三十日爲正，夏人以日至後六十日爲正。天有三統，土有三王，王者，所以統天下也。夏以十三月爲正，色尚黑，以平旦爲朔。殷以十二月爲正，色尚白，以雞鳴爲朔。周以十一月爲正，色尚赤，以夜半爲朔。必以三微之月爲正者，當爾之時，物皆尚微，王者受命，當扶微理弱奉成之義也。」禮三正記云：「正朔三而改，文質再而復。」白虎通三正篇：「正朔有三何？本天有三統，謂三微之月也。」漢書律曆志：「三統者，天施、地化、人事之紀也。其於三正也，黄鍾子爲天正，林鍾丑爲地正，太蔟寅爲人正，三正之始。」後漢郎顗傳：「臣聞天道不遠，三五復反。」注引春秋合誠圖云：「至道不遠，三五而反。」宋均注：「三，三正也；五，五行也。三正五行，王者改世之際會也。」皆今文家説三正之義。夏時有三正者，詩緯推度災云：「軒轅、高辛、夏后氏、漢皆以十三月爲正，少昊、有唐、有殷皆以十二月爲正，高陽、有虞、有周皆以十一月爲正。」通典引尚書中候亦有其文。是夏以前有三正也。史記周本紀引大誓云：「今殷王紂乃用其婦人之言，自絶于天，毁壞其三正。」馬注：「動逆天、地、人也。」釋文引馬云：「建子、建丑、建寅，三正也。」史記集解引鄭云：「三正，天、地、人之正道。」子、丑、寅，即天、地、人，其説似異而同。馬、鄭仍本今文説。有扈怠棄三正，與商紂毁壞三正，文義正同。**天用勦絶其命，**用其失道故。勦，截也；截絶，謂滅之。○「天用勦絶其命」，今文與古文同，「勦」一作「剿」，一作「樔」。○今文同者，夏紀作「天用勦絶其命」，（「勦」誤「勦」，後人妄改。）白虎通壽命篇亦作「剿」。（引見下。）「勦」一作「剿」者，説文「剿」下云：「絶也，从刀喿聲。夏書曰：『天用剿絶其命。』」案：漢書王莽傳：莽拜郭欽爲填外將軍，封剿胡子。又詔曰：「將遣大司空將百萬之師，征伐剿絶之矣。」莽用今文尚書，知作「剿」爲今文。一作「樔」者，漢書外戚傳：「武帝作賦悼李夫人云：『命樔絶而不長。』」顔注：「樔，截也。」樔，假借字，亦今文也。今尚書本「勦」誤「勦」。廣雅：「勦，勞也。」（曹憲注辨禮「勦説」从刀，左傳「勦民」从力甚明。）釋文云：「勦，子六反。」玉篇「子小反」。馬本作「巢」，與玉篇、切韵同。段云：「玉篇：『剿，子小切，絶也。一作勦，同。』切韵：『勦，絶也。子小切。』剿同。出説文。案：馬本作『剿』，即『剿』之異字，衛包改尚書本『剿』爲『勦』，尚無不是，乃竟改爲从力之『勦』，於是張參五經文字『力部』云：『勦，楚交反，見禮記；又子小反，見夏書。』而『刀部』反無『剿』字。開寶中依衛包改釋文，既改大書之『剿』爲『勦』，復將馬本作『剿』之『剿』改爲『巢』，重紕貤謬不可讀矣。賈昌朝羣經音辨『力部』亦云：『勦，絶也。』蓋惑於新定釋文。説文『灑』下云讀若夏書『天用勦絶』，『勦』必『剿』之誤，亦淺人以今本尚書改之。」白虎通壽命篇：「命有三科以記驗：有壽命以保度，有遭命以遇暴，有隨命以應行。隨命者，隨行爲命，若言『怠棄三正，天用剿絶其命』矣。」禮祭法疏引孝經援神契云：「命有三科：有受命以任〔一〕慶，有遭命以謫暴，有隨命以督行。」注：「隨命，謂隨其善惡而報之。」與白虎通

〔一〕「任」禮記祭法疏原引孝經援神契作「保」。

義合，皆今文家說。**今予惟恭行天之罰。** 恭，奉也，言欲截絶之。○「今予惟恭行天之罰」，古文也；今文作「今予維共行天之罰」，「共」一作「龔」，「今」一作「命」。○「今予維共行天之罰」者，夏紀如此。墨子明鬼篇、漢書王莽傳、翟義傳並作「共」。「共」一作「龔」者，漢書叙傳、呂覽高誘注引書、文選班固東都賦並注引書、鍾會檄蜀文並注引書、吳志三嗣主傳注引孫盛說，皆作「龔」。孫云：「說文：『龔，給也。』『龏，愨也。』愨，謹也。此經當作『龏』，言謹行天罰。」「今」一作「命」者，白虎通三軍篇：「王法天誅伐，天子自出者，以爲王者乃天之所立，而欲謀危社稷，故自出，重天命也。尚書曰：『命予惟恭行天之罰。』此言開自出伐扈也。」班引此爲重天命之證，「今」作「命」亦三家異文。段云：「尚書『恭敬』字不作『共』，『共奉』字亦不作『恭』，如甘誓、般庚上中下、牧誓、召誥、無逸、君奭、粊誓，僞傳訓爲『奉』，或訓爲『供待』者皆是也。漢石經存於今者，無逸一篇『嚴恭』作『恭』，『懿共』、『維正之共』皆作『共』，可知二字不相混。儻古文尚書經文本作『各恭爾事』、『恭行天罰』之類，何必紆回訓爲『奉』？尚書全經言『恭』者何不皆訓爲『奉』乎？衛包誤認恭、共古今字，遂改尚書訓『奉』之『共』悉爲『恭』。釋文元本各篇皆當有『共音恭』之語，至開寶以爲無用而刪之，遂使古經用字義例沈薶終古矣。說文：『龔，給也。』『供，給也。』孔傳：『共，奉也。』奉、給義同，假『龔』爲『共』者，『龔』訓『奉』，非恭敬之謂，宋次道家古文尚書凡『恭敬』字皆作『龔』，此不通小學者所爲，與衛包意見合。」**左不攻于左，汝不恭命；** 左，車左，左方主射。攻，治也，治其職。○「左不攻于左，汝不恭命」，古文也，今文無下句，「攻」一作「共」。○無下句者，夏紀止作「左不恭于左」。墨子引書亦無，蓋以下文統之。「攻」一作「共」者，墨子作「左不共于左」，魏志毛玠傳鍾繇詰玠引書亦作「左不共左」，三家異文也。段云：「『攻』作『共』，其義亦訓『供奉』，如粊誓

『無敢不共。』」釋詁：「攻，善也。」考工記鄭注：「攻，猶治也。」**右不攻于右，汝不恭命；**右，車右，勇力之士執戈矛以退敵。〇「右不攻于右，汝不恭命」，今文與古文同。「攻」一作「共」。〇今文同者，夏紀作「右不攻于右，女不共命」。「攻」一作「共」者，墨子引書作「右不共于右，若不共命」。毛玠傳亦作「右不共右」。史記集解引鄭云：「左，車左；右，車右。」**御非其馬之正，汝不恭命。**御以正馬爲政。三者有失，皆不奉我命。〇「御非其馬之正，汝不恭命」，古文也，今文作「御非其馬之政，女不共命」。〇今文作「御非」云云者，夏紀如此。墨子亦作：「御非爾馬之攻，若不共命。」若、汝同。段云：「詩出車箋：『御夫則茲益憔悴，憂其馬之政。』此用甘誓語也。箋一作『憂其馬之不正』，亦非。」詩閟宮疏引甘誓三「不共命」皆作「共」，此衛包以前本如是。條狼氏疏引皆作「恭」，則天寶以後所改也。

用命，賞于祖，天子親征，必載遷廟之祖主行，有功則賞祖主前，示不專。〇「用命賞于祖」，今文與古文同。〇今文同者，夏紀如此。大傳云：「古者巡守，以遷廟之主行，出，以幣帛皮圭告于祖，遂奉以載於齊車，每舍奠焉，然後就舍。反必告奠。卒，斂幣玉藏之兩階之閒，蓋貴命也。」師行亦然者，禮曾子問曰：「古者師行無遷主，則何主？孔子曰：『主命。』問曰：『何謂也？』孔子曰：『天子諸侯將出，必以幣帛皮圭告于祖禰，遂奉以出，載於齊車以行。』」然則有遷主載遷主，無遷主載幣帛皮圭。大傳文不具耳。大傳又云：「武王伐紂，王升舟入水，宗廟惡。」鄭注：「惡爲亞，亞，次也。宗廟，遷主。」是武王師行，載遷主。禮王制疏引皇氏說：「行必有主，無則主命，載於齊車，書曰『用命，賞于祖』是也。」餘詳下文。**弗用命，戮于社，**天子親征，又載社主，謂之社事，不用命奔北者，則戮之於社主前。社主陰，陰主殺。親祖嚴社之義。〇「弗用命，戮于社」，古文也；今文「弗」作「不」，「戮」作「僇」。〇「弗」作「不」、「戮」作「僇」

者，夏紀作「不用命，僇于社」。墨子文同。禮表記釋文：「戮，本作『僇』。」廣雅釋詁：「戮，辱也。」是戮、僇字通。墨子引此經説云：「賞于祖者何也？言分命之均也。僇于社者何也？言聽獄之事也。」又云：「賞于祖者何也？告分之均也。僇于社者何也？告聽之中也。」祖者廟主，社者社主。御覽三百六引摯虞決疑要注云：「古者帝王出征伐，以齊車載遷廟之主及社主以行，故尚書甘誓曰『用命賞于祖，不用命戮于社』，秦、漢及魏，行不載主也。」社主亦在軍者，大司馬：「涖釁主及軍器。」注云：「主謂遷廟之主及社主在軍者也。凡師既授甲，迎主于廟，及社主，祝奉以從，殺牲，以血塗主及軍器，皆神之。」蔡邕獨斷云：「天子之宗社曰泰社，天子所爲羣姓立社也。天子之社曰王社，一曰帝社。古者有命將行師，必於此社授以政，尚書曰：『用命賞于祖，不用命戮于社。』」予則孥戮汝。」孥，子也。非但止汝身，辱及汝子。言恥累也。〇「予則孥戮汝」，今、古文「孥」作「奴」。〇今、古文「孥」作「奴」者，漢書王莽傳莽曰：「秦置奴婢之市，與牛馬同蘭。書曰：『予則奴戮女。』唯不用命者，被此辜矣。」顔注：「奴戮，戮之以爲奴也。説者以爲：帑，（此字俗加巾，非。）子也，戮及妻子。此説非也。」案：莽用今文説也。漢書季布欒布傳贊：「奴僇苟活。」司厲：「其奴，男子入于罪隸，女子入于舂槀。」鄭司農云：「謂坐爲盜賊而爲奴者，輸于罪隸、舂人、槀人之官也。由是觀之，今之爲奴婢，古之罪人也。故書曰『予則帑戮女』，論語曰『箕子爲之奴』，罪隸之奴也。」班、鄭用今文説。夏紀作「予則帑僇女」，段云「淺人所改也」。「詩常棣『樂爾妻帑』毛傳：『帑，子也。』孔疏：『左傳曰「秦伯歸其帑」，書曰「予則帑戮女」，皆是子也。』」案：唐初孔傳本或作『帑』，尚屬六書之假借，（説文：「帑，金幣所藏也。」）衛包改作『孥』，則斷不可從。古書同一『御』字，而或訓『迎』，或如字，或訓『禦』。同一『奴』字，而或訓『子息』，或訓『奴婢』。皆一字可包衆說。後人因孔傳訓「迎」則改「御」爲「迓」，因孔傳訓「子」則改「奴」爲「帑」、爲「孥」。據匡謬正俗說「奴戮」一條，經文作「奴」不作「帑」可證。詳湯誓。」孫云：「周禮鄭注：『奴，從坐而没入縣官者，男女同名。』案：三代以前，父子兄弟罪不相及。至秦，始有連坐收帑之法。以此説夏書，更不合。僞傳釋此經爲『辱及汝子』，其於湯誓又云『權以脅之，使勿犯』，皆失之。」江云奴戮者或奴或戮，視其所犯，文義完備。夏紀終之云：「遂滅有扈氏，天下咸朝。」

五子之歌第三　夏書　孔氏傳　臣王先謙參正

五子之歌啟之五子，因以名篇。○此梅氏古文之二。史記夏本紀：「帝太康失國，昆弟五人，須于洛汭，作五子之歌。」書序「失國」作「失邦」，此今、古文之異，而其説則同。史記索隱引皇甫謐云：「號五觀也。」惠云：「墨子非樂篇云：『於武觀曰：「啟乃淫溢康樂，野於飲食，將將銘莧磬以力，湛濁于酒，（「湛」與「躭」同。躭，淫；濁，亂也。）渝食于野，萬舞翼翼，章聞于大，（「天」之誤。）天用弗式。」故上者天鬼弗戒，下者萬民弗利。』此逸書，叙武觀之事，即書序之五子也。周書嘗麥解云：『其在殷（「夏」之誤。）之五子，忘伯禹之命，假國無正，用胥興作亂，遂凶厥國。皇天哀禹，賜以彭壽，思正夏略。』五子者，武觀也；彭壽者，彭伯也。汲郡古文云：『帝啟十一年，放王季子武觀于西河。十五年，武觀以西河畔，彭伯壽帥師征西河，武觀來歸。』注云：『武觀即五觀也。』楚語士娓曰：『啟有五觀。』春秋傳曰：『夏有觀、扈。」（先謙案：扈即有扈，以其同族叛亂，故觀、扈並稱。）五子之歌，墨子述其遺文，周書載其逸事，與內外傳所稱無殊。韋昭國語注、王符潛夫論皆依以爲說。安有淫泆作亂之人述戒作歌以垂後世者乎？梅氏之誣不待辨而明矣。」段云：「墨子作『武觀』，楚語作『五觀』，『武』即『五』也。以左傳『斟灌』夏本紀作『斟戈氏』，『若干』或言『若柯』，『桓表』讀如『和表』例之，『歌』即『觀』也。『五子之歌』即『五觀』也。『之歌』蓋謂往觀地。觀地即雒汭。韋語最爲明確。約之曰『五觀』，詳之曰『五子之歌』，謂『五子』爲『五觀』，或省『五』言『觀』。皆以國名之也。五子必非五人，汲郡古文云『放王季子武觀于西河』，云『季子』，則一人也。序言五人，猶經言五子也。古文又云『武觀以西河畔』，然則觀地不在西河，漢東郡觀縣非雒汭觀地也。『觀』之爲『歌』，猶『甫』之爲『吕』，『柒』之爲『肸』，作僞者泥於『歌』字，敷衍五章。尚書固不當以詩歌名篇也。」皮云：「段說非也。尚書篇名如仲虺之誥、高宗之訓、微子之命、蔡仲之命、康王之誥、文侯之命諸篇，皆以『之』字爲助詞也。是書敘於四字篇名例加『之』字，無訓『之』爲『往』者。段以『之歌』爲『往觀』，說甚鑿而不詞。蔡邕述行賦云：『悼太康之失位兮，愍五子之歌聲。』蔡用今文說，亦以歌爲詩歌，不得謂尚書不當以詩歌名篇也。且『斟觀』臣瓚謂在東郡，括地志謂在青州壽光縣，段以爲即雒汭，亦未可據。引墨子諸書以證其說，皆不甚塙。予案墨子所引武觀，乃書逸篇之名，並不在百篇內，與墨子上文所引湯之官刑相類，而非此五子之歌也。楚詞離騷云：『夏康娱以自縱。』非此書之太康。離騷又云『日康娱而自忘』，又云『日康娱以淫遊』，『康娱』二字屢見，則此『康娱自縱』亦當以『康娛』二字連文爲義。其曰『夏康娛』者，即指夏啟言。啟之康娛自縱，略見於墨子、竹書紀年、山海經、楚詞天問諸書。墨子非樂篇引武觀曰：『啟乃淫溢康樂』云云，（詳上。）紀年曰：『啟巡狩，舞九韶於天穆之野。』山海經海外西經曰：『大樂之野，夏后啟於此舞九代。』大荒西經曰：『夏后開上三嬪於天，得九辨與九歌以下。』天問曰：『啟棘賓天，（作「商」者誤。）九辨、九歌。』皆可爲離騷之證。離騷所云『啟九辨與九歌兮』，即山海經、紀年、天問所言是也。云『夏康娛以自縱』，即墨子所云『啟乃淫溢康樂』是也。其下文云『不顧難以圖後兮，五子用失乎家衖』，則推本其禍由於啟之失道，猶墨子言武觀之事而推本於啟之淫溢康樂也。古者嘉樂不野合，啟舞大樂於野，故屈子、墨子皆以爲譏。以古書考之，啟非賢主。孟子以爲賢者，爲世立教耳。王逸注離騷疑啟賢不應有此失，乃以『夏康』二字連讀，傅會爲此序之太康，曰：『夏康，啟子太康也。不遵禹、啟之歌，而更作淫聲，放縱情欲以自娛樂，不顧患難，不謀後業，卒以失國。兄弟五人，家居閭巷，失尊位也。』引此書序云云，是誤解離騷而因誤解書序，自王逸始。惠氏又改墨子之『啟乃』爲『啟子』，以就其說，更失之武斷矣。五觀乃一人之名，非五人，而此五子之歌，則古文書序及史記所載今文書序皆云『昆弟五人』，是實有五人，而別爲一事，與古書所云『五觀』者迥然不同。段云五子必非五人，不知其解序之昆弟五人作何説也。漢書古今人表『太康』下云：『啟子，兄弟五人，號五觀。』王符潛夫論云：『夏后啟子太康、仲康更立，兄弟五人，皆有昏德，不堪帝事，降須洛汭，是謂五觀。』韋昭國語注云：『五觀，啟子太康昆弟也。』酈道元水經注云：『淇水又北徑頓丘縣故城西，古文尚書以爲觀地矣。蓋太康弟五君之號爲五觀者也。』諸説皆以『五觀』與『五子之歌』誤合爲一，不知書序所云五子之歌在啟崩後太康失國之際，史記所載甚明，紀年所云五觀叛與來歸，皆夏啟在位時，非太康失國之後。明明先後兩事，何得强合爲一？且以『五觀』爲一人，與序言五人違異；以『五觀』爲五人，則無五人並封一處之理。路史云：『后啟五庶並封於觀。』其謬蓋不待辨。五觀爲啟季子，乃太康之弟，此五人中或有五觀在内，亦未可知。若謂『五觀』即此五人，墨子所引五觀之書即此五子之歌，則牽引附會，不可信矣。魏源書古微改『五子之歌』爲『五子之過』，謂五觀隨兄失國，『過』即左傳『有過氏』之過者往邊地逃難，臆説無據。俞樾羣經平議能辨段氏之失，又牽引墨子傅合『歌』字，憑空撰出正樂一層，更無明證。皆由不知五觀與五子之歌不得溷爲一也。逸篇既亡，史記又不詳其事，今、古文説皆無可徵，宜從蓋闕。近儒所説，不敢附和。又：楊雄宗正箴云：『昔在夏時，太康不恭，有仍二女，五子家降。』雄言『有仍二女』，似即左傳所云『虞思妻少康之二姚』，下文續以『五子家降』，則以五子之歌與左傳言少康事相牽並論，其詳亦不可考。」先謙案：楚語言啟有五觀，與堯有丹朱、舜有商均、湯有太甲、文王有管、蔡並舉，而曰此五君者皆有玄德。士娓言啟有玄德，與孟子言啟賢合。是啟非無道主，特舞樂於野一事爲可議耳。至離騷云「啟九辨與九歌兮，夏康娱以自縱，不顧難以圖後兮，五子用失乎家巷」，此論夏衰，而牽連及啟。「康娱」二字雖連文迭見，而此處夏康則當爲太康。王逸注不誤。何也？五子流離道路，咎在太康淫縱不君，即啟有小過，而太康能敬慎繼承，何至遂有失國之事？今舍太康，而專責啟之不顧難圖後，致五子用失家巷，則事理不合，恐無此立言之體也。武觀事，雜見非樂篇、嘗麥解、竹書紀年，蓋五觀當啟之世，先畔後歸，其次第五而居觀地，故稱「五觀」，亦號「五子」，（見周書。）及太康失國，昆弟五人須于洛汭，五觀亦與焉，故後人指五子爲五觀。此班書人表、王符潛夫論、韋昭國語注所以紛紛致誤也。不知五觀雖是五子，然不能以彼之五子，溷於此書之昆弟五人。皮說致爲塙當。淇水注「頓丘縣故城，古文尚書以爲觀地」者，頓丘屬漢東郡，史記趙世家頓丘東有觀津，齊敗趙於此。此淇水所徑，在今聊城縣西北。又有觀縣，河水注云古斟觀，此浮水所徑，在今觀城縣西，至洛汭爲洛水入河處，在漢河南郡成皋縣西，今汜水縣西北，遠不相涉。韋注楚語云「觀，洛汭之地」，斯爲謬矣。

太康尸位以逸豫，尸，主也；主以尊位，爲逸豫不勤。○蘇輿曰：「詩白駒：『逸豫無期。』」**滅厥德，黎民咸貳。**君喪其德，則衆民皆二心矣。○先謙案：左傳：「滅德立違。」**乃盤遊無度，**盤樂遊逸無法度。○惠云：「無逸曰：『文王不敢盤于遊田。』」**畋于有洛之表，十旬弗反。**洛水之表，水之南。十日曰旬。田獵過百日不還。○閻云：「據左襄四年傳未嘗言太康淫于田，即辛甲爲虞箴，亦專以責羿，與太康無預。魏晉閒書出，始以后羿之田轉而爲太康之田。」惠云：「竹書紀年：『帝太康元年，畋于洛表。羿入居斟尋。』」**有窮后羿，因民弗忍，距于河。**有窮，國名。羿，諸侯名。距太康於河，不得入國，遂廢之。○閻云：「左襄四年傳：『晉侯欲伐戎，魏絳曰：「勞師於戎而弗救陳，是棄陳也。諸華必叛。獲戎失華，毋乃不可乎？夏訓有之曰：『有窮后羿。』」公曰：

「后羿何如？」」絳遂不復引夏訓，止據其事以對曰『昔有夏之方衰也』云云，末引虞箴仍及『在帝夷羿，冒於原獸』，試思『有窮后羿』下其語，不可得知，果是『因民弗忍，距于河』？絳必不引此鶻突之語以告悼公也。」梅云：「左昭二十六年傳：『王子朝使告於諸侯曰：「王心戾虐，萬民弗忍。」』又左傳：『因夏民以代夏政。』但言仲康帝相之後，非太康時也。書序但言失邦，不言羿距。」**厥弟五人，御其母以從。**御，侍也，言從畋。○梅云：「厥弟五人，用史記『昆弟五人』，改『昆弟』爲『厥弟』者，以仲康繼立，則其餘四人又仲康之弟，皆不當稱『昆』。不知昆如微子，亦有不當立者也。」閻云：「禹自堯七十二載乙卯受命平水土，則娶塗山氏女當在丁巳，戊午啟生，即次歲方生，去癸亥告成之年頗遠，故中間數年得三過其家門。啟以生於戊午，計之歷堯、舜、禹之崩，及啟即位改元歲丙戌，年已八十九矣。所以享國僅七年，壽九十五而終。竊意是時，其元妃未必存，況又立太康，十九年歲辛亥，方有失國之禍。使啟若存壽百一十四歲，古男子三十而娶，女子二十而嫁，此言其大限，若國君，十五而生子，禮也，妃必與之齊年。天子何獨不然？是仲康等御母以從，母年當百十四。莊子言人上壽百歲，中壽八十，下壽六十。惟堯、舜逾上壽之外，他不少概見。然則太康失國時，固已無復母存矣。」馮景云：「篇名五子，子者，有親之稱，時父啟已逝，妄意其母尚存，特著此句，以應合『子』字耳。」先謙案：五觀稱五子，竹書紀年以爲王季子，季子第五。是啟子止五人，自當連太康數之。潛夫論：「啟子太康、仲康更立，昆弟五人，皆有昏德。」此太康在五人內之明證。史記：「太康失國，昆弟五人須于洛汭。」人表：「太康，啟子。兄弟五人號五觀。」亦以太康在昆弟五人內。僞書改爲「厥弟五人」，則連太康有六人矣，五觀何以稱爲五子乎？說亦不可通。**徯于洛之汭，五子咸怨。**待太康，怨其久畋失國。○梅云：「『徯于洛之汭』，用史記『須于洛汭』。」

述大禹之戒，以作歌。述，循也。歌以叙怨。○程云：「五章之歌，錯雜不倫，無以見其必爲太康而作。如一章之『怨豈在明，不見是圖』，與四章之『關石和鈞，王府則有』（國語韋注：「關石和鈞，所以一天下之輕重而立民信者。」此歌用之，於義無取。）諸語，不切時事。時后羿有窺竊神器之心，太康之敗，在不能修君德以自振。作歌者但言馭民，而不言馭臣，若爲奸賊諱者，豈得事情者哉？追而擬之，宜其不當也。」胡渭云：「五子之歌，識者謂其剽竊傳記，氣體卑近，至韻句寥寥，尤爲可怪。古無所謂韻，韻即音之相應者，故賡歌三章，章三句，句必韻；夏諺六句，句無不韻，當時歌體有然。五子之歌，大率首二句連韻，餘則二句一韻，而第一章之韻句尤疏，殆不可誦。章十五句，叶者裁四五句。豈作僞者但以掇拾補綴爲工，竟忘其爲當韻邪？」

其一曰：皇祖有訓，民可近，不可下。皇，君也。君祖禹有訓戒。近謂親之，下謂失分。○姚際恒云：「周語單襄公曰：『夫人性，陵上者也。』故引書曰『民可近也，而不可上也』。此處不能用此義，故改『上』爲『下』。」**民惟邦本，本固邦寧。**言人君當固民以安國。○梅云：「淮南泰族訓：『國主之有民也，猶城之有基，木之有根，根深則本固，基美則土寧。』」**予視天下愚夫愚婦，一能勝予。**言能畏敬小民，所以得衆心。○梅云：「中庸：『夫婦之愚。』」**一人三失，怨豈在明，不見是圖。**三失，過非一也。不見是謀備其微。○惠云：「晉語：『夏書有之曰：「一人三失，怨豈在明，不見是圖。」』韋昭云：『三失，三失人也。明，著也。不見，未形也。』左成十六年傳：『夏書曰：「怨豈在明，不見是圖。」將慎其細也，今而明之，其可乎？』」**予臨兆民，懍乎若朽索之馭六馬。**十萬曰億，十億曰兆，言多。懍，危貌；朽，腐也。腐索馭六馬，言危懼甚。○梅云：「論語：

「以臨其民。」淮南子：「君子之居民上，若以朽索馭奔馬。」」惠云：「説苑：『子貢問治民於孔子，孔子曰：「懍懍焉，如以腐索御奔馬。」』新序：『夫執國之柄，履民之上，懍乎如以朽索御奔馬。』説文：『馭，古文御。』案：經傳無言六馬者。鄭駁五經異義云：『周禮校人養馬：「乘馬一師四圉。」四馬曰乘。顧命：「皆布乘黄朱。」以爲天子駕四。漢世天子駕六，非常法也。乃知六馬之謬。」皮云：「説苑、新序皆云奔馬，僞古文改爲六馬，誠如惠氏所譏。然惠云『經傳無言六馬者』，則考之猶未確。異義：『易孟京、春秋公羊説天子駕六，引易經云「時乘六龍，以馭天也」，知天子駕六。』許案：『禮王度記曰：「天子駕六。」説與易、春秋同。』鄭駁引周禮、尚書，已見惠説。」又云：「『易經「時乘六龍」者，謂陰陽六爻上下耳，豈故爲禮制？王度記云「今天子駕六」者，自是漢法，與古異。』今考之周書王會解，成王時書也，而云『其西天子車立馬乘六』；石鼓文，宣王時詩也，而云『趍趍六馬』。是周已有六馬之制，非自秦始皇數以六爲紀，乘六馬也。荀子勸學篇：『伯牙鼓琴，而六馬仰秣。』楊倞注：『六馬，天子路車之馬也。』又修身篇：『一進一退，一左一右，六驥不致。』又議兵篇：『六馬不和，則造父不能以致遠。』莊子逸篇：『金鐵蒙以大緤，載六驥之上。』二子之書，皆在秦、漢以前；王度記齊稷下生作，不得以爲用漢法也。據異義許用今文説，而鄭據古文説駁之。漢法駕駕六，安車駕四。疑古本有駕六、駕四兩法，漢兼用之。今、古文家各據其一爲説。」然則此書雖僞，未可專據「六馬」二字，而斷其僞作也。

爲人上者，柰何不敬？ 能敬則不驕，在上不驕，則高而不危。○梅云：「召誥：『曷其柰何弗敬？』」

其二曰：訓有之，內作色荒，外作禽荒。 作，爲也。迷亂曰荒。色，女色。禽，鳥獸。○惠云：「越語：「出則禽荒，入則酒荒。」」**甘酒嗜音，峻宇彫牆。**甘、嗜，無厭足。峻，高大。彫，飾畫。○梅云：「戰國策：『儀狄作酒，禹飲而甘之。』左宣元年傳：『晉靈公厚斂以彫牆。』」**有一于此，未或不亡。**此六者，棄德之君必有其一，有一必亡，況兼有乎？○閻云：「戰國策：『梁王、魏嬰觴諸侯于范臺。酒酣，魯君避席，言曰：「昔者帝女令儀狄作酒而美，進之禹，禹飲而甘之。遂疏儀狄，絶旨酒。曰：『後世必有以酒亡其國者。』又齊桓公曰：『後世必有以味亡其國者。』又晉文公曰：『後世必有以色亡其國者。』又楚王曰：『後世必有以高臺陂池亡其國者。』今主君之尊，儀狄之酒云云。有一于此，足以亡其國。今主君兼此四者，可無戒與？」』」惠云：「郊特牲曰：『好田好女者，亡其國。』」

其三曰：惟彼陶唐，有此冀方。陶唐，帝堯氏，都冀州，統天下四方。○惠云：「左襄六年傳孔子引夏書曰：『惟彼陶唐，帥彼天常，有此冀方。』」**今失厥道，亂其紀綱，乃底滅亡。**言失堯之道，亂其法制，自致滅亡。○惠云：「孔子引夏書曰：『今失其行，亂其紀綱，乃滅而亡。』孔疏云：『賈逵以爲逸書，解爲夏桀之時。』賈傳古文，而言如此，則梅賾之誕可知。皇甫謐帝王世紀云：『案經傳曰，夏禹、堯、舜同在河北冀州之域，不在河南也。故五子歌曰「惟彼陶唐，有此冀方，今失厥道，亂其紀綱，乃底滅亡」，言自禹至太康與唐、虞不易都域也。』案：晉書謂謐之外弟天水梁柳傳古文，謐當見之，故五子之歌、湯誥諸篇，閒載帝王世紀中。王肅注家語，亦以『今失厥道』當夏太康時。又左傳正義云：『案王肅注尚書，其言多是孔傳。疑肅見古文，匿之而不言。』陸德明經典叙録云：『肅注今文，而解大與古文相類。或肅私見孔傳而匿之。』據此二説，疑後出古文，肅所撰也。」梅云：「左傳引夏書，每句用韻，今

『厥道』句獨不用韻，不知而妄改也。」

其四曰：明明我祖，萬邦之君，有典有則，貽厥子孫。君萬國爲天子。典謂經籍。則，法。貽，遺也。言仁及後世。○梅云：「詩：『明明天子。』又曰：『萬邦之方。』」閻云：「邦之六典、八則，首見天官大宰、小宰職，又見司會、司書。乃歌大禹曰『有典有則』，豈周因于夏禮與？抑夏歌襲周禮也？」惠云：「詩：『貽厥孫謀，以燕翼子。』」**關石和鈞，王府則有；荒墜厥緒，覆宗絶祀。**金鐵曰石，供民器用，通之使和平，則官民足。言古制存，而太康失其業，以取亡。○惠云：「周語單穆公曰：『夏書有之曰：「關石和鈞，王府則有。」』韋昭注：『夏書逸篇也。關，門關之征也；石，今之斛也。言征賦調均，則王之府藏常有也。一曰關，衡也。』張超誚青衣賦云：『有夏取仍，覆宗絶祀。』」

其五曰：嗚呼曷歸？予懷之悲。曷，何也。言思而悲。○梅云：「詩：『奚其適歸？』『我心傷悲。』」**萬姓仇予，予將疇依？**仇，怨也。言當依誰以復國乎？○先謙案：荀子議兵篇：「反顧其上若仇讎。」**鬱陶乎予心，顔厚有忸怩。**鬱陶，言哀思也。顔厚，色愧。忸怩，心慙，慙愧於仁人賢士。○閻云：「釋詁：『鬱陶，繇喜也。』郭注：『禮記「詠斯猶」，猶即繇也。』邢疏：『鬱陶者，心初悦而未暢之意也。』象曰：『鬱陶思君。』乃喜而思見之詞。嵇康難自然好學論云：『處在暗室，覩烝燭之光，不教而悦得於心，況以長夜之冥，得照太陽，情變鬱陶而發其蒙。』是鬱陶作喜用。晉摯虞思游賦：『尋凱風而南暨兮，謝太陽於炎離。感溽暑之鬱陶兮，余安能乎留斯。』夏侯湛大暑賦：『何太陽之赫曦，乃鬱陶以興熱。』蓋喜近燠，憂近寒，亦洪範之理。僞傳直作哀思解，非。」又云：「孟子：「象曰：『鬱陶思君爾。』」此象之詞。『忸怩』則叙事之語。今竄入五子歌中，以『鬱陶』、『忸怩』，併爲一人口氣，不失卻孟子之文義乎？」梅云：「詩：『顔之厚矣。』晉語：『平公射鴳』，『忸怩顔』。」**弗慎厥德，雖悔可追？**言人君行己不慎其德，以速滅敗，雖欲改悔，其可追及乎？言無益。○程云：「墨子非命篇云：『禹之總德有之曰：不慎厥德，天命焉葆？』」惠云：「左哀十六年傳王命蒯聵曰：『弗敬弗休，悔其可追？』」

胤征第四　夏書　孔氏傳　臣王先謙參正

胤征奉辭伐罪曰征。○此梅氏古文之三。夏本紀：「太康崩，弟中康立，是爲帝中康。帝中康時，羲、和湎淫，廢時亂日，胤往征之，作胤征。」書序：「羲、和湎淫，廢時亂日，胤往征之，作胤征。」今、古文說同。陳云：「書序不言何時，據史説，則仲康時也。集解引鄭云：『胤，臣名。』顧命『胤之舞衣』鄭注亦以胤爲臣名。考漢書人表，胤列中上，次於夏中康。時止稱胤，不稱胤侯，是胤爲臣名信矣。」皮云：「書疏引鄭曰：『胤征，臣名。』誤衍『征』字。毛奇齡作古文冤詞，不知孔疏誤衍，用詆鄭君，未一考集解也。」

惟仲康肇位四海，羿廢太康，而立其弟仲康爲天子。○梅云：「詩商頌：『肇域彼四海。』」**胤侯命掌六師。**仲康命胤侯掌王六師，爲大司馬。○先謙案：堯典「胤子朱」僞傳解爲「胤，國名」，取與此「胤侯」遥相應合，肺肝如見。**羲、和廢厥職，酒荒于厥邑，**舍其職官，還其私邑，以酒迷亂，不修其業。○惠云：「越語：『人則酒荒。』」**胤后承王命徂征。**徂，往也。就其私邑往討之。○先謙案：竹書紀年：「仲康五年秋九月庚戌朔，日有食之，命胤侯帥師征羲、和。」胤稱胤侯，知紀年前多僞造。**告于衆曰：「嗟予有衆，**誓勑之。○惠云：「湯誓：『今爾有衆。』」**聖有謨訓，明徵定保。**徵，證。保，安也。聖人所謀之教訓，爲世明證，所以定國安家。○梅云：「左襄二十一年傳祁奚曰：『詩云：「惠我無疆，子孫保之。」書曰：「聖有謩勳，明徵定保。」』杜注：『逸書。言聖哲有謀功者，當明定安之也。』又曰：『夫謀而鮮過，惠訓不倦者，叔向有焉。』杜注：『謀而鮮過，「有謀勳」者也。惠訓不倦，「惠我無疆」也。』僞傳改『勳』爲『訓』，因『惠訓』之『訓』而改之。」古人之引詩、書，必不奪書以與詩也。**先王克謹天戒，臣人克有常憲，**言君能慎戒，臣能奉有常法。**百官修輔，厥后惟明明，**修職輔君，君臣俱明。○梅云：「詩：『明明天子。』」**每歲孟春，遒人以木鐸徇于路，**遒人，宣令之官。木鐸，金鈴木舌。所以振文教。○陸奎勳云：「『每歲』二字，鄙俚之甚。漢人所不道，猥以入夏書，吾未信，能欺明眼人也？」**官師相規，工執藝事以諫。**官，衆。衆官更相規闕，百工各執其所治技藝以諫，諫失常。○梅云：「左襄十四年傳師曠引夏書曰：『遒人以木鐸徇於路，官師相規，工執藝事以諫，正月孟春於是乎有之，諫失常。』」**其或不恭，邦有常刑。**言百官廢職，服大刑。○梅云：「小宰：『正歲，帥治官之屬，觀治象之法，徇以木鐸，曰：「不用法者，國有常刑。」』」**惟時羲、和，顛覆厥德，**顛覆，言反倒。將陳羲、和所犯，故先舉孟春之令，犯令之誅。○梅云：「詩：『顛覆厥德。』」**沈亂于酒，畔官離次，**沈謂醉冥。失次位也。○梅云：「詩：『沈湎于酒。』」**俶擾天紀，遐棄厥司。**

俶，始。擾，亂。遐，遠也。紀，謂時日。司，所主也。**乃季秋月朔，辰弗集于房。**辰，日月所會。房，所舍之次。集，合也。不合即日食可知。○閻云：「日食之變，爲人君所當恐懼修省。然建子午卯酉之月，所謂二至二分，日有食之，或不爲災，其餘月則爲災。尤重者，則在建巳之月，蓋自冬至一陽生，至此月六陽並盛，六陰並消，於此忽以陰侵陽，是爲以臣侵君，故先王尤忌之。夏則瞽奏鼓，嗇夫馳，庶人走，周則樂奏瞽，祝用幣，史用辭，雖名有四月、六月之別，皆謂之正月。正月者，正陽之月，非『春王正月』之月也。左傳昭十七年：『夏六月甲戌朔，日有食之，祝史請所用幣，禮也。平子不知，而止之，曰：「唯正月朔，慝未作，日有食之，於是乎用幣於社，伐鼓於朝，其餘則否。」太史曰：「在此月也。日過分而未至，三辰有災，於是乎百官降物，君不舉，辟移時，樂奏鼓，祝用幣，史用辭，故夏書曰：『辰不集于房，瞽奏鼓，嗇夫馳，庶人走。』此月朔之謂也。當夏四月，是謂孟夏。」』夫太史首言此禮在周之六月，繼即引夏書以證夏禮，亦即在周之六月朔，周之六月，是爲夏之四月，可謂反復明切矣。此非二代同禮之一大驗乎？作僞古文者，因仲康即位初有九月日食之事，撰云『乃季秋月朔』云云，不知此禮，夏未嘗用之於九月，是知曆法而不知典禮也。」又云：「余更以曆法推之，仲康在位十三年，始壬戌，終甲戌，以授時、時憲二曆推算，仲康四年乙丑歲距元至元辛巳積三千四百三十六年，中積一百二十五萬四千九百七十四日二六〇八，冬至四十〇日七九九二，閏餘七日五五四九二一，天正交泛一十七日五六九五九一，入轉五日四三四七七九，經朔三十三日二四四二七九九，月朔交泛一十三日五四一〇五七，（入日食限。）經朔二十八日五五〇二〇九，入縮曆一百〇五日一二九四五九，縮差二度三五二八四〇三九，月定朔二十八日五九八六一二，（壬辰日未正一刻合朔。）日食在氐宿一十五度。仲康元年壬戌歲距積三千四百三十九年，中積一百二十五萬六千〇六十九日九八九二，冬至二十五日〇七〇八，閏餘四日四五八四六二，天正交泛一十三日四二六六一，入轉一十四日九八六八三八，經朔二十〇日六一二三三八五，月朔交泛二十七日三三六八二四，（入日食限。）經朔二十三日三〇六九三八，入盈曆一百七十二日七二五〇九六，盈差〇度四六四六，入轉二十六日八四二七九六，遲差〇度九〇四七，如差一十一刻三九二七五，月定朔二十三日四二〇八六五，（丁亥日巳正初刻合朔。）日食在井宿二十八度，則仲康始即位之歲，乃五月丁亥朔日食，非季秋月朔也。食在東井，非房宿也。在位十三年中，惟四年九月壬辰朔日有食之，卻又與經文「肇位四海」不合，且食在氐末度，亦非房宿也。夫曆法疏密，驗在交食，雖千百世以上，規程不爽，無不可以籌策窮之。以仲康四年九月朔日食而誤附於「肇位四海」之後，以元年五月朔日食而謬作「季秋集房」之文，皆非也。」又云：「史公固受逸書二十四篇者，其作夏本紀不曰「帝仲康初」而曰「帝中康時」，最合。予又推中康十三年中，惟十一年壬申歲距至元辛巳積三千四百二十九年，中積一百二十五萬二千四百一十七日五六一二，冬至一十七日四九八八，閏餘二十四日六二三五二三，（閏四月。）入轉七日七四九七七，交泛二十六日四六三七五七，經朔五十二日八七五二七七，閏四月朔交泛一十三日一六一七四七，（入日食限。）經朔五十〇日〇五八八三五，盈曆一百五十二日五六〇〇三五八，轉一十九日六〇五七二七，遲差五度三〇八二，盈差一度三二一，加差四十五刻，定朔五十〇日五〇八八，是閏四月甲寅日午時日食，又步至十二年癸酉歲四月戊申日酉正初刻合朔，亦入食限，加烝時視三差乃戌時初虧，在地人目不能見食，無庸伐鼓、取幣以救之，則瞽奏鼓等禮在十一年閏四月朔無疑矣。僞孔若知此，易「肇位四海」爲「即位十一年」、「季秋月朔」爲「閏四月朔」，既合曆法，又協典禮，雖有百喙，豈能折其角哉？」**瞽奏鼓，嗇夫馳，庶人走，**凡日食，天子伐鼓於社，責上公。瞽，樂官。樂官進鼓則伐之。嗇夫，主幣之官，馳取幣，禮天神。衆人走，供救日食之百役。○説見上。**羲、和尸厥官，罔聞知，**主其官而無聞知於日食之變異，所以罪重。○梅云：「書：『若罔聞知。』」**昏迷于天象，以干先王之誅。**闇錯天象，言昏亂之甚。干，犯也。**政典曰：『先時者殺無赦，**政典，夏后爲政之典籍，若周官六卿之治典。先時，謂曆象之法。四時節氣，弦望晦朔。先天時則罪死無赦。○惠云：「太宰：『掌建邦之六典。四曰政典。』」荀子君道篇引書曰：『先時者殺無赦，不逮時者殺無赦。』韓詩外傳引周制曰：『先時者死無赦，不及時者死無赦。』若然，荀卿所引乃周書也，梅賾載之夏書，又以爲先代政典之言，其後僞造三墳者，遂以政典爲三皇時書矣。」**不及時者殺無赦。』**不及，謂曆象後天時。雖治其官，苟有先後之差，則無赦。況廢官乎！○説見上。**今予以爾有衆，奉將天罰，**將，行也。奉王命，行王誅，謂殺湎淫之身，立其賢子弟。○梅云：「大誥：『惟予以爾庶邦。』」惠云：「湯誓：『致天之罰。』牧誓：『惟恭行天之罰。』」**爾衆士同力王室，尚弼予欽承天子威命。**以天子威命督其士衆，使用命。○梅云：「孟子：『啟賢能敬承。』」**火炎崐岡，玉石俱焚，**山脊曰岡，崐山出玉。言火逸而害玉。○梅云：「晉書袁宏三國名臣傳贊：『滄海橫流，玉石同碎。』又劉琨傳：『火焚崐岡。』可見是晉人語。又後漢董卓傳論：『崐岡之火，自兹而焚。』」閻云：「陳琳檄吴文：『大兵一放，玉石俱碎，雖欲救之，亦無及已。』鍾會檄蜀文：『大兵一發，玉石俱碎，雖欲悔之，亦無及已。』琳、會不相遠而語同，足見其時自有此等語，而僞孔忘其爲三代王者之師，闌入筆端，此書出魏晉，又一佐已。」惠云：「周書世俘解：『焚玉四千。』」**天吏逸德，烈于猛火。**逸，過也。天王之吏爲過惡之德，其傷害天下，甚於火之害玉。猛火烈矣，又烈於火。○梅云：「孟子：『惟天吏則可以伐之。』」盤庚:『惟汝逸德。』立政:『庶習逸德之人。』左傳子產曰:『火烈,人望而畏之。』」**殲厥渠魁,脅從罔治。**殲,滅。渠,大。魁,帥也。指謂羲、和罪人之身,其脅從距王師者,皆無治。○閻云:「易離卦:『上九:王用出征,有嘉折首,獲匪其醜,无咎。』此用其意。又陳琳檄吳文:『元惡大憝,必當梟夷,至於枝附葉從,皆非詔書所特禽疾。』又云:『誅在一人,與衆無忌。』亦此意也。」**舊染汙俗,咸與維新。**言其餘人久染汙俗,本無惡心,皆與更新,一無所問。○梅云:「孟子:『同乎流俗,合乎汙世。』詩:『周雖舊邦,其命維新。』『舊染』即舊邦之染也。」**嗚呼!威克厥愛,允濟。**歎能以威勝所愛,則必有成功。○梅云:「左昭二十三年傳吳公子光曰:『吾聞之曰:作事威克其愛,雖小必濟。』不言出夏書。」**愛克厥威,允罔功。**以愛勝威,無以濟衆,信無功。○姚際恒云:「此四句襲吳光語以爲書詞。任威滅愛之言,必是祖述桀、紂之殘虐而云者,且又出亂臣賊子之口,不可爲訓明甚。後世申、商之法,厥由以興,既載入聖經,則生心害政,發政害事,罪不勝誅矣。李衞公問對云:『凡將,先有愛結於士,然後可以嚴刑。若愛未加,而獨用峻法,鮮克濟焉。』太宗曰:『尚書云「威克厥愛,允濟;愛克厥威,允罔功」何也?』靖曰:『愛設於先,威設於後,不可反是也。若威加於先,愛救於後,無益於事矣。尚書所以慎戒其終,非所以作謀於始。』」案:問對亦係假託,然尚知辨正尚書之非,可謂有識。又東坡書傳云:『先王之用威愛,稱事當理而已,不惟不使威勝愛,若曰「與其殺不辜,寧失不經」,又曰「不幸而過,寧僭無濫」。是堯、舜以來,常務使愛勝威也。今乃謂威勝愛則事濟,愛勝威則無功,是爲堯、舜不如申、商也,而可乎? 此胤后之黨臨敵誓師一切之言,當與申、商之言同棄不齒。而近世儒者欲行猛政,輒以此藉口,吾不可以不辨。』蘇所斥『近世儒者』,殆謂安石。至左傳『作事威克其愛』,乃臨戰制勝之語,非如僞尚書所云也。」**其爾衆士，懋戒哉！**」言當勉以用命，戒以辟戮。○程云：「此篇以古序、紀年爲根據，而未悉當時用師原委，即所集古書諸語，已非切當，『火炎崐岡』以下，文詞華美，與魏晉檄文無異，上視甘誓簡嚴厚重有霄壤之別，且『渠魁脅從』，何所指斥？『舊染汙俗』，全無實證。於古序立言處亦有未合。」

尚書孔傳參正八

湯誓第一　商書

○書疏引鄭云：「契始封商，湯遂以商爲有天下之號。」殷本紀：「殷契佐禹治水有功，封于商，賜姓子氏。」蓋鄭所本。集解引鄭云：「商國在太華之陽。」正義引括地志云：「商州東八十里商洛縣，本商邑，古之商國，帝嚳之子卨所封也。」然則契始封在今陝西商州。左襄九年傳疏引服虔云：「相土居商丘，故湯以爲天下號。」與鄭說異。孫云：「左傳：『士弱曰：「陶唐氏之火正閼伯居商丘，相土因之。」』則商丘是閼伯所居，非契所封之商。殷紀云：『自契至成湯八遷。』蓋自相土遷居於此。今河南歸德府商丘縣是。襄九年疏又云：『如鄭意，契居上洛之商，至相土遷於宋之商，及湯有天下，遠取契所封商以爲一代大號。』此說最明。」「後又稱殷者，以般庚遷殷故。然不全改商號，詩大明云：『殷商之旅。』蕩云：『咨汝殷商。』皆取先後二號並言之。」湯名履，見論語堯曰篇，殷紀云：「主癸子天乙立，是爲成湯。」集解引張晏曰：「禹、湯，皆字也。二王去唐、虞之文，從高陽之質，故夏、商之王皆以名爲號。」謚法曰：「除虐去殘曰湯。」索隱：「稱『天乙』

者，譙周云：『夏、殷之禮，生稱王，死稱廟主，皆以帝名配之。天亦帝也，殷人尊湯，故曰天乙。』」

孔氏傳　臣王先謙參正

湯誓戒誓其士衆。○殷紀：「當是時，夏桀爲虐政淫荒，而諸侯昆吾氏爲亂。湯乃興師率諸侯，伊尹從湯，湯自把鉞以伐昆吾，遂伐桀。以告令師，作湯誓。」書序：「伊尹相湯伐桀，升自陑，遂與桀戰于鳴條之野，作湯誓。」今、古文説同。白虎通謚篇：「湯死，後世稱成湯，以兩言爲謚也。」風俗通皇霸篇：「湯者，攘也，昌也，言其攘除不軌，改亳爲商，成就王道，天下熾盛，文、武皆以其所長。夫擅國之謂王，能制割之之謂王，制殺生威之謂王。王者，往也，爲天下所歸往也。」崔駰大理箴：「夏用淫刑，湯誓其軍。」

王曰：「格爾衆庶，悉聽朕言。契始封商，湯遂以爲天下號。湯稱王，則比桀於一夫。○「王曰：『格爾衆庶，悉聽朕言』」，今文與古文同。○「王曰」者，殷紀作「湯曰」。段云：「白虎通曰質家言天命已使己誅無道，今誅得爲王，故先伐。文家言天命已成爲王者，乃得誅伐王者耳，故先改正朔也。殷紀下文踐天子位，作湯誥，乃稱『王自至於東郊，告諸侯』。然則今文作『湯曰』，古文作『王曰』。殷紀於湯作誓下云『於是湯曰「吾甚武」，號曰武王』，下乃云『桀敗于有娀之虚，桀奔于鳴條』，是湯未敗桀之前已稱王矣。」皮云：「白虎通言質家先伐乃改正朔，非謂稱王。大傳曰：「湯放桀而歸於亳，三千諸侯大會。湯取天子之璽，置之於天子之坐左，復而再拜，從諸侯之位。」是其時未稱王。殷湯號武王，據後言之耳。然據史官所書，則固當稱『王曰』，史記作『湯曰』不作『王曰』者，史公以意改之，使人易曉，與五帝紀作『堯曰』『舜曰』不作『帝曰』、夏紀作『啟曰』不作『王曰』其義正同，非用今文作『湯曰』也。」先謙案：湯稱王在伐桀前，史記自是明證，亦未有改正朔而不稱王者。殷紀作「湯曰」，與五帝夏紀例同，非今、古文異，則皮説得之。○「格爾衆庶，悉聽朕言」者，殷紀作「格汝衆庶，來，女悉聽朕言」。「來女」二字，史公以訓詁代「格爾」，誤倒在「衆庶」下，上「格汝」二字，乃後人誤加，下作「女」，上又作「汝」，此謬誤之顯見者。悉，盡，釋詁文。**非台小子敢行稱亂，有夏多罪，天命殛之。**稱，舉也。舉亂，以諸侯伐天子。非我小子敢行此事，桀有昏德，天命誅之，今順天。○「非台小子敢行稱亂，有夏多罪，天命殛之」，今文與古文同。○「非台小子敢行稱亂」者，殷紀作「匪台小子敢行舉亂」。非、匪，通用字；稱、舉，故訓字。集解引馬云：「台，我也。」釋言：「稱，舉也。」説文：「爯，再舉也。」故史公以偁爲舉。段云：「當是本作『偁』，衞包改之。詳牧誓。」○「有夏多罪，天命殛之」者，殷紀作：「有夏多罪，予維聞女衆言夏氏有罪，予畏上帝，不敢不正，今夏多罪，天命殛之。」「予維」四句，先後倒易，又多「今夏多罪」四字。段云：「以漢書考之，尚書每簡或廿二字，或廿五字，此則伏生壁藏之簡甲乙互異之故也。又劉歆移書太常博士，曰得此逸書，『以考學官所傳，經或脱簡，傳或閒編』，此正閒編之一證。」皮云：「據史記所載，疑史公所用今文尚書本與古文不同。以文義論，似史記文繁義複，不如今傳本文從字順。然文從字順者，正恐後人改竄之本，未可專據今傳本爲是，疑史公古本爲非也。」釋言：「殛，誅也。」段云：「此『殛』字，亦當爲『極』，詳洪範、多方。」**今爾有衆，汝曰：『我后不恤我衆，**

舍我穡事而割正夏。』汝，汝有衆。我后，桀也。正，政也。言奪民農功而爲割剝之政。○「今爾有衆，汝曰：『我后不恤我衆，舍我穡事而割正』」，今文與古文同，「夏」字衍。○今文同者，殷紀作「今女有衆，女曰：『我君不恤我衆，舍我嗇事而割政』」，爾、女同。我后，謂桀。釋詁：「后，君。」「恤，憂。」「廢，舍也。」「穡」爲「嗇」者，説文：「嗇，愛濇也。田夫謂之嗇夫。」方言：「嗇，積也。」特牲饋食禮注：「嗇者，農力之成功。」廣雅釋言：「害，割也。」政謂政令。言我后力役不休，妨民農時，是廢舍我之穡事，而爲害民之政也。段云：「僞傳『正，政也。言奪民農功而爲割剝之政』，不言於夏邑，則各本『夏』字賸也。孔疏云『爲割剝之政於夏邑』，增此三字，以暢經意耳。據史記，則今、古文皆無『夏』字，今本據孔疏妄增，非。」**予惟聞汝衆言，**不憂我衆之言。○「予惟聞女衆言」，今文與古文同。○今文同者，殷紀如此，文在「有夏多罪」下，「惟」作「維」，今、古文之異。「汝」作「女」。**夏氏有罪，予畏上帝，不敢不正。**不敢不正桀罪誅之。○「夏氏有罪，予畏上帝，不敢不正」，今文與古文同。○今文同者，殷紀如此，文亦在「有夏多罪」下。孫云：「『夏氏』者，周語稱禹有平水土之功，『皇天嘉之，胙以天下，賜姓曰姒，氏曰有夏』，則夏雖爲有天下之號，實即氏也。汝衆俱言夏氏有罪，天聽自我民聽，予畏天，不敢不正夏之罪。上帝，天也。」**今汝其曰：『夏罪，其如台？』**今汝其復言桀惡，其亦如我所聞之言？○「今汝其曰：『夏罪，其如台？』」，古文也，今文作：「女其曰：『有罪，其如台？』」○「女其曰：『有罪，其如台？』」者，殷紀如此，「如台」作「奈何」，以訓詁代經。孫云：「『如台』爲『奈何』者，薛綜注東京賦云：『如，奈也。』台、何，聲之轉。」江云：「『其奈何』，呼號無告之甚也。」段云：「高宗肜日『乃曰其如台』，西伯戡黎『今王其如台』，殷紀皆作『其奈何』，然則今文説『台』不訓『我』，僞傳三處説皆不順，不如史記爲長。般庚上『卜稽曰其如台』，『如台』，『如何』也，僞傳訓『台』爲『我』，語亦不順。法言問道篇：『莊周、申、韓不乖寡聖人而漸諸篇，則顏氏之子、閔氏之孫其如台？』謂顏、閔其奈之何？言不能勝之也。正用尚書句法。典引云：『作者七十有四人，今其如台而獨闕也？』言奈何而不封禪也。」**夏王率遏衆力，率割夏邑。**言桀君臣相率爲勞役之事以絶衆力，謂廢農功；相率割剥夏之邑居，謂征賦重。○「夏王率遏衆力，率割夏邑」，今文與古文同，一作「率奪夏國」。○「夏王率遏衆力」者，殷紀如此。釋文引馬云：「遏，止也。」止衆力即上文舍穡事也。○「率割夏邑」者，白虎通京師篇：「或曰：夏曰夏邑，殷曰商邑，周曰京師。尚書曰『率割夏邑』，謂桀也；『在商邑』，謂殷也。」割謂割剥之虐政。一作「率奪夏國」者，殷紀如此，「割」作「奪」，三家文異，謂奪其收斂也。邑、國，故訓字。說文：「邑，國也。」牧誓「姦宄于商邑」，周本紀亦作「商國」。**有衆率怠弗協，曰：『時日曷喪？予及汝皆亡！』**衆下相率爲怠惰，不與上和合。比桀於日，曰：「是日何時喪？我與汝俱亡！」欲殺身以喪桀。○「有衆率怠弗協，曰：『時日曷喪？予及汝皆亡』」，今文與古文同。○「有衆率怠弗協」者，殷紀作「有衆率怠不和」，「弗協」作「不和」，以故訓代之也。集解引馬云：「衆民相率怠憧不和同。」釋詁：「協，和也。」說文：「協，衆之同和也。」○「曰：『時日曷喪？予及汝皆亡』」者，殷紀作：「曰：『是日何時喪？予與女皆亡。』」「時」作「是」，「曷喪」作「何時喪」，「及」作「與」，以故訓代之。段云：「『曷』當是本作『害』，衛包改之。尚書大傳曰：『桀云：「天之有日，猶吾之有民，日有亡哉？（史記集解、文選西征賦注皆有此句。）日亡，吾亦亡矣。」』呂覽愼大篇、新序刺奢篇亦載桀自比日語，因桀常以日自況，故衆有此言。孟子梁惠王篇引湯誓曰：『時日害喪？予及女偕亡。』趙岐注：『時，是也。日，乙卯日也。害，大也。言桀爲無道，百姓皆欲湯共伐之，湯臨士衆誓，言是日桀當大喪亡，我與女俱往亡之。』案：趙亦讀『害』爲『曷』；曷，何也。『何』與『大』義通，故訓爲『大』，其以此二語爲湯誓衆之詞，乃今文異説。」陳喬樅以爲小夏侯説也。書疏引鄭云：「桀見民欲叛，乃自比於日，曰：『是日何嘗喪乎？日亡，我與女亦皆喪亡。』引不亡之徵，以脅恐下民也。」此古文説。**夏德若茲，今朕必往。**凶德如此，我必往誅之。○「夏德若茲，今朕必往」，今文與古文同。○今文同者，殷紀如此。釋詁：「茲，此也。」**爾尚輔予一人，致天之罰，予其大賚汝。**賚，與也。汝庶幾輔成我，我大與汝爵賞。○「爾尚輔予一人，致天之罰，予其大賚汝」，古文也，今文「輔」作「及」，「賚」作「理」。○「爾尚及予一人，致天之罰」者，殷紀如此。釋言：「庶幾，尚也。」孫云：「『輔』作『及』者，今、古文異字，非詁也。」「予一人」者，白虎通號篇：「尚書曰或稱一人。王者自謂一人者，謙也。欲言己材能當一人耳。論語曰：『百姓有過，在予一人。』」段云：「觀湯自稱予一人，則篇首稱王，志其實也。」○「予其大賚汝」者，史記集解引鄭云：「賚，賜也。」「予其大理女」者，殷紀如此。錢大昕云：「理、賚聲相近，詩『釐爾圭瓚』鄭引作『賚』，釐、理義亦通。」孫云：「『理』與『釐』通。書序：『帝釐下土方。』馬注：『釐，賜也，理也。』」**爾無不信，朕不食言。**食盡其言，僞不實。○「爾無不信，朕不食言」，古文也，今文「無」作「毋」。○「無」作「毋」者，殷紀作「女毋不信，朕不食言」。釋詁：「食，僞也。」孫炎註：「食言之僞也。」郭注引此經以證。**爾不從誓言，**不用命。○「爾不從誓言」，今文與古文同。○今文同者，殷紀作「女不從誓言」。**予則孥戮汝，罔有攸赦。」**古之用刑，父子兄弟罪不相及，今云孥戮汝，無有所赦，權以脅之，使勿犯。○「予則孥戮汝，罔有攸赦」，今文與古文同。○今文同者，殷紀作「予則帑僇女，無有攸赦」。孥，俗字；帑，借字，當作「奴」，詳見甘誓。

「戮」作「僇」，假借字。「罔」作「無」，故訓字。段云：「匡謬正俗云：『商書湯斷（古「誓」字。）云：「予則孥𦐇（古文「戮」字。）汝。」孔安國傳云云。（見上。）案：孥戮者，或以爲奴，或加刑戮，無有所赦耳。此非「孥子」之「孥」，猶泰誓稱「囚孥正士」，亦謂或囚或孥也，豈得復言并子俱囚也！又漢書季布傳贊云：「及至困戹，奴僇苟活。」蓋引商書之言以爲折衷矣。』玉裁案：此條盡正爲『奴』字而後可讀，亦可以證尚書之本作『奴』矣。古子女奴婢統稱奴，其既也，假孥爲奴，其後又製『孥』字爲之，詳見甘誓。至『斷』字，見汗簡。『𦐇』字，見薛季宣書古文訓。豈唐初書已有是與？斷者，『𣂔』之譌，古假『𣂔』爲『誓』也。𦐇者，『翏』之譌，古假『翏』爲『戮』也。中論賞罰篇：『書曰：「爾無不信，朕不食言。爾不從誓言，予則孥戮汝，罔有攸赦。」』此『孥』字，亦校書者所改。」書疏引鄭云：「大罪不止其身，又孥戮其子孫。周禮云：『其奴，男子入于罪隸，女子入于舂槀。』」孫云：「古無從坐之法，漢法因暴秦之舊，未能盡除。鄭用漢法説經，失之。『罔有攸赦』者，軍法無赦令，非常法也。常刑則有赦。史記秦始皇紀：『二十六年，於是急法，久者不赦。』是不赦者，亦秦法也。」

仲虺之誥第二 商書 孔氏傳 臣王先謙參正

仲虺之誥仲虺，臣名。以諸侯相天子。會同曰誥。○此梅氏古文之四。殷紀：「湯乃踐天子位，平定海內。湯歸至于泰卷陶，中𤳹作誥。」（集解引徐廣曰：「一無『陶』字。」）書序：「湯歸自夏，至于大坰，仲虺作誥。」今、古文説同。史記用今文，而「中𤳹」皆古字。段氏謂伏生書中亦有古文是也。

成湯放桀于南巢，惟有慙德，湯伐桀，武功成，故以爲號。南巢，地名。有慙德，慙德不及古。○惠云：「魯語：『桀奔南巢。』」梅云：「孟子：『湯放桀。』左襄二十九年傳季札見舞韶濩者，曰：『聖人之弘也，而猶有慙德，聖人之難也。』」閻云：「季札論樂，非據詩、書爲言，『猶有慙德』，即孔子謂『武未盡善』意，今誤以評樂之言入之湯語，使聖人心事曖昧。易曰：『湯、武革命，順乎天而應乎人。』苟有絲毫之慙，聖人必不爲之。觀湯誓『今朕必往』之詞，及論語『玄牡昭告』之語，豈抱慙者邪？」**曰：「予恐來世以台爲口實。」**恐來世論道我放天子，常不去口。○梅云：「左襄二十二年傳公孫僑對晉人曰：『若不恤其患，而以爲口實。』楚語王孫圉曰：『使無以寡君爲口實。』」蘇輿曰：「『來世』二字，不見於經。莊、列書中閒有之。然莊子引楚狂語『來世不可待，往世不可追』，論語止作『來者』『往者』，二字蓋濫觴於周末，而盛稱於佛典。梅取以入經，殆爲不倫。且篇首著此數語，似湯諷仲虺作誥，如後世君臣勸進之爲，非獨誣經，抑且誣聖！」**仲虺乃作誥，**陳義誥湯，可無慚。**曰：「嗚呼！惟天生民有欲，無主乃亂，**民無君主，則恣情欲，必致禍亂。○程云：「逸周書文酌解：『民生而有欲。』」梅云：「禮樂記：『人生而靜，天之性也。感於物而動，性之欲也。』」無主以治之，則强淩弱，衆暴寡，而亂矣。」**惟天生聰明時乂。**言天生聰明，是治民亂。○梅云：「中庸：『爲能聰明睿知，足以有臨也。』」**有夏昬德，民墜塗炭。**夏桀昬亂，不恤下民，民之危險，若陷泥墜火，無救之者。○梅云：「多方：『有夏誕厥逸，乃大淫昬。』」惠云：「孟子：『坐于塗炭。』」應璩與從弟君苗、君胄書：『濟蒸民于塗炭。』」**天乃錫王勇智，表正萬邦，纘禹舊服。**言天與王勇智，應爲民主，儀表天下，法正萬國，繼禹之功，統其故服。○梅云：「詩商頌：『古帝命武湯，正域彼四方。』多方：『天惟時求民主，乃大降顯休命于成湯。』詩：『纘禹之緒。』臯陶謨：『弼成五服。』」**茲率厥典，奉若天命。**天意如此，但當循其典法，奉順天命而已，無所慚。**夏王有罪，矯誣上天，以布命于下。**言託天以行虐於民，乃桀之大罪。○惠云：「墨子非命篇引仲虺之告曰：『我聞有夏，人矯天命，布命于下。』」**帝用不臧，式商受命，用爽厥師。**天用桀無道，故不善之。式，用。爽，明也。用商受王命，用明其衆，言爲主也。○惠云：「墨子非命篇：『帝式是惡，龔喪厥師。』一云『帝伐師惡，用闕師』。一云『帝式是憎，用爽厥師』。『喪』一作『爽』者，周語單襄公曰：『晉侯爽二，吾是以云。』韋昭曰：『「爽」當爲「喪」字之誤也。』」閻云：「墨子言桀執有命，湯特非之曰『喪師』、曰『闕師』、曰『爽師』，此豈吉祥善事？僞古文易之云『式商受命，用爽厥師』，訓『爽』爲『明』，不與墨子悖乎？」又云：「立政：『帝欽罰之，乃伻我有夏，式商受命，奄甸萬姓。』言『我周用商所受之命』而奄甸萬姓也。此乃云上帝不善桀而『用商受王命』，一是商興，一是代商興，語意相反，既誤會『用爽厥師』，且誤用『式商受命』也。」**簡賢附勢，寔繁有徒。**簡，略也。賢而無勢則略之，不賢有勢則附之，若是者繁多有徒衆，無道之世所常。○惠云：「左昭二十八年傳司馬叔游曰：『鄭書曰：「惡直醜正，實蕃有徒。」』周書芮良夫解曰：『實蕃有徒。』」**肇我邦于有夏，若苗之有莠，若粟之有秕。**始我商家，國於夏世，欲見翦除，若莠生苗，若秕在粟。恐被鋤治簸颺。○惠云：「孟子：『惡莠恐其亂苗也。』左傳：『孔子曰：「用秕稗也。」』」**小大戰戰，罔不懼于非辜，矧予之德言足聽聞。**言商家小大憂危，恐其非罪見滅。矧，況也。況我之道德善言足聽聞乎！無道之惡有道，自然之理。○梅云：「史記：『桀乃召湯而囚之夏臺，已而釋之。』詩：『戰戰兢兢。』呂刑：『殺戮無辜。』」姚際恒云：「如此說，湯之伐桀，爲自全免禍計，先發制人，非爲救民塗炭也。」**惟王不邇聲色，不殖貨利。**邇，近也。不近聲樂，言清簡；不近女色，言貞固。殖，生也。不生資貨財利，言不貪也。既有聖德，兼有此行。○惠云：「禮月令：『仲夏，止聲色。仲冬，去聲色。』」梅云：「論語：『賜不受命，而貨殖焉。』史記有貨殖傳。」**德懋懋官，功懋懋賞，用人惟己，改過不吝。**勉於德者，則勉之以官。勉於功者，則勉之以賞。用人之言，若自己出。有過則改，無所吝惜。所以能成王業。○梅云：「秦誓：『人之有技，若己有之。』論語：『過則勿憚改。』」惠云：「魯語：『湯以寬治民。』」**克寬克仁，彰信兆民。**言湯寬仁之德明信於天下。○梅云：「易曰：『寬以居之，仁以行之，君德也。』」**乃葛伯仇餉，初征自葛，東征西夷怨，南征北狄怨。**葛伯遊行，見農民之餉于田者，殺其人，奪其餉，故謂之仇餉。仇，怨也。湯爲是以不祀之罪伐之，從此後遂征無道。西夷、北狄，舉遠以言，則近者著矣。○閻云：「孟子『葛伯仇餉』繫於『亳衆往耕』下，此古文湯征篇文也，「湯一征，自葛始」，亦應爲其文。今竄入仲虺之誥，非也。」又云：「『書曰：「湯一征」』一節，書詞與孟子語頗相雜，僞古文以『天下信之』與『十一征而無敵于天下』互異，故不援入書，以『東面而征西夷怨』至『奚爲后我』凡三見，斷爲書詞入書，『民望之』以下，又孟子語，蓋以別於書曰『徯我后』之故，此最其苦心分疏處。但味『湯一征，自葛始』亦史臣所作，若仲虺對成湯，不得斥其號，僞古文輒變其詞曰『初征自葛』，又其苦心閃縮處。『東面而征西夷怨，南面而征北狄怨』，僞古文縮爲『東征西夷怨，南征北狄怨』便蠢拙。」又云：「僞傳『葛伯遊行』云云不曰『亳衆』曰『童子』，而泛曰『農民』，若葛伯所殺即葛人，與湯無涉，故與孟子違，以掩其勦孟子之迹，用心如此，將誰欺乎？」先謙案：帝王世紀云：「湯始居亳。學者咸以亳本帝嚳之墟，在禹貢豫州河洛之閒，今河南偃師西二十里尸鄉之湯亭是也。謐考之事實，甚失其正。孟子稱『湯居亳，與葛爲鄰』，按地理志，葛，今梁國甯陵縣之葛鄉是也，湯地七十里，葛又伯耳，封域有制，葛伯不祀，湯使亳衆爲畊，有童子餉食，葛伯奪而殺之。計甯陵至偃師八百里，而使亳衆爲畊，有童子餉食，非其理也。今梁有二亳，南亳在穀熟，北亳在蒙，非偃師也。故古文仲虺之誥曰『乃葛伯仇餉，初征自葛』，即孟子之書是也。」世紀多引晚書以相應和，是其朋謀作僞之顯證。惠氏歷引之。**曰：『奚獨後予？』**怨者辭也。○惠云：「孟子：『奚爲後我？』」**攸徂之民，室家相慶，曰：『徯予后，后來其蘇。』**湯所往之民，皆喜曰：「待我君來，其可蘇息。」○惠云：「孟子：『書云：「徯我后，后來其無罰。」』一云『后來其蘇』。帝王世紀云：『成湯有聖德，諸侯有不義者，湯從而征之，誅其君，弔其民，天下咸服。東征則西夷怨，南征則北狄怨，曰：「奚爲而後我？」故仲虺誥曰「徯我后，后來其蘇」也。』」**民之戴商，厥惟舊哉！**舊，謂初征自葛時。**佑賢輔德，顯忠遂良。**賢則助之，德則輔之，忠則顯之，良則進之。明王之道。**兼弱攻昧，取亂侮亡。**弱則兼之，闇則攻之，亂則取之，有亡形則侮之，言正義。○程云：「左宣十二年傳隨武子曰：『「兼弱攻昧」，武之善經也。』仲虺有言曰『取亂侮亡』，兼弱也；汋曰『於鑠王師，遵養時晦』，耆昧也；武曰『無競惟烈』，撫弱耆昧，以務烈所，可也。」左傳惟『取亂侮亡』爲仲虺語，『兼弱攻昧』爲古武經語，且引書以明兼弱，引詩以明耆昧，又引詩以明撫弱耆昧，若書詞果有『兼弱攻昧，取亂侮亡』二句，左傳不得分『取亂侮亡』爲仲虺語，『兼弱攻昧』爲武之善經，亦不得以『兼弱攻昧』句爲提綱，『取亂侮亡』句爲條目也。」**推亡固存，邦乃其昌。**有亡道則推而亡之，有存道則撫而固之。王者如此，國乃昌盛。○閻云：「左襄二十九年傳子皮曰：『仲虺之志曰：「亂者取之，亡者侮之，推亡固存，國之利也。」』襄十四年傳中行獻子曰：『仲虺有言曰：「亡者侮之，亂者取之，推亡固存，國之道也。」』亦可爲上文有『取亂侮亡』無『兼弱攻昧』之證。『推亡固存』一句，即從上『亡』字增出『存』字以釋書詞，故曰『國之道也』、『國之利也』。今以『推亡固存』湊併書詞，以『國之利也』等句改爲『邦乃其昌』以叶韻，兩處傳文割剥聯綴，使經如補衲，傳無完膚矣。」梅云：「洪範：『而邦其昌。』」**德日新，萬邦惟懷。志自滿，九族乃離。**日新，不懈怠。自滿，志盈溢。○惠云：「易大傳：『日新之謂盛德。』左傳：『小邦懷其德。』」梅云：「上二句，即孟子『苟能充之，足以保四海也』；下二句，即孟子『不能充之，無以保妻子也』。」孟子又曰：『得道者多助，多助之至，天下順之；失道者寡助，寡助之至，親戚叛之。』」**王懋昭大德，建中于民，以義制事，以禮制心，垂裕後昆。**欲王自勉，明大德，立大中之道於民，率義奉禮，垂優足之道示後世。○梅云：「『建中于民』，襲中庸『用其中於民』。『以義制事』，見荀子。易：『君子義以方外，敬以直內。』詩：『以保我後生。』」

惠云：「孟子：『湯執中。』」**予聞曰：『能自得師者王。**求賢聖而事之。○惠云：「吳子：『昔楚莊王曰：「寡人聞之，能得其師者王，能得其友者霸。」』荀子堯問篇：『其在仲蘬之言也，曰：「諸侯自爲得師者王，得友者霸，得疑者存。自爲謀而莫己若者亡。」』呂覽驕恣篇：『楚莊王曰：「仲虺有言曰：諸侯之德，能自爲取師者王，能自取友者存，其所擇而莫如己者亡。」』」**謂人莫己若者亡。**自多足，人莫之益，亡之道。○說見上。**好問則裕，自用則小。』**問則有得，所以足；不問專固，所以小。○惠云：「古文禮記中庸：『好問近乎知。』」先謙案：中庸：「愚而好自用。」**嗚呼！慎厥終，惟其始。**靡不有初，鮮克有終，故戒慎終如其始。○梅云：「禮表記：『事君，慎始而敬終。』」**殖有禮，覆昏暴。**有禮者封殖之，昏暴者覆亡之。○梅云：「左閔元年傳齊仲湫曰：『親有禮，因重固，間攜貳，覆昏亂，霸王之器也。』晉語公孫固曰：『晉文公殆有禮矣。樹于有禮，必有艾。』詩曰：「湯降不遲，聖敬日躋。」降〔一〕，有禮之謂也。』」**欽崇天道，永保天命。』**王者如此上事，則敬天安命之道。

湯誥第三　商書　孔氏傳　臣王先謙參正

湯誥以伐桀大義告天下。○此梅氏古文之五。殷紀：「既絀夏命，還亳，作湯誥。」書序：「湯既黜夏

〔一〕「降」原誤作「隆」，據國語原文改。

命，還亳，作湯誥。」殷紀載湯誥語，與僞古文異。詳書序。

王歸自克夏，至于亳，誕告萬方。誕，大也。以天命大義告萬方之衆人。○梅云：「多方：『王來自奄，至于宗周。』書序又云：『成王歸自奄，在宗周，誥庶邦。』」惠云：「『誕告』出盤庚；『萬方』出逸湯誓。」**王曰：「嗟，爾萬方有衆，明聽予一人誥。**天子自稱曰予一人，古今同義。○梅云：「顧命：『王若曰：「庶邦侯甸男衞，惟予一人釗報誥。」』盤庚：『明聽朕言。』」**惟皇上帝，降衷于下民。**皇天上帝，(「天」字衍。)天也。衷，善也。○梅云：「晉語梁由靡曰：『以君之靈，鬼神降衷。』吳語夫差曰：『今天降衷于吳。』左傳劉子曰：『民受天地之中以生。』中庸：『天命之謂性。』」先謙案：詩：「皇矣上帝。」**若有恒性，克綏厥猷惟后。**順天有常之性，能安立其道教，則惟爲君之道。○惠云：「韓非子説林：『孔子曰：「絜哉，民性有恒。」』王應麟曰：『仲虺之誥，言仁之始也；湯誥，言性之始也；太甲，言誠之始也。』棟謂言仁、言性、言誠皆見僞書，其不可據也明矣。」程云：「周書常訓解：『天有常性。』」梅云：「中庸：『率性之謂道，修道之謂教。』」**夏王滅德作威，以敷虐于爾萬方百姓。**夏桀滅道德，作威刑，以布行虐政於天下百官。言殘酷。○惠云：「左傳臧哀伯曰：『滅德立違。』洪範：『惟辟作威。』作威何害於爲君？大誓數紂之罪云『作威殺戮』，亦誤。惟君陳『無倚勢作威』，乃不與洪範悖耳。」先謙案：牧誓：「俾暴虐于百姓。」**爾萬方百姓，罹其凶害，弗忍荼毒。**罹，被。荼毒，苦也。不能堪忍，虐之甚。○梅云：「史記：『夏桀不務德而殘傷百姓，百姓弗堪。』」**並告無辜于上下神祇，**言百姓兆民並告無罪，稱冤訴天地。○梅云：「左哀十六年傳：『余爲渾良夫，叫天無辜。』論語：『禱爾于上下神祇。』」閻云：「晉語韓宣子曰：『上下神祇，無不徧諭也。』」**天道福善禍淫，降災于夏，以彰厥罪。**政善天福之，淫過天禍之，故下災異以明桀罪惡，譴寤之而桀不改。○惠云：「國語單襄公曰：『天道賞善而罰淫。』左傳士貞子曰：『神福仁而禍淫。』」梅云：「微子：『天毒降災荒殷邦。』多士：『弗弔旻天大降喪于殷。』呂刑：『上帝不蠲，降咎于苗。』」**肆台小子，將天命明威，不敢赦。**行天威，謂誅之。○梅云：「湯誓：『非台小子。』多士：『我有周佑命，將天明威，致王罰。』」**敢用玄牡，敢昭告于上天神后，請罪有夏。**明告天，問桀百姓有何罪而加虐乎？○梅云：「論語：『予小子履，敢用玄牡，敢昭告于皇皇后帝，有罪不敢赦。』今皆不通文理，妄爲改竄，以『不敢赦』移『敢用玄牡』之上，又以『有罪』變作『請罪』字於下。」**聿求元聖，與之戮力，以與爾有衆請命。**聿，遂也。大聖陳力，謂伊尹。放桀除民之穢，是請命。○程云：「墨子尚賢篇：『湯誓曰：「聿求元聖，與之戮力同心，以治天下。」』」梅云：「淮南氾論訓：『高皇帝云：「以與百姓請命於皇天。」』漢書賈捐之傳：『賴漢初興，爲百姓請命。』」**上天孚佑下民，罪人黜伏。**孚，信也。天信佑助下民，桀知其罪，退伏遠屏。○梅云：「孟子：『天降下民。』殷紀：『桀奔于鳴條。』」**天命弗僭，賁若草木，兆民允殖。**僭，差。賁，飾也。言福善禍淫之道不差，天下惡除，煥然咸飾，若草木同華，民信樂生。○梅云：「大誥：『天命不僭。』論語：『譬諸草木。』」**俾予一人，輯寧爾邦家。**言天使我輯安汝國家。國，諸侯。家，卿大夫。**兹朕未知獲戾于上下。**此伐桀未知得罪于天地。謙以求衆心。○梅云：「論語：『獲罪于天。』」**慄慄危懼，若將隕于深淵。**慄慄危心，若墜深淵。危懼之甚。○梅云：「詩：

『戰戰兢兢，如臨深淵。』左哀十五年傳芋〔一〕尹蓋曰：『雖隕于深淵，則天命也。』」**凡我造邦，無從匪彝，無即慆淫。**戒諸侯與之更始。彝，常。慆，慢也。無從非常，無就慢過，禁之。○梅云：「周語單子曰：『先王之令有之曰：天道賞善而罰淫，故凡我造國，無從匪彝，無即慆淫，各守爾典，以承天休。』今離間其文。」閻云：「韋昭注：『先王之令，文、武之教也。』夫單襄公，周臣也，以周臣對周天子述周令，其鑿然可信無疑。僞孔乃竄入湯誥中，其不足信可類推矣。」**各守爾典，以承天休。**守其常法，承天美道。○說見上。姚際恒云：「國語『彝』字應上『善』字，『慆淫』應上『淫』字，『天』字應上『天道』，今割去領句，別置於前，此處數句全失照應，剽竊古義，既已乖舛不符，又隔越不貫至此。」**爾有善，朕弗敢蔽。罪當朕躬，弗敢自赦，惟簡在上帝之心。**所以不蔽善人，不赦己罪，以其簡在天心故也。○梅云：「論語：『有罪不敢赦，帝臣不蔽，簡在帝心。』此改『帝臣不蔽』爲『爾有善，朕不敢蔽』，『罪當朕躬』即『罪在朕躬』，既移『有罪不敢赦』於上，乃以『弗敢自赦』爲文，舛紊重複，不自覺也。」**其爾萬方，有罪在予一人。**自責化不至。**予一人有罪，無以爾萬方。**無用爾萬方，言非所及。○閻云：「論語：『朕躬有罪，毋以萬方。萬方有罪，罪在朕躬。』孔此章注云：『履，殷湯名。此伐桀告天之文。墨子引湯誓，其詞若此。』案：安國親得古文二十五篇，中有湯誥，豈有注論語時不曰出逸書某篇者乎？余是以知『予小子履』一段必非真古文湯誥之文，蓋斷斷也。」又云：「墨子引湯誓曰『予小子履，敢用玄牡，敢昭告于皇皇后帝』，國語內史過引湯誓曰：『余一人有

〔一〕「芋」原誤作「芊」，據左傳原文改。

辠，無以萬方，萬方有辠，在余一人。』墨子生孔子之後，書未焚也。內史過生孔子之前，書未刪也。而引書同於論語者皆爲湯誓，則『予小子履』一段，爲古湯誓之詞無疑。（以武王太誓、牧誓例之，必不止湯誓一篇。墨子尚賢中篇引湯誓曰『聿求元聖，與之戮力，同心以治天下』，其語不見今湯誓，當與『予小子履』一段別爲一篇。）古湯誥載殷本紀，蓋作誓者一時，作誥者又一時也。史公時張霸之徒僞古文未出，所見必孔壁物，其爲真古文湯誓無疑。」**嗚呼！尚克時忱，乃亦有終。」**

忱，誠也。庶幾能是誠道，乃亦有終世之美。○梅云：「盤庚：『欽念以忱。』詩：『鮮克有終。』」

尚書孔傳參正九

伊訓第四　商書　孔氏傳　臣王先謙參正

伊訓作訓以教道太甲。○此梅氏古文之六。據殷本紀云：「湯崩，太子太丁未立而卒。立太丁弟外丙，三年，崩。立外丙弟中壬，四年，崩。伊尹迺立太丁子太甲，成湯適長孫也。帝太甲元年，伊尹作伊訓，作肆命，作徂后。」（二篇亡。）書序：「成湯既没，太甲元年，伊尹作伊訓、肆命、徂后。」以「太甲元年」係「成湯既没」之下，與孟子、史記不合。序亦僞也。辨見書序。

惟元祀十有二月乙丑，伊尹祠于先王。此湯崩踰月，太甲即位，奠殯而告。○惠云：「漢書律曆志引伊訓篇曰：『惟太甲元年十有二月乙丑朔，伊尹祀于先王，誕資有牧方明。』」先謙案：漢志引伊訓稱「元年」，僞書改稱「元祀」，此亦拘拘於爾雅「年」、「祀」之分惟恐失之之一證也。餘詳説命。**奉嗣王祗見厥祖，**居位主喪。**侯甸羣后咸在，**在位次。○惠云：「唐書王玄感傳張柬之曰：『書稱成湯既没，太甲元年曰「惟元祀十有二月，伊尹祀于先王，奉嗣王祗見厥祖」，孔安國曰：「湯以元年十一月崩。」顧命：「四月哉生魄，王不懌。翌日乙丑王崩。丁卯命作册度，越七日癸酉，伯相命士須材。」則成王崩至康王麻冕黼裳凡〔二〕十日，康王始見廟。明湯崩在十一月，比殯訖，以十二月祗見其祖。顧命見廟訖，「諸侯出廟門俟」。伊訓言「祗見厥祖，侯甸羣后咸在」，則崩及見廟，是周因於殷也。」棟謂：如張束之説，則知梅賾竊顧命之文明矣。」**百官總己以聽冢宰。**伊尹制百官，以三公攝冢宰。○梅云：「論語：『子曰：「君薨，百官總己以聽于冢宰三年。」』」**伊尹乃明言烈祖之成德，以訓于王。**湯有功烈之祖，故稱焉。○梅云：「詩商頌：『衎我烈祖。』」**曰：「嗚呼！古有夏先后，方懋厥德，罔有天災。**先君謂禹以下、少康以上賢王。言能以德禳災。○梅云：「左傳王孫滿曰：『昔有夏之方有德也。』」**山川鬼神，亦莫不寧。**莫，無也。言皆安之。○程云：「墨子明鬼篇：『商書曰：「嗚呼！古者有夏，方未有禍之時，百獸貞蟲，允及飛鳥，莫不比方，矧在人面，胡敢異心？山川鬼神，亦莫敢不寧。」』」**暨鳥獸魚鼈咸若。**雖微物皆順之，明其餘無不順。○程云：「賈誼新書君德篇引靈臺詩而云：『文王之澤，下被禽獸，洽于魚鼈，咸若攸樂。』」**于其子孫弗率，皇天降災，假手于我有命，**言桀不循其祖道，故天下禍災，借手於我有命商王誅討之。○惠云：「司馬相如諭巴蜀文：『子弟之率弗謹。』」閻云：「左傳：『上天降災。』」梅云：「盤庚：『乃話民之弗率。』晉語驪姬曰：『無必假手於武王。』左隱十一年傳鄭莊公曰：『天禍許國，鬼神實不逞於許君，而假手於我寡人。』」先謙案：墨

〔二〕「凡」原誤作「九」，據新唐書王玄感傳所引改。

子天志篇云：「乃曰吾有命。」**造攻自鳴條，朕哉自亳。**造、哉，皆始也。始攻桀伐無道，由我始修德于亳。○惠云：「唐石經作『朕載自亳』。書序曰：『伊尹相湯伐桀，遂與桀戰于鳴條之野。』伊訓曰：『天誅造攻自牧宮，朕載自亳。』趙注：『伊訓，尚書逸篇名。』鄭注書序云：『鳴條，南夷地名。』孟子引：『舜卒于鳴條，東夷之地。』或云陳留平丘縣今有鳴條亭是。帝王世紀云：『伊訓曰：「造攻自鳴條，朕哉自亳。」』又云：『夏師敗績，乃伐三朡。』湯誥：『王歸自克夏，至于亳。』三朡在定陶，於義不得在陳留與東夷也。今安邑見有鳴條邑、昆吾亭云云。」**惟我商王，布昭聖武，代虐以寬，兆民永懷。**言湯布明武德，以寬政代桀虐政，兆民以此皆信懷我商王之德。○程云：「禮祭法：『湯以寬治民而除其虐。』」**今王嗣厥德，罔不在初。**言善惡之由無不在初，欲其慎始。○梅云：「召誥：『今王嗣受厥命，我亦惟茲二國命，嗣若功，王乃初服，嗚呼！若生子，罔不在厥初生，自貽哲命。』」**立愛惟親，立敬惟長，始于家邦，終于四海。**言立愛敬之道始於親長，則家國並化，終洽四海。○閻云：「禮祭義：『立愛自親始，教民睦也；立敬自長始，教民順也。』孝經：『愛親者不敢惡於人，敬親者不敢慢於人。』愛敬兼於事親，而德教加于百姓，刑于四海。』」**嗚呼！先王肇修人紀，從諫弗咈，先民時若。**言湯始修爲人綱紀，有過則改，從諫如流，必先民之言是順。○梅云：「楊雄解嘲：『上世之士，人綱人紀。』」惠云：「詩商頌：『先民有作。』」先謙案：詩：「匪先民是程。」**居上克明，**言理恕。○梅云：「荀子臣道篇：『爲上則明。』」程云：「說苑說叢篇：『爲人上者，患在不明。』」**爲下克忠，**事上竭誠。○程云：「說叢篇：『爲人下者，患在不忠。』」閻云：「臣道篇：『故因其懼也而改其過，因其憂也而辨其故，因其喜也而入其道，因其怒也而除其怨，曲得所謂焉。』書曰：「從命而不拂，微諫而不倦，爲上則明，爲下則遜。」此之謂也。』僞書改以爲先王事，語反淺近。楊倞注亦以『書曰』爲伊訓，而不言其不同。」**與人不求備，檢身若不及，**使人必器之，常如不及，恐有過。○梅云：「論語：『無求備於一人。』淮南氾論訓：『君子不責備于一人。』亢倉子訓道篇：『君子檢身常若過。』班彪王命論：『見善如不及。』」**以至于有萬邦，兹惟艱哉！**言湯操心常危懼，動而無過，以至爲天子，此自立之難。**敷求哲人，俾輔于爾後嗣。**布求賢智，使師輔於爾嗣王，言仁及後世。○梅云：「詩：『罔敷求先王。』又：『惟此哲人。』酒誥：『在今後嗣王。』」惠云：「墨子尚賢篇：『先王之書歫年之言也。傳曰：「求聖君哲人，以裨輔而身。」』又曰：『於先王之書豎年之言然，曰：「晞夫聖、武、知人，以屏輔而身。」此言先王之治天下，必選擇賢者以爲其羣屬輔佐。』」**制官刑，儆于有位。**言湯制治官刑法，以儆戒百官。○閻云：「墨子非樂篇：『先王之書湯之官刑有之。』未言作於何時。然左昭六年傳云：『昔先王議事以制，不爲刑辟，夏有亂政而作禹刑，商有亂政而作湯刑，周有亂政而作九刑。三辟之興，皆叔世也。』杜注：『言刑書不起於始盛之世。』則湯之官刑，必作於湯之叔世，不爲湯所制明矣。不爲湯制，即不出於伊尹之口以訓太甲又可知矣。或曰：『鞭作官刑』虞舜有之，豈湯無官刑邪？予曰：湯時非無刑，特麗於官刑勒爲一書以豫告下民，則湯未嘗有此法，即九刑之作，原於周公所爲賊藏盜姦爲大凶德有常無赦是也。說者猶謂後世記周公誓命之言，非周公自爲之書，何況禹、湯？」**曰：『敢有恒舞于宫，酣歌于室，時謂巫風。**常舞則荒。淫樂酒曰酣，酣歌則廢德。事鬼神曰巫。言無政。○惠云：「非樂篇又云：『曰：其恒舞于宫，是謂巫風。其刑，君子出絲二衛，小人否，似二伯黄徑。乃言曰：「嗚呼！舞佯佯，黄言孔章，上帝弗常，九有以亡，上帝不順，降之百殃，其家必壞喪。』」**敢有殉于貨色，恒于遊畋，時謂淫風。**殉，求也。昧求財貨美色，常遊戲畋獵，是淫過之風俗。○先謙案：禮中庸：「遠色賤貨。」梅云：「無逸：『于遊于畋。』」**敢有侮聖言，逆忠直，遠耆德，比頑童，時謂亂風。**狎侮聖人之言而不行，拒逆忠直之規而不納，耆年有德疏遠之，童稚頑嚚親比之，是荒亂之風俗。○惠云：「論語：『侮聖人之言。』逸周書有耆德篇。」梅云：「鄭語史伯曰：『惡角犀豐盈，而近頑童。』吴語子胥曰：『今王播棄黎老，而孩童焉比謀。』」**惟茲三風十愆，卿士有一于身，家必喪。**有一過，則德義廢，失位亡家之道。○梅云：「孟子：『諸侯不仁，不保社稷；卿大夫不仁，不保宗廟。』」**邦君有一于身，國必亡。**諸侯犯此，國亡之道。○説具上。**臣下不匡，其刑墨，具訓于蒙士。』**邦君卿士則以争臣自匡正。臣不正君，服墨刑，鑿其額，涅以墨。蒙士，例謂下士，士以争友僕隸自匡正。○朱彝尊云：「肉刑。非舜五刑。舜命皋陶流、鞭、扑、贖、賊，是。以苗民始作五虐之刑，夏、商無明徵。伊訓『其刑墨』，僞古文，未足深信。周官分職，掌之司刑，肉刑其昉於周與？」蘇輿云：「漢書刑法志：『禹承堯、舜之後，自以德衰而制肉刑，湯、武順而行之者，以俗薄於唐、虞故也。』是夏、商用肉刑，漢儒已有此説。荀子云：『刑名從商，爵名從周。』蓋刑辟至商趨重矣。」先謙案：唐、虞象刑者，非無刑之謂，先有五刑，而後象之也。其時風俗醇美，罹法者少，即象刑，人以爲耻亦無犯者，所以明刑措至極也。朱説非。詳見堯典。**嗚呼！嗣王祗厥身，念哉！**言當敬身，念祖德。○梅云：「皋陶謨：『慎厥身。』又曰：『念哉！率作興事。』」**聖謨洋洋，嘉言孔彰。**洋洋，美善。言甚明可法。○梅云：「夏書：『聖有謨勳。』中庸：『洋洋乎！』詩：『亦孔之昭。』」**惟上帝不常，作善降之百祥，作不善降之百殃。**祥，善也。天之禍福，惟善惡所在，不常在一家。○惠云：「大較本墨子而有詳略。」梅云：「康誥：『惟命不于常。』易：『積善之家，必有餘慶；積不善之家，必有餘殃。』」爾惟德罔小，萬邦惟慶。修德無小，則天下賴慶。○梅云：「易：『小人以小善爲無益而弗爲也，以小惡爲無傷而弗去也。』漢昭烈戒子曰：『勿以惡小而爲之，勿以善小而不爲。』」爾惟不德罔大，墜厥宗。苟爲不德無大，言惡有類，以類相致，必墜失宗廟。此伊尹至忠之訓。○説具上。閻云：「賈子：『有善不可謂小而無益，不善不可謂小而無傷。』淮南子：『君子不謂小善不足爲也而舍之，小善積而爲大善；不謂小不善爲無傷也而爲之，小不善積而爲大不善。』」

太甲上第五　商書　孔氏傳　臣王先謙參正

太甲戒太甲，故以名篇。○此梅氏古文之七。殷本紀：「帝太甲既立三年，不明，暴虐，不遵湯法，亂德，于是伊尹放之於桐宫。三年，伊尹攝行政當國，以朝諸侯。帝太甲居桐宫三年，悔過自責，反善，於是伊尹迺迎帝太甲而授之政。帝太甲修德，諸侯咸歸殷，百姓以寧。伊尹嘉之，迺作太甲訓三篇。」書序：「太甲既立，不明，伊尹放諸桐。三年，復歸于亳，思庸。伊尹作太甲三篇。」案：據殷紀，書名「太甲」下當有「訓」字。又太甲立三年，始有放桐之事，放桐三年，而後歸政，則六年矣。序以爲既立即放，顯與史違，以致後人異説紛紜，不可據信。辨見書序。

惟嗣王不惠于阿衡，阿，倚。衡，平。言不順伊尹之訓。○梅云：「『不惠』自孟子『予弗狎於不順』翻出。詩商頌：『實惟阿衡。』毛傳：『阿衡，伊尹也。』」伊尹作書曰：「先王顧諟天之明命，以承上下神祇，顧，謂常目在之。諟，是也。言敬奉天命，以承順天地。○梅云：「禮大學引太甲曰：『顧諟天之明命。』論語：『禱爾于上下神祇。』」社稷宗廟，罔不祗肅。肅，嚴也。言能嚴敬鬼神而遠之。○梅云：「『社稷宗廟』見孝經。」天監厥德，用集大命，撫綏萬方。監，視也。天視湯德，集王命於其身，撫安天下。○梅云：「詩大雅：『天監在下』、『聿修厥德』、『有命既集』，頌『綏萬邦』。」惟尹躬克左右厥辟宅師，伊尹言能助其君居業天下之衆。○梅云：「商頌：『實左右商王。』大雅：『殷之未喪師。』」肆嗣王丕承基緒，肆，故也。言先祖勤德，致有天下，故子孫得大承基業，宜念祖修德。惟尹躬先見于西邑夏，自周有終，相亦惟終。周，忠信也。言身先見夏君臣用忠信有終。夏都在亳西。○梅云：「禮緇衣：『尹吉曰：「惟尹躬天見於西邑夏，自周有終，相亦惟終。」』鄭注：『尹吉亦尹誥也，「天」當爲「先」字之誤。』僞古文作『先』，用鄭注，其出於後不待言。」其後嗣王，罔克有終，相亦罔終。言桀君臣滅先人之道德，不能終其業，以取亡。嗣王戒哉！祗爾厥辟，辟不辟，忝厥祖。」以不終爲戒慎之至，敬其君道則能終。忝，辱也。爲君不君，則辱其祖。○惠云：「禮坊記：『書云：「厥辟不辟，忝厥祖。」』」

王惟庸，罔念聞。言太甲守常不改，無念聞伊尹之戒。○梅云：「多士：『惟時天罔念聞。』」伊尹乃言曰：「先王昧爽丕顯，坐以待旦，爽、顯，皆明也。言先王昧明思大明其德，坐以待旦而行之。○惠云：「淮南修務訓：「『湯夙興夜寐，以致聰明。』」梅云：「左昭三年傳叔向引讒鼎之銘曰：『昧旦丕顯，後世猶怠。』孟子：『周公坐以待旦。』」姚際恒云：「作僞者改『昧旦』爲『昧爽』以避下句『旦』字。」閻云：「昧爽者，欲明未明之時也。旦，早也，明也。相去時僅幾希，此何足見湯憂勤之甚？而舉以告嗣王乎！若漢劉向之『不寐達旦』，鄭當時之『夜以繼日，至明旦』，趙廣漢之『夜不寐，至旦』，歷時甚久，故史志其異。豈所謂昧爽與旦之間哉？連綴此語者，不惟文理不通，亦太不曉事矣。」**旁求俊彥，啟迪後人，**旁，非一方。美士曰彥。開道後人。言訓戒。○梅云：「書曰：『佑啟我後人。』」**無越厥命以自覆。**越，墜失也。無失亡祖命而不勤德，以自顛覆。○梅云：「禮緇衣：『太甲曰：「無越厥命以自覆也。」』」**慎乃儉德，惟懷永圖。**言當以儉爲德，思長世之謀。○梅云：「商書多用『乃』字，如『齊乃位』『度乃口』之類。左傳：『儉，德之共也。』金縢：『惟永終是圖。』」**若虞機張，往省括于度，則釋。**機，弩牙也。虞，度也。度機，機有度以準望。言修德夙夜思之，明旦行之，如射先省矢括于度，釋則中。○梅云：「禮緇衣：『若虞機張，往省括于厥度，則釋。』」**欽厥止，率乃祖攸行。**止謂行所安止。君止於仁，子止于孝。○梅云：「盤庚：『乃祖乃父。』」**惟朕以懌，萬世有辭。**言能循汝祖所行，則我喜悅，王亦見歎美無窮。○先謙案：「雒誥：『汝永有辭。』」**王未克變。**未能變，不用訓。太甲性輕脫，伊尹至忠，所以不已。**伊尹曰：「茲乃不義，習與性成。**言習行不義，將成其性。○梅云：「孟子：『夫豈不義？』賈子曰：『習與智長，故幼而不媿；化與心成，故中道若性。』『孔子曰：「少成若天性，習貫如自然。」』」閻云：「『茲乃不義』，隱與無逸『其在祖甲，不義惟王』相表裏，以錯解爲實事。」**予弗狎于弗順，營于桐宮，密邇先王其訓，無俾世迷。**狎，近也。經營桐墓立宮，令太甲居之，近先王，則訓於義，無成其過，不使世人迷惑怪之。○梅云：「孟子：『予不狎于不順。』左成十六年傳叔聲伯曰：『以魯之密邇仇讎。』君奭：『我不以後人迷。』」**王徂桐宮，居憂。**往入桐宮，居憂位。○皮云：「漢書王莽傳：『昔成湯既没，而太丁蚤夭，其子太甲幼少，不明，伊尹放諸桐宮而居攝，以興殷道。周武王既没，周道未成，成王幼少，周公屏成王而居攝，以成周道。』（案：莽意重居攝，並舉伊、周，故不及外丙、仲壬。）論衡感類篇：『伊尹相湯伐夏，爲民興利除害，致太平。湯死，復相太甲。太甲佚豫，放之桐宮，攝政三年，乃復退位。』趙岐孟子注：『放之於桐邑。』史記集解引鄭云：『桐，地名也，有王離宮焉。』書序：『伊尹放諸桐。』僞傳云：『湯葬地也。』又造僞古文云『王徂桐宮，居憂』以實其説。帝王世紀亦云：『桐宮，蓋殷之墓地，有離宮可居，在鄴西南。』皇甫謐即造僞書者。不知劉向云『殷湯無葬地』，是西漢人並不識湯陵所在。哀帝建平元年大司空御史長卿案行水災，因行湯冢，蓋至此始知有湯陵。而皇覽云『湯冢在濟陰亳縣北郭，東去州二里』，與僞傳不同。括地志：『薄城北郭東三里平地有湯冢。』又云：『洛州偃師縣東六里有湯冢，近桐宮。』前後兩説並存，一沿皇覽之説，一沿僞孔之説，其真僞皆不可知。」閻云：「後漢郡國〔一〕志梁國有虞縣有薄縣，『虞』下注：『有桐地有桐亭。』『薄』下注：『有湯冢。』判然二縣所有，豈得指桐爲湯陵墓地乎？然僞孔欲附會太甲居近先王則訓於義，致生此説，後儒見有『居憂』字，並謂桐宮乃諒陰三年之制，顯悖孟子，尤爲怪矣！」**克終允德。**言能思念其祖，終其信德。○梅云：「晉語寺人勃鞮曰：『伊尹放太甲，而卒以爲明王。』

〔一〕「國」原誤作「縣」，據後漢書改。

又曰：『佐相以終，克成令名。』」程云：「孔叢子：『子順對趙孝成王曰：「其在商王太甲嗣立而干冢宰之政，伊尹曰：『惟王舊行不義，習與性成，予不狎于不順。王始即桐，邇于先王其訓，罔以後人迷。』王往居憂，允思厥祖之明德。」』」案：家語、孔叢子出與晚書同時，晚書竄其語於中，以相標榜也。」

太甲中第六　商書　孔氏傳　臣王先謙參正

惟三祀十有二月朔，湯以元年十一月崩，至此二十六月，三年服闋。○此梅氏古文之八。閻云：「治曆者以至朔同日爲曆元。漢書律曆志遇至朔同日悉載之：漢高帝『八年十一月乙巳朔旦冬至』，十一月者，漢承秦未改月，十一月仍子月也；『周公攝政五年，正月丁巳朔旦冬至』，正月者，周改月，正月爲子月也；商太甲『元年十二月乙丑朔旦冬至』，十二月者，商改月，十二月爲子月也。或問周改月，於春秋而徵之矣，商改月，於書亦有徵乎？余曰：亦徵於春秋，左傳昭十七年梓慎曰：『火出，於夏爲三月，於商爲四月，於周爲五月。』班志謂武王以殷十一月戊子師初發，『後三日得周正月辛卯朔』，殷十一月者，建亥之月，故後一月爲周正月，建子是也。或者徒見蔡氏書傳，謂三代及秦皆改正朔而不改月，以太甲元祀十有二月乙丑爲建丑之月，商之正朔實在於此，其祀先王者，以即位改元之事告之。不知此乃建子之月，商之正朔不在於此。其祀先王者，以冬至配上帝之故也。班志曰：『言雖有成湯、太甲、外丙之服，以冬至越茀祀先王于方明以配上帝，是旦朔冬至之歲也。後九十五歲，商十二月甲申朔旦冬至，亡餘分，是爲孟統。』可謂推法最密者矣。而僞作太甲者，求其説而不得，以元祀十有二月爲正朔，遂以三祀十有二月亦爲正朔，祠告復辟皆當以正朔，故曰『惟三祀十有二月朔，奉嗣王歸于亳』，不知商實改月，未常以十二月爲歲首，曷爲復辟於是月乎？不然商實不改月，則十二月建丑之月耳，建丑之月朔旦，安得有冬至而劉歆、班固乃以爲曆元而書之乎？余蓄此疑凡數載，久之方得其説，故特著之以補顔師古漢注之缺，且以證蔡傳之多誤也。或又問：子以十二月爲建子，則如孔傳所云，湯崩踰月，太甲即位，奠殯而告，是以崩年改元矣。余曰：崩年改元，亂世事也，不容在伊尹而有之。蘇子瞻既言之矣，余豈敢復以崩年爲改元乎？蓋成湯爲天子用事十三年而崩，則崩當於丁未，太甲即位改元，則改元必於戊申，始正月建丑，終十二月建子，所謂十有二月乙丑朔旦冬至配上帝者，乃太甲元年之末，非太甲元年之初也。總之，認十有二月乙丑爲即位之禮，不得不以十有二月爲建丑，知十有二月乙丑爲至朔同日配上帝之禮，又不容不以十有二月爲建子也。或曰：伊尹當即位之初祀于先王，明言先王之德以訓太甲，故曰伊訓。余曰：冬至以先王配上帝，獨不可明言先王之德以訓太甲乎？或又曰：劉歆三統曆，班固謂之爲最密，杜預謂之爲最疏，子何獨劉歆之是從乎？余曰：余亦非漫信劉歆也，自古治曆者，皆紛如聚訟，莫有定論，獨劉歆載武王伐紂時日徵之於國語伶州鳩，太甲時日徵之於古文尚書，余之從夫劉歆者，亦以其原本經傳而從之也。不然，三統曆也，班固謂之爲最密，杜預謂之爲最疏，而唐僧一行又獨謂杜預之謬，後人之議前人也如是，余又將安所適從哉？」又云：「元祀十有二月，孔傳以爲改月是矣，但踰月即位，太甲稱元於湯崩之年子月，則孔氏誤會書序之文也，不可從；蔡傳以爲踰年即位是矣，但不改月，又與曆法十二月至朔同日者不合，亦不可從。余故折衷於二者之間，著爲此論，自謂頗不可易云。」皮云：「閻説甚辨，猶未免沿書序之誤。殷紀：湯崩，立外丙，二年，崩，立中壬，四年，崩，乃立太甲。與孟子合。是太甲繼中壬而立，非繼湯而立也。古文書序『成湯既没，太甲元年』，則直以太甲接成湯，抹撥外丙、中壬兩代，與孟子、史記不合矣。此古文書序之不可信者。」（詳見書序。）

伊尹以冕服奉嗣王歸于亳。冕，冠也。踰月即吉服。○梅云：「周語内史興曰：『太宰以王命冕服，内史贊之，三命而後即冕服。』」惠云：「復歸于亳，見孟子。」閻云：「僞古文出王肅之學，肅錯解中月而禫爲在二十五月之中，二十六月朔輒即吉，故撰太甲三祀十有二月朔嗣王被冕服歸，非以是月爲月朔，乃以是月爲服闋而即吉也。服果闋於是月，則太甲之元必改於湯崩之年丁未，一年二君，失終始之義，此豈三代所宜有乎？若踰年改元，又不應至此月而後服闋，反復推究，無一可者，蓋作僞者不能備知三代典禮，既以崩年改元衰季不祥之事上加盛世，又以祥禫共月後儒短喪之制上測古人，蓋至是而其僞愈不可掩矣。」**作書曰：「民非后，罔克胥匡以生。**無能相匡，故須君以生。○梅云：「盤庚：『不能胥匡以生。』」惠云：「禮表記：『太甲曰：「民非后，無能胥以寧。」』」吴書駱統傳：「書曰：『衆非后，無能胥以寧。』」**后非民，罔以辟四方。**須民以君四方。○惠云：「表記：『太甲曰：「后非民，無以辟四方。」』駱統傳同，『民』作『衆』。」**皇天眷佑有商，俾嗣王克終厥德，實萬世無疆之休。」**言王能終其德，乃天之顧佑商家，是商家萬世無窮之美。○梅云：「太甲方知改過自新即謂之『克終厥德』，非聖人慮終之語，亦與下文太甲『圖惟厥終』之言相戾。」先謙案：召誥：「無疆惟休。」**王拜手稽首，曰：「予小子不明于德，自底不類。**君而稽首於臣，謝前過。類，善也。闇於德，故自致不善。○梅云：「洛誥：『王拜手稽首。』詩：『不明爾德。』」先謙案：殷紀云太甲不明，暴虐。閻云：「太甲不得稽首於伊尹，爲誤倣洛誥。」元闕。皮補云：

「洛誥：『王拜手稽首。』孔傳：『成王尊敬周公，答其拜手稽首。』兩處之文相同，閻氏以爲誤倣洛誥者，案殷紀伊尹攝行當國，與周本紀周公乃攝行政當國事雖相同，而周公攝政權稱王，明見史記及禮記明堂位、逸周書明堂解、荀卿子書，兩漢今、古文無異説，伊尹未嘗稱王。周公，叔父之尊；伊尹，異姓之卿。是伊、周雖同而不盡同，成王可稽首於周公，太甲不當稽首於伊尹，且臣拜而君答拜，古禮之常，臣未拜而君先拜臣，則無是禮。洛誥篇先云周公拜手稽首，然後王答稽首，傳云『尊敬周公，答其拜手稽首』是也。太甲篇先但云伊尹以冕服奉嗣王歸于亳，並未拜手稽首，太甲遽稽首於其臣，傳云『君而稽首於臣，謝前過』則害於義矣，君雖有過，不當稽首而謝其臣。公羊傳晉靈公望見趙盾，愬而再拜，乃東遷後衰世之事，非三代前所宜有也。故以爲誤倣洛誥。」**欲敗度，縱敗禮，以速戾于厥躬。**速，召也。言己放縱情欲，毁敗禮儀法度，以召罪於其身。○梅云：「左昭十年傳子皮曰：『書曰：「欲敗度，縱敗禮。」』酒誥曰：『惟民自速辜。』」**天作孽，猶可違；自作孽，不可逭。**孽，災。逭，逃也。言天災可避，自作災不可逃。○惠云：「禮緇衣：『大甲曰：「天作孽，可違也；自作孽，不可以逭。」』孟子：『太甲曰：「天作孽，猶可違；自作孽，不可逭。」』」**既往背師保之訓，弗克于厥初，尚賴匡救之德，圖惟厥終。」**言己已往之前，不能修德於其初，今庶幾賴教訓之德，謀終於善。悔過之辭。○惠云：「左傳楚共王曰：『未習師保之教訓。』又展喜曰：『匡救其災。』」梅云：「論語：『既往不咎。』詩：『靡不有初，鮮克有終。』金縢：『惟永終是圖。』」**伊尹拜手稽首，**拜手，首至手。**曰：「修厥身，允德協于下，惟明后。**言修其身，使信德合於羣下，惟乃明君。**先王子惠困窮，民服厥命，罔有不悦。**言湯子愛困窮之人，使皆得其所，故民心服其教令，無有不忻喜。○梅云：「淮南修務訓：『湯夙興夜寐，以致聰明；輕賦薄斂，以寬民氓；布德施惠，以振困窮；弔死問疾，以養孤孀。百姓親附，政令流行。』召誥：『越厥民，兹服厥命。』」**並其有邦厥鄰，乃曰：「徯我后，后來無罰。」**湯俱與鄰並有國，鄰國人乃曰：「待我君來。」言忻戴。君來無罰，言仁惠。○閻云：「兩書有本出一處偶爲引者所增易實於義無妨者，孟子『齊人取燕』章、『宋小國』章兩引書『徯我后，后來其蘇』、『徯我后，后來其無罰』是也，柰何僞作古文者，既以『后來其蘇』竄入仲虺之誥，復以『后來其無罰』竄入太甲篇中，可謂迂遠不切矣。」**王懋乃德，視乃厥祖，無時豫怠。**言當勉修其德，法視其祖而行之，無爲是逸豫怠惰。**奉先思孝，接下思恭。**以念祖德爲孝，以不驕慢爲恭。○梅云：「詩：『永言孝思。』」先謙案：論語：「貌思恭。」**視遠惟明，聽德惟聰。**言當以明視遠，以聰聽德。○惠云：「楚語伍舉曰：『臣聞國君聽德以爲聰，致遠以爲明。』」**朕承王之休無斁。」**王所行如此，則我承王之美無斁。

太甲下第七　商書　孔氏傳　臣王先謙參正

伊尹申誥于王曰：「嗚呼！惟天無親，克敬惟親。言天於人無有親疏，惟親能敬身者。○此梅氏古文之九。惠云：「左傳：『周書曰：「皇天無親。」』」**民罔常懷，懷于有仁。**民所歸無常，以仁政爲常。**鬼神無常享，享于克誠。**言鬼神不保一人，能誠信者則享其祀。○惠云：「唐、虞時未有『誠』字，至伊尹告太甲乃曰『鬼神無常享，享于克誠』，『誠』字始見於此。此真西山之言也。噫！僞書安可據哉！」梅云：「左僖五年傳：宮之奇曰：『鬼神匪人實親，惟德是依。』」**天位艱哉！**言居天子之位難，以此三者。○梅云：「詩：『天位殷適。』」**德惟治，否德亂。**爲政以德則治，不以德則亂。**與治同道罔不興，與亂同事罔不亡。**言安危在所任，治亂在所法。○惠云：「韓非子：『與亡國同事有不可存也。』淮南說林訓：『與亂同道，難與爲謀。』」**終始慎厥與，惟明明后。**明慎其所與治亂之機，則爲明王明君。○先謙案：胤征「厥后惟明明」，與此文「惟明明后」即一語而顛倒之。**先王惟時懋敬厥德，克配上帝。**言湯惟是終始所與之難，勉修其德，能配天而行之。○梅云：「詩：『殷之未喪師，克配上帝。』」**今王嗣有令緒，尚監茲哉！**令，善也。繼祖善業，當夙夜庶幾視祖此配天之德而法之。**若升高，必自下；若陟遐，必自邇。**言善政有漸，如登高升遠必用下近爲始，然後終致高遠。○梅云：「中庸：『辟如行遠必自邇，辟如登高必自卑。』」**無輕民事，惟難。**無輕爲力役之事，必重難之乃可。**無安厥位，惟危。**言當常自危懼，以保其位。**慎終于始。**於始慮終，於終思始。○梅云：「荀子議兵篇、禮論篇皆言『慎終如始』。」**有言逆于汝心，必求諸道。**人以言咈違汝心，必以道義求其意，勿拒逆之。**有言遜于汝志，必求諸非道。**遜，順也。言順汝心，必以非道察之，勿以自臧。**嗚呼！弗慮胡獲？弗爲胡成？一人元良，萬邦以貞。**胡，何。貞，正也。言常念慮道德，則得道德；念爲善政，則成善政。一人，天子。天子有大善，則天下得其正。○梅云：「左傳：『不索胡獲？』荀子：『事雖小，不爲不成。』禮文王世子引語曰：『樂正司業，父師司成，一有元良，萬國以貞。』鄭注：『一，一人也。』此經直用鄭注改爲『一人』而刪『有』字。」閻云：「禮記稱世子，今入伊尹口中以訓長君，非也。蓋見釋詁曰『元良，首也』，遂以此語實之耳。郭璞彼注：『元良，未聞。』」**君罔以辯言亂舊政**，利口覆國家，故特慎焉。**臣罔以寵利居成功**，成功不退，其志無限，故爲之極以安之。**邦其永孚于休。**」言君臣各以其道，則國長信保於美。○梅云：「君奭：『厥基永孚于休。』」

咸有一德第八　商書　孔氏傳　臣王先謙參正

咸有一德即政之後，恐其不一，故以戒之。○此梅氏古文之十。殷本紀：「伊尹作咸有一德。」在湯作湯誥後、咎單作明居前。書序：「伊尹作咸有一德。」僞孔列太甲後，誤，辨見書序。姚際恒云：「詳篇義，疑史臣所紀，當是尹與湯，如虞之君臣作『明良喜起』歌相似，故曰咸有一德，但此不爲歌而爲文耳。諸經傳記於伊尹並無告歸致仕之事，作僞者見書序茫無可據，鑿空撰出伊尹復政一節，取配周公復政，將咸有一德本屬尹在湯朝贊襄於湯者，移入太甲朝陳戒於太甲。夫贊襄於湯曰咸有一德，喜同德之助，陳交泰之休，於義可也，若陳戒於太甲而曰咸有一德，則是矜功伐善，且事其孫而追述與其祖爲一德，豈復人臣對君之體？司馬貞反據僞書，以史公記於成湯朝爲顛倒失序，可謂巨謬。篇中句末用『德』字者十一，句末用『一』字者四，句末用『一德』者四，句中所用『一』字『德』字又不在此數，殆學語者所爲耳。」惠云：「禮緇衣引尹吉曰『維尹躬及湯』云云，（分見太甲及下文。）鄭注：『「吉」當爲「告」，古文「告」字之誤也。尹告，伊尹之告也，書序以爲咸有一德，今亡。」（逸書有此，當康成時已亡也。）又注『惟尹躬天，見于西邑夏』云：『言尹之先祖，見夏之先君臣，皆忠信以自終。今天絶桀者，以其自作孽。伊尹始仕於夏，此時就湯矣。』鄭據孔氏逸書爲説，蓋古文書序，咸有一德次湯誥後，故鄭以尹誥爲伊尹告成湯，即書序之咸有一德也。又當克夏之後，故云『始仕于夏，此時就湯』，皆古文説也。今僞書以尹告一篇之文分屬太甲，又以咸有一德爲陳戒太甲之詞，失之遠矣。」

伊尹既復政厥辟，還政太甲。○梅云：「『復政厥辟』，襲洛誥『復子明辟』。」**將告歸，乃陳戒于德。**告老歸邑，陳德以戒。○惠云：「戰國策：『商君告歸。』」姚際恒云：「此既造爲『復政』，因造爲『告歸』，下有『嗣王新服厥命』語，是太甲歸亳後，尹即歸矣。然君奭曰：『在太甲，時則有若保衡。』左襄二十一年傳：『伊尹放太甲而相之，卒無怨色。』是太甲歸後，尹作相之日方長。今據僞經，太甲初喪時即放之自攝，太甲歸後旋即復政，若始終未嘗相太甲者。孔疏：『殷本紀：「太甲崩，子沃丁立。」沃丁序云：「沃丁既葬伊尹于亳。」則伊尹猶及沃丁之世，壽百餘歲，此告歸之時，應已七十左右也。』予案：太甲後爲賢君，稱太宗，享國綿長，乃置伊尹於不問，未嘗一日留相王室，伊尹亦優游私邑，終身恝然於其君，蓋萬無是理也。」**曰：「嗚呼！天難諶，命靡常。**以其無常，故難信。○梅云：「君奭：『天命不易天難諶。』詩：『天難諶斯。』又曰：『天命靡常。』」**常厥德，保厥位。厥德匪常，九有以亡。**人能常其德則安其位。九有，諸侯。桀不能常其德，湯伐而兼之。○惠云：「『常厥德』，即易『恒其德』也。『厥德匪常』，即易『不恒其德』也。墨子非樂篇：『九有以亡。』」**夏王弗克庸德，慢神虐民。**言桀不能常其德，不敬神明，不恤下民。○梅云：「中庸：『庸德之行。』」**皇天弗保，監于萬方，啟迪有命，**言天不安桀所爲，廣視萬方，有天命者開道之。○梅云：「多士：『上帝不保。』詩：『監觀四方。』」**眷求一德，俾作神主。**天求一德，使伐桀爲天地神祇之主。○梅云：「詩：『乃眷西顧。』又：『求民之莫。』又：『百神爾主矣。』」**惟尹躬暨湯，咸有一德，克享天心，受天明命。**享，當也。所征無敵，謂之受天命。○梅云：「禮緇衣：『尹吉曰：「惟尹躬暨湯，咸有一德。」』」閻云：「君前臣名，禮也。周公自名於王前曰『予旦』，召公亦名之爲『旦』，未有自稱字者。緇衣兩引咸有一德此篇，正序在湯誥後咎單作明居前，史公亦親受逸書者，即繫於成湯紀內，是必於太甲無涉矣。王肅注：『言君臣皆有一德。』是必當時臣工贊美湯君臣之詞，故君則號，臣則字，不必作於湯前。作僞者止見書序『伊尹作咸有一德』，遂以緇衣所引竄入口中，又撰其詞於前，曰『惟尹躬，克左右厥辟，宅師』，喋喋稱字不已，不可嗤乎？」**以有九有之師，爰革夏正。**爰，於也。於得九有之衆，遂伐夏勝之，改其正。○惠云：「詩商頌：『奄有九有。』多士：『乃命爾先祖成湯革夏。』」**非天私我有商，惟天佑于一德。**非天私商而王之，佑助一德，所以王。○梅云：「楚詞：『皇天無私阿兮，覽民德焉錯輔。』」**非商求于下民，惟民歸于一德。**非商以力求民，民自歸于一德。**德惟一，動罔不吉；德二三，動罔不凶。**二三，言不一。○梅云：「詩：『二三其德。』左成八年傳季文子曰：『霸主將德是以，而二三之，其何以長有諸侯乎？』」**惟吉凶不僭在人，惟天降災祥在德。**行善則吉，行惡則凶，是不差。德一，天降之善；不一，天降之災，是在德。**今嗣王新服厥命，惟新厥德。**其命，王命。新其德，戒勿怠。○梅云：「詩：『其命維新。』召誥：『茲服厥命。』又曰：『今王嗣受厥命。』又曰：『王乃初服。』」**終始惟一，時乃日新。**言德行終始不衰殺，是乃日新之義。○惠云：「論語：『有始有卒者，其惟聖人乎！』孔安國注：『終始如一，惟聖人耳。』梅賾以孔傳尚書，故用其語。」梅云：「荀子議兵篇：『終始如一，夫是之謂大吉。』大學：『湯之盤銘曰：「苟日新。」』」**任官惟賢材，左右惟其人。**官賢才而任之，非賢材，不可任。選左右必忠良，不忠良，非其人。○梅云：「禮王制：『任官然後爵之。』論語：『舉賢材。』禮文王世子：『設四輔及三公，不必備，惟其人。』」**臣爲上爲德，爲下爲民。**言臣奉上布德，順下訓民，不可官所私，任非其人。**其難其慎，惟和惟一。**其難，無以爲易。其慎，無以輕之。羣臣當和，一心以事君，政乃善。**德無常師，主善爲師。**德非一方，以善爲主，乃可師。○梅云：「論語：『而亦何常師之有？』」程云：「左成六年傳：『夫善，衆之主也。』」**善無常主，協于克一。**言以合於能一爲常德。**俾萬姓咸曰：『大哉！王言。』**一德之言，故曰大。○梅云：「孟子：『王曰：「大哉言乎！」』」**又曰：『一哉！王心。』**能一德，則一心。○梅云：「荀子：『用心一也。』」**克綏先王之祿，永厎烝民之生。**言爲王而令萬姓如此，則能保安先王之寵祿，長致衆民所以自生之道，是明王之事。○梅云：「大誥：『克綏受厥命。』」先謙案：詩：「天生烝民。」**嗚呼！七世之廟，可以觀德。**天子立七廟，有德之王則爲祖宗，其廟不毁，故可觀德。○惠云：「呂氏春秋引商書曰：『五世之廟，可以觀怪；萬夫之長，可以生謀。』」棟謂：王肅主七廟以駮鄭君，故嘗疑僞古文王肅撰也。七廟制，始晚周，周公制禮以前，未之有也。喪服小記：『王者禘其祖之所自出，以其祖配之，而立四廟。』鄭注：『高祖以下，與始祖而五。』漢永始四年詔議毀廟事，丞相韋玄成等主小記之説，蓋周公制禮時，文、武尚在四廟之中，穆、共以下二廟當毀，以其爲受命之主而不毀。穀梁、王制、祭法、禮器並云七廟，荀卿、劉歆、班彪父子、王肅、孔晁、虞喜、干寶之徒，咸以爲然。穀梁、王制、祭法、禮器皆晚周之書，荀卿法後王，又穀梁之徒，故主七廟。劉歆删三宗不毀之説，班氏和之，王肅又因之以攻鄭，於是造僞古文者，改呂覽所引商書『五世』爲『七世』，孔晁、虞喜、干寶又皆在僞古文已出之後，故亦宗七廟之説；不知其離經而畔道也。」皮云：「惠氏説，詳明堂大道録、禘説，金鶚求古録禮説駁之，金謂劉歆有功於經，惠氏以爲畔經離道，不可以無辨。予謂劉歆，亂經之人，金氏以爲有功於經，尤不可以無辨。漢初廟制，不應古法，不知迭毀，又立廟寢於郡國園陵，翼奉、貢禹、韋玄成、匡衡始稍釐正，至東漢後大壞，皆稱宗，皆不毀，實由劉歆宗無數之説啟之，鄭君以七廟爲周制，説本翼、貢、韋、匡，王肅復作聖證論以難鄭，張融評之當矣。劉歆有降殺以兩之説，王肅遂有尊卑同制之疑，不知廟制本於服制，服不過五，故親廟止於四，天子不別爲高祖之祖與父制服，何獨爲高祖之祖與父立廟？古天子與諸侯異者，天子有始封祖，又有受命祖，故商、周以稷、契爲始封祖，而湯亦稱烈祖，文亦稱太祖，一爲始封，一爲受命，故可並稱祖而不嫌。既皆稱祖，則必皆有廟，故禮緯云殷五廟，至子孫六，周六廟，至子孫七也。若諸侯止有始封祖，無受命祖，故止五廟，然據魯而論，周公、魯公皆始封祖，周公稱太廟，魯公稱世室，是魯亦有六廟，此皆禮由義起而非常數，正與周有后稷、文、武故有七廟相類，常數則天子、諸侯皆止五廟。呂氏春秋引商書曰『五世之廟』，是商止五廟之明證。禮緯言殷六廟，商書言五廟者，蓋作書時，湯猶在親廟也。予有天子七廟二祧考七篇，姑著其大略於此。」**萬夫之長，可以觀政。**能整齊萬夫，其政可知。○説見上。**后非民罔使，民非后罔事。**君以使民自尊，民以事君自生。○惠云：「國語引夏書：『衆非元后何戴？后非衆〔二〕無與守邦。』大禹謨襲用其語，此又襲其意而變其詞。」閻云：「禮記：『太甲曰：「民非后無能胥以寧〔三〕，后非民無以辟四方。」』與國語皆以『民非后』在上興起下『后非民』，乃合告君語氣，今倒置之，則是告民語氣，不容出伊尹對大甲之口矣。」無自廣以狹人，匹夫匹婦，不獲自盡，民主罔與成厥功。」上有狹人之心，則下無所自盡矣。言先盡其心，然後乃能盡其力，人君所以成功。○梅云：「『匹夫匹婦』，見孟子答萬章問伊尹。」

〔二〕「衆」原誤作「罪」，據國語周語上原文改。
〔三〕「寧」原誤作「監」，據禮記引改。

尚書孔傳參正十

盤庚上第九　商書　孔氏傳　臣王先謙參正

盤庚盤庚，殷王名。殷質，以名篇。○左哀十一年傳引此經爲盤庚之誥。釋文引馬云：「盤庚，祖乙曾孫，祖丁之子。不言盤庚誥何？非但録其誥也，取其徙而立功，故以盤庚名篇。」殷本紀：「帝陽甲崩，弟盤庚立，是爲帝盤庚。帝盤庚之時，殷已都河北，盤庚渡河南，復居成湯之故居，迺五遷，無定處。殷民咨胥相怨，不欲徙。盤庚乃告諭諸侯大臣曰：『昔高后成湯與爾之先祖俱定天下，法則可修。舍而弗勉，何以成德！』乃遂涉河南，治亳，行湯之政，然後百姓由寧，殷道復興，諸侯來朝，以其遵成湯之德也。帝盤庚崩，弟小辛立，是爲帝小辛。帝小辛立，殷復衰。百姓思盤庚，迺作盤庚三篇。」書序：「盤庚五遷，將治亳殷，民咨胥怨，作盤庚三篇。」不言何時何人所作。俞樾云：「作盤庚，以諷小辛。傷今思古，猶小雅楚茨諸篇之義。呂覽慎大篇：『武王乃恐懼，太息流涕，命周公旦進殷之遺老，而問殷之亡故，又問衆之所說、民之所欲。殷之遺老對曰：「欲復盤庚之政。」武王於是復盤庚之政。』然則史記謂百姓思盤庚，信而有徵矣。百姓思盤庚而作盤庚三篇，所重者盤庚之政。其首篇述盤庚遷殷，以常舊服，正法度，即所謂盤庚之政也。此作書之本恉。其中、下二篇，則取盤庚於始遷之時告誡其民之語附益之，故雖三篇，而伏生止作一篇也。後漢文苑傳杜篤論都賦曰：『盤庚去奢，行儉于亳。』李賢注引帝王世紀云：『盤庚以耿在河北，迫近山川，自祖辛以來，奢淫不絶，盤庚乃南渡，徙都于亳。』正義引鄭注意略同。是盤庚之政，去奢行儉之政也。故以當時事實而言，盤庚中宜爲上篇，盤庚下宜爲中篇，盤庚上宜爲下篇。曰『盤庚作，惟涉河以民遷』者，未遷時也。曰『盤庚既遷，奠厥攸居』者，始遷時也。曰『盤庚遷于殷，民不適有居』者，則又在後矣。然則作書者何以顛倒其序乎？曰：作書之序如此也。盤庚之作，百姓追思之而作也。思盤庚，思其政也。始所作者，蓋止今之上篇，載盤庚正法度之言而已，無中、下篇也。然而盤庚未遷與始遷時，再三致告其民者，民猶熟而能詳，於是亦附其後焉，此中、下之篇所以作也。是故盤庚三篇，宜仍伏生之舊，合爲一篇，而其義則從史記。」案：書疏引鄭云：「盤庚，湯十世孫，祖乙之曾孫，以五遷繼湯，篇次祖乙，故繼之。于上累之，祖乙爲湯玄孫，七世也，又加祖乙，復其祖、父，通盤庚，故十世。祖乙居耿後，奢侈踰禮，土地迫近山川嘗圮焉。至陽甲立，盤庚爲之臣，乃謀徙居湯舊都。上篇，盤庚爲臣時事；下篇，盤庚爲君時事。」此古文説。皮云：「漢石經合爲一篇，蓋本伏生之舊，同史公之義。若如鄭古文説，則三篇非一時作，不得合爲一篇矣。漢人以盤庚爲去奢行儉，不止杜篤賦言之，鹽鐵論本議篇：『是以盤庚萃居，舜藏黃金。』説苑反質篇：『殷之盤庚，大其先王之室而改遷於殷，茅茨不翦，采椽不斲，以變天下之視。』漢書楊雄傳：『非木摩而不彫，牆塗而不畫，周宣所考，盤庚所遷，夏卑宮室，唐、虞棌椽三等之制也。』翼奉傳：『臣聞昔盤庚改邑以興殷道，聖人美之。』張衡西京賦：『盤庚作誥，率人於苦。』後漢郎顗傳：『昔盤庚遷殷，去奢即儉。』後漢紀崔寔論世事云：『昔盤庚遷都以易殷民之弊。』荀悅申鑒云：『盤庚遷殷，革奢即約。』曹翔漢敬隱后頌曰：『盤庚儉而弗怠。』皆今文説，與去奢行儉之恉合。漢書孔光傳光議曰：「以尚書盤庚殷之及王爲比，中山宜嗣。」光習大夏侯尚書，亦今文説也。」先謙案：魏志董卓傳注引華嶠漢書司徒楊彪曰：「昔盤庚五遷，殷民胥怨，故作三篇以曉天下之民，而海内安穩。」楊氏世傳歐陽尚書，以此經爲三篇。漢書藝文志：「大、小夏侯章句二十九卷。歐陽章句三十一卷。」是已分三篇爲三卷矣。上篇「盤庚遷于殷，民不適有居」者，叙作誥之由，爲經文立案。既云民不往有居，則非遷都後事甚明，俞説誤也。上篇誥臣，以斆于民；中篇將遷時誥民，後兼及臣；下篇既遷後誥臣。篇次不紊。鄭以上篇爲盤庚爲臣時事，據篇中「我王來」及「王若曰」爲言。白虎通引「不施予一人」，爲臣下尊王之詞，則是盤庚尊稱陽甲，與鄭説盤庚爲臣時事合。班氏通義用夏侯尚書。然則以上篇爲盤庚爲臣時事，亦夏侯遺説，不自鄭始也。此書大義，自當依史記小辛時百姓追思盤庚而作，惟遷都之舉，始於陽甲爲君，終於盤庚綏衆，事言先後，當時臣民必有記録，追思者本之而作，皆紀實之詞，與盤庚自爲之誥無異。楊彪所云，非有異説也。

盤庚遷于殷，亳之別名。○「盤庚遷于殷」，今文與古文同，「盤」一作「般」。○「盤庚遷于殷」者，據郎顗傳云「昔盤庚遷殷」，是今文同之證。「盤」一作「般」者，楊雄傳「般庚所遷」作「般」，洪适隸釋卷十四載蔡邕熹平石經殘碑盤庚下篇，首句字作「股」，（五經文字、石經「舟」皆作「月」。）釋文：「盤，本又作『般』。」周禮司勳注作「般庚」，是古文不異。廣雅釋詁：「遷，徙也。」殷紀集解引鄭云：「治於亳之殷地，商家自此徙，而改號曰殷亳。」皇甫謐曰：「今偃師是也。」漢書地理志河南郡偃師有尸鄉，殷湯所都。楊雄兖州牧箴云：「成湯五徙，卒都于亳。盤庚北渡，牧野是宅。」與史記不同。史公謂盤庚自河北渡河南，所遷是亳殷，雄謂盤庚自河南渡河北，所遷即牧野，乃今文家異說，不如史記足據。**民不適有居。**適，之也。不欲之殷有邑居。○「民不適有居」，今文無徵。○「民不適有居」者，殷紀云：「殷民咨胥相怨，不欲徙。」即所謂「不適有居」也。民不欲徙者，惑於在位之浮言也。**率籲衆慼，出矢言，**籲，和也。率和衆憂之人，出正直之言。○「率籲衆慼」，今、古文「慼」並當爲「戚」。「出矢言」，今文無徵。王鳴盛云：「僞傳以『慼』爲『憂』，『衆憂之人』，不詞甚矣。又因『衆憂之人』不易呼召，訓『籲』爲『和』，古無是訓也。『出矢言』爲出誓言，文義明順，以『矢』爲『正直』尤非。」○今、古文爲「率籲衆戚」者，段云：「古『干戚』、『親戚』、『憂戚』同字。」衛包改『戚』爲『慼』，俗字。說文『籲』下云：『呼也。从頁籥聲，讀與「籥」同。商書曰：「率籲衆戚。」』衆戚者，衆貴戚近臣。」王鳴盛云：「曉諭臣民，必由近臣始，故呼召之。下文『由乃在位』，『在位』即『衆戚』也。」孫云：「殷紀云：『盤庚乃告諭諸侯大臣。』周禮鄭注云：『盤庚將遷于殷，誥其世臣卿大夫，道其先祖之善功。』是知衆戚爲貴戚近臣也。」「矢言」者，釋詁：「矢，誓也。」郭注：「相約誓。」易晉卦虞注：「矢，古『誓』字。」**曰：「我王來，既爰宅于**

茲。我王祖乙居耿。爰，於也。言祖乙已居於此。○「曰：『我王來，既爰宅于茲』」者，劉云：「『我王』謂陽甲。」先謙案：劉説是。釋詁：「來，至也。」言我王至此，命我諭汝衆，我邦爰居於此耿地者，亦既有年，非忍輕棄故土也。下乃明其不得已之故。**重我民，無盡劉。**劉，殺也。所以遷此，重我民，無欲盡殺故。○「重我民，無盡劉」，今文無徵。○「重我民」者，以民命爲重。釋詁：「劉，殺也。」言我民被水害，與我殺之無異，所謂「天下有溺，由己溺之」也。今河圮日甚，重我民命，毋令盡戹於水。**不能胥匡以生，卜稽曰：其如台？**言民不能相匡以生，則當卜稽於龜以徙，曰：其如我所行。○「不能胥匡以生，卜稽曰：其如台」，今文無徵。○「不能胥匡以生，卜稽曰：其如台」者，胥，相；匡，救也。稽卜，以問疑也。如台，猶言柰何，問龜詞也。江云：「言今民蕩析離居，不能相救以生，執不可不遷，於是稽之於卜，曰：其柰何哉？周禮太卜：『國大遷，則貞龜。』」**先王有服，恪謹天命，茲猶不常寧，**先王有所服行，敬謹天命，如此尚不常安，有可遷則遷。○「先王有服」三句，今文無徵。○「先王有服」云云者，釋詁：「服，事。」「恪，敬。」「寧，安也。」書疏云：「先王謂成湯至祖乙。」**不常厥邑，于今五邦。**湯遷亳，仲丁遷囂，河亶甲居相，祖乙居耿，我往居亳。凡五徙國都。○「不常厥邑，于今五邦」，今文與古文同。○「不常厥邑」者，杜篤論都賦：「遭時制都，不常厥邑。」用此經文。説文：「邑，國也。」又云：「邦，國也。」邑、邦義通。張衡西京賦：「殷人屢遷，前八而後五。居相圮耿，不常厥土。」改土以合韻。○「于今五邦」者，殷紀云：「迺五遷，無定處。」（引見上。）明史公用經「于今五邦」之文，五邦即五遷也。釋文：「五邦，謂商丘、亳、囂、相、耿也。」書疏引鄭云：「湯自商徙亳，數商、亳、囂、相、耿爲五。」先謙案：殷紀云契封商丘，湯始居亳，帝仲丁遷於隞，河亶甲居相，祖乙遷于邢。商丘，今陝西商州；隞，即囂，今河南滎陽縣；相，今河南內黃縣；邢，即耿，今山西河津縣。爲五邦，故云于今已五邦矣。不與盤庚遷都相涉。僞傳五徙併盤庚言之，後儒以此篇爲遷都後作，與馬、鄭說不合，非是。書疏云：「孔以盤庚意在必遷，故通數往居亳爲五邦。」其說迂曲不可從。**今不承于古，罔知天之斷命，**今不承古而徙，是無知天將斷絶汝命。○「今不承于古，罔知天之斷命」，今文無徵。○「今不承于古，罔知天之斷命」者，詩傳：「承，繼也。」「古」謂先王，言今不繼先王之事，是不知天之斷絶我命矣。劉云：「『斷命』對下『永我命』、『續乃命』言。」**矧曰其克從先王之烈。**天將絶命，尚無知之，況能從先王之業乎？○「矧曰其克從先王之烈」，今文無徵。○「矧曰其克從先王之烈」者，釋言：「矧，況。」「克，能也。」釋詁：「烈，業也。」**若顛木之有由蘖，**言今往遷都，更求昌盛，如顛仆之木，有用生蘖哉。○「若顛木之有由蘖」，古文也，今文作「若顛木之有甹𣡌」。○「若顛木之有甹𣡌」者，說文「𣡌」下云：「伐木餘也。从木獻聲。商書曰：『若顛木之有甹𣡌。』」「蘖」下云：「𣡌，或从木辥聲。」「不」下云：「古文𣡌，从木無頭。」「㮆」下云：「亦古文𣡌。」「甹」下云：「木生條也。从弓由聲。商書曰：『若顛木之有甹枿。』古文言『由枿』。」（小徐本删之。）是作「由」者，古文；作「甹」者，今文。𣡌、蘖一字而異體，作「蘖」者，古文；作「𣡌」而與「甹」連文者，爲今文矣。釋文：「蘖，本又作『枿』。」馬云：「『顛木而肄生曰枿。』」是古文一作「枿」之證。據說文引書「甹枿」，則今文「甹𣡌」亦作「甹枿」矣。段云：「枿，蓋『㮆』之譌體。」說文云『古文言「由枿」』者，謂孔安國所傳壁中古文，此許親見孔壁尚書之證。左昭八年傳：「『猶將復由。』此『由』當作『甹』」，「猶將復甹」與上『是以卒滅』，語意以生滅相對。詩序：『由儀，萬物之生，各得其宜也。』以『生』訓『由』，以『宜』訓『儀』。此『由』

亦當作『甹』，商書、古文左傳、詩序皆假『由』爲『甹』耳。説文『顛』下云：『頂也。』『槇』下云：『木頂也。一曰仆木也。』『顛』字可包木頂之訓，木頂可兼仆木之解，詁訓之法，舉一『顛』字，而顛倒之義見。」**天其永我命于茲新邑，**言天其長我命於此新邑，不可不徙。○「天其永我命于茲新邑」，今文無徵。○「天其永我命于茲新邑」者，王鳴盛云：「亳殷本湯故都，而曰『新邑』者，五遷以來，所都無定，至是復故邦，雖舊而邑則新也。」**紹復先王之大業，厎綏四方。」**言我徙欲如此。○「紹復先王之大業，厎綏四方」，今文無徵。○「紹復先王之大業，厎綏四方」者，釋詁：「紹，繼。」「綏，安也。」

盤庚斅于民，由乃在位，以常舊服，正法度。斅，教也。教人使用汝在位之命，用常故事，正其法度。○「盤庚斅于民，由乃在位，以常舊服，正法度」，今文與古文同。○「盤庚斅于民，由乃在位」者，殷紀云：「盤庚乃誥諭諸侯大臣。」史公以諸侯大臣説經文「在位」，由在位以教于民，故但云「告諭諸侯大臣」也。説文「斅」下云：「覺悟也。」鴻範云「謀及庶民」，則商家之制，每有大事，必告知衆庶。周禮小司寇亦云「以致萬民而詢焉」是也。○「以常舊服，正法度」者，殷紀云「法則可修」，史公説此經意也。説文：「度，法制也。」正，謂修正之，以有常之故事正其法度，即杜篤輩所云去奢行儉之政。**曰：「無或敢伏小人之攸箴。**言無有故伏絶小人之所欲箴規上者。戒朝臣。○「曰：『無或敢伏小人之攸箴』」，今文無徵。○「曰：『無或敢伏小人之攸箴』」者，釋文引馬云：「箴，諫也。」書疏引鄭云：「奢侈之俗，小民咸苦之，欲言于王，今將屬民而詢焉，故敕以無伏之。」廣雅釋詁：「伏，藏也。」周語：「師箴，百工諫，庶人傳語。」韋注：「箴刺王闕。」説文：「箴，綴衣箴也。」故有所諷刺亦謂之箴。**王命衆，悉至于庭。」**

衆，羣臣以下。○「王命衆，悉至于庭」，今文無徵。○「王命衆，悉至于庭」者，宣陽甲之命，統於上文「曰」字內。經言「衆」，皆謂羣臣。江聲以爲庶民，非也。上文明言由在位以教于民，又敕毋隱小民之諫言，則至庭之衆，必皆臣下，無庶民在内矣。隸古定本「庭」作「廷」，通用字。說文：「廷，朝中也。」蓋朝中無屋，故謂之廷。釋詁：「悉，盡也。」**王若曰：「格汝衆，予告汝訓，**告汝以法教。○「王若曰：『格汝衆』」，古文也，今文「格」作「裕」。「予告汝訓」，今文無徵。○「王若曰：『格汝衆』」者，代陽甲諭衆臣，云王如此言也。今文「格」作「裕」者，白虎通號篇：「尚書曰：『王曰：「裕汝衆。」』」皮云：「白虎通用今文，故作『裕』不作『格』，非誤字也。方言：『裕、猷，道也。』是裕、猷皆訓『道』，『道』爲『治道』之『道』，亦爲『教道』之『道』，古無二字。王莽大誥用今文，以『大誥猷』爲『大誥道』。此作『裕』者，當如大誥之『猷』，莽誥之『道』。『裕汝衆』，謂教道女衆也。」或以爲王即盤庚，「若曰」者，小辛時史臣追述之，非。○「予告汝訓」者，釋詁：「訓，道也。」告汝以道民之言。**汝猷黜乃心，無傲從康。**謀退汝違上之心，無傲慢，從心所安。○「汝猷黜乃心，無傲從康」，今文無徵。○「汝猷黜乃心，無傲從康」者，說文：「黜，貶下也。」下文亦云「汝克黜乃心」。劉云：「時衆臣驕侈，各懷二心，故首告以謀去私心。」江云：「無傲慢而懷安，較僞傳爲長。」段云：「『傲』本作『敖』，衛包改之。」**古我先王，亦惟圖任舊人共政。**先王謀任久老成人共治其政。○「古我先王，亦惟圖任舊人共政」，今文無徵。○「古我先王，亦惟圖任舊人共政」者，釋詁：「圖，謀也。」廣雅釋詁：「任，使也。」舊人，久於其位者。**王播告之，修不匿厥指。**王布告人以所修之政，不匿其指。○「王播告之，修不匿厥指」，今文無徵。古文「播」一作「譒」。僞傳以「修」字上屬爲句，非。○古文「播」一作「譒」者，說文「譒」下云：「敷也。商書曰：『王譒告之。」」段云：「此壁中故書也。王，即謂上先王。」○「修不匿厥指」者，孫云：「楚詞王逸注：『修，遠也。』廣雅釋詁：『匿，隱也。』釋言：『指，示也。』說文有『恉』字，云：『意也。』『恉』亦同『旨』，言王爲敷告之言，行之甚遠，無隱其意恉者。」江云：「王敷告之以所當爲，舊人修明之不隱匿其恉意，王用是大敬之。言君臣一德一心也。」連下「王用丕欽」爲說，於義亦通。**王用丕欽，罔有逸言，民用丕變。** 王用大敬其政教，無有逸豫之言，民用大變從化。○「王用丕欽」三句，今文無徵。○「王用丕欽」云云者，孫云：「釋言：『逸，過也。』王敬其令，無有過言。民從其令，用是變化。二『丕』字，詞也。」劉云：「『匿厥指』則德意不下達，『有逸言』則民聽疑惑。舊臣無之，故能媚于天子，媚于庶人也。」**今汝聒聒，起信險膚，予弗知乃所訟。** 聒聒，無知之貌。起信險爲膚受之言，我不知汝所訟言何謂。○「今汝聒聒」，今、古文並當爲「今女懖懖」。「起信險膚，予弗知乃所訟」，今文無徵。○今、古文當爲「今女懖懖」者，釋文：「聒，古活反。馬及說文皆云：『拒善自用之意。』」案：說文「懖」下云：「拒善自用之意。从心銛聲。商書曰：『今女懖懖。』」是訓「拒善自用」者作「懖」不作「聒」，馬與說文同是古文，本作「懖」也。又重文「⿱銛耳」下云：「古文从耳。」皮云：「古文从耳作『⿱銛耳』，則从心作『懖』者是今文。」段以「懖」爲古文，「⿱銛耳」爲壁書，各執一說。就經義推之，今文之爲「懖」不爲「聒」固無疑也。僞傳云「無知之皃」，所用本亦必作「懖」不作「聒」。段云：「唐以前尚書作『懖』，故釋文大書『懖懖』，今本釋文大書『聒聒』者，因衛包改書字作『聒』，故開寶中李昉、陳鄂等並釋文改之。玉篇『心部』云：『懖，愚人無知也。』『耳部』云：『⿱銛耳，無知皃。』廣韻十三末云：『懖，愚懖無知。』此皆用僞傳『無知之皃』爲說。衛改『懖』爲『聒』者，以書疏引鄭云：『懖，（今疏改「聒」。）讀如「聒耳」之「聒」。懖懖，（今疏改「聒聒」。）難告之皃。」鄭義與許、馬、僞孔諸説，皆謂不可教訓，不知話言非多言讙聒之謂，云『讀如「聒耳」之「聒」』者，『讀如』非『讀爲』也。衞誤認懖、聒爲古今字。汗簡云：『聳，古文「聒」字，出尚書。』可證汗簡之説，皆出包妄改以後。説文云：『聳，古文「懖」。』不云『古文「聒」』也。集韻十三末『懖』通作『聒』，亦惑於天寶後之尚書，蔡沈訓『聒聒』爲譊譊多言，五百年來墨守其説，包之遺毒如此。」○「起信險膚，予弗知乃所訟」者，江云：「起，造言也。信，古『申』字，謂申説也。此戒羣臣浮言。」則「起信險膚」非謂聽信人言，乃責其興造險詖膚浮之語而申説之以惑衆也。説文：「訟，爭也。」所造之言，專以沮撓國事，故云予不知女所爭何謂。**非予自荒兹德，惟汝含德，不惕予一人，予若觀火，**我之欲徙，非廢此德。汝不從我命，所含惡德，但不畏懼我耳。我視汝情如視火。○「非予自荒兹德」，今文無徵。「惟汝含德，不惕予一人」，古文也，今文「含」作「舍」，「惕」作「施」。「予若觀火」，今文與古文同。○「非予自荒兹德」者，江云：「兹德，兹君臣一德也。荒，廢也。言先王與舊人一德，今予與汝不能，然非予自廢此德也。」○「惟汝含德」者，孫云：「史記云：『舍而弗勉，何以成德。』則今文『含德』當爲『舍德』，謂汝自舍其德而弗勉也。」先謙案：舍德與荒德，語意相對，較「含」爲合。○「不施予一人」者，白虎通號篇云：「臣下謂之一人何？亦所以尊王者也。以天下之大，四海之内所共尊者一人耳，故尚書曰：『不施予一人。』」段云：「今文作『施』，『施』與『惕』，同在歌支一類。詩何人斯『我心易也』，韓詩作『施』。廣雅釋詁：『移、施、狄，駊也。』曹音『施』失異反，『駊』亦豉反。」皮云：「白虎通用今文作『施』，與史公説異，而與鄭説近。鄭以上篇爲盤庚爲臣時事，則『予一人』爲盤庚目其君之詞，猶云『我天子』耳，此云『臣下謂之一人』，當與鄭同，蓋夏侯尚書間與古文説合也。」孫云：「爾雅郭注引韓詩云：『惕惕，悦也。』言汝不悦從我也。」詩釋文六引韓詩曰：『施，善也。』施，蓋『惕』之緩讀，善義亦近悦也。」〇「予若觀火」者，夏官序官注：「爟，讀如『予若觀火』之『觀』。」陳云：「鄭注禮在注書前，其讀『爟』爲『觀』，當用學官所立三家今文，使人易曉。注又云：『今燕俗，名湯熱爲觀。』則爟火謂熱火與？鄭意言湯熱可呼觀，則火熱亦可呼觀。然則此經『觀火』與司爟之『爟』皆當訓爲『熱』。觀火者，猶言熱火也。」先謙案：蓋謂若火之方揚。**予亦拙謀，作乃逸。**逸，過也。我不威脅汝徒，是我拙謀，成汝過。〇「予亦拙謀」，今、古文當作「予亦炪謀」。「作乃逸」，今文無徵。〇「予亦炪謀」者，説文「炪」下云：「炪，火光也。从火出聲。商書曰：『予亦炪謀。』讀若『巧拙』之『拙』。」王鳴盛云：「許云『讀若「巧拙」之「拙」』，後人遂改尚書『炪』字爲『拙』，非也。經言予威若熱火之猛烈，但予之自謀絀威不用，亦如火光炪然耳。」段云：「類篇：『炪，火不光也。』玉篇：『炪，火光也鬱也。』上『也』字衍，當作『火光鬱也』。集韻六術：『炪，爩煙皃。』九迄『爩』字下云：『炪，爩煙出也。』玉篇『爩』字下亦云：『煙出也。』然則類篇近是。」孫云：「我如爟火之不用其光，謂無赫赫之威也。」陳云：「今文尚書當與古尚書同作『炪謀』。」江云：「唐本改『拙』，隸古定本亦作『炪』。」〇「作乃逸」者，江云：「司士『作六軍之士執披』鄭注：『作，謂使之也。』『作乃逸』者，使汝縱逸不從令也。」劉云：「作，始也，爲也。言始於憂勤，終於逸樂。無逸所謂『艱難乃逸』也。」下屬爲解，於義亦通。**若網在綱，有條而不紊；若農服田力穡，乃亦有秋。**紊，亂也。穡，耕稼也。下之順上，當如網在綱，各有條理而不亂也。農勤穡則有秋，下承上則有福。〇「若網在綱，有條而不紊」，今文無徵。「若農服田力穡，乃亦有秋」，今文與古文同。〇「若網在綱，有條而不紊」者，説文「綱」下云：「維紘繩也。」「紊」下云：「亂也。从糸文聲。商書曰：『有條而不紊。』」言汝當從上教令，若網之有綱，綱舉則有條理而不紊亂。○「若農服田力穡，乃亦有秋」者，漢書成紀陽朔四年詔曰：「書不云乎，『服田力嗇，乃亦有秋。』」渻「若農」二字，引經體不拘也。「穡」作「嗇」，與漢石經殘碑無逸篇合。應劭注：「農夫服田，厲其膂力，乃有秋收也。」此今文説，以喻盡力遷徙，則可永安。 **汝克黜乃心，施實德于民，至于婚友，丕乃敢大言汝有積德。** 汝羣臣能退去傲上之心，施實德于民，至于婚姻僚友，則我大乃敢言汝有積德之臣。○「汝克黜乃心」四句，今文無徵。○「汝克黜乃心」云云者，孫云：「言汝能去其傲慢從康之心，施實德於衆民，以至於婚姻僚友，乃可大言汝有積德。時諸臣之不欲遷居者，方自謂有積德於民、於婚友，皆虚言也。」江云：「『丕』字若依本義訓『大』，則『大乃敢大言』不詞甚矣。召誥：『丕能諴於小民。』説文引『丕』作『不』。金縢：『丕子之責。』鄭注讀『丕』爲『不』，是丕、不字通，言汝毋以浮言相煽，使民得居樂土，不乃敢大言汝有積德乎？」 **乃不畏戎毒于遠邇，惰農自安，不昏作勞，不服田畝，越其罔有黍稷。** 戎，大。昏，强。越，於也。言不欲徙，則是不畏大毒於遠近，如怠惰之農，苟自安逸，不强作勞於田畝，則黍稷無所有。○「乃不畏戎毒于遠邇，惰農自安」，今文無徵。「不昏作勞，不服田畝，越其罔有黍稷」，今文與古文同。○「乃不畏戎毒于遠邇，惰農自安」者，釋詁：「戎，大。」「邇，近也。」説文「毒」下云：「害人之艸往往而生。」故毒之言害也。言水患大害於遠近，我當畏避。汝乃不畏大害而不願遷，是如怠惰之農，苟自偷安而已。○「不昏作勞」者，張衡西京賦云：「何必昏于作勞。」反用書語。明今文與古文同。釋文：「昏，馬同，本或作『暋』，音敏。爾雅昏、暋皆訓『强』，故兩存。」段云：「昏聲古音在第十三部，氏聲在第十二部。昏从氏省，不从民。唐人誤認爲民聲，故高宗有詔改葉、昏二字，不知昏非从民也。諱『昬』作『昏』，而適與古合矣。昏聲與民聲，音韻亦多誤，

「不昏作勞」，大司寇注竟爲『不敃作勞』可證也。書疏引鄭云：『昏，讀爲『敃』。敃，勉也。』是古文經本作『昏』，鄭讀爲『敃』，故或一本作『敃』。文選册魏公九錫文：『嗇民昏作。』李注引般庚曰：『不敃作勞。』而孫炎爾雅注、三國志裴注作『不昏作勞』。然則古本皆作『昏』，一也。」陳云：「『昏』者，『敃』字之渻借。」○「不服田畝，越其罔有黍稷」者，後漢傳毅傳毅迪志詩云：「農夫不怠，越有黍稷。」「農夫不怠」，反用書「惰農自安，不昏作勞，不服田畝」三句；「越有黍稷」，反用書「越其罔有黍稷」句。明今文與古文同。𠬝、服字通用。説文「𠬝」下云：「治也。」「畝」下云：「六尺爲步，步百爲畝。」越、粤字通。「黍」下云：「禾屬而黏者也，以大暑而種，故謂之黍。」「稷」下云：「穧也。」「穧」或作「粢」，亦謂之粟。**汝不和吉言于百姓，惟汝自生毒，**責公卿不能和喻百官，是自生毒害。○「汝不和」二句，今文無徵。○「汝不和」云云者，説文：「吉，善也。」「百姓」謂民，言不以善言和諧百姓，是汝自生毒害。江云：「此因羣臣以浮言恐偈下民而責之，則此『百姓』是民。詩節南山：『卒勞百姓。』亦謂民爲『百姓』也。」**乃敗禍姦宄，以自災于厥身。**言汝不相率共徙，是爲敗禍姦宄以自災之道。○「乃敗禍」三句，今文無徵。○「乃敗禍」云云者，孫云：「方言：『露，敗也。』『敗』亦爲『露』。魯語里革曰：『竊寶者爲軌，用軌之材者爲姦。』」「軌」同「宄」。釋詁：「烖，危也。」「烖」同「災」。言乃致敗禍，發露其姦宄之行，以自危其身。**乃既先惡于民，乃奉其恫，汝悔身何及！**羣臣不欲徙，是先惡於民。恫，痛也。不徙，則禍毒在汝身，徒奉持所痛而悔之，則於身無所及。○「乃既先惡于民，乃奉其恫」，今文無徵。「汝悔身何及」，古文也，今文「身」作「命」。○「乃既先惡于民，乃奉其恫」者，言敗露之後，民皆惡其浮言惑衆。「惡」當讀烏故反。諸家訓爲以惡導民，非也。説文：「奉，承也。」釋言：「恫，痛也。」言既先見嫉惡於民，而又自承其禍痛，則悔何及矣。○今文「身」作「命」者，石經殘碑作「□□命何及」。馮登府云：「上文屢言命，下文『矧予制乃短長之命』與此『悔命』相應。『悔命何及』即所謂『罔知天之斷命』也。」較「悔身」義長。**相時憸民，猶胥顧于箴言，其發有逸口，矧予制乃短長之命。**言憸利小民，尚相顧於箴誨，恐其發動有過口之患，況我制汝死生之命，而汝不相教從我，是不若小民。○「相時憸民」，古文也，今文「憸」作「㪔」，古文一作「思」。「猶胥顧于箴言」三句，今文無徵。○「相時憸民」者，釋文：「馬云：『相，視也。憸，利小小見事之人也。』」今文作「相時㪔民」者，石經殘碑作「相□㪔□」，「㪔」即「散」也。古文一作「思」者，說文「思」下云：「疾利口也。从心冊聲。（大徐本从心从冊。）商書曰：『相時思民。』」（「商書」誤「詩」，依段訂正。）段云：「『思』與『憸』義同而音異。『女部』『姍』下曰：『从女刪省聲。』此亦當爲刪省聲，轉寫譌脱耳，刪省聲，則與『散』字異音同。」王鳴盛云：「立政『憸人』釋文云：『本亦作「思」』。馬於彼亦訓『利』，但以爲佞人。此則云『小小見事之人』者，彼戒成王立政，故言『勿用佞人』，此則偷安而欲沮人謀，故云『小小見事之人』。皆望文爲說也。」時，是也。「㪔民」猶「凡民」也。○「猶胥顧于箴言」云云者，箴，刺也。孝經：「言滿天下無口過。」釋言：「逸，過也。」則「逸口」猶「口過」，謂過言也。言憸民尚顧畏箴刺，恐發言有口過，矧我能生殺汝，尚可輕發邪？**汝曷弗告朕，而胥動以浮言，恐沈于衆。**曷，何也。責其不以情告上，而相恐欲以浮言，不徙，恐汝沈溺於衆，有禍害。○「汝曷弗告朕」三句，今文無徵。○「汝曷弗告朕」云云者，孫云：「廣雅釋詁：『曷，何也。』莊子釋文引司馬注云：『沈，深也。』說文『抌』下云：『讀若「告言不正曰抌」。』疑告言不正是『沈』字。言汝何不以民情告朕，反相動以虛言，恐衆惑之深。」**若火之燎于原，不可嚮邇，其猶可撲滅？**

火炎不可嚮近，尚可撲滅。浮言不可信用，尚可得遏絶之。○「若火之燎于原，不可嚮邇，其猶可撲滅」，今文無徵。古文「若」一作「如」。僞傳「其猶可」誤解。○古文「若」作「如」者，左隱六年傳君子曰：「商書曰：『惡之易也，如火之燎于原，不可鄉邇，其猶可撲滅？』」莊十四年傳君子曰：「商書所謂『惡之易也，如火之燎于原，不可鄉邇，其猶可撲滅』者，其如蔡哀侯乎？」段云：「『惡之易也』四字，隱括上文『汝不和吉言』以下七十餘字，蓋以其詞繁而約之，古人早有此法，説尚書者謂此四字爲僞孔所删而擅補之，轉使『女曷』以下三十字爲一句一氣貫注之文，中生横槩矣。」先謙案：説文：「燎，放火也。」「其猶可撲滅」者，言不可撲滅也。「鄉」作「嚮」，衛包所改。**則惟汝衆自作弗靖，非予有咎。**我刑戮汝，非我咎也。靖，謀也。是汝自爲非謀所致。○「則惟汝衆」二句，今文無徵。僞傳訓「靖」爲「謀」，非。○「則惟汝衆」云云者，釋文引馬云：「靖，安也。」（此條出釋文元本，注疏本無。）孫云：「藝文類聚引韓詩曰：『靖，善也。』『靖』又與『靜』通，（詳堯典。）廣雅釋詁：『安，靜也。』義又與『安』通。」言汝自作不善以致刑戮，咎不在予。

「遲任有言曰：『人惟求舊，器非求舊，惟新。』」遲任，古賢人。言人貴舊，器貴新。汝不從，是不貴舊。○遲，今、古文並當作「遟」。「遟任有言曰：『人惟求舊，器非求舊，惟新』」，古文也，今文當與古文同，一作「人惟舊，器非救舊，維新」。○今文「遲」作「遟」者，段云：「集韻六脂云：『遟，侍夷切。遟任，古賢人。書：「遟任有言。」』案：此采自未改釋文也。今本釋文云：『遲，直疑反。徐持夷反。』自衛包改尚書之『遟』作『遲』，開寶中又改釋文，此集韻據未改本。徐侍夷之音，與直疑反不同，蓋相傳舊讀，故陸兼存之。今本釋文譌爲持夷，則與直疑不甚別，可據集韻以正譌字。説文『遲』下云：『或从尸作「遟」，般庚作「遟」。』自是古本如此。」石經殘碑「人維舊」上有「言曰」二字，則今文與古文同。釋文引馬云：「遲任，古老成人。」書疏引鄭云：「遲任，古之賢史。」○「人維舊，器非救舊，維新」者，石經殘碑作「人維舊，□□𣪩舊」，（下闕。）是今文作「人維舊，器非救舊」也，「舊」上無「求」字，下「求」作「𣪩」，段云：「古殳、攴通用，『𣪩』即『救』。」江云：「『救』以『求』爲聲，故借爲『求』字。大司徒：『以土圭之法正日景，以求日中。』鄭云：『故書「求」爲「救」。』是以『救』爲『求』。又堯典『旁逑』亦爲『旁救』，又以『救』爲『逑』也。潛夫論交際篇：『人惟舊，器惟新。』據上句與石經合，明今文止作『人維舊』，無『求』字；下句『器惟新』約經爲文，明『器非救舊』下有『惟新』二字，『惟』當依石經作『維』。今、古文之異也。」皮云：「風俗通窮通篇、三國志王朗與許靖書引書皆作『人惟求舊』，蓋三家本異，或有『惟』字，與古文合。」江云：「引此言者，明用人當用舊人，故我不絶爾善；用器則不然，舊則當更新者，以喻國邑圮毁，當遷新邑也。」**古我先王暨乃祖乃父，胥及逸勤，予敢動用非罰？**言古之君臣相與同勞逸，子孫所宜法之。我豈敢動用非常之罰脅汝乎？○「古我先王」三句，古文也，今文「予」下有「不」字，「逸」一作「肄」。○今文「予」下有「不」字者，五經異義引尚書：「古我先王暨乃祖乃父，胥及逸勤，予不敢動用非罰。」案：「先王」謂湯也。殷紀云：「般庚誥諭諸侯大臣曰：『昔我高后成湯與爾之先祖俱定天下。』」即約此文。「非罰」，謂罰之不當也。「逸」一作「肄」者，蔡邕司空文烈侯楊公碑云：「公惟司徒之孫，太尉公之胤子。皇祖考以懿德胥及肄勤。」此今文作「肄勤」之證。皮云：「詩谷風：『既詒我肄。』毛傳：『肄，勞也。』左昭三十年傳：『若爲三師以肄焉。』杜注：『肄猶勞也。』肄勤，謂勤勞王事。蔡舉楊祖考勤勞王事，正用盤庚『乃祖乃父，胥及肄勤』之義。又蔡邕中鼎銘：『宣力肄勤。』『肆勤』亦即『肄勤』。小宗伯：『肄儀爲位。』注：『故書「肄」爲「肆」。』曲禮：『君命，大夫與士肄。」學記：『宵雅肄三。』釋文皆云：『肄，本作「肆」。』是『肆』與『肄』通。蔡用今文作『肄勤』，實勝『逸勤』之義。」**世選爾勞，予不掩爾善。** 選，數也。言我世世選汝功勤，不掩蔽汝善，是我忠於汝。○「世選爾勞，予不掩爾善」，古文也，今文「掩」作「絶」。○今文「掩」作「絶」者，詩文王疏引五經異義云：「謹案：易爻位三爲公，二爲卿大夫。訟六三曰：『食舊德。』食舊德，謂食父故禄也。尚書：『古我先王』云云，（引見上。）『世選爾勞，予不絶爾善。』論語：『興滅國，繼絶世。』『國』謂諸侯也，『世』謂卿大夫。詩云：『凡周之士，不顯亦世。』孟子曰：『文王之治岐也，仕者世禄。』知周制世禄也。」皮云：「許引此經，爲諸侯卿大夫世禄、興滅國、繼絶世之證，與大傳説同，用今文義也。」司勳：「事功曰勞。」言乃祖父有勞於王室，我先王以來，世世選録汝祖父之勞，故我不絶棄汝之善。不絶者，大傳所云「諸侯子孫，采地不黜」也。（見下。）**茲予大享于先王，爾祖其從與享之。** 古者天子録功臣配食於廟。大享，烝、嘗也。所以不掩汝善。○「茲予大享于先王，爾祖其從與享之」，今文與古文同，一無「大」字、「與」字。僞傳以大享爲烝、嘗，本鄭説。○今文同者，大傳云：「古者諸侯始受封，則有采地。百里諸侯以三十里，七十里諸侯以二十里，五〔二〕十里諸侯以十五里。其後子孫雖有罪黜，其采地不黜，使其子孫賢者守之，世世以祠其始受封之人。此之謂興滅國，繼絶世。書曰：『茲予大享于先王，爾祖其從與享之。』此之謂也。」一無「大」字、「與」字者，韓詩外傳説與大傳略同，惟云「五十里諸侯以十里」爲異，引書曰：「茲予享于先王，爾祖其從享之。」無「大」字、「與」字。（趙校本無之。它本

〔二〕「五」原誤作「三」，據尚書大傳原文改。

據商書增。）陳云：「外傳與大傳説同，足證三家詩皆用今文尚書。『五十里諸侯采地以十里』，較大傳少五里，然以百里諸侯、七十里諸侯例之，其采地皆遞減十里，外傳是也。大傳『以十五里』，『五』蓋衍字。」皮云：「陳説非也。春秋繁露爵國篇：『附庸，字者方三十里，名者方二十里，人、氏者方十五里。』與大傳合。則大傳『十五里』不誤，外傳脱『五』字耳。伏、韓之説與古文説不同，證以董書，則采地不黜，使其子孫賢者守之，即附於諸侯之附庸。其先百里之國，其後爲稱字之三十里。其先七十里之國，其後爲稱名之二十里。其先五十里之國，其後爲稱人、氏之十五里。殷爵三等，附庸亦分三等，其數正合。春秋時，紀季以酅入于齊，此國滅而采地不滅之證。公羊傳云：『請後五廟以存姑姊妹。』是附庸亦得立五廟。蓋子孫有罪黜，而猶得爲附庸，立五廟以祠其受封之人，此古者興滅國、繼絶世之義也。今文家解此經並不訓爲功臣配祭。則上句『享』字上不必加『大』字，下句『享』字上不必加『與』字矣。此則當從外傳無『大』字、『與』字爲是，今本大傳疑後人據古文尚書增之。」司勳：「凡有功者，名書于王之大常，祭于大烝，司勳詔之。」鄭注：「生則書于王旌，以識其人與其功也。死則於烝先王祭之。詔，謂告其神以詞也。般庚告其卿大夫曰『兹予大享於先王，爾祖其從與享之』是也。大享謂烝、嘗也。」惠云：「王者吉禘之禮，行於春夏謂之大禘，行於秋謂之大嘗，行於冬謂之大烝。左傳『烝、嘗、禘于廟』是也，祭統之大嘗禘，司勳之大烝，皆喪畢之吉禘，一也。」又云：「烝、嘗、禘本四時之祭，吉禘因之而有大禘、大嘗、大烝之名。」又云：「祭莫大於喪畢之吉禘，一王終，嗣天子即位，奉新陟之王，升合食於明堂，上自郊宗石室，旁及毁廟，下逮功臣，無不與，食合數十世之主，行配天之禮，故謂之大禘。」孫云：「大享，謂禘祭于明堂。曲禮：『大饗不問卜。』注云：『祭五帝於明堂。』禮器：『大饗，腥。』注云：『大饗，袷祭先王也。』疏引鄭注論語云：

『禘祭之禮自血腥始。』禮器又云：『大饗其王事與！』下言諸侯之貢、諸侯之賓，是大饗即禘祭也。商頌長發，大禘之詩，云：『受小球大球，爲下國綴旒。受小共大共，爲下國駿厖。』惟禘有諸侯助祭。公羊文二年何休注：『禘所以異於祫者，功臣皆祭也。』案：經云大享，即禮記大饗也。云『爾祖其從與享之』，知爲禘也。鄭云『大享謂烝、嘗』者，王制云：『天子諸侯宗廟之祭，春曰礿，夏曰禘，秋曰嘗，冬曰烝。』注云：『此蓋夏、殷之祭名。周則改之，春曰祠，夏曰礿，以禘爲殷祭。』祭統云：『凡祭有四時，春祭曰礿，夏祭曰禘，秋祭曰嘗，冬祭曰烝。』注云：『謂夏、殷時禮也。』祭統又云：『礿、禘，陽義也。嘗、烝，陰義也。禘者，陽之盛也。嘗者，陰之盛也。故曰莫重於禘、嘗。』案：此則大享當是禘、嘗，而鄭以爲烝、嘗者，據司勳文也。書疏云嘗是烝之類，故鄭以嘗配烝，『秋冬之際尚及功臣，則禘、祫可知』。又釋『大享』云：『若烝、嘗對禘、祫，則禘、祫爲大，烝、嘗爲小。若四時自相對，則烝、嘗爲大，礿、祠爲小。』鄭雖舉烝、嘗爲大享，亦未嘗不兼祫、禘也。爾雅禘爲大祭，凡祭之大於餘祭者皆得爲禘。故冬至祭昊天上帝於圜丘，夏至祭感生帝於南郊，及宗廟五年一祭，皆爲禘。左傳云：『烝、嘗禘于廟。』是烝、嘗亦得名禘也。」王鳴盛云：「公羊文二年傳何注：『禘所以異於祫者，功臣皆祭也。』是禘有功臣，祫無功臣。然祫祭兼毀廟未毀廟之主，所祭既多，固不便更及功臣。禘雖穆主於文廟，昭主於武廟，所祭差簡，但禘、祫皆序昭穆，雜以功臣，則非序昭穆矣。當專主烝、嘗爲是。」**作福作災，予亦不敢動用非德。**善自作福，惡自作災。我不敢動用非罰加汝、非德賞汝，各從汝善惡而報之。○「作福作災」二句，今文無徵。○「作福作災」云云者，江云：「作災，猶言作威也。威福之加，必當功罪。」孫云：「祭統云：『古之於禘也，發爵賜服，順陽義也。於嘗也，出田邑，發秋政，順陰義也。』非德，謂發爵賜服之不當者。」**予告汝于難，若射**

之有志。告汝行事之難，當如射之有所準志，必中所志乃善。○「予告汝于難」，今文無徵。「若射之有志」，古文也，今文「射」作「矢」。○「予告汝于難」者，書疏引鄭云：「我告汝於我心至難矣。」先謙案：據下句，則難屬心言，鄭説是。僞傳專言行事，於理未圓。○今文「射」作「矢」者，石經殘碑作「□□□有志」，不能據證。王應麟藝文志考云：「漢人引『若矢之有志』。」既夕記：「志矢一乘。」注：「志猶擬也。書曰：『若射之有志。』」陳云：「疑鄭所引書亦作『若矢之有志』。」書疏引鄭云：「夫射者，張弓屬矢，而志在所射必中，然後發之。爲政之道，亦如是也。以己心度之，可施於彼，然後出之。」朱彬云：「志，古通『識』。索隱引作『幟』，幟猶埻也。」**汝無侮老成人，無弱孤有幼。**不用老成人之言，是侮老之。不徙則孤幼受害，是弱易之。○「汝無侮老成人，無弱孤有幼」，古文也，今文「無」作「毋」，「老」作「翁」，「弱」作「流」。○「汝無侮老成人」者，「老」、「侮」誤倒。書疏引鄭云：「老、弱，皆輕忽之意也。」段云：「唐石經作『汝無老侮成人』，僞傳『侮老之』亦當爲『老侮之』，今本作『侮老』者，因『老成人』三字口習既熟，又誤會孔傳，故致倒亂。漢書趙充國傳：『充國年七十餘，上老之。』此『老侮』之義也。」今文「無」作「毋」、「老」作「翁」者，石經殘碑作：「女毋翁侮成人。」黄伯思東觀餘論同。段云：「『翁侮』猶『狎侮』也，『翁』蓋『狎』之叚借字。」皮云：「淮南地形訓：『其人翁形。』注：『翁，讀「脅幹」之「脅」。』漢書王莽傳：『動静辟脅。』顔注：『翁、脅之聲相近，義則同。』此『翁』蓋借爲『脅』，以勢脅侮之，不聽遷也。」先謙案：「翁、狎」、「翁、脅」皆雙聲字，於義並通。○「無弱孤有幼」者，臧鏞堂云：「左傳：『華臣弱皋比之室。』杜注：『弱，侵易之。』此『弱』義同。」今文「弱」作「流」者，石經殘碑作：

「毋流□□□。」孫云：「鄉飲酒鄭注：『流，猶失禮也。』」皮云：「管子宙合篇：『君失音〔一〕則風律必流。』注云：『流謂蕩散。』此『流』字亦當作蕩散解。」先謙案：皮說較長。既爲水患所蕩析，不遷則人皆流散矣。王鳴盛云：「經意謂毋老侮其成人者，毋弱孤其有幼者，王引之云：『「老侮」與「弱孤」對，「弱孤」猶弱寡也。』」**各長于厥居，勉出乃力，聽予一人之作猷。**盤庚敕臣下各思長於其居，勉盡心出力，聽從遷徙之謀。○「各長于厥居」三句，今文無徵。○「各長于厥居」云云者，「厥居」謂新邑，各爲永久之圖，勉盡心力。作，爲；猷，謀也。言聽我一人之謀爲。段云：「釋詁：『猷，已也。』『作猷』猶作輟，若後世言指揮進止也。」於義亦通。**無有遠邇，用罪伐厥死，用德彰厥善。**言遠近待之如一，罪以懲之，使勿犯，伐去其死道；德以明之，使勸慕，競爲善。○「無有遠邇，用罪伐厥死」，今文無徵。「用德彰厥善」，今文與古文同，「彰」一作「章」。僞傳「伐去其死」迂謬。○「無有遠邇」者，言遠近視之一體。孫云：「遠則諸侯，近則臣工。」「用罪伐厥死」者，以罪則誅伐至死，不輕宥。○「用德彰厥善」者，後漢濟北惠王傳、魏志高柔傳引如此。廣雅釋詁：「彰，明也。」今文「彰」一作「章」者，漢書楚孝王囂傳、王嘉傳引皆作「用德章厥善」。**邦之臧，惟汝衆；**有善，則衆臣之功。○「邦之臧，惟汝衆」，古文也，今文作「國之臧，則維女衆」。○今文作「國之臧，則維女衆」者，周語內史過引般庚如此。邦、國，惟、維，今、古文之異，多「則」字，韋注：「臧，善也。國俗之善，則維女衆。歸功於下。」**邦之不臧，惟予一人有佚罰。**佚，失也。是己失政之罰。罪己之義。○「邦之不

〔一〕「音」原誤作「者」，據管子宙合篇原文改。

臧，惟予一人有佚罰」，古文也，今文作「國之不臧，則維余一人是有逸罰」。○今文作「國之不臧，則維余一人是有逸罰」者，内史過引如此，多「則」字、「是」字；佚、逸古通用，韋注：「逸，過也。罰，猶罪也。國俗之不善，則維余一人，是我有過也，其罪當在我。」皮云：「韋注不言古、今文同異，疑古、今文同。注義或本今文家説。」作「國」作「維」，亦與今文合也。釋言：「逸，過也。」郭注引書亦作「逸罰」。**凡爾衆，其惟致告：**致我誠，告汝衆。○「凡爾衆，其惟致告」，今文無徵。○「凡爾衆，其惟致告」者，命致其告詞於下，使咸知之。**自今至于後日，各恭爾事，齊乃位，度乃口，**奉其職事，正齊其位，以法度居汝口，勿浮言。○「自今至于後日」，今文無徵。「各恭爾事」，今、古文「恭」並作「共」。「齊乃位，度乃口」，「乃口」今文作「爾口」。僞傳「以法度居汝口」，不詞。○古文「恭」作「共」者，段云：「共，孔訓『奉』，與甘誓、牧誓同。衛包妄改爲『恭』，『恭』不訓『奉』也。陳鄂於宋開寶中删去釋文『共音恭』之語，書古文之厄至斯而極。」今文「恭」作「共」者，漢石經殘碑作「各共爾事」，釋詁：「共，具也。」○今文作「齊乃位，度爾口」者，石經殘碑如此。「齊乃位」者，廣雅釋言：「齊，整也。」言整肅其位勿紊亂。「度爾口」者，「度」當爲「𢾅」。江云：「古人作字，輒有從其聲而省其文者，如『邇』作『爾』，『諸』作『者』，『説』作『兑』之類皆是。此經以『度』爲『𢾅』，省去攴〔一〕旁。説文：『𢾅，閉也。』閉塞其口。於誼允當。」**罰及爾身，弗可悔。」**不從我謀，罰及汝身，雖悔可及乎？○「罰及爾身，弗可悔」，今文無徵。○「罰及爾身，弗可悔」者，江云：「示以梗令則有罰，儆懼之。」段云：「今文尚書，般庚

〔一〕「攴」原誤作「支」，據江聲尚書集注音疏原文改。

三篇爲一篇，然蔡邕所書石經中篇『建乃家』之下，下篇『般庚既』之上空一字，自隸釋所載，迄錢唐黄易所藏殘字、翁方綱所摹勒皆然，則上篇、中篇相接處亦必空一字，可知雖爲一篇，固有區别。蓋書序云『作般庚三篇』，殷本紀亦云『作般庚三篇』，書序不待壁中而始出，故般庚之列爲三，亦不待壁中本出而始分也。」

尚書孔傳參正十一

盤庚中第十　商書　孔氏傳　臣王先謙參正

盤庚作，惟涉河以民遷。爲此南渡河之法，用民徙。○「盤庚作，惟涉河以民遷」，今文無徵。○「盤庚作」者，書疏引鄭云：「作渡河之具。」「惟涉河以民遷」者，耿在河北，殷在河南。廣雅釋詁：「涉，渡也。」**乃話民之弗率，誕告用亶其有衆，**話，善言。民不循教，發善言大告用誠於衆。○「乃話民之弗率」二句，今文無徵。○「乃話民之弗率」云云者，釋文：「話，馬云：『告也，言也。』亶，馬本作『單』，音同，誠也。」説文「話」下云：「合會善言也。」釋詁：「率，循也。」「誕，大也。」言合會民之不循教遷居者，而善言大告以誠於其有衆。末三字，或下屬爲句。段云：「馬作『單』而讀爲『亶』，與雒誥『乃單文祖德』同。」**咸造，勿褻在王庭，**造，至也。衆皆至王庭，無褻慢。○「咸造，勿褻在王庭」，今文無徵。○「咸造，勿褻在王庭」者，釋文：「造，馬云：『爲也。』」蓋即鄭所言「爲渡河之具」。「勿褻」者，謂衆心肅静。段云：「衆經音義十五『媟嬻』條下引：『尚書：「咸造忽媟。」孔安國曰：「媟，慢也，傷也。」』案：『忽』者，『勿』之誤。『褻』本作『媟』，蓋衛包改之，引傳文亦與今不同。」**盤庚乃登，進厥民。**升進命使前。

〇「盤庚乃登，進厥民」，今文無徵。〇「盤庚乃登，進厥民」者，江云：「王廷無堂，則經言『登進』不得解爲登堂，但招來之使前進耳。」先謙案：民數至衆，非升高則言不遠聞。「盤庚乃登」句，「進厥民」句，則無疑於無堂可登矣。**曰：「明聽朕言，無荒失朕命。**荒，廢。〇「曰：『明聽朕言，無荒失朕命』」，今文無徵。〇「曰：『明聽朕言，無荒失朕命』」者，詩毛傳：「荒，虛也。」江云：「古『佚』字省作『失』，君奭『遏佚前人光』，漢書王莽傳引作『遏失前人光』，公羊成二年傳『佚獲也』釋文：『佚，一本作「失」。』史記太史公自序：『網羅天下放失舊聞。』皆以『失』爲『佚』。此經『失』字亦然，當讀爲『佚』，『佚』之言『忽』也。」**嗚呼！古我前后，罔不惟民之承**言我先世賢君，無不承安民而恤之。〇「嗚呼！古我前后」，今文無徵。「罔不惟民之承」，今文與古文同。〇「嗚呼！古我前后」者，以下文推之，「嗚呼」當作「於戲」。〇「罔不惟民之承」者，石經殘碑作「□□□民之承」。江云：「讀當至『保』字絶句。保，安也。言前后無不承安其民也。」孫云：「文選注二十五引薛君章句云：『承，受也。』説文『保』下云：『任保也。』蓋言任使下文『承汝俾汝』，俾，亦使也。洛誥云：『承保乃文祖受命民。』是『承保』讀當絶句。『承保』猶易言『容保民』也。」

保，后胥慼鮮，以不浮于天時。民亦安君之政，相與憂行君令。浮，行也。少以不行於天時者，言皆行天時。〇「保，后胥慼鮮，以不浮于天時」，古文也，今文「慼」作「高」。〇今文「慼」作「高」者，石經殘碑作「保，后胥高鮮，以不浮」。（下闕。）黄伯思東觀餘論亦載「保后胥高」四字。「后胥慼鮮，以不浮于天時」者，孫云：「説文：『慽，憂也。』謂后亦與民共憂患。釋詁：『鮮，罕也。』『浮』讀爲『孚』，言君民親附，罕有不孚於天時者。孟子云『天時地利不如人和』是也。」「后胥高鮮，以不浮于天時」者，江云：「胥，相也。詩：『聿來胥宇。』爾雅：『小山别大山曰鮮。』詩：『度其鮮原。』『鮮』上屬爲句。『后胥高鮮』者，言前后相度高山之處而徙居之，下篇所謂『適于山』也。浮，過也。禮表記『恥名之浮于行也』，是『浮』有『過』義。經言既相地之宜，又審天之時，當遷則遷，不過於天時也。」**殷降大虐，先王不懷**我殷家於天降大災，則先王不思故居而行徙。○「殷降大虐，先王不懷」，今文無徵。○「殷降大虐」者，書疏引鄭云：「將遷於殷，先正其號名。」「降大虐」者，謂先王時天降大災，猶詩云「降此大戾」也。江云：「上篇『盤庚遷于殷』謂殷地，此言『殷降大虐』，直謂國爲殷矣。前此國惟稱商，如詩商頌皆稱商，惟殷武詩稱殷，是在盤庚後，則稱殷自此始。」「先王不懷」者，當連「厥攸作」爲句。釋詁：「懷，安也。」詩毛傳：「作，始也。」言先王不安其所始居之地。莊述祖云：「懷，回也，往而不回，猶言徂落。」劉云：「言遭家不造，先王徂謝，不獲親見遷都之業，然其所造謀，皆視民利用而遷之。重稱陽甲，以動萬民思慕之意。而晉賀循之徒，猶謂盤庚不序陽甲之廟，誣古人矣。」別爲一解，於義亦通。**厥攸作，視民利用遷。**其所爲，視民有利則用徙。○「厥攸作，視民利用遷」，今文無徵。○「厥攸作，視民利用遷」者，「厥攸作」見上。視民之所利而以汝遷也。江云：「視，讀爲『示』。其所爲，示民以利用遷之事足爲後世法。」於義亦通。**汝曷弗念我古后之聞？**古后先王之聞，謂遷事。○「汝曷弗念我古后之聞」，今文無徵。○「汝曷弗念我古后之聞」者，言所聞於先王之舊事，當以爲念。**承汝俾汝，惟喜康共，非汝有咎，比于罰。**今我法先王惟民之承，故承汝使汝徙，惟與汝共喜安，非謂汝有惡徙汝，令比近於殃罰。○「承汝俾汝」四句。今文無徵。○「承汝俾汝」云云者，言我法先王而承安汝使令汝，惟喜安康以保汝身共具以庇汝家耳。非汝有咎過，比於放流之罰也。俾，使；喜，樂；康，安；共，具，並釋詁文。

「予若籲懷茲新邑，亦惟汝故以，丕從厥志。言我順和懷此新邑，欲利汝衆，故大從其志而徙之。○「予若籲懷茲新邑」三句，今文無徵。○「予若籲懷茲新邑」云云者，釋言：「若，順。」「懷，來也。」「籲，呼也。」孫云：「丕，詞也。言我順呼汝來此新邑，亦惟承保汝之故，汝當從其志勿違之。」江云：「我順呼汝來此新邑，亦惟汝故之以。『以』字讀當絶之。言爲安集汝故也。左昭十三年傳：『莒人愬于晉曰：「我之不共，魯故之以。」』又昭十八年傳：『修故之以。』蓋古人有此句法。『丕』讀曰『不』，言不從汝苟安之志。」先謙案：江讀較長，「丕」作「不」，義亦較順。**今予將試以汝遷，安定厥邦。**試，用。○「今予將試以汝遷，安定厥邦」，古文也，今文「汝」作「爾」、「邦」作「國」。○「汝」作「爾」、「邦」作「國」者，石經殘碑作「□□□試以爾遷，安定厥國」。段云：「漢人不以諱改經字，故古文多作『邦』，今文多作『國』，各依其壁藏之本也。」**汝不憂朕心之攸困，**所困，不順上命。○「汝不憂朕心之攸困」，古文也，今文「汝」上多「今」字。○「汝」上多「今」字者，石經殘碑作「今女不」。（下闕。）馮登府云：「有『今』字，語氣緊接，今文是也。」江云：「朕心之所困，謂故都圮毀不可居也。」**乃咸大不宣乃心，欽念以忱動予一人。**汝皆大不布腹心，敬念以誠感動我，是汝不盡忠。○「乃咸大不宣乃心」二句，今文無徵。○「乃咸大不宣乃心」云云者，釋詁：「咸，皆。」「欽，敬也。」説文：「忱，誠也。」江云：「詩淇奥釋文引韓詩：『宣，顯也。』言皆大不顯白其心。」孫云：「『宣』讀爲『和』。王引之云：『太宰職「正月之吉，始和布令于邦國都鄙」，即小司寇職「正歲，帥其屬而觀刑象，乃宣布于四方」也。』禮檀弓：『曹桓公卒於會。』鄭注：『曹伯廬謚宣。言桓，聲之誤也。』是『宣』聲近『桓』。禹貢『和夷』鄭注讀『和』爲『桓』，則『宣乃心』謂和乃心也。」**爾惟自鞠自苦，**鞠，窮也。言汝爲臣不忠，自取窮苦。○「爾惟自鞠自苦」，今文無徵。○「爾惟自鞠自苦」者，釋言：「鞠，窮也。」即說文「𥷚」字省。**若乘舟，汝弗濟，臭厥載。**言不徙之害，如舟在水中流不渡，臭敗其所載物。○「若乘舟」三句，今文無徵。○「若乘舟」云云者，孫云：「『臭』讀爲『殠』，說文：『殠，腐气也。』又云：『𣧑，腐也。』或作『朽』。廣雅釋器：『𣧑，臭也。』言爾徒自窮苦，譬如登舟不渡，坐待其朽敗。」**爾忱不屬，惟胥以沈。不其或稽，自怒曷瘳？**汝忠誠不屬逮古，苟不欲徙，相與沈溺，不考之先王，禍至自怒，何瘳差乎？○「爾忱不屬，惟胥以沈」，今文無徵。「不其或稽，自怒曷瘳」，今文「稽」作「迪」，「怒」作「怨」。○「爾忱不屬，惟胥以沈」者，說文：「屬，連也。」言爾之誠信不連屬於我，不圖共濟，惟相與沈溺而已。釋文：「屬，馬云：『獨也。』」案：獨之言專也，誠信不專注於上，而肆其浮動，是「不屬」爲不獨也。○「不其或稽，自怒曷瘳」者，孫云：「說文：『稽，留止也。』『瘳，疾病愈也。』其或留止不進，自恚怒何能愈乎？」今文「稽」作「迪」、「怒」作「怨」者，石經殘碑作「□其或迪，自怨」。（下闕。）案：釋詁：「迪，進也。」此仍以乘舟爲喻，言不或圖前進，雖自怨悔，庸有瘳乎？「怒」作「怨」，義較長。**汝不謀長，以思乃災，汝誕勸憂。**汝不謀長久之計，思汝不徙之災，苟不欲徙，是大勸憂之道。○「汝不謀長，以思乃災」，今文無徵。「汝誕勸憂」，古文也，今文「誕」作「永」。○「汝不謀長，以思乃災」者，謂不謀長久以思乃沈溺之災。○「汝誕勸憂」者，孫云：「釋詁：『誕，大也。』廣雅釋詁：『勸，助也。』言無遠謀，如此大足助災耳。」江云：「左昭元年傳：『三大夫兆憂，憂能無至乎？』杜注：『開憂兆。』『勸憂』猶『兆憂』也。」今文「誕」作「永」者，石經殘碑作「□永勸憂」。段云：「『誕』从延聲，延、永雙聲，皆訓『長』也。東觀餘論載：『女永勸憂。』『女』字隸釋所無。豈黃氏所見字又較多邪？」先謙案：諸家釋「勸」字未諦，下文「其」上「今」字無解，遂成羨文。竊謂當以「汝永勸憂今」爲句，言汝但長勸以今之遷徙震動爲憂，而不思有今罔後死喪無日之尤可憂也。兩「今」字緊相呼應，義似較長。**今，其有今罔後，汝何生在上？**言不徙無後計，汝何得久生在人上？禍將及汝。○「今，其有今罔後，汝何生在上」，今文與古文同。○今文同者，石經殘碑作「今，其有今罔後，女何生」，（下闕。）「今」字上屬，説見上。「其有今罔後」者，謂其或苟安目前而有今，然恐死亡在即而罔後矣。語悚而意急。「汝何生在上」者，書疏申僞傳義云責羣臣何得久生在民上。案：經言告民，云責臣者非。諸家説以爲汝何得生在地上，以「上」爲地上亦非也。「上」者，天也。下文「自上其罰汝」，「上」亦謂天，是其明證。詩「文王在上」、「赫赫在上」，西伯戡黎「乃罪多參在上」，皆謂天也。民爲天生，則生命係屬在上天。今不順天延命，汝生理已絶，尚有何生命在上天乎？與下文「予迓續乃命于天」相應。**今予命汝一，無起穢以自臭，**我一心命汝，汝違我，是自臭敗。○「今予命汝一二句，今文無徵。○「今予命汝」云云者，言予所命汝者一而已，一者，奈何無爲浮言是也。「穢」當作「薉」，説文有「薉」無「穢」。漢書武紀晉灼注：「薉，古『穢』字。」考工記云：「敗薉也。」起者，發動之義。穢喻浮言，「起穢」者，謂胥動以浮言也。「以自臭」者，穢敗之物，惡臭遠聞，浮言發動，人皆知所由起。不循正理而爲詭説，不能害人，徒以自爲惡臭耳。諸家讀「臭」爲「齅」，今以本字讀之，文義自明。**恐人倚乃身，迂乃心。**言汝既不欲徙，又爲他人所誤，倚曲迂僻。○「恐人倚乃身，迂乃心」，古文也，今文「倚」作「踦」。○今文「倚」作「踦」者，玉篇足部「踦」下引書：「『恐人踦乃身，迂乃心』，言踦曲迂辟也。」段云：「説文：『踦，戾足也。』廣韻：『踦，腳跛也。』『踦』有『曲』訓，『倚』訓『曲』則牽强。顧本爲善。」陳云：「『倚』即『踦』之叚借，作『踦』者，今文尚書也。」皮云：「疑玉篇所采，或今文家舊説，其佚散見於它書，而顧氏摭之耳。」言恐汝造説爲人所持，將踦曲汝身，迂回汝心，牽制引誘，不能自振，致陷罪戾耳。**予迓續乃命于天，予豈汝威？用奉畜汝衆。**迓，迎也。言我徒，欲迎續汝命于天，豈以威脅汝乎？用奉畜養汝衆。○「予迓續乃命」三句，今文無徵。○「予迓續乃命于天」者，匡謬正俗云：「商書盤庚云：『予御續乃命于天。』詩鵲巢：『百兩御之。』訓解皆爲『迎』，」徐仙民音訝。」段云：「此唐初本作『御』之證，唐石經以下作『迓』者，衛包改也。釋文云『迓，五駕反』者，開寶閒改也。訓『迎』之字本作『訝』，其作『迓』者，又『訝』之别體，説文所無也。凡各書用字有例，如毛詩、（鵲巢。）古文尚書、（般庚、牧誓。）儀禮、（士昏禮。）禮記、（曲禮：「士、大夫必自御之。」）春秋穀梁傳、（「跛者御跛者，眇者御眇者。」）列子（「遇駭鹿，御而擊之。」）字皆作『御』，惟周禮作『訝』，此其大例也。」續者，繼也，言天將永我命于兹新邑，我爲汝迎而續之。○「予豈汝威？用奉畜汝衆」者，孫云：「淮南高注：『奉，助也。』易鄭注：『畜，養也。』言予豈以威脅汝遷，以助養汝衆民而已。」**予念我先神后之勞爾先，予丕克羞爾，用懷爾，然，**言我亦法湯大能進勞汝，以義懷汝心，而汝違我，是汝反先人。○「予念我先神后之勞爾先，予丕克羞爾」，古文也，今文「丕」作「不」。「用懷爾，然」，今文無徵。○「予念我先神后之勞爾先，予丕克羞爾」者，石經殘碑作「□□□□□之勞爾先，予丕」，（下闕。）段云：「洪不云孔作『丕』，疑本是『丕』字，板本誤『丕』，錢唐黄易所藏搨本正作『丕』字，是今文尚書作『不』也。」皮云：「今文『丕』作『不』，猶大誥『爾丕克遠省』，王莽用今文『丕』作『不』也。今文尚書蓋以此句下屬爲義。」神后、高后，皆謂成湯。神者，配天之稱，説文天神曰神。「勞爾先」者，謂與爾先人曾共勤勞，遷都遠害，念此事先代有之，非自予始。「予不克羞爾」者，釋詁：「羞，進也。」今爾不欲從，是予不能有以進爾也。○「用懷爾，然」者，用，以也。釋詁：「懷，安也。」既不克進爾，則無以安爾，是則然矣。「用懷爾」句，「然」一字爲句。江云：「『然』之言如是也。」**失于政，陳于兹，高后丕乃崇降罪疾，曰：『曷虐朕民？』**崇，重也。今既失政，而陳久於此而不徙，湯必大重下罪疾於我，曰：「何爲虐我民而不徙乎？」○「失于政」，今文無徵。「陳于兹，高后丕乃崇降罪疾，曰」，古文也，今文「崇」作「知」。「曷虐朕民」，今文無徵。○「失于政」者，言如此則我失于牧民之政，乖爲君之道。○「陳于兹」云云者，石經殘碑作「□于兹，高后丕乃知降罪疾，曰」。（下闕。）釋詁：「陳，延也。」「塵，久也。」孫云：「陳居之久，久則塵矣。陳、塵聲近義通。」江云：「『丕』訓『大』，『大乃』不詞，『丕』讀爲『不』。丕、不古通。凡後言『丕乃』，仿此。『不乃』猶『無乃』也，言延久於此而不徙，高后在天之靈毋乃知而降罪疾於我，其言如下文也。」○「曷虐朕民」者，今之民猶是高后留遺之民，故以「朕民」爲詞。民有利而不令遷，有害而不使避，是與虐朕民無異。「曷」者，訶責之詞。**汝萬民乃不生生，暨予一人猷同心，**不進進謀同心徙。○「汝萬民乃不生生」二句，今文無徵。○「汝萬民乃不生生」云云者，孫云：「莊子大宗師云：『生生者不生。』釋文引崔云：『常營其生爲生生。』言汝萬民乃不知共營其生也。」先謙案：孫説近是，但此與上文一意貫下，則不別指營生之事。謂汝萬民不樂徙居，是自取敗亡，乃不往生於可生之地也。釋詁：「猷，謀也。」謂與上同心謀徙。**先后丕降與汝罪疾，曰：『曷不暨朕幼孫有比？』**言非但罪我，亦將罪汝。幼孫，盤庚自謂。比，同心。○「先后丕降與汝罪疾」二句，今文無徵。○「先后丕降與汝罪疾」云云者，「先后」承上「高后」言，亦謂湯。孫云：「陽甲爲長，故云『幼孫』。」江云：「易象傳：『比，下順從也。』」**故有爽德，自上其罰汝，汝罔能迪。**湯有明德在天，見汝情，下罰汝，汝無能道，言無辭。○「故有爽德」

二句，今文無徵。「汝罔能迪」，今文與古文同。○「故有爽德」云云者，江云：「釋詁：『故，今也。』周語：『實有爽德。』賈注：『爽，貳也。』言今汝不與我同心，是有貳德矣，先后其自上天下罰於汝。」○「汝罔能迪」者，黄易購藏石經殘字有「能迪」二字，是今、古文同之證。江云：「迪，道也。汝無能道以自解免。」孫云：「馬注多方『迪』作『攸』。攸，同『⿺辶攸』，說文云：『長也。』言汝無能自長久。」**古我先后，既勞乃祖乃父，**勞之共治人。○「古我先后」，今文與古文同。「既勞乃祖乃父」，今文無徵。○今文同者，黄易石經殘字作「古我先后」。「既勞乃祖乃父」者，與上文「我先神后之勞爾先」相應，「爾先」即「乃祖乃父」也，仍屬民說，下作「我畜民」即其證。書疏申僞孔義，以「勞」爲「共治人」，非。**汝共作我畜民。汝有戕，則在乃心。**戕，殘也。汝共我治民，有殘人之心而不欲徙，是反父祖之行。○「汝共作我畜民」、「汝有戕，則在乃心」，古文也，今文「戕」作「近」。○今文「戕」作「近」者，石經殘碑作「□□□□民。女有近，則在乃心」。東觀餘論亦載「汝有近，則在乃心」，祭統：「順于禮不逆于倫〔二〕，是之謂畜。」注：「畜，謂順于德教。」釋詁：「則，法也。」言汝自祖父以來，共作我順於德教之民，汝有近可爲法者在汝心，何爲梗我教令乎？或釋「畜民」爲畜養之民，於義亦通。**我先后綏乃祖乃父，乃祖乃父乃斷棄汝，不救乃死。**言我先王安汝父祖之忠，今汝不忠，汝父祖必斷絶棄汝命，不救汝死。○「我先后綏乃祖乃父」，今文與古文同。「乃祖乃父乃斷棄汝」二句，今文無徵。○今文同者，石經殘碑作「我先后綏」。（下闕。）釋詁：「綏，安也。」言我先王當日安汝祖汝父，亦有遷居之

〔二〕「禮」，禮記祭統作「道」。

事，皆以爲是安，非虐也。○「乃祖乃父乃斷棄汝」云云者，言汝不近法乃祖乃父，乃祖乃父將絶棄汝，不救汝死矣。**兹予有亂政同位，具乃貝玉。**亂，治也。此我有治政之臣同位於父祖，不念盡忠，但念具貝玉而已。言其貪。○「兹予有亂政同位，具乃貝玉」，今文無徵。○「今予有亂政同位，具乃貝玉」者，釋詁：「共，具也。」説文：「貝，海介蟲也，居陸名猋，在水名蜬。」桓寬鹽鐵論：「幣與世易，夏后氏以元貝。」周書王會解：「若人元貝。」釋魚説貝文狀，云「餘蚳：黄白文。餘泉：白黄[一]文。」李巡注：「餘蚳貝甲黄爲質，白爲文采。餘泉貝甲以白爲質，黄爲文采。」陸璣詩疏云：「貝，龜鼈之屬，其文黄質白文，白質黄文。又有紫貝，白質如玉，紫點爲文，行列相當，大者徑尺六七寸。」管子國畜篇：「玉起于禺氏，金起于汝漢，珠起于赤野，距周七千八百里。先王爲其涂之遠至之難，故託用於其重，以珠玉爲上幣，黄金爲中幣，刀布爲下幣。」地數、揆度二篇亦然。是貝玉二者古並以代刀布。史記平準書：「虞、夏之幣，金爲三品，或黄，或白，或赤；或錢，或布，或刀，或龜貝。至秦，幣爲三等，黄金爲上幣，銅錢爲下幣，而珠玉、龜貝、銀錫之屬爲器飾寶藏，不爲幣。」然則秦後貝玉始不爲幣。江云：「孟子梁惠王篇：『太王居邠，事狄人以珠玉。』逸周書王會解稱湯命伊尹爲四方獻令，其正北諸國之獻有白玉。是商時以玉爲幣矣。」言今予有治理庶政同居有位之臣，徒知共具貝玉，貪冒貨賄，何足貴乎？經至此方並責羣臣，對衆民斥言之。**乃祖乃父，丕乃告我高后曰：『作丕刑于朕孫。』**言汝父祖見汝貪而不忠，必大乃告湯曰：「作大刑於我子孫。」求討不忠之罪。○「乃祖乃父，丕乃告我高后曰：

[一]「白黄」二字原脱，據爾雅釋魚原文補。

「作丕刑于朕孫」」，古文也，今文「我高后」作「乃祖乃父」。○今文「我高后」作「乃祖乃父」者，釋文：「『我高后』，本又作『乃祖乃父』。」段云：「別本是也。當讀『乃祖乃父丕乃告』句絕，『乃祖乃父曰：「作丕刑于朕孫」』句絕。」陳云：「陸不言『又作』本爲誰氏本，則非馬、鄭、王本。可知三家今文，多與壁中本異，蓋作『乃祖乃父』者，是三家今文見於他書所引者，故陸附載之耳。」先謙案：「朕孫」唐石經作「朕子孫」。「丕乃」依江氏讀爲「不乃」，言子孫在位，惟知保聚貨賄，不顧國家大政，乃祖乃父無乃將上告乎？其上告之言奈何？乃祖乃父曰「作大刑於朕子孫」也。**迪高后，丕乃崇降弗祥。**言汝父祖開道湯，大重下不善以罰汝。陳忠孝之義以督之。○「迪高后」，今文無徵。「丕乃崇降弗祥」，今文「崇」作「興」，「弗祥」作「丕永」。○「迪高后，丕乃崇降弗祥」者，江云：「乃祖父既啟迪我高后，不乃重降之殃禍乎？」說文：「祥，福也。」祥爲福，則「弗祥」爲殃禍矣。「崇」作「興」、「弗祥」作「丕永」者，石經殘碑作「□□興降丕永」，侯康云：「興、崇義通。文選東京賦：『進明德而崇業。』薛綜注：『崇猶興也。』」孫云：「丕、不字同，不永言不長也。『祥』以羊爲聲，『養』、『漾』俱長也。今文作『不永』，知『弗祥』亦謂不長也。」**嗚呼！今予告汝不易。**凡所言皆不易之事。○「嗚呼！今予告汝不易」，古文也，今文「嗚呼」作「於戲」。○「嗚呼」作「於戲」者，石經殘碑作「於戲！今予」。（下闕。）書疏引鄭云：「我所以告汝者不變易，言必行之。」**永敬大恤，無胥絕遠。**長敬我言，大憂行之，無相與絕遠棄廢之。○「永敬大恤」，今文無徵。「無胥絕遠」，今文與古文同。○「永敬大恤」者，謂國遇大憂之事，當永敬其君上，惟教令之從，上下一心，方足以禦憂患、濟艱難。○今文同者，石經殘碑作「□□絕遠」。「絕遠」者，謂上下情義乖離；「無胥絕遠」，勉其同患相恤。**汝分猷念以相從，各設中于乃心。**羣臣當分明相與謀念，和以相從，各設中正於汝心。○「汝分猷念以相從，各設中于乃心」，古文也，今文「分」作「比」，「猷」作「猶」，「設」作「翕」。○今文「分」作「比」云云者，石經殘碑作「女比猶念以相從，各翕中」，（下闕。）東觀餘論所載同。孫云：「詩傳云：『擇善而從曰比。』廣雅釋詁：『猷，順也。』釋詁：『翕，合也。』言汝當比順思以相從，各合於中道。」江云：「汝當比附其謀猶念慮以相從於遷所，各合中正於汝心。諭令同心無貳也。」**乃有不吉不迪，**不善不道，謂凶人。○「乃有不吉不迪」，今文無徵。**顛越不恭，暫遇姦宄，**顛，隕。越，墜也。不恭，不奉上命。暫遇人而劫奪之，爲姦於外，爲宄於內。○「顛越不恭」，今、古文並當作「顛越不共」。「暫遇姦宄」，今文無徵。○古文作「顛越不共」者，段云：「衛包改『共』爲『恭』。釋文無『共音恭』之語，陳鄂删之。僞傳云：『不共，不奉上命。』考傳凡訓『奉』者，字皆作『共』，『共』讀爲『供』。甘誓『共行天之罰』、『女不共命』，無逸『惟正之共』皆是。左傳疏謂尚書作『恭』，所據非善本。」今文作「顛越不共」者，史記伍子胥傳子胥引盤庚之誥曰「有顛越不共」，與左哀十一年傳伍子胥諫吴王曰「盤庚之誥曰『其有顛越不共』」同，多「其有」及「有」字者，引書上下文並有删易，此加字以櫽括之也。段云：「僞孔於衛、賈、馬、鄭之本，初無大異。衛、賈、馬、鄭本，夫人誦習之，當時皆知爲壁中本。僞孔方欲將僞造之二十五篇令天下人信其真，若三十三篇大爲乖異，則天下疑其僞，而二十五篇不能依附以行矣。惟舜典、益稷分篇出於遷就，顧命之『成王』、堯典之『帝曰』小有删增，爲小異以誘人信，斷不爲大異以啟人疑也。況釋文序録云『馬、鄭所有同異，今亦附之音後』，書疏亦往往舉馬、鄭、王異孔之處，是凡有異者，梗概略具，釋文雖經開寶删節，書疏尚仍其舊。此經江聲據左删書，康誥亦據荀子删改，與前據左傳增『惡之易也』四字，其失一也。」杜預云：「『顛越不恭』，縱横不承命者也。」○「暫遇姦宄」者，王引之云：「暫，讀曰『漸』；漸，詐也。荀子正論篇：「上幽險，則下漸詐矣。」呂刑：「民興胥漸。」大傳云：「苗民用刑，而民興犯漸。」俱謂詐也；遇，讀曰「偶」，淮南原道訓：「偶𥈭智故，曲巧僞詐。」是以「偶」爲姦邪之稱。說文：「𪗾，齒不正也。」遇音近𪗾，義亦爲不正。說文「宄」下云：「姦也。外爲盜，內爲宄。」**我乃劓殄滅之，無遺育，無俾易種于茲新邑。** 劓，割。育，長也。言不吉之人當割絕滅之，無遺長其類，無使易種于茲新邑。○「我乃劓殄滅之，無遺育，無俾易種于茲新邑」，今文與古文同。○今文同者，左傳作「則劓殄，無遺育，無俾易種于茲邑」，史記作「劓殄滅之，俾無遺育，無使易種于茲邑」，引書皆微有刪增，足爲今、古文同之證。杜預云：「易種，轉生種類。言逆亂之人當割絕之，毋遺長其類，毋使轉生種類於此邑。」王引之云：「『劓殄』，猶多方之『刑殄』。劓，割。」孫云：「說文『劓』，『臬』或字，廣雅釋詁：『劓，斷也。』魯語：『譬之如疾，余恐易焉。』醫書有陰易、陽易，言病相延染。」**往哉生生。今予將試以汝遷，永建乃家。」**自今以往，進進於善。我用以汝徙，長立汝家。卿大夫稱家。○「往哉生生。今予將試以汝遷」，今文無徵。「永建乃家」，今文與古文同。○「往哉生生」云云者，言往哉，各謀生於可生之地。今我將遷汝於新邑也。○「永建乃家」者，長久建立汝家。此篇將遷誥民，「今予有亂政同位」至此，則對民訓戒羣臣之語。今文同者，石經殘碑作「□建乃家」，段云：「下空一字，接『般庚既』。此歐陽、夏侯尚書舊式也。乾隆四十二年錢唐黃易購得石經尚書殘字，般庚篇三十字，『其或迪，自怨』一行，『勞爾先，予不』一行，『能迪。古我先后』一行，『興降不永。於戲！今』一行，『建乃家。（空一字。）般庚既』一行，（『庚』字僅可辨。）翁氏方綱摹勒於石，此真漢石經殘字也。」（別有無錫人依隸釋僞造。）先謙案：夏侯三篇相接處空一格是也，歐陽章句既分爲三十一卷，則其式不與此同。

盤庚下第十一　商書　孔氏傳　臣王先謙參正

盤庚既遷，奠厥攸居，乃正厥位，定其所居，正郊廟朝社之位。○「盤庚既遷」，今文與古文同。「奠厥攸居，乃正厥位」，今文無徵。○今文同者，石經殘碑作「般庚既」。（下闕。）○「奠厥攸居，乃正厥位」者，書疏引鄭云：「徙主於民，故先定其里宅所處，次乃正宗廟朝廷之位。」孫云：「『奠厥攸居』者，王制『司空執度，度地居民』，小司徒云『經土地而井牧其田野，九夫爲井，四井爲邑』云云是也。『正厥位』者，鄭注天官『辨方正位』，引召誥『太保乃以庶殷攻位于洛汭，越五日甲辰，位成』，與此解『正厥位』略同。」**綏爰有衆，曰：「無戲怠，懋建大命。**安於有衆，戒無戲怠，勉立大教。○「綏爰有衆，曰」，今文與古文同。「無戲怠，懋建大命」，古文也，今文作「女罔台民，勖建大命」。○「綏爰有衆，曰」者，石經殘碑作「□□□衆，曰」。衆謂羣臣，下文邦伯、師、長、百執事是也。釋詁：「綏，安也。」三國魏武帝紀注引鄭云：「爰，于也。安隱於其衆也。」廣雅釋詁：「隱，安也。」俗作「穩」。出言以安定之。「女罔台民」者，段云：「古罔、無通，台、怠通。」先謙案：「怠」从台聲，故云「台、怠通」。「女罔怠民」，言羣臣當勤以率下。漢曹翔敬隱皇后頌：「般庚儉而弗怠。」用此經文。孫云：「方言：『怠，失也。宋、魯之閒曰台。』言汝毋失民。」江云：「台，讀爲『紿』，欺也。羣臣初以浮言恐衆，是欺紿愚民，故戒無紿民也。」案：三說並通，段、孫較長。遷都事定，訓戒臣下，而首以「無紿」爲詞，似非立言之體。○「懋建大命」者，釋訓：「懋，勉也。」書疏引鄭云：「勉立我大命，使心識教令，常行之。」此古文說。廣雅釋詁：「建，立也。」「懋」作「勖」者，石經殘碑作「勖建大命」，「勖」亦勉也。「大命」謂天命，西伯戡黎：「大命不摯。」「大命」亦謂天命也。遷居後，各建生命，勉思樹立，故曰勖建大命。**今予其敷心腹腎腸歷，告爾百姓于朕志。**布心腹，言輸誠于百官以告志。○「今予其敷心腹腎腸歷，告爾百姓于朕志」，古文也；今文作「今我其敷優賢揚歷」，一作「優臤颺歷」。「告爾百姓于朕志」，今文無徵。○「今予其敷心腹腎腸〔二〕」者，說文：「敷，布也。」左宣十二年傳「敢布腹心」，用此經文。「今我其敷優賢揚歷」者，石經殘碑作「今我」，（下闕。）是「予」作「我」也。書疏卷二云：「鄭注古文尚書，篇與夏侯等同，而經字多異夏侯等，書『心腹腎腸』曰『憂腎陽』。」案：「憂腎陽」乃「優賢揚」之誤，合下「歷」字，讀爲「優賢揚歷」。魏志管寧傳太僕陶丘一等薦寧曰：「優賢揚歷，垂聲千載。」裴注引今文尚書曰：「『憂賢揚歷』，謂揚其所歷試。」文選魏都賦曰：「優賢著於揚歷。」張載注引尚書盤庚曰：「『優賢揚歷』，歷，試也。」是「今予其敷心腹腎腸歷」爲「今我其敷優賢揚歷」。一作「優臤颺歷」者，漢咸陽令唐扶頌：「優臤颺歷。」國三老袁良碑：「優臤之寵。」「賢」作「臤」，「揚」作「颺」，皆三家異文。皮云：「說文：『臤，古文以爲「賢」字。』今文尚書亦多古字，說見前。揚、颺古通用，臯陶拜手颺言，史記作『揚言』。蔡邕朱公叔謚議曰：『天子諸侯咸用優賢禮同。』『優賢』字亦用今文尚書也。」江云：「今我其溥求賢者而優禮之，又揚其所歷試。」先謙案：既勉以勤民建命，又言我自今用人之準。○「告爾百姓于朕志」者，百姓，百官也。或以爲百官族姓，案：此明告羣臣，不必旁及支屬，

〔二〕「腸」字後當有「歷」字。

義可統之。**罔罪爾衆，爾無共怒，協比讒言予一人。**羣臣前有此過，故禁其後，今我不罪汝，汝勿共怒我，合比凶人而妄言。○「罔罪爾衆」三句，今文無徵。○「罔罪爾衆」者，經所謂「綏爰有衆」，上云「告爾朕志」，謂此。「爾無共怒，協比讒言予一人」，我不罪爾，棄除前過，與爾更始，爾勿共相忿怒，合比爲讒言謗我也。孫云：「詩正月：『洽比其鄰。』左僖二十二年傳引作『協比』，與此同義。」**古我先王，將多于前功，**言以遷徙多大前人之功美。○「古我先王」二句，今文無徵。○「古我先王，將多于前功」者，「先王」謂湯。釋詁：「將，大也。」王鳴盛云：「契父帝嚳，實始居亳，其後屢遷而不定，成湯大多于前人之功，故復往居亳，書序云：『自契至成湯，八遷。湯始居亳，從先王居。』先王者，帝嚳也。傳意以先王泛指商先王，下『適于山』泛指五遷，非。」**適于山，用降我凶德，嘉績于朕邦。**徙必依山之險，無城郭之勞。下去凶惡之德，立善功于我國。○「適于山，用降我凶德，嘉績于朕邦」，古文也，今文「嘉」作「綏」。○「適于山」者，適，往也。鄭注立政云亳「東成皋、南轘轅、西降谷」，故云「適于山」也。漢書地理志「河南郡」「成皋縣」：「故虎牢。」後漢郡國志「河南郡」「緱氏縣」：「有轘轅關。」降谷，今永甯縣北。「用降我凶德，綏績于朕邦」者，石經殘碑作「□□□凶德，綏績」。（下闕。）降，下也。民居墊陷，不安定之，是我爲君之凶德，適山之後，地高水下，民無災害，是降下我凶德而安業於我邦也。釋詁：「綏，安。」「績，業也。」**今我民用蕩析離居，罔有定極，**水泉沈溺，故蕩析離居，無安定之極，徙以爲之極。○「今我民」二句，今文無徵。○「今我民」云云者，今對古言，指未遷之時。廣雅釋詁：「析，分也。」釋詁：「極，至也。」言我民爲河水蕩泆分析，離其室居，無有定至之處。王鳴盛云：「此正指祖乙圮耿之事。三代時河患惟是爲甚，然諸臣以從遷爲苦，蓋尚止於瀕河侵溢之患而已。」**爾謂朕：『曷**

震動萬民以遷？』言皆不明己本心。○「爾謂朕：『曷震動萬民以遷』」，古文也，今文作「今爾惠朕，害祇動萬民以遷」。○「今爾惠朕，害祇動萬民以遷」者，石經殘碑作「今爾惠朕，（闕一，當是「害」字。）祇動萬民以遷」。段云：「東觀餘論亦載『爾惠朕，曷祇動萬民以遷』，『曷』字洪氏所無，疑黃氏臆補。凡『曷』字，今、古文皆作『害』，其作『曷』者，後人所改。匡謬正俗引多方『害弗夾介』，古文之證。王莽大誥『曷』皆作『害』，今文之證也。伯思偶補一字而適誤，學古之當審慎如是。」孫云：「釋詁：『惠，順也。』『曷，盍也。』『祇，敬也。』祇、震聲轉，震、振字同，堯典『震驚』，史記作『振驚』。」皋陶謨「日嚴祇敬六德」，無逸「治民祇懼」，史記並作「振」。禮內則「祇見孺子」，鄭注：「祇，或作振。」言今汝承順我，何不敬動萬民徙居避患之爲得邪？ **肆上帝將復我高祖之德，亂越我家。**以徙故天將復湯德，治理於我家。○「肆上帝」，今文與古文同。「將復我高祖之德，亂越我家」，今文無徵。○今文同者，石經殘碑作「肆上」。（下闕。）釋詁：「肆，今也。」「將復我高祖之德，亂越我家」者，釋詁：「亂，治也。」「粵，于也。」越、粵同。言今天將興復我高祖之德，治于我家。 **朕及篤敬，恭承民命，用永地于新邑。**言我當與厚敬之臣，奉承民命，用長居新邑。○「朕及篤敬」三句，今文無徵。○「朕及篤敬」云云者，公羊昭元年傳：「及，猶汲汲也。」釋詁：「篤，厚也。」「恭，敬也。」言我汲汲厚敬，恪恭奉承民命，以順天心，用久長其地於此新邑也。據僞傳「奉承」，「恭」當爲「共」。史記賈誼傳「共承嘉惠兮」用此經文。 **肆予沖人，非廢厥謀，弔由靈。**沖，童。童人，謙也。弔，至。靈，善也。非廢，謂動謀於衆，至用其善。○「肆予沖人」三句，今文無徵。○「肆予沖人」云云者，後漢沖帝紀引謚法曰：「幼少在位曰沖。」說文：「䢀，至也。」古字「弔」與「䢀」同。江云「靈」謂龜，以下云「卜」知之。今我幼少之人，非廢羣臣之謀而不用，言其至極則必由靈龜以卜也。禮禮運：「麟鳳龜龍，謂之四靈。」易頤初九：「舍爾靈龜。」**各非敢違卜，用宏茲賁。**宏、賁，皆大也。君臣用謀，不敢違卜，用大此遷都大業。○「各非敢違卜」二句，今文無徵。○「各非敢違卜」云云者，釋詁：「宏，大也。」廣雅釋詁：「賁，美也。」言汝衆各不敢違卜，宏大此遷都之美舉，是汝衆相助之力也。**嗚呼！邦伯、師、長、百執事之人，尚皆隱哉。**國伯，二伯及州牧也。衆長，公卿也。言當庶幾相隱括，共爲善政。○「嗚呼」二句，今文無徵。「嗚呼」當作「於戲」。「尚皆隱哉」，今文「隱哉」作「乘哉」。○「嗚呼」作「於戲」者，以上文推之當然。「邦伯、師、長、百執事之人」者，「邦伯」，州伯也。禮王制：「千里之內設方伯。五國以爲屬，屬有長。十國以爲連，連有帥。三十國以爲卒，卒有正。二百一十國以爲州，州有伯。」鄭注以爲殷制，「虞、夏及周皆曰牧。」江云：「地官序官鄭注：『師之言帥。』此『師』蓋即謂『連帥』，『長』即屬長也。」又云：「王制文尚有卒正，此不及之者，卒正之上爲州牧、連帥，其下爲屬長，舉上下而卒正該在其内。『百執事之人』，謂在朝之臣。金縢云：『二公及王，乃問諸史與百執事。』蓋惟在内之臣，乃得問及。遷都時，畿外諸侯各率其屬以衛從王，故邦伯、師、長、百執事之人，並呼告也。」○「尚皆隱哉」者，孫云：「釋言：『隱，占也。』郭注：『隱度。』上言『非敢違卜』，故此云『尚皆占哉』。」先謙案：上文「綏爰有衆」，鄭注：「安隱於其衆也。」鄭用「隱」字即本經文，隱，猶安也，言衆人庶幾皆以爲安，不必致疑。今文「隱」作「乘」者，石經殘碑作「□□乘哉」。孫云：「宰夫鄭注：『乘，計也。』言當計度之，猶云隱度也。」江云：「鄭七月箋云：『乘，治也。』言尚皆治其職哉。」皮云：「石經『后胥高鮮』，江訓爲相度高山，以經文『適于山』證之，江說較合。『乘哉』之乘，當即乘高之義，謂乘高山以建新邑。」**予其懋簡相爾，念敬我衆。**簡，大。相，助也。勉大助汝，念敬我衆民。○「予其懋簡相爾，念敬我衆」，古文也，今文「懋」作「勖」。○今文「懋」作「勖」者，石經殘碑作「予其勖蕳相爾，念敬我衆」。「懋」作「勖」，見上。「簡」作「蕳」，漢隸從竹從艸之字多通作。江云：「易繫詞虞注：『簡，閱也。』相，視也。言予其勉閱視汝，尚思念敬我衆民哉。」先謙案：邦伯、師、長以下皆召見之，故云勉閱視汝。**朕不肩好貨，敢恭生生？鞠人、謀人之保居，叙欽。**肩，任也。我不任貪貨之人，敢奉用進進於善者。人之窮困能謀安其居者，則我式序而敬之。○「朕不肩好貨」，今文與古文同。「敢恭生生」，今文無徵。「鞠人、謀人之保居，叙欽」，今文「保」作「萃」。○「朕不肩好貨」者，石經殘碑作「朕不」。（下闕。）釋詁：「肩，作也。」朕不作好貨之事。江云：「肩所以任物者，是肩爲任也。釋詁：『肩，勝也。』勝亦堪任之義。詩敬之鄭箋亦云：『仔肩，任也。』」言我不任好貨之人。○「敢恭生生」者，據僞傳訓「恭」爲「奉」，是「恭」本作「共」，衛包改也。孫云：「共，具也。」不敢具生生之財，與上句爲二義。江云：「説文：『敢，進取也。』『共，給也。』生生，猶生息。謂貸錢於人以取息，好貨之人取給於生息貨財以自利，我不任用之。」與上句連讀爲一義，説並通。泉府職云：「凡民之貣者，與其有司辨而受之，以國服爲之息。」先鄭注：「貣者，謂從官借本賈也，故有息，使民弗利。」後鄭注：「謂以國服爲之息，以其於國服事之税爲息也。於國事受園廛之田而貣萬泉者，則期出息五百。」是稱貣者，必於本賈之外，加息以償貸者，貸者取息以爲利，如是者數爲之，則財貨生生不窮，此之謂生生也。○「鞠人、謀人之保居，叙欽」者，書疏引鄭云：「鞠，養也。言能謀養人安其居者，我則次叙而敬之。」先謙案：惟能養人及謀人之安居者，叙而敬之。即上文「優賢揚歷」之恉也。今文「保」作「萃」者，鹽鐵論本議篇：「文學曰：『是以盤庚萃居，舜藏黄金，高帝禁商賈不得仕宦，所以遏貪鄙之俗，而醇至誠之風。』」

張敦仁云：「即盤庚下篇『鞠人、謀人之保居』也。以文學語意推之，與上文『朕不肩好貨』、下文『無總于貨寶』正相脗合。」臧庸云：「此『萃居』即經之『保居』。『保』或作『葆』，與『萃』形近，故文異。然則古文作『保居』，今文作『萃居』，其説蓋猶齊語所云『商羣萃而州處，察其四時，而監其鄉之貲。制國爲二十一鄉，工商之鄉六。』蓋别居之，不令與士農離處，賤之也。」**今我既羞告爾于朕志，若否罔有弗欽。**已進告汝之後，順於汝心與否，當以情告我，無敢有不敬。○「今我既羞告爾于朕志」二句，今文無徵。○「今我既羞告爾于朕志」云云者，釋言：「若，順也。」言我既進告爾以朕意，無論汝心順否，當罔有不敬聽之。**無總于貨寶，生生自庸。**無總貨寶以己位，當進進皆自用功德。○「無總于貨寶」二句，今文無徵。○「無總于貨寶」云云者，説文：「總，聚束也。」廣雅釋詁：「庸，用也。」戒諸臣無聚于貨寶，生殖以自用。孫云：「上自言不作好貨，此敕其臣以生生爲萬民之事，不可與之爭利。」**式敷民德，永肩一心。**用布示民，必以德義，長任一心以事君。○「式敷民德」二句，今文無徵。○「式敷民德」云云者，釋言：「式，用也。」説文：「敷，施也。」「式敷民德」，上文所謂「施實德于民」也。釋詁：「肩，克也。」言在上好貨，則德不下究；已不愛貨寶，用施德澤於民，永克一心事君，則國家無疆之休矣。

尚書孔傳參正十二

説命上第十二 商書 孔氏傳 臣王先謙參正

説命始求得而命之。○此梅氏古文之十一。殷紀：「帝武丁即位，思復興殷，而未得其佐。三年不言，政事決定於冢宰，以觀國風。武丁夜夢得聖人，名曰説。以夢所見視羣臣百吏，皆非也。於是乃使百工營求之野，得説於傅險中。是時説爲胥靡，築於傅險。見於武丁，武丁曰是也。得而與之語，果聖人，擧以爲相，殷國大治。故遂以傅險姓之，號曰傅説。」書序：「高宗夢得説，使百工營求諸野，得諸傅巖，作説命三篇。」今、古文説同。

王宅憂，亮陰三祀。陰，默也。居憂，信默三年不言。○惠云：「顧命：『恤宅宗。』」程云：「論語：『書曰：「高宗諒陰，三年不言。」』禮喪服四制引同，『陰』作『闇』。無逸：『作其即位，乃或亮陰，三年不言。』吕覽重言篇：『高宗，天子也，即位，諒闇三年不言。』喪服四制鄭注：『諒，古作「梁」，楣謂之梁。闇，讀如「鶉鵪」之「鵪」。

闇，謂廬也。」廬有梁者，所謂既虞翦屏柱楣也。注儀禮喪服亦云：「柱楣，所謂梁闇。」後人別以信默爲訓，既曰默，又曰不言，語病於複而義不可通也。僞傳於無逸既然，此經又云「王宅憂，亮陰三祀」，是僞孔不知亮陰之即居喪也。尚謂不足以盡「信默」之義，故又曰「既免喪，其惟不言」，以爲高宗不惟信默於三年之中，猶信默於三年之外也，杜預據之，遂使古天子喪親之大禮，一朝灰滅，釋衰麻而爲心喪，後來譏杜氏之非者有人，而知晚書之非者無有。不有鄭注，何以救之？」閻云：「爾雅：『唐、虞曰載，夏曰歲，商曰祀，周曰年。』今文亦不盡合。如周公告成王『肆中宗享國七十五年』，『惟高宗五十九年，祖甲三十三年，及『罔或克壽』者，亦稱年不等。或謂此以周之年述商在位之數耳，若對商臣言，則曰『惟十有三祀』；對商民言，則曰『今爾奔走臣我監五祀』，仍不没其故稱。予謂多方亦云『天惟五年須暇之子孫』云云，非對商民稱商君乎？疑祀、年古通稱，不盡若爾雅之拘。觀周公稱高宗三年不言，參諸論語、戴記皆然，一人説命便改稱『三祀』，亦見其拘拘然以爾雅爲藍本，唯恐或失之情見乎詞矣。」**既免喪，其惟弗言。**除喪，猶不言政。○惠云：「左傳：『請免喪而後聽命。』」閻云：「無逸：『乃或亮陰，三年不言。其惟不言，言乃雍。』『其惟』二字承上『三年不言』，起下句『言乃雍』。今上下皆删，獨留此句，『其惟』二字無著，語氣不完何以便住？」**羣臣咸諫于王曰：「嗚呼！知之曰明哲，明哲實作則。**知事則爲明智，明智則能制作法則。○先謙案：吕覽云：「卿大夫恐懼，患之。」詩：「既明且哲。」惠云：「左昭六年傳叔向曰：『書曰：聖作則。』」**天子惟君萬邦，百官承式，**天下待令，百官仰法。**王言惟作命，不言臣下罔攸稟令。」**稟，受。令亦命也。○先謙案：楚語：「卿士患之，曰：『王言以出令也，若不言，是無所稟令也。』」**王庸作書以誥曰：「以台正于四方，台恐德弗**

類，茲故弗言。用臣下怪之，故作誥。類，善也。我正四方，恐德不善，此故不言。○惠云：「呂覽：『高宗乃言曰：「以余一人正四方，余恐言之不類也，茲故不言。」』」先謙案：楚語：「武丁於是作書曰：『以余正四方，余恐德之不類，茲故不言。』」**恭默思道，夢帝賚予良弼，其代予言。」**夢天與我輔弼良佐，將代我言政教。○惠云：「嵇康幽憤詩：『奉時恭默。』楚語：『君子獨居思道。』」先謙案：楚語：「故三年默以思道。既得道，猶不敢專制。」**乃審厥象，俾以形旁求于天下。**審所夢之人，刻其形象，以四方旁求之於民閒。○先謙案：楚語：「如是而又以象夢求四方之賢聖。」又云：「使以象旁求聖人。」**說築傅巖之野，惟肖。**傅氏之巖，在虞、虢之界，通道所經，有澗水壞道，常使胥靡刑人築護此道。說賢而隱，代胥靡築之以供食。肖，似。似所夢之形。○「傅巖」詳上。惠云：「孟子：『傅說舉于版築之閒。』」**爰立作相，王置諸其左右。**於是禮命立以爲相，使在左右。○顧炎武云：「相之名，不見於經，而說命有『爰立作相』之文。」惠云：「殷紀：『舉以爲相。』賈誼鵩鳥賦：『傅說胥靡兮，乃相武丁。』此晚書所本。墨子云：『傅說庸築乎傅巖，武丁得之，舉以爲三公。』公羊隱五年傳：『天子三公者何？天子之相也。』」先謙案：楚語：「得傅說以來，升以爲公。」**命之曰：「朝夕納誨，以輔台德，**言當納諫誨直辭，以輔我德。○先謙案：楚語：「而使朝夕規諫。」又云：「既得以爲輔，又恐其荒失遺忘，故使朝夕規誨箴諫。」**若金，用汝作礪。**鐵須礪以成利器。○先謙案：楚語曰：「若金，用汝作礪。」**若濟巨川，用汝作舟楫。**渡大水待舟楫。○先謙案：楚語：「若津水，用汝作舟。」**若歲大旱，用汝作霖雨。**霖，三日雨。霖以救旱。○先謙案：楚語：「若天旱，用女作霖雨。」**啓乃心，沃朕心。若藥弗瞑眩，厥疾弗瘳。**開汝心，以沃我心。如服藥必瞑眩極，其病乃除。欲其出切言以自警。○先謙案：楚語：「啟乃心，沃朕心。若藥不瞑眩，厥疾不瘳。」惠云：「孟子滕文公篇引書曰：『若藥不瞑眩，厥疾不瘳。』趙岐注：『書逸篇。』」若跣弗視地，厥足用傷。跣必視地，足乃無害。言欲使爲己視聽。○先謙案：楚語：「若跣不視地，厥足用傷。」惟暨乃僚，罔不同心，以匡乃辟。與汝並官，皆當倡率，無不同心以匡正汝君。○梅云：「詩：『及爾同僚。』盤庚：『暨予一人猷同心。』」俾率先王，迪我高后，以康兆民。言匡正汝君，使循先王之道，蹈成湯之蹤，以安天下。○梅云：「盤庚：『率迪高后。』」嗚呼！欽予時命，其惟有終。」敬我是命，修其職，使有終。說復于王曰：「惟木從繩則正，后從諫則聖。言木以繩直，君以諫明。○梅云：「孟子：『有復于王者曰。』」惠云：「說苑：『孔子曰：「木受繩則直，人受諫則聖。」』」后克聖，臣不命其承，君能受諫，則臣不待命，其承意而諫之。○梅云：「戰國策任痤曰：『主聖則臣直。』」疇敢不祗若王之休命？」言王如此，誰敢不敬順王之美命而諫者乎？○先謙案：皋陶謨：「誰敢不讓，敢不敬應？」

說命中第十三　商書　孔氏傳　臣王先謙參正

惟說命總百官，在冢宰之任。○此梅氏古文之十二。惠云：「竹書紀年：『成王元年，命周文公總百官。』」乃進于王曰：「嗚呼！明王奉若天道，建邦設都，天有日月、北斗、五星、二十八宿，皆有尊卑相正之法，言明王奉順此道，以立國設都。○惠云：「楊雄劇秦美新云：『奉若天命。』墨子尚同篇：『先王之書相年之道曰：「夫建邦設都，乃作后王君公，否用泰也。輕（疑「立」。）大夫、師長，否用佚也。維辨使治天均。」』又曰：『古者建國設都，乃立后王君公，奉以卿士師長，此非欲用説也，唯辨而使助治天助明也。』」**樹后王君公，承以大夫師長，**言立君臣上下，將陳爲治之本，故先舉其始。○梅云：「左傳邾文公曰：『天生民而樹之君。』」餘見上。**不惟逸豫，惟以亂民。**不使有位者逸豫民上，言立之主使治民。○梅云：「顧命：『其能而亂四方。』洛誥：『亂爲四方新辟。』」先謙案：「不惟逸豫」，即墨子「否用泰」、「否用佚」意。**惟天聰明，惟聖時憲，惟臣欽若，惟民從乂。**憲，法也。言聖王法天以立教，臣敬順而奉之，民以從上爲治。○惠云：「法言問明篇：『惟天爲聰，惟天爲明。』『欽若』出堯典。」梅云：「論語：『惟天爲大，惟堯則之。』」**惟口起羞，惟甲胄起戎。**甲，鎧。胄，兜鍪也。言不可輕教令，易用兵。○梅云：「禮緇衣：『兑命曰：「惟口起羞，惟甲胄起兵，惟衣裳在笥，惟干戈省厥躬。」』鄭注：『「兑」當爲「説」，謂殷高宗之臣傅説也，作書以命高宗，尚書篇名也。羞，猶辱也。裳，朝祭之服也。惟口起辱，當慎言語也。惟甲胄起兵，當慎軍旅之事也。惟衣裳在笥，當服以爲禮也。惟干戈省厥躬，當恕己不尚害人也。』」**惟衣裳在笥，惟干戈省厥躬。**言服不可加非其人，兵不可任非其才。○説見上。惠云：「管子大匡篇：『從列士以下，有善衣裳賀之。』」**王惟戒茲，允茲克明，乃罔不休。**言王戒慎此四「惟」之事，信能明，政乃無不美。**惟治亂在庶官。**言所官得人則治，失人則亂。**官不及私昵，惟其能。**不加私昵，惟能是官。**爵罔及惡德，惟其賢。**言非賢不爵。○梅云：「緇衣：『兑命曰：「爵無及惡德。」』」**慮善以動，動惟厥時。**非善非時不可動。**有其善，喪厥善。矜其能，喪厥功。**雖天子亦必讓以得之。○梅云：「老子曰：『自伐者無功，自矜者不長。』」**惟事事乃其有備，有備無患。**事事，非一事。○程云：「左襄十一年傳：『書曰：「居安思危，思則有備，有備無患。」』」**無啟寵納侮，**開寵非其人，則納侮之道。○梅云：「左定元年傳士彌牟曰：『啟寵納侮，其此之謂矣。』」**無恥過作非。**恥過誤而文之，遂成大非。○梅云：「論語曰：『小人之過也必文。』」**惟厥攸居，政事惟醇。**其所居行，皆如所言，則王之政事醇粹。**黷于祭祀，時謂弗欽。禮煩則亂，事神則難。」**祭不欲數，數則黷，黷則不敬。事神禮煩，則亂而難行。高宗之祀，特豐數近廟，故說因以戒之。○梅云：「兑命又云：『民立而正，事純而祭祀，是爲不敬。事煩則亂，事神則難。』鄭注：『純，或爲煩。』」閻云：「『黷于祭祀』二語，與高宗肜日相表裏。僞傳特爲揭出以錯解爲實事。詳見高宗肜日。」**王曰：「旨哉！說，乃言惟服。**旨，美也。美其所言皆可服行。○梅云：「詩：『我言惟服。』」**乃不良于言，予罔聞于行。」**汝若不善於所言，則我無聞於所行之事。**說拜稽首，曰：「非知之艱，行之惟艱。**言知之易，行之難。以勉高宗。○惠云：「左昭十年傳子皮曰：『非知之實難，將在行之。』司馬法曰：『非知之難，行之難。』」**王忱不艱，允協于先王成德，**王心誠不以行之爲難，則信合於先王成德。**惟說不言，有厥咎。」**王能行善而說不言，則有其咎罪。

説命下第十四　商書　孔氏傳　臣王先謙參正

王曰：「來，汝説。台小子舊學于甘盤，學先王之道。甘盤，殷賢臣有道德者。○此梅氏古文之十三。梅云：「皋陶謨：『帝曰：「來，汝禹。」』湯誓：『非台小子。』」程云：「竹書紀年：『小乙六年，命世子武丁居于河，學于甘盤。』案：晚書據紀年者數事，或於古籍絶無徵驗。國語云：『武丁入河。』即無逸所謂『舊勞於外，爰曁小人』也。若學於甘盤，他書所無。且小乙必以甘盤爲賢，而後命世子從之學，又何以不舉而用之，而使隱處於河干乎？君奭云：『在武丁，時則有若甘盤。』是甘盤者，小乙之所不知，武丁時方見用耳。紀年殊不可信。觀禹謨、説命數事，晚書殆因紀年出而後作。」**既乃遯于荒野，入宅于河。**既學而中廢業，遯居田野。河，洲也。其父欲使高宗知民之艱苦，故使居民閒。○惠云：「據紀年，是居河就學於甘盤，非既學之後，復入於河也。故楚語白公子張云：『昔武丁能聳其德，至于神明，以入于河，自河徂亳。』『入于河』，往就學也；『自河徂亳』，入即位也。」**自河徂亳，曁厥終罔顯。**自河往居亳，與今其終，故遂無顯明之德。○説見上。**爾惟訓于朕志，**言汝當教訓於我，使我志通達。○梅云：「盤庚：『今我既羞告汝于朕志。』」**若作酒醴，爾惟麴糵；**酒醴須麴糵以成，亦言我須汝以成。**若作和羹，爾惟鹽梅。**鹽，鹹。梅，醋。羹須鹹醋以和之。○惠云：「詩商頌：『亦有和羹，既戒既平。』注云：『頌殷中宗。』左傳：『和如羹焉，水、火、醯、醢、鹽、梅，以亨魚肉。』」**爾交修予，罔予棄，予惟克邁乃訓。」**交，非一之義。邁，行也。言我能行汝教。○梅云：「楚語：『必交修予，無予棄也。』詩：『我日斯邁。』」**說曰：「王，人求多聞，時惟建事，學于古訓，乃有獲。**王者求多聞以立事，學於古訓，乃有所得。○惠云：「周書芮良夫曰：『古人求多聞以監戒。』楚語子高曰：『人之求多聞善敗以監戒也。』」梅云：「詩：『古訓是式。』」**事不師古，以克永世，匪說攸聞。**事不法古訓而以能長世，非說所聞。言無是道。○惠云：「史記秦始皇紀：『博士淳于越曰：「事不師古而能長久者，非所聞也。」』」**惟學遜志，務時敏，厥脩乃來。**學以順志，務是敏疾，其德之脩乃來。○惠云：「學記：『兑命曰：「敬遜務時敏，厥脩乃來。」』」**允懷于茲，道積于厥躬。**信懷此學志，則道積于其身。**惟斅學半，念終始典于學，厥德脩罔覺。**斅，教也。教然後知所困，是學之半。終始常念學，則其德之脩，無能自覺。○惠云：「學記：『兑命曰：「學學半。」』又文王世子、學記並引兑命曰：『念終始典于學。』竹書紀年：『武丁六年，命卿士傅說視學養老。』」梅云：「改『學』爲『斅』者，用盤庚『斅于民』。」**監于先王成憲，其永無愆。**愆，過也。視先王成法，其長無過，其惟學乎！○梅云：「孟子：『詩云：「不愆不忘，率由舊章。」遵先王之法而過者，未之有也。』」**惟說式克欽承，旁招俊乂，列于庶位。」**言王能志學，說亦用能敬承王志，廣招俊乂，使列衆官。○梅云：「皋陶謨：『俊乂在官。』」**王曰：「嗚呼！說，四海之內，咸仰朕德，時乃風。**風，教也。使天下皆仰我德，是汝教。○先謙案：洪範：「王曰：『嗚呼！箕子。』」**股肱惟人，良臣惟聖。**手足具，乃成人。有良臣，乃成聖。○梅云：「『良臣』句少『輔』字『君』字，意不成詞。」**昔先正保衡，作我先王，**保衡，伊尹也。作，起。正，長也。言先世長官之臣。○梅云：「詩：『羣公先正。』」緇衣引逸詩：『昔我有先正。』」惠云：「『在太甲，時則有若保衡。』」**乃曰：『予弗克俾厥后惟堯、舜，其心愧恥，若撻于市。』**言伊尹不能使其君如堯、舜，則恥之，若見撻于市，故成其能。○惠云：「孟子述伊尹曰：『吾豈若使是君爲堯、舜之君哉？』又云：『若撻之于市朝。』曹植求通親親表曰：『伊尹恥其君不爲堯、舜。』」梅云：「『予弗克』句，伊尹自言，下文遽云『其心』，文理不妥帖。」**一夫不獲，則曰時予之辜。**伊尹見一夫不得其所，則以爲己罪。○梅云：「孟子『匹夫匹婦有不與被堯、舜之澤者』，約爲『一夫不獲』四字；『若己推而納之溝中』，約爲『時予之辜』四字。」**佑我烈祖，格于皇天。**言以此道左右成湯，功至于天，無能及者。○梅云：「詩商頌：『嗟嗟烈祖。』君奭：『成湯既受命，時則有若伊尹，格于皇天。』」**爾尚明保予，罔俾阿衡，專美有商。**汝庶幾明安我事，則與伊尹同美。○梅云：「後漢書傅毅迪志詩：『於赫我祖，顯于殷國。二迹阿衡，克光其則。』僞孔本此爲文。李注引此經以釋詩義。」**惟后非賢不乂，惟賢非后不食。**言君須賢治，賢須君食。**其爾克紹乃辟于先王，永綏民。」**能繼汝君於先王，長安民，則汝亦有保衡之功。**説拜稽首，曰：「敢對揚天子之休命。」**對，荅也。荅受美命而稱揚之。○程云：「詩：『對揚王休。』左僖二十八年傳：『奉揚天子之丕顯休命。』」梅云：「漢書郊祀志：孝宣時，美陽得鼎，『有刻書曰：「王命尸臣，官兹栒邑。」尸臣拜稽首曰：敢對揚天子之丕顯休命。」』」

高宗肜日第十五　商書　孔氏傳　臣王先謙參正

高宗肜日祭之明日又祭。殷曰肜，周曰繹。○殷紀云：「帝武丁祭成湯，明日，有飛雉登鼎耳而呴，武丁懼。祖己曰：『王勿憂，先修政事。』武丁修政行德，天下咸驩，殷道復興。帝武丁崩，子帝祖庚立。祖己嘉武丁之以祥雉爲德，立其廟爲高宗，遂作高宗肜日及訓。」書序：「高宗祭成湯，有飛雉升鼎耳而雊，祖己訓諸王，作高宗肜日、高宗之訓。」皮云：「史公以高宗肜日作於祖庚時，正如般庚作於小辛時，其事仍爲高宗時事。高宗崩後，追序其事也。漢書杜鄴傳：『臣聞野雞著怪，高宗深動。』即史記言『武丁懼』之意。蓋武丁懼而問祖己，祖己乃言也。」先謙案：説苑辨物篇：「昔我高宗、成王，感於雊雉、暴風之變，修身自致，而享豐昌之福。」後漢曹節傳審忠上書曰：「昔高宗以雊雉之變，故獲中興之功。」三國志高堂隆傳：「武丁有雊雉登於鼎，以災恐懼，側身修德。」又云：「此祖己之所以訓高宗，高宗之所以享遠號也。」皆終言其事以美之。漢書五行志引劉歆五行傳，以雉雊登鼎爲繼嗣將易，王音以雉雊之異爲繼嗣不立。杜欽傳引高宗雉雊之戒，請正后妻、抑女寵以銷災異。皆以雉雊應宮闈繼嗣。五行傳又云「野鳥居鼎耳」爲小人居公位，「敗宗廟之祀」，因「舉傳説，授以國政」。後漢劉陶傳陶疏云：「武丁得傳説以銷鼎耳之災。」書疏引鄭云：「雉升鼎耳而鳴，象視不明，天意若曰當任三公之謀以爲政。」

又以爲主於用賢，皆陰陽家推測之詞。臣下因事納忠，引以爲證，與書本義無涉。

高宗肜日，越有雊雉。 於肜日有雉異。〇「高宗肜日」，今文與古文同。「越有雊雉」，古文也，今文「越」作「粵」。〇今文同者，漢書外戚傳引書曰：「高宗肜日。」白虎通謚篇：「謚或一言或兩言何？文者以一言爲謚，質者以兩言爲謚，故尚書高宗，殷宗也。」釋天：「繹，又祭也。周曰繹，商曰肜。」孫炎注：「祭之明日尋繹復祭。肜者，相尋之意。」何休公羊解詁云：「殷曰肜，周曰繹。繹者，據今日道昨日，不敢斥尊，言之文意也。肜者，肜肜不絶，據昨日道今日〔一〕，斥尊，言之質意也。」段云：「詩絲衣箋作『融』不作『肜』，（見釋文。）張衡思玄賦云：『展泄泄以肜肜。』注：『左傳：「其樂也融融。」肜、融古字通。』後漢馬融傳：『豐肜對蔚。』『豐肜』即『豐融』也。玉篇、五經文字皆云从舟，即丑林切之『肜』字也。集韻一東引李舟切韻云从肉。予案：皆非也。从肉無據，从舟亦音韻絶遠。蓋即説文『丹部』之『彤』字，彤，徒冬切，疊韻又爲『融』音，同部假借。壁中固然，而爾雅釋之，轉寫小差，如『般』字譌『股』之類，不必議改『肜』爲『融』也。張參五經文字云唐石經變『舟』作『月』，變『肉』作『月』。」〇今文「越」作「粵」者，外戚傳引：「粵有雊雉。」釋詁：「爰、粵，于也。」「爰、粵、于、那、都、繇，於也。」今尚書本有「越」無「粵」，凡「越」，必以「於」訓之，于、於古今字也。魏三體石經遺字，蘇望所摹刻，見於隸續者，大誥作「粵茲蠢」，文侯之命作「粵小大」。説文引周書「粵

〔一〕「據昨日道今日」原誤作「據今日道昨日」，據何休公羊解詁原文改。

三日，丁亥」，然則古文尚書亦作「粤」不作「越」。**祖己曰：「惟先格王，正厥事。」**言至道之王遭變異，正其事而異自消。○「祖己曰」，今文與古文同。「惟先格王，正厥事」，古文也，今文「格」一作「假」。○「祖己曰」者，漢書外戚傳引書如此。殷紀在「武丁懼」之下，是「曰」爲告王也。大傳云：「武丁問諸祖己。」漢書五行志：「武丁恐駭，謀於忠賢。」以爲武丁問而祖己對，與史記合，今文說也。書疏引鄭云：「祖己謂其黨。」此古文說。孫云：「楚詞王逸注：『黨，朋也。』祖己將訓王，先告其朋僚。知者，大傳記高宗之訓，桑穀生朝，武丁召問其相，次問祖己，則知祖己之黨尚有相也。」人臣無退有後言之義，史公說較長。○今文「格」作「假」者，格、假，通作字。外戚傳引：「惟先假王，正厥事。」又漢書孔光傳日蝕對曰：「上天聰明，苟無其事，變不虛生。書曰『惟先假王，正厥事』，言異變之來，起事有不正也。臣聞師曰，天右與王者，故災異數見，以譴告之，欲其更改。」光世傳大夏侯尚書，是夏侯本作「假」。顏注：「言先代至道之王，必正其事。」成帝紀建始元年詔引書云：「惟先假王，正厥事。」顏注：「假，至也。言先古至道之君遭遇災變，則正其行事，修德以應之。」蓋本僞傳爲說。史記云「王勿憂，先修政事」者，說經意也。孫云：「『王勿憂』，蓋釋『假王』爲寬暇王心。詩長發：『昭假遲遲。』箋云：『假，暇。』又以爲『寬暇』。王粲登樓賦：『聊暇日以消憂。』文選王元長曲水詩序引孫子兵法云：『優游假譽。』是假、暇通。」「正厥事」爲先修政事，蓋今文說如此。王闓運云：「大傳云：『武丁祭成湯，有飛雉升鼎耳而雊，武丁問諸祖己，祖己曰：「雉者，野鳥也，不當升鼎。今升鼎者，欲爲用也。遠方將有來朝者乎？」故武丁内反諸己，以思先王之道。三年，編髮重譯來朝者六國。孔子曰：「吾於高宗肜日，見德之有報之疾也。」』案：此託言瑞應以寬王心，所謂『先假王』也。高宗修德而反見異，恐怠善意而不畏天變，故假言瑞應以寬王，乃正言其事，此進言之要。」先謙案：論衡指瑞篇云：「尚書大傳曰：『高宗祭成湯之廟，有雉升鼎耳而鳴。高宗問祖己，祖己曰：「遠方君子殆有至者。」祖己見雉有似君子之行，今從外來，則曰「遠方君子將有至者」矣。』」又異虛篇云：「高宗祭成湯之廟，有蜚雉升鼎而雊。祖己爲遠方將有至者。說尚書家謂雉凶，議駁不同，且從祖己之言，雉來吉也。」皆與寬假王心說合。孟子：「格君心之非。」趙注：「格，正也。」成紀詔引此經又云：「羣公孜孜，帥先百寮，輔朕不逮。」是亦以「假王」爲「正王」，與鄭義合。事，讀如春秋傳「有事於太廟」。楊雄兖州牧箴：「丁感雊雉，祖己伊忠。爰正厥事，遂緒高宗。」漢書杜周傳：「高宗遭雊雉之戒，飭己正事。」「飭己」亦與「格王」義應。**乃訓于王曰：「惟天監下民，典厥義。**祖己既言，遂以道訓諫王。言天視下民，以義爲常。○「乃訓于王曰：『惟天監下民，典厥義』」，古文也，今文無「民」字。○「乃訓于王曰」者，殷紀作「祖己乃訓王曰」，增省其文以明之。既言於王，遂作此訓也。○「惟天監下，典厥義」者，殷紀如此。「監」者，說文：「臨也。」釋詁：「視也。」「典」者，釋詁：「常也。」釋言：「經也。」天臨視下，以義爲常經。劉云：「禮喪服大傳云：『自仁率親，等而上之，至於祖，名曰輕。自義率祖，順而下之，至於禰，名曰重。』天尊而不親，故主義。穀梁以文公先禰後祖爲『無天』，言『君子不以親親害尊尊，春秋之義也』。」**降年有永有不永，非天夭民，民中絶命，**言天之下年與民，有義者長，無義者不長，非天欲夭民，民自不修義，以致絶命。○「降年有永有不永，非天夭民，民中絶命」，今文與古文同，一作「中絶其命」。○今文同者，石經殘碑作「民中絶命」，此與「非天夭民」分二句讀，解如僞孔。一作「中絶其命」者，殷紀作「降年有永有不永，非天夭民中絶其命」，「非」下八字作一句讀，大、小夏侯本異也。書疏引鄭云：「年、命者，蠢愚之人尤惕焉，故引以諫王也。」王鳴盛云：

「釋言：『愒，貪也。』郭注『謂貪羨』是也。」江云：「於此經言蠢愚，似未安。」孫云：「殷自陽甲以來，兄弟相及，皆不永年。此不敢斥言前王，故泛推天命人事也。」**民有不若德，不聽罪。天既孚命，正厥德。**不順德，言無義。不服罪，不改修。天已信命，正其德。謂「有永有不永」。○「民有不若德，不聽罪。天既孚命，正厥德」，古文也，今文「孚」作「附」，一作「付」。○今文「孚」作「附」者，殷紀作「民有不若德，不聽罪。天既附命，正厥德」。一作「付」者，孔光傳引：「書曰：『天既付命，正厥德。』言正德以順天也。」附、付古今字，音義皆同。石經殘碑作「民有不若德，不聽罪。天既付」。（孔作「孚」。○下闕。隸釋俗本改「付」爲「孚」，改「孔作『孚』」爲「孔作『字』」。）案：「民有不若德，不聽罪」者，故「年有永有不永」，與「非天夭民中絕其命」句相屬爲義。江云：「民有不順之德、不聽之罪，不聽之罪，謂惡深隱無人知，聽讞所不及者。明神無不知之，尟不爲天所譴。此夭折之由也。」一說「不聽罪」，若王制所謂「四誅」者，不以聽罪，大惡極，當即誅之，不待聽也。「天既付命，正厥德」者，說文：「付，與也。」言天付與我命，惟自正厥德而已，它非所問也。故孔光「言正德以順天也」。封禪書：「高宗懼，祖己曰：『修德。』」漢書郊祀志同，指謂此語。漢書五行傳：「武丁謀於忠賢，修德而正事。」亦取此「正厥德」及上「正厥事」爲文也。**乃曰：『其如台？』**祖己恐王未受其言，故乃復曰：「天道其如我所言。」○「乃曰：『其如台』」，今文與古文同。僞傳訓「台」爲「我」，誤。○「乃曰：『其如台』」者，殷紀作：「乃曰：『其柰何？』」以訓詁釋經。湯誓、西伯戡黎皆有「其如台」之文，史公俱作「其柰何」。薛綜東京賦注：「如，柰也。」台，何聲之轉。言惟正德可以禳災，乃徒曰其柰何，無益也。時高宗恐懼，博謀羣臣，以柰何爲問，故祖己告之。**嗚呼！王司敬民，罔非天胤，典祀無豐于昵。」**胤，嗣。昵，近也。歎以感王入其言，王者主民，當敬民事，民事無非天所嗣常也。（「常」上脱「典」字。）祭祀有常，不當特豐於近廟，欲王因異服罪改修之。○「嗚呼！王司敬民，罔非天胤，典祀無豐于昵」，古文也，今文「司」作「嗣」，「豐」作「禮」，「昵」作「弃道」。○「司」作「嗣」者，殷紀作「嗚呼！王嗣敬民，罔非天繼」，胤、繼，故訓字。段云：「『司』作『嗣』，今文尚書也。」惠云：「古『嗣』字多省作『司』，晉姜鼎銘云：『晉姜曰：余惟司朕先姑，君晉邦。』呂大臨考古圖、王俅嘯堂集〔二〕古録、薛尚功鐘鼎款識、宣和博古圖皆釋『司』爲『嗣』，此『司』字史記作『嗣』，則經亦古字省文。言王嗣位敬民，即無非天之繼嗣。」釋詁：「胤，繼也。」孫云：「『天胤』，猶天子。言陽甲已來，先王有不永年者。既嗣天位，即爲天胤，王當修敬也。殷紀云：『帝陽甲之時，殷衰。自仲丁以來，廢嫡而更立諸弟子，弟子或爭相代立，比九世亂。』陽甲崩，弟盤庚立，盤庚崩，弟小辛立，小辛崩，弟小乙立，小乙崩，子武丁立，即高宗也。「自陽甲以前，有兄弟爭立廢適，或不爲適立廟，未失禮也。陽甲嫡長嗣位，盤庚不爲立廟，是爲弃其常道，故明之曰『罔非天胤』。」○「典祀無豐于昵」者，釋文引馬云：「昵，考也，謂禰廟也。」段云：「『昵』本作『尼』，經文『昵』，衛包所改。釋文『昵』，開寶改之。正義云：『釋詁：「即，尼也。」孫炎曰：「即猶今也。尼者，近也。」郭璞引尸子曰「悦尼而來遠」，是「尼」爲近也。』案：此可證經作『尼』，傳作『尼，近也』。正義引釋詁疏之，所謂古文讀應爾雅也。其下文云『「尼」與「昵」音義同』，則謂『尼』同『昵』，以曉晚近。假令經、傳作『昵』，何必爲此詞費？羣經音辨云：『尼，近也。乃禮切。書：「祀無豐于尼。」』此據未改之釋文。」孫云：「周

〔二〕「集」後原衍一「集」字，今删。

禮鄭注：「『豐，厚也。』『昵』同『暱』，說文：『暱，日近也。』或作『昵』。玉篇：『暱，謂親近也。』案：四親廟最近爲父廟，故稱之爲昵。」馬以「昵」爲「禰廟」者，說文無「禰」字，新附有之，云：「秋畋也。」則古或借「禰」爲之〔二〕，或漢隸書已有「禰」字，皆不可知也。今文「豐」作「禮」、「尼」作「弃道」者，殷紀云：「常祀毋禮于弃道。」典、常，訓詁字。「豐」字形近「豐」，「禮」或亦當爲「豐」也。孫云：「『弃道』者，盤庚尊禰廟，而廢嫡長前王之祀。高宗以子繼父，亦不改其道，是爲弃道。穀梁文二年傳：『大事於太廟，躋僖公。』傳云：『先親而後祖也，逆祀也。』何休注：『高宗，殷之賢王，猶祭豐於禰，以致雉雊之變，然後率修常禮。』故史公以『豐于昵』爲『弃道』也。」「通典引賀循議，以盤庚不序陽甲之廟，是陽甲無廟祀。詩殷武箋云：『高宗之前，王有廢政教不修寢廟者。高宗復成湯之道，故新路寢焉。』疏云：『其不修者，蓋小辛、小乙耳。』案：盤庚不爲陽甲立廟，小辛繼世，又值殷衰，未能修復廟祀。高宗繼小乙，居喪盡禮，其於父廟，祀必豐。而世父之廟不序，猶承盤庚之失，故於祭成湯廟之明日，有雊雉之祥。既感祖己之言，乃修建寢廟。喪服四制云：『禮廢而復起。』尚書大傳云：『武丁思先王之政，繼絶世。』是殷時，至高宗始有興廢之事，如殷武詩所言『寢成孔安』也。知寢即廟者，隸僕：『掌五寢之埽除糞洒之事。』注云：『五寢，五廟之寢也。周天子七廟，惟祧無寢。』殷武疏云『經止有寢耳，箋言廟者，君子將營宮室，宗廟爲先，明亦修廟』是也。殷之廟制，據詩烈祖疏引禮稽命徵云：『殷五廟，至於子孫六。』注：『契爲始祖，湯爲受命王，各立其廟。與親廟四，故六。』何休公羊注云：『禮，天子立五

〔二〕「借禰爲之」之「禰」，疑當作「獮」。

廟。受命始封之君立一廟，至於子孫過高祖，不得復立廟。』禮器疏引五經異義云：『兄弟無相後之道。』則高宗時，陽甲廟猶在不毁之列，祖己所以言常祀應修，毋得獨豐于近也。然則立陽甲之廟，禮當如何？公羊何注云：『弟無後兄之禮，爲亂昭穆之序，失父子之親。』通典引賀循議云：『若兄弟相代，共是一代，昭穆位同，不得兼毁二廟，禮之常例也。』又云：『殷人六廟，止有兄弟四人襲爲君者，便當上襲四廟乎？如此，四代之親盡，無復祖禰之神矣。又案成湯以下，至於帝乙，父子兄弟相繼爲君，合十二代，而正代惟六。易乾鑿度曰：『殷帝乙，六代王也。』以此言之，明不數兄爲正代。案此諸議，則高宗當爲陽甲立廟，而以盤庚、小辛、小乙共爲四室。至祫祭時，昭則同爲昭，穆則同爲穆也。通典引華恒議，以爲兄弟旁及，禮之變也。則宜爲神主立室，不宜以室限神主。是知陽甲之廟，當一廟四室共爲一代也。高宗修寢廟之禮，雖無文可知，大率宜以父祔陽甲矣。』

尚書孔傳參正十三

西伯戡黎第十六　商書　孔氏傳　臣王先謙參正

西伯戡黎○書序：「殷始咎周，周人乘黎。祖伊恐，奔告于受，作西伯戡黎。」釋文：「黎，國名。尚書大傳作『耆』。」皮云：「大傳云：『文王一年，質虞、芮。二年，伐邘。三年，伐密須。四年，伐畎夷。紂乃囚之。四友獻寶乃得免於虎口。出而伐耆。』又云：『五年之初，得散宜生等獻寶而釋文王，文王出則克耆。六年，伐崇，而稱王。』周紀於獻寶被赦、虞芮質成之後云：『諸侯聞之，曰：「西伯蓋受命之君。」明年，伐犬戎。明年，伐密須。明年，敗耆國。明年，伐邘。明年，伐崇。明年，西伯崩。』案：大傳以爲伐耆在受命之五年，史記以爲在受命之四年；大傳以爲文王被囚在三伐皆勝之後，史記以爲被囚而出乃伐諸國；大傳以爲六年伐崇乃稱王，史記以爲受命之年稱王。緯候之説文王年九十六始稱王。春秋元命包云：『西伯既得丹書，於是稱王，改正朔，誅崇侯虎。』緯候與大傳合。大傳又於散宜生獻寶之後云：『紂大説，曰：「非子罪也，崇侯也。」遂遣西伯伐崇。』與前云『出而伐耆』不同者，蓋五年伐耆，六年伐崇，其事相連，紂使文王伐崇，文王先伐耆，乃伐崇也。吳中本大傳云：「西伯既戡耆，紂囚之牖里。」以戡耆在被囚前，與詩文王序疏、禮文王世子疏所引大傳皆不合，其文蓋誤。文王三伐皆勝，紂畏惡之，其事猶可解説。若戡耆，入紂圻内，祖伊有訖命之告，使紂於此時囚西伯，恐非獻寶所能釋矣。韓非子云：「文王侵盂、克莒、舉酆，而紂惡之。文王乃懼，入洛西之地，請解炮烙之刑，天下皆説。」又曰：「紂以其大得人心，己又輕地以收人心，是重見疑也，固其所以桎梏囚於羑里也。」是韓非以被囚在三伐皆勝之後，與大傳合。盂即邘，莒即伐密以遏徂莒之莒，舉酆蓋因伐畎夷而舉其地也。」先謙案：大傳、史記皆今文，説戡黎之年，先後互異，則夏侯、歐陽所傳之不同也。左襄三十一年傳衛北宮文子云：「紂囚文王七年。」則當在斷虞、芮訟之前。戰國趙策魯仲連云「拘之羑里之庫百日」，其言被囚之年，久暫不同，與四年被囚、五年得免相證，合，疑七年非也。據殷紀，文王聞紂脯鄂侯而歎，紂囚之羑里，閎夭之徒獻寶，紂赦之。文王獻洛西之地，請除炮烙之刑，紂許之，「賜弓矢斧鉞，使得征伐，爲西伯」。西伯「修德行善，諸侯多叛紂歸西伯」，「及西伯伐飢，滅之」云云，合周紀觀之，虞、芮質成諸事在爲西伯後，爲西伯在被囚赦免後，情事至順，若未賜弓矢鈇鉞命爲西伯之前，而肆行征伐，圖拓疆土，則叛臣矣，豈文王之所爲？而暴虐如紂尚能囚而復赦邪？若謂三伐而勝，紂知惡之，赦而伐耆，反漠然無動，此於情理不合，以是疑大傳、韓非之未爲得實也。

西伯既戡黎，近王圻之諸侯，在上黨東北。○「西伯既戡黎」，今文與古文同，「戡」一作「𢦟」，「黎」作「耆」，一作「飢」。古文「戡」一作「𢦟」，一作「堪」，「黎」一作「𨛫」。○今文作「戡」者，路史國名紀云：「大傳作『西伯戡耆』。」（殷傳文。）漢藝文志考證云：「大傳以『西伯戡黎』爲『戡耆』。」是作「戡」，與古文同。一作「𢦟」者，衆經音義八十三引尚書大傳曰：「𢦟者，克也。」釋此經文。「黎」作「耆」者，見上。周紀云「敗耆國」，尚書大傳周傳曰：「文王受命五年，伐耆。」一作「飢」者，殷本紀：「西伯伐飢國，滅之。」（徐廣注：「『飢』一作『阢』，又作『耆』。」）宋世家：「及祖伊以西伯昌之修德，滅阢國。」（徐廣注：「『阢』音耆。」孫云：「『阢』不成字，即『飢』之誤字。」）古文「戡」一作「𢦟」、一作「堪」、「黎」一作「𨛫」者，説文「𢦟」下云：「殺也。从戈今聲。商書曰：『西伯既𢦟黎。』」段云：「蓋壁書作『𢦟』，後易爲『戡』，或易爲『堪』。」一作「堪」者，「釋詁：『堪，勝也。』郭注引書：『西伯堪黎。』書疏引爾雅作：『戡，勝。』古音『勝任』之『勝』與『勝敗』之『勝』不分平去，合『克堪用德』、『戡定厥功』、『惟時二人弗戡』讀之可見。」「黎」一作「𨛫」者，説文「𨛫」下云：「殷諸侯國，在上黨東北。从邑𥝢聲。（「𥝢」，古文「利」。）商書：『西伯戡黎〔一〕。』」段云：「説文此『戡』字蓋本作『𢦟』，戈部。『黎』字蓋本作『𨛫』，皆後人改也。」書疏及詩二南譜疏引鄭云：「西伯，周文王也。時國於岐，封爲雍州伯也，南兼梁、荆。國在西，故曰西伯。戡黎，入紂圻内。」孫云：「王制：『二百一十國以爲州，州有伯。八州，八伯。』鄭注：『殷之州長曰伯。』此雍州伯是八州八伯之一。周書大匡解：『維周王宅程，三年，遭天之大荒，作大匡

〔一〕「黎」説文解字原文引作「𨛫」。

以詔牧其方，三州之侯咸率。』是文王兼牧三州也。知兼梁、荆者，詩序云文王化行江、漢之域是荆州之地，梁在荆西、雍南，兼之可知也。地理志『上黨郡』『壺關』注：『應劭曰：「黎侯國，今黎亭是。」』今山西長治縣西南，距紂都朝歌，在千里内。其寓衛之黎侯，在魏郡黎陽縣，今河南濬縣西南，非此黎。」江云：「大宗伯：『八命作牧。』先鄭注：『一州之牧。』又云：『九命作伯。』後鄭注：『上公有功德者，加命爲二伯。』楚詞天問：『伯昌號衰，秉鞭作牧。』王逸注：『文王爲雍州牧。』與鄭説合。文王是州牧之伯，非東西二伯之伯。王肅欲爲異説以爭勝，謂西伯爲二伯之伯，明知己説無稽，又僞作孔叢子託諸子思述子夏之言謂王季以九命作伯于西，文王因之，得專征伐，與己説相援，期申己而詘鄭。是説惑人，不可不辨。」皮云：「班固典引云：『以方伯統牧，乘其命賜彤弧黄鉞之威，用討韋、顧、黎、崇之不恪。』班用今文，而亦同古作『黎』，或夏侯尚書同於古文，或後人用古文改之。班云『以方伯統牧』，則以西伯爲二伯。豈始爲州牧後爲二伯歟？」**祖伊恐，奔告于王，曰：「天子，天既訖我殷命，**文王率諸侯以事紂，内秉王心，紂不能制，今又克有黎國，迫近王圻，故知天已畢訖殷之王命。言將化爲周。○「祖伊恐」四句，古文也，今文無「天子」二字。○無「天子」二字者，殷紀作：「紂之臣祖伊聞之而咎周，恐，奔告紂曰：『天既訖我殷命。』」無「天子」二字。「紂之臣」云云，以叙事體述經也。周本紀：「殷之祖伊聞之，懼，以告紂。」宋世家：「及祖伊以周西伯之修德滅阢國，懼禍至，以告紂。」並用經文。殷高宗時有祖己，知祖姓是殷世臣。「天既訖我殷命」者，「訖」同「迄」，釋詁：「止也。」止我殷命，謂天命終也。**格人元龜，罔敢知吉。**至人以人事觀殷，大龜以神靈考之，皆無知吉。○「格人元龜，罔敢知吉」，今文與古文同，「格」一作「假」，「罔」一作「無」，「人」一作「爾」。○今文同者，論衡卜筮篇：「吉人鑽龜，輒從善兆；

凶人揲蓍，輒得逆數。何以明之？紂，至惡之君也，當時災異繁多，七十卜而皆凶。故祖伊曰：『格人元龜，罔敢知吉。』賢者不舉，大龜不兆，何則？人心神意同吉凶也。」王充以賢者訓格人，則今文尚書與古文同。「格」一作「假」、「罔」一作「無」者，殷紀如此，下「罔不欲喪」作「罔」，此蓋用今文本作「無」也。格、假，通用字。「人」一作「爾」者，潛夫論卜列篇：「尚書曰：『假爾元龜，罔敢知吉。』」疑用夏侯尚書，與史公、王充用歐陽尚書不同，蓋據曲禮「假爾泰龜有常」之義，以此爲命龜之詞。史記集解引馬云：「元龜，大龜也，長尺二寸。」**非先王不相我後人，惟王淫戲用自絕，**非先祖不助子孫，以王淫過戲怠，用自絕於先王。○「非先王不相我後人，惟王淫戲用自絕」，古文也，今文「惟」作「維」，「戲」作「虐」。○「惟」作「維」，「戲」作「虐」者，殷紀作「非先王不相我後人，維王淫虐用自絕」。惟、維，古、今文之異。集解引鄭云：「王暴虐於民。」是鄭本亦作「虐」。淫，過也。紂之惡，暴虐尤甚，何止淫戲。今文義長。江云：「『虐』从虍彐人，『戲』字偏傍之虛亦从虍，『戲』當爲『虐』字之誤。」**故天棄我，不有康食，不虞天性，不迪率典。**以紂自絕於先王，故天亦棄之，宗廟不有安食於天下，而王不度知天性命所在，而所行不蹈循常法。言多罪。○「故天棄我」四句，古文也，今文「虞」下多「知」字，僞傳竊取爲注。○「虞」下多「知」字者，殷紀作：「故天棄我，不有安食，不虞知天性，不迪率典。」康、安，故訓字。集解引鄭云：「王暴虐於民，使不得安食，逆亂陰陽，不度天性，傲很明德，不修教法。」江云：「王自絕於天，故天棄我殷，將使滅也，不得有安食。王猶不度知天性，不遵循典法。言其昏亂。」**今我民罔弗欲喪，曰：『天曷不降威？大命不摯？』今王其如台？」**摯，至也。民無不欲王之亡，言：「天何不下罪誅之？有大命宜王者何以不至？」王之凶害，其如我言。○「今我民罔弗欲喪，曰：『天曷不降威？大命不摯？』今王其如台」，古文也，今文「弗」作「不」，「不摯」作「胡不至」。古文「摯」一作「𡠗〔一〕」。〇「弗」作「不」者，殷紀作「今我民罔不欲喪」，論衡藝增篇：「尚書曰：『祖伊諫紂曰：「今我民罔不欲喪。」』罔，無也。我天下民無不欲王亡者。夫言欲王之亡，可也；言『無不』，增之也。紂雖至惡，臣民蒙恩者非一，而祖伊增語，欲以懼紂也。」江云：「紂恩惟惡臣蒙之，良臣則否，況民安得蒙恩乎？良臣雖不蒙恩，無欲紂亡者，即祖伊奔告，亦惟恐王亡。若民，則不堪虐政，實無不欲王亡。祖伊固言『我民罔不欲喪』，不言臣也，安得以爲增語？論衡說非。」案：弗、不，今、古文之異。〇「曰：『天曷不降威』」云云者，殷紀作：「曰：『天曷不降威？大命胡不至？』今王其柰何？」「摯」作「至」，故訓字。民望天降威與大命之至，急欲革命，去暴主也。唐開成石經於「命不」二字之閒旁添「胡」字，蓋依史記增之。「如台」爲「柰何」，說見前。古文「摯」作「𡠗」者，說文「𡠗」下云：「至也。从女執聲。周（「商」之誤。）書曰：『大命不𡠗。』」段云：「壁書作『𡠗』，後易爲『摯』。𡠗，埶聲，今本說文誤作『摯，執聲』，非也。埶聲在古音十五部，執聲在古音第七部。」**王曰：「嗚呼！我生不有命在天？」**言我生有壽命在天，民之所言，豈能害我？遂惡之辭。〇「王曰：『嗚呼！我生不有命在天』」，今文與古文同。〇今文同者，殷紀作：「紂曰：『我生不有命在天乎？』」周紀：「紂曰：『不有天命乎？是何能爲！』」宋世家：「紂曰：『我生不有命在天乎？是何能爲？』」並增文以顯經意，湝「嗚呼」。**祖伊反，曰：「嗚呼！乃罪多參在上，乃能責命于天？**反，報紂也。

〔一〕「𡠗」字依後文内容疑當作「𡠗」。

言汝罪惡衆多，參列於上天，天誅罰汝，汝能責命于天，拒天誅乎？○「祖伊反，曰」，今文與古文同，「反」一作「返」，「參」一作「絫」。「乃能責命于天」，今文無徵。僞傳云「反，報紂」，謬。○「祖伊反，曰」者，殷紀同，下云「紂不可諫矣」，總括經文。「反」一作「返」者，説文「返」下云：「還也。从辵反，反亦聲。商書曰：『祖伊返。』」（段云：「今本説文「伊」誤「甲」，惟集韻所引不誤。」）反、返古通用。「參」一作「絫」者，釋文引馬云「參」字作「累在上」。段云：「此條經開寶中竄改，文理不可解。玉篇：『厽，力捶反。累壍爲牆壁也。尚書以爲「參」字。』此未經孫强輩改竄處。蓋尚書本从「厽」，而孔讀爲「參」，釋文：『厽，七南反。馬：「力捶反，累也。罪多累在上。」』厽、絫古通用，『積累』字古多作『絫』，『累』乃俗字。汗簡、四聲韻皆云『絫』字見石經尚書戡黎篇。孔傳或有『厽，讀爲「參」』之語，衞包並删之耳。」陳云：「據汗簡所見石經，今文尚書作『絫』，厽、絫，今、古文之異。壁書皆古文，故用『厽』字也。」「乃能責命于天」者，孫云：「廣雅釋詁：『讓，責也。』言紂罪衆多，森列在天，豈能責讓天之降罰乎？」**殷之即喪，指乃功，不無戮于爾邦。」**言殷之就亡，指汝功事所致，汝不得無死戮於殷國。必將滅亡，立可待。○「殷之即喪」三句，今文無徵。○「殷之即喪」云云者，江云：「功，事也。殷之即於喪亡，指斥汝所爲之事，不能無戮於爾國，言後王將數其罪而戮之。後武王誅紂，懸首大赤，是其驗矣。」先謙案：「指乃功」者，言殷之前王，雖有興衰，無大失德，不至即喪，其立見敗亡者，由紂一人之事也。

微子第十七　商書　孔氏傳　臣王先謙參正

微子微，圻内國名，子，爵。爲紂卿士，去无道。○殷紀：「紂愈淫亂不止。微子數諫，不聽，乃與太師、少師謀，遂去。」比干强諫紂，紂殺比干，囚箕子。「殷之太師、少師乃持其祭樂器奔周。」宋微子世家：「微子度紂終不可諫，欲死之及去，未能自決，乃問於太師、少師」云云，「武王克殷，微子乃持其祭器，造於軍門，武王乃釋微子，復其位如故。」合殷紀、宋世家觀之，微子與太師、少師偕行，紀言太師、少師持其祭樂器，（孫云：「祭樂器，祭時之樂器。」）世家言微子持其祭器，義互相備。書序：「殷既錯天命，微子作誥，父師、少師。」漢書儒林傳云：「遷書載微子，多古文說。」所用古文說，今無可考。

微子若曰：「父師、少師，父師，太師，三公，箕子也。少師，孤卿，比干。微子以紂距諫，知其必亡，順其事而言之。○「微子若曰：『父師、少師』」，古文也，今文作「太師、少師」。僞傳用鄭說。○今文作「太師、少師」者，宋世家云「乃問於太師、少師曰」。「微子」者，周本紀：「帝乙長子曰微子啟，啟母賤，不得嗣。少子辛，辛母正后，辛爲嗣。」宋世家云：「微子開者，殷帝乙之首子，而紂之庶兄也。」此今文說。書疏及論語微子篇皇侃疏引鄭云：「微與箕，俱在圻内。箕子，紂之諸父。微子，與紂同母。當生微子，母猶未正。及生紂時，已得正爲妻也。故微子大而庶，紂小而嫡也。」此古文説。吕覽當務篇：「紂同母兄弟三人，長曰微子啟，其次曰仲衍，其次曰受德，受德乃紂也，甚少矣。紂母之生微子啟與仲衍也，尚爲妾。已而爲妻，而生紂。」此鄭説所本。禮王制疏引鄭志云：「張逸問：『殷爵三等：公、侯、伯。尚書有微子、箕子何？』答云：『微子、箕子，畿内采地之爵，非畿外治民之君，故云子。』」孫云：「水經注：『濟水又北，逕微鄉東，春秋莊公二十八年經書「冬，築郿」。京相璠曰：「公羊謂之微。」東平壽張縣西北三十里有故微鄉，魯邑也。杜預曰：「有微子冢。」』此在今山東東平州境，疑采地亦在是。郡國志：『薄，故屬山陽，湯所都。』注：『杜預曰：蒙縣西北有薄城。中有湯冢。其西又有微子冢。』元和郡縣志：『沛縣微山，上有微子冢，去縣六十五里。』蒙縣西薄城湯冢當在今山東曹縣南。沛，今江南縣，古宋地。魯、宋相鄰，皆在殷千里畿内，未知孰是。」「微子若曰」者，周史述其語太師、少師如此言也。「太師、少師」者，段云：「漢書禮樂志説殷紂時『樂官師瞽抱其器而犇散，或適諸侯，或適河海』。此謂論語微子篇『太師摯適齊』云云也。故人表太師摯、亞飯干、三飯繚、四飯缺、鼓方叔、播鞀武、少師陽、擊磬襄皆系之殷紂時。周本紀：『紂殺比干，囚箕子。太師疵、少師彊抱其樂器而犇周。』是太師、少師非微、箕甚明。合周紀、宋世家證之，勸微子去者，太師疵、少師彊也。摯即疵，陽即彊，音皆相近。」皮云：「人表疵、彊列二等，摯、陽列三等。是班氏不謂摯即疵、陽即彊也，豈亦如士會、范武子二名並列乎？」書疏引鄭云：「箕子，紂之諸父。」皇侃論語疏引鄭云：「父師者，三公也，時箕子爲之。少師者，太師之佐，孤卿也，時比干爲之。」漢書五行志：「禹治洪水，賜雒書，法而陳之，洪範是也。降及于殷，箕子在父師而典之。」是箕子爲父師之證。大傳云：「古者天子三公，每一公，三卿佐之。」漢書公卿表：「太師爲三公。少師爲孤卿，與六卿爲九。」此鄭説所本。因古、今文尚書太、父互異，故鄭别爲説不從史記也。**殷其弗或亂正四方。**或，有也。言殷其不有治正四方之事，將必亡。○「殷其弗或亂正四方」，古文也，今文作「殷不有治政，不治四方」。○「殷不有治政，不治四方」者，宋世家如此，弗、不，今、古文之異。書疏引鄭云：「『或』之言『有』也。」淮南高注、廣雅釋詁並云：「或，有也。」商頌「奄有九有」，韓詩作「九域」，説文或、域字同也。「亂」作「治」、「正」作「政」，詁訓並通。「不有治政」即「弗或亂正」也。「四方」上多「不治」二字，謂殷不有治政，不復治四方矣。**我祖厎遂陳于上，**言湯致遂其功，陳列於上世。○「我祖厎遂陳于上」，古文也，今文無「厎」字。○今文無「厎」字者，宋世家作「我祖遂陳于上」，集解引馬云：「我祖，湯也。」孫云：「吕覽高注：『遂，成也。』漢書李斐注：『陳，道也。』言我祖成治道於上。知我祖爲湯者，以史記下文『敗厥德』作『敗湯德』知之。」**我用沈酗于酒，用亂敗厥德于下。**我，紂也。沈湎酗醟，敗亂湯德於後世。○「我用沈酗于酒，用亂敗厥德于下」，古文也；今文作「紂沈湎於酒，婦人是用，亂敗湯德於下」。「沈」一作「湛」，「湎」一作「沔」。○「紂沈湎於酒」者，宋世家如此，「我」作「紂」，史公易之。微子不忍言紂惡，經云「我」者隱之，亦親之，國家之詞也，史公易作「紂」，使人易曉。「沈酗」作「沈湎」者，漢書叙傳班伯曰：「『沈湎于酒』，微子所以告去也。」用此經文。是今文作「沈湎」，非史公所改。楊雄徐州牧箴：「帝癸及辛，不祗不恪，沈湎于酒，而忘其東作。」益州牧箴：「帝有桀紂，沈湎頗僻。」易林賁之乾：「帝辛沈湎。」「沈」一作「湛」，「湎」一作「沔」者，史記自序：「帝辛湛湎。」漢書五行志：「湛湎于酒。」禮樂志：「湛沔自若。」霍光傳奏昌邑王「湛沔于酒」，皆用今文。韓詩説云：「齊顔色、均多寡，謂之沈；閉門不出者，謂之湎。君子不可以沈，不可以湎。」孫云：「『酗』當爲『酌』。説文：『酌，醉醟也。』書疏引作『酗』，俗字。」釋文：「醟音詠。」○

「婦人是用，亂敗湯德于下」者，宋世家如此，「用」字上屬爲句，史公「厥」改「湯」，亦使人易曉。孫云：「太誓云：『紂乃斷棄其先祖之樂，乃爲淫聲，以悦婦人。』則此言『婦人是用，敗湯德于下』，正謂棄其先祖之樂，爲淫聲也，太師將抱樂器奔周，故先言此。」皮云：「漢書谷永傳災異對曰：『沈湎荒淫，婦言是從。』又黑龍見東萊對曰：『臣聞三代所以隕社稷喪宗廟者，皆由婦人與羣惡沈湎于酒。』五行志谷永對曰：『臣聞三代所以喪亡者，皆由婦人羣小湛湎于酒。』是永所據今文尚書有『婦人是用』句，與史記合。列女傳殷紂妲己傳云：『比干諫曰：「不修先王之典法而用婦言，禍至無日。」』不修先王典法，所謂敗湯德也。」史記集解引馬云：「下，下世也。」**殷罔不小大，好草竊姦宄，**草野竊盜，又爲姦宄於内外。○「殷罔不小大，好草竊姦宄」，古文也，今文作「殷既小大，好草竊姦軌」。○「殷既小大，好草竊姦軌」者，宋世家如此。皮云：「穀梁桓三年傳：『既者，盡也。』廣雅釋詁：『既，盡也。』『盡』與『罔不』義近，故今文作『既』。」江云：「無逸：『至于小大。』鄭注：『小大，謂萬民，上及羣臣也。』『草竊』者，吕氏春秋辨土篇：『凡耕之道，毋與三盜。』任地：『夫大甽小畝，爲青魚胠，苗若直獵，地竊之也。既種而無行，耕而不長，則苗相竊也。弗除則蕪，除之則虚，則草竊之也。故去此三盜，而後粟可多也。』孟子盡心篇引孔子曰：『惡莠恐其亂苗也。』然則害苗者莠，『草竊』是莠害苗也，民爲盜竊，以病善良，亦如莠之害苗。則此言『草竊』，是以莠比況盜也。」國語長魚矯曰：「亂在内爲軌，在外爲姦。」里革曰：「竊寶者爲軌，用軌之財者爲姦。」軌、宄聲同通借。**卿士師師非度，凡有辜罪，乃罔恒獲。**六卿、典士相師效爲非法度，皆有辜罪，無秉常得中者。○「卿士師師非度，凡有辜罪，乃罔恒獲」，古文也，今文作「卿士師師非度，皆有辜罪，乃無維獲」。○今文作「卿士師師非度，皆有辜罪，乃無維獲」者，宋世家如此。「卿士師師非度」者，史記集解引馬云：「非但小人學爲姦宄，卿士已下，轉相師效，爲非法度。」孫云：「『師師』者，上『師』言衆，下『師』言長，或如梓材『我有師師』，謂卿士師長，不必如馬所云也。」「凡有辜罪，乃罔恒獲」者，書疏引鄭云：「『凡』猶『皆』也。」集解引鄭云：「獲，得也。羣臣皆有是罪，其爵禄又無常得之者。言屢相攻奪。」江云：「作爲不法，乃有辜罪，是辜罪有常得也。刑罰不中，則有罪非必其所當得，故曰『罔恒獲』。」「皆有罪辜，乃無維獲」者，廣雅釋詁：「凡，皆也。」「唯，獨也。」維、唯同義。言此有罪之人，不必獨能得之，則所獲者無恒。詩瞻卬云「此宜無罪，女反收之」，彼宜有罪，女覆説之」也。鄭云「羣臣皆有是罪」，言皆有草竊姦宄不法之罪；云「爵禄又無常得之者」，鄭以「獲」爲得爵禄，言罪既不當，則爵人亦可以無常得之。此經蓋如牧誓所云「乃惟四方之多罪逋逃，是崇是長，是信是使，是以爲大夫卿士，俾暴虐于百姓，以姦宄于商邑」，言有罪逋逃者，紂爲之主，不能即獲，致使民交相仇怨也。陳云：「鄭注：『「凡」猶「皆」也。』史記作『皆』，蓋以訓詁代之。」皮云：「史公用今文，不必與鄭注古文同。」**小民方興，相爲敵讎。**卿士既亂，而小人各起一方，共爲敵讎。言不和同。○「小民方興，相爲敵讎」，古文也，今文作「小民乃竝興，相爲敵讎」。僞傳訓「方興」爲「各起一方」，謬。○「小民乃竝興，相爲敵讎」者，宋世家如此。段云：「『方興』，今文尚書當是『旁興』。『竝』者，『旁』之故訓，古音『竝』讀如『旁』。」皮云：「潛夫論述赦篇：『小民乃竝爲敵讎。』用此經文，與史記合，是今文作『竝』，史公非用故訓也。」鄭注「屢相侵奪」（見上引。）釋此文。**今殷其淪喪，若涉大水，其無津涯。**淪，没也。言殷將没亡，如涉大水，無涯際，無所依就。○「今殷其淪喪，若涉大水，其無津涯」，古文也，今文作「今殷其典喪，若涉水，無津涯」。○「今殷其典喪，若涉水，無津涯」者，宋世家如此，集解裴駰云：「典，國典也。」錢大昕云：「『典』

讀如『殄』。典喪者，殄喪也。考工記『輈欲頎典』，鄭司農讀『典』爲『殄』。燕禮『寡君有不腆之酒』注：『古文「腆」爲「殄」。』是典、腆與『殄』通。」皮云：「錢説是也。列女傳云：『不修先王之典法。』則解『典』爲國典，義亦可通。」江云：「典喪則國無所倚恃，與涉水無津涯之喻正相當。『典』與『淪』義訓絶異，若尚書作『淪』，史記必不以『典』易之，故知作『典』無疑。禮曲禮：『天子建天官，先六太，曰太宰、太宗、太史、太祝、太士、太卜，典司六典。』鄭注：『典，法也。』此蓋殷時制也。」正此經所謂典。典所以爲國典，亡則國將從之。涉，徒行厲水也。津，濟渡處。涯，水邊地也。若涉水無津涯，言必没溺。以喻國無法守，必亡也。」**殷遂喪，越至于今。」**言遂喪亡，於是至於今，到不待久。○「殷遂喪，越至于今」，今文與古文同。○今文同者，宋世家如此，集解引馬云：「越，於也。於是至矣，於今到矣。」釋詁：「粤，於也。」「越」同「粤」。遂，竟也，漢書「遂」字皆訓爲「竟」，言殷竟喪亡，乃至於今日乎！**曰：「父師、少師，我其發出狂？吾家耄遜于荒？**我念殷亡，發疾生狂，在家耄亂，故欲遯出於荒野。言愁悶。○「曰：『父師、少師，我其發出狂？吾家耄遜于荒』」，古文也，今文作：「曰：『太師、少師，我其發出往？吾家保于喪？』」僞傳云「發疾生狂」，非。○「曰：『太師、少師』」者，宋世家如此，集解引馬云：「重呼告之。」○「我其發出往」者，宋世家如此，集解引鄭云：「發，起也。紂禍敗如此，我其起作出往也？」段云：「釋文、正義、索隱皆不言鄭與孔異，蓋今文作『往』，古文作『狂』，鄭從今文讀『狂』爲『往』，與『告去』説合。」孫云：「詩傳：『發，行也。』『往』當爲『俇』，説文：『俇，遠行也。』言我當出行遠去。今書作『狂』者，楚詞抽思：『狂顧南行。』王逸注：『狂，猶遽也。』」○「吾家耄遜于荒」者，史記集解引馬云：「卿大夫稱家。」書疏引鄭云：「耄，昏亂也。」「吾家保于喪」者，宋世家如此。江云：「保，安也。我卿大夫安於喪亡之事，恬不知畏，亦言不與謀也。」皮云：「江說亦通。然據史公云『微子欲死之及去，未能自決』，乃釋此二句之義，『我其發出往』者，將遠出以避難。言欲去也。『吾家保于喪』者，保，守也；喪，亡也。將居家以守死不去，言欲死之也。二句正言『欲死之及去，未能自決』之意，故重呼太師、少師告之。」**今爾無指告予，顛隮，若之何其？」**汝無指意告我殷邦顛隕隮墜，如之何其救之？○「今爾無指告予，顛隮，若之何其」，古文也，今文作「今女無故告予，顛躋，如之何其」。○「今女無故告予，顛躋，如之何其」者，宋世家如此，集解引馬云：「躋，猶墜也。恐顛墜於非義，當如之何也？」鄭云：「其，語助也。齊、魯之閒聲如『姬』。禮記曰：『何居？』」案：「指」當爲「恉」，說文：「恉，意也。」淮南高誘注、國語韋昭注並云：「故，意也。」是文異而義同。言爾若無意相告我，顛墜當柰之何？孫云：「馬云『躋猶墜』者，躋登又爲墜，如『亂』之訓『治』，『徂』之訓『存』也。『恐顛墜於非義』者，言恐去之非義，則當死之。」**父師若曰：「王子，**比干不見，明心同，省文。微子，帝乙元子，故曰王子。○「父師若曰：『王子』」，古文也，今文作「太師若曰：『王子』」。○「太師若曰：『王子』」者，宋世家如此，集解引鄭云：「少師不荅，志在必死。」江云：「鄭以少師爲比干，與史記不合。且忠臣憂國之心，雖死不渝，豈以志在死而漠然置之不荅？於義未安。」**天毒降災荒殷邦，方興沈酗于酒，**天生紂爲亂，是天毒下災，四方化紂沈湎，不可如何。○「天毒降災荒殷邦，方興沈酗于酒」，古文也，今文作「天篤下菑亡殷國，無方興沈酗于酒」。○「天篤下菑亡殷國」者，宋世家如此。說文：「毒，厚也。」釋詁：「篤，厚也。」惠云：「平輿令薛君碑又以『竺』爲『毒』，古毒、竺、篤三字通。大宛傳：『其東南有身毒國。』即天竺也。竺，古『篤』字。」降、下，故訓字。荒、亡，聲近義通。邦、國，今、古文之異。○「無方興沈酗于酒」者，宋世家如此。江云：「六字衍文。天厚下災亡殷國，乃不畏天威，於文爲順，實不容有此六字。蓋因前文有『小民方興』及『我用沈酗于酒』之言而誤衍其字於此。」**乃罔畏畏，咈其耇長舊有位人。**言起沈湎，上不畏天災，下不畏賢人，違戾耇老之長、致仕之賢，不用其教，法紂故。○「乃罔畏畏，咈其耇長舊有位人」，古文也；今文作「乃毋畏畏，不用老長」，無「舊有位人」。○「乃毋畏畏」者，宋世家如此，毋、無字同。無、罔，故訓字。江云：「『畏畏』當爲『畏威』，古威、畏字同。禮表記引甫刑曰：『德威惟威。』鄭注：『德所威，則人皆畏之。』是以『威』爲『畏』。考工記弓人注：『故書「畏」作「威」。』此經重言『畏畏』，兩字皆訓『敬畏』不詞，故讀下『畏』爲『威』。」○「咈其耇長」者，説文「咈」下云：「違也。从口弗聲。周（「商」誤。）書曰：『咈其耇長。』」「不用耇長」者，宋世家如此，「不用」與「違」、「咈」意同，史公説經意，或今文本作「不用」，無可考定。説文「耇」下云：「老人面凍梨，若垢。」○無「舊有位人」者，宋世家如此。皮云：「此句疑今文本無之，或經師以『舊』訓『老』，以『有位人』訓『長』，誤入正文也。」先謙案：無逸鄭注：「舊，久也。」公羊莊二十九年傳注：「舊，故也。」凡久故皆年耄人。論語泰伯篇：「故舊不遺。」是「舊」即耇也。禮學記：「然後能爲長。」注：「長，達官之長。」燕禮：「若賓若長。」注：「長，公卿之尊者。」是「長」即有位人也。皮説是。**今殷民乃攘竊神祇之犧牷牲，用以容，將食無災。**自來而取曰攘。色純曰犧。體完曰牷。牛羊豕曰牲。器實曰用。盜天地宗廟牲用，相容行食之，無災罪之者。言政亂。○「今殷民乃攘竊神祇之犧牷牲，用以容，將食無災」，古文也，今文作「乃陋淫神祇之祀」。○「今殷民乃攘竊神祇之犧牷牲」云云者，釋文引馬云：「往盜曰竊。」史記集解引馬云：「天曰神，地曰祇也。」犬人疏引鄭云：「犧，純毛。牷，牲體完具。」盜祀神御物，罪重，乃民攘竊，而競相容隱，至將食之，而以爲不有災禍。墨子天志篇引泰誓云：「紂越厥夷居，不肯事上帝，棄厥先神祇不祀，乃曰吾有命。」是其證也。「今殷民乃陋淫神祇之祀」者，宋世家如此，集解：「徐廣曰：『一云「今殷民侵神犧」，一云「陋淫侵神祇」。』」孫云：「言祀牲不豐，有司攘竊其經費。陋者，隱也。說苑臣道篇：『晏子隱君之賜。』淫者，文選演連珠云：『時累不能淫。』注：『淫，侵也。』言有隱匿侵没其貲者，故徐廣引『一云「殷民侵神犧」，一云「陋淫侵神祇」』也。」**降監殷民用乂，讎斂，召敵讎不怠，**下視殷民所用治者，皆重賦傷民、斂聚怨讎之道，而又亟行暴虐，自召敵讎不解怠。○「降監殷民」三句，今文無徵。○「降監殷民」云云者，釋文：「讎，鄭音疇，馬本作『稠』，云：『數也。』斂，馬、鄭力豔反。謂賦斂也。」案：二「讎」字複，馬作「稠」是也。說文：「監，臨下也。」言其下臨殷民所以爲治，惟煩數賦斂，自召敵讎且力行不怠，不知其爲斂怨也。**罪合于一，多瘠罔詔。**言殷民上下有罪，皆合於一法紂，故使民多瘠病，而無詔救之者。○「罪合于一」二句，今文無徵。○「罪合于一，多瘠罔詔」者，孫云：「說文：『合，讀若「集」。』漢書食貨志孟康注：『肉腐曰瘠。』太宰鄭注：『詔，告也。』言罪集於紂一人，多致死亡，罔所告訴也。」江云：「君臣同惡相濟，故曰『罪合于一』；浚民之膏，故民多瘠苦；上下並爲威虐，故民罔告。」**商今其有災，我興受其敗。**災滅在近，我起受其敗。言宗室大臣義不忍去。○「商今其有災，我興受其敗」，今文與古文同，古文「敗」一作「退」。○「商今其有災，我興受其敗」者，孫云：「宋世家云『今誠得治國，國治身死不恨』，釋『我興受其敗』。」先謙案：孫說是。治者，禮禮運疏謂修治也，喪服傳注：「治，正也。」言商至今日，今我誠得修正之，其或有災禍，幸不至滅亡，我願起而以身受其敗壞之咎，雖死不恨。此釋經意也。古文「敗」一作「退」者，說文「退」下云：「敷也。从辵貝聲。周（「商」誤。）

書曰：『我興受其退。』」段云：「壁書『敗』字，蓋皆如此作。」**商其淪喪，我罔爲臣僕。詔王子出迪。**」商其没亡，我二人無所爲臣僕，欲以死諫紂。我教王子出，合於道。○「商其淪喪」三句，今文與古文同。○「商其淪喪」云云者，孫云：「宋世家云『爲死終不得治，不如去遂亡』（段云：「此五字爲句。」）釋『商其淪喪』至『詔王子出迪』也。」先謙案：孫説是。言商其必淪喪，即死，終不得治安之，我既無救於國，無用仕爲臣僕，不如遂去，故我告王子惟有出行之一道也。禮運：「仕於公家曰臣，仕於私家曰僕。」吕覽高注：「出，去也。」迪，行也。字从由，行。馬注多方「迪」作「攸」，説文：「攸，行水也。」」**我舊云刻子。王子弗出，我乃顛隮。**刻，病也。我久知子賢，言於帝乙欲立子，帝乙不肯，病子不得立，則宜爲殷後者。子今若不出逃難，我殷家宗廟，乃隕墜無主。○「我舊云刻子。王子弗出，我乃顛隮」，古文也，今文「我」上有「微子若曰」，「刻」作「孩」，「弗」作「不」。○「我舊云刻子。王子弗出，我乃顛隮」者，釋文：「舊云，馬云：『言也。』刻，馬云：『侵刻也。』」孫云：「莊子釋文引司馬注：『刻，削也。』與『侵刻』義同。馬以爲太師言我舊時曾云紂當刻害於子，而王子比干終不肯出，是使我亦顛墜也。」今文「我」上有「微子若曰」，「刻」作「孩」，「弗」作「不」者，論衡本性篇：「微子曰：『我舊云孩子，王子不出。』紂爲孩子之時，微子睹其不善之性。性惡不出衆庶，長大爲亂不變，故云也。」又云：「紂之惡在孩子之時，孩子始生，未與物接，誰令悖者？」弗、不，今、古文之異。孫云：「據此，『我』上當有『微子若曰』四字。『刻』作『孩』，聲、義並通。『性惡不出衆庶』者，釋名：『出，推也，推而前也。』言其資質不能在衆庶之前，荀子勸學篇『其出人不遠矣』是也。」「王充時，猶見古尚書章句，當本歐陽、夏侯之義，非臆説也。」先謙案：據充引今文説，「王子」屬紂言，與上文「王子」指微子者不同。「我乃顛隮」者，微子自我，與上文「予顛隮」合。微子聞太師詔以出迪，乃言我君爲孩子時，性有不善，我久已言之；後爲王子時，性惡不出凡衆，今乃果致我顛隮。爲國慟也。**自靖，人自獻于先王，**各自謀行其志，人人自獻達于先王，以不失道。〇「自靖，人自獻于先王」，古文也，今文「靖」作「清」。〇「靖」作「清」者，釋文：「靖，馬本作『清』，謂潔也。」案：馬義仍本今文說，傳世洵洪氏隸釋補云「綏民校尉熊君碑以『自靖』爲『自清』」是其證。「清」爲「潔」者，言自潔其身以避亂。釋詁：「靖，治也。」自治亦即自潔意，人人思自處之道，以上對先王在天之靈，是「人自獻于先王」也。**我不顧行遯。**」言將與紂俱死。所執各異，皆歸於仁。明君子之道，出處語默非一途。〇「我不顧行遯」，今文無徵。〇「我不顧行遯」者，顧命鄭注：「回首曰顧。」釋言：「遜，遯也。」孫炎注：「遁，逃去也。」言我不能返顧而行遯矣。宋世家於「箕子爲奴，比干諫死」後云：「微子曰：『父子有骨肉，而臣主以義屬。故父有過，子三諫不聽，則隨而號之；人臣三諫不聽，則其義可以去矣。』於是太師、少師乃勸微子去，遂行。」史終言其事。

十三經清人注疏

尚書孔傳參正

下

〔清〕王先謙 撰
何晉 點校

尚書孔傳參正十四

泰誓上第一　周書　孔氏傳　臣王先謙參正

泰誓大會以誓衆。○此梅氏古文之十四，說詳書序。姚際恒云：「伏書五誓，雖識當時告衆之言，後人亦藉以見一代兵制，非徒醜詆敵國，如後世檄文也。亦有略數敵罪，如甘、湯、牧諸誓。今泰誓絶口不及軍政，惟張目疾首洗垢索瘢，若恐不盡，古意蕩然矣。」

惟十有三年春，大會于孟津。三分二諸侯，及諸戎狄。此周之孟春。○惠云：「皆本書序，惟『十有一年』較異耳。」閻云：「朱子有『古文例不書時』之說，以二十八篇書考之，如康誥『惟三月，哉生魄』，多方『惟五月丁亥』，書『三月』、『五月』皆不冠以時。洪範『惟十有三祀』，金縢『既克商二年』，書『十三祀』、『二年』皆不繼以時。更考逸書伊訓『惟太甲元年十有二月乙丑朔』，畢命『惟十有二年六月庚午朏』，益見朱子說確。今此篇書『惟十有三年春』，豈古史例邪？」

王曰：「嗟！我友邦冢君，越我御事庶士，明聽誓。冢，大。御，治也。友諸侯，親之；稱大君，尊之。下及我治事衆士，大小無不皆明聽誓。○惠云：「牧誓：『嗟！我友邦冢君。』洛誥：『越自乃御事。』」**惟天地萬物父母，惟人萬物之靈。**生之謂父母。靈，神也。天地所生，惟人爲貴。○惠云：「莊子達生篇：『天地者，萬物之父母也。』孝經：『天地之性，人爲貴。』後漢劉陶傳：『臣聞：人非天地無以爲生，天地非人無以爲靈。』梅賾以陶通古文，故附會其說。」**亶聰明，作元后，元后作民父母。**人誠聰明，則爲大君，而爲衆民父母。○閻云：「中庸：『聰明足以有臨也。』詩：『亶不聰。』洪範：『天子作民父母。』」**今商王受，弗敬上天，降災下民，沈湎冒色，敢行暴虐。**沈湎嗜酒，冒亂女色，敢行酷暴，虐殺無辜。**罪人以族，官人以世。**一人有罪，刑及父母兄弟妻子，言淫濫。官人不以賢才，而以父兄，所以政亂。○梅云：「荀子君子篇：『以族論罪，以世舉賢。故一人有罪，三族皆夷，德雖如舜，不免刑均，是以族論罪也。先祖當賢，子孫必顯，行雖如桀、紂，列從必尊，此以世舉賢也。』此因『行雖如桀、紂』之句，故蒐入誓詞。」孟子：「士無世官。」閻云：「『古之仕者，世祿不得世位，世卿兩見譏於公羊傳，似即起春秋之世。然左襄二十五年傳太叔文子謂甯喜曰『九世之卿族』，甯氏出武公，武公卒春秋前者三十六年。春秋前有世卿矣。又考毛詩，宣王有『文武吉甫』，幽王則有『赫赫師尹』；宣王有『蹶父孔武』，幽王則有『蹶惟趣馬』；宣王有『太師皇甫』，幽王則有『皇甫卿士』，皆相接連，其爲傳世無疑。殆起自幽王世乎？晚書云受『官人以世』，吾無徵焉。」**惟宮室臺榭，陂池侈服，以殘害于爾萬姓。**土高曰臺，有木曰榭，澤障曰陂，停水曰池。侈，謂服飾過制。言匱民財力爲奢麗。○梅云：「淮南子：『竭百姓之力，以奉耳目之欲，志專在於宮室臺榭，陂池苑囿。』」**焚炙忠良，刳剔孕婦。**忠良無罪，焚炙之；懷子之婦，刳剔視之。言暴虐。○惠云：「焚炙，即謂炮烙之刑。墨子尚鬼篇：『昔者殷王紂，刳剔孕婦，庶耆鰥寡，號咷無告。』帝王世紀曰：『紂剖比干妻以視其胎。』」**皇天震怒，命我文考，肅將天威，大勳未集。**言天怒紂之惡，命文王敬行天罰。功業未成而崩。**肆予小子發，以爾友邦冢君，觀政于商。**父業未就之故，故我與諸侯觀紂政之善惡。謂十一年自孟津還時。○惠云：「即今文太誓『四月觀兵』事也。」程云：「逸周書大聚解：『乃觀於殷政。』」**惟受罔有悛心，乃夷居，弗事上帝神祇，遺厥先宗廟弗祀。**悛，改也。言紂縱惡無改心，平居無故廢天地百神宗廟之祀，慢之甚。○惠云：「墨子天志篇：『大誓之道之曰：「紂越厥夷居，不肯事上帝，弃厥先神祇不祀。乃曰：『吾有命，無廖僔務天下。』天亦縱弃紂而不保。」』」**犧牲粢盛，既于凶盜。**凶人盡盜食之，而紂不罪。○惠云：「今殷民乃攘竊神祇之犧牷牲。」閻云：「晚書於『弃厥先神祇不祀』下增『犧牲粢盛』二句，以合箕子之言，删去『天亦縱弃紂而不保』句，以便下接孟子書。豈墨子所見，別有一篇大誓乎？亦可謂舛矣。」**乃曰『吾有民有命』，罔懲其侮。**紂言吾所以有兆民有天命，故羣臣畏罪不爭，無能止其慢心。○惠云：「墨子非命篇又云：『於太誓曰：「紂夷處，不肯事上帝鬼神，禍厥先神禔不祀，乃曰：『吾民有命，無廖排漏。』天亦縱之弃而弗葆。」』此言武王所以非紂執有命也。」又云：「大誓之言嗞曰：『紂夷之居，而不肯事上帝，弃闕其先神而不祀也。曰：「我民有命，毋僇其務。」天亦不弃縱而不葆。』」**天佑下民，作之君，作之師，**言天佑助下民，爲立君以政之，爲立師以教之。○閻云：「孟子引書曰：『天降下民，作之君，作之師。』後師曠述之曰：『天生民而立之君。』又後荀卿釋之曰：『天之生民，非爲君也。天之立君，以爲民也。』詞愈顯，意愈警，足徵孟子所引之確今泰誓。改『降』爲『佑』，意覺索然，不省作僞者何心？」**惟其克相上帝，寵綏四方。**當能助天，寵安天下。○梅云：「孟子惟曰『其助上帝，寵之四方』。」**有罪無罪，予曷敢有越厥志。**越，遠也。言己志欲爲民除惡，是與否不敢遠其志。○梅云：「孟子：『有罪無罪，惟我在，天下曷敢有越厥志？』」閻云：「孟子引書一段，至『一人衡行于天下，武王耻之』，皆書詞，蓋史臣所作，孟子從而釋之曰：『此武王之勇也。』與引詩釋以『此文王之勇也』一例。僞古文欲竄入武王口中，不得不去末二語，又改『天下』爲『予』，此段在大誓中曾有一毫似武王之勇而孟子乃引之乎？」**同力度德，同德度義。**力鈞則有德者勝，德鈞則秉義者强。揆度優劣，勝負可見。○惠云：「左隱十一年傳：『不度德，不量力。』」閻云：「左昭二十四年傳萇弘曰：『同德度義。大誓曰：「紂有億兆夷人，亦有離德；余有亂臣十人，同心同德。」』『度義』本萇弘語，以興起大誓之語，今僞孔不察，襲此語於大誓之前，又列諸大誓中，豈有『同德度義』爲大誓之詞而下接以『大誓曰』之理邪？且置逸書四句於中篇，另換『受有臣億萬』四句，既無德字，全不照應，又增『同力度德』一句。左傳『度』作『謀度』解，今作『揆度』之『度』，『同力度德』猶可言，『同德度義』便不可解。僞傳强爲之解曰『德鈞則秉義者强』，夫德既鈞矣，又何謂之秉義乎？豈義在德之外，更居德之上乎？豈紂與武之德鈞，而武獨爲秉義者乎？即如其解，又何以興起下引大誓離德、同德之義？謬不勝摘矣。」**受有臣億萬，惟億萬心；**人執異心，不和諧。○惠云：「管子：『大誓曰：「紂有臣億萬，亦有億萬之心；武王有臣三千，而一心。」』」**予有臣三千，惟一心。**三千一心，言欲同。○閻云：「管子四語，蓋史臣美武王之詞，與中篇『于湯有光』同。今撰爲武王自語。」**商罪貫盈，天命誅之。予弗順天，厥罪惟鈞。**紂之爲惡，一以貫之，惡貫已滿，天畢其命。今不誅紂，則爲逆天，與紂同罪。○惠云：「左傳中行桓子曰：『使疾其民，以盈其貫，將可殪也。周書曰：「殪戎衣。」』韓非子曰：『是其貫將滿也。』墨子：『大誓之言曰：小人見姦巧乃聞，不言也，發罪鈞。』」梅云：「湯誓：『有夏多罪，天命誅之。』又曰：『予畏上帝，不敢不正。』」**予小子夙夜祗懼，受命文考，類于上帝，宜于冢土，以爾有衆，底天之罰。** 祭社曰宜。冢土，社也。言我畏天之威，告文王廟，以事類告天祭社，用汝衆致天罰於紂。○惠云：「大傳：『牧之野，武王之大事也。既事而退，柴于上帝，祈于社。』王制曰：『天子將出，類乎上帝，宜乎社，造乎禰。』又云：『受命于祖。』詩：『乃立冢土。』」**天矜于民，民之所欲，天必從之。** 矜，憐也。言天除惡樹善，與民同。○梅云：「詩：『矜此下民。』左襄二十一年傳穆叔引泰誓：『民之所欲，天必從之。』昭元年子羽引同。杜注：『今尚書泰誓亦無此文。故諸儒疑之。』孔疏：『今尚書泰誓，謂漢、魏諸儒馬融、鄭玄、王肅等所注者也。惟東晉泰誓，則傳記所引泰誓，悉皆有之。』周語單襄公、鄭語史伯並引此二句，韋昭注：『今周書大誓無此言。其散亡乎？』」**爾尚弼予一人，永清四海。** 穢惡除，則四海長清。○惠云：「湯誓：『爾尚輔予一人。』」**時哉弗可失。** 言今我伐紂，正是天人合同之時，不可違失。○梅云：「『時哉弗可失』乃蒯通告韓信之言。」閻云：「晉獻公之喪，秦穆公使人弔公子重耳，曰：『喪亦不可久也，時亦不可失也。』晉語姜氏告公子亦曰：『時不可失。』吴子因楚喪而伐之，公子光曰：『此時也，不可失也！』皆是取人國者之詞，若武王伐紂有天下，所謂迫而起不得已而應，何至出語如秦穆、吴光哉？縱上文云『永清四海』，志在天下，然涉急欲有功之心，非武王也。」

泰誓中第二　周書　孔氏傳　臣王先謙參正

惟戊午，王次于河朔。次，止也。戊午渡河而誓，既誓，而止于河之北。○此梅氏古文之十五。惠云：「書序：『一月戊午。』」程云：「洛誥：『我卜河朔黎水。』」閻云：「周本紀：『十一年十二月戊午，師畢渡盟津，武王乃作大誓，告于衆庶。』」椒舉曰：『周武有孟津之誓。』是三篇俱作於河北之孟津，於河南洛北無涉。禹貢：『又東至于孟津。』僞傳云：『孟津，地名，在洛北，都道所湊，古今以爲津。』此傳出魏晉間，已錯認洛陽城北之渡處爲孟津。書與傳同出一手，故上篇『惟十有三年春，大會于孟津』，中篇『惟戊午，王次于河朔』，前誓河南，此誓河北，截然兩地。案：孟津之漸譌而南自東漢始，更始二年，使朱鮪屯洛陽，光武亦令馮異守孟津以拒之。時孟津猶在北。靈帝中平〔一〕六年，何進使丁原燒孟津，火照城中。城中者，洛陽城中也。則已移其名於河南，歷代浸久，土俗傳譌，原不足怪，獨怪武、成三代閒人所作忽認南爲北，如東漢中葉後人之稱孟津者。」**羣后以師畢會。**諸侯盡會次也。**王乃徇師而誓曰：「嗚呼！西土有衆，咸聽朕言。**徇，循也。武王在西，故稱西土。○梅云：「湯誓：『格爾衆庶，悉聽朕言。』」**我聞吉人爲善，惟日不足；凶人爲不善，亦惟日不足。**言吉人竭日以爲善，凶人亦竭日以行

〔一〕「平」原誤作「十」，據後漢書竇何列傳改。

惡。○梅云：「『吉人』，見易大傳；『凶人』，見左文十八年傳。詩小雅：『惟日不足。』」**今商王受，力行無度，**行無法度，竭日不足，故曰力行。○梅云：「孟子：『子力行之。』多士：『惟爾洪無度。』」**播棄犁老，昵比罪人。**鮐背之耇稱犁老，布棄不禮敬。昵，近。罪人，謂天下逋逃之小人。○梅云：「吳語申胥曰：『今王播棄黎老，而孩童焉比謀。』牧誓：『四方之多罪逋逃，是崇是長，是信是使。』是昵比罪人也。」惠云：「尸子：『昔商紂有臣曰王子須，弃黎老之言，而用姑息之謀。』墨子尚鬼篇：『昔者殷王紂，播弃黎老，賊誅孩子，楚毒無罪。』」**淫酗肆虐，臣下化之，**過酗縱虐，以酒成惡。臣下化之，言罪同。○梅云：「微子：『我用沈酗于酒。』」**朋家作仇，脅權相滅，無辜籲天，穢德彰聞。**臣下朋黨，自爲仇怨，脅上權命，以相誅滅。籲，呼也，民皆呼天，告冤無辜，紂之穢德，彰聞天地。言罪惡深。○梅云：「左僖九年傳郤芮曰：『亡人無黨，有黨必有仇。』微子：『小民方興，相爲敵讎。』召誥：『以哀籲天。』康誥：『顯聞于天。』湯誥：『並告無辜于上下。』」**惟天惠民，惟辟奉天。**言君天下者，當奉天以愛民。○梅云：「洪範：『惟天陰騭下民。』董子曰：『人君承天意以從事。』」**有夏桀弗克若天，流毒下國。**桀不能順天，流毒虐於下國萬民。言凶害。**天乃佑命成湯，降黜夏命。**言天助湯命，使下退桀命。**惟受罪浮于桀，**浮，過。○梅云：「禮表記：『惟欲行之浮於名也。』」**剥喪元良，賊虐諫輔。**剥，傷害也。賊，殺也。元，善之長。良，善。以諫輔紂，紂反殺之。**謂己有天命，謂敬不足行，謂祭無益，謂暴無傷。**言紂所以罪過於桀。○程云：「墨子非命篇：『泰誓之言，於去發曰：「爲鑑不遠，在彼殷王。」謂人有命，謂敬不可行，謂祭無益，謂暴無傷。」』」**厥監惟不遠，在彼夏王。**其視紂罪，與桀同辜。言必誅之。○梅云：「詩：『殷監不遠，在夏后之世。』」**天其以予乂民，**用我治民，當除惡。○梅云：「立政：『以乂我受民。』」**朕夢協朕卜，襲于休祥，戎商必克。**言我夢與卜俱合於美善，以兵誅紂必克之占。○梅云：「左昭六年傳史朝曰：『筮襲于夢，武王所用也。』周語單襄公曰：『吾聞之泰誓故曰：「朕夢協朕卜，襲于休祥，戎商必克。」』」**受有億兆夷人，離心離德。**平人，凡人也。雖多而執心用德不同。○梅云：「左昭二十四年傳萇弘引大誓曰：『紂有億兆夷人，亦有離德。』襄二十九年傳子太叔曰：『棄同即異，是謂離德。』」**予有亂臣十人，同心同德。**我治理之臣雖少，而心德同。○梅云：「萇弘又曰：『予有亂臣十人，同心同德。』左成二年傳臧宣叔曰：『泰誓所謂：商兆民離，周十人同。』論語亦引武王曰：『予有亂臣十人。』」**雖有周親，不如仁人。**周，至也。言紂至親雖多，不如周家之少仁人。○閻云：「論語堯曰篇：『雖有周親，不如仁人。百姓有過，在予一人。』孔安國注：『親而不賢不忠則誅之，管、蔡是也。仁人，謂箕子、微子，來則用之。』案：安國於論語『周親』、『仁人』引管、蔡、微、箕以釋之，是周之才不如商。於尚書則釋『周』爲『至』，言紂至親不如周仁人，而商之才又不如周。懸絶如是，豈一人之手筆乎？」又云：「墨子兼愛篇：『昔者武王將事泰山隧，傳曰：「泰山有道，曾孫周王有事，大事既獲，仁人尚作，以祗商、夏，蠻夷醜貉。雖有周親，不若仁人，萬方有罪，維予一人。」』玩其文義，是武王既定天下後，望祀山川，或初巡守岱宗禱神之詞，非伐紂時事也。」惠云：「閻説是。時紂尚在，武王不得稱王。大明之詩至牧野臨敵猶曰『維予侯興』，則知伐紂以前無稱王之事也。橫渠張子謂一日之閒，天命未絶，猶是君臣。由此言之，易『王用享于西山』、『王用享于帝』，其非文王明矣。又『雖有周親』四語，本相連屬，今梅賾斷章取義何也？」**天視自我民視，天聽自我民聽。**言天因民以視聽，民所惡者天誅之。○梅云：「孟子：『泰誓曰：「天視自我民視，天聽自我民聽。」』」**百姓有過，在予一人。**已能無惡於民，民之有過，在我教不至。○惠云：「見上。說苑：『書曰：「百姓有罪，在予一人。」』」**今朕必往，我武惟揚，侵于之疆，**揚，舉也。言我舉武事，侵入紂郊疆伐之。○閻云：「『今朕必往』，此湯初興師告諭亳衆之言，今入武王口中，其時武王師已次河朔，羣后畢會，何必爲此言？不幾眯目而道黑白邪？」惠云：「孟子：『大誓曰：「我武惟揚，侵于之疆，則取于殘，殺伐用張，于湯有光。」』趙岐注：『大誓，古尚書百二十篇之時大誓也。今之尚書大誓篇後得以充學，故不與古大誓同。諸傳記引大誓，皆古大誓也。』」**取彼凶殘，我伐用張，于湯有光。**桀流毒天下，湯黜其命。紂行凶殘之德，我以兵取之。伐惡之道張設也，於湯又有光明。○説見上。閻云：「孟子引大誓，必史臣美武王之詞，非武王自語武王除殘之功固高於湯然。禮記引大誓曰『予克受，非予武』云云，今侈然自多其功，聖人氣象豈至於此！」**勖哉夫子！罔或無畏，寧執非敵。**勖，勉也。夫子，謂將士。無敢有無畏之心，寧執非敵之志，伐之則克矣。○梅云：「牧誓：『勖哉夫子。』」閻云：「孟子曰：『武王之伐殷也，革車三百兩，虎賁三千人。王曰：「無畏！寧爾也，非敵百姓也。」若崩厥角稽首。』案：『無畏』云云，武王之詞；『若崩厥角稽首』，則叙事之詞。今皆以爲武王口氣，不愈失孟子之文義乎？且詳玩所引『王曰』之文，是至商郊慰安百姓之詞，與河朔誓師絕不相蒙者也。」**百姓懍懍，若崩厥角。**言民畏紂之虐，危懼不安，若崩摧其角，無所容頭。○説見上。**嗚呼！乃一德一心，立定厥功，惟克永世。」**汝同心立功，則能長世以安民。○梅云：「『一德一心』，即『同心同德』。詩：『耆定爾功。』秦本紀：『以克永世。』」閻云：「『立定厥功，惟克永世』，似本漢書刑法志引書『立功立事，可以永年』，微易其文，而竄入之。二語即今文大誓文也。」

泰誓下第三　周書　孔氏傳　臣王先謙參正

時厥明，王乃大巡六師，明誓衆士。是其戊午明日，師出以律，三申令之，重難之義。衆士，百夫長已上。○此梅氏古文之十六。閻云：「史家有追書之詞，每以後之官名制度叙前代事，其類甚多。伶州鳩與景王論武王曰：『王以黄鐘之下宫，布戎于牧之野，所以厲六師也。』時武王僅三軍，六師未備，觀牧誓可見。州鳩以有天下之制稱之，亦追書者之常。若當武王時，叙武王所統軍而曰『大巡六師』則大不可。僞書以追書爲實稱，其誤如此。」

王曰：「嗚呼！我西土君子，天有顯道，厥類惟彰。言天有明道，其義類惟明。言王所宜法則。○惠云：「墨子非命篇：『於去發曰：「惡乎君子，天有顯德，其行甚章。」』」**今商王受，狎侮五常，荒怠弗敬，**輕狎五常之教，侮慢不行，大爲怠惰，不敬天地神明。○梅云：「甘誓：『有扈氏威侮五行。』」**自絶于天，結怨于民。**不敬天，自絶之。酷虐民，結怨之。○梅云：「西伯戡黎：『惟王淫戲用自絶。』」戰國策燕昭王曰：「我有結怨，深怒于齊。」」惠云：「漢書霍光傳光謂昌邑王曰：『王行自絶于天。』」**斮朝涉之脛，剖賢人之心，**冬月見朝涉水者，謂其脛耐寒，斮而視之。比干忠諫，謂其心異於人，剖而觀之。酷虐之甚。○惠云：「淮南主術訓：『紂斮朝涉之脛，而萬民叛。』俶真訓：『剖賢人之心，折才士之脛。』高誘注：『賢人，比干也。』」**作威殺戮，毒痡**

四海。痡，病也。言害所及遠。○梅云：「洪範：『惟辟作威。』呂刑：『殺戮無辜。』」**崇信姦回，放黜師保。**回，邪也。姦邪之人，反尊信之；可法以安者，反放退之。○梅云：「牧誓：『是崇是長，是信是使。』摘取『崇』、『信』二字。左宣四年傳王孫滿曰『商紂暴虐』，其下有『姦回昏亂』之句。襄十四年傳劉定公曰：『師保萬民。』」**屏棄典刑，囚奴正士。**屏棄常法而不顧，箕子正諫而以爲囚奴。○梅云：「詩：『咨汝殷商，雖無老成人，尚有典刑。曾是莫聽。』是『屏棄典刑』也。」先謙案：殷本紀：「箕子懼，乃佯狂爲奴，紂又囚之。」**郊社不修，宗廟不享，作奇技淫巧，以悦婦人。**言紂廢至尊之敬，營卑褻惡事，作過制技巧，以恣耳目之欲。○梅云：「牧誓：『昏棄厥肆祀弗荅。』禮王制：『作淫聲、異服、奇技、奇器。』月令：『毋或作爲淫巧以蕩上心。』漢書禮樂志：『書序：「殷紂斷棄祖宗之樂，迺作淫聲，用變亂正聲，以悦婦人。」』禮中庸：『郊社之禮，所以事上帝也。宗廟之禮，所以事乎其先也。』」**上帝弗順，祝降時喪。**祝，斷也。天惡紂逆道，斷絶其命，故下是喪亡之誅。○惠云：「墨子非命篇：『於去發曰：「上帝不順，祝降其喪。」』」梅云：「多方：『天降時喪。』」**爾其孜孜，奉予一人，恭行天罰。**孜孜，勸勉不怠。○先謙案：周本紀：「師畢渡盟津，諸侯咸會。曰：『孳孳無怠。』」孜孜、孳孳同義。梅云：「湯誓：『爾尚輔予一人，致天之罰。』牧誓：『惟恭行天之罰。』」**古人有言曰：『撫我則后，虐我則讎。』**武王述古言以明義，言非惟今紂惡。○惠云：「牧誓：『古人有言曰。』」梅云：「荀子議兵篇：『暴國之君，其民之視我，歡若父母，反顧其上若仇讎。』淮南道應訓尹佚曰：『四海之内，善之則吾畜也，不善則吾讎也。昔夏、商之民反讎桀、紂，而臣湯、武。』」程云：「周書芮良夫解：『德則民戴，否則民讎。』又曰：『害民乃非后，惟其讎。』」**獨夫受洪惟**

作威，乃汝世讎。言獨夫，失君道也。大作威，殺無辜，乃是汝累世之讎。明不可不誅。○梅云：「荀子議兵篇：『湯、武之誅桀、紂，若誅獨夫。故泰誓曰「獨夫紂」，此之謂也。』多方：『洪惟圖天之命。』顧炎武云：『商之德澤深矣，尺土莫非其有也，一民莫非其臣也。武王伐紂，乃曰「乃汝世讎」，曰「殄殲乃讎」，紂之不善亦止其身，何至并其先世而讎之邪？』」閻云：「此若當時百姓未知讎紂，而武王實嗾使之者。噫其甚矣！」**樹德務滋，除惡務本。**立德務滋長，去惡務除本。言紂爲天下惡本。○梅云：「左襄元年傳伍員曰：『臣聞之：樹德莫如滋，去疾莫如盡。』戰國策秦客卿造曰：『詩云：「樹德莫如滋，除害莫如盡。」』」**肆予小子，誕以爾衆士殄殲乃讎。**言欲行除惡之義，絶盡紂。○梅云：「詩：『惟予小子。』大誥：『肆予告我友邦君。』盤庚：『我乃劓殄滅之。』」**爾衆士，其尚迪果毅，以登乃辟。**迪，進也。殺敵爲果，致果爲毅。登，成也。成汝君之功。○梅云：「左宣二〔一〕年傳君子曰：『戎，昭果毅以聽之之謂禮。殺敵爲果，致果爲毅。』」**功多有厚賞，不迪有顯戮。**賞以勸之，戮以威之。○梅云：「宣二〔二〕年傳又云：『易之，戮也。』易之即不迪之謂。」**嗚呼！惟我文考，若日月之照臨，光于四方，顯于西土。**稱父以感衆也。言其明德充塞四方，明著岐周。○梅云：「禮記：『惟朕文考。』」惠云：「墨子兼愛篇：『大誓曰：「文王若日若月，乍照光于四方于西土。」』又云：『昔者文王之治西土，若日若月，乍光于四方

〔一〕「二」原誤作「元」，據左傳改。

〔二〕同〔一〕。

于西土。』周書大誓曰：『斯用顯我西土。』」惟我有周，誕受多方。言文王德大，故受衆方之國，三分天下而有其二。○惠云：「『惟我有周』出墨子，引見上。顧命：『誕受羑若多方。』」予克受，非予武，惟朕文考無罪。推功於父，言文王無罪於天下，故天佑之，人盡其用。○惠云：「禮坊記：『大誓曰：「予克紂，非予武，惟朕文考無罪；紂克予，非朕文考有罪，惟予小子無良。」』鄭注：『此武王誓衆以伐紂之詞也。今大誓無此章，則其篇散亡。』」

受克予，非朕文考有罪，惟予小子無良。」若紂克我，非我父罪，我之無善之致。○説見上。

尚書孔傳參正十五

牧誓第四　周書　孔氏傳　臣王先謙參正

牧誓至牧野而誓衆。○史記魯周公世家："武王九年，東伐至盟津，周公輔行。十一年，伐紂，至牧野，周公佐武王，作牧誓。"書序："武王戎車三百兩，虎賁三百人，與受戰于牧野。作牧誓。"段云："詩大明『矢于牧野』疏引書序注云：『牧野，紂南郊地名。禮記及詩作「坶野」，古字耳。』玉裁案：此十七字，鄭注也。其下文云『今本又不同』者，疏謂『今本』，詩與禮記也。此可證鄭本尚書作『牧』不作『坶』。說文『坶』下云：『朝歌南七十里地。』引周書：『武王與紂戰于坶野。』此壁中故書，孔安國以今文字讀之，改爲『牧』，而傳本因之，坶、牧不一。如周官之有故書，儀禮之有古文、今文也。『坶』一作『堥』，此乃體之小異，『每』亦母聲也。若玉篇云『坶，古文尚書作「堥」』，此則宋陳彭年輩重修之語。所謂『古文尚書』者，謂郭忠恕爲之釋文傳至宋次道、王仲至、晁公武者耳。"

時甲子昧爽。是克紂之月，甲子之日，二月四日。昧，冥；爽，明，早旦。○「時甲子昧爽」，古文也，今文作「二月甲子昧爽」。○「二月甲子昧爽」者，周紀如此，集解引徐廣曰：「『二』一作『正』。」此建丑之月，殷之正月，周之二月也。」孫云：「據此，今文有『二月』。漢書律曆志云：『序曰：「一月戊午，師渡于孟津。」至庚申，二月朔日也。四日癸亥，至牧壄，夜陳，甲子昧爽而合矣。故外傳曰：「王以二月癸亥夜陳。」武成篇曰：「粵若來三月，既死霸，粵五日甲子，咸劉商王紂。」』但史公以此二月爲十一年二月甲子。律曆志云：『文王十五而生武王，受命九年而崩，崩後四年而武王克殷。克殷之歲八十六矣。』是以爲十三年二月。蓋今文、古文各從文王受命數年之異也。史公以虞、芮質成之年爲文王受命，則文王七年崩。若以賜斧鉞爲受命，則又在虞、芮質成之前矣。其云『二月甲子』，或不異也。」皮云：「案：史公用今文尚書，則『時甲子』三字，今文當作『二月甲子』四字；而『二月』字又當從徐廣所據一本作『正月』，齊世家云『十一年正月甲子，誓於牧野』是其明證。古文書序云『一月戊午』，史記引今文書序云『十二月戊午』，戊午距甲子僅七日，不得相隔兩月，故古文以戊午爲一月，則當以甲子爲二月；今文以戊午爲十二月，則當以甲子爲正月。周紀作『二月』，後人據古文改之也。史公以爲文王受命七年崩者，本於大傳文王受命七年而崩。史記云：『詩人道西伯，蓋受命之年稱王而斷虞、芮之訟，後十年而崩。』史公用魯詩，亦今文家說。以斷虞、芮之訟爲受命之年，正與大傳『一年質虞、芮』相合，則史公必同伏生之義，『十年而崩』是『七年而崩』之譌，七、十形近致誤。太誓、武成孔疏皆云『史記言文王受命七年崩』，是孔氏作疏時所見史記尚是『七年』不誤，張守節所據本已作『十年』，張云『十』當爲『九』，即據僞武成爲說，不知史公不見僞書也。史記又云：『九年，武王上祭于畢。』九年，當蒙文王受命七年數之。文王七年而崩，又二年爲九年，所謂再期觀兵也。觀兵還師，又二年伐紂，則爲十一年，故史記云：『十一年十二月戊午，師畢渡孟津。』與書序云『維十有一年，武王伐殷，一月戊午，師渡孟津』正合。書序並無脱文，其作『一月』與史記『十二月』相差一月，乃殷正、周正之異。書序孔子所作，大傳伏生所傳，史記亦用伏生今文，三書皆相符合。漢志所以與史記不合者，用劉歆三統術。劉歆又本於逸周書『文王受命之九年』。劉向以爲周書蓋孔子所論百篇之餘，見漢書藝文志注，故歆用父說，以爲文王受命九年而崩，武王再期觀兵爲十一年，又二年伐紂爲十三年。僞孔從之，較史記皆差二年，與書序、大傳皆不合。後人多沿其誤，以疑書序，詆史記，實爲大謬。或又以逸周書所云受命乃受西伯專征之命，亦調停之說。鄭據伏生今文，兼取劉歆之說，以爲文王受命七年而崩，崩後六年武王伐紂，伐紂後五年而崩。參用今、古文說，與再期觀兵、須暇五年之數不合，皆不如今文說之塙而有據也。」釋文引馬云：「昧，未旦也。」詩大雅「肆伐大商，會朝清明」鄭引此經證「清明」爲「昧爽」之義。**王朝至于商郊牧野，乃誓。**紂近郊三十里地名牧。癸亥夜陳，甲子朝誓，將與紂戰。○「王朝至于商郊牧野，乃誓」，古文也，今文「王」上多「武」字。説文云：「牧野在朝歌南七十里地。」僞傳「三十里」，誤。○「王」上多「武」字者，周紀作：「武王朝至于商郊牧野，乃誓。」孫云：「詩大明鄭箋引此經作『武王』，閟宮疏同。疑僞傳删『武』字也。史臣追加之文，如湯誓稱『王』，後人不省耳。」書疏引鄭云：「郊外曰野。將戰於郊，故至牧野而誓。」漢書律曆志作「牧壄」，亦今文異字。大傳云：「武王伐紂，至于商郊，停止宿夜，士卒皆歡樂歌舞以待旦。」陳云：「禮祭統：『舞莫重於武宿夜。』疏引皇氏云：『師説書傳「武王伐紂，至于商郊，停止宿夜」云云，武宿夜，其樂名也。』蓋此舞樂即象當時士卒之歡樂歌舞。」**王左杖黄鉞，右秉白旄以麾。曰：「逖矣，西土之**

人！」鉞以黄金飾斧，左手杖鉞，示無事於誅。右手把旄，示有事於教。逖，遠也。遠矣西土之人，勞苦之。○「王左杖黄鉞，右秉白旄以麾。曰：『逖矣，西土之人』」，古文也，今文「王」上多「武」字。○「王」上多「武」字者，周紀如此，「逖」作「遠」，故訓字。釋文：「鉞，本又作『戉』。」説文：「戉，大斧也。从戈乚聲。司馬法曰：『夏執玄戉，殷執白戚，周左杖黄戉，右秉白旄。』」釋文引馬云：「白旄，旄牛尾。」段云：「釋詁：『逷，遠也。』郭注：『書曰：「逷矣，西土之人。」』北齊書文苑傳顔之推觀我生賦云『逷西土之有衆』，文選李善注兩引書皆作『逷』，是唐初本尚作『逷』。説文：『逖，遠也。古文作逷。』衛包據以改經，而開寶中又改釋文也。」

王曰：「嗟，我友邦冢君，同志爲友，言志同滅紂。○「王曰：『嗟，我友邦冢君』」，古文也，今文「王」上多「武」字，「友邦」作「有國」。○「王」上多「武」字、「友邦」作「有國」者，周紀作「武王曰：『嗟，我有國冢君』」。邦、國，今、古文之異。集解引馬云：「冢，大也。」**御事：司徒、司馬、司空，**治事三卿，司徒主民，司馬主兵，司空主土。指誓戰者。○「御事：司徒、司馬、司空」，古文也，今文無「御事」。○無「御事」者，周紀作「司徒、司馬、司空」。王鳴盛云：「太誓『乃告司徒、司馬、司空』，此文與彼同，解亦當同。伏生大傳於彼文引傳以説之，云：『天子三公，司徒公、司馬公、司空公。每一公三卿佐之，每一卿三大夫佐之，每一大夫三元士佐之。故三公九卿二十七大夫八十一元士。』考官數，虞六十，夏百二十，殷二百四十，周三百六十。此官百二十，故鄭以爲夏制。伏於虞傳言三公，一公兼二卿，舉下以爲稱，則止有六卿，此益爲九卿，是夏之異於虞者，亦不知所益何卿。殷又不可考。若周禮六卿之制，當自武王時已定，則周制異於夏，同於虞。伏生何以據夏制説之？殊不可解。依注、疏，以此經爲軍中有職掌之人，不必從伏也。」

皮云：「王説非也。伏生云『天子三公九卿二十七大夫八十一元士』，異義今尚書夏侯、歐陽説、禮記昏義篇、春秋繁露官制象天篇、白虎通封公侯篇，其説皆同，蓋自虞、夏以至周初，皆止有三公，無六卿。據此經與大傳、史記所引太誓『乃召司徒、司馬、司空、諸節』，皆止有司徒、司馬、司空可證。（詳見甘誓。）周禮六卿之制，定於周公制禮之後，故顧命召太保奭等乃有六人，王鳴盛謂武王時已定，何以牧誓與太誓皆止三公無六卿？又從注、疏謬説，以此爲軍中有職掌之人。周公作立政，亦止云司徒、司馬、司空，豈軍中有職事之人乎？以周禮解前代官制，誤始鄭君，王專阿鄭，寧從僞孔，而不從伏，此大惑不解者。」**亞旅、師氏，**亞，次；旅，衆也。衆大夫其位次卿。師氏，大夫官以兵守門者。○「亞旅、師氏」，今文與古文同。○今文同者，周紀如此。「亞旅」者，釋言：「亞，次也。」釋詁：「旅，衆也。」左文十五年傳：「宋華耦來盟，公與之宴。辭，請承命於亞旅。」注：「亞旅，上大夫也。」疏引此經爲證。成二年傳：「魯賜晉三帥三命之服，亞旅皆一命之服。」注：「亞旅，大夫也。」疏云：「周禮典命：『公之孤四命，其卿三命，其大夫再命，其士一命。侯伯之卿、大夫、士亦如之。』此三帥皆卿，故魯賜以三命之服。亞旅，大夫，故受一命之服。周禮大夫再命，此一命者，春秋時事，異於周禮。據此，亞旅爲大夫甚明。師氏者，地官序官云：『師氏，中大夫一人。』『凡祭祀、賓客、會同、喪紀、軍旅，王舉則從。』注云：「舉猶行也。」又云：「使其屬帥四夷之隸，各以其兵服守王之門外，且蹕。朝在野外，則守內列。」注云：「內列，蕃營之在內者也。守之如守王宮。」是師氏亦大夫，從王在軍中守內列者。**千夫長、百夫長，**師帥，卒帥。○「千夫長、百夫長」，今文與古文同。書疏引王肅云：「師長、卒長。百人爲卒。」與僞傳「師帥，卒帥」合，此又僞傳出肅之一證也。○今文同者，周紀如此。書疏引鄭云：「師帥、旅帥也。」夏官序官云：「二千五百人爲師，師帥皆中大夫。五百人爲旅，旅帥皆下大夫。」故鄭以千夫長爲師帥，百夫長爲旅帥也。**及庸、蜀、羌、髳、微、盧、彭、濮人，**八國皆蠻夷戎狄屬文王者國名。羌在西蜀叟，髳、微在巴蜀，盧、彭在西北，庸、濮在江漢之南。○「及庸、蜀、羌、髳、微、盧、彭、濮人」，古文也，今文「盧」作「纑」。王鳴盛云：「傳『羌在西蜀叟』，然叟者，蜀夷别名，後漢始見，董卓傳吕布軍有叟兵，劉焉傳：『遣叟兵五千。』劉璋傳：『送叟兵三百人。』張嶷傳：『叟夷數反。』武侯出師表：『賨叟青羌。』徧檢史、漢西南夷傳並無『叟』字。蓋出明、章以後，武帝時無此夷名。亦魏晉人假託之證。庸即上庸，今房縣，地在江北漢南，傳云『庸、濮在江漢之南』，殊不分明。」先謙案：建寧、辰州兩處濮人，皆與江、漢無涉。○「盧」作「纑」者，周紀作「及庸、蜀、羌、髳、微、纑、彭、濮人」，集解引馬云：「武王所率，將來伐紂也。」「及」者，左宣七年傳：「凡師出，與謀曰及。」「庸」者，見文十六年傳，爲楚所滅，杜注：「今上庸縣。」案：今湖北鄖陽府房縣地。論衡恢國篇：「武王伐紂，庸、蜀之夷佐戰牧野。」「蜀」者，華陽國志云：「黄帝爲子昌意娶蜀山氏之女，生子高陽，是爲帝嚳。封其支庶於蜀，世爲侯伯。歷夏、商、周，武王伐紂，蜀與焉。」「羌」者，説文：「西戎牧羊人也。」詩商頌：「自彼氐、羌。」「髳」者，後漢西羌傳：「武王克商，羌、髳率師會牧野。」亦與「髦」通。詩角弓：「如蠻如髦。」傳云：「髦，夷髦也。」箋：「髦，西夷别名。武王伐紂，其等有八國從焉。」括地志：「岷、洮等州以西爲古羌國，以南爲古髳國。」今疊宕以西，松當、慈靜等州以南，皆是也。「微」者，立政篇有「夷微、盧烝」，傳記無考。「盧」者，左桓十三年傳「盧戎」，釋文：「本或作『廬』。」文十六年傳：「楚使廬侵庸。」史記作「纑」者，説文：「纑，布縷也。」釋器同。盧作纑，同音借字。「彭」者，王鳴盛云：「後漢岑彭傳征公孫述至武陽，『所營地名彭亡，惡之，夜爲刺客所殺。』光武紀李注：『武陽縣屬犍爲郡，故城在眉州隆山縣東。』案：今彭山縣即漢武陽也，蓋彭國故墟，故有彭亡之名。」「濮」者，周書王會解：「正南之國有百濮。」又「卜人以丹沙」孔晁注：「卜人，西南蠻，丹沙所出。」王應麟補注：「卜即濮人。禹貢荆州丹砂。通典：『辰州貢光明砂四斤。』」則今湖南辰州府，古濮地也。爾雅：「南至于濮鉛。」杜預釋例云：「建寧郡南有濮夷，無君長總統，各以邑落自聚，故曰百濮。」又稱叟濮，李恢傳「賦出叟濮」是也。**稱爾戈，比爾干，立爾矛，予其誓。**「稱，舉也。戈，戟。干，楯也。○「稱爾戈，比爾干，立爾矛，予其誓」，今文與古文同。○今文同者，周紀如此。釋言：「偁，舉也。」郭注：「書曰『偁爾戈』。」段云：「此如左宣十六年傳『禹偁善人』，見於玉篇者，乃古本也。俗本作『稱』，蓋亦衛包所改。」考工冶氏鄭注：「戈，今勾孑戟也，或謂之雞頭，或謂之擁頸。」說文：「比，相次比也。」釋言：「干，捍也。」孫炎注：「干，盾，所以自蔽扞。」故云「干，盾也」。江云：「考工記有酋矛、夷矛，此蓋酋矛。記言車有六等之數，酋矛常有四尺，崇於戟四尺，謂之六等，斯最崇矣。夷矛三尋，大長，不與六等之數。是兵車不建夷矛，此止是酋矛矣。鹽鐵論繇役篇云：『武王之伐殷也，執黃鉞，誓牧之野，天下之士莫不願爲之用。』」

王曰：「古人有言曰：『牝雞無晨，言無晨鳴之道。○「王曰：『古人有言曰：「牝雞無晨」』」，今文與古文同，「言」下無「曰」字。○今文同者，漢書五行志：「昔武王伐殷，至于牧壄，誓師，曰：『古人有言曰：「牝雞無晨。」』」「昔」下十二字，變文述事，非有異本也。「言」下無「曰」字者，周紀作「王曰：古人有言：『牝雞無晨』」，列女傳妲己傳亦引書曰「牝雞無晨」，詩蕩疏引鄭云：「以古賢之言爲驗。」說文：「雞，知時畜也。」「晨，早昧爽也。」春秋說題詞云：「雞爲積陽，南方之象，火陽，精物炎上，故陽出雞鳴，以類感也。」詩傳：「飛曰雄雌，走曰牝牡。」

亦通稱，此經及詩「雄狐」是也。段云：「釋文：『牝，頻忍反。徐又扶〔二〕死反。』案：未改釋文當如是，如月令『遊牝』、鄘風『騋牝』皆云『徐扶死反』可證。開寶間不知古音，乃改『頻（今本譌「類」。）引反』，『徐扶忍反』。其可笑如此。」

牝雞之晨，惟家之索。』索，盡也。喻婦人知外事，雌代雄鳴，則家盡；婦奪夫政，則國亡。○「牝雞之晨，惟家之索」，今文與古文同。○今文同者，周紀、漢書五行志、列女傳妲己傳引竝如此。蔡邕荅詔問災異同。後漢崔琦傳外戚箴倒用二句文。楊震傳震上疏曰：「書戒：『牝雞牡鳴。』」易傳云：「婦人專政，國不靖；牝雞雄鳴，主不榮。」禮檀弓鄭注：「索，散也。」漢書外戚傳班倢伃賦云「悲晨婦之作戒」，注：「張晏曰：書云：『牝雞之晨，維家之索。』喻婦人無男事也。」先謙案：周紀當作「維」，今作「惟」者，刊本之誤。**今商王受，惟婦言是用，**妲己惑紂，紂信用之。○「今商王受，惟婦言是用」，古文也；今文作「今殷王紂，維婦人言是用」，一作「今殷王紂，惟婦言用」。○「今殷王紂，維婦人言是用」者，周紀如此。「今殷王紂，惟婦言用」者，漢書五行志如此。蓋夏侯、歐陽兩本不同。唐石經「惟婦言是用」，「是」字旁注。「今商王受」者，段云：「凡今文作『紂』，凡古文作『受』。史、漢無言『受』者。正義云：『鄭云：紂，帝乙之少子，名辛。帝乙愛而欲立焉，號曰受德。時人傳聲轉作紂也。』僞孔傳云：『受，紂也。音相亂。』本鄭注。馬云：『受，讀曰「紂」。』此依今文爲注也。又云：『或曰受婦人之言，故號曰受也。』此馬廣異聞也。紂與受，非名也。據馬、鄭云號曰受，號與名不同。史記云：『帝辛，天下爲（「謂」同。）之紂。』亦謂天下號以紂耳。謚法：『殘義損善曰

〔二〕「扶」原誤作「持」，據段玉裁古文尚書撰異原文改。

紂。」則周公以後因商紂立此文，紂本非謚也。」又云：「周書克殷解尹逸筴曰：『殷末孫受德。』孔晁注：『受德，紂字也。』然周紀録周書作『殷之末孫季紂』，立政『桀德』、『受德』一例，不得云『桀德』爲號也。詩大明正義引鄭注書序云：「紂之母生受德。」此全本吕覽，未可深信。古文尚書外，他書皆言紂不言受，同音異字耳。惟周紀云『貶從殷王受』，此語在周書度邑解，故作『殷王受』也。」「惟婦言是用」者，殷紀云：「紂嬖于婦人，愛妲己，惟妲己之言是從。」**昏棄厥肆祀弗荅，**昏，亂；肆，陳；荅，當也。亂棄其所陳祭祀，不復當享鬼神。○「昏棄厥肆祀弗荅」，古文也，今文作「自棄其先祖肆不荅」。○「自棄其先祖肆祀不荅」者，周紀如此。集解引鄭云：「肆，祭名。荅，問也。」王引之云：「昏，蔑也；蔑，讀曰『泯』。左傳：『若泯棄之。』泯棄，猶蔑棄也。周語：『不共神祇，而蔑棄五則。』泯、蔑，聲之轉。」孫云：「肆祀爲先祖祀者，大祝〔二〕：『凡大禋祀肆享。』注：『肆享，祭宗廟也。』典瑞『以肆先王』注：『謂肆解牲體以祭，因以爲名。』是肆爲祭先祖也。鄉射禮鄭注：『荅，對也。』此『荅』當讀如『對越在天』之『對』。釋言郭注：『畣者，應也。』」**昏棄厥遺王父母弟不迪，**王父，祖之昆弟。母弟，同母弟。言棄其骨肉，不接之以道。○「昏棄厥遺王父母弟不迪」，古文也，今文「遺」上多「家國」二字，「王」一作「任」。○「遺」上多「家國」二字者，周紀作「昏棄其家國，遺其王父母弟不用」，「國」字句絶。厥、其，迪、用，故訓字。段云：「漢時民間所得太誓，史公徵引之，有『離逷其王

〔二〕「祝」原誤作「祀」，據孫星衍尚書今古文注疏原文及周禮原文改。

父母弟』，集解引鄭注云：「王父母弟〔一〕，祖父母之族。必言「母弟」，舉親者言之也。」」劉云：「古稱王父，猶言伯父、叔父。晉語『年過七十者，公親見之，稱曰王父，王父不敢不承』是也。」江云：「釋詁：『迪，進也。』不登進之，即不用也。」「王」一作「任」者，隸釋載漢熹平石經殘碑作「□□厥遺任父母弟乔迪」，莊述祖云：「『任父』者，任，保也，保父即父師、少師也。『母弟』兼母兄言之，謂微子、微仲，吕覽以爲皆紂之同母兄也。」俞樾云：「『任』乃誤字，漢隸『王』、『壬』二字往往無別，此經『王』字，漢人書作『壬』字，又加人旁作『任』耳。韓子外儲說左篇『王登爲中牟令』，吕覽知度篇作『任登』，即其例也。」皮云：「蔡邕等審定石經，不應如此舛誤。夏侯尚書異說，或與史公所用歐陽說不同。大傳盤庚篇引書曰：『湯任父言卑應言。』則今文說有任父之義。或謂『遺任』乃受遺任政者，遺任父母弟謂箕子也。」書疏引鄭云：「誓首言此者，神怒民怨，紂所以亡也。」**乃惟四方之多罪逋逃，是崇是長，**言紂棄其賢臣，而尊長逃亡罪人，信用之。○「乃惟四方之多罪逋逃，是崇是長」，古文也，今文「惟」作「維」。○今文「惟」作「維」者，石經殘碑作「乃維四方」，（下闕。）殷紀作「乃維四方之多罪逋逃，是崇是長」。（史記此經皆作「維」，「惟家之索」作「惟」，明傳栞之誤。）左昭七年傳：「紂爲天下逋逃主。」宣十二年傳：「師叔，楚之崇也。」謂楚之尊貴者。紂於逃人乃尊長之也。「崇」或爲「宗」，見下。**是信是使，是以爲大夫卿士，**士，事也。用爲卿大夫，典政事。○「是信是使，是以爲大夫卿士」，古文也；今文作「是信是使」，無「是以爲大夫卿士」。○作「是信是使」、無「是以爲大夫卿士」者，周紀如此。段云：

〔一〕「母」後原脱「弟」字，據段玉裁古文尚書撰異原文和史記集解補。

「漢書谷永傳：『書曰：「迺用婦人之言，自絶于天，四方之逋逃多罪是宗是長，是信是使。」』永引書二十五字，上十字顔注：『此今文泰誓之辭。』下十五字顔注：『亦太誓之辭也。』此正分别謂皆非牧誓之詞也。惠棟譏之，誤矣。上十字見周紀引泰誓，下十五字周紀存之於牧誓，而泰誓則去之。五行志載永對曰：『書云：「乃用其婦人之言，四方之逋逃多罪，是信是使。」』顔注：『周書泰誓也。』此文從節，志、傳一事。王應麟漢藝文志考漢儒所引異字，以『乃用其婦人之言』爲牧誓之異文。非也。」皮云：「『是以爲大夫卿士』句，疑今文尚書本無，乃後人解經之詞，誤入正文。如禮記『毋以嬖御士疾莊士』鄭注：『「莊士」二字作「大夫卿士」。』今本禮記遂誤作『莊士大夫卿士』也。」**俾暴虐于百姓，以姦宄于商邑。**使四方罪人暴虐姦宄於都邑。○「俾暴虐于百姓，以姦宄于商邑」，古文也，今文「宄」作「軌」，「邑」作「國」。○「宄」作「軌」、「邑」作「國」者，周紀作「俾暴虐于百姓，以姦軌于商國」，宄、軌聲近借字。説文：「邑，國也。」**今予發，惟恭行天之罰。今日之事，不愆于六步七步，乃止齊焉。**今日戰事，就敵不過六步七步，乃止相齊。言當旅進一心。○「今予發，惟恭行天之罰。今日之事，不愆于六步七步，乃止齊焉」，古文也，今文「惟」作「維」；恭，今、古文皆作「共」，一作「龔」；「不愆于」作「不過」。○今文「惟」「恭」作「維」「共」、「不愆于」作「不過」者，周紀作「今予發，維共行天之罰。今日之事，不過六步七步，乃止齊焉」，惟、維，今、古文之異。愆、過，故訓字。釋言「愆」作「諐」，云「過也」。「共行」猶「奉行」，漢書翟方進傳兩言「共行天罰」，是今文作「共」。古文「共」作「恭」，則衛包所改也。一作「龔」者，班固東都賦、漢書叙傳、吕覽高誘注、鍾會檄蜀文、孫盛論吴王及李賢、李善注引尚書皆作「龔」，蓋三家異文。段云：「龔，給也，與『供』皆得訓『奉』。」詩大明疏引鄭云：『好整好暇，用兵之術。』藝文類聚五十九引尚書及此下兩『不愆』皆作『弗僭』，『弗』勝於『不』，歐陽詢所據蓋善本，足利古本上『不』字作『弗』。」**夫子勖哉！不愆于四伐五伐六伐七伐，乃止齊焉。**夫子謂將士。勉勵之。伐謂擊刺。少則四五，多則六七以爲例。○「夫子勖哉！不愆于四伐五伐六伐七伐，乃止齊焉」，今文與古文同。○今文同者，周紀作「夫子勉哉！不過於四伐五伐六伐七伐，乃止齊焉」，勖、勉，過、愆，故訓字。石經殘碑作「不愆于四伐五伐六伐七伐，乃」，（下闕。）是今文有「六伐七伐」。禮樂記鄭注：「一擊一刺爲一伐。牧誓曰：『今日之事，不過四伐五伐。』」江聲、王鳴盛據此以「六伐七伐」爲衍文，非也。**勖哉夫子！尚桓桓，**桓桓，武貌。○「勖哉夫子！尚桓桓」，今文與古文同，「桓」一作「狟」。○今文同者，周紀作「勉哉夫子！尚桓桓」，集解引鄭云：「威武貌。」勖、勉，故訓字。說文：「勖，勉也。从力冒聲。周書曰：『勖哉夫子！』」段云：「古音『冒』、『勖』皆讀如『茂』。是以般庚『懋建大命』今文作『勖建』，顧命『冒貢』馬、鄭、王作『勖贛』也，勖讀許玉反非古音。」皮云：「後漢高彪傳：『尚其桓桓。』孔彪碑：『爰尚桓桓。』爾雅釋訓：『桓桓，威也。』廣雅釋訓：『桓桓，武也。』楊雄趙充國頌：『赳赳桓桓。』班固十八侯銘：『桓桓將軍。』漢書敘傳：『長平桓桓。』樊敏碑：『桓桓大度。』史孝山出師頌：『桓桓上將。』皆用此經文。」「桓」一作「狟」者，說文：「狟，犬行也。从犬亘聲。周書曰：『尚狟狟。』」段云：「此壁中故書，孔安國以今字讀之，改從詩頌、爾雅之『桓桓』矣。許存其元文於此，其字本無正字，故或借犬行之『狟』，或借亭郵表之『桓』也。」**如虎如貔，如熊如羆，于商郊。**貔，執夷，虎屬也。四獸皆猛健，欲使士衆法之，奮擊於牧野。○「如虎如貔，如熊如羆，于商郊」，古文也，今文作「如虎如貔，如豺如離，（徐廣曰：「此訓與『螭』同。」）于商郊」。○「如虎如貔，如豺如離，于商郊」者，周紀如此。段云：

「禮曲禮『則載貔貅』注：『書曰「如虎如貔」。』説文：『貔，豹屬。周書曰「如虎如貔」。』此引古文也。漢人習今文，故班固十八侯銘云：『休休將軍，如虎如羆。』封燕然山銘云：『螭虎元士。』典引云：『虎離其師。』杜篤論都賦：『虓怒之旅，如虎如螭。』皆用今文。説文『离』下云：『歐陽喬説：离，猛獸也。』江聲云：『文選西都賦「拖熊螭」李善注引歐陽尚書説：「螭，猛獸也。」歐陽書説，唐初不存，李善於各家注記得之，與説文合，正牧誓説也。喬蓋即漢書儒林傳之「歐陽高字子陽」者，古喬、高通用。』玉裁謂：离，正字；離、螭，借字。考工記鄭注：『嬴者，虎豹貔螭爲獸淺毛者之屬。』左傳服注：『螭，或曰如虎而噉虎。』皆猛獸之説也。齊世家及六韜『非龍非彲』，『彲』則『螭』之別字也。『螭』之正訓，説文：『若龍而黄也。一曰無角曰螭。』廣雅：『無角曰螭龍。』一本作『䗅龍』。非此『离』。」皮云：「漢書叙傳『義得其勇，如虎如貔』，與十八侯銘不同，疑後人用古文尚書改之。」**弗迓克奔，以役西土。**商衆能奔來降者，不迎擊之，如此則所以役我西土之義。○「弗迓克奔，以役西土」，古文也，今文「弗」作「不」，「迓」作「禦」。○「弗」作「不」、「迓」作「禦」者，周紀作「不禦克奔，以役西土」，弗、不，今、古文之異。尚書「迓」本作「御」，史公直改作「禦」以曉學者也。集解引鄭云：『禦，彊禦，謂强暴也。克，殺也。不得暴殺紂師之奔走者，當以爲周之役也。』釋文：「迓，五嫁反。馬作『禦』，禁也。」古御、禦音義通。詩谷風「亦以御冬」傳：「御，禦也。」左莊二十四年傳「御孫」，漢書人表作「禦孫」。釋言：「禦，圉禁也。」釋文「禦」本作「御」，此經本作「御」，故史公、馬本作「禦」。其作「迓」者，衛包改之也。段云：「衛見僞孔訓『御』爲『迎』，釋文『御，五嫁反』，乃改爲『迓』。説文：『迓，相迎也。』迓，訝之或字。古多假『御』爲『訝』。正義云：『王肅讀「御」爲「禦」。』匡謬正俗云『牧誓「弗御克奔」』，然則唐初經文作『御』甚顯白。馬本作『禦』，蓋古迎訝用『御』字，彊禦、禦侮亦用『御』字。馬作『禦』，與史記合。經文作『御』，故鄭、王與僞孔訓異。若本作『迓』字，鄭安得云『彊禦』，馬安得云『禁』乎？」「以役西土」者，釋文：「役，馬云：『爲也。』爲，于僞反。」孔疏云：「盡力以爲我西土。」鄭云「爲周之役」者，孫云：「周國在西土，役者，謂使爲兵。」**勖哉夫子！爾所弗勖，其于爾躬有戮！」**臨敵所安，汝不勉，則於汝身有戮矣。○「勖哉夫子，爾所弗勖，其于爾躬有戮」，古文也，今文「弗」作「不」。

○今文「弗」作「不」者，周紀作「勉哉夫子！爾所不勉，其于爾身有戮」，勖、勉，躬、身，故訓字。弗、不，今、古文之異。集解引鄭云：「所，言且也。」所、且皆語詞，故訓「所」爲「且」。

武成第五　周書　孔氏傳　臣王先謙參正

武成文王受命，有此武功，成于克商。○此梅氏古文之十七。周紀：「武王『乃罷兵西歸，行狩，記政事，作武成。』」書序：「武王伐殷，往伐歸獸，識其政事，作武成。」「獸」是「狩」借字。今、古文說同。詳見書序。皮云：「周紀以縱馬放牛、偃干戈、振兵釋旅之文，置於營洛邑後，則史公所據今文說，不以歸馬放牛爲罷兵西歸行狩時事。武王行狩，古有明徵。周頌時邁序云：『巡守告祭柴望也。』左傳以爲武王克商作頌，是時邁所云巡守，塙是武王之事，即在作武成時。樂記亦有『散馬牛』之語，而在『濟河而西』之後，遠不相屬。僞孔不知『獸』是借字，取史記、樂記歸馬牛之文以當之，謬矣。劉歆三統術以周書世俘解爲武成，乃古文家傅會之詞。狩在紂都，非歸後事，不得謂之歸狩，與今文序「西歸行狩」尤不相合。如其説，必易今文序爲「武王行狩，乃罷兵西歸」，始可通也。據史記定之，即知以世俘當武成之非是。」

惟一月壬辰，旁死魄。此本説始伐紂時。一月，周之正月。旁，近也。月二日，近死魄。○惠云：「漢書律曆志：『周書武成篇曰：「惟一月壬辰，旁死霸。」』公諴鼎曰：『惟十有四月，既死霸。』」**越翼日癸巳，王朝步自周，于征伐商。**翼，明。步，行也。武王以正月三日行自周，往征伐商，二十八日渡孟津。○惠云：「律曆志：『武成篇曰：「若翼日癸巳，武王乃朝步自周，于征伐紂。」』周書世俘解：『惟一月丙辰，旁死魄。若翼日丁巳，王乃步自于周，征伐商王紂。』」**厥四月，哉生明，王來自商，至于豐。**其四月。哉，始也。始生明，月三日，與死魄互言。○惠云：「律曆志：『武成篇：「惟四月，既旁生霸。」』世俘解：『時四月，既旁生魄。』」**乃偃武修文，**倒載干戈，包以虎皮，示不用。行禮射，設庠序，修文教。**歸馬于華山之陽，放牛于桃林之野，示天下弗服。**山南曰陽。桃林，在華山東，皆非長養牛馬之地，欲使自生自死，示天下不復乘用。○梅云：「樂記：『濟河而西，馬散之華山之陽而弗復乘，牛散之桃林之野而弗復服。』史記：『縱馬于華山之陽，放牛于桃林之墟。偃干戈，振兵釋旅，示天下不復用也。』」閻云：「僞傳不釋華山，止曰『桃林在華山東』，明指太華山言，則華山之陽，亦即太華山可知，後人無異説。案：太華山南爲禹貢梁州地，歸馬於此太遠；桃林塞爲今靈寶縣西，至潼關廣圍三百里皆是，而馬獨驅而跨出太華山南，事所不解。水經注：『洛水自上洛縣東北，枝渠東北出爲門水，門水又東北，歷陽華之山，即華陽，山海經所謂「陽華之山，門水出焉」也。』武成之華山，非太華山，乃陽華山，今商州雒南縣東北有陽華山，即武王歸馬之地，與桃林之野南北相望，壤地相接。桃林多野馬，周穆王時造父於此得驊騮、騄耳、盜驪之乘以獻，蓋歸馬之遺種。陸氏釋文：『華山在弘農。』通鑑『華陽君芊戎』下胡注云：『華陽即武王歸馬處。』引水經注文，真得其解。僞傳云『非長養馬牛之地，欲使自生自死』，孔疏『華山之旁，本乏水草』，其誤認且勿論，今靈寶縣西有馬牧澤，正山海經所謂桃林中多馬者，非乏水草之地也。田子方見老馬于道，曰：『少盡其力，老棄其身，仁者不爲。』果如傳言，將謂武王不及一田子方。一戰有天下，即置牛馬於不長不養之地，欲其殄滅乎？此類既違事實，又害義理，不可不知。」（緑耳出桃林，見趙世家，而樂書趙高曰：「何必華山之騄耳。」又稱「華山」，蓋陽華、桃林壤地相接，所產之物，得以通稱。）**丁未，祀于周廟，邦甸、侯、衛，駿奔走，執豆籩。**四月丁未，祭告后稷以下、文考文王以上七世之祖。駿，大也。邦國甸、侯、衛服諸侯，皆大奔走於廟執事。○梅云：「禮大傳：『牧之野，武王之大事也。既事而退，柴於上帝，祈於社，設奠於牧室，遂率天下諸侯，執豆籩，逡奔走。』」程云：「詩周頌：『駿奔走在廟。』」**越三日庚戌，柴望，大告武成。**燔柴郊天，望祀山川，先祖後郊，自近始。○惠云：「律曆志：『武成篇：「惟四月，既旁生霸。粵六日庚戌，武王燎于周廟。翌日辛亥，祀于天祖。粵五日乙卯，乃以庶國祀馘于周廟。」』世俘解：『越六日庚戌，武王朝至燎于周廟。』『若翌日辛亥，祀于位，用籥于天位。』『越五日乙卯，武王乃以庶國祀馘于周廟。』孔晁注：『先廟後天者，言功業已成故也。』」閻云：「『武王以一月癸巳伐商，二月五日甲子誅紂，是月閏，二月庚寅朔，三月己未朔，四月己丑朔，十六日甲辰望，十七日乙巳旁之，所謂『惟四月，既旁生霸』是也。粵六日庚戌，是爲二十二日，武王燎于周廟，翌日辛亥是爲二十三日，武王祀于天位，粵五日乙卯，是爲二十七日，乃以庶國祀馘於周廟。此劉歆三統曆，班氏謂推法最密者也。今後出之武成，以四月哉生明爲王至于豐，其説既無所本，以丁未祀周廟，越三日庚戌柴望，又與其事相乖，古人書時記事，有一定之體，召誥「惟三月丙午朏」，越三日則爲戊申。顧命「丁卯命作册度」，越七日則爲癸酉。今丁未既祀于周廟矣，越三日柴望，則爲己酉，豈庚戌乎？甲子之不詳，而可記事乎？」又云：「武王以周正月三日癸巳伐商，二十八日戊午渡孟津，二十九日己未晦冬至，明日庚申二月朔，四日癸亥至牧野，五日甲子商王紂死，三十日己丑晦大寒中，明日閏二月庚寅朔，此三統曆載之最悉者。僞傳於牧誓『甲子昧爽』下曰：『是克紂之月，甲子之日，二月四日。』孔疏從而傳之曰：『二月四日者，以曆推而知之也。』」又曰：「二月辛酉朔，甲子殺紂。果爾，則己未冬至不得在晦日，與己丑大寒中不得在閏前之一日矣。推曆者固如是乎？世俘解：『一月丙辰，旁生魄。若翌日丁巳，王征伐商。』亦非是。武王一月實爲辛卯朔，日月合，辰在斗前一度，故伶州鳩曰『辰在斗柄』，明日壬辰晨星始見，癸巳武王始發，戊午師渡孟津，明日己未晦冬至，晨星在須女，伏天黿之首，故伶州鳩曰『星在天黿』，此驗之天文，無不合者。以辛卯朔推之，則一月旁生魄當爲丁未，若翌日當爲戊申，豈丙辰、丁巳乎？即以丙辰、丁巳論，當在一月之二十六日、二十七日。古者師行三十里，孟津去周九百里，故自前月戊子師初發，至此月戊午三十一日而後渡孟津，又五日癸亥至牧野，甲子紂死，此驗之地理，無不合者。今以武王爲二十七日始發，明日戊午即渡孟津，明日甲子誅紂，豈西師飛渡邪？甚矣，作僞者之愚而且妄也！恐世之學者以三統曆所引古文爲出逸周書，故具論之。」又云：「朱子疑漢志庚戌燎于周廟，庚乃剛日，宗廟内事，非所宜用，不如經文丁未合，且庚戌至乙卯僅六日，三舉大祭，煩數不敬，不知劉歆何所据而云爾。予案：『外事以剛日，内事以柔日』，曲禮文也，果爲周一代定制乎？果爲定制，則洛誥『戊辰，王在新邑，烝，祭歲』何解？『祭不欲數，數則煩，煩則不敬』，祭義文也，不過謂春禘秋嘗，各有定期，不得煩黷，非謂初得天下，事多刱典，今日祭此明日祭彼者。果爾，則召誥周公丁巳用牲于郊，翌日戊午乃社于新邑又何解？古者，天子出征，所謂類帝宜社諸祭不過數日閒即徧及，豈得拘祭不欲數，遂曠日持久，坐失兵機邪？因悟僞書改丁未祀周廟者，欲合柔日；改庚戌柴望不似漢志庚戌辛亥連日者，避祭不欲數之文也。用心亦綦密矣！」**既生魄，庶邦冢君暨百工，受命于周。**魄生明死，十五日之後，諸侯與百官受政命於周。明一統。○梅云：「牧誓：『友邦冢君。』堯典：『允釐百工。』」**王若曰：「嗚呼！羣后，**順其祖業歎美之，以告諸侯。**惟先王建邦啟土，**謂后稷也。尊祖，故稱先王。○閻云：「后稷不得稱先王，僞古文誤會國語。」此條元闕，皮補云：「周語：『昔我先王后稷。』又曰：『我先王不窋。』韋昭云：『王之先祖，故稱王。』」案：春官司服疏：「后稷雖是公，不謚爲王，要是周之始祖，感神靈而生，文、武之功，因之而就，故特尊之與先王同。是以尚書武成云：『先王建邦啟土』，尊之亦謂之先王也。」又守祧疏：「后稷雖不謚爲王，以其爲始祖，故祫祭在焉，從先王例也。」賈疏引武成證周禮，孔疏引周語證武成，文皆明晰。閻氏以爲誤會國語者，國語言「先王后稷」，則先王屬后稷甚明，武成不舉后稷，但云先王，則讀者茫然不知先王爲何人，建邦啟土爲何人之事矣。故以爲誤會國語。魯頌：「奄有下國」，故云「建邦啟土」。**公劉克篤前烈，**后稷曾孫。公，爵；劉，名。能厚先人之業。○梅云：「詩大雅：『篤公劉。』」**至于太王，肇基王迹，王季其勤王家。**大王修德以翦齊商人，始王業之肇迹，王季纘統其業，乃勤立王業。○惠云：「史記：『王瑞自太王興。』禮祭統：『衛孔悝之鼎銘曰：「其勤公家。」』」**我文考文王，克成厥勳，誕膺**

天命，以撫方夏。言我文德之父，能成其王功，大當天命，以撫綏四方中夏。**大邦畏其力，小邦懷其德。**言天下諸侯，大者畏威，小者懷德，是文王威德之大。○梅云：「左襄三十一〔一〕年傳北宮文子曰：『周書數文王之德曰：「大國畏其力，小國懷其德。」』」**惟九年，大統未集。**言諸侯歸之，九年而卒，故大統未就。○惠云：「竹書紀年：『帝辛三十三年，王錫命西伯，得專征伐。四十一年春三月，西伯昌薨。』此僞武成所據。又逸周書曰：『文王受命九年，惟暮春，在鎬召太子發作文。』傳亦謂受專征伐之命。」**予小子其承厥志，**言承文王本意。○梅云：「中庸：『武王善繼人之志。』今改作『承厥志』者，不欲全寫中庸也。但中庸所謂志者，制禮作樂之志；此所謂志者，欲集大統之志也。語順而志荒矣。」**底商之罪，告于皇天后土、所過名山大川，**致商之罪，謂伐紂之時。后土，社也。名山，華岳。大川，河。○梅云：「多士：『明致天罰，告于皇天。』」惠云：「周書商誓解：『上帝弗顯，乃命朕文考曰：「殪商之多罪紂。」肆予小子發弗敢忘天命朕考。』周語：『以太蔟之下宮，布令於商，昭顯文德，底紂之多罪。』韋注：『商，紂都也。厎，致也。既殺紂入商之都，發號施令，以昭文王之德，致紂之多罪。太蔟所以贊陽出滯，蓋謂釋箕子之囚，散鹿臺之財，發鉅橋之粟也。』餘見下。」**曰：『惟有道曾孫周王發，將有大正于商。**告天、社、山川之辭。大正，以兵征之也。○程云：「墨子兼愛篇：『昔者武王將事泰山隧，傳曰：「泰山有道，曾孫周王有事，大事既獲，仁人尚作，以祇商、夏，蠻夷醜貉。」』案：有道，指泰山之神言，晚書以武王自稱有道曾孫，恐無此理。」梅

〔一〕「一」字原脱，據左傳補。

云：「湯誓：『余畏上帝，不敢不正。』」**今商王受無道，**無道德。○梅云：「史記：『天下起兵，共誅無道秦。』」**暴殄天物，害虐烝民，**暴絶天物，言逆天也。逆天害民，所以爲無道。○惠云：「禮王制：『田不以禮，曰暴天物。』」**爲天下逋逃主，萃淵藪。**逋，亡也。天下罪人逃亡者，而紂爲魁主，窟聚淵府藪澤。言大姦。○梅云：「左昭七年傳芋尹無宇曰：『昔武王數紂之罪，以告諸侯，曰：「紂爲天下逋逃主，萃淵藪。」故夫致死焉。』」予案：武成乃還周復記政事而作，非誥誓體也。左傳明言『數紂罪，以告諸侯』，應在古泰誓中無疑。」**予小子既獲仁人，敢祗承上帝，以遏亂略。**仁人，謂太公、周、召之徒。略，路也。言誅紂敬承天意，以絶亂路。○「既獲仁人」，見上。梅云：「詩：『式遏寇虐。』」**華夏蠻貊，罔不率俾，恭天成命。**冕服采章曰華。大國曰夏，及四夷皆相率，而使奉天成命。○梅云：「左襄三十年傳：『蠻夷率服。』詩：『昊天有成命。』」**肆予東征，綏厥士女。**此謂十一年會孟津還時。○梅云：「孟子：『有攸不爲臣，東征，綏厥士女。』」**惟其士女，篚厥玄黄，昭我周王。**言東國士女，筐篚盛其絲帛，奉迎道次。明我周王爲之除害。○梅云：「孟子又云：『篚厥玄黄，紹我周王。』爾雅郭璞注：『逸周書曰：「釗我周王。」』」**天休震動，用附我大邑周。**天之美應震動民心，故用依附我。○梅云：「孟子又云：『見休，惟臣附于大邑周。』趙岐注：『從「有攸」以下，道周武王伐紂時也，皆尚書逸篇之文。』」閻云：「孟子『有攸不爲臣』一段，亦史臣作：『紹我周王見休，惟臣附于大邑周』，則史臣述士女之詞。僞古文欲竄入武王口中，不得不去其首句，又改爲『昭我周王』云云。試思，今文書大誥曰『天休于寧王，興我小邦周』、多士曰『非我小國敢弋殷命』自卑如此，於勝國曰『大國殷』、曰『大邦殷』、曰『天邑商』尊人如此，豈有武王初得天下，徧告羣后，而乃侈然自尊爲『大邑周』者乎？」**惟爾有神，尚克相予，以濟兆民，無作神羞。』」**神庶幾助我渡民危害，無爲神羞辱。○惠云：「左傳公子成曰：『平公之靈，尚輔相予。』」梅云：「左襄十八年傳荀偃禱曰：『荀捷有功，無作神羞。官臣偃無敢復濟，惟爾有神裁之。』」閻云：「孔疏言此篇有錯簡，於是宋儒劉、王輩紛紛考正，至朱子益密，蔡傳從之，以『底商之罪』至『罔不率俾』七十八字，又『惟爾有神』四語，皆擊於『于征伐商』下爲初起兵禱神之詞，不知『紂爲天下逋逃主，萃淵藪』在左傳昭七年爲武王數紂罪以告諸侯之詞，非告神者。左氏不應有誤，故僞孔止繫於『予小子其承厥志』爲『王若曰』之詞。蓋諸侯來受命，王特告之，並追述初起兵禱神如此，以見天與人歸，猶湯誥援予小子履散作初請命伐桀之詞，又告諸侯之詞，亦追述之也。此最作者苦心湊泊處，朱、蔡移置，必反爲所笑矣。」

既戊午，師逾孟津。癸亥，陳于商郊，俟天休命。自河至朝歌，出四百里，五日而至，赴敵宜速，待天休命，謂夜雨止畢陳。○惠云：「書序：『一月戊午，師渡孟津。』周語：『王以二月癸亥陳，未畢而雨。』律曆志：『序曰：「一月戊午，師渡孟津。」至庚申，二月朔日也。四日癸亥至牧野陳，甲子昧爽而合矣。』牧誓：『王朝至于商郊。』易大有象傳：『順天休命。』」閻云：「大雅『上帝臨女，無貳爾心』、魯頌『無貳無虞，上帝臨女』皆指武王牧野時，與湯誓『予畏上帝，不敢不正』，論語『臨事而懼』同一心法。今撰其文曰『俟天休命』，恐非武王心也。」**甲子昧爽，受率其旅若林，會于牧野。**旅，衆也。如林，言盛多。會逆距戰。○惠云：「牧誓：『時甲子昧爽。』詩大雅：『殷商之旅，其會如林，矢于牧野，維予侯興。』牧誓：『王朝至于商郊牧野。』牧野在商郊之南，即商郊地，猶有扈氏之郊名甘，非二地也。今云『癸亥，陳于商郊』，甲子『會于牧野』，則似二地矣。」閻云：「律曆志：『武成篇：「二月既死霸，粵五日甲子，咸劉商王紂。」』世俘解同。」**罔有敵于我師，前徒倒戈，攻于後以北，血流漂杵。**紂衆服周仁政，無有戰心，前徒倒戈，自攻于後以北走，流血漂春杵。甚之言。○惠云：「史記：『紂師雖衆，皆無敵心，欲武王亟入。紂師皆倒戈以戰，以開武王，馳之，紂兵皆崩畔。』孟子曰：『盡信書，則不如無書。吾於武成取二三策而已矣。仁人無敵于天下，以至仁伐至不仁，而何其血之流杵也？』王充論衡曰：『察武成之篇，牧野之戰血流浮杵。』案：武成亡於建武之際，充猶及見之。」梅云：「趙岐注孟子以爲『經有所美，言事或過』，故不取之，甚合孟子語氣。如僞書言，則是紂衆自殺之血，非武王殺之之血。其言又躐居周初，致疑孟子誤認紂衆自殺爲武王虐殺，何其悖哉！」閻云：「僞孔見荀子『厭旦於牧之野，鼓之而紂卒易鄉，遂乘殷人而進誅紂』，淮南子云『士皆倒戈而射』，遂倂史記，兼取成文，甯使孟子誤會經文，而武王之爲仁人甚著，不可不力爲回護，去其虐殺，以全吾經。僞傳『甚之言』，含不可盡信意，猶陰爲孟子地也。」又云：「孟子止『血流杵』三字，趙注增『漂』字，晚書與之同，可驗其出趙後。」又云：「賈誼過秦論：『秦追亡逐北，伏尸百萬，流血漂鹵。』戰國策言武安君與韓、魏戰於伊闕，『血流漂鹵』，帝王世紀亦言長平之戰『血流漂鹵』，可知『血流漂鹵』爲戰勝殺人多者之恒詞，而詞所從出卻於武成篇。當七國時，君臣日以殺人爲事，而藉口武成，以爲聖人亦嘗如此，奚怪今日孟子傷心，故慨然欲廢其書也。朱子猶謂孟子設爲是言，試思武王本無是事，孟子何苦設爲是言？孟子本意爲武王辨，反先誣武王而後辨之乎？」**一戎衣，天下大定。**衣，服也。一著戎服而滅紂。言與衆同心，動有成功。○惠云：「太公六韜曰：『古之聖人，聚人而爲家，聚家而爲國，聚國而爲天下。陳其政教，順其民俗，各樂其所，人愛其上，命之曰大定。』禮中庸：『壹戎衣，而有天下。』『壹』讀爲『殪』。戎，大也。『衣』讀爲『殷』，言周殪滅大殷也。鄭注：『齊人言「殷」，聲如「衣」。』是中庸之『壹戎衣』即康誥之『殪戎殷』也。梅氏不知『衣』即『殷』字，而於此仍用『壹戎衣』之語，斯爲謬矣。」**乃反商政，政由舊。**反紂惡政，用商先王善政。○梅云：「禮樂記乃『反商』，家語亦云『反商之政』，作僞出一手。」惠云：「此用呂覽『復盤庚之政』之説。」**釋箕子囚，封比干墓，式商容閭。**皆武王反紂政。囚，奴，徒隸。封，益其土。商容，賢人，紂所貶退，式其閭巷，以禮賢。○惠云：「荀子大略篇：『武王始入殷，表商容之閭，釋箕子之囚，哭比干之墓，天下鄉善矣。』史記：『命召公釋箕子之囚，命畢公釋百姓之囚，表商容之閭，命南宫适散鹿臺之財，發鉅橋之粟，以振貧窮，命閎夭封比干之墓。』漢書張良傳：『武王入殷，表商容閭，式箕子門，封比干墓。』」閻云：「呂覽：『表商容之閭，士過者趨，車過者下。』此『式』字所本。」**散鹿臺之財，發鉅橋之粟，**紂所積之府倉，皆散發以賑貧民。○惠云：「御覽引逸周書曰：『武王克商，散鹿臺之財，發鉅橋之粟。』」又見上。**大賚于四海，而萬姓悦服。**施舍已債，救乏賙無，所謂周有大賚，天下皆悦仁服德。○惠云：「論語堯曰篇：『周有大賚，善人是富。』」**列爵惟五，**即所識政事而法之，爵五等，公、侯、伯、子、男。○惠云：「禮王制鄭注：『武王初定天下，更立五等之爵。』」**分土惟三。**裂地封國，公侯方百里，伯七十里，子男五十里，爲三品。○閻云：「漢書地理志：『周爵五等而土三等，公侯百里，伯七十里，子男五十里。』孔疏於此文引孟子班爵禄章，非是。孟子爵雖五等，卻連天子在内，地又四等，與『分土惟三』不合。蓋直用漢志耳。益驗晚出書多出漢書。」**建官惟賢，**立官以官賢才。**位事惟能。**居位理事，必任能事。○梅云：「孟子：『賢者在位，能者在職。』」**重民五教，**所重在民及五常之教。○梅云：「論語：『所重：民、食、喪、祭。』孔疏論語無『五教』字，録論語者，自略之耳。此正寧道孔聖誤，諱言古文僞者也。」**惟食、喪、祭。**民以食爲命。喪禮篤親愛，祭祀崇孝養，皆聖王所重。○説見上。程云：「論語此句，在『謹權量』下。安國注云總言二帝三王之治道，今傳武成知爲周政，而安國自歧，其説何邪？」**惇信明義，**使天下厚行信〔二〕，顯忠義。○梅云：「公羊傳云：『齊桓之信義明。』」**崇德報功，**有德尊以爵，有功報以禄。**垂拱而天下治。**言武王所修皆是，所任得人，故垂拱而天下治。○惠云：「管子任法篇：『垂拱而天下治。』漢書董仲舒傳：『垂拱無爲而天下治。』」

〔二〕「信」原誤作「言」，據僞孔傳原文改。

尚書孔傳參正十六

洪範第六　周書

○先謙案：今文尚書當爲商書。書疏云此篇箕子自作。箕子，商人。故傳記引此篇者皆云商書。

孔氏傳　臣王先謙參正

洪範洪，大；範，法也。言天地之大法。○書序：「武王勝殷，殺受，立武庚，以箕子歸，作洪範。」大傳云：「鴻範可以觀度。」漢書梅福傳：「箕子佯狂于殷，而爲周陳洪範。箕子非疏其家而畔親也，不可爲言也。」今文洪、鴻同音通用。

惟十有三祀，王訪于箕子。商曰祀。箕子稱祀，不忘本。此年四月歸宗周，先告武成，次問天道。○「惟十有三祀，王訪于箕子」，今文與古文同，「惟」一作「維」。○「惟有十三祀，王訪于箕子」者，漢書律曆志引洪範篇如此。風俗通王霸篇同。「惟」一作「維」者，匡謬正俗云：「惟，辭也，蓋語之發端。書云『惟三月，哉生魄』、『惟十有三祀，王訪于箕子』之類是也。古文皆爲『惟』字，而今文尚書變爲『維』者，同音通用，厥義無別。」顏師古及見石經搨本，是今文作「維十有三祀」也。宋世家述此篇皆作「維」，蓋史公用歐陽本作「維」，班氏用夏侯本自作「惟」，與古文同也。「惟十有三祀」者，宋世家：「武王既克殷，訪問箕子」云云，於是武王乃封箕子於朝鮮而不臣也。是訪範在封朝鮮之前。周紀云：「武王已克殷，後二年，問箕子殷所以亡，箕子不忍言殷惡，以存亡國宜告。武王亦醜，故問以天道。」大傳云：「武王勝殷，繼公子禄父，釋箕子囚。箕子不忍周之釋，走之朝鮮。武王聞之，因以朝鮮封之。箕子既受周之封，不得無臣禮，故於十三祀來朝，武王因其朝而問鴻範。」孫云：「周紀：武王十一年十二月師渡孟津，二月朝至于商郊牧野，是十二年也。已而命召公釋箕子之囚，乃罷兵而歸，封諸侯。箕子之去朝鮮，因而封之，疑在此時。又云：『武王徵九牧之君。』箕子宜以此時來朝，故在武王已克殷後二年，是十三年也。」皮云：「史公說爲文王受命七年而崩，武王蒙文王受命之年，再期觀兵爲九年，又二年伐紂，爲十一年，克殷後二年爲十三祀，與大傳合。其不合者，宋世家以訪範在封朝鮮前，大傳以爲封朝鮮來朝乃陳洪範，說異。漢書儒林傳云：『遷書載洪範，多古文說。』此當爲古文說之一。漢書五行志：『劉歆以爲禹治洪水，賜雒書，法而陳之，洪範是也。聖人行其道而寶其真。降及於殷，箕子在父師位而典之。周既克殷，武王親虛己而問焉。故經曰：「惟十有三祀，王訪于箕子。」』歆說與書序相近，書序不言作洪範之年，歆則以爲：『文王受命九年而崩，再期，在大祥而伐紂，故書序曰：「惟十有一年，武王伐紂，大誓。」八百諸侯會。還歸二年，乃遂伐紂克殷，以箕子歸，十三年也。故書序曰：「武王克殷，以箕子歸，作洪範。」洪範篇曰：「惟十有三祀，王訪于箕子。」自文王受命而至此十三年。』歆說見漢志，僞孔傳用其說，故孔疏有『受封乃朝，不得仍在十三祀』之疑。不知歆說較之大傳、史記、書序先後皆差二年，本不足據。大傳、史記言陳鴻範、封朝鮮，先後雖異，而言文王崩年相合，則武王克殷之年亦必相合。惟十有三祀，自必皆在克殷後二年，不在釋箕子囚時。史記所載孔安國古文說與劉歆古文說異，則歆說不可信，不得據劉歆、僞孔以駁伏生、史公也。書序所云『以箕子歸』，或與歆說同，或如江聲說已而箕子來歸，與今文說箕子受封來朝亦無不合。釋天云：『商曰祀。』孫炎注：『祀，取四時祭祀一訖也。』獨斷云：『商曰祀。』釋名云：『殷曰祀。祀，巳也，新氣升，故氣已也。』此周書而稱祀者，左傳、說文皆引此經爲商書。儒林傳云：『遷書載〔二〕堯典、禹貢、洪範、微子、金滕諸篇，多古文說。』班氏以洪範列微子上，則今文尚書次序或以此篇列微子前，則以爲商書，故稱祀也。」**王乃言曰：「嗚呼，箕子！惟天陰騭下民，相協厥居，**騭，定也。天不言而默定下民，是助合其居，使有常生之資。○「王乃言曰：『嗚呼，箕子！惟天陰騭下民，相協厥居』」，古文也，今文「嗚呼」作「於乎」，「惟」作「維」，一本「乃」作「迺」，「嗚呼」作「烏嘑」。○「嗚呼」作「於乎」、「惟」作「維」者，宋世家作：「武王曰：『於乎！維天陰定下民，相和其居。』」「王乃言曰」爲「武王曰」，無「箕子」二字，史公以意改渻之。騭、定，協、和，故訓字。「乃」作「迺」、「嗚呼」作「烏嘑」者，五行志作：「王迺言曰：『烏嘑，箕子！惟天陰騭下民，相協厥居。』」釋文：「陰，默也。馬云：『覆也。』騭，馬云：『升也。升猶舉也，舉猶生也。』」呂覽君守篇：「鴻範曰：『惟天陰騭下民。』陰之者，所以發之也。」高注：「陰陽升陟也。言天覆生下民。（本馬說。）王者助天舉發，（句絕。「舉發」即經文「騭」字義。「助天」云云，謂經下文「相協厥居」。）明之以仁義也。」段云：「『陰陽升陟也』是『陰，覆；陟，升也』之誤。騭，陟借字，故注作

〔二〕「載」原誤作「在」，據漢書儒林傳原文改。

『陟』。釋詁：『騭，陞也。』」應劭五行志注：「陰，覆也。騭，升也。相，助也。協，和也。言天覆下民，王者當助天居，我不知居天常理所次序也。」師古曰：「騭，定也。協，和也。天不言而默定下民，助合其居。」江云：「仁義爲民所居之常理，即所謂『厥居』、所謂『彝倫』也。言天陰覆下民而定其居，視其合於善惡以定之，居仁由義，所謂相厥居也。」先謙案：般庚諸篇「嗚呼」又作「於戲」，三家今文本異。**我不知其彝倫攸敘。」**言我不知天所以定民之常道理次敘。問何由。○「我不知其彝倫攸敘」，今文與古文同。「攸」一作「逌」。○今文同者，宋世家作「我不知其常倫所序」，彝、常，故訓字。敘、序字同。「攸」一作「逌」者，五行志作「我不知其彝倫逌敘」，「逌」即說文「卣」字。志引書，「攸」皆作「逌」，蓋夏侯本如此。釋詁：「彝，常也。」倫，理也。是「彝倫」爲「常理」。**箕子乃言曰：「我聞在昔，鯀陻洪水，汩陳其五行，**陻，塞。汩，亂也。治水失道，是亂陳其五行。○「箕子乃言曰：『我聞在昔，鯀陻洪水，汩陳其五行』」，古文也，今文「乃」一作「迺」，「洪」一作「鴻」，「陻」一作「伊」，「汩」一作「日」。古文「陻」一作「垔」。○「乃」作「迺」者，五行志作：「箕子迺言曰：『我聞在昔，鯀陻洪水，汩陳其五行。』」「洪」作「鴻」者，宋世家作：「箕子對曰：『在昔，鯀陻鴻水，汩陳其五行。』」洪、鴻同音通用。「乃言」作「對」，無「我聞」二字，史公消易之。「陻」作「伊」、「汩」作「日」者，石經殘碑作「□伊鴻水，日陳其五行，帝」，（下闕。）馮登府云：「陻、伊一聲之轉，故相假借。中庸『一戎衣』注：『衣爲殷。齊人讀「殷」如「衣」。』是古音通也。詩溱洧箋：『伊，因也。』『日』即『汩』之省。」古文「陻」作「垔」者，說文：「垔，塞也。从土西聲。商書曰：『鯀垔洪水。』」段云：「𡐊，古文『垔』。蓋壁書如是，小篆易『𡐊』爲『垔』，孔安國所讀如是。」漢志應劭注：「水性流行，而鯀障塞之，失其本性，其餘所陳列皆亂，故曰亂陳五行。」華嚴經音義引大傳曰：「汩，亂也。」**帝乃震怒，不畀洪範九疇，彝倫攸斁。**畀，與。斁，敗也。天動怒鯀，不與大法九疇。疇，類也。故常道所以敗。○「帝乃震怒，不畀洪範九疇，彝倫攸斁」，古文也，今文「洪」作「鴻」，「乃」作「迺」，「不」作「弗」，「攸」作「逌」，「斁」作「殬」。○「洪」作「鴻」者，宋世家作「帝乃震怒，不從鴻範九等，常倫所斁」，畀、從，疇、等，彝、常，攸、所，故訓字。集解引鄭云：「帝，天也。天以鯀如是，乃震動其威怒，不與天道大法九類，言王所問所由敗也。」孫云：「史公『畀』爲『從』者，今文尚書字。釋詁：『俾，從也。』俾、畀聲相近。」段云：「『疇』爲『等』者，漢書宣紀『疇其爵邑』張晏注：『疇者，等也。』與訓『類』同。說文：『等，齊簡也。』」「乃」作「迺」、「不」作「弗」、「攸」作「逌」者，五行志作「帝迺震怒，弗畀洪範九疇，彝倫逌斁」，顔注：「畀，與也。疇，類也。即九章也。」「斁」作「殬」者，說文「殬」下云：「敗也，从歺睪聲。商書曰：『彝倫攸殬。』」段云：「作『殬』者，蓋壁中本。」皮云：「典引云：『彝倫殬而舊章缺。』與說文合。」**鯀則殛死，禹乃嗣興。**放鯀至死不赦。嗣，繼也。廢父興子，堯、舜之道。○「鯀則殛死，禹乃嗣興」，今文與古文同，「乃」一作「迺」。○今文同者，宋世家如此，集解引鄭云：「春秋傳曰：『舜之誅也殛鯀，其舉也興禹。』」「乃」一作「迺」者，五行志如此。釋文：「殛，本又作『極』。」段云：「作『極』是也。爾雅釋言、魏志武帝紀注、詩菀柳閟宮箋疏皆可證。『殛』是『極』字之假借。」**天乃錫禹洪範九疇，彝倫攸敘。**天與禹洛出書，神龜負文而出，列于背，有數至于九。禹遂因而第之，以成九類，常道所以次敘。○「天乃錫禹洪範九疇，彝倫攸敘」，古文也，今文「洪」作「鴻」，「乃」作「迺」，「攸」作「逌」。○「洪」作「鴻」者，宋世家作「天乃錫禹鴻範九等，常倫所序」，用故訓同前。「乃」作「迺」、「攸」作「逌」者，五行傳作：「『天迺錫禹洪範九疇，彝倫逌敘。』」此武王問雒書於箕子，箕子對禹得雒書之意也。」又於「初一曰五行」至「畏用六極」云：「凡此六十五字，皆雒書本文，所謂天乃錫禹大法九章，常事所次是也。」漢書叙傳：「河圖命庖，洛書賜禹，八卦成列，九疇逌叙。」李奇曰：「雒書即洪範九疇也。」案：以洪範即雒書，兩漢今、古文説無異。尚書中候云：「堯率羣臣，東沈璧於洛，退俟至于下稷，赤光起，元龜負圖出，背甲赤文成字。」宋均曰：「『稷』讀曰『側』。此即禹所受洛書也。云『堯率羣臣』，禹時預焉。」論衡正説篇：「禹之時得洛書，書從洛水中出，洪範九章是也。禹案洪範以治洪水。」釋文引馬云：「從『五行』以下至『六極』，洛書文也。」鄭注大傳云：「初禹治水，得神龜負文於洛，於以盡得天人陰陽之用。」魏志辛毗等奏曰：「至於河洛之書，著於洪範，則殷、周效而用之矣。」皆以洪範即雒書。王鳴盛云：「鴻範五行傳曰：『維王后元祀，帝令大禹步于上帝，禹乃共辟厥德，受命休令。』鄭注：『「王」謂禹也。后，君也。祀，年也。禹始居攝爲君之年也。帝，舜也。步，推也。上帝，天也。帝令禹推演天道，謂觀其得失反覆也。休，美也。禹于是受舜之美令奉行之。初禹治水，得神龜負文於洛，于以盡得天人陰陽之用。至是奉帝命而陳之也。』據此，則鄭以洪範爲出於洛書，説與劉歆合，亦與孔傳合也。但漢儒雖有圖書配卦疇之説，未詳圖書何狀，其亡久矣。（桓君山曰：「河圖、洛書，但有兆朕，而不可知。」見桓子新論。）俗儒紛紛之論，以五行生成圖爲河圖，以太一下行九宮圖爲洛書，所未詳也。」

「初一曰五行，九類，類一章，以五行爲始。○「初一曰五行」，今文與古文同。○今文同者，宋世家、五行傳如此，藝文志同。白虎通五行篇：「五行者，謂金木水火土也。言行者，欲言爲天行氣之義也。」永樂大典鑒字部引鄭云：「行者，順天行氣。」**次二曰敬用五事，**五事在身，用之必敬乃善。○「次二曰敬用五事」，古文也，今文無「次」、「敬用」三字，「敬」一作「羞」。○「次二曰敬用五事」者，詩小旻鄭箋云：「欲王敬用五事。」無「次」、「敬用」者，宋世家作「二曰五事」，蓋一本無。「敬」作「羞」者，五行志作「次二曰羞用五事」，下文又「經曰：『羞用五事』」，顔注：「羞，進也。」藝文志：「五行者，五常之形氣也。書云：『初一曰五行，次二曰羞用五事。』言進用五事以順五行也。貌、言、視、聽、思心失，而五行之序亂。」孔光傳光對曰：「書曰『羞用五事』，『建用皇極』。如貌、言、視、聽、思心失，大中之道不立，則咎徵薦臻，六極屢降。」江云：「『羞』當爲『苟』，説文『苟』下云：『自急勅也。』五事乃切身之事，人當自整敕者，於『苟』義爲允。苟，古文作『𦍌』，與『羞』相似，學者蔽於罕見，故誤『𦍌』爲『羞』。藝文志引作『羞』，且云『言進用五事以順五行』，則班氏已誤作『羞』矣。」**次三曰農用八政**，農，厚也。厚用之政乃成。○「次三曰農用八政」，今文與古文同，一無「次」、「農用」三字。僞傳「農，厚也」，本鄭説。○今文同者，五行志如此。釋文引馬云：「食爲八政之首，故以農名之。」書疏引鄭云：「『農』讀爲『醲』。」孫云：「説文：『醲，厚酒也。』廣雅釋詁：『醲，厚也。』後漢馬援傳朱勃上書曰：『明主醲於用賞，約於用刑。』皆與鄭義同。」陳云：「漢官解詁云：『勉用八政。』以『勉』代『農』，則今文説訓『農』爲『勉』。廣雅釋詁：『農，勉也。』」無「次」、「農用」者，宋世家作「三曰八政」，蓋一本無。先謙案：據此知史公不以『農』爲實字，馬掤立古文説也。**次四曰協用五紀**，協，和也。和天時使得正用五紀。○「次四曰協用五紀」，古文也，今文「協」作「旪」，一無「次」、「協用」三字。○「協」作「旪」者，五行志作「次四曰旪用五紀」，應劭曰：「旪，合也。合成五行爲之條紀也。」段云：「説文『叶』、『旪』皆古文『協』字。顔注：『「旪」讀曰「叶」。』此不知漢人作注，言『讀爲』、『讀曰』者，皆是易其字，而妄效之，但當云『「旪」同「協」』。」無「次」、「協用」者，宋世家作「四曰五紀」。

次五曰建用皇極，皇，大。極，中也。凡立事當用大中之道。○「次五曰建用皇極」，今文與古文同，「皇」一作「王」，一無「次」、「建用」三字。○今文同者，五行志作「次五曰建用皇極」，石經殘碑作「□□曰建用皇極」。皮云：「案：漢人引此經多作『皇』，蔡邕爲陳留縣上孝子狀云：『建用皇極。』膠東令王君碑：『伊漢中葉，皇極不建。』韓勑碑：『皇極之日。』開母廟碑：『皇極正而降休。』鄭注大傳云：『王極，或皆爲「皇極」。』是大傳別本有作『皇極』者。蓋皇、王聲近，義皆訓『大』，故今文家或作『皇』或作『王』，或訓『君』，或訓『大』。五行志引傳曰：『皇之不極，是謂不建。』釋之曰：『皇，君也。極，中。建，立也。人君貌、言、視、聽、思心五事皆失，不得其中，則不能立萬事。』此用大傳作『皇』之本訓『皇』爲『君』者也。孔光傳光對曰：『書曰：「建用皇極。」皇之不極，是爲大中不立。』谷永傳日食地震對曰：『正五事，建大中，以承天心，則庶徵序於下，日月理於上。五事失於躬，大中之道不立，則咎徵降而六極至。』後漢周舉傳策問曰：『思協大中。』蔡邕答詔問災異曰：『建大中之道。』胡公碑：『協大中於皇極。』宋均注考靈耀云：『皇，大。極，中也。』與漢志應注同。此皆訓『皇』爲『大』者也。皇、王雖可通用，而義則從五行志訓『君』。蓋皇之不極、王之不極必訓爲『君』而後可通，若訓大之不中，則不詞矣。」「皇」一作「王」者，鴻範五行傳云：「爰用五事，建立王極。」又曰：「王之不極，是謂不建。」鄭注：「王，君也。不名體而言王者，五事象五行，則王極象天也。人法天，元氣純，則不可以一體而言之也。天變化爲陰爲陽，覆成五行。經曰：『曆象日月星辰，敬授民時。』論語曰：『爲政以德，譬如北辰。』是則天之通於人政也。孔子說春秋曰：『政以不由王出，不得爲政。』則是王君出政之號也。極，中也。建，立也。王象天，以性情覆成五事，爲中和之政也。王政不中，則是不能立其事也。」皮云：「鄭解王極之義甚精，則大傳本當爲『王極』。漢志、續志皆作『皇』，劉昭注：『尚書大傳是也。』鄭大傳叙云：『張生、歐陽生從其學而授之。』則作『王極』者，當是歐陽本。班、蔡皆習夏侯尚書，故漢書與石經同作『皇極』，當是張生本。史記用歐陽尚書亦作『皇極』者，案史記於『王極之傳言』獨作『王極』，疑此一篇皆當作『王極』字，其作『皇』，乃後人改之，而『王極之傳言』句改之未盡，故參差不一也。」無「次」、「建用」者，宋世家作「五曰皇極」，蓋一本無。**次六曰乂用三德，**治民必用剛、柔、正直之三德。○「次六曰乂用三德」，古文也，今文「乂」作「艾」，一無「次」、「乂用」三字。○「乂」作「艾」者，五行志作「次六曰艾用三德」，應劭注：「艾，治也。治大中之道用三德也。」石經殘碑作「次六曰艾用三德」。（下闕。）無「次」、「乂用」者，宋世家作「六曰三德」，蓋一本無。**次七曰明用稽疑，**明用卜筮考疑之事。○「次七曰明用稽疑」，今文與古文同，一無「次」、「明用」三字。○今文同者，五行志如此。説苑反質篇：「凡古之卜日者，將以輔道稽疑。」論衡感類篇：「洪範稽疑。」是今文作「稽」。王應麟引漢人異字作「卟」。段云：「説文『卟』下云：『卜以問疑也。从口卜。讀與「稽」同。』徐鍇繫傳云：『尚書：「明用卟疑。」今文借「稽」字。』所引正陸氏云依傍字部改變經文之本也。徐鉉本因妄增『書云「卟疑」』四字。若古文四聲韻謂古尚書作『乩』，則益蕪矣。」無「次」、「明用」者，宋世家作「七曰稽疑」，蓋一本無。**次八曰念用庶徵，次九曰嚮用五福，威用六極。**言天所以嚮勸人用五福，所以威沮人用六極。此已上，禹所第叙。○「次八曰念用庶徵」，今文與古文同，一無「次」、「念用」三字。「次九曰嚮用五福，威用六極」，古文也，今文「嚮」作「饗」，「威」作「畏」。僞傳本馬説。○今文同者，五行志作「次八曰念用庶徵」。無「次」、「念用」者，宋世家作「八曰庶徵」，蓋一本無。禮器疏引鄭云：「庶，衆也。徵，驗也。謂衆行得失之驗。」○「嚮」作「饗」、「威」

作「畏」者，五行志作「次九曰嚮用五福，畏用六極」，應劭注：「天所以嚮樂人用五福，所以畏懼人用六極。」宋世家作「九曰嚮用五福，畏用六極」，集解引馬云：「言天所以畏懼人，用六極。」無「次」字，史公湣之。漢書谷永傳引經曰：「饗用五福，畏用六極。」顏注：「饗，當也。言所行當於天心，則降以五福；若所爲不善，則以六極畏罰之。」永用今文作「饗」。（王應麟藝文志考：「漢人引書異字『饗用五福』。」蓋即谷永傳。）則史、漢當本作「饗」字，應注亦當是「饗樂」，皆淺人妄改之。漢紀谷永對策引經曰：「嚮用五福，威用六極。」同出永引，與漢書不同，又淺人據今本尚書妄改之明證也。段云：「經典『向背』字止作『鄉』，絶少作『嚮』者。『嚮』字雖見於漢碑，然其字上下二體皆諧聲也，疑漢之俗字，其字本作『鄉』也。宣帝紀『上帝嘉嚮』讀曰『饗』，魏大饗記殘碑『文王大嚮之』以『嚮』代『饗』，凡鄉聲之字，古皆相借，然則古文尚書本作『鄉』，或讀去聲，或讀上聲，義略相近。」「古威、畏同音通用，畏之曰畏，可畏亦曰畏，本篇『畏高明』，鄭讀爲『威』。」

「一，五行：一曰水，二曰火，三曰木，四曰金，五曰土。皆其生數。○「一，五行：一曰水，二曰火，三曰木，四曰金，五曰土」，古文也，今文「五行」上無「一」字。○「五行」上無「一」字者，宋世家如此，下「五事」、「八政」、「五紀」、「皇極」、「三德」、「稽疑」、「庶徵」、「五福」等字上亦無「二」、「三」至「八」、「九」等字。五行志引無「一」字，下文引見漢書者亦無「二」、「三」等字。漢紀孝惠帝紀亦無「一」字，是今文無此數目等字也，古文則有之，釋文、正義不言馬、鄭本異於孔本，不得以此爲僞孔所增。白虎通五行篇：「水位在北方。北方者，陰氣在黄泉之下，任養萬物。水之爲言準也，養物平均，有準則也。木在東方。東方者，陰陽氣始動，萬物始生。木之爲言觸也，陽氣動躍，觸地而出也。火在南方。南方者，火在上，萬物垂枝。火之爲言委隨也，言萬物布施。火之爲言化也，陽氣用事，萬物變化也。金在西方。西方者，陰始起，萬物禁止。金之爲言禁也。土在中央。中央者土，土吐含萬物。土之爲言吐也。」史記集解引鄭云：「此數本諸陰陽所生之次〔一〕也。」案：陰陽謂天地。易繫辭：「天一，地二，天三，地四，天五，地六，天七，地八，天九，地十。」月令疏引鄭注云：「天一生水於北，地二生火於南，天三生木於東，地四生金於西，天五生土於中。陽無偶，陰無配，未得相成。地六成水於北，與天一并；天七成火於南，與地二并；地八成木於東，與天三并；天九成金於西，與地四并；地十成土於中，與天五并也。」故其文如此。若四時之次，則春德在木，夏火，中央土，秋金，冬水。五音之次，則宮土，商金，角木，徵火，羽水。皆與此次不同，故鄭明之。劉云：「左傳疏：『洪範以生數爲次，「六府」以相剋爲次。』」**水曰潤下，火曰炎上，**言其自然之常性。○「水曰潤下，火曰炎上」，今文與古文同。○今文同者，宋世家、五行志、白虎通五行篇、漢紀引如此，漢書李尋傳亦引「水曰潤下」。五行志引：「傳曰：『簡宗廟，不禱祠，廢祭祀，逆天時，則水不潤下。』」說曰：「水，北方，終臧萬物者也。其曰人道，命終而形臧，精神放越，聖人爲之宗廟以收魂氣，春秋祭祀，以終孝道。王者即位，必郊祀天地，禱祈神祇，望秩山川，懷柔百神，亡不宗祀。慎其齋戒，致其嚴敬，鬼神歆饗，多獲神助。此聖人所以順事陰氣，和神人也。至發號施令，亦奉天時。十二月咸得其氣，則陰陽調而終始成。如此，則水得其性矣。若乃不敬鬼神，政令逆時，則水失其性。霧水暴出，百川逆溢，壞鄉邑，溺人民，及淫雨傷

〔一〕「次」原誤作「吹」，據史記集解引鄭原文改。

稼穡，是爲水不潤下。」又：「傳曰：『棄法律，逐功臣，殺太子，以妾爲妻，則火不炎上。』」說曰：「火，南方，揚光輝爲明者也。其於王者，南面鄉明而治。書曰：『知人則悊，能官人。』故堯、舜舉羣賢而命之朝，遠四佞而放諸野。孔子曰：『浸潤之譖，膚受之訴不行焉，可謂明矣。』賢佞分別，官人有序，帥由舊章，敬重功勳，殊別適庶。如此，則火得其性矣。若迺信道不篤，或燿虛僞，讒夫昌，邪勝正，則火失其性矣。自上而降，及濫炎妄起，災宗廟，燒宮館，雖興師衆，弗能救也，是爲火不炎上。」「傳」者，伏生大傳鴻範五行傳也。「說」者，歐陽、夏侯三家說也。白虎通云：「五行之性，或上或下何？火者，陽也，尊，故上。水者，陰也，卑，故下。」廣雅釋詁：「潤，溼也。」說文：「炎，火光上也。」**木曰曲直，金曰從革，**木可以揉曲直，金可以改更。○「木曰曲直，金曰從革」，今文與古文同。○今文同者，宋世家、五行志、白虎通、漢紀引如此。五行志引傳曰：「田獵不宿，飲食不享，出入不節，奪民農時，及有姦謀，則木不曲直。」說曰：「木，東方也。於易，地上之木爲觀。其於王事，威儀容貌亦可觀者也。故行步有佩玉之度，登車有和鸞之節，田獸有三驅之制，飲食有享獻之禮，出入有名，使民以時，務在勸農桑，謀在安百姓。如此，則木得其性矣。若乃田獵馳騁不反宮室，飲食沈湎不顧法度，妄興繇役以奪民時，作爲奸詐以傷民財，則木失其性矣。蓋工匠之爲輪矢者多傷財，及木爲變怪，是爲木不曲直。」又傳曰：「好戰攻，輕百姓，飾城郭，侵邊竟，則金不從革。」說曰：「金，西方，萬物既成，殺氣之始也。故立秋而鷹隼擊，秋分而微霜降。其於王事，出軍行師，把旄杖鉞，誓士衆，抗威武，所以征叛逆止暴亂也。詩曰：『有虔秉鉞，如火烈烈。』又曰：『載戢干戈，載櫜弓矢。』動靜應誼，『說以犯難，民忘其死。』如此則金得其性矣。若乃貪欲恣睢，務立威勝，不重民命，則金失其性。蓋工冶鑄金鐵，金鐵冰滯涸堅不成者衆，及爲變怪，是爲金不從革。」白虎通云：「木者少陽，金者少陰，有中和之性，故可曲可直。」案：曲直者，木可揉曲，亦可從繩正直。從革者，言金可從順，又可變革。史記集解引馬云：「金之性從人而更，可銷鑠。」説文：「金，從革不違，西方之行。」亦以從革爲從人而更，但「曲」、「直」有二義，則「從」與「革」，亦當分訓。**土爰稼穡。**種曰稼，斂曰穡。土可以種，可以斂。○「土爰稼穡」，今文與古文同，「爰」一作「曰」。○今文同者，五行志、白虎通、漢紀引如此。顏師古云：「爰，亦曰也。」一説，爰，於也。「爰」作「曰」者，宋世家引如此，論衡驗符篇引同，蓋歐陽本異。五行志引傳曰：「治宮室，飾臺榭，内淫亂，犯親戚，侮父兄，則稼穡不成。」説曰：「土，中央，生萬物者也。其於王者，爲内事。宮室、夫婦、親屬，亦相生者也。古者天子諸侯，宗廟大小高卑有制，后夫人媵妾多少進退有度，九族親疏長幼有序。孔子曰：『禮，與其奢也，寧儉。』故禹卑宮室，文王刑于寡妻，此聖人之所以昭教化也。如此，則土得其性矣。若迺奢淫驕慢，則土失其性。有水旱之災，而屮木百穀不熟，是爲稼穡不成。」白虎通云：「土者最大，苞含物，將生者出，將歸者入，不嫌清濁，爲萬物母。」又云：「五行所以二陽二陰何？土尊，尊者配天。金、木、水、火，陰陽自偶。」**潤下作鹹，**水鹵所生。○「潤下作鹹」，今文與古文同。○今文同者，宋世家、五行志、白虎通五行篇引如此，石經殘碑作「潤下作鹹」。白虎通云：「水味所以鹹何？是其性也。所以北方鹹何？萬物鹹與，所以堅之也，猶五味得鹹乃堅也。」**炎上作苦，**焦氣之味。○「炎上作苦」，今文與古文同。○今文同者，宋世家、五行志、白虎通引如此，石經殘碑作「炎上作苦」。白虎通云：「火味所以苦何？南方主長養，苦者所以長養也。猶五味須苦可以養也。」**曲直作酸，**木實之性。○「曲直作酸」，今文與古文同。○今文同者，宋世家、五行志、白虎通引如此，石經殘碑作「曲直作」。（下闕。）白虎通云：「木味所以酸何？東方萬物之生也，酸者所以達生也。猶五味得酸乃達也。」**從革作辛**，金氣之味。○「從革作辛」，今文與古文同。○今文同者，宋世家、五行志、白虎通引如此。白虎通云：「金味所以辛何？西方煞傷成物，金所以煞傷之也，猶五味得辛乃委煞也。」**稼穡作甘。**甘味生於百穀。「五行」以下，箕子所陳。○「稼穡作甘」，今文與古文同。○今文同者，宋世家、五行志、白虎通引如此。白虎通云：「土味所以甘何？中央者中和也，故甘，猶五味以甘爲主也。」

「二，五事：一曰貌，容儀。○「二，五事：一曰貌」，古文也，今文無「二」字。○無「二」字者，宋世家、五行志、説苑修文篇、論衡言毒篇引並作「五事：一曰貌」。説苑又云：「貌者，男子之所以恭敬，婦人之所以姣好，行步中矩，折旋中規，立則磬折，拱則抱鼓。」**二曰言，**詞章。○「二曰言」，今文與古文同。○今文同者，宋世家、五行志、論衡言毒篇訂鬼篇引如此。言毒篇云：「諺曰：『衆口爍金。』口者，火也。五行二曰火，五事二曰言。言與火直，故云爍金。金制於火，火、口同類也。」訂鬼篇云：「鴻範五行二曰火，五事二曰言。言、火同氣，故童謡、詩歌爲妖言。」王鳴盛云：「王充誤以五事之次即五行之次。」皮云：「古尚書説云：『肺，火也。』肺主音聲語言，言與火同氣，故肺屬火，充謂言與火直，其説有本。且專主妖言言之，五行傳亦云：『言之不從，時有詩妖。』充説與五行傳合，非誤也。」**三曰視，**觀正。○「三曰視」，今文與古文同。○今文同者，宋世家、五行志引如此。**四曰聽，**察是非。○「四曰聽」，今文與古文同。○今文同者，宋世家、五行志引如此。**五曰思，**心慮所行。○「五曰思」，古文也，今文作「五曰思心」。○今文作「五曰思心」者，説見下。五經異義：「今文尚書歐陽説：『肝，木也。心，火也。脾，土也。肺，金也。腎，水也。』古尚書説：『脾，木也。肺，火也。心，土也。肝，金也。腎，水也。』」許與古尚書同，鄭駁之，而説文云：「心，人心，土藏，在身之中。博士説以爲：心，火藏。」「肝，木藏。肺，金藏也。脾，土藏也。腎，水藏也。」則許又似以今文博士説爲正。五行大義引孝經援神契云：「肝仁，故目視。肺義，故鼻候。心禮，故耳司。腎智，故竅寫。脾信，故口誨。」此以肝爲木，肺爲金，心爲火，腎爲水，脾爲土也。白虎通情性篇：「五藏：肝仁，肺義，心禮，腎智，脾信也。肝，木之精也，目爲之候。肺者，金之精，鼻爲之候。心，火之精也，耳爲之候。腎，水之精也，雙竅爲之候。脾，土之精也，口爲之候。」皆同歐陽今文之説。皮云：「據此，以五行配五事，惟目視、耳聽、口言，塙而可指，若貌與思，無以塙指之。考鴻範五行傳，則伏生之説異於此。五行傳曰：『貌屬木，言屬金，視屬火，聽屬水，思心屬土。』以五事配五行，與古尚書説『脾，木；肺，火；心，土；肝，金；腎，水』合，而與歐陽説『肝，木；心，火；脾，土；肺，金；腎，水』不同。漢儒若董仲舒、眭孟、劉向、劉歆言災異，班志五行，鄭注大傳，皆同伏義。楊雄玄數云：『三八爲木，事貌用恭撝肅，徵旱，類爲狂。四九爲金，事言用從撝乂，徵雨，類爲僭。二七爲火，事視用明撝哲，徵熱，類爲舒。一六爲水，事聽用聰撝謀，徵寒，類爲急。五五爲土，事思用睿撝聖，徵風，類爲牟。』（「牟」蓋「瞀」之叚借。）雄用今文，『睿』當爲『容』，後人改之也。漢書天文志云：『木，於人五常仁也，五事貌也。火，禮也，視也。金，義也，言也。水，知也，聽也。土，信也，思心也。仁、義、禮、知，以信爲主。貌、言、視、聽，以心爲正。』律曆志云：『協之五行，則角爲木，五常爲仁，五事爲貌。商爲金、爲義、爲言，徵爲火、爲禮、爲視，羽爲水、爲智、爲聽，宮爲土、爲信、爲思心。』漢紀云：『木爲貌，金爲言，火爲視，水爲聽，土爲思心。』又云：『合之五行，則角爲木，於五常爲仁，於五事爲貌。商爲金、爲義、爲言，徵爲火、爲禮、爲視，羽爲水、爲智、爲聽，宮爲土、爲信、爲思心。』皆與鴻範五行傳合。則伏説與古尚書不異，歐陽説背其師傳也。」書疏引鄭云：

「此數本諸陰陽昭明人相見之次也。」江云：「人相見，則先見其貌，既見，則必有言，因其言，則可以知其所視、所聽，且可以知其所思，是人相見之次也。」**貌曰恭，**儼恪。○「貌曰恭」，今文與古文同。○今文同者，宋世家、五行志引如此。**言曰從，**是則可從。○「言曰從」，今文與古文同。○今文同者，宋世家、五行志引如此。集解引馬云：「發言當使可從。」孫云：「此自人從言之。五行志云：『「言之不從」，從，順也。』左文十四年傳宣子曰：『其詞順。』自我言言之。」**視曰明，**必清審。○「視曰明」，今文與古文同。○今文同者，宋世家、五行志引如此。**聽曰聰，**必微諦。○「聽曰聰」，今文與古文同。○今文同者，宋世家、五行志引如此。**思曰睿。**必通於微。○「思曰睿」，古文也，今文作「思心曰容」。書疏引王肅云：「睿，通也。思慮苦其不深，故必深思，使通於微也。」與僞傳解同，此又僞傳出肅之一證也。○「思曰睿」者，釋文引馬云：「睿，通也。」書疏及詩凱風疏引鄭云：「此恭、明、聰、睿，行之於我身。其從，則是彼人從我，以與上下違者。我是而彼從，亦我所爲不乖剌也。睿，通於政事。」今文作「思心曰容」者，五行志引經曰「思（脱「心」字。）曰容」，（今誤「睿」。）又引傳曰：「『思心之不容，（今誤「睿」。）是謂不聖。』」，思心者，心思慮也。容，（今誤「睿」。）寬也。孔子曰：『居上不寬，吾何以觀之哉！』言上不寬大包容臣下，則不能居聖位。」以「寬」訓「容」，明是「容」字，知志引傳作「睿」誤，則知引經作「思曰睿」亦誤。應劭注：「容，通也。古文作『睿』。」應言古文作「睿」，與今文作「容」異。今本漢書與注皆誤「睿」，非「容」非「睿」，義不可通。據漢志作「睿」誤，則知宋世家作「思曰睿」亦誤。史公於洪範雖多古文説，其字不當作「睿」也。鴻範五行傳云：「次五事曰思心。思心之不容，是謂不聖。」鄭注：「容，當爲『睿』。睿，通也。聖者包貌、言、視、聽而載之以思心者，通以待之。思心不通，則是非不能心明。其事也，思心曰土，志、論皆言君不寬容則地動，玄或疑焉。今四行來沴土，地乃動，臣下之相帥爲畔逆之象，君不通於事所致也。以爲不寬容，亦皆爲陰勝陽，臣强君之異。」據鄭注，則大傳作「容」，鄭以爲當作「睿」。志、論從今文作「容」，不寬容則地動。鄭從古文作「睿」，不睿通則地動。其義甚明。洪範、月令疏引大傳皆改爲「睿」，則鄭注豈可通乎？續漢志及晉、隋書五行志皆引五行傳云：「思心不容，是謂不聖。」續志又云：「會秋明帝崩，是思心不容也。」漢紀云：「土爲思心。思心曰容，容作聖。」戰國策高注引五行傳亦曰：「思心之不容，是謂不聖。」所引傳皆不誤。春秋繁露五行五事篇：「五曰思，思曰容，（「思」下並脱「心」字。）容者言無不容。容作聖，聖者設也。王者心寬大無不容則聖，能施設，事各得其宜也。」説苑君道篇：「大道容衆，大德容下，聖人寡爲而天下理矣。書曰：『容（今誤「睿」。）作聖。』」皆與伏義同。錢大昕云：「容與恭、從、聰爲韻。鄭以爲字譌，破『容』爲『睿』，未必鄭是而伏非也。説文：『思，容也。』亦用伏義。古之言心者，貴其能容，不貴其能察。秦誓：『其心休休焉，其如有容焉。』論語：『君子尊賢而容衆。』老子云：『容乃公，公乃王，王乃天，天乃道，道乃久。』故視主明，聽主聰，而思獨主容。若睿哲之義，已於明聽中該之矣。」先謙案：皮引外，鴻範五行傳云：「禦思心於有尤。」大傳注：「凡貌、言、視、聽、思心，（今刻本無此二字，文獻通考有。）一事失則逆人之心。」又曰：「瞀與思心之咎同耳。」又曰：「六事：貌、言、視、聽、思心、王極也。」漢書藝文志：「貌、言、視、聽、思心失，而五行之序亂。」漢紀孝昭帝紀云：「思心霿亂之應。」並引見段氏撰異。説文「容」在「谷部」：「深通川也。」「睿」在「𣦼部」：「通也。」小篆作「叡」，古文作「睿」，是「容」與「睿」截然兩字。**恭作肅，**心敬。○「恭作肅」，今文與古文同。○今文同者，宋世家、五行志引如此。志引五行傳曰：「貌之不恭，是謂不肅，厥咎狂，厥罰恒雨，厥極惡。時則有服妖，時則有龜孽，時則有雞旤，時則有下體生於上之痾，時則有青眚青祥，維金沴木〔二〕。」**從作乂**，可以治。〇「從作乂」，今文與古文同，「乂」一作「艾」。〇今文同者，宋世家作「從作治」，乂、治，故訓字。集解引馬云：「出令而從，所以爲治也。」「乂」一作「艾」者，五行志作「從作艾」，古乂、艾通用。志引五行傳曰：「言之不從，是謂不艾，厥咎僭，厥罰恒陽，厥極憂。時則有詩妖，時則有介蟲之孽，時則有犬旤，時則有口舌之痾，時則有白眚白祥，維木沴金。」**明作哲**，照了。〇「明作哲」，今文與古文同，「哲」一作「悊」。〇今文同者，宋世家引作「明作智」，哲、智，故訓字。「哲」一作「悊」者，五行志引作「明作悊」。段云：「坊本『晢』皆作『哲』。顧氏炎武九經誤字正之。書疏引定本作『晢』，則讀爲『晢』。案：說文『晢』下云：『昭晰，明也。从日折聲。』『哲』下云：『知也。（古知、智不分。）从口折聲。』『悊』下云：『敬也。从心折聲。』三字各有所屬本義，而經多相叚借。五行傳作『悊』，漢志因之作『悊』，訓『智』，此叚『悊』爲『哲』也。鄭云『君視明則臣照晢』，『照晢』二字，與說文『昭晢』同，（古昭、照通用。）與易之『明辨晢也』同解，非讀爲『哲』也。心部『悊』：『敬也。』此許君元書。口部『哲』：『或从心。』此必淺人據漢書羼入。讀古書當識其正僞。」志引五行傳云：「視之不明，是謂不悊，厥咎舒，厥罰恒奧，厥極疾。時則有草妖，時則有臝蟲之孽，時則有羊旤，時則有目痾，時則有赤眚赤祥，維水沴火。」**聰作謀**，所謀必成當。〇「聰作謀」，今文與古文同。〇今文同者，宋世家、五行志引如此。集解引馬云：「上聰，則下進其謀。」志引五行傳云：「聽之不聰，是謂不謀，厥咎急，厥罰恒寒，厥極貧。時則有鼓妖，時則

〔二〕「木」原誤作「水」，中華書局點校本漢書五行志引傳曰改「水」爲「木」，今據改。

有魚孽，時則有豕旤，時則有耳痾，時則有黑眚黑祥，維火沴水。」**睿作聖。**於事無不通謂之聖。○「睿作聖」，古文也，今文作「容作聖」。○「容作聖」者，説見上。五行志作「容作聖」，宋世家作「睿作聖」，皆後人妄改。志引五行傳云：「思心之不容，（今作「睿」。）是謂不聖，厥咎霿，厥罰恒風，厥極凶短折。時則有脂夜之妖，時則有華孽，時則有牛旤，時則有心腹之痾，時則有黄眚黄祥，維金、木、水、火沴土。」書疏及詩小旻疏引鄭云：「皆謂其政所致也。君貌恭，則臣禮肅；君言從，則臣職治；君視明，則臣照晢；君聽聰，則臣進謀；君思睿，則臣賢智。」春秋繁露五行五事篇云：「『恭作肅』，言王誠能内有恭敬之姿，而天下莫不肅矣。『從作乂』，言王者言可從明正從行，而天下治矣。『明作哲』，哲者知也，王者明，則賢者進，不肖者退，天下知善而勸之，知惡而恥之矣。『聽作謀』，謀者謀事也，王者聰，則聞事與臣下謀之，故事無失矣。『容作聖』，聖者設也，王者心寬大無不容則聖，能設施，事各得其宜也。」據董子説，此經古義兼上下言之。或謂肅、艾、悊、謀、聖專屬君身言之；或謂恭、從、明、聰、容屬君，肅、艾、悊、謀、聖屬臣，説殊泥。王引之云：「恭與肅，從與乂，明與哲，睿與聖，義並相近。若以『謀』爲謀事，則與『聰』義不相近，斯爲不類矣。今案：『謀』與『敏』同，『敏』古讀若『每』，『謀』古讀若『媒』，竝見唐韻，正謀、敏聲相近，故字相通。中庸：『人道敏政，地道敏樹。』鄭注『敏，或爲「謀」』是其證也。聽則敏，不聽則不敏，故五行傳曰『聽之不聽，是謂不謀』，不謀則不敏。若以爲不能謀事，則『謀』上須加『能』字而其義始明。伏生解聽以謀爲『敏』，正與經旨相合。董、劉、馬、鄭諸儒，以『謀』爲『謀事』，胥失之矣。」

「三，八政：一曰食，勤農業。○「三，八政：一曰食」，古文也，今文無「三」字。○無「三」字者，宋世家作「八政：一曰食」，漢書食貨志、藝文志、論衡識日篇同。大傳云：「八政何以先食？傳曰：食者，萬物之始，人事之本也，故八政先食。」**二曰貨，**寶用物。○「二曰貨」，今文與古文同。○今文同者，宋世家如此，漢書食貨志、論衡識日篇同。志云：「食，謂農殖嘉穀可食之物；貨，謂布帛可衣，及金刀龜貝所以分財布利通有無者也。二者，生民之本。」**三曰祀，**敬鬼神以成教。○「三曰祀」，今文與古文同。○今文同者，宋世家如此，漢書郊祀志同，又云：「祀者，所以昭孝事祖，通神明也。」公羊定八年傳解詁云：「祀者無已，長久之詞。」**四曰司空，**主空土以居民。○「四曰司空」，今文與古文同。僞傳本馬説。○今文同者，宋世家如此。集解引馬云：「司空，掌營〔一〕城郭，主空土以居民。」**五曰司徒，**主徒衆，教以禮義。○「五曰司徒」，今文與古文同。○今文同者，宋世家如此。漢書藝文志：「儒家者流，蓋出於司徒之官，助人君順陰陽明教化者也。」**六曰司寇，**主姦盜，使無縱。○「六曰司寇」，今文與古文同。○今文同者，宋世家如此。集解引馬云：「主誅寇害。」**七曰賓，**禮賓客，無不敬。○「七曰賓」，今文與古文同。○今文同者，宋世家如此。**八曰師。**簡師所任必良，士卒必練。○「八曰師」，今文與古文同。○今文同者，宋世家如此。漢書藝文志：「兵家者流，蓋出古司馬之職，王官之武備也。洪範八政：『八曰師。』」書疏引鄭云：「其數本諸其職先後之宜也。食，謂掌民食之官，若后稷者也。貨，掌金帛之官，若周禮司貨賄是也。祀，掌祭祀之官，若宗伯者也。司空，掌居民之官。司徒，掌教民之官也。司寇，掌詰盜賊之官。賓，掌諸侯朝覲之官，周禮大行人是也。師，掌軍旅之官，若司

〔一〕「營」原誤作「管」，據史記宋世家集解引馬云原文改。

馬也。」江云：「食者，民之天，故爲最先。貨，所以通有無利民用，故貨次之。食、貨既足，民生阜矣。聖主成民，而後致力於神，故祀又次之。王制云：『食節事時，民咸安其居，樂事勸功，尊君親上，然後興學。』故司空在司徒之先。先教而後誅，故司寇在司徒之後。德立刑行，遠方賓服，故次之以賓。其有暴虐無道不率化者，則出六師以征之，故又次以師。是其職先後之宜也。」

「四，五紀：一曰歲，所以紀四時。○「四，五紀：一曰歲」，古文也，今文無「四」字。○無「四」字者，宋世家作「五紀：一曰歲」，白虎通四時篇：「所以名爲歲何？歲者遂也，三百六十六日一週天，萬物畢成，故曰一歲也。」**二曰月，**所以紀一月。○「二曰月」，今文與古文同。○今文同者，宋世家如此。書疏云「月從朔至晦，大月三十日，小月二十九日」是也。**三曰日，**紀一日。○「三曰日」，今文與古文同。○今文同者，宋世家如此。孫云：「日者，呂覽高注：『從甲至癸也。』淮南天文訓：『禹以爲朝晝昏夜。晝者，陽之分；夜者，陰之分。是以陽氣勝，則日修而夜短；陰氣勝，則日短而夜修。』」孫云：「大傳云：『夏以十三月爲正，色尚黑，以平旦爲朔。殷以十二月爲正，色尚白，以雞鳴爲朔。周以十一月爲正，色尚赤，以夜半爲朔。』然則三代分日夜，各從其正。書疏云『從夜半以至明日夜半，周十二辰』以紀日，非古義也。」**四曰星辰，**二十八宿迭見以叙氣節，十二辰以紀日月所會。○「四曰星辰」，今文與古文同。○今文同者，宋世家如此。集解引馬云：「星，二十八宿。辰，日月之所會也。」鄭云：「星，五星也。」開元占經引洪範五行傳云：「歲星者，於五常爲仁，恩德孝慈；於五事爲貌，威儀舉動。仁虧貌失，逆春令，則歲星爲災，雖主福德，見惡逆則怒，爲殃更重。」又曰：「田獵不當，飲食不享，出入不時，及有奸謀，則歲星逆行變色。熒惑於五常爲禮，辨上下之節，於五事爲視，明察善惡之事也。禮虧視失，逆夏令，則熒惑爲旱災、爲饑、爲疾、爲亂、爲死喪、爲賊、爲妖言火怪也。塡星者，於五常爲信，言行不二；於五事爲思心，寬容受諫。若五常五事皆失，塡星爲變動，爲土功、爲女主、爲山崩、爲地動。太白者，西方金精也。於五常爲義，舉動得宜；於五事爲言，號令民從。義虧言失，逆秋令，則太白爲變動，爲兵、爲殺。辰星，北方水精也。於五常爲智，亂權貪道；於五事爲聽，不惑是非。智虧聽失，逆冬令，則辰星爲變怪，爲水災、爲四時不和。」據此，鄭云五星，用今文說；馬云二十八宿，古文說也。「辰」當爲「晷」，謂十二晷。說文日月合宿爲晷。漢書律曆志：「辰者，日月之會而建所指也。」周書周月解：「日月俱起於牽牛之初，右回而行。月周天進一次，而與日合宿。日行月一次而周天，歷舍十有二辰，終而復始。」左昭七年傳士文伯曰「日月之會，是謂辰」是也。

五曰曆數。曆數節氣之度以爲曆，敬授民時。○「五曰曆數」，今文與古文同。○今文同者，宋世家如此。孫云：「曆數者，曆，如五帝紀『曆日月而迎送之』，釋詁：『曆，相也。』相、象字同。數，如算經云：『黄帝爲法，數有十等。』漢書律曆志：『迺定東西，立晷儀，下漏刻，以追二十八宿相距于四方，舉終日定晦朔分至，躔離弦望。』臣瓚注：『離，歷也，日月之所歷也。』志又云：『方士唐都分天部，而落下閎運算轉曆。』則知曆象日月，爲天部占驗之法，數爲算法也。」

「五，皇極：皇建其有極，大中之道，大立其有中，謂行九疇之義。○「五，皇極：皇建其有極」，古文也，今文無「五」字，「皇」一作「王」。○無「五」字者，宋世家如此。漢書谷永傳永引經對曰：「皇極：皇建其有極。」亦無「五」字。「皇」一作「王」者，大傳云：「王之不極，是謂不建，厥咎瞀，厥罰恒陰，厥極弱。時則有射妖，時則有龍蛇之孽，時則有馬旤，時則有下人伐上之痾，時則有日月亂行、星辰逆行。」漢志引傳同，惟「王」作「皇」，「瞀」作「眊」爲異。

又釋傳云：「皇，君也。極，中。建，立也。」**斂時五福，用敷錫厥庶民。**斂是五福之道以爲教，用布與衆民使慕之。○「斂時五福，用敷錫厥庶民」，今文與古文同，「敷」一作「傅」。僞傳本馬說。○今文同者，蔡邕荅詔問災異引經作「敷」。一作「傅」者，宋世家作「斂時五福，用傅錫其庶民」，夏侯、歐陽兩本異也。厥，其，故訓字。集解引馬云：「當斂是五福之道，用布與衆民。」廣雅釋言：「傅，敷也。」說文：「旉，布也。」**惟時厥庶民于汝極，錫汝保極。**君上有五福之教，衆民於君取中，與君以安中之善。言從化。○「惟時厥庶民于汝極，錫汝保極」，古文也，今文「惟」作「維」。○「惟」作「維」者，宋世家作「維時其庶民于汝極，錫汝保極」，惟、維，今、古文之異。厥，其，故訓字。汝，今、古文皆作「女」，今本衞包改之。集解引馬云：「以其能斂是五福，故衆民於女取中正以歸心也。」鄭云：「又賜女以守中之道。」詩傳云：「于，取也。」詩崧高箋：「保，守也。」**凡厥庶民，無有淫朋，人無有比德，惟皇作極。**民有安中之善，則無淫過朋黨之惡、比周之德，爲天下皆大爲中正。○「凡厥庶民，無有淫朋，人無有比德，惟皇作極」，今文與古文同，「無」一作「毋」，「惟」作「維」。○今文同者，石經殘碑作「凡厥庶民，無有淫亙，（疑「朋」之缺誤。）人無有」。（下闕。）段云：「本篇『無偏無黨』字作『毋』，此兩『無有』字作『無』，最有分別。史記皆作『毋』，古文皆作『無』。」「無」作「毋」、「惟」作「維」者，宋世家作「凡厥庶民，毋有淫朋，人毋有比德，維皇作極」，惟、維，今、古文之異。江云：「人，謂臣也。凡其衆民，無有淫佚爲朋黨者，臣無有比周爲德者，維君爲中道以示之則故也。」**凡厥庶民，有猷有爲有守，汝則念之。**民或有道，（「或」舊誤「最」。）有所爲，有所執守，汝則念録敘之。○「凡厥庶民，有猷有爲有守，汝則念之」，今文與古文同。○今文同者，宋世家如此。集解引馬云：「凡其衆民，有謀有爲，有其執守，當思念其行有所趣舍也。」猷，謀，釋詁文。有謀有爲，是有所取；有守，則不爲不義，是有所舍也。劉云：「『念』即『念用庶徵』之『念』，鄭訓『徵』爲『念』，則傳訓『法』也。言庶民之賢者，汝以官人之法試之。」**不協于極，不罹于咎，皇則受之。**凡民之行，雖不合于中，而不罹于咎惡，皆可進用，大法受之。○「不協于極，不罹于咎，皇則受之」，今、古文並當作「不離」，今文一作「不麗」，「協」作「叶」。○今文作「不離」者，宋世家作「不協于極，不離于咎，皇則受之」。古文作「不離」者，段云：「離，衛包改『罹』。釋文：『罹，馬力馳反，又來多反。』此『罹』字開寶間依衛改。古『離』訓『分』，亦訓『合』，詩『鴻則離之』、『月離于畢』、『雉離于羅』，禮記『宿離不貸』，史記『離騷者，猶離憂也』，漢書王褒傳『離此患也』、楊惲傳『遭離變故』，尹宙碑『遭離寖疾』皆是。易曰：『離，麗也。』此古訓也。後人不知此義，於『離』之訓『陷』者别造一『罹』字，遂用以改經，如詩之『逢此百離』，（詩釋文：「罹，本又作『離』，力知反。」此陸氏無識，不依「離」爲定本。）書之『不離于咎』皆是。造此字者，其在支、脂不别之後乎？漢建寧四年劉脩碑已云『少罹艱苦』，則其時古音已茫昧矣。『離』字古音在歌部，轉音在支部，聖人以『麗』訓『離』，『麗』在支部，支、歌爲最近，而『罹』从網惟聲，『惟』在脂部，則與歌聲相遠。陸云『馬力馳反』，此明馬釋爲分離，謂不合於極，不離於咎也。力馳反在支部，又來多反在歌部，不違古音。自僞孔云『雖不合於中，而不離於咎』，始訓爲不陷於惡，而衛包因改爲『罹』字，亦如讀詩者改『百離』爲『百罹』也。作『離』字則統不免於咎、不陷於咎兩解，作『罹』字則偏矣。」「不離」作「不麗」、「協」作「叶」者，王應麟困學紀聞引大傳：「洪範曰：『不叶于極，不麗于咎。』」今本大傳佚此文。叶，古文「協」。「離」者，麗也。故大傳作「麗」。劉云：「其未合於中行而亦未麗於咎徵者，汝以寬大之法容之。」**而康而色，曰予攸好德，汝則錫之福。**汝當安汝顏色，以謙下人。人曰：「我所好者德，汝則與之爵祿。」○「而康而色，曰予攸好德，汝則錫之福」，今文與古文同。○今文同者，宋世家作「而安而色，曰予所好德，女則錫之福」，康、安，攸、所，故訓字。江云：「言汝其安和汝之顏色，以宣示人，曰我所好者德，使明知上之所好而從之，庶能叶於極也，夫然後汝則予以爵祿。」**時人斯其惟皇之極。**不合於中之人，汝與之福，則是人此其惟大之中。言可勉進。○「時人斯其惟皇之極」，古文也，今文「惟」作「維」。○「惟」作「維」者，宋世家作「時人斯其維皇之極」。言是人斯日勉於德，而協於皇建之大中矣。**無虐煢獨，而畏高明。**煢，單，無兄弟也。無子曰獨。單獨者不侵虐之，寵貴者不枉法畏之。○「無虐煢獨，而畏高明」，古文也；今文作「毋侮鰥寡」，「鰥」一作「矜」，一作「無侮鰥寡」。古文「無」一作「亡」。僞傳次句本馬說。○「毋侮鰥寡」者，宋世家作「毋侮鰥寡，而畏高明」，集解引馬云：「高明顯寵者，不枉法畏之。」列女傳楚野辯女篇引周書與宋世家同。「鰥」一作「矜」者，困學紀聞引大傳：「洪範曰：『毋侮矜寡，而畏高明。』」矜、鰥，古通。一作「無侮鰥寡」者，後漢肅宗紀詔賜高年鰥寡孤獨帛一匹，引經如此。並三家文異。古文「無」一作「亡」者，釋文：「『無虐』馬本作『亡侮』。」畏，鄭音威。」劉云：「詩：『不侮鰥寡，不畏强禦。』馬說爲長。」**人之有能有爲，使羞其行，而邦其昌。**功能有爲之士，使進其所行，汝國其昌盛。○「人之有能有爲，使羞其行，而邦其昌」，古文也，今文「邦」作「國」，「羞」一作「脩」。○「邦」作「國」者，宋世家作「人之有能有爲，使羞其行，而國其昌」，許沖進說文上書引同，石經殘碑作「明。（屬上。）人之有能有爲，使羞其行，而」，（下闕。）潛夫論思賢篇：「書曰：『人之有能有爲，使循其行，國乃其昌。』」段云：「『循』蓋『脩』之誤。『脩』又『羞』聲之誤也。古書脩、循互譌者甚多。」皮云：「段以『循』爲『脩』是也，以『脩』爲『羞』誤則非。李尤靈臺銘云：『人脩其行，而國其昌。』正作『脩』。蓋三家異文有作『脩』者，王符依用之。今作『循』，傳寫誤耳。」**凡厥正人，既富方穀。**凡其正直之人，既當以爵禄富之，又當以善道接之。○「凡厥正人，既富方穀」，今文與古文同。○今文同者，宋世家如此。孫云：「正人，謂在位之正長。富，謂重其禄。穀，善也。」江云：「公羊桓三年傳：『既者何？盡也。』禮檀弓鄭注：『方，猶常也。』釋言：『穀，禄也。』太宰鄭注：『班禄所以富臣下。』書曰：『既富方穀。』」經言凡其正人，盡富之以常禄，則可使勸於善而有好于汝家。」**汝弗能使有好于而家，時人斯其辜。**不能使正直之人有好于國家，則是人斯其詐取罪而去。○「汝弗能使有好于而家，時人斯其辜」，古文也，今文「弗」作「不」。○「弗」作「不」者，宋世家作「女不能使有好于而家，時人斯其辜」。言汝不能使有好於汝家，是人斯有辜惡之人矣。詩鹿鳴箋：「好，猶善也。」劉云：「箕子自稱『我』，稱武王『女』，以賓師之道自處，示罔爲臣也。」**于其無好德，汝雖錫之福，其作汝用咎。**於其無好德之人，汝雖與之爵禄，其爲汝用惡道以敗汝善。○「于其無好德，汝雖錫之福，其作汝用咎」，今文「無」作「毋」，今、古文皆無「德」字。○今文「無」作「毋」、無「德」字者，宋世家作「于其毋好，女雖錫之福，其作女用咎」。古文無「德」字者，集解引鄭云：「無好于女家之人，雖賜之爵禄，其動作爲女用惡。謂爲天子結怨於民。」案：鄭以「于其無好女」爲句。段云：「定本僞傳無『德』字，正義本有。疏云：『「無好」對「有好」，「有好」謂有善也。（此指經言。）傳記言「好德」者多矣，故傳以「好德」言之。』或據傳增『德』字入經，而唐石經依之，非也。」**無偏無陂，遵王之義。**偏，不平。陂，不正。言當循先王之正義以治民。○「無偏無陂，遵王之義」，今、古文「陂」並作「頗」，「義」一作「誼」，今文「無」一作「毋」。○今文「陂」作「頗」、「無」一作「毋」者，宋世家作「毋偏毋頗，遵王之義」，潛夫論釋難篇：「無偏無頗，親疏同也。」「義」一作「誼」者，呂覽貴公篇：「洪範曰：『無偏無頗，遵王之誼。』」高注：「誼，法也。」匡謬正俗六引書同。古文「陂」作「頗」、「義」一作「誼」者，案唐書經籍志：「開元十四年，玄宗以洪範『無偏無頗』聲不協，詔改爲『無偏無陂』。」段云：「玄宗不知『義』、『誼』古音本魚何切，而改普多切之『頗』爲彼義切之『陂』以韻宜寄切之『義』，又不知『陂』之古音亦普多切與『頗』同，因而擅改。玄宗詔見於佩觿。册府元龜、文苑英華並作『遵王之誼』。唐時尚書『義』多作『誼』，釋文呂刑、文侯之命、僞太甲可證。宜、誼古音同魚何切，與『頗』元無不叶也。封演聞見記云：『初，太宗以經籍多有舛謬，詔顏師古刊定，頒之天下，年代既久，傳寫不同，開元以來，省司將試舉人，皆先納所習之本，文字差互，輒以習本爲定，義或可通。雖與官本不合，上司務於收奬即放過。天寶初，詔改尚書古文悉爲今文。十年，有司上言，經典不正，取舍無準。詔儒官校定經本，送尚書省並國子司業共相驗考。張參遂撰定五經字樣，書於太學講堂之壁，學者咸就取正焉。又頒字樣於天下，俾爲永制，由是省司停納習本。』太宗詔師古刊定頒之天下者，即正義所謂『定本』也。定本未必盡善，故或各守習本，試舉人，納之省司，於此見唐時善本尚多，至天寶十年後，詔儒官校定經本，至於停納習本，而善本俱廢矣。」**無有作好，遵王之道。無有作惡，遵王之路。**言無有亂爲私好惡，動必循先王之道路。○

「無有作好，遵王之道。無有作惡，遵王之路」，古文也，今文「無」一作「毋」，「有」一作「或」。古文「好」一作「玫」。○「無」一作「毋」者，宋世家作「毋有作好，遵王之道。毋有作惡，遵王之路」，集解引馬云：「好，私好也。」「有」一作「或」者，呂覽貴公篇：「洪範曰：『無或作好，遵王之道。無或作惡，遵王之路。』」高注：「或，有也。好，私好也。私好鬻公平於曲惠也。作惡，擅作威也。」案：或、有，古字通。江云：「曲惠，若齊陳氏以家量貸、以公量收是也。」古文「好」

一作「妞」者，說文「妞」下云：「人姓也。从女丑聲。商書曰：『無有作妞。』」段云：「壁書如是。荀子修身篇、天論篇引書並與古文同。」**無偏無黨，王道蕩蕩。**言開闢。○「無偏無黨，王道蕩蕩」，今文與古文同，「無」一作「毋」，一作「不」。僞傳「蕩蕩」訓「開闢」，非。○今文同者，漢書王莽傳引如此，左襄三年傳、吕覽貴公篇同。「無」作「毋」者，宋世家、漢書車千秋傳作「毋偏毋黨，王道蕩蕩」，石經殘碑作「□□□路。毋偏毋黨，王道蕩蕩」。一作「不」者，史記張釋之馮唐傳贊引書曰：「不偏不黨，王道蕩蕩。」漢書東方朔傳、說苑至公篇引同。史記集解引鄭云：「黨，朋黨。」吕覽高注：「蕩蕩，平易也。」**無黨無偏，王道平平。**言辯治。○「無黨無偏，王道平平」，今文與古文同，「無」一作「毋」，一作「不」，「平平」一作「便便」。○今文同者，以上文例之，今文應有作「無」之本，而今不見。「無」作「毋」者，石經殘碑作「毋黨」，（下闕。）宋世家作「毋黨毋偏，王道平平」。「無」作「不」、「平平」作「便便」者，張釋之馮唐傳贊引書曰：「不黨不偏，王道便便。」徐廣注：「便，一作『辯』。」皮云：「堯典『平章』，史記作『便章』，鄭誕生本作『辨章』。『平秩』史記作『便程』，大傳作『辨秩』，是古文作『平』，今文作『便』，一作『辨』也。詩采菽『平平左右』，釋文引韓詩作『便便』。韓詩，今文；毛詩，古文。亦今文作『便便』，古文作『平平』之證。史公用今文，當作『便便』，宋世家作『平平』，豈亦洪範古文說之一與？」**無反無側，王道正直。**言所行無反道不正，則王道平直。○「無反無側，王道正直」，古文也，今文「無」作「毋」。○「無」作「毋」者，宋世家作「毋反毋側，王道正直」，集解引馬云：「反，反道也。側，傾側也。」說文：「反，覆也。」「側，旁也」。覆則反道，旁則傾側也。**會其有極，歸其有極。**言會其有中而行之，則天下皆歸其有中矣。○「會其有極，歸其有極」，今文與古文同。○今文同者，宋世家如此。集解引鄭云：「會，謂君也當會聚有中之人以爲臣也。」「歸，謂臣也當就有中之君而事之。」**曰皇極之敷言，是彝是訓，于帝其訓。**曰者，大其義，言以大中之道布陳言教，不失其常，則人皆是順矣。天且其順，而況于人乎？○「曰皇極之敷言，是彝是訓，于帝其訓」，古文也，今文「皇」作「王」，「敷」作「傅」，「彝」作「夷」，下「訓」作「順」。○「皇」作「王」，「敷」作「傅」，「彝」作「夷」，「訓」作「順」者，宋世家作「曰王極之傅言，是夷是訓，于帝其順」，集解引馬云：「王者當盡極行之，使臣下布陳其言。是大中而常行之，用是教訓天下，於天爲順也。」段云：「此以『王極之敷言』、『庶民極之敷言』對文，視僞傳爲長。洪範五行傳：『王之不極，是謂不建。』鄭注：『王，君也。王，（句絶。）君出政之號也。』今文『皇極』字本皆作『王』，訓『君』，（雖鄭注云『或皆爲皇』，然作『皇』，亦訓『君』。前、後漢書五行志皆曰：『皇，君也。』）不訓『君』，則不得云『王之不極』，與『貌之不恭』、『言之不從』、『視之不明』、『聽之不聰』、『思心之不容』句法一例也。馬本此處蓋亦作『皇』而訓爲『王』者。」下「訓」作「順」者，上「訓」，教訓也，故如字。下「訓」，順也，故易爲「順」。馬注正如是。皮云：「篇中『皇極』字，大傳皆作『王極』。史記作『王極』與大傳合，他處『皇極』，疑後人改之。此則改之不盡者，非此『王極』與上『皇極』不同義也。『王極』字三家異文或作『皇』，其義皆當訓『君』。」「史公於上文『彝倫』字皆以故訓改『彝』爲『常』，此直作『夷』，疑今文尚書本作『夷』字。」劉云：「『王極之敷言』，即上文『無偏』以下四十八字是也。」**凡厥庶民極之敷言，是訓是行，以近天子之光。**凡其衆民中心之所陳言，凡順是行之，則可以近益天子之光明。○「凡厥庶民極之敷言，是訓是行，以近天子之光」，古文也，今文「敷」作「傅」，「訓」作「順」。王鳴盛云：「馬訓『極』爲『盡極』，是。僞傳以爲『中心』，非也。」先謙案：史記集解引王肅云：「近，猶益也。順行民言，所以益天子之光。」與僞傳合。此又僞傳出肅之一證也。○「敷」作「傳」，「訓」作「順」者，宋世家作「凡厥庶民極之傳言，是順是行，以近天子之光」，集解引馬云：「亦盡極敷陳其言於上也。」孫云：「周禮『詢萬民』，詩『詢芻蕘』，周語邵公曰『庶人傳語』，故古者庶民得近天子也。」劉云：「王者常以極之敷言爲教訓，斯順於帝，則庶民亦順行是言，則可以近天子盛德之光輝也。」**曰天子作民父母，以爲天下王。**言天子布德惠之教，爲兆民之父母，是爲天下所歸往，不可不務。○「曰天子作民父母，以爲天下王」，今文與古文同。○今文同者，宋世家、白虎通爵篇如此。漢書刑法志引無「以」字，渻文。石經殘碑作「（上闕。）爲天下王」。大傳云：「聖人者，民之父母也。母能生之，能食之；父能教之，能誨之。聖人曲備之者也，能生之，能食之，能教之，能誨之也。故書曰：『作民父母，以爲天下王。』此之謂也。」

「六，三德：一曰正直，能正人之曲直。○「六，三德：一曰正直」，古文也，今文無「六」字。王鳴盛云：「左襄七年傳：『正直爲正，正曲爲直。』杜注：『正直爲正，正己之心；正曲爲直，正人之曲。』僞孔以解此經，與下『剛克』、『柔克』不貫，且遺正直爲正，但言正人曲直，亦非。」○今文無「六」字者，石經殘碑作「三德：一曰正直」，宋世家同。集解引鄭云：「中平之人。」孫云：「中平者，謂不剛不柔中正和平之人。」**二曰剛克，**剛能立事。○「二曰剛克」，今文與古文同。○今文同者，宋世家如此。集解引馬云：「克，勝也。」石經殘碑作「二」。（下闕。）**三曰柔克。**和柔能治。三者皆德。○「三曰柔克」，今文與古文同。○今文同者，宋世家如此。集解引鄭云：「克，能也。剛而能柔，柔而能剛，寬猛相濟，以成治立功。」詩羔裘疏引鄭云：「剛則彊，柔則弱，此陷於滅亡之道，非能也。」疏又申之云「然則正直者，謂不剛不柔，每事得中也。剛克者雖剛，而能以柔濟之，柔克者雖柔，而能以剛濟之。故三者各爲一德」是也。孫云：「此言人有三德，當自治其性也。漢書匡衡傳：『治性之道，必審己之所餘，而彊其所不足。』又云：『齊之以義，然後中和之道應。』此『三德』，謂天、地、人之道。論語『人之生也直』，人道也。剛克，天道。柔克，地道。皋陶謨疏云：『洪範三德，先人事而後天地是也。』」**平康正直，**世平安，用正直治之。○「平康正直」，今文與古文同。○今文同者，宋世家如此。孫云：「經申言三德之性行。正直者平康，是得其中正，不須克制也。」**彊弗友剛克，**友，順也。世彊禦不順，以剛能治之。○「彊弗友剛克」，古文也，今文「弗」作「不」。○「弗」作「不」者，宋世家作「彊不友剛克」。孫云：「廣雅釋詁：『友，親也。』言其性彊毅，不可親。剛克之人有是性。」**燮友柔克。**燮，和也。世和順，以柔能治之。○「燮友柔克」，古文也，今文「燮」作「内」。○「燮友柔克」者，孫云：「釋詁：『燮，和也。』言柔克之人有此性。二者，君德之偏，故下言自克之道。」書疏引鄭云：「人臣各有一德，天子擇使之。安平之國，使中平守一之人治之，使不失舊職而已。國有不順孝敬之行者，則使剛能之人誅治之。其有中和之行者，則使柔能之人治之，差正之。」孫云：「鄭以下文有『惟辟作福、作威』之言，故爲此説。」王鳴盛云：「鄭云然者，天子無職，用人其職。天子之德，才質不齊，約有三等，故隨其時地所宜用之。」「燮」作「内」者，宋世家爲「内友柔克」。段云：「古内、入通用，入、燮同部，故假借作『内』。」**沈潛剛克，**沈潛謂地，雖柔亦有剛，能出金石。○「沈潛剛克」，古文也，今文「潛」作「漸」。○「沈潛剛克」者，集解引馬云：「沈，陰也。潛，伏也。陰伏之謀，謂亂臣賊子非一朝一夕之漸，君親無將，將而誅。」案：此謂有賊亂陰謀，當以剛克，不可優柔不決也。「潛」作「漸」者，宋世家作「沈漸剛克」，左文五年傳甯嬴引商書同。漢書谷永傳永説王音曰：「意豈將軍忘沈漸之義，委曲從順，所執不彊？」後漢趙壹傳壹疾邪賦云：「佞諂日熾，剛克消亡。」此皆以剛克爲自治德性。孫云：「甯嬴説陽處父曰：『以剛。商書：「沈潛剛克，高明柔克。」夫子壹之，其不没乎！天爲剛德，猶不干時，況在人乎？』杜注：『沈潛，猶滯弱也。高明，猶亢爽也。言各當以剛柔勝己本性，乃能成全也。』此周人引書，即言治性，不言治人。」**高明柔克。**高明謂天，言天爲剛德，亦有柔克，不干四時。喻臣當執剛以正君，君亦當執柔以納臣。○「高明柔克」，今文與古文同。○今文同者，宋世家如此。集解引馬云：「高明君子，亦以德懷也。」案：亦者，亦上「燮友柔克」也。皮云：「漢書敘傳：『孝元翼翼，高明柔克。』班氏以柔克爲言君德。後漢梁統傳統上疏曰：『文帝寬惠柔克。』鄭興傳興上疏曰：『今陛下高明而羣臣皇促，宜留思柔克之政，垂意洪範之法。』後漢紀引興疏曰：『願陛下留神寬恕，以崇柔克之德。』以柔克屬君德，克爲自克之義，與班氏合。慎令劉君碑：『於惟君德，惠孝正直。至行通洞，高明柔克。』亦以柔克爲德性，皆今文義。五行志『艾用三德』應劭注云：『謂治大中之道用三德。』則三德自當屬君德言。馬、鄭以此專屬人臣，又探下文『作福作威』之意，以沈潛爲賊臣，高明爲君子，古文異説，殊乖經旨。」**惟辟作福，惟辟作威，惟辟玉食。**言惟君得專威福，爲美食。○「惟辟作福，惟辟作威，惟辟玉食」，古文也，今文「惟」作「維」，一本先「威」後「福」。○「惟」作「維」者，宋世家如此。集解引馬云：「辟，君也。玉食，美食。不言王者，關諸侯也。」鄭云：「作福，專爵賞也。作威，專刑罰也。玉食，備珍美也。」公羊成元年傳疏引鄭云：「此凡君抑臣之言也。」一本先「威」後「福」者，後漢荀爽傳爽引洪範曰：「『惟辟作威，惟辟作福，惟辟玉食。』此三者，君所獨行，而臣不得同也。今臣僭君服，下食上珍，所謂『害于而家，凶于而國』者也。」蔡邕傳答詔問災異八事云：「書曰：『惟辟作威，惟辟作福。』臣或爲之，謂之凶害。」並先「威」後「福」。孫云：「『玉食』，猶好食。史記封禪書索隱引三輔決録云：『杜陵有玉氏，音肅。』說文以爲從玉，音『畜牧』之『畜』。案：『玉』讀爲『畜』，畜、好，聲之緩急。孟子梁惠王篇：『畜君者，好君也。』凡經言『玉女』、『玉色』，義皆爲好。後人忽之，並删說文音讀。」**臣無有作福、作威、玉食。臣之有作福、作威、玉食，其害于而家，凶于而國。人用側頗僻，民用僭忒。**在位不敦平，則下民僭差。○「臣無有作福、作威、玉食，臣之有作福、作威、玉食，其害于而家，凶于而國。人用側頗僻，民用僭忒」，古文也，今文「臣」下無「之」字，「僻」作「辟」，一先「威」後「福」；一「玉食」上多「亡有」二字，「忒」作「慝」；一「凶」上多「而」字。○「臣」下無「之」字、「僻」作「辟」者，宋世家如此。漢書武五子傳廣陵王策引書云：「臣不作福，臣不作威。」此隱栝之詞。先「福」後「威」，與史記同。一先「威」後「福」者，漢書劉向傳向上封事曰：「書云：『臣之有作威、作福，害于而家，凶于而國。』」王商傳張匡對曰：「丞相商作威、作福。」後漢第五倫傳倫上疏曰：「書曰：『臣無有作威、作福，其害于而家，凶于而國。』」楊震傳震上疏曰：「書曰：『臣無有作威、作福、玉食。』」李固傳馬融誣奏固曰：「作威、作福，莫固之甚。」襄楷傳楷疏曰：「而臣作威、作福。」張衡傳衡疏曰：「洪範曰：『臣有作威、作福、玉食，害于而家，凶于而國。』」魏志蔣濟傳：「夫作威、作福，書之所誡。」戰國策高誘注引書曰：「无有作威、作福。」並先「威」後「福」。隋梁毗論楊素封事曰：「臣聞：臣無有作威福，臣之作威福，其害于而家，凶于而國。」是隋人所據之本，猶有先「威」後「福」者。一「玉食」上多「亡有」二字、「忒」作「慝」者，漢書王嘉傳嘉奏封事曰：「臣聞箕子戒武王曰：『臣亡有作威、作福，亡有玉食。臣之有作威、作福、玉食，害于而家，凶于而國，人用側頗辟，民用僭慝。』」言如此則逆尊卑之序，亂陰陽之統，而害及王者，其國極危。國人傾仄不正，民用僭差不壹，此君不由法度，上下失序之敗也。」顔注：「慝，惡也。」段云：「嘉言『僭差不壹』正訓『忒』字，此假『慝』爲『忒』，顔注非也。但顔注自本馬融。釋文引馬云：『忒，惡也。』又假『忒』爲『慝』。」一「凶」上多「而」字者，石經殘碑作「家，而凶于而國，人用□頗辟」，（下闕。）「凶」上多「而」字，以上引無「其」字者，蓋亦今文異本。公羊成元年疏引鄭云：「害于女家，福去室。凶于女國，亂下民。」江云：「辟，衺。僭，差。忒，疑也。權歸于臣，則下僚諂附，用是傾側不正，民將生心，用是僭忒疑貳矣。漢書序傳：『侯服玉食，敗俗傷化。』用此經義。」

「七，稽疑：擇建立卜筮人，龜曰卜，蓍曰筮。考正疑事，當選擇知卜筮人而建立之。○「七，稽疑：擇建立卜筮人」，古文也，今文無「七」字。○無「七」字者，宋世家作「稽疑：擇建立卜筮人」。書疏引鄭云：「將考疑事，選擇可立者立爲卜人、筮人。」白虎通蓍龜篇：「卜，赴也，爆見兆也。筮也者，信也，見其卦也。」春官序官鄭注：「問龜曰卜，問蓍曰筮。」説文「卜」下云：「剥龜也。象灸龜之形。一曰象龜兆之縱横也。」「筮」下云：「易卦用蓍也。」**乃命卜筮，**建立其人，命以其職。○「乃命卜筮」，今文與古文同。○今文同者，宋世家如此。集解引鄭云：「將立卜筮人，乃先命名兆卦而分别之。兆卦之名凡七。」據此，明僞孔説誤。命，名也。**曰雨，曰霽，**龜兆形有似雨者，有似雨止者。○「曰雨，曰霽」，古文也，今文「霽」作「濟」。○「霽」作「濟」者，宋世家作「曰雨，曰濟」，集解引鄭云：「雨者，兆之體，氣如雨然也。濟者，如雨止之雲氣在上者也。」段云：「大卜疏引鄭云：『「曰濟」者，兆之光明，（此有譌字。）如雨止。』此鄭本作『濟』之證。爾雅：『濟謂之霽，濟者，雨止也。』古凡止皆云『濟』，如齊物論『麗風濟則衆竅爲虚』，向注：『濟，止也。』淮南時則訓『九月失政，三月春風不濟』，高注：『濟，止也。』此經上言『曰雨』，下言『曰濟』，故鄭知爲『雨止』。所以知僞孔作『霽』非衛包改者，書疏『蒙』、『驛』字作『雺』、『圛』，而『霽』不作『濟』，且引說文『霽，雨止也』，則知作疏時字本作『霽』，其引鄭云：『霽，如雨止者雲在上也。』此順孔徑改爲『霽』耳。」**曰蒙，**蒙，陰闇。○「曰蒙」，古文「蒙」本作「雺」，一作「蟊」。今文「蒙」作「霧」。○古文「蒙」本作「雺」者，書疏引鄭云：「雺者，氣澤鬱鬱冥冥也。」（「圛」訓「色澤」，「雺」訓「氣不澤」。「澤」上奪「不」字。）王肅云：「雺，天氣下地不應，闇冥也。」此古文本作「曰雺」之證。釋文：「蒙，武工反，徐亡鉤反。」段云：「雺，从雨矛聲。故徐邈音亡鉤反。釋文元本大書『雺』字兼引徐氏反語，若作『蒙』，則但當武工一反，而亡鉤無附著處。此衛包改『雺』作『蒙』，開寶中李昉、陳鄂復改釋文之『雺』作『蒙』也。經作『曰雺』，僞傳云：『雺，蒙，（句。）陰闇也。』衛乃以『蒙』改『雺』。下經作『曰圛』，僞傳云：『圛，氣落驛不連屬也。』衛乃以『驛』改『圛』，此謬誤之尤者。疏云：『曰雺，兆氣蒙闇也。』（此釋經文。）又云：『雺聲近蒙。詩云：「零雨其蒙。」（从氵誤。）則蒙是闇之義，故以雺爲兆，蒙是陰闇也。』（此釋傳文。）此作疏時，經文作『雺』不作『蒙』甚顯白。凡衛所改竄本字，如牧誓之『御』，梓材之『斁』，猶存於疏中者，舉視此。文選三國名臣序贊李注引孔傳曰：『雺，陰氣（今本作「闇」。）也。』此唐初本作『雺』之一明證。」一作「蟊」者，大卜注引書作「曰蟊」，借字。汗簡、古文四聲韻皆曰：「栙，古文『蒙』，出古尚書。」則因作「蟊」傅會之。今文「蒙」作「霧」者，宋世家作「曰霧」，集解引鄭云：「霧者，氣不釋鬱冥冥也。」（「釋」當爲「澤」。）說文「霧」下云：「地氣發，天不應也。」「雺」下云：「籀文，『霧』省。」是今、古文同字。集韻十九侯：「雺、霿、蒙三形一字，迷浮切。」此合未改、已改之釋文爲詞。雺亦音蒙，蒙不亦音矛？史記徐廣注：「『曰霽』一作『曰被』。」錢大昕以爲「被」是「霚」之譌也。**曰驛，**氣落驛不連屬。○「曰驛」，古文當作「曰圛」，今文作

「曰涕」。○古文「驛」作「圛」者，圛，衛包改作「驛」，其釋文大書「圛」字，開寶改「驛」。段云：「天寶以前作『圛』，其證有八：書疏云：『曰圛，兆氣落驛不連屬也。』又曰：『圛即驛也。』證一。又云：『王肅云：「圛，霍驛消減如雲陰。」鄭玄以「圛」爲明，言色澤光明也。』證二。詩齊風疏云：『洪範稽疑，論卜兆有五曰「圛」。』證三。史記集解云：『尚書作「圛」。』又引鄭玄云：『圛，色澤而光明也。』證四。索隱云：『涕，尚書作「圛」。』（震澤王氏本誤爲「驛」。）證五。齊風箋：『古文尚書「弟」爲「圛」。』證六。大卜注『曰圛』，證七。說文『圛』下云：『回行也。从口睪聲。商書曰：「曰圛。」』證八。說文又釋之曰：『圛者，升雲半有半無。』玉篇妄移『者』字於『雲』字之下，而後人刪說文『者』字，以爲逸書有『圛，圛升雲半有半無』二句，誤也。『回行』是『圛』字本義，『升雲半有半無』釋書『圛』字之義。鄭箋詩云：『圛，明也。』注書云：『色澤而光明。』此爲一說。王肅云：『霍驛消減如雲陰。』許云：『升雲半有半無。』僞孔云：『氣落驛不連屬。』此三家爲一說。『升雲半有半無』即『不連屬』、『霍驛消減』之意。謂龜兆如是。爾雅『屬者嶧』郭注：『言駱驛相連屬。』僞孔則云『落驛不連屬』，古義之相反而相成者也。」今文作「涕」者，宋世家作「曰涕」，詩齊風「齊子豈弟」箋云：「豈，讀當爲『闓』。弟，古文尚書以『弟』爲『圛』。」釋文作「豈弟」，疏作「愷悌」，疏云：「古文尚書即今鄭注尚書是也，無以『弟』爲『圛』之字。惟洪範稽疑，論卜兆有五曰『圛』，注云：『圛者，色澤光明。』蓋古文作『悌』，今文作『圛』，賈逵以今文校之，定以爲『圛』，故鄭依賈氏所奏，從定爲『圛』，於古文則爲『悌』，故云『古文尚書以『悌』爲『圛』。圛，明也。』上言發夕，謂初夜即行，此言圛明，謂侵明而行。今定本云『悌』，古文尚書以爲『圛』，更無『弟』字，義得並通。」陳云：「賈定『弟』爲『圛』，猶定『雕』爲『烏』，皆從今尚書。然於經，不改『雕』字而獨改『弟』者，

「弟」字奇而義迂，不如今文作『圛』爲順。賈逵奏定尚書必已改『弟』爲『圛』，故鄭因之。說文『圛』字下釋書之詞，許蓋即本其師賈侍中說，定從今尚書也。」段云：「詩疏誤也。此字今文作『悌』，古文作『圛』。今文即宋世家所載『曰涕』是也。鄭箋詩云『古文「涕」爲「圛」』者，謂今文之『涕』古文作『圛』，則尚書『涕』可讀爲『圛』，以是證之詩之『弟』與『悌』同聲，『弟』亦可讀『圛』，而『豈弟』可訓『闓明』也。詩箋轉寫既久，『涕』譌作『悌』，『悌爲圛』之上妄增『以』字，夫『以某爲某』，此六書假借之法，莫詳於說文，如丂、疋、臭、𢾊、屮、臤等字是也。如詩疏所云，賈逵定『涕』爲『圛』，則箋當云「『涕』讀爲『圛』」，如漢儒注經易字之例，音近者云『某讀爲某』，音殊者云『某當爲某』，不得云『以涕爲圛』也。（凡『以某爲某』者，在漢人爲假借之法，若言以某字代某字也。在唐、宋人爲指摘繆戾，若言將某字誤作某字也。讀法各異。若用唐、宋人例例之，則爲將『涕』字誤作『圛』字，更不倫矣。）且今文作『涕』，古文作『圛』，皆有證佐，不得反易之。孔、衛、賈、馬、鄭諸君，皆貴古賤今，未有易古從今者，即閒有今文較長，用今詮古，亦斷不易古文之字。如堯典馬注『道德純備謂之思』，此用今文『塞』字之義，要不易古文之『思』字也。古文果是『涕』字，賈必不敢改爲『圛』字。且後漢書逵傳云：『逵數爲帝言古文尚書與經傳爾雅詁訓相應，詔令撰歐陽、大小夏侯尚書、古文尚書同異。逵集爲三卷，帝善之。』據此，則逵之三卷，亦如後儒作考異，未嘗予奪，其閒或從古，或從今也。且以古形今之短，非以古正今之失也。其書唐初不存。詩疏臆爲之說，故舛誤若此。」先謙案：段說詳明，當爲定論。史記徐廣注：「『涕』一作『洟』。」涕、洟相似而亂。說文「鶇胡」或作「鵜胡」是其證也。涕之爲狀，絡繹不相連屬，與書疏釋「曰圛」爲「兆氣落驛不連屬」意義正同。又案：宋世家「曰涕」在「曰霧」之上，集解引鄭注大卜、注書、疏引王、鄭注「曰圛」在「曰雺」之上，今本作「曰驛，曰蒙」，傳寫誤倒。曰

克，兆相交錯。五者，卜兆之常法。○「曰克」，今文與古文同。○今文同者，宋世家如此。集解引鄭云：「克者，如祲氣之色相犯也。」眡祲先鄭注：「祲，陰陽氣相侵也。」兆名爲克，如陰陽之氣相侵犯。大卜注：「五色者，洪範所謂『曰雨、曰濟、曰圛、曰蟊、曰尅』。」「尅」是「剋」之誤，「剋」古止作「克」。**曰貞，曰悔，**内卦曰貞，外卦曰悔。○「曰貞，曰悔」，今文與古文同，古文一作「𠧪」。○今文同者，宋世家如此。集解引鄭云：「内卦曰貞。貞，正也。外卦曰悔。悔之言晦也，晦猶終也。」古文「悔」作「𠧪」者，説文：「𠧪，易卦之上體也。从卜每聲。商書曰：（今本脱「曰」。）『曰貞，曰𠧪。』」此壁書如是，孔安國以今文字讀爲「悔」。左僖十五年傳：「蠱之貞，風也；其悔，山也。」易蠱卦巽下艮上，巽爲風，艮爲山。卦以下爲内，上爲外。**凡七。**卜筮之數。○「凡七」，今文與古文同。○今文同者，宋世家如此。**卜五占用，二衍忒。立時人作卜筮，三人占則從二人之言。**立是知卜筮人，使爲卜筮之事。夏、殷、周卜筮各異，三法並卜，從二人之言，善鈞從衆。卜筮各三人。○「卜五占用，二衍忒。立時人作卜筮，三人占則從二人之言」，古文也，今文「用」上有「之」字，「忒」作「貣」，「言」一作「議」。○「用」上有「之」字、「忒」作「貣」者，宋世家作「卜五占之用，二衍貣」，集解引鄭云：「『卜五占之用』，謂雨、濟、圛、霧、克也。『二衍貣』謂貞、悔也。龜用五，易用二。審此道者，乃立之也。卦象多變，故言『衍貣』也。」案：史記於「用」字句絶，鄭仍用今文説。釋文：「『占用二』，馬云：『占，筮也。』」以占爲筮，則與「用二」爲句，與鄭異，古文説也。江云：「『占』與『衍忒』對舉，則『占』爲占兆，『衍』爲推演卦意，不得以占爲筮。馬義非。」段云：「古多借『貣』爲『忒』。説文：『差，貣也。差貣不相値也。』」（今本譌脱。）孫云：「詩傳：『忒，變也。』緇衣：『其儀不忒。』釋文：『忒，本作「貳」。』易豫釋文：『忒，京本作「貸」。』皆即『貣』

字。」○「立時人作卜筮」者，宋世家改「爲卜筮」，故訓字。集解引鄭云：「立是能分別兆卦之名者，以爲卜筮人。」「三人占則從二人之言」者，宋世家如此。集解、士喪禮疏引鄭云：「卜筮各三人，大卜掌三兆、三易。從其多者，蓍龜之道幽微難明，慎之深。」漢書郊祀志匡衡奏云：「故洪範曰：『三人占則從二人言。』言少從多之義也。」所引無「之」字，蓋省文。白虎通蓍龜篇：「或曰天子占卜九人，諸侯七人，大夫五人，士三人。又尚書曰：『三人占則從二人之言。』」皮云：「前說以爲天子至士，占卜者多少各有等差；後說引書以爲天子至士同用三人也。」「言」一作「議」者，公羊桓二年傳解詁引尚書曰：「三人議則從二人之言。」王應麟藝文志考引漢人文字異者「三人議則從二人之言」，或即引解詁，或別有所據，皆未可知。何休習今文說，則三家異文有作「三人議」者。左成六年傳：「或謂欒武子曰：『商書曰：「三人占，從二人。」衆故也。』」**汝則有大疑，謀及乃心，謀及卿士，謀及庶人，謀及卜筮。**將舉事而汝則有大疑，先盡汝心以謀慮之，次及卿士、衆民，然後卜筮以決之。○「汝則有大疑，謀及乃心，謀及卿士，謀及庶人，謀及卜筮」，今文與古文同，「人」一作「民」。○今文同者，宋世家作「女則有大疑，謀及女心，謀及卿士，謀及庶人，謀及卜筮」，「乃」作「女」，故訓字。「人」一作「民」者，石經殘碑作「□□乃心，謀及卿□，謀及庶民」。（下闕。）皮云：「鄉〔一〕大夫先鄭注：『洪範所謂「謀及庶民」。』小司寇先鄭注：『書「謀及庶人」。』段玉裁以下文四言『庶民』，此作『庶人』爲誤。案：史記、潛夫論、白虎通皆作『庶人』，或亦三家文異也。」白虎通蓍龜篇：「天子下至士皆有蓍龜者，

〔一〕「鄉」原誤作「卿」，據皮錫瑞今文尚書考證及周禮原文改。

重事決疑，示不自專。尚書曰：『女則有大疑，謀及卿士，謀及庶人，謀及卜筮。』禮三正記曰：『所以先謀及卿士何？先盡人事，念而不能得，思而不能知，然後問於蓍龜。聖人獨見先睹，必問蓍龜何？示不自專也。』或曰：清微無端緒，非聖人所及，聖人亦疑之。尚書曰：『女則有疑。』謂武王也。」漢書藝文志：「蓍龜者，聖人之所用也。書曰：『女則有大疑，謀及卜筮。』」論衡卜筮篇：「洪範稽疑，卜筮之變，必問天子卿士，或時審是。」潛夫論潛歎篇：「書云：『謀及乃心，謀及庶人。』故聖人之施舍也，不必任衆，亦不必專己。」後漢胡廣傳：「書載稽疑，謀及卿士，國有大政，必諮之於故老。」又盧植傳植規竇武曰：「書稱謀及庶人。」皆兩漢今文說。楚詞招魂王逸注：「尚書曰：『決之蓍龜。』」段云：「此用大傳説大誥天下從然後加之蓍龜也。古多以傳系諸經。」書疏引鄭云：「卿士，六卿掌事者。」**汝則從，龜從，筮從，卿士從，庶民從，是之謂大同，**人心和順，龜筮從之，是謂大同於吉。○「汝則從，龜從，筮從，卿士從，庶民從，是之謂大同」，今文與古文同。○今文同者，宋世家如此，「汝」作「女」。潛夫論卜列篇：「且聖王之立卜筮也，不違民以爲吉，不專任以斷事，故洪範之占，大同是尚。」**身其康强，子孫其逢吉。**動不違衆，故後世遇吉。○「身其康强，子孫其逢吉」，古文也，今文「身」字上多「而」字。○「身」字上多「而」字者，宋世家作「而身其康强，而子孫其逢吉」。釋文引馬云：「逢，大也。」李惇云：「『子孫其逢』句絶，與上文『從』、『同』爲韻。」皮云：「漢書王莽傳：『所謂康强之占，逢吉之符也。』班固典引：『逢吉丁辰，景命也。』潛夫論夢列篇：『乃其逢吉，天禄永終。』金縢『乃并是吉』，今文尚書作『乃逢是吉』。論衡卜筮篇：『公曰：「乃逢是吉。」善則逢吉，惡則遇凶。』則今文尚書以『逢吉』連讀爲義，不以『逢』字絶句。」先謙案：據典引、論衡、金縢，今文家釋「逢」爲「遇」，馬訓「逢，大也」，古文扨解。僞傳云「遇吉」，則與今文説合，而與古文説背矣。**汝則從，龜從，筮從，卿士逆，庶民逆，吉。**三從二逆，中吉，亦可舉事。○「汝則從，龜從，筮從，卿士逆，庶民逆，吉」，今文與古文同。○今文同者，宋世家如此，「汝」作「女」。**卿士從，龜從，筮從，汝則逆，庶民逆，吉。**君臣不同，決之卜筮，亦中吉。○「卿士從，龜從，筮從，汝則逆，庶民逆，吉」，今文與古文同。○今文同者，宋世家如此，「汝」作「女」。**庶民從，龜從，筮從，汝則逆，卿士逆，吉。**民與上異心，亦卜筮以決之。○「庶民從，龜從，筮從，汝則逆，卿士逆，吉」，今文與古文同。○今文同者，宋世家如此，「汝」作「女」。集解引鄭云：「此三者，皆從多，故爲吉。」**汝則從，龜從，筮逆，卿士逆，庶民逆，作內吉，作外凶。**二從三逆，龜筮相違，故可以祭祀冠婚，不可以出師征伐。○「汝則從，龜從，筮逆，卿士逆，庶民逆，作內吉，作外凶」，今文與古文同。○今文同者，宋世家如此，「汝」作「女」，集解引鄭云：「此逆者多，以故舉事於境內則吉，境外則凶。」**龜筮共違于人，**皆逆。○「龜筮共違于人」，今文與古文同。○今文同者，宋世家如此。洪範五行傳曰：「龜筮共違于人，神靈不佑也。」**用靜吉，用作凶。**安以守常則吉，動則凶。○「用靜吉，用作凶」，今文與古文同。○今文同者，宋世家如此。集解引鄭云：「龜筮皆與人謀相違，人雖三從，猶不可以舉事。」

「八，庶徵：曰雨，曰暘，曰燠，曰寒，曰風。曰時雨以潤物，暘以乾物，燠以長物，寒以成物，風以動物。五者各以其時，所以爲衆驗。○「八，庶徵：曰雨，曰暘，曰燠，曰寒，曰風。曰時」，古文也，今文無「八」字，「暘」一作「陽」，「燠」作「奥」。「曰時」見下。○今文無「八」字、「燠」作「奥」者，宋世家作「庶徵：曰雨，曰暘，曰奥，曰寒，曰風。曰時」，漢書五行志、王莽傳、何休公羊傳解詁皆作「奥」，尚書大傳、論衡、漢紀皆作「燠」。「暘」一作「陽」者，五行志、王莽傳作「陽」。書疏引鄭云：「雨，木氣也，春始施生，故木氣爲雨。暘，金氣也，秋物成而堅，故金氣爲暘。燠〔二〕，火氣也。寒，水氣也。風，土氣也。凡氣非風不行，猶金、木、水、火非土不處，故土氣爲風。」五行傳曰：「貌之不恭，是謂不肅，厥罰恒雨。言之不從，是謂不乂，厥罰恒暘。視之不明，是謂不悊，厥罰恒燠。聽之不聰，是謂不謀，厥罰恒寒。思之不容，是謂不聖，厥罰恒風。」故鄭據此以雨、暘等配五行也。**五者來備，各以其叙，庶草蕃廡。**言五者備至，各以次序，則衆草蕃滋廡豐也。○「曰時五者來備，各以其叙，庶草蕃廡」，古文也，今文無「曰時」二字，作「五是來備，各以其序，庶草繁廡」，「是」作「氏」，「繁廡」一作「蕃蕪」。古文「廡」一作「無」。○今文作「五是來備」者，後漢律曆志尚書令忠上奏曰：「五是以備。」（監本不誤，閩本、汲古本改作「五者」。）「是」一作「氏」者，後漢李雲傳雲上書曰：「臣聞：皇后天下母，德配坤靈。得其人則五氏來備，不得其人則地動摇宫。」章懷注：「史記曰：『庶徵：曰雨，曰暘，曰燠，曰寒，曰風。五是來備，（今本妄改「是」爲「者」。）各以其序，庶草繁廡。』『是』與『氏』，古字通耳。」（惠棟云：「覲禮『太史是右』注：『古文「是」爲「氏」』。曲禮：『五官之長曰伯是。』職方注：『「是」或爲「氏」。』漢書云：『造父後有非子，至玄孫氏爲莊公。』顔注：『「氏」與「是」同，古通用字。』」）荀爽傳爽對策陳便宜曰：「嘉瑞降天，吉符出地，五韙咸備，各以其叙。」章懷注：「韙，是也。史記曰：『五是來備，各以其序也。』」段云：「此二條可以證史記今本之誤。今本宋世家作『五者來備』，後人所妄改也。『曰時五者來備』凡六字，此古文也。『五是來備』凡四字，此今文也。（李雲、荀爽皆

〔二〕「燠」原誤作「暘」，今據書疏引鄭語改。

用今文尚書，非用史記。）『曰時五者來備』六字一句，時，是也。『曰是五者』今文約之云『五是』，『氏』者，『是』之假借；『踶』者，『是』之轉注也。史記本無『曰時』二字，而裴駰妄引孔傳云『五者各以時』，與正文不相應，於是或增改『五是』二字爲『曰時五者』四字。困學紀聞云『五者來備』（當云「曰時五者來備」。）史記云『五是來備』，蓋南宋本妄增『曰時』二字，而『五是』尚未改。」「敘」者宋世家作「序」，字同。江云：「僞孔讀『曰時』句絕，屬上爲義，言五者各以時。則『曰時』即是『各以其敘』，何又言『各以其敘』乎？知僞孔説非。」「繁廡」一作「蕃蕪」者，隋志引尚書考靈燿云：「璇璣中而星中爲調，調則風雨時，庶草蕃蕪，而百穀登，萬事康也。」古文「廡」一作「無」者，廡，堂下周屋。説文「𣞤」下云：「豐也，从林𡘲。或説『規模』字。从大卌，數之積也。林者，木之多也。『卌』與『庶』同意。商書曰：『庶草繁無。』」段云：「小徐以或説『𡘲』爲『模』字，卌，今直以爲『四十』字。『「卌」與「庶」同意』當云『「𣞤」與「庶」同意』，謂『庶』以炗兒衆盛，『𣞤』以林兒多，皆非專謂光、謂林也。其意一也。釋詁：『芼、蕪、茂，豐也。』釋文：『蕪，古本作「無」。』案：許説本爾雅，爾雅古本作『無』是也，隸變『𣞤』作『無』以爲『有無』字，遂改爾雅之『無、茂』從艸作『荒蕪』字，洪範之『蕃無』從广作『廊廡』字，皆非本字。晉語：『黍不爲黍，不能蕃廡。』韋注：『蕃，滋。廡，豐也。』則假『廡』爲『無』，不獨尚書也。」漢書谷永傳「庶屮蕃滋」、班固靈臺詩「庶卉蕃蕪」，則隨文易字，非有異本。**一極備，凶。一極無，凶。**

一者備極，過甚則凶。一者極無，不至亦凶。謂不時失敘。○「一極備，凶。一極無，凶」，古文也，今文「無」作「亡」。○「無」作「亡」者，宋世家作「一極備，凶。一極亡，凶」。江云：「詩谷風『何有何亡』，以『亡』爲『無』也。極備，即所謂恒也。五者之中，或一者極備，或一者極無，皆凶。」**曰休徵：**

敘美行之驗。○「曰休徵」，今文與古文同。○今文同者，宋世家如此，五行志渻「曰」字。**曰肅，時雨若；**君行敬，則時雨順之。○「曰肅，時雨若」，今文與古文同。○今文同者，宋世家如此，五行志同。王莽傳：「歲星司肅，東嶽太師典致時雨。」**曰乂，時暘若；**君政治，則時暘順之。○「曰乂，時暘若」，今文與古文同。○今文同者，宋世家作「曰治，時暘若」，乂、治，故訓字。「乂」一作「艾」，「暘」一作「陽」者，五行志作「艾，時陽若」，無「曰」字，渻文，下同。王莽傳：「太白司艾，西嶽國師典致時陽。」段云：「漢志、續漢志引大傳皆作『陽』，今本大傳作『暘』，疑後人改之。」**曰哲，時燠若；**君能照哲，則時燠順之。○「曰哲，時燠若」，古文也，今文「燠」作「奥」，「哲」一作「悊」。○「燠」作「奥」者，宋世家作「曰知，時奥若」，哲、知，故訓字。上文「明作智」，不畫一，「智」亦當是「知」字。「哲」作「悊」者，五行志作「悊，時奥若」。王莽傳：「熒惑司悊，南嶽大傳典致時奥。」**曰謀，時寒若；**君能謀，則時寒順之。○「曰謀，時寒若」，今文與古文同。○今文同者，宋世家如此，五行志作「謀，時寒若」。王莽傳：「辰星司謀，北嶽國將典致時寒。」**曰聖，時風若。**君能通理，則時風順之。○「曰聖，時風若」，今文與古文同。○今文同者，宋世家如此，五行志作「聖，時風若」。**曰咎徵：**叙惡行之驗。○「曰咎徵」，今文與古文同。○今文同者，宋世家如此，五行志渻「曰」字。**曰狂，恒雨若；**君行狂妄，則常雨順之。○「曰狂，恒雨若」，今文與古文同。○今文同者，宋世家作「曰狂，常雨若」，漢人「恒」多作「常」，非由避諱，或用故訓也。下同。五行志作「曰狂，恒雨若」。大傳以爲貌之不恭之咎。志云：「人君行己，體貌不恭，怠慢驕蹇，則不能敬萬事，失在狂易，故其咎狂也。上嫚下暴，則陰氣勝，故其罰常雨也。」後漢陳忠傳忠疏曰：「貌傷則狂，而致常雨。春秋大水，皆爲君上威儀不穆，臨莅不嚴，臣下輕慢，貴倖擅權，陰氣盛彊，陽不能禁，故爲淫雨。」王鳴盛云：

「庶徵雨乃貌不恭，而劉向以爲即大水。既以恒雨爲大水，當貌不恭之罰，則貌改屬水矣。」皮云：「王說非。漢志云：『凡貌傷者病木氣，木氣病則金沴之，衝氣相通也。於易，震在東方，爲春、爲木也；兑在西方，爲秋、爲金也；離在南方，爲夏、爲火也；坎在北方，爲冬、爲水也。春與秋，日夜分，寒暑平，是以金木之氣易以相變，故貌傷則致秋陰常雨，言傷則致春陽常旱也。至於冬夏，日夜相反，寒暑殊絶，水火之氣不得相併，故視傷常奥，聽傷常寒者，其氣然也。逆之，其極曰惡；順之，其福曰攸好德。』班氏引此在劉歆貌傳之前，當是劉向之洪範五行傳。班云：『夏侯始昌、夏侯勝、許商，其傳與劉向傳同。』即非劉向之傳，向傳當亦與此不異。據此，則劉向亦以貌屬木，未嘗改屬水也。」書疏及詩正月疏引鄭云：「狂，倨慢也。恒，常也。若，順也。五事不得，則咎氣順之。」**曰僭，恒暘若；**君行僭差，則常暘順之。

○「曰僭，恒暘若」，今文與古文同，「暘」一作「陽」。○今文同者，宋世家作「曰僭，常暘若」。「暘」一作「陽」者，五行志作「僭，恒陽若」，後又云：「厥罰恒陽。」晉志亦作「陽」，大傳以爲言之不從之咎。志云：「言上號令不順民心，虚譁憒亂，則不能治海内，失在過差，故其咎僭。僭，差也。刑罰妄加，羣陰不附，則陽氣勝，故其罰常陽也。」論衡言毒篇：「言之咎徵僭，恒暘若。僭者奢麗，故蝮蛇多文。文起於陽，故若致文。暘若則言不從，故時有詩妖。妖氣生美好，故美好之人多邪惡。」後漢周舉傳舉變眚對曰：「書曰：『僭，恒暘若。』夫僭差無度，則言不從而下不正，陽無以制，則上擾下竭。」又楊震傳震上疏引同。**曰豫，恒燠若；**君行逸豫，則常燠順之。○「曰豫，恒燠若」，僞古文也，今、古文「豫」並作「舒」。今文「舒」一作「荼」，「燠」作「奥」。○今文「豫」作「舒」，「燠」作「奥」者，宋世家作「曰舒，常奥若」，五行志作「舒，恒奥若」，大傳以爲視之不明之咎。志云：「言上不明暗昧蔽惑，則不能知善惡，親近習，長同類，亡功者受賞，有罪者不殺，百官廢亂，失在舒緩，故其咎舒也。盛夏日長，暑以養物，政弛緩，故其罰常奥也。」論衡寒温篇：「洪範庶徵曰：『急，恒寒若；舒，恒燠若。』若，順。燠，温。恒，常也。人君急，則常寒順之；舒，則常燠順之。」又云：「洪範曰：『急，恒寒若；舒〔二〕，恒燠若。』如洪範之言，天氣隨人易徙。」漢紀高后紀云：「人君急則日晷進而疾，舒則日晷退而緩。故曰：『急，恒寒若；舒，恒燠若。』」魏志毛玠傳鍾繇詰玠曰：「按典謨，『急，恒寒若；舒，恒燠若。』」王、荀、鍾引經皆先寒後燠，疑亦三家異文。「舒」一作「荼」者，大傳作「荼」，「荼」亦與「舒」同，考工記弓〔三〕人「斲目必荼」先鄭注：「『荼』讀爲『舒』。」禮玉藻「諸侯荼」鄭注：「『荼』讀『舒遲』之『舒』。」古文作「舒」者，書疏云：「鄭、王本『豫』作『舒』。王肅云：『舒，惰也。』」公羊成元年傳疏引鄭云：「舒，舉遲也。若，順也。言人君舉事太舒，則有常燠之咎氣來順之。」段云：「『舒』與『急』爲反對，僞孔作『豫』訓『逸豫』，義隔。」**曰急，恒寒若；**君行急，則常寒順之。○「曰急，恒寒若」，今文與古文同。○今文同者，宋世家作「曰急，常寒若」，五行志作「急，恒寒若」，大傳以爲聽之不明之咎。志云：「言上偏聽不聽，下情隔塞，則不能謀慮利害，失在嚴急，故其咎急也。盛冬日短，寒以殺物，政迫促，故其罰常寒也。」書疏、詩正月疏引鄭云：「急促自用也。言由君急促太酷，致恒寒之氣來應之。」**曰蒙，恒風若。**君行蒙闇，則常風順之。○「曰蒙，恒風若」，古文當作「曰雺」。今文「蒙」作「霧」，一作「霿」。○今文「蒙」作「霧」者，

〔二〕「舒」上原衍一「曰」字，據論衡寒温篇原文删。

〔三〕「弓」原誤作「工」，據考工記改。

宋世家作「若霧，常風若」；一作「霿」者，五行志作「霿，恒風若」。古文作「雺」者，段云：「志引傳『厥咎霿』，今本大傳作『厥咎雺』，雺、霚、霿音義皆同，蓋古文作『雺』，與今文不異。宋書、隋書作『厥咎瞀』，『瞀』亦『霿』字。大傳『思心之不容，厥咎雺』，『王之不極，厥咎瞀』，鄭注：『瞀與思心之咎同耳。』是以瞀、雺爲一字也。知孔本亦作『雺』者，晉書五行志引經、引傳同漢志，而引經『思心』作『思』，『容』作『睿』，『陽』作『暘』，『奥』作『燠』，『舒』作『豫』，似皆依僞孔本改竄，惟『霿』作『霧』，則可證唐初本尚不作『蒙』，否則亦改爲『蒙』矣。」（今本晉書「霧」是「霿」之誤，房玄齡等以漢志作「霿」，孔本作「雺」，不相遠，故仍漢志。）僞傳云「君行蒙暗」，猶「稽疑」之以「蒙暗」釋「雺」也。書疏引鄭云：「蒙，見冒亂也。」王肅云：「蒙，瞽蒙。」兩注首「蒙」字，蓋皆衛包以後改之。（大傳注亦以「冒」釋「雺」。）先謙案：證之各書，此經無作「蒙」者，晉志尤爲孔本不作「蒙」之塙證。孔疏多經改竄，所引鄭、王兩注，自未可據。王鳴盛説同。志云：「言上不寛大包容臣下，則不能居聖位。貌、言、視、聽，以心爲主，四者皆失，則區霿無識，故其咎霿也。雨、旱、寒、奥，亦以風爲本，四氣皆亂，故其罰常風也。」**曰王省惟歲，**王所省職，兼所總羣吏，如歲兼四時。○「曰王省惟歲」，古文也，今文作「王眚維歲」。○「王眚維歲」者，宋世家如此。集解引馬云：「言王者所眚職，如歲兼四時也。」孫云：「古省、眚字通。公羊莊二十二年經『肆大省』，左、穀皆作『眚』。康誥『人有小罪非眚』，潛夫論引作『省』。是『眚』亦『省』也。『眚職』者，如魯語『夕省其典刑』之『省』。云『歲兼〔一〕四時』者，謂一歲有春夏秋冬。」**卿士惟月，**卿士各有所掌，如月之有

〔一〕「歲兼」原誤倒爲「兼歲」，據孫星衍尚書今古文注疏原文改。

別。○「卿士惟月」，古文也，今文作「卿士維月」。○「卿士維月」者，宋世家如此。卿士分職治事，如月統於歲。**師尹惟日，**衆正官之吏，分治其職，如日之有歲月。○「師尹惟日」，古文也，今文作「師尹維日」。○「師尹維日」者，宋世家如此。師，衆；尹，正也。衆職之官統於卿，如日統於月。**歲月日時無易，**各順常。○「歲月日時無易」，古文也，今文作「歲月日時毋易」。○「歲月日時毋易」者，宋世家如此。賈子道術篇：「緣法循理謂之軌，反軌爲易。」**百穀用成，乂用明，**歲月日時無易，則百穀成；君臣無易，則政治明。○「百穀用成，乂用明」，今文與古文同，「乂」一作「艾」。○今文同者，宋世家作「百穀用成，治用明」，乂、治，故訓字。「乂」一作「艾」者，樊毅修華嶽廟碑「艾用昭明」是其證。**俊民用章，家用平康。**賢臣顯用，國家平寧。○「俊民用章，家用平康」，古文也，今文「俊」作「畯」。○「俊」作「畯」者，宋世家作「畯民用章，家用平康」。段云：「文選陸韓卿詩：『王門所以貴，自古多俊民。』李注：『尚書：「畯民用康。」』（「章」字之誤。）是畯、俊字同。」皮云：「樊毅修華嶽廟碑：『穡民用章。』崔駰司徒箴：『畜人用章。』蔡邕陳留太守行考城縣頌：『勸兹穡民。』疑三家異文有作『穡民用章』者。周禮籥章：『以樂田畯。』先鄭注：『田畯，司嗇，今之嗇夫也。』是『畯』與『嗇』義近，或今文本作『畯』而訓爲穡民，漢人以故訓字代經，亦未可知。『俊民用章』蓋即『烝我髦士』之義。」俊者，說文云：「材過千人。」**日月歲時既易，**是三者已易，喻君臣易職。○「日月歲時既易」，今文與古文同。○今文同者，宋世家如此。此所謂「王之不極，是謂不建」也。**百穀用不成，乂用昏不明，俊民用微，家用不寧。**君失其柄，權臣擅命，治闇賢隱，國家亂。○「百穀用不成，乂用昏不明，俊民用微，家用不寧」，古文也，今文「乂」一作「艾」，「俊」作「畯」。○「乂」一作「艾」者，以上文推之，此「乂」亦當有作「艾」者。「俊」

作「畯」者，宋世家如此。釋詁：「微，隱也。」書疏引鄭云：「所以承休徵、咎徵言之者，休咎五事，得失之應，其所致尚微，故大陳君臣之象，成皇極之事，其道得則其美應如此，其道失則敗德如彼，非徒風、雨、寒、燠而已。」王鳴盛云：「鄭意『王省惟歲』至『則以風雨』，皆明皇極之得失，惟歲月日作喻意解之。皇極得失，較五事一事之得失爲大，則其所致休咎，若『百穀用成』等，較五事之休咎亦尤大，故云『非徒風、雨、寒、燠』也。案：大傳云：『二月三月，維貌是司；四月五月，維視是司；六月七月，維言是司；八月九月，維聽是司；十月十一月，維思心是司；十二月與正月，維皇極是司。』漢書外戚傳云：『正月於尚書爲皇極。皇極者，王氣之極也。』即用伏義。五行志李尋引傳曰：『歲月日之中，則正卿受之。』是今文説以歲月日分屬王者、卿士、師尹，與馬、鄭古文説異。」**庶民惟星，星有好風，星有好雨。**星，民象，故衆民惟星。箕星好風，畢星好雨，亦民所好。○「庶民惟星，星有好風，星有好雨」，今文與古文同，「惟」一作「維」。○「庶民惟星」者，五行志引洪範如此，此夏侯本。「惟」作「維」者，宋世家作「庶民維星」，歐陽本也。經「惟」字十一見，宋世家皆作「維」，此匡謬正俗所謂古文作「惟」今文作「維」也。漢書谷永傳：「星辰附離于天，猶庶民附離王者也。」鹽鐵論論菑篇：「常星猶公卿也，衆星猶萬民也。列星正則衆星齊，常星亂則衆星墜矣。」○「星有好風，星有好雨」者，宋世家如此，論衡感虚篇同。集解引馬云：「箕星好風，畢星好雨。」書疏及詩漸漸之石疏、禮月令、大宗伯、大司徒疏引鄭云：「風，土也，爲木妃。雨，水也，爲金妃。故星好焉。中央土氣爲風，東方木氣爲雨。箕屬東方木，木克土，土爲妃，尚妃之所好，故箕星好風也。西方金氣爲陰，克東方木，木爲妃。畢屬西方，尚妻之所好，故好雨也。是土十爲木八妻，木八爲金九妻。故月離于箕，風揚沙。月離于畢，俾滂沱。推此而往，南宮好暘，北宮好燠，中央四季好寒也。

是由己所克而得其妃，從其妃之所好故也。」左昭九年傳：「水，火妃也。」又十七年傳：「水，火之牡也。」是五行以受克者爲妃。經言星衆似民，各有好尚，亦似民所好無常，當示之以大中之道。

日月之行，則有冬有夏。

日月之行，冬夏各有常度。君臣政治，小大各有常法。○「日月之行，則有冬有夏」，今文與古文同，一多「有寒有暑」四字。○今文同者，論衡感虛篇如此，又云：「夫星與日月同精，日月不從星，星輒復變。」明日月行有常度，不得從星之好惡也。」說日篇引經同。漢書天文志：「日有中道，月有九行。中道者，黃道，一曰光道。」（「黃道一」三字從河圖帝覽嬉增。）「日冬則南，夏則北，冬至於牽牛，夏至於東井。日之所行爲中道。」「冬至日南極，晷長，南不極則溫爲害；夏至日北極，晷短，北不極則寒爲害。」「月有九行者，黃道一，黑道二，出黃道北；赤道二，出黃道南；白道二，出黃道西；青道二，出黃道東。立春、春分，月東從青道；立秋、秋分，西從白道；立冬、冬至，北從黑道；立夏、夏至，南從赤道。然用之，一決房中道。」故曰：「日月之行，則有冬有夏。」宋世家作「日月之行，有冬有夏」，渻「則」字，非本異也。一多「有寒有暑」者，漢紀高后紀引洪範曰：「日月之行，則有冬有夏，有寒有暑。」段云：「詳上下文，則『有寒有暑』非苟語，蓋今文多此四字也。」皮云：「開元占經引洪範五行傳曰：『日月之行，則有冬有夏，而有寒暑。若其失節，晷過而長則爲寒，退而晷短則爲燠。人君急則晷進疾而寒，舒則晷退遲而燠。故曰舒急燠寒。』占經所引五行傳，亦當出劉向父子，其言晷長晷短則有寒燠，與漢志合，蓋皆出夏侯尚書之說。」月令疏引鄭云：「四時之閒，合於黃道也。」孫云：「廣雅月行九道云〔一〕：『四季之月，還從黃道。』漢志紀月之行，止言其四時從青赤白黑之間，而不及黃道，故鄭補其未備。」**月之從星，則以風雨。**月經於箕，則多風；離於畢，則多雨。政教失常以從民欲，亦所以亂。○「月之從星，則以風雨」，今文與古文同。○今文同者，宋世家如此，論衡感虛篇、說日篇同。明雩篇云：「書曰：『月之從星，則以風雨。』然則風雨隨月所離從也。」漢書天文志：「箕星爲風，東北之星也。及巽在東南，爲風；其星，軫也。月去〔二〕中道，移而東北入箕，若東南入軫，則多風。西方爲雨；雨，少陰之位也。月去中道，移而西入畢，則多雨。書曰：『星有好風，星有好雨，月之從星，則以風雨。』言失中道而東西也。」漢紀云：「若月失道而妄行，出陽道則旱風，出陰道則陰雨。箕軫之星爲風，畢星爲雨，故月失度入箕軫則多風，入畢星則多雨。洪範曰：『星有好風，星有好雨，月之從星，則以風雨。』」書疏引鄭云：「不言日者，日之從星，不可見故也。」禮月令孟春之月，日在營室。所以知日在星分者，注云：「日月之行，一歲十二會。聖王因其會而分之，以爲大數焉。觀斗所建，命其四時。此云『孟春』者，日月會於諏訾，而斗建寅之辰也。」然則欲知日行，以月行與日會於十二次測之。欲知會於何次，以斗建知之。日光盛則星微而不見也。

「九，五福：一曰壽，百二十年。○「九，五福：一曰壽」，古文也，今文無「九」字，「壽」一作「富」。○無「九」字者，宋世家作「五福：一曰壽」。「壽」一作「富」者，說苑建本篇：「河閒獻王曰：『夫穀者，國家所以昌熾，士

〔一〕「云」字原在「月行九道」前，據孫星衍尚書今古文注疏及廣雅原文改。

〔二〕「去」原誤作「失」，下「月去中道」之「去」亦誤作「失」，均據漢書天文志原文改作「去」。

女所以姣好，禮義所以行，而人心所以安也。尚書「五福」，以富爲始。』據此，則今文尚書爲「一曰富」也。「一曰富」，則當云「二曰壽」矣。皮云：「禮郊特牲云：『富也者，福也。』故今文以爲五福之始。案：獻王與史公同時，其時尚書惟有歐陽，史記所載與獻王説異，疑後人改之。」中論夭壽篇：「壽有三，有王澤之壽，有聲聞之壽，有行仁之壽。書曰：『五福：一曰壽。』此王澤之壽也。」**二曰富，**財豐備。○「二曰富」，今文與古文同，「富」一作「壽」。○今文同者，宋世家如此。「富」一作「壽」者，説見上。**三曰康寧，**無疾病。○「三曰康寧」，今文與古文同。○今文同者，宋世家如此。**四曰攸好德，**所好者德福之道。○「四曰攸好德」，今文與古文同。○今文同者，宋世家如此。**五曰考終命。**各成其短長之命以自終，不横夭。○「五曰考終命」，今文與古文同。○今文同者，宋世家如此。漢書李尋傳成帝詔曰：「蓋聞尚書『五曰考終命』，言大運壹終，更紀天元人元，考文正理，推曆定紀，數如甲子也。」鄭寬中習小夏侯尚書以授成帝，此詔所引蓋小夏侯異説，與洪範義不合。皮云：「元帝紀初元二年詔曰：『蓋聞賢聖在位，陰陽和，風雨時，日月光，星辰靜，黎庶康寧，考終厥命。』成帝紀鴻嘉二年詔曰：『教化流行，風雨和時，百穀用成，黎庶樂業，咸以康寧。』此今文尚書以五福爲德化所致，兼天下臣民而言也。」先謙案：中論以此經壽爲王澤之壽，亦與此義合。五行志：「視之不明，其極疾；順之，其福曰壽。聽之不聰，其極貧；順之，其福曰富。言之不從，其極憂；順之，其福曰康寧。貌之不恭，其極惡；順之，其福曰攸好德。思心之不容，其極凶短折；順之，其福曰考終命。」此劉向本大傳爲説。書疏及詩既醉疏引鄭云：「此數本諸其尤者。福是人之所欲，以尤欲者爲先；極是人之所惡，以尤所不欲者爲先。以下緣人意輕重爲次耳。康寧，人平安也。攸好德，人皆好有德也。考終命，考，成也；終性命，謂皆生佼好以至老也。此五者皆是善事，自天受之，故謂之福。福者，備也。備者，大順之總名。」鄭謂緣人意輕重爲次者，以不循五行、五事之次也，與今文說異。**六極：一曰凶短折，**動不遇吉。短，未六十；折，未三十。言辛苦。○「六極：一曰凶短折」，今文與古文同。○今文同者，宋世家如此，詩菀柳「後予極焉」箋：「極，誅也。」釋詁作：「殛，誅也。」言不順天降之罪罰。大傳以爲思心之不容之應。五行志：「常風傷物，故其極凶短折也。傷人曰凶，禽獸曰短，屮木曰折。一曰：凶，夭也。兄喪弟曰短，父喪子曰折。」孫云：「今文以爲君行失中，則有人物夭折之咎，故以禽獸草木及兄喪弟、父喪子爲說，言其咎延於民物也。」釋文引馬云：「凶，終也。」孫云：「謂凶短折不以天年終也。」書疏引鄭云：「凶短折皆是夭極之名。未齔曰凶，未冠曰短，未婚曰折。」說文：「齔，毀齒也。男八月生齒，八歲而齔；女七月生齒，七歲而齔。」未齔謂七歲以下，喪服傳所謂「無服之殤」也。**二曰疾，**常抱疾苦。○「二曰疾」，今文與古文同。○今文同者，宋世家如此。大傳以爲視之不明之應。五行志：「奧則冬温，春夏不和，傷病民人，故其極疾也。」**三曰憂，**多所憂。○「三曰憂」，今文與古文同。○今文同者，宋世家如此。大傳以爲言之不從之應。五行志：「旱傷百穀，則有寇難，上下俱憂，故其極憂也。」**四曰貧，**困於財。○「四曰貧」，今文與古文同。○今文同者，宋世家如此。大傳以爲聽之不聽之應。五行志：「寒則不生百穀，上下俱貧，故其極貧也。」**五曰惡，**醜陋。○「五曰惡」，今文與古文同。○今文同者，宋世家如此。大傳以爲貌之不恭之應。五行志：「水傷百穀，衣食不足，則姦軌並作，故其極惡也。一曰：民多被刑，或形貌醜惡，亦是也。」皮云：「班兩說，當以前說爲正。今文說以惡爲攸好德之反，前說謂姦軌並作，故其極惡，正與民皆好德相反。後說拘於以惡爲貌不恭之應，謂人君貌不恭則民形貌醜惡，恐無是理。且形貌醜惡，亦不宜列於六極。」鄭與僞孔皆從後説，似不若從班前説以惡爲善惡之惡也。」**六曰弱。」**尪劣。○「六曰弱」，今文與古文同。○今文同者，宋世家如此。集解引鄭云：「愚懦不壯毅曰弱。」案：大傳以爲王之不極之應。五行志：「易曰：『亢龍有悔。』貴而亡位，高而亡民，賢人在下位而亡輔。』如此，則君有南面之尊，而無一人之助，故其極弱也。」漢書鄭崇傳崇諫曰：「臣聞師曰：『逆陽者，厥極弱。逆陰者，厥極凶短折。犯人者，有亂亡之患。犯神者，有疾夭之禍。』」潛夫論德化篇：「德政加於民，則多滌暢、姣好、堅彊、考壽；惡政加於民，則多疲癃、尪病、夭昏、札瘥。故尚書美考終命而惡凶短折。國有傷明之政，則民多病。以此觀之，氣運感動，亦誠大矣。」漢人説此經，以五福、六極爲政化美惡之應。書疏引鄭云：「凶短折，思不睿之罰；疾，視不明之罰；憂，言不從之罰；貧，聽不聰之罰；惡，貌不恭之罰；弱，皇不極之罰。反此而云，王者思睿則致壽，聽聰則致富，視明則致康寧，言從則致攸好德，貌恭則致考終命。所以然者，不但行運氣性相感，以義言之，以思睿則無壅，神安而保命，故壽；若蒙則不通，殤神夭性，所以短折也。聽聰則謀當所求而會，故致富；違則失計，故貧也。視明照了，性得而安寧；不明，以擾神而疾也。言從由於德，故好者德也；不從而無德，所以憂耳。貌恭則容儼形美而成性，以終其命；容毁，故致惡也。不能爲大中，故所以弱也。」孫云：「鄭以思不睿則凶短折爲壽之反，與漢志爲考終命之反異義者，鄭既以凶短折爲未齔、未冠、未婚之屬，不以爲凶終及人物夭折，故反之則爲壽也。以聽不聰則貧爲富之反，與五行志説同。云『聽聰則謀當所求而會，故致富；違而失計，則貧』，即五行志所謂『偏聽不聰，下情隔塞』也。以視不明則疾爲康寧之反，與五行志言不從則疾爲壽之反異義，及以貌不恭則惡爲考終命之反，與五行志思心不容則凶短折爲考終命之反異義。似鄭説俱遜於今文説。以不能爲大中，所以弱，與五行志同。」皮云：「班志傳自夏侯始昌，皆本大傳爲説，當得其真。鄭以古文『睿』字改今文，不盡用伏生之説，疑並以己意改易其次序，未可據依。」

尚書孔傳參正十七

旅獒第七　周書　孔氏傳　臣王先謙參正

旅獒因獒而陳道義。○此梅氏古文之十八。釋文：「獒，馬云作『豪』，『酋豪也。』」（「云」字當在「酋」上。）孔疏引鄭云：「獒，讀曰『豪』。西戎無君名，强大有政者爲酋豪。國人遣其酋豪來獻見於周。」閻云：「古書字多假借，安國書中元有旅獒篇，鄭親從馬講習，知不得讀以本字，蓋從篇中文與義定之也。僞孔以馬、鄭爲不識『獒』字乎！」

惟克商，遂通道于九夷八蠻。四夷慕化，貢其方賄。九、八言非一。皆通道路，無遠不服。○梅云：「魯語：『仲尼曰：「昔武王克商，通道于九夷百蠻，使各以其方賄來貢。」』」閻云：「易『百』爲『八』者，襲禮明堂位及爾雅文以自炫其學博也。」**西旅底貢厥獒，**西旅之長，致貢其獒。犬高四尺曰獒，以大爲異。**太保乃作旅獒，用訓于王。**陳貢獒之義以訓諫王。○閻云：「序書者遠出刪書者之後，故流傳說頗謬，見召誥有『太保』字，及顧命、康王之誥皆然，遂以『太保』爲召公之官，曰西旅獻獒，太保作旅獒。不知武王時召公尚未爲太保也。然史家多以其人所終之官加之初，不計其時，亦追書之常。若當武王時叙召公所居官而曰太保乃作旅獒則不可也，此亦以追書爲實稱之誤。」又云：「書是史臣所命篇名，有整取篇中字面如高宗肜日、西伯戡黎之類；有割取篇中字面如甘誓、牧誓之類，皆篇成以後事。此『太保乃作旅獒』，分明是既有篇名後乃按篇名以作書耳。」**曰：「嗚呼！明王慎德，四夷咸賓。**言明王慎德以懷遠，故四夷皆賓服。○先謙案：大學：「是故君子先慎乎德，有德此有人。」梅云：「楚語申叔時曰：『四方小國，其不賓也久矣。』」**無有遠邇，畢獻方物，惟服食器用。**天下萬國無有遠近，盡貢其方土所生之物，惟可以供服食器用者。言不爲耳目華侈。○梅云：「左僖七年傳：『諸侯官受方物。』」**王乃昭德之致于異姓之邦，無替厥服。**德之所致，謂遠夷之貢，以分賜異姓諸侯，使無廢其職。○梅云：「魯語又云：『先王欲昭其令德之致遠也，以示後人，使永監焉。』又云：『分異姓以遠方之職貢，使無忘服也。』」**分寶玉于伯叔之國，時庸展親。**以寶玉分同姓之國，是用誠信其親親之道。○梅云：「魯語又云：『古者分同姓以珍玉，展親也。』」**人不易物，惟德其物。**言物貴由人，有德則物貴，無德則物賤。所貴在於德。○梅云：「左僖五年傳宮之奇曰：『周書曰：「民不易物，惟德繄物。」』」**德盛不狎侮。**盛德必自敬，何狎易侮慢之有？○梅云：「禮表記：『狎侮死焉而不畏也。』」**狎侮君子，罔以盡人心。**以虚受人，則人盡其心矣。○梅云：「論語：『狎大人，侮聖人之言。』」**狎侮小人，罔以盡其力。**以悦使民，民忘其勞，則力盡矣。**不役耳目，百度惟貞。**言不以聲色自役，則百度正。○梅云：「孟子：『耳目之官不思，而蔽于物。』左昭元年傳：『玆心既爽，昏亂百度。』」**玩人喪德，玩**

物喪志。以人爲戲弄則喪其德，以器物爲戲弄則喪其志。**志以道寧，言以道接。**在心爲志，發氣爲言，皆以道爲本，故君子勤道。**不作無益害有益，功乃成；不貴異物賤用物，民乃足。**遊觀爲無益，奇巧爲異物。言明王之道，以德義爲益、器用爲貴，所以化治生民。○梅云：「禮王制鄭注：『質則用物貴，淫則侈物貴。』淮南精神訓：『不貴難得之貨，不器無用之物。』」**犬馬非其土性不畜，**非此土所生不畜，以不習其用。○梅云：「左傳慶鄭曰：『古者大事，必乘其產。生其水土，而知其人心；安其教訓，而服習其道；惟所納之，無不如志。』」**珍禽奇獸，不育于國。**皆非所用有損害故。**不寶遠物，則遠人格。**不侵奪其利，則來服矣。○梅云：「國語：『周穆王得白狐、白鹿，而荒服因以不至。』」**所寶惟賢，則邇人安。**寶賢任能則近人安，近人安則遠人安矣。○梅云：「大學：『惟善以爲寶。』張衡東京賦：『所貴惟賢，所寶惟穀。』左傳：『遠至邇安。』」**嗚呼！夙夜罔或不勤，**言當早起夜寐，常勤於德。○梅云：「詩：『夙夜匪懈。』」**不矜細行，終累大德。**輕忽小物，積害毁大，故君子慎其微。○梅云：「論語：『大德不踰閑。』」**爲山九仞，功虧一簣。**八尺曰仞，喻向成也。未成一簣，猶不爲山，故曰功虧一簣。是以聖人乾乾日昃慎終如始。○梅云：「論語：『譬如爲山，未成一簣，止，吾止也。』孟子：『掘井九仞。』」閻云：「山非可言九仞，當以百仞計也。且孔子爲譬語，如書言，則正語矣。」**允迪兹，生民保厥居，惟乃世王。**言其能信蹈行此誡，則生人安其居，天子乃世世王天下。武王雖聖，猶設此誡，況非聖人，可以無誡乎？其不免於過，則亦宜矣。○梅云：「皋陶謨：『允迪厥德。』盤庚：『鞠人、謀人之保居。』梓材：『欲至于萬年，惟王子子孫孫永保民。』」

金縢第八　周書　孔氏傳　臣王先謙參正

金縢遂以所藏爲篇名。○書序：「武王有疾，周公作金縢。」案：此篇自「武王有疾」至「藏其策金縢匱中」，並見魯周公世家。大傳次金縢於大誥後。葉夢得云：「伏生以金縢作於周公歿後，故次大誥之下。」孫云：「史記載周公卒後，乃有暴風雷雨，命魯郊祭之事。是經文『秋，大熟』以下，必非金縢之文。孔子見百篇之書，而序稱周公作金縢，周公不應自言死後之事，此篇經文當止於『王翼日乃瘳』。或史臣附記其事，亦止於『王亦未敢誚公』也。其『秋，大熟』以下，考之書序，有成王告周公作亳姑，是其逸文。後人見其詞有『以啟金縢之書』，乃以屬於金縢耳。」皮云：「大傳以雷雨開金縢在周公薨後，則當次於立政、周官之下，乃僅列大誥後，豈當時已合亳姑於金縢乎？」

既克商二年，王有疾，弗豫。伐紂明年，武王有疾，不悅豫。○「既克商二年，王有疾，弗豫」，古文也，今文「弗」作「不」。古文「豫」一作「悆」。書疏引王肅云：「『既克商二年』，克殷明年也。」與僞傳「伐紂明年」同，誤。此又僞傳出肅之一證也。○「既克商二年」者，克商後之二年。「弗」作「不」者，魯世家云：「武王克殷二年，天下未集，武王有疾，不豫。」論衡死僞篇、卜筮篇、知實篇引皆作「不豫」。漢書韋玄成傳匡衡禱高祖等廟曰：「今皇帝有疾，不豫。」

白虎通、續漢禮儀志亦云「不豫」。蔡邕和熹鄧后謚議云：「遭疾，不豫。」並用今文。皮云：「史公以爲十一年伐紂，則克商二年爲十三年，即王訪箕子之歲也。」古文「豫」作「悆」者，説文：「悆，忘也，嘾也。从心余聲。周書曰：『有疾，不悆。』悆，喜也。」段云：「此與引『曰圛』而釋之曰『圛者，升雲半有半無』、引『堲讒説』而釋之曰『堲，疾惡也』一例，皆與字之本義有別。蓋壁書如是，孔安國以今文讀之易爲『豫』也。」「今文作『不』、古文作『弗』，而説文引『不悆』。釋文云：『書序「武王有疾」馬本作「有疾不豫」。』是古文亦作『不』也，蓋弗、不二字，淆亂者多矣。釋文：『豫，本又作「忬」。』『忬』蓋即『悆』字。**二公曰：「我其爲王穆卜。」周公曰：「未可以戚我先王。」**穆，敬。戚，近也。召公、太公言王疾當敬卜吉凶，周公言未可以死近我先王。相順之辭。○「二公曰：『我其爲王穆卜。』周公曰：『未可以戚我先王。』」今文與古文同，「穆」一作「睦」。○今文同者，魯世家云：「羣臣懼，太公、召公乃繆卜。周公曰：『未可以戚我先王。』」「穆」一作「睦」者，一切經音義引作「睦」，並引僞傳云：「睦，敬也。」蓋正義以前本。説文「睦」下云：「一曰敬和也。」史記司馬相如傳「旼旼睦睦」，漢書作「穆穆」。魯世家作「繆」者，集解引徐廣云：「古書『穆』字多作『繆』。」案：周本紀云「羣公懼，穆卜」，仍作「穆」，徐説是。鄭云：「二公欲就文王廟卜。戚，憂也，未可憂怖我先王也。」書疏引鄭云：「周公既内知武王有九齡之命，又有文王曰『吾與爾三』之期，知今必瘳，不以此終，故止二公之卜。」王鳴盛云：「左僖二十四年傳疏云：『自后稷以後，一昭一穆，文王於次爲穆，是文子則爲昭，武子則爲穆。』故鄭以『穆卜』爲於文王廟卜也。逸周書文酌解：『三穆：一絶靈破，二筮奇昌爲，三龜從兆凶。』似『穆卜』爲古人問卜之名。蓋周家有大事，輒詣文王廟卜，其後遂名此卜爲『穆卜』。」孫云：「周公欲自禱請代，故止二公之卜。疑戚爲近，未可以戚我先王，謂此大事，未可僅禱於考廟，當並禱太王、王季於壇耳。不當如鄭說。」皮云：「僞傳不可通。小爾雅廣名云：『請天子命，曰「未可以戚先王」。』小爾雅多與僞孔說同，蓋出王肅一人之手，尤不可據。鄭謂公知武王有九齡之命，今必瘳，故止二公之卜，如其說，公何以卜爲？又何以禱爲？蓋公爲恐卜而不吉，憂怖先王，故必先禱請以身代，而後敢卜，庶卜無不吉，故止二公而自爲質也。」劉云：「公意二公分疏未可以近我先王。」於義亦順。**公乃自以爲功。**周公乃自以請命爲己事。○「公乃自以爲功」，古文也，今文「功」作「質」。○「功」作「質」者，魯世家作「周公於是乃自以爲質」。孫云：「釋詁：『功、質，成也。』『功』與『質』同訓。晉語：『沈璧以質。』注：『質，信也。沈璧以自誓爲信。』自以爲質，以身爲質也。」江云：「『質』當讀如『周、鄭交質』之『質』，謂公以己爲質，質於三王以代武王。」先謙案：周本紀云：「周公乃齋祓，自爲質，欲代武王。」是史記皆作「質」，後文「乃得周公所自以爲功代武王之說」，史記亦作「功」，蓋淺人所改。**爲三壇同墠。**因太王、王季、文王請命於天，故爲三壇。壇築土，墠除地，大除地於中爲三壇。○「爲三壇同墠」，古文也，今文「爲」作「設」。○「爲」作「設」者，魯世家作「設三壇」，無「同墠」二字，渻文也。論衡死僞篇：「周公請命，設三壇同一墠。」是今文有「同墠」之證。釋文：「壇，馬云：『土堂。』」書疏引鄭云：「『特爲壇墠于酆，壇墠之處猶存焉。』」江云：「三壇者，太王、王季、文王各一壇也。」劉云：「不於廟而爲壇墠者，特禱而卜非常事也。」**爲壇於南方，北面，周公立焉。**立壇上，對三王。○「爲壇於南方，北面，周公立焉」，古文也，今文作「周公北面立」。○「周公北面立」者，魯世家如此。江云：「言北面，則三壇南鄉可知。此亦君南面、臣北面之誼也。」**植璧秉珪，乃告太王、王季、文王。**璧以禮神。植，置也。置於三王之坐。周公秉桓珪以爲贄。告謂祝辭。○「植璧秉珪，乃告太王、王季、文王」，古文也，今文「植」作「戴」，「珪」作「圭」，「乃告」作「告于」。僞傳「植，置也」用鄭説。○「植」作「戴」云云者，魯世家作「戴璧秉圭，告于太王、王季、文王」。「植璧」者，書疏引鄭云：「植，古『置』字。」段云：「今文作『戴璧秉圭』。漢書王莽傳、大玄捝皆作『戴』可證。易林无妄之繇云：『載璧秉圭。』載、戴古通用。」「大宗伯：『以玉作六器，以禮天地四方。』注云：『禮，謂始告神時薦於神坐。書曰周公植璧秉圭是也。』此引古文尚書。秉，古以爲『柄』字，如『國子實執齊秉』是也。柄圭者爲之格如柄立諸神前也，非手執之謂。」陳云：「古者以玉禮神，皆有幣以薦之，璧加於幣之上，故曰『戴璧』，亦作『載璧』，讀如『束牲載書』之『載』。」論衡死僞篇作「植璧秉圭，乃告于太王、王季、文王」，王充習今文作「植璧」，「告」上有「乃」字，疑後人改增。下文「珪」並作「圭」，不復出。劉云：「璧珪以禮神祇，非祀先王所用也。周官『三公執璧』，『上公執桓圭』，蓋周公以二公兼分陜之事，故以二者爲質。」

史乃册祝曰：「惟爾元孫某，遘厲虐疾。史爲册書祝辭也。元孫，武王。某，名，臣諱君，故曰某。厲，危。虐，暴也。○「史乃册祝曰：『惟爾元孫某，遘厲虐疾』」，古文也，今文作：「史乃策祝曰：『惟爾元孫王發，勤勞阻疾。』」僞傳「臣諱君」，本鄭説。○「史乃策祝曰」者，魯世家如此。集解引鄭云：「策，周公所作，謂簡書也。祝者，讀此簡書以告三王。」皮云：「漢書、論衡皆作『策祝』，與史記同。蓋今文作『策』，古文作『册』。」○「惟爾元孫某」者，書疏引鄭云：「諱之者，由成王讀之也。」「惟爾元孫王發，勤勞阻疾」者，魯世家如此。集解引徐廣云：「『阻』一作『淹』。」孫云：「『某』爲『王發』者，發，武王名，禮臨文不諱。又父前子名。『遘厲』爲『勤勞』，今、古文之異，言武王勤勞以致險疾也。說文：『阻，險也。』淹、險聲相近，疑今文本作『淹疾』，史公易爲『阻』也。淹，久也。」皮云：「鄭以爲『諱之，由成王讀之』，則當時策書本作『王發』，今文爲得其實。」**若爾三王，是有丕子之責于天，以旦代某之身。**大子之責，謂疾不可救於天，則當以旦代之。死生有命，不可請代，聖人叙臣子之心，以垂世教。○「若爾三王，是有丕子之責于天，以旦代某之身」，古文也，今文「丕」作「負」，「某」作「王發」。○「若爾三王」云云者，釋文：「丕，普悲反，馬同。鄭音不。」段云：「『馬同』者，馬亦同孔訓『丕子』爲『大子』也。書疏引鄭云：『丕，讀曰「不」。愛子孫曰子。元孫遇疾，若女不救，是將有不愛子孫之過，爲天所責，欲使爲之請命也。』作注之例，凡言『讀曰』即『讀爲』也，『讀爲』者，易其字也。丕、不字，經典中多互易者。」「丕」作「負」、「某」作「王發」者，魯世家如此。段云：「曲禮疏引白虎通云：『天子疾曰不豫，言不復豫政也。諸侯曰負子，子，民也，言憂民不復子之也。』此以諸侯之稱通加之天子耳。何休注公羊、徐廣注史記作『諸侯疾曰負兹』。徐廣、徐彦說復乖異。漢隗囂告州牧部監等曰：『申命百姓，各安其所，庶無負子之責。』蓋謂民安其所，乃無背弃子民之咎。負者，背也。金縢今文『是有負子之責于天』，謂武王有背弃子民之咎而將死也。囂用今文，司馬貞、李賢注皆未叶。」鄭以不子爲不愛子孫，此古文異說。**予仁若考，能多材多藝，能事鬼神。**我周公仁能順父，又多材多藝，能事鬼神。言可以代武王之意。○「予仁若考，能多材多藝，能事鬼神」，古文也，今文「予仁若考」作「旦巧」。○「旦巧」者，史記作「旦巧，能多材多藝，能事鬼神」。江云：「『仁若』衍字也。薛季宣書古文訓『考』字作『丂』。丂，古文『巧』；俗讀『丂』爲『考』，或且改作『考』字，非也。『能』字屬上讀，丂能，故多材藝也。」皮云：「論衡死僞篇引此經作『予仁若考』，又釋之云：『鬼神者，謂三王也。』即死人無知，不能爲鬼神。

周公，聖人也。聖人之言審，則得幽冥之實。得幽冥之實，則三王爲鬼神明矣。』充習歐陽尚書，而與史公引歐陽尚書異者，乃後人以古文改之，如『植璧』不作『戴璧』，乃後人改之之證也。」**乃元孫不若旦多材多藝，不能事鬼神。乃命于帝庭，敷佑四方。**汝元孫受命于天庭爲天子，布其德教，以佑助四方。言不可以死。○「乃元孫」四句，古文也，今文「乃元孫」作「乃王發」，「若」作「如」。○「乃王發不如旦多材多藝」云云者，魯世家如此。集解引馬云：「武王受命于天帝之庭，布其道以佑助四方。」詩傳：「敷，布也。」「佑」同「祐」，説文：「祐，助也。」**用能定爾子孫于下地，四方之民，罔不祗畏。**言武王用受命帝庭之故，能定先人子孫於天下，四方之民，無不敬畏。○「用能定爾子孫于下地」三句，今文與古文同。○今文同者，魯世家作「用能定汝子孫于下地，四方之民，罔不敬畏」，爾、汝同；祗，敬，故訓字。江云：「對上天言則地爲下，指謂人世。」**嗚呼！無墜天之降寶命，我先王亦永有依歸。**歎惜武王，言不救，則墜天之寶命。救之，則先王長有依歸。○「嗚呼」三句，古文也，今文作「無墜天之降葆命，我先王亦永有所依歸」。○「無墜天之降葆命」云云者，魯世家如此，無「嗚呼」二字，「寶」作「葆」，多「所」字。孫云：「易繫辭『聖人之大寶曰位』，釋文引孟喜本作『保』，留侯世家集解引徐廣曰『史記「珍寶」字皆作「葆」』是也。」集解引鄭云：「降，下也。寶，猶神也。有所依歸，爲宗廟之主也。」段云：「神祕之義近於寶，故云『寶，猶神也』。案：後漢皇甫嵩傳注：『寶器，猶神器也。』此寶、神同詁之證。」王鳴盛從震澤王氏本改「神」爲「主」。**今我即命于元龜，**就受三王之命於大龜，卜知吉凶。○「今我即命于元龜」，古文也，今文「我」下多「其」字。○「我」下多「其」字者，魯世家如此。集解引馬云：「元龜，大龜也。」孫云：「釋詁：『即，就也。』命，謂命龜。以下至『屏璧與珪』，皆命龜詞。」**爾之許**

我，我其以璧與珪歸，俟爾命；許，謂疾瘳。待命，當以事神。○「爾之許我」三句，古文也，今文「珪」下有「以」字。○「歸」下有「以」字者，魯世家如此。集解引馬云：「待汝命。武王當愈，我當死也。」說文云：「許，聽也。」「俟，待也。」**爾不許我，我乃屏璧與珪。**」不許，謂不愈也。屏，藏也。言不得事神。○「爾不許我」二句，今文與古文同。○今文同者，魯世家如此。孫云：「『屏』同『庰』，廣雅釋詁：『藏也。』禮曾子問云：『天子、諸侯將出，以幣帛皮圭告於神明，奉以出。反必告，設奠。卒，斂幣玉藏兩階之閒。』是藏幣玉之事。」劉云：「言成德永終之事，命不在我，則三公分陜之事，我亦不敢任也。」

乃卜三龜，一習吉。習，因也。以三王之龜卜，一相因而吉。○「乃卜三龜，一習吉」，今文與古文同。○今文同者，魯世家云：「周公已令史策告太王、王季、文王，欲代武王發，於是乃即三王而卜。卜人皆曰吉，發書視之，信吉。」此說經意也。孫云：「史公以爲『即三王而卜』，是太王、王季、文王前各置一龜，以占祖考之意也。習者，易彖上傳：『習坎，重險也。』是習爲重也。」論衡知實篇云：「武王不豫，周公請命，壇墠既設，筴祝已畢，不知天之許已與不，乃卜三龜，三龜皆吉。」又死僞篇云：「周公請命，史策告祝。祝畢辭已，不知三王所以與不，（陳云：「『所以』即『許已』也。古所、許通用，以、已通用。」）乃卜三龜，三龜皆吉，然後乃喜。能知三王有知爲鬼，不能知三王許已與不，須卜三龜，乃知其實。」與史記合。云「發書視之，信吉」者，既聞卜人之言，又見其書，皆是吉也。**啟籥見書，乃并是吉。**三兆既同吉，開籥見占兆書，乃亦并是吉。○「啟籥見書，乃并是吉」，古文也，今文「啟」作「開」，「并」作「逢」。○「啟」作「開」、「并」作「逢」者，魯世家作「周公喜，開籥，乃見書遇吉」。案：卜師注引書曰「開籥見書」，與史記合，是今文「啟」

作「開」。論衡卜筮篇云：「周武王不豫，周公卜三龜，公曰：『乃逢是吉。』善則逢吉，惡則逢凶，天道自然，非爲人也。」「乃并是吉」作「乃逢是吉」，是今文「并」作「逢」。史記作「遇」者，故訓字也。籥者，釋文引馬云：「藏占兆書管。」書疏引鄭云：「籥，開藏之管也。開兆書藏之室以管，乃復見三龜占書，亦合。」孫云：「説文『籥』下云：『書僮竹笘也。』又云：『潁川人名小兒所書寫爲笘。』廣雅釋器：『籥，觚也。』一切經音義引纂文云：『關西以書篇爲書籥。』然則籥者竹觚，非管籥也。」先謙案：馬、鄭以爲管是也。文選注引鄭氏易注云：「齊、魯之閒，名門户及藏器之管曰籥。」卜師：「掌開龜之四兆。」注：「開謂出其占書也。」太卜：「掌三兆之法。其經兆之體，皆百有二十，其頌皆千有二百。」鄭注：「頌謂籀也。每體十籀。」然則龜兆之體，總三兆，兆三百六十籀，詞凡三千六百。皆有成書，藏於太卜。既卜得兆，據兆體以檢其籀，以占其吉凶。史記先言「發書視之，信吉」者，蓋占書之副簡明易檢，不在藏書之室者，發視之而吉，開籥出繁重之占書檢之，而適遇是吉兆之籀詞，故喜可知也。**公曰：「體，王其罔害，**公視兆曰：「如此兆體，王其無害。」言必愈。〇「公曰：『體，王其罔害』」，古文也，今文「罔」作「無」，一無「體」字。〇「罔」作「無」者，占人：「凡卜簭，君占體。」注云：「體，兆象也。」引此文「罔」作「無」。禮玉藻：「卜人定龜，史定墨，君定體。」注云：「視兆所得也。」引「周公曰：『體，王其無害』」，亦作「無」。一無「體」字者，魯世家：「周公入賀武王曰：『王其無害。』」亦作「無」，無「體」字。以公曰爲賀王言，今文説也。**予小子新命于三王，惟永終是圖。**周公言，我小子新受三王之命，武王惟長終是謀周之道。〇「予小子新命于三王，惟永終是圖」，古文也，今文作「旦新受命三王，維永終是圖」。〇「旦新受命三王，維永終是圖」者，魯世家如此，「永」作「長」，故訓字。**茲攸俟，能念予一人。」**

言武王愈，此所以待能念我天子事，成周道。○「茲攸俟，能念予一人」，古文也，今文「茲攸俟」作「茲道」。○「茲攸俟，能念予一人」者，史記集解引鄭云：「茲，此也。」馬云：「一人，天子也。」段云：「『俟』即上文『俟爾命』之『俟』。上文馬注云『待汝命。武王當愈，我當死也』，此云『茲攸俟』者，於此用待王之愈，己之死也。神既許之，則俟之而已矣。」孫云：「言我小子絜新以受命於三王，惟長終是謀，此所俟者，祖宗能念武王耳。」「茲攸俟」作「茲道」者，宋世家作「茲道，能念予一人」，「茲道」二字，當連上「維長終是圖」爲句。江云：「傳言『武王惟長終是謀周之道』，僞孔蓋多采取漢儒之說，此言謀周之道，似與史記義合。『能念予一人』者，三王必能念我天子保安之也。」皮云：「疑亦王肅本其父朗所受楊賜之歐陽義，故與史公合。」

公歸，乃納册于金縢之匱中。王翼日乃瘳。從壇歸。翼，明。瘳，差也。

○「公歸，乃納册于金縢之匱中。王翼日乃瘳」，古文也，今文「册」作「策」，今、古文「翼」作「翊」。○今文「册」作「策」者，魯世家云：「周公藏其策金縢匱中，誡守者勿敢言。明日，武王有瘳。」此依經述事也。論衡感類篇：「克殷二年之時，九齡之年未盡，武王不豫，則請之矣。人命不可請，獨武王可，非世常法，故藏于金縢；不可復爲，故掩而不見。」此今文說也。書疏引鄭云：「縢，束也。凡藏祕書，藏之於匱，必以金緘其表。」今、古文「翼」作「翊」者，蔡邕胡公夫人哀贊云：「翊日斯瘳。」是今文作「翊日」。「翊」即「翌」字，說文有「翊」無「翌」。段云：「釋言郭注、衆經音義、漢書五行志顔注、文選陸機弔魏武帝文李注引書皆作『翌日』，知唐初本不誤。唐石經及各本作『翼』，衞包改也。釋詁：『翼，敬也。』釋言：『翌，明也。』分別畫然。說文：『昱，日明也。』『翌』乃『昱』之叚借，衞因翌、翼皆從羽，誤認爲一字。尚書『翌』字，金縢、大誥各一見，召誥、顧命各二見，天寶盡改爲『翼』，逸周書亦然。」

武王既喪，管叔及其羣弟乃流言於國，武王死，周公攝政，其弟管叔及蔡叔、霍叔乃放言於國，以誣周公，以惑成王。○「武王既喪，管叔及其羣弟乃流言於國」，今文與古文同。○今文同者，魯世家云：「其後武王既崩，成王少，在强葆之中。周公恐天下聞武王崩而畔，周公乃踐阼，代成王攝行政，當國。管叔及其羣弟流言於國。」此依經述事也。「既喪」者，白虎通崩薨篇：「喪者何謂也？喪者，亡也。人死謂之喪何？言其喪亡，不可復得見也。不直言死，稱喪者何？爲孝子之心不忍言也。尚書曰：『武王既喪。』」詩譜疏引鄭云：「管，國名。叔，字。周公兄、武王弟，封于管。羣弟：蔡叔、霍叔。武王崩，周公免喪，欲居攝。小人不知天命而非之，故流『公將不利於孺子』之言於京師。」皮云：「鄭以『既喪』爲終喪服。據白虎通用今文説，以『武王既喪』證人死稱喪之義，是讀『喪』爲『喪亡』之『喪』，非喪服之『喪』。史公訓『喪』爲『崩』，與白虎通義同。羣叔流言當在武王初崩時，今文家説爲是。逸周書作雒解：『武王既歸，及歲十二月崩鎬，肂於岐周。周公立，相天子，三叔及殷、東、徐、奄及熊盈以畔。』又云：『元年夏六月，葬武王于畢。』則周公攝政，三叔流言，皆在武王未葬以前，初崩踰年事也。」江云：「禮檀弓云：『古者天子崩，王世子聽于家宰三年。』左定四年傳：『周公爲太宰。』然則周公攝政當在武王崩時，不應待免喪後。若謂免喪而始攝政，則三年之內，誰攝政乎？若謂曠年無攝政，必不然矣。」「管叔及其羣弟乃流言於國」者，管蔡世家云：「管叔、蔡叔疑周公之爲不利於成王。」大傳云：「武王殺紂立武庚，而繼公子禄父，（据詩邶鄘衛譜疏引。）使管叔、蔡叔監禄父。武王死，成王幼，在襁褓。（據詩斯干疏引。）周公盛養成王，使召公奭爲傅。周公身居位，聽天下爲政，管、蔡疑周公，（據詩、左傳疏引。御覽作「管叔」。）流言於國，曰：『公將不利於王。』奄君、薄姑謂禄父曰：『武王既死矣，成（據詩、左傳疏引。）王尚幼矣，周公見疑矣。此世之將亂也，請舉事。』然後禄父及三（當作「二」。）監叛也。」大傳、史記言三監皆無霍叔。漢書地理志：「邶，以封紂子武庚；鄘，管叔尹之；衛，蔡叔尹之：以監殷民，謂之三監。」古今人表管叔、蔡叔在第九等，霍叔處在第四等，是羣弟流言無霍叔在內。霍叔同罪，當時亦不得獨赦之也。皮云：「史記蒙恬傳：『昔成王初立，未離襁褓。』淮南要略訓：『成王在襁褓之中。』後漢桓郁傳竇憲疏曰：『昔成王幼少，越在襁褓。』此皆今文家說。然實形容已甚之詞，據大傳云：『周公攝政，一年救亂，二年克殷，三年踐奄，四年建侯衛，五年營成周，六年制禮作樂，七年致政成王。』又云：『天子太子年十八，曰孟侯。』周公封康叔在四年，是建侯衛之年，成王年已十八，則武王崩時，成王非襁褓可知也。史記云：『成王七年，周公反政。』又云：『成王長，能聽政，於是周公乃還政於成王。』史記無避居之文，則七年當從武王崩後數起。若武王崩，成王在强葆，再加七年，不過十歲，公既攝政，何不再攝數年，俟其長而歸之，乃遽授之十歲孺子？豈十歲孺子即已長能聽政乎？則武王崩時，成王非强葆又可知也。五經異義引古文尚書說：『成王即位，年十三。明年，葬武王于畢，成王年十四，周公冠之而出征。東征三年，歸營洛，制禮樂而致政，成王年十九。』譙周五經然否論引古文尚書說亦云：『武王崩，成王年十三。』王肅以爲：『文王年十五而生武王，九十七而終，時受命九年，武王八十三矣。十三年伐紂，明年有疾，時年八十八矣。九十三而崩，以冬十二月。其明年稱元年，周公攝政，遭流言，作大誥而東征。二年克殷，殺管、蔡。三年而歸，制禮作樂，出入四年，至六年而成。七年營洛邑，作康誥、召誥、洛誥，致政成王。』然則文王崩之年，成王已三歲。武王八十而後有成王，武王崩，成王已十三。周公攝政七年致政，成王年二十〔二〕。鄭以爲：『武王崩時，成王年十歲。服喪三年，居東三年，成王年十五。迎周公反而居攝，居攝四年，封康叔，作康誥，是成王年十八也。故書傳云「天子太子十八稱孟侯」。』鄭解『孟侯』用今文説，又加服喪、居東之年，故與古文説不同，與今文説亦異。若大傳以爲攝政四年建侯衞，成王年十八稱孟侯，則武王崩時，成王年已十四，與古文説成王即位年十三，相去一年。再加三年，爲周公七年致政之年，成王年二十一，與古文説成王年十九，相去二年。是今、古文説成王之年，本無大異。初非幼在襁褓之中。漢書杜欽傳：『昔周公身有至聖之德，屬有叔父之親，而成王有獨見之明，無信讒之聽，然管、蔡流言而周公懼。』此亦不在襁褓之一證，若在襁褓，安得有獨見之明？周公作詩貽王，若在襁褓，安知未敢訓公？周公抗世子法於伯禽，若在襁褓，何以抗法？大戴記盧辯〔三〕注云：『武王崩，成王十有三也，而云「在襁褓之中」，言其小。』盧説是也。必以襁褓爲實，則古書所言成王之事，無一可通。然其誤亦有自來，賈誼請豫教太子疏云：『昔者成王幼，在繈抱之中，召公爲太保，周公爲太傅，太公爲太師。』此成王爲太子在繈抱時事，諸家或以太子時事傳爲即位時事，遂致此誤。又新書修政篇云：『成王年六歲即位，故云襁褓。』案：六歲即位，加以攝政七年，正合十三歲之數。或又誤以嗣王之初歲爲復辟之元年，故少卻七年耳。」「又大傳以武庚、禄父爲二人，論衡恢國篇：『隱彊，異姓也。

〔二〕「二十」原誤作「十八」，據皮錫瑞今文尚書考證原文改。

〔三〕「辯」原誤作「辨」，今改。

尊重父祖，復存其祀。立武庚之義，繼禄父之恩，方斯羸矣。』以武庚、禄父爲二人，正用伏義。白虎通姓名篇：『春秋譏二名何？所以譏者，乃謂其無常者也，若乍爲禄甫，元名武庚。』則以武庚、禄父爲一人二名，蓋班用夏侯説，與王充用歐陽義不同。其所言譏二名，亦與公羊義不合。詩破斧疏、左定四年傳疏引大傳，皆無『立武庚』三字，乃後人不知武庚、禄父爲二人，而誤删之。當以邶鄘衛譜疏引爲正。」先謙案：鄭舉霍叔者，本周書作雒解爲説。**曰：「公將不利于孺子。」**三叔以周公大聖有次立之勢，遂生流言。孺，稚也。稚子，成王。○「曰：『公將不利于孺子』」，今文與古文同。○今文同者，魯世家作「曰：『周公將不利於成王』」。「成王」二字，自後追稱之。詩疏引鄭云：「孺子，謂成王也。」**周公乃告二公曰：「我之弗辟，我無以告我先王。」**辟，法也。告召公、太公，言我不以法法三叔，則我無以成周道告我先王。○「周公乃告二公曰」三句，今文與古文同。古文「弗」一作「不」，「辟」一作「𨐨」。○「周公乃告二公曰」云云者，魯世家云：「周公乃告太公望、召公奭曰：『我之所以弗辟而攝行政者，恐天下畔周，無以告我先王太王、王季、文王。三王之憂勞天下久矣，於今而後成。武王蚤終，成王少，將以成周，我所以爲之如此。』於是卒相成王，而使其子伯禽代就封於魯。」史公讀「辟」爲「避」，訓爲避位。釋文：「辟，馬、鄭音避，謂避居東都。」詩七月疏引鄭云：「我今不辟孺子而去，我先王以謙讓爲德，我反有欲位之謗，無以告于先王。言媿無辭也。」「弗」作「不」、「辟」作「𨐨」者，説文：「𨐨，法（今本訛「治」。）也。从辟从井。周書曰：『我之不𨐨。』」段云：「此壁書如是。許訓『法』，與僞傳合。金吉父謂古文尚書『辟』字作『𨐨』，此即宋次道、王仲至本。作『𨐨』者，『𨐨』之譌文也。」劉云：「説此經者，謬亂不可勝辨。惟史記云『弗辟而攝行政』得之。公羊傳云：『古者周公東征則西國怨，西征則東國怨。』又云：『周公何以不之魯？欲天下之一乎周也。』蓋聖人所在，朝覲訟獄謳歌者，皆歸公，豈得避流言而出奔乎？」汪中云：「周公念社稷新造，旋遭大喪，自以王室懿親，身爲家宰，踐阼而治，以鎮天下。而三叔覬主少，國疑苟，肆惡言相率拒命。周公秉國之鈞，征伐自己，龔行天罰，以執有辠，誠不得已也。洎管叔既經，蔡、霍流放，雖任常刑，猶悼同氣，是故咎鴟鴞之取子，睹零雨而心悲，（詩東山「我心西悲」傳：「公族有辟，公親素服，不舉樂，爲之變，如其倫之喪。」）言文聲哀，仁至義盡，若流言一至公即避位，釋萬乘之國，而爲匹夫，以遁於野，一死士之力足以制之，是豈不爲之寒心哉！公之既出，此二年中官府之事，竟將誰屬？使二公可代，則周公亦將不攝，況管、蔡能以流言閒公，其不能以流言閒二公乎？當成王之立，朝野宴然，三叔輒思動摇王室，及宗臣釋位，國釁已生，乃圜視不動，待至三年而後反，非其理也。故使攝位之舉自公刱始，處非其據，是之謂攘，浮言朝播，大權夕謝，倉皇竄伏，若恐不及，王躳國事，莫復誰何，是謂之愚。居東二年，東征又三年，國步既夷，王年亦長，比其反也，乃更居攝，是之謂貪。且公之攝位，卿尹牧伯，下及士庶，其誰不知？而云『辠人，周公臣屬與知攝者』，此又私黨陰謀之説，不可以論周公也。」

周公居東二年，則罪人斯得。周公既告二公，遂東征之。二年之中，罪人此得。○「周公居東二年，則罪人斯得」，今文與古文同。○「周公居東二年，則罪人斯得」者，劉云：「史不書東征而曰『居東』，不斥管、蔡而曰『罪人』，緣周公之心爲諱詞。」先謙案：魯世家：「管、蔡、武庚等果率淮夷而反。周公乃奉成王命，興師東伐，作大誥。遂誅管叔，殺武庚，放蔡叔。收〔一〕殷餘民，寧淮夷東土，二年而畢定。」

〔一〕「收」原誤作「放」，據史記魯世家原文改。

世家所言周公東伐及二年畢定，釋「居東二年」；誅管叔、武庚，放蔡叔云云，釋「罪人斯得」，此史公依經述事也。大傳云：「周公攝政，一年救亂，二年克殷。」以居東即是東征，與史記合。論衡恢國篇：「周成王時管、蔡悖亂，周公東征。」皆今文説。逸周書作雒解：「二年，又作師旅，臨衛攻殷，殷大震潰。降辟三叔，王子祿父北奔，（案：史記云「殺武庚」，此云「祿父北奔」，則武庚、祿父非一人。）管叔經而卒，乃囚蔡叔于郭淩。凡所征熊盈族十有七國。」詩豳風傳以二子爲管、蔡，故詩譜疏云：「毛以『罪人爲得』，管、蔡；『周公居東』，爲東征也。」墨子耕柱篇：「周公旦非關叔，辭三公，東處于商蓋。」管、關字通，「非管叔」者，罪管叔也，以管叔爲罪而征之，辭三公之尊安而親戎事，「東處」與經「居東」義同，商蓋即商奄，此正周公東征之地。若以爲避居商奄，豈可通乎？詩豳疏引鄭云：「居東者，出處東國待罪，以須君之察己。」鴟鴞疏引鄭云：「罪人，周公之屬黨與知居攝者。周公出，皆奔，今二年盡爲成王所得。謂之罪人，史書成王意也。罪其屬黨，言將罪之。」此古文異説。案：論衡感類篇云：「古文家以武王崩，周公居攝，管、蔡流言，王意狐疑周公，周公奔楚，故天大雷雨，以悟成王。」此以周公奔楚爲管、蔡流言時事，鄭避居東國之説，即萌牙於此。然楚不在東也。史記蒙恬傳恬曰：「昔周成王初立，未離襁褓，周公旦負王以朝，卒定天下。及成王有病甚殆，公旦自揃其爪以沈于河，曰：『王未有識，是旦執事。有罪殃，旦受其不祥。』乃書而藏之記府。及王能治國，有賊臣言：『周公旦欲爲亂久矣，王若不備，必有大事。』王乃大怒，周公旦走而奔于楚。成王觀于記府，得周公旦沈書，乃流涕曰：『孰謂周公旦欲爲亂乎？』殺言之者而反周公旦。」恬時百篇之書未焚，當親見之而爲此説。魯世家云：「初，成王少時，病，周公乃自揃其蚤沈之河，以祝於神，曰：『王少未有識。奸神命者，乃旦也。』亦藏其策於府。成王病有瘳。及成王用事，人或譖周公，周公奔楚。成王發府見周公禱書，乃泣，反周公。」與恬傳大同。其述禱神藏策，成與武各爲一事，奔楚與居東又各爲一事。此史公親從孔安國問故載入世家者。易林需之无妄云：「載璧秉珪，請命于河。周公剋敏，沖人瘳愈。」亦言爲成王請命。自經文殘缺，金縢、亳姑合爲一篇，東漢古文家説流傳改易，始併管、蔡流言、周公奔楚爲一時事，至鄭君時，易奔楚爲居東，遂成鐵案。後人不究事理，不考書文，宜其千古難明也。江云：「鄭以罪人爲周公之屬，荒誕不可從。」**于後，公乃爲詩以貽王，名之曰鴟鴞。王亦未敢誚公。**成王信流言而疑周公，故周公既誅三監，而作詩解所以宜誅之意以貽王，王猶未悟，故欲讓公而不敢。○「于後，公乃爲詩以貽王，名之曰鴟鴞。王亦未敢誚公」，古文也，今文「名」作「命」，「誚」作「訓」。○「名」作「命」，「誚」作「訓」者，魯世家云：「唐叔得禾，異母同穎，獻之成王，成王命唐叔以餽周公於東土，（周紀作「兵所」。）作餽禾。周公既受命禾，嘉天子命，作嘉禾。東土以集，周公歸報成王，乃爲詩貽王，命之曰鴟鴞，王亦未敢訓周公。」集解引徐廣曰：「訓，一作『誚』。」皮云：「釋文：『名，徐仙民亡政反。』是徐從史公讀爲『命』也。『訓』與『順』通用。鴟鴞詩言『綢繆牖户』，即營成周、作禮樂之意。成王未敢自任，故亦未敢順公意也。」段云：「玉篇：『信，古文作「訬」。』集韻：『信，古作「訫」。』玉篇之『訬』即集韻之『訫』，皆本説文『□』字。玉篇從立心，非從『大小』字也。史記之『訓』乃『訬』字之誤。蓋今文作『未敢信』，與古文作『誚』不同。」亦備一解。「于後」者，詩豳譜疏、鴟鴞疏引鄭云：「于二年後也。怡，悦也。周公傷其屬黨無罪將死，恐其刑濫，又破其家，而不敢正言，故作鴟鴞之詩以貽王，今豳風鴟鴞也。『鬻子』，斥成王。成王非周公意未解，今又爲罪人言，欲讓之，推其恩親，故未敢。」鄭本「貽」作「怡」。孫云：「經文自『武王既喪』至此，史臣所記，以終周公作金縢之事。其『秋，大熟』以下，今文以爲周公薨後之事，史記亦云：『周公卒後，秋未穫。』考是亳姑逸文，當別行。」

秋，大熟，未穫。天大雷電以風，二年秋也，蒙，恒風若，雷以威之，故有風雷之異。○「秋，大熟，未穫。天大雷電以風」，古文也，今文「電」作「雨」。○今文「電」作「雨」者，論衡感類篇：「金縢曰：『秋，大熟，未穫。天大雷電（「雨」之誤。）以風，禾盡偃，大木斯拔，邦（「國」之誤。）人大恐。』當此之時，周公死，儒者說之，以爲成王狐疑於周公：欲以天子禮葬公，公人臣也；欲以人臣禮葬公，公有王功。狐疑於葬周公之閒，天大雷雨，動怒示變，以彰聖功。古文家以武王崩，周公居攝，管、蔡流言，王意狐疑周公，周公奔楚，故天大雷雨，以悟成王。夫一雷一雨之變，或以爲葬疑，或以爲信讒，二家未可審。且訂葬疑之說，秋夏之際，陽氣尚盛，未嘗無雷雨也，顧其拔木偃禾，頗爲狀耳。當雷雨時，成王感懼，開金縢之書，見周公之功，執書泣過，自責之深。自責適已，天偶反風。書家則謂天爲周公怒也。」皮云：「論衡『雷電』當作『雷雨』，『邦人』當作『國人』。後漢張奐傳注引大傳亦誤作『電』、作『邦』，皆淺人據古文尚書改之。感類篇『雷雨』字凡二十餘見，則其前引經當作『雷雨』甚明。王充習今文，故引今文說辨駁甚多，而於古文家不置一詞也。」魯世家略云：「成王七年，周公營雒邑，還政成王，人或譖周公，周公奔楚。成王發府見周公爲己禱書，乃泣，反周公。」「周公作多士、毋逸、周官、立政。百姓說。周公在豐，病，將没，曰：『必葬我成周，以明吾不敢離成王。』周公既卒，成王亦讓，葬周公於畢，從文王，以明予小子不敢臣周公也。周公卒後，秋未穫，暴風雷雨。」大傳云：「周公致政封魯。三年之後，周公老於豐，心不敢遠成王，而欲事文、武之廟。然後周公疾，曰：『吾死，必葬於成周，示天下臣於成王。』成王曰：『周公生欲事宗廟，死欲聚骨肉於畢。』畢者，文王之墓也。周公死，成王欲葬之於成周，天乃雷雨以風，禾盡偃，大木斯拔，國人大恐。王與大夫開金縢之書，執書以泣，曰：『周公勤勞王家，予幼人弗及知。』乃不葬於成周，而葬之於畢，示天下不敢臣，所以明有功、尊有德。故周公封魯，身未嘗居魯也。忠孝之道，咸在成王、周公之閒。故魯郊，成王所以禮周公也。」孫云：「此『秋，大熟』以下〔二〕有脱簡，不知何年秋也。史公説爲『周公卒後，秋，未穫』，並云周公在豐，病，將没，欲葬成周之事。合之書序云『周公在豐，將没，欲葬成周。公薨，成王葬于畢，告周公，作亳姑』，則此是亳姑逸文，成王所作亳姑，與周公所作金縢别是一篇。亳姑今亡，猶可以此考見。其云『告周公』者，蓋以天變祝告改葬之。」先謙案：西漢諸儒，以雷雨啟金縢爲周公没後事，並無感雷雨而迎周公反國之説。據史記，作詩貽王時，公已返國矣。王充所引古文家，管、蔡流言，周公奔楚，天雷雨，以悟成王，併二事爲一談，自因書缺有閒。東漢諸家，騰其口説，又展轉易奔楚爲居東，然後避居之解，漸成實事，不知經雖闕佚，史公從安國問故參酌古文（班志云史記引金縢多古文説。）著爲世家者，不可誣也。若以史記不可信，豈伏生親見先秦完書所述大傳亦不可信乎？知雷雨啟金縢，史記、大傳皆爲遷葬周公之事，則知無因雷雨反周公之事，知周公非因雷雨迎歸，則知周公居東之非爲避居矣。**禾盡偃，大木斯拔，邦人大恐。**風災所及，邦人皆大恐。○「禾盡偃，大木斯拔，邦人大恐」，古文也，今文「斯」作「盡」，「邦」作「國」。○「斯」作「盡」、「邦」作「國」者，魯世家云：「禾盡偃，大木盡拔，周國大恐。」「國人」作「周國」，史公隨文易之。論衡感類篇引金縢作：「禾盡偃，大木斯拔，邦人大恐。」「斯」字、「邦」字，淺人據古文本妄改也。凡古文「邦」字，今文皆作「國」。段

〔二〕「以下」原誤作「以上」，據孫星衍尚書今古文注疏原文改。

云：「詩『王赫斯怒』鄭箋：『斯，盡也。』上文『罪人斯得』鄭注亦云『盡爲成王所得』。」**王與大夫盡弁，以啟金縢之書，**皮弁，質服以應天。○「王與大夫盡弁，以啟金縢之書」，古文也，今文「啟」作「開」。○「王與大夫盡弁」者，蔡邕獨斷引周書如此，占人注引書同。「啟」作「開」者，魯世家云：「成王與大夫朝服以開金縢書。」論衡順鼓篇：「成王開金縢之書。」感類篇：「開匱得書，見公之功。」恢國篇：「周成之開匱。」後漢章帝紀建初五年詔曰：「輒有開匱反風之應。」皆作「開」。史記「弁」作「朝服」者，司服云視朝皮弁。玉藻云：「皮弁以日視朝。」故史公以朝服釋「弁」也。公羊隱元年傳疏引異義：「古尚書說云：『武王崩時，成王年十三。後一年，管、蔡作亂，周公東辟之，王與大夫盡弁，以開金縢之書，成王年十四。言「弁」，明知已冠矣。』」許引古文說，以開金縢即在武王崩後一年，與鄭說秋大熟爲周公出二年之後明年秋又異，皆與今文說不同。書疏、穀梁文十三年傳疏引鄭云：「弁，爵弁。天子、諸侯十二而冠佩爲成人，成王此時年十五，於禮已冠。必爵弁者，承天變，故降服，亦如國家失道焉。」書疏引鄭云：「開金縢之書者，省察變異所由故事也。」江云：「禮檀弓：『天子哭諸侯，爵弁紂衣。』鄭以承天變宜有異，必非皮弁，故云然。士冠禮：始加緇布冠，再加皮弁，三加爵弁。則爵弁尊于皮弁。鄭彼注亦云：『爵弁尊。』茲云『降服』者，蓋以爵弁非天子服，而王服之，故爲降服也。云『亦如國家失道』者，玉藻云『國家失道，則不充其服焉』也。」**乃得周公所自以爲功代武王之說。**所藏請命册書本。○「乃得周公所自以爲功代武王之說」，古文也，今文「功」當作「質」。○今文「功」當作「質」者，魯世家云：「王乃得周公所自以爲功代武王之說。」「功」當作「質」，淺人妄改，說見前。「乃」上多「王」字，非今、古文異。集解引徐廣曰：「『說』一作『簡』。」或今文字也。論衡感類篇引經「所」作「死」，傳寫之訛。**二公及王**

乃問諸史與百執事，二公倡王啟之，故先見書。史、百執事，皆從周公請命者。○「二公及王乃問諸史與百執事」，今文與古文同，「事」一作「士」。○今文同者，魯世家云：「二公及王乃問史、百執事」，無「諸」、「與」字，蓋史公渻之。「事」作「士」者，後漢蔡邕傳邕上封事曰：「臣伏讀聖旨，雖周成遇風訊諸執士，無以或加。」「事」作「士」，三家異文。史記集解引鄭云：「問者，問審然否也。」**對曰：「信。噫！公命我勿敢言。」**史、百執事言信有此事，周公使我勿道，今言之則負周公。噫，恨辭。○「對曰：『信。噫！公命我勿敢言』」，今文與古文同，古文「噫」一作「懿」。○今文同者，魯世家云：「史、百執事曰：『信有。昔周公命我勿敢言。』」此依經述事也。「噫」作「懿」者，釋文：「噫，馬本作『懿』，猶億也。」段云：「詩瞻卬『懿厥哲婦』鄭箋：『懿，有所痛傷之聲也。』『億』蓋『噫』之誤。」江云：「命，猶誡也。」**王執書以泣，曰：「其勿穆卜。**本欲敬卜吉凶，今天意可知，故止之。○「王執書以泣，曰：『其勿穆卜』」，今文與古文同。○今文同者，魯世家云：「成王執書以泣，曰：『自今後其無繆卜乎？』」此增文釋經也。「穆」作「繆」，同上。集解引鄭云：「泣者，傷周公忠孝如是，而無知之者。」皮云：「蔡邕文烈侯楊公碑：『帝乃震動，執書以泣。』亦以『執書以泣』爲公薨後之事。」**昔公勤勞王家，惟予沖人弗及知。**言己童幼，不及知周公昔日忠勤。○「昔公勤勞王家，惟予沖人弗及知」，古文也，今文「沖」作「幼」。○「沖」作「幼」者，魯世家云：「昔周公勤勞王家，惟予幼人弗及知。」增「周」字。漢書翟義傳注：「沖，稚也。」今文作「幼」，古文作「沖」。大誥又云『幼沖人』，其義一也。**今天動威，以彰周公之德，**發雷風之威，以明周公之聖德。○「今天動威，以彰周公之德」，今文與古文同。○今文同者，魯世家如此。漢書梅福傳：「昔成王以諸侯禮葬周公，而皇天動威，雷雨著災。」杜鄴傳：

「大風暴過，成王怛然。」後漢周舉傳永和元年詔問曰：「昔周公攝天子事，及薨，成王欲以公禮葬之，天爲動變，及更葬以天子之禮，即有反風之應。」對曰：「昔周公有請命之應，隆太平之功，故皇天動威，以彰聖德。」李注引尚書洪範五行傳曰：「周公死，成王不圖大禮，故天雷雨，禾偃，木拔。及成王寤金縢之策，改周公之葬，尊以王禮，申命魯郊，而天立復風雨，禾蓋盡起。」又張奐傳奐疏曰：「昔周公葬不如禮，天乃動威。」李注引大傳。何休公羊解詁曰：「昔武王既没，成王幼少，周公居攝，行天子事，制禮作樂，致太平，有王功。周公薨，成王以王禮葬之，命魯使郊，以彰周公之德。」論衡感類篇：「天之欲令成王以天子之禮葬周公，以公有聖德，以公有王功。」又云：「天彰周公之功，令成王以天子禮葬。」又云：「周公不以天子禮葬，故爲雷雨，以責成王。」皆與大傳、史記義合。**惟朕小子其新逆，我國家禮亦宜之。**」周公以成王未寤，故留東未還。成王改過自新，遣使者迎之，亦國家禮有德之宜。○「惟朕小子其新逆，我國家禮亦宜之」，古文也，今文「逆」作「迎」，無「新」字。古文「新逆」一作「親迎」。史記集解引王肅云：「亦宜，褒有德也。」與僞傳「亦國家禮有德之宜」合，又僞傳出肅之一證也。○「逆」作「迎」、無「新」字者，魯世家作「惟朕小子其迎，我國家禮亦宜之」。案：古文多作「逆」，今文多作「迎」，「逆河」、「迎河」其一證也。「惟朕小子其迎」者，時周公將葬成周，天變示誡，故成王往迎其柩，祝告改葬，更以天子禮遷公於畢也。「我國家禮亦宜之」者，言公雖人臣，有王功於我國家，葬以王禮，雖變而於事爲宜稱。漢書儒林傳載谷永疏云「昔周公薨，成王葬以變禮而當天心」是也。白虎通封公侯篇：「周公身薨，天爲之變。成王以天子之禮葬之，命魯郊，以明至孝天所與也。」又喪服篇云：「養從生，葬從死，周公以王禮葬何？以爲周公踐阼理政，與天同志，展興周道，顯天度數，萬物咸得，休氣充塞。原天之意，子愛周公，與文、武無異，故以王禮葬，使得郊祭。尚書曰：『今天動威，以彰周公之德。』下言『禮亦宜之』。」古文「新逆」作「親迎」者，釋文：「『新逆』馬本作『親迎』。」親、新通用字，「逆」作「迎」，馬用今文也。詩東山疏引鄭云：「新逆，改先時之心，更自新以迎周公於東，與之歸，尊任之。」段云：「惟馬作『親迎』，鄭作『新逆』，豳正義轉寫淆亂，今坊本、蔡氏集傳『逆』皆誤『迎』，唐石經及注疏監本作『逆』不誤。」**王出郊，天乃雨，反風，禾則盡起。** 郊以玉幣謝天，天即反風起禾，明郊之是。○「王出郊，天乃雨，反風，禾則盡起」，古文也，今文「乃」作「止」，無「則」字。○「王出郊」者，魯世家如此。孫云：「郊祭也。因郊祭而止天變，遂賜魯以郊。魯世家云：『於是成王乃命魯得郊祭文王。』白虎通喪葬篇亦云：『以王禮葬，使得郊祭。』後漢和帝紀詔曰：『成王出郊而反風。』李注：『王乃出郊祭天，事見尚書。』」是其明證。論衡感類篇云：「開匱得書，覺悟泣過，決以天子禮葬公。出郊觀變，天止雨，反風，禾盡起。」王充以爲出郊觀變，今文異說。○「乃」作「止」者，論衡如此。（引見上。）魯世家作「天乃雨」，後人妄改。王引之云：「琴操說：『周金縢曰：「成王聞周公死，以公禮葬之，天乃大暴風疾雨，成王懼，取所讒公者而誅之，天乃反風霽雨。」』據此，則古文之『天乃雨』，今文當作『天乃霽』。雨止爲霽，故論衡以『止雨』代之。蓋古文言天大雷電而不言雨，故下文曰『天乃雨』；今文既言天大雷雨，則下文不得言『天乃雨』也。」皮云：「王說是。但云今文作『天乃霽』，亦無塙證。琴操云『天霽雨』，不云『天乃霽』也。論衡明云『天止雨』。」當從之。又順鼓篇云：「周成王之時，天下雷雨，偃禾拔木，爲害大矣。成王開金縢之書，求索行事，得周公之功，執書以泣，遏雨止風反禾，大木復起。」「遏」與「止」同義。明今文作「止」。「反風，禾盡起」者，魯世家、論衡並如此，是今文無「則」字。史記集解引馬云：「反風，風還反也。」書疏引鄭云：「易傳云：『陽感天，不旋日。』陽謂天子也。天子行善以感天，不同旋經日。」**二公命邦人，凡大木所偃，盡起而築之。歲則大熟。**木有偃拔，起而立之，築有其根。桑果無虧，百穀豐熟，周公之德。此已上大誥後，因武王喪并見之。○「二公命邦人，凡大木所偃，盡起而築之。歲則大熟」，古文也，今文「邦」作「國」。○「邦」作「國」者，魯世家如此，「熟」作「孰」，字同。釋文引馬云：「築，拾也。」史記集解引馬云：「禾爲木所偃者，起其木，拾其下禾，乃無所失亡也。」書疏云：「鄭、王皆云：『築，拾也。禾爲大木所偃者，起其木，拾下禾，無所亡失。』意太曲碎，當非經旨。」論衡感類篇：「成王不以天子禮葬周公，天爲風雷，偃禾拔木。成王覺悟，執書泣過，天乃反風，偃禾復起。何不爲疾反風以立大木，必須國人起築之乎？應曰：天不能。」據此，則今文家解「築之」爲築大木，與古文説訓「築」爲「拾」不同。

尚書孔傳參正十八

大誥第九　周書　孔氏傳　臣王先謙參正

大誥陳大道以誥天下，遂以名篇。○周紀云：「初，管、蔡畔周，周公討之，三年而畢定，故初作大誥，次作微子之命。」魯世家：「周公於是卒相成王，而使其子伯禽代就封於魯。管、蔡、武庚等果率淮夷而反。周公乃奉成王命，興師東伐，作大誥。」書序：「武王崩，三監及淮夷叛，周公相成王，將黜殷，作大誥。」今、古文説同。伏生大傳以大誥列金縢前。

王若曰：「猷大誥爾多邦，越爾御事。周公稱成王命，順大道以誥天下衆國，及於御治事者盡及之。○「王若曰」，今文與古文同。「猷大誥爾多邦，越爾御事」，僞古文也，今文「猷大誥」作「大誥猷」，古文作「大誥繇」。禮明堂位疏引王肅云：「稱成王命，故稱王。」與僞傳「周公稱成王命」合，此又僞傳出肅之一證也。○「王若曰」者，漢書翟方進傳王莽依周書作大誥曰：「惟居攝二年十月甲子，攝皇帝若曰。」案：「攝皇帝若曰」即倣「王若曰」爲文，是今文作「王若曰」，與古文同也。大傳云：「周公身居位，聽天下爲政，管叔疑周公。」居位即居攝也。史公說以周公作大誥在踐阼攝政之後，故可稱王。書疏引鄭注：「王，周公也。周公居攝，命大事則權稱王。」鄭言居攝之年，與史記、大傳先後皆異，而以王爲周公攝王，與今文義同。皮云：「論衡書虚篇：『説尚書者曰：「周公居攝，帶天子之綬，戴天子之冠，負扆南面而朝諸侯。」』王充所引，即三家尚書說。然則史公云周公奉成王命，興師東伐，作大誥，亦史臣推原周公本意而言。周公當時既權代王，不必言奉成王命也。周公攝王，見於逸周書明堂解、禮明堂位、荀子，兩漢今、古文家皆無異義。後人乃謂周公無攝王事，用王肅、僞孔謬說，以王爲成王，皆陋妄不足置辨。」孫云：「若謂是周公述王命以告，則當如多方言『周公曰「王若曰」』，或如多士先言『周公告』，乃復言『王若曰』。今此文不然，則是王即周公矣。」〇「猷大誥」作「大誥猷」者，莽誥云：「大誥道諸侯王、三公、列侯，于汝卿大夫、元士、御事。」應劭注：「言以大道告於諸侯以下也。」莽倣大誥釋「猷」爲「道」，則今文作「大誥猷」。古文作「大誥繇」者，釋文云：「馬本作『大誥繇爾多邦』。」書疏云：「鄭本『猷』在『誥』下。」釋詁：「繇，道也。」方言：「猷，道也。」繇、猷同訓「道」，是馬、鄭古文與莽所用今文義同。或據爾雅「繇，於也」謂馬本「大誥繇爾多邦」當爲「大誥於爾多邦」，然據莽誥易「猷」爲「道」，則今文說以「繇」爲「道」，不以「繇」爲「於」也。釋詁：「粤，于也。」故莽誥易「粤」爲「于」。鄭曲禮注、詩思齊箋皆引書曰：「越乃御事。」疏云：「大誥文。」則經文或作「越乃」，莽誥作「汝乃」，汝、爾義並同。鄭又云：「御，猶主也。言大誥道汝衆國于汝主事之臣也。」應注：「『猷』在『誥』上，誤。」僞孔所本。經傳釋詞：「越，猶與也。」段云：「班固幽通賦：『謨先聖之大繇。』詩巧言：『秩秩大猷，聖人莫之。』釋文：『莫，一本作「謨」。』顏注引詩直作『大繇』，然則經典『猷』訓『道』

者，古本作『繇』，僞孔移『猷』於『王若曰』下，欲與多方篇畫一之故。案：古『引導』字多作『道』，『道』爲繇，『教道』亦爲繇，此云『誥道』，多方云『道誥』，一而已矣。莽云『大誥道』，文義正如此。僞傳訓『猷大』爲『大道』，文理不通。如其傳，當云『王若曰：「大猷誥爾多邦」』。其所作僞周官『王曰：「若昔大猷」』，正自用其説也。其僞微子之命竟云『王若曰：「猷殷王元子」』，愈不可解矣。」**弗弔天降割于我家，不少**言周道不至，故天下凶害於我家不少。謂三監、淮夷並作難。○「弗弔天降割于我家，不少」，古文也，今文「弗」作「不」。王鳴盛云：「僞傳以『延洪』連文。毛奇齡據唐裴度中和節賜百官之詩用『延洪』字，以爲唐人知古義，不知出晚晉僞傳，古無此訓也。」○「弗」作「不」者，莽誥云：「不弔天降喪于趙、傅、丁、董。」顔注：「不弔，言不爲天所弔閔。降，下也。」段云：「蓋如左傳『昊天不弔』之解，非訓『至』也。」釋文：「割，馬本作『害』。『不少』，馬讀『弗少延』爲句。」案：莽誥渻「不少延」三字，下云「洪惟我幼沖孺子」，則今文不連「延洪」爲義，當如馬、鄭古文讀「不少延」爲句也。書疏引鄭云：「言害不少乃延長之。」劉云：「不弔，猶言遭家不造。不少延，謂武王享國不久。」**延。洪惟我幼沖人，**凶害延大，惟累我幼童人。成王言其不可不誅之意。○「延」字上屬。「洪惟我幼沖人」，今文與古文同。○今文同者，莽誥云「洪惟我幼沖孺子」，即做此文。「我幼沖人」者，周公我成王也。王引之云：「洪，發語聲也。多方『洪惟圖天之命』語與此同，解者訓爲『大』，失之。」**嗣無疆大曆服，弗造哲，迪民康，**言子孫承繼祖考無窮大數，服行其政，而不能爲智道以安人，故使叛。先自責。

○「嗣無疆大曆服，弗造哲，迪民康」，古文也，今文「弗造哲」作「不遭悊」。○「弗造哲」者，劉云：「『造哲』猶云『作哲』。」「不遭悊」者，莽誥云「當承繼嗣無疆大曆服事。予未遭其明悊，能道民於安」，即做「嗣無疆大曆服，弗遭悊，迪民康」三句文。嗣，繼；曆，數；服，事，並釋詁文。詩傳：「疆，竟也。」言我沖人繼無竟曆服之事，不遭遇明哲之人以自輔，而導百姓於安康也。**矧曰其有能格知天命！** 安人且猶不能，況其有能至知天命者乎？○「矧曰其有能格知天命」，古文也，今文「格」作「往」。○「格」作「往」者，莽誥云：「況其能往知天命！」釋詁：「格，至也。」故可爲來，亦爲往。漢書作「往」，言不能前知天命。江云：「『有』讀爲『又』。」**已！予惟小子，若涉淵水，予惟往求朕攸濟，** 已，發端歎辭也。我惟小子承先人之業，若涉淵水，往求我所以濟渡。言祗懼。○「已！予惟小子」四句，古文也，今文「已」作「熙」。○「已」作「熙」者，莽誥云：「熙！我念孺子，若涉淵水，予惟往求朕所濟度。」倣此經文。顏注：「熙，歎詞。」案：已者，噫也；熙者，嘻也。以莽誥例之，此「小子」謂成王。漢書武紀詔曰：「若涉淵水，未知所濟。」魏志潘勖作策命魏公曰：「若涉淵水，非君攸濟。」皆用大誥文。**敷賁敷前人受命。茲不忘大功，** 前人，文、武也。我求濟渡，在布行大道，在布陳文、武受命，在此不忘大功。言任重。○「敷賁敷前人受命」，古文也，今文作「奔傅前人受命」。「茲不忘大功」，見下。○「奔傅前人受命」者，莽誥云「奔走以傅近奉承高皇帝所受命」。王念孫云：「『奔走』二字，與涉水義不相屬。顏注屬上讀。今案：當以『奔走以傅近奉承高皇帝所受命』爲句，奔、賁，敷、傅，古字通用。此效經之『敷賁敷前人受命』也。莽誥皆效今文，疑今文無上『敷』字，但作『奔傅前人受命』，莽以『奔』爲奔走，『傅』爲傅近，亦用今文説也。」**予不敢閉，于天降威用** 天下威用，謂誅惡也。言我不敢閉絕天所下威用而不行。將欲伐四國。○「茲不忘大功，予不敢閉」，古文也，今文「閉」作「比」。「于天降威用」，見下。○「茲不忘大功」者，言今茲不忘艱難締造之大事。莽誥消文。「閉」作「比」者，莽誥云：「予豈敢自比於前人乎！」段云：「此即經之『予不敢閉』也。其字句解説，今、古文家絶異。閉，疑作『比』。」皮云：「顔注：『前人，謂周公。』非莽意。莽自謂不敢比高皇帝，猶周公不敢比文王。此公自明攝位不敢即真之意。」先謙案：承上文，言予惟奔走依傅敬承前人所受之命，雖今兹不忘前功，予未敢上比前人也。文義自明。**寧王，遺我大寶龜。紹天明，即命。**安天下之王，謂文王也。遺我大寶龜，疑則卜之，以繼天明，就其命而行之。言卜不可違。○「寧王，遺我大寶龜。紹天明，即命」，今文與古文同。

○今文同者，莽誥云：「天降威明，用寧帝室，遺我居攝寶龜。太皇太后以丹石之符，廼紹天明意，詔予即命居攝踐阼，如周公故事。」于者，釋詁：「粤，于也。」「于」義同「粤」，詞也。孫云：「釋詁：『威，則也。』則者，法也。言天降明法於靈龜，以寧王室。」詩何彼襛矣疏引鄭云：「受命曰寧王。」書疏引鄭云：「時既卜，乃後出誥，故先云然。」先謙案：以寧王爲文王，此鄭古文説。據洛誥鄭注，又不專指文王。詳經意，總謂受命安天下之前王耳。如下「寧考」句，周公代成王言之，必指武王。僞傳以「寧」屬文，以「考」屬武，又非也。莽誥於前「寧人」代以祖宗字，或竟不用代，「寧王」或代以祖宗，或改爲安皇帝、安帝室，是今文訓解，本無一定。推詳諸篇文義，以不指定文王爲是。「天降威用寧王」者，與莽誥「天降威明用寧帝室」同一句例，「天降威」下有複句可證。將有兵事，託詞天威，動人敬畏，誥、誓之體固然，不當作法則解。用，猶以也。言兵事之動，正天欲以寧我王室。「紹天明」者，訓如莽誥之「紹天明意」，言天意昭明我當繼事。「即命」者，即大命而攝王，訓如莽誥「即命踐阼」也。**曰：『有大艱于西土，西土人亦不靜。』越兹蠢**曰，語更端也。四國作大難於京師，西土人亦不安，於此蠢動。○「曰：『有大艱于西土，西土人亦不靜』」，古文也，今文「靜」作「靖」。「越兹蠢」屬下。○今文「靜」作「靖」者，莽誥云：「反虜故東郡太守翟義，擅興師動衆，曰：『有大難于西土，西土人亦不靖。」」顏注：「曰者，述翟義之言云爾也。西土，謂京師也，言在東郡之西。」」皮云：「邶、鄘、衛在鎬京之東，亦以鎬京爲西土。莽以『曰』爲翟義之言，則今文家說亦必以『曰』爲管、蔡之言，云西土鎬京有大難也。大難指公將不利於孺子之事。「西土人亦不靖」者，京師之人，惑於流言，亦不安靖。書疏引鄭云：「周民亦不定其心，騷動，言以兵應之。」魏石經「曰」作「粵」，詞也。**殷小腆，誕敢紀其叙。**言殷後小腆之祿父，大敢紀其王業，欲復之。

○「殷小腆，誕敢紀其叙」，古文也，今文「紀」作「犯」，「叙」作「序」。○「越茲蠢」者，訓如莽誥「於是動」。「殷小腆」者，書疏引鄭云：「腆謂小國也。」王肅云：「腆，主也。殷小主謂祿父也。」段云：「說文：『敟，主也。』王以『典』爲『敟』之假借。經書『敟』多作『典』。釋文：『腆，馬云「至也」。』『至』亦『主』之譌。」「紀」作「犯」，「叙」作「序」者，莽誥云：「於是動嚴鄉侯信，誕敢犯祖亂宗之序。」（「亂祖」字倒。）顏注：「誕，大也。」孫云：「今文『紀』作『犯』，形相近。」段說同。皮云：「據莽誥，則『越茲蠢殷小腆』六字作一句。莽謂翟義造言，於是動劉信起兵之意，今文家說亦必謂管、蔡流言，於是動武庚作亂之心也。莽謂管、蔡挾祿父以畔，今翟義亦挾劉信以畔，是以翟義比管、蔡，劉信比祿父也。近人斷句多誤，故於莽所引今文不得其解。」說文「蠢」：「古从𢦏。周書曰：『我有𢦟于西。』」段云：「此壁書，孔讀爲『蠢』。引書乃許君記憶之誤。」**天降威，知我國有疵，**天下威，謂三叔流言，故祿父知我周國有疵病。○「天降威，知我國有疵」，古文也，今文「疵」作「呰」。○「疵」作「呰」者，莽誥云：「天降威，遺我寶龜，（洪頤煊云：「據經文，四字涉上文而衍。唐本已誤。」）固知我國有呰災。」顏注：「呰，病也。讀與『疵』同。」釋文：「疵，馬云『叚也』。」（「叚」即「瑕」字。）書疏引鄭云：「知我國有疵病之瑕。」疵、瑕義通。**民不康，曰予復反鄙我周邦，**祿父言我殷當復，欺惑東國人，令不安，反鄙易我周家。道其罪無狀。○「民不康，曰予復反鄙我周邦」，古文也，今文「鄙」作「啚」，「邦」作「國」。○「鄙」作「啚」、「邦」作「國」者，莽誥云：「使民不安，是天反復右我漢國也。」顔注：「『右』讀曰『祐』。」俞樾云：「曰者，天假寶龜以告也。『予復反鄙我周國』七字一句。蓋今文家讀如此。予者，設爲天言，與詩『予懷明德』同。『復反』猶『反復』，語有倒順耳。『鄙』當作『啚』。説文『啚』下云：『嗇也。』『嗇』下云：『愛濇也。』『啚』爲『嗇』，即爲愛濇。故莽誥作『右』，右之言助。愛之，斯助之矣。是其義通也。詩蓼莪『顧我復我』鄭箋：『復，反復也。』即可以説此經。」先謙案：古文「啚」爲「鄙」，與「圖」字形近，其義當爲圖，言天知我國有病，使民不康，天意若曰予方反復圖謀我周國也。不言「右」而右意自見。**今蠢，今翼日，民獻有十夫，予翼以于敉寧武圖功。**今天下蠢動，今之明日，四國人賢者有十夫，來翼佐我周，用撫安武事，謀立其功。言人事先應。○「今蠢，今翼日，民獻有十夫，予翼以于敉寧武圖功」，古文也，今文「獻」作「儀」。○「獻」作「儀」者，莽誥云：「粵其聞日，宗室之儁有四百人，民獻儀九萬夫，予敬以終於此謀繼嗣圖功。」孟康曰：「翟義反書上聞日也。民之表儀，謂賢者。」師古曰：「我用此宗室之儁及獻儀者共圖謀國事，終成其功。」案：「翼」本作「翌」，衛包改「翼」，説見金縢。「今蠢，今翼日」，以莽誥「粵其聞日」例之，當訓爲聞禄父蠢動之日及明日也。「民獻有十夫」者，尚書大傳周傳云：「書曰：『民儀有十夫。』」古文作「獻」，今文作「儀」。莽誥「民獻儀九萬夫」，衍「獻」字。段云：「孟注釋『儀』不釋『獻』，若班書本有『獻』字，孟當云『民獻儀，民之賢者，可爲表儀』，不當先訓『儀』而云『謂賢者』。誤本兩存，小顔不辨。古文苑班固車騎將軍竇北征頌云『民儀響慕』可據證。論語鄭注：『獻，猶賢也。』凡訓故之例，義隔而通之曰猶，『獻』本不訓『賢』，直以其『儀』字之假借，故曰『猶賢』

也。若僞孔於『萬邦黎獻』徑云『賢也』，則未嘗窺見此恉矣。司尊彝注：「獻，讀爲『犧』，又讀爲『儀』。」説文義聲之「轙」，或從金獻聲作「钀」〔一〕。大射儀注：「獻，讀爲『沙』。」郊特牲注：「獻，讀爲『莎』。」皆歌、元部，關通聲轉。「予翼以于敉寧武圖功」者，段云：「莽誥『翼』訓『敬』，今文家説也。」案：釋詁：「于，往。」「武，繼也。」言此十夫者，我敬以往撫安民人，繼武所圖謀之功。後漢蔡邕傳注引靈帝制曰：「敉寧我人。」**我有大事，休，朕卜并吉。**大事，戎事也。人謀既從，卜又并吉，所以爲美。○「我有大事，休，朕卜并吉」，今文與古文同。○今文同者，莽誥云：「我有大事，休，予卜并吉。」書疏引鄭云：「卜并吉者，謂三龜皆從也。」孫云：「古人卜用三龜，而以玉兆、瓦兆、原兆三兆各占一龜也。」**肆予告我友邦君，越尹氏、庶士、御事，**以美，故告我友國諸侯，及於正官尹氏卿大夫、衆士御治事者。言謀及之。○「肆予告我友邦君，越尹氏、庶士、御事」，今文與古文同。○今文同者，莽誥云「故我出大將告郡太守、諸侯相、令長」，仿經爲詞，知今文不異也。肆，故，釋詁文。越，與也。書疏云：「尹，正也。諸官之正，謂卿大夫。」據莽誥「大將告」云云，今文「告」上疑多「誕」字。**曰：『予得吉卜，予惟以爾庶邦，于伐殷逋播臣。』**用汝衆國往伐殷逋亡之臣。謂禄父。○「曰：『予得吉卜，予惟以爾庶邦，于伐殷逋播臣』」，今文與古文同，「邦」當爲「國」。○今文同者，莽誥云：「予得吉卜，予惟以汝于伐東郡、嚴鄉逋播臣。」説文：「逋，亡也。」李登聲類云：「播，散也。」「邦」當爲「國」者，以今文例推之，無文可證，下同，不複出。**爾庶邦君，越庶士、御事，罔不**

〔一〕「钀」原誤作「⿰車獻」，據上文意及説文改。

反曰：『艱大，汝衆國上下，無不反曰：「征伐四國爲大難。」敘其情，以戒之。○「爾庶邦君，越庶士、御事，罔不反曰：『艱大』」，古文也，今文「邦」作「國」。○「邦」作「國」者，莽誥云：「爾國君或者無不反曰：『難大。』」罔，無，艱，難，故訓字。越，與也。書疏引鄭云：「汝國君及下羣臣不與我同志者，無不反我之意，云三監叛，其爲難大。」魏石經「艱」作「囏」，說文：「囏，『艱』或體。」**民不靜，亦惟在王宮、邦君室。**言四國不安，亦在天子、諸侯教化之過。自責不能綏近以及遠。○「民不靜，亦惟在王宮、邦君室」，今文與古文同，「邦」當爲「國」。○今文同者，莽誥：「民亦不靜，亦惟在帝宮諸侯宗室。」案：以上文「西土人亦不靜」例之，此「靜」字今文亦當爲「靖」。**越予小子考，翼不可征。王害不違卜。』**於我小子先卜敬成周道，若謂今四國不可征，則王室有害，故宜從卜。○「越予小子考，翼不可征。王害不違卜」，古文也，今文無「害」字。○無「害」字者，莽誥云：「於小子族父，敬不可征。帝不違卜。」顔注：「劉信國之宗室，於孺子爲族父，當加禮敬，不可征討。」段云：「據此，今文家『越予小子考』句絶。管叔及羣弟皆成王之諸父，故云考也。尚書本無『曷』字，假『害』爲之，衛包盡改『害』爲『曷』，獨此以僞傳不訓『曷』僅存。蔡傳：『害，曷也。王曷不違卜而勿征乎？』最爲得解。」先謙案：段說是。「帝不違卜」者，言帝將不違卜而往征乎？欲帝之違卜也。雖無「害」字，文意則同。詳上下文，不當有別解。故知今文「王不違卜」亦當爲勸阻之詞。釋詞：「越，猶惟也。」**肆予沖人，永思艱。曰：『嗚呼！允蠢鰥寡。哀哉！』**故我童人成王長思此難而歎，曰：「信蠢動天下，使無妻無夫者受其害，可哀哉！」○「肆予沖人，永思艱。曰：『嗚呼！允蠢鰥寡。哀哉』」，古文也，今文「嗚呼」作「烏虖」。○「嗚呼」作「烏虖」者，莽誥云：「故予爲沖人，長思厥難。曰：『烏虖！信、義所犯，誠動鰥寡，哀哉！』」肆、故、永、長、艱、難、允、誠、蠢、動，故訓字。言四國搆難，誠擾動鰥寡，爲可哀也！**予造天役遺，大投艱于朕身，**我周家爲天下役事，遺我甚大，投此艱難於我身。言不得已。○「予造天役遺，大投艱于朕身」，古文也，今文「造」作「遭」。○「造」作「遭」者，莽誥云：「予遭天役遺，大解難於予身。」顔注：「言天以漢家役事遺我，而令身解其難。」今文從「遺」字絶句，言予遭天以役事相遺也。釋文：「造，馬云『遺也』。」「遺」亦當爲「遭」之誤。「大解難于朕身」者，以「解」詁「投」，蓋投去與解義近。孫云：「疑『投』本『挩』字。說文『挩』下云：『解挩也。』」**越予沖人，不卬自恤。義爾邦君，越爾多士、尹氏、御事，**言征四國於我童人不惟自憂而已，乃欲施義於汝衆國君臣上下至御治事者。○「越予沖人，不卬自恤。義爾邦君，越爾多士、尹氏、御事」，古文也，今文「恤」作「卹」，「邦」作「國」。○「恤」作「卹」、「邦」作「國」者，莽誥云：「以爲孺子，不身自卹。予義彼國君泉陵侯。」應劭曰：「泉陵侯，劉慶也。上書令莽行天子事。」案：「越予沖人」，猶言「惟予沖人」，莽誥「以爲（去聲。）孺子」，文相似而意不同；「不卬自卹」，謂不暇自憂。僞傳解非。釋詞：「上『越』，猶惟也；下『越』，與也。」**綏予曰：『無毖于恤，不可不成乃寧考圖功。』**汝衆國君臣，當安勉我曰：「無勞於憂，不可不成汝寧祖聖考文、武所謀之功。」責其以善言助之。○「綏予曰：『無毖于恤，不可不成乃寧考圖功』」，古文也，今文「恤」作「卹」。○「恤」作「卹」者，以上文「不身自卹」例之，此「恤」亦當作「卹」。說文「毖」下云：「慎也。从比必聲。周書曰：『無毖于卹。』」段云：「尚書『恤』本作『卹』。莽誥云『上書曰：（謂泉陵侯。）「成王幼弱，周公踐天子位以治天下」』云云，案：『上書曰』即倣經『綏予曰』也。」皮云：「據莽擬經文，此必周公設爲慰己之言，謂無勞于憂，不可不成寧考之謀績也。」先謙案：說文訓「毖」爲「慎」，則「無毖于卹」謂勿因憂而過慎遂不事征討也。邦君等綏公之言如此。故周公義之。**已！予惟小子，不敢替上帝命。**不敢廢天命，言卜吉當必征之。○「已！予惟小子，不敢替上帝命」，古文也，今文「已」作「熙」，「替」作「僣」。○「已」作「熙」、「替」作「僣」者，莽誥云：「熙！爲我孺子之故」，「予惟趙、傅、丁、董之亂」云云，「予不敢僣上帝命」，顏注：「僣，不信也。言順天命而征討。」段云：「魏三體石經作『不敢替』，知今文尚書作『替』，讀爲『僣』，故漢書作『僣』。魏石經蓋用今文也。篇末云『天命不僣』，此亦當作『僣』爲長，『天命不僣』謂天命無不信也，『不敢僣上帝命』謂不敢不信天命也。」**天休于寧王，興我小邦周，寧王惟卜用，克綏受茲命。**言天美文王，興周者，以文王惟卜之用，故能安受此天命。明卜宜用。○「天休于寧王，興我小邦周，寧王惟卜用，克綏受茲命」，古文也，今文「邦」作「國」，無次「寧王」字。○「邦」作「國」、無次「寧王」字者，莽誥云：「天休於安帝室，興我漢國，惟卜用，克綏受茲命。」據此，「天休于寧王」，今文亦謂安王室，與上「寧王」同訓。**今天其相民，矧亦惟卜用。**民獻十夫，是天助民，況亦用卜乎？吉可知矣。亦，亦文王。○「今天其相民，矧亦惟卜用」，今文與古文同。○今文同者，莽誥云：「今天其相民，況亦惟卜用。」矧，況，故訓字。江云：「今天其相助我民，況我亦惟卜是用，則敬承天意，必獲吉矣。明卜不可違。」**嗚呼！天明畏，弼我丕丕基。**歎天之明德可畏，輔成我大大之基業。言卜不可違也。○「嗚呼！天明畏，弼我丕丕基」，古文也，今文「嗚呼」作「烏虖」，「畏」作「威」。○「嗚呼」作「烏虖」、「畏」作「威」者，莽誥云：「烏虖！天明威，輔漢始而大大矣。」釋詁：「基，始也。」據此，知今文「基」訓「始」。段云：「以『矣』訓『基』，蓋今文作『丕丕其』也。『其』讀如『姬』，語詞，故莽以『矣』字代之。立政篇『丕丕其』見隸釋，故知此亦當同也。」於義亦通。

王曰：「爾惟舊人，爾丕克遠省，爾知寧王若勤哉！特命久老之人知文王故事者，大能遠省識古事，汝知文王若彼之勤勞哉！目所親見，法之又明。○「王曰：『爾惟舊人，爾丕克遠省，爾知寧王若勤哉』」，今文與古文同。○今文同者，莽誥云：「爾有（讀「又」。）惟舊人泉陵侯之言，爾不克遠省，爾豈知太皇太后若此勤哉！」皮云：「據莽誥，『惟』訓『思惟』。公云舊人，蓋指文、武舊臣與公同心者，故莽以與己同之泉陵侯當之。古丕、不同字，今文作『不』，於義爲優。『寧王』字莽誥多訓爲安王室，此文以『太皇太后』代『寧王』，與鄭以『寧王』爲文王者略同。是今文説亦不盡以『寧王』爲安王室也。」江云：「爾乃不能省識於遠，爾豈知寧王若此勤勞哉！責其不知。」**天閟毖我成功所，予不敢不極卒寧王圖事。**閟，慎也。言天慎勞我周家成功所在，我不敢不極盡文王所謀之事，謂致太平。○「天閟毖我成功所，予不敢不極卒寧王圖事」，古文也，今文「閟毖」作「毖勞」。○「閟毖」作「毖勞」者，莽誥云：「天毖勞我成功所，予不敢不極卒安皇帝之所圖事。」孟康曰：「天慎勞我國家成功之所在。」師古曰：「卒，終也。言我不敢不終祖宗之業，安帝室所謀之事。」段云：「毖、祕、閟，古通用。尚書斷無複用『閟毖』二字之理。『毖』或作『閟』，字皆必聲，以其或作『閟』，遂兩存之曰『閟毖』，猶『民儀』一作『民獻』，兩存之曰『民獻儀』也。」據莽誥，蓋今文多一「勞」字。**肆予大化誘我友邦君，**我欲極盡文王所謀，故大化天下道我友國諸侯。○「肆予大化誘我友邦君」，今文與古文同。○今文同者，莽誥云：「肆予告我諸侯王、公、列侯、卿大夫、元士、御事。」顔注：「肆，陳也。陳其理而告之。」先謙案：顔訓「肆」爲「陳」，「陳」在「予」上，不詞。當依上文訓「故」。告者，開導之，與「化誘」義同，非今、古文異。**天棐忱辭，其考我民。**言我周家有大化誠辭，爲天所輔，其成我民矣。○「天棐忱辭，其考我民」，古文也，今文「忱」作「諶」，「考」作「累」。○「忱」作「諶」者，漢書孔光傳：「書曰：『天棐諶辭。』言有誠道天輔之也。」古忱、諶通用。莽誥云「天輔誠辭」，以訓詁代經。顏注：「言有至誠之辭，則爲天所輔。」○「考」作「累」者，莽誥云「天其累我以民」，顏注：「累，託也。言天以百姓託我。」案：莽誥增字釋經，今文尚書當作「其累我民」，猶今人言以此累汝矣，故顏以「託」釋之。**予曷其不于前寧人圖功攸終？**我何其不於前文王安人之道謀立其功所終乎？○「予曷其不于前寧人圖功攸終」，古文也，今文「其」作「敢」。○「其」者，釋詞：「語助也。」「其」作「敢」者，莽誥云：「予害敢不於祖宗安人圖功所終？」「曷」作「害」是也，古文作「曷」，衛包所改，說見上。「前寧人」莽誥易爲「祖宗安人」，下文直作「祖宗」不云「安人」，知今文訓義亦隨文變改也。「予曷其」與前後皆作「敢」不合，今文作「敢」，其義爲優。**天亦惟用勤毖我民，若有疾，**天亦勞慎我民欲安之，如人有疾欲已去之。○「天亦惟用勤毖我民，若有疾」，古文也，今文無「毖」字。○無「毖」字者，莽誥云：「天亦惟勞我民，若有疾。」段云：「莽誥以『勞』代『勤』，據此，今文無『毖』字。」我民若有疾苦，必當除去之。**予曷敢不于前寧人攸受休畢？」**天欲安民，我何敢不于前文王所受美命終畢之？○「予曷敢不于前寧人攸受休畢」，古文也，今文「畢」作「弼」。○「畢」作「弼」者，莽誥云：「予害敢不于前寧人攸受休輔？」段云：「上文『弼』作『輔』，『棐』亦作『輔』，此『畢』與『弼』音近，今文蓋作『弼』，故與『弼我丕丕基』同以『輔』字代之。」「害」亦衛包改「曷」，宜從今文。

王曰：「若昔，朕其逝，朕言艱，日思。順古道，我其往東征矣。我所言國家之難備矣，日思念之。○「王曰：『若昔，朕其逝，朕言艱，日思』」，今文無徵。**若考作室，既底法，厥子乃弗肯堂，矧肯構？**以作室喻治政也。父已致法，子乃不肯爲堂基，況肯構立屋乎？不爲其易，則難者可知。○「若考作室，既底法，厥子乃弗肯堂，矧肯構」，古文也，今文「肯」作「克」，「弗」一作「不」。○「肯」作「克」者，蔡邕陳留太守胡公碑「克構克堂」、司空文烈侯楊公碑「克丕堂構」、祖德頌「克構其堂」可證。「弗」一作「不」者，魯峻碑「承堂弗構」、後漢肅宗紀「不克堂桓」，是今文作「弗」、一作「不」也。章懷注引尚書：「乃不肯堂，矧肯桓？」或疑「桓」是桓楹，以爲今文「構」作「桓」，非也。莽誥云：「予思若考作室，厥子堂而構之。」是兩漢經文皆作「構」，作「桓」者，乃宋人避諱栞作御名，後人回改誤「構」爲「桓」耳。底法，底定其作室之法。書疏引定本云一作「矧弗肯構」，又云：「鄭、王本於『矧肯構』下亦有『厥考翼，其肯曰「予有後，弗棄基」』。」段云：「其事既別，理應重出，淺者以其重複而妄删之。」**厥父菑，厥子乃弗肯播，矧肯穫？** 又以農喻：其父已菑耕其田，其子乃不肯播種，況肯收穫乎？○「厥父菑，厥子乃弗肯播，矧肯穫」，古文也，今文「弗肯」作「不克」。○「弗肯」作「不克」者，以上文推之當然。莽誥云：「厥父菑，厥子播而穫之。」依經意正説之。顔注：「反土爲菑，一曰田一歲曰菑。」書疏引定本云一作「矧弗肯穫」。**厥考翼，其肯曰『予有後，弗棄基』？** 其父敬事創業，而子不能繼成其功，其肯言我有後，不棄我基業乎？今不征，是棄之。○「厥考翼，其肯曰『予有後，弗棄基』」，今文無徵，古文「予」一作「我」。○「予」作「我」者，詩文王有聲鄭箋引書曰：「厥考翼，其肯曰『我有後，弗棄基？』」彼疏引鄭云：「其父敬職之人，其肯曰『我有後，子孫不廢棄我基業乎？』」釋詁：「其，猶甯也。」**肆予曷敢不越卬敉寧王大命？** 作室、農人猶惡棄基，故我何敢不於今日撫循文王大命以征逆乎？○「肆予曷敢不越卬敉寧王大命」，今文與古文同。○今文同者，莽誥云：「予曷敢不於身撫祖宗之所受大命？」越、於，卬、身，敉、撫，故訓字。**若兄考乃有友伐厥子，民養其勸弗救？」**若兄弟父子之家，乃有朋友來伐其子，民養其勸不救者，以子惡故。以比四國將誅，而無救者，罪大故。○「若兄考乃有友伐厥子，民養其勸弗救」，古文也，今文「養」作「長」。○「若兄考」云云者，考，父也，對下文其子言之，故曰兄考。以譬武王。王闓運云：「尊者，弟兄不以屬通。周公攝政，故得兄武王是也。」「友」譬武庚，「其子」譬成王，「民養」謂民家之廝養。（若後漢劉聖公傳所稱「竈下養」之類。）周公言若民家之兄考而有友人伐擊其子，彼民養其勸弗救乎？語意甚明。僞傳迂謬。今文「養」作「長」者，莽誥云：「若祖宗迺有效湯、武伐厥子，民長其勸弗救？」莽言「若漢家祖宗」以擬「若兄考」，則兄考爲武王甚明。段云：「『友』作『效』者，㕛、爻形相似，今文疑作『爻』說，今文家必曰：『爻者，效也，效湯、武也。』故莽用其說。」江云：「夏小正：『執養宮事。』傳曰：『養，長也。』民長，邦君、御事是也。邦君有土有民，御事亦治民事，皆爲民長。上文邦君、越庶士、御事言『翼不可征』，是其相勸弗救，故此責其當相救助。」

王曰：「嗚呼！肆哉！爾庶邦君，越爾御事。歎今伐四國必克之，故以告諸侯及臣下御治事者。○「王曰：『嗚呼！肆哉！爾庶邦君，越爾御事』」，古文也，今文「嗚呼」作「嗚〔二〕虖」。○「嗚呼」作「烏虖」者，莽誥云：「烏虖！肆哉！諸侯王、公、列侯、卿大夫、元士御事。」釋詁：「肆，力也。」言當勤力。今文尚書「邦」當爲「國」。越，與也。**爽邦由哲，亦惟十人迪知上帝命。**言其故有明國事、用智道十人蹈知天命。謂民獻十夫來

〔二〕「嗚」字據後所言及漢書莽誥原文，當作「烏」。

佐周。○「爽邦由哲，亦惟十人迪知上帝命」，古文也，今文「邦」作「國」。○「邦」作「國」者，莽誥云：「其勉助國道明！亦惟宗室之俊，民之表儀，迪知上帝命。」孫云：「方言、廣雅：『爽，猛也。』猛、孟聲近，釋詁：『孟，勉也。』説文：『爽，明也。』明都即孟諸，明、孟字通，是明亦勉也。故莽誥易『爽』爲『勉』。由、道，哲、明，故訓字。」先謙案：邦之爽明，必由哲人，即先知覺後之義。迪，道也。衆人不知上帝命所在，亦惟此民獻之十夫道而知之。經意自明，不勞穿鑿。僞太誓疏引鄭説以十人爲十亂，周公在亂臣中，不應自稱。**越天棐忱，爾時罔敢易法，矧今天降戾于周邦？**於天輔誠，汝天下是知無敢易天法，況今天下罪於周，使四國叛乎？○「越天棐忱，爾時罔敢易法，矧今天降戾于周邦」，古文也，今文「法」作「定」，「戾」亦作「定」，「邦」作「國」。○「法」作「定」者，莽誥云：「粵天輔誠，爾不得易定！」顔注：「粵，詞也。天道輔誠，爾不得改易天之定命。」案：隸古定本作「佱」，古「法」字。「佱」與「定」相似，疑經文亦本是「定」字，傳寫者誤爲「佱」也。時，是也。「罔敢」作「不得」，莽以意改之。○「戾」作「定」、「邦」作「國」者，莽誥云：「況今天降定于漢國。」知經文作「矧今天降定于周國」，與上文義貫注，益知上文作「定」不作「法」也。**惟大艱人誕鄰，胥伐于厥室，爾亦不知天命不易！**惟大爲難之人，謂三叔也。大近相伐於其室家，謂叛逆也。若不早誅，汝天下亦不知天命之不易也！○「惟大艱人誕鄰，胥伐于厥室，爾亦不知天命不易」，今文與古文同。○今文同者，莽誥云：「惟大囏人翟義、劉信大逆，欲相伐于厥室，亦豈知命之不易乎！」案：此經「大艱人」謂管、蔡也。孫云：「説文：『遴，行難也。』或作『僯』，與『鄰』形聲近。『誕鄰』即『大難』。漢書以『大逆』訓之，今文義也。」**予永念曰：天惟喪殷，若穡夫，予曷敢不終朕畝？**稼穡之夫，除草養苗，我長念天亡殷惡主，亦猶是矣。我何敢不順天終竟我壟畝乎？言當滅殷。○「予永念曰：天惟喪殷，若穡夫，予曷敢不終朕畮」，今文與古文同。○今文同者，莽誥云：「予永念曰：天惟喪翟義、劉信，若嗇夫，予害敢不終予畝？」顏注：「言我當順天以終竟田畮之事。」「曷」當作「害」，衛包所改。穡，莽作「嗇」，古通用。無逸「稼穡」，漢石經作「嗇」。**天亦惟休于前寧人，予曷其極卜，敢弗于從？**天亦惟美于文王受命，我何其極卜法，敢不於從？言必從也。○「天亦惟休于前寧人，予曷其極卜，敢弗于從」，古文也，今文作「害敢不卜從」。○「害敢不卜從」者，莽誥云：「天亦惟休于祖宗，予害其極卜，害敢不卜從？」江云：「予曷爲究極之於卜哉？以爾衆心不安。今既卜矣，曷敢不惟卜是從乎？」先謙案：據莽誥，則書「敢不于從」亦訓「敢不卜從」也。**率寧人有指疆土，矧今卜并吉！**循文王所有指意以安疆土則善矣，況今卜并吉乎！言不可不從。○「率寧人有指疆土，矧今卜并吉」，古文也，今文「指」作「旨」。○「指」作「旨」者，莽誥云：「率寧人有旨疆土，況今卜并吉！」顏注：「言循祖宗之業，務在安人而美疆土，況今卜并吉乎！」段云：「經作『指』，疏中三云旨意皆作『旨』，知經、傳爲衛包所改，疏則其所未改也。」先謙案：「旨」訓「美」，「有美」猶美美也。詩傳多此例。漢鐃歌上陵曲：「上陵何美美。」言撫前人之美美疆土，必思勉繼其事，矧今卜并吉乎！**肆朕誕以爾東征。天命不僭，卜陳惟若茲。**」以卜吉之故，大以汝衆東征四國。天命不僭差，卜兆陳列惟若此吉，必克之。不可不勉。○「肆朕誕以爾東征。天命不僭，卜陳惟若茲」，今文與古文同。○今文同者，莽誥云：「故予大以爾東征。命不僭差，卜陳惟若此。」白虎通誅罰篇：「誅不避親戚何？所以尊君卑臣，强榦弱枝，明善善惡惡之義也。尚書曰：『肆朕誕以爾東征。』誅弟也。」又云：「征猶正也。欲言其正也，輕重從辭也。尚書曰：『誕以爾東征。』誅禄甫也。」大傳云：「周公先謀於同姓；同姓從，謀於朋友；朋友從，然後謀於天下；天下從，然後加之蓍龜。是以君子聖人謀義，不謀不義，故謀必成；卜義，不卜不義，故卜必吉；以義擊不義，故戰必勝。是以君子聖人謀則吉，戰則勝。」正釋此經之旨。皮云：「誅弟者，白虎通姓名篇文王十子，以管叔鮮次周公旦下，是以管叔爲周公弟。列女傳母儀篇、趙岐孟子注、吕覽開春篇高注、後漢樊儵傳、張衡思玄賦、魏志毌丘儉討司馬師表、傅子通志篇皆以管叔爲周公弟，與白虎通合。漢武氏〔一〕石室畫像列武王同母兄弟十人，周公列武王下管、蔡上，此石刻之最可據者。惟史記管蔡世家以管叔次周公之上，當是用歐陽説，與諸家用大、小夏侯説不同。」

微子之命第十　周書　孔氏傳　臣王先謙參正

微子之命稱其本爵以名篇。○此梅氏古文之十九。史記宋微子世家：「周公既承成王命，誅武庚，殺管叔，放蔡叔，乃命微子開代殷後，奉其先祀，作微子之命以申之，國於宋。」書序：「成王既黜殷命，殺武庚，命微子啟代殷後，作微子之命。」史記「啟」作「開」，今、古文異。

〔一〕「武」後原脱「氏」字，據皮錫瑞今文尚書考證原文補。

王若曰：「猷！殷王元子，微子，帝乙元子，故順道本而稱之。○梅云：「『王若曰：「猷」』見大誥等篇。左哀九年傳陽虎曰：『微子啟，帝乙之元子也。』」先謙案：「猷」字難通，説見大誥。**惟稽古，崇德象賢。**惟考古典，有尊德象賢之義。言今法之。○惠云：「今文太誓曰：『惟稽古立功立事。』又策董賢語，見下。」梅云：「左文二年傳：『謂之崇德。』士冠禮：『繼世以立諸侯，象賢也。』」**統承先王，修其禮物，**言二王之後，各修其典禮，正朔服色，與時王並通三統。**作賓于王家，與國咸休，永世無窮。**爲時王賓客，與時偕美，長世無竟。○惠云：「易：『利用賓于王。』」梅云：「左傳宋樂大心曰：『我於周爲客。』改『客』作『賓』，用『虞賓在位』之字。」**嗚呼！乃祖成湯，克齊聖廣淵，**言汝祖成湯，能齊德聖達廣大深遠，澤流後世。○梅云：「『乃祖』字見盤庚。『齊聖廣淵』見左傳稱八愷。」**皇天眷佑，誕受厥命。**大天眷顧湯，佑助之，大受其命。謂天命。○梅云：「二語皆見周書。」**撫民以寬，除其邪虐，**撫民以寬政，放桀邪虐。湯之德也。○惠云：「禮祭法：『湯以寬治民，而除其虐。』國語同。」**功加于時，德垂後裔。**言湯立功加於當時，德澤垂及後世。裔，末也。**爾惟踐修厥猷，舊有令聞，**汝微子能踐湯德，久有善譽，昭聞遠近。○梅云：「左文元年傳：『踐修舊好。』詩：『令聞不已。』」**恪慎克孝，肅恭神人。予嘉乃德，曰篤不忘。**言微子敬慎能孝，嚴恭神人，故我善汝德，謂厚不可忘。○梅云：「盤庚：『恪謹天命。』左傳子木曰：『能歆神人。』左僖十二年傳：『王命管仲曰：「予嘉乃勳，應乃懿德，謂督不忘。」』」**上帝時歆，下民祇協，庸建爾于上公，尹茲東夏。**孝恭之人，祭祀則神歆享，施令則人敬和，用是封立汝於上公之位，正此東方華夏之國。宋在京師東。○梅云：「詩：『上帝居歆。』多方：『尹爾多方。』」惠云：

「漢書董賢傳上册賢曰：『朕承天序，惟稽古建爾于公，以爲漢輔。』」**欽哉！往敷乃訓，慎乃服命，率由典常，以蕃王室。**敬哉，敬其爲君之德。往臨人布汝教訓，慎汝祖服命數，循用舊典，無失其常，以蕃屏周室。戒之。○梅云：「『欽哉』見堯典。立政：『是訓用違。』『明乃服命』〔一〕左僖二十八年傳：『敬服王命。』詩：『率由舊章。』左襄二十九年傳：『堅事晉楚，以蕃王室。』」**弘乃烈祖，律乃有民，永綏厥位，毗予一人。**大汝烈祖成湯之道，以法度齊汝所有之人，則長安其位，以輔我一人。言上下同榮慶。**世世享德，萬邦作式，**言微子累世享德，不忝厥祖，雖同公侯，而特爲萬國法式。○先謙案：詩：「萬邦作孚。」**俾我有周無斁。**汝世世享德，則使我有周好汝無厭。○先謙案：洛誥：「我惟無斁。」**嗚呼！往哉惟休，無替朕命。」**歎其德，遣往之國，言當惟爲美政，無廢我命。○梅云：「堯典：『往哉』，『惟汝諧』，召誥：『無疆惟休。』詩：『無廢朕命。』左傳：『往踐乃職，無逆朕命。』」惠云：「漢書王莽傳莽策命孺子曰：『往踐乃位，無廢予命。』」閻云：「既云『往敷乃訓』，又云『往哉惟休』；既云『慎乃服命』，又云『無替朕命』，太複。」

〔一〕按「明乃服命」見康誥。

尚書孔傳參正十九

康誥第十一　周書　孔氏傳　臣王先謙參正

康誥命康叔之誥。康，圻内國名；叔，封字。○史記衛世家：「周公旦以成王命興師伐殷，殺武庚禄父、管叔，放蔡叔，以武庚殷餘民封康叔爲衛君，居河、淇間故商墟。周公旦懼康叔齒少，乃申告康叔曰：『必求殷之賢人君子長者，問其先殷所以興，所以亡，而務愛民。』告以紂所以亡者，以淫于酒；酒之失，婦人是用，故紂之亂自此始。爲梓材，示君子可法則。故謂之康誥、酒誥、梓材以命之。」書序：「成王既伐管叔、蔡叔，以殷餘民封康叔，作康誥、酒誥、梓材。」今、古文説同。書疏引馬云：「康，圻内國名。」僞孔所本。索隱引宋忠曰：「康叔從康徙封衛。畿内之康，不知所在也。」疏又引鄭云：「康，謚號。」江云：「逸周書謚法解：『温柔好樂曰康，安樂撫民曰康，令民安樂曰康。』此三義，皆與康叔之行相似，故鄭以康爲謚。史記言康叔封、冉季載皆少未得封，是當武王時，康叔未有國。及武王崩，即有流言之事，周公東征時未遑封康叔也。三監誅，而以其地封康叔，則始封即衛國，何嘗有康國乎？鄭説是，馬、宋、僞孔皆非。」皮云：「康乃謚號，而以之名篇者，史公分別康誥、酒誥、梓材之義，以務愛民屬之康誥，則康當取愛民爲義。康誥篇云『用康保民』、『用康乂民』、『迪吉康』、『康乃心』，『康』字甚多，疑康叔即以此爲號，如成王生號成王之比，逮没而因以爲謚也。」

惟三月哉生魄，周公攝政七年三月。始生魄，月十六日，明消而魄生。○「惟三月哉生魄」，古文也，今文「魄」一作「霸」，「哉」一作「載」，僞傳説非，見下。○「惟三月」者，大傳云：「周公攝政，四年建侯衛。」則三月爲攝政四年之三月也。「魄」一作「霸」者，漢書律曆志引顧命「惟四月哉生霸」，此亦當同。釋詁：「哉，始也。」説文「霸」下云：「月始生霸然也。承大月二日，承小月三日。周書曰：『哉生霸。』」隸古定本同，唐本改「魄」。「哉」一作「載」者，漢書王莽傳作「載生魄」，叚借字。禮鄉飲酒義：「月三日則成魄。」推度災云：「月三日成魄，八日成光。」援神契云：「月三日而成魄，三月而成時。」白虎通日月篇：「三日成魄，八日成光。」楊子法言五百篇：「月未望則載魄於西，既望則終魄於東。」是今文説皆以月初生明爲魄。釋文引馬云：「魄，朏也。謂月三日始生兆朏名曰魄。」説文「朏」下云：「月未盛之明也。從月出。」是馬古文説與今文同。惟律曆志引三統術云：「死霸，朔也。生霸，望也。」孟康曰：「月二日以往，明生魄死，故言死魄。魄，月質也。」此劉歆古文異説，僞傳所本。**周公初基，作新大邑于東國洛，四方民大和會。**初造基，建作王城大都邑於東國洛汭，居天下土中，四方之民大和悦而集會。○「周公初基」，今文無徵。「作新大邑于東國洛，四方民大和會」，古文也，今文無「大」字。○「周公初基」者，書疏及大司徒疏、詩芣苢疏引鄭云：

「此時未作新邑。基，謀也。岐、鎬之域，處五嶽之外，周公爲其於政不均，故東行於洛邑，合諸侯，謀作天子之居。四方民聞之，同心來會，樂即功作，效其力焉。是時周公居攝四年也，隆平已至。」今文無「大」字者，大傳周傳云：「周公將作禮樂，優游之三年，不能作。君子恥其言而不見從，恥其行而不見隨。將大作，恐天下莫我知也；將小作，恐不能揚父祖功業德澤。然後營洛，以觀天下之心。於是四方諸侯率其羣黨，各攻位於其庭。周公曰：『示之以力役，且猶至，況導之以禮樂乎？』然後敢作禮樂。書曰：『作新邑于東國洛，四方民大和會。』此之謂也。」孫云：「大傳云『各攻位于其庭』，是今文以『基』爲基址，與鄭説異。」「洛」當爲「雒」，詳禹貢。章謙存云：「經言『大邑』指王都，言『新邑』指下都。王都起四年三月，成於五年二月；下都起五年三月乙卯，成於六年。此鄭善推伏生年數，脗合經史。」**侯甸男邦采衞，百工播，民和，見士于周。**此五服諸侯，服五百里。侯服去王城千里，甸服千五百里，男服去王城二千里，采服二千五百里，衞服三千里，與禹貢異制。五服之百官播率，其民和悦，並見即事於周。○「侯甸男邦采衞」，古文也，今文「男邦」作「任國」。「百工播，民和，見士于周」，今文無徵。○「男邦」作「任國」者，以史記引禹貢文推之當然。大傳云：「周公攝政，四年建侯衞。」周語：「侯衞賓服。」韋注：「此總言之也。侯，侯圻；衞，衞圻。言自侯圻至衞圻，其間凡五圻，五圻者，侯圻之外曰甸圻，甸圻之外曰男圻，男圻之外曰采圻，采圻之外曰衞圻。周書康誥曰『侯甸男采衞』是也。」職方氏：「辨九服之邦國，方千里曰王畿，其外方五百里曰侯服，又其外方五百里曰甸服，又其外方五百里曰男服，又其外方五百里曰采服，又其外方五百里曰衞服，又其外方五百里曰蠻服，又其外方五百里曰夷服，又其外方五百里曰鎮服，又其外方五百里曰藩服。」蠻服以內爲中國，蠻服亦謂之要服。書疏引鄭云：「不見要服者，遠於役事而恒闕焉。」「九服」於大司馬職爲「九畿」，亦曰「九近」。畿、圻、近，三字通。「邦」字居中，以貫上下。○「百工播，民和，見士于周」者，工官播布士事也，百官徧布，民皆和悦。天官書以星見爲「效」，正義：「效，見也。」此「見士」訓爲效事。

周公咸勤，乃洪大誥治。 周公皆勞勉五服之人，遂乃因大封命大誥以治道。○「周公咸勤，乃洪大誥治」，今文無徵。○「周公咸勤，乃洪大誥治」者，釋詁：「咸，皆。」「勤，勞也。」凡效事於周者，公皆勞之。書疏云：「爲大封命大誥康叔以治道。鄭以『洪』爲『代』，言周公代成王誥。」案：釋詁：「洪，代也。」爾雅作「鴻」，古字通。釋文：「一本作『周公迺洪大誥治』。」

王若曰：「孟侯，朕其弟，小子封！ 周公稱成王命，順康叔之德，命爲孟侯。孟，長也。五侯之長謂方伯。使康叔爲之。言王使我命其弟封。封，康叔名。稱小子，明當受教訓。○「王若曰：『孟侯，朕其弟，小子封』」，今文與古文同。王鳴盛云：「四代州牧皆牧伯通稱，從無稱爲孟侯者。僞傳臆說。不足信。」○今文同者，漢書王莽傳莽上奏太后曰：「尚書康誥：『王若曰：「孟侯，朕其弟，小子封。」』此周公居攝稱王之文也。」書疏引鄭以「王若曰」爲「總告諸侯」。大傳略説云：「天子太子年十八曰孟侯。孟侯者，於四方諸侯來朝，迎於郊者，問其所不知也。問之人民之所好惡，土地所生美珍怪異，山川之所有無，及父在時，皆知之。」鄭注：「孟，迎也。十八嚮入大學爲成人，博問庶事也。」鄭又注尚書云：「依略説，太子十八爲孟侯，而呼成王。」詩豳譜疏引鄭注金縢云：「作康誥時，成王年十八。」江云：「呼成王與俱誥康叔，使誥詞若自成王出。」禮文王世子云：「仲尼曰：『昔者周公攝政，踐阼而治，抗世子法于伯禽，所以善成王也。』」又云：「『成王幼，不能莅阼，以爲世子則無爲也，是故抗世子法于伯禽，使之與成王居，欲令成王之知父子、君臣、長幼之誼也。』是周公居攝時，以世子禮教成王，則呼成王爲孟侯，不足異也。伏生爲傳尚書之鼻祖，大傳所説，是未經秦火時所受於先師之遺義，蓋自七十子以來遞有師承者，不可駁也。」皮云：「白虎通朝聘篇：『朝禮奈何？諸侯將至京師，使之通命于天子，天子遣大夫迎之百里之郊，遣世子迎之五十里之郊矣。』覲禮經：『至于郊，王使人皮弁用璧勞。』尚書大傳云：『天子太子年十八曰孟侯。于四方諸侯來朝，迎于郊。』（據莊述祖補。）孝經曰：『昔者明王之以孝治天下，不敢遺小國之臣，而況於公侯伯子男乎？』鄭云：『古者，諸侯五年一朝，天子使世子郊迎。』儀禮賈疏引書大傳太子出迎之文，以爲此異代之制；又引孝經鄭注『天子使世子郊迎』，皆異代法，非周制也。唐册太子文云：『盡謙恭于齒胄，審方俗于迎郊。』猶用大傳之文。書疏乃云『禮制無文』，義理駢曲，不知一代有一代之法，不得以周禮無文爲疑。大傳毋佚篇：『高宗有親喪，居廬三年，然未嘗言國事，而天下無背叛之心者，何也？及其爲太子之時，盡以知天下人民之所好惡，是以雖不言國事也，知天下無背叛之心。』伏生言高宗爲太子時知人民之所好惡，與略説孟侯義合。是殷時有此制。史記五帝紀解『四門穆穆』云：『諸侯遠方賓客皆敬。』集解引馬融云：『四門，四方之門。諸侯羣臣朝者，舜賓迎之，皆有美德也。』賓迎四方諸侯，正太子迎侯之事。蓋堯將禪舜，先使舜居太子之職。自唐、虞至殷，其制皆然。封康叔在居攝四年，未制周禮，故循殷制，呼成王爲孟侯。其後周公制禮，損益前代，無復此制，所以儀禮無太子迎侯之文。後人不知有此事，惟伏生見古書，識其制耳。書疏云：『豈周公自許天子，以王爲孟侯，皆不可信。』不知周公攝政稱天子，見逸周書明堂解、禮記明堂位諸書，荀子、史記、大傳、説苑、淮南、論衡皆有居位踐阼之文。此『王若曰』實居攝稱王。民無二王，公稱王，則成王止可稱世子。古者世子之稱，繫於今君，亦繫於先君。禮記曾子問曰：『君薨而世子生，如之何？』是君薨仍可稱世子。孔子曰：『卿、大夫、士從攝主。』是古有代君攝位之事。左傳：『是以隱公立而奉之。』杜注：『立爲太子，帥國人奉之。』孔疏云：『太子者，父在之稱。今惠公已薨，而云「立爲太子」者，以其未堪爲君，仍處太子之位故也。』以此推之，成王少，未堪爲君，猶之魯桓；周公攝位，猶之魯隱。隱可奉桓公爲太子，周公何不可奉成王爲太子乎？其云『孟侯』者，周公使成王迎諸侯，非周公以王爲侯，如孔疏所疑也。王鳴盛據大戴記公冠篇『公冠』爲成王可稱公，即可稱侯。孫星衍據釋詁『侯，君也』，太子稱孟侯，猶云長君，漢靈帝皇子辯〔一〕稱史侯，皇子協號董侯。雖申伏義，皆與伏義不符。且史、董乃亂世之事，豈可以證古制哉？漢書地理志：『周公封弟康叔，號曰孟侯。』與其所撰白虎通引大傳義不合。陳喬樅以爲班固從祖伯從鄭寬中受小夏侯尚書，蓋小夏侯說也。然考之史記，康叔不得稱侯。衛世家云：『封康叔爲衛君。』不言何爵。後皆稱伯。至頃侯厚賂周夷王，夷王命衛爲侯，始稱侯。是衛初封時乃伯爵，非侯爵。然則班志未可據，而伏、鄭以爲成王者，其義不可易矣。周公封康叔必呼成王者，成王爲太子，主迎諸侯，則封諸侯亦太子之所有事，故公並戒成王。趙岐注孟子，以康誥爲周公戒成王及康叔封而作。岐用今文說，蓋今文義如是。」段云：「『孟』爲迎者，『孟』音如芒，『迎』音如卬，此於疊韻求之。」**惟乃丕顯考文王，克明德慎罰，**惟汝大明父文王，能顯用俊德，慎去刑罰，以爲教首。○「惟乃丕顯考文王，克明德慎罰」，今文與古文同，二「明」下多「俊」字。○今文同者，尚書大傳周傳引書曰：「惟乃丕顯考文王。」禮大學引康誥曰：「克明

〔一〕「辯」原誤作「辨」，據後漢書改。

德。」大、小戴記與大、小夏侯尚書同出夏侯始昌，此夏侯本也。大傳又云：「子夏曰：『昔者，三王慤然欲錯刑遂罰，平心而應之，和，然後行之。然且曰：「吾意者以不平，慮之乎？吾意者以不和，平之乎？」如此者三，然後行之。此之謂慎罰。』」二「明」下多「俊」字者，周傳引書如此，蓋歐陽異文。左成二年傳：「周書曰：『明德慎罰。』文王所以造周也。明德，務崇之之謂也；慎罰，務去之之謂也。」荀子正論篇：「書曰：『克明明德。』」謂王道貴宣明，不當以玄而難知使人疑。」荀子引書又多一「明」字。案：此言文王尚德緩刑，荀説非經本恉。**不敢侮鰥寡，庸庸，祗祗，威威，顯民。**惠恤窮民，不慢鰥夫寡婦，用可用，敬可敬，刑可刑，明此道以示民。○「不敢侮鰥寡，庸庸」，今文無徵。「祗祗，威威，顯民」，古文也，今文「威」作「畏」。○「不敢侮鰥寡」者，左成八年傳韓厥告晉侯引周書如此，釋之曰：「所以明德也。」蒙上文言之。「庸庸」，釋詁云：「勞也。」今文「威」作「畏」者，王應麟藝文志考證云：「漢人引『祗祗，畏畏，顯民』。」廣雅釋詁：「祗祗、畏畏，敬也。」徐幹中論法象篇：「文王祗畏，造彼區夏。」皆以「畏」爲「威」。古威、畏通用。左宣十五年傳「周書所謂『庸庸，祗祗』者」杜注：「用可用，敬可敬。」則「畏畏」當爲「畏可畏」也。釋詁：「顯，見也。」酒誥：「厥命罔顯於民。」言文王勤勞敬畏，德澤顯見於民。**用肇造我區夏，越我一二邦以修。**用此明德慎罰之道，始爲政於我區域諸夏，故於我一二邦皆以修治。○「用肇造我區夏，越我一二邦以修」，今文無徵。「邦」當作「國」。○肇者，釋詁云：「始也。」修者，中庸鄭注：「治也。」言用是始造我區域於中夏，於我一二友邦皆以修治。「邦」作「國」者，以今文例之當然，下同，不復出。**我西土惟時怙，冒聞于上帝，帝休。**我西土岐周，惟是怙恃文王之道，故其政教冒被四表，上聞于天，天美其治。○「我西土惟時怙」，今文無徵。「冒聞于上帝，帝休」，今文與古文同。○「我西土惟時怙」者，詩蓼蕭韓傳：「怙，賴也，恃也。」言西土之民，惟是恃賴之。「冒聞于上帝，帝休」者，論衡初稟篇引康王（當作「叔」。）之誥如此，趙岐孟子注引康誥同。王鳴盛云：「『冒』有上進意，故曰『冒聞』，讀如氾勝之農書『土長冒橛』之『冒』。」**天乃大命文王，殪戎殷，誕受厥命，**天美文王，乃大命之殺兵殷，大受其王命。謂三分天下有其二，以授武王。○「天乃大命文王」，今文與古文同。「殪戎殷」，今文「殪」作「壹」。「誕受厥命」，今文無徵。○「天乃大命文王」者，大傳云：「天之命文王，非啍啍然有聲音也。文王在位而天下大服，施政而物皆聽，命則行，禁則止，動搖而不逆天之道，故曰：『天乃大命文王。』文王受命，一年斷虞、芮之質，二年伐于，三年伐密須，四年伐畎夷，五年伐耆，六年伐崇，七年而崩。」論衡初稟篇：「『天乃大命文王』，所謂大命者，非天乃命文王也。聖人動作，天命之意也。與天合同，若天使之矣。書乃激勸康叔，勉使爲善，故言文王行道，上聞于天，天乃大命之也。」○「殪戎殷」者，左宣六年傳引周書曰：「殪戎殷。」杜注：「殪，盡也。康誥言武王以兵伐殷，盡滅之。」「殪」作「壹」者，禮中庸：「壹戎衣而有天下。」鄭注：「戎，兵也。『衣』讀如『殷』，聲之誤也。壹戎殷者，一用兵伐殷也。」鄭本作「壹」與左傳作「殪」不同，蓋鄭用今文。楊雄兖州牧箴：「武果戎殷。」與左傳、禮記同，以戎殷爲武王事，今、古文說不異。○「誕受厥命」者，釋詁：「誕，大也。」**越厥邦厥民，惟時叙，**於其國於其民，惟是次序。皆文王教。○「越厥邦厥民，惟時叙」，今文無徵。「邦」當作「國」。此言武王事，僞傳屬文王，非。○「越厥邦厥民，惟時叙」者，言于其國其民，惟是順叙，咸有理紀。**乃寡兄勖，肆汝小子封，在茲東土。」**汝寡有之兄武王，勉行文王之道，故汝小子封得在此東土爲諸侯。○「乃寡兄勖，肆汝小子封，在茲東土」，今文無徵。○「乃寡兄勖」者，詩思齊〔一〕「刑于寡妻」箋云：「寡妻，寡有之妻，言賢也。」書曰：『乃寡兄勖。』」是「寡兄」亦謂寡有之兄，言殪殷受命，乃汝寡兄武王。勉繼先人之志爲之。○「肆汝小子封，在茲東土」者，釋詁：「肆，故也。」追述得受封爲諸侯之故，由前人刱業勤勞以厲之。白虎通封公侯篇：「天下太平乃封親屬者，云不私也。即不私，封之何？『普天之下，莫非王土，率土之賓，莫非王臣』，海内之衆已盡得使之，不忍使親屬無短足之居，一人之使，封之，親親之義也。以尚書封康叔，據平安也。」鄭注：「居攝四年，隆平已至。」與白虎通義合。

王曰：「嗚呼！封，汝念哉！念我所以告汝之言。○「王曰：『嗚呼！封，汝念哉』」，今文無徵。

今民將在祗遹乃文考，紹聞衣德言。今治民將在敬循汝文德之父，繼其所聞，服行其德言，以爲政教。○「今民將在」二句，今文無徵。○「今民將在」云云者，釋文：「遹，馬云：『述也。』」釋詁：「祗，敬也。」「紹，繼也。」孫云：「『聞』謂舊聞，『衣』同『依』。學記『不學博依』，『依』或爲『衣』。言今人將在敬述文王，繼其舊聞，依其德言。」江云：「齊語『殷』、『衣』同聲，故或以『衣』爲『殷』，如『殪戎殷』中庸作『壹戎衣』是其明證。下文言『殷先哲王』、『商耇成人』，讀『衣』爲『殷』，乃與下意貫注。言今民將視汝之敬述乃文考，紹文考所聞殷之德言。逸周書世俘解云：『古朕聞文考修商人典。』是文考嘗聞商先王之德言而奉行之。」先謙案：在，察也。言民將察汝之所行政教。**往敷求于**

〔一〕「思齊」原作「文王」，「刑于寡妻」出自思齊，非出自文王，今改。

殷先哲王，用保乂民，汝往之國，當布求殷先智王之道，用安治民。○「往敷求于殷先哲王，用保乂民」，今文與古文同，「乂」一作「艾」。○今文同者，史記云：「問其先殷所以興，所以亡，而務愛民。」依經文說之也。詩賚鄭箋：「敷，徧也。」釋詁：「保，安也。」「乂，治也。」言往徧求殷先賢王之道以安治其民，是問其先殷所以興，而以愛民爲務也。「乂」一作「艾」者，以今文例之當然。**汝丕遠惟商耇成人，宅心知訓。**汝當大遠求商家耇老成人之道，常以居心，則知訓民。○「汝丕遠惟商耇成人，宅心知訓」，今文與古文同，「宅」當爲「度」。○今文同者，史記云「必求殷之賢人、君子、長者」，亦依經文說之。賢人、君子，謂成人；長者，謂耇。言汝大遠思惟商耇成人之言，度之於心，則知道矣。釋詁：「耇，壽也。」「訓，道也。」周公誥康叔，以此四語爲最要，故史公說經，亦注重四語。「宅」作「度」者，以今文例之當然。**別求聞由古先哲王，用康保民，**又當別求所聞父兄用古先智王之道，用其安者以安民。○「別求聞由古先哲王，用康保民」，今文无徵。○「別求聞由」云云者，由、繇同，釋詁：「繇，道也。」又進而上之別求聞道於虞、夏先王，以安保斯民。書疏引鄭云：「古先哲王，虞、夏也。」**弘于天，若德裕乃身，不廢在王命。**大于天，爲順德，則不見廢，常在王命。○「弘于天，若德裕乃身，不廢在王命」，今文無徵。○「弘于天」云云者，荀子富國篇：「足國裕民，而善藏其餘。故知節用裕民，則必有仁義聖良之名，而且有富厚邱山之積矣。康誥曰：『弘覆乎天，若德裕乃身。』此之謂也。」楊倞注：「弘覆如天，又順于德，是乃所以寬裕汝身也。」先謙案：爲君者徒務寬容而不能善善惡惡，則弘覆而不順於德，非裕乃身之道，故若德爲尤要。宋本荀子「裕乃身」下有「不廢在王庭」五字，元刻、近刻皆脱之，言登顯在王庭不至廢替，與「在王命」義同。

王曰：「嗚呼！小子封，恫瘝乃身。敬哉！恫，痛。瘝，病。治民務除惡政，當如痛病在汝身欲去之。敬行我言。○「王曰：『嗚呼！小子封，恫瘝乃身，敬哉』」，古文也，今文「瘝」作「矜」。○「瘝」作「矜」者，後漢和帝紀永元八年詔曰：「朕寤寐恫矜。」引此經文。李注：「尚書曰：『恫矜乃身。』孔注曰：『恫，痛也。矜，病也。』」是唐初本尚作「矜」。古書鰥、矜通作。王鳴盛云：「釋詁：『鰥，病也。』與『鰥寡』字同，從魚不從疒，故說文無『瘝』字。後人以其訓『病』改從疒，召誥『智藏瘝在』同，皆非也。」段云：「爾雅郭注引書作『瘝』，當是俗改本。」書疏引鄭云：「刑罰及己爲痛病。」江云：「言當視民如傷若痛病之在汝身。」「敬哉」屬下爲義。**天畏棐忱，民情大可見，小人難保，**天德可畏，以其輔誠。民情大可見，以小人難安。○「天畏棐忱」，古文也，今文「畏」作「威」，「忱」作「諶」。「民情大可見，小人難保」，今文無徵。○「畏」作「威」、「忱」作「諶」者，風俗通十反篇：「書曰：『天威棐忱。』言天德輔誠也。」爾雅郭注、文選李注引皆作「威」。蔡邕琅琊王傅蔡公碑：「示以棐諶之威。」今文尚書「祗祗，畏畏」作「畏」，「天威棐諶」作「威」，與古文尚書適相反。「天威棐諶」者，言天威之明，惟誠是輔，於下民無私愛也。○「民情大可見，小人難保」者，江云：「天之惟誠是輔，即於民情見之，故曰民情大可見，小人不易保安，當盡治民之道。」**往盡乃心，無康好逸豫，乃其乂民。**往當盡汝心爲政，無自安好逸豫寬身，其乃治民。○「往盡乃心，無康好逸豫，乃其乂民」，古文也，今文「盡」作「悉」；「無」作「毋」；「康」作「侗」，一作「桐」；「逸」一作「佚」，無「豫」字；「乂」一作「艾」。○「往盡乃心」云云者，言汝往臨民，惟自盡其心，無苟安而好逸豫，乃其治民之道也。「盡」作「悉」者，漢舊儀丞相、御史大夫初拜策云：「往悉乃心。」宣帝神爵三年丞相初拜策、五鳳二年御史大夫初拜策皆曰：「往悉乃心，和裕開賢。」史記三王世家武帝封燕、齊、廣陵王策皆曰：「往悉爾心。」漢書董賢傳哀帝封賢策曰：「往悉爾心。」漢故國三老袁良碑：「往悉乃心。」蔡邕西鼎銘：「悉心在公。」朱公叔鼎銘：「悉心臣事。」文烈侯楊公碑：「悉心畢力。」三國志引英雄記袁紹遺使拜烏丸版文曰：「用能悉乃心，克有勳力於國家。」皆用今文。○「無」作「毋」、「康」作「侗」一作「桐」、「逸」一作「佚」無「豫」字者，三王世家立廣陵王策云「毋侗好佚」，段云：「此今文尚書也。」漢書武五子傳作「毋桐好逸」，顏注：「桐，輕脱之貌。」皆無「豫」字。侗、桐字通，「倥侗」一作「空桐」是其證也。俞樾云：「經『豫』字衍。傳以『自安』釋『康』字，以『逸豫』釋『逸』字，非經文有『豫』字也。偽五子之歌：『太康尸位以逸豫。』故偽傳遇『逸』字每以『逸豫』釋之，酒誥、無逸、多方諸傳可證。此經『豫』字，即涉傳文而誤衍。漢書『毋侗好逸』，蓋『康』聲轉而爲『空』，與『同』聲相近，故古文作『康』，今文作『侗』。『逸』下無『豫』字有明徵，當據以訂正。」先謙案：「乂」一作「艾」者，以今文例之當然。廣陵王策又云：「於戲！保國艾民，可不敬與？」亦用「乃其艾民」文。**我聞曰：『怨不在大，亦不在小，惠不惠，懋不懋。』**不在大，大起於小；不在小，小至於大。言怨不可爲，故當使不順者順，不勉者勉。○「我聞曰：『怨不在大，亦不在小』」，今文與古文同。「惠不惠，懋不懋」，今文無徵。○「我聞曰」者，古有是言，引以證小人之難保也。今文同者，説苑貴德篇智果諫智襄子引「周書有之曰：『怨不在大，亦不在小』」，與晉語知伯國引周書同。「惠不惠，懋不懋」者，左昭八年傳引周書「懋」作「茂」，古懋、茂通用。**已！汝惟小子，乃服惟弘，王應保殷民，**已乎！汝惟小子，乃當服行德政，惟弘大王道，上以應天，下以安我所受殷之民衆。○「已！汝惟小子，乃服惟弘，王應保殷民」，今文無徵。「已」當作「熙」，偽傳誤讀「弘王」爲句。○「已」作「熙」者，以大誥例之當然。「汝惟小子，乃服惟弘」者，段云：「左傳引『周書曰「惠不惠，茂不茂」，康叔所以服弘大也』，此與『周書曰「明德慎罰」，文王所以造周也』文法正同，皆櫽括之法，『造周』即經文『肇造我區夏』也，『服弘大』即經文『乃服惟弘』也。說文：『服，治也。』言其所治弘大。」「王應保殷民」者，王引之云：「周語韋注：『應，受也。』『應保』猶云『受保』。士冠禮字辭云『永受保之』。『應』與『容』、『承』俱聲相近，易臨象傳『容保民無疆』，『容』亦『受』也。洛誥『承保乃文祖受命民』，『承』亦『受』也，言王方受保殷民也。殷民者，左定四年傳『分康叔以殷民七族：陶氏、施氏、繁氏、錡氏、樊氏、饑氏、終葵氏』是也。」**亦惟助王宅天命，作新民。」**弘王道，安殷民，亦所以惟助王者居順天命，爲民日新之教。○「亦惟助王宅天命」，今文無徵，「宅」當作「度」。「作新民」，今文與古文同。○「宅」作「度」者，以今文例之當然。言王受保殷民，汝亦思惟助王圖度天命也。「作新民」者，禮大學引康誥如此。殷民被紂化，漸染日久，戒康叔與之更始。

王曰：「嗚呼！封，敬明乃罰。歎而勑之，凡行刑罰，汝必敬明之。欲其重慎。○「王曰：『嗚呼，封』」，古文也，今文「嗚呼」作「於戲」。「敬明乃罰」，今文與古文同。○「嗚呼」作「於戲」者，潛夫論述教篇引尚書康誥：「王曰：『於戲！』」段云：「凡古文作『烏呼』者，今文作『於戲』，見匡謬正俗。今本匡謬正俗古今字互譌，證以漢石經殘碑，『於戲』字可定。」○今文同者，潛夫論引「敬明乃罰」，禮緇衣引同。孫云：「衛世家：『成王長，用事，舉康叔爲司寇。』」今此告以司寇之事在攝政之時者，蓋周公知康叔仁厚，可爲司寇，故先教以慎刑，後乃命以官也。」**人有小罪，非眚，乃惟終，自作不典式爾，**小罪非過失，乃惟終身行之，自爲不常用犯汝。○「人有小罪」四句，古文也，今文「非眚」作「匪省」，「式」作「戒」。○「非眚」作「匪省」、「式」作「戒」者，潛夫論云：「人有小罪，匪省，乃惟終，自作不典戒爾。」江云：「典，法。式，用也。言自爲不法，故用如此。」「眚」作「省」者，通用字。洪範「王省惟歲」，史記亦作「眚」。「自作不典戒爾」者，既不法，又不戒也。**有厥罪小，乃不可不殺；乃有大罪非終，乃惟眚災，適爾，既道極厥辜，時乃不可殺。」**汝盡聽訟之理以極其罪，是人所犯，亦不可殺，當以罰宥論之。○「有厥罪小」七句，古文也，今文「非終」作「匪終」，「眚災」作「省哉」，「辜」作「罪」，「時乃」作「時亦」。○「非終」作「匪終」云云者，潛夫論云：「『有厥罪小，乃不可不殺。』言恐（段云：「當是『惡』字。」）人有罪雖小，然非以過差爲之也，乃欲終身行之，故雖小，不可不殺也。何則？是本頑凶思惡而爲之者也。『乃有大罪匪終，乃惟省哉，適爾，既道極厥罪，時亦不可殺。』言殺（段云：「字誤。」）人雖有大罪，非欲以終身爲惡，乃過誤爾，是不（段云：「當有『可』字。」）殺也。若此者，雖曰赦之可也。金作贖刑，赦過宥罪，皆謂良人吉士，時有過誤，不幸陷離者爾。」孫云：「『省哉』當爲『省烖』。詩傳：『適，過也。』」「道極厥辜」者，以正道盡其罪也。後漢陳忠傳忠上疏曰：「明者慎微，智者識幾。書曰：『小不可不殺。』」此引書省文，非有異本。

王曰：「嗚呼！封，有叙時，乃大明服，歎政教有次叙，是乃治理大明，則民服。○「王曰：『嗚呼！封，有叙時，乃大明服』」，今文無徵。○「有叙時，乃大明服」者，左僖二十三年傳引周書曰：「乃大明服。」荀子富國篇：「誠乎上，則下應之如景嚮，雖欲無明達，得乎哉！書曰：『乃大明服，惟民其力懋和，而有疾。』此之謂也。」（宋本如此。）江云：「觀左、荀所引，知『時』字不下屬。釋詁：『叙，順也。』『時，是也。』」言其順是殺終赦眚之法，則法大明而民服矣。」**惟民其勑懋和，**民既服化，乃其自勑正勉爲和。○「惟民其勑懋和」，今文無徵。○「惟民其勑懋和」者，釋詁：「其，猶乃也。」下同。荀子「勑」作「力」，（見上。）楊倞注：「懋，勉也。言君大明以服下，則民勉力爲和調。」**若有疾，惟民其畢棄咎，**化惡爲善，如欲去疾，治之以理，則惟民其盡棄惡修善。○「若有疾，惟民其畢棄咎」，今文無徵。○「若有疾」者，荀子作「而有疾」，（見上。）楊倞注：「而疾速以明效上之急也。」案：如荀引，「有」當讀爲「又」。「惟民其畢棄咎」者，釋詁：「畢，盡也。」説文：「棄，捐也。」言民盡捐去咎惡。**若保赤子，惟民其康乂。**愛養人如安孩兒赤子，不失其欲，惟民其皆安治。○「若保赤子」，古文也，今文「若」作「如」。「惟民其康乂」，今文與古文同，「乂」一作「艾」。○「若保赤子」者，孟子：「墨者夷之曰：『儒者之道，古之人「若保赤子」，此言何謂也？』孟子曰：『彼有取爾也。赤子匍匐將入井，非赤子之罪也。』」趙注：「以赤子無知，故救之。」王鳴盛云：「此經文，用孟義乃合。蓋此主用刑言，民之犯法，如赤子無知觸陷於死地，吾保救之，民自安治。」「若」作「如」者，禮大學引「康誥曰：『如保赤子』。心誠求之，雖不中，不遠矣。」鄭注：「養子者，推心求之，而中於赤子之嗜欲也。」○「惟民其康乂」者，釋詁：「康，安。」「乂，治也。」後漢順帝紀詔曰：「儉以恤民，政致康乂。」梁商傳商疏曰：「賞不僭溢，刑不淫濫，五帝、三王所以同致康乂也。」蔡邕和熹鄧后謚議：「以迄康乂。」薦皇甫規表：「迄用康乂。」用此經文。「乂」一作「艾」者，以今文推之當然。樊毅修華嶽碑：「康艾室宇。」即用經字。**非汝封刑人殺人，**言得刑殺罪人。○「非汝封刑人殺人」，今文無徵。○「非汝封刑人殺人」，言刑殺皆由天討，非汝所得專。刑人之「刑」，説文作「刑」，云：「剄也。」與「㓝」異。**無或刑人殺人；**無以得刑殺人，而有妄刑殺非辜者。○「無或刑人殺人」，今文無徵。○「無或刑人殺人」者，言無或以己意刑殺人。**非汝封又曰劓刵人，**劓，截鼻；刵，截耳。刑之輕者，亦言所得行。○「非汝封又曰劓刵人」，僞古文也，今、古文「刵」作「刖」。○今、古文「刵」作「刖」者，王引之云：「『刵』當爲『刖』字，形相似而誤。易困九五『劓刖』虞翻注：『割鼻曰劓，斷足曰刖。』正與康誥『劓刖』同義。楊雄廷尉箴：『有國者，無云何謂，是刖是劓。』即本於康誥也。書疏引鄭注康誥曰：『臣從君坐之刑。』則字當作『刖』。左僖二十八年傳刖鍼莊子，正臣從君坐之刑。呂刑『刵劓』，亦『刖劓』之譌。説文『斀』字引書曰：『刖、劓、斀、黥。』是許氏所見本正作『刖』。夏侯等今文尚書作『臏、劓、宫、(今本「宫」在「劓」上，誤。)割頭、庶剠。』案：臏爲去膝蓋，與刖同類，故今文作『臏』、古文作『刖』，猶『剕辟』之『剕』今文作『臏』、周官作『刖』也。若作『刵』字而言斷耳，則與『臏』義不相當矣。」先謙案：王説是。據楊雄廷尉箴所見今文本作「劓刖人」，據鄭注所見古文本作「劓刖人」也。疏云：「刵者，周官五刑所無。」尚書二文，證之它書皆非是，則「刵」字出僞經無疑。**無或劓刵人。」**所以舉輕以戒，爲人輕行之。○「無或劓刵人」，今、古文「刵」作「刖」。○「刵」作「刖」者，説詳上。言雖輕刑，亦不得以己意行之。

王曰：「外事，汝陳時臬，司師，兹殷罰有倫。」言外土諸侯奉王事，汝當布陳是法，司牧其衆，及此殷家刑罰有倫理者，兼用之。○「王曰：『外事，汝陳時臬，司師』」，今文無徵。「兹殷罰有倫」，今文與古文同。○「王曰：『外事』」者，江云：「聽獄之事也。聽獄在外朝，故云外事。」周禮朝事：「掌建邦外朝之法。左九棘，孤、卿、大夫位焉，羣士在其後；右九棘，公、侯、伯、子、男位焉，羣吏在其後；面三槐，三公位焉，州長、衆庶在其後。左嘉石，平罷民焉；右肺石，達窮民焉。」稾人鄭注：「外朝，司寇聽獄蔽訟之朝也。」「汝陳時臬，司師」者，廣雅釋詁：「臬，法也。」說文：「臬，射的也。」準的猶準則，故以譬法。釋詁：「師，衆也。」「司」與「伺」同，言陳列是法以司察汝衆也。○今文同者，大傳云：「茲殷罰有倫。今也反是，諸侯不同聽，每君異法，聽無有倫，是故知法難也。」荀子正名篇：「刑名從商，爵名從周。」楊倞注：「商之刑法，未聞。康誥曰：『殷罰有倫。』言殷刑之允當也。」「倫」同「侖」，說文云：「理也。」言商刑有倫理可從。**又曰：「要囚服，念五六日，至于旬時，丕蔽要囚。」**要囚，謂察其要辭以斷獄，既得其辭，服膺思念五六日，至於十日，至於三月，乃大斷之。言必反覆思念。重刑之至也。○「又曰：『要囚服，念五六日，至于旬時，丕蔽要囚』」，今文無徵。○「又曰」者，書疏引顧氏云：「周公重言之也。」「要囚」者，周禮鄉〔二〕士云：「異其死刑之罪而要之。」注云：「要之，爲其罪法之要辭。」服者，言其詞服而獄具也。「要囚服」三字爲句。「念五六日，至于旬時」者，旬，十日；時，一時，三月也。小司寇云：「以五刑聽萬民之獄訟，附于刑，用情訊之，至于旬，乃蔽之。」鄉〔三〕士云：「辨其獄訟，異其死刑之罪而要之，旬而職聽于朝。」遂士二旬而職聽于朝，縣士三旬而職聽于朝，皆司寇聽之。方士三月而上獄訟于國，司寇聽其成于朝。言斷獄者據要囚辭服以論罪，恐不詳慎而誤入人於刑，當思念五六日，或至于十日及三月也。「丕蔽要囚」者，丕，大也。王鳴盛云：「太宰：『八曰官計，以弊邦治。』小宰：『弊羣吏之治。』鄭皆訓『弊』爲『斷』。說文無『弊』有『蔽』，『弊』即『蔽』也。左昭十四年傳：『蔽罪邢侯。』杜

〔二〕「鄉」原誤作「卿」，據周禮改。

〔三〕「鄉」原誤作「卿」，據周禮改。

注：『蔽，斷也。』」久而後大斷之者，求其情，覬有可生之路，且恐囚虛承其罪，亦容其自反覆。刑者一成而不可變，故君子盡心焉。

王曰：「汝陳時臬，事罰，蔽殷彝，陳是法事，其刑罰斷獄用殷家常法，謂典刑故事。○「王曰：『汝陳時臬，事罰，蔽殷彝』」，今文無徵。○「王曰：『汝陳時臬，事罰，蔽殷彝』」者，釋詁：「彝，常也。」司尊彝序官鄭注：「彝，法也。」江云：「上文云『汝陳時臬』，此亦當同，『事』字下屬。言汝陳列是法，以從事於罰，斷爲殷之常法。」**用其義刑義殺，勿庸以次汝封，**義，宜也。用舊法典刑宜於時世者以刑殺，勿用以就汝封之心所安。○「用其義刑義殺，勿庸以次汝封」，今文無徵。○「用其義刑義殺，勿庸以次汝封」者，荀子宥〔一〕坐篇：「不教而責成功，虐也。書曰：『義刑義殺，勿庸以即。』（句。）予維曰未有順事。」言先教也。」致士篇云：「書曰：『義刑義殺，勿庸以即女，惟曰未有順事。』言先教也。」楊注：「當先教後刑，躬自厚而薄責於人也。」王肅自定家語始誅篇云：「書云：『義刑義殺，勿庸以即汝心，惟曰未有慎事。』」肅注：「庸，用也。即，就也。刑殺皆當以義，勿用以就汝心之所安，當謹自謂未有順事，且陳道德以服之，以無刑殺而後爲順。」段云：「據注文，引經『慎』字，亦當同荀子作『順』，傳寫之誤也。尚書『即』作『次』者，古音『次』同『桼』，在第十二部，如『次室之女』一作『漆室之女』，小篆『垐』字古文作『垔』，周禮巾車故書『軟』字讀爲『桼』皆其證。」肅依傍荀子，荀所據，非必壁中本，故字異，而長短亦不同，疑與今文尚書合也。」先謙案：

〔一〕「宥」原誤作「賓」，據荀子原文改。

肅注與僞傳合，此又僞傳出肅之一證也。劉云：「『殷彝』，常法也。『義刑義殺』，因時制宜，周官所謂重典輕典不常用也。」**乃汝盡遜，曰時叙，惟曰未有遜事。**乃使汝所行盡順，曰是有次叙，惟當自謂未有順事。君子將興，自以爲不足。○「乃汝盡遜，曰時叙，惟曰未有遜事」，今文「遜」當作「訓」。○今文「遜」作「訓」者，荀子兩引書「予惟曰未有順事」，釋之曰「言先教也」，（見上。）就荀義推之，則今文尚書此文當作「乃汝盡訓，曰時叙，惟曰未有訓事」，上「曰」字，詞也。言汝盡訓其民，曰已於是就叙，惟自念曰尚未有訓民之事也。故荀引以爲先教之證。荀「訓事」作「順事」者，順、訓義同，字亦通用。史記堯紀「能明馴德」，徐廣讀「馴」爲「訓」而解爲「順」，舜紀「五品不馴」，殷紀作「五品不訓」，亦釋爲順。漢書律曆志：「予欲聞六律、五聲、八音、七始，詠以出内五言。」「詠」字係傳寫之誤，當作「訓」，故隋書律曆志引書作「訓以出納五言」，而漢志釋書云：「順以歌詠五常之言」，以「順」釋「訓」，非以「歌詠」釋「詠」也。荀子之「順事」亦即「訓事」之誤。堯典「五品不遜」，今文尚書作「不訓」，（詳見堯典。）知此「盡遜」、「遜事」兩「遜」字，今文必皆作「訓」。說文：「愻，順也。唐書曰：『五品不愻。』」是古文尚書亦作「愻」不作「遜」也。此兩「遜」字，蓋亦衛包以借字改之，或包前已然。**已！汝惟小子，未其有若汝封之心，朕心朕德，惟乃知。**已乎！他人未其有若汝封之心，言汝心最善，我心我德，惟汝所知。欲其明成王所以命己之款心。○「已！汝惟小子」五句，古文也，今文「已」作「熙」。○「已」作「熙」者，以大誥例之當然。釋詁：「其，語助也。」王鳴盛云：「左定六年傳：『太姒之子，惟周公、康叔爲相睦。』故云『朕心朕德惟乃知』也。」江云：「『朕心』屬上讀，『心朕心』，言以我心爲心也。」其義亦通。

凡民自得罪，寇攘姦宄，殺越人于貨，凡民用得罪，爲寇盜攘竊姦宄，殺人顛越人，於是以取貨利。○「凡民自得罪，寇攘姦宄，殺越人于貨」，今文無徵。○「凡民自得罪」云云者，荀子君子篇：「聖王在上，分義行乎下，刑罰綦省，而威行如流，治世曉然皆知夫爲姦，則雖隱竄逃亡之由不足以勉也，故莫不服罪而請。書曰：『凡人自得罪。』（「民」作「人」，蓋唐人避諱改之。）此之謂也。」楊注：「人之自得其罪，不敢隱也。」與今康誥義不同，或斷章取義。王鳴盛云：「此以自作服罪解。蓋殺人取貨，惡之大者，有誅無赦，必服其罪。荀義得之。」先謙案：言凡民有自得罪而不悔者，若寇賊攘奪，内爲姦，外爲宄，殺于人取于貨也。孟子引康誥曰：「殺越人于貨。」趙注：「越、于，皆於也。」**暋不畏死，罔弗憝。」**暋，强也。自强爲惡而不畏死，人無不惡之者。言當消絶之。○「暋不畏死，罔弗憝」，僞古文也，今、古文「罔」上有「凡民」二字。今文「暋」作「閔」，「弗憝」作「不譈」。○「暋不畏死，凡民罔弗憝」者，説文「暋」下云：「冒也。从支昏聲。周書曰：『暋不畏死。』」「憝」下云：「怨也。从心敦聲。周書曰：『凡民罔不憝。』」是許用古文有「凡民」二字。今文有「凡民」二字、「暋」作「閔」、「弗憝」作「不譈」者，孟子引：「康誥：『閔不畏死，凡民罔不譈。』是不待教而誅者也。殷受夏，周受殷，所不辭也。」趙注：「閔然不知畏死者。譈，殺也。凡民無不得殺之者。若此之惡，不待君之教命，遭人得討之。三代相傳，以此法不須辭問也。」經、注並有「凡民」二字，是僞經獨無二字矣。皮云：「趙岐治今文學，所據孟子本當與今文尚書同，故與説文引周書異。其訓『譈』爲『殺』，亦與説文作『憝』訓『怨』不同。疑亦今文説也。」孫云：「『暋』作『閔』，聲相近。『譈』非古字，云殺，未詳。」

王曰：「封，元惡大憝，矧惟不孝不友。大惡之人，猶爲人所大惡，況不善父母、不友兄弟者乎！言人之罪惡，莫大於不孝不友。○「王曰：『封，元惡大憝』」，今文與古文同。「矧惟不孝不友」，今文無徵。○今文同者，楊雄法言修身篇：「君子悔吝不至，何元譈之有？」李軌注：「元譈，大惡也。」憝、譈字同，「元譈」即櫽括此經「元惡大憝」之文。釋詁：「元，首也。」元惡，惡人之魁首。大憝，大爲怨於人。「矧惟不孝不友」者，説文「矧」作「弞」，云：「詞也。」言首惡爲民大怨者，其惟不孝不友之人乎？釋訓：「善父母爲孝，善兄弟爲友。」**子弗祇服厥父事，大傷厥考心。**爲人子不能敬身服行父道，而怠忽其業，大傷其父心，是不孝。○「子弗祇服厥父事」二句，今文無徵。○「子弗祇服厥父事」云云者，釋詁：「祇，敬也。」「服」同「𠬝」，説文：「治也。」禮記：「生曰父母，死曰考妣。」書疏云：「考妣通生死。」倉頡篇：「考妣延年。」明非生死異稱也。**于父不能字厥子，乃疾厥子。**於爲人父，不能字愛其子，乃疾惡其子，是不慈。○「于父不能字厥子」二句，今文無徵。俞樾云：「士冠禮鄭注：『于，猶爲也。』聘禮記注：『于，讀曰「爲」。』古于、爲同聲通用。此『于』亦當讀『爲』，下『于弟』同。」**于弟弗念天顯，乃弗克恭厥兄。**於爲人弟，不念天之明道，乃不能恭事其兄，是不恭。○「于弟弗念天顯」二句，今文無徵。○「于弟弗念天顯」云云者，孫云：「釋詁：『顯，代也。』謂兄於天倫有代父之道。」**兄亦不念鞠子哀，大不友于弟。**爲人兄，亦不念稚子之可哀，大不篤友于弟，是不友。○「兄亦不念鞠子哀」二句，今文無徵。**惟弔兹，不于我政人得罪，**惟人至此不孝、不慈、不友、不恭，不於我執政之人得罪乎？道教不至所致。○「惟弔兹，不于我政人得罪」，今文無徵。○「惟弔兹，不于我政人得罪」者，政人，爲政之人。説文：「得，取也。」惟至此不孝、慈、友、恭，我政人必取而罪之，若不於我政人得罪，則爲不善者無所懲戒也。**天惟與我民彝大泯亂。**天與我民五常，使父義、母慈、兄友、弟恭、子孝，而廢棄不行，是大滅亂天道。○「天惟與我民彝大泯亂」，今文無徵。○「天惟與我民彝大泯亂」者，承上不得罪言。王引之云：「『泯』亦『亂』也。」呂刑「泯泯棼棼」傳：「『泯泯爲亂也。』」此傳訓『泯』爲『滅』，失之。」**曰：乃其速由。**

文王作罰，刑茲無赦。言當速用文王所作違教之罰，刑此亂五常者，無得赦。○「乃其速由」，今文無徵。「文王作罰，刑茲無赦」，今文與古文同。○「曰：乃其速由」者，孫云：「『由』同『訧』，廣雅釋詁云：『辠也。』『速』與酒誥『惟民自速辜』之『速』同義，言此父子兄弟不睦之人，乃其自召罪訧也。」○「文王作罰，刑茲無赦」者，漢書宣紀元康二年詔、風俗通皇霸篇引書同，潛夫論述赦篇云：「養稊稗者傷禾稼，惠姦宄者賊良民。書曰：『文王作罰，刑茲無赦。』先王制刑，非好傷人肌膚斷人壽命，乃以威姦懲惡除民害也。」又左僖三十三年傳晉臼季引康誥云：「父不慈，子不祗，兄不友，弟不恭，不相及也。」又昭二十年傳苑何忌引康誥曰：「父子兄弟，罪不相及。」與臼季語意同。後漢肅宗紀元和元年詔亦引書「父不慈」云云，李注引左傳胥臣云云，胥臣即臼季也。潛夫論論榮篇：「堯，聖父也，而丹凶傲；舜，聖子也，而瞍頑惡。鯀殛而禹興，管、蔡爲戮，周公祐王，故書稱：『父子兄弟，不相及也。』」語意同前。書疏以爲即此文。孫星衍云：「『罪不相及』，即『不於我政人得罪』也。」細按文理，實不相合，無庸强附。王鳴盛云：「蓋逸文也。反側初平，用法宜寬猛兼濟，『刑茲無赦』，法嚴矣，所謂『刑亂國用重典』也。疑此下〔二〕即當繼以臼季所引云云，然不可考矣。」江聲説略同。**不率大戛，矧惟外庶子訓人，**戛，常也。凡民不循大常之教，猶刑之無赦，況在外掌衆子之官主訓民者而親犯乎？○「不率大戛，矧惟外庶子訓人」，今文無徵。○「不率大戛」者，釋詁：「戛，常也。」郭注：

〔二〕「此」後原脱「下」字，據王鳴盛尚書後案補。

「『戛』義見書。」「矧惟外庶子訓人」者，書疏引鄭云：「訓人，謂師長。」江云：「庶子言外者，對小臣近君者而言，故爲外也。庶子，周禮謂之諸子。禮燕義：『古者，周天子之官，有庶子官。庶子官職諸侯、卿、大夫、士之庶子之卒，掌其戒令，與其教治。』云云，與周禮諸子職同文。故鄭注於敘官『諸子』云：『或曰庶子也。』周禮云：『諸子掌國子之卒。』又云：『凡國之政事，國子存游卒，使之修德學道，春合諸學，秋合諸射，以考其藝而進退之。』燕義稱庶子官職亦云然。然則庶子，主訓教國子者，目爲『訓人』，以此故也。」**惟厥正人，越小臣諸節，**惟其正官之人，於小臣諸有符節之吏，其有不循大常者，則亦在無赦之科。○「惟厥正人，越小臣諸節」，今文無徵。○「惟厥正人」者，孫云：「釋詁：『正，長也。』即上文『政〔一〕人』。」王鳴盛云：「鄭注周禮：『宮正，主宮中官之長』，『甸師，主共野物官之長』，『大府，爲王治藏之長』，此類是也。書疏：『三百六十職正官之首。』案：三百六十職中，如太宰、司徒，六官之長，其秩甚峻。此經『正人』，在庶子之下，品秩不甚尊，恐止當指宮正之類。疏說非也。」「越小臣諸節」者，江云：「周禮：『小臣：掌王之小命。』此則諸侯之小臣，蓋亦掌君之小命。節所以爲瑞信，小臣傳命，或受節以出，故曰『小臣諸節』。」王鳴盛云：「馬注太誓云：『諸節，諸受符節有司也。』彼太誓，在軍警戒羣臣，則『諸節』自是受符節從軍者。此是國中之官，則『諸節』爲有符節吏。周禮：『掌節：上士二人，中士四人。』則諸侯之掌節，當亦不止一二人，故云『諸』也。」**乃別播敷造，民大譽，弗念弗庸，瘝厥君，時乃引惡，惟朕憝。**汝今往之國，當分別播布德教，以立民大善之譽，

〔一〕「政」原誤作「正」，據孫星衍尚書今古文注疏原文改。

若不念我言，不用我法者，病其君道，是汝長惡，惟我亦惡汝。○「乃別播敷造」，今文與古文同。「民大譽，弗念弗庸，瘝厥君，時乃引惡，惟朕憝」，今文無徵。○「乃別播敷造」者，孫云：「漢書王尊傳尊曰：『律無妻母之法，聖人所不忍書。此經所謂造獄者也。』注：『晉灼曰：「歐陽尚書有此造獄事也。」』造獄者，不循常法，遇非常之事，不得已而用之。歐陽『造獄』，別無可附，疑今文說此條之義也。」劉云：「『播』當作『譒』，說文：『譒，敷也。』此『敷』字疑衍，以訓詁字入經耳。」先謙案：盤庚「王播告之」，說文作「譒」，此亦當同。「乃別播敷造」與上文「不率大戛」相對爲文，言不率常法而別造非刑，以譒敷於衆也。○「民大譽，弗念弗庸，瘝厥君，時乃引惡，惟朕憝」者，言民共大譽者，乃不念不用，以病厥君，是乃引進惡人，俾民惟朕怨也。「瘝」當作「鰥」，見上。**已！汝乃其速由茲義率殺，亦惟君惟長，**汝乃其速用此典刑宜於時世者，循理以刑殺，則亦惟君惟長之正道。○「已！汝乃其速由茲義率殺，亦惟君惟長」，古文也，今文「已」作「熙」。○「已」作「熙」者，說見上。「汝乃其速由茲義率殺」者，言庶子以下諸官有如此者，汝當速用此義刑循而殺之。○「亦惟君惟長」者，江云：「亦者，亦『弦惟』也。君、長，謂他國諸侯。康叔爲牧伯，得征諸侯之有罪者，故及之。詩旄邱序云：『衛不能修方伯連率之職。』則衛之先世爲方伯也。此上不孝、不友之民，及外庶子、小臣之官，皆就衛言。若君、長，於衛者即康叔矣，故知君、長謂他國諸侯也。」**不能厥家人，越厥小臣、外、正，惟威惟虐，大放王命，乃非德用乂。**爲人君長，而不能治其家人之道，則於其小臣、外正官之吏，並爲威虐，大放棄王命，乃由非德用治之故。○「不能厥家人」五句，今文無徵。○「不能厥家人」云云者，江云：「不能，不相能也。左文十六年傳宋昭公曰『不能其大夫至于君祖母以及國人』，與此經語意相似。」「小臣、外、正」者，「小臣」即「小臣諸節」；「外」即「外庶子訓人」；「正」即「正人」也。言若他國諸侯，不能其家人，及其小臣、外、正，惟恣行威虐，大放棄王命，乃非德教可用以治也，謂當征討之。而語特含蓄。**汝亦罔不克敬典，乃由裕民，惟文王之敬忌，**常事人之所輕，故戒以無不能敬常，汝用寬民之道，當惟念文王之所敬忌而法之。○「汝亦罔不克敬典，乃由裕民」，今文無徵。「惟文王之敬忌」，今文與古文同。○「汝亦罔不克敬典，乃由裕民」者，典，常也，法也。「由」同「猷」，「猷裕」，道也。言汝於常法，亦當無不克敬，毋稍怠忽，乃更善道其民，斯民皆感化矣。○今文同者，說苑君道篇：「虞、芮質其成於文王，入文王之境，未見文王之身，而讓其所爭以爲閒田而反。孔子曰：『大哉，文王之道乎！其不可加矣。不動而變，無爲而成，敬慎恭己，而虞、芮自平。』故書曰：『惟文王之敬忌。』此之謂也。」此言虞、芮敬畏文王，引經文，推言平獄之事。荀子君道篇引同。（見下。）書疏引鄭云：「『敬忌』，『祇祇威威』是也。」案：威、畏字同。祇、敬，畏、忌，義亦同也。禮表記引甫刑曰「敬忌」，鄭彼注：「忌之言戒也。言己外敬而心戒慎。」戒慎亦畏意也。顧命云：「以敬忌天威。」其義亦同。謂此心當惟文王之敬畏而奉行其道。**乃裕民，曰：『我惟有及。』則予一人以懌。」**汝行寬民之政，曰：「我惟有及於古。」則我一人以此悅懌汝德。○「乃裕民」三句，今文無徵。○「乃裕民」者，言必惟文王之敬畏，乃能裕道其民也。「曰：『我惟有及』」者，言文德如天不能仰望，惟敬畏之甚，其心嘗曰：「我惟有庶幾企及之事。」「則予一人以懌」者，天子當悅懌汝也。詩傳：「懌，悅也。」荀子君道篇：「明主急得其人，得其人則身佚而國治，功大而名美。故君人者，勞于索之，而休于使之。書曰：『惟文王之敬忌，一人以擇。』此之謂也。」孫云：「荀以爲用賢之義，此秦以前古文書說。」詩靜女釋文：「『說懌』當作『說釋』。」「懌」非古字，與「擇」音相近，亦可通，故荀爲

「擇」也。

王曰：「封，爽惟民，迪吉康。明惟治民之道而善安之。○「王曰：『封，爽惟民，迪吉康』」，今文無徵。○「王曰：『封，爽惟民，迪吉康』」者，書疏云鄭以「迪」屬下讀。江云：「國語：『實有爽德。』賈侍中注：『爽，貳也。』下文云『今惟民不靜，未戾厥心，迪屢未同』，則此『爽惟民』謂民心爽貳也。釋詁：『迪，道也。』説文：『吉，善也。』道之善，則安靜。」**我時其惟殷先哲王德，用康乂民作求，**我是其惟殷先智王之德，用安治民爲求等。○「我時其惟殷先哲王德」二句，今文無徵。○「我時其惟」云云者，釋詞：「其，猶乃也。」詩下武：「世德作求。」鄭箋：「作，爲。求，終也。」江云：「我是以思惟殷先哲王之德以安治民，庶爲終成殷先王之道。」**矧今民罔迪不適，不迪則罔政在厥邦。」**治民乃欲求等殷先智王，況今民無道不之。言從教也，不以道訓之，則無善政在其國。○「矧今民」二句，今文無徵。「邦」當作「國」。○「矧今民」云云者，江云：「釋詁：『在，存也。』況今民無道之者，則不適於善政，所以治民也。不有以道民，則無政以存其國矣。」

王曰：「封，予惟不可不監，告汝德之説于罰之行。我惟不可不監視古義，告汝施德之説於罰之所行。欲其勤德慎刑。○「王曰：『封』」三句，今文無徵。○「王曰：『封，予惟不可不監』」者，釋詁：「監，視也。」言我思惟不可不於民監，即對下文「民不靜」言。「告汝德之説于罰之行」者，上文詳告以明德慎罰，則「德之説」謂明德之説，「罰之行」謂慎罰之行，惟視民情如此，故德、刑不可偏廢也。王引之云：「于，猶越也、與也，連及之詞。」行，道也。**今惟民不靜，未戾厥心，迪屢未同。**假令今天下民不安，未定其心，於周教道屢數而未和同。設事之言。

○「今惟民不靜」三句，今文無徵。○「今惟民不靜」云云者，釋詁：「戾，止也。」釋言：「屢，亟也。」郭注：「亟，太數也。」言今思惟殷民不安靜，未定止其心，道之者數矣，猶未和同。言其難治。**爽惟天其罰殛我，我其不怨，**明惟天其以民不安罰誅我，我其不怨天。汝不治，我罰汝，汝亦不可怨我。○「爽惟天其罰殛我，我其不怨」，今文無徵。○「爽惟天其罰殛我，我其不怨」者，說文：「爽，明也。」言明明者天以不能安民之故，其或誅罰我，我亦不敢怨天也。段云：「例以洪範、多方，此『殛』亦當本作『極』。」**惟厥罪，無在大，亦無在多，矧曰其尚顯聞于天？」**民之不安，雖小邑少民，猶有罰誅，不在多大。況曰不慎罰明聞於天者乎？言罪大。○「惟厥罪」四句，今文無徵。○「惟厥罪」云云者，言我但自思惟其罪，凡過不在大，亦不在多，皆不敢不引咎自責，況曰殷民不靜上顯聞于天者乎？鄭書贊云：「尚者，上也。」

王曰：「嗚呼！封，敬哉！無作怨，勿用非謀、非彝，言當修己以敬，無爲可怨之事，勿用非善謀、非常法。○「王曰：『嗚呼！封，敬哉！無作怨』」，古文也，今文「無」作「毋」。「勿用非謀、非彝」，今文無徵。○「無」作「毋」者，史記三王世家燕王旦策云：「毋作怨。」漢書武五子傳同。謂無造作私怨也。「勿用非謀、非彝」者，勿用非道之謀、非常之法。段云：「燕王旦策文『毋作怨』下作『毋俷德』，（徐廣注：「一作『毋非德』。」漢書作「毋作棐德」。）蓋今文尚書『勿用非謀、非彝』等語之異文。」**蔽時忱，丕則敏德。**斷行是誠道，大法敏德，信則人任焉，敏則有功。○「蔽時忱，丕則敏德」，今文無徵。○「蔽時忱」者，文選辨命論引鄭注論語云：「蔽，塞也。」說文：「忱，誠也。」言非謀、非彝，蔽塞是誠心，故當勿用。「丕則敏德」者，江云：「師氏：『以三德教國子』，『二曰敏德，以爲行本。』故告以當大則效敏德也。」段云：「此『丕則』與無逸『丕則有愆』同，不必訓『則』爲『法』。」段說較長。**用康乃心，顧乃德，遠乃猷**用是誠道安汝心，顧省汝德，無令有非，遠汝謀，思爲長久。○「用康乃心，顧乃德，遠乃猷」，今文無徵。○「用康乃心，顧乃德」者，言惟敏行其德，以康定汝心，顧省汝德也。「遠乃猷」者，當連下「裕」字爲句。王引之云：「方言：『裕、猷，道也。東齊曰裕，或曰猷。』『遠乃猷裕』，即遠乃道也。君奭云『告君乃猷裕』，與此同。猷、由，古字通。道謂之猷裕，道民亦謂之猷裕，上文曰『乃由裕民』。」皮云：「據方言，則楊雄所用今文義當如此。」**裕，乃以民寧，不汝瑕殄。」**行寬政乃以民安，則我不汝罪過，不絕亡汝。○「裕，乃以民寧，不汝瑕殄」，今文無徵。○「裕」義見上。「乃以民寧，不汝瑕殄」者，江云：「鄉射禮：『主人以賓揖。』鄭注：『以，猶與也。』此經『以』亦訓『與』，言如是乃與民相安，我則不汝疵瑕，不汝殄絕也。」

王曰：「嗚呼！肆汝小子封，惟命不于常，以民安則不絕亡汝，故當念天命之不于常，汝行善則得之，行惡則失之。○「王曰：『嗚呼！肆汝小子封，惟命不于常』」，今文與古文同。○今文同者，禮大學引：「康誥曰：『惟命不于常。』道善則得之，不善則失之矣。」鄭注：「命，天命也。天命不于常，言不專佑一家也。」史記三王世家齊王閎策亦引「惟命不于常」，左成十六年傳、襄二十三年傳、戰國策二十四引同。**汝念哉！無我殄**無絕棄我言而不念。○「汝念哉！無我殄」，今文無徵。○「汝念哉！無我殄」者，當連下「享」字爲句。江云：「毋殄絕我之命祀也。凡封諸侯，必命之祭其封內之山川、社稷，所謂命祀。國亡則絶其祀，左僖三〔一〕十一年傳『衛遷于帝邱，成公夢康叔曰：「相奪予享。」公命祀相，甯武子曰：「不可以閒成王、周公之命祀」』是也。」**享，明乃服命，**享有國土，當明汝所服行之命令，使可則。○「享，明乃服命」，今文無徵。○「享」義見上。「明乃服命」者，明，勉也；服，謂七章之服；命，七命也。大行人：「諸侯之禮，冕服七章。」七章者，鷩冕之服，自華蟲而下，其衣三章：華蟲也，火也，宗彝也；其裳四章：藻也，粉米也，黼也，黻也。典命：「侯伯七命，其國家、宮室、車旗、衣服、禮儀，皆以七爲節。」**高乃聽，用康乂民。」**高汝聽，聽先王道德之言，以安治民。○「高乃聽，用康乂民」，今文無徵。○「高乃聽，用康乂民」者，廣雅釋詁：「高，敬也。」言敬聽我訓，以安治民。漢書張釋之傳文帝命釋之「卑之，無甚高論」，釋之乃言秦、漢閒事。此云高聽，則非高論不足以聽，知當時康乂殷民，非用先王道德之言不能爲治也。

王若曰：「往哉，封！勿替敬典，汝往之國，勿廢所宜敬之常法。○「王若曰：『往哉，封！勿替敬典』」，今文無徵。○「王若曰：『往哉，封』」者，往就所封之衛地也。「勿替敬典」者，釋詁：「替，廢也。」承上文「汝罔不克敬典」言之，望其承守弗失。**聽朕告，汝乃以殷民世享。」**順從我所告之言，即汝乃以殷民世世享國，福流後世。○「聽朕告，汝乃以殷民世享」，今文無徵。○「聽朕告，汝乃以殷民世享」者，唐石經「告」作「誥」。康叔封於殷虚，故以殷民言之。皮云：「按周公居攝封康叔，兩漢今、古文無異義。後人乃謂武王時事，又或用宋忠説，以爲由康徙封

〔一〕「三」原誤作「二」，今據左傳改。

衛，臆說無據，既明辨之矣。惟史記三王世家云：『康叔後扞禄父之難。』後漢書蘇竟曉劉龔書曰：『周公之善康叔，以不從管、蔡之亂也。』或據以爲康叔先封，管、蔡後亂之證。案：管、蔡流言時，京師必有從亂者，惟康叔不從，周公東征，康叔當有協贊之功，故公知其能，使監殷民於衛。此二說所由來也。或又以云『後扞禄父之難』，似乎受封在先。考未央宫羣臣奏云：『伏聞康叔親屬有十，武王繼體，周公輔成王，其八人皆以祖考之尊，建爲大國。康叔之年幼，周公在三公之位，而伯禽據國於魯，蓋爵命之時，未至成人。康叔後扞禄父之難，伯禽殄淮夷之亂。』此蓋諸臣約舉其事，未及分别其文。伯邑考前卒，不云有後封國，云八人建爲大國，已失其實。諸臣意在早封王子，引古失真，不得據一時疑似之文，違史公明說也。」

尚書孔傳參正二十

酒誥第十二　周書　孔氏傳　臣王先謙參正

酒誥康叔監殷民，殷民化紂嗜酒，故以戒酒誥。○史記衛世家：「周公申告康叔，告以紂所以亡者以淫於酒。酒之失，婦人是用，故紂之亂自此始。」（見前。）又自序云：「申以商亂，酒、材是告。」此因書非一篇，故云「申告」。皮云：「或謂武王封叔於康時已作誥，成王徙衛，乃取武王封叔於康之誥以申之。或又謂康誥作於武王，酒誥、梓材作於成王，故三家與馬本作『成王若曰』。不知周本紀云作『康誥、酒誥、梓材，其事在周公之篇』，衛世家云：『故謂之康誥、酒誥、梓材以命之。』是三篇皆周公一時所作。此篇獨云『成王若曰』，蓋舊史之文如是，非別有異義也。楊子法言問神篇：『昔之説書者，序以百，而酒誥之篇俄空焉，今亡夫。』酒誥與康誥同一序，楊疑別有序而亡之，故有『俄空』之歎。」

王若曰：「明大命于妹邦。周公以成王命誥康叔，順其事而言之，欲令明施大教命於妹國。妹，地名，紂所都朝歌以北是。○「王若曰」，今文作「成王若曰」。「明大命于妹邦」，今文無徵，「邦」當作「國」。段云：「僞孔本無『成』字，蓋因馬説刪之。然則僞孔之或異於馬、鄭、王者，多不可信矣。」○今文作「成王若曰」者，釋文云：「馬本作『成王若曰』，注云：『言成王者，未聞也。俗儒以爲成王骨節始成，故曰成王。或曰以成王爲少成二聖之功，生號曰成王，没因爲謚。衛、賈以爲戒成康叔以慎酒，成就人之道也，故云成。此三者，吾無取焉，吾以爲後録書者加之，未敢專從，故云未聞也。』」書疏云：「馬、鄭、王本以文涉三家而有『成』字。鄭云：『成王，所言成道之王。』（段云：「所言者，謂衛、賈所説也。」）三家云：『王年長骨節成立。』皆爲妄也。」案：馬云俗儒，謂三家也。魯世家云：「周公誡伯禽曰：『我文王之子，武王之弟，成王之叔父。』」（大傳、荀子堯問篇、韓詩外傳三皆曰「成王之叔父」。）又云：「周公在豐，病，將没，曰：『必葬我成周，以明吾不敢離成王。』」（大傳云：「吾死，必葬於成周，示天下臣於成王。」）詳玩此等，皆實生稱成王，如湯生稱武王之比，非史家誤筆，三家之説固可信也。況顧命云「翌日乙丑，成王崩」，尤顯然可證乎！僞孔刪之，大非。馬云「後録書者加之」，亦非也。皮云：「藝文類聚引春秋元命包云：『文王造之而未遂，武王遂之而未成，周公旦抱少主而成之，故曰成王。』亦以成王爲生稱。漢書韋玄成傳：『成王成二聖之業，制禮作樂，功德茂盛，廟猶不世，以行爲謚而已。』亦即生號成王，没因爲謚之説。大傳云：『奄君、薄姑謂禄父曰：「成王尚幼矣。」』今本多改爲『今王』，不知成王本生號也。衛、賈、馬之本同三家，而馬詆三家爲俗儒，不用其説。詩周頌『成王不敢康』，國語明云『道成王之德』，乃成王在時所作。毛、鄭以爲成是王事，其説迂回難通，宋儒乃疑是祀成王詩。今文廢而經義不明，不得不歸咎於毛公、馬、鄭之崇尚古文者矣。」○「明大命于妹邦」者，釋文引馬云：「妹邦，即牧養之地。」詩桑中及邶、鄘、衛疏引鄭云：「妹邦者，紂之所都處。於詩，國屬鄘，故其風有『沬之鄉』。其民尤化紂，嗜酒。今祿父見誅，康叔爲其連屬之監。」先謙案：妹、沬字通，妹、牧一聲之轉，「妹邦」即「牧野」也。段云：「如『茅蒐』之爲『韎』、『卯谷』之爲『昧』是矣。」余有說，詳詩三家義疏桑中篇。毛分邶、鄘、衛爲三卷，鄭誤因之，以爲妹邦專屬鄘，非也。康叔之封，兼有邶、鄘、衛，不能析爲三國。「大命」謂王命，尊之，故言大。誥康叔明教妹邦，即下文「沬土嗣爾股肱」等語也。今文「邦」作「國」者，以諸篇例之當然，下同，不復出。

乃穆考文王，肇國在西土。 父昭子穆，文王第稱穆。將言始國於西土。西土，岐周之政。〇「乃穆考文王」二句，今文無徵。〇「乃穆考文王」云云者，自后稷以下至文王十五世，不窋爲昭，至文王當爲穆，故云「穆考」。說文：「肇，始開也。」文王遷都於豐，故言始開國也。

厥誥毖庶邦庶士，越少正御事，朝夕曰：『祀茲酒。』 文王其所告慎衆國衆士於少正官、御治事吏，朝夕敕之：「惟祭祀而用此酒。」不常飲。〇「厥誥毖庶邦庶士，越少正御事」，古文也，今文「毖」作「祕」，「邦」作「國」。「朝夕曰：『祀茲酒』」，今文與古文同。〇「毖」作「祕」者，王念孫云：「漢碑多用今文，衡方碑：『鐫茂伐，祕將來。』伐，功也。祕，告也。言刻石紀功，以告來世。廣韻：『祕，告也。』『毖』與『祕』古字通，『毖』亦告也。車騎將軍馮緄碑：『刊石立表，以毖來世。』酒誥『厥誥毖庶邦庶士』，言誥告庶邦庶士也；又曰『汝典聽朕毖』，言汝常聽朕告也。」皮云：「張遷碑：『刊石立表，以毖後昆。』亦同此義。廣韻之訓，蓋本尚書舊注。莽誥云：『天毖勞我成功所。』『毖』亦當訓『告』，孟康訓『慎』，失之。」王鳴盛云：「『士』之言事。朝臣各有事，故稱庶士。康誥『正人』爲正官之首，此『少正』乃正官之副。左傳鄭有少正公孫僑，家語魯有少正卯，則少正之名，其來已久。『御事』者，蓋亦總目庶士、少正而言。」〇今文同者，論衡語增篇：「按酒誥之篇，『朝夕曰：

祀兹酒。』此言文王戒慎酒也。」又譴告篇云：「紂爲長夜之飲，文王朝夕曰：『祀兹酒。』何則？非疾之者，宜有以改易之也。」**惟天降命，肇我民，惟元祀。**惟天下教命，始令我民知作酒者，惟爲祭祀。〇「惟天降命，肇我民，惟元祀」，今文無徵。〇「惟天降命，肇我民，惟元祀」者，釋詁：「元，大也。」惟天之降命賦性，肇生我民，所以報本反始者，惟祀爲大。就祀事推言之，祀必有酒，重祭神也。**天降威，我民用大亂喪德，亦罔非酒惟行；**天下威罰，使民亂德，亦無非以酒爲行者。言酒本爲祭祀，亦爲亂行。〇「天降威」三句，今文無徵。〇「天降威」云云者，言天降嚴威，監臨於下，我民所以大喪亂其德性者，亦無非以酒而亂行。**越小大邦用喪，亦罔非酒惟辜。**於小大之國，所用喪亡，亦無不以酒爲罪也。〇「越小大邦用喪」二句，今文無徵。「邦」當爲「國」。〇「越小大邦」云云者，于小大之國，所以喪亡者，亦無非以酒取〔一〕罪。**文王誥教小子，有正、有事，無彝酒。**小子，民之子孫也。正官、治事，謂下羣吏。教之皆無常飲酒。〇「文王誥教小子」三句，今文無徵。〇「文王誥教小子」云云者，孫云：「小子，謂康叔。」先謙案：孫説是也。承上文文王「誥毖庶邦」，復舉康叔當日親聞誥教者爲言，以深戒之。「有正、有事」者，正、政字同。萍氏鄭注引此文作「政」，疏云「有政之大臣、有事之小臣」。「無彝酒」者，釋詁：「彝，常也。」韓非子説林篇：「康誥曰：『毋彝酒。』彝酒者，常酒也。常酒者，天子失天下，匹夫失其身。」段云：「案：此酒誥而系之康誥，蓋周時通酒誥、梓材爲康誥也。」皮云：「據此，則三篇實同一篇。韓非在焚書之前，其説當可據。彼執酒誥『成王若曰』，以康

〔一〕「取」原誤作「敢」，形似而誤，今據文意改。

誥爲武王作者，其謬不待辨矣。」**越庶國，飲惟祀，德將無醉。**於所治衆國，飲酒惟當因祭祀，以德自將，無令至醉。○「越庶國，飲惟祀」，今文無徵。「德將無醉」，今文與古文同，「無」一作「毋」。○「越庶國，飲惟祀」者，江云：「於是衆國用文王教，飲酒惟於祭祀。」○「德將無醉」者，廣雅釋言：「將，扶也。」言以德相扶持也，不至於醉。大傳云：「天子有事，諸侯皆侍，尊卑之義。宗室有事，族人皆侍終日，大宗已侍於賓，奠然後燕私。燕私者何也？祭已而與族人飲也。宗子燕族人於堂，宗婦燕族人於房，序之以昭穆。不醉而出，是不親也。醉而不出，是媟宗也。出而不止，是不忠也。親而甚敬，忠而不倦〔二〕，若是則兄弟之道備。備者，成也。成者，成於宗室也。故曰：飲而醉者，宗室之意也；德將無醉，族人之意也。是故祀禮有讓，德施有復，義之至也。」引見禮郊特牲鄭注，云：「事謂祭祀。大宗謂卿大夫以下。宗室，大宗之家也。」言衆邦惟祀事侍於天子，或飲於大宗。「無」作「毋」者，論衡語增篇：「世聞『德將毋醉』之言，見聖人有多德之效。」**惟曰我民迪小子，惟土物愛，厥心臧，**文王化我民，教道子孫，惟土地所生之物皆愛惜之，則其心善。○「惟曰我民迪小子」三句，今文無徵。○「惟曰我民迪小子」者，言惟是我民，皆用文王之教，各善道其子孫。據下「聰聽祖考之彝訓」句，則此及下文「小子」與「祖考」相對爲文，必指民之子孫。或以爲指康叔，非。○「惟土物愛，厥心臧」者，土物，黍稷。洪範：「土爰稼穡。」釋詁：「臧，善也。」惟愛土地所生之物，以善其心。謂酒以糜穀，當知愛惜也。**聰聽祖考之彝訓，越小大德，小子惟一。**言子孫皆聰聽父祖之常教，於小大之人皆念

〔二〕「是不忠也」、「忠而不倦」之「忠」字原誤作「惠」，今據尚書大傳改。

德，則子孫惟專一。○「聽聽祖考之彝訓」三句，今文無徵。○「聽聽祖考之彝訓」者，「惟土物愛」即常訓也，祖考以是爲教，子孫皆明聽無忽。「越小大德，小子惟一」者，於大德不踰閑，小德亦無出入，小子惟歸於純一也。**妹土嗣爾股肱，純其藝黍稷，奔走事厥考厥長。**今往當使妹土之人，繼汝股肱之教，爲純一之行，其當勤種黍稷，奔走事其父兄。○「妹土嗣爾股肱」三句，今文無徵。○「妹土嗣爾股肱」云云者，江云：「文選七發引賈逵注云：『純，專也。』言今汝往妹土，惟當告妹土之民，嗣續爾股肱之力，專惟黍稷是藝，服勞奔走以事其父兄。五穀惟言黍稷者，舉其土所宜。鄭詩譜云：『邶、鄘、衛在冀州大行之東。』職方氏云：『河内曰冀州。其穀宜黍稷。』則沫土宜黍稷也。」孫云：「『藝』當爲『埶』。說文：『稷，齋也。五穀之長。』齋，或爲『粢』。越絶書：『甲貨之戶曰粢，爲上物；乙貨之戶曰黍，爲中物。』古者貴黍稷。喪大記疏云：『案：公食大夫禮黍稷爲正饌，稻粱爲加，是稻粱卑於黍稷。』故舉五穀以黍稷言之。」**肇牽車牛，遠服賈用，孝養厥父母。**農功既畢，始牽車牛，載其所有，求易所無，遠行賈賣，用其所得珍異孝養其父母。○「肇牽車牛，遠服賈用，孝養厥父母」，古文也，今文「孝養」作「欽」。○「孝養」作「欽」者，白虎通商賈篇：「行曰商，止曰賈。易曰：『先王以至日閉關，商旅不行。』論語曰：『賈之哉？我待賈者也。』即如是。尚書曰『肇牽車牛，遠服賈用』何？言『遠』，行可知也。方言『欽厥父母』，（段云：「『方』疑作『下』。」）欲留供養之也。」段云：「此謂如書言『牽車牛，遠服賈用』，似非『止曰賈』矣。然書下文言『欽厥父母』，欲留供養之，則非遠游不返，仍是『止曰賈』也。班以『用』字上屬爲句。『孝養』二字作『欽』字，今文然也。其引論語證『止曰賈』與蔡邕石經合。」（今本白虎通妄改「賈」爲「沽」。）皮云：「今文以『賈用』二字連文，與詩『賈用不售』同義。」俞樾云：「論語爲政篇邢疏解『大車無輗』

引此經『車牛遠服賈用』，或『賈用』連文，古語有然。」陳云：「釋言：『肇，敏也。』郭注引書『肇牽車牛』爲證，其義與僞傳異，當亦本爾雅漢注所用今文書説也。」先謙案：釋詁：「服，事也。」説文：「賈，坐賣售也。」言疾牽車牛，遠從事於賈用，仍歸敬奉其父母。夫既曰遠行，則非賈矣。然其意，刻不忘親，實非逐末之商可比，故推其留養之心，不謂之商，而謂之賈也。**厥父母慶，自洗腆，致用酒。**其父母善子之行，子乃自絜厚，致用酒養也。○「厥父母慶」三句，今文無徵。○「厥父母慶，自洗腆，致用酒」者，釋文引馬云：「洗，盡也。」孫云：「『盡』蓋『盪』字之誤。説文：『盪，滌器也。』」先謙案：「盡」疑「瀞」之聲近而誤也。説文「腆」下云：「設膳腆腆多也。」言其父母見子勤孝，慶幸之餘，自洗瀞其器，豐多其膳，而致用此酒。斯亦飲酒之美事也。**庶士有正，越庶伯君子，其爾典聽朕教。**衆伯君子，長官大夫統庶士有正者。其汝常聽我教，勿違犯。○「庶士有正」三句，今文無徵。○「庶士有正」云云者，上「執黍稷」、「服賈用」，是告沬土之民；此則沬土之士大夫，亦命康叔告之。伯，長也。典，常也。王鳴盛云：「庶士，統卿大夫而言；有正，正官之首，各見上文。上言『庶士』，而繼以『少正』，則以其卑賤者別言之。此言『庶士』而繼以『有正』，則指其尊貴者別言之。皆舉此以該彼，互文，亦省文也。『庶伯君子』，疑又就其中齒德尤重者言之耳。若如傳云『統庶士有正者』，未必然也。」**爾大克羞耇惟君，爾乃飲食醉飽。**汝大能進老成人之道，則爲君矣。如此汝乃飲食醉飽之道。先戒羣吏以聽教，次戒康叔以君義。○「爾大克羞耇惟君」二句，今文無徵。○「爾大克羞耇惟君」云云者，「爾」謂庶士以下。釋詁：「羞，進也。」「耇」謂老成有德者。惟，圖惟也。禮檀弓晉申生謂狐突曰：「伯氏不出而圖吾君。」「惟君」猶圖君也，古天子、諸侯皆有養老之禮。言汝大克進耇老，以圖君事而助君養之，爾乃飲食醉飽，奚不可者。大傳云：「古者聖帝之治天下也，五十以下非烝社不敢遊飲，六十以上遊飲也。」此傳釋經「羞耇」之義。陳云：「『羞耇』即養老之事。古天子、諸侯皆有養老之禮，百官與執事焉。惟老成有德者，始得用酒以養爾。庶士助君養老，乃亦得醉飽也。」**丕惟曰：爾克永觀省，作稽中德。**我大惟教汝曰：汝能長觀省古道，爲考中正之德，則君道成矣。○「丕惟曰：爾克永觀省，作稽中德」，今文無徵。○「丕惟曰」云云者，丕，大也。小宰先鄭注：「稽，合也。」大而言之，爾更能永自觀省，而所作爲稽合於中德。**爾尚克羞饋祀，爾乃自介用逸，**能考中德，則汝庶幾能進饋祀於祖考矣。能進饋祀，則汝乃能自大用逸之道。○「爾尚克修〔一〕饋祀」二句，今文無徵。○「爾尚克修〔二〕饋祀」云云者，書疏引鄭云：「饋祀，助祭于君。」文選祭顔光禄文注引倉頡云：「饋，祭名也。」籩人鄭注：「饋食，薦熟也。」君之祭祀，必擇羣臣之賢者使之助祭，既能永觀省合中德，庶幾克進而助祭於君也。釋詁：「介，右也。」右亦助也。薛綜東京賦注：「逸，樂也。」既在饋食祭祀之列，爾乃自助祭之賓以燕樂而飲酒，又不僅助君養老之可飲食醉飽矣。**茲乃允惟王正事之臣，**汝能以進老成人爲醉飽，考中德爲用逸，則此乃信任王者正事之大臣。○「茲乃允惟王正事之臣」，今文無徵。○「茲乃允惟王正事之臣」者，上文「有正有事」，「正」即「政」也，此「正事」亦當爲「政事」。允，信也。此人雖共職侯國，信惟我王朝正事之臣。言爲天子之命卿。**茲亦惟天若元德，永不忘在王家。**」言

〔一〕「修」字依經文當作「羞」。
〔二〕「修」字依經文當作「羞」。

此非但正事之臣，亦惟天順其大德而佑之，長不見忘在王家。○「茲亦惟天若元德」二句，今文無徵。○「茲亦惟天若元德」云云者，若，順也。元，大也。言此人大德，惟天亦順助之，而其功名德業，將存在王家，永不見遺忘矣。自「妹土」至此，所謂「明大命於妹邦」也。段云：「足利古本『不』作『弗』，下『亦不暇』、『越怨不易』、『民罔不盡傷心』、『不惟自息』、『我其可不大監撫于時』竝同。玉裁按：『弗』與『不』，古義略同而淺深有別，如『雖有嘉肴，弗食，不知其旨也；雖有至道，弗學，不知其善也』可證『弗』、『不』之不同矣。春秋經僖二十六年：『公追齊師，至巂，弗及。』何邵公曰：『弗者，不之深者也。』二字古音，亦徑庭遠甚，『弗』在第十五脂微部，『不』在第一之咍部，而轉入於第三尤幽部，絶不相假借也。『不』字之不可入物韻，猶『弗』字之不可入尤幽韻也。集韻始誤認爲一字，入『勿』『不』字下，云：『分物切，無也。通作「弗」。』薛季宣書古文不問『不』、『弗』，字皆以『弜』爲之，夫『弜』字本即説文左戾右戾兩字之合，『敝』用其形，（「敝」謂兩弓相背。「弓」非「戊巳」之「巳」也。）則與『弗』同音可矣，何以『不』亦作『弜』也！『不』亦作『弜』，則尚書有『弗』而無『不』矣。有『弗』而無『不』，則語言之輕重，全不可考矣。曾謂宋次道家之古文尚書可盡信乎？（古文四聲韻説「𢎗」古孝經「弗」字也，其謬正同。）至若古經轉寫既久，『不』、『弗』互譌，不可究正，姑皆仍舊，發其例於此，以俟能者詳之。」

王曰：「封！我西土棐，徂邦君、御事、小子，尚克用文王教，不腆于酒，我文王在西土輔訓，往日國君及御治事者、下民子孫，皆庶幾能用上教，不厚於酒。言不常飲。○「王曰：『封』」五句，今文無徵。「邦」當爲「國」。○「王曰：『封』」云云者，棐，輔。徂，往。腆，多也。言我西土之輔佐，若往日之邦君、治事、小子，尚能用文王教，不多於酒。「徂」訓「往」，與下「至于今」相應。御事，總謂朝臣。小子，舉民之幼者以該長者也。**故我至于今，克受殷之命。」**以不厚於酒，故我周家至于今能受殷之王命。○「故我至于今，克受殷之命」，今文無徵。○「故我至于今，克受殷之命」者，言我受殷命，由西土邦君、御事、小子不多飲酒之故，以勸勉康叔，能使沬土從化，亦永保其福祚矣。

王曰：「封！我聞惟曰：在昔殷先哲王，迪畏天顯小民，聞之於古殷先智王，謂湯蹈道畏天，明著小民。○「王曰：『封』」四句，今文無徵。○「王曰：『封』」云云者，告康叔，言我聞於人惟曰：在昔殷先哲王所以名稱後世者，其道惟在上畏天之明命，下畏小民。**經德秉哲，自成湯咸至于帝乙，成王畏相。**能常德持智，從湯至帝乙，中間之王，猶保成其王道，畏敬輔相之臣，不敢爲非。○「經德秉哲」、「成王畏相」，今文無徵。「自成湯咸至于帝乙」，今文無「咸」字。○「經德秉哲」者，孟子盡心篇：「經德不回。」經德，其德有常，易所謂「恒其德」也。釋詁：「秉，執也。」「哲」當作「悊」，說文：「敬也。」言所執持在敬。「自成湯咸至于帝乙」者，江云：「咸，徧也。左莊十年傳『小惠未徧』，魯語作『小賜不咸』，咸、徧義同。言自成湯徧數之，至于帝乙。」今文無「咸」字者，易卦泰與歸妹之六五皆云：「帝乙歸妹。」易緯乾鑿度云：「孔子曰：『自成湯至于帝乙，帝乙，湯之玄孫之孫也。』此『帝乙』即湯也。」易之「帝乙」爲成湯；書之「帝乙」，六世王，同名不害以成功。白虎通姓名篇：「易曰帝乙，謂成湯；書曰帝乙，謂六代孫也。」六代孫，即六世王，亦即玄孫之孫。緯書多同今文。禮檀弓鄭注云：「易說：『易之帝乙，爲成湯；書之帝乙，六世王。』」疏云：「先儒皆以酒誥帝乙爲紂父。」此「先儒」即賈、馬也。案：殷本紀：湯子太丁，太丁子太甲，太甲子沃丁，沃丁弟子小甲，小甲弟子仲丁，仲丁弟子帝祖乙，祖乙立，殷復興。不數兄弟相及，則祖乙正湯之六世孫，與白虎通、乾鑿度所稱帝乙合。殷紀又云：「帝乙崩，子辛立，天下謂之紂。」此紂父帝乙也。又云：「帝乙立，殷益衰。」是帝乙非令主，周公不應稱其人，又與六世之說不合。賈、馬說非，鄭同今文周易說是也。「成王畏相」者，周語叔向曰：「詩曰：『成王不敢康。』」注：「言文王、武王皆自勤以成其王。」與此「成王」義同。「畏相」者，敬畏輔相之大臣。相，若君奭所云「成湯既受命，時則有若伊尹。在祖乙，時則有若巫賢」諸人也。中論引「成王」作「成正」，說見下。**惟御事厥棐有恭，不敢自暇自逸，**惟殷御治事之臣，其輔佐畏相之君，有恭敬之德，不敢自寬暇、自逸豫。

○「惟御事」二句，今文無徵。「惟御事」云云者，言商家治事之臣，其輔國有恭敬之行，不敢暇逸。上「畏相」，君敬其臣；此「有恭」，臣敬其君。中論譴交篇：「自王公至於列士，莫不成正畏相，厥職有恭，不敢自暇自逸。」行文用經語，疑有點竄，未可據爲異本。**矧曰其敢崇飲？**崇，聚也。自暇自逸猶不敢，況敢聚會飲酒乎？明無也。○「矧曰其敢崇飲」，今文無徵。○「矧曰其敢崇飲」者，釋詁：「崇，充也。」言況敢云充其飲酒之量乎？**越在外服，侯、甸、男、衛、邦伯；**於在外國，侯服、甸服、男服、衛服、國伯諸侯之長。言皆化湯畏相之德。○「越在外服」，今文無徵。「侯、甸、男、衛、邦伯」，今文作「侯、甸、任、衛作國伯」。○「越在外服」者，謂在外治事之臣。說文「服」作「𠬝」，云：「治也。」「侯、甸、男、衛、邦伯」者，孫云：「侯、甸、男、采、衛，經文蓋省『采』字。『邦伯』者，王制云：『千里之外設方伯，五國以爲屬，百一十國以爲州，州有伯，八州八伯。』注：『伯，帥。殷之州長曰伯，虞、夏及周皆曰牧。』又云：『八伯各以其屬，屬於天子之老二人，分天下爲左右二伯。』此『邦伯』未必是二伯，蓋即方伯也。」「侯、甸、任、衛作國伯」者，白虎通爵篇：「爵有五等，以法五行也。或三等者，法三光也。或法三光或法五行何？質家者據天，故法三光；文家者據地，故法五行。含文嘉曰：『殷爵三等，周爵五等，各有宜也。』王制曰：『王者之制禄爵，凡五等。』謂公、侯、伯、子、男也。此周制也。殷爵三等，謂公、侯、伯也。所以合子、男從伯者何？王者受命，改文從質，無虛退人之義，故上就伯也。尚書曰：『侯、甸、任、衛作國伯。』謂殷也。」案：男即任，國即邦，多一「作」字。盧文弨云：「白虎通引以子、男從伯之義，似『作』字亦非衍文。」王鳴盛云：「殷本沿虞、夏甸、侯、綏、要、荒之名，此特借周名以言殷制，或周因殷禮。但鄭謂殷時中國最小，僅方三千里，必無九州之名。此節蓋借周名以言之耳。」**越在内服，百僚、庶尹，惟亞、惟服、宗工，**於在内服，治事百官、衆正，及次大夫、服事、尊官，亦不自逸。○「越在内服」三句，今文無徵。○「越在内服」云云者，釋詁：「僚，官也。」釋言：「尹，正也。」「亞，次也。」「服，事也。」亞，蓋正官之倅。惟服，猶御事。以上文例之，「百僚、庶尹」即有正者，「惟亞、惟服」即有事者。工亦事也，宗工，宗人之任事者。**越百姓、里居：**於百官族姓，及卿大夫致仕居田里者。○「越百姓里居」，今文無徵。○「越百姓里居」者，百姓，百官，説詳堯典。其致仕居田里者，王鳴盛云：「載師三等采地，疆内大國九，凡三種：三公之田三，致仕者副之三，王子弟三。縣内次國二十一，凡四種：卿之田六，致仕者副之六，三孤之田三，王子弟六。稍内小國六十三，凡三種：大夫之田二十七，致仕者副之二十七，王子弟九。並見王制鄭注。疏云：『「有致仕者副之」者，以在朝既有正田，既致仕不可仍食采地，身又見存，不可無地，故公卿大夫皆有致仕副邑。』鄭説畿内九十三國，三代皆同，則致仕副邑，殷亦與周同。」**罔敢湎于酒，不惟不敢，亦不暇。**自外服至里居，皆無敢沈湎于酒，非徒不敢，志在助君敬法，亦不暇飲酒。○「罔敢湎于酒」三句，今文無徵。○「罔敢湎于酒」云云者，説文：「湎，沈於酒也。从水面聲。周書曰：『罔敢湎于酒。』」詩蕩疏引鄭云：「飲酒齊色曰湎。」言醉則面色齊一。**惟助成王德顯，越尹人祗辟。**所以不暇飲酒，惟助其君成王道，明其德，於正人之道，必正身敬法，其身正，不令而行。○「惟助成王德顯」二句，今文無徵。○「惟助成王德顯」云云者，尹，正也。祗，敬也。辟，君也。言當時殷臣，惟思助成王德，有顯於民，及正人以敬其君而已，故無暇飲酒之事。**我聞亦惟曰：在今後嗣王酣身，**嗣王，紂也。酣樂其身，不憂政事。○「我聞亦惟曰」二句，今文無徵。○「我聞亦惟曰」云云者，「後嗣王」稱「紂」，僞傳止稱「嗣王」，以「今後」連文，非。説文：「酣，酒樂也。」呂覽分職篇高注：「飲酒合樂曰酣。」以身殉之，故曰「酣身」。案：紂作淫聲以悦婦人，飲酒亦作樂，故史公云「酒之失，婦人是用，紂之亂自此始」也。**厥命罔顯于民，祗保越怨不易。**言紂暴虐，施其政令於民，無顯明之德，所敬所安，皆在於怨，不可變易。○「厥命罔顯于民」二句，今文無徵。○「厥命罔顯于民」者，言非特其德不足以顯，即其命令，亦無可顯於民者。對上文言之。「祗保越怨不易」者，江云：「易復初九釋文引馬云：『祗，詞也。』釋詁：『保，安也。』言紂之行，安於作怨，而不思改易。」**誕惟厥縱淫泆于非彝，用燕喪威儀，民罔不盡傷心。**紂大惟其縱淫泆于非常，用燕安喪其威儀，民無不盡然痛傷其心。○「誕惟厥縱淫泆于非彝」三句，今文無徵。○「誕惟厥縱淫泆于非彝」云云者，言紂之大惟其縱淫泆于非法，以燕安喪其威儀，民無不痛傷心者。詩傳：「燕，安也。」釋文：「泆，又作『逸』，亦作『佚』。」字同。説文：「衋，傷痛也。从皿聿皕聲。周書曰：『民罔不衋傷心。』」殷紀：「紂大最樂戲於沙丘，以酒爲池，縣肉爲林，使男女倮相逐其閒，爲長夜之飲。」論衡語增篇：「傳語曰：『紂沈湎于酒，以糟爲丘，以酒爲池，牛飲者三千人，爲長夜之飲，亡其甲子。』又言：『紂懸肉以爲林，令男女裸而相逐其間。』是謂醉樂淫戲無節度也。周公封康叔，告以紂用酒期於悉極，欲以戒之也。而不言糟丘、酒池、肉林，長夜之飲，亡其甲子。聖人不言，殆非實也。傳書家欲惡紂，故言增其實也。」**惟荒腆于酒，不惟自息乃逸，**言紂大厚於酒，晝夜不念自息乃過差。○「惟荒腆于酒」二句，今文無徵。○「惟荒腆于酒」云云者，詩傳：「荒，大也。」腆，多也。逸，即泆也，上引釋文可證。言紂大多於酒，不思惟自止息其淫逸。**厥心疾很，不克畏死**紂疾很其心，不能畏死。言無忌憚。○「厥心疾很」二句，今文無徵。○「厥心疾很，不克畏死」者，下文「辜」字當屬此爲句。辜，罪也。詩箋：「疾，害。」說文：「很，盭也。」言紂心疾害很戾，雖以天降死亡之罪懼之，亦不知自克而生畏，如祖伊告紂云「天訖殷命，惟王淫戲自絶」，紂言「我有命在天」是其證也。**辜，在商邑，越殷國滅，無罹。**紂聚罪人在都邑而任之，於殷國滅亡無憂懼。○「辜」見上。「在商邑」，今文與古文同。「越殷國滅，無罹」，今文無徵。○「在商邑」者，白虎通京師篇：「夏曰夏邑，殷曰商邑，周曰京師。尚書曰『率割夏邑』，謂桀也；『在商邑』，謂殷也。」據此，今文家說以「辜」字上屬爲句。「越殷國滅，無罹」者，「罹」即「離」俗字，釋詁云：「憂也。」言紂在商邑以及殷國之滅，皆無憂恐之日。**弗惟德馨香祀，登聞于天；誕惟民怨，**紂不念發聞其德，使祀見享升聞於天，大行淫虐，惟爲民所怨咨。○「弗惟德馨香祀」三句，今文無徵。○「弗惟德馨香祀」云云者，說文：「馨，香之遠聞者。」周語：「國之將興，其德足以昭其馨香；國之將亡，其政腥臊，馨香不登。」韋注：「馨香，芳馨之升聞者也。」登，上也。芳馨不上聞於天，神不享也。言紂不思以明德之馨香薦祀升聞於天。「誕惟民怨」文氣連下。**庶羣自酒，腥聞在上。故天降喪于殷，罔愛于殷，惟逸。**紂衆羣臣，用酒沈荒，腥穢聞在上天，故天下喪亡於殷，無愛於殷，惟以紂奢逸故。○「庶羣自酒」五句，今文無徵。○「庶羣自酒」云云者，詩傳：「自，用也。」承上文，言大惟民之怨氣，及衆羣臣之用酒，腥穢上聞，天之所以降喪亡於殷，無愛於殷者，惟紂淫泆故也。上引釋文「泆」作「逸」，同。焦循云：「承上文，言民則怨矣，而紂之羣臣，自沈於酒，不顧民怨。」於義亦順。**天非虐，惟民自速辜。」**言凡爲天所亡，天非虐民，惟民行惡自召罪。○「天非虐」二句，今文無徵。○「天非虐，惟民自速辜」者，統紂與庶臣言，自天視之，在下皆民也。天降喪亡，非天之暴虐，乃民自召之。釋言：「速，徵也。」徵，召也。

王曰：「封，予不惟若茲多誥。我不惟若此多誥汝，我親行之。○「王曰：『封』」二句，今文無徵。○「王曰：『封』」云云者，言不徒如此多誥，欲康叔有所法戒。**古人有言曰：『人無於水監，當於民監。』**古賢聖有言：「人無於水監，當於民監。」視水見己形，視民行事見吉凶。○「古人有言曰」三句，今文無徵。○「古人有言曰」云云者，釋詁：「監，視也。」古本「監」作「鑒」，同。中論貴驗篇：「周書有言：『人毋鑒於水，鑒於人也。』鑒也者，可以察形；言也者，可以知德。」此引書順文改易，非有異本。國語申胥諫吴王曰：「王盍亦監於人，毋監於水。」戰國策蔡澤説應侯曰：「監於水者，見面之容；監於人者，知吉與凶。」史記載湯征曰：「人視水見形，視民知治否。」書稱「古人有言」，疑本此。**今惟殷墜厥命，我其可不大監撫于時？**今惟殷紂無道，墜失天命，我其可不大視此爲戒，撫安天下於是？○「今惟殷墜厥命」二句，今文無徵。○「今惟殷墜厥命」云云者，墜，俗字，説文作「隊」，云：「從高隊也。」撫，循也。言今惟殷隕失其天命，我其可不大監視於是而循省於是乎？**予惟曰：汝劼毖殷獻臣，**劼，固也。我惟告汝曰：汝當固慎殷之善臣信用之。○「予惟曰：汝劼毖殷獻臣」，古文也，今文「獻」當作

「儀」。○「予惟曰：汝劼毖殷獻臣」者，說文：「劼，慎也。从力吉聲。周書曰：『劼毖殷獻臣。』」（大徐本「劼」上有「汝」字。）獻，賢也。據上文「厥誥毖庶邦庶士」王念孫說釋「毖」爲「告」，此經當同。命康叔以慎告殷賢臣也。今文「獻」作「儀」者，以大誥例之當然，下同。**侯、甸、男、衛，矧太史友、内史友？**侯、甸、男、衛之國，當慎接之，況太史、内史掌國典法所賓友乎？○「侯、甸、男、衛」，古文也，今文「男」作「任」。「矧太史友、内史友」，今文無徵。○「男」作「任」者，說見上。「矧太史友、内史友」者，矧，詞也，下並同。大戴禮盛德篇：「内史、太史，左右手也。」盧辯〔一〕注：「太史爲左史，内史爲右史。」王制疏引鄭云：「太史、内史，掌記言、記行。」案：玉藻：「動則左史書之，言則右史書之。」疏引熊安期云：「太史記動作之事，在君左廂記事，則太史爲左史也。内史所掌，在君之右，故爲右史。」江云：「太史、内史在君之右，故曰『友』。『友』从二又，誼猶右也。左閔二年傳：『成季之將生也，桓公使卜楚丘之父卜之曰：「男也，其名曰友。在公之右。」及生，有文在其手，曰「友」。』是其宜在公右，而以手文著其義。則『友』爲在右之義。」孫云：「『友』讀爲『右』，覲禮：『太史是右。』注云：『「右」讀如「周公右王」之「右」。』廣雅釋詁：『右，比也。』言左、右史尤比近於王，故曰友。」**越獻臣、百宗工，矧惟爾事，服休、服采？**於善臣、百尊官不可不慎，況汝身事，服行美道、服事治民乎？○「越獻臣、百宗工」三句，今文無徵。○「越獻臣、百宗工」者，詩傳：「宗，尊。工，官也。」賢臣、百尊官統舉之。「矧惟爾事」者，言康叔執事之臣也；「服休、服采」者，書疏引鄭云：「服休，燕息之近臣；

〔一〕「辯」原誤作「辨」，今改。

服采，朝祭之近臣。」案：說文：「休，息止也。」故「服休」爲燕息之臣。采之言事，朝祭大事，故「服采」爲朝祭之臣。孫云：「魯語：『天子大采朝日，少采夕月。』注云：『虞說曰：「大采，衮織〔一〕也。」』『少采，黻衣也。』蓋掌朝祭之服。」**剢惟若疇圻父，薄違農父？**圻父，司馬。農父，司徒。身事且宜敬慎，況所順疇咨之司馬乎？況能迫迴萬民之司徒乎？言任大。○「剢惟若疇圻父」三句，今文無徵。○「剢惟若疇圻父」者，圻父，詩作「祈父」，鄭箋：「祈、畿、圻同。」左傳叔孫豹賦圻父，字作「圻」。箋又引書曰：「『若𠷎圻父』，謂司馬也。」釋文：「𠷎，此古『疇』字，本或作『壽』。」詩疏云：「書曰『若壽圻父』，酒誥文也。彼注云：『順壽萬民之圻父。』圻父謂司馬，主封畿之事。」與此同意。定本作『若疇』，與疏不合，誤也。」案：釋詁：「若，順也。」司馬主討逆用兵，而本意以順壽萬民爲主，故鄭云「順壽萬民之圻父」也。「薄違農父」者，釋文：「違，馬云：『違行也。』」易訟象傳：「天與水違行。」「違行」者，違道而行。宋刻白帖作「薄韋農父」，羣經音辨：「韋，違行也，音回。書曰：『薄韋農父。』」段云：「此據未改釋文也。經文本作『韋』，故僞孔訓『迴』，『迴』即『回』俗字。馬釋以『違行』，違行，邪行也。左傳『昭德塞違』，即大雅『厥德不回』之『回』，其字同也。釋文『徐音回』者，徐以孔讀『韋』爲『回』，故音回也。衞包以『韋』是皮韋，而改爲『違』，至開寶又改釋文，讀者疑馬以『行』訓『違』矣。」說文：「辳，亦古文『農』。」薄，迫也。司徒之職，敬敷五教，禁民爲非，民有違行，則迫使改悔，故曰「薄違」。周禮大司徒：「辨十有二壤之物而知其種，以教稼穡樹藝。」則農事屬司徒，故知農父即司徒也。**若**

〔一〕「織」原誤作「職」，據國語魯語韋注所引虞說原文改。

保宏父，定辟，矧汝剛制于酒？ 宏，大也。宏父，司空。當順安之。司馬、司徒、司空，列國諸侯三卿，慎擇其人而任之，則君道定，況汝剛斷於酒乎？ ○「若保宏父」三句，今文無徵。○「若保宏父」者，若，順也。詩傳：「保，安也。」宏父疑即司空，司空度地居民，則順安萬民是其職也。孫云：「釋詁：『宏，大也。』詩傳：『空，大也。』『宏』與『空』俱訓『大』，知『宏』即『空』也。」「定辟，矧汝剛制于酒」者，說文：「辟，法也。」廣雅釋詁：「剛，强也。」上文「侯、甸、男、衞」，先庶邦後本國；「太史友」至「宏父」，由小臣及大臣。言汝慎告殷之賢臣、外內小大諸人以定法之不可易矣，況汝之於酒復能剛以制之，其孰敢不遵？下文云云，所謂剛制也。**厥或誥曰：『羣飲。』汝勿佚。** 其有誥汝曰：「民羣聚飲酒。」不用上命，則汝收捕之，勿令失也。○「厥或誥曰：『羣飲。』汝勿佚」，古文也，今文「勿佚」作「無失」。○「厥或誥曰」者，「誥」與「告」同。「勿佚」作「無失」者，王應麟漢藝文志考云：「漢人引此句作『「羣飲。」女無失。』」今未檢出何書。段云：「君奭『遏佚前人光〔二〕』，王莽傳引書亦作『失』。」先謙案：「佚」通作「失」，說文：「失，縱也。」**盡執拘以歸于周，予其殺。** 盡執拘羣飲酒者以歸於京師，我擇其罪重者而殺之。○「盡執拘以歸于周，予其殺」，今文無徵。○「盡執拘以歸于周」云云者，說文：「抲，撝也。从手可聲。周書曰：『盡執抲獻。』」段云：「說文『撝』有二義：『裂也。一曰手指撝也。』周書之『抲』自當訓手指撝，而『獻』字不可通，恐是齊語。『義』字、『沙』字、『儀』字皆以『獻』爲之，『獻』音在歌戈部，『抲獻』合二字疊韻成文，蓋齊語如是。蓋伏生今文尚書如是。」江云：

〔二〕「光」原誤作「先」，據尚書君奭改。

「『獻』當爲『瀔』壞字，說文：『瀔，議罪也。从水獻聲。』水取其平也。言有告汝以羣聚飲酒者，汝勿縱佚，盡執拘而平議其罪，以歸於周。當殺者，我其殺之。」先謙案：既以示威，亦戒毋專殺也。**又惟殷之迪諸臣惟工，乃湎于酒，勿庸殺之，**又惟殷家蹈惡俗諸臣，惟衆官化紂日久，乃沈湎于酒，勿用法殺之。○「又惟殷之迪諸臣惟工」三句，今文無徵。○「又惟殷之迪諸臣惟工」云云者，釋詁：「迪，進也。」言又思惟殷紂之進用諸臣工乃沈湎于酒者，特爲舊染所汙，且勿以爲罪而即殺之。段云：「『惟工』俗本誤『百工』，自明迄今，官書不誤。」王鳴盛云：「諸『惟』字，語助。」**姑惟教之，有斯明享。**以其漸染惡俗，故必三申法令，且惟教之，則汝有此明訓以享國。○「姑惟教之」二句，今文無徵。○「姑惟教之」云云者，釋詁：「享，獻也。」言姑且教之，果有此因教而克明者，則獻之。江云：「禮射義：『古者天子之制，諸侯歲獻貢士於天子。』此『享』當爲獻士之義。」先謙案：周公誥詞嚴厲而和緩，原以待其自新。紬繹經文，江說固不可易。**乃不用我教辭，惟我一人弗恤，弗蠲乃事，時同于殺。」**汝若忽怠不用我教辭，惟我一人不憂汝，乃不潔汝政事，是汝同於見殺之罪。○「乃不用我教辭」四句，今文無徵。僞傳謂康叔同於見殺之罪，謬甚。○「乃不用我教辭」云云者，說文：「恤，收也。」言其人若不用我教辭，惟我一人不能收恤之，此人將不蠲絜於汝之政事，而濁亂教化，是亦同於誅殺之罪而已。

王曰：「封！汝典聽朕毖，汝當常聽念我所慎而篤行之。○「王曰：『封！汝典聽朕毖』」，今文無徵。○「王曰：『封！汝典聽朕毖』」，毖，告也。言常聽朕告。說見前。**勿辯乃司民湎于酒。」**辯，使也。勿使汝主民之吏湎于酒。言當正身以帥民。○「勿辯乃司民湎于酒」，今文無徵。○「勿辯乃司民湎于酒」者，欲嚴酒禁，惟親民之官是賴，故上文雖誥毖外內大小諸臣，此復專言司民之吏，勿使湎酒爲尤要也。段云：「案序：『王俾榮伯，作賄肅慎之命。』馬本『俾』作『辨』。雒誥：『平來來，示予。』『平』一作『辨』，平、俾、辨，一聲之轉，（「辨」讀如「徧」。）皆訓『使』。」

梓材第十三　周書　孔氏傳　臣王先謙參正

梓材告康叔以爲政之道，亦如梓人治材。○衛世家：「周公懼康叔齒少，爲梓材，示康叔可法則。」張守節正義云：「若梓人爲材，君子觀爲法則也。梓，匠人也。」大傳云：「伯禽與康叔見周公，三見而三笞之。康叔有駭色，謂伯禽曰：『有商子者，賢人也，與子見之。』乃見商子而問焉。商子曰：『南山之陽有木焉，名喬，（一作「橋」。）二三子往觀之。』見喬實高高然而上，反以告商子。商子曰：『喬者，父道也。南山之陰有木焉，名杍，（一作「梓」。）二三子復往觀之。』見杍實晉晉然而俯，（藝文類聚引鄭注：「晉，肅貌。」）反以告商子。商子曰：『杍者，子道也。』二三子明日見周公，入門而趨，登堂而跪。周公仰拂其首，勞而食之，曰：『爾安見君子乎？』二子以實告。周公曰：『君子哉，商子也！』」此事亦見說苑建本篇、論衡譴告篇，世說新語排調注、文選王文憲序注、御覽宗親部引略同。皮云：「史記於此篇不載其文，而云『爲梓材，示君子可法則』，亦同大傳之義。史記所載書序即今文序也，其以康誥、酒誥、梓材三篇同屬康叔，與馬、鄭書序同。又自序云：『收殷餘民，叔封始邑，申以商亂，酒、材是告。』是今、古文皆以梓材爲誥康叔之書。」其兼載伯禽事者，大傳一書，本別撰大義，非必字字與經比附。此事元有康叔在內，故附見周公命康叔。書中「喬、梓」之「梓」，與「梓材」之「梓」，其字偶同，本不相涉，伏生並非以「喬、梓」之「梓」釋梓材文義也。梓材一書，周公誥康叔，並戒成王。文王世子云：「周公抗世子法於伯禽，成王有過，則撻伯禽。」此之三笞，即抗法之意。康叔齒少，故同在子弟之列。且周公攝位，康叔亦在臣列，臣、子一體，故並笞康叔。論衡譴告篇云：「康叔、伯禽失子弟之道，見於周公，拜起驕悖，三見三笞；往見商子，商子令觀橋梓之樹，二子見橋梓，心感覺悟，以知父子之禮。」是梓材告康叔，古經傳無異義。或以此爲誥伯禽之書，左傳所云「命以伯禽」，或更加以附會，皆非也。

王曰：「封，以厥庶民暨厥臣，達大家，言當用其衆人之賢者與其小臣之良者，以通達卿大夫及都家之政於國。○「王曰：『封』」三句，今文無徵。「達」當作「通」。○「王曰：『封』」云云者，書疏引鄭云：「于邑言達大家。」釋詁：「暨，與也。」家，司馬叙官鄭注：「家，卿大夫采地。」大家皆有采邑，故云「于邑」，謂中國之都邑也。以臣民達大家，則一國之情皆通。「達」作「通」者，以今文例之當然。**以厥臣達王惟邦君。**汝當信用其臣，以通王教於民。言通民事於國，通王教於民，惟乃國君之道。○「以厥臣達王惟邦君」，今文無徵。「達」當作「通」，「邦」當作「國」。○「以厥臣達王惟邦君」者，書疏引鄭云：「于國言達王與邦君。王謂二王之後。」江云：「如鄭說，經『惟』字誤，當爲「曁」。曁，與也。以臣達王與邦君，謂使其臣往來聘問，以聯邦交之誼。康叔所職，乃當州之牧，故得總領二王之後與列邦之君。」**汝若恒越曰我有師師，**汝惟君道使順常，於是曰：我有典常之師可師法。○「汝若恒越曰我有師師」，今文無徵。○「汝若恒越曰我有師師」者，釋言：「若，順也。」釋詁：「恒，常也。」「越」同「粤」，於也。師，衆也。周禮鄭注：「師，猶長也。」孫云此「師師」當訓爲衆長。言汝當順常道於以告我之衆長也。**司徒、司馬、司空、尹、旅，曰予罔厲殺人，**言國之三卿、正官、衆大夫皆順典常，而曰我無厲虐殺人之事。如此則善矣。○「司徒、司馬、司空、尹、旅」二句，今文無徵。○「司徒、司馬、司空、尹、旅」者，司徒、司馬、司空爲三卿，內則鄭注：「諸侯并六卿爲三，或兼職焉。」王制疏引崔靈恩疏云：「三卿者，依周制而言，謂立司徒兼冢宰之事，立司馬兼宗伯之事，立司空兼司寇之事。」「尹、旅」者，江云：「『尹』謂大夫，『旅』謂衆士。釋詁：『尹，正也。』『旅，衆也。』」「曰予罔厲殺人」者，逸周書謚法解：「殺戮無辜曰厲。」言使羣臣知我之意，順常典而禁淫刑。**亦厥君先敬勞，肆徂厥敬勞。**亦其爲君之道當先敬勞民，故汝往治民，必敬勞來之。○「亦厥君先敬勞」二句，今文無徵。○「亦厥君先敬勞」云云者，肆，遂也，見堯典。釋詁：「徂，往也。」言臣之善惡視其君，亦其君率先之以敬勞，臣遂往莅事，其皆敬勞之。**肆往，姦宄、殺人，歷人宥。**以民當敬勞之故，汝往之國，又當詳察姦宄之人及殺人賊，所過歷之人，有所寬宥，亦所以敬勞之。○「肆往，姦宄、殺人，歷人宥」，今文無徵。○「肆往，姦宄、殺人，歷人宥」者，言使臣行罰，遂往，於姦宄、殺人之事，歷訊其人，而於中有所寬宥。**肆亦見厥君事，戕敗人宥。**聽訟折獄，當務從寬恕，故往治民，亦當見其爲君之事，察民以過誤殘敗人者，當寬宥之。○「肆亦見厥君事，戕敗人宥」，今文無徵。「戕敗人宥」，古文也，今文作「彊人有」。○「肆亦見厥君事，戕敗人宥」者，釋文：「戕，馬云：『殘也。』」王鳴盛云：「宣十八年經：『邾人戕鄫子于鄫。』賈逵注：『邾使大夫往殘賊之。』是戕爲殘也。」先謙案：承上文，言其臣能寬宥罪人者，故亦由見其君刑獄之事。凡殘人傷人者，皆能原情宥罪，上行下效之驗。今文作「彊人有」者，論衡效力篇引如此。段云：「彊、戕音同，宥、有音同。」無「敗」字，先謙案：戕、彊音近而誤，「有」是「宥」之壞字。解義當同。

王啟監，厥亂爲民。言王者開置監官，其治爲民，不可不勉。○「王啟監，厥亂爲民」，古文也，今文作「王開賢，厥率化民」。○「王啟監，厥亂爲民」者，太宰「立其監」鄭注：「監，謂公、侯、伯、子、男各監一國。書曰：『王啟監，厥亂爲民。』」引與此經同。案：康叔代管叔監殷民，故周公特舉「王啟監」之義，以見任重也。釋詁：「亂，治也。」言其治事以爲民，欲保安之，非欲戕虐之。「王開賢，厥率化民」者，論衡效力篇：「『彊人有，王開賢，厥率化民。』此言賢人亦壯彊於禮義，故能開賢，其率化民。化民須禮義，禮義須文章。『行有餘力，則以學文』，能學文，有力之驗也。」段云：「啟、開音同，爲、化音同。古文『亂』作『𤔔』，與『率』相似。賢、監形略相似。」又云：「漢舊儀丞相、御史大夫初拜策皆曰『往悉乃心，和裕開賢』。（孫云：「和裕」當爲「弘裕」。和、弘字形相近，用康誥「弘于天，若德裕乃身」也。）此用今文尚書『開賢』字。（見永樂大典內漢官舊儀，今有刻本。）」皮云：「鄭注大傳云：『天於不中之人，恒耆其味，厚其毒，增以爲病，將以開賢代之也。』亦用今文『開賢』字。」先謙案：古文作「啟」，今文作「開」，說見皋陶謨。「王開賢，厥率化民」者，言王之進達賢人致之開顯，其在督率化導斯民乎！言不重刑罰。王充習今文尚書，所引乃歐陽家舊說。鄭君書贊云「歐陽氏失其本誼」，蓋此類也。

曰：無胥戕，無胥虐。至于敬寡，至于屬婦，合由以容。當教民無得相殘傷、相虐殺，至於敬養寡弱，至於存恤妾婦，和合其教，用大道以容之，無令見寃枉。〇「曰：無胥戕，無胥虐」，今文無徵。「至于敬寡，至于屬婦」，僞古文也，今文「敬」作「矜」，今、古文「屬」作「媰」。「合由以容」，今文無徵。〇「曰：無胥戕，無胥虐」者，大司馬疏引鄭云：「無胥戕，無相殘賊；無胥虐，無相暴虐。」釋詁：「胥，相也。」〇今文「敬」作「矜」者，大傳梓材傳云：「老而無妻謂之鰥，老而無夫謂之寡，幼而無父謂之孤，老而無子謂之獨，行而無資謂之乏，居而無食謂之困，此皆天下之至悲哀而無告者。故聖人在上，君子在位，能者任職，必先施此，使無失職。」段云：「此釋『至于矜寡』而推言之。蓋古文作『敬』，今文作『矜』，『矜』亦作『鰥』，吕刑古文『哀敬折獄』，大傳作『哀矜』，漢書于定國傳作『哀鰥』，正其比例。」今、古文「屬」作「媰」者，說文：「媰，婦人妊身也。从女芻聲。周書曰：『至于媰婦。』」（從大徐本。小徐奪「于」字。）段云：「說文蓋存壁書元文；孔安國讀『媰』爲『屬』，如讀『𡥆』爲『好』、『堋』爲『朋』、『狟』爲『桓』之比，所謂以今文讀之也。『媰』之本義爲『婦人妊身』，許必有所受之。『屬婦』與『敬寡』儷句，則爲存恤聯屬之義。（疏云：「經言『屬婦』，傳言『妾婦』者，以妾屬於人，故名屬婦。」此不知孔意以「屬」對「敬」，以存恤對敬養，以「妾婦」對「寡婦」。）若今文與『鰥寡』儷句，則小爾雅所說是也。小爾雅云：『妾婦之賤者謂之屬婦。屬，逮也。逮婦之名，言其微也。』小爾雅雖非孔鮒之書，其說必有所本，蓋今文家說也。今文作『屬』，故孔讀『媰』爲『屬』，芻聲蜀聲，古音同在尤侯一類，故孔得知其假借。崔瑗清河王誄：『惠於媰嬬。』崔蓋見古文故書者。嬬即寡也。」皮云：「此與吕刑『哀敬折獄』，皆當從今文作『鰥』、作『矜』。此爲『鰥寡』之『鰥』，亦可作『矜』，彼爲『矜憐』之『矜』，亦可作『鰥』。古鰥、矜通用。僞孔本皆作『敬』，或即僞孔改之，或古文以聲近假借，要其義，必非『恭敬』之『敬』也。段過信僞傳，云『屬婦』與『敬寡』儷句，失之。又謂孔安國讀『媰』爲『屬』，今文說當如小爾雅，其說尤謬。崔瑗非習古文者，未必見壁中故書，所據當是今文，崔所撰百官箴多同今文可證。説文作『媰』，與崔所引書合，是今、古文皆作『媰』。廣雅『媰，妊也』、玉篇『媰，婦妊娠也』、廣韻『媰，妊娠』，其義皆同説文。張揖亦習今文，而與崔瑗皆同説文之義，則説文非必用壁中字也。小爾雅與僞孔傳同出王肅，皆不可據，朱子疑孔傳之僞，云訓詁皆出小爾雅，最爲卓見。以段之精識，豈不知孔傳、小爾雅皆是僞書？乃信小爾雅爲今文，僞孔傳必是孔安國元本，云『孔安國讀「媰」爲「屬」』，一似今、古文皆不作『媰』者，豈許、崔所據乃不如王肅之可信乎？且如其説孔讀『媰』爲『屬』，則説文訓爲『妊身』而引周書者當是假借，『媰』與『屬』非一字，崔何以用經義云『惠於媰嬬』？若『媰』非妊身，當讀爲『屬』，而訓以聯屬、屬逮，試易其文曰『惠於屬嬬』，豈可通乎？」先謙案：據説文引「媰婦」，上句對文必是「矜寡」，「矜」無緣通作「敬」，若以「敬」爲禮敬，則宜加敬者，豈獨一寡？且「至于」二字，文氣不順。江聲云：「僞孔作『敬』，不詞。呂刑『哀矜』僞孔作『哀敬』，以彼況此，『敬』字乃僞孔所改。」其説是也。至改「媰婦」爲「屬婦」，恐其説之不足取信，而別撰小爾雅以輔行之。其作僞之迹，欲蓋彌章。此「屬」字當仍從説文作「媰」。崔瑗，東漢人，其撰述用今文，不得據説文引經以爲崔用壁書。且説文引書，元不專取古文也。皮以爲今、古文皆作「媰」，是。○「合由以容」者，周禮鄭注：「合，同也。」詩傳：「由，用也。」言窮民無告，即有罪，亦同用寬容之。

王其效邦君越御事，厥命曷以？王者其效實國君及於御治事者，知其教命所施何用，不可不勤。○「王其效邦君越御事，厥命曷以」，今文無徵。「邦」當作「國」。○「王其效邦君」云云者，廣雅釋言：「效，考也。」言王者之考察邦君及于治事之臣，其命令用何者爲先乎？

引養引恬。自古王若兹監，罔攸辟。能長養民、長安民，用古王道如此監，無所復罪。當務之。○「引養引恬」三句，今文無徵。○「引養引恬」云云者，釋詁：「引，長也。」說文：「恬，安也。」「辟，法也。」言王命其臣，惟長養民、長安民而已，自古王者如此監臨其國，無所用刑辟也。說文：「監，臨下也。」**惟曰：若稽田，既勤敷菑，惟其陳修爲厥疆畎。**言爲君監民，惟若農夫之考田，已勞力布發之，惟其陳列修治爲其疆畔畎壟，然後功成。以喻教化。○「惟曰：『若稽田』」三句，今文無徵。「敷」當作「傅」。○「惟曰：『若稽田』」云云者，惟，思也。宮正鄭注：「稽，猶計也。」稽田者，計度其地而規畫之。敷，布，治之也。菑者，說文云：「才耕田也。」釋地：「田一歲曰菑。」郭注：「今江東呼初耕地反草曰菑。」詩大田鄭箋：「民以利相熾菑發所受之地。」與初耕反草義合。或作「甾」。陳者，詩信南山「維禹甸之」，稍人注引作「敶」，云：「甸，治。」是「陳修」猶言修治也。說文：「疆，界也。」畎，篆文作「〈」，云：「六畎爲一畝。〈，水小流也。『匠人爲溝洫，相廣五寸，二相爲耦，一耦之伐，廣尺深尺，謂之〈，倍〈謂之遂，倍遂曰溝，倍溝曰洫，倍洫曰巜。』」又云：「方百里爲巜，廣二尋，深二仞。」「巜」讀若「澮」，同。蓋用考工記文。言譬若計田，既勤力以敷土反草，當思修治之爲正其經界，猶治國之先正其綱紀也。「敷」作「傅」者，以今文例之當然。**若作室家，既勤垣墉，惟其塗塈茨。**如人爲室家，已勤立垣牆，惟其當塗塈茨蓋之。○「若作室家」三句，今文無徵。「惟其塗塈茨」，今、古文「塗」當作「斁」，古文一作「敷」。○「若作室家，既勤垣墉」者，釋文引馬云：「卑曰垣，高曰墉。」孫云：「吳語：『君有短垣，而自踰之。』短即卑也。詩良耜：『其崇如墉。』崇即高也。○「惟其塗塈茨」者，釋文引馬云：「塈，堊色。」說文：「塈，仰塗也。」「堊，白塗也。」「茨，以茅葦蓋屋也。」經言譬作室家，既勤力爲牆，當以白色堊飾之，又以茅葦覆蓋爲屋。以喻政事修舉，乃有成也。今、古文「塗」當爲「斁」者，書疏云：「二文皆言〔二〕『斁』，即古『塗』字。明其終而塗飾之。」段云：「集韻十一模：『斁，同都切，塗也。周書：「斁丹雘。」』去聲十一莫：『斁，徒故切，塗也。』賈昌朝羣經音辨：『斁音徒。書：「惟其斁塈茨。」又同路切。』丁、賈皆據釋文。然則古文尚書音義必有『斁，音徒，塗也。又同路反』之文明矣。自衛包改『斁』爲『塗』，而孔疏猶存『斁』字，此如牧誓『弗御克奔』改『御』爲『迓』，而『御』字猶存於疏中也。陳鄂盡取音義之文去之，人莫知梓材古字矣。『斁』得音『徒』者，如『彝倫攸斁』讀當故反，『於菟』亦作『於檡』，皆睪聲字也。中論治學篇引書：『惟其塗丹雘。』中論經宋人校正，必盡改其不與今尚書同者，未可據也。文選張華勵志詩李注引尚書亦作『塗』字，恐唐初本已不畫一。」劉云：「『斁』當如字讀。說文：『斁，終也。』言塈茨丹雘所以終垣墉、樸斲之事也。起下『用斁先王受命』。」先謙案：劉說是。書疏云「明其終而塗飾之」，亦訓「斁」爲「終」，蓋言「塈」，則「塗」義已顯，即下文「丹雘」之上，亦不待加「塗」始明，今、古文皆作「斁」不作「塗」，固無疑義。古文一作「敗」者，說見下。**若作梓材，既勤樸斲，惟其塗丹雘。**爲政之術，如梓人治材爲器，已勞力樸治斲削，惟其當塗以漆丹以朱而後成。以言教化亦須禮義然後治。○「若作梓材」二句，今文無徵。「惟其塗丹雘」，今、古文「塗」當作「斁」，古文一作「敗」。○「若作梓材」者，篇首釋文云：「『梓』本作『杍』」，馬云：『古作「梓」字。治木器曰梓，治土器曰陶，治金器曰冶。』」孫云：「說文以『杍』爲『李』字之古文。馬以爲『梓』字，蓋本大傳古字，以『子』爲聲。

〔二〕「言」原誤作「音」，據尚書孔疏原文改。

考工記有梓人，爲筍虡、爲飲器、爲侯，因梓材美以名工也。陶人、冶氏，俱見考工記。」「既勤樸斲」者，釋文：「樸，馬云：『未成器也。』」說文：「樸，木素也。」謂木質去皮存素者。說文：「斲，斫也。」謂斫治爲器。「惟其塗丹雘」者，釋文：「雘，馬云：『善丹也。』」說文同。書疏引鄭云：「山海經云：『青丘之山，多有青雘。』」案：說文：「丹，巴、越之赤石也。」「雘」與「丹」連文，知非青雘，故馬以爲丹之善者，而鄭以爲丹、青二色也。今、古文「塗」當爲「斁」者，說詳上。古文一作「斁」者，說文「丹」下引周書曰：「惟其斁丹雘。」隸古定本二「塗」字皆作「斁」。江云：「說文：『斁，閉也。』『斁墍』連文，不可訓『閉』。斁、塗聲相近，蓋借字。」先謙案：土木在內，墍茨丹雘居外，與「閉」義亦合。以喻國既治理，更須修明制度典章，使粲然可觀也。

「今王惟曰：先王既勤用明德，懷爲夾，言文、武已勤用明德，懷遠爲近，汝治國當法之。○「今王惟曰」三句，今文無徵。○「今王惟曰」者，周公自謂也。皮云：「或以此爲周公戒成王，則康誥篇首呼成王爲孟侯，於此又呼爲王，首尾兩歧，似非塙詁。康誥篇首『王若曰』鄭注云：『總告諸侯。』此以下當爲總告諸侯之詞。蓋封康叔時，侯甸男邦采衞諸侯皆在，故云『庶邦享作，兄弟方來』。今王者，周公自謂，所謂命大事則權代王也。公若以此自儆，而戒成王之意即在其中。若以王屬成王，則成王時爲太子，未得稱王也。」先謙案：皮說精塙，不可易。○「先王既勤用明德，懷爲夾」者，此「既勤」與上三「既勤」喻意相應。釋詁：「懷，來也。」衆經音義十二引倉頡云：「夾，輔也。」周公又總告諸侯云：「先王文、武，既極勤勞用大顯明其德，懷來諸侯，以爲夾輔。」**庶邦享作，兄弟方來，亦既用明德。**衆國朝享於王，又親仁善鄰爲兄弟之國，方方皆來賓服，亦已奉用先王之明德。○「庶邦享作」三句，今文無徵。

「邦」當作「國」。○「庶邦享作」云云者，釋詁：「享，獻也。」詩傳：「作，始也。」「享作」猶言作享。儀禮鄭注：「方，猶併也。」言衆邦諸侯，始來朝獻；兄弟之國，併來賓服。亦既奉用先王之明德矣。**后式典，集庶邦丕享。**君天下能用常法，則和集衆國大來朝享。○「后式典」二句，今文無徵。「邦」當作「國」。○「后式典」云云者，說文：「后，繼體君也。」釋言：「式，用也。」江云：「后之言後，對先王言，故曰后。」先謙案：此「后」謂成王，意戒之不顯，言後來繼體之君仍用先王之典，以安集諸國，則諸侯大來朝享矣。**皇天既付中國民，越厥疆土于先王，肆**大天已付周家治中國民矣，能遠拓其界壤，則於先王之道遂大。○「皇天既付中國民」，古文也，今文「付」作「附」。「越厥疆土于先王」，今文無徵。○「付」作「附」者，王應麟藝文志考云：「漢人引『皇天既附中國民』。」案：釋文：「付，馬本作『附』。」付、附古通。高宗肜日「天既付命正厥德」，殷紀「付命」作「附命」是其證。說文：「付，與也。」「越厥疆土于先王」者，言天既與中國民人及其疆土於先王文、武。「肆」字當下屬爲義。**王惟德用，和懌先後迷民，用懌先王受命。**今王惟用德，和悅先後天下迷愚之民，先後謂教訓，所以悅先王受命之義。○「肆王惟德用」三句，今文無徵。○「肆王惟德用」云云者，釋詁：「肆，今也。」「懌，服也。」釋言：「迷，惑也。」先迷民，謂爲紂所惑羣湎于酒者；後迷民，謂爲管叔、武庚所惑而畔亂者。言今王惟德之用，務和悅懌服此先後迷民也。江聲引詩緜傳：「相道前後曰先後。」說「先後」爲教道之，於義亦通。「用懌先王受命」者，釋文：「懌，字又作『斁』。」案：又作本是也。此與上文「斁塈茨」、「斁丹雘」相應，言用終先王所受大命也。**已！若茲監，惟曰：欲至于萬年，惟王**爲監所行已如此所陳法，則我周家惟欲使至于萬年承奉王室。○已，今文作「熙」。「若茲監」，今文無徵。「惟曰：欲至于萬年」，今文與古文同。○「已」作「熙」者，以大誥例之當然。「若茲監」者，與上「王啟監」、「自古王若茲監」相應，言如此監臨其民。今文同者，孟子盡心篇趙岐注引梓材曰：「欲至於萬年。」岐用今文也。萬年，言其久。「惟王」下屬爲義。**子子孫孫永保民。」**又欲令其子孫累世長君國以安民。○「子子孫孫永保民」，今文與古文同。○今文同者，盡心篇趙岐注引「子子孫孫永保民」。經言惟我周王子子孫孫長保有斯民也。此篇三言「監」，指公、侯、伯、子、男各監一國者言，而康叔實爲牧長，往監殷民，時四方諸侯咸在，故周公因誥康叔，並普戒侯甸男采衛，且以勉王如此。

尚書孔傳參正二十一

召誥第十四　周書　孔氏傳　臣王先謙參正

召誥召公以成王新即政，因相宅以作誥。○書序：「成王在豐，欲宅洛邑，使召公先相宅，作召誥。」大傳云：「五年營成周，六年制禮作樂，七年致政成王。」周紀：「周公行政七年，成王長，周公反政成王，北面就羣臣之位。成王在豐，使召公復營洛邑，如武王之意。周公復卜申視，卒營築，居九鼎焉。曰：『此天下之中，四方入貢道里均。』作召誥、洛誥。」魯世家：「成王七年二月乙未，王朝步自周，至豐，使太保召公先之雒相土。其三月，周公往營成周雒邑，卜居焉，曰吉，遂國之。」先謙案：史公以召誥、洛誥爲周公攝政七年作，是也。說詳下。

惟二月既望，周公攝政七年二月十五日，日月相望，因紀之。○「惟二月既望」，今文與古文同。○今文同者，漢書律曆志云：「三統曆：周公攝政五年，正月丁巳朔旦冬至。後二歲，得周公七年『復子明辟』之歲。是歲二月乙亥朔，庚寅望，後六日得乙未。故召誥曰：『惟二月既望，粤六日乙未。』」顔注：「今文尚書之辭。」釋名釋天云：「望，月滿之名。月大十六日，小十五日，日在東，月在西，還相望也。」大司徒疏、詩文王疏引鄭云：「是時周公居攝五年。二月、三月，當爲一月、二月。不云正月者，蓋待治定制禮乃正言正月故也。」王鳴盛云：「鄭言『一月、二月』者，據洛誥十二月戊辰逆推之。」江云：「武王有天下，以建子月爲年首而稱一月，不言正月者，武成篇『一月壬辰』是也。時未遑制禮，故改月而不稱正。至六年，周禮成，而洛誥當七年時，猶詔王稱殷禮，明必待七年反政之明年爲成王元年，乃稱正也。」王鳴盛又云：「鄭以此篇爲居攝五年事者，大傳云：『周公居攝五年營成周。』召誥正是營成周事，故鄭以爲居攝五年，是本之伏生也。魯世家作七年。劉歆三統曆以召誥、洛誥爲一年内事，洛誥是七年致政時事，故亦以召誥爲七年。皆不如伏生爲可信。」孫云：「史公以營洛邑、作召誥爲在七年反政之時者，據經文云『王朝步自周』，下文云『周公朝至于洛』，周公至是不稱王；經文又云『錫周公』，又有『旦曰』，故知在反政之後也。此蓋孔安國古文説。大傳以爲在攝政五年者，今文異説也。」皮云：「鄭從大傳以作召誥在五年，洛誥在七年。史公、劉歆以作召誥、洛誥皆在七年。以經考之，當以史記與劉歆之説爲合。然大傳之説亦自不誤。大傳云：『四年建侯衛，五年營成周。』封康叔在四年，而康誥篇首已云『周公初基，作新大邑于東國洛』者，蓋三監既平，遷殷民於洛邑，以其餘民封康叔於衛，皆一時之事。故建侯衛、營成周於四、五年連言之。基，謀也。營，亦謀也。公於四、五年定其謀，七年乃成其事而作召誥、洛誥。營洛大事，非一時所能辦，大傳言其始，史記要其終，兩説互證益明，本無違異。伏生云『五年營成周』，不云『五年作召誥』，召誥與洛誥文勢相接，不得以爲相隔二年。鄭過求分析，失之拘泥，用伏説而非伏意，伏無五年作召誥之文，王從鄭駁史，固非；孫從史駁伏，亦非也。周紀以爲復政乃營洛，世家以爲營洛乃復政，據大傳，營成周在致政前，當以世家之說爲正。蓋洛邑未成，制作未定，公必不遽復政也。」**越六日乙未，王朝步自周，則至于豐，**於既望後六日，二十一日，成王朝行從鎬京，則至于豐，以遷都之事告文王廟。告文王，則告武王可知，以祖見考。〇「越六日乙未，王朝步自周，則至于豐」，今文與古文同。「越」一作「粤」。〇「越」一作「粤」者，三統曆引召誥作「粤六日乙未」，（見上。）云「一作」者，下文「越三日丁巳」漢志作「越」，是今文亦有作「越」之本。說文作「粤」，是古文亦有作「粤」之本也。「王朝步自周，則至于豐」者，大傳云：「成王在豐，欲宅洛邑，使召公先相宅。六日乙未，王朝步自周，至于豐。」無「則」字。魯世家：「成王七年二月乙未，王朝步自周，至豐。」無「于」字，蓋皆省文，非異本也。集解引馬云：「周，鎬京也。豐，文王廟所在。朝者，舉事上朝。將即土中，易都大事，故告文王、武王廟。」集解及詩王風譜疏、曲禮疏引鄭云：「步，行也。堂下謂之步。豐、鎬異邑，而言步者，告武王廟即行，出廟入廟，不以遠，爲父恭也。於此從鎬京行至于豐，就告文王廟。告文王，則武王可知。」（曲禮疏「父」作「文」。）案：豐在鄠縣東，臨豐水，東去鎬二十五里，云「告武王廟」者，考親於祖，既告祖廟，必及禰也。**惟太保先周公相宅。**太保，三公官名，召公也。召公於周公前相視洛居，周公後往。〇「惟太保先周公相宅」，今文與古文同。〇「惟太保先周公相宅」者，大傳周傳如此。皮云：「『宅』疑作『度』，史記、漢石經及漢人引三家尚書、三家詩，『宅』皆爲『度』，今文如此。逸周書有度邑篇言營洛之事。大傳云『營成周』，其義當爲『度』，此云『宅』，疑後人改之。」先謙案：皮說是，下同，不復出。魯世家云：「使太保召公先之雒相土。」集解引鄭云：「相，視也。」**越若來三月惟丙午朏，越三日戊申，太保朝至于洛，卜宅。**朏，明也，月三日明生之名。於順來三月丙午朏，於朏三日，三月五日，召公早朝至於洛邑，相卜所居。○「越若來」，今文無徵。「三月惟丙午朏」，今文「惟」一在「三月」上，「朏」一作「蠢」。「越三日戊申，太保朝至于洛，卜宅」，今文無徵。○「越若來」者，「越」同「粵」，「越若」猶「粵若」，皆詞也。王引之云：「釋詁：『來，至也。』『越若來三月』，言至三月也。逸周書世俘解、漢律曆志引武成篇『粵若來二月，既死霸』、『粵五日甲子』，文法與此同。」「三月惟丙午朏」者，説文「朏」下云：「未盛之明。从月出。周書曰：『丙午朏。』」今文「惟」一在「三月」上者，律曆志云：「又其三月甲辰朔，三日丙午，召誥曰：『惟三月丙午朏。』」孟康注：「朏，月出也。」志又引畢命豐刑「六月丙午朏」字亦作「朏」。一作「蠢」者，王應麟漢藝文志考：「漢儒引經異字作『維丙午蠢』。」段云：「未檢出何書。此『惟丙午朏』之異文，今文也。朏從月出，蠢、出雙聲。方言：『蠢，作也。』廣雅：『蠢，出也。』」「越三日戊辰〔一〕」云云者，太保以五日之朝至洛相卜所居。孫云：「丁未至戊申，自豐至洛，行十四日。吉行日五十里，豐至洛七百里。」段云：「此『洛』及下『洛汭』，天官序官鄭注並作『雒』，此古文作『雒』之大驗也。」**厥既得卜，則經營。**其已得吉卜，則經營規度城郭郊廟朝市之位處。○「厥既得卜，則經營」，今文與古文同。○今文同者，魯世家云：「卜居焉，曰吉，遂國之。」（引見上。）史公據此經説其意，可爲今、古文同之證。詩靈臺傳：「經，度之也。」士喪禮鄭注：「營，猶度也。」楚詞九歎王逸注：「南北爲經，東西爲營。」**越三日庚戌，太保乃以庶殷攻位于洛汭。越五日甲寅，位成。**於戊申三日庚戌，以衆殷之民治都邑之位於洛水北，今

〔一〕「辰」字依經文當爲「申」之誤。

河南城也。於庚戌五日，（案：當有「甲寅」字。）所治之位皆成。言衆殷，本其所由來。○「越三日庚戌」四句，今文無徵。○「越三日庚戌」云云者，大傳云：「於是四方諸侯率其羣黨，各攻位於其庭。」周書作雒解：「乃作大邑成周於土中，城方千七百二十丈，郛方七十里，（「十」本作「百」，依江聲、王鳴盛考定。）南繫於雒水，北因於郟山，以爲天下之大湊。乃位五宮：太廟、宗宮、考宮、路寢、明堂。」孔鼂注：「五宮，宮府寺也。大廟，后稷。二宮，祖、考廟。路寢，王所居。明堂，在國南。」王鳴盛云：「古者六尺四寸爲步，三百步爲里，一里之長百九十二丈。依考工記『匠人營國，方九里』，當云方千七百二十八丈適符其數，今略其奇數也。」書疏引鄭云：「汭，隈曲中也。」江云：「作邑大事，豈能五日而成？且下言『庶殷丕作』，則此言『成』，但規畫就緒耳。」**若翼日乙卯，周公朝至于洛，**周公順位成之明日，而朝至於洛汭。○「若翼日乙卯」二句，今文無徵。○「若翼日乙卯」云云者，「若」亦「越」也，「翼」當爲「翌」，下同，不復出。衛包改「翼」，説詳金縢。**則達觀于新邑營。**周公通達觀新邑所營。言周徧。○「則達觀于新邑營」，古文也，今文「達」當作「通」。○「達」作「通」者，以今文例之當然。石經顧命、史、漢、禹貢可證。段云：「達觀，如今諺云通看一徧。」書疏引鄭云：「史不書王往者，王於相宅無事也。」劉云：「下文郊社之事，王親舉之，洛誥亦云『孺子來相宅』，則是時王亦至洛。」**越三日丁巳，用牲于郊，牛二。**於乙卯三日，用牲告立郊位於天，以后稷配，故二牛。后稷貶於天，有羊豕。羊豕不見，可知。○「越三日丁巳」二句，今文與古文同，古文「越」一作「粤」。○今文同者，漢書郊祀志丞相衡、御史大夫譚奏言：「祭天於南郊，就陽之義也；瘞地於北郊，即陰之象也。天之於天子也，因其所都而各饗焉。昔者，周文、武郊於豐、鄗，成王郊於雒邑。由此觀之，天隨王者所居而饗之可見也。」又：「王商等以爲禮記曰『燔柴於大壇，祭天也；瘞薶於太折，祭地也。』兆於南郊，所以定天位也。祭地於太折，在北郊，就陰位也。郊處各在聖王所都之南北。書曰：『越三日丁巳，用牲于郊，牛二。』周公加牲，告徙新邑，定郊禮於雒。明王聖主，事天明，事地察。天地明察，神明章矣。天地以王者爲主，故聖王制祭天地之禮必於國郊。」白虎通郊祀篇：「祭日用丁與辛何？先甲三日辛也，後甲三日丁也，皆可以接事昊天之日。故春秋傳郊以正月上辛日，尚書曰：『丁巳用牲于郊，牛二。』」五經異義云：「春秋公羊說禮郊及日皆不卜，常以正月上丁也。魯於天子並事變禮，今成王命魯使卜，從乃郊，不從即已，下天子也。魯以上辛郊，不敢與天子同也。」五經通義云：「祭日以丁與辛何？丁者，反復丁寧也；辛者，自克辛也。」漢郊祀志元始五年王莽改祭禮曰：「以孟春正月上辛若丁，天子親合祀天地于南郊。」後漢禮儀志云：「上丁祠南郊。」蓋漢人用今文家說，據此經爲郊日用丁之證。皮云：「據漢志匡衡、王商等奏，古皆南北郊，分祭天地，周書作雒解但云『設丘兆於南郊，以祀上帝，配以后稷』，不及北郊者，文不備耳。後人乃用王莽謬說，以爲天地當合祭，又謂古無北郊，北郊即社，皆非是。又據王商等議，牛二乃加牲，告徙新邑，故用二牛。或兼稷牲言之，亦非也。」古文「越」一作「粵」者，說文：「粵，于也。審慎之詞者。（「也」字之誤。）从宷从亏。周書曰：『粵三日丁亥。』」段云：「『宷』即『審』字。『粵』上體从『宷』也。『丁亥』乃『丁巳』之誤。」孫云：「洛誥云『騂牛』，此不言其色者，時尚稱殷禮，用白牡也。」丁巳，月十四日。

越翼日戊午，乃社于新邑，牛一、羊一、豕一。告立社稷之位，用太牢也。共工氏子曰句龍，能平水土，祀以爲社。周祖后稷，能殖百穀，祀以爲稷。社稷共牢。○「越翼日戊午」三句，今文與古文同。僞傳用王肅說，見下。○今文同者，白虎通社稷篇：「王者所以有社稷何？爲天下求福報功。人非土不立，非穀不食。土地廣博，不可徧敬也；五穀衆多，不可一一祭也。故封土立社，示有土；尊稷五穀之長，故封稷而祭之也。尚書曰：『乃社于新邑。』」又曰：「祭社稷以三牲何？重功故也。尚書曰：『乃社于新邑，牛一、羊一、豕一。』」又曰：「王者自親祭社稷何？社者，土地之神也。土生萬物，天下之所主也。尊重之，故自祭也。」皮云：「白虎通所引今文義，皆出孝經援神契。（見周禮疏、通典、玉海郊祀門、風俗通禮典篇、禮郊特牲疏引援神契。五經異義引今孝經説與郊特牲疏同。）蓋援神契即今孝經説也。今尚書説與今孝經説同，故白虎通引之，足見漢世諸儒今文家説無不相通。鄭駁異義亦用今文説，王肅好與鄭異，乃以社稷爲句龍、柱、棄，而聖證論馬昭已駁之。僞傳同肅義，此亦僞傳出肅之一證。論衡祭意篇：『社稷報生萬物之功，社報萬物，稷報五穀。』亦同今文之説。而又引左傳、禮記句龍、柱、棄之文，並云：『傳或曰：「炎帝作火，死而爲竈。禹勞力天下水，死而爲社。」』是漢人異説有以禹爲社者。漢平帝元始五年用王莽議，於官社後立官稷，以夏禹配食官社，后稷配食官稷。淮南子曰：『禹勞力天下，死而爲社。』要皆不若今文義塙也。續漢祭祀志注引鄧義難社土神云：『「再特于郊牛」（當作「用牲于郊，牛二」。）者，后稷配故也。「社于新邑，牛一、羊一、豕一」，所以用三牲者，立社位祀句龍，緣人事之也。如此，非祀地明矣。以宮室新成，故立社耳。』鄧義以牛二爲后稷配，與王商等議不合。以用三牲爲立社祀句龍，乃古文義。仲長統荅鄧義難，以爲社祭土神，用今文説。周書作雒解：『乃建大社於國中，其壝東青土、南赤土、西白土、北驪土、中央亹以黃土。』與白虎通義合。獨斷云：『天子社稷二壇，方廣五丈。社稷二神功同，故同堂列壇，俱在未位。土地廣博，不可偏覆，故封社稷。』」劉云：「舉社以見稷。僞傳『社稷共牢』，誤。」**越七日甲子，周公乃朝用書命庶殷侯、甸、男邦伯。** 於戊午七日甲子，是時諸侯皆會，故周公乃昧爽以賦功屬役書命衆殷侯、甸、男服之邦伯，使就功。邦伯，方伯，即州牧也。○「越七日甲子」二句，今文當與古文同，「男邦」當作「任國」。○今文當同者，漢書王莽傳：「公以八月載生魄庚子奉使，朝用書，臨賦營築。」「朝用書」倣此經文，知今文同也。「男邦」作「任國」者，以禹貢、酒誥例之當然。三月甲子，二十一日也，距乙未三十日。左昭三十三年傳：「士彌牟營成周，計丈數，揣高卑，度厚薄，仞溝洫，物土方，議遠邇，量事期，計徒庸，慮材用，書餱糧，以令役於諸侯。」蓋周公以此類書於册，以命侯、甸、男服之邦伯。

厥既命殷庶，庶殷丕作。其已命殷衆，衆殷之民大作。言勸事。○「厥既命殷庶」二句，今文當與古文同。

○今文當同者，王莽傳云：「越若翊辛丑，諸生、庶民大和會，十萬衆並集，平作二旬，大功畢成。」顔注：「『平』字或作『丕』，『丕』亦大也。」王念孫云：「隸書『丕』字或作『𠀚』，與『平』相似，因譌而爲『平』。」先謙案：「丕作」亦倣此經文，是今文同之證。江云：「『作』訓『起』，又訓『爲』，言大起趣功。」**太保乃以庶邦冢君出取幣，乃復入，**諸侯公卿並覲於王，王與周公俱至。文不見王，無事。召公與諸侯出取幣，欲因大會顯周公。○「太保乃以庶邦冢君」二句，今文無徵。「邦」當作「國」，下同。○「太保乃以庶邦冢君」云云者，以，猶與也，鄉飲酒禮「主人與賓三揖」，鄉射禮作「主人以賓三揖」是其證。書疏引鄭云：「因大戒天下，故與諸侯出取幣。」（引見下。）鄭讀「以」爲「與」也，餘詳下。**錫周公。曰：「拜手稽首，旅王若公。**召公以幣入，稱成王命錫周公，曰：「敢拜手稽首，陳王所宜順周公之事。」○「錫周公，曰」三句，今文無徵。○「錫周公」者，釋詁：「錫，賜也。」陳所取幣，以王命賜之。後漢宋〔一〕意傳：

〔一〕「宋」原誤作「宗」，據後漢書改。

「昔周公懷聖人之德，有致太平之功，然後王曰叔父，加以賜幣。」又何敞傳奏記宋由云：「明君賜賚，宜有品制，忠臣受賞，亦應有度，是以夏禹玄圭，周公束帛。」書疏引鄭云：「召公見衆殷之民大作，周公德隆功成，有反政之期，而欲顯之，因大戒天下，故與諸侯出取幣，使戒成王立於位，以其命賜周公。所賜之幣，蓋璋以皮，及寶玉、大弓。」此時所賜，江云：「小行人合六幣，『璋以皮』，是璋必配以皮也。」陳云：「鄭此注用今文說。公羊傳何休注云：『半圭曰璋，白藏天子，青藏諸侯。魯得郊天，故錫以白。』何亦用今文說，故以白璋與寶玉、大弓爲成王特賜周公，與鄭同。」皮云：「陳說非也。公羊傳：『璋判白，弓繡質，龜青純。』公羊以寶、玉、大弓爲三物。璋判白，玉也；弓繡質，大弓也；龜青純，寶也。禮禮器：『天子以龜爲寶。』樂記：『青黑緣者，天子之寶龜也。』是龜青純稱寶之明證。此三物，皆周所以封魯公者，非所以錫周公。左定四年傳祝鮀曰：『分魯公以大路、大旂、夏后氏之璜、封父之繁弱。』封父，龜名；繁弱，弓名。『封父之繁弱』者，『之』當訓『與』，解如『皇父之二子』，謂封父與繁弱也。禮明堂位：『崇鼎、貫鼎、大璜、封父龜，天子之器也。越棘、大弓，天子之戎器也。』是封魯公有大璜、封父龜、大弓，與祝鮀說同。惟公羊傳不言璜而言璋，稍異。何休云：『不言璋言玉者，起圭、璧、琮、璜、璋五玉，盡亡之也。傳獨言璋者，所以郊事天，尤重也。』何言五玉，與白虎通以珪、璧、琮、璋、璜爲五瑞說同。（詳堯典。）又以當時爲五玉盡亡，則魯之分器，璜亦當在內。傳不言璜而言璋者，以郊天之物，特舉之。是公羊與左傳、禮記本無不合，公羊亦非謂魯之寶、玉內無璜也。鄭注禮記誤以封父爲國名，不知左傳之封父、繁弱即公羊之弓繡質、龜青純，遂疑寶玉、大弓非封魯之分器，既非封魯之分器，則當是特賜周公，此致誤之所由來也。然鄭云『蓋』，亦以無明文爲疑詞。陳援何以阿鄭，然何說具在，未嘗以爲成王特賜周公也。何敞六世祖比干學尚書於晁錯，則敞當亦治今文家說者。以幣爲束帛，今文說不誤。」「拜手稽首，旅王若公」者，釋詁：「旅，陳也。」漢書高紀注：「若，及也。」言旅王及公，則王在矣。孫云：「洛誥：『公既定宅，伻來來〔二〕，視予卜休，恒吉。』則相宅時王留西都未來，當於使來告卜之後來洛也。」**誥告庶殷，越自乃御事。**召公指戒成王，而以衆殷諸侯於自乃御治事爲辭，謙也。諸侯在，故託焉。○「誥告庶殷」二句，今文無徵。○「誥告庶殷」云云者，詩思齊鄭箋引書曰「越乃御事」，無「自」字，「自」蓋衍文。時衆殷諸侯及治事之臣咸在，召公欲大顯周公之功德於天下，並以誥徧告衆殷及其治事者，使皆明聽之。**嗚呼！皇天上帝，改厥元子茲大國殷之命，**歎皇天改其大子，此大國殷之命。言紂雖爲天所大子，無道猶改之。言不可不慎。○「嗚呼！皇天上帝」二句，今文無徵。○「嗚呼！皇天上帝」云云者，釋詁：「元，首也。」書疏引鄭云：「言首子者，凡人皆天之子，天子爲之首爾。」「改」下十字爲一句，言改易其首子大國殷之命。茲，語詞。**惟王受命，無疆惟休，亦無疆惟恤。**所以戒成王，天改殷命，惟王受之，乃無窮惟美，亦無窮惟當憂之。○「惟王受命」三句，今文無徵。○「惟王受命」云云者，詩傳：「疆，竟也。」釋詁：「休，慶也。」「恤，憂也。」言天改殷命，王既受之，無竟惟慶，亦即無竟惟憂也。**嗚呼！曷其柰何弗敬！**何其柰何不憂敬之。欲其行敬。○「嗚呼！曷其柰何弗敬」，今文無徵。○「嗚呼，曷其柰何弗敬」者，「曷」當作「害」，見上。段云：「『柰何』止借用『李柰』字，俗製『奈』字，唐石經用之。集韻十四太：『柰，果也。一曰那也。』無『奈』字。」陳云：「據北海相景君碑、故民吳仲

〔二〕「來」上原脱一「來」字，據尚書洛誥經文補。

山碑、童子逢盛碑已皆作『奈』，則『奈』字當出今文尚書。」**天既遐終大邦殷之命，茲殷多先哲王在天，**言天已遠終殷命，此殷多先智王，精神在天不能救者，以紂不行敬故。○「天既遐終大邦」二句，今文無徵。「邦」當作「國」。○「天既遐終」云云者，案：說文無「遐」字，詩泉水傳訓「瑕」爲「遠」，則「遐」字古當作「瑕」。孫云：「『遐』當爲『假』，釋詁：『假，已也。』言天既已終殷之大命，此殷之先智王猶多在天。」非不欲右助其子孫。**越厥後王後民，茲服厥命。**於其後王後民，謂先智王之後繼世君臣。此服其命，言不忝。○「越厥後王後民」二句，今文無徵。○「越厥後王後民」云云者，後王，紂也。言及其後嗣王與其後之民，同此天下，非不於此服其天命。服命者，奉持在身，猶言被命矣。下文有「夏服天命」同。**厥終智藏瘝在。**其終，後王之終，謂紂也。賢智隱藏，瘝病者在位。言無良臣。○「厥終智藏瘝在」，今文無徵。○「厥終智藏瘝在」者，書疏引鄭云：「瘝，病也。」江云：「及其終也，賢智者退藏，病民者在位。」段云：「瘝，俗字。蓋本作『鰥』，俗人以其訓『病』，改作『瘝』。康誥同。爾雅：『鰥，病也。』郭注引書曰：『智藏鰥在。』邢疏云：『「智藏鰥在」者，周書召誥文。』似邢所據注，尚未作『瘝』。今本爾雅注作『瘝』，釋文『鰥』字下云：『古頑反，注「瘝」同。』考說文、玉篇、廣韻、唐之五經文字、九經字樣皆不録『瘝』字，恐釋文本止是『注同』二字。」**夫知保抱攜持厥婦子，以哀籲天，徂厥亡出執。**言困於虐政，夫知保抱其子，攜持其妻，以哀號呼天，告冤無辜，往其逃亡，出見執殺，無地自容，所以窮。○「夫知保抱攜持厥婦子」三句，今文無徵。○「夫知保抱攜持厥婦子」云云者，釋詁：「知，匹也。」「徂，往也。」「保」同「緥」，說文：「小兒衣也。」籲，呼也。言丈夫有匹偶者，繦負其子，攜持其婦，以悲哀呼天，其往亡他方，或出而被拘執，冤苦如此。**嗚呼！天亦哀于四方民，其眷命用**

懋，民哀呼天，天亦哀之，其顧視天下有德者，命用勉敬者爲民主。○「嗚呼！天亦哀于四方民」三句，今文無徵。○「嗚呼！天亦哀于四方民」云云者，說文：「眷，顧也。」釋訓：「懋懋，勉也。」言四方之民哀呼天，天哀此民而欲拯救之，其眷顧而命我周者，非私我，以勉我也。**王其疾敬德。相古先民有夏，**言王當疾行敬德，視古先民有夏之王以爲法戒之。○「王其疾敬德」二句，今文無徵。○「王其疾敬德」云云者，言王當速敬德以荅天眷命之意。釋詁：「速，疾也。」「相，視也。」魯語云：「昔曰『先民』。」**天迪從子保，面稽天若，今時既墜厥命。**夏禹能敬德，天道從而子安之，禹亦面考天心而順之，今是桀棄禹之道，天已墜其王命。○「天迪從子保」三句，今文無徵。○「天迪從子保」云云者，迪，道也。書疏引鄭云：「面，猶回向也。」墜，俗字，當爲「隊」，說文：「從高隊也。」言天開道夏禹在位又從其子保右之，禹亦回向稽度天心而順之，今時既隊失其命。**今相有殷，**次復觀有殷。○「今相有殷」，今文無徵。**天迪格保，面稽天若，**言天道所以至於保安湯者，亦如禹。○「天迪格保」二句，今文無徵。○「天迪格保」云云者，文選蕪城賦注引倉頡篇：「格，量度也。」言天開道量度而保右殷者，亦如夏。殷王亦回向稽度天心而順之。**今時既墜厥命。**墜其王命。○「今時既墜厥命」，今文無徵。○「今時既墜厥命」者，王先慎云：「『厥』承天言，上文同。下『乃早墜厥命』，亦言墜天命也。僞傳皆訓爲王命，非。」**今沖子嗣，則無遺壽耇。**童子，言成王少，嗣位治政，無遺棄老成人之言，欲其法之。○「今沖子嗣，則無遺壽耇」，古文也，今文「壽耇」作「耇老」。○「壽耇」作「耇老」者，漢書孔光傳太后詔曰：「俊艾大臣，惟國之重，其猶不可以闕焉。書曰：『無遺耇老。』」顏注：「言不遺老成之人也。」釋詁：「耇老，壽也。」**曰：其稽我古人之德，矧曰其有能稽謀自天。**沖子成王其考行古人之德則善矣，況曰其有能考謀從天道乎？言至善。○「曰：其稽我古人之德」二句，今文無徵。○「曰：其稽我古人之德」云云者，矧，況也。有，讀爲「又」。自，從也。言所以無遺老成者，曰：其能稽考我古人之德，以匡正君心，況曰其又能考謀以從天道乎！「稽謀自天」猶「面稽天若」也。**嗚呼！有王雖小，元子哉！其丕能諴于小民，今休。**召公歎曰：有成王雖少，而大爲天所子，其大能和於小民，成今之美。勉之。○「嗚呼！有王雖小」三句，今文無徵。○「嗚呼！有王雖小」云云者，有，詞也，詳下。說文：「諴，和也。从言咸聲。周書曰：『丕能諴于小民。』」（段云：「大徐本、宋刊李燾本、集韻作『不能』，集韻刊本作『丕能』，小徐本『丕』下無『能』字，韻會用小徐本而作『諴于小民』無『丕』字，參錯不定。」）言王雖幼沖，天之首子哉！其大能和於小民，乃今之休慶也。**王不敢後用顧，畏于民碞。**王爲政當不敢後能用之士，必任之爲先。碞，僭也。又當顧畏於下民僭差禮義。能此二者，則德化立，美道成也。○「王不敢後用顧」二句，今文無徵。○「王不敢後用顧」云云者，書序：「高宗夢得說，使百官敻求，得諸傅巖。」殷本紀：「得說于傅險中。」公羊僖三十三年傳：「必于殽之嶔巖。」何注：「其處險阻隘埶。」是「巖」爲「險」也。說文：「碞，磛碞也。周書曰：『畏于民碞。』讀與『巖』同。」則「碞」亦「險」也。小民難保，其險有若碞然，故曰「民碞」。言今民情雖和，未可保恃，其險若碞，後顧有無疆之憂慮，故云「王不敢後以顧」也。惟當畏於民碞，時自敬德而已。江、孫皆依說文以「顧」字上屬爲句，今從之。**王來紹上帝，自服于土中。**言王今來居洛邑，繼天爲治，躬自服行教化於地勢正中。○「王來紹上帝，自服于土中」，今文與古文同。○今文同者，白虎通京師篇：「王者京師必擇土中何？所以均教道、平往來，使善易以聞，爲惡易以聞，明當懼慎，損於善惡。尚書曰：『王來紹上帝，自服於土中。』」論衡難歲篇：「儒者論天下九州，以爲東西南北盡地廣長，九州之内五千里，竟三河土中，周公卜宅。經曰：『王來紹上帝，自服于土中。』雒則土之中也。」云「九州之内五千里」，與歐陽家説同。史記云：「此天下之中，四方入貢道里均。」漢書地理志：「昔周公營洛邑，以爲在於土中，諸侯蕃屏四方，故立京師。」婁敬傳：「成王乃營成周，都洛，以爲此天下中，諸侯四方納貢職，道里均矣。有德易以王，無德易以亡。凡居此者，欲令務以德致人，不欲險阻令後世驕奢以虐民也。」新序善謀篇引同。孝經援神契云：「八方之廣，周洛爲中，謂之洛邑。」新書屬遠篇：「古者天子地方千里，中之而爲都。輸將繇使，其遠者不在五百里而至。公侯地百里，中之而爲都，輸將繇使，其遠者不在五十里而至。輸將者不苦其勞，繇使者不傷其費，故遠方人安其居，士民皆有歡樂其土，此天下所以能長久也。」説苑至公篇：「南宫邊子曰：『昔周成王之卜居成周也，其命龜曰：「予一人兼有天下，辟就百姓，敢無中土乎？使予有罪，則四方伐之無難得也。」』」此皆今文説，以中土爲道里均，兼有懼慎易亡之意也。大司徒：「以土圭之法測土深，正日景，以求地中。日南則景短多暑，日北則景長多寒，日東則景夕多風，日西則景朝多陰。日至之景，尺有五寸，謂之地中，天地之所合也，四時之所交也，風雨之所會也，陰陽之所和也。然則百物阜安，乃建王國焉。」此正周公作洛之事。書疏云：「鄭以『自』爲『用』。」説文：「服，治也。」言王來繼天立極用出治於土中。**旦曰：『其作大邑，其自時配皇天，**稱周公言：「其爲大邑於土中，其用是大邑配上天而爲治。」○「旦曰」二句，今文無徵。○「旦曰」云云者，禮曲禮：「君前臣名。」案：成王即政雖在明年，此時已正君臣之分，故稱王、稱旦也。述周公之言云：「爲大邑於土中，自是可以配皇天。」**毖祀于上下，其自時中乂，**爲治當慎祀于天地，則其用是土中大致治。○「毖祀于上下」二句，今文無徵。○「毖祀于上下」云云者，愼祀於上下神祇，其自是於此土中致治。**王厥有成命治民，今休。**』用是土中致治，則王其有天之成命治民，今獲太平之美。○「王厥有成命」二句，今文無徵。○「王厥有成命」云云者，釋詁注：「即，猶『今』也。」「今」亦訓「即」，漢書多以「今」爲「即」。言王其有天之成命治民，即獲休慶矣。**王先服殷御事，比介于我有周御事。**召公既述周公所言，又自陳己意，以終其戒。言當先服治殷家御事之臣，使比近於我有周治事之臣，必和協，乃可一。○「王先服殷御事」二句，今文無徵。○「王先服殷御事」云云者，言治民之先，當治殷治事之臣，使比近於我有周治事之臣，務相和叶。日本山井鼎云：「足利古本『介』作『迩』。」段云：「僞傳凡『介』皆訓『大』，不應此獨訓『近』，疑本作『迩』而譌『介』。」**節性，惟日其邁，**和比殷、周之臣，時節其性，令不失中，則道化惟日其行。○「節性，惟日其邁」，今文無徵。○「節性，惟日其邁」者，呂覽重己篇：「節乎性也。」高注：「節，猶和也。」釋言：「邁，行也。」詩小宛：「我日斯邁。」言治諸御事當和其天性，而勉以力行，惟日進於善。**王敬作所，不可不敬德。**敬爲所不可不敬之德，則下敬奉其命矣。○「王敬作所」二句，今文無徵。○「王敬作所」云云者，衆經音義三引三蒼云：「所，處也。」言王者當以敬爲居處，猶孟子云「仁人之安宅」也。王既以敬治羣臣，豈可不以敬自處乎？**我不可不監于有夏，亦不可不監于有殷。**言王當視夏、殷，法其歷年，戒其不長。○「我不可不監于有夏，亦不可不監于有殷」，古文也，今文「監」作「鑒」。○「監」作「鑒」者，後漢崔駰傳駰獻書誡竇憲曰：「書曰：『鑒于有殷。』可不慎哉！」以此推上句「監于有夏」亦當作「鑒」。**我不敢知曰，有夏服天命，惟有歷年。**以能敬德，故多歷年數。我不敢獨知，亦王所知。○「我不敢知曰」三句，今文無徵。○「惟有歷年」者，若君奭云「多歷年所」，言夏、殷之先多賢王，故有歷年，若曰夏、殷服天命，歷數本來長久，則非我敢知。「服」義見上。**我不敢知曰，不其延，惟不敬厥德，乃早墜厥命。**言桀不謀長久，惟以不敬其德，故乃早墜失其王命，亦王所知。○「我不敢知曰」四句，今文無徵。○「我不敢知曰」云云者，釋詁：「延，長也。」其者，不定之詞。「不其延」謂短祚，言夏、殷後王之亡，若以爲天命不延，亦非我所敢知，惟知其以不敬德，乃早隊天命。**我不敢知曰，有殷受天命，惟有歷年。**夏言「服」，殷言「受」，明受而服行之。互相兼也。殷之賢王，猶夏之賢王，所以歷年，亦王所知。○「我不敢知曰」三句，今文無徵。**我不敢知曰，不其延，惟不敬厥德，乃早墜厥命。**紂早墜其命，猶桀不敬其德，亦王所知。○「我不敢知曰」四句，今文無徵。**今王嗣受厥命，我亦惟兹二國命，嗣若功。**其夏、殷也，繼受其王命，亦惟當以此夏、殷長短之命爲監戒，繼順其功德者而法則之。○「今王嗣受厥命」三句，今文無徵。○「今王嗣受厥命」云云者，言今王繼受其命，我亦思惟此夏、殷二國之永命者，而繼其成功可也。**王乃初服。嗚呼！若生子，罔不在厥初生，自貽哲命。**言王新即政，始服行教化，當如子之初生，習爲善，則善矣。自遺智命，無不在其初生，爲政之道，亦猶是也。○「王乃初服。嗚呼！若生子，罔不在厥初生」，古文也，今文作「今王初服厥命。於戲！若生子，罔不在厥初生」。「自貽哲命」，今文無徵。○今文云云者，論衡率性篇：「人性有善惡。善則養育勸率，無令近惡；近惡則輔保禁防，令漸於善。召誥戒成王曰：『今王初服厥命。於戲！若生子，罔不在厥初生。』生子謂十五子，初生意於善，終以善；初生意於惡，終以惡。」傳言：『譬猶練絲，染之藍則青，染之丹則赤。』十五之子，其猶絲也。」段云：「『嗚呼』作『於戲』，與蔡邕石經合。」孫云：「『十五子』者，學記云：『大學之法，禁於未發之謂豫。』注云：『未發，情慾未生，謂年十五時。』白虎通辟雍篇：『古者所以年十五入大學何？以爲八歲毀齒，始有識知，入學學書計；七八十五，陰陽備，故十五成童，志明，入大學學經術。』案：十五爲太子入學之年，故王充以釋經。『若生子』，謂若養子教之；『初生』，謂情欲初生也。」皮云：「左傳：『國君十五而生子。』故王充以十五爲生子之時。周公攝王，抗世子法於伯禽，蓋奉成王爲太子。故召公舉太子入學之年以爲戒。不以生子爲嬰孩之時者，以『自貽哲命』非嬰孩所能也。」○「自貽哲命」者，江云：「『哲』之言智，孟子盡心篇：『智之於賢者也，命也。』賢智賦於命，是『哲命』謂賢智也。云『自貽』者，勉王早自厲於善也。」孫云：「言王初服，如教子之初，自傳之以明哲之命也。」**今天其命哲、命吉凶、命歷年。**今天制此三命，惟人所修。修敬德則有智，則常吉，則歷年；爲不敬德，則愚凶不長，雖說之於天，其實在人。○「今天其命哲」三句，今文無徵。○「今天其命哲」云云者，「其」是不定之詞，言天其命明哲、命吉命凶、命歷年長短，皆非我所敢知。**知今我初服，宅新邑，肆惟王其疾敬德。**天已知我王今初服政，居新邑洛都，故惟王其當疾行敬德。○「知今我初服」三句，今文無徵。「宅」當作「度」。○「知今我初服」云云者，言我所可知者，今我王初服厥命，宅茲新邑，今惟王其速敬德耳。**王其德之用，祈天永命。**言王當其德之用，求天長命以歷年。○「王其德之用」二句，今文無徵。○「王其德之用」者，與梓材「肆王惟德用」句例同。或以「用」字下屬，非也。用，以也，猶言爲政以德。祈者，說文：「求福也。」言王當惟德是以，祈求天命之永長。**其惟王勿以小民淫用非彝，**勿用小民過用非常，欲其重民秉常。○「其惟王勿以小民淫用非彝」，今文無徵。○「其惟王勿以小民淫用非彝」者，釋詁：「彝、法，常也。」言勿以小民可用而過用非法，戒毋擾。禮王制：「用民之力，歲不過三日。」**亦敢殄戮用乂民，**亦當果敢絕刑戮之道用治民。戒以慎罰。○「亦敢殄戮用乂民」，今文無徵。○「亦敢殄戮用乂民」者，江云：「聘禮：『辭曰：「非禮也，敢。」對曰：「非禮也，敢。」』鄭注：『二者皆並曰「敢」，言不敢。』是『敢』有『不敢』意也。此『敢』讀同彼義。『亦』者承上之詞，上言『勿』，下言『亦』，則『亦』是蒙上『勿』字而言。」亦勿敢殄戮以治民，戒毋虐也。**若有功，其惟王位在德元，**順行禹、湯所以成功，則其惟王居位在德之首。○「若有功」二句，今文無徵。○「若有功」者，言順以導之則有功。「其惟王位在德元」者，江云：「易文言傳：『飛龍在天，乃位乎天德。』又云：『君子行此四德者，故曰：乾，元亨利貞。』元是乾德，乾爲天，則乾元即天德，此『德元』，天德乾元也。王者體元居正，故云『位在德元』，與『位乎天德』同義。」**小民乃惟刑用于天下，越王顯。**王在德元，則小民乃惟用法於天下，言治政於王亦有光明。○「小民乃惟刑用于天下，越王顯」，今文無徵。○「小民」云云者，釋詁：「刑，法也。」「顯，光也。」言小民乃惟法，王以用於天下，於王有光顯。**上下勤恤，其曰：我受天命，丕若有夏歷年，式勿替有殷歷年，**言當君臣勤憂敬德，曰：我受天命，大順有夏之多歷年，勿用廢有殷歷年，庶幾兼之。○「上下勤恤」四句，今文無徵。○「上下勤恤」云云者，丕，詞也。式，用也。替，廢也。我君臣勤勞憂恤，其曰：我受天命如有夏歷年之久，用勿廢有殷歷年之久，冀得兼有之。**欲王以小民受天永命。」**我欲王用小民受天長命，言常有民。○「欲王以小民受天永命」，古文也，今文無「欲」字。○無「欲」字者，潛夫論正列篇：「人君身修正、賞罰明者，國治而民安。民安樂者，天悅喜而增歷數。故書曰：『王以小民受天永命。』蓋以勤恤即安民，安民乃命永。」是説此經之義也。江云：「太誓曰：『民之所欲，天必從之。』故民安樂則天説喜也。」

拜手稽首，曰：「予小臣，敢以王之讎民百君子，拜手，首至手。稽首，首至地。盡禮致敬，以入其言。言我小臣，謙辭。敢以王之匹民百君子，治民者非一人，言民在下，自上匹之。○「拜手稽首，曰」二句，今文無徵。○「拜手稽首，曰」云云者，書疏引鄭云：「『拜手稽首』者，召公既拜，興。『曰我小臣』以下，言召公拜訖而復言也。百君子，王之諸侯與羣吏。」案：以，猶「與」也。釋文：「讎，字或作『酬』。」說文：「讎，猶應也。」讎應，即酬應。諸侯羣吏，皆爲王治民者，日與民接對，故謂之「讎民百君子」。**越友民，保受王威命明德，**言與匹民百君子於友愛民者，共安受王之威命明德奉行之。○「越友民」，古文也，今文「友」作「有」。「保受王威命明德」，今文無徵。○「友」作「有」者，續漢律曆志：「冀百君子，越有民，同心敬授。」蓋今文作「有民」，如牧誓「友邦」史記作「有國」，不作朋友解。有者，詞也。有民，民也；有國，國也；有王，王也。「保受王威命明德」者，釋詁：「保，安也。」我小臣與百君子及民，共安受王之威命明德。言畏王威，兼懷王德。**王末有成命，王亦顯。**臣下安受王命，則王終有天成命，於王亦昭著。○「王末有成命，王亦顯」，今文無徵。○「王末有成命，王亦顯」者，周書孔晁注：「末，終也。」詩周頌：「昊天有成命，二后受之。」言王終有天之成命，則王亦光顯於四方。**我非敢勤，惟恭奉幣，用供王能祈天永命。**」言我非敢獨勤而已，惟恭敬奉其幣帛，用供待王，能求天長命，將以慶王多福，必上下勤恤，乃與小民受天永命。○「我非敢勤」三句，今文無徵。○「我非敢勤」云云者，釋詁：「勤，勞也。」勞於身爲勤，勞於口亦爲勤。詩采薇序：「杕杜，以勤歸也。」疏云：「勤者，陳其勞苦。」陳人之勞苦爲勤，陳己之勞憂亦爲勤也。召公所以誥王者，頻煩反復，所謂勞於口者，是勤之義也。又謙言我非敢爲是勤苦相戒諭，惟恭奉此幣，以奉王能祈天永命而已。幣，即上文入錫周公之幣。周書謚法解孔晁注：「供，奉也。」「共」作「供」，衛包所改，說見前。

尚書孔傳參正二十二

洛誥第〔一〕十五　周書　孔氏傳　臣王先謙參正

洛誥既成洛邑，將致政成王，告以居洛之義。○「洛」當作「雒」，詳見禹貢等篇，石經多士篇「洛」字作「雒」。據史記，作洛誥、召誥在七年將反政時。（引見召誥。）

周公拜手稽首曰：「朕復子明辟，周公盡禮致敬，言我復還明君之政於子。子，成王。年二十成人，故必歸政而退老。○「周公拜手稽首曰：『朕復子明辟』」，今文與古文同。○「周公拜手稽首」者，白虎通姓名篇：「所以先拜手後稽首，名（「各」之誤。）順其文質也。尚書曰：『周公拜手稽首。』」段云：「此條殘闕。當云『殷所以先稽首後拜手何？周所以先拜手後稽首何？各順其文質也。』蓋殷之禮，拜，先稽首後拜手；其喪拜，則拜手而後稽顙。周

〔一〕「第」原誤作「卷」，今改。

之禮，拜，先拜手後稽首；其喪拜，則稽顙而後拜手。」（詳段說文解字讀。）○「曰：『朕復子明辟』」者，漢書王莽傳羣臣奏言：「書逸嘉禾篇曰：『周公奉鬯立于阼階，延登，贊曰：「假王涖政，勤和天下。」』此周公攝政，贊者所稱。成王加元服，周公則致政。書曰：『朕復子明辟。』周公常稱王命，專行不報，故言我復子明君也。」俞樾云：「漢儒亦以『復』爲逆復之復。平時周公稱王命專行，無須復命，至是成王已長，周公將歸政，退從臣禮，故須復命也。蓋復命成王，即是明己將歸政，非以歸政爲復子明辟也。」皮云：「漢羣臣引逸書之奏，必出於劉歆。漢書律曆志引劉歆三統曆云：『後二歲，得周公復子明辟之歲。』凡以事紀歲，必屬當時大事，則羣臣奏所云，必指復政成王，不專指營雒復命一節。且以復爲復命，於此文猶可通。王莽傳又云：『孺子加元服，復子明辟，如周公故事。』又策命孺子云：『昔周公攝政，終得復子明辟，今予獨迫皇天威命，不得如意。』後漢桓帝紀順烈梁后歸政詔曰：『遠覽復子明辟之義。』李注：『復，還也。子，謂成王也。辟，君也。謂周公攝政已久，故復還明君之政於成王也。』魏志注引魏王丕令曰：『公旦履天子之籍，聽天下之斷，然復子明辟，書美其人。』凡此諸文，皆當解爲復政，不得以復命解之，不宜曲徇宋人謬說，反易漢儒古義也。」

王如弗敢及天基命、定命，如，往也。言王往日幼少，不敢及知天始命周家安定天下之命，故己攝。○「王如弗敢及天基命、定命」，今文無徵。○「王如弗敢及天基命、定命」者，如，若也。基，始也。言王若弗敢逮及天之始命、定命。江云：「詩大明：『有命自天，命此文王。』序云：『文王有明德，故天復命武王也。』又下武序云：『武王有聖德，復受天命。』是文王爲基命，武王爲定命。禮文王世子云：『成王幼，不能莅阼，周公相，踐阼而治。』是王實以年幼不能莅阼，然在周公，不可謂王不能而我代之，嫌於斥王不能，故言不敢，使若謙沖退託者然。」段云：「文選沈約宋書謝靈運傳論注引經『弗』作『不』。案：下『不敢不敬天之休』、『予不敢宿』皆作『不』，似此亦『不敢』爲長。」**予乃胤保，大相東土，其基作民明辟。** 我乃繼文、武安天下之道，大相洛邑，其始爲民明君之治。〇「予乃胤保」三句，今文無徵。〇「予乃胤保」云云者，堯典馬注：「胤，嗣也。」詩傳：「保，安也。」釋詁：「相，視也。」言予乃嗣前王保安之，大相視東土洛邑，王其始作民明君矣。 **予惟乙卯，朝至于洛師，** 致政在冬，本其春來至洛衆，說始卜定都之意。〇「予惟乙卯」三句，今文無徵。〇「予惟乙卯，朝至于洛師」者，即召誥云「乙卯，周公朝至于洛」也。詩王風譜疏引鄭云：「我以乙卯日至于洛邑之衆。」案：洛師猶言京師也。 **我卜河朔黎水，我乃卜澗水東、瀍水西，惟洛食；** 我使人卜河北黎水上，不吉。又卜澗、瀍之閒，南近洛，吉。今河南城也。卜必先墨畫龜，然後灼之，兆順食墨。〇「我卜河朔黎水」，今文無徵。「我乃卜澗水東、瀍水西，惟洛食」，今文與古文同。僞孔云「龜兆食墨」，非，見下。〇「我卜河朔黎水」者，書疏引：「顏氏云：『先卜河北黎水者，近於紂都，爲其懷土重遷，故先卜近以悦之。』」用鄭說，義或然也。」河朔，河北也。黎水，未詳。漢黎陽故城，在今河南濬縣東北，但有黎山，無黎水也。〇今文同者，漢書元后傳：「予乃卜波水之北，郎池之南，惟玉食。」倣此文。是今、古文同之證。澗水者，水經云：「澗水出新安縣南白石山，東南入於洛。」注云：「東北流，歷八特阪，今在河南西四十里。周書所謂『我卜澗水東』者是也。」又云：「又案河南有離山水，謂之爲澗水，水西北出離山，東南流，歷郟山於穀城東，而南流注於穀。舊與穀水亂流，南入于洛。或以是水爲周公之所相卜也。」瀍水者，水經云：「出河南穀城縣北山，東與千金渠合。」注云：「周書曰『我卜瀍水西』」，謂斯水也。瀍水又東南流，注於穀。」案：穀城，魏省入河南，亦今河南縣地。王風譜疏引鄭云：「觀召公所卜之處，皆可長久居民，使服田相食。」孫云：「此解經『惟洛食』之義。洪範：『惟辟玉食。』則知『食』爲玉食此土。顏注訓『玉』爲『玉兆』，非。僞孔以爲『龜兆食墨』，不知食墨不必盡吉，且占〔一〕人云：『凡卜，君占體，大夫占色，史占墨，卜人占坼。』此卜作洛，是王之事，宜占體，不宜占墨也。」**我又卜瀍水東，亦惟洛食，伻來以圖，及獻卜。**」今洛陽也。將定下都，遷殷頑民，故并卜之。遣使以所卜地圖及獻所卜吉兆來告成王。○「我又卜瀍水東，亦惟洛食，伻來以圖」，今文與古文同。「及獻卜」，今文無徵。○「我又卜瀍水東，亦惟洛食」者，元后傳：「予又卜金水之南，明堂之西，亦惟玉食。」倣此經文。是今、古文同之證。王風譜疏引鄭云：「瀍水東既成，名曰成周，今洛陽縣是也。召公所卜處，名曰王城，今河南縣是也。」漢書地理志「河南郡」「雒陽縣」：「周公遷殷民，是爲成周。」「河南縣」：「故郟、鄏地，周武王遷九鼎，周公致太平，營以爲都，是爲王城。至平王居之。」孫云：「河南故城，在今河南府城西北二十里。漢洛陽縣在洛北，河南縣在伊北洛南，近洛水，故經云『洛食』也。」江云：「『河朔黎水』及『瀍水東』，乃周公所卜。序云：『召公既相宅，周公往營成周。』是成周非召公所營，則召誥所云『厥既得卜』，止卜王城，未卜成周。鄭以瀍水東與召公所卜處分言之，則亦以瀍水東爲召公所未卜，故知瀍水東是周公所卜也。河朔黎水與瀍水東皆爲遷殷民，卜河朔黎水不吉，故更卜瀍水東也。」○「伻來以圖，及獻卜」者，漢書劉向傳引書曰：「伻來以圖。」孟康注：「伻，使也。使人以圖來示成王，明口說不了，指圖乃了也。」釋詁：「抨，使也。」釋文：「抨，字又作『伻』。」羣經音辨：「『伻』作『平』。」孫云：

〔一〕「占」原誤作「古」，據所引爲周禮占人内容改。

「『了』即『瞭』，假音字。」

王拜手稽首曰：「公不敢不敬天之休，來相宅，其作周匹休。成王尊敬周公，荅其拜手稽首而受其言。述而美之，言公不敢不敬天之美，來相宅，其作周以配天之美。○「公不敢不敬天之休，來相宅」，今文與古文同。「王拜手稽首曰」、「其作周匹休」，今文無徵。○「王拜手稽首」者，孫云：「聘禮：君勞使者及介，君皆荅拜。又曰：大夫入門再拜，君拜其辱。曲禮：大夫、士見於國君，君若迎拜，則還拜，不敢答拜。是君於臣有拜手也。左哀十七年傳：『非天子，寡君無所稽首。』諸侯尚不稽首，王稽首，周公爲太師，盡敬，非常禮也。」今文同者，白虎通京師篇：「聖人承天而制作。尚書曰：『公不敢不敬天之休。』」「來相宅」，今文「宅」皆作「度」，此處疑後人改之，下同。「其作周匹休」者，言作立周邦配天之美命。**公既定宅，伻來來，視予卜休，恒吉。我二人共貞。**言公前已定宅，遣使來，來視我以所卜之美、常吉之居，我與公共正其美。○「伻來來，視予卜休，恒吉」，古文也，今文「伻」作「辨」，「視」作「示」。「公既定宅」、「我二人共貞」，今文無徵。○「公既定宅」者，卜洛之事，公與召公共之，然總其事者，公也。「辨來來，示予卜休，恒吉」者，王應麟藝文志考説漢人引經異字如此。皮云：「伻、平一字。平、辨，一聲之轉。以堯典『平秩』今文作『辨秩』、『平章』今文作『辨章』例之，則作『辨』者是今文。」書疏引鄭云：「『伻來來』者，使二人也。」江云：「使二人者，先後兩遣使也。召公先得卜經營，即當繪圖，發使。及周公至，營成周，卜吉，畫圖，有兼旬之事，周公必先以召公圖、卜獻於王，所後卜吉成周，乃更遣使，故重言『來來』，以見兩遣使之意。」曲禮：「幼子常視毋誑。」鄭注：「視，今之『示』字。」釋詁：「恒，常也。」常者，兩卜皆吉也。「我二人共貞」者，釋文：「貞，馬云：『當也。』」言我與公二人共當其美。**公其以予萬億年敬天之休，**公其當用我萬億年敬天之美。十千爲萬，十萬爲億。言久遠。○「公其以予萬億年敬天之休」，今文無徵。○「公其以予」云云者，釋詁：「以，猶與也。」江云：「詩伐檀傳：『萬萬曰億。』楚語韋昭注：『十萬曰億，古數也。秦乃以萬萬爲億。』是有二說。」詩下武鄭箋：「書曰：『公其以予萬億年。』亦君臣同福禄也。」**拜手稽首誨言。」**成王盡禮致敬於周公，求教誨之言。○「拜手稽首誨言」，今文無徵。○「拜手稽首誨言」者，說文：「誨，曉教也。」敢拜手稽首受公教誨之言。江云：「上『拜手稽首』是史官〔一〕所記，此則成王自道已拜，非有二拜也。」

周公曰：「王肇稱殷禮，祀于新邑，咸秩無文。言王當始舉殷家祭祀，以禮典祀於新邑，皆次秩不在禮文者而祀之。○「王肇稱殷禮，祀于新邑」，古文也，今文「肇」下有「修」字，無「于」字。「咸秩無文」，今文與古文同。○「肇」下有「修」字、無「于」字者，白虎通禮樂篇：「太平乃制禮作樂何？夫禮樂所以防奢淫，天下人民饑寒，何樂之乎？功成作樂，治定制禮。王者始起，何用正民，以爲且用先代之禮樂；天下太平，乃更制作焉。書曰：『肇修稱殷禮，祀新邑。』此言太平去殷禮，必復更制者，示不襲也。」書疏引鄭云：「王者未制禮樂，恒用先王之禮樂。伐紂以來，皆用殷之禮樂，非始成王用之也。周公制禮樂既成，不使成王即用周禮，仍令用殷禮者，欲待明年即政，告神受職，然後班行周禮。班訖，始得用周禮。故告神且用殷禮也。」鄭說與今文義合。釋詁：「肇，始也。」釋言：「稱，舉也。」孫

〔一〕「官」原誤作「公」，據江聲尚書集注音疏改。

云：「大傳云：『周公攝政，六年制禮作樂，七年致政成王。』若然，則此時即致政矣。而鄭云『欲待明年即政』者，此篇末云『王在新邑烝』，漢書律曆志引其文以爲『十二月戊辰晦，周公反政』，是周公反政在是年年終，則成王即政在明年歲首，故云『明年即政』也。」○今文同者，漢書郊祀志：「天子祭天下名山大川，懷柔百神，咸秩無文。」顔注：「秩，序也。舊無禮文者，皆以秩序而祭之。」翟方進傳云：「正天地之位，昭郊宗之禮，定五時廟祧，咸秩無文。」孟康注：「諸廢祀無文籍皆祭之。」風俗通山澤篇：「傳曰：『五嶽視三公，四瀆視諸侯，其餘或伯、或子、或男，大小爲差。』尚書：『咸秩無文。』王者報功，以次秩之，無有文也。」魏封孔羨碑：「秩羣祀于無文。」諸家皆以爲用殷禮之質，故無文。王引之讀「文」爲「紊」，孟以爲諸廢祀，非。**予齊百工，伻從王于周。予惟曰庶有事：**我整齊百官，使從王于周，行其禮典。我惟曰庶幾有善政事。○「予齊百工」三句，今文無徵。○「予齊百工」云云者，「周」謂成周。江云：「有事，祭也。春秋傳曰『天子有事于文、武』，又曰『有事于武宫』是也。言我整齊百官，使從王於洛邑，我惟勉之曰：庶幾得與於祭事。」宗廟之中，以有事爲榮也。**今王即命曰，記功宗，以功作元祀。**今王就行王命於洛邑，曰當記人之功，尊人亦當用功大小爲序，有大功則列爲大祀。謂功施於民者。○「今王即命曰，記功宗，以功作元祀」，今文無徵。○「今王即命曰，記功宗」云云者，釋文：「曰，音越，一音人實反。」是古本作「日」，當從之。江云：「『記』者，書於竹帛，以銘識之。宗，尊也。祭有功臣配食之典，般庚云『兹予大享於先王，爾祖其從與享之』是也。司勳云：『凡有功者，銘書于王之大常，祭于大烝，司勳詔之。』銘書于太常，是記功；祭于大烝，是以功作元祀。與今文證合。言王即命於周之日，惟先記諸有功者尊異之，以其功作元祀。」元，大也。**惟命曰：『汝受命篤弼，丕視功載，乃汝**

其悉自教工。』惟天命我周邦：汝受天命厚矣，當輔大天命，視羣臣有功者記載之，乃汝新即政，其當盡自教衆官，躬化之。○「惟命曰」三句，今文無徵。「乃汝其悉自教工」，今文「教工」作「學功」。書疏引王肅云：「此其盡自教百官，謂正身以先之。」與僞孔「其當盡自教衆官，躬化之」同義，此又僞傳出肅之一證也。○「惟命曰：『汝受命篤弼』」者，江云：「『惟命曰』，詔所祀者以詞。篤，厚。弼，輔也。言立汝之祀者，以汝受命先王厚輔王室故，蓋没者祀而命之，其存者亦豫命以没後之典也。」「丕視功載」者，丕，大也。視，古「示」字。「功載」者，記功之書也。詩傳：「載，識也。」左僖二十六年傳「載在盟府」注：「載，載書也。」言以此載書大示諸臣。「乃汝其悉自學功」者，大傳云：「書曰：『乃女其悉自學功。』悉，盡也。學，效也。傳曰：『當其效功也，於卜洛邑，營成周，改正朔，立宗廟，序祭祀，易犧牲，制禮作樂，一統天下，合和四海，而致諸侯。皆莫不依紳端冕以奉祭祀者，其下莫不自悉以奉其上者，莫不自悉以奉其祭祀者，此之謂也。盡其天下諸侯之志，而效天下諸侯之功也。』」侯康云：「上言『祀於新邑，以功作元祀』，下言『汝其敬識百辟享』，則謂諸侯奉祭祀而效功，與前後義合。」**孺子其朋，孺子其朋，其往。**少子慎其朋黨，少子慎朋黨，戒其自今已往。○「孺子其朋，孺子其朋，其往」，古文也，今文「其往」上有「慎」字。○「其往」上有「慎」字者，後漢爰延傳延上封事曰：「臣聞之，帝左右者，所以咨政德也。故周公戒成王曰『其朋其朋』，言慎所與也。」李注：「尚書周公戒成王曰：『孺子其朋，孺子其朋，慎其往。』」段云：「較今本多『慎』字，足利古本同。楊雄尚書箴：『書稱其朋。』用洛誥，與爰延説同。」皮云：「據爰延説爲『慎所與』，今文尚書當有『慎』字。三國魏志何晏奏曰：『周公戒成王曰「其朋其朋」，言慎所與也。』又蔣濟傳濟上疏曰：『周公輔政，慎於其朋。』皆有『慎』字。」書疏引鄭云：「孺子，幼少之稱。謂成王也。」案：前後稱王，此言孺子，特詔之言年少時，朋從之人，尤宜慎也。**無若火始燄燄，厥攸灼叙，弗其絶。**言朋黨敗俗，所宜禁絶。無令若火始然，燄燄尚微，其所及，灼然有次序，不其絶。事從微至著，防之宜以初。○「無若火始燄燄」，古文「燄燄」作「炎炎」；今文作「炎炎」，一作「庸庸」。「厥攸灼叙，弗其絶」，今文無徵。○古文「燄燄」作「炎炎」者，段云：「炎炎，讀以贍反。左傳：『人之所忌，其氣炎以取之。』杜注引書：『無若火始炎炎。』釋文：『炎，音豔。』正與洛誥釋文『音豔』同。『炎』音豔者，讀爲『爓』也。以廣韻推之，陸法言切韻『爓』音以贍切，『燄』音以冉切，『燄』不音『豔』也。衞包因釋文『音豔』，妄謂炎、燄爲古今字而改之，陳鄂竝改釋文之『炎』爲『燄』。唐石經左傳不誤，今板本亦改作『燄』，蓋不考説文爓、燄各字，妄謂『燄』即『爓』字可音豔耳。集韻五十豔炎、燄爲一字，以贍切，取宋初未改釋文、衞包已改尚書合和爲説也。此可爲未改尚書作『炎』之一證。」今文作「炎炎」者，漢書叙傳：「炎炎燎火，亦允不陽。」「炎炎」二字，用此經文。蓋夏侯本如此。一作「庸庸」者，漢書梅福傳福上書曰：「書曰：『毋若火始庸庸。』勢陵於君，權隆於主，然後防之，亦無及矣。」顔注：「庸庸，微小貌。言火始微小，不早撲滅之，則至熾盛矣。」段云：「炎、庸雙聲，故相通借。」侯康云：「左文十八年傳『閻職』齊世家作『庸職』，説苑復恩篇作『庸織』。『閻』古讀如『豔』。詩小雅『豔妻煽方處』，漢書谷永傳作『閻妻』是也。」○「厥攸灼叙，弗其絶」者，釋文：「『叙』絶句。馬讀『叙』字屬下句。」(今誤作「句字屬下」。)釋詞：「其，語助也。」廣雅釋詁：「灼，爇也。」言火始起雖微，其所延爇，次叙逮及，不可遏絶。孫云：「釋詁：『叙，緒也。』謂火所爇端緒，不可絶。」言戒慎朋從，當如防火。**厥若彝，及撫事，如予，惟以在周工，**其順常道，及撫國事，如我所爲，惟用在周之百官。○「厥若彝」四句，今文無徵。○「厥若彝」云云者，楚詞王注：「撫，循也。」戒成王其順常法，及循故事，如我所爲，惟用在周之官，欲不改其政與其臣也。**往新邑，伻嚮即有僚，明作有功，惇大成裕，汝永有辭。」**往行政化於新邑，當使臣下各嚮就有官，明爲有功，厚大成寬裕之德，則汝長有歎譽之辭於後世。○「往新邑」五句，今文無徵。○「往新邑」云云者，言今王往新邑，惟使諸臣向就有官，思盡其職，顯爲有功，勿怠其事，惇厚廣大以成寬裕之治，則汝永有聞譽之辭於後世矣。段云：「『嚮』當爲『鄉』」，衛包改。」

公曰：「已！汝惟沖子，惟終。已乎！汝惟童子，嗣父祖之位，惟當終其美業。○「公曰：『已！汝惟沖子，惟終』」，今文無徵。○「公曰：『已！汝惟沖子，惟終』」者，已，以大誥例之，今文亦當爲「熙」，歎辭也。言汝惟沖子，即政之始，遇事當思其終，庶幾慎終於始。**汝其敬識百辟享，亦識其有不享，享多儀，儀不及物，惟曰不享。**奉上謂之享。言汝爲王，其當敬識百君諸侯之奉上者，亦識其有違上者，奉上之道多威儀，威儀不及禮物，惟曰不奉上。○「汝其敬識百辟享，亦識其有不享」，今文無徵。「享多儀，儀不及物，惟曰不享」，今文與古文同，一無「惟」字。○「汝其敬識百辟享，亦識其有不享」者，釋詁：「辟，君也。」「享，獻也。」諸侯各君其國，故云百辟。雖同一享，而有不享者，非以物之豐殺爲衡，當各敬心識之。○「享多儀，儀不及物，惟曰不享」者，書疏引鄭云：「朝聘之禮至大，其禮之儀不及物，謂所貢篚者多而威儀簡也，威儀既簡，亦是不享也。」今文同者，漢書郊祀志谷永說上引經曰：「享多儀，儀不及物，惟曰不享。」又永傳載永對曰：「絕卻不享之義。」（古「儀」字。）亦用此經文。一無「惟」字者，鹽鐵論散不足篇：「書曰：『享多儀，儀不及物，曰不享。』」與孟子告子篇引書無「惟」字同。趙岐孟子注云：「享多儀，謂享見之禮多儀法也。物，事也。儀不及事，謂有闕也。」與鄭說大同。經言因助祭而享見，谷永兩引皆就神之享祀言，或今文家有此說。**惟不役志于享，凡民惟曰不享，惟事其爽侮。**言人君惟不役志於奉上，則凡人化之，惟曰不奉上矣。如此則惟政事其差錯侮慢不可治理。○「惟不役志于享」三句，今文無徵。○「惟不役志于享」者，與孟子引書同。言於享獻之事未嘗用心，故孟子謂「其不成享也」。「凡民惟曰不享」云云者，天子以禮飭正諸侯，則自上化下，而民莫敢不敬；果有是不役志於享者，天子不識不言，羣下見之，皆生慢易怠忽之心，凡民聞之，亦惟曰不享可也，如此則事有不爽差侮傷者乎！**乃惟孺子頒，朕不暇聽，朕教汝于棐民彝，**我爲政常若不暇，汝爲小子，當分取我之不暇而行之，聽我教汝於輔民之常而用之。○「乃惟孺子頒」三句，今文無徵。○「乃惟孺子頒」者，說文「頒」作「攽」，云：「分也。从攴分聲。周書曰：『乃惟孺子攽。』」段云：「許所據，壁中故書也。釋文：『頒，馬云：「猶也。」』『猶』下奪文，亦當是『分』字。」朕不暇聽，乃惟孺子頒，此倒裝文法。書疏引鄭云：「成王之才，周公倍之，猶未；而言分者，誘掖之言也。」「朕教汝于棐民彝」者，言我教汝惟在輔民之常法，無他道。**汝乃是不蘉，乃時惟不永哉！**汝乃是不勉爲政，汝是惟不可長哉！欲其必勉爲可長。○「汝乃是不蘉」二句，今文無徵。○「汝乃是不蘉」云云者，釋文：「蘉，馬云：『勉也。』」書疏引鄭同。玉篇苜部「蘉」下云：「周書曰：『汝乃是弗蘉。』」「不」作「弗」。說文無「蘉」字。錢大昕云：「釋詁：『孟，勉也。』爾雅，所以訓釋六經，『孟』之訓『勉』，他未有見。蓋『孟』之古音近芒，洛誥『蘉』字本是『孟』字，故鄭、王、僞孔皆訓『勉』。」江云：「淮南氾論訓『孟卯』戰國策作『芒卯』。」先謙案：「是」者，承上文輔民常法言之，初政以安民爲要，安民惟在以常法輔之，使各守正樂生，不待別求異術，汝若是之不勉，乃是惟不久長哉。**篤叙乃正父，罔不若予，不敢廢乃命。**厚次叙汝正父之道而行之，無不順我所爲，則天下不敢棄汝命，常奉之。○「篤叙乃正父」三句，今文無徵。○「篤叙乃正父」者，咎繇謨：「惇叙九族。」「篤叙」猶「惇叙」也。釋詁「惇」、「篤」皆訓「厚」。正，長也。「正父」蓋父行所尊長者，若曹叔、成叔、康叔、聃季及召、芮、畢、毛之屬皆是。篤叙正父而親之，躬行孝弟以化民，即所以輔民彝也。「罔不若予，不敢廢乃命」者，「罔不若予」與上文「如予」義同，言予之厚叙同族，汝當以爲法，無不若予，則正父諸人皆親睦敬恭，無敢廢棄汝之命。或以無不順我教，臣下自不敢廢汝命；或以爲無不如我正長之官，皆非。**汝往敬哉！茲予其明農哉！彼裕我民，無遠用戾。」**汝往居新邑敬行教化哉！如此，則我其退老，明教農人以義哉！彼天下被寬裕之政，則我民無遠用來。言皆來。○「汝往敬哉」四句，今文無徵。○「汝往敬哉」者，汝往新邑，惟以敬事爲主。「茲予其明農哉」者，將退老也。大傳云：「大夫、士七十而致仕，老於鄉里。大夫爲父師，士爲少師。耰鋤已藏，祈樂已入，歲事已畢，餘子皆入學。距冬至四十五日，始出學傅農事，上老平明坐於右塾，庶老坐於左塾，餘子畢出，然後皆歸。夕亦如之，餘子皆入，父之齒隨行，兄之齒雁行，朋友不相踰，輕任并，重任分，頒白者不提攜，出入皆如之。」書疏略引傳文云：「是教農人以義也。」孫云：「鄭彼注云：『上老，父師也；庶老，少師也。』此大學、小學造人之法。周公致仕，則爲上老，稱父師，故欲明農。」皮云：「孫説過泥。大傳所云父師、少師，乃大夫、士之事，非周公所當爲也。周禮鄉老，二鄉公一人，蓋以三公退老者爲之，屬大司徒，掌教農人之事。周公致政，當爲鄉老，故曰明農。大傳所云，乃推廣言之耳。公即致政，豈得歸鄉里、坐門塾，爲大夫、士之事哉！」「彼裕我民，無遠用戾」者，彼，彼新邑。言新邑之我民，企望恩澤，能於彼寬裕以待之，使咸樂其生，則聞風者無遠皆至矣。

王若曰：「公明保予沖子，成王順周公意，請留之自輔。言公當明安我童子，不可去也。○「王若曰：『公明保予沖子』」，今文無徵。○「王若曰：『公明保予沖子』」者，江云：「此下偁述周公往日居攝之功，非謂自今以後。知者，以下文『明光于上下』云云贊美公德，是謂已然之效。」則此經明保右我沖子，亦指當日言之。**公稱丕顯德，以予小子揚文、武烈，**言公當留，舉大明德，用我小子褒揚文、武之業而奉順天。（四字衍。）○「公稱丕顯德，以予小子」，今文無徵。「揚文、武烈」，今文作「揚文、武之德烈」。○「公稱丕顯德」云云者，說文：「稱，揚也。」「丕顯」猶「不顯」，丕、不皆語詞。釋詁：「烈，業也。」「揚，續也。」言公稱揚前人之顯德，以予小子繼續文、武之德業。餘詳下。**奉荅天命，和恒四方民，居師，**又當奉當天命，以和常四方之民，居處其衆。○「奉荅天命，和恒四方民」，古文也，今文「荅」作「對」，「恒」下多「萬邦」字。「居師」，無徵。○「荅」作「對」、多「萬邦」字者，大傳云：「廟者，貌也。以其貌言之也。宮室中度，衣服中制〔一〕，犧牲中辟，殺者中死，割者中理，搙弁者有文，爨竈者有容，椓杙者有數，太廟之中，縮乎其猶模繡也。天下諸侯之悉來，進受命於周，而退見文、武之尸者，千七百七十三諸侯，皆莫不磬折玉音金聲玉色，然後周公與升歌而弦文、武。諸侯在廟中者，伋然淵其志，和其情，愀然若復見文、武之身。然後曰：『嗟！子乎！此蓋吾先君文、武之風也夫！』及執俎、抗鼎、執刀、執匕者，負廧而歌，憤於其情，發於中而樂節文，故周人追祖文王而宗

〔一〕「制」原誤作「別」，據尚書大傳改。

武王也。是故周書自大誓，就召誥，而盛於洛誥也。故其書曰：『揚文、武之德烈，奉對天命，和恒萬邦四方民。』是以見之也。」鄭注：「辟，法也。『搙弁』或作『振』，非；當言『拚帚』。杙者，繫牲者也。模鏞，言文章之可觀也。模，所椓文章之範。八州州二百一十國，畿内九十三國，此周所因於殷九州諸侯之數。玉音金聲，言宏殺之調也。與諸侯升歌文王、武王之德，又以琴瑟播之。伋，讀曰『播』，播然變動貌。子，成王也。執鼎、俎、刀、匕，卑賤者尚然，而況尊貴者乎！」陳云：「漢書王莽傳：『周公居攝，郊祀后稷，以配天；宗祀文王於明堂，以配上帝。是以四海之内，各以其職來助祭，蓋諸侯千八百矣。』案：周公追祖文王而宗武王，莽仍言宗文王者，蓋公雖已制禮，於時未用，俟成王即政，而後行之。觀此經下文王曰『四方迪亂，未定於宗禮』，謂四方雖進於治，而尚未定宗祀之禮也。篇末云『王在新邑，烝，祭歲，文王騂牛一，武王騂牛一』，乃改殷禮行周禮，與召誥用牲不言色者不同，是祖文宗武在成王即政後舉行益明矣。」「荅」作「對」者，荅、對雙聲字，詩雨無正「聽言則荅」，漢書賈山傳作「聽言則對」，可證荅、對通用。詩箋：「對，配也。」易象傳：「恒，久也。」言上以奉配天命，下以和恒萬邦四方之民，安居其衆。江云：「和則相親。易繫辭：『有親則可久。』是和恒之義也。」釋詁：「師，衆也。」**惇宗將禮，稱秩元祀，咸秩無文。**厚尊大禮，舉秩大祀，皆次秩無禮文而宜在祀典者，凡此待公而行。○「惇宗將禮」，今文無徵。「稱秩元祀，咸秩無文」，今文與古文同。○「惇宗將禮」者，言公惇厚宗尊此大禮也。「稱秩元祀，咸秩無文」者，漢東觀書章帝議增修羣祀詔引經如此。稱，舉也。舉秩大祀，其餘咸次秩之。言敬承公誥，遵行之也。**惟公德明光于上下，勤施于四方，**言公明德光於天地，勤政施於四海，萬邦四夷服仰公德而化之。○「惟公德明光于上下，勤施于四方」，古文也，今文「明光」作「光明」，「施」下無「于」字。

○「明光」作「光明」、「施」下無「于」字者，大傳云：「孔子曰：『吾於洛誥，見周公之德「光明于上下，勤施四方，旁作穆穆」，至于海表，莫敢不來服，莫敢不來享，以勤文王之鮮光，而揚武王之大訓，而天下大治。故曰：「聖之與？聖也。」猶規之相周，矩之相襲也。』」大傳略說載東郊迎日辭曰：「明光于上下，勤施于四方，旁作穆穆。」大戴禮公冠篇同。陳云：「此三句，古有是語，而成王以之贊美周公，謂公德如日月之照臨也。」文選豪士賦序云：「光于四表，德莫富焉。王曰叔父，親莫暱焉。」蒙上文周公言之也。潘勖册魏公九錫文云：「伊尹格于皇天，周公光于四海。」皆用洛誥而竄易其文。

旁作穆穆，迓衡不迷，文、武勤教。四方旁來爲敬敬之道，以迎太平之政，不迷惑於文、武所勤之教。言化洽。○「旁作穆穆」，今文與古文同。「迓衡不迷，文、武勤教」，今文無徵。○「旁作穆穆」者，引見上，揚雄劇秦美新同。段云：「古文例用『方』，今文例用『旁』。古文尚書作『勤施于四方，方作穆穆』，今文作『勤施四旁，旁作穆穆』。」皮云：「段說非也。『四方』者，方面之方，自應作『方』。『旁作』者，旁溥之旁，自應作『旁』。非可以古文作『方』、今文作『旁』例之，謂一皆作『方』、一皆作『旁』也。且四方字屢見經傳，無有作『四旁』者，豈皆古文無今文？抑豈皆後人改之邪？段改『旁作』爲『方作』，以爲古文，失之專輒，亦未可依其說改『四方』爲『四旁』以爲今文也。蔡邕東鼎銘：『勤施八方，旁作穆穆。』又楊公碑：『旁施四方維明。』『方』、『旁』字皆分別甚晰。」釋詁：「穆穆，美也。」「旁作穆穆」者，旁溥爲穆穆之美化也。○「迓衡不迷」者，魏志文帝紀裴注延康元年詔引「御衡不迷」，明「迓」舊作「御」。

文選卷五十二、五十五引鄭云〔一〕：「稱上曰衡。」鄒陽傳：「懸衡天下。」如淳注：「衡，稱之衡。懸法度於其上。」是也。言其稱物如衡，日過萬幾而無所迷惑。皮云：「此句或以舜在旋璣玉衡烈風雷雨不迷比之，公之攝猶舜之攝也。」釋文：「迓，五嫁反。馬、鄭皆音魚據反。」段云：「僞孔訓『迎』，則讀爲『迓』。馬、鄭訓『馭』，讀如字。衛包依孔訓改『御』字作『迓』，開寶改釋文大書作『迓』以合衛本，而小字仍之。不思今音『迓』可五嫁，不可魚據也。」○「文、武勤教」云云者，莊述祖云：「文王之勤，武王之教，皆予沖子早夜敬慎奉祀者也。」江云：「詩六月：『文武吉甫。』崧高：『文武是憲。』傳皆訓爲有文有武，此解當同，言公有文有武，又勤教於下，我沖子安受其成，惟早夜慎其祭祀而已。」於義亦通。**予沖子夙夜毖祀。」**言政化由公而立，我童子徒早起夜寐，慎其祭祀而已。無所能。○「予沖子夙夜毖祀」，今文無徵。○說見上。

王曰：「公功棐迪篤，罔不若時。」公之功輔道我已厚矣，天下無不順而是公之功。○「王曰」三句，今文無徵。○「王曰」云云者，釋詁：「棐，輔。」「迪，道。」「篤，厚。」「若，順。」「時，是也。」言公之功輔道我者厚矣，我無不順是而行。謂無事不敬奉公教。

王曰：「公，予小子其退，即辟于周，命公後。」我小子退坐之後，便就君於周，命立公後，公當留佐我。○「王曰：『公』」五句，今文無徵。○「王曰：『公』」云云者，釋詁：「辟，君也。」言我小子其退，即君位於新邑，

〔一〕「引鄭云」上疑脱「注」字。此引鄭云，非文選所引，而爲文選注引。

我將命公後矣，謂封伯禽也。王意立公後，而留公相王朝也。江云：「左宣三年傳：『成王定鼎于郟、鄏。』蓋在此行，時王城初建，周公欲尊異之於天下，故請成王正王位于新邑，此『即辟于周』是爲有事而特行，定鼎及即政、頒禮樂皆其時之大事，事訖即退居西都也。知者，據周本紀贊云『成王使召公卜居，居九鼎焉，而周復都豐、鎬』是也。」公羊文十三年傳：「封魯公以爲周公也。周公拜乎前，魯公拜乎後，曰：『生以養周公，死以爲周公主。』然則周公之魯乎？曰：不之魯也，封魯公以爲周公主。然則周公曷爲不之魯？欲天下之一乎周也。」何休解詁云：「拜，謂始受封時拜於文王廟也。尚書曰『用命賞于祖』是也。父子俱拜者，明以周公之功封魯公也。生以魯國供養周公，如周公死，當以魯公爲祭祀主。加『曰』者，成王始授其茅土之辭。禮記明堂位曰：『封周公於曲阜，地方七百里，革車千乘。』蓋以有王功，故半天子也。周公聖人，德至厚，功至大，東征則西國怨，西征則東國怨，嫌之魯恐天下回心趣鄉之，故封伯禽，命使遙供養，死則奔喪爲主，所以一天下之心於周室。」說苑敬慎篇：「昔成王封周公，周公辭不受。乃封周公子伯禽於魯。」後漢申屠剛傳剛對策曰：「昔周公先遣伯禽守封於魯，以義割恩，寵不加後。」東觀記曰：「昔周公豫防禍首，先遣伯禽受封於魯，離斷至親，以義割恩，使己尊寵，不加其後。」此皆今文家說，而其義不同。蓋使天下一心於周，又不使伯禽更襲尊寵，兩義皆當有之。皮云：「宋人以『命公後』爲命公留後治雒。史記云：『周公在豐，病，將没。』是公没於豐。漢書杜欽傳：『昔周公雖老，猶在京師。』皆不言留後治雒。且留後乃唐、宋以後官號，三代時無此名，毛奇齡已辨之。」

四方迪亂，未定于宗禮，亦未克敉公功。言四方雖道治，猶未定於尊禮，禮未彰，是亦未能撫順公之大功。明不可以去。○「四方迪亂」三句，今文無徵。○「四方迪亂」云云者，釋詁：「迪，進。」「亂，治也。」言四方雖進於治，尚未定宗禮頌之天下。江云：「『宗禮』，言禮爲天下所宗尊，無敢違倍。故中庸云『非天子，不議禮』是也。」○「亦未克敉公功」者，説文：「敉，撫也。周書曰：『亦未克敉公功。』讀若『弭』。」小祝疏引鄭云：「敉，安也。」廣雅釋詁：「侎，安也。」「侎」即「敉」或字。言公功至大，我亦未能有以撫安之，公不可遽舍而去也。**迪將其後，監我士師工，**公留教道，將助我其今已後之政，監篤我政事衆官。委任之言。○「迪將其後」二句，今文無徵。○「迪將其後」云云者。説文：「將，扶也。」「士，事也。」言公惟當道進扶助於其後，監臨我治事之衆官。**誕保文、武受民，亂爲四輔。**」大安文、武所受之民治之，爲我四維之輔。明當依倚公。○「誕保文、武受民」，今文無徵。「亂爲四輔」，今文當與古文同。○「誕保文、武受民」云云者，大保安我文、武所受於天之民，治爲我之四輔。言留公以此任處之。「誕保文、武受民」與下文言「承保文祖受命民」義同。「亂爲」者，蓋當時有此語，下文「亂爲四方新辟」，句法與此同。今文同者，漢書谷永傳永對曰：「四輔既備，成王靡有過舉。」顔注：「四輔，謂左輔、右弼、前疑、後丞。」下引此經。禮文王世子：「虞、夏、商、周有師、保，有疑、丞，設四輔也。」王莽爲漢設四輔官，自爲太傅，幹四輔之事。漢策莽曰：「四輔之職，三公之任，而公幹之。」蓋用今文之説。大傳云：「古者天子必有四鄰：前曰疑，後曰丞，左曰輔，右曰弼。天子有問無以對，責之疑；可志而不志，責之丞；可正而不正，責之輔；可揚而不揚，責之弼。其爵視卿，其禄視次國之君也。」大戴禮千乘篇：「國有四輔。輔，卿也。卿設於四體。」又保傅篇：「明堂之位曰：『篤仁而好學，多聞而道慎，天子疑則問，應而不窮者，謂之道。道者，導天子以道者也。常立於前，是周公也。誠立而敢斷，輔善而相義者，謂之充。充者，充天子之志者也。常立於左，是太公也。絜廉而切直，匡過而諫邪者，謂之弼。弼者，拂天子之過者也。常立於右，是召公也。博聞彊記，接給而善對者，謂之承。承者，承天子之遺亡者也。常立於後，是史佚也。故成王中立而聽朝，則四聖維之。是以慮無失計，而舉無過事。』」後漢桓郁傳竇憲疏曰：「昔成王幼少，越在襁保，周公在前，史佚在後，太公在左，召公在右，中立聽朝，四聖維之，是以慮無遺計，舉無過事。」皆謂是也。

王曰：「公定，予往已公功肅將祇歡，公留以安定我，我從公言，往至洛邑已矣。公功以進大，天下咸敬樂公功。○「王曰：『公定』」二句，今文無徵。○「王曰：『公定』」者，釋詁：「定，止也。」謂公其留止。「予往已公功肅將祇歡」者，往，謂往日，論語：「往者不可諫」，是往日爲往也。已、目字同，「已」當爲「目」。說文：「肅，持事振敬也。」詩箋：「將，奉也。」釋詁：「祇，敬也。」說文：「歡，喜樂也。」言我往日，以公之功，惟肅以奉之、敬以樂之。

公無困哉，我惟無斁其康事，公勿替刑，四方其世享。」公必留，無去以困我哉。我惟無厭其安天下事，公勿去以廢法，則四方其世世享公之德。○「公無困哉」古文也，今文「哉」作「我」，「無」一作「毋」。「我惟無斁」三句，今文無徵。○「公無困我」者，漢書杜欽傳欽說王鳳曰：「周公雖老，猶在京師，明不離成周，示不忘王室也。書稱：『公無困我。』」續漢祭祀志劉注引東觀書曰：「章帝賜東平憲王蒼書曰：『宜勿隱，思有所承，公無困我。』」「無」一作「毋」者，漢書元后傳王鳳乞骸骨，上報鳳曰：「書不云乎？『公毋困我。』」顏注：「言公必須留京師，毋得遠去，而令我困。」皆用今文。周書祭公解：「王曰：『公毋困我哉。』」兼有「我哉」二字，疑古文。無「我」字，語意不完。○「我惟無斁」云云者，江云：「言我惟無有厭倦，其安事公勿有替廢，俾儀型於四方，其世世享公之德。」

周公拜手稽首曰：「王命予來，承保乃文祖受命民，拜而後言，許成王留。言王命我來，承安汝文德之祖文王所受命之民。是所以不得去。○「周公拜手稽首曰」三句，今文無徵。○「周公拜手稽首曰」云云者，言王命我來，承奉保安文王受命之民也。詩「維天之命」疏引鄭云：「文祖者，周曰明堂，以稱文王，是文王德稱文祖也。」皮云：「鄭注堯典亦云：『文祖者，五府之大名，猶周之明堂也。』鄭以文祖即是明堂，本尚書帝命驗。緯書雖與今文義合，然可以解堯典之『文祖』，不可以解洛誥之『文祖』。唐、虞曰文祖，周曰明堂，公不應近舍周名而遠陳古制。祖文宗武，雖在明堂，然以此經文義論之，與明堂無涉。此云『文祖』，下云『烈考武王』，則文祖即是文王，似不必牽引明堂文祖之解。」先謙案：皮説是。**越乃光烈考武王，弘朕恭。**於汝大業之父武王，大使我恭奉其道。叙成王留己意。○「越乃光烈考武王，弘朕恭」，今文無徵。○「越乃光烈考武王，弘朕恭」者，釋詞：「越，猶及也。」詩雝疏引鄭云：「烈，威也。」莊述祖云：「説文『佚』下云：『古文以爲「訓」字。』尚書當是本作『佚』，後改作『朕』字。」孫云：「釋詁：『弘，大也。』弘佚者，大訓也。大傳有云：『以揚武王之大訓。』莊説是。」段云：「僞孔訓『恭』爲『奉』，則其字本作『共』，衛包改『恭』也。」先謙案：「弘佚共」，倒裝文法，言及汝光烈考武王，共奉其大訓也。作雒本武王之命，故公云然。**孺子來相宅，其大惇典殷獻民，**少子今所以來相宅於洛邑，其大厚行典常於殷賢人。○「孺子來相宅」二句，今文無徵，「宅」當作「度」，「獻」當作「儀」。○「孺子來相宅」云云者，言孺子既來相宅定居於此，其大惇厚典常於殷賢民。皋陶謨：「勑我五典五惇哉」，五典即五常也。庶殷之民中有賢者，厚於五常之性，則我當別異之，使厚者益大歸於厚。今文「宅」爲「度」、「獻」爲「儀」者，以它篇例之當然。**亂爲四方新辟，作周恭先。**言當治理天下，新其政化，爲四方之新君，爲周家見恭敬之王，後世所推先也。○「亂爲四方新辟」二句，今文無徵。○「亂爲四方新辟」云云者，亂，治；辟，君；作，爲也。言出治爲四方之新君，爲周家萬世恭敬之王稱首焉。**曰其自時中乂，萬邦咸休，惟王有成績。**曰其當用是土中爲治，使萬國皆被美德，如此惟王乃有成功。○「曰其自時中乂」三句，今文無徵，「邦」當作「國」。○「曰其自時中乂」云云者，曰，聿；時，是也。聿其自是土中出治，萬邦咸被休美，則惟王其有成功矣。**予旦以多子越御事，篤前人成烈，荅其師，作周孚先。**我旦以衆卿大夫於御治事之臣，厚率行先王成業，當其衆心，爲周家立信者之所推先。○「予旦以多子越御事」四句，今文無徵。○「予旦以多子越御事」云云者，子，男子之美稱。多子，謂衆卿大夫。釋詁：「越，及也。」釋詁：「烈，業。」「師，衆。」「孚，信也。」言予以衆卿大夫及治事諸臣，篤厚前人已成之大業，以荅其衆民之望，爲周家萬民尊信之臣稱首焉。**考朕昭子刑，乃單文祖德。伻來毖殷，乃命寧。**我所成明子法，乃盡文祖之德，謂典禮也。所以君土中，是文、武使己來慎教殷民，乃見命而安之。○「考朕昭子刑」四句，今文無徵。○「考朕昭子刑，乃單文祖德」者，詩「維天之命」疏引鄭云：「成我所用明子之法度者，乃盡明堂之德。明堂者，祀五帝太皞之屬，爲用其法度也。周公制禮六典，就其法度而損益用之。」釋文引馬云：「單，丁但反，信也。」案：釋詁：「考，成。」「刑，法也。」大戴禮盛德篇：「天道不順，生於明堂不飾。故有天災，則飾明堂。」禮月令天子十二月各有所居，所云「青陽左个」至「玄堂右个」，合之一明堂也。天子南面聽天下，順四時之德以出治，是明堂之德也。云「祀五帝」者，月令春帝太皞，夏帝炎帝，中央帝黄帝，秋帝少皞，冬帝顓頊也。「太皞之屬」，五人帝；配明堂五色之帝，即黄神斗、赤熛怒、白招矩、叶光紀、靈威仰之神。孝經云：「宗祀文王於明堂，以配上帝。」禮祭法：「祖文王而宗武王。」鄭彼注云：「祭五帝於明堂。」曰祖、宗，是明堂爲祀五天帝、五人帝而以文、武配食之處，所以祀之者，爲用其法度也。王鳴盛云：「鄭以『周公制禮六典』爲用明堂法度者，太宰掌建六典曰治典、教典、禮典、政典、刑典、事典。盛德篇云：『明堂，天法也；禮度，德法也。所以御民之嗜慾好惡，以順天法也。冢宰以成道，司徒以成德，宗伯以成仁，司馬以成聖，司寇以成義，司空以成禮。六官六政，以御天地人事。』據大傳，居攝六年制禮。而詩斯干疏引鄭志荅趙商、張逸二條，皆謂周公於洛邑建明堂，是制禮用明堂法也。『損益之』者，論語馬注『所損益，謂文質三統』是也。」先謙案：呂覽明理篇高注：「盡，極也。」上文「文祖」鄭釋爲明堂，與此經同。但上「文祖」即是文王，此文不容遠引明堂，轉致文義隔閡。經言成朕所用明子之法度，乃爲盡極文王之德於天下，是此「文祖」仍當訓爲文王，惟所用明子之法度，即指公制禮六典而言，亦即古明堂遺法，不必訓「文祖」爲明堂始爲符契鄭說也。王祖郜云：「馬訓『單』爲『信』者，謂考成明子之法度，乃尊信文祖之至德。則亦以『文祖』爲文王。單、亶字通。詩天保『俾爾單厚』，釋詁某氏注作『亶』。般庚『誕告用亶』，釋文：『馬本作「單」。』詩常棣傳：『亶，信也。』馬讀『單』爲『亶』，故訓爲『信』。」鄭義乃古文異說。馬蓋承用今文說也。○「伻來毖殷，乃命寧」者，「毖」猶「告」也，詳見大誥。言使我來誥告庶殷者，乃命自寧王也。詩何彼穠矣疏引鄭云：「周公謂文王爲寧王，成王亦謂武王爲寧王。此一名二人兼之。」孫云：「謂武王爲寧王，尚書無其文。鄭言此者，周書度邑解云：『武王曰：「我南望過于三塗，我北望過于有嶽丕，顧瞻過于河，宛瞻于伊、洛，無遠天室。」』周本紀：『王曰：「定天保，依天室，悉求夫惡，貶從殷王受。日夜勞來，定我西土，我維顯服，及德方明。自洛汭延于伊汭，居易無固，其有夏之居。我南望三塗，北望嶽鄙，顧詹有河，粤詹雒、伊，無遠天室。」營周居于洛邑而後去。』則營洛乃武王之意，此『毖殷』乃受命於武王也。」先謙案：大誥云：「不可不成乃寧考圖功。』「寧考」實謂武王，武之稱「寧」，尚書未嘗無文，此「寧王」亦自周公稱之，疑鄭說「成王」二字衍。營洛乃武王意，而兼及文王者，文王始受命，故亦推本之。書疏引顧氏云：「文、武使我來慎教殷民，我今受文、武之命以安民也。」訓「寧」爲「安」，不依鄭說。王先惠云：「『乃命寧』當連下『予』字爲句。上文云『亦未克敉公功』，又云『其康事公勿替』；敉、康皆訓『安』，敉公、康公即寧公也。故公承王命以『寧予』爲詞。詩江漢：『釐爾圭瓚，秬鬯一卣，告于文人。』是秬鬯以賜重臣祭神，確有明證。『曰』者王命之詞，兩『予』字、兩『禋』字相應，文義甚順。」**予以秬鬯二卣，曰明禋，拜手稽首休享。**周公攝政七年致太平，以黑黍酒二器，明絜致敬，告文、武以美享，既告而致政，成王留之。本而說之。○「予以秬鬯二卣」三句，今文無徵。○「予以秬鬯二卣」云云者，大宗伯疏及書疏引鄭云：「禋，芬芳之祭。曰明禋者，六典成，祭於明堂，告五帝太皞之屬也。」秬者，說文：「𩰫，黑黍也，一稃〔一〕二米以釀也。」秬，或作字。鬯者，說文：「以秬釀鬱草，芬芳攸服以降神也。」鬱人：「凡祭祀、賓客之祼事，和鬱鬯以實彝而陳之。」先鄭注：「鬱，草名。十葉爲貫，百二十貫爲築，以煮之鐎中，停於祭前。鬱爲草若蘭。」說文同，又云：「一曰：鬱鬯，百草之華，遠方鬱人所貢芳草，合釀之以降神。鬱，今鬱林郡也。」卣者，釋器：「卣，中尊也。」詩江漢：「秬鬯一卣。」「曰明禋」者，大宗伯注：「禋之言煙。周人尚臭。煙，氣之臭聞也。」說文：「禋，絜祀也。」明、絜義近，故絜祀謂之明禋。大宗伯：「以禋祀昊天上帝。」是祀天地之名曰禋。明堂祭五祀之帝，與昊天上帝爲六天，故知明禋爲祭五帝也。五天帝、五人帝，以文、

〔一〕「稃」原誤作「桴」，據說文解字原文改。

武分配之，故秬、鬯各一卣。釋言：「休，慶也。」釋詁：「享，獻也。」拜手稽首而慶獻之。**予不敢宿，則禋于文王、武王。**言我見天下太平，則絜告文、武，不經宿。○「予不敢宿」二句，今文無徵。○「予不敢宿」云云者，書疏引鄭云：「既告明堂，則復禋於文、武之廟，告成洛邑。」詩傳：「一宿曰宿。」不敢宿者，秉心敬將事敏，不敢經宿也。孫云：「周書作雒解有『太廟、宗宮、考宮』，注云：『太廟，后稷廟。二宮，祖考廟、考廟也。』據此，是雒有文王、武王廟。詩清廟序云：『清廟，祀文王也。周公既成洛邑，朝諸侯，率以祀文王焉。』是其事也。不及后稷者，大事格於祖禰，經義皆然，示承先志。」**惠篤叙，無有遘自疾，萬年猒于乃德，殷乃引考。**汝爲政當順典常，厚行之使有次序，無有遇用患疾之道者，則天下萬年猒于汝德，殷乃長成爲周。○「惠篤叙」四句，今文無徵。○「惠篤叙」云云者，釋言：「惠，順也。」「惠篤叙」者，江云：「惠其篤叙正父之道，推以厚叙其臣民也。」釋詁：「遘，遇也。」詩傳：「自，用也。」詩思齊「肆戎疾不殄」傳云：「故今大疾害人者。」「無有遘自疾」，言順施臣民，無有遇用疾害人之政者。釋文引馬云：「猒，飫也。」說文：「猒，飽也。」釋詁：「引，長也。」「考，成也。」萬年飽飫汝德，庶殷乃長有成績矣。**王伻殷乃承叙，萬年其永觀朕子懷德。**王使殷民上下相承有次序，則萬年之道，民其長觀我子孫而歸其德矣。勉使終之。○「王伻殷乃承叙」三句，今文無徵。○「王伻殷乃承叙」云云者，言王使殷承順其叙，將自是萬年其長觀法我周家子孫而懷其德矣。

戊辰，王在新邑，成王既受周公誥，遂就居洛邑，以十二月戊辰晦到。○「戊辰，王在新邑」，今文與古文同。○今文同者，漢書律曆志引如此。（見下。）釋文：「『王在新邑』，馬絕句。鄭讀『王在新邑烝』。」書疏云：「鄭以『烝祭」上屬，『歲文王騂牛一』者，於是成王元年正月朔日，特告文、武封周公也。」段云：「疑釋文『烝』下脱『祭』字。」江云：「冬祭曰烝。據釋天，烝是常祭，不必特記，此以洛邑新成行烝禮，故記之。」**烝祭歲，文王騂牛一，武王騂牛一。王命作册，逸祝册，惟告周公其後。**明月，夏之仲冬，始於新邑烝祭，故曰「烝祭歲」。古者褒德賞功，必於祭日，示不專也。特加文、武各牛，告曰尊周公，立其後爲魯侯。○「烝祭歲」，今文與古文同。「王命作册」，今文「册」作「策」，餘無徵。○今文同、「册」作「策」者，漢書律曆志：「是歲十二月戊辰晦，周公以反政，故洛誥曰：『戊辰，王在新邑，烝祭歲，命作策。惟周公誕保文、武受命，惟七年。』」又云：「成王元年正月己巳朔，此命伯禽俾侯於魯之歲也。」詩維清疏引鄭云：「歲，成王元年正月朔日也。以朝享之後，用二特牛祫祭文王、武王於文王廟，使史佚讀所作册祝之書，告神以周公其宜爲後者。謂將封伯禽也。是非時而特格祖廟，故文、武各特牛也。」孫云：「祭歲，謂歲朝朝享也。詩烈文箋云：『新王即政，必以朝享之禮祭於祖考，告嗣位也。』騂，即説文『觲』字，檀弓：『周人尚赤，牲用騂。』即大傳所云『易犧牲』也。前文不言牲色，蓋稱殷禮，則用白牡矣。爲周公立後必於廟者，祭統云：『古者明君爵有德而禄有功，必賜爵禄於太廟，示不敢專也。』下文云：『王入太室祼〔一〕。』則此當在明堂。明堂亦云文王廟，即謂文祖也。大戴明堂篇云：『或以爲明堂者，文王之廟也。』告嗣位畢，即可以封周公後，蓋一日之事，俱即在明堂。詩維清疏〔二〕

〔一〕「祼」原誤作「裸」，據下經文改。

〔二〕按此引洛誥及鄭注爲詩烈文疏，非詩維清疏。

引洛誥此文及鄭注，而云：『彼言正月朔日，與此祭祖、告嗣位同日事也。此言以朝享之禮，彼言祫祭文、武者，此言即政助祭，是王自祭廟告己嗣位，彼祭文、武，謂告封二公。此二禮必不得同也。何則？身未受位，不可先以封人。明是二者，各自設祭。當是先以朝享之禮徧祭羣廟，以告己嗣位，於祭之末，即敕戒諸侯，事訖，乃更以禮祫祭文、武於文王之廟，以告封周公也。』」「『逸』與『佚』同，『史』其官，偕周公、太公、召公俱爲成王四輔者也。」皮云：「班志所引，乃劉歆三統術。歆以『烝祭歲，命作策』爲一時之事，在攝政七年十二月戊辰晦，伯禽於十二月晦始受策，則是年不得就國，故俾侯于魯在成王元年。劉歆云『成王元年正月己巳朔』者，乃曆家推朔之文。又云伯禽侯魯者，乃舉是年大事以紀歲之法，故云『伯禽俾侯于魯之歲』，非以元年正月己巳朔爲命伯禽俾侯于魯之日也。鄭誤會劉旨，以命伯禽爲即元年正月朔日之事，故以『烝祭』上屬，云：『「歲文王騂牛一」者，歲是成王元年正月朔日，特告文、武封周公也。』茲以經文考之，經云『戊辰』，有日無月，『在十有二月』，有月無年，於末結之曰『惟七年』，則當爲七年十二月戊辰日無疑。古人文法多倒裝，故先日、次月、又次年。『王命周公後』四句，文法一氣，命後作策，文已見前。然封周公乃大事，故又複舉其文，云『王命周公後，作策，逸誥，在十有二月』，謂命後作策在十二月之戊辰日也。而十二月爲七年之十二月，故又總結之曰『惟周公誕保文、武受命，惟七年』。據此文，足知此篇以上皆周公居攝時事，以下則周公致政後事。故下多士篇首即變其文云『周公告商王士。王若曰』，異於前之周公稱王。此古史之文所以簡而明也。若以今人文法例之，則當以『十有二月』列『戊辰』之上，而以『七年』冠於篇首。然尚書二十九篇，惟洪範、金縢篇首冠以年，而年月日不悉具，則古史書事與今人異。鄭以烝祭與歲分爲兩時兩事，作策既屬元年正月，下文何以云『王命周公後，作策，逸告，在十有二月，惟七年』乎？

即以『十有二月，惟七年』屬戊辰烝祭言之，然年月日語氣隔絶，而以次年正月封周公一事横亘於中，首尾決裂。且作策命後已見於前，『王命周公後』二句既不連『在十有二月』言之，無故複舉其文，毫無意義，古史書事，當不若是之拙。如鄭説，非將經文顛倒移易，其義萬不可通。諸家曲通鄭説，然以經文案之，無一通者。釋文云：『「王在新邑」，馬、孔絶句。』是馬同劉説，今文義當如是。僞孔以烝祭與告文、武爲一事，其説較鄭爲優，而以烝祭歲爲十二月之明月，與漢志不合，則亦失之。」先謙案：據漢志劉歆引經，以「烝祭歲」爲句，是今文家舊讀如是。書疏云：「自作新邑以來，未嘗於此祭祀，此歲始於新邑烝祭，故云『烝祭歲』也。周禮大司馬：仲冬教大閲，遂以享烝是也。王者冬祭，必用仲月，此是周之歲首，故云歲耳。」王鳴盛云：「知戊辰是十二月者，以是日烝祭。晏子春秋云：『天子以下至士皆祭以首時。』首時謂孟月也。十二月於周爲季冬，於夏正爲孟冬，是首時也。考春秋隱六年經書『秋七月』，公羊傳云：『此無事，何以書？春秋雖無事，首時過則書。』是首時謂周之孟月。必知晏子所言首時是夏孟月非周孟月者，禮雜記云：『七月而禘。獻子爲之也。』鄭注：『記魯失禮所由也。』魯之宗廟猶以夏之孟月耳。明堂位云：『季夏六月，以禘禮祀周公于太廟。』又春秋桓八年：『春正月己卯烝。』公羊傳云：『譏亟也。』何休注：『亟，數也。屬十二月已烝，今復烝也。』又左桓五年傳云：『始殺而嘗，閉蟄而烝。』是夏之七月、十月，於周爲九月、十二月也。然則四時之祭，皆以夏之孟月。此十二月，正當烝祭之月，故知戊辰是十二月日也。若然，則以戊辰爲晦日，安見其不然乎？劉歆據召誥『三月丙午朏』以推，而云是歲十二月戊辰晦，考伏生大傳『周公攝政，五年營成周，七年致政』，則召誥是攝政五年事，洛誥是七年事。歆以二篇月日爲一年内，誤矣，則其所推，安得不誤？疏以爲冬祭必用仲月，援仲冬大閲享烝爲證，豈知彼注謂是月令季秋祭禽之事，本非大烝之祭也。」先謙案：江聲亦據大傳「周公攝政，五年營成周，七年致政」以爲召誥、洛誥不在一年内，以駁劉歆據「三月丙午朏」推戊辰爲十二月晦之誤，與王説同。但大傳云「四年建侯衛，五年營成周」，封康叔在四年，而康誥篇首已云「周公初基，作新大邑於東國洛」，蓋遷殷民於洛、封康叔於衛，皆一時之事，故建侯衛、營成周，於四、五年連言之，營洛大事，非必經歲即成，公於四、五年定其謀，七年乃蕆其事耳。故周本紀略云：「周公行政七年，成王長，周公反政成王，北面就羣臣之位，成王在豐，使召公復營洛邑，周公卒營築，居九鼎焉，作召誥、洛誥。」是召、洛二誥皆爲七年將致政時所作，史有明徵。大傳云「五年營成周」，未嘗云五年作召誥也。玩二篇文勢相接，不得相隔二年，然則劉據「三月丙午朏」以推戊辰爲十二月晦何嘗誤乎？劉以烝祭歲、命作策爲一時之事，稽合時日，無可疑者。周書小開武解孔注：「四時終則成歲。」釋天孫注：「四時一終曰歲。」行烝祭禮於歲終，故云烝祭歲也。既舉時祭之禮，且以封周公後於魯告文、武之神，作册後命史佚讀册文而已。書疏云「祝」是讀書之名，故云「祝册」。至明年正月即政，始降伯禽侯魯之命，情事至明。皮説精當，惟云伯禽於十二月晦受策，蓋失之。**王賓殺禋咸格，王入太室祼。**王賓異周公，殺牲精意以享文、武，皆至其廟親告也。太室，清廟。祼鬯告神。○「王賓殺禋咸格」二句，今文無徵。○「王賓殺禋咸格」者，江云：「王賓，謂助祭諸侯。郊特牲云：『諸侯爲賓，灌用鬱鬯。』是諸侯有爲賓於天子之義。詩臣工篇，遣助祭諸侯之詩也，鄭箋云：『諸侯來朝天子，有不純臣之義。』是天子於助祭諸侯以賓禮待之，故云王賓。」皮云：「據大傳虞傳云：『尚考大室之義，唐爲虞賓。』此言禹受舜禪，舜爲賓客，而禹爲主人，上考舜受堯禪，唐爲虞賓之故事也。受終在文祖，文祖即周之明堂，中有大室，故曰大室之義。周公攝王，逸周書武王有『兄弟相後』之命，公不受，而復致政，其義同於禪讓，故用禪讓之禮，公居賓位，成王爲主人。王賓即屬周公，受終在明堂，故云『王入太室祼』，正與『尚考太室之義，唐爲虞賓』義同。」先謙案：皮説今文義當如此。殺者，殺牲。殺禋者，江云：「禋之言煙，周人尚臭，殺牲則取膟膋合蕭與黍稷燔之，煙臭旁達，故曰殺禋。」釋詁：「咸，皆。」「格，至也。」言王與賓於殺禋之時，皆至於廟。○「王入太室祼」者，釋文引馬云：「太室，廟中之夾室。」據月令，太室在明堂中央，左青陽、右總章夾之也。蔡邕明堂月令論云：「取其宗祀之貌，則曰清廟；取其堂，則曰明堂。異名而同事，其實一也。」故書疏引王肅云：「太室，清廟中央之室也。」江云：「言祼於殺禋之後，則非祼地降神，乃祼尸也。禮祭統云：『君執圭瓚祼尸。』司尊彝鄭注：『祼謂以圭瓚酌鬱鬯，始獻尸也。』」**王命周公後，作册，逸誥，**王爲册書，使史逸誥伯禽封命之書，皆同在烝祭日，周公拜前，魯公拜後。○「王命周公後，作册，逸誥」，今文無徵。○「王命周公後」云云者，重其事，特復舉之。而書在十有二月者，因上止書戊辰，月不具，互相備也。「作册」今文當爲「作策」。誥者，告神，即上所云「惟告周公其後」也。誥、告字同。大祝：「三曰誥。」杜注「誥，當爲『告』，書亦或爲『告』」是其證也。**在十有二月。惟周公誕保文、武受命，惟七年。**言周公攝政盡此十二月，大安文、武受命之事，惟七年，天下太平。自「戊辰」以下，史所終述。○「在十有二月，惟周公誕保文、武受命，惟七年」，今文與古文同。○「在十有二月」者，漢志引三統術云：「是歲十二月戊辰晦。」是今文有「在十有二月」之證。此文上屬爲義。○「惟周公誕保文、武受命，惟七年」者，漢志載三統術引洛誥文如此。（見上。）言公大保安文、武所受之命，惟七年，乃反政成王也。「誕保文、武受命」與上文「誕保文、武受民」句例同，又云「承保乃文祖受命民」，即其義也。釋文：「『受命』絶句，馬同。惟七年，周公攝政七年，天下太平，馬同。鄭云：

『文王、武王受命及周公居攝皆七年。』」詩文王疏、天官序官疏引鄭云：「文王得赤雀，武王俯取白魚受命，皆七年而崩。及周公攝政，不敢過其數也。」大傳云：「周公七年致政。」禮明堂位、周書明堂解、史記魯世家、漢書律曆志、韓非子說難、淮南齊俗訓皆云周公居攝七年，韓詩外傳云：「周公踐天子之位七年。」說苑尊賢篇：「周公攝天子位七年。」漢書王莽傳：「昔周公奉繼體之嗣，據上公之尊，然猶七年制度乃定。」皆今文說也。皮云：「文王得赤雀，見尚書中候我應，武王俯取白魚，見中候合符后、春秋璇璣鈐、大傳五行傳、史記周本紀、漢書董仲舒、終軍傳、王逸楚辭注，其說略同。論衡初禀篇：『文王得赤雀，武王得白魚、赤烏，儒者論之，以爲雀則文王受命，魚、烏則武王受命。文、武受命於天，天用雀與魚、烏命授之也。天用赤雀命文王，文王不受，天復用魚、烏命武王也。』王充所引，乃今文家博士之說，雖充不取其義，然亦可見今文家說與鄭說同。緯書多同今文之義，鄭據緯書，故同今文說也。中候擿洛戒云：『若稽古周公旦，欽惟皇天順，踐阼即攝，七年歸政於成王，太平制禮作樂而治，鸞鳳見，蓂莢生。』」

尚書孔傳參正二十三

多士第十六　周書　孔氏傳　臣王先謙參正

多士所告者即衆士，故以名篇。○書序：「成周既成，遷殷頑民，周公以王命誥，作多士。」周紀：「成王既遷殷遺民，周公以王命告，作多士、無佚。」今、古文說同。魯世家云：「初，成王少時，病，周公乃自揃其蚤沈之河，以祝於神曰：『王少，未有識，奸神命者乃旦也。』亦藏其策於府。成王病有瘳。及成王用事，人或譖周公，周公奔楚。成王發府，見周公禱書，乃泣，反周公。周公歸，恐成王壯，治有所淫佚，乃作多士、作毋逸。」據此，則是篇作於周公奔楚、成王迎歸之後。俞正燮據左傳魯哀公適楚夢周公祖而行，以證周公有奔楚之事，其說甚塙，餘互見金縢。史公云公恐成王治有所淫佚乃作多士、作毋逸，毋逸誥戒成王，其詞明顯；多士雖誥殷民，篇中嗣王「誕淫厥佚」、天命「不保」諸語，述紂事即以儆成王，故史公云然。

惟三月，周公初於新邑洛，用告商王士。周公致政明年三月，始於新邑洛用王命告商王之衆士。○「惟三月」三句，今文無徵。○「惟三月」云云者，書疏引鄭云：「成王元年三月，周公自王城新往成周之邑，用成王命告殷之衆士以撫安之。」鄭云「元年三月」者，因此篇列洛誥後，事在致政後可知，故以爲慰諭殷民之三月必係成王元年。又鄭不信奔楚之説，直改爲居東，併管蔡流言、成王信讒爲一事，則致政、告多士可以相連而及。今案：奔楚之事，蒙恬傳與魯世家同，史公親問故孔安國載入史記，不得因略似金縢藏策，臆斷以爲無其事。若謂奔楚不可信，豈鄭君於數百年後取金縢、亳姑傳合之文，揉亂事實，改奔楚爲避居東都便可信乎？世家言成王用事，人譖周公，當是即政未久之事。奔楚復反，即使王悔悟至速，亦已隔年，則告商王士，不在元年明矣。成周工竣，方遷殷民，安集之餘，始行誥諭，其間容或稍需時日，以爲必元年事亦未然也。俞樾云：「『王士』二字連文。『王士』之稱，猶周易言『王臣』，春秋書『王人』，傳稱『王官』，其義一也。周書世俘解：『癸丑，薦殷俘王士百人。』此『王士』二字連文之證。」

王若曰：「爾殷遺多士，順其事稱以告殷遺餘衆士。所順在下。○「王若曰：『爾殷遺多士』」，今文無徵。**弗弔旻天，大降喪于殷。**稱天以愍下，言愍道至者，殷道不至，故旻天下喪亡於殷。○「弗弔旻天，大降喪于殷」，今文無徵。○「弗弔旻天，大降喪于殷」者，釋文引馬云：「秋曰旻天。秋氣殺也，方言『降喪』，故稱『旻天』也。」王引之云：「大誥曰『弗弔天』及此『弗弔旻天』，俱當連讀，言此不祥善之旻天也。」詩節南山云「不弔昊天」，箋：「弔，至也；至，猶善也。」左襄十三年傳：「君子以吳爲不弔。」言伐人之喪不祥，即越語云「助天爲虐者不祥」是也。孫云：「漢書五行志載左哀十六年傳『旻天不弔』，應劭注：『旻天不善於魯。』僞傳以『不弔』絶句，解爲『不至』，固不安；翟義傳顔注云『不爲天所弔愍』，亦於文義不協。」皮云：「五經異義今尚書歐陽說：『秋曰旻天。』白虎通四時篇同。說文：『旻，秋天也。虞書曰：「仁覆閔下，則稱旻天。」』所引虞書，蓋即尚書大傳之說。馬亦用今文義。」江云：「馬意上文言三月，是年春建寅之月，而舉秋時之天號，故云言降喪，故有取殺義而稱旻天也。案：詩大、小雅三言『旻天』，『旻天疾威』取威罰之義；於雨無正則云『降喪饑饉』，召旻則云『天篤降喪』，二詩稱『旻天』亦皆言『降喪』，故馬云然。」**我有周佑命，將天明威，**言我有周受天佑助之命，故得奉天明威。○「我有周佑命，將天明威」，今文無徵。○「我有周佑命，將天明威」者，釋詁：「右，勴也。」右、佑同。勴，即助也。言天有命而我有周助天行之。聘禮鄭注云：「將，猶奉也。」**致王罰，勑殷命，終于帝。**天命周致王者之誅罰，王黜殷命，終周於帝王。○「致王罰」三句，今文無徵。○「致王罰」云云者，言致王者之罰，勑正殷命，終于末帝受。據史記本紀，夏、殷皆稱帝，殷紀云：「帝乙崩，子辛立，是爲帝辛。」**肆爾多士，非我小國敢弋殷命，**天佑我，故汝衆士臣服我。弋，取也。非我敢取殷王命，乃天命。○「肆爾多士」二句，今文無徵。○「肆爾多士」者，釋詁：「肆，今也。」呼多士而誥之。「非我小國敢弋殷命」者，釋文：「弋，馬本作『翼』。義同。」書疏云：「鄭、王本『弋』作『翼』。王亦云：『翼，助也。』鄭云：『翼，猶驅也。非我周敢驅取女殷之王命。』」段云：「弋、翼，古音同在第一部。訓『取』者，讀『翼』爲『弋』也。僞孔作『弋』者，因馬、王之說而改經字也。」先謙案：僞傳本出王肅手，於今文注既訓「翼」爲「取」，因徑改古文本作「弋」以助其說也。詩騶虞傳：「虞人翼五豝，以待公之發。」是翼有驅義。江云：「周起於百里，故云『我小國』。」**惟天不畀，允罔固亂，弼我。我其敢求位？**惟天不右與信無堅固治者，故輔佑我。我其敢求天位乎？○「惟天不畀」四句，今文無徵。○「惟天不畀」云云者，釋詁：「畀，予也。」說文：「弼，輔也。」孫云：「釋言：『允，佞也。』論語：『罔之生也幸而免。』何注：『罔，誣罔也。』孔安國論語注：『固，蔽也。』呂覽高注：『亂，惑也。』言惟天所不畀予者，佞罔蔽惑之人，故輔佑我。我其敢求天位乎？」**惟帝不畀，惟我下民秉爲，惟天明畏。**惟天不與紂，惟我周家下民秉心爲我，皆是天明德可畏之效。○「惟帝不畀」三句，今文無徵。○「惟帝不畀」云云者，帝亦天也。釋詁：「秉，執也。」釋文：「畏，一音威。」案：畏、威字同，「明畏」即「明威」也。言惟天帝所不畀者，仍驗之我下民，惟民所秉執所作爲，即知惟天之明威矣。**我聞曰：『上帝引逸。』有夏不適逸則，惟帝降格，**言上天欲民長逸樂，有夏桀爲政不之逸樂，故天下至戒以譴告之。○「我聞曰：『上帝引逸』」，今文與古文同，「逸」一作「佚」。「有夏不適逸則，惟帝降格」，今文無徵。○今文同者，論衡語增篇：「經曰『上帝引逸』，謂虞舜也。舜承安繼治，任賢使能，恭己無爲，而天下治。」「逸」一作「佚」者，論衡自然篇：「天地無爲，至德純渥之人，稟天氣多，故能則天，自然無爲。周公曰：『上帝引佚。』上帝謂舜、禹也。舜、禹承安繼治，任賢使能，恭己無爲，而天下治。」此今文家說也。釋詁：「引，長也。」周公自述所聞之言。上帝，上古之帝者，承安無爲，長久逸樂，君民同享，故知是舜、禹也。「有夏不適逸則」者，廣雅釋言：「適，悟也。」古帝則天無爲，故能引逸；有夏桀不悟引逸則天之道，勞擾衆民，不安其生，惟天帝升降所鑒察也。「格」同「假」，釋詁：「假，升也。」**嚮于時，夏弗克庸帝，大淫泆有辭。**天下至戒，是嚮於時夏，不背棄，桀不能用天戒，大爲過逸之行，有惡辭聞於世。○「嚮于時」三句，今文無徵。○「嚮于時」者，釋文云：「『時夏』絕句。馬以『時』字絕句。」今從之。言天帝降假，未嘗不向於是邦也。「嚮」本當作「鄉」，衛包所改。「夏弗克庸帝」者，桀弗能用帝命也。「大淫泆有辭」者，廣雅釋言：「淫，游也。」衆經音義五引倉頡云：「泆，蕩也。」上言「不適逸則」，謂勞民；至「大淫泆」，則其惡愈著，有罪狀可指說也。釋文：「『泆』音逸，又作『佾』。馬本作『屑』」，云：『過也。』」衆經音義二十三：「佚，古文『泆』，同。」淫、泆皆有「過」義，故馬作「屑」，仍訓爲「過」也。說文：「屑，動作切切也。」方言：「屑，勞也。」孫云：「多方：『紂大淫圖天之命，屑有辭。』與此文相似，則『泆』即『屑』，聲相近之異文也。」**惟時天罔念聞，厥惟廢元命，降致罰，**惟是桀惡有辭，故天無所念聞，言不佑。其惟廢其天命，下致天罰。○「惟時天罔念聞」三句，今文無徵。○「惟時天罔念聞」云云者，言桀自取滅亡，惟時天亦不念聞佑助之，其惟廢黜大命，降致誅罰而已。詩傳：「元，大也。」**乃命爾先祖成湯革夏，俊民甸四方。**天命湯更代夏，用其賢人治四方。○「乃命爾先祖」二句，今文無徵。○「乃命爾先祖」云云者，易雜傳：「革，去故也。」說文：「革，獸皮治去其毛，革更之。」故以革爲更改之義。皋陶謨馬、鄭注：「才德過千人爲俊。」此「俊民」義同。詩傳：「甸，治也。」**自成湯至于帝乙，罔不明德恤祀。**自帝乙以上，無不顯用有德，憂念齊敬，奉其祭祀。言能保宗廟社稷。○「自成湯至于帝乙，罔不明德恤祀」，古文也，今文作「自湯至于帝乙，無不率祀明德」。○「自湯至于帝乙，無不率祀明德」者，魯世家引多士文如此。罔、無，故訓字。釋詁：「率，循也。」循祀神之常典，無敢廢墜，又能自明其德以治民也。帝乙，今文家以爲祖乙，見酒誥疏。據殷本紀，武乙爲偶人，射天，震死，不當謂之「明德恤祀」，故以爲帝乙當是祖乙也。詩文王鄭箋：「殷自紂父之前未喪天下之時，皆能配天而行，故不亡也。」以帝乙爲紂父，此古文說。**亦惟天丕建，保乂有殷，殷王亦罔敢失，帝罔不配天其澤。**湯既革夏，亦惟天大立，安治於殷，殷家諸王，皆能憂念祭祀，無敢失天道者，故無不配天布其德澤。○「亦惟天丕建」三句，今文無徵。「帝罔不配天其澤」，今文與古文同。○「亦惟天丕建」云云者，言亦惟天大建立之，以安治有殷，殷王亦無敢自失。「失」讀曰「泆」。罔敢泆，與下「誕淫厥泆」相對爲文。古「失」與「佚」、「泆」、「逸」並通用。「帝罔不配天其澤」者，魯世家：「帝無不配天者。」史公約舉其文。據此，知「帝」字下屬爲句。「其澤」者，言其帝之世澤皆可配天也。劉云：「董子說三統之前推而遠之稱帝。曲禮：『措之廟，立之主，曰帝。』詩文王：『殷之未喪師，克配上帝。』傳：『帝乙以上也。』」**在今後嗣王，誕罔顯于天，矧曰其有聽念于先王勤家？**後嗣王紂，大無明于天道，行昏虐，天且忽之，況曰其有聽念先祖勤勞國家之事乎？○「在今後嗣王」，今文與古文同。「誕罔顯于天」二句，今文無徵。○今文同者，魯世家作「在今後嗣王紂」。「誕罔顯于天」云云者，言紂大不明於天道，況其能聽念先王勤勞國家之訓乎？**誕淫厥泆，罔顧于天顯民祗。**言紂大過其過，無顧於天，無能明人爲敬，暴亂甚。○「誕淫厥泆，罔顧于天顯民祗」，古文也，今文「泆」作「佚」。○「泆」作「佚」者，魯世家作「誕淫厥佚」。衆經音義二十三：「佚，古文『泆』，同。」淫，過也。紂大過其佚樂，謂無節。史記集解引馬云：「紂大淫樂其逸。」佚、逸字同。「罔顧于天顯民祗」者，魯世家作「不顧天及民之從也」，此史公說經意也。「天顯」者，天之顯道，康誥云「弗念天顯」是也。罔顧天道，是不顧天之從否。釋詁：「祗，敬也。」民敬則服，罔顧民祗，是不顧民之從否也。集解引徐廣曰：「一作『敬之』也。」又引馬云：「無所能顧念於天施顯道於民而敬之也。」「天顯民祗」串說，似非經意。**惟時上帝不保，降若茲大喪。**惟是紂惡，天不安之，故下若此大喪亡之誅。○「惟時上帝不保」二句，今文無徵。**惟天不畀不明厥德，凡四方小大邦喪，罔非有辭于罰。」**惟天不與不明其德者，故凡四方小大國喪滅，無非有辭於天所罰。言皆有闇亂之辭。○「惟天不畀不明厥德」，今文無徵。「凡四方小大邦喪，罔非有辭于罰」，今文當與古文同，「邦」當爲「國」。○「惟天不畀不明厥德」者，言大喪之所以降，由不明其德者，惟天不畀與之也。「凡四方小大邦喪，罔非有辭于罰」者，言不特殷紂爲然，凡四方小大國喪，無非有可誅罰之辭，天不枉罰也。魯世家云：「其民皆可誅。」史公說此經意也。段云：「『其民皆可誅』，即『凡四方小大邦喪，罔非有辭于罰』。」其說是也。（魯世家自「多士稱曰」至「其民皆可誅」，當在「乃作多士、作毋逸」之下，傳寫倒亂。）論衡率性篇：「傳曰：『堯、舜之民可比屋而封，桀、紂之民可比屋而誅。』」引大傳當即此經之義。周書世俘解：「武王遂征四方，凡憝國九十有九國。」孟子滕文公篇：「周公相武王，誅紂伐奄，三年討其君，滅國者五十。」此「四方小大邦喪」之證。

王若曰：「爾殷多士，今惟我周王丕靈，承帝事，周王，文、武也。大神奉天事，言明德恤祀。○「王若曰」四句，今文無徵。○「王若曰」云云者，言爾殷多士敬聽之，今惟我周王大善，承奉上帝之事。詩箋：「靈，善也。」**有命曰：『割殷！』告勑于帝。**天有命，命周割絕殷命，告正於天。謂既克紂，柴於牧野，告天不頓兵傷士。○「有命曰：『割殷！』告勑于帝」，今文無徵。○「有命曰：『割殷』」云云者，「割殷」與湯誓「率割夏邑」同義，謂剝取之。言天有命曰：「汝割取殷邑！」「勑」同「飭」，詩傳云：「正也。」禮大傳：「坶之野，既事而退，柴于上帝。」是武王克殷告祭於天，經云「告勑于帝」，謂此事也。**惟我事不貳適，惟爾王家我適。**言天下事已之我周矣，不貳之佗，惟汝殷王家已之我，不復有變。○「惟我事不貳適」二句，今文無徵。○「惟我事不貳適」云云者，釋詁：「貳，疑也。」江云：「禮雜記鄭注：『適，讀爲「匹敵」之「敵」。』論語里仁篇釋文：『適，鄭本作「敵」。』是古者適、敵同字通用，故以『適』爲『敵』也。」今從之。言惟我周之事順天而動，既封武庚，不有疑貳與爲讎敵之意。今武庚畔，惟爾王家乃與我周爲敵也。**予其曰：惟爾洪無度，我不爾動，自乃邑。**我其曰：惟汝大無法度。謂紂無道。我不先動誅汝，亂從汝邑起。言自招禍。○「予其曰」三句，今文無徵。○「予其曰」云云者，我其曰：惟爾武庚大無法度，我不爾動也，難發自汝邑耳。白虎通京師篇：「天子所都，夏、商曰邑，周曰京師。」此言「自乃邑」，下言「天邑商」，是殷稱邑之證也。王鳴盛云：「孟子引書『臣附于大邑』，周康誥『作新大邑於東國洛』，時未制禮，用先代禮，故仍舊稱也。此篇首言『新邑洛』，下文『朕作大邑於茲洛』，對商士言，如洪範因箕子而稱祀也。」**予亦念天即于殷大戾，肆不正。**」我亦念天就於殷大罪而加誅者，故以紂不能正身念法。○「予亦念天」二句，今文無徵。○「予亦念天」云云者，江云：「大司馬曰：『賊殺其親則正之。』鄭注：『正之者，執而治其罪。』王霸記云：『正，殺之也。』詩傳：『即，就也。』釋詁：『戾，罪也。』『肆，故也。』言予亦念天就於殷降此大罪戾，乃爾王家運命致然，非爾多士之由，故不正爾多士。釋所以不誅而遷之之意。」

王曰：「猷告爾多士，予惟時其遷居西爾，以道告汝衆士，我惟汝未達德義，是以徙居西汝於洛邑教誨汝。○「王曰：『猷告爾多士』」二句，今文無徵。○「王曰：『猷告爾多士』」者，段云：「猷，道也。道，導也。猷告者，導告也。僞傳釋爲『以道告汝衆士』，非。僞周官云『若昔大猷』，正與僞傳出一手。」「予惟時其遷居西爾」者，時，是也。殷民在朝歌地，今遷於成周，是從東北遷於西南，故云「遷居西」。**非我一人奉德不康寧，時惟天命。**我徙汝，非我天子奉德不能使民安之，是惟天命宜然。○「非我一人奉德不康寧」，今文無徵。「時惟天命」，今文作「惟天命元」。○「非我一人奉德不康寧」者，多方云：「非我有周秉德不康寧。」奉，猶秉也。言非我天子秉德不安靜，是惟天命使然。「維天命元」者，漢石經殘碑如此，無下「無違」二字。王鳴盛云：「『无』誤爲『元』，脱『違』字。」段云：「此今文尚書然也。漢石經『無』不作『无』，王説非。」皮云：「『天命元』謂天之元命，上云『厥惟廢元命』，『元命』即『命元』也。」**無違，朕不敢有後，無我怨。**汝無違命，我亦不敢有後誅，汝無怨我。○「無違」、「無我怨」，今文無徵。「朕不敢有後」，今文與古文同。○「無違」云云者，詩傳：「違，去也。」言汝無違去此遷所，我不敢有後命誅責於汝，汝無以遷故而怨我。今文同者，石經殘碑作「朕不敢有」。（下闕。）**惟爾知，惟殷先人，有册有典，殷革夏命。**言汝所親知，殷先世有册書典籍，説殷改夏王命之意。○「惟爾知」四句，今文無徵。○「惟爾知」云云者，言殷革夏命之事，殷之先人册典具在，惟爾所知，非我周刱舉也。説文「册」下云：「象其札一長一短，中有二編之形。」「典」下云：「从册在丌上，尊閣之也。莊都説，典，大册也。」然則典、册總謂書籍之名。**今爾又曰：『夏迪簡在王庭，有服在百僚。』**簡，大也。今汝又曰：「夏之衆士蹈道者，大在殷王庭，有服職在百官。」言見任用。○「今爾又曰」三句，今文無徵。○「今爾又曰」云云者，謂殷士有此怨言。釋詁：「迪，進也。」「服，事也。」「寮，官也。」「僚」同「寮」。詩箋：「簡，擇也。」言殷革夏命，時夏之人有進擇在王庭而大用者，有服事在百官而小用者。舉前事以形周之不用殷士。或謂「迪簡在王庭」是封夏王之後，對滅武庚言。案：武庚叛，誅，不得以此爲周咎，且時已封微子，其説非也。**予一人惟聽用德，肆予敢求爾于天邑商。**言我周亦法殷家，惟聽用有德，故我敢求汝於天邑商，將任用之。○「予一人惟聽用德」，今文無徵。「肆予敢求爾于天邑商」，今文當與古文同。○「予一人惟聽用德」者，廣雅釋詁：「聽，從也。」言我周王非不以用人爲急，惟有德者從而用之。「肆予敢求爾于天邑商」者，肆，故也。故予亦嘗敢旁求爾賢士於商邑，非不留意訪察爾多士，惟無德之患，勿以不用爲患也。「天邑商」者，尊仰之詞。書疏引鄭云：「言天邑商者，亦本天之所建。」詩商頌云「天命玄鳥，降而生商」，又云「帝立子生商」是也。今文當同者，漢班固典引：「革滅天邑。」蔡邕注：「天邑，天子邑也。」「天邑」二字，用此經文。是今、古文同之證。**予惟率肆矜爾，非予罪，時惟天命。**」惟我循殷故事，憐愍汝，故徙教汝，非我罪咎，是惟天命。〇「予惟率肆矜爾」，古文也，今文「肆矜」作「夷憐」。「非予罪，時惟天命」，今文「惟」作「維」。〇「予惟率肆矜爾」者，王引之云：「率，同『聿』，詞也。」左傳杜注：「肆，緩也。」言我惟緩爾之罪，矜爾之愚而已。「肆矜」作「夷憐」者，論衡審虛篇：「人君罪惡初聞之時，怒〔一〕以非之，及其誅之，哀以憐之。故論語曰：『如得其情，則哀憐而勿喜。』紂，至惡也，武王將誅，哀而憐之。故尚書曰：『予惟率夷憐爾。』」段云：「此今文尚書也。夷、肆古音同第十五部，憐、矜古音同第十二部。『矜』從令聲，讀如『鄰』，自誤從今聲，而古音亡矣。」俞樾云：「行夫注：『夷，發聲。』是『夷』乃語詞。『予惟率夷憐爾』者，予惟率憐爾也。率者，用也。詩思文『帝命率育』傳：『率，用也。』今、古文字異義同。『肆』亦語詞，『予惟率肆矜爾』者，予惟率矜爾也。僞傳解『率肆』爲『循殷故事』，失其義矣。凡尚書『肆』字，如『肆予』、『肆女』之類，皆可以語詞讀之。解者或訓爲『陳』，或訓爲『故』，胥失之矣。」先謙案：王、俞說並通。至論衡云「紂，至惡也，武王將誅，哀而憐之」，經言「革殷」，應指武庚，無預

〔一〕「怒」原誤作「恕」，據論衡審虛篇原文正。

紂事，自是屬文之誤。「非予罪，時惟天命」者，言商家之滅，非予罪過，是惟天命使然。爾多士爲爾王家所註誤，其爲周王所矜憐，更不待言矣。今文「惟」作「維」者，石經殘碑作「□□罪，時維天命」。

王曰：「多士！昔朕來自奄，予大降爾四國民命。昔我來從奄，謂先誅三監，後伐奄、淮夷。民命，謂君也。大下汝民命，謂誅四國君。○「王曰：『多士』」，古文也，今文「曰」下多「告爾」字。「昔朕來自奄」二句，今文無徵。○「曰」下多「告爾」字者，石經殘碑作「王曰：『告爾多』」。（下闕。）「昔朕來自奄，予大降爾四國民命」者，說文「奄」作「䣍」，云：「周公所誅䣍國，在魯。」續漢郡國志「魯國，奄國」劉昭注引皇覽曰：「奄里伯公冢在城內祥舍中，民傳言魯五德奄里伯公葬其宅。」周紀正義引括地志云：「兗州府曲阜縣奄里，即奄國之地也。」案：曲阜，今山東兗州府屬縣。史記集解引鄭云：「奄國在淮夷之北。」與說文、皇覽不同。淮夷北境，亦即魯七百里之地也。「來自奄」者，謂攝政誅管、蔡，踐奄時事。「四國」者，管、蔡、商、奄。大降爾民命者，謂我大下教命於汝四國民也。多方云：「王來自奄，至于宗周，周公以王命告四國多方曰：『我惟大降爾命。』」又云：「我惟大降爾四國民命。」與此同也。孫云：「書序：『成王東伐淮夷，遂踐奄，作成王征。成王既踐奄，遷其君于薄姑。周公告召公，作將薄姑。成王歸自奄，在宗周，作多方。』書疏引鄭云：『此伐淮夷與踐奄，是攝政三年伐管、蔡時事。其編篇於此，未聞。』謂編在多士、無逸、君奭之後也。案：周紀：『召公爲保，周公爲師，東伐淮夷，踐奄。』亦在多士、無逸之後，與上文周公奉成王命伐誅武庚、管叔，放蔡叔不同時。誅管、蔡在攝政時，踐奄在七年歸政後，蓋史公用孔安國古文說。管、蔡流言，周公不避居，而以成王命伐誅武庚及三監。及七年反政，有譖公者，成王疑之，公乃奔楚。成王開金縢，悟，迎周公歸，乃作多士、無逸。

管、蔡流言時，奄君亦與知，尚書大傳載其事，其時未及誅奄君，及反政後，又有譖公者，當即奄君。故蒙恬云：『殺言之者，而反周公旦。』當謂成王踐奄也。若大傳云：『二年克殷，三年踐奄。』則踐奄者周公，與書序所言『成王征』及『成王歸自奄』不合。此今文異說。且大傳有揜誥在君奭後，百篇之序所無，疑『揜』即『奄』也。王應麟以爲即成王征。案：奄既滅於攝政三年，此時又何誥？俱不可解。經言『大降爾四國民命』，疑即揜誥。」皮云：「孫説非也。伐奄非一次，一是周公踐奄，見大傳；一是成王踐奄，見史記。伏生、史公各載其一，大傳不及成王踐奄，史公不言周公踐奄，文不備耳，非因一事而訛傳重出也。此云『昔朕來自奄』，乃公自言三年踐奄之事。周公雖代王言，亦可自述己事。史記引書序説多士在成王踐奄前，若屬成王踐奄，公不應豫言後來之事，又不當云『昔朕來自奄』也。僞孔傳云：『奄再叛再征。』考之經文，其説不誤。帝王世紀云：『王既營都洛邑，復居酆、鎬，淮夷、徐戎及商、奄又叛，王乃大蒐於岐陽，東伐淮夷。』云奄又叛，與僞孔義同。僞孔傳即王肅與皇甫謐等爲之，而此條實有據，本之今文家説。鄭誤合爲一，故云『編篇未聞』。經云『昔朕來自奄』，爲公追述三年踐奄；『予大降爾四國民命』，四國爲管、蔡、商、奄。詩破斧毛傳云：『四國：管、蔡、商、奄。』是毛公亦謂東征曾踐奄，與大傳今文合。孫傅會以爲譖周公即奄君，降四國民命即揜誥，説皆無據。且大傳明云踐奄謂殺其身，孫既引大傳管、蔡流言，奄君與知，又云其時未及誅奄君，明背大傳之文，安得反以大傳爲異説乎！大傳云『奄君薄姑』，史記云『遷其君薄姑』，疑前之奄君名薄姑，後之奄君遷於薄姑，其地即蒲姑，左傳所謂『蒲姑商奄』者，人名、地名不妨相同。鄭疑薄姑非奄君名，江聲疑書序『將遷其君于蒲姑』『于』字當衍，皆未知其一人名、一地名也。周公誅奄君薄姑，蓋不滅其國，誅君之子不立，後之君奄者或亦薄姑之族，今見周遷殷士，疑懼再叛，成王再踐奄而遷其君。故多士與將蒲姑篇次相連也。」先謙案：周公、成王各有踐奄之舉，皮說最塙。皇覽云奄在曲阜，是奄即魯矣。周以魯封周公，此時不應尚爲奄據。鄭云在淮夷北境，較爲得之。**我乃明致天罰，移爾遐逖，比事臣我宗多遜。」**四國君叛逆，我下其命，乃所以明致天罰，今移徙汝於洛邑，使汝遠於惡俗，比近臣我宗周，多爲順道。○「我乃明致天罰」三句，今文無徵。○「我乃明致天罰」云云者，「移」同「迻」。說文：「遷，徙也。」釋詁：「遐、逷，遠也。」說文：「逖，遠也。」古文作「逷」。「逖」本作「逷」，衛包改之，見牧誓。廣雅釋詁：「比，近也。」釋詁：「宗，尊也。」言我乃明致天之罰於四國之君，移爾新邑，遠於故土，比近臣事以我爲尊，多遜順不背叛也。段云：「遜，壁中故書當作『愻』。」先謙案：今文「遜」當作「訓」，釋爲「順」，說詳康誥，下同。

王曰：「告爾殷多士，今予惟不爾殺，予惟時命有申。所以徙汝，是我不欲殺汝，故惟是教命申戒之。○「王曰」四句，今文無徵。○「王曰」云云者，釋詁：「時，是也。」「申，重也。」言予惟不忍殺汝，恐汝復陷罪戾，故重命汝。江云：「前歸自奄大降爾命，故此爲重命也。」**今朕作大邑于茲洛，予惟四方罔攸賓，**今我作此洛邑，以待四方，無有遠近，無所賓外。○「今朕作大邑于茲洛，予惟四方罔攸賓」，古文也，今文「洛」作「雒」，「惟」作「維」。○「洛」作「雒」者，石經殘碑作（上厥。）「茲雒」。段云：「漢人不以避諱改經字，一字石經雖亡，而多士篇『雒』字兩見，可知伏生經文作『雒』，不以火行忌水之故擅改經文也。」「惟」作「維」者，石經殘碑作「予維四方罔攸賓」。（今鈔本、刻本皆作「責」，顧廣圻：「據漢隸字原作『賔』，即『賓』字也。」）釋文引馬云：「賓，卻也。」據此，馬讀「賓」爲「擯」，言我作大邑於此洛汭之地，以四方來者道里均，我惟四方無所擯卻也。戰國策蘇秦說趙王曰「六國從親以擯秦」，史記蘇秦傳

「擯」作「賓」，是賓、擯古字通。**亦惟爾多士，攸服奔走臣我，多遜。**非但待四方，亦惟汝衆士，所當服行奔走，臣我，多爲順事。○「亦惟爾多士，攸服奔走臣我，多遜」，古文也，今文「惟」作「維」。○「惟」作「維」者，石經殘碑作「亦維爾」。（下闕。）釋詁：「服，事也。」言我於四方無所擯卻，豈擯卻爾多士乎？亦惟爾多士，所有事奔走以臣於我者，多能奉順耳。**爾乃尚有爾土，爾乃尚寧幹止。**汝多爲順事，乃庶幾還有汝本土，乃庶幾安汝故事止居。以反所生誘之。○「爾乃尚有爾土」二句，今文無徵。○「爾乃尚有爾土」云云者，廣雅釋詁：「幹，事也。」「止，居也。」「幹」當爲「榦」。言爾乃庶幾得有爾土，爾乃庶幾安其事業與居止。**爾克敬，天惟畀矜爾；**汝能敬行順事，則爲天所與，爲天所憐。○「爾克敬」三句，今文無徵。○「爾克敬，天惟畀矜爾」者，以上文「予惟率肆矜爾」例之，此「矜」今文亦當作「憐」。**爾不克敬，爾不啻不有爾土，予亦致天之罰于爾躬。**汝不能敬順，其罰深重，不但不得還本土而已，我亦致天罰於汝身。言刑殺。○「爾不克敬」三句，今文無徵。○「爾不克敬」云云者，釋文：「啻，徐本作『翅』。音同。下篇放此。」無逸「不啻不敢含怒」鄭注云「不但不敢含怒」，是「啻」訓「但」也。此與上文「有爾土」皆謂遷洛後所畀多士之土，僞傳云「還本土」，非。**今爾惟時宅爾邑，繼爾居，爾厥有幹有年于茲洛，**今汝惟是敬順居汝邑，繼汝所當居爲，則汝其有安事、有豐年於此洛邑。言由洛修善，得還本土，有幹有年。○「今爾惟時宅爾邑，繼爾居」，今文無徵。「爾厥有幹有年于茲洛」，今文「洛」作「雒」。○「今爾惟時宅爾邑，繼爾居」者，以今文例之，「宅」

當作「度」。江云：「『宅爾邑』謂安其居處，則『繼爾居』不得復謂居處。蓋言繼爾所居之業。易文言象〔二〕：『修詞立其誠，所以居業也。』是業可言居。詩蟋蟀：『職思其居。』亦謂所爲之事爲居也。」今文「洛」作「雒」者，石經殘碑作「（上闕。）有年于茲雒」。言汝其有事業、有長年於茲雒邑也。**爾小子乃興，從爾遷。」**汝能敬，則子孫乃起，從汝化而遷善。○「爾小子乃興，從爾遷」，今文與古文同。○今文同者，石經殘碑如此。「小子」謂子孫，與酒誥「我民迪小子」同義。言爾子孫乃由此興盛，是從爾遷始也。

王曰，又曰：「時予乃或言，爾攸居！」言汝衆士，當是我勿非我也。我乃有教誨之言，則汝所當居行。○「王曰」，今文與古文同。「又曰」三句，今文無徵。○今文同者，石經殘碑作「王」。（下闕。）「又曰」者，江云：「上有脱文。此篇文體與多方相似，多方末云『王曰：「我不惟多誥，我惟祗告爾命。」』乃更云『又曰』。此篇『王曰』下，當亦別有一二語而後稱『又曰』。今此不然，故疑有脱文。」「時予乃或言，爾攸居」者，論語鄭注：「『或』之言『有』也。」言今時予乃有言告汝，汝其安所居哉！

〔二〕「象」字疑衍。

尚書孔傳參正二十四

無逸第十七　周書　孔氏傳　臣王先謙參正

無逸成王即政，恐其逸豫，本以所戒名篇。○無逸爲周公作，周紀、魯世家同，説見多士。今文「無」作「毋」，見魯世家，云「作毋逸」；又作「亡」，見漢書梅福傳，福上書曰：「留意亡逸之戒。」「逸」作「佚」，見周紀，云「作無佚」，大傳同，又作「劮」，見漢石經殘碑，云「毋劮于遊田」，皆三家尚書異文。王應麟困學紀聞云：「『無逸』大傳作『毋佚』。」毋者，禁止之詞，其義尤切。段云：「石經作『劮』，蓋蔡邕斟酌古今而爲此字。」

周公曰：「嗚呼！君子所其無逸。歎美君子之道，所在念德，其無逸豫。君子且猶然，況王者乎？○「周公曰：『嗚呼！君子所其無逸』」，古文也，今文「嗚呼」作「於戲」，「無逸」作「毋佚」。○「嗚呼」作「於戲」者，石經於篇末「公曰：『嗚呼』」作「於戲」，此亦當同，下不復出。「無逸」作「毋佚」者，論衡儒增篇：「尚書毋佚曰：『君子所其毋佚。先知稼嗇之艱難乃佚。』人之筋骨，非木非石，不能不解。故張而不弛，文王不爲；弛而不張，文王不行；一弛一張，文王以爲當。」書疏引鄭云：「嗚呼者，將戒成王，欲求以深感動之。君子，謂在官長者。所，猶處也，君子處位爲政，其無自逸豫也。」據鄭本，古文作「嗚呼」。張謂勤勞，弛謂逸豫。**先知稼穡之艱難乃逸，則知小人之依，**稼穡農夫之艱難，事先知之，乃謀逸豫，則知小人之所依怙。○「先知稼穡之艱難乃逸」，古文也，今文「穡」作「嗇」，「逸」作「佚」。「則知小人之依」，今文無徵。○「先知稼嗇之艱難乃佚」者，論衡儒增篇引如此。（見上。）先知乃佚，與一張一弛義合，謂先勞後逸，習之然後知之也。「則知小民之依」者，言小民依賴惟在稼穡也。**相小人，厥父母勤勞稼穡，厥子乃不知稼穡之艱難**視小人不孝者，其父母躬勤艱難，而子乃不知其勞。○「相小人，厥父母勤勞稼穡，厥子乃不知稼穡之艱難」，古文也，今文「穡」並作「嗇」。○「穡」作「嗇」者，漢石經殘碑作「（上闕。）稼嗇之艱難」，以此推之，上句「穡」字亦當作「嗇」。言視彼小民，其父母勤勞刱業，其子孫安享其成，乃不知先艱難後佚豫之義。**乃逸，乃諺既誕，否則侮厥父母，曰：『昔之人無聞知。』」**小人之子既不知父母之勞，乃爲逸豫遊戲及叛諺不恭，已欺誕父母；不欺，則輕侮其父母曰：「古老之人無所聞知。」○「乃逸，乃諺既誕，否則侮厥父母，曰：『昔之人無聞知』」，古文也，今文「逸」作「劮」，「諺」作「憲」，「誕」作「延」，「否」作「丕」。○「逸」作「劮」云云者，石經殘碑作「乃劮，乃憲既延，丕則侮厥」，（下闕。）案：「乃劮」二字上屬爲義，「不知稼穡之艱難乃逸」，與上文「先知稼穡之艱難乃逸」反對成義。「乃憲既延」者，謂其父母之憲法至延長。「否」作「丕」者，「丕」即「丕」字，詞也。言侮慢其父母，反謂昔人無聞知。據石經，知否、丕字同，可爲下文兩「否則」即「丕則」之證。魯世家云：「毋逸稱：『爲人父母，爲業至長久，子孫驕奢忘之，以亡其家。爲人子可不慎乎！」」正說此經之義，「爲業至長久」即經之「乃憲既延」也，「子孫驕奢忘之，以亡其家」即經之「丕則侮厥父母，曰：『昔之人無聞知』」，此今文義也。段云：「今本作『諺』，非也。僞傳『叛諺不恭』，疏云：『論語：「由也諺。」諺則叛諺。』案：論語『由也喭』字从口，集解引鄭云：『子路之行，失於⿰口反喭也。』釋文：『⿰口反，普半反。本一作「畔」。』今本釋文改大書『⿰口反』字爲『叛』，邢昺則依陸所見別本作『畔喭』。此經文改『喭』爲『諺』，傳、疏改『⿰口反喭』爲『叛諺』，蓋始於衛包誤認『喭』、『諺』爲古今字也。『⿰口反喭』二字，在漢人當是常語。論語王弼注：『喭，剛猛也。』剛猛與不恭義略同，史記仲尼弟子傳正義：『喭，音岸。』則尚書亦宜音岸，宋刊釋文云：『諺，五旦反。』韻書『諺』無五旦反之音，蓋唐初經文作『喭』，故音五旦反；天寶改『喭』爲『諺』，至開寶又改釋文之『喭』爲『諺』，而『五旦』之音未改，刊注疏者改爲『魚戰』，通志堂刊釋文改作『魚變』，而此字之本作『喭』無可考矣。此原委井然可言者。」

周公曰：「嗚呼！我聞曰：昔在殷王中宗，大戊也。殷家中世尊其德，故稱宗。○「周公曰：『嗚呼』」，今文作「於戲」。「我聞曰：昔在殷王中宗」，今文當作「其在中宗」，在「肆太宗饗國三十三年」句下。○今文作「其在中宗」者，說見下。漢石經殘碑作「（上闕。）中宗」。魯世家云「故昔在殷王中宗」，直接「可不慎乎」句，乃後人用古文尚書改之。殷本紀：「帝太戊立，殷復興，諸侯歸之，故稱中宗。」五經異義：「詩魯說：丞相匡衡以爲殷中宗、周成、宣王皆以時毀；古文尚書說：經稱中宗，明其廟宗而不毀。」許君案：「春秋公羊御史大夫貢禹說：『王者宗有德，廟不毀，宗而復毀，非尊德之義。』」鄭從而不駁。皮云：「古文尚書說中宗不毀，則今文尚書說當爲中宗亦以時毁可知。匡治齊詩，異義引作魯説，蓋齊、魯同義，三家詩多與今文尚書合也。漢書韋玄成傳王舜、劉歆議云：「又説中宗、高宗者，宗其道而毁其廟。名與實異，非尊德貴功之意也。」古文尚書説蓋即出於劉歆，劉歆又出於貢禹。」詩商頌疏引鄭云：「中宗，謂大戊也。」**嚴恭寅畏，天命自度，**言大戊嚴恪恭敬，畏天命用法度。○「嚴恭寅畏，天命自度」，今文與古文同，「度」一作「亮」。○今文同者，魯世家作「嚴恭敬畏，天命自度」，寅、敬，故訓字，如「寅賓」、「寅餞」、「寅」皆作「敬」之例。江云：「『嚴恭』在貌，『寅畏』在心，表裏純一也。」「天命自度」者，圖度天命，敬畏之實也。「度」一作「亮」者，石經殘碑作「嚴恭寅畏，天命自亮」。段云：「『度』與『亮』，音不相涉，『亮』與『量』音同，『自量』猶『自度』也。」孫云：「釋詁：『亮，信也。』言以天命自信。」釋文：「嚴，馬作『儼』。」案：嚴、儼古通。**治民祗懼，不敢荒寧。**爲政敬身畏懼，不敢荒怠自安。○「治民祗懼，不敢荒寧」，古文也，今文「祗」作「震」，「治」作「以」。○「祗」作「震」者，魯世家作「治民震懼，不敢荒寧」，集解引馬云：「知民之勞苦，不敢荒廢自安也。」段云：「祗、震異部而音轉最近，如臯陶謨『祗敬』夏本紀作『振』，般庚『震動』漢石經作『祗』，粊誓『祗復之』魯世家作『振』，皆是也。」「治」作「以」者，石經殘碑作「以民祗懼」，（下闕。）三家文異。江云：「『以』訓『用』，言用民常敬懼。」**肆中宗之享國，七十有五年。**以敬畏之，故得壽考之福。○「肆中宗之享國，七十有五年」，古文也，今文無「之」字，「有」字，「享」作「饗」。○無「之」、「有」字，「享」作「饗」者，魯世家作「故中宗饗國，七十五年」，「享」作「饗」，與石經同。**其在高宗時，舊勞于外，爰暨小人。**武丁，其父小乙使之久居民間，勞是稼穡，與小人出入同事。○「其在高宗時，舊勞于外，爰暨小人」，古文也，今文無「時」字，「舊」作「久」，「爰」作「爲」。○無「時」字云云者，魯世家作「其在高宗，久勞于外，爲與小人」。「久勞于外」者，舊、久義同。續漢祭祀志注引東觀書云：「高宗久勞，猶爲中興。」敦煌長史武斑碑云：「久勞于外。」與史記合，是今文作「久」之證。「爲與小人」者，爲小人之事，與小人相偕也。暨、與，故訓字。史記集解引馬云：「武丁爲太子時，其父小乙使行役，有所勞役于外，與小人從事，知小人艱難勞苦也。」集解：「詩商頌疏引鄭云：『舊，猶久也。爰，于。暨，與也。武丁爲太子時，殷道衰，爲其父小乙將師役于外，與小人之故，言知其憂勞也。』」殷本紀：「武丁修政行德，天下咸驩，殷道復興。帝武丁崩，帝祖庚立。祖已嘉武丁之以祥雉爲德，立其廟爲高宗。」鄭詩譜云：「後有高宗者，舊勞于外。」蓋删去「時」字。中論云：「其在高宗，寔舊勞于外。」讀「時」爲「寔」，下屬。**作其即位，乃或亮陰，三年不言。**武丁起其即王位，則小乙死，乃有信默，三年不言。言孝行著。○「作其即位，乃或亮陰，三年不言」，古文也，今文「或」作「有」，「亮陰」作「亮闇」，一作「諒闇」，一作「諒陰」，一作「涼陰」，一作「梁闇」。僞傳用馬說，見下。○「或」作「有」、「亮陰」作「亮闇」者，魯世家云：「作其即位，乃有亮闇，三年不言。」今文「或」作「有」，古或、有字通。集解引馬云：「亮，信也；陰，默也。爲聽於冢宰，信默而不言。」一作「諒闇」者，春秋繁露云：「先王之制，有大喪者三年不呼其門，順其志之不在事也。書曰：『高宗諒闇，三年不言。』居喪之義也。」禮喪服四制云：「書曰：『高宗諒闇，三年不言。』善之也。」白虎通爵篇：「尚書曰：『高宗諒闇三年』是也。論語曰：『君薨，百官總己聽於冢宰三年。』緣孝子之心，則三年不忍當，故三年除喪，乃即位統事，即位踐阼爲主，南面朝臣下，稱王以發號令也。故天子、諸侯，凡三年即位，終始之義乃備。所以諒闇三年，卒孝子之道也。」又四時篇：「尚書曰：『諒闇三年。』」公羊文九年傳注：「子張曰：『書云：「高宗諒闇。」』」漢書王吉傳：「臣聞：『高宗諒闇，三年不言。』」後漢濟北惠王傳：「諒闇已來，二十八月。」景君碑：「諒闇沈思。」鄭詩譜亦作「諒闇」。一作「諒陰」者，論語子張曰：「書云：『高宗諒陰。』」論衡儒增篇：「高宗諒陰三年。」後漢魯恭傳云：「諒陰三年。」一作「涼陰」者，漢書五行志：「殷道既衰，高宗承敝而起，盡涼陰之哀，天下應之。」顔注：「涼，讀曰『諒』。一説，涼陰謂居喪之廬也。謂三年處於廬中不言。」一作「梁闇」者，大傳云：「書曰：『高宗梁闇，三年不言。』何謂梁闇也？傳曰：『高宗居倚廬，三年不言，百官總己聽於家宰而莫之違。』此之謂梁闇。」又曰：「高宗有親喪，居廬三年，然未嘗言國事，而天下無背叛之心者，何也？及其爲太子之時，盡以知天下人民之所好惡，是以雖不言國事也，知天下無背叛之心。」左隱元年疏、史記集解引鄭云：「作，起也。諒闇轉作梁闇，楣謂之梁，闇謂廬也。小乙崩，武丁立，憂喪三年之禮，居倚廬柱楣，不言政事。」案：鄭讀「諒」爲「梁」，用伏義也。鄭又注禮記云：「『諒』古作『梁』，楣謂之梁。『闇』讀如『鶉鵪』之『鵪』，謂廬也。」其義亦同。段云：「諒、亮、涼、梁，古四字同音，不分平仄。陰、闇，古二字同音，在侵韻，不分侵、覃。大傳釋梁闇爲居廬，鄭注：『「闇」讀如「鶉鵪」之「鵪」，謂廬也。』其注禮記、尚書皆用大傳説。上字讀爲『梁』，『讀爲』者，易其字也；下字讀如『鵪』，『讀如』者，釋其音也。大雅『涼彼武王』韓詩作『亮』。白虎通釋『禪於梁甫』之義云：『梁，信也。』然則古同音通用之法可見矣。」皮云：「同音通用，段説得之。而尚書之義，當本作『梁闇』，大傳用其本字，其或作『諒』、『亮』、『涼』，或作『陰』者，字之叚借也。喪服傳：『居倚廬，寢苫枕塊。』又云：『既虞，翦屏柱楣。』鄭云：『楣謂之梁。』是梁闇者，倚廬而柱楣者也。父母之喪，無貴賤，一也。蓋古天子至士，喪禮皆同其制。漢人舊説皆以梁闇爲居喪，馬解爲信默，則認叚借之字爲本字矣。」**其惟不言，言乃雍，不敢荒寧。**在喪，則其惟不言。喪畢，發言則天下和。亦法中宗，不敢荒怠自安。○「其惟不言，言乃雍」，古文也，今文無「其惟不言」，「雍」作「讙」。「不敢荒寧」，今文與古文同。○「其惟不言，言乃雍」者，書疏引鄭云：「其不言之時，時有所言，則羣臣皆和諧。」今文無「其惟不言」者，魯世家、大傳、論語憲問篇、禮檀弓、喪服四制、論衡儒增篇「三年不言」下，皆無此四字，是今文無之。以文義論，古文亦不當有。禮坊記引：「高宗云：『三年其惟不言，言乃讙。』」鄭注：「高宗，殷王武丁也，名篇，在尚書。」案：書序有高宗之訓，高宗即高宗之訓也。據鄭説，則「三年其惟不言」在逸書高宗篇，非毋佚篇文。蓋毋佚篇「三年不言，言乃讙」，高宗篇「三年其惟不言，言乃讙」，皆不作「三年不言，其惟不言」也。「雍」作「讙」者，魯世家、檀弓、坊記引皆作「言乃讙」。段云：「史記作『讙』，今文尚書也。禮記與今文尚書合，然則今文不盡非，古文不盡是，於此可見。王肅自定家語，亦作『讙』，注云：『尚書作「雍」。』蓋以古文正今文也。」皮云：「史記集解引鄭云：『讙，喜悦也。言乃喜悦，則民臣望其言久矣。』鄭注檀弓同，又注坊記云：『「讙」當爲「歡」，聲之誤也。其既言，天下皆歡喜，樂其政教也。』據此，疑鄭所據本亦作『讙』，而鄭詩譜云『三年不言，言乃雍』，書疏引鄭注古文尚書自作『雍』。鄭注戴記乃用今文者，以戴記本今文學，故從今文解之也。集解引鄭注與書疏所引注異，集解所引或即檀弓注也。孔融薦謝該疏云：『三年乃讙。』用今文尚書。中論夭壽篇：『三年不言，惟言乃雍。』從古文作『雍』。」○今文同者，魯世家作「不敢荒寧」，集解引馬云：「寧，安也。」光武封禪刻石文云：「乾乾日昃，不敢荒寧。」**嘉靖殷邦，至于小大，無時或怨。**善謀殷國，至于小大之政，人無是有怨者。言無非。○「嘉靖殷邦，至于小大，無時或怨」，古文也；今文作「密靜殷國，至于小大無怨」，一有「時或」二字。○「密靜殷國，至于小大無怨」者，魯世家如此。段云：「御覽九十一引東觀漢紀序稱肅宗云：『密靜天下，容於小大，高宗之極至也。』此檃括無逸篇文，與史記『密靜殷國』合，史公、劉珍等皆用今文尚書元文，非以『密』訓『嘉』也。」詩公劉：「止旅乃密。」毛傳：「密，安也。」説文「宓」訓「安」，以「密」爲「宓」，假借之法也。書疏引鄭云：「小大，謂萬民，上及羣臣也。言人臣小大皆无怨王。」鄭詩譜、中論皆作「嘉」。有「時或」二字者，石經殘碑作「（上闕。）或怨」，明有「時或」二字，蓋三家本不同。

肆高宗之享國，五十有九年。高宗爲政，小大無怨，故亦享國永年。

○「肆高宗之享國，五十有九年」，古文也；今文作「肆高宗饗國，五十五年」，一作「肆高宗之饗國百年」。○「肆高宗饗國，五十五年」者，魯世家云：「故高宗饗國，五十五年。」肆、故，故訓字。皮云：「此文與兩漢人所引今文尚書不合。周紀：『穆王立五十五年崩。』亦與論衡氣壽篇不同，疑皆後人改之。如改『大宗』爲『祖甲』，以合於古文尚書，不知其與殷本紀云『帝甲淫亂』不符也。」一作「肆高宗之饗國百年」者，石經殘碑如此。段云：「漢書五行志説：『高宗攘木鳥之災，致百年之壽。』劉向傳：『高宗有百年之福。』杜欽傳：『高宗享百年之壽。』論衡氣壽篇：『高宗享國百年，周穆王享國百年，并未享國之時，皆出百三十四十歲矣。』又無形篇：『高宗有桑穀之異，悔過反政，享福百年。』又異虚篇：『高宗改政修行，享百年之福。』皆用今文尚書也。」侯康云：「古文單舉在位之歲，今文統舉壽數言之。御覽皇王部引帝王世紀云：『武丁享國，五十有九年，年百歲。』正參用今、古文。世紀一書，不可盡信，此則其可信者。王充説以百年爲單舉在位，誤。吕刑『王享國百年』，傳、疏謂從生年數。周紀：『穆王即位，春秋已五十矣，立五十五年崩。』與傳、疏合。以吕刑例之，高宗百年，亦必從生年數。『享國』二字，不必以文害辭。」皮云：「侯説非也。周公舉三宗享國之年，一云三十三年，一云七十五年，一云百年，皆舉在位之年，故云『享國』。若高宗並數生年，則與上太宗、中宗不一例。若謂太宗、中宗亦數生年，則太甲壽止三十三年，何云『克壽』？僞古文云『五十有九年』，與昔儒所云百年皆不合。皇甫謐即僞造古文者，故世紀獨與之同，豈可爲據？且世紀又云：『太甲一名祖甲，享國三十三年，年百歲。』夫同一享國也，太甲則單舉在位，高宗則並數生年，皇甫之言一何紕繆！下文文王享國五十年，九十七乃終，明是單舉在位，三宗、文王當同一例，何獨異於高宗？漢書禮樂志王吉疏云：『壽何以不若高宗。』吉習齊詩，蓋亦用今文家說，以高宗爲在位百年。顏注用僞古文說，云：『高宗享國五十九年，故云壽。』信如其說，則中宗七十五年享國，視高宗爲久，何捨中宗而舉高宗乎？」先謙案：世紀云「太甲一名祖甲」，與王肅說合，正其朋謀作僞之明證。**其在祖甲，不義惟王，舊爲小人。** 湯孫太甲，爲王不義，久爲小人之行，伊尹放之桐。○「其在祖甲」，今文當作「昔在殷王太宗」，至「三十有三年」句，皆在「周公曰：『於戲』」下，「其在中宗」上。「不義惟王，舊爲小人」，古文也，今文「惟」作「維」，「舊」作「久」。○「其在祖甲」者，史記集解引馬、鄭云：「祖甲，武丁子帝甲也。」今文作「昔在殷王太宗」者，段云：「漢石經殘碑『高宗之饗國百年。自時厥後』，隸釋所載，緊接不隔一字。洪氏云：『此碑獨闕祖甲，計其字當在中宗之上，以傳序爲次也。』（云「計其字」者，謂以每行若干字計之。洪於殘石得辜較每行字數也。）是今文與古文大異。考殷本紀太甲稱太宗，太戊稱中宗，武丁廟爲高宗。漢書王舜、劉歆曰：『於殷太甲曰大宗，大戊曰中宗，武丁曰高宗。周公爲毋逸之戒，舉殷三宗以勸戒成王。』倘非尚書有『太宗』二字，司馬、王、劉不能臆造。賈誼傳：『顧成之廟稱爲太宗。』景帝元〔二〕年申屠

〔二〕「元」原誤作「九」，據段玉裁古文尚書撰異、漢書景帝紀所載原文改。

嘉等議曰：『高皇帝宜爲太祖之廟，孝文皇帝廟宜爲太宗之廟。』實本尚書。據此，則今文尚書『祖甲』二字作『太宗』二字，其文之次，當云『昔在殷王太宗』、『其在中宗』〔二〕、『其在高宗』，否則今文家無由倒易其次第也。今本史記魯世家作『其在祖甲』與古文同者，蓋淺人用古文尚書改之。殷本紀：『帝甲淫亂，殷復衰。』與國語『帝甲亂之，七世而隕』相合。史公既依無逸篇云太甲稱太宗，則其所謂『淫亂，殷復衰』者，非古文尚書之祖甲可知也。王肅注古文尚書而云『祖甲，湯孫太甲也』，先中宗後祖甲，先盛德後有過，此用今文家說注古文，不知從今文之次，則太宗爲湯孫太甲，從古文之次，則祖甲爲祖庚之弟帝甲，各不相謀也。故知自殷王中宗及高宗及祖甲，今文必云自殷王太宗及中宗及高宗，此無可疑者。此條今文實勝古文。古文祖甲在高宗之後，則必以帝甲當之，帝甲非賢主，雖鄭注亦不得不失之誣矣。」皮云：「漢書平帝紀四年尊孝宣廟爲中宗、孝元廟爲高宗。王莽大誥云：『尊中宗、高宗之號。』蓋莽用今文說，尊宣帝爲中宗、元帝爲高宗，以仿殷之三宗。東觀書章帝賜東平王蒼書云：『比放三宗，誠有其美。』亦據今文尚書。『比放三宗』疑是『比殷三宗』之誤。」〇「不義維王，久爲小人」者，魯世家如此，集解引馬云：「祖甲有兄祖庚，而祖甲賢，欲立之，祖甲以王廢長立少不義，逃亡民間，故曰『不義惟王，久爲小人』也。武丁死，祖庚立，祖庚死，祖甲立。」書疏引鄭云：「祖甲有兄祖庚，賢，武丁欲廢兄立弟，祖甲以此爲不義，逃於人間。故云『久爲小人』。」書疏駁之云：「武丁賢主，祖庚復賢，以武丁之明，無容廢長立少。祖庚之賢，誰所傳説？武丁廢子，事出何書？妄造此語。」書疏及史記集解引王肅云：「祖

〔二〕「其在中宗」句原脱，據段玉裁古文尚書撰異原文補。

甲，湯孫太甲也。先中宗後祖甲，先盛德後有過也。」皮云：「王肅兼用今文之義，傅合古文之次序，以祖甲爲太甲，又置之高宗之後，作僞孔傳，解『不義惟王』爲『爲王不義』，倒易經文，以就己説，又造僞古文太甲篇『茲乃不義』以實之。不知此篇屢言小人，皆謂小民，不應於此獨以不義爲小人，與下文『于外知小人之依』顯然不合。周公舉殷三宗以勸戒成王，當舉其美德，不當舉其顛覆典刑之惡。王説尤非也。經云『不義惟王』，義，古『儀』字，擬也。『不義惟王』謂不擬居王位。孟子云：『湯崩，太丁未立，外丙二年，仲壬四年。』殷法兄終弟及，立子不立孫，使外丙、仲壬或有一人永年，則太甲無次立之勢，故太甲不自擬維王。殷之王子多在民間，太甲未立之時，或亦在外，故云『久爲小人，于外知小人之依』也。」**作其即位，爰知小人之依，能保惠于庶民，不敢侮鰥寡。**在桐三年，思集用光，起就王位，於是知小人之所依，依仁政，故能安順於衆民，不敢侮慢惸獨。○「作其即位，爰知小人之依，能保惠于庶民，不敢侮鰥寡」，古文也，今文無「作其」句，「爰」作「于外」，「惠于庶民」作「施小民」，無「敢」字。○「于外知小人之依，能保施小民，不侮鰥寡」者，魯世家如此。「知小人之依」，解見上。中論夭壽篇云：「能保惠庶民，不侮鰥寡。」亦無「于」字、「敢」字。徐幹今、古文雜引，不足據證。「惠」作「施」者，晉語韋注：「施，惠也。」**肆祖甲之享國，三十有三年。**太甲亦以知小人之依故得久年。此以德優劣、立年多少爲先後，故祖甲在下。殷家亦祖其功，故稱祖。○「肆祖甲之享國，三十有三年」，古文也，今文作「肆祖甲饗國，三十三年」。案：僞傳以祖甲爲太甲，云「以德優劣爲先後」，與王肅「先盛德後有過」相應，此又僞傳出肅之一證也。○今文云云者，魯世家作「故祖甲饗國，三十三年」，肆、故，故訓字；「太宗」作「祖甲」，後人以古文尚書改之。孫云：「唐石經『三十』作『卅』，説文：『卅，三十幷也。』今疏本作『三十』，史記亦作『三十』，疑後人所改。案：秦刻石『廿』及『卅』，載在史記皆爲『二十』、『三十』，則一句增二字，與文體不合，是知後人改之。」**自時厥後，立王生則逸。**從是三王各承其後而立者，生則逸豫無度。○「自時厥後」，今文與古文同。「立王生則逸」，今文無徵。○今文同者，石經殘碑作「自時厥後」。（下闕。）中論夭壽篇同。「立王生則逸」，中論引同。**生則逸，不知稼穡之艱難，**言與小人之子同其敝。○「生則逸」，今文無徵。「不知稼穡之艱難」，今文與古文同，「穡」一作「嗇」。○「生則逸」者，中論不重此句。今文同者，後漢荀爽傳爽引周公之戒曰：「不知稼穡之艱難。」中論同。「穡」一作「嗇」者，以上文例之當然。漢書鄭崇傳崇諫哀帝曰：「周公著戒曰：『惟王不知艱難。』」約舉其文也。**不聞小人之勞，惟耽樂之從。**過樂謂之耽。惟樂之從，言荒淫。○「不聞小人之勞，惟耽樂之從」，今文與古文同，「耽」作「湛」，「之」作「是」。○今文同者，荀爽傳作「不聞小人之勞，惟耽樂之從」。「耽」作「湛」、「之」作「是」者，論衡語增篇引經曰：「惟湛樂是從。」鄭崇傳作「唯耽樂是從」，中論與崇傳同，「勞」下有「苦」字。**自時厥後，亦罔或克壽，**以耽樂之故，從是其後，亦無有能壽考。○「自時厥後，亦罔或克壽」，古文也，今文無「自」、「厥後」三字，「或」一作「有」。○「自時厥後，亦罔或克壽」者，中論如此。無「自」、「厥後」者，荀爽傳作「時亦罔或克壽」。「或」作「有」者，論衡引經作「時亦罔有克壽」，鄭崇傳同。段云：「古或、有二字，音義皆同，如『不或亂政』史記作『不有治政』，『乃或亮陰』史記作『乃有亮闇』，皆古文作『或』今文作『有』之證。」先謙案：爽傳作「罔或」，三家文異。**或十年，或七八年，或五六年，或四三年。」**高者十年，下者三年。言逸樂之損壽。○「或十年，或七八年，或五六年」，今文無徵。「或四三年」，今文與古文同。○「或十年」云云者，中論作「或十年，或七八年，或三四年」，

「四三」作「三四」，疑傳本不同。今文同者，漢書杜欽傳欽説王鳳曰：「女德不厭，則壽命不究於高年。書曰『或四三年』，言失欲之生害也。」顏注：「失，讀曰『佚』。」

周公曰：「嗚呼！厥亦。惟我周太王、王季，克自抑畏。 太王，周公曾祖。王季，即祖。言皆能以義自抑，畏敬天命。將説文王，故本其父祖。○「周公曰」四句，今文無徵，「嗚呼」作「於戲」，「惟」作「維」。○「周公曰」云云者，江云：「二王能自謙抑敬畏，則无佚可知。」段云：「尚書大傳云：『書曰：「厥兆天子爵。」』系之無佚。白虎通爵篇云：『書無逸篇曰：「厥兆天子爵。」』考之於經，漢人以『亡』爲『無』，蓋古文尚書『厥亦惟我周』五字，今文尚書駁異如此。大傳言『書曰』者，皆確然可信。『兆天子爵』者，即兆基王迹之謂也。」孫云：「『兆』、『亦』字形相近，『惟我周』不應是『天子爵』之誤，顧廣圻以爲脱『天子爵』三字，『惟我周』三字下屬『太王、王季』爲句。」先謙案：顧説是。

文王卑服，即康功、田功。 文王節儉，卑其衣服，以就其安人之功，以就田功，以知稼穡之艱難。○「文王卑服」，今文無徵。「即康功、田功」，今文與古文同。○「文王卑服」者，釋詁：「服，事也。」謂就卑賤之事。釋文：「卑，馬本作『俾』，使也。」言文王使民各事其事。今文同者，石經殘碑作「□□功、田功」。康功，安居之功；田功，田作之功。孟子盡心篇「西伯養老，制其田里」、梁惠王篇「文王治岐，耕者九一」是其事也。

徽柔懿恭，懷保小民，惠鮮鰥寡。 以美道和民，故民懷之；以美政恭民，故民安之。又加惠鮮乏鰥寡之人。○「徽柔懿恭，懷保小民，惠鮮鰥寡」，古文也，今文作「徽柔懿共，懷保小人，惠于矜寡」。○今文云云者，石經殘碑作「徽㬎懿共，懷保小人，惠于矜」。（下闕。）江云：「堯典『慎徽五典』史記作『慎和五典』，是『徽柔』爲和柔也。」段云：「案：隸釋載石經『嚴恭寅畏」作『恭』，『維正之共』作『共』，分別如是。『懿共』亦作『共』，則漢時不作懿美恭敬解，僞傳釋『懿恭』云『以美政恭民』，此必今文作『共』，故云『共民』，『共民』猶給民，即下文所云『供待』也。正義云：『以此柔恭懷安小民。』似正義始誤解，因之衛包擅改。左傳『供』、『恭』字皆作『共』。一書自有一書之例。」皮云：「共、恭古通用，段說稍拘。盧江太守范式碑『徽柔懿恭』用此經文正作『恭』，不作『共』，不得謂漢時不作懿美恭敬解。」先謙案：「懿恭」與「徽柔」對文，若作「懿共」，串說未合，皮說較長。「懷保小人，惠于矜寡」者，漢書谷永傳引經作「懷保小人，惠于鰥寡」，矜、鰥通作，三家文異。景十三王傳云：「惠于鰥寡。」班固典引：「懷保鰥寡之惠浹。」後漢明帝紀中元二年詔引「惠于鰥寡」，皆不作「惠鮮」，惟漢紀載谷永對策引經曰：「懷保小民，惠鮮鰥寡」，與漢書不合，乃後人改之。段云：「『惠鮮』是『惠于』之誤，『于』字與『羊』字略相似，又因下文『鰥』字魚旁誤增之。」**自朝至于日中昃不遑暇食，用咸和萬民。**從朝至日昳不暇食，思慮政事，用皆和萬民。○「自朝至于日中昃不遑暇食」，古文也；今文作「至于日中昃不暇食」，「昃」一作「稷」，「暇」一作「夏」。「用咸和萬民」，今文無徵。○「自朝至于日中昃不遑暇食」者，釋文：「昃，本亦作『仄』。」段云：「遑，俗字，當作『皇』。疑衛包改也。下文『則皇自敬德』，鄭注：『皇，謂暇。謂寬暇自敬。』可以證此之不從辵矣。皇暇，疊文同義。釋言：『偟，暇也。』凡詩、書『遑』字皆後人所改，如『不遑啟處』、『不遑假寐』之類。『不皇假寐』與『不皇暇食』，句法正同。古假、暇通用，如『假日』即『暇日』，非趙盾假寐之云也。楚語左史倚相曰：『周書曰：「文王至於日中昃不皇暇食，惠于小民，唯政之恭。」』『惠于小民』即上文『懷保小民，惠鮮鰥寡』也；『唯政之恭』即下文『以庶邦惟正之供』也。左史摘舉，不以次耳。」今文作「至于日中昃不暇食」者，魯世家作：「周多士：

「文王日中昃不暇食。」」「多士」二字衍。自「故祖甲饗國，三十三年」（引見上。）下應緊接「周文王」，今本誤入「多士稱曰」至「其民皆可誅」一段，（引見多士篇，此段史記當在「乃作多士、作毋逸」下。）史公約舉經文，無「至于」二字。漢書董仲舒傳策曰：「周文王至于日昃不暇食。」對曰：「當此之時，紂尚在上，尊卑昏亂，百姓散亡，故文王悼痛而欲安之，是以日昃而不暇食也。」後漢黃瓊傳：「詩詠成湯之不怠遑，書美文王之不暇食。」風俗通過譽篇：「文王日昃不暇食。」又墨子云：「文王至日昃不暇飲食。」雖語有增省，皆無「自朝」字、「遑」字。蓋今文如是。「昃」作「稷」、「暇」作「夏」者，皮云：「成湯靈臺碑『日稷不夏』正用此經之文。費鳳别碑『乾乾日稷』，郙閣頌『劬勞日稷』，辛通達李仲曾造橋碑亦以『日稷』爲『日昃』，惟樊毅碑作『勞神日昃』，易豐『日中則昃』孟喜作『稷』，穀梁春秋經『戊午日下稷』，左、公羊經皆作『昃』。中候握河紀云：『昒明禮備，至於日稷。』孝經鉤命決云：『堯禪舜，沈書日稷而赤光起。』此昃、稷古通之證。暇、夏古亦通用，多方『須夏之子孫』是其證也。」俞樾云：「詩唐棣箋：『周公弔二叔之不咸。』疏：『咸，和也。』蓋『咸』即『諴』字之省，説文：『諴，和也。』『用咸和萬民』者，用諴和萬民也。僞傳以爲皆和萬民，則不詞矣。」**文王不敢盤于遊田，以庶邦惟正之供。**文王不敢樂於遊逸田獵，以衆國所取法則當以正道供待之故。○「文王不敢盤于遊田，以庶邦惟正之供」，古文也，今文「盤」作「槃」，「田」作「畋」，「惟正之供」作「維正之共」，無「以庶邦」三字。○「盤」作「槃」者，後漢郅惲傳惲上書諫帝曰：「昔文王不敢槃于游田，以萬人（「民」字，避唐諱改。）爲憂。」李注引尚書云：「以萬人惟政之共也。」陳蕃傳諫幸廣城校獵疏曰：「周公戒成王無槃于遊田。」亦作「槃」、作「田」，與惲傳同。皮云：「惲言『以萬民爲憂』，釋經言文王不敢盤游之意，非謂經有此文。若注所引，乃下文周公戒嗣王語，非謂文王。且惲所據是今文，今文尚書並下文亦無『以萬民』三字。東觀漢記載惲上書與後漢書同，後漢紀載惲諫曰：『昔文王不敢盤游于田，以萬民惟正。』則其文尤誤，乃淺人據古文尚書改之。石經與谷永傳於下文皆作『毋劮于游田』，則『游田』二字連文，晏子諫下篇作：『昔文王不敢盤遊于田，故國易而民安。』疑亦出後人妄改。」「田」作「畋」者，張衡西京賦：「盤于游畋。」李善注：「尚書曰：『不敢盤于游畋，維正之共。』」無「以庶邦」三字者，楚語倚相引周書曰：「惠于小民，維政之恭。」（見上。）陳云：「古政、正、恭、共通作。谷永傳引下文『惟正之共』作『正』作『共』較長，蓋今文作『正』，古文作『政』，淩人注『故書「正」作「政」』是其驗也。」皮云：「谷永引下文無『以萬民』三字，楚語引此文無『以庶邦』三字，蓋今文尚書本無之。楚語與今文合，石經於下文作『維』、作『共』，此亦當同。」**文王受命惟中身，厥享國五十年。」**文王九十七而終。中身，即位時年四十七。言中身，舉全數。〇「文王受命惟中身，厥享國五十年」，古文也，今文無「厥」字。〇今文無「厥」字者，白虎通壽命篇：「壽命者，上命也。若言文王受命惟中身，享國五十年。」蓋夏侯本作「享」，與古文同。魯世家作「饗國五十年」，又總之曰：「作此以誡成王。」歐陽本作「饗」也。詩文王疏引鄭云：「中身，謂中年。受命，謂受殷王嗣立之命。」陳云：「鄭謂文王爲諸侯，受天子命也。呂覽制樂篇：『文王立國八年，歲六月，地動。改行重善，無幾何，疾乃止。文王即位八年而地動，已動之後四十三年，凡文王立國五十一年而終。』韓詩外傳說同。韓詩外傳是今文家說，知鄭注亦用今文說也。」

周公曰：「嗚呼！繼自今嗣王，繼從今已往嗣世之王，皆戒之。〇「周公曰」三句，今文與古文同，「嗚呼」作「於戲」，一作「烏虖」。〇「嗚呼」作「於戲」者，見下。一作「烏虖」者，漢書翼奉傳顏注引作「周公曰：『烏虖』」。陳云：「今文三家之本，容有不同，如漢書翟義傳王莽仿大誥文『嗚呼』皆作『烏虖』，亦其證也。」今文同者，谷永傳引經曰：「『繼自今嗣王。』」據下文「嗣王監于茲」，則嗣王專指成王。僞傳「嗣世之王皆戒之」，非。**則其無淫于觀、于逸、于遊、于田，以萬民惟正之供，**所以無敢過於觀遊、逸豫、田獵者，用萬民當惟正身以供待之故。○「則其無淫于觀、于逸、于遊、于田，以萬民惟正之供」，古文也，今文作「其毋淫于酒，毋逸于遊田，維正之共」。○今文云云者，石經殘碑作「（上闕。）酒，毋劮于遊田，維□□共」。谷永傳引經曰：「其毋淫于酒，毋逸于遊田，惟正之共。」正與石經合。石經「維」下「共」上所闕，必「正之」二字。漢時民閒所習、章奏所用，皆今文也。今文無「以萬民」三字，「供」作「正」〔一〕，谷永引書而釋之曰：「未有身治正而臣下邪者也。」訓「共」爲「奉」，言臣下皆惟正是奉也。古文「供」亦作「共」，王應麟漢藝文志考説漢世諸儒所引尚書異字「以萬民惟正之共」。此引古文尚書也。今未檢得出何書。書疏引鄭云：「淫，放恣也。淫者，浸淫不止。」**無皇曰：『今日耽樂。』乃非民攸訓，非天攸若，時人丕則有愆，**無敢自暇曰：「惟今日樂，後日止。」夫耽樂者，乃非所以教民，非所以順天，是人則大有過矣。○「無皇曰：『今日耽樂』」，古文也，今文「無皇」作「毋兄」。「乃非民攸訓」三句，今文無徵。○「無皇」作「毋兄」者，石經殘碑作「毋兄曰：『今日』」（下闕。）段云：「下文『皇自敬德』石經作『兄曰敬德』，鄭注：『皇，暇也。言寬暇自敬。』王肅本『皇』作『況』，注曰：『況，滋。益用敬德。』王蓋據今文以改古文也。此『皇』字鄭亦當訓『暇』，王亦當作『況』，訓

〔一〕「正」字依文意當是「共」字之誤。

『滋』、『益』。詩常棣『況也永歎』『況』或作『兄』，『兄』是古字，『況』是今字。桑柔『倉兄塡兮』，召旻『職兄斯引』，毛傳〔一〕皆云：『兄，滋也。』國語韋注：『況，益也。』『毋兄曰』者，毋益曰云云也。秦誓『我皇多有之』，公羊傳作『而況乎我多有之』，尋秦誓詞義，則『兄』亦訓皇暇矣。尚書大傳云：『君子之於人也，有其語也無不聽者，皇于聽獄乎？』鄭注：『皇，猶況也。』然則『皇』蓋齊言。」俞樾云：「若，順也。訓，亦順也，廣雅釋詁：『訓，順也。』非民攸訓，言非民所順也。非天攸若，言非天所順也。文異而義不異。僞傳於洪範篇諸『訓』字皆釋爲『順』，而於此失之。」先謙案：上文「惟耽樂之從」，論衡引作「湛樂」，以例此經，「耽」亦當作「湛」。言今日湛樂之，言民與天皆不順之，是人則有愆罪矣。今文「訓」與「順」同，詳堯典、多士諸篇。

無若殷王受之迷亂，酗于酒德哉！」以酒爲凶謂之酗，言紂心迷政亂，以酗酒爲德。戒嗣王無如之。○「無若殷王受之迷亂，酗于酒德哉」，古文也，今文「無」作「毋」，「受」作「紂」，「酗」作「湎」。○「無」作「毋」、「受」作「紂」者，漢書劉向傳向上奏曰：「周公戒成王：『毋若殷王紂。』」翼奉傳奉上疏曰：「書則曰：『王毋若殷王紂。』」後漢梁冀傳袁箸上書曰：「周公戒成王：『無如殷王紂。』」（「毋若」作「無如」，隨文改易，非有異本。）論衡譴告篇：「周公勑成王曰：『毋若殷王紂。』」毋者，禁之也。殷紂至惡，故曰毋，以禁之。段云：「『無』作『毋』、『受』作『紂』者，今文尚書然也。凡古文尚書『受』字，今文皆作『紂』。古文不言『紂』，今文不言『受』。」「酗」作「湎」者，史記、漢書引微子之命「沈酗于酒」皆作「沈湎于酒」，此文當同。古文苑載酈炎遺令書「汝毋逸

〔一〕「毛傳」原誤作「毛詩」，據段玉裁古文尚書撰異原文改。

于邱，毋湎于酒」，語意襲毋逸文，尤此經作「湎」之明證。

周公曰：「嗚呼！我聞曰：古之人猶胥訓告，胥保惠，胥教誨，歎古之君臣，雖君明臣良，猶相道告，相安順，相教誨以義方。○「周公曰：『嗚呼』」六句，今文無徵，「嗚呼」作「於戲」。○「周公曰：『嗚呼』」云云者，釋詁：「訓，道。」「保，安。」「惠，順也。」說文：「誨，曉教也。」江云：「古之君臣，猶相告以正道，有道則相安順，失道則相曉教。孝經事君章：『將順其美，匡救其惡。』即此義。」**民無或胥譸張爲幻。**譸張，誑也。君臣以道相正，故下民無有相欺誑幻惑也。○「民無或胥譸張爲幻」，僞古文也，今、古文無「民」、「胥」二字。今文「譸」作「侜」，或作「輈」，或作「舟」，或作「侏」。○無「民」、「胥」二字者，說文「譸」下云：「詶也。讀若『醻』。周書曰：『無或譸張爲幻。』」又「幻」下云：「相詐惑也。周書曰：『無若譸張爲幻。』」此古文無「民」、「胥」字。釋訓：「侜張，誑也。」郭注：「書曰：『無或侜張爲幻。』」陳云：「爾雅，今文之學，郭蓋襲用樊、李舊注語。」此今文無「民」、「胥」字。段云：「此句無『胥』字爲是。上文三『胥』字皆君臣相與之詞，此『胥』字不倫。下文『人乃或譸張爲幻』亦無『胥』字。」先謙案：段置「民」字不言。案：無「民」字是也。「無或」者，泛論之詞，統臣民言之。「譸」作「侜」者，見上。詩陳風「誰侜予美」鄭箋：「誰侜張誑欺我所美之人乎？」此鄭以今文書義釋詩也。或作「輈」者，後漢書皇后紀董皇后詈何后曰：「汝今輈張，怙汝兄。」釋文：「譸，馬本作『輈』。」據後書推之，知馬用今文也。或作「舟」者，大傳云：「舟張辟雍。」「舟」即「侜」之省字，蓋伏生本作「舟」，三家作「侜」，或作「輈」也。皮云：「說文：『侜，有壅蔽也。』是壅蔽爲『侜』本義，『雍』即『壅』字，『辟雍』蓋以有壅蔽得名。舟張辟雍，謂其有壅蔽而張大也。凡有壅蔽，則多欺誑，故『侜張』

引申爲誑。」或作「侏」者，楊雄國三老箴：「姦寇侏張。」李善注：「『輈』與『侏』，古字通。」先謙案：侏、輈雙聲。此文作「侜」，正字；譸、侏、輈，借聲字。壅蔽張大，與董后詈語合。君受盡言，臣民自無敢爲幻惑者。皮云：「『爲』與『僞』通，漢書王莽傳引堯典作『南僞』，史記索隱本作『南爲』是其證。『侜張爲幻』，蓋即侜、張、僞、幻，四字平列。」於義亦通。**此厥不聽，人乃訓之，乃變亂先王之正刑，至于小大，**此其不聽中正之君，人乃教之以非法，乃變亂先王之正法，至于小大，無不變亂，言已有以致之。○「此厥不聽，人乃訓之，乃變亂先王之正刑，至于小大」，古文也，今文作「此厥不聖，人乃訓，變亂正刑，至于小大」。○今文云云者，石經殘碑作「（上闕。）厥不聖，人乃訓，變亂正刑，至于」，（下闕。）段云：「聽、聖字古音同部。秦泰山碑『皇帝躬聽』，史記作『躬聖』，見廣川書跋。」馮登府云：「禮樂記『小人以聽過』，釋文：『聽，本作「聖」。』」皮云：「今文作『不聖』，其義當爲不容。洪範五行傳：『思心之不容，是謂不聖。』然則不聖即不容之義。東觀漢記序云：『密靜天下，容於小大。』乃隱括今文『密靜殷國，至于小大無怨』二句文義，蓋能容則小大無怨，不能容則『至于小大，民丕則厥心違怨，丕則厥口詛祝』也。石經作『不聖』，與五行傳『不聖』義同。東觀漢記『容于小大』之『容』字，即『容作聖』之『容』。以經文前後合觀之，能容之效與不能容之弊，正相反，可以考見兩漢今文家遺說。」俞樾云：「訓，亦順也。言人乃順從其意以變亂舊法也。僞傳『教之以非法』，失之。」先謙案：以上文「小大」例之，此「小大」亦當謂萬民羣臣。訓變亂正刑者，謂道之以變亂正法也。刑，法，釋詁文。**民否則厥心違怨，否則厥口詛祝。**以君變亂正法，故民否則其心違怨，否則其口詛祝。言皆患其上。○「民否則厥心違怨」二句，今文無徵。○「民否則厥心違怨」云云者，江云：「『小大』既該臣民，則不應復言『民』，『民』蓋衍字。」段云：

「兩『否則』字，恐皆『丕則』之誤。上文『丕則有愆』，康誥云『丕則敏德』，此處文理蒙上直下，恐不似今人俗語云『否則』也。古『然否』字止作『然不』。」先謙案：否、不通，丕、不亦通。蓋經本作「丕」，或作「不」，而淺人妄改作「否」也。據此經及康誥用「丕則」字，古人自有此句例。言或違戾怨恨其上，或詛祝其上也。詩蕩鄭箋：「詛祝，求其凶咎無極也。」

周公曰：「嗚呼！自殷王中宗，及高宗，及祖甲，及我周文王，茲四人迪哲。言此四人皆蹈智明德以臨下。○「周公曰」七句，今文無徵。「嗚呼」作「於戲」。○「周公曰：『嗚呼』」云云者，段云：「此經次第，今文當不如是。『自殷王中宗，及高宗，及祖甲』，今文必作『自殷王太宗，及中宗，及高宗』，無可疑者。」釋詁：「迪，作也。」洪範「明作晢」，「晢」或作「哲」；作哲，明也。**厥或告之曰：『小人怨汝詈汝！』則皇自敬德，**其有告之，言小人怨詈汝者，則大自敬德，增修善政。○「厥或告之曰：『小人怨汝詈汝』」，今文與古文同。「則皇自敬德」，古文也，今文「皇自」作「況曰」。○「厥或告之曰」者，與康誥「厥或誥曰」同一句例。「則皇自敬德」者，書疏引鄭云：「皇謂暇，言寬暇自敬。」說文：「詈，罵也。」「皇自」作「況曰」者，石經殘碑作「則兄曰敬德」，段云：「黃伯思東觀餘論引石經『則兄自』，云今『兄』作『皇』；隸釋引石經『則兄曰』，云孔作『皇自』。洪、黃所見，皆宋初所出石搨，非有二也。東觀餘論『自』當作『曰』，一時失檢耳。」先謙案：「兄」同「況」，況，益也。「況曰敬德」即益曰敬德也，詳上文「無皇曰：『今日耽樂』」下。後漢楊震傳震上疏曰：「殷、周哲王，小人怨詈。」約舉此經「厥或告之曰：『小人怨汝詈汝』」二句爲文。此今、古文同之證。又曰：「則還自敬德。」「還」蓋「遑」之誤。作「自」，與今文不合。楊世傳歐陽尚書，不當有此，蓋傳寫妄改。**厥愆，曰：『朕之愆允若時。』不啻不敢含怒**，其人有禍，則曰：「我過。」（案：「禍」當作「過」。疏「民有愆過，則曰我過」是其證。）百姓有過，在予一人。信如是怨詈。」則四王不啻不敢含怒以罪之。言常和悅。○「厥愆，曰：『朕之愆允若時』」，今文與古文同。「不啻不敢含怒」，今文無徵。○今文同者，石經殘碑作：「厥愆，曰：『朕之愆允。』」（下闕。）言此四王，其有告以政事之愆過，則曰：「此我之過，信如是怨詈之言也。」「不啻不敢含怒〔二〕」者，書疏引鄭云：「不但不敢含怒〔三〕，且欲屢聞之，以知己政得失之原也。」子產不毀鄉校即此意。

此厥不聽，人乃或譸張爲幻，曰：『小人怨汝詈汝！』則信之。此其不聽中正之君，有人誑惑之，言小人怨憾詛詈汝，則信受之。○「此厥不聽」四句，今文無徵。○「此厥不聽」者，皮云：「石經於上文作『不聖』，此亦當同。不聖者，不容也。下云『不寬綽厥心，亂罰無罪，殺無辜』，正不容之義。」「人乃或譸張爲幻，曰：『小人怨汝詈汝』」者，說並具上。「信之」，謂聽讒言。**則若時，不永念厥辟，不寬綽厥心，**則如是信讒者，不長念其爲君之道，不寬緩其心。言含怒。○「則若時」三句，今文無徵。○「則若時」云云者，釋詁：「辟，罪也。」言如是信讒，而不長以己之罪過爲念，與四王引過歸己相反。「不寬綽厥心」句起下文。釋言：「寬，綽也。」寬綽連文同義。**亂罰無罪殺無辜，怨有同，是叢于厥身。**信讒含怒，罰殺無罪，則天下同怨讎之，叢聚於其身。○「亂罰無罪殺無辜」三句，今

〔二〕「怒」原誤作「怨」，據經文改。
〔三〕「怒」原誤作「怨」，據書疏引鄭原文改。

文無徵。○「亂罰無罪」云云者，言妄行殺罰，民心同怨，聚於其身，國亦傾敗矣。說文：「叢，聚也。」

周公曰：「嗚呼！嗣王其監于兹。」視此亂罰之禍以爲戒。○「周公曰：『嗚呼！嗣王其監于兹』」，古文也，今文「嗚呼」作「於戲」，無「其」字。○今文云云者，石經殘碑作「（上闕。）公曰：『於戲！嗣王監于兹。』」

尚書孔傳參正二十五

君奭第十八　周書　孔氏傳　臣王先謙參正

君奭尊之曰君；奭，名，周同姓也。陳古以告之，故以名篇。○書序：「召公爲保，周公爲師，相成王爲左右。召公不説，周公作君奭。」未明言所以不説之故。史記燕世家：「其在成王時，召公爲三公。自陝以西，召公主之；自陝以東，周公主之。成王既幼，周公攝政，當國踐阼，召公疑之，作君奭。君奭不説周公，周公乃稱『湯時有伊尹』云云，於是召公乃説。」據此，召公不説，在周公攝政踐阼之時。漢書孫寶傳：「周公上聖，召公大賢，尚猶有不相説。著於經典，兩不相損。」王莽傳羣臣奏言：「臣聞周成王幼少，周道未成，成王不能共事天地，修文、武之烈。周公權而居攝，則周道成，王室安；不居攝，則恐周隊失天命。書曰：『我嗣事子孫，大不克共上下，遏失前人光，在家不知命不易。天應棐諶，乃亡隊命。』説曰：周公服天子之冕，南面而朝羣臣，發號施令，常稱王命。召公賢人，不知聖人之意，故不説也。」又引禮明堂位云：「『周公朝諸侯於明堂，天子負斧依南面而立。』謂『周公踐天子位，六年朝諸侯，制禮作樂，而天下大服』也。召公不說。時武王崩，縗麤未除。由是言之，周公始攝則居天子之位，非乃六年而踐阼也。」後漢申屠剛傳剛對策曰：「臣聞成王幼少，周公攝政，聽言下賢，均權布寵，無舊無新，惟仁是親，動順天地，舉措不失。然近則召公不說，遠則四國流言。」是西漢今文家皆以周公作君奭在攝政當國時，與史記合。孫云：「李賢申屠剛傳注：『言周公既還政成王，宜其自退，今復爲相，故不說也。』君奭編篇在多士之後，疑非踐阼時矣。」皮云：「孫說非也。列子楊朱篇：『武王既終，成王幼弱，周公攝天子之政，召公不說，四國流言。』列子六國時人，與史公說同，是今文說遠有所本。」「嵇康管蔡論云：『周公居攝，召公不說。』嵇生三國時，今文尚書猶存，故得引其說。伏生傳尚書二十九篇，次序先後不盡可考，今之書序出於馬、鄭，乃古文說。史記所載書序與今本書序多異，乃今文說。史公既以作君奭在踐阼之時，則其所據今文篇次必與馬、鄭不同，不得據馬、鄭書序編篇在多士之後以駁今文也。李賢之注，顯與申屠背違，豈足依據。即孫寶以明經爲郡吏，亦非治古文者，其所引經典當是今文博士說，與申屠策、羣臣奏不異。王鳴盛乃引孫寶說謂與馬、鄭合，陳喬樅又引鄭注謂與孫寶傳所言略同，豈知西漢人自據今文以爲攝政之初，馬、鄭自據古文以爲反政之後，即不敢駁馬、鄭，聽其各自爲說可矣，何必牽引西漢文書說以強合於馬、鄭，使今、古文糾紛莫辨哉！」先謙案：皮說是也。周公踐阼，本聖人之權道，召公不知其心而疑之。大傳云：「周公盛養成王，使召公奭爲傅。」則在京師之時必多，篇末云「往，敬用治」者，蓋召公分陝，始出巡行，故周公於其往時，特作是篇，以誡相告。紬繹篇中語意，若如古文說在反政後，不合之處甚多，仍當以今文説爲正。

周公若曰：「君奭，順古道呼其名而告之。○「周公若曰：『君奭』」，今文無徵。○「周公若曰：『君奭』」者，君是尊稱，猶爾雅所稱后辟。召公爲三公，故稱曰君也。周書克殷解：「召公奭贊采。」知奭是召公名也。説文云：「奭，从大从皕，皕亦聲。此鄭召公名。」白虎通不臣篇：「召公，文王子也。」論衡氣壽篇以召公爲周公之兄。穀梁莊三十年傳：「燕，周之分子也。」惠注：「分子猶別子。禮大傳：『別子爲祖。』注：『別子爲公子。』然則繼體者爲世子，別於世子者爲別子，則召公其文王長庶與？」皮云：「史記云『召公奭與周同姓』，漢書人表亦云『周同姓』，不以爲文王子，與白虎通、論衡不同，蓋亦三家説異。」**弗弔天降喪于殷，殷既墜厥命，我有周既受。**言殷道不至，故天下喪亡於殷，殷已墜失其王命，我有周道至已受之。○「弗弔天降喪于殷」三句，今文無徵。○「弗弔天降喪于殷」云云者，「弗弔天」猶言不善之天，説詳多士。**我不敢知曰，厥基永孚于休，若天棐忱，**廢興之跡，亦君所知，言殷家其始長信於美道，順天輔誠，所以國也。○「我不敢知曰」三句，今文無徵。○「我不敢知曰」云云者，釋詁：「基，始。」「孚，信也。」言天心難測，我不敢知曰，其始長信於休慶，順天而天輔其誠也。書疏云：「言與君奭同知。舉殷興亡爲戒，鄭玄亦然。」以爲公不敢獨知也。先謙案：「我不敢知曰」與召誥同，以爲公自言不敢知，文義亦順。據下文「天應棐諶」、「天不可信」二語，與此兩「不敢知」相應，且上言「我有周既受」，而以此爲舉殷興亡，理似未合，鄭意「終出不祥」之語在成王即政後，不宜有此耳。若如今文説，作君奭在居攝時，武王既喪，成王尚幼，周公地處危疑，羣情猜貳，向疑而不說之召公傾吐誠悃，欲其顧念天威，同心匡輔，則此言並非不倫。右古文者，更審之。**我亦不敢知曰，其終出于不祥。**言殷紂其終墜厥命，以出於不善之故，亦君所知。○「我亦不敢知曰」，今文無徵。「其終出于不祥」，古文也，今文作「其道出於不詳」。○今文云云者，石經殘碑作「（上闕。）道出于不詳」。言天道幽遠，不能究知，惟人君自盡其職而已。馮登府云：「詳、祥通用，經、子甚多，左成十六年傳『德、刑、祥、義、禮、信』疏：『祥、詳古字同。』」單行本釋文云：「終，馬本作『崇』，云：『充也。』」詩傳：「崇，終也。」崇，充，釋詁文。充滿周備兼有終義。

嗚呼！君已曰時我，我亦不敢寧于上帝命，歎而言曰：君也！當是我之留，我亦不敢安于上帝之命，故不敢不留。○「嗚呼！君已曰時我」，古文也，今文「嗚呼」作「於戲」。「我亦不敢寧于上帝命」，今文無徵。○「嗚呼」作「於戲」者，石經殘碑作「於戲！君（闕。）曰時我」者，時，是也，言我攝位，君既曰以我爲是矣。「我亦不敢寧于上帝命」者，不敢以天命爲可安恃也。**弗永遠念天威，越我民罔尤違，**言君不長遠念天之威，而勤化於我民，使無過違之闕。○「弗永遠念天威」二句，今文無徵。○「弗永遠念天威」者，承上文言之，謂不敢恃天命而不長遠畏念天威也。「越我民罔尤違」者，江云：「『越』當爲『曰』，聲之誤也。言前王雖棄天下，而我民尚無愆尤違背者，此自有故。」**惟人在，我後嗣子孫，大弗克恭上下，遏佚前人光，在家不知。**惟衆人共存在我後嗣子孫，若大不能恭承天地，絶失先王光大之道，我老在家，則不得知。○「惟人在」，今文無徵。「我後嗣子孫，大弗克恭上下，遏佚前人光，在家不知」，古文也，今文「後嗣」作「嗣事」，「弗」作「不」，「佚」作「失」，今、古文「恭」作「共」。○「惟人在」者，言民無尤違，惟以朝廷有人在耳。江云：「王莽傳引下文不聯引『惟人在』，知漢人『在』字讀絶，不當如僞孔說。」「後嗣」作「嗣事」

云云者，王莽傳羣臣奏引經作：「我嗣事子孫，大不克共上下，遏失前人光，在家不知。」釋「嗣事子孫」爲成王，「共上下」爲共事天地，「前人光」爲文、武之烈，不居攝爲「在家」。（引見上。）此今文説。傳又云：「遭孺子幼少，未能共上下。」白虎通以太誓上天下地爲「上下」，是其義也。詩傳：「遏，止也。」「佚」同「失」。言成王幼，尚不能共奉天地，恐絶失文、武之光烈，我若退位在家，亦不得知。今、古文「恭」作「共」者，莽傳可證。段云：「衛包改『共』爲『恭』。」**天命不易，天難諶，乃其墜命，弗克經歷。**天命不易，天難信無德者，乃其墜失王命，不能經久歷遠。不可不慎。○「天命不易，天難諶，乃其墜命」，古文也，今文作「命不易，天應棐諶，乃亡隊命」。「弗克經歷」，今文無徵。○今文云云者，王莽傳如此。釋詁：「應，當也。」「諶，信也。」江云：「命之吉凶不變易也。天意當輔至誠，乃若不爲天所輔而亡隊其命，則不能經歷久遠矣。」先謙案：下文言「天不可信」，此不當又言「天難諶」，今文作「天應棐諶」義長。釋詁：「經，常也。」歷，謂歷年。召誥云「夏、殷服天命惟有歷年」與此文亡隊天命不克常有歷年義正相反。**嗣前人，恭明德，在今。予小子旦，**繼先王之大業，恭奉其明德，正在今我小子旦。言異於餘臣。○「嗣前人，恭明德，在今」三句，今文無徵。○「嗣前人」云云者，江云：「繼嗣前人，恭承其明德，正在于今也。」「予小子旦」下屬。段云：「傳『恭』訓『奉』，當是『共』。衛包改。」**非克有正，迪惟前人光，施于我沖子。**我留非能有改正，但欲蹈行先王光大之道，施正於我童子。童子，成王。○「非克有正」三句，今文無徵。○「非克有正」云云者，言予小子旦，非能有所改正，惟道揚前人光烈，施及我沖子而已。禮曲禮：「天子未除喪，曰予小子。」周公攝天子位在武王新喪時，故自稱予小子。若在反政之後，周公不應有此稱。釋詁：「迪，道也。」施，讀如詩葛覃「施于中谷」之「施」，延也。陳云：「周公以成王爲沖子，正幼少之時，若在復辟後，則成王年逾二十，早有成人之道，豈得稱爲沖子？」尚書篇次不無錯出，未可以君奭編次在雒誥、多士後，遂以爲作於致政後也。」**又曰：『天不可信。』我道惟寧王德延，**無德去之，是天不可信。故我以道惟安寧王之德，謀欲延久。○「又曰」三句，今文無徵。○「又曰：『天不可信』」者，書疏引鄭云：「『又曰』，周公稱人之言也。」案：經意言人又曰：「天不可信」，與上「天應棐諶」相對爲文，公蓋謂無論天之可信不可信，惟盡其在我以答天心而已。「我道惟寧王德延」者，單行本釋文云：「道，馬本作『迪』。」書疏云：「言寧王者，即文王也。鄭同。」先謙案：據大誥、洛誥，寧王兼稱文、武，此亦兼文、武言之，總謂安天下之王耳。謂天不可信，我亦惟道揚寧王之德使延長也。**天不庸釋于文王受命。」**言天不用令釋廢於文王所受命，故我留佐成王。○「天不庸釋于文王受命」，今文無徵。○「天不庸釋于文王受命」者，說文：「捨，釋也。」釋亦爲捨，轉相訓。言天眷文王誕受厥命，我能道而延之，則天亦不用釋捨之矣。多方云「非天庸釋有夏」、「非天庸釋有殷」，與此「庸釋」義同。

公曰：「君奭，我聞在昔，成湯既受命，已放桀，受命爲天子。○「公曰：『君奭』」四句，今文無徵。

時則有若伊尹，格于皇天。伊摯佐湯，功至大天，謂致太平。○「時則有若伊尹，格于皇天」，今文與古文同，「格」一作「假」。○今文同者，論衡感類篇：「伊尹相湯伐夏，爲民興利除害，致天下太平。湯死，復相太甲，太甲佚豫，放之桐宮，攝政三年，乃退復位。周公曰：『伊尹格于皇天。』天所宜彰也。」孔彪碑：「伊尹之休，格于皇天。」三國志潘勖作策命魏公曰：「伊尹格于皇天。」一作「假」者，燕世家：「周公乃稱湯時有伊尹，假于皇天。」王莽傳：「伊尹爲阿衡，周公爲太宰。」又曰：「咸有聖德，假于皇天。」蔡邕文烈侯楊公碑：「勛假皇天。」皆用經文。史記集解引鄭云：

「皇天，北極大帝也。」月令鄭注：「皇天，北辰耀魄寶也。」商人祖契而宗湯，則湯配五帝於明堂也。案：「格于皇天」者，謂湯得伊尹，輔佐成功，升配於天也。**在太甲，時則有若保衡。**太甲繼湯，時則有如此伊尹爲保衡。言天下所取安，所取平。○「在太甲」三句，今文無。僞傳用鄭說。○今文無者，燕世家無此句。或今文本無，或史公消文，疑不能明。書疏及詩蕩疏引鄭云：「伊尹，名摯，湯以爲阿衡。阿，倚；衡，平也。伊尹，湯所倚而取平，以尹天下，故曰『伊尹』。至太甲，改曰『保衡』。保，安也。言天下所取安，所取平。阿衡、保衡，此皆三公之官，當時爲之號也。」陳云：「大傳云『古者天子三公』，注：『坐而論道謂之三公，通職名，無正官名。』然則阿衡、保衡皆三公之號，所謂職名者，非正官名也。鄭注本今文家說。」春秋繁露三代改制質文篇：「湯受命，變夏作殷，作宮於洛之陽，名相官曰尹。」說文「伊」下云：「殷聖人阿衡尹治天下者。从人从尹。」俞樾云：「阿、保一也。『阿』即『娿』之假字，說文：『娿，女師也。讀若「阿」。』史記范睢傳：『不離阿保之手。』列女傳貞順篇：『下堂必從傅母保阿。』並『阿』『保』連文，知『阿』猶『保』也。伊尹爲太保，故云保衡。保衡，猶保奭也。詩謂之『阿衡』，書謂之『保衡』，阿、保字異而義同。」皮云：「廣韻、通志引風俗通云：『阿氏：阿衡，伊尹號，其後氏焉。衡氏：伊尹爲湯阿衡，子孫以「衡」爲氏。』說與鄭合。」**在太戊，**太甲之孫。○「在太戊」，今文與古文同。○今文同者，燕世家如此。**時則有若伊陟、臣扈，格于上帝，巫咸乂王家。**伊陟、臣扈率伊尹之職，使其君不隕祖業，故至天之功不隕。巫咸治王家，言不及二臣。○「時則有若伊陟、臣扈」三句，今文與古文同，「格」一作「假」。○「格」作「假」者，燕世家作「時則有若伊陟、臣扈，假于上帝，巫咸治王家」，乂，治，故訓字。集解引鄭云：「上帝，太微中其所統也。伊陟，伊尹之子。」又引馬云：「道至于上帝，謂奉天時也。」咸乂序釋文引馬云：「巫，男巫也，名咸，殷之神巫也。」殷本紀：「帝太戊立，伊陟爲相，亳有祥桑穀共生于朝，一暮大拱。帝太戊懼，問伊陟。伊陟曰：『臣聞妖不勝德，帝之政其有闕與？帝其修德。』太戊從之，而祥桑枯死而去。伊陟贊言於巫咸。巫咸治王家有成，作咸艾，作太戊。帝太戊贊伊陟於廟，言弗臣，伊陟讓，作原命。」商書有夏社、疑至、臣扈，三篇同序，列湯誓後。臣扈，湯臣，疑不逮事大戊，或「臣扈」二字在「伊尹」下，誤移於此。封禪書：「伊陟贊巫咸，巫咸之興自此始。」論衡言毒篇：「巫咸，能以祝延人之疾、愈人之禍者。」楚詞王逸注：「巫咸，古神巫也。」後漢張衡傳：「咎單、巫咸，實守王家。」白虎通姓名篇：「于民臣亦得以甲乙生日名子何？不使亦不止也。以尚書道殷臣有巫咸、有祖己〔一〕也。」王引之云：「『巫咸』，今文蓋作『巫戊』。白虎通用今文尚書，故與古文不同。後人但知古文之作『咸』，而不知今文之作『戊』，故改『戊』爲『咸』耳。不然，『咸』非十日之名，何白虎通引爲生日名子之證乎？」案：王說甚有理。而史記諸書皆作「咸」，蓋三家文不同。古今人表亦作「巫咸」，與白虎通說不合。鄭云「太微中其所統」者，謂太微天庭中蒼、赤、黃、白、黑五帝座也。

在祖乙，時則有若巫賢，祖乙，殷家亦祖其功。時賢臣有如此巫賢。賢，咸子。巫，氏。○「在祖乙，時則有若巫賢」，今文與古文同。○今文同者，燕世家如此。殷本紀：「帝祖乙立，殷復興，巫賢任職。」據殷紀推之，祖乙是太戊孫。

在武丁，時則有若甘盤。高宗即位，甘盤佐之，後有傅說。○「在武丁，時則有若甘盤」，今文與古文同，「盤」一作「般」。○「盤」作「般」者，燕世家如此。古今人表作「甘盤」，與傳說

〔一〕「己」原誤作「乙」，據白虎通姓名篇原文改。

並列。**率惟茲有陳，保乂有殷。故殷禮陟配天，多歷年所。**言伊尹至甘盤六臣佐其君，循惟此道，有陳列之功，以安治有殷，故殷禮能升配天，享國久長，多歷年所。○「率惟茲有陳，保乂有殷」，今文與古文同。「故殷禮陟配天，多歷年所」，今文無徵。集解引王肅云：「循此數臣，有陳列之功，安治有殷也。」與傳文合，此又僞傳出肅之一證也。○今文同者，燕世家作「率維茲有陳，保乂有殷」，「惟」作「維」，今、古文之異；凡經作「乂」，史記作「治」，以訓詁代，此作「乂」，蓋淺人改之。孫云：「『率』同『聿』，文選注引薛君章句云：『聿，辭也。』漢書哀紀李斐注：『陳，道也。』言惟此有道之臣，安治有殷。」「故殷禮陟配天，多歷年所」者，江云：「祀禮升配乎天，歷年長久。禮祭法：『殷人禘嚳而郊冥，祖契而宗湯。』鄭注：『禘、郊、祖、宗，謂祭祀以配食也。』左宣三年傳：『商載祀六百。』」俞樾云：「夏、殷之君，死則稱帝。史記夏、殷本紀無不稱帝者。禮曲禮：『措之廟，立之主，曰帝。』鄭注：『同之天神。』然則『殷禮陟配天』者，謂殷人之禮，死則配天而稱帝也。言殷有賢臣爲輔，故殷君無失德，死則配天稱帝，其子孫享國長久也。」**天惟純佑，命則商，實百姓**殷禮配天，惟天大佑助其王命，使商家百姓豐實皆知禮節。○「天惟純佑」，古文也，今文「純」作「醇」。「命則商」，今文無徵。「實百姓」下屬。○今文「純」作「醇」者，古文苑漢樊毅修西嶽廟碑：「天惟醇佑，萬國以康。」明今文於「佑」字絕句。左隱元年傳注：「純，猶篤也。」廣雅釋詁：「醇，厚也。」篤、厚同義。「命則商」者，釋詁：「則，法也。」天厚助商，故命四方惟商是則，罔敢違背。經「殷」、「商」並稱如此，及多士之「商王士」、多方之「商後王」皆是。**王人，罔不秉德明恤，小臣屏侯甸，**自湯至武丁，其王人無不持德立業，明憂其小臣，使得其人，以爲蕃屏侯甸之服。小臣且憂得人，則大臣可知。○「實百姓王人」三句，今文無徵。○「實百姓王人，罔不秉德明恤」者，釋詁：「實，是也。」荀子王制注：「是，此也。」江云：「百姓，異姓之臣。詩傳：『百姓，百官族姓也。』則百姓非王同族。『王人』，對『百姓』言，知是王之族人同姓之臣也。言此百姓及王人，無不秉持其德明憂恤其政事。」「小臣屏侯甸」者，下至小臣，外至爲屏藩於侯甸之服者也。先言小臣，後言屏侯甸者，由内達外，如康誥言「越厥小臣外正」之比。**矧咸奔走，惟兹惟德稱，用乂厥辟，**王猶秉德憂臣，況臣下得不皆奔走？惟王此事，惟有德者舉，用治其君事。○「矧咸奔走」三句，今文無徵。○「矧咸奔走」云云者，矧，説文作：「弞，詞也。」言皆效奔走服從王事。釋詁：「艾，相。」「辟，君也。」惟此羣臣，各以其德見稱，以相其君。**故一人有事于四方，若卜筮，罔不是孚。**一人，天子也。君臣務德，故有事於四方，而天下化服。如卜筮，無不是而信之。○「故一人有事于四方，若卜筮，罔不是孚」，古文也，今文作「迪一人使四方，若卜筮」。○「故一人有事于四方」云云者，言天子有事於四方，四方奉行之，如卜筮，無不是之，無不信之。今文云云者，文選四子講德論云：「書曰：『迪一人使四方，若卜筮。』」段云：「此今文也。『事』、『使』二字，篆體相似。李注引：『尚書曰：「迪一人有事四方，若卜筮，無不是孚。」孔安國曰：「迪，道也。孚，信也。」』今孔本經文又與李善所據不同。傳文又無『迪，道也』六字。」

公曰：「君奭，天壽平格，保乂有殷，有殷嗣天滅威。言天壽有平至之君，故安治有殷，有殷嗣子紂不能平至，天滅亡加之以威。○「公曰」五句，今文無徵。○「公曰：『君奭』」云云者，書疏引鄭云：「格，謂至于天也。專言臣事。」案：「平格」，謂平天下之功至于天，上文所謂「格于皇天」、「格于上帝」也。天於諸賢臣，與之以年壽，以保乂有殷，可謂純佑矣。至有殷之嗣紂，而天滅之威之，命不于常若此。**今汝永念，則有固命，厥亂明我**

新造邦。」今汝長念平至者安治，反是者滅亡。以爲法戒，則有堅固王命，其治理足以明我新成國矣。○「今汝永念」三句，今文無徵，「邦」當爲「國」。○「今汝永念」云云者，言汝長念此天命之無常，則有以堅定我命，其治足以光明我新造之國矣。晉語韋注：「固，定也。」

公曰：「君奭，在昔上帝，割申勸寧王之德，其集大命于厥躬。 在昔上天，割制其義，重勸文王之德，故能成其大命於其身。謂勤德以受命。○「公曰：『君奭，在昔上帝，割申勸寧王之德，其集大命于厥躬』」，古文也，今文「在昔」作「昔在」，「割申」作「厥亂」。○今文云云者，禮緇衣引君奭曰：「昔在上帝，周田觀文王之德，其集大命于厥躬。」鄭注：「古文『周田觀文王之德』爲『割申勸寧王之德』，今博士讀爲『厥亂勸寧王之德』。（段云：「傳是樓所藏宋本禮記，岳珂所謂舊監本也，作『厥亂勸寧王德』，無『之』字。」）三者皆異，古文似近之。『割』之言蓋也。言文王有誠信之德，天蓋申勸之，集大命于其身。」段云：「今本『在昔』，宋本『昔在』。疏云『往昔之時在上天』，則宜從『昔在』。『今博士讀』者，謂夏侯、歐陽尚書也，『讀』猶『習』也，謂博士所習。此於『讀』字逗，與他注言『讀爲』者不同。不云『今文尚書』而云『今博士讀』者，漢時謂伏生本爲尚書，謂孔壁本爲古文尚書，無『今文尚書』名目也。」又云：「集韻十四太：『㓣，居太切，制斷也。書：「㓣申勸寧王之德。」鄭康成讀。』案：鄭注緇衣：『割之言蓋。』然則『蓋』是詞助。集韻謂『割』有居太切，鄭康成讀，則可；易『割』爲『㓣』，訓斷制，入太韻，而云『鄭康成讀』，則不可。此『㓣』字，惟宋次道古文尚書及汗簡乃有之。又集韻十二曷：『割，古作「⿰⿰亻亡刂」。』案：『⿰⿰亻亡刂』乃『⿰亻亡』之僞，『⿰亻亡』即太韻之『㓣』字，从人亡。人亡者，匄字也。太韻作『㓣』，形亦誤。王應麟藝文志考説漢世諸儒所引異字有『㓣申勸寧王之德』。案：此句見集韻，非漢儒所引也。古字割、害通用，如堯典「方割」，割，害也；大誥「降割」，馬本作「害」。「害」與「周」篆體略相似，此古文作「害」、緇衣作「周」所由來。若作「㓡」，則與「周」絶遠。此宋次道古文尚書之不可信也。」皮云：「鄭從古文，故以古文爲近。然「割申勸」三字義不可通。鄭讀「割」爲「蓋」，尚書二十九篇無用「蓋」字爲語詞者，則鄭説亦未可據。當從今博士讀爲「厥亂勸」。「厥亂」二字與上文「厥亂明我新造邦」義同。王引之云：「率，詞也，字通作『亂』。梓材『厥亂爲民』，論衡效力篇引作『厥率化民』。亂者，率之借字。『厥亂勸寧王德』者，厥率勸寧王德也。」」先謙案：江云：「釋言：『蓋、割，裂也。』蓋、割同訓。然鄭意實不如此。『厥亂勸寧王之德』，當依本義釋之。『亂』之言治，與上文『厥亂』訓同。文王三分有二以服事殷，無得天下之心，故周公上推天意以勸爲詞，言昔在上天，其欲治之意若勸文王之至德，而集大命於其身，使之王天下也。」説似較圓。**惟文王尚克修和我有夏，亦惟有若虢叔，有若閎夭，**文王庶幾能修政化，以和我所有諸夏，亦惟賢臣之助爲治有如此虢（虢，國；叔，字。文王弟）、閎（閎，氏；夭，名）。○「惟文王」三句，今文無徵。○「惟文王」云云者，言文王尚能修治安和我中夏，以有五臣爲之輔也。虢叔者，左僖五年傳：「虢仲、虢叔，王季之穆也。爲文王卿士，勳在王室。」晉語云：「文王敬友二虢，其即位也，咨于二虢。」白虎通辟雍篇：「周公師虢叔。」漢書人表虢中、虢叔列第三格。地理志「右扶風」「虢縣」：「西虢也，虢叔所封，後滅於晉。」「河南郡」「滎陽縣」應劭注：「故虢，今虢亭。」東虢也，虢仲所封。閎夭者，晉語又云：「文王即位，度于閎夭。」人表閎夭列第二格。餘見下。**有若散宜生，有若泰顛，有若南宫括。**」散、泰、南宫皆氏；宜生、顛、括皆名。凡五臣，佐文王爲胥附、奔走、先後、禦侮之任。○「有若散宜生」三句，今文無徵。江云：「大戴禮帝系篇：『堯取于散宜氏之子。』則散宜爲氏，僞傳誤。」「佐文王」云云，用鄭説。〇「有若散宜生」云云者，書疏及詩緜疏引鄭云：「詩傳説『有疏附、奔走、先後、禦侮之人』而曰『文王有四臣以受命』，此之謂也。不及吕望者，太師也，教文王以大德，周公謙，不敢自比焉。」先謙案：今毛詩箋不載，蓋韓、魯詩説也。大傳云：「散宜生、南宫括、閎夭三子相與學訟於太公，遂與三子見文王於美里，獻寶以免文王。」又云：「文王以閎夭、太公望、南宫括、散宜生爲四友。」又云：「周文王胥附、奔輳、先後、禦侮，謂之四鄰，以免於美里之害。」楚詞離騷：「忽奔走以先後兮。」王逸注：「奔走、先後，四輔之職。詩曰『予聿有奔走，予聿有先後』，此之謂也。」或以此經有太顛無太公，大傳言四鄰、四友有太公無太顛，遂疑太顛即太公。人表並列太顛與師尚父，宋吴仁傑直以爲誤。然文王佐命，太公、周、召皆在其内，公作君奭時，太公尚在，疑公數五人，但舉既没者爲言。二號俱賢，有叔無仲，亦因仲存而叔没。且太公漁釣渭陽而遇西伯，見齊世家、尚書中候雒師謀、墨子尚賢篇；文王舉閎夭、泰顛于罝網之中授之政，詩周南兔罝正詠其事。是太公、太顛二人之見文王，操業各異，載籍可徵，不容溷合爲一也。齊世家又云：「或曰，吕尚隱海濱，西伯拘美里，散宜生、閎夭素知而招吕尚，三人爲西伯求美女奇物，獻紂，西伯得以出。言吕尚所以事周雖異，然要之爲文、武師。」周本紀：「文王禮下賢者，太顛、閎夭、散宜生、鬻子、辛甲大夫之徒皆往歸之。紂囚西伯，閎夭之徒患之，求美女獻紂，紂赦西伯。」淮南道應訓同，後漢延篤傳所謂「文王牖里，閎、散懷金」也。墨子非攻篇：「天命周文王伐殷有國，泰顛來賓。」説苑君道篇：「文王以武王、周公爲子，以泰顛、閎夭爲臣。」晉語：「文王即位，謀于南宫。」人表泰顛、閎夭、散宜生、南宫适列第二格，「括」作「适」，亦云即論語之伯适。單行本釋文云：「『南宫』馬本作『南君』。」太公爲四友，見大傳；泰顛在四臣之列，出鄭引詩説。或二人先後任此職，傳説錯舉之。

又曰：「無能往來，茲迪彝教，文王蔑德降于國人。有五賢臣，猶曰其少，無所能往來。而五人以此道法教文王以精微之德，下政令於國人。言雖聖人，亦須良佐。○「無能往來」，今文與古文同，「無」一作「亡」。「又曰」、「茲迪彝教」三句，今文無徵。○「又曰：『無能往來』」云云者，風俗通十反篇：「杜密曰：『劉勝位故大夫，見禮上賓，俯伏甚於鼃蝟，冷澀比於寒蜓，無能往來，此罪人也。』」又曰：「若能納而不能出，能言而不能行，講誦而已，無能往來，此俗儒也。」「無」一作「亡」者，漢書朱雲傳雲疏言丞相韋玄成「容身保位，亡能往來」，李奇注：「不能有所前卻。」孫云：「前卻，謂進退也。『無能往來』，無能進賢退不肖。」書疏引鄭云：「蔑，小也。」言無能以文王緒餘之小德教國人，明大德非國人所企及也。江云：「周書祭公解：『追學于文、武之蔑。』孔鼂注：『言已追學文、武之微德。』言此五臣，又自謂無能往來，言其自視若不足也。由此爲文王道其常教，故文王精微之德下及於國人。」先謙案：諸說未諦。據杜、朱說，可以推漢人「無能往來」之義：「往來」猶往復，主陳言說，劉勝「無能往來」，謂不能往復諫諍；韋玄成「容身保位，亡能往來」其義亦同。至杜論俗儒，分爲三事：能納不能出，有聽無難也；能言不能行，多華鮮實也；講誦而已，無能往來，不能往復辨論。故皆謂之俗儒。李奇訓「往來」爲「前卻」，孫以「進賢退不肖」實之，以之説劉、韋猶可，以之説俗儒則非矣。「又曰」者，詩卷耳疏：「言『又』者，繫前之詞也。」「亡能往來，茲迪彝教」爲一句貫下，周公承上文復言，此五人者若事上無能往來陳言及治民道以典常之教，則文王亡德降于國人矣。甚言有君無臣之不可也。論語「亡之，命矣夫」，漢書楚元王傳作「蔑之，命矣夫」，易剝虞注：「蔑，亡也。」是亡、蔑通用之證。**亦惟純佑，秉德迪知天威，乃惟時昭。文王**文王亦如殷家惟天所大佑，文王亦秉德蹈知天威，乃惟是五人明文王之德。

〇「亦惟純佑」，古文也，今文「純」作「醇」。「秉德迪知天威，乃惟時昭」，今文無徵。「文王」下屬。〇今文「純」作「醇」者，以上文「天惟純佑」例之當然，承上故言「亦」也。言茲五臣，秉執明德，進知皇天威命所屬，共輔文王，乃惟是名益昭顯。江云：「文王之德，不待五臣而昭。以下文推之，當於『昭』字絶句。」今從之。**迪見，冒聞于上帝，惟時受有殷命哉！**言能明文王德，蹈行顯見，覆冒下民，彰聞上天，惟是故受有殷之王命。〇「冒聞于上帝」，古文也，今文「冒」作「勖」。「文王迪見」、「惟時受有殷命哉」，今文無徵。〇「文王迪見」者，孫云：「迪，用也，見牧誓疏。見，猶顯也。」「文王迪見」猶言文王用顯文之德光於四方，有五臣而愈顯，所謂君臣相得益章也。今文「冒」作「勖」者，崔瑗侍中箴：「昔在周文，創德西鄰，勖聞上帝，賴茲四臣。」瑗用詩緜疏文王四臣之說。釋文：「冒，馬作『勖』，勉也。」是馬本與今文同。皮云：「論衡引康誥亦以『冒聞于上帝』爲句。疑古『勖』、『冒』一字。『冒』乃上進之義，不當如馬訓『勉』。」段云：「勖，今音許玉切。古音勖、冒皆音懋。懋、勖、冒並通，是以顧命『冒貢』馬、鄭作『勖贛』，般庚『懋建』今文尚書作『勖建』也。」「惟時受有殷命哉」者，言五臣之有益於國家。**武王惟茲四人，尚迪有禄。**文王没，武王立，惟此四人，庶幾輔相武王蹈有天禄。虢叔先死，故曰四人。〇「武王惟茲四人，尚迪有禄」，今文無徵。〇「武王惟茲四人，尚迪有禄」者，書疏引鄭云：「至武王時，虢叔等有死者，餘四人也。」皮云：「古者稱死曰不禄，曰無禄，則生者爲有禄。云『四人尚迪有禄』，則有一人無禄先死可知。周紀：『武王克紂。其明日，除道修社。散宜生、太顛、閎夭皆執劍以衛武王。命南宫括散鹿臺之財，發鉅橋之粟，以賑貧弱萌隸。』五人獨不見虢叔，是虢叔先死之證。」「迪有禄」者，謂進於有禄。**後暨武王，誕將天威，咸劉厥敵。**言此四人後與武王皆殺其敵。謂誅紂。〇「後暨武王」三句，今文無徵。○「後曁武王」云云者，釋詁：「曁，與也。」「劉，克也，殺也。」說文：「鎦，殺也。」徐鍇云說文無「劉」字，偏旁有之。此即「劉」字也，从金从丣，「刀」字屈曲，傳寫誤作「田」耳。周書世浮解：「武王遂征四方，凡憝國九十有九國。」故云「咸劉厥敵」也。**惟茲四人昭，武王惟冒，丕單稱德。**惟此四人，明武王之德，使布冒天下，大盡舉行其德。○「武王惟冒」，古文也，今文「冒」作「䁌」。「惟茲四人昭」、「丕單稱德」，今文無徵。○「惟茲四人昭」者，與上文「乃惟時昭」同一句例，言咸劉厥敵之功，惟茲四人名甚昭著也。今文「冒」作「䁌」者，說文：「䁌，低目視也。从目冒聲。周書曰：『武王惟䁌。』」陳云：「『䁌』字之訓疑據今文說。僞孔作『冒』，據王肅本。肅所注，即馬、鄭古文本。釋文於『冒』字不言馬、鄭文異，僞傳訓『冒』爲『布冒天下』，孔疏亦不言馬、鄭義異，則『䁌』字出今文尚書可知矣。」「丕單稱德」者，丕，詞也。詩箋：「單，盡也。」「稱」與「偁」同，舉也。言武王下視羣臣，惟盡稱舉四人之德。**今在予小子旦，若游大川，予往曁汝奭共濟，小子同未在位，誕無我責。**我新還政，今任重在我小子旦，不能同於四方，若游大川，我往與汝奭其共濟渡成王，同於未在位即政時，汝大無非責我留。○「今在予小子旦」五句，今文無徵。○「今在予小子旦」云云者，言今日之任，在予小子旦矣。「若游大川」者，詩谷風：「就其淺矣，泳之游之。」辟若大川，則非可游而渡，予惟往與汝奭同濟，庶無沈溺之患。予小子雖在位，與未在位者同，大無以居攝責我則幸矣。皮云：「今文家以爲周公踐阼時作，則小子是公自稱。召公以公攝王，恐有兄終弟及之事，故公言『同未在位』以釋召公之疑。解者誤以此篇爲返政時作，而周公稱『予小子』遂失其義；又以下『小子』當屬成王，不知一簡中兩『小子』不應前後異義。且成王在位而謂其同於未在位，似有鞅鞅非少主臣之意，非所以爲周公。由馬、鄭古文家不知周公作書在攝政時，故説解多謬，宜其爲後人攻駁也。」**收罔勖不及，耇造德不降，我則鳴鳥不聞，矧曰其有能格？」**今與汝留輔成王，欲收教無自勉不及道義者，立此化，而老成德不降意爲之。我周則鳴鳳不得聞，況曰其有能格于皇天乎？○「收罔勖不及」四句，今文無徵，古文「不聞」一作「弗聞」。○「不」一作「弗」者，三國管寧傳明帝下詔曰：「夫以姬公之聖，而耇德不降則鳴鳥弗聞。」裴注：「尚書君奭曰：『耇造德不降，我則鳴鳥不聞，矧曰其有能格？』鄭玄曰：『耇，老也。造，成也。詩曰：「小子有造。」老成有德之人，不降志於我並位，則鳴鳥之聲不得聞，況乃曰能有德格于天者乎？言必無也。鳴鳥，謂鳳也。』」單行本釋文引馬云：「鳴鳥，謂鳳皇也。」陳云：「周公作君奭，以鳳至期召公，其能果致此祥。尚書中候擿雒戒云：『曰若稽古，周公旦欽惟皇天順，踐阼即攝，七年鸞鳳見。』然則鳳鳥之至，卷阿之作，皆攝政七年事也。」先謙案：周語：「周之興也，鸑鷟鳴于岐山。」注：「鸑鷟，鸞鳳之別名。」後漢賈逵傳：「武王終父之業，鸑鷟在岐。」皆周公所夙聞也。「收罔勖不及」云云者，説文：「斂，收也。」「收」亦爲「斂」，互相訓。言我今日若斂退去位而不勉其所不及，君以老成之德而不降志，我則不復聞在岐之鳴鳥矣，況云其或能如殷賢臣之格於皇天、格於上帝乎？有、或，古字通。

公曰：「嗚呼！君肆其監于茲。我受命無疆惟休，亦大惟艱。以朝臣無能立功至天，故其當視於此。我周受命無窮惟美，亦大惟艱難，不可輕忽，謂之易治。○「公曰：『嗚呼』」五句，今文無徵。○「公曰：『嗚呼』」云云者，肆，今也，言君今其監於此。我周受命固無竟之慶，然亦大惟艱難。天命信不易也。**告君，乃猷裕我，不以後人迷。」**告君汝謀寬饒之道，我留與汝輔王，不用後人迷惑，故欲教之。○「告君，乃猷裕我」三句，今文無徵。○「告君，乃猷裕我，不以後人迷」者，書疏引鄭云：「召公不說，似隘急，故令謀於寬裕也。」先謙案：方言：「裕、猷，道也。東齊曰裕，或曰猷。」康誥「乃由裕民」，「由」與「猷」同，「由裕民」謂道民也，「乃猷裕我」與「乃猷裕民」同一句例。「告君，乃猷裕我」者，我以誠告君，君亦當道告我也。「不以後人迷」者，言我不得已之苦心，君尚疑焉，何論後人！幸君察之，不至以後人共相迷惑也。

公曰：「前人敷乃心，乃悉命汝，作汝民極。前人文、武布其乃心爲法度，乃悉以命汝矣，爲汝民立中正矣。○「公曰」四句，今文無徵。○「公曰：『前人敷乃心』」云云者，前人謂武王，述其遺命如此也。江云：「周公、召公蓋並受武王顧命輔成王。」先謙案：公言前人敷布乃心，乃盡以命汝，爲汝庶民之極，使庶民有所取則。付託甚重。

曰汝明勖，偶王在亶，乘兹大命。汝以前人法度明勉配王，在於成信行此大命而已。○「曰汝明勖」三句，今文無徵。○「曰汝明勖」云云者，「明」與「孟」通，勖，勉也。此經之「明勖」與爾雅「孟勉」義同。釋詁：「亶，誠也。」江云：「偶王者，序云二公『相成王爲左右』，是二人偶俱侍王。」先謙案：淮南氾論注：「乘，加也。」公言武王命曰汝當孟勉，與我偶俱侍王，惟在誠信不相疑貳。此武王之大命，實加於汝與我之身。**惟文王德丕承，無疆之恤。」**惟文王聖德，爲之子孫無忝厥祖，大承無窮之憂。○「惟文王德丕承，無疆之恤」，今文無徵。○「惟文王德丕承」云云者，孟子引書曰：「丕顯哉文王謨！丕承哉武王烈！」是武王能承文王之德也。言既奉武王之命，即惟文王之德是承，始可以繼武王烈，任大責重如此，真無竟之憂也。

公曰：「君！告汝朕允。告汝以我之誠信也。○「公曰：『君，告汝朕允』」，今文無徵。○「公曰」云云者，釋詁：「允，誠也。」**保奭，其汝克敬，以予監于殷喪大否，**呼其官而名之，勑使能敬以我言，視於殷喪亡大否。言其大，不可不戒。○「保奭」三句，今文無徵。○「保奭」云云者，序云：「召公爲保。」俞樾云：「保奭，猶『保衡』是也。」鄉射禮鄭注：「以，猶與也。」易：天地交爲泰，天地不交而萬物不通爲否。殷之末世，天地閉塞，是大否也。言汝惟能敬，與予觀於殷喪亡之大否，引以爲鑒。段云：「釋文：『否，方九反。』當是本作『不，方九反』。薛季宣作『丕』，即其『不』字也。」**肆念我天威，予不允惟若兹誥，予惟曰襄我二人，**以殷喪大故，當念我天德可畏，言命無常。我不信，惟若此誥。我惟曰：當因我文、武之道而行之。○「肆念我天威」三句，今文無徵。○「肆念我天威」云云者，詩傳：「肆，長也。」言命不于常，我天之威甚可畏，汝當長以爲念。上云「我不敢寧于上帝命，弗永遠念天威」，故欲召公同念之。不允，允也，詩經多此例。上云「告汝朕允」，故知此「不允」爲允，言予之誠心惟若此誥，予惟曰在我二人成之。左傳杜注：「襄，成也。」**汝有合哉！言曰：『在時二人，天休滋至，惟時二人弗戡。』**言汝行事，動當有所合哉！發言常在是文、武，則天美周家，日益至矣。惟是文、武不勝受。言多福。○「汝有合哉」五句，今文無徵。○「汝有合哉」者，我所言當於汝心有合哉。「言曰：『在時二人』」云云者，釋詁：「戡，勝也。」孫云：「言者曰：『在是二人，致天休美益至，惟是我二人弗敢勝。』」段云：「汲古本、監本『滋』作『兹』。說文『兹』下云：『艸木多益。』『滋』下云：『益也。』常棣、召旻傳：『況，兹也。』國語韋注：『況，益也。』然則兹、滋古通用。」**其汝克敬德，明我俊民，在讓後人于丕時。**其汝能敬行德，明我賢人在禮讓，則後代將於此道大且是。○「其汝克敬德」三句，今文無徵。○「其汝克敬德」云云者，明，顯也；在，察也；俊民，才過千人也。「于丕時」

者，丕，詞也；于時，猶「於是」，與堯典「女于時」同義，倒裝文法。言汝克敬厥德，登顯我民之俊者，於是察而讓之後人，此時則未可也。蓋因召公退讓而爲此言。**嗚呼！篤棐時二人，我式克至于今日休。**言我厚輔是文、武之道而行之，或用能至于今日其政美。○「嗚呼」三句，今文無徵。○「嗚呼！篤棐時二人」云云者，篤，厚；棐，輔；式，用也。言厚輔周室，是我二人同心同德，我用能至於今日之休美。**我咸成文王功于不怠，丕冒海隅出日，罔不率俾。」**今我周家皆成文王功于不懈怠，則德教大覆冒海隅日所出之地，無不循化而使之。○「我咸成文王功于不怠」二句，今文無徵。「罔不率俾」，古文也，今文「罔」作「莫」。○「我咸成文王功于不怠」者，上文「襄我二人」，「襄」之言成也。言我所願成者，我偏成文王功於不懈怠。○「丕冒海隅出日」云云者，魏志武帝紀注引鄭云：「率，循也。俾，使也。四海之隅，日出所照，無不循度而可使也。」海隅、日出分二義，總言疆界之廣。今文「罔」作「莫」者，漢書武帝紀云：「莫不率俾。」顔注：「言皆循其職貢而可使也。」釋言：「俾，職也。」

公曰：「君！予不惠，若茲多誥，予惟用閔于天越民。」我不順若此多誥而已，欲使汝念躬行之。閔，勉也。我惟用勉于天道加於民。○「公曰：『君』」五句，今文無徵。○「公曰：『君』」云云者，江云：「漢書昌邑王傳：『清狂不惠。』蘇林注：『心不慧。』『惠』與『慧』通。穀梁僖二年傳：『達心則其言略。』『達心』即智慧。周公謙言予不慧，故言煩也。」詩「閔予小子」箋：「閔，悼傷之言也。」釋詁：「越，猶及也。」言予惟以閔傷天命及民心之不常，故多言若此。

公曰：「嗚呼！君，惟乃知民德，亦罔不能厥初，惟其終。惟汝所知民德，亦無不能其初，鮮能有終，惟其終則惟君子。戒召公以慎終。○「公曰」六句，今文無徵。○「公曰：『嗚呼！君』」云云者，書疏引鄭云：「召公是時意説，周公恐其復不説，故依違託言民德以剴切之。」詩：「靡不有初，鮮克有終。」本勉召公，而云凡民之德，是託言。**祗若茲，往，敬用治。**」當敬順我此言，自今以往，敬用治民職事。○「祗若茲，往，敬用治」，今文無徵。○「祗若茲」者，江云：「言我所誥如此而已。『祗』有『敬』義，下言『敬』，則此不當作敬解。」易：「無祇悔。」馬注：『祇，詞也。』」「往，敬用治」者，用，以也。孫云：「往，謂述職，治自陜以西也。白虎通巡守篇：『傳云：「周公入爲三公，出爲二伯，中分天下，出黜陟。」詩曰：「周公東征，四國是皇。」言東征述職。又曰：「蔽芾甘棠，勿翦勿伐，召伯所茇。」言邵公述職，親稅舍於野棠之下也。』」先謙案：孟子云諸侯朝天子，述所職曰述職。周、召爲二伯，入則述職，出則巡行。周公攝王，召公爲保傅，必常在成王左右，此時蓋以分陜後巡行布政，故周公勉以「往，敬用治」。又其心不說周公居攝，公蓋微窺見之，故開布誠悃，反覆周詳，使召公坦然無疑，得以同德宣力。聖人之明誠，兼至如此。

尚書孔傳參正二十六

蔡仲之命第十九　周書　孔氏傳　臣王先謙參正

蔡仲之命蔡，國名；仲，字。因以名篇。○此梅氏古文之二十。書序：「蔡叔既没，王命蔡仲踐諸侯位，作蔡仲之命。」説詳下文。

惟周公位冢宰，正百工，百官總己以聽冢宰，謂武王崩時。○惠云：「左定四年傳祝佗曰：『周公爲太宰。』竹書紀年：『成王元年，命冢宰周公總百官。』」梅云：「『冢宰』字見周禮，『百工』字見虞書。」**羣叔流言，乃致辟管叔于商，囚蔡叔于郭鄰，以車七乘。**致法，謂誅殺。囚，謂制其出入。郭鄰，中國之外地名。從車七乘，言少。管、蔡，國名。○惠云：「金縢：『管叔及其羣弟，乃流言于國。』周書作雒解：『降辟三叔，王子祿父北奔，管叔經而卒，乃囚蔡叔于郭淩。』左傳祝佗曰：『管、蔡啟商，惎間王室，王于是乎殺管叔而蔡蔡叔，以車七乘，徒七十人。』」梅云：「『致辟』二字，本左襄二十五年傳『惟罪所在，各致其辟』。」閻云：「僞傳『郭鄰，中國之外地名』，此臆説也。作雒解孔鼂注：「郭鄰，地名，未詳所在。」降霍叔于庶人，三年不齒。罪輕，故退爲衆人，三年之後乃齒録，封爲霍侯，子孫爲晉所滅。○惠云：「『三年不齒』見周禮大司寇。」蔡仲克庸祗德，周公以爲卿士。蔡仲能用敬德，稱其賢也。明王之法，誅父用子，言至公。周公，圻内諸侯，二卿治事。○惠云：「左傳祝佗曰：『其子蔡仲改行帥德，周公舉之，以爲己卿士。』」梅云：「『克庸祗德』倣『克明俊德』、『克慎明德』句例，『祗德』見吕刑。」先謙案：史記管蔡世家：「蔡叔度既遷而死，其子曰胡，胡乃改行率德馴善，周公聞之，而舉胡以爲魯卿士，魯國治。於是周公言於成王，復封胡於蔡，以奉蔡叔之祀，是爲蔡仲。」索隱：「案尚書云：『蔡仲克庸祗德，周公以爲卿士。叔卒，乃命諸王邦〔一〕之蔡。』元無仕魯之文。又伯禽居魯，乃是七年致政之後，此乃攝政之初，未知史遷何憑而有此言也。」皮云：「周公封魯，在武王定天下之初，周本紀『封弟周公旦於曲阜曰魯』是也。伯禽就國於魯，則在周公攝政之初，魯世家云『於是卒相成王，而使其子伯禽就國於魯』是也。史記之説甚明，不待七年致政之後，成王封伯禽爲周公後，伯禽始就國也。王制：『天子使其大夫爲三監，監於方伯之國，國三人。』鄭注以王制爲殷制，若周制，則大國三卿皆命於天子，亦與古制似異而同。鄭注儀禮『諸公』云『容牧有三監』，是其制同之證。周公舉胡以爲魯卿士，即魯卿之命於天子者。左傳云『周公舉之，以爲己卿士』，亦以爲魯國卿士，與史記説不異。僞孔不考史記，以爲當時未封伯禽，尚無魯國，不得有魯卿士，於是删去『魯』字，但云『周公以爲卿士』，若以爲王朝卿士者，然不知王朝卿士乃執政之最尊者，周公之屬不得有

〔一〕「邦」字史記索隱原文作「封」。

卿士也。僞古文顯與史記相違，索隱據僞古文以駁史記，尤謬。」**叔卒，乃命諸王邦之蔡。**叔之所封，圻内之蔡；仲之所封，淮、汝之閒。圻内之蔡名已滅，故取其名以名新國，欲其戒之。○惠云：「左傳祝佗曰：『見諸王而命之以蔡。』」閻云：「漢汝南郡上蔡縣爲蔡叔父子所封，不聞別地，傳說謬。周宣王弟友封畿内咸林之地，名鄭，後徙溱、洧之閒，施舊號於新邑，亦名鄭。未聞蔡復爾。此緣世本『蔡叔居上蔡』宋仲子注：『胡徙居新蔡。』不知漢志班自注：『胡後十八世平侯，自上蔡徙新蔡。』非胡徙新蔡也。後漢志『河内郡』『山陽邑』有蔡城，劉昭注：『蔡叔邑。此猶鄭管城之類乎？』」

王若曰：「小子胡，言小子，明當受教訓。胡，仲名。順其事而告之。○梅云：「左傳祝佗曰：『其命書云：「王曰：胡，無若爾考之違王命也。」』傳云『王曰』，此增『若』字者，效前後經文『王若曰』也。傳但稱『胡』，此加『小子』者，效『小子封』也。」**惟爾率德改行，克慎厥猷，**言汝循祖之德，改父之行，能慎其道。歎其賢。○梅云：「『率德改行』見上，『克慎厥猷』倣詩『克慎其德』。」先謙案：詩：「克壯其猷。」**肆予命爾侯于東土，往即乃封，敬哉！**以汝率德改行之故，故我命汝爲諸侯於東土，往就汝所封之國，當修己以敬哉！○梅云：「『肆予命爾侯于東土』倣『肆爾在茲東土』，『往即乃封，敬哉』即康誥『往哉，封，勿替敬典』也。」**爾尚蓋前人之愆，惟忠惟孝。**汝當庶幾修德，尚蓋前人之過。子能蓋父，所以爲惟忠惟孝。○梅云：「『爾尚』二字見酒誥。『蓋前人之愆』本魯語臧文仲曰：『孟孫善守矣，其可以蓋穆伯而守其後于魯乎！』」**爾乃邁迹自身，克勤無怠，以垂憲乃後。**汝乃行善迹用汝身，使可蹤迹而法循之，能勤無懈怠，以垂法子孫，世世稱頌，乃當我意。**率乃祖文王之彝**

訓，無若爾考之違王命。言當循文、武之常教，以父違命爲世戒。○朱彝尊云：「成王命蔡仲，王若曰『胡，無若爾考之違王命也』，見左傳；僞古文增益其文曰『率乃祖文王之遺訓』。案：盤庚『古我先王，暨乃祖乃父』，又曰『我先后綏乃祖乃父』，此誥臣民之詞則然；若周公誥康叔云『惟乃丕顯考文王』、又曰『乃穆考文王』，誥成王云『承保乃文祖受命民，越乃光烈考武王』，何等莊重！今成王命蔡仲，曰『率乃祖文王』，乃祖者伊誰之祖與？」**皇天無親，惟德是輔；民心無常，惟惠之懷。**天之於人，無有親疏，惟有德者則輔佑之。民之於上，無有常主，惟愛己者則歸之。○惠云：「左僖五年傳宫之奇曰：『周書曰：「皇天無親，惟德是輔。」』杜注：『逸書。』」**爲善不同，同歸于治；爲惡不同，同歸于亂。**言人爲善爲惡，各有百端，未必正同，而治亂所歸不殊。宜慎其微。**爾其戒哉！慎厥初，惟厥終，終以不困；不惟厥終，終以困窮。**汝其戒治亂之機哉！作事云爲，必慎其初，念其終，則終用不困窮。○惠云：「杜注左傳引書，在二十九篇外者曰『逸書』，見逸周書者曰『周書』，惟襄二十五年傳衛太叔文子引書曰『慎始而敬終，終以不困』，此本周書常訓解『慎微以始而敬終，乃不困』，杜偶不照而云『逸書』，梅氏遂采入此篇，以爲二十九篇之外逸書。徐幹中論云：『書云：「慎始而敬終，終以不困。」』蓋逸周書，漢人皆見之。」**懋乃攸績，睦乃四鄰，以蕃王室，以和兄弟。**勉汝所立之功，親汝四鄰之國，以蕃屏王室，以和協同姓之邦。諸侯之道。○惠云：「『以蕃王室』見微子之命。」**康濟小民，率自中，無作聰明亂舊章；**汝爲政，當安小民之居，成小民之業，循用大中之道，無敢爲小聰明，作異辯以變亂舊典文章。○梅云：「詩：『率由舊章。』王制：

「悉其聰明。」「罔以辨言亂舊政。」〔二〕**詳乃視聽，罔以側言改厥度。則予一人汝嘉。**」詳審汝視聽，非禮義勿視聽，無以邪巧之言易其常度，必斷之以義。則我一人善汝矣。○梅云：「文侯之命曰：『若汝予嘉。』」無廢棄我命。

王曰：「嗚呼！小子胡，汝往哉！無荒棄朕命。」歎而敕之，欲其念戒。小子胡，汝往之國哉！

欲其終身奉行，後世遵則。○說見微子之命。元王充耘云：「蔡仲之命與太甲篇相出入，言天輔民懷，即『克敬惟親』、『懷于有仁』之說；『爲善同歸于治，爲惡同歸于亂』即『與治同道，罔不興；與亂同事，罔不亡』之說；『惟厥終，終以不困；不惟厥終，終以困窮』即『自周有終，相亦惟終。其後嗣王，罔克有終，相亦罔終』之說。」古文出於一手，掇拾附會，故不覺犯複耳。

多方第二十　周書　孔氏傳　臣王先謙參正

多方衆方天下諸侯。○書序：「成王歸自奄，在宗周誥庶邦，作多方。」周紀：「召公爲保，周公爲師，東伐淮夷，殘奄，遷其君薄姑。成王自奄歸，在宗周，作多方。」史記次於作多士、無佚後，係成王即政時事，與大傳所云「周公攝政，三年踐奄」各爲一事。史記所載書序，多與馬、鄭書序異，此序以成王踐奄在周

〔二〕「罔以辨言亂舊政」句見僞太甲。

公反政後，與馬、鄭同，是今、古文無異説。諸家臆改古書以就己説，今並無取。

惟五月丁亥，王來自奄，至于宗周。周公歸政之明年，淮夷、奄又叛，魯征淮夷，作費誓。王親征奄，滅其國，五月還至鎬京。○「惟五月丁亥」，今文無徵。「王來自奄，至于宗周」，今文與古文同。○「惟五月丁亥」者，不能定爲何年。成王即政信讒，而周公奔楚，及寤，迎公歸，始作多士，故多士篇之「惟三月」鄭以爲在成王元年，以史記推之，知其非也。多方又在多士之後，其年更不能定。僞傳以爲歸政明年之五月，誤矣。今文同者，周紀作「成王自奄歸，在宗周」。尚書它篇，無「歸在」之文，知經文必仍作「至于」。趙岐孟子注引尚書多方曰：「王來自奄。」趙用今文，不與周紀作「成王」同，知此乃史公變文紀事，可爲今、古文同之證。詩豳譜疏引鄭云：「奄國，在淮夷之旁，周公居攝之時亦叛，王與周公征之，三年滅之，自此而來歸。」先謙案：孟子云：「伐奄，三年討其君，滅國者五十。」此伐奄，周公相武王時事也。趙注：「奄，東方無道國。武王伐紂，至于孟津，還歸，二年復伐。前後三年，滅與紂共爲亂政者五十國也。奄，大國，故特伐之。尚書多方曰：『王來自奄。』」（趙引書，爲「奄，大國」之證，非以「王來自奄」爲彼時事也。）大傳云：「周公攝政，一年救亂，二年克殷，三年踐奄，四年建侯衛，五年營成周，六年制禮作樂，七年致政于成王。」又云：「管叔、蔡叔流言于國，奄君謂禄父曰：『武王既死矣，成王尚幼矣，周公見疑矣。此百世之時也，請舉事。』」詩破斧云：「周公東征，四國是皇。」傳：「四國，管、蔡、商、奄也。」明奄與管、蔡、武庚俱叛，故多士篇周公自追述之曰：「昔朕來自奄，予大降爾四國民命。」此踐奄，周公居攝時事也。史記：「殘奄，遷其君薄姑。」（引見上。）此殘奄，周公相成王時事也。三事分明，書、傳皆可據證。後儒輒以偏詞臆見，必欲溷合爲一，治絲愈棼，不知其何説也。「宗周」者，孫云：「詩正月『赫赫宗周』傳：『宗周，鎬京也。』周之東遷，無復西都，亦名東都王城爲宗周。此時宗周實鎬京也。周官序云：『還歸在豐。』成王是時常居豐，去鎬京二十五里。然則至鎬誥庶邦後仍歸豐矣。」

周公曰：「王若曰：『猷告爾四國多方周公以王命順大道告四方。稱周公，以别王自告。○「周公曰」三句，今文無徵。○「周公曰：『王若曰』」者，書疏引王肅云：「周公攝政，稱成王命以告。及還政，稱『王曰』。嫌自成王辭，故加『周公』以明之。」孫云：「王肅雖亂經之人，此説多方在周公反政後，實本於史記，未爲無據。」皮云：「肅雖善賈、馬之學，其父朗師楊賜，楊氏世傳歐陽尚書，則肅亦嘗習今文者。故肅僞撰孔傳，名爲古文，實參合今、古文爲之，其意在攻鄭，故陰用今文説以駁鄭之古文説，如謂羲和即仲叔四子，虞時日月星辰即畫於旌旗不在衣，祖甲爲湯孫太甲，奄再叛再征，多方在歸政後，其説皆與今文家合，遠勝馬、鄭古文學者，當分别觀之。據馬、鄭以駁僞孔，可也；據馬、鄭以駁伏生、史公，不可也。近儒偏執鄭義以駁孔傳，不知以古義爲折衷，殊爲失之。」「猷告爾四國多方」者，猷、繇字通，釋言：「道也。」方言：「猷，道也。東齊曰猷。」「猷告」猶道告也。「四國」者，管、蔡、商、奄。「多方」者，方，猶「邦」也，「多方」猶言「衆邦」。此文當連下「惟爾殷侯尹民」爲句，知者，時四國中管、商已滅，未别置君；蔡雖立仲，不當在内；奄君新遷薄姑，未聞曲宥。則此云「四國」者，並無四國之君在内，乃周公攝政三年伐管、蔡、商、奄後，遷四國民於洛邑，今復誥之，下文「大降爾四國民命」其明證也。「多方」亦非謂衆諸侯，孟子「滅國五十」，周書「憝國九十九」，經文之「四方小大邦喪」，周皆遷其民於洛，故總之曰「多方惟爾殷侯所尹之民」也。且書詞峻厲，非告諸侯之體，因作書之年，昔儒紛紜莫定，以致書恉塵封耳。**惟爾殷侯尹民，我惟大降爾命，爾罔不知。**殷之諸侯主民者，我大降汝命，謂誅紂也。言天下無不知紂暴虐以取亡。○「惟爾殷侯尹民」三句，今文無徵。○「惟爾殷侯尹民」云云者，「殷侯尹民」說已見上。說文：「尹，治也。」言我惟大降下爾以命令，爾無得昏然不知，負我猷告之意。**洪惟圖天之命弗永，寅念于祀，惟帝降格于夏，**大惟爲王謀天之命，不長敬念于祭祀。謂夏桀。惟天下至戒於夏以譴告之。謂災異。○「洪惟圖天之命不永」三句，今文無徵。○「洪惟圖天之命弗永」云云者，寅，敬；格，至也。言天命不常，有永有弗永，人君大惟圖度天命，以弗永爲戒，則當敬念於祀事，庶幾克享上帝。昔夏有天命之時，惟帝降格嚮於夏矣。**有夏誕厥逸，不肯慼言于民，**有夏桀不畏天戒，而大其逸豫，不肯憂言於民，無憂民之言。○「有夏誕厥逸」二句，今文無徵。○「有夏誕厥逸」云云者，言夏王大肆其逸樂，不肯有憂慼之言及於其民，謂不卹民。段云：「衛包改『戚』爲『慼』，俗字。」**乃大淫昏，不克終日勸于帝之迪。**言桀乃大爲過昏之行，不能終日勸於天之道。○「乃大淫昏」二句，今文無徵。○「乃大淫昏」云云者，言桀乃大淫佚昏亂，不能有一日勸勉於天之道。釋文：「迪，馬本作『攸』，云：『所也。』」案：攸，所，釋言文。史記趙世家趙簡子寐語大夫曰：「我之帝所，甚樂。」帝所，謂帝居也。人君若以帝所爲念，而思格于帝，則必終日勸勉以求之。今桀不然，是不勸于帝之所也。**乃爾攸聞。**言桀之惡，乃汝所聞。○「乃爾攸聞」，今文無徵。**厥圖帝之命，不克開于民之麗。**桀其謀天之命，不能開於民所施政教。麗，施也。言昏昧。○「厥圖帝之命」二句，今文無徵。○「厥圖帝之命」云云者，麗，附也。帝之命，命有德；民之附，附有德。桀之在位，其於天帝之命即圖度及之，而於民之所以附麗不能開通，而有合於天心，天聽於民，民之不附，而帝命是圖，其將能乎？周書程典解：「慎德，德開，開乃無患。」孔鼂注：「開，通。言德合也。」王鳴盛云：「周書有九開、文開、保開，皆亡；又有大開、小開。『開』本周人語。」**乃大降罰，崇亂有夏，因甲于內亂，**桀乃大下罰於民，重亂有夏。言殘虐。外不憂民，內不勤德，因甲於二亂之內。言昏甚。○「乃大降罰」三句，今文無徵。○「乃大降罰，崇亂有夏」者，詩傳：「崇，終也。」言桀乃大降誅罰，終亂有夏。「因甲于內亂」者，書疏云：「鄭以『甲』爲『狎』。」又引鄭云：「習爲鳥獸之行，於內爲淫亂。」甲，狎，釋言文。說文：「狎，犬可習也。」故訓「狎」爲「習」。釋詁：「仍，因也。」因，亦訓「仍」。因、仍、狎、習，義相比近。「因」不作虛字解。大司馬云：「外內亂，鳥獸行，則滅之。」鄭注引王霸記曰：「悖人倫，外內無以異於禽獸。」**不克靈承于旅，罔丕惟進之恭，洪舒于民。**言桀不能善奉於民衆，無大惟進恭德，而大舒惰於治民。○「不克靈承于旅」三句，今文無徵。○「不克靈承于旅」者，詩箋：「靈，善也。」釋詁：「旅，衆也。」言不能善承於民衆。「罔丕惟進之恭」者，釋言：「罔，無也。」孫云：「『丕』與『不』通，『恭』與『共』通。史記呂不韋傳：『進用不饒。』索隱引小顏云：『進，財也。』漢書高紀：『蕭何主進。』顏注：『「進」本作「賮」。』」言其所用之人，無不惟財賮之共奉。先謙案：盤庚「罔不惟民之承」與此句例同，知「丕」當作「不」。「洪舒于民」者，考工記注：「荼，古文『舒』。」困學紀聞云「洪舒于民」古文作「洪荼」，薛季宣云「大爲民荼毒也」。段云：「此宋次道古文，蓋見古籍『舒』、『荼』通用，如史記『荆荼是懲』、玉藻『諸侯荼』之類，因而改字立異，亦無大害。薛氏乃以『荼毒』訓之，恐失之鑿矣。」先謙案：讀「舒」爲「荼」訓爲荼毒，於義亦順，此處不能有別解。江、孫皆從薛，訓大爲荼毒於民，今依之。**亦惟有夏之民叨懫，日欽劓割夏邑。**桀洪舒於民，故亦惟有夏之民貪叨忿懫而逆命，於是桀民尊敬其能劓割夏邑者。謂殘賊臣。○「亦惟有夏之民叨懫」二句，今文無徵，古文「夏」下一有「氏」字，「懫」作「𦤺」。○「夏」下有「氏」字、「懫」作「𦤺」者，說文：「𦤺，忿戾也。從至。至而復孫。孫，遁也。周書曰：『有夏氏之民叨𦤺。』𦤺，讀與『摯』同。」段云：「今尚書『𦤺』作『懫』，天寶改；釋文『𦤺』作『懫』，開寶改也。釋文：『懫，勑二反。說文之二反。』案：『懫』字惟見大學，鄭注尚書本作『𦤺』，與說文所引同，衛包妄謂『𦤺』爲古字、『懫』爲今字，改『𦤺』作『懫』，開寶中又改釋文大字作『懫』，而小字仍舊，是以云說文之二反，而不知說文無『懫』字也，不云說文作『𦤺』，則可知大字本作『𦤺』矣。集韻六至兩云『「𦤺」或作「懫」』，此正合未改釋文，新定釋文爲此語。」說文：「饕，貪也。」重文作「叨」。江云：「詩晨風：『憂心欽欽。』傳：『思望之，心中欽欽然。』言有夏氏之民貪叨忿戾，日欽欽然思劓割夏國，言民之貪亂，欲夏亡也。湯誓曰：『有衆率怠弗協，曰：「時日害喪？予及女偕亡！」』此之謂也。」說文：「邑，國也。」**天惟時求民主，乃大降顯休命于成湯，**天惟是桀惡，故更求民主以代之，大下明美之命於成湯，使王天下。○「天惟時求民主」二句，今文無徵。○「天惟時求民主」云云者，言天惟是求可爲萬民之主者，乃大下光顯之美命於成湯。**刑殄有夏，惟天不畀純，**命湯刑絶有夏，惟天不與桀亦已大。○「刑殄有夏」二句，今文無徵。○「刑殄有夏」者，謂誅絶之。「惟天不畀純」者，詩傳：「畀，與也。」晉語韋注：「純，專也。」言天不以天下私一姓，惟視其克享與否。桀不克享，惟天亦不專畀之也。**乃惟以爾多方之義民，不克永于多享。**天所以不與桀，以其乃惟用汝多方之義民爲臣，而不能長久多享國故。○「乃惟以爾」二句，今文無徵。○「乃惟以爾多方之義民」云云者，江云：「『義民』猶民儀，謂賢者。大誥『民獻』大傳作『民儀』是也。言乃惟以汝多方之賢民，不克長享祿位。」俞樾云：「『義』

讀爲『俄』。立政『茲乃三宅無義民』，王念孫謂『義』與『俄』同，衺也，言居賢人於官而任之，則三宅無傾衺之民也。此說爲先儒所未發。然『義民』已見此篇，王說顧不之及。案：此『義』字亦與『俄』同，言天所以大不與桀，以其惟用汝多方傾衺之民爲臣，故不能長久多享國也。『義』爲『俄』之假字，王引呂刑『鴟義姦宄』、大戴禮千乘篇『誘居室家有君子曰義』、管子明法解篇『雖有大義，主無從知之』爲證，今以其說推之，左文十八年傳『掩義隱賊』，『義』亦『俄』也，義、賊皆不善之事，故掩蓋之、隱蔽之也。字亦作『議』，管子法禁篇『法制不議，則民不相私』，『議』亦『俄』也，言法制不傾衺，則民不相私也。字又作『儀』，荀子成相篇『君法儀，禁不爲』，『儀』亦『俄』也，此與上文『君法明，論有常』相對成文，言君法明盛，則其論有常；君法傾邪，則常禁之使不爲也。皆可爲證。先謙案：孫從江說。然讀「義」爲「儀」，民儀見今文說，非古文所有。讀「義」爲「俄」是也，但俞云用爲臣，則不當仍謂之義民矣，下多士謂「夏臣」，此「義民」乃夏民。上文言「叨懫」，即是夏民之俄者，又日思劓割夏邑，故不克永于多享也。**惟夏之恭多士，大不克明；保享于民，**惟桀之所謂恭人衆士，大不能明安享于民。言亂主所任，任同己者。○「惟夏之恭多士」三句，今文無徵。○「惟夏之恭多士」云云者，「恭」與「共」同，言夏之共職多士，大不能明於治道。「保享于民」下屬爲義，「大不克明」與下「大不克開」相對爲文。**乃胥惟虐于民，至于百爲，大不克開。**桀之衆士，乃相與惟暴虐於民，至於百端所爲。言虐非一。大不能開民以善。言與桀合志。○「乃胥惟虐于民」三句，今文無徵。○「乃胥惟虐于民」云云者，言上得民，乃能安享，夏多士保享于民，乃相惟虐于民，至于百端，大不能開于民之麗，夏之民與士皆如此，宜其蹈刑殄之禍也。「惟天不畀純」以下，說夏之亡非特桀有罪，其民臣皆有罪。**乃惟成湯，克以爾多方簡代夏，作民主。**乃惟成湯，能用汝衆方之賢大代夏政，爲天下民主。○「乃惟成湯」三句，今文與古文同。○今文同者，班固典引：「肇命民主，五德初起。」蔡邕注引尚書曰：「成湯簡代夏作民主。」此蔡約舉經文，非有異本。詩箋：「簡，擇也。」言乃惟成湯，能以爾衆方諸侯推擇而代夏爲民之主。殷本紀：「於是諸侯畢服，湯乃踐天子位，平定四海。」與此證合。**慎厥麗，乃勸；厥民刑，用勸。**湯慎其施政於民，民乃勸善，其人雖刑，亦用勸善。言政刑清。○「慎厥麗，乃勸」二句，今文無徵。○「慎厥麗，乃勸」云云者，湯知民所附在德，而慎其德，乃以勸民共勉於德；其民雖被刑者，皆當其情，亦以相勸於德。**以至于帝乙，罔不明德慎罰，亦克用勸。**言自湯至于帝乙，皆能成其王道，長慎輔相，無不明有德，慎去刑罰，亦能用勸善。○「以至于帝乙」三句，今文無徵。○「以至于帝乙」云云者，帝乙即祖乙，湯六世孫，説見酒誥。「亦克用勸」，屬民説。**要囚，殄戮多罪，亦克用勸。開釋無辜，亦克用勸。**帝乙已上，要察囚情，絶戮衆罪，亦能用勸善。開放無罪之人，必無枉縱，亦能用勸善。○「要囚」五句，今文無徵。○「要囚」云云者，要囚，爲其辠法之要辭，詳康誥。上多戮罪人，民知無枉，亦能以勸。赦宥無辜，民知無縱，亦能以勸。言刑平也。**今至于爾辟，弗克以爾多方享天之命。』**今至于汝君，謂紂，不能用汝衆方享天之命，故誅滅之。○「今至于爾辟」二句，今文無徵。○「今至于爾辟」云云者，釋詁：「辟，君也。」爾君，謂紂。言至于汝君，乃不能以多方諸侯之衆保享天命。

「嗚呼！王若曰：『誥告爾多方，非天庸釋有夏，歎而順其事以告汝衆方，非天用釋棄桀，桀縱惡自棄，故誅放。○「嗚呼」四句，今文無徵。○「嗚呼」云云者，周公歎而述王命也。晉語韋注：「釋，舍也。」言非天舍去夏所受之命。君奭「天不庸釋于文王受命」與此「庸釋」文義正同。**非天庸釋有殷，乃惟爾辟以爾多方，**

大淫圖天之命，屑有辭。非天用棄有殷，乃惟汝君紂，用汝衆方大爲過惡者，共謀天之命，惡事盡有辭說，布在天下，故見誅滅也。○「非天庸釋有殷」四句，今文無徵。○「非天庸釋有殷」云云者，言非天之舍殷，乃惟紂恃爾多方諸侯之衆，大過圖度天命，謂我生不有命在天，切切有辭，致天不佑。多士「大淫泆有辭」，馬本「泆」作「屑」，與此同。**乃惟有夏，圖厥政不集于享，天降時喪，有邦間之。**更説桀也。言桀謀其政不成于享，故天下是喪亡以禍之，使天下有國聖人代之，言有國。明皇天無親，佑有德。○「乃惟有夏」四句，今文無徵，「邦」當作「國」。○「乃惟有夏」云云者，詩傳：「集，就也。」釋詁：「間，代也。」言夏桀謀其政，而不就於享天命，故天降是喪亡，以有國諸侯代之。**乃惟爾商後王，逸厥逸，**後王，紂。逸豫其過逸，言縱恣無度。○「乃惟」二句，今文無徵。○「乃惟爾商後王，逸厥逸」者，言逸樂自恣，猶言樂其所樂。**圖厥政，不蠲烝，天惟降時喪。**紂謀其政，不絜進于善，故天惟下其喪亡。謂誅滅。○「圖厥政」三句，今文無徵。○「圖厥政」云云者，釋文：「馬云：『蠲，明也。烝，升也。』」孫云：「言無明德升聞於天。」詩傳：「蠲，絜也。」廣雅釋詁：「烝，美也。」言紂謀其政，不絜不美，天惟降是喪亡之咎。」**惟聖罔念作狂，惟狂克念作聖。**惟聖人無念於善，則惟狂人；惟狂人能念於善，則爲聖人。言桀、紂非實狂愚，以不念善，故滅亡。○「惟聖」二句，今文無徵。○「惟聖」云云者，言善惡無常，變改甚速，故天須之。中論法象篇：「墮其威儀，恍其瞻視，忽其辭令，而望民則我，未之有也。莫之則，則慢之者至矣。小人皆慢也，致怨乎人。患己之卑，而不知其所以然。哀哉！故書曰：『維聖罔念作狂，維狂克念作聖。』」孫云：「大傳云：『貌之不恭，是謂不省，厥咎狂。』又云：『思之不容，是謂不聖。』鄭注：『君貌不恭，則是不能敬其事也。君臣不敬，則倨慢如狂矣。』又云：『容，當爲

「睿」。睿，通也。心明曰聖。孔子説休徵曰：「聖者，通也。」兼四而明，則所謂聖。聖者，包貌、言、視、聽而載之以思心者，通以待之。君思心不通，則是不能心明其事也。」言惟通明者無念，則慢倨矣；慢倨者能念，則通明矣。」王鳴盛云：「徐幹以威儀言之，此古義也。能去其狂，則進於聖。新序刺奢篇言桀爲酒池糟隄，縱靡靡之樂，酒誥言紂燕喪威儀，是桀、紂皆以狂亡也。」**天惟五年須暇之，子孫誕作民主，罔可念聽。**天以湯故，五年須暇湯之子孫，冀其改悔，而紂大爲民主肆行無道，事無可念，言無可聽。武王服喪三年，還師二年。○「天惟五年須暇之」，僞古文也。古文「暇」作「夏」。「子孫誕作民主，罔可念聽」，今文皆無徵。○古文「暇」作「夏」者，詩皇矣「上帝耆之」鄭箋：「天須假此二國，養之至老。」疏云：「多方云：『天惟五年須夏之子孫。』注云：『夏之言假。天覬紂能改，故待假其終至五年，欲使傳子孫。五年者，文王八年至十三年也。』」周頌武箋云：「言不汲汲於誅紂，須假五年。」疏引書注同。段云：「經本作『夏』，鄭注用鄉飲酒義釋爲『假』，其箋詩則徑用『須假』字，大雅周頌同。詩釋文：『假，户嫁反。本又作『暇』。』案：作『暇』者，淺人所改。僞孔作『須暇之子孫』，正用鄭注，易『夏』爲『假』，而又作『暇』，如用鄭注易『卯谷』爲『昧谷』之比。武疏引多方『天惟五年須暇湯之子孫』，『暇』從孔本，又賸『湯』字。古義『假』訓『大』，故『假』包閒暇之義，淺人泥於『假』訓『假借』、『暇』訓『閒暇』，不知其義相兼，無煩改字。匡謬正俗似未識此意，而引登樓賦作『假日』，可證今本文選之誤。」孫云：「此云『五年』，當從文王七年數至武王十三年伐紂也。自八年數至十三年，是帀五年。鄭用十三年伐紂之説，與史記十一年異。」皮云：「史記以爲文王受命七年，其後五年武王伐紂，爲十一年。劉歆以爲文王受命九年，其後五年武王伐紂，爲十三年。今、古文説不同，而先後五年之數則一。鄭既用今文受命七年之説，又用古文十三年伐紂之説，則首尾凡七年，與須假五年之數不合矣。」先謙案：「之」字當句絶。詩思文疏引太誓鄭注云：「禮説曰：『天意若曰：須假紂五年，乃可誅之。』」武王還師不伐，是須待寬假之，雖人事，亦天心也，故云「天惟五年須假之」。紂雖不善，其子孫或冀傳位大作民主，湯之世澤，猶可不斷，而皆無可念聽，天亦未如何矣。「念聽」，猶念聞也。**天惟求爾多方，大動以威，開厥顧天。**天惟求汝衆方之賢者，大動紂以威，開其能顧天可以代者。○「天惟求爾多方」三句，今文無徵。○「天惟求爾多方」云云者，詩譜序疏引鄭云：「顧，猶視念也。其意言天下災異之威動天下之心，開其能爲天以視念者。」案：經言天求衆方之有德者，大動威以誅紂，而啟其能顧諟天命者。鄭説似未合。**惟爾多方，罔堪顧之；惟我周王，靈承于旅，**惟汝衆方之中，無堪顧天之道者；惟我周王，善奉於衆。言以仁政得人心。○「惟爾多方」四句，今文無徵。○「惟爾多方」云云者，詩譜序疏引鄭云：「衆國無堪爲之，惟我周能堪之。」**克堪用德，惟典神天。**言周文、武能堪用德，惟可以主神天之祀，任天王。○「克堪用德」二句，今文無徵。○「克堪用德，惟典神天」者，能堪以德，主神天之祀。「典」同「敟」，説文：「主也。」**天惟式教我用休，簡畀殷命，尹爾多方。**天以我用德之故，惟用教我用美道代殷，天與我殷之王命，以正汝衆方之諸侯。○「天惟式教我用休」三句，今文無徵。○「天惟式教我用休」云云者，式，用；簡，大；尹，治也。言天惟用教我以休祥，大畀我以殷之王命，以治爾衆方之諸侯。**今我曷敢多誥，我惟大降爾四國民命。**今我何敢多誥汝而已，我惟大下汝四國民命。謂誅管、蔡、商、奄之君。○「今我曷敢多誥」二句，今文無徵。○「今我曷敢多誥」云云者，命謂教命，據上文「我惟大降爾命」、下文「乃有不用我降爾命」，則僞傳以爲誅四國君救民生命者非也，因前此四國首亂，此次成王伐奄，四國民居洛尚有不靖者，又特誥之。**爾曷不忱裕之于爾多方？**汝何不以誠信行寬裕之道於汝衆方？欲其戒四國崇和協。○「爾曷不忱裕之于爾多方」，今文無徵。○「爾曷不忱裕之于爾多方」者，忱、諶字通，釋詁：「諶，誠也。」方言：「裕，道也。」「道」猶「告」，言爾四國何不以誠告之於爾衆方，俾衆方尊信我周。**爾曷不夾介乂我周王，享天之命？**夾，近也。汝何不近大見治於我周王，以享天之命，而爲不安乎？○「爾曷不夾介乂我周王」二句，今文無徵。○「爾曷不夾介乂我周王」云云者，匡謬正俗引此經二句「曷」作「害」、「不」作「弗」，段云：「今本作『曷』，衛包改也。此篇『曷』字四見，皆當正作『害』。王莽依大誥多作『害』，是今文亦皆作『害』也。」夾者，衆經音義十二引倉頡云：「輔也。」介者，釋詁：「善也。」乂、艾字通，釋詁：「相也。」言汝何不惟善是輔相我周王，共享天命乎？

今爾尚宅爾宅，畋爾田，爾曷不惠王熙天之命？今汝殷之諸侯，皆尚得居汝常居，臣民皆尚得畋汝故田，汝何不順從王政，廣天之命，而自懷疑乎？○「今爾尚宅爾宅」三句，今文無徵。「爾」一作「尒」，「畋」一作「田」。○「今爾尚宅爾宅，畋爾田」云云者，說文：「畋，平田也。从攴田。周書曰：『畋尒田。』」「畋」一作「田」者，詩「無田甫田」疏引書：「宅爾宅，田爾田。」皮云：「光武封禪刻石文：『黎庶得居爾田，安爾宅。』蓋用此經今文義。」先謙案：此降四國民命，僞傳以「宅爾宅」屬諸侯言，非也。言向者爾國民從亂，我不加誅罰，今爾民猶居爾居，治爾田，我周王恩至渥矣！爾何不順王以成天命之美乎？惠，順也。熙，美也。**爾乃迪屢不靜，爾心未愛，**汝所蹈行，數爲不安，汝心未愛我周故。○「爾乃迪屢不靜」二句，今文無徵。○「爾乃迪屢不靜」云云者，迪，道也。屢，俗字，當爲「婁」，數也。「迪婁不靜」與康誥「惟民不靜」、「迪婁未同」文義互相證合。言教道爾者婁矣，爾之不安靜如故，是爾心尚未順也。孫云：「説文：『悉，惠也。』釋言：『惠，順也。』」**爾乃不大宅天命，爾乃屑播天命，**汝乃不大居安天命，是汝乃盡播棄天命。○「爾乃不大宅天命」二句，今文無徵。○「爾乃不大宅天命」云云者，江云：「『宅』當讀爲『度』。」先謙案：宅、度一也，今文當作「度天命」，上文「宅爾宅」，以文義推之，今文亦當作「度爾宅」，下「宅」字不改，光武封禪刻石文其證也。多士「大淫泆有辭」，馬本「泆」作「屑」，云：「過也。」此「屑」亦訓「過」，言爾乃不大圖度天命，不知命之有定，爾乃過自播散天命，以致罹於喪亡。**爾乃自作不典，圖忱于正。**汝未愛我周，播棄天命，是汝乃自爲不常謀信於正道。○「爾乃自作不典」二句，今文無徵。○「爾乃自作不典」云云者，釋詁典、法同訓「常」。典之言常法也。詩傳：「忱，信也。」釋詁：「正，長也。」言爾乃自作不法之事，謀取信於正長，欺罔如此。**我惟時其教告之，我惟時其戰要囚之，**我惟汝如是不謀信于正道，故其教告之，謂訊以文誥；其戰要囚之，謂討其倡亂，執其朋黨。○「我惟時其教告之」二句，今文無徵。○「我惟時其教告之」者，時，是也。書疏云：「昭十三年説戰法云：『告之以文辭。』是將戰之時，於法當有文辭告前敵。」即「教告」之謂。「我惟時其戰要囚之」者，「要囚」見康誥，言爲其罪法之要辭也。戰時所俘獲則要決而囚之，終以釋放，多士云「惟不爾殺」也。**至于再，至于三。**再，謂三監、淮夷叛時；三，謂成王即政又叛。言迪屢不靜之事。○「至于再，至于三」，古文也，今文不重「至于」字。○「至于再，至于三」者，言成王此次東伐，諸國之民從亂有至于再者，有至于三者。不重「至于」字者，漢書文三王傳引書曰：「至于再三。」論衡譴告篇：「管、蔡篡畔，周公告教之，至于再三。」與漢書合。**乃有不用我降爾命，我乃其大罰殛之。**我教告戰要囚汝已至再三，汝其不用我命，我乃大下誅汝君，乃其大罰誅之。○「乃有不用我降爾命」，古文也，今文無「乃」字。「我乃其大罰殛之」，今文無徵。○今文無「乃」字者，文三王傳引書作「有不用我降爾命」，命即謂此教命也。「我乃其大罰殛之」者，釋文：「殛，本又作『極』。」段云：「作『極』者是也，足利古本亦作『極』。」罰殛，謂誅殺也。**非我有周秉德不康寧，乃惟爾自速辜。』**非我有周執德不安寧，自誅汝，乃惟汝自召罪以取誅。○「非我有周」二句，今文無徵。○「非我有周秉德不康寧」者，與多士「非我一人奉德不康寧」句例同。「乃惟爾自速辜」者，與酒誥「惟民自速辜」句例同。

「王曰：『嗚呼！猷告爾有方多士，暨殷多士：王歎而以道告汝衆方與衆多士。○「王曰：『嗚呼』」四句，今文無徵。○「王曰：『嗚呼！猷告爾有方多士，暨殷多士』」者，上文誥民，此下誥其爲臣者。「有方」猶「有邦」，謂多方服事殷者，殷即三監之殷。有方多士、殷多士，指前克殷所遷者。**今爾奔走臣我監五祀，**監，謂成周之三監，此指謂所遷頑民殷衆士。今汝奔走來徙臣我監，五年無過，則得還本土。○「今爾奔走臣我監五祀」，今文無徵。案：「克閱于乃邑謀介」節疏引王肅云：「其無成，雖五年亦不得反也。」王鳴盛云：「據此，僞傳即王義。意以五祀爲虛設之言，謂若能五年相安，則可復還本土。經無此意。若果如此，適以擾亂殷民，非所以安集之也。成周非荒遠之區，不毛之地，五年之後，土著重遷，彼頑民肯聽從乎？」先謙案：秦、漢以來，徙民者多矣，從無命復反故土之事，肅之不達至此，而傳説同之，此又僞傳出肅之一證也。○「今爾奔走臣我監五祀」者，江云：「武王命三叔監殷，殷民皆臣服於兹十年矣。言五祀者，本其未叛時言也。」孫云：「監，謂三監。五祀，五年也。」皮云：「二説皆非也。據史記今文説，多方在周公歸政後，與馬、鄭古文書序同，是今、古文無異說。此時三監已滅，不應追述前事，且從三監監殷數起，又不止五祀，則『監』非三監也。大傳云：『周公攝政，一年救亂，二年克殷，三年踐奄，四年建侯衛。』建侯衛即封康叔事。『監』當讀如『王啟監』之『監』，指康叔、中旄父言之。『臣我監五祀』，當從建侯衛之年數起。多方之作，蓋在歸政一二年後，距四年建侯衛適得五祀。商、奄之屬既叛而服，服而再叛，經云『今爾奔走臣我監五祀』，當從既叛而服數之，不當追數未叛以前事也。」先謙案：皮說是。但周公建侯衛，封康叔監殷雖在四年，營成周則在五年，是殷士、殷民之徙亦當在五年。召誥云「庶殷丕作」，正就遷時也。以今文說推之，周公七年反政，成王元年用事，周公奔楚，旋爲成王迎歸，乃作多士、無逸。成王踐奄歸，在宗周，周公作多方，事疑在成王二年，距營成周之歲，適得五年。或在成王三年，亦帀五年，故云「臣我監五祀」，後儒遷就古文，不如今文之明確可據也。對殷士言，故稱祀。**越惟有胥伯小大多正，爾罔不克臬。**於惟有相長事小大衆正官之人，汝無不能用法。欲其皆用法。○「越惟有胥伯小大多正」，古文也，今文作「越維有胥賦小大多政」。「爾罔不克臬」，今文無徵。○「越惟有胥伯小大多正」者，釋詁：「越，猶及也。」地官序官鄭注：「正、師、胥，皆長也。」胥者，大射禮鄭注：「宰官之胥。」伯者，內則云：「州史獻諸州伯。」州伯，州里之伯也。多，衆也。臬者，廣雅釋詁：「法也。」言爾臣於監及監以下所有官長，如宰官之胥吏、州伯之小大衆正，爾罔不能奉法，我亦嘉之。釋文：「臬，馬作『劓』。」「劓」乃「臬」借字。「越維有胥賦小大多政」者，大傳云：「古者十稅一。多於十稅一，謂之大桀、小桀；少於十稅一，謂之大貊、小貊。王者十一而稅，而頌聲作矣。故書曰：『越維有胥賦小大多政。』」案：惟、維，今、古文之異。孫云：「天官序官云：『胥十有二人，徒百有二十人。』注：『此民給繇役者。』是給繇役者有胥名。大司馬云：『凡令賦，以地與民制之：上地食者三之二，其民可用者家三人；中地食者半，其民可用者二家五人；下地食者三之一，其民可用者家一人。』是繇役亦賦也。今文言于維有繇賦之事，小大多得中之政令也。」江云：「說文：『臬，射準的也。』臬，訓爲『準』，言繇賦。小大多政頒令於爾，爾無不任繇賦之準額也。」**自作不和，爾惟和哉。爾室不睦，爾惟和哉。爾邑克明，爾惟克勤乃事。**小大多正自爲不和，汝有方多士，當和之哉。汝親近室家不睦，汝亦當和之哉。汝邑中能明，是汝惟能勤汝職事。○「自作不和」六句，今文無徵。○「自作不和」云云者，說文：「睦，敬和也。」言爾前此自作不和，爾尚化其暴戾而惟和哉。爾家不睦，爾尚導以敬順而惟和哉。爾邑中能皆明此理，則是爾能勤其事，而不愧爲表率爾邑之人矣。**爾尚不忌于凶德，亦則以穆穆在乃位。**汝庶幾不自忌入于凶德，亦則用敬敬常在汝位。○「爾尚不忌于凶德」，僞古文也，古文作「上不諅于凶德」。「亦則〔一〕以穆穆在乃位」，今文無徵。○古文云云者，說文：「諅，忌也。从言其聲。周書曰：『上不諅于凶德。』」段云：「玉篇、廣韻、集韻引說文同，小徐本及汲古所刻大徐本作『爾尚不諅于凶德』，誤也。（宋麻沙本及李燾分韻本皆不誤。）尚、上古通。僞孔本作『爾尚不忌』，恐皆是以訓詁同音字改其本字，如『夏』改『暇』之比。」先謙案：言爾當日自作不和，乃爲凶德，上之人不忌嫉於爾之凶德，亦則惟以敬在汝位可也。**克閱于乃邑謀介，爾乃自時洛邑，尚永力畋爾田。**汝能使我閱具于汝邑，而以汝所謀爲大，則汝乃用是洛邑，庶幾長力畋汝田矣。言雖遷徙，而以修善得反邑里。

〔一〕「亦則」原倒作「則亦」，今乙。

○「克閔于乃邑謀介」三句，今文無徵。○「克閔于乃邑謀介」云云者，漢書車千秋傳〔一〕：「閔，經歷也。」釋詁：「介，善也。」言爾又必能經歷汝邑惟善是謀，有利於民者皆爲之，爾乃自是洛邑，庶幾永遠力治汝田，爲身家長久之計。陳云：「大傳云：『周公攝政，五年營成周。』此誥多方在三年，而云『自時洛邑』者，蓋成周之營本爲安集殷民，多方作於克殷踐奄以後，此時將遷殷民於洛，故先誥之。」皮云：「陳説非也。此篇作於攝政三年，成周未營，何故先有洛邑？經云『自時洛邑』，明是營成周後。史記、書序皆以多方列成王親政後，無誥多方在攝政三年之説。僞孔云奄再叛再征，按之史記、書序，塙不可易，當是王肅襲用今文家言。近人必欲執鄭誤解，移易經文篇次，而以奄再叛再征爲不可信，故其解多士、多方二篇，皆不可通。陳治今文，必以鄭古文説汩之，可謂大惑不解。」**天惟畀矜爾，我有周惟其大介賚爾。**汝能修善，天惟與汝憐汝，我有周惟其大大賜汝，言受多福之胙。○「天惟畀矜爾」二句，今文無徵。○「天惟畀矜爾」云云者，言爾如此，天惟當與爾憐爾，與多士篇句義同。其有不給於用者，我有周惟其大助賜爾。釋詁：「介，右也。」説文：「右，助也。」此承上永力畋田言之。俞樾云：「説文：『夰，大也。从大介聲。讀若「蓋」。』今經典無『夰』字，蓋皆假『介』爲之，凡訓『大』之『介』，皆『夰』之假字也。此經疑用『夰』本字，作『惟其夰賚爾』，『夰賚』即大賚也。後人罕見『夰』字，遂分爲大介二字耳。」説亦明通。**迪簡在王庭，尚爾事，有服在大僚。**非但受憐賜，又乃蹈大道在王庭，庶幾修汝事，有所服行在大官。○「迪簡在王庭」三句，今文無徵。○「迪簡在王庭」云云者，迪，進。

〔一〕「傳」字下疑脱「注」字。

簡，擇。服，事。僚，官也。言汝在位能事，將進擇在我周王之庭，嘉尚汝之勤事，且有事在大官矣。承上閱邑謀介言之。多士篇述殷士之言曰：「夏迪簡在王庭，有服在百僚。」此特因其希冀之情，加以策勉。

「王曰：『嗚呼多士，爾不克勸忱我命，爾亦則惟不克享，凡民惟曰不享。』王歎而言曰：「衆士，汝不能勸信我命，汝亦則惟不能享天祚矣。凡民亦惟曰不享於汝祚矣。」○「王曰：『嗚呼多士』」四句，今文無徵。○「王曰：『嗚呼多士』」云云者，詩傳：「忱，信也。」言汝不能勸衆民信我之教命，汝亦則惟不能享天之命，衆民以汝不職之故，亦惟曰不克享天之命矣。**爾乃惟逸惟頗，大遠王命，則惟爾多方探天之威，我則致天之罰，離逖爾土。』**若爾乃爲逸豫頗僻，大棄王命，則惟汝衆方取天之威，我則致行天罰，離逖汝土，將遠徙之。○「我則致天之罰」，今文與古文同。「爾乃惟逸惟頗」四句，今文無徵。○「爾乃惟逸惟頗」云云者，言汝若惟放逸而不勤事，惟邪頗而不謀善，大與王之教命相遠，則惟汝多方自取天威，我則致天之罰於汝身，離遠爾土，不得安汝田宅於茲洛矣。此又專誥有方多士。釋詁：「探，取也。」書疏引鄭云：「分離奪汝土也。」今文同者，石經殘碑作「我則致天之」。（下闕。）

「王曰：『我不惟多誥，我惟祗告爾命。』我不惟多誥汝而已，我惟敬告汝吉凶之命。○「王曰」三句，今文無徵。○「王曰：『我不惟多誥，我惟祗告爾命』」者，詳具上文誥殷多士中。此誥有方多士，亦無他辭，故云我不更多誥，惟敬告爾天命可畏，視汝克享與不克享耳。**又曰：『時惟爾初，不克敬于和，則無我怨。』」**又誥汝：「是惟汝初不能敬于和道，故誅汝，汝無我怨。」解所以再三加誅之意。○「又曰」四句，今文無徵。○「又曰」者，書疏引顧氏云："王又復言曰也。""時惟爾初"者，是惟汝有方多士初聽我誥也。"不克敬于和，則無我怨"者，禮文王世子疏："『于』是語辭。"上文告殷多士以"穆穆在位"，望其克敬也；又告以"爾惟和哉"，望其克和也。爾有方多士，亦同此意，若不克敬與和，則我致天之罰，令在必行，汝無我怨也。

尚書孔傳參正二十七

立政第二十一　周書　孔氏傳　臣王先謙參正

立政言用臣當共立政，故以名篇。○史記魯世家：「周之官政未次序，於是周公作周官，官别其宜。作立政，以便百姓，百姓説。」孫云：「便，猶辨[一]也。百姓，百官也。」

周公若曰：「拜手稽首，告嗣天子王矣。」順古道盡禮致敬，告成王，言嗣天子今已爲王矣，不可不慎。○「周公若曰」三句，今文無徵。○「周公若曰」云云者，周紀：「周公行政七年，成王長，周公反政成王，北面就羣臣之位。」魯世家：「成王長，能聽政，於是周公乃還政於成王，北面就臣位，匔匔如畏然。」是此經「拜手稽首」之義。

用咸戒于王曰：「王左右常伯、常任、準人、綴衣、虎賁。」周公用王所立政之事皆戒於王曰：常所

〔一〕「辨」原作「辦」，據孫星衍尚書今古文注疏原文改。

長事、常所委任，謂三公六卿；準人平法，謂士官；綴衣，掌衣服；虎賁，以武力事王。皆左右近臣，宜得其人。○「用咸戒于王曰」，今文無徵。「王左右常伯、常任」，今文與古文同，「準人」作「辟人」，「綴衣」作「贅衣」；古文「伯」一作「敀」。○「用咸戒于王曰」者，用，以也。周公率羣臣見王，故云羣臣同進戒于王也。今文同者，古文苑載胡廣侍中箴：「亦惟先正，克慎左右。常伯、常任，實爲政首。」箴中備引籍孺、閎孺、鄧通、石顯、弘恭、董賢爲戒，則常伯、常任，皆侍中之職。漢書谷永傳：「治遠自近治，習善在左右。誠敕正左右齋栗之臣，戴金貂之飾執常伯之職者，則左右肅艾。」蔡邕陳留太守胡公碑：「乃位常伯，恪處左右。」與經云「王左右」合。應劭漢官儀：「侍中，周成王常伯，任侍中殿下稱制。」楊雄侍中箴：「光光常伯。」羽獵賦：「羣公常伯，楊朱、墨翟之徒。」後漢楊賜傳：「樂松處常伯。」松時爲侍中。李固傳：「光禄大夫周舉，才謨高正，宜在常伯。」朱穆傳：「案漢故事，中常侍參選士人，建武以後，乃悉用宦者，假貂蟬之飾，處常伯之任。」襄楷傳：「黄門常侍，天刑之人，今乃反處常伯之任，決謀於中。」蔡邕陳太邱碑：「便可入踐常伯，超補三事。」司空文烈侯楊公碑：「帝以機密齊栗，常伯劇任。」漢書王莽傳：「霍光即席常任之重。」皮云：「杜佑通典云：『侍中者，周公戒成王立政之篇所云「常伯、常任」，以爲左右，即其任也。』又云：『直侍左右，分掌乘輿服物，下至褻器虎子之屬。』據此則常伯、常任與贅衣、虎賁同列，故進戒首及之。」又云：「或疑常伯、常任二職，何以皆爲侍中？案漢書百官表：『侍中、中常侍皆加官，亡員，多至數十人，得入禁中。』侍中在漢分左右曹，或又爲散騎，或又爲中常侍，疑周成王時，亦分大小二職。谷永傳『執常伯之職』顏注云：『一曰常任使之人，此其長也。』言常伯爲常任之長，足爲大小二職之證。衛顗受禪碑：『延公侯、卿士、常伯、常任、納言、諸節、岳牧、邦君。』以常伯、常任別於公侯、卿士、岳牧、邦君之外，亦必以爲侍中、常侍之官也。」「準人」者，王左右治獄之官，蓋若國朝之慎刑司也，與下文「準人」不同。一作「辟人」者，石經殘碑作「常伯、常任、辟」。（下闕。）孫云：「辟，法也。辟人謂法官也。」皮云：「王出入必有執法之官。周禮有朝士，屬秋官司寇，故辟人與贄衣、虎賁同列。」「綴衣」者，亦侍帷幄之臣。後漢百官志「内者令」注：「掌中布張諸衣物。」蓋即此官。一作「贄衣」者，楊雄雍州牧箴、班固西都賦、崔瑗北軍中候箴皆作「贄」。文選李注引公羊傳曰：「贄，猶綴也。」皮云：「古贄、綴通用。公羊傳『贄旒』，張衡傳引作『綴旒』；顧命篇『綴路』，鄭司農周禮注引作『贄路』，是其證。漢書王莽傳：『又置大贄官，主乘輿服御物。』莽蓋用今文説，仿古贄衣之官。」「虎賁」者，續漢百官志引蔡質漢儀曰：「『主虎賁千五百人，無常員，多至千人。戴鶡冠，次右將府。』又『虎賁』舊作『虎奔』，言如虎之奔也。王莽以古有勇士孟賁，故（「改」字。形近而誤。）名焉。」漢官儀曰：「言其猛怒如虎之奔赴也。平帝元始元年更名虎賁郎，古有勇士孟賁，改『奔』爲『賁』。」先謙案：古書無作「虎奔」者，其説未可據。周禮夏官屬「虎賁氏」：「下大夫一人。」風俗通十反篇：「周公將没，戒成王以左右常伯、常任、準人、綴衣、虎賁，言此五官，存亡之機，不可不謹也。」是漢人以此爲周公將没之言。而「準」不作「辟」，「綴」不作「贄」者，應兼通今、古文，或用古文尚書字，或後人以古文改之。古文「伯」一作「敀」者，説文：「敀，迮也。从攴白聲。周書曰：『常敀、常任。』」段云：「此壁中故書，孔以今文讀作『伯』。」

周公曰：「嗚呼！休兹，知恤鮮哉！歎此五者立政之本，知憂得其人者少。○「周公曰：『嗚呼』」，古文也，今文作「於戲」。「休兹，知恤鮮哉」，今文當與古文同。○「嗚呼」作「於戲」者，以下文石經證之當然，下不復出。「休茲，知恤鮮哉」者，休，美也；恤，憂也；鮮，少也。言此五官皆近臣，最所宜慎。人君美此，而知憂此者少矣哉。蓋周初文言休、恤，相對成義，召誥「無疆惟休，亦無疆惟恤」及此可證也。今文當同者，蔡邕太尉楊公碑「庶尹知恤」，又文烈侯楊公碑「常伯劇任，鮮克知臧，以釐其采」，並用「知恤鮮哉」之義，是今、古文同之證。**古之人迪惟有夏，乃有室大競，籲俊尊上帝。**古之人道惟有夏禹之時，乃有卿大夫室家大强，猶乃招呼賢俊，與共尊事上天。○「古之人」三句，今文無徵。書疏引王肅云：「古之人道惟有夏之大禹爲天子也。」與僞傳説同，此又僞傳出肅之一證也。○「古之人迪惟有夏」者，畢以田云：「此及下文『迪』字，當訓爲『適』。『迪』即『由』字，迪，適也，亦語詞。釋詁『適』、『由』皆訓『自』。『迪惟有夏』，猶云『適惟有夏』也。」「乃有室大競」者，有室，猶有家，臯陶謨：「日宣三德，夙夜浚明有家。」謂卿大夫也。釋言：「競，彊也。」詩烈文「無競惟人」箋云：「人君爲政，無彊於得賢人者。」言夏時在朝之卿大夫，皆得其人，可謂大彊矣。「籲俊尊上帝」者，説文：「籲，呼也。」臯陶謨：「俊乂在官。」馬、鄭注並云：「才德過千人爲俊。」釋言：「宗，尊也。」尊亦爲宗。得賢安民，即所以尊事上天。下言文、武「以敬事上帝，立民長伯」，即其義也。論衡語增篇以多士「上帝引逸」爲虞舜，解「上帝」爲古帝，今文義也。此經「上帝」亦爲虞舜，下文「九德」亦即臯陶謨之「九德」。言夏之有室大彊，夏后猶招呼俊乂，以虞帝爲宗主也。**迪知忱恂于九德之行。**禹之臣蹈知誠信於九德之行，謂賢智大臣。九德，臯陶所謀。○「迪知忱恂于九德之行」，今文無徵。○「迪知忱恂于九德之行」者，「迪」義見上，下「迪知」同。説文：「忱，誠也。」釋詁：「恂，信也。」臯陶謨：「亦行有九德。」故曰九德之行。言俊乂之臣，於臯陶所云九德之行，知誠信之。**乃敢告教厥后曰：拜手稽首后矣。曰：宅乃事，宅乃牧，宅乃**

準，茲惟后矣。知九德之臣乃敢告教其君以立政。君矣，亦猶王矣。宅，居也，居汝事，六卿掌事者。牧，牧民，九州之伯。居内外之官及平法者，皆得其人，則此惟君矣。〇「乃敢告教厥后曰」六句，今文無徵，「宅」當作「度」，「準」當作「辟」。〇「乃敢告教厥后曰」云云者，言誠信九德之臣乃敢告教其君，拜手稽首而陳言也。「宅乃事」者，釋言：「宅，居也。」孫云：「事，謂三事大夫。詩十月之交『擇三有事』傳云：『有事，國之三卿。』」先謙案：下文「準夫、牧作、三事」，知「事」即「三事」，孫説是也。「宅乃牧」者，書疏引鄭云：「殷之州牧曰伯，虞、夏及周曰牧。」白虎通封公侯篇：「州伯何謂也？伯，長也。」唐、虞謂之牧者，曰「尚質。使大夫往來牧諸侯」是也。曲禮：「九州之長曰牧。」下文稱「牧夫」，亦云「牧作」。「宅乃準」者，準謂執法之官。三代慎刑，特言之。上文「準人」謂左右用法之臣，故與常伯及虎賁等並列，此「準人」是大臣，故三宅並重，經義甚明。或以「準」即上之「準人」，非也。言人君於内外重臣及執法大臣，慎擇居位，此惟我后矣。「宅」作「度」者，以下文「惟厥宅心」石經作「度心」例之。「準」作「辟」者，以上文「準人」石經作「辟人」例之。知今文同。**謀面，用丕訓德，則乃宅人，茲乃三宅無義民。**謀所面見之事，無疑，則能用大順德，乃能居賢人于衆官。若此則乃能三居無義民，大罪宥之四裔，次九州之外，次中國之外。〇「謀面，用丕訓德」，古文也，今文「謀」上多「亂」字。「則乃宅人」二句，今文無徵，「宅」當作「度」。〇「謀面，用丕訓德」者，孫云：「周書官人解有考言觀色。是謀面也。丕，大也。『訓』與『順』通。」先謙案：孫説是也。「用丕訓德」與下文「用憸人不訓于德」相對爲文。「義民」者，王念孫云：「古字俄、義同聲通用。學記『蛾子時術之』即『蟻子』也。説文：『俄，行頃也。』廣雅釋詁：『俄，衺也。』『俄民』即『邪民』。吕刑『鴟義姦宄』馬注：『義者，傾衺反側也。』大戴禮千乘篇：『誘居室家有君子曰義」，與盜、娛、賊、間、媟、讒、貸並舉。管子明法解篇：『雖有大義，主無從知之。』」『義』皆與『邪』同訓。」先謙案：多方篇「乃惟以爾多方之義民，不克永于多享」，案其文義，並不能用正訓，王讀「義」爲「俄」是也。言察言觀色，謀于其面，而用大順九德之人，則乃居其人於官，此乃宅事、宅牧、宅準三者無邪民矣。「謀」上多「亂」字者，石經殘碑作「亂謀面，用」，（下闕。）皮云：「『亂』與『率』通，語詞也，梓材『厥亂爲民』論衡作『厥率化民』是其證。」**桀德惟乃弗作往任，是惟暴德，罔後。**桀之爲德，惟乃不爲其先王之法，往所委任，是惟暴德之人，故絶世無後。○「桀德」三句，今文無徵。○「桀德惟乃弗作往任」云云者，言桀之爲德，惟乃不爲往者任人之法，是惟暴德之人是用，以致無後。古「德」字不專作「善」解，「德」之言得也，得於心皆謂之德，桀德、受德、暴德、凶德可證。**亦越成湯，陟丕釐上帝之耿命，**桀之昏亂，亦於成湯之道得升，大賜上天之光命，王天下。○「亦越成湯」二句，今文無徵。○「亦越成湯」云云者，亦，亦夏先王。釋詁：「越，猶及也。」陟，升；丕，大；釐，賜也。說文：「耿，光也。」上帝有光命而大賜之於成湯，此倒裝文法。湯升其位，則陟其命，故云「陟丕釐上帝之耿命」也。史記夏本紀：「陟天之命。」**乃用三有宅，克即宅，曰三有俊，克即俊。**湯乃用三有居惡人之法，能使就其居，言服罪。又曰，能用剛、柔、正直三德之俊，能就其俊事，言明德。○「乃用三有宅」四句，今文無徵。○「乃用三有宅」云云者，「三有宅」即上文事、牧、準三宅。即，就也。言湯用三宅，能就宅之位，各稱其職，其三宅所籲之俊，能就俊之實，不愧其名。**嚴惟丕式，克用三宅三俊。**言湯所以能嚴威，惟可大法象者，以能用三居三德之法。○「嚴惟丕式」二句，今文無徵。○「嚴惟丕式」云云者，言湯之嚴威惟大法於天下者，以能用三宅三俊故也。殷本紀載湯誥：「告諸侯羣后：『毋不有功於民，勤力乃事。予乃大罰殛女，毋予怨。」」此湯「嚴惟丕式」古籍可徵者。**其在商邑，用協于厥邑；其在四方，用丕式見德。**湯在商邑，用三宅三俊之道和其邑；其在四方，用是大法見其聖德。言遠近化。○「其在商邑」四句，今文當與古文同。○「其在商邑」者，邑，猶國也。白虎通京師篇：「尚書曰：『在商邑。』」蓋指酒誥文與此經言之。今文當同者，石經殘碑作「于厥邑；其在」，（下闕。）以文義推之，上下文不容有異。言其在商之都邑，以是能協和于其邑；其在四方，以大法布昭，無敢違背，兆民康樂，見其聖德。能用人也。**嗚呼！其在受德暋，惟羞刑暴德之人，同于厥邦；**受德，紂字。帝乙愛焉，爲作善字，而反大惡自强，惟進用刑與暴德之人，同于其國，並爲威虐。○「嗚呼」四句，今文無徵，「嗚呼」當作「於戲」，「邦」當作「國」。○「嗚呼，其在受德暋」者，釋文：「『受德』，馬云：『受所爲德也。』」說文：「忞，彊也。从心文聲。周書曰：『在受德忞。』讀若『旻』。」段云：「此壁書也。古音文聲、昏聲、敯聲同在第十三部。『忞』或爲『敯』，猶『暋』亦作『汶』。書疏云：『釋詁：「敯，强也。」「敯」即「昏」也，故訓爲「强」。』案：此當云『「敯，强也。」「昏」即「敯」也，故訓爲「强」』乃合。鄭注般庚亦讀『昏』爲『敯』。」先謙案：受德與桀德同，馬說是。古文作「受」，今文作「紂」，牧誓、毋佚諸篇可證。「惟羞刑暴德之人」者，廣雅釋詁：「羞，辱也。」被刑受辱，故曰羞刑。牧誓言紂「惟四方之多罪逋逃，是崇是長，是信是使，俾暴虐於百姓」，「羞刑暴德之人」蓋即指此而言。「同于厥邦」者，言同惡相濟，與下「同于厥政」互文見義。**乃惟庶習逸德之人，同于厥政。**乃惟衆習爲過德之人，同于其政。言不任賢。○「乃惟庶習」二句，今文無徵。○「乃惟庶習逸德之人，同于厥政」者，庶，衆也。習者，與人君相親狎，所謂左右近習之臣。「逸」與「失」同，「逸德」猶失德也，詩伐木：「民之失德。」**帝欽罰之，乃伻我有夏，式商受**

命，奄甸萬姓。天以紂惡，故敬罰之，乃使我周家王有華夏，得用商所受天命，同治萬姓。言皇天無親，佑有德。○「帝欽罰之」四句，今文無徵。○「帝欽罰之」云云者，釋詁：「欽欽，憂也。」此「欽」亦訓「憂」。釋詁：「伻，使也。」説文：「夏，中國之人也。」「式，法也。」「奄，大有餘也。」詩傳：「甸，治也。」言上帝見紂之不善，憂閔斯民，而降罰於紂，乃使我克有中夏，法商之受天命代夏，以大安治萬姓。**亦越文王、武王，克知三有宅心，灼見三有俊心。**紂之不善，亦於文、武之道大行，以能知三有居惡人之心，灼然見三有賢俊之心。○「亦越文王、武王」二句，今文無徵，「宅」當作「度」。「灼見三有俊心」，今文「俊」作「會」。○「亦越文王、武王」云云者，言及文王、武王，能知事、牧、準三宅之心而使在官，明見宅事、牧、準三俊之心而不失實。廣雅釋訓：「灼灼，明也。」説文：「焯，明也。从火卓聲。周書曰：『焯見三有俊心。』」段云：「作『灼』者，同部假借字。」「俊」作「會」者，石經殘碑作「（上闕。）有會心」。孫云：「釋詁：『會，合也。』言明見三宅之合於心者，始用之。」陳云：「『會』讀如『會計』之『會』，『會』猶『最』也。胡廣所謂『課第長吏，其有治能者爲最』是也。」莊述祖云：「會，合也，聚也。言俊乂皆聚於其官也。」**以敬事上帝，立民長伯。**言文、武知三宅三俊，故能以敬事上天，立民正長。謂郊祀天、建諸侯。○「以敬事上帝」，今文與古文同。「立民長伯」，今文無徵。劉云：「賢俊者，上帝之心，文、武能官人，所以事天治民，即夏王之『籲俊尊上帝』也。」傳以郊祀、建侯解之，非。○今文同者，石經殘碑作「以敬事」。（下闕。）「立民長伯」者，立賢人以爲民長伯。釋詁：「伯，長也。」長、伯同義。**立政任人：準夫、牧作、三事，**文、武亦法禹、湯以立政，常任、準人及牧治爲天地人之三事。○「立政任人」二句，今文無徵，「準」當作「辟」。○「立政任人」者，總冒下文，將欲立政，則必擇人而任之。「準夫、牧作、三事」者，孫云「即上文事、牧、準三宅之倒文」是也。此言文王任人，以此三宅爲最重，尤加意焉。「準夫」，猶準人。「牧作」者，王先和云：「司士注：『作，謂使之也。』射人疏：『作，使也。』牧作謂膺牧民之任使者。」「三事」者，詩十月之交「三事大夫」箋云「三公」是也。**虎賁、綴衣、趣馬小尹，**趣馬，掌馬之官。言此三者雖小官長，必慎擇其人。○「虎賁、綴衣、趣馬小尹」，古文也，今文「綴」作「贅」。○「虎賁」云云者，自近臣先舉之。「綴」作「贅」者，孟子盡心篇趙注引書云：「虎賁、贅衣、趣馬小尹。」「綴」作「贅」與楊雄、班固、崔瑗所引今文合。「趣馬」者，周禮爲校人屬官，馬十二匹立趣馬一人，「掌贊正良馬，而齊其飲食」，是趣養馬之官職雖卑，而常近人君，故與虎賁、贅衣並舉。詩正月：「蹶維趣馬。」以此職居寵臣，是其證矣。「小尹」者，三官之下各有小官。書疏云：「趣馬即下士，其馬一匹，有圉師一人。是趣馬下有小官。」即虎賁、綴衣，可知。**左右攜僕、百司庶府，**雖左右攜持器物之僕，及百官有司主券契藏吏，亦皆擇人。○「左右攜僕、百司庶府」，今文無徵。○「左右攜僕」者，孫云：「蓋若周禮太僕、射人也。鄭注射人云：『射人與僕人俱掌王之朝位。』檀弓云：『扶君，卜人師扶右，射人師扶左。』注：『「卜」當爲「僕」，聲之誤也。僕人、射人，皆平時贊正君服位者。』然則此文『左右攜僕』，正當彼二官之職也。」「百司庶府」者，江云：「若曲禮云『天子之六府，曰：司土、司木、司水、司草、司器、司貨』是也。周禮則官名言司者尤多。府則有太府、玉府、内府、外府、泉府、天府之屬。言『百』言『庶』，皆凡括諸官之詞也。」書疏云：「百官有司之下主券契府藏之吏，謂其下賤人，非百官有司之身也。」先謙案：此皆包舉官、吏，非置官不言也。**大都小伯藝人、表臣百司，**小臣猶皆慎擇其人，況大都邑之小長、以道藝爲表幹之臣，及百官有司之職，可以非其任乎？○「大都」二句，今文無徵。○「大都小伯」者，其在外之大都邑，居官則有小長，蓋若邑宰之屬。「藝人」者，俞樾云：「『藝』當讀爲『暬』。藝人，暬御之人，猶上之『左右攜僕』。下云『表臣百司』，猶上之『百司庶府』，但有内外臣之別耳。公卿都邑，亦自有暬御之人。儀禮有司徹篇：『獻私人，于阼階上。』暬人，其私人與？私、暬一也。因字作『藝』，昔儒遂以『道藝』釋之，非。『表』之言外，因上有『百司』，加外臣以明之。」**太史尹伯、庶常吉士，**太史，下大夫，掌邦六典之貳；尹伯，長官大夫；及旅掌常事之善士，皆得其人。○「太史」二句，今文無徵。○「太史尹伯、庶常吉士」者，舉内官之要職言之。周禮：「太史，下大夫，掌建邦之六典。」又太宰：「掌建邦之六典。」太史副貳。太宰掌正，太史掌貳。六典：治典、教典、禮典、政典、刑典、事典。太史有尹有伯，皆長官，若兩漢之太史令、太史丞也。其衆治常事者謂之吉士。吉，善也。**司徒、司馬、司空、亞旅，**此有三卿及次卿衆大夫，則是文、武未伐紂時。舉文、武之初以爲法則。○「司徒、司馬、司空、亞旅」，今文無徵。○「司徒、司馬、司空、亞旅」者，孫云：「『司徒、司馬、司空』，周禮六卿之三也。曲禮云：『天子之五官，曰：司徒、司馬、司空、司士、司寇。』鄭注以爲殷制，然則殷紂時天子五官，文、武爲諸侯，降于天子，故三官。」皮云：「孫說非也。今尚書說：『天子三公，曰司馬公、司徒公、司空公。』則古天子亦止有三公，無六卿。詳見甘誓。」先謙案：舉内官自小至大，故先太史尹伯，而後及司徒、司馬、司空也。「亞旅」者，左文十六年傳宋華耦「請承命於亞旅」，杜注：「亞旅，上大夫。」成二年傳魯賜晉三帥「三命之服」、亞旅「一命之服」，服注：「亞旅，大夫也。」釋言：「亞，次也。」釋詁：「旅，衆也。」則亞旅爲次於卿之衆大夫。**夷微、盧烝，三亳、阪尹。**蠻夷微、盧之衆師，及亳人之歸文王者，三所爲之立監，及阪地之尹長，皆用賢。○「夷微、盧烝，三亳、阪尹」，今文無徵，「盧」當作「纑」。○「夷微、盧烝」者，釋詁：「烝，君也。」言夷地微、盧二國皆有君長。書疏云：「此舉夷微、盧以見彭、濮等諸夷也。」先謙案：夷地屬周，先後不一，或文王時微、盧之君先服，至武王時始有彭、濮諸夷也。今文「盧」作「纑」者，史記録牧誓文作「微、纑、彭、濮人」，此文當同。微地，無考。盧，即左傳之「盧戎」，一作「廬戎」。「三亳、阪尹」者，書疏引鄭云：「三亳者，湯舊邦之民服文王者，分爲三邑。其長居險，故曰阪尹。蓋東成皋、南轘轅、西降谷也。」孫云：「阪是山陂〔一〕之名，尹是正長之稱。既分亳爲三邑，各爲立長，其長稱阪尹，以居峻險處也。地理志：『成皋，故虎牢，或曰制。』左傳所云『制，巖邑也』。轘轅見國策，降谷即函谷，降、函聲相近。江云：『鄭以亳北臨大河，於其東西南三面推求，以成皋、轘轅、函谷當三亳阪險之處。皇甫謐説三亳以蒙爲北亳、穀熟爲南亳、偃師爲西亳，不可信也。』」先謙案：三亳之説，從鄭爲安，但謂置尹於阪險而稱阪尹，似未甚合。疑阪亦地名，三亳與阪各置尹也，知者，左昭二十三年傳：「單子從阪道，劉子從尹道。」阪道、尹道分爲二地，蓋文王時得此阪地，因立阪尹，歷年久遠，制變名留，後人取爲二道之目，地名改革，失其本真，如續漢志會稽郡下之東郡侯國，本爲東部侯官，今爲侯官縣之比。阪道，尹道，地在王城，古之周南，今之洛陽，是文王開拓疆土，成周一帶，實已來屬，故於其地置官也。此及三亳，皆在中夏，而官列「夷微、盧烝」之下者，蓋文王受命後經略之轄地，故刱立官名，以別於周邦之舊焉。**文王惟克厥宅心，乃克立兹常事司牧人，以克俊有德。**文王惟其能居心遠惡舉善，乃能立此常事司牧人，用能俊有德者。○「文王惟克厥宅心」，古文也，今文「惟」作「維」，「宅」作「度」，無「克」字。「乃克立兹常事司牧人」二

〔一〕「山陂」原誤作「三阪」，據孫星衍尚書今古文注疏原文改。

句，今文無徵。○今文「惟」作「維」云云者，石經殘碑作「□王維厥度心，乃」，（下闕。）惟、維，宅、度，今、古文之異。宅、度義同。言人君宅人，在先能宅心。文王惟能自宅其心，乃能立此常事及司牧之人，用能皆俊民有德者。常事，常任三事者，即上文之「宅乃事」也。司牧，主司牧民者，即上文之「宅乃牧」也。「宅乃準」見下。**文王罔攸兼于庶言，庶獄庶慎，惟有司之牧夫。**文王無所兼知于毀譽衆言，及衆刑獄，衆所當慎之事，惟慎擇有司牧夫而已。勞於求才，逸於任賢。○「文王罔攸兼于庶言」三句，今文無徵。○「文王罔攸兼于庶言」者，言人君用人，必資兼聽，文王則不然，由其宅心公明，於人心克知灼見，無所兼于衆言之薦達，如拔吕尚於漁釣，舉顛夭於兔罝，皆其明證，非他人所庶幾也。「庶獄庶慎，惟有司之牧夫」者，言衆獄則衆慎之，惟責成有司牧民之人。不更言「宅乃準」者，以宅準是朝廷專任之一人，如虞廷臯陶作士之比，至於天下刑獄，惟司牧者分任之，而受成於在上之準人，以事至繁重，故非「宅準」一語所能賅舉也。**是訓用違，庶獄庶慎，文王罔敢知于兹。**是萬民順法，用違法，衆獄衆慎之事，文王一無敢自知於此，委任賢能而已。○「是訓用違」三句，今文無徵。○「是訓用違」者，用，以也；以，猶與也。「訓」與「順」通。是順與違，猶言「或順或違」。以衆獄必賴衆慎，雖文王，無敢與知於此事。孫云：「法者，天下之平，君欲知之，必有承望意旨以爲輕重者。故不敢。康誥云：『勿庸以即汝封。』亦此意也。」**亦越武王，率惟敉功，不敢替厥義德。**亦於武王，循惟文王撫安天下之功，不敢廢其義德。奉遵父道。○「亦越武王」三句，今文無徵。○「亦越武王」云云者，説文：「敉，撫也。」小祝注：「安也。」兩「率惟」，語詞。孫云：「『率』與『欥』通，詩作『聿』。」言亦及武王，撫安天下之功，不敢替廢其治事之義、愛民之德也。**率惟謀從容德，以並受此丕丕基。**武王循惟謀從文王寬容之德，故君臣並受此大大之基業，傳之子孫。○「以並受此丕丕基」，古文也，今文「此」作「茲」，「基」作「其」。○「率惟謀從容德」，今文無徵。「率惟謀從容德」者，釋言：「謀，心也。」禮鄭注：「從，順也。」言武王之心順於寬容之德，故舊無大故不棄，無求備於一人。「以並受此丕丕基」者，言文、武作述並受大業。僞傳言「君臣」，非。「此」作「茲」、「基」作「其」者，石經殘碑作「（上闕。）受茲丕丕其」，段云：「大誥亦有『丕丕基』，莽誥作『大大矣』，以『矣』訓『基』，蓋今文大誥亦作『丕丕其』，其，語詞，讀如『姬』。周頌『夙夜其命』，其，始也，蓋古文尚書本作『其』，與今文同，後訓爲『始』，乃加『土』耳。」皮云：「莽作大誥云：『始而大大矣。』明以『始』訓『基』。石經此文作『其』，即『基』字渻文，並非語詞。」江說同。

「嗚呼！孺子王矣，歎稚子今以爲王矣，不可不勤法祖考之德。○「嗚呼！孺子王矣」，今文「嗚呼」作「於戲」。○「嗚呼」作「於戲」者，石經殘碑作「於戲」。（下闕。）**繼自今，我其立政，立事、準人、牧夫，我其克灼知厥若，丕乃俾亂，**繼用今已往，我其立政大臣、立事小臣及準人、牧夫，我其能灼然知其順者，則大乃使治之。言知臣下之勤勞，然後莫不盡其力。○「繼自今」五句，今文無徵，「準」當作「辟」。○「繼自今」云云者，釋詁：「若，順也。」「亂，治也。」言自今以往，我其以立政爲要，於建立事、準、牧三宅之人，我其如文王之克知灼知其人而善，乃使治其職，而爲立政之大臣。江云：「『丕乃』連文，是語詞。丕，發語聲，般庚『丕乃』字四見，亦當如此解。」**相我受民，和我庶獄庶慎，時則勿有閒之。**能治我所受天民，和平我衆獄衆慎之事，如是則勿有以代之。言不可復變。○「相我受民」二句，今文無徵。「時則勿有閒之」，今文「勿」作「物」。○「相我受民」云云者，受民，謂受天命與我之民，洛誥：「承保乃文祖受命民。」又云：「誕保文、武受民。」此義同也。詩傳：「相，助也。」鄭語韋注：「和，平也。」說文：「閒，隙也。」言能助我受民，平我衆獄衆慎之事者，是則宜專令治獄，勿以他務閒之。以明刑之才尤難得也。今文「勿」作「物」者，論衡明雩篇：「德豐政得，災猶至者，无妄也；德衰政失，變應來者，政治也。政治則外雩而内改，以復其虧；无妄則内守舊政，外修雩禮，以慰民心。故夫无妄之氣，應世時至，當固自一，不宜改政。何以驗之？周公爲成王陳立政之言曰：『時則物有閒之。自一話一言，我則末。維成德之彦，以乂我受民。』周公立政，可謂得矣。知非常之物，不賑不至，故敕成王自一話一言，政事無非，毋敢變易。然則非常之變，無妄之氣，閒而至也。水氣閒堯，旱氣閒湯，周宣以賢，遭遇久旱。政無細非，旱猶有，氣閒之。聖主知之，不改政行，轉穀賑贍，損豐濟耗。斯見之審明，所以救赴之者，得宜也。」王鳴盛云：「據此，『勿』當作『物』，謂災物也。易无妄鄭讀『妄』爲『望』，言无所望。劉逵吴都賦注引易无妄曰：『災氣有九，陽阸五，陰阸四，合爲九。一元之中四千六百一十七歲，各以數至。』王充據此以説此經爲災物閒至，不宜改政，此必晚周學者相傳古訓也。」段云：「詳充意，於『末』字句絶。末，無也，謂無非也。『不賑不至』當作『不賑不去』，謂去非常之災異也。」侯康云：「司常『雜帛爲物』，説文：『勿，州里所建旗，象其柄，有三游，雜帛，幅半異，所以趣民。』是『勿』即『物』。又：勿，無也。而『物故』之『物』，高堂隆答魏朝訪亦訓爲『無』。釋名、續漢志注同。蓋二字非獨音近，義亦本通矣。但充釋此經與古文絶殊，乃以『物』爲災物。左僖四年傳『必書雲物』注：『雲物，氣色災變也。』史記留侯世家：『然言有物。』漢書東平王宇傳：『或明鬼神，信物怪。』充以『物』爲災怪，義同於此。」

案：如論衡説，『相我受民』一句屬上爲義。「時則物有間之」云云者，江云：「時則物有乘間而至者，乃无妄之氣，非政治所致也。自一話一言，政事无非，無敢變易，我則終惟成德之美士，以相我受民而已。」先謙案：王充依文立訓，然以上下文義推之，此不當言及災物。侯說較長。**自一話一言，我則末惟成德之彥，以乂我受民。**言政當用一善，善在一言而已，欲其口無擇言，如此我則終惟有成德之美，以治我所受之民。○「自一話一言」三句，今文與古文同，「惟」作「維」。○「自一話一言」云云者，釋詁：「話，言也。」說文：「會合善言也。」如禹、益、皋陶相與言於帝前，所謂一話；「帝庸作歌」是自言，所謂一言也。周書孔注：「末，終也。」釋訓：「美士爲彥。」言自一話一言之閒，無不終思成德之美士，以治我受民。謂念念以求賢爲事也。今文同、「惟」作「維」者，論衡明雩篇引如此。（見上。）**嗚呼！予旦已受人之徽言，咸告孺子王矣。**歎所受賢聖說禹、湯之美言，皆以告稚子王矣。○「嗚呼！予旦已受人之徽言」，古文也，今文「嗚呼」作「於戲」，「已受」作「以前」，「徽」作「微」。「咸告孺子王矣」，今文無徵。○「予旦已受人之徽言」云云者，江云：「徽，善也。人之善言，以上所云是也。周公以所戒託爲羣臣之言，故曰予旦既受人之善言，皆告孺子王矣。」先謙案：已、以字同，據石經作「以」，則「已」不訓「既」。「已受」作「以前」、「徽」作「微」者，石經殘碑作「□旦以前人之微言」，（下闕。）東觀餘論同。孫云：「漢書藝文志：『孔子没而微言絕。』文選注引論語崇爵讖曰：『子夏等六十四人共撰仲尼微言。』『微』與『媺』聲義近，媺言亦美言也。」皮云：「漢丹陽太守郭文碑：『微言絕矣。』漢人多用『微言』字，當訓『精微』之『微』，顏注漢書『精微要妙之言』是也，與『徽言』訓『美言』不同義。」**繼自今文子文孫，其勿誤于庶獄庶慎，惟正是乂之。**文子文孫，文王之子孫。從今已往，惟以正是之道治衆獄衆慎，其勿誤。○「其勿誤于庶獄庶慎」，今文與古文同。「繼自今文子文孫」、「惟正是乂之」，今文無徵。○今文同者，後漢陳寵傳寵上疏曰：「周公作戒，勿誤庶獄。」節引經文。「繼自今文子文孫」云云者，江云：「文子文孫，謂爲前王守文之子孫。史記外戚世家「繼體守文之君」索隱：「守文，謂非受命創制之君，但守先帝法度爲之主爾。」言繼自今守文之子孫，承重大之任，其毋誤於衆獄衆慎之事，惟用中正之人是治之。」先謙案：此言自今以後之爲君者，皆當永守成規，以愼刑爲首務，而後政可立也。獄者，萬民之命，故周公尤反復致詳焉。**自古商人，亦越我周文王立政，立事、牧夫、準人，則克宅之，克由繹之，茲乃俾乂，**言用古商湯，亦於我周文王立政立事，用賢人之法，能居之於心，能用陳之。此乃使天下治。○「則克宅之，克由繹之」，今文「宅」作「度」，「由」作「猶」。「自古商人，亦越我周文王立政，立事，牧夫、準人」、「茲乃俾乂」，今文無徵，「準」當作「辟」。○「自古商人」云云者，商人，謂商之先賢王。釋詁：「由，用。」「繹，陳也。」言自古商王亦及我周文王之立政，於建立事、牧、準三者，則能擇而居之，至於所治之事，能用敷陳之，乃使治之。即唐、虞詢事考言之道也。「宅」作「度」、「由」作「猶」者，王應麟漢藝文志考説漢儒所引異字，有「則克度之，克猶繹之」。段云：「未檢得所出。此今文尚書也。」**國則罔有立政用憸人，不訓于德，是罔顯在厥世。**商、周賢聖之國，則無有立政用憸利之人者。憸人不訓于德，是使其君無顯名在其世。○「國則罔有立政用憸人」，今文無徵。「不訓于德，是罔顯在厥世」，古文也，今文無「于」字，「在」作「哉」。○「國則罔有立政用憸人」者，釋文：「憸，本又作『思』。馬云：『憸，利佞人也。』」説文「憸」下云：「詖也。」「思」下云：「疾利也。」據般庚「憸民」石經作「散民」，此經今文「憸」亦當作「散」。説文引下「憸人」作「譣人」，此處「憸」亦或作「譣」。「訓」與「順」同。言凡有國無有用憸人而能立政者，彼不順于德，則才祇以濟惡，是無能顯用在其世也。今文無「于」字、「在」作「哉」者，石經殘碑作「（上闕。）訓德，是罔顯哉厥世」，東觀餘論亦引「是罔顯哉厥世」。先謙案：「不訓德」與上文「丕訓德」相對成義。侯康云：「州輔碑：『我貴不濡』，『我貴』即『在貴』也，與『哉』字形近，疑因此致譌。」**繼自今立政，其勿以憸人，其惟吉士，用勱相我國家。**立政之臣，惟其吉士，用勉治我國家。○「繼自今立政，其勿以憸人」三句，今文無徵。「用勱相我國家」，今文「勱」作「勸」。○「繼自今立政」云云者，言憸佞之人，傾覆邦家，繼自今立政，其勿用憸人，其惟善士，以勉助我國家。説文：「勱，勉力也。从力萬聲。周書曰：『用勱相我國家。』」玉篇引同。皮云：「古文作『邦』，今文作『國』，僞孔用今文本。」説文「譣」下云：「問也。从言僉聲。周書曰：『勿以譣人。』」段云：「譣者，今之『驗』字，此於六書爲假借，如敀、狟等字之比，亦壁書然也。」「勱」作「勸」者，吴志孫權傳魏文帝策命權曰：「以勸相我國家。」「勸」亦勉也，疑三家異文，或以訓詁代也。**今文子文孫，孺子王矣。**告文王之子孫，言稚子已即政爲王矣。所以厚戒。○「今文子文孫，孺子王矣」，今文無徵。○「今文子文孫」云云者，言今周家守文之子孫，自孺子王始矣。**其勿誤于庶獄，惟有司之牧夫。**獨言衆獄、有司，欲其重刑、慎官人。○「其勿誤于庶獄」二句，今文無徵。○「其勿誤于庶獄」云云者，言成王宜擇人專任。江云：「上文『庶獄庶慎，文王罔敢知于兹』，言文王專任有司之牧夫也。此文義亦然。」**其克詰爾戎兵，以陟禹之迹，**其當能治汝戎服兵器，威懷並設，以升禹治水之舊迹。○「其克詰爾戎兵」二句，今文無徵。○「其克詰爾戎兵」云云者，釋文：「詰，馬云：『實也。』」孫云：「『實』蓋『責』，形近而誤。廣雅釋詁：『詰，責也。』」江云：「大司寇鄭注：『詰，謹也。』周語：『夫兵戢而時動，動則威。』謹爾戎兵，戢武修文以懷遠也。陟，登也。禹弼成五服，至于面各五千里，四面相距爲方萬里，要服以内爲中國，分爲九州，爲方七千里。夏末既衰，土地四削，幅員減殺，殷湯承之，更制中國，方三千里之界，亦分爲九州，各方千里。周公輔成王，致太平，復禹之舊域，分其五服爲九，亦爲方萬里，亦以要服之内方七千里爲九州，是登復禹之舊迹也。」禮王制：「凡四海之内九州，州方千里。」鄭注：「此大界方三千里，三三而九，方千里者九也，其一爲縣内，餘八各立一州，此殷制。」**方行天下，至于海表，罔有不服。**方，四方。海表，蠻夷戎狄。無不服化者乎！○「方行天下，至于海表，罔有不服」，古文也，今文「方」作「旁」。○「方」作「旁」者，漢張衡東巡誥云：「旁行海表。」約此經文。漢書地理志：「昔在黄帝，作舟車以濟不通，旁行天下。」晉書地理志：「昔黄帝旁行天下。」即本漢志。此今文作「旁」之明證。**以覲文王之耿光，以揚武王之大烈。**能使四夷賓服，所以見祖之光明，揚父之大業。○「以覲文王之耿光，以揚武王之大烈」，古文也，今文「覲」作「勤」，「耿」作「鮮」，「烈」作「訓」。○「覲」作「勤」云云者，大傳周傳雒誥篇云：「以勤文王之鮮光，而揚武王之大訓。」蓋即用此經文。石經殘碑作「（上闕。）王之鮮光，以揚武王」，（下闕。）東觀餘論引：「文王之鮮光。」陳云：「『鮮』之訓爲『明』，此言『鮮光』，猶雒誥言『明光』也。」侯康云：「『覲』作『勤』者，大宗伯注：『覲之言勤也，欲其勤王之事。』是『覲』有『勤』義也。蔡中郎筆賦：『紀三王之功伐兮，表八百國之肆覲。傳六經而綴百代兮，建皇極而叙彝倫。』是『覲』又有『勤』音也。『耿』作『鮮』者，『耿』訓『明』，『鮮』亦訓『明』，是耿、鮮義同也。」皮云：「今文作『勤』，當與下『揚』字同義。爾雅『勤』、『庸』皆訓『勞』，『庸』從庚，有賡續之義。凡勤勞者必賡續用力不絶也。『勤』與『庸』同訓，當亦有賡續之義。爾雅：『賡、揚，續也。』是『揚』字訓『續』，此經『勤』字亦當有『續』義。上言『勤』，下言『揚』，皆謂賡續前人之功也。」**嗚呼！繼自今後王立政，其惟克用常人。**」其惟能用賢才爲常人，不可以天官有所私。○「嗚呼」三句，今文無徵。「嗚呼」作「於戲」。○「嗚呼！繼自今後王立政」者，皮云：「風俗通以此篇爲周公將没之言，故於『繼自今後王』反復申之以垂戒也。魯世家於『作立政』後即云：『周公在豐，病，將没。』則立政爲公臨没之言。應説可信。」「其惟克用常人」者，江云：「大司樂：『以樂德教國子，中和、祗庸、孝友。』鄭注：『庸，有常也。』則有常是人之一德。皋陶謨：『彰厥有常，吉哉！』則其德有常乃爲善人。」先謙案：有常爲吉，「其惟克用常人」與上「其惟吉士」同意。

周公若曰：「太史！ 順其事並告太史。○「周公若曰：『太史』」，今文無徵。○「周公若曰：『太史』」者，呼太史而告之。周禮太史掌八法：一曰官屬，二曰官職，三曰官聯，四曰官常，五曰官成，六曰官法，七曰官刑，八曰官計。又云「凡辯法者考焉」，蓋典籍藏於太史。蘇公治獄有成，書藏在太史，故公特言之。**司寇蘇公式，敬爾由獄，以長我王國，** 忿生爲武王司寇，封蘇國，能用法。敬汝所用之獄，以長施行於我王國。言主獄當求蘇公之比。○「司寇蘇公式」三句，今文無徵。○「司寇蘇公式」云云者，左成十一年傳：「昔周克商，使諸侯撫，封蘇忿生以温，爲司寇。」杜注：「蘇忿生，周武王司寇蘇公也。」式，法也。言司寇蘇公之法式，能敬爾用獄，以延長我王國之祚。此「敬」當讀爲「矜」，敬、矜字通。蘇公當武王初得天下，用輕典爲多，故云矜爾用獄。**茲式有慎，以列用中罰。」** 此法有所慎行，必以其列用中罰，不輕不重，蘇公所行。太史掌六典，有廢置官人之制，故告之。○「茲式有慎」二句，今文無徵。○「茲式有慎」云云者，大司寇：「刑平國用中典。」鄭注：「平國，承平守成之國。用中典者，常行之法。」案：「中罰」即「中典」也，成王時正承平守成之世，故周公以用中典爲戒。「有」讀爲「又」，言此時之法式不同蘇公爲司寇時，又當慎益加慎，以條列之而用其中罰焉，勿用重典也。蓋周公矜恤民命之意如此。

尚書孔傳參正二十八

周官第二十二　周書　孔氏傳　臣王先謙參正

周官言周家設官分職用人之法。○此梅氏古文之二十一。周紀：「成王既絀殷命，襲淮夷，歸在豐，作周官。興正禮樂，度制於是改，而民和睦，頌聲興。」魯世家云：「成王在豐，天下已安。周之官政未次序，於是周公作周官，官別其宜。作立政。」書序：「成王既黜殷命，滅淮夷，還歸在豐，作周官。」今、古文說竝同。惠云：「鄭氏書序立政在周官後，梅氏置周官前，以立政官名與周官矛盾故耳。明邵寶謂立政固任人而未定官制，此未考古文書序而妄爲之說也。」

惟周王撫萬邦，巡侯甸，即政撫萬國，巡行天下侯服、甸服。○惠云：「周語韋昭注：『聘者，王者所以撫萬國，存省之。』竹書紀年：『成王十九年，王巡守侯甸方岳，召康公從。歸于宗周，遂正百官。』」**四征弗庭，綏厥兆民。**四面征討諸侯之不直者，所以安其兆民。十億曰兆，言多。○惠云：「左傳：『以王命討不庭。』又曰：『同討不庭。』杜注：「下之事上，皆成禮於庭中。」」**六服羣辟，罔不承德，歸于宗周，董正治官。**六服諸侯，奉承周德。言協服。還歸於豐，督正治理職司之百官。○惠云：「孔疏：『周禮「九服」，此惟言六。』」「歸于宗周，董正治官」見上。閻云：「周禮治官專指天官冢宰，非可泛及。僞書首云『董正治官』，似未諳『治』字之義。」

王曰：「若昔大猷，制治于未亂，保邦于未危。」言當順古大道，制治安國必于未亂未危之前，思患預防之。○梅云：「詩：『匪大猷是經。』老子：『爲之於未有，治之於未亂。』易曰危者有其安者也。」惠云：「漢書匈奴傳楊雄上書曰：『臣聞六經之治，貴於未亂。』」

曰：「唐、虞稽古，建官惟百。內有百揆四岳，外有州牧侯伯。道堯、舜考古以建百官，內置百揆四岳，象天之有五行；外置州牧十二及五國之長，上下相維，內外咸治。言有法。○梅云：「堯典『百姓』、『百工』僞傳俱訓『百官』。『百揆』以下見堯典、皋陶謨。」閻云：「『百揆』非官名，左傳解最分明，僞書不通此義，疑誤後人之甚者。」**庶政惟和，萬國咸寧。**官職有序，故衆政惟和，萬國皆安，所以爲至治。○梅云：「『萬國咸寧』見易。」**夏、商官倍，亦克用乂。**禹、湯建官二百，亦能用治。言不及唐、虞之清要。○惠云：「禮明堂位：『有虞氏官五十，夏后氏官百。』文雖不同，見夏、商官倍於唐、虞也。」梅云：「康誥：『乃非德用乂。』」**明王立政，不惟其官，惟其人。**言聖帝明王立政修教，不惟多其官，惟在得其人。○梅云：「書有立政篇。文王世子：『惟其人。』」**今予小子，祗勤于德，夙夜不逮。**今我小子，敬勤於德，雖夙夜匪懈，不能及古人。言自有極。○梅云：「呂刑：『罔不惟德之勤。』」先謙案：詩：「庶幾夙夜。」論語：「恥躬之不逮也。」**仰惟前代時若，訓迪厥官。**

言仰惟先代之法是順，訓蹈其所建官而則之，不敢自同堯、舜之官，準擬夏、殷而蹈之。**立太師、太傅、太保，茲惟三公，論道經邦，燮理陰陽。**師，天子所師法；傅，傅相天子；保，保安天子於德義者。此惟三公之任。佐王論道以經緯國事，和理陰陽。言有德乃堪之。○惠云：「羅義云：『太師、太傅、太保，非三公也。然則何官？曰：此太子三公也。』保氏序官疏引鄭小同所撰鄭志云：『趙商問曰：「案成王周官，立太師、太傅、太保，茲惟三公，即三公之號自有師、保之名。成王周官是周公攝政三年事，此周禮，攝政六年時，則三公自名師、保起之在前，何也？」答曰：「周公左，召公右，兼師、保，初時然矣。」』案：孔氏逸書無周官。趙商據以爲説，此必見緯書及書大傳，梅賾即用之以入周官也。」閻云：「『論道經邦』本考工記『或坐而論道』來。西漢以丞相、太尉、御史大夫爲三公，漢書丙吉傳：『三公典調和陰陽。』」程云：「漢書陳平傳：『宰相，上佐天子理陰陽。』職所當憂，此自謂其丞相爲三公耳。與太師、太傅、太保之三公不相涉。僞書不通西漢時三公，妄以太師、太傅、太保當之，曰『茲惟三公，燮理陰陽』，失之遠矣。」**官不必備，惟其人。**三公之官不必備員，惟其人有德乃處之。○惠云：「禮文王世子：『記曰：「虞、夏、商、周，有師、保，有疑、丞。」設四輔及三公，不必備，唯其人。語使能也。』」**少師、少傅、少保，曰三孤。**此三官名曰三孤。孤，特也，言卑於公，尊於卿，特置此三者。○梅云：「公、孤見周禮，太師、太傅、太保、少師、少傅、少保見賈子新書。今案周禮孤廁於三公之下、卿大夫之上，而無三孤之數。賈子有三公、三少之數，而非三孤之稱。此文『太師、太傅、太保』爲三公，『少師、少傅、少保，曰三孤』正用賈子保傅之語，特改三少之『少』從周禮之『孤』耳。考工記『九卿』注云：『六卿三孤。』」**貳公弘化，寅亮天地，弼予一人。**副貳三公，弘大道化，敬信天地之教，以輔我一人之治。○梅云：「王制鄭注云『三孤無職，佐公論道』，班固燕然山銘：『寅亮聖明。』」**冢宰掌邦治，統百官，均四海。**天官卿稱太宰，主國政治，統理百官，均平四海之内邦國。言任大。○惠云：「周禮：『乃立天官冢宰，使帥其屬而掌邦治，以佐王均邦國。』又曰：『六典：三曰禮典，以統百官。』」**司徒掌邦教，敷五典，擾兆民。**地官卿司徒主國教化，布五常之教，以安和天下衆民，使小大皆協睦。○惠云：「周禮：『乃立地官司徒，使率其屬而掌邦教，以佐王安擾邦國。』太宰曰：『二曰教典，以擾萬民。』堯典：『敬敷五教。』案：周禮司徒掌『十有二教』，鄭注：『有虞氏五，而周有十二焉。』據此，周禮無敷五典之文，周有六典，教典爲司徒，與唐、虞異也。」閻云：「成王訓迪厥官不以本朝職掌，而遠引上古之制，殆必不爾。」**宗伯掌邦禮，治神人，和上下。**春官卿宗廟官長主國禮，治天神、地祇、人鬼之事，及國之吉、凶、軍、賓、嘉五禮，以和上下尊卑等列。○惠云：「周禮：『乃立春官宗伯，使帥其屬而掌邦禮，以佐王和邦國。』又曰：『大宗伯：掌建邦之天神、人鬼、地示之禮。』」**司馬掌邦政，統六師，平邦國。**夏官卿主戎馬之事，掌國征伐，統正六軍，平治王邦四方國之亂者。○惠云：「周禮：『乃立夏官司馬，使帥其屬而掌邦政，以佐王平邦國。』又云：『凡制軍，王六軍。』詩：『整我六師。』顧命：『張皇六師。』皆以六軍爲六師，故亦變六軍言六師也。」**司寇掌邦禁，詰姦慝，刑暴亂。**秋官卿主寇賊法禁，治姦惡，刑强暴作亂者。夏官司馬討惡助長物，秋官司寇刑姦順時殺。○惠云：「周禮：『乃立秋官司寇，使帥其屬而掌邦禁，以佐王刑邦國。』又曰：『佐王刑邦國，詰四方。』」**司空掌邦土，居四民，時地利。**冬官卿主國空土以居民，士農工商四民，使順天時，分地利，授之土。能吐生百穀，故曰土。○閻云：「周禮太宰六典，『六曰事典』；小宰六官，『六曰冬官，掌邦事』，又『六曰事職』，則司空斷宜曰『掌邦事』，此易爲『邦土』者，殆以左傳『聃季爲司空』，又曰『聃季授土』之故，不知司空事繁，備見鄭注，非『土』字所能包括也。」又云：「王制：『司空執度度地，居民山川沮澤，時四時。』非此『司空掌邦土，居四民，時地利』之所從出乎？」惠云：「周初士不在四民之列，始於管子之士鄉。」**六卿分職，各率其屬，以倡九牧，阜成兆民。**」六卿各率其屬官大夫士，治其所分之職，以倡道九州牧伯爲政，大成兆民之性命。皆能其官，則政治。○惠云：「『各率其屬』見上，『九牧』見逸周書。」閻云：「漢書百官公卿表：『夏、殷無聞焉，周官則備矣，天官冢宰，地官司徒，春官宗伯，夏官司馬，秋官司寇，冬官司空，是爲六卿，各有徒屬職分，周於百事。太師、太傅、太保，是爲三公，蓋參天子，坐而議政，無不總統，故不以一職爲官名。又立三少爲之副，少師、少傅、少保，是爲孤卿，與六卿爲九焉。記曰：三公無官，言其有人然後充之。』中段所本。」**六年五服一朝。**五服，侯、甸、男、采、衛。六年一朝會京師。○惠云：「左昭十三年傳叔向曰：『明王之制，使諸侯歲聘以志業，間朝以講禮，再朝而會以示威，再會而盟以顯昭明。』孔疏：『周官六年五服諸侯一時朝王，即此「再朝而會」是也。此傳之文與尚書正合。』不知乃梅賾竊左傳之文也。」姚際恒云：「周蓋三年一朝，故叔向云『間朝』，杜注『十二年有四朝』是也。春秋以降，文、襄世霸，簡之至五歲而朝，子太叔稱其『不煩諸侯』，果如僞書六年一朝，叔向不妄語乎？且上云『六服』，此云『五服』，少卻一服，則多卻一年，又不知如何分年耳！」閻云：「禹貢五服：甸、侯、綏、要、荒，連帝畿在內；周禮六服不數王畿，曰：侯、甸、男、采、衛、要；又有九服，與九畿同，皆不數王畿，曰：侯、甸、男、采、衛、蠻、夷、鎮、藩，並無五服。晚書前曰六服，合周制矣，此五服，將以爲同禹貢乎？不應內諸侯與外諸侯同一朝期。以五服爲仍周制而除去要服乎？不應周家大一統之時即有荒服不至之事。反復皆不可通。」**又六年，王乃時巡，考制度于四岳。**周制，十二年一巡守，春東，夏南，秋西，冬北，故曰時巡。考正制度禮法于四岳之下，如虞帝巡守然。○惠云：「周禮大行人：『十有二歲，王巡守邦國。』」**諸侯各朝于方岳，大明黜陟。**覲四方諸侯，各朝于方岳之下，大明考績黜陟之法。○惠云：「左傳：『再會而盟，以顯昭明。』杜注：『十二年而一盟，所以昭信義也。再會，王一巡守，盟于方岳之下。』孔疏：『杜言巡守盟于方岳，闇與周官符同。』不知亦梅賾竊左傳及杜注而爲之耳。『黜陟』見堯典。」姚際恒云：「自『阜成兆民』以上，皆王言，下又著『王曰』，中間入『六年』至『大明黜陟』一段爲史臣紀事語，夾雜淩亂，無此體格。」

王曰：「嗚呼！凡我有官君子，欽乃攸司，慎乃出令，令出惟行，弗惟反。有官君子，大夫以上。歎而戒之，使敬汝所司，慎汝出令，從政之本。令出必惟行之，不惟反改，若二三其令，亂之道。○梅云：「漢書劉向傳向上封事云：『易云：「渙汗其大號。」號令如汗，汗出而不反者也。今出善令，未能踰時而反，是反汗也。』」**以公滅私，民其允懷。**從政以公平滅私情，則民其信歸之。○惠云：「說文：『倉頡作書，背厶者謂之公。』」梅云：「左文六年傳臾駢曰：『以私害公。』漢書賈捐之傳：『徇公絕私。』」**學古入官，議事以制，政乃不迷。**言當先學古訓，然後入官治政。凡制事必以古義議度終始，政乃不迷錯。○梅云：「左襄三十一年傳子產曰：『僑聞：學而後入政。』昭六年傳叔向曰：『昔先王議事以制。』」**其爾典常作之師，無以利口亂厥官。**其汝爲政當以舊典常故事爲師法，無以利口辯佞亂其官。○梅云：「孟子：『作之師。』論語：『惡利口之覆邦家者。』」**蓄疑敗謀，怠忽荒政，不學牆面，莅事惟煩。**積疑不決，必敗其謀；怠惰忽略，必亂其政；人而不學，其猶正牆面而立，臨政事必煩。○梅云：「論語：『不爲周南、召南，其猶正牆面而立也與！』」**戒爾卿士，功崇惟志，業廣惟勤，惟克果斷，乃罔後艱。**此戒凡有官位。但言卿士，舉其掌事者。功高由志，業廣由勤，惟能果斷行事，乃無後難。言多疑必致患。○梅云：「易：『所以崇德而廣業也。』詩：『無有後艱。』」顧炎武曰：「詩『虡業維樅』傳：『業，大板也，所以飾栒爲縣。捷業如鋸齒，或白畫之。』爾雅：『大板謂之業。』左傳：『學人舍業。』禮：『大功廢業。』並謂此也。縣者，常防其墜，故借爲『敬謹』之『業』，書之『兢兢業業』，詩之『赫赫業業』、『有震且業』是也。凡人所執之事，亦當敬謹，故又借爲『事業』之『業』，易傳『進德修業』、『可大則賢人之業』、『盛德大業』，禮記之『敬業樂羣』是也。然三代詩、書之文，並無此義。而『業廣惟勤』一語，乃出梅氏之古文尚書，其不可信也決矣！」**位不期驕，祿不期侈。**貴不與驕期而驕自至，富不與侈期而侈自來。驕侈以行己，所以速亡。○梅云：「戰國策平原君引公子牟與應侯曰：『貴不與富期而富至，富不與粱肉期而粱肉至，粱肉不與驕奢期而驕奢至，驕奢不與死亡期而死亡至。』」**恭儉惟德，無載爾僞。**言當恭儉，惟以立德，無行姦僞。○梅云：「孟子曰：『侮奪人之君，惡得爲恭儉？恭儉豈可以聲音笑貌爲哉！』左襄三十年傳引詩曰：『淑慎爾止，無載爾僞。』」**作德，心逸日休；作僞，心勞日拙。**爲德，直道而行，於心逸豫而名日美；爲僞，飾巧百端，於心勞苦而事日拙，不可爲。**居寵思危，罔不惟畏，弗畏入畏。**言雖居貴寵，當思危懼，無所不畏。若乃不畏，則入可畏之刑。○先謙案：荀子仲尼篇：「安則慮危。」惠云：「太玄：『禮：次七曰出禮不畏入畏。』范望注：『家信爲禮，違出其表，未有所畏，故曰不畏。出禮入刑，刑以正衰，故曰入畏。』僞傳『若乃不畏，則入可畏之刑』用范注也。」**推賢讓能，庶官乃和，不和政厖。**賢能相讓，俊乂在官，所以和諧。厖，亂也。○惠云：「荀子非十二子篇：『推賢讓能，而安隨其後。如是，有寵則必榮。』」梅云：「劉向封事曰：『雜遝衆賢，罔不肅和，崇推讓之風，以銷分爭之訟。』又曰：『此皆不和，賢不肖易位之所致也。』」**舉能其官，惟爾之能。稱匪其人，惟爾不任。」**所舉能修其官，亦惟汝之功能。舉非其人，亦惟汝之不勝其任。

王曰：「嗚呼！三事暨大夫，敬爾有官，亂爾有政，歎而勑之，公卿已下，各敬居汝所有之官，治汝所有之職。○閻云：「僞書以詩有『三事大夫』，鄭箋專指三公，此則欲併孤與六卿之屬皆及，故云『暨大夫』，總承上文之詞。」**以佑乃辟，永康兆民，萬邦惟無斁。」**言當敬治官政，以助汝君長安天下兆民，則天下萬國惟乃無厭我周德。○梅云：「詩：『以佐戎辟。』」

君陳第二十三　周書　孔氏傳　臣王先謙參正

君陳臣名也，因以名篇。○此梅氏古文之二十二。書序：「周公既没，命君陳分正東郊成周，作君陳。」詳見序。

王若曰：「君陳，惟爾令德孝恭。言其有令德，善事父母，行己以恭。○梅云：「周語單襄公曰：『驩此其孫也，而令德孝恭，非此其誰？』」**惟孝，友于兄弟，克施有政。**言善父母者，必友于兄弟，能施有政令。

○閻云：「論語曰：『書云：「孝乎惟孝，友于兄弟，施于有政。」』包咸注：『孝乎惟孝，美大孝之詞。』『書云』句，『孝乎惟孝』句。晉書夏侯湛昆弟誥：『古人有言：「孝乎惟孝，友于兄弟。」』潘岳閒居賦序：『孝乎惟孝，友于兄弟，此亦拙者之爲政也。』梁元帝劉孝綽墓志銘：『孝乎惟孝。』與武陵王書云：『友于兄弟。』唐王利貞幽州石浮圖頌云：『孝乎惟孝，忠爲令德。』張齊賢奉真宗命撰弟子贊云：『孝乎惟孝，曾子稱焉。』張耒黄氏友于泉銘云：『孝乎惟孝，友于兄弟。』又錢謙益家藏淳熙九經本，點斷句讀號稱精審，亦以『孝乎惟孝』四字爲句。僞書竟將『孝乎』二字讀斷，以爲孔子之語。歷覽載籍所引詩、書之文，從無此等句法。朱子從之，遂改論語之讀。」又云：「論語所引，未知何篇。作僞者見坊記鄭注：『君陳，蓋周公之子，伯禽弟也。』故以孝、友二語實之，又嫌接『君陳』太突，特裝『惟爾令德孝恭』一句爲贊。本文『尹兹東郊』即從『有政』生下。湊泊彌縫，痕迹宛然。或問：『孝乎惟孝』句法，它處有之否？予曰：禮仲尼燕居：『子曰：「禮乎禮。」』素問：『形乎形，神乎神。』史記淮陰侯傳：『蒯通曰：「時乎時，不再來。」』楊子法言有：『習乎習，雜乎雜，辰乎辰，才乎才。』皆是。」惠云：「釋文：『孝于，一本作「孝乎」。』古論語作『孝于惟孝』，蔡邕石經作『孝于』，御覽引華嶠後漢書劉平、江革等傳序云：『此殆所謂「孝于惟孝，友于兄弟，施于有政」，是亦爲政也。』唐石經始定爲『乎』。」**命汝尹兹東郊，敬哉！**正此東郊，監殷頑民，教訓之。○惠云：「竹書紀年：『成王十一年，王命周平公治東都。』沈約注：『周平公，即君陳，周公之子，伯禽之弟。』序云：『命周公分正東郊成周。』」

昔周公師保萬民，民懷其德。往慎乃司，兹率厥常。言周公師安天下之民，民歸其德。今往承其業，當慎汝所主，此循其常法而教訓之。○梅云：「左襄十四年傳：『王使劉定公賜齊侯命曰：「昔伯舅太公，股肱周室，師保萬民。今余命爾環，茲率舅氏之典。」」**懋昭周公之訓，惟民其乂。**勉明周公之教，惟民其治。○先謙案：康誥：「乃其乂民。」**我聞曰：『至治馨香，感于神明。黍稷非馨，明德惟馨。』**所聞上古聖賢之言：「政治之至者，芬芳馨氣，動于神明。所謂芬芳，非黍稷之氣，乃明德之馨。」勵之以德。○梅云：「左僖五年傳宮之奇引周書曰：『黍稷非馨，明德惟馨。』下云：『若晉取虞，而明德以薦馨香，神其吐之乎？』即『至治馨香，感于神明』之謂。然則所謂『我聞』者，曷聞哉？聞諸宮之奇而已。」閻云：「詳左傳。元文『馨香』本屬『黍稷』言，黍稷本屬祀神言，謂祀神所重在德，苟有德，其馨香非第黍稷而已，乃明德之馨香也。今上無『黍稷』字，突曰『至治馨香』，馨香於至治何與？此不言祀神事，下又突曰『黍稷非馨』，黍稷於治民何與？種種迷謬，皆爲吞剝周書成語。」三國志張紘傳紘牋曰：『自古有國有家者，咸欲修德政以比隆盛世。至於其治，多不馨香。』竊以此爲作僞者所本。**爾尚式時周公之猷訓，惟日孜孜，無敢逸豫。**汝庶幾用是周公之道教殷民，惟當日孜孜勤行之，無敢自寬暇逸豫。○梅云：「臯陶謨：『予思日孜孜。』康誥：『無康好逸豫。』」先謙案：詩：「無敢戲豫。」**凡人未見聖，若不克見；既見聖，亦不克由聖。**此言凡人有初無終，未見聖道，如不能得見；已見聖道，亦不能用之，所以無成。○梅云：「禮緇衣：『君陳云：「未見聖，若已弗克見；既見聖，亦不克由聖。」』」**爾其戒哉！爾惟風，下民惟草。**汝戒，勿爲凡人之行。民從上教而變，猶草應風而偃，不可不慎。○梅云：「論語：『君子之德風，小人之德草。』」**圖厥政，莫或不艱，有廢有興。出入自爾師虞，庶言同則繹。**謀其政，無有不先慮其難，有所廢，有所起。出納之事，當用汝衆言度之，衆言同，則陳而布之。禁其專。○梅云：「緇衣：『君陳曰：「出入自爾師虞，庶言同。」』無『則繹』二字。」**爾有嘉謀嘉猷，則入告爾后于內，爾乃順之于外。**汝有善謀善道，則入告汝君於內，汝乃順行之於外。○梅云：「禮坊記：『君陳曰：「爾有嘉謀嘉猷，入告爾君於內，女乃順之於外。」』」**曰：『斯謀斯猷，惟我后之德。』**此善謀此善道，惟我君之德。善則稱君，人臣之義。○梅云：「緇衣：『君陳曰：「曰：此謀此猷，惟我君之德。」』」**嗚呼！臣人咸若時，惟良顯哉！」**歎而美之曰：臣於人者皆順此道，是惟良臣，則君顯明於世。○梅云：「緇衣：『君陳曰：「於乎！是惟良顯哉！」』皋陶謨：『咸若時。』」惠云：「春秋繁露所引與坊記同，云：『忠臣不顯諫，欲其由君出也。古之良大夫，其事君皆若是。』困學紀聞云：『先儒謂成王失言，蓋將順其美。』善則稱君，固事君之法，然君不可以是告其臣。順之一字，其弊爲諛。有善歸主，李斯所以亡秦也。闇愎之君誦斯言，則歸過求名之疑不可解矣。」閻云：「『爾有』云云，出於臣工之相告誡，則爲愛君；出於君之告臣，則爲導諛。導諛，中主所不爲，而謂三代令辟如成王爲之乎？坊記：『子云：「善則稱君，過則稱己，則民作忠。」』下引君陳曰云云。子又云：『善則稱親，過則稱己，則民作孝。』下引太誓曰：『予克紂，非予武，惟朕文考無罪；紂克予，非朕文考有罪，惟予小子無良。』以取證太誓爲人子之言，則取證君陳必爲人臣之言，例可知也。假若文王告武王曰『汝克紂，非汝武，惟朕無罪』可乎？不可也。作僞者見書序命君陳云云，遂通篇作成王語，安知當日不更參以臣言，如顧命例邪？」

王曰：「君陳，爾惟弘周公丕訓，無依勢作威，無倚法以削。汝爲政，當闡大周公之大訓，無乘勢位作威人上，無倚法制以行刻削之政。○梅云：「篇內言周公訓者三。」**寬而有制，從容以和。**寬不失制，動不失和，德教之治。○梅云：「荀子：『寬而不慢。』立政：『率惟謀從容德。』」**殷民在辟，予曰辟，爾惟勿辟；予曰宥，爾惟勿宥；惟厥中。**殷人有罪在刑法者，我曰刑之，汝勿刑；我曰赦宥，汝勿宥；惟其當以中正平理斷之。○梅云：「禮文王世子：『有司讞于公，其死罪，則曰某之罪在大辟；其刑罪，則曰某之罪在小辟。公曰：「宥之。」有司又曰：「在辟。」公又曰：「宥之。」有司又曰：「在辟。」』呂刑：『惟良折獄，罔非在中。』」**有弗若于汝政，弗化于汝訓，辟以止辟，乃辟。**有不順於汝政，不變於汝教，刑之而懲止犯刑者，乃刑之。**狃于姦宄，敗常亂俗，三細不宥。**習於姦宄凶惡，毀敗五常之道，以亂風俗之教，罪雖小，三犯不赦，所以絕惡源。○梅云：「堯典：『寇賊姦宄。』康誥：『乃惟終，自作不典，式爾，有厥罪小，乃不可不殺。』」**爾無忿疾于頑，無求備于一夫。**人有頑嚚不喻，汝當訓之，無忿怒疾之。使人當器之，無責備于一夫。○梅云：「論語：『無求備于一人。』」**必有忍，其乃有濟；有容，德乃大。**爲人君長，必有所含忍，其乃有所成；有所包容，德乃爲大。欲其忍恥藏垢。○梅云：「周語富辰曰：『書有之曰：「必有忍也，若能有濟也。」』韋注：『若，乃也。』」**簡厥修，亦簡其或不修；**簡別其德行修者，亦別其有不修者。善以勸能，惡以沮否。○梅云：「禮王制：『簡不肖以絀惡，命鄉簡不率教者。』」**進厥良，以率其或不良。**進顯其賢良者，以率勉其有不良者，使爲善。**惟民生厚，因物有遷。**言人自然之性敦厚，因所見所習之物有遷變之道，故必慎所以示之。○梅云：「左成十六年傳申叔時曰：『民生厚而德正。』」先謙案：孟子：「物交物，則引之而已矣。」**違上所命，從厥攸好。**人之於上，不從其令，從其所好，故人主不可不慎所好。○梅云：「大學：『其所令反其所好，而民不從。』」**爾克敬典在德，時乃罔不**

變，允升于大猷。汝治人能敬常在道德，是乃無不變化，其政教則信升於大道。○梅云：「康誥：『勿替敬典。』此文所本。」**惟予一人，膺受多福。**汝能升大道，則惟我一人，亦當受其多福，無凶危。○梅云：「盤庚：『惟予一人有佚罰。』」**其爾之休，終有辭於永世。**」非但我受多福而已，其汝之美名，亦終見稱誦於長世。言没而不朽。○先謙案：雒誥：「汝永有辭。」此與太甲「萬世有辭」所本。

尚書孔傳參正二十九

顧命第二十四　周書　孔氏傳　臣王先謙參正

顧命實命羣臣，叙以要言。○書序：「成王將崩，命召公、畢公率諸侯相康王，作顧命。」周紀：「成王將崩，懼太子釗之不任，乃命召公、畢公率諸侯以相太子而立之。成王既崩，二公率諸侯，以太子釗見於先王廟中，告以文王、武王之所以爲王業之不易，務在節儉，毋多欲，以篤信臨之，作顧命。」釋文引馬云：「成王將崩，顧念康王，命召公、畢公率諸侯輔相之。」集解及書疏引鄭云：「臨終出命，故謂之顧。顧，將去之意也。回首曰顧。」

惟四月哉生魄，王不懌。成王崩年之四月，始生魄，月十六日，王有疾，故不悦懌。○「惟四月哉生魄，王不懌」，古文也，今文作「惟四月哉生霸，王有疾，不豫」。○「惟四月哉生魄，王不懌」者，書疏及詩烈文疏引鄭云：「此成王二十八年。居攝六年爲年端。」孫云：「紀年：『成王三十七〔一〕年陟。』是以武王崩之明年爲成王元年，統周公居東二年，攝政七年，凡九年，故三十七年。除此九年，則爲二十八年，與鄭合。竹書後出，或即用鄭義。云『居攝六年爲年端』者，王鳴盛云：『詩疏引此注不全，當續其下云「至此三十年」，文義乃備。』知者，鄭注康王之誥云：『周公居攝六年，制禮作樂，至此三十年。』居攝終於七年，加二十八年，故三十年也。又注金縢云據大傳、大戴禮：『武王崩，成王年十歲。三年喪畢，年十三，將踐阼，稱己小求攝，管、蔡流言，周公避居東二〔二〕年，感風雷迎公歸，時成王年十五，即居攝元年。五年營成周，六年制禮作樂，七年致政，明年成王即政，年二十二。即政二十八年崩，年四十九也。案：新書修政篇：『成王年二十歲即位享國，親以身見於粥子之家而問焉。』與此推爲年二十二，又不同。」釋文：「懌，馬本作『不釋』，云：『不釋，疾不解也。』」段云：「釋、懌同字。詩『悦懌女美』鄭箋讀爲『説釋』。僞孔云『不悦懌』，猶今人云不爽快、不自在也，其疾淺；馬云『疾不解』，則深矣。」今文云云者，漢書律曆志引劉歆三統曆云：「成王元年正月己巳朔，此命伯禽俾侯于魯之歲也。後三十年四月庚戌〔三〕朔，十五日甲子哉生霸。故顧命曰：『惟四月哉生霸，王有疾，不豫。甲子，王乃洮沬水。』作顧命。」孫云：「成王在位年數，史記無文。劉歆説以哉生霸爲十五日，亦不可信。」皮云：「白虎通日月篇：『三日成魄。』是以月明生爲生霸，則明盡爲死霸。晦日爲死霸，故朔日爲既死霸，二日爲旁生霸。死盡則

〔一〕「七」原誤作「九」，據孫星衍尚書今古文注疏原文改。
〔二〕「二」原誤作「三」，據孫星衍尚書今古文注疏原文改。
〔三〕「戌」原誤作「戍」，今改。

復生，故三日爲哉生霸。禮記、説文、緯書推度災、援神契之説皆同，是今、古文家無異説。惟劉歆以爲十五日甲子哉生霸，則與古義大異，與經義亦不相符。經云：『惟四月哉生霸，王有疾，不豫。甲子，王乃洮沬水。』則甲子與哉生霸必非一日。若甲子即哉生霸之日，則於是日得疾，即於是日作顧命，無此急遽之事。若謂成王以暴疾猝崩，又何云『病日臻，既彌留』乎？然則劉歆所引經雖爲今文尚書，而其自爲之説，殆不可據。以爲成王三十年，亦與鄭説不同。鄭所推多居東三年，故謂武王崩成王十歲，周公居攝成王十五。今文家説雖不可考，然據大傳云『居攝四年建侯衛，成王年十八稱孟侯』，則武王崩、周公居攝時年當十四五，與鄭説不相遠。其後或當如鄭所推。通鑑外紀引王肅注亦云『成王二十八年崩』，説與鄭同。疑今文説本如是也。若劉歆以爲文王受命九年而崩，武王十一年觀兵，十三年伐紂，與史記文王受命七〔二〕年而崩，武王九年觀兵，十一年伐紂，始終皆差二年，故以成王即位爲三十年，亦較鄭注二十八年差二年，則劉説爲古文異説，與今文不同也。皇甫謐帝王世紀云：『八年王始躬親王事，七年王崩，年十六矣。太子釗代立。』以成王崩年止十六，説更難通。如其説，則康王當在襁褓中，豈能冕服見諸侯作誥哉？乃世紀又云『康王元年，釋喪冕作誥申諸侯』，何其自相矛盾！」先謙案：律曆志引劉歆三統術以死霸爲朔，生霸爲望，言明生則魄死，以魄爲月質，與諸家不同。如其説，則甲子應是哉生霸，特有疾，作顧命，在一日之内，不可通耳。釋詁：「哉，始也。」以今文例推之，「哉」一作「載」，説見康誥。**甲子，王乃洮頮水。相被冕服，憑玉几。**王發大命，臨羣臣，必齋戒沐浴。今疾病，故但洮盥頮

〔二〕「七」原誤作「九」，據皮錫瑞今文尚書考證原文改。

面，扶相者被以冠冕，加朝服，憑玉几以出命。〇「甲子，王乃洮頮水。相被冕服，憑玉几」，古文也；今文「頮」作「沬」；今、古文「憑」當作「凴」。〇「甲子，王乃洮頮水」者，釋文引馬云：「洮，洮髮也。頮，頮面也。」吴志注虞翻別傳：「翻奏鄭玄解尚書違失四事：『成王疾困憑几，洮頮爲濯，以爲澣衣成事，此字虛更作「濯」，以從其非。』」段云：「此『爲濯』之上當有脱文，當云『「洮」讀爲「濯」』，易其字，故下文云『此字虛更作「濯」』。鄭蓋以『洮』字不可解，馬雖以『洮髮』訓之，非由故訓，故更爲『濯』字，解爲浣衣，雖於事或乖，而於字義必求是。翻乃云：『天子頮面謂之澣衣，甚違不知蓋闕之義。』夫洮、頮自是二事，浣衣自釋『濯』耳，非統『頮』在内也。王鳴盛駮虞乃摘出『洮頮爲濯』四字系之鄭注，似文理未安，且云鄭無『浣衣』之語，鄭未嘗作『昧谷』，鄭未嘗作『分北三苗』云云。虞親讀鄭書注而非之，非造爲蜚語以誣之，王欲翼鄭，而不能折虞，且以誣虞矣！『「洮」讀爲「濯」』者，守祧注：『古文「祧」爲「濯」。』爾雅郭本、珧衆家本皆作『濯』是其例也。兆聲、翟聲同在第二部。『「頮」作「沬」』者，律曆志引如此。（見上。）説文：『沬，洒面也。从水未聲。』又作「湏」，云：『古文「沬」，从頁。』則作「沬」者爲今文。段云：『「頮」作「湏」誤。』孫云：「頮，俗字，當爲『湏』或『沬』。漢書禮樂志注：『晉灼曰：「沬，古『靧』字。」』司馬遷傳集注云：『頮，古「沬」字。』實則『頮』、『靧』皆『湏』別字也。衆經音義引通俗文：『淅米謂之洮汰。』爾雅釋文引釋訓注：『洮，猶「淅」也。』玉藻：『日五盥，沐稷而靧粱。』洮是淅米，或當爲沐稷，故馬以洮髮爲説也。」先謙案：孫説是。説文「沬」一作「湏」，故「沬邦」之「沬」古亦作「湏」，而誤爲「須」。詩泉水云「思須與漕」也。此千古疑案，發自陳氏詩庭，詳予所著詩三家義疏。〇「相被冕服，憑玉几」者，書疏引鄭云：「相者，正王服位之臣，謂太僕。冕，玄冕。」孫云：「此以相爲相導之相。周禮太僕：『掌正王之服位。」檀弓：「卜人師扶右。」注：「謂君疾時也。「卜」當爲「僕」，聲之誤也。僕人、射人皆平生時贊正君服位者。」中論法象篇：「顛沛而不亂者，成王其人也。將崩，體被冕服，然後發顧命。」是説此經之義。」江云：「「被冕服」者，以冕服加王身也。司服云冕服有六，玄冕爲下，皆祭服也。覲禮云：「天子衮冕者，以受諸侯朝覲於廟中，故服冕服之尊者。」此時傳顧命，蓋在路寢，不得在廟中，特以傳重大事，比尋常視朝當加一等，則此是玄冕矣。」「憑」當作「馮」者，司几筵注：「鄭司農云：『書顧命曰：成王將崩，命太保、芮伯、畢公等被冕服，馮玉几。』」孫云：「先鄭以相爲太保等也。此蓋今文説，與後鄭異。」皮云：「説文：『凭，依几也。从任几。周書曰：「凭玉几。」讀若「馮」。』蓋古文作「凭」，先鄭用今文作「馮」。淮南王安上書云：『負黼扆，馮玉几。』用今文亦作『馮』。」段云：「凭，正字。作『馮』者，同音假借字。經典凡馮河、馮依字皆作『馮』，皮冰反，未有作『憑』者。此必衛包改尚書之『馮』爲『憑』，而開寶中又改釋文之『馮』爲『憑』也。」先謙案：太保等大臣，非爲王贊服之人，孫誤會先鄭意。**乃同召太保奭、芮伯、彤伯、畢公、衛侯、毛公，**同召六卿，下至御事。太保、畢、毛稱公，則三公矣。此先後六卿次第，冢宰第一，召公領之；司徒第二，芮伯爲之；宗伯第三，彤伯爲之；司馬第四，畢公領之；司寇第五，衛侯爲之；司空第六，毛公領之。召、芮、彤、畢、衛、毛，皆國名，入爲天子公卿。○「乃同召太保奭、芮伯」，今文與古文同。「彤伯」今文作「師伯」；「畢公、衛侯」今文無徵；「毛公」，今文與古文同。○「乃同召太保奭」云云者，「同」謂同召羣臣受顧命也。詩淇奧疏、桑柔疏引鄭云：「公兼官，以六卿爲正次。芮伯入爲宗伯，畢公入爲司馬。」今文同者，漢石經殘碑作「乃（闕。）召太保」，（下闕。）太保奭即召公，論衡氣壽篇：「武王九十三而崩。周公，武王之弟也，兄弟相差不過十年。武王崩，周公居攝七年，復政退老，出入百歲矣。召公，周公之兄也，至康王之時尚爲太保，出入百有餘歲矣。」「芮伯」者，漢書人表第三等有芮伯，與師伯同列，顔注：「周司徒也。」蓋以六卿之序推之，召公繼周公爲冢宰，芮伯當爲司徒。鄭云「入爲宗伯」，或別有據。桑柔序云：「芮伯，畿内諸侯，王卿士。」當即此芮伯子孫。「彤伯」者，路史國名紀：「彤，伯爵，成王子。」唐韻云：「成王支庶。」江云：「書疏引王肅云：『姒姓之國。』肅蓋據夏本紀禹後有彤城氏言之，未必是此彤伯也。彤蓋是采地，非國名。」今文作「師伯」者，人表第三等有師伯，顔注：「周宗伯也。尚書作『彤伯』。」顔亦以六卿之序推之。「畢公、衛侯、毛公」者，太宰鄭注：「都鄙，公、卿、大夫之采邑。王子弟所食邑，周、召〔二〕、毛、聃、畢、原之屬，在畿内者。」則畢、毛皆畿内諸侯。左僖二十四年傳：「魯、衛、毛、聃、畢、原、酆、郇，文之昭也。」則畢、衛、毛皆文王子也。「衛侯」者，皮云：「今文疑作『衛伯』。據史記衛世家，康叔後代立者，康伯、孝伯、嗣伯、㨗伯、靖伯、貞伯，至頃侯，厚賂周夷王，王命衛爲侯。是頃侯前衛稱伯不稱侯。大傳『孟侯』指成王，不指康叔。史公蓋同伏生説也，稱侯乃古文家説。漢書地理志謂『周封康叔，號曰孟侯』，蓋班用大夏侯説，與古文説同，而與大傳、史記皆不合。此『衛侯』，依大傳、史記皆當作『衛伯』也。」「毛公」者，人表第三等有毛叔鄭，顔注：「文王子。」又有毛公，顔注：「周司空也。」據此，毛公、毛叔鄭非一人。顔云「周司空」，亦以六卿之序推之。孫云：「大傳：『天子三公：司徒公、司馬公、司空公。』鄭注：『周禮天子六卿，與大宰、司徒同職者，謂之司徒公；與宗伯、司馬同職者，謂之司馬公；與司寇、司空同職者，謂之司空

〔二〕「召」原誤作「公」，據周禮太宰鄭注原文改。

公。一公兼二卿，舉下以爲稱。』鄭注君奭序、荅趙商問皆謂三公兼師保則得師保之稱。今此經六人中有三人爲三公，自是以三公兼六卿者。」皮云：「三公兼六卿，自是周制。若周公未制禮以前，止有三公，並無六卿。曲禮以太宰與宗、祝、史、卜、士並列，白虎通以太宰爲天子之大夫，皆今文家説。曲禮列六太於五官之前，以其爲司天之官故耳。其實太宰秩卑，非必同周之冢宰也。若宗伯、司寇，其名亦不見於周以前。尚書云『秩宗』，即宗伯之職；『士』，即司寇之職。在周以前，此二官與太宰皆當爲三公之屬官，不得與三公並列。故牧誓、立政與古太誓皆止有司徒、司馬、司空之官。今文家説信而有徵。若此經所列六人，是周公制禮以後周有六卿之明證。召公與畢公、毛公爲三公，即在六卿之中。鄭云『一公兼二卿』，惟可以解此經，與大傳云天子止有三公，其義判然不合。且如鄭説畢公入爲司馬，則召公當爲司徒，毛公當爲司空；畢、毛爲司馬、司空，或當如鄭説，若召公爲司徒，則當時冢宰何人？周公既薨，豈有復位於召公之上者？若謂一公兼二卿，召公以司徒兼冢宰，當時六卿何以實有六人？是知今尚書説天子三公，乃周以前之制，古周禮説天子六卿，乃周公制禮以後之制。鄭合今、古文説傅會爲一，其注大傳實與大傳之義不符，孫氏引之不加別白，非也。」**師氏、虎臣、百尹、御事。**師氏，大夫官；虎臣，虎賁氏；百尹，百官之長，及諸御治事者。○「師氏、虎臣、百尹、御事」，古文也，今文「虎」作「龍」。○「師氏」者，見周禮地官：「中大夫一人」，「掌以媺詔王」。人表第三等有師氏，顔注：「周大夫也。」「虎」作「龍」者，人表第三等有龍臣，顔注：「周武賁氏也。尚書作『武臣』。」段云：「唐諱『虎』爲『武』。『師伯、龍臣』，今文尚書也。班以『師氏、龍臣』爲人名，顔用僞傳以『虎』注『龍』，誤。」

王曰：「嗚呼！疾大漸，惟幾，自歎其疾大進篤，惟危殆。○「王曰：『嗚呼！疾大漸，惟幾』」，今文與古文同。○「疾大漸，惟幾」者，漸，進也。列子力命篇：「季梁得疾，七日大漸。」殷敬順釋文：「漸，劇也。」釋詁：「幾，危也。」今文同者，蔡邕陳留太守胡公碑：「是日疾遂大漸。」議郎胡公夫人哀讚云：「疾大漸以危亟兮。」胡公夫人靈表云：「疾大漸兮速流。」哀讚全用此經文義。**病日臻，既彌留，恐不獲誓言嗣，兹予審訓命汝。**病日至，言困甚。已久留，言無瘳。恐不得結信出言嗣續我志，以此故我詳審教命汝。○「病日臻」、「恐不獲誓言嗣，兹予審訓命汝」，今文無徵。「既彌留」，今文與古文同，「留」一作「流」。○「病日臻」云云者，説文：「病，疾加也。」「詳，審議也。」故「審」亦爲「詳」。釋詁：「臻，至也。」釋言：「彌，終也。」「誓，謹也。」言病至日加，已將終而暫留，恐不得謹言後嗣之事，今我詳審教命汝。「既彌留」者，蘇順漢和帝誄：「彌留不豫。」蔡邕濟北相崔君夫人誄：「寢疾彌留。」是今文同之證。一作「流」者，孔彪碑：「而疾彌流。」**昔君文王、武王宣重光，奠麗，陳教則肄，**言昔先君文、武布其重光，累聖之德，定天命，施陳教，則勤勞。○「昔君文王、武王」、「奠麗，陳教則肄」，今文無徵。「宣重光」，今文與古文同。○「昔君文王、武王」者，文選陸機皇太子宴玄圃詩李注：「尚書曰：『昔先君文王、武王宣重光。』」鍾會檄蜀文注：「尚書曰：『昔我君文王、武王宣重光。』」李注參差，不足據證。康王之誥亦云「昔君文、武」，則不必以「昔君」二字文義不完爲疑也。「宣重光」者，釋文：「『重光』，馬云：『日月星也。太極上元十一月朔旦冬至，日月如疊璧，五星如連珠，故曰重光。』」皮云：「洪範五行傳云：『明王踐阼，則日儷其精，重光以見吉祥。』漢書兒寬傳寬奉觴上壽曰：『癸亥宗祀，日宣重光。』李奇注：『太平之世，日襃重光，謂日有重日也。』孝經説云：『德及于天，斗極明，日月光。』春秋元命包云：『文王之時，五星以聚房也。』桓譚新論云：『二月甲子日，日月若連璧，五星若連珠。昧爽，武王至于商郊牧野。』荀悦漢紀後序云：『至于有周，對日重光。』崔豹古今注音樂篇：『漢明帝爲太子，樂人作歌詩四章，以贊太子之德。一日重光，天子之德，光明如日，太子比德焉，故云重爾。』據諸説，今文家以重光爲日，或兼月與星言。謂文、武時有此重光之瑞。兒寬傳今文，故同五行傳義。馬亦用今文義也。後漢和帝紀永元二年詔曰：『豈非祖宗迪哲重光之鴻烈與？』班固典引云：『然後宣二祖之重光。』蔡邕胡公碑：『人倫輯睦，日月重光。』陳留索昏庫上里社碑：『爰我虞宗，乃世重光。』張表碑銘：『令德攸兮宣重光。』祝睦後碑：『領二郡，曜重光。』鍾會檄蜀文：『奕世重光。』魏受禪碑：『宣重光以照下。』邯鄲涫魏受命述：『聖嗣承統，爰宣重光。』皆以『重光』爲重熙累洽，即大傳云『光華復旦』之意。若班以漢二祖比文、武，邯鄲以操、丕比文、武，其義尤明。亦不盡以重光爲文、武時疊璧連珠之瑞。蓋三家今文不同也。」「奠麗，陳教則肄」者，奠，定；麗，附也。多方云：「不克開於民之麗。」此言文、武能定民之麗也，敷陳教令，則民莫不服習之。説文：「肄，習也。」**肄不違，用克達殷，集大命。**文、武定命陳教，雖勞而不違道，故能適殷爲周，成其大命。○「肄不違」，今文無徵。「用克達殷，集大命」，古文也，今文「達」作「通」，「集」作「就」。○「肄不違」者，承上「則肄」言之，謂習文、武之教，自近及遠，咸無違背，如虞芮質成、二南被化是也。「達」作「通」、「集」作「就」者，石經殘碑作「（上闕。）通殷，就大命。在」，（下闕。）見隸釋及東觀餘論，此今文也。段云：「古文『達』今文作『通』，禹貢『達于河』、『達于泲』、『達于淮、泗』，史記皆作『通』。集、就古通用，韓詩『是用不就』毛詩作『不集』是也。」言文、武修德用能，通殷爲周，就大命而有天下。**在後之侗，敬迓天威，嗣守文、武大訓，無敢昏逾。**在文、武後之侗稚，成王自斥；敬迎天之威命，言奉順；繼守文、武大教，無敢昏亂逾越，言戰慄畏懼。○「在後之侗」

四句，今文無徵。○「在後之侗」者，釋文：「侗，馬本作『詷』，云：『共也。』」說文：「詷，共也。周書曰：『在後之詷。』」引與馬本合。後、后通用字，說文：「后，繼體之君也。」段云：「徐鉉、李仁甫本作『在夏后之詷』，誤衍『夏』字，不可通。徐鍇本無『夏』字。玉海、藝文志考引『在夏后之詷』，用大徐誤本。韻會引無『夏』字。」莊述祖云：「說文『侗』下云：『大也。』『詷』下云：『一曰譀也。』玉篇：『憃，愚也，癡也。』『譀』訓『誕』，非『詷』義。說文蓋借『譀』爲『憃』而訓爲『愚』，此謙詞也。」「敬迓天威」者，猶吕刑云「敬逆天命」也。段云：「迓，天寶前必作『御』，衛包改之，御天威，謂用天威治民也。訓『迎』，亦當作『御』，詳般庚、牧誓、雒誥諸篇。」「嗣守文、武大訓，無敢昏逾」者，說文：「逾，䞭進也。从辵俞聲。周書曰：『無敢昏逾。』」江云：「大訓，蓋下文西序所陳是也。」**今天降疾，殆，弗興弗悟，爾尚明時朕言，**今天下疾我身，甚危殆，不起不悟。言必死。汝當庶幾明是我言，勿忽略。○「今天降疾，殆」、「爾尚明是朕言」，今文無徵。「弗興弗悟」，古文也，今文「弗」作「不」。○「今天降疾」云云者，釋詁：「殆，危也。」釋言：「興，起也。」「悟」與「寤」通，詩傳：「覺也。」時，是也。言天降疾，危殆，臥而弗起，惛而弗覺，今聽朕告，汝庶幾明我言、是我言也。「弗」作「不」者，費鳳碑：「不悟奄忽。」又云：「終則不悟。」是今文作「不悟」。例推之，「弗興」亦當爲「不興」。**用敬保元子釗，弘濟于艱難。**用奉我言敬安太子釗。釗，康王名。大渡於艱難，勤德政。○「用敬保元子釗，弘濟于艱難」，今文無徵。○「用敬保元子釗」云云者，釗，康王名，見說文「釗」字下，周紀、人表同。言敬安輔元子，大濟於艱難也。**柔遠能邇，安勸小大庶邦。**言當和遠又能和近，安小大衆國，勸使爲善。○「柔遠能邇」二句，今文無徵。「邦」當作「國」。○「柔遠能邇」云云者，孫云：「能、而字通；而，如也。」說文：「勸，勉也。」言當安遠如邇，以勸勉小大衆國，使爲善。**思夫人自亂于威儀，爾無以釗冒貢于非幾。**」羣臣皆宜思夫人，夫人自治正於威儀，有威可畏，有儀可象，然後足以率人。汝無以釗冒進于非危之事。○「思夫人」二句，今文無徵，「非幾」，與古文同。○「思夫人」云云者，夫人，泛說衆人。亂，治也。冒，觸也。言思凡人必自治於威儀，王者更不待言，爾無以釗觸陷於不善。江云：「易繫詞：『幾者，動之微，吉之先見者也。』說文：『吉，善也。』幾爲善，則非幾爲不善。」先謙案：動之微爲幾，動而之善則爲善幾，動而之惡則爲非幾也。孫云：「左文十八年傳：『冒于貨賄。』注：『冒，亦貪也。』廣雅釋言：『貢，獻也。』『幾』與『機』通，淮南主術訓：『治亂之機。』高注：『機，理也。』言汝衆國無以釗爲貪而奉獻以非理之財賄。史記云：『申告文、武王業之不易，務在節儉，毋多欲，以篤信臨之。』此篇惟『冒貢』、『非幾』爲多欲之義。釋文『冒，一音墨』，是古說亦有以爲『貪墨』之義者。知史公即解此文，蓋孔安國古文說也。」皮云：「孫說是。以爲孔安國古文說，則非。史記引經皆今文說，漢書云：『遷書載堯典、禹貢、洪範、微子、金縢多古文說。』則餘篇非古文說可知。孫以爲史記皆從古文，失考。」先謙案：自治於威儀，即史公所云「以篤信臨之」也，篤，厚也，厚重然後有威儀，即論語「君子不重則不威」，主忠信之義，故自治威儀，必以篤信臨之；若色厲内荏，非君子所謂威儀也。釋文：「冒，馬、鄭作『勖』。貢，馬、鄭、王作『贛』，馬云：『陷也。』」案：勖、冒，通借字。段云：「鄭、王本字作『贛』，而讀爲『竷』。集韻去聲三用云：『竷，亦省作「贛」。』此本尚書音義也。馬釋爲『陷』，說又與鄭、王不同。『贛』从貝，竷省聲。竷，苦感切。說文引詩『竷竷舞（「鼓」之誤字。）我』，即小雅之『坎坎鼓我』。漢書顏注：『竷，古音下紺反。』是與『陷』音同，馬讀爲『坎』，訓爲『陷』，本說卦傳。」江云：「說文『陷』或作『⿱贛皿』，贛、臽同聲，故云『贛，陷也』。」王鳴盛云：「凡人爲惡，或進而冒觸，或退而墜陷，故兼言勖、贛也。」今文「非幾」與古文同者，石經殘碑如此。

兹既受命還，此羣臣已受賜命，各還本位。○「兹既受命還」，古文也，今文「既」作「即」。○「既」作「即」者，石經殘碑作「兹即」，（下闕。）兹，此也，統謂羣臣。 即，就也，言就路寢而受命，非平日朝覲之所，故云「即」。**出綴衣于庭。越翼日乙丑，王崩。**綴衣，幄帳。 羣臣既退，徹出幄帳於庭。 王寢於北墉下，東首，反初生，於其明日，王崩。○「出綴衣于庭」，今文無徵，「綴」當作「贅」。○「越翼日乙丑」，今文無「越」字。「王崩」，僞古文也，今、古文皆作「成王崩」。○「出綴衣于庭」者，幕人疏引鄭云：「連綴小斂、大斂之衣於庭中。」孫云：「喪大記：『小斂，衣十九稱；大斂，君陳衣于庭百稱。』鄭以『出綴衣』爲『陳衣』。」江云：「時王猶未崩，乃豫凶事乎？ 禮檀弓：『喪具，君子耻具。』王制：『絞、紟、衾、冒，死而後制。』鄭皆有注，疑此不然。」王鳴盛云：「王制：『六十歲制，七十時制，八十月制，九十日修。』疏云：『歲制，謂棺也，不易成，故歲制； 時制，一時可辨，是衣物難得者； 月制，一月可辨，衣物易得者；日修，棺、衣皆畢，但日修理之。』此皆謂大夫以下。 人君即位爲椑，不待六十。 成王崩年四十九，喪具固宜早辨，況疾已危殆，斂衣尤不可緩也。」今文「綴」作「贅」者，以立政例之當然。○「越翼日乙丑」者，段云：「『翼』本作『翌』，衛包改。集韻一屋：『翌，音余六切，明也。書：「翌日乙丑。」劉昌宗讀。』案：此周禮司几筵音讀，據此可證『翌』爲『昱』之叚借，不容妄改爲『翼』。」今文無「越」字者，漢書律曆志作：「翌日乙丑，成王崩。」○今文作「成王崩」者，律曆志如此。司几筵先鄭注引同。（天府注引書無「成」字，後人删之。王鳴盛、孫星衍皆云天府注有「成」字，當見善本。）白虎通崩薨篇：「書曰：『成王崩。』天子稱崩何？ 別尊卑、異生死也。」古文作「成王崩」者，釋文：「『王崩』馬本作『成王崩』，

注：「『安民立政曰成。』」用周書謚法解文。僞經删「成」字。段云：「馬蓋謂『成』爲死謚，非生稱，與酒誥注相表裏，而不知初崩未有謚，春秋之例云薨，至葬乃曰『葬我君某公』。」皮云：「酒誥『成王』三家説以成王爲少成二聖之功，生號曰『成王』，没因爲謚。其義最塙。」**太保命仲桓、南宫毛，**冢宰攝政，故命二臣。桓、毛，名。〇「太保命仲桓、南宫毛」，古文也，今文「仲」作「中」，「毛」作「髦」。〇「仲」作「中」、「毛」作「髦」者，漢書古今人表第三等有中桓、南宫髦，中、仲，毛、髦，古通用。**俾爰齊侯吕伋，以二干戈、虎賁百人，逆子釗于南門之外。**臣子皆侍左右，將正太子之尊，故出於路寢門外，使桓、毛二臣各執干戈，於齊侯吕伋索虎賁百人，更新逆門外，所以殊之。伋爲天子虎賁氏。〇「俾爰齊侯吕伋，以二干戈、虎賁百人，逆子釗于南門之外」，古文也，今文「逆」作「迎」。〇「俾爰齊侯吕伋」云云者，吕伋，太公子，見齊世家，左昭十二年傳作「吕級」。俞樾云：「釋詁：『俾，從也。』『爰，于也。』『俾爰齊侯吕伋』者，從於齊侯吕伋也。蓋桓、毛、吕伋皆受命逆子釗，先書桓、毛者，王人也，不以外先内也。從於齊侯者，齊侯尊也，不以卑厭尊也。桓、毛蓋虎賁氏，下大夫，位卑，率屬虎士百人，從齊侯往迎太子，且爲衛也。」「逆子釗于南門之外」者，江云：「太子喪主，未嘗不尊，不必出而復逆乃成其尊，僞傳非也。且路寢門外，正朝所在，羣臣當有在焉。虎賁守王宫，大喪則守王門，蓋在其外。逆者，自内而出迎，豈容自外操戈而入内乎？蓋王未疾時，世子奉使而出，既反，逆者自南門出衛之而入南門，蓋外朝之外門，所謂皋門也。據上文，王命羣臣時，世子實不在左右也。」孫云：「南門者，廟門。史記所云『二公率諸侯以太子釗見於先王廟』是也。玉藻疏引左氏舊説及賈逵、盧植、蔡邕、服虔等皆以祖廟與明堂爲一。」「逆」作「迎」者，白虎通爵篇：「何以知不從死後加王也？以上『迎子釗』不言『迎王』也。」段云：「古文『逆』今文作

「迎」，如「逆河」馬、班作「迎河」之比。巾車注：「書曰：「以虎賁百人逆子釗。」」此引古文也。」皮云：「時成王新崩，故稱子釗，與春秋未殯稱「子某」之義同。」**延入翼室，恤宅宗。**明室，路寢。延之使居憂，爲天下宗主。○「延入翼室」，今文無徵。「恤宅宗」，古文也，今文「宅」作「度」。○「延入翼室」者，釋詁：「延，進也。」段云：「『翼』本作『翌』，衛包改。傳作『明室』，疏引釋言：『翌，明也。』則字必作『翌』。明室即明堂，明堂即路寢。」皮云：「後漢袁紹傳注引經作『翌室』。」「恤宅宗」者，釋詁：「恤，憂也。」「宅，居也。」「宗，主也。」憂居爲喪主。「宅」作「度」者，後漢班固傳典引云：「正位度宗。」李注：「尚書曰：『延入翼室，恤度宗。』度，居也；宗，尊也。」孫云：「此本蔡邕典引注，李賢襲之。」

丁卯，命作册度。三日，命史爲册書法度，傳顧命於康王。○「丁卯，命作册度」，今文無徵。○「丁卯，命作册度」者，成王命詞，書之於册，下文「御王册命」是也。度，法制也，謂喪儀，下文祭饗諸文皆是。**越七日癸酉，伯相命士須材。**邦伯爲相，則召公。於丁卯七日癸酉，召公命士致材木須待以供喪用。○「越七日」二句，今文無徵。○「越七日癸酉」者，書疏引鄭云：「癸酉，蓋大斂之明日。」江云：「禮王制：『天子七日而殯。』計王以乙丑崩，辛未爲七日，壬申爲八日。然則成王壬申大斂矣。鄭意蓋以大斂與殯同日，天子殯斂以死之明日數也。知鄭意然者，禮曲禮：『生與來日，死與往日。』鄭注：『與，猶數也。生數來日，謂成服杖以死明日數也；死數往日，謂殯斂以死日數也。此士禮，貶於大夫者。大夫以上，皆以來日數。』鄭以天子殯斂數來日，故不數乙丑，而以壬申爲七日，因以癸酉爲大斂之明日也。」「伯相」者，召公以西伯爲相，初時與周公爲二伯，周公没，畢公代之，故下文「太保率西方諸侯，畢公率東方諸侯」也。「命士須材」者，江云：「『須』當爲『頒』字之誤也。禮玉藻：『大夫以魚須文竹。』釋文：『用文竹及魚班。隱義云「須音班」。』蓋班、頒音同，須、頒形近，以『須』爲『班』，實由『班』爲『頒』而誤。此文『須』亦『頒』之誤也。太史先鄭注：『頒，讀爲「班」。班，布也。』斂後有布材之事。檀弓云：『天子崩，虞人致百祀之木，可以爲棺椁者斬之。』此時既殯之後，命士頒材，是椁材也。檀弓又云：『既殯，旬而布材。』此殯之明日，即命士頒材者，天子七日而殯，與諸侯以下不同。彼『旬而布材』者，欲其材之乾腊，天子尊，則材尤宜乾腊，當益早布。且檀弓云：『君即位，而爲椑。』是天子、諸侯棺早豫爲之，則椁材何嫌於早布？況此云『命士須材』，是日命之，或不於是日即布，非必與檀弓不合也。」

狄設黼扆綴衣，狄，下士。扆，屏風，畫爲斧文，置戶牖間。復設幄帳，象平生所爲。〇「狄設黼扆綴衣」，古文也，今文「扆」作「衣」，「綴」當作「贅」。〇「狄」者，禮祭統：「翟者，樂吏之賤者也。」「狄」與「翟」通。喪大記：「狄人設階。」鄭注：「狄人，樂吏之賤者。」「狄設」二字，冒下諸文。「黼扆」者，司几筵云：「王位設黼依。」考工記：「白與黑謂之黼。」釋器：「斧謂之黼。」郭注：「黼文畫斧形，因名。」案：斧刃白，近鑿處黑，故以黑白采綫繡之。扆者，說文：「戶牖之閒謂之扆。」謂一戶兩牖之閒也。明堂位注：「斧依，爲斧文屏風於戶牖之閒。」「綴衣」者，孫云：「蓋即中庸所云『設其裳衣』。」江云：「顧炎武謂自此以下是康王踰年即位之事。其意以爲陳設華美，非初喪所宜，故有是說。案：周禮天府有『大喪陳寶器』之文，典路有『大喪出路』之文，是周制固然。」今文「扆」作「衣」者，石經殘碑：「□□黼衣。」（下闕。）段云：「詩公劉：『既登乃依。』鄭箋：『依，或「扆」字。』見釋文，古字多通用。」（明人爲九經考異、五經考異者，所援石經多不可信，如云「契」石經作「⿰契阝」、召誥「則至于豐」作「即至于豐」、雒誥「頒」作「邠」、多方「胥伯」作「胥賦」、立政「其勿以憸人」作「毋以譣人」、「在後之侗」作「在夏后之詷」、「黼裳」作「黼衣」，或取之説文，或取之大傳，而詭云石經以欺世。顧命漢石經「黼衣」誤謂「黼裳」之駮文。凡漢石經在隸釋外者，皆不可信。如楊慎引石經「斐斐彼有屋」，本諸玉篇，非見石經也。）馮登府云：「『扆』通『依』，明堂位：『天子負斧依。』釋文：『本作「扆」。』『依』亦作『衣』，學記：『不學博依。』注：『或爲「衣」。』『衣』即『依〔二〕』省也。」李富孫云：「説文：『衣，依也。』釋名訓同。『依』與『扆』通，故石經從省作『衣』。」「綴」作「贅」者，説見上。**牖間南嚮，敷重篾席黼純，華玉仍几，**篾，桃枝竹。白黑雜繒緣之。華，彩色，華玉以飾憑几。仍，因也，因生時，几不改作。此見羣臣、覲諸侯之坐。〇「牖間南嚮」三句，今文無徵，古文「篾」一作「莧」。書疏云王肅説四坐皆與孔同，此又僞傳出肅之一證也。〇「牖間南嚮」者，江云：「大戴盛德篇説明堂之制云『一室而有四户八牖』，考工匠人云『四傍兩夾窻』。牖間者，二牖之間，正當北户以屏風也。」段云：「『嚮』當作『鄉』，衛包改，下同。」案：司几筵注先鄭引此作「鄉」。〇「敷重篾席黼純」者，釋文引馬云：「篾，纖蒻。」書疏引鄭云：「篾，析竹之次青者。不用生時席，新鬼神之事故也。」「篾」一作「莧」者，説文：「莧，火不明也。从苜火，苜亦聲。周書曰：『布重莧席。』莧席，纖蒻席也。讀與『蔑』同。」段云：「此據壁書也，訓爲纖蒻，（「纖」作「織」者，譌。）則字當作『蔑』，而作『莧』者，假借也。」「四席，諸家説不同，讀者皆不得其意義。王肅云：『蔑席，纖蒻苹席。』蓋蒲席也，與馬、許説同。此合下文『厎席』爲言，厎席爲蒻苹，蔑席則蒻苹之纖細者，『蔑』訓『細』，方言：『木細枝謂之杪，江、淮、陳、楚之内謂之蔑。』郭

〔二〕「依」原誤作「衣」，據文義改。

注：『蔑，小皃。鷦鷯謂之蔑雀。』於此可知，經本作『蔑』，故諸家以『纖』説『蔑』，衛包因僞孔訓爲『桃枝竹』，改爲從竹之『篾』，陳鄂又依以改釋文。鄭云『蔑，析竹之次青者』，合下文『筍席』爲言。禮器疏引鄭注尚書云：『筍，析竹青皮也。』是析其最外之青皮爲席曰筍席，析其次青者爲席曰蔑席。鄭意『蔑』同禮注之『篾』字也。」先謙案：據説文，則古文尚書「敷」本作「布」。「黼純」者，釋器：「緣，謂之純。」以白黑采繒緣席邊。江云：「司几筵云：『王位設黼依，依前南鄉，設莞筵紛純，加藻席畫純，加次席黼純。』是王生存時，牖間之位，設三重席，席各異位異純，不用蔑席。今則重席，唯用蔑席黼純，上下不異，舉一反三，則下文三席皆非生時席可知矣。」○「華玉仍几」者，書疏引鄭云：「華玉，五色玉也。」司几筵云：「凡〔二〕吉事變几，凶事仍几。」先鄭云：「變几，變更其質，謂有飾。仍，因也，因其質，謂無飾也。」引此文。**西序東嚮，敷重底席綴純，文貝仍几。**東西廂謂之序。底，蒻苹。綴，雜彩。有文之貝飾几。此旦夕聽事之坐。○「西序東嚮」三句，今文無徵，「綴」當作「贅」。僞傳「旦夕聽事之坐」用鄭説。○「西序東嚮」者，書疏云：「此旦夕聽事之坐，鄭亦以爲然。」明鄭注如此。釋宫：「東西牆謂之序。」○「敷重底席綴純」者，書疏引鄭云：「底，致也，蔑纖致席也。」段云：「鄭意蒙上文『蔑席』爲言，蔑席之纖致者則謂之底席。致，今『緻』字。底，致也，比附字義以立説。玉篇：『⿱艹底，之履切。書曰：「敷重⿱艹底席。」孔安國曰：「⿱艹底，蒻苹也。」本作「底」。』案：此俗加草也。疏云禮注謂蒲席爲蒻苹，不言何篇禮注，考間傳鄭注：『苄，今之蒲苹也。』釋名：『蒲苹以蒲作之，其體平也。』『苹』本

〔二〕「凡」原誤作「几」，據周禮司几筵原文改。

當作『平』，俗加艸耳。今本釋名『苹』誤『草』。釋文引馬云：『厎，青蒲也。』說文：『蒻，蒲子可以爲平席也。世謂蒲平。』（今本無四字，御覽引有。）蒲子，猶云子蒲，謂蒲之稺脆者。」「綴純」者，江云：「以此上下文與周禮參之，則綴純當其繢純。司几筵有莞、繅、次、蒲、熊五席，又有葦席、萑席，凡七席。而純則惟紛、畫、黼、繢四者，此經有黼純、畫純、紛純，而無繢純，則綴純即繢純矣。」孫云：「大戴盛德篇云：『赤綴，户也。』盧氏注：『綴，飾也。』以爲畫飾，則與繢同。」「文貝仍几」者，文貝，貝之有文者，詳見般庚。**東序西嚮，敷重豐席畫純，雕玉仍几。**豐，莞。彩色爲畫。雕，刻鏤。此養國老、饗羣臣之坐。○「東序西嚮」三句，今文無徵。○「東序西嚮」者，文王世子云：「始之養也，適東序，釋奠于先老，遂設三老五更之席位焉。」特牲云：「祝命徹胙俎豆籩，設于東席下。」注云：「胙俎，主人之俎。設于東序下，將私燕也。」是東序爲養國老、燕羣臣之坐。○「敷重豐席畫純」者，書疏引鄭云：「豐席，刮凍（「湅」之誤。）竹席，以雲氣畫之爲緣。」段云：「湅，治也。刮湅亦合下筍爲言，筍席用竹外青皮而不刮治，豐席用竹外青皮而刮治，使浮筠色澤姘容可觀，故曰豐席。」江云：「鄭注三禮凡言畫者，輒以雲氣爲說，蓋古人〔二〕之畫有所取象者，若旌旗、服章、射侯之等，皆畫成物；其欲用文采而無所取象者，惟畫雲氣而已。」○「雕玉仍几」者，雕，琢文。釋器：「玉謂之彫。」又云：「彫謂之琢。」**西夾南嚮，敷重筍席玄紛純，漆仍几。**西廂夾室之前。筍，蒻竹。玄紛，黑綬。此親屬私宴之坐，故席几質飾。○「西夾南嚮」三句，今文無徵。○「西夾南嚮」者，江云：「明堂有五室四堂。中央太室，正室

〔二〕「人」原誤作「文」，據江聲尚書集注音疏原文改。

也；四隅之室，夾室也。四堂之正中皆曰太廟，夾室皆在其兩傍。明堂太廟，其南向正室也。西夾，其西偏室也。太室在四堂之中央，西夾則在南堂之西偏，是當太室之西南隅矣。」○「敷重筍席玄紛純」者，釋文：「筍，馬云：『箁箬也。』」說文「菩」下云：「竹箬也。」「箬」下云：「楚謂竹皮曰箬。」是馬以爲竹皮。禮器疏引鄭云：「筍，析竹青皮也。禮器：『如竹箭之有筍。』」段云：「今本『筍』作『筠』，聘義『孚尹旁達』鄭注：『孚，讀爲「浮」。尹，讀爲「竹箭有筍」之「筍」。浮筍，謂玉采色也。』釋文：『筍，又作「筠」。』古从旬从勻之字多通用。竹胎呼『筍』，竹青皮亦呼『筍』，後人別作『筠』，鄭時『筍』、『筠』不分。」「玄紛純」者，書疏引鄭云：「以玄組爲之緣。」司几筵鄭注：「紛如綬。」說文：「組，綬屬。」○「漆仍几」者，漆，說文作「桼」，云：「木汁可以髹物。象形。桼如水滴而下。」**越玉五重，陳寶，**於東西序坐北，列玉五重，又陳先王所寶之器物。○「越玉五重，陳寶」，今文無徵，古文「寶」一作「宲」。○「越玉五重，陳寶」者，釋文：「『越玉』，馬云：『越地所獻玉也。』」王鳴盛云：「據伊尹四方獻令，南方不產玉，馬說非。此一節總目下文。越，詞也。」江云：「玉，蓋王所服用者。考工記：『天子用全，上公用駹，侯用瓚，伯用埒。』禮家說曰：『全，純玉也。駹，四玉一石。瓚，三玉二石。埒，玉石半相埒也。』然則純玉，五玉也。玉重石輕，五玉，故曰五重。于是設玉五重。其所置之處未聞。」先謙案：王說較長。「陳寶」者，書疏引鄭云：「方有大事，以華國也。」天府：「凡國之玉鎮、大寶器藏焉。若有大祭、大喪，則出而陳之。」此將有朝諸侯之事，陳之以爲國華美也。「寶」一作「宲」者，說文：「宲，藏也。从宀杀聲。杀，古文『保』。周書曰：『陳宲，赤刀。』」段云：「史記一書『寶』字皆作『葆』，亦其證也。許據壁書，後人易以同音之『寶』字。」**赤刀、大訓、弘璧、琬琰，在西序。**寶刀赤刀削。大訓，虞書典謨。大璧、琬琰之珪爲二重。○「赤刀、大訓」二句，今文無徵。書疏云：「『大訓，虞書典謨』，王肅亦以爲然。」此又僞傳出肅之一證也。○「赤刀、大訓」云云者，書疏及天府疏引鄭云：「赤刀者，武王誅紂時刀，赤爲飾，周正色也。大訓者，謂禮法，先王德教，虞書典謨是也。大璧、琬琰，皆度尺二寸者。」案：諸家言周書克殷解「商辛自燔于火，武王以輕吕擊之」，周紀作「輕劍」，明是劍，非刀。先謙案：此蓋武王克商時常佩之刀，故傳爲世寶，非必誅紂用此刀，猶漢高祖斬蛇劍，亦未嘗加於秦、項之身也。江云：「禮法是先王之德教，所以垂訓後世者，故鄭以當此『大訓』，不專謂周先王之訓。往古帝王之典法皆在也。考工玉人云：『大琮十有二寸，宗后守之。』則王所世守之大璧，亦必尺二寸。琬圭、琰圭皆九寸，彼是王使之瑞節，此宗器，自然大於使節，故亦尺二寸也。」**大玉、夷玉、天球、河圖，在東序。**三玉爲三重。夷，常也。球，雍州所貢。河圖，八卦。伏犧王天下，龍馬出河，遂則其文以畫八卦，謂之河圖。及典謨，皆歷代傳寶之。○「大玉、夷玉、天球」，今文無徵。「河圖，在東序」，今文作「顓頊河圖，雒書，在東序」，「序」一作「杼」。○「大玉」云云者，釋文：「夷玉，馬云：『東夷之美玉。』球，馬云：『玉磬。』」書疏引鄭云：「大玉，華山之球也。夷玉，東北之珣玗琪也。天球，雍州所貢之玉，色如天者。三者皆璞〔一〕，未見琢治，故不以禮器名之。河圖，圖出於河水，帝王聖者所受。」江云：「華山之球，未詳。釋地：『東方之美者，有醫无閭之珣玗琪焉。』鄭言東北者，職方氏云：『東北曰幽州，其山鎮曰醫无閭。』是醫无閭實在東北也。說文：『醫无閭之珣玗琪，周書所謂夷玉也。』則鄭說有自來矣。」孫云：「天球色如天，蓋即蒼

〔一〕「璞」原誤作「樸」，據書疏改。

璧，未詳。」「河圖」者，漢書五行志云：「劉歆以爲伏羲氏繼天而王，受河圖，則而畫之，八卦是也。」鄭言「帝王聖者所受」者，禮運疏引握河紀云：「堯時受河圖，龍銜，赤文緑色。」握河紀又云：「舜受河圖，黄龍負卷出水。」廣博物志十四引尸子云：「禹理洪水，觀於河，見白面長人魚身，出曰：『吾河精也。』授禹河圖而還於淵中。」是不獨伏羲受之。案：墨子非攻篇：「天命文王，伐殷有國，泰顛來賓，河出緑圖。」宋書符瑞志：「周公旦攝政七年，與成王觀於河，沈璧。禮畢，榮光出河，青龍臨壇，銜〔二〕玄甲之圖，坐之而去。周公援筆寫之。」則周家世授河圖，尤宜爲祕寶也。今文云云者，班固典引云：「御東序之祕寶，以流其占。」蔡邕注：「東序，牆也。尚書曰：『顓頊河圖、雒書，在東序。』流，演也。河圖、（二字舊脱，據段説增。）雒書，皆存亡之事，尚覽之以演禍福之驗也。」段云：「此今文也。」「序」一作「杼」者，王儉褚淵碑：「餐東野之祕寶。」李善注：「雒書天准聽曰：『顓命云：「天球、河圖，在東杼。」』天球，寶器也。河圖，本紀圖帝王終始存亡之期。典引曰：『御東序之祕寶。』然『野』當爲『杼』，古『序』字也。」案：尚書大傳「天子賁庸，諸侯疏杼」鄭注：「『疏』亦『𢉩』也。」是「杼」爲「序」之假借。今文尚書蓋如此。大傳，今文；漢時緯書亦皆用今文。皮云：「典引『御東序』句下云：『夫圖書亮章，天哲也。』上言東序，下言圖書，是班氏以東序兼有圖書，確然可據。『顓頊河圖、雒書』蓋見緯侯，今緯書亡佚，不可考。蔡書石經，據小夏侯尚書，其注典引，亦當用小夏侯本。三家今文各異，故蔡注所引，與雒書天准聽鄭司農注不同。」**胤之舞衣，大貝、鼖鼓，在西房。**胤國所爲舞者之衣，皆中法。

〔二〕「銜」字原脱，據宋書符瑞志原文補。

大貝，如車渠。鼖鼓，長八尺，商、周傳寶之。西房，西夾室東。○「胤之舞衣」三句，今文無徵。○「胤之舞衣」云云者，胤爲此衣者之名，或即胤征之胤。僞傳「胤國」之謬，說詳虞夏書。「大貝」者，天府疏引鄭云：「書傳云『散宜生之江、淮之浦，取大貝如車渠』是也。鼖鼓，大鼓也。此鼖非謂考工記鼖鼓長八尺者，若是周物，何須獨寶守？明前代之物，與周鼖鼓同名耳。」案：釋文云：「車渠，車輞也。」散宜生事見殷傳，獻之紂，以免文王。蓋武王克紂，仍得之，以文王所賴以免禍，故寶之，使後世子孫無忘憂患也。說文：「房，室在傍也。」夾室皆在四堂之兩傍。淮南本經訓高注：「明堂四出，各有左右房，謂之个。」又以明堂左个爲東頭室，右个爲西頭室。是房、室、个可通稱。「在西房」者，在西夾之前，所謂明堂右个；「在東房」者，在東夾之前，即明堂之左个矣。蓋陳寶以爲國華，必於夾室之外，左右个之地，則入應門即見，故知不在室內，統於夾室言之，故曰在房也。

兑之戈、和之弓、垂之竹矢，在東房。兑、和，古之巧人。垂，舜共工。所爲皆中法，故亦傳寶之。東房，東廂夾室。○「兑之戈」四句，今文無徵。○「兑之戈」云云者，天府疏引鄭云：「胤也、兑也、（二字脱，依江增。）和也、垂也，皆古人造此物者之名。」

大輅在賓階面，綴輅在阼階面，大輅，玉。綴輅，金。面，前。皆南向。○「大輅在賓階面」，今文無徵。「綴輅在阼階面」，今文「綴」作「贅」。○「大輅在賓階面」者，段云：「古經傳無作『輅』者，當本作『路』，衛包改之。巾車、明堂位、禮器、郊特牲皆作『路』，儀禮注：『君所乘車曰路。』（此取「路，大也」之義。）釋名：『路，亦車也。謂之路者，言行於道路也。』（今本釋名俗改「輅」。）論語『乘殷之輅』亦俗字，當改。典路疏引鄭云：『大路，玉路。』大戴朝事篇：『乘大路，建大常十有二旒，樊纓十有二就。』巾車云：『王之五路：一曰玉輅，錫，樊纓十有再就，建大常十有二斿。』合證二文，大路即玉路。禮檀弓：『周人殯於西階之上，則猶賓之也。』西爲賓位，賓階即西階。」今文「綴」作「贅」者，典路先鄭注引顧命作「贅路在阼階面」，與今文合，疏引鄭云：「贅，次。次在玉路後，謂玉路之貳也。」大戴朝事篇：「天子乘大路，貳車十有二乘。」是玉路有貳也。檀弓：「夏后氏殯於東階之上，則猶在阼也。」是阼階即東階。

先輅在左塾之前，次輅在右塾之前。

先輅，象。次輅，木。金、玉、象皆以飾車，木則無飾。皆在路寢門內，左、右塾前，北面。凡所陳列，皆象成王生時華國之事，所以重顧命。○「先輅」二句，今文無徵。僞傳玉、金、象、木四輅義與王同，（引見下。）又僞傳出肅之一證也。○「先輅在左塾之前」者，典路疏引鄭云：「先路，象路。門側之堂謂之塾。謂在路門內之西，北面，與玉路相對。」云「先路，象路」者，江云：「巾車王之五路無先路之名，惟見此及郊特牲，鄭於郊特牲無解，而以此爲象路者，巾車云象路以朝，此經將有受朝之事，不容不陳象路。此凡四路，大路既是玉路，贅、次又是副貳之名，故推先路以爲象路，但巾車言『象路，朱，樊纓七就』，而郊特牲言『先路三就』，就數不同。而云『先路，象路』者，蓋郊特牲言『大路繁纓一就』，亦與巾車『玉路十有再就』不同，彼文所言，殷制，尚質故也。云『門側之室謂之塾』者，釋宮文。」孫云：「『塾，俗字，當爲『孰』，隸字譌羊爲土，或以『埻』字當之，未是。」「云『在路門內之西，北面，與玉路相對』者，門之內外皆有東西堂，皆謂之塾。門外之塾南向，門內之塾北向。此陳路於路寢之庭，則左右塾乃路門內之東西堂北向者矣，北向則西左東右，經言「左塾」是西堂，其直北當西階，玉路在西階前，南面。此先路在門內西堂之前，北面，則與玉路相對矣。」○「次路在右塾之前」者，典路疏引鄭云：「次路，象路之貳，與玉路之貳相對，在門內之東，北面。」書疏引鄭云：「綴、次是從後之言，二者皆爲副貳之車。不陳金路、革路、木路者，主於朝祀而已。」案：說文：「次，不前也。」對先而言，則爲副貳之名。云「與玉路之貳相對，在門内之東，北面」者，江云：「右塾是門内東堂，正當阼階之南。玉路之貳爲贅，在阼階前，南面。此次路在右塾之前，北面，則與玉路之貳相對矣。陳設之事，宜統於堂而南順，階前爲上，塾前爲下。今象路在左塾前，而阼階之前乃玉路之貳，則在西者皆正路，在東者皆貳車，是以西爲上矣。由殯在西堂，故統於殯而西上也。檀弓云：『周人殯于西階之上。』是殯在西堂也。」書疏引馬、王云：「不陳戎輅者，兵事非常，故不陳之。」是與僞傳同，以大路爲玉，綴路爲金，先路爲象，次路爲木，惟不陳革路。王鳴盛云：「鄭云『主於朝祀』，則革路以即戎，木路以田，不陳宜矣。金路以賓，與朝同，屬賓禮，而不陳者，既朝而將饗食，則陳金路迎賓。今喪中陳設，無取禮賓故也。」**二人雀弁，執惠，立于畢門之内。**士衛殯與在廟同，故雀韋弁。惠，三隅矛。路寢門一名畢門。○「二人雀弁，執惠」二句，今文無徵。「雀」當作「爵」。○「雀」當作「爵」者，書疏引鄭云：「赤黑曰雀，言如雀頭色也。雀弁制如冕，黑色，但無藻耳。」「雀」者，後人改之。江聲正作「爵」。白虎通紼冕篇：「爵弁者何謂也？其色如爵頭，周人宗廟士之冠也。禮郊特牲曰：『周弁。』士冠經曰：『周弁，殷冔，夏收。』爵何以知指謂其色？又乍言爵弁、乍但言弁。周之冠色所以爵何？爲周尚赤。所以不純赤，但如爵頭何？以本制冠者法天，天色玄者，不失其質，故周加赤。」獨斷云：「冕冠周曰爵弁，殷曰冔，夏曰收。皆以三十升漆布爲殼，廣八寸，長尺二寸，加爵冕其上。周黑而赤，如爵頭之色，前小後大。」釋名釋衣服云：「弁如兩手相合抃時也，以爵韋爲之，謂之爵弁。」據此，今文家説皆作「爵」。蔡、劉説異者，蓋爵弁有布、韋二種，凡兵事，韋弁。此執兵者，宜韋也。「執惠」者，鄭又云：「惠狀，蓋斜刃宜芟刈。」俞樾云：「『惠』爲兵器，必借字，非本字。説文『惠』篆下有重文『𢡟』，曰：『古文「惠」。』疑即『執惠』之本字，从㞢者，象三隅之形；从惠者，其聲也。蓋壁書作『𢡟』，孔安國以今文讀作『惠』。此經『惠』字，遂無得其本字者矣。」○「立于畢門之内」者，鄭司農閽人、朝士注並云：「路門一曰畢門。」金榜云：「康王受册命在祖廟。畢門者，祖廟門也。先儒以下經『王出，在應門之内』，因釋畢門爲路門，蓋失考。天子七廟，太祖廟居中，兩廂各有三廟，每廟之前，有南北隔牆，牆皆有閤門，見賈氏禮疏。祖廟以西凡有四閤門，司儀每門止一相，聘禮『每門，每曲揖』是也。入門者至祖廟門而終畢，故曰畢門。出則云廟門者，出入異詞。」**四人綦弁，執戈上刃，夾兩階戺。** 綦文鹿子皮弁，亦士。堂廉曰戺，士所立處。○「四人綦弁」三句，今文無徵。○「四人綦弁」者，孫云：「『綦』當作『綥』，説文：『帛蒼艾色。』新修增『綦』字，即『綥』别體也。」釋文：「綦，馬本作『騏』，云：『青黑色。』」書疏引鄭云：「青黑曰騏。詩曰：『我馬維騏。』」案：説文「騏」下云：「馬青驪，文如簙綦也。」驪是黑色，故云「青黑曰騏」，且引詩以證，謂騏弁之文如馬之騏文也。疏又引王肅云：「綦，赤黑色。」案：爵爲赤黑，則騏當爲青黑。馬、鄭本是，王説非。○「執戈上刃」者，書疏引鄭云：「戈即今之句孑戟。」司戈盾鄭注同。舉當時之名以曉人。劉云：「上刃，刃向前也。」○「夾兩階戺」者，廣雅釋室：「戺，砌也。」説文：「巸，古文戺，从户。」江云：「張衡西京賦：『設切厓隒。』吕向注：『厓隒，邊也。』『切』即『砌』字，謂堂廉直下厓也。夾兩階者二人，夾戺者二人。夾階則在兩階之外畔，一在西階之西，一在阼階之東，當前廉厓下相向立。夾戺則在戺之兩耑，夾堂厓而立，一立於東南堂隅之東，一立於西南堂隅之西，當前廉厓下之兩耑，蓋皆南向也。上下文立異處者，皆别言之，此夾階、夾戺各二人，亦應分異，經總言四人者，以其所服、所執同也。」**一人冕執劉，立于東堂。一人冕執鉞，立于西堂。** 冕，皆大夫也。劉，鉞屬。立於東西廂之前堂。○「一人冕執劉」四句，今文無徵。○「一人冕執劉」云云者，書疏引鄭云：

「劉，蓋今鑱斧。鉞，大斧。序内半以前曰堂。」説文：「鑱，鋭也。」「戉，大斧也。」「鉞，車鑾聲也。」二字絶殊。段云：「如經作『鉞』，則陸德明當云『説文作「戉」，大斧也』。今釋文云：『音越，説文云：「大斧也。」』無『作「戉」』二字，知大字本作『戉』，衛包以爲戉、鉞古今字而改之，陳鄂又改釋文也。」詩公劉疏引太公六韜云：「大阿斧重八斤，一名大戉。」鋭斧，其制未詳。云「序半以前曰堂」者，對「序半以後爲房室」言。**一人冕執戣，立于東垂。一人冕執瞿，立于西垂。**戣、瞿，皆戟屬。立于東西堂之階上。○「一人冕執戣」四句，今文無徵。○「一人冕執戣」云云者，書疏引鄭云：「戣、瞿，蓋今三鋒矛。」詩小戎：「厹矛鋈錞。」傳：「厹，三隅矛也。」鋒即隅，謂三稜。説文「戣」下云：「周書：侍臣『執戣，立于東垂』。兵也。从戈癸聲。」釋詁：「邊，垂也。」説文：「垂，遠邊也。」江云：「垂者，東西序外之堂廉也。堂基必累土爲之，築令平高，四面皆設石砌以爲厓隒，其東西序不盡東西廉之廣，序外皆有餘地，以容人往來。鄉射禮：『賓與大夫之弓倚于西序，矢在弓下北括，衆弓倚于堂西，矢在其上。』鄭注：『上，堂西廉。』言堂西廉，則是西序外之廉矣。其下文又云：『主人之弓矢在東序東。』則其上文『賓與大夫之弓倚于西序』者，在西序西之廉上矣。『衆弓倚于堂西』者，倚于廉下之厓，故矢在廉上也。是東西序外之廉上皆有餘地也。與此經東垂、西垂可以證合。」**一人冕執鋭，立于側階。**鋭，矛屬也。側階，北下立階上。○「一人冕執鋭」二句，今文無徵。○「一人冕執鋭」者，書疏引鄭云：「鋭，矛屬。凡此七兵，或施矜，或著柄。周禮，戈長六尺，其餘未聞長短之數。」説文「鋭」下云：「芒也。」「鈗」下云：「侍臣所執兵，从金允聲。周書曰：『冕，執鈗。』讀若『允』。」段云：「玉篇、廣韻無『鈗』字，有『鋭』字，皆云矛也。集韻、韻會、禮部韻略皆云：『鈗，矛屬。』則説文『鈗』字有無未可定。廣雅釋器説矛無『鈗』，似魏時説文尚無之，釋文亦不言説文作『鈗』，至張佖校漢書始引説文『鈗，侍臣所執兵』云云。集韻十三祭：『鈗，俞芮切。侍臣所執兵。或作「鏸」。』十四太：『鋭，徒外切，矛屬。或作「鈗」。』此合鈗、鋭爲一字，不免牽合。案：説文列字有次第，『金部』自鏡、鉹至鏝、鑽、鑪凡若干字皆器名。『錐，鋭也』，以音近爲訓，其下不當云『鋭，芒也』横梗於中，使鏝、鑽、鑪等字不貫。疑『鈗』本是『鋭』，『讀若「允」』本作『讀若「兑」』，其下或當有『一曰芒也』四字，後人以『鋭』譌爲『鈗』，遂分别移置。岳珂刊正九經沿革例云：『顧命「一人冕執脱」，「脱」實「鋭」字也。案：説文以爲兵器，注中釋爲「矛屬」，今只從衆作「鋭」。』玉裁玩岳氏語，所据説文亦作『鋭』，是宋時説文尚有善本存也。」先謙案：江、孫、王諸家據今本説文以爲「鋭」當作「鈗」，然段説具有原委，並非武斷，似不可駁。人情喜新，甯道「鋭」非，不言「鈗」誤。詳載段説，以質明者。○「立于側階」者，書疏引鄭云：「側階，東下階也。」江云：「鄭解『側』爲『傍側』，故以爲東下階，東階在傍也。雜記注以『側階』爲『傍階』，義與此同。案：側階，北下階也，在北堂之下。曰東垂，即東面階上已立執戣者，與立西垂執瞿者爲對，不應東垂多此一人，故知側階非東下階矣。士昏禮：『婦洗在北堂，直室東隅。』鄭注：『北堂，房中半以北。』是東房之北爲北堂也。大射儀：『工人士與梓人，升自北階。』是路寢有北階矣。燕禮及大射儀鄭注：『羞膳者從而東，由堂東升自北階，立于房中，西面南上。』則北階在東房之堂下可知矣。雜記：『三年之喪，則君夫人歸。夫人至，入自闈門，升自側階。』爾雅：『宮中之門謂之闈。』則是内寢之門，當在路寢之後，由闈門而升側階，則側階是北階矣。士冠禮『側尊一甒醴』鄭注：『側，猶特也。無偶曰側。』北堂惟東房有之，蓋東房無北壁，故有北堂。西房之北有壁，則不得有堂，無堂則無階矣。故北堂惟一階，取特一之義而云『側』，異於前堂之有兩階也。考工記匠人説夏后氏世室有九階，鄭注以爲『南面三，三面各二』，乃明堂之制。蓋夏之世室，殷之重屋，周之明堂，名異實同，皆非路寢。考工鄭注以重屋爲王寢，非也。路寢北堂實一階也。」

王麻冕黼裳，由賓階隮。王及羣臣皆吉服，用西階升，不敢當主。○「王麻冕黼裳」，今文與古文同。「由賓階隮」，今文無徵。○「王麻冕黼裳」者，論語子罕篇〔一〕：「麻冕，緇布冠也。古者績麻三十升布以爲之。」書疏引鄭云：「黼裳者，冕服有文者也。」案：周之冕服九章，黼當其第八，其等差，則自九章以至一章，凡五等，天子備有焉。據司服鄭注：「毳畫虎、蜼，宗彝也。其衣三章，裳二章，凡五也。」則此黼裳者，是毳冕之裳刺黼、黻二章者，是有文者也。此言有文，對下「蟻裳」、「彤裳」皆以色言無文也。今文同者，白虎通爵篇：「天子大斂之後稱王者，明民臣不可一日無君也。故尚書曰：『王麻冕黼裳。』此大斂之後也。」皮云：「成王以乙丑崩，自丙寅至壬申爲大斂之期，故書疏引鄭注以癸酉爲大斂之明日。『王麻冕』以下皆承『癸酉』之文，是稱王在大斂後。春秋繁露玉英篇：『天子三年，然後稱王，經禮也；有故則未三年而稱王，變禮也。』康王以子繼父，非有他故而稱王者，史臣之詞也。」以稱王爲史臣之詞，與白虎通說異。」又白虎通紼冕篇：「麻冕者何？周宗廟之冠也。禮曰：『周冕而祭。』十一月之時，陽氣俛仰黄泉之下，萬物被施，如冕前俛而後仰，故謂之冕也。冕所以用麻爲之者，女功之始，示不忘本也。即不忘本，不用皮何？皮乃太古未有禮文之服，故論語曰：『麻冕，禮也。』尚書曰：『王麻冕。』」皮云：「白虎通未分別吉凶之異，則以麻冕仍同吉

〔一〕「篇」下疑脱「注」字。下所引非論語子罕篇正文，乃論語子罕篇注文。

服。魏尚書奏王侯在喪襲爵云：『案周禮，天子、公卿、諸侯吉服皆玄冕朱裳，玄衣纁裳，有凶喪則變之麻冕黼裳。邦君麻冕蟻裳。云麻冕者，則素冕，麻不加采色。又變其裳，亦非純吉，亦不純凶。』說與白虎通不同，疑亦三家尚書異說也。」○「由賓階隮」者，隮，俗字，當爲「躋」。釋詁：「躋，升也。」曲禮：「踐阼臨祭祀，内事曰孝王某，外事曰嗣王某。」又文王世子云：「成王幼，不能莅阼，周公相，踐阼而治。」鄭注：「代成王履阼階，攝王位治天下。」是嗣位爲王乃得踐阼階。今升自西階，不由阼階，以未受顧命，未敢遽當王位也。又坊記：「子云：『升自客階，弔於賓位。』教民追孝也。」注：「謂反哭時也。既葬矣，猶不由阼階，不忍即父位也。」江云：「檀弓云：『周人殯于西階之上。』則西階上是殯前也，時將就殯前受顧命，則升自西階爲便矣。」**卿士、邦君，麻冕蟻裳，入即位。**公卿大夫及諸侯皆同服，亦廟中之禮。蟻，裳名，色玄。○「卿士、邦君」三句，今文無徵。僞傳「色玄」用鄭說。○「卿士、邦君，麻冕蟻裳，入即位」者，書疏引鄭云：「蟻謂色，玄也。即位者，卿西面，諸侯北面。」案：夏小正：「十有二月玄駒賁。玄駒也者，蟻也。」是蟻之色玄，裳色似之，故云蟻裳也。此改其裳，以示變。「入即位」者，殯宮在畢門内，皆入陪位也。卿西面，在中廷之東；邦君北面，在其南少東。不言升階，知皆位於廷也。**太保、太史、太宗，皆麻冕彤裳。**執事各異裳。彤，纁也。太宗，上宗，即宗伯也。○「太保」二句，今文無徵。○「太保、太史、太宗，皆麻冕彤裳」者，廣雅釋器：「彤，赤也。」士冠禮注：「凡染絳，一入謂之縓，再入謂之赬，三入謂之纁，絑則四入與？」纁淺於絑，故爲赤色，司服注「凡冕服皆玄衣纁裳」是也。**太保承介圭，上宗奉同瑁，由阼階隮。**大圭，尺二寸，天子守之，故奉以奠康王所位。同，爵名。瑁，所以冒諸侯圭，以齊瑞信，方四寸，邪刻之。用阼階升，由便不嫌。○「太保承介圭，上宗奉同瑁，由阼階隮」，古文也，今文「同」作「銅」。○「太保承介圭」者，説文：「承，奉也。」「承」與下「奉」同義。介，「价」之通省字。爾雅：「圭，大尺二寸謂之玠。」考工記：「鎮圭，尺有二寸，天子守之。」是玠圭即鎮圭也。「上宗奉同瑁」者，書疏引鄭云：「上宗猶大宗。變其文者，宗伯之長（當作「春官之長」。）大宗伯一人，與小宗伯二人，凡三人。使其上二人也，一人奉同，一人奉瑁。」案：此以同、瑁爲二物也。吳志虞翻傳注引翻别傳云：「鄭玄解尚書違失事四：以顧命康王執瑁，古『冃』字似『同』，（今本「同」作「冃」。）從誤作『同』，既不覺定，復訓爲『杯』。玉人職『天子執瑁以朝諸侯』，謂之酒杯，誤莫大焉。又馬融訓注亦以爲：『同者，大同天下。』今經益『金』就作『銅』字，詁訓言『天子副璽』。雖皆不得，猶愈於玄。」段云：「虞意『同』是『冃』之譌，欲命學官改『同』作『冃』。案：鄭訓『同』爲『杯』，則『奉同』、『受同』及以下『同』字如貫珠，若作『冃瑁』，則『三宿』、『三祭』、『三咤』者果爲何物？且以下『同』字不可皆更爲『冃』，如其説，『瑁』字已足，『冃』爲贅文。其謬甚矣！馬云：『同者，大同天下。』亦以同瑁爲一物，鄭覺其非，故更之也。」江云：「古『瑁』字作『珇』，見説文『玉部』，『冃』則别是一字，説文别有『冃部』，以『冃』爲古『瑁』字，非也。」今文「同」作「銅」者，白虎通爵篇：「王者既殯，而即繼體之位何？緣臣民之心不可一日無君也。故先王不可得見，則後君繼體矣。故尚書曰：『王再拜興對，乃受銅瑁。』明爲繼體君也。緣終始之義，一年不可有二君，故尚書曰：『王釋冕，喪服。』吉冕服受銅，稱王以接諸侯，明已繼體爲君也。釋冕、藏銅，反喪服，明未稱王以統事也。」段云：「作『銅』者，今文尚書，虞翻所謂『今經益「金」就作「銅」字』也。『今經』者，今文也；云『益「金」就作「銅」字，詁訓言「天子副璽」』者，謂伏生本亦作『同』，今文家説易爲『銅』字，訓爲副璽也。班固因今文作『銅』，故云受銅、藏銅，正謂天子副璽。通典引白虎通乃用古文改『銅』作『同』，非班意也。」陳云：「訓『銅』爲酒器，亦今文家說。何以驗之？王所受同，許、鄭均解爲爵名，自是圭瓚之器用銅爲之者，故三家今文或作『銅』也。考工記言大璋、中璋、邊璋之制，皆黃金勺，青金外。杜子春云：『勺謂酒尊勺也。』鄭云：『三璋之勺，形如圭瓚。』三璋之勺皆以黃金爲之，則圭瓚亦黃金爲勺可知。飲器以梓爲質，飾以金玉。此鬯瓚爲傳重之器，觀白虎通言『既事藏之』，則非祭祀常用之瓚，當必用銅爲之，取其永遠世守之意。觀商、周彝器，皆以銅爲之，金飾其外，可見。惟虞義别異，蓋據秦制天子玉璽，其副璽當用金，故爲此說。然以璽爲傳重之器，秦、漢以前無此說，未可據以解此經之銅瑁，不如許、鄭義長。」皮云：「大傳曰：『湯伐桀而歸于亳，三千諸侯大會，湯取天子之璽，置之於天子之坐左，復而再拜從諸侯之位。』此今文家說三代以前已以璽爲傳重之器之明證也。大傳又曰：『古者圭必有冒，言不敢專達之義也。天子執冒以朝諸侯。』白虎通瑞贄篇：『「瑁」之爲言冒也。上有所覆，下有所冒，義取覆天下，故爲大同也。』班以『瑁』爲天下大同，與馬注『大同天下』之説合，是馬云『大同天下』者亦即以『瑁』言之，惟馬作『同』與班作『銅』不合耳。馬以同瑁爲一物，即虞所本。特虞以爲經當作『上宗奉冃瑁』，言冃珪者瑁，以『冃』訓『瑁』，與馬小異，而以爲一物則同。故虞以爲馬猶愈鄭也。虞以訓『酒杯』爲鄭誤，則鄭前無訓『酒杯』者。陳以爲今文說，非也。」「由阼階隮」者，阼階惟君得升降，今太保、上宗由之，以所承奉爲天子重器，不敢褻也。**太史秉書，由賓階隮，御王，册命**太史持册書顧命進康王，故同階。○「太史秉書」三句，今文無徵。○「太史秉書」云云者，釋詁：「秉，執也。」書即顧命之册。書疏引鄭云：「御猶嚮也。王此時正立賓階上少東。太史東面，于殯西南而讀册書，以命王嗣位之事。」知此時立賓階少東者，以太史隨王升階，將由其西讀册，王當少東避之。知太史東面，於殯西南隅者，禮少儀云：「詔詞自右。」此以成王命詔王，當主殯之右故也。莊述祖云：「『御王』句，『册命曰』句。」當從之。**曰：「皇后憑玉几，道揚末命，命汝嗣訓，**册命之辭。大君，成王。言憑玉几所道稱揚終命，所以感動康王。命汝繼嗣其道，言任重，因以託戒。○「曰：『皇后憑玉几』」、「命汝嗣訓」，今文無徵，「憑」當作「馮」。「道揚末命」，今文與古文同。○「曰：『皇后憑玉几』」者，成王爲周朝守文繼體之君，故稱之曰「皇后」；「憑玉几」云云，即上文之事。孫以「皇后」爲指康王，憑玉几以聽命。案：此時康王恭聽册命，無憑几之理，且與下文「命汝」云云文義不貫，非是。段云：「『憑』當作『馮』」，衛包改。」「道揚末命」者，謂言説此臨終之命。禮大學注：「道，言也。」廣雅釋詁：「揚，説也。」古「道揚」連文，韓詩：「不可道也。」又：「不可揚（「詳」作「揚」。）也。」説云：「揚猶道也。」「末，終也。」今文同者，漢書叙傳「博陸堂堂，受遺武皇，擁毓孝昭，末命道揚」，漢蘇順和帝誄「彌留不豫，道揚末命」，是其證。「命汝嗣訓」者，持册書以詔王，則「嗣訓」是嗣守此册書之訓也。**臨君周邦，率循大卞，**用是道臨君周國，率羣臣循大法。○「臨君周邦」，僞古文也，古文作「君臨」；「率循大卞」，今文皆無徵。書疏引王肅云：「大卞，大法。」與僞傳合，此又僞傳出肅之一證也。○古文作「君臨」者，「臨君」文義不順，文選責躬詩李善注引書作「君臨」，賈公彦序周禮廢興引鄭周禮序曰：「斯道也，文、武所以綱紀周國，君臨天下。」是鄭本作「君臨」也。通典「天子敬父」晉何琦議亦作「君臨率土」。○「率循大卞」者，孫云：「士冠禮鄭注：『卞名出於槃。』『槃』與『般』通，廣雅釋詁：『般，任也。』」率循大卞，率循大任也。段云：「『卞』即『弁』，隸體之變，見於孔宙、孔龢、韓勑三碑。釋文：『卞，皮彦反。徐扶變反。』與上文『雀弁』音正同。似作釋文時，『雀弁』、『大卞』已分爲二，不始於開成石經也。九經字樣：『弁，今經典相承或作「卞」。』」**燮和天下，用荅揚**

文、武之光訓。」言用和道和天下，用對揚聖祖文、武之大教。叙成王意。○「燮和天下」二句，今文無徵，「荅」當作「對」。○「燮和天下」者，釋詁：「燮，和也。」今文「荅」作「對」者，據下文「興，荅」白虎通作「興，對」，此「荅揚」當作「對揚」，言命康王大和天下，以對揚文、武光顯之訓。

王再拜，興，荅曰：「眇眇予末小子，其能而亂四方，以敬忌天威？」言微微我淺末小子，其能如父祖治四方，以敬忌天威德乎？謙辭，託不能。○「王再拜，興，荅曰」，古文也，今文「荅」作「對」。「眇眇予末小子」，今文與古文同。「其能而亂四方，以敬忌天威」，今文無徵。○今文「荅」作「對」者，白虎通爵篇引書作「王再拜，興，對」。（見上。）凡古文「荅」字，今文皆作「對」，如雒誥「奉荅天命」大傳亦作「奉對」也。釋文：「興，起也。」今文同者，後漢明帝紀永平二年詔曰：「眇眇小子，屬當聖業。」班固幽通賦：「咨孤蒙之眇眇兮。」亦用今文，曹大家注：「眇眇，微也。」亂，治也。言我微末小子，其何能而治四方，以敬畏天威乎？謙詞。

乃受同瑁，王三宿，三祭，三咤。王受瑁爲主，受同以祭，禮成於三，故酌者實三爵於王，王三進爵，三祭酒，三奠爵，告已受羣臣所傳顧命。○「乃受同瑁」，古文也，今文「同」作「銅」。○「同」作「銅」者，白虎通爵篇引書作「乃受銅瑁」。（見上。）「乃受同瑁，王三宿，三祭，三咤」者，書疏引鄭云：「王既對神，則一手受同，一手受瑁。宿，肅也。卻行曰咤。王徐行前，三祭，又三卻，復本位。」案：少牢饋食禮「前宿一日，宿戒尸」鄭注：「『宿』讀爲『肅』。」釋詁：「肅，進也。」此以徐行前爲肅者，亦以「宿」爲肅進也。卻行曰咤，未詳。王鳴盛云：「小宰注：『及祭，用圭瓚秬鬯獻尸，尸受酒，不飲，但沃茅灌地。』今此權禮，非吉禮，未必有尸，故王代尸祭酒。傳以『宿』爲進爵，『咤』爲奠爵，則嫌文繁備禮，此喪中，不當如吉祭備禮，故鄭但以『宿』爲進、『咤』爲卻也。」釋文云：「咤，陟嫁反。亦作『宅』，又音妬，徐又音託，又豬夜反。說文作『詫』，丁故反。馬本作『詫』，與說文音義同。」段云：「說文：『詫，奠爵酒也。从宀託聲。周書曰：「王三宿，三祭，三詫。」』許蓋據壁書。馬作『詫』，字之誤也。僞孔作『咤』者，玉篇引：「周書曰：『王三宿，三祭，三詫。』孔安國曰：「王三進爵，三祭酒，三奠爵。」本或作「吒」。』是孔本亦作『詫』，而『咤』乃『吒』之誤也。其作『宅』者，別本也。釋爲奠爵，則有居義，故其字無妨作『宅』。」先謙案：據下文「祭，嚌，宅」，則此別本作「宅」是也。徐音殆故反，是今文「宅」亦作「度」，此處經文亦必作「度」也。江云：「『宿』當作『茜』，字或作『縮』，誤滑爲『宿』。說文：『禮祭，束茅加于裸圭，而灌鬯酒，是爲茜。』左傳齊桓公責楚『不貢包茅，王祭不共，無以縮酒』即其義也。」**上宗曰：「饗！」**祭必受福。讚王曰：「饗福酒！」○「上宗曰：『饗』」，今文無徵。○「上宗曰：『饗』」者，江云：「王不嚌酒，勸彊之使嚌，故曰：『饗！』士虞禮：『哀薦祫事，適爾皇祖某甫，饗。』鄭注：『勸彊之也。』鄭又注特牲饋食禮云：『饗，勸彊之也。』」劉云：「上宗告神饗也。」**太保受同，降，**受王所饗同，下堂反於篚。○「太保受同，降」，今文無徵。○「太保受同，降」者，王嚌酒後，以同授太保，太保受之，以降，實於篚。自「受同」以下五「同」字，今文當與古文同，若作「銅」，則王受之後，不應有太保受授兩次之文，亦不當更有「異銅」，故知今文亦必作「同」也。**盥，以異同，秉璋以酢，**太保以盥手洗異同，實酒秉璋以酢祭。半圭曰璋，臣所奉。王已祭，太保又祭。報祭曰酢。○「盥，以異同」云云者，盥，澡手也；「以異同」者，臣不敢襲君器，故別取同也。孫云：「璋者，璋瓚。祭統云：『君執圭瓚裸尸，大宗伯執璋瓚亞裸。』郊特牲云：『灌以圭璋。』知灌地之璋瓚，得單名璋也。詩棫樸箋：『祭祀之禮，王裸以圭瓚，諸臣助之，祼以璋瓚。」以圭璋爲柄杓，此太保秉璋，則上文王所用以祭之同或即圭瓚。「以酢」者，既獻則自酢也。司尊彝祠、禴、嘗、烝，追享，朝享，於六彝、六尊各用其二。其下輒云：「皆有罍，諸臣之所昨也。」注云：「『昨』讀爲『酢』，字之誤也。」諸臣獻者酌罍以自酢。」劉云：「成王未葬，不立尸，雖異於吉祭，亦必自酢。傳謂『報祭曰酢』，『酢』訓『報』，本爾雅，不得訓『報祭』也。」江云：「或曰：禮王制云：『喪，三年不祭，唯祭天地社稷爲越紼而行事。』曾子問篇：『曾子問曰：「天子嘗禘郊社五祀之祭，簠簋既陳，天子崩，后之喪，如之何？」孔子曰：「廢。」』今當喪而祭，毋乃非禮與？曰：否。先王之顧命，不可不傳，亦不可遲至踰年。其傳之也，比爵命諸侯事爲大，天子爵命諸侯，雖不當正祭，猶必特假於廟而告祭，豈傳顧命於嗣王而不可告祭新陟王乎？且祭於殯宮，特比朝夕饋奠禮有加，非入廟而行吉祭也。何言非禮邪？俗儒皆議，非通論也。」**授宗人同，拜，王荅拜。**宗人，小宗伯，佐大宗伯。大宗供王，宗人供太保。拜白已傳顧命，故授宗人同。拜，王荅拜，尊所受命。○「授宗人同，拜，王荅拜」，今文無徵。○「授宗人同，拜」者，「同」即上文之「異同」，「宗人」謂小宗伯。江云：「『上宗奉同瑁』鄭注以爲『春官之長大宗伯一人，小宗伯二人，凡三人，使其上二人，一人奉同，一人奉瑁』，此時有小宗伯一人，與大宗伯同在堂上，自當大宗伯贊王，小宗伯贊太保。且上言『上宗』，此變文言『宗人』，自是小宗伯矣。將拜，故授宗人同也。」「王荅拜」者，燕義云：「君舉旅于賓，及君所賜爵，皆降再拜稽首，升成拜，明臣禮也；君荅拜之，禮無不荅，明君上之禮也。」與此經證合。**太保受同，祭，嚌，**太保既拜而祭，既祭，受福，嚌至齒，則王亦至齒。王言「饗」，太保言「嚌」，互相備。○「太保受同，祭，嚌」，今文無徵。○「太保受同，祭，嚌」者，說文：「嚌，嘗也。从口齊聲。周書曰：『太保受同，祭，嚌。』」「受同」者，又自宗人受之。「祭」者，奠之地也。太保既亞祼，自酢，將飲福酒，復祭之地。「嚌」者，禮雜記：「小祥之祭，主人之醋也嚌之，衆賓兄弟則皆啐之；大祥，主人啐之，衆賓兄弟皆飲之可也。」鄭注：「嚌、啐皆嘗也。嚌至齒，啐入口。」是則嚌、啐有淺深之分。時成王崩，未踰旬，故太保但嚌之，不忍啐也。**宅，授宗人同，拜，王荅拜。**太保居其所，授宗人同，拜白成（當是「康」。）王以事畢，王荅拜，敬所白。○宅，古文也，今文作「度」。「授宗人同，拜，王荅拜」，今文無徵。○「宅」作「度」者，釋文：「宅，如字，馬同。徐殆故反。」段云：「按徐音，則『宅』同『度』。古宅、度二字通用，皆訓『居』。『宅』古音如鐸，亦音徒故反，集韻十一暮『度，或作「庑」、「宅」』，二十陌『宅，或作「度」』是也。」先謙案：上「三咤」釋文云：「咤，亦作『宅』。」明此「宅」與上文「咤」同義。古文如此。作「度」者，今文。其訓皆爲奠爵酒也。小宰云：「凡鬱鬯受祭之，啐之，奠之。」與此經「祭，嚌，宅」次第證合。「授宗人同，拜，王荅拜」者，太保授宗人同，以傳顧命，畢，王受顧命，亦畢，又荅拜之也。**太保降，收。**太保下堂，則王下可知。有司於此盡收徹。○「太保降，收」，今文無徵。○「太保降」者，江云：「太保降而出應門。不言出者，於下言『入』見之，省文也。」「收」者，江云：「蓋太史收册、宗人收同與？」先謙案：收者，蓋今文家云「藏銅」也。白虎通爵篇：「釋冕，藏銅，反喪。」（引見上。）藏銅之説，它處無文以應之，惟此「收」字爲合。釋冕、反喪，在朝見諸侯後，銅無所用，而於此時藏之也。**諸侯出廟門俟。**言諸侯，則卿士已下亦可知。殯之所處，故曰廟。待王後命。○「諸侯出廟門俟」，今文無徵。○「諸侯出廟門俟」者，諸侯，即上文卿士、邦君入即位者。畿外齊、衛二侯，餘皆畿内食采諸侯，非下文西方、東方諸侯也。「出廟門俟」者，此時事畢，出畢門，言廟門者，江云：「以殯宮爲廟，蓋尊先王之靈若神明也。」禮雜記：『至于廟門，不毀牆遂入，適所殯。』注：『廟，所殯宮。』是亦謂殯宮爲廟，與此經廟門同義。」王鳴盛云：「畢門即路門。出至路門外，則在應門内矣。此時太保、畢公以將率諸侯，故並出至應門外，餘人則皆序立以俟也。」皮云：「史記云：『成王乃命召公、畢公率諸侯以相太子而立之。成王既崩，二公率諸侯以太子釗見於先王廟。』據此，今文説以廟門即先王廟門。」劉云：「太保下堂，以堂下諸侯出畢門、應門、雉門而於文王廟以俟者，俟王受朝享也。古者朝享，皆受之於廟。周公宗祀文王爲文祖，文子文孫受終之禮，皆於是行焉。」金榜説見前。

尚書孔傳參正三十

康王之誥第二十五　周書　孔氏傳　臣王先謙參正

康王之誥求諸侯之見匡弼。○書序：「康王既尸天子，遂誥諸侯，作康王之誥。」周紀：「太子釗遂立，是爲康王。康王即位，徧告諸侯，宣告以文、武之業以申之，作康誥。」是史公所見康王之誥與顧命各自爲篇，書名少二字。僞孔書序云：「伏生康王之誥合於顧命。」書疏云：「伏生以此篇合於顧命，共爲一篇。馬、鄭、王本此篇自『高祖寡命』已上内於顧命之篇，『王若曰』以下始爲康王之誥。諸侯告王，王報誥諸侯，而使報、告異篇，失其義也。」此孔沖遠祖僞傳之言，以爲分篇勝於馬、鄭。釋文於「王若曰」下云：「馬本從此以下爲康王之誥。又云與顧命差異叙。歐陽、大小夏侯同爲顧命。」皮云：「史公雖從孔安國問故，所載多今文説。此引書序以康誥別爲篇，則史公所受伏生尚書不以康王之誥合於顧命，蓋伏生傳書二十九篇，有康王之誥而無太誓。史公云：『伏生獨得二十九篇。』亦當不數太誓。其後歐陽、夏侯三家併入太誓，遂與二十九篇之數不符，乃以康王之誥合於顧命。僞孔序詞不別白，因以三家本爲伏本耳。史公用今文説，以爲康王即位，徧告諸侯，亦當從『王若曰』以下分篇，與馬、鄭同。蓋馬以太誓爲僞，故用伏生、史公舊説仍以康王之誥別於顧命，而不數太誓也。今文尚書二十九篇，見於史記儒林傳、漢書藝文志、儒林傳、論衡正説篇甚詳，無二十八篇之説。但史公所謂二十九篇，當分顧命、康誥爲二篇數之。班固、王充所謂二十九篇，在三家增入太誓之後，當合顧命、康王之誥爲一篇數之。其後僞孔書出，別撰泰誓三篇，不數漢之太誓，又當顧命、康王之誥二篇合併之後，於是尚書止有二十八篇，而僞孔叢子及漢書劉歆傳臣瓚注遂有今文尚書二十八篇之説矣。僞孔雖分顧命、康王之誥爲二，而以『王出在應門之内』以下屬之康王之誥，欲示異於馬、鄭，而與史公説亦不合，其非伏生尚書之舊，斷然也。魏、晉間人見僞古文不數大誓，又見三家今文已合顧命、康王之誥爲一，乃以合爲一篇者爲伏生今文，而以『王出在應門之内』以下爲康王之誥者爲真古文。不知史公傳於伏生者，初不合爲一篇，馬、鄭古文亦不斷自『王出在應門之内』也。近儒皆知二十八篇之説爲不然，然猶未知二十九篇當分顧命、康王之誥爲二，乃以後出之太誓當之，不知太誓之文體近緯書，與二十九篇文體不類。周紀：『白魚躍入王舟中。』索隱：『此以下至火復王屋，皆見周書及今文太誓。』文選注引周書云：『武王將渡河，中流白魚入於王舟，王俯取出涘以祭。』藝文類聚引尚書中候説赤烏、白魚事，其文多同太誓，然則大傳、史記、董仲舒策所引蓋出逸周書及緯候之書。後出之太誓亦取逸周書、緯候爲之，而三家併入之伏生書中。若伏生大傳所載之文，雖與太誓文同，其所傳二十九篇，實不當有太誓也。又或以爲二十九篇不數太誓，當以百篇之序居其一。考漢書儒林傳：『張霸分析合二十九篇爲數十，又采左氏傳、書序爲作首尾。』則今文書序亦在二十九篇之外，是二説皆未爲塙也。惟據史公所引今文書序，分顧命、康王之誥爲二篇，以合伏生二十九篇之數，不數太誓與書序，則其詞直，而二十九篇之數亦足矣。」先謙案：劉逢禄以顧命、康王之誥爲異序同篇，與二典同，不如皮説之精實。

王出在應門之内。出畢門，立應門内之中庭，南面。○「王出在應門之内」，今文無徵。○「王出在應門之内」者，釋宫：「正門謂之應門。」郭注以爲朝門。王自殯宫出，畢門即路門，其内爲内朝，亦曰燕朝；路門之外、應門之内爲治朝，是正朝也。**太保率西方諸侯，入應門左；畢公率東方諸侯，入應門右，**二公爲二伯，各率其所掌諸侯，隨其方爲位，皆北面。○「太保率西方諸侯」四句，今文無徵。○「太保率西方諸侯」云云者，時畢公爲東伯代周公，東方諸侯應序在前，以畢公率之，官次於太保，故入門右也。**皆布乘黄朱。**諸侯皆陳四黄馬朱鬣以爲庭實。○「皆布乘黄朱」，古文也，今文作「黼黻衣黄朱紼」。○「皆布乘黄朱」者，廣雅釋詁：「布，列也。」四馬曰乘。詩干旄疏引鄭駁異義云：「尚書顧命『諸侯入應門，皆布乘黄朱』，言獻四黄馬朱鬣也。」「黼黻衣黄朱紼」者，白虎通紼冕篇：「紼者何謂也？紼者，蔽也，行以蔽前者爾。有事，因以别尊卑、彰有德也。天子朱紼，諸侯赤紼。詩曰：『朱紼斯皇，室家君王。』謂天子也。又云：『赤紼金舄，會同有繹。』又云：『赤紼在股。』皆謂諸侯也。書曰：『黼黻衣黄朱紼。』亦謂諸侯也。並見衣服之制，故遠别之。謂黄朱，亦赤矣。」（段云：「後二句當作『别於天子，謂之黄朱，黄朱亦赤矣』。」）

段云：「此今文也，古文『布乘黄朱』之異文。漢書韋孟傳孟諷諫詩：『黼衣朱黻。』正用今文。黼衣，謂畫黼於衣；『黻』同『市』，亦作『韍』，蔽膝也，假借作『紼』、『芾』、『茀』。朱黻與詩斯干〔二〕、易困卦訓同。顔注漢書云：『畫爲亞文，故謂之黻。』誤矣。毛傳於采芑曰『朱芾，黄朱芾也』，於斯干曰『芾者，天子純朱，諸侯黄朱』，説與今文尚書合。」**賓稱奉圭兼幣，曰：「一二臣衛，敢執壤奠。」**賓，諸侯也。舉奉圭兼幣之辭，言「一二」，見非一也；爲蕃衛，故曰「臣衛」。來朝而遇國喪，遂因見新王，敢執壤地所出而奠贄也。○「賓稱奉圭兼幣」三句，今文無徵。○「賓稱奉圭兼幣」者，賓即諸侯，大宗伯：「以賓禮親邦國。」稱者，舉其詞也。書疏引鄭云：「此幣圭以馬，蓋舉王者之後以言耳。諸侯當璧以帛，亦有庭實。」案：小行人：「合六幣：圭以馬，璋以皮，璧以帛，琮以錦，琥以繡，璜以黼。」鄭注：「六幣所以享也。五等諸侯享天子用璧，享后用琮，其大各如其瑞，皆有庭實，以馬若皮。皮，虎豹皮也。用圭璋者，二王之後也。二王後尊，故享用圭璋而持之。」上言「布乘」，此言「奉圭」，故知是二王之後杞、宋是也。此外諸侯，則當如覲禮所云「皆束帛加璧，庭實惟國所有」。大戴朝事篇：「奉國地所出重物，明臣職也。」不在圭、馬、璧、帛之内。○「曰：『一二臣衛，敢執壤奠』」者，「曰」者，釋詞也。外臣皆爲天子蕃衛，故稱臣衛。「壤奠」者，禮記鄭注：「奠，猶獻。」取其國土所産以獻也。書疏引鄭云：「此朝兼享禮也，與常禮不同。釋辭者一人，其餘奠幣，拜者稽首而已。」其時諸侯雖衆，其長一人釋辭，下「再拜稽首」言「皆」，則此不皆可知。曲禮鄭注：「諸侯春見曰朝，受贄于朝，受享于

〔二〕「干」原誤作「于」，據詩經斯干改。

廟。」則常禮朝而後享，二事不同時並行。今朝兼享禮，故云不同常禮也。**皆再拜稽首，王義嗣德，答拜。**諸侯拜送幣而首至地，盡禮也。康王以義繼先人明德，答其拜，受其幣。○「皆再拜稽首」，今文與古文同。「王義嗣德，答拜」，今文無徵。○今文同者，白虎通姓名篇：「人所以相拜者何？所以表情見意，屈節卑體，尊事之者也。拜之言服也，所以必再拜何？法陰陽也。尚書曰『再拜稽首』也，必稽首何？敬之至也。頭至地何以言首？首謂頭也。」○「王義嗣德，答拜」者，白虎通性情篇：「義者，宜也。」時王未嗣位，而於義宜繼先王之德。既當王位，故答拜也。春秋文九年：「春，毛伯來求金。」公羊傳：「何以不稱使？當喪未君也。踰年矣，何以謂之未君？即位矣，而未稱王也。未稱王，何以知其即位？以諸侯之踰年即位，亦知天子之踰年即位也。」時成王崩未踰年，康王實未嗣位，而於義宜嗣，故禮以義起也。左襄十四年傳：「君，義嗣也，誰敢奸君？」季札謂諸樊之言也。與此經意同。**太保暨芮伯咸進相揖，皆再拜稽首，**冢宰與司徒皆共羣臣諸侯並進陳戒。不言諸侯，以內見外。○「太保暨芮伯」二句，今文無徵。○「太保暨芮伯」云云者，江云：「公羊僖五年傳：『獻公揖荀息而進之。』何注：『以手通指曰揖。』此『咸進相揖』義同，引手相招，與俱前也。」**曰：「敢敬告天子，皇天改大邦殷之命，**大天改大國殷之王命。謂誅紂也。○「曰：『敢敬告天子』」二句，今文無徵。「邦」當作「國」。**惟周文、武，誕受羑若，克恤西土。**言文、武大受天道而順之，能憂我西土之民。本其所起。○「惟周文、武」三句，今文無徵。○「惟周文、武」云云者，釋文：「羑，馬云：『道也。』」說文：「羑，進善也。」釋言：「若，順也。」言文、武二王，大受天命而善順之，克撫恤西土，以開王業也。馬義未安，僞傳所本。**惟新陟王，畢協賞罰，戡定厥功，用敷遺後人休。**惟周家新升王位，當盡和天下賞罰，能定其功，用布遺後人之美。言施及子孫無窮。○「惟新陟王」、「戡定厥功，用敷遺後人休」，今文無徵。「畢協賞罰」，今文與古文同。○「惟新陟王」者，釋詁：「假、陟、登，陞也。」曲禮：「告喪曰『天王登假』。」是赴告之詞稱天子崩爲登假也。「陟」與「登假」義同，故稱成王曰新陟王，成王雖是生號，此時尚未議及死謚，但稱曰新陟王，猶後世稱大行皇帝也。「畢協賞罰」者，協，和也，言有所賞罰皆和協於衆心。今文同者，說苑政理篇：「夫誅賞者，所以別賢、不肖，而列有功與無功也。故誅賞不可以謬，誅賞謬則美惡亂矣。夫有功而不賞，則善不勸；有過而不誅，則惡不懼。善不勸、惡不懼，而能以行化乎天下者，未嘗聞也。書曰：『畢協賞罰。』此之謂也。」（段云：「周紀云：『畢力賞罰，以定其功。』大傳云：『書曰：「畢力賞罰，以定厥功。」』白虎通諫諍篇：『尚書曰：「畢力賞罰，以定厥功。」』此漢民間所得太誓之文，與此文相似而不可溷爲一。王應麟以爲漢儒所引異字，誤。」）○「戡定厥功」者，釋詁：「戡，克也。」言克定文、武之成功。「用敷遺後人休」者，說文：「敷，施也。从攴〔一〕專聲。周書曰：『用敷遺後人。』」（段云：「『敷』今作『敷』，乃隸變也，變寸爲方，筆勢相同，非從『方』，今俗誤。」）經言以施遺後人之休美。許書無「休」字，疑傳寫奪之。**今王敬之哉！**敬天道，務崇先人之美。○「今王敬之哉」，今文無徵。**張皇六師，無壞我高祖寡命。」**言當張大六師之衆，無壞我高德之祖寡有之教命。○「張皇六師」二句，今文無徵。○「張皇六師」云云者，詩傳：「皇，大也。」六師，六軍。夏官序官云：「萬有二千五百人爲軍，王六軍。」詩常武「整我六師」是也。小司徒：「五師爲軍。」是師、軍人數多寡不同，對文異，散文通

〔一〕「攴」原誤作「支」，據說文解字原文改。

耳。承平日久，則武備不修，人有玩志，而國不可保，故太保等首以此爲言。高祖，謂文王。魯語：「周人「祖文王而宗武王」，故稱文王爲高祖。「寡命」，與大雅「寡妻」、康誥「寡兄」同義。文王以百里起，克集大命，此乃寡有之命，言宜張大六師之聲力，以無敗壞我高祖文王寡有之大命也。自此以上，馬、鄭、王本皆内於顧命；自「王若曰」以下，爲康王之誥。（引見前。）皮云：「今文亦當爲顧命文。續漢禮儀志：『三公奏尚書顧命，太子即日即天子位于柩前。』據此，則今文説以『越七日癸酉』以下皆此一日之事，即國不可一日無君之義。不得如顧炎武説，以『狄設黼扆綴衣』爲異時事也。」

王若曰：「庶邦侯、甸、男、衛，順其戒而告之。不言羣臣，以外見内。〇「王若曰」二句，今文無徵。「邦」當作「國」，「男」當作「任」。〇「王若曰：『庶邦侯、甸、男、衛』」者，詩周頌譜疏引鄭云：「獨舉侯、甸、男、衛四服者，周公居攝六年制禮班度量，至此積三十年，再巡狩，餘六年，侯、甸、男、要服正朝，要服國遠，既事遣之，衛服前冬來，以王有疾留之。」案：鄭以不見要服，推求其故，而爲是説。江云：「當周之四月，於夏正爲春仲，要服國遠，蓋未至也。衛服諸侯往年來朝，容有往年國中多故，不得以時至，而於是來與？」王鳴盛云：「周都豐、鎬，四方道里不均，東方侯、甸亦遠，西方衛、要反近。周禮朝貢之歲不過言其大略，不必過泥。酒誥亦云『侯、甸、男、衛』，皆約舉之詞耳。」**惟予一人釗報誥，**報其戒。〇「惟予一人釗報誥」，今文無徵。〇「惟予一人釗報誥」者，曲禮疏云：「顧命成王殯未踰年稱『予一人』者，熊氏云：『天下不可一日無王故也。』今謂「予一人」者，以麻冕黼裳即位受顧命，從吉，故暫稱一人也。』」「報」者，宰夫鄭注：「復之言報也。」既稱「予一人」，又稱名者，循春秋嗣王在喪則書名之例。**昔君文、武，丕平富，不務咎，**言先君文、武道大政化平美，不務咎惡。〇「昔君文、武」三句，今文無徵。〇「昔君文、武」云云者，江云：「説文：『務，趣也。』『咎，災也。』言文、武大平富天下之民，使不趣於咎災，爲民除害。」**底至齊。**〇「底至齊」，今文無徵。〇「底至齊」者，釋文：「馬讀絶句。」釋詁：「底，止也。」釋言：「齊，中也。」言文、武爲君之道，止於至中。**信用昭明于天下，**致行至中信之道，用顯明于天下。言聖德洽。〇「信用昭明于天下」，今文無徵。〇「信用昭明于天下」者，信，誠也。文之光於四方，武之不失顯名，皆昭明於天下之證。**則亦有熊羆之士，不二心之臣，保乂王家，**言文、武既聖，則亦有勇猛如熊羆之士，忠一不二心之臣，共安治王家。〇「則亦有熊羆之士，不二心之臣，保乂王家」，古文也，今文「二」作「貳」。〇「二」作「貳」者，蔡邕司空文烈侯楊公碑：「總其熊羆之士，不貳心之臣，保乂帝家。」東鼎銘云：「保乂帝家。」夏勤策文云：「保乂皇家。」行文稍有竄易，皆足爲今、古文同之證。**用端命于上帝，皇天用訓厥道，付畀四方，**君聖臣良，用受端直之命於上天，大天用順其道，付與四方之國，王天下。〇「用端命于上帝」三句，今文無徵。〇「用端命于上帝」云云者，説文：「端，直也。」「直」猶「當」也，言皆足以當上帝之命。「訓」與「順」通，言皇天見我周君臣如此，用順於其道，而以中國盡四方付與之。**乃命建侯樹屏，在我後之人。**言文、武乃施政令，立諸侯樹以爲藩屏，傳王業在我後之人，謂子孫。〇「乃命建侯樹屏」二句，今文無徵。〇「乃命建侯樹屏」者，樹，立也。釋言：「屏，蔽也。」言武王命封建諸侯，樹立爲我周邦之屏蔽。「在我後之人」者，王念孫云：「在，謂相顧在也。吳語：『昔吳伯父不失，春秋必率諸侯以顧在余一人。』左襄二十六年傳：『衛獻公使讓太叔文子曰：「吾子獨不在寡人。」』即此『在』字之義。下文云『今予一二伯父尚胥暨顧』，亦謂相顧在也。」**今予一二伯父，尚胥暨顧，綏爾先公之臣服于先王。**天子稱同姓諸侯曰伯父。言今我一二伯父，庶幾相與顧念文、武之道，安汝先公之臣服於先王而法循之。○「今予一二伯父」三句，今文無徵。○「今予一二伯父」云云者，覲禮：「天子稱諸侯，同姓大國曰伯父，異姓曰伯舅；同姓小邦曰叔父，異姓曰叔舅。」釋詁：「胥，相。」「暨，與。」「綏，安也。」言一二伯父，庶幾相與顧在。孫云：「『綏』說文作『緌』，夏采：『以乘車建綏。』注：『綏，當爲「緌」。』釋詁：『緌，繼也。』」「綏爾先公之臣服于先王」爲一句，言繼爾先公之臣服于先王也。」**雖爾身在外，乃心罔不在王室。**言雖汝身在外土爲諸侯，汝心常當忠篤，無不在王室。「熊羆之士」勵朝臣，此督諸侯。○「雖爾身在外，乃心罔不在王室」，古文也，今文「罔」作「無」。○今文「罔」作「無」者，漢書谷永傳永對曰：「忠臣之於上，志在過厚，是故遠不違君〔一〕，死不忘國。經曰：『雖爾身在外，乃心無不在王室。』」後漢荀彧傳彧勸操曰：「雖禦難於外，乃心無不在王室。」皆今文作「無」之證。張酺傳肅宗詔報曰：「經云：『身雖在外，乃心不離王室。』」引用經文稍有改渻。**用奉恤厥若，無遺鞠子羞。**」當各用心奉憂其所行順道，無自荒怠，遺我稚子之羞辱。稚子，康王自謂也。○「用奉恤厥若」二句，今文無徵。○「用奉恤厥若」云云者，說文：「恤，收也。」釋詁：「若，善也。」言諸臣當一心王室，以奉收其善，猶言奉行善政，無遺稚子以羞辱也。釋言：「鞠，穉也。」穉子，猶言沖人、小子。

羣公既皆聽命，相揖趨出。已聽誥命，趨出罷退，諸侯歸國，朝臣就次。○「羣公」二句，今文無徵。○「羣公既皆聽命」云云者，書疏引鄭云：「羣公主謂諸侯與王之三公，諸侯亦在焉。」案：三公稱公，諸侯亦通稱之，又

〔一〕「君」原誤作「居」，據漢書谷永傳原文改。

時朝臣皆在，亦同趨出，故鄭以「羣公」爲統稱之詞。「相揖」與「咸進相揖」義同。**王釋冕，反喪服。**脱去黼冕，反服喪服，居倚廬。○「王釋冕，反喪服」，今文與古文同。○「王釋冕，反喪服」者，書疏引鄭云：「王釋冕，反喪服，朝臣、諸侯亦反喪服。禮喪服：『臣爲君，諸侯爲天子，皆斬衰。』」案：喪服篇：「斬衰裳，苴絰，杖，絞帶，冠繩纓，菅屨。其目首列父，其次諸侯爲天子，其次君。」鄭於此補言之。今文同者，白虎通爵篇引書：「王釋冕，喪服。」其下文又言：「釋冕，藏銅，反喪。」（引見上。「反喪」下無「服」字，通典引有「服」字。）明與古文不異也。

畢命第二十六　周書　孔氏傳　臣王先謙參正

畢命言畢公見命之書。○此梅氏古文之二十三。周紀：「康王命作策畢公分居里，成周郊，作畢命。」書序：「康王命作册畢分居里，成周郊，作畢命。」「分」上脱「公」字，辨見書序。

惟十有二年六月，庚午朏，康王即位十二年六月三日庚午。○惠云：「漢書律曆志：『康王十二年六月，戊辰朔，三日庚午，故畢命豐刑曰：「惟十有二年六月，庚午朏，王命作策書豐刑。」』梅賾襲其詞。」梅云：「蔡沈曰：『此僞作者傳聞舊語，得其年月，不得以下之詞妄言作豐刑耳。不知豐刑之言何所道也。』予謂蔡氏又何所據而知之哉？此東晉作僞畢命者，以豐刑之年月可以欺人而用之耳。」程云：「竹書紀年：『康王十二年夏六月壬申，王如豐，錫畢公命。』予案：周書紀年月者七篇：洪範、金縢、召誥、洛誥、多士、多方、顧命也。洪範紀『十有三祀』，重武王之訪道稱祀而不稱年，明武王不敢臣箕子也。金縢紀『克商二年』，言天下未定，不可無武王，此周公所爲，願以身代也。惟此二篇紀年，餘惟紀月。營洛之事大矣，成之終，康之始，尤大，而皆不紀年，蓋古人之書不屑屑於紀年如此也。畢命之作，不得大於營洛，今書但襲漢志所引之文，而不考書例，惑矣！」又云：「一畢命也，書序、漢志、竹書爲三，鄭又以爲有冊命霍侯之事，則畢命有四矣。洛邑爲周東都，成王、周公時曰『新邑』，曰『東土』，曰『東國洛』，不聞『成周』之名。其稱『成周』，蓋在平王東遷後。何則『成周』、『宗周』皆指周天子之居而言？（鎬京亦曰「成周」，衛世家「管叔欲攻成周」是也。洛邑亦曰「宗周」，孔悝鼎銘「即宮于宗周」是也。）洛邑雖曰東都，而其時周王未嘗居之，則不得曰『成周』也。觀書序屢以洛邑爲成周，則知其出於秦、漢之閒明矣。使畢命逸篇尚存，其真僞亦當以是辨之，而不在其他。又其可疑者，君陳序曰：『分正東郊成周。』此篇序又云『成周郊』，晚書分東郊、成周爲二，曰：『成周之衆，保釐東郊。』成周何地？東郊又何地邪？僞傳一則曰『成定東周郊境』，一則曰『安理治正成周東郊』，詞意愈以齟齬，鄭以命霍侯與序不相應爲非，豈知後世之書更有甚於此者。至漢志之畢命豐刑，本非序所云『分居里，成周郊』，據顧命，成王末年，畢公已領東方諸侯，於時東都甚重，蓋即以畢公治之，不待康王十二年始命。疑古書以他事命畢公，非爲成周也。晚書以其年月合之書序，使書序既失其書中之意，漢志復喪其豐刑之說，又與顧命相刺謬，謂可與伏書並行哉！」**越三日壬申，王朝步自宗周，至于豐。**於朏三日壬申，王朝行自宗周，至於豐。宗周，鎬京；豐，文王所都。○惠云：「竹書紀年：『康王十二年夏六月壬申，王如豐，錫畢公命。』召誥：『越六日乙未，王朝步自周，則至于豐。』」姚際恒云：「宅洛係大事，須告文王廟，故言『至于豐』，命畢公何必爾？且命君陳、畢公果至豐告廟，二人當一例。而獨畢命云然者，蓋因逸書畢命有『豐刑』二字，既不可解，故就用其『豐』字，傅會以爲至于豐，亦如今伊訓用逸書伊訓『方明』作『乃明』耳。」**以成周之衆，命畢公保釐東郊。**用成周之民衆，命畢公使安理治正成周東郊，令得所。**王若曰：「嗚呼父師，惟文王、武王敷大德于天下，用克受殷命。**王順其事歎告畢公，代周公爲大師，爲東伯，命之代君陳。言文、武布大德於天下，故天佑之，用能受殷王之命。○梅云：「『父師』，見微子。周稱太師、太保，無同殷稱『父師』者。顧命：『昔君文王、武王。』君奭：『惟時受有殷命哉。』」**惟周公左右先王，綏定厥家，**言周公助先王，安定其家。○梅云：「左襄十四年傳：『昔伯舅太公，右我先王。』詩：『克定厥家。』」**毖殷頑民，遷于洛邑，密邇王室，式化厥訓。**慎殷頑民，恐其叛亂，故徙於洛邑，密近王室，用化其教。○梅云：「洛誥：『伻來毖殷。』大誥：『天亦惟用勤毖我民。』書序：『成周既成，遷殷頑民。』」**既歷三紀，世變風移，四方無虞，予一人以寧。**言殷民遷周，已經三紀，世代民易，頑者漸化，四方無可度之事，我天子用安矣。十二年曰紀，父子曰世。○閻云：「或曰成王七年，周公留治洛，公薨，君陳繼之。君陳卒，乃命畢公，在康王十二年。逆數至成王七年，已四十有三年，非三紀也。予按：三統曆載周公攝政七年作召誥、洛誥，此七年，在武王崩後成王未立之先，故下載成王僅三十年。邵子皇極數始通以此七年繫成王下，爲三十七年，僞孔似誤讀三統曆之攝政七年，以爲在成王三十年内，成王七年作召誥、洛誥，三十年作顧命，凡二十四年，接以康王十二作畢命，正得三十六年，故曰『既歷三紀』。若使知攝政在外，既逾三紀，何難變其文以求合而敢與曆背馳哉？」**道有升降，政由俗革，不臧厥臧，民罔攸勸。**天道有上下交接之義，政教有用俗改更之理。民之俗善，以善養之；俗有不善，以法御之。若乃不善其善，則民無所勸慕。○梅云：「左襄二十九年傳叔向曰：『宋之樂其以宋升降乎？』禮檀弓：『道隆則從而隆，道污則從而污。』益之損之，與時宜之。」論語：『舉善則勸。』」**惟公懋德，克勤小物，弼亮四世，正色率下，罔不祗師言。**言公勉行德，能勤小物，輔佐文、武、成、康四世爲公卿，正色率下，下人無不敬仰師法。○梅云：「晉語知伯國曰：『夫君子能勤小物，故無大患。』韋注：『物，事也。』公羊傳：『孔父正色而立于朝。』」閻云：「畢公不得輔四世，僞古文誤會國語。」此條元闕，皮補云：「書疏曰：『晉語説文王之事云「詢于八虞，訪于辛尹，重之以周、召、畢、榮」，則畢公於文王之世已爲大臣，是「輔佐文、武、成、康四世爲公卿」也。』孔疏引晉語爲證，似亦可通。閻氏以爲誤會國語者，案左傳：『管、蔡、郕、霍、魯、衛、毛、聃、郜、雍、曹、滕、畢、原、酆、郇，文之昭也。』是畢公爲文王之子。太姒之子十人，依漢武梁祠象位次：伯邑考、武王發、周公旦、管叔鮮、蔡叔度、曹叔振鐸、成叔武、霍叔處、康叔封、冉季載。畢公不在内，是畢公爲文王庶子。文王以父詢訪於子，自因畢公之賢。然畢公雖賢，要不得爲文王輔相，賢如周、召。孟子云：『周公相武』，不云相文。召伯，甘棠之詩鄭康成以爲在武王時，非文王時。然則畢公在文王時，雖偶詢訪及之，究不得如孔傳云輔佐文爲公卿，亦不得如孔疏云畢公於文王之世已爲大臣也。故以爲誤會國語。」**嘉績多于先王，予小子垂拱仰成。**公之善功多大先人之美，我小子爲王，垂拱仰公成理。言其上顯父兄，下施子孫。○梅云：「左傳：『予嘉乃績。』淮南道應訓：『武王之佐五人。』許慎注：『謂周公、召公、太公、畢公、毛公也。』武王於五者不能一事也，然垂拱而受成功焉，善乘人之資也。」惠云：「愼子曰：『君逸樂而臣任勞，臣盡智力以善其事，而君無與焉，仰成而已。』」閻云：「漢書薛宣傳：

『馮翊垂拱蒙成。』後漢清河王慶傳：『仰恃明主，垂拱受成。』」

王曰：「嗚呼父師，今予祗命公以周公之事，往哉！今我敬命公以周公所爲之事，往爲之哉！言非周公所爲，不敢枉公往治。**旌別淑慝，表厥宅里，彰善癉惡，樹之風聲。**言當識別頑民之善惡，表異其居里，明其爲善，病其爲惡，立其善風，揚其善聲。○梅云：「禮緇衣：『有國者章善癉惡以示民厚。』又曰：『故君民者，章好以示民俗，慎惡以御民之淫。』表記：『彰人之善而美人之功。』左文六年傳君子曰：『並建聖哲，樹之風聲。』」**弗率訓典，殊厥井疆，俾克畏慕。**其不循教道之常，則殊其井居田界，使能畏爲惡之禍，慕爲善之福。所以沮勸。○梅云：「左文六年傳：『告之訓典。』」不用過行，弗率而用。」先謙案：表宅里、殊井疆，即本史記「分居里」意。**申畫郊圻，慎固封守，以康四海。**郊圻雖舊所規畫，當重分明之。又當謹慎堅固封疆之守備，以安四海。京圻安，則四海安矣。**政貴有恒，辭尚體要，不惟好異。**政以仁義爲常，辭以體實爲要，故貴尚之。若異於先王，君子所不好。**商俗靡靡，利口惟賢，餘風未殄，公其念哉！**紂以靡靡利口爲賢，覆亡國家。今殷民利口餘風未絶，公其念絶之。○惠云：「書疏云：『韓非子：「紂使師延作靡靡之樂。」』論語：『惡利口之覆邦家者。』」**我聞曰：『世禄之家，鮮克由禮，以蕩陵德，實悖天道。**特言我聞自古有之：世有禄位而無禮教，少不以放蕩陵邈有德者，如此實亂天道。○梅云：「孟子：『仕者世禄。』禮記：『隆禮由禮，謂之君子。』」**敝化奢麗，萬世同流。』**言敝俗相化，車服奢麗，雖相去萬世，若同一流。**茲殷庶士，席寵惟舊，怙侈滅義，服美于人，**此殷衆士，居寵日久，怙恃奢侈，以滅德義，服飾過制，美於其民。言僭上。○梅云：「左襄二十七年傳叔孫曰：『服美不稱，必以惡終。』」**驕淫矜侉，將由惡終。雖收放心，閑之惟艱。**言殷衆士驕恣過制，矜其所能，以自侉大，如此不變，將用惡自終。雖今順從周制，心未厭服，以禮閑禦其心惟難。○「惡終」，見上。王應麟云：「『雖收』二句，孟子求放心之說也。」**資富能訓，惟以永年，惟德惟義，時乃大訓，不由古訓，于何其訓？**」以富資而能順義，則惟可以長年命矣。惟有德義，是乃大順，若不用古訓典籍，於何其能順乎？○梅云：「蜀先主戒子：『惟德義可以服人。』」

王曰：「嗚呼父師，邦之安危，惟茲殷士，不剛不柔，厥德允修。言邦國所以安危，惟在和此殷士而已。治之不剛不柔，寬猛相濟，則其德政信修立。○程云：「詩商頌：『不剛不柔。』」惠云：「大司徒：『六德：智、仁、聖、義、忠、和。』鄭注：『和，不剛不柔。』僞孔『言邦國所以安危，惟在和此殷士而已』，此采鄭注而用其義。若蔡傳，則又郢書而燕説矣。」梅云：「多士篇末言『爾攸居』，至康王十二年，將四紀，不止三紀而已，猶以安危係之者，僞辭也。既言『世變風移』，又言『餘風未殄』，自相矛盾。周公面命之詞，但言紂之無道，自絶於天，未嘗言殷庶士無禮蔑義且驕淫矜侉，其亡無日。周公前此何故與言『非我小國，敢弋殷命』哉？周公當時以夏之後民比之，四紀之後，猶以『不由古訓』而謂之頑民何邪？」**惟周公克慎厥始，惟君陳克和厥中，惟公克成厥終。**周公遷殷頑民以消亂階，能慎其始；君陳弘周公之訓，能和其中；畢公闡二公之烈，能成其終。**三后協心，同厎于道，道洽政治，澤潤生民。**三君合心爲一，終始相成，同致于道，道至普洽，政化治理，其德澤惠施，乃浸潤生民。言三君之功，不可不尚。○惠云：「荀子臣道篇：『澤被生民。』班彪王命論：『流澤加於生民。』」先謙案：王命畢公而與周公等並稱曰「后」，不合。**四夷左衽，罔不咸賴，予小子永膺多福。**言東夷、西戎、南蠻、北狄被髮左衽之人，無不皆恃賴三君之德。我小子亦長受其多福。○惠云：「竹書紀年：『成王二十五年，王大會諸侯于東都，四夷來賓。』論語：『被髮左衽。』」**公其惟時成周建無窮之基，亦有無窮之聞。**公其惟以是成周之治，爲周家立無窮之基業，於公亦有無窮之名以聞於後世。○梅云：「漢書：『建不拔之基。』詩：『令聞不已。』」**子孫訓其成式惟乂。**言後世子孫，順公之成法惟以治。**嗚呼！罔曰弗克，惟既厥心。**人之爲政，無曰不能，惟在盡其心而已。**罔曰民寡，惟慎厥事。**無曰民少不足治也，惟在慎其政事，無敢輕之。**欽若先王成烈，以休于前政。」**敬順文、武成業，以美於前人之政。所以勉畢公。

君牙第二十七　周書　孔氏傳　臣王先謙參正

君牙命以其名，遂以名篇。○此梅氏古文之二十四。禮緇衣引作「君雅」，鄭注：「雅，書序作『牙』，假借字也。君雅，周穆王司徒作，尚書篇名也。」釋文：「君牙或作君雅。」是古文亦有作「雅」者。緇衣篇則據今文作「雅」。

王若曰：「嗚呼君牙，順其事而歎，稱其名而命之。**惟乃祖乃父，世篤忠貞，服勞王家，厥有**

成績，紀于太常。言汝父、祖，世厚忠貞，服事勤勞王家，其有成功，見紀録書于王之太常以表顯之。王之旌旗畫日月曰太常。○梅云：「盤庚：『乃祖乃父。』金縢：『昔公勤勞王家。』洛誥：『惟王有成績。』周禮司勳：『凡有功者，銘書于王之太常。』」惠云：「周書嘗麥解：『用大正順天思序，紀于大常。』『大常』今作『大帝』，乃知梅賾所據逸周書猶是善本。」**惟予小子，嗣守文、武、成、康遺緒，亦惟先正之臣，**（「正」一作「王」。）**克左右，亂四方。**惟我小子，繼守先王遺業，亦惟父、祖之臣能佐助我治四方。言己無所能。○梅云：「詩：『惟予小子。』顧命：『嗣守文、武大訓，其能而亂四方。』文侯之命：『亦惟先正克左右。』」惠云：「漢書谷永傳永疏引經云：『亦惟先正克左右。』師古曰：『周書君牙之詞也。』此誤記文侯之命爲君牙。」**心之憂危，若蹈虎尾，涉于春冰。**言祖業之大，己才之弱，故心懷危懼，虎尾畏噬，春冰畏陷，危懼之甚。○梅云：「易：『履虎尾。』詩：『如履薄冰。』」**今命爾予翼，作股肱心膂，**今命汝爲我輔翼股肱心體之臣，言委任。○梅云：「『予翼』見皋陶謨及周書。周語太子晉曰：『謂其能爲禹股肱心膂。』」**纘乃舊服，無忝祖考，弘敷五典，式和民則。**繼汝先祖故所服，忠勤無辱累祖考之道，大布五常之教，用和民，令有法則。○梅云：「左襄十四年傳：『劉定公賜齊侯命曰：「纂乃祖考，無忝乃舊。」』堯典：『敬敷五教。』」**爾身克正，罔敢弗正；民心罔中，惟爾之中。**言汝身能正，則下無敢不正；民心無中，從汝取中。必當正身示民以中正。○梅云：「論語：『子帥以正，孰敢不正？』」**夏暑雨，小民惟曰怨咨；**夏月暑雨，天之常道，小人惟曰怨歎咨嗟，言心無中也。○梅云：「緇衣：『君雅曰：「夏日暑雨，小民惟曰怨資。」』鄭注：『資，當爲「至」。齊、魯之語，聲之誤也。』」**冬祁寒，小民亦惟曰怨咨。**冬大寒，亦天之常道，民猶怨咨。○梅云：「緇衣：『冬祁寒，小民亦惟曰怨。』」**厥惟艱哉！思其艱以圖其易，民乃寧。**天不可怨，民猶怨嗟，治民其惟難哉！當思慮其難，以謀其易，民乃寧。○梅云：「老子：『圖難於其易。』漢書蕭何傳：『民以寧一。』」**嗚呼！丕顯哉，文王謨！**歎文王所謀大顯明。○惠云：「孟子：『書曰：「丕顯哉，文王謨！丕承哉，武王烈！佑啟我後人，咸以正無缺。」』」**丕承哉，武王烈！**言武王業美，大可承奉。○說見上。**啟佑我後人，咸以正罔缺。**文、武之謀業，大明可承奉，開助我後嗣，皆以正道無邪缺。○說見上。**爾惟敬明乃訓，用奉若于先王。**汝惟當敬明汝五教，用奉順於先王之道。○梅云：「詩：『敬明其德。』」**對揚文、武之光命，追配于前人。」**言當答揚文、武光明之命，君臣各追配於前令名之人。

王若曰：「君牙，乃惟由先正舊典時式，民之治亂在兹。汝惟當奉用先正之臣所行故事、舊典、文籍是法，民之治亂在此而已，用之則民治，廢之則民亂。**率乃祖考之攸行，昭乃辟之有乂。」**言當循汝父、祖之所行，明汝君之有治功。○梅云：「文侯之命：『用會紹乃辟。』」

冏命第二十八　周書　孔氏傳　臣王先謙參正

冏命以冏見命名篇。○此梅氏古文之二十五。周紀：「穆王即位，春秋已五十矣，王道衰微。穆王閔文、武之道缺，乃命伯臩申誡太僕國之政，作臩命。」漢書人表「伯臩」列上中第四等，顏注：「穆王太僕也。」

王應麟漢藝文志考證：「尚書大傳『冏命』爲『㷔命』。」是今文作「㷔」。説文「㷔」下云：「从夰臦。周書曰：『伯㷔。』」是許所據古文亦作「㷔」矣。書序：「穆王命伯冏爲周太僕正，作冏命。」與史記申誠太僕以國政異。閻云：「周禮『太馭』：中大夫，『掌馭玉路以祀』。其下有戎僕、齊僕、道僕、田僕，皆馭王車。太馭爲最尊。又有『太僕』，下大夫，『掌正王之服位，出入王之大命，掌諸侯之復逆。王出入則自左馭而前驅。』其佐有小臣、祭僕、御僕、隸僕。此等官以僕名，無預馭車之事。太僕所重在正服位，出入大命，與大馭不相涉也。僞書『出入起居，罔有不欽，發號施令，罔有不臧』，似太僕所掌，與書序合，其云：『命汝作大正，正于羣僕。』又云：『爾無昵于憸人，充耳目之官。』則官高職親，與王同車，又似大馭，非太僕所可當。僞孔蓋誤合周官兩職爲一，其書序傳云：『太僕長，大御，中大夫。』其自吐供招也。漢百官表：『太僕，秦官。』應劭注：『周穆王所置，蓋大御，衆僕之長，中大夫也。』豈非僞經、僞傳之所從出哉？」又云：「漢表太僕掌輿馬，以太僕專司出政，蓋自秦失之，秦官制多不師古固無足異，獨異周穆王朝命其臣爲太僕不本周官，而旁侵大馭職掌，下同秦制，爲可笑耳。」

王若曰：「伯冏，惟予弗克于德，嗣先人宅丕后，順其事以命伯冏。言我不能於道德繼先人居大君之位，人輕任重。**怵惕惟厲，中夜以興，思免厥愆。**言常悚懼惟危，夜半以起，思所以免其過悔。○惠云：「祭義：『必有怵惕之心。』七發：『惕惕怵怵，臥不得瞑。』」梅云：「秦誓：『則罔所愆。』」閻云：「孔疏：『「厲」

訓「危」也，即易稱「夕惕若厲」之義也。』予謂乾之九三『君子終日乾乾，夕惕若』句，『厲无咎』句，證以下文言『雖危无咎』，益驗句讀斷宜如此。三代以上，人必不誤讀『厲』字連上如王輔嗣輩可知。或問：誤果自輔嗣輩乎？予曰：張竦爲陳崇草奏曰：『終日乾乾，夕惕若厲。』淮南人間訓：『終日乾乾，以陽動也。夕惕若厲，以陰息也。』誤已見於此。」**昔在文、武，聰明齊聖，小大之臣，咸懷忠良。**聰明，視聽遠。齊，通無滯礙。臣雖官有尊卑，無不忠良。○惠云：「中庸：『聰明聖知。』詩：『人之齊聖。』」**其侍御僕從，罔匪正人。**雖給侍、進御、僕役、從官，官雖微，無不用中正之人。○梅云：「賈子：『左右前後，皆正人也。』」**以旦夕承弼厥辟，出入起居，罔有不欽。**小臣皆良，僕役皆正，以旦夕承輔其君，故君出入起居，無有不敬。○梅云：「盤庚：『罔有不欽。』」**發號施令，罔有不臧。下民祗若，萬邦咸休。**言文、武發號施令，無有不善。下民敬順其命，萬國皆美其化。○梅云：「詩：『何用不臧？』」**惟予一人無良，實賴左右前後有位之士，匡其不及。**惟我一人無善，實恃左右前後有職位之士，匡正其不及。言此責羣臣正己。○梅云：「禮記引太誓曰：『惟予小子無良。』顧命：『惟予一人釗報誥。』孟子：『左右前後皆薛居州也。』又見上賈子：『太傅匡其不及。』」**繩愆糾謬，格其非心，俾克紹先烈。**言侍左右之臣彌正過誤，檢其非妄之心，使能繼先王之功業。○梅云：「孟子：『惟大人爲能格君心之非。』」**今予命汝作大正，正于羣僕侍御之臣。**欲其教正羣僕，無敢佞僞。**懋乃后德，交修不逮。**言侍御之臣，無小大親疏，皆當勉汝君爲德，更代修進其所不及。○梅云：「楚語引衛武公曰：『朝夕以交戒我。』史老引武丁曰：『交修予無予弃也。』」**慎簡乃僚，無以巧言令色便辟側媚，其惟吉士。**當謹慎簡選汝僚屬侍臣，無得用巧言無實、令色無質、便辟足恭、側媚諂諛之人，其惟皆吉良正士。○梅云：「皋陶謨：『巧言令色。』論語：『友便辟。』立政：『庶常吉士。』又云：『其惟吉士。』」閻云：「唐永淳元年，魏玄同上言：『穆王命伯冏爲大僕正，命曰：「愼簡乃僚。」此自擇下吏之言也。大僕正，特中大夫，尚以僚屬委之，則三公九卿可知。故大宰、内史並掌爵禄廢置，司徒、司馬別掌興賢詔事。是分仕羣司，而統以數職。王命其大者，而自擇其小者也。』竟以僞古文爲真周官制，不知爵禄、予奪、生殺、廢置八者，人君馭世之大柄，冢宰勿敢專，告王以施之而已。至内史，第掌其副貳，爲考其當否，以將就匡救之，於辟除僚屬無與。而司徒所掌之興賢，則謂其賓興。司馬所掌之詔事，則謂其以能。皆無關辟屬。不知玄同所讀是何周禮也。」**僕臣正，厥后克正；僕臣諛，厥后自聖。**言僕臣皆正，則其君乃能正；僕臣諂諛，則其君乃自謂聖。○梅云：「詩：『具曰予聖。』」**后德惟臣，不德惟臣。**君之有德，惟臣成之；君之無德，惟臣誤之。言君所行善惡專在左右。**爾無昵于憸人，充耳目之官，迪上以非先王之典。**汝無親近於憸利小子之人，充備侍從在視聽之官，道君上以非先王之法。○梅云：「立政：『國則罔有立政用憸人，繼自今立政，其勿以憸人。』」惠云：「『耳目』見皋陶謨。」**非人其吉，惟貨其吉。**若非人其實吉良，惟以貨財配其吉良，以求入於僕侍之臣，汝當清審。**若時，瘝厥官。**若用是行貨之人，則病其官職。**惟爾大弗克祗厥辟，惟予汝辜。」**用行貨之人，則惟汝大不能敬其君，惟我則亦以此罪汝。言不忠也。○梅云：「『越尹人祗辟』，又曰：『惟民自速辜。』」**王曰：「嗚呼欽哉！永弼乃后于彝憲。」**歎而勑之，使敬用所言，當長輔汝君於常法。此穆王庶幾欲蹈行常法。

尚書孔傳參正三十一

呂刑第二十九　周書　孔氏傳　臣王先謙參正

呂刑 後爲甫侯，故或稱甫刑。○書序：「呂命穆王訓夏贖刑，作呂刑。」周紀：「甫侯言於王，作修刑辟。」引書末云：「命曰甫刑。」明古文作「呂」，今文作「甫」。云「作修刑辟」者，史記匈奴傳：「周道衰，而穆王伐犬戎，得四白狼、四白鹿以歸，自是之後，荒服不至。於是周遂作甫刑之辟。」辟，法也。修刑之辟，猶言甫刑之辟也。大傳云：「甫刑可以觀誡。」鹽鐵論詔聖篇御史曰：「故姦萌而甫刑作。」皆今文作「甫」之證。漢書刑法志作「甫侯」，而人表作「呂侯」，匈奴傳作「呂刑」，蓋後人妄改。馬、鄭古文書序列費誓後，今文不可考。「呂」作「甫」者，書疏云：「揚之水：『不與我戍甫。』明子孫改封爲甫侯。然穆王時未有甫名而稱爲甫刑者，後人以子孫之國號名之，猶叔虞封唐，子孫封晉，而史記稱晉世家。」案：詩崧高傳：「堯時姜氏掌四岳之祀，述諸侯之職，於周則有甫、有申、有齊、有許。」則甫侯四岳之後。周語：「胙四嶽國，命爲侯伯，賜姓曰姜，氏曰有呂。」則呂是其氏，甫是其國。今文作「甫」爲長。

惟呂命王：「享國百年，耄荒，言呂侯見命爲卿，時穆王以享國百年，耄亂荒忽。穆王即位過四十矣，言百年，大其〔二〕雖老而能用賢以揚名。○「惟呂命王：『享國百年』」，古文也，今文「呂」作「甫」，「享」當作「饗」。「耄荒」，今文與古文同，「耄」一作「眊」，古文一作「旄」。○「惟呂命王」者，孫星衍、皮錫瑞皆如此讀，今從之。書序：「呂命穆王。」史記：「甫侯言于王。」是今、古文讀同。禮緇衣鄭注：「傳說作書以命高宗。」同此義也。史記集解引鄭云：「書說：周穆王以甫侯爲相。」所引書說，書緯刑德放文。書疏引鄭云：「呂侯受王命，入爲三公。」大傳云：「天子三公：司徒公、司馬公、司空公。」鄭注：「一公兼二卿，舉下以爲稱。」是呂侯於六卿爲司寇，於三公爲司空公也。論衡非韓篇：「周穆王之世可謂衰矣，任刑治政，亂而無功。甫侯諫之，穆王存德，享國久長，功傳於世。夫穆王之世，始亂終治，非知昏於前，才妙於後也；前任蚩尤之刑，後用甫侯之言也。」與史記匈奴傳證合。（引見上。）○「享國百年」者，論衡氣壽篇：「傳稱老子二百餘歲，邵公百八十，高宗享國百年，周穆王享國百年。並未享國之時，皆出百三十四十歲矣。」此用今文尚書無逸、甫刑也。以連老子、召公言之，故云「傳稱」。案：周紀：「穆王即位，春秋已五十矣。」又云：「周穆王立五十五年崩。」以百年爲壽數，與王充說異。史記此文，與無逸「高宗饗國五十五年」之文，豈參用古文說？抑後人改之與？「享」當作「饗」者，石經毋劮與史記載毋佚文，「享國」字皆作「饗」，此亦當同。○「耄荒」

〔二〕「其」原誤作「期」，今據書疏及阮元校勘記改。

者，樂記鄭注同。釋文：「耄，本亦作『薹』。」段云：「此説文『薹』字之譌。」今文同者，楊雄廷尉箴：「穆王耄荒，甫侯伊謀。五刑訓天，周以阜基。」「訓」與「順」通，謂順天道以制刑也。又法言云：「周穆王少不好學，至於耄長。」據此，今文亦作「耄荒」。「耄」一作「眊」者，漢書刑法志：「周道既衰，穆王眊荒。」古眊、耄通用。武紀：「哀夫老眊。」平紀：「眊悼之人。」彭宣傳：「年齒老眊。」皆以「眊」爲「耄」，是其證。説文：「眊，目少精也。周書『耄』字如此。」（「周」誤「虞」，「如」誤「從」，依段説訂正。）許所據，不知何本，而與今文相合。古文一作「旄」者，大司寇鄭注引書作「旄荒」，隸古定本同。孫云：「詩傳：『荒，治也。』言耄而治事。」先謙案：論衡云「始亂終治」也。**度作刑，以詰四方。」**度時世所宜，訓作贖刑，以治天下四方之民。○「度作刑，以詰四方」，「刑」一作「詳刑」。今文「度」作「度時」。○「度作刑，以詰四方」者，度，量度也。釋文：「度，馬如字，云：『法度也。』」似非。一作「詳刑」者，大宰鄭注引書曰：「度作詳刑，以詰四方。」大司寇注引同。疏云：「量度詳審之刑也。」「詰」者，大宰：「刑典以詰邦國。」注以「詰」爲「禁」。大司寇：「佐王刑邦國，詰四方。」注以「詰」爲「謹」。「布憲以詰四方邦國」注同。「謹」亦「禁」意也。王應麟困學紀聞：「『費誓』，説文作『粊誓』，史記作『肸』，大傳作『鮮』。（句。）『度作刑，以詰四方』，周禮注云『度作詳刑，以詰四方』。」惠棟誤連「鮮度」爲句，江聲、孫星衍俱從之，非也。「詰」亦「誥」之字誤，諸書無作「誥」之本。今文「度」作「度時」者，漢書刑法志云：「命甫侯度時作刑，以詰四方。」後漢紀崔寔論世事云：「昔盤庚遷都，以易殷民之弊；周穆改刑，以正天下之失。」正「度時作刑」之義。

王曰：「若古有訓，蚩尤惟始作亂，延及於平民。順古有遺訓，言蚩尤造始作亂，惡化相易，延及於平善之人。九黎之君號曰蚩尤。○「王曰：『若古有訓，蚩尤惟始作亂』」，今文無徵。「延及于平民」，今文與古文同。僞傳「蚩尤」用馬說。○「王曰：『若古有訓』」云云者，若，詞也，言古有遺訓如此。「蚩尤惟始作亂」者，釋文引馬云：「少昊之末九黎君名。」書疏引鄭云：「蚩尤霸天下，黄帝所伐者。學蚩尤爲此者，九黎之君，在少昊之代也。」案：史記五帝紀：「神農氏世衰，諸侯相侵伐，暴虐百姓，而神農氏弗能征。於是軒轅乃習用干戈，以征不享，諸侯咸來賓從。而蚩尤最爲暴，莫能伐。」又曰：「蚩尤作亂，不用帝命。於是黄帝乃徵師諸侯，與蚩尤戰於涿鹿之野，遂禽殺蚩尤。」楚語：「昔少昊之衰也，九黎亂德。」與蚩尤在神農末不同，故鄭與馬異也。「延及於平民」者，釋詁：「延，引也。」延及，謂連引相及。平民，即齊民。詩箋：「平，齊等也。」今文同者，後漢和帝紀「貪苛慘毒，延及平民」是其證。

罔不寇賊，鴟義姦宄，奪攘矯虔。平民化之，無不相寇賊，爲鴟梟之義，以相奪攘，矯稱上命，若固有之。亂之甚。○「罔不寇賊，鴟義姦宄，奪攘矯虔」，古文也，今文「鴟」作「消」，「奪」作「敚」，「矯」作「撟」。○「罔不寇賊，鴟義姦宄」者，釋文引馬云：「鴟，輕也。」書疏引鄭云：「盜賊狀如鴟梟，鈔掠良善，劫奪人。」王念孫云：「古俄、義同聲，或訓『義』爲『仁義』字，非也。鴟者，冒没輕儳；義者，傾邪反側也。說文：『俄，行頃也。』詩箋：『俄，頃貌。』廣雅釋詁：『俄，衺也。』」古書「義」字多作「不善」解，引詳多方、立政兩「義民」下。司刑疏引「姦宄」作「姦軌」，併引鄭注。蓋鄭本一作「軌」。「鴟」作「消」者，潛夫論述赦篇：「古者唯始受命之君，承大亂之極，被前人之惡，其民乃並爲敵讎，罔不寇賊，消義姦宄奪攘，以革命受祚，爲之父母，故得一赦。」是今文「鴟義」作「消義」。孫云：「廣雅釋詁：『消，滅也。』『消義姦軌』或解爲滅義善而干軌法也。」「奪」作「敚」，「矯」作「撟」者，大傳云：「降畔、寇賊、劫略、敚攘、矯虔者，其刑死。」明今文作「敚」。漢書武紀元狩六年詔曰：「撟虔吏因乘勢以侵蒸庶。」孟康注：「虔，固也。撟稱上命以貨賄用爲固。尚書曰：『敚攘撟虔。』」韋昭注：「凡稱詐曰撟，强取曰虔。」據孟引，則「矯」當作「撟」，大傳作「矯」，蓋淺人改之。方言：「秦、晉之北鄙，燕之北郊，翟縣之郊，謂賊爲虔。」（今小説家斥女人曰「虔婆」，即「賊婆」也。俗語猶存古義。）司刑疏引鄭云：「有因而盜曰攘。撟虔謂撓擾。春秋傳：『虔劉我邊陲。』謂劫奪人物以相撓擾也。」亦从手作「撟」。

苗民弗用靈，制以刑，惟作五虐之刑曰法，三苗之君，習蚩尤之惡，不用善化民，而制以重刑，惟爲五虐之刑，自謂得法。蚩尤，黄帝所滅；三苗，帝堯所誅。言異世而同惡。○「苗民弗用靈，制以刑，惟作五虐之刑曰法」，古文也，今文「弗用靈」作「匪用命」。○「匪用命」者，禮緇衣引甫刑云：「『苗民匪用命，制以刑，惟作五虐之刑曰法。』是以民有惡德，而遂絶其世也。」鄭注：「甫刑，尚書篇名。匪，非也。命，謂政令也。高辛氏之末，諸侯有三苗者作亂，其治民不用政令，專制御之以嚴刑，乃作五虐蚩尤之刑，以是爲法。於是民皆惡起倍畔也，三苗由此見滅，無後世。由不任德。」疏引鄭注呂刑云：「苗民謂九黎之君也。九黎之君於少昊氏衰而棄善道，上效蚩尤重刑，必變九黎。言苗民者，有苗，九黎之後。顓頊代少昊，誅九黎，分流其子孫，居於西裔者爲三苗。至高辛氏衰，又復九黎之君惡。堯興，又誅之。堯末，又在朝。舜時，又竄之。禹攝位，又在洞庭逆命，禹又誅之。穆王深惡此族三生凶惡，故著其氏而謂之民。民者，冥也，言未見仁道。」段云：「注『民有惡德』，即『泯泯棼棼，以覆詛盟』也；『遂絶其世』，即『罔有馨香』也。墨子尚同篇：『昔者聖王制爲五刑以治天下，逮至有苗之制五刑以亂天下，則此豈刑不善哉？用刑則不善也。是以先王之書呂刑道之曰：「苗民否用練，折則刑，唯作五殺之刑曰法。」則此言善用刑者以治民，不善用刑者以爲五殺。』案：墨子云呂刑，古文也；緇衣云甫刑，今文也。靈、練雙聲，依墨子上下文觀之，『練』亦訓『善』，與僞孔同。緇衣作『命』者，古靈、令通用，皆訓『善』。『令』之爲『命』字之歧誤也。折、制古通用。」皮云：「楊雄廷尉箴：『昔在蚩尤，爰作淫刑，延於苗民，夏氏不寧。』雄蓋用今文說，以爲作淫刑之苗民即是蚩尤。『夏氏不寧』，蓋謂夏后氏以苗民作淫刑，爲之不寧，乃制贖刑易之。書序：『訓夏贖刑。』謂穆王順夏后贖刑之義以制罰也。論衡以苗民之刑爲蚩尤之刑，民興胥漸爲蚩尤之民，亦與雄義同。蓋今文說以蚩尤、苗民爲一，非如鄭義以爲苗民效蚩尤。然則緇衣所云『苗民匪用命』，即史記云『蚩尤不用帝命』也。古謂天爲帝。趙岐注孟子引『帝清問下民』，以帝爲天。『不用帝命』，蓋謂不用天命。今文作『匪用命』，其義亦當如是，不必傅合古文『靈』字，以『命』爲『令』之誤，如段說也。鄭以『命』爲政令，亦古文說，與今文不同。論語魯讀『折』爲『制』，魯論是今文，此今文作『制』、古文作『折』之證，故緇衣引甫刑作『制』，墨子引呂刑作『折』也。鄭解『苗民』爲穆王惡之而謂之民，亦非古義。繁露三代改制質文篇：『聖王生則稱天子，崩遷則存爲三王，絀滅則爲五帝，下至附庸，絀爲九皇，下極其爲民。』先、後鄭注周禮皆有『九皇六十四民』之文，賈疏云：『並是上古無名號之君。』然則民乃上古之君名，非謂無仁道也。如鄭言，詩言『民之初生』、『厥初生民』，豈亦惡之而謂之民乎！」俞樾云：「禮坊記『先民有言』鄭注：『先民，謂上古之君也。』三苗之君謂之『苗民』，正合『先民』之義。鄭於此曲爲之說，非也。召誥：『相古先民有夏。』豈亦惡之與？」先謙案：皮、俞說是。鄭云「命」爲「令」誤，是也。苗之時，其民弗用令者，制御之以嚴刑，文義大順。靈、令通用，故「令」又作「靈」矣。

殺戮無辜，爰始淫爲劓、刵、椓、黥，三苗之主，頑凶若民，敢行虐刑，以殺戮無罪，於是始大爲截人耳鼻、椓陰、黥面，以加無辜，故曰「五虐」。○「殺戮無辜」，今文無徵。「爰始淫爲劓、刵、椓、黥」，古文也，今文作「臏、宫、割、劓、頭庶剠」。○「殺戮無辜，爰始淫爲劓、刵、椓、黥」者，管子内業篇注：「淫，進貌也。」又云：「淫淫，增進貌。」淫乃增進之義。殺戮，五刑之一；其不殺者，始爲劓、刵、椓、黥四刑。此苗民制刑之次第也。蓋苗民嗜殺，其後變而從輕，乃增有劓、刵、椓、黥四刑耳。書疏引鄭云：「刵，斷耳；劓，截鼻；椓，謂椓破陰；黥，謂羈黥人面。苗民大爲此四刑者，言其特深刻，異於皋陶之爲。」王鳴盛云：「下文墨、劓、剕、宫、大辟五刑，據鄭堯典、司刑等注，謂虞、夏及周皆用之，苗民之刑，略與之同，但皋陶用當其罪，而民不犯；苗民用罰深刻，特異於皋陶耳。非謂皋陶竟不用刑也。」説文：「斀，去陰之刑也。从攴〔二〕蜀聲。周書曰：『刖、劓、斀、黥。』」段云：「此皆先『刵』後『劓』。正義卷二引鄭本『劓、刵、斀、剠』，則先『劓』後『刵』，與僞孔同。鄭本『黥』作『剠』。説文『斀』从攴不从刀爲異。斀，今本作『椓』，衛包所改，開寶併釋文改之。」今文作「臏、宫、割、劓、頭庶剠」者，虞書疏云：「夏侯、歐陽等書『劓、刵、斀、黥』云『臏、宫、劓、割、頭庶剠』。」王引之云：「『宫、劓、割』當作『宫、割、劓』。御覽刑法部宫割下引尚書刑德放曰：『宫者，女子淫亂，執置宫中，不得出。割者，丈夫淫，割其勢也。』此引訓釋甫刑之詞。蓋宫、割皆淫刑，『割』在『宫』下，故書緯隨『宫』字解之，若在『劓』下，則與『宫』字不屬，不得如此訓釋矣。白虎通説五刑曰：『割、宫在其中刑者也。』『割、宫』當爲『宫、割』，亦本甫刑也。其下文曰：『宫者，女子淫，執置宫中，不得出也。（此下當有「割者」二字。）丈夫淫，割去其勢也。』先『宫』後『割』，亦依甫刑『宫、割』之文而解之也。列女傳貞順篇：

〔二〕「攴」原誤作「支」，據説文解字原文改。

「士、庶人外淫者宮、割。」文王世子鄭注：「宮、割、臏、墨、劓、刖，皆以刀鋸刺割人體也。」又曰：「宮、割，淫刑也。」又孝經注：「科條三千，謂劓、墨、宮、割、臏、大辟。男女不以禮交者宮、割。」皆本甫刑也。或曰：安知經文不作『劓、宮、割』乎？曰：不然。大傳曰：「決關梁、踰城郭而略盜者，其刑臏。男女不以義交者，其刑宮。觸易君命，革輿服制度，姦軌盜攘傷人者，其刑劓。」亦即依甫刑『臏、宮、割、劓』之文爲先後之次。是『臏』字在『宮、割』上，『劓』字在『宮、割』下，大傳不言『割』者，言『宮』可以統『割』，故甫刑前言『宮、割』，後則但言『宮辟』、『宮罰』也。王氏尚書後案云：「『臏、宮、劓、割頭、庶剠』者，臏即刵，割頭即大辟，庶剠即墨。庶，煮也。秋官庶氏以藥物熏攻毒蟲，故以名官。彼注『庶』讀如『藥煮』之『煮』。司刑注：『墨，黥也。先割其面，以墨窒之。』言刻額爲瘡，以墨塞瘡孔，令變色。則墨須煮，故云『庶剠』也。」案：王氏不知『割』在『宮』下，誤以『割頭』二字連讀，其說『庶』義，尤穿鑿。考御覽刑法部黥下引尚書刑德放曰：『涿鹿者，笮人顙也。黥者，馬羈笮人面也。』又引鄭注曰：『涿鹿、黥，皆先以刀笮傷人，墨布其中，故後世謂之刀墨之民也。』然則墨刑在面謂之黥，在額謂之涿鹿。『涿』古讀若『獨』。涿鹿，疊韻字也。『頭庶剠』即涿鹿黥。頭、涿古同聲，『庶』即『鹿』之譌耳。」先謙案：王說是。夏侯、歐陽等書之「臏、宮、割、劓、頭庶剠」即說文之刖、劓、斀、黥也。「臏」即「刖」，「宮割」即「斀」，「頭庶剠」即「黥」，「劓」則今、古文同。與上之殺戮，合爲五刑。若以「割頭」爲大辟，則與殺戮複矣。康誥「劓刵人」，「刵」是「刖」誤，今、古文皆當作「刖」。（詳前。）此經據說文「刵」作「刖」，方與夏侯等書之「臏」今、古文兩相證合，自不應別有作「刵」之本。書疏引鄭注有「刵，斷耳」之語，豈鄭有異本？抑後人竄改之與？

越兹麗刑，并制，罔差有辭。苗民於此施刑，并制無罪，無差有直辭者。言淫濫。○「越兹麗刑，并制，罔差有辭」，今文無徵。○「越茲麗刑，并制，罔差有辭」者，詩正月疏引鄭云：「越，于也。茲，此也。麗，施也。于此施刑，并制其無罪者。」案：「越」同「粵」。粵，于；茲，此，並釋詁文。麗，施，廣雅釋詁文。言於此施刑，并爲定制，雖有情辭可解免者，亦罔有差減。言刻深至極。**民興胥漸，泯泯棼棼，罔中于信，以覆詛盟。**三苗之民，瀆於亂政，起相漸化，泯泯爲亂，棼棼同惡，皆無中于信義，以反背詛盟之約。○「民興胥漸」，古文也，今文「胥」作「犯」。「泯泯棼棼」，今文作「湎湎紛紛」。「罔中于信，以覆詛盟」，今文無徵。○「民興胥漸」者，猶言民起相詐。王引之云：「漸，詐也。言小民方興，相爲詐欺，故下文云『罔中于信』也。莊子胠篋篇：『知詐漸毒。』荀子不苟篇：『小人知則攫盜而漸。』議兵篇：『招近募選，隆埶詐，尚功利，是漸之也。』正論篇：『上幽險則下漸詐矣。』皆其證。」今文「胥」作「犯」者，大傳唐傳云：「唐、虞象刑，而民不敢犯；苗民用刑，而民興犯漸。」「犯漸」者，亦言興詐以犯上也。○「泯泯棼棼」者，段云：「泯，徐音民。案：韓詩載芟『民民其麃』，常武『民民翼翼』，云民民，衆貌。徐音所本。棼棼，亂貌。左傳：『治絲而棼之。』周書祭公解：『汝無泯泯芬芬。』與此『棼』同。」「湎湎紛紛」者，漢書敘傳：「風流民化，湎湎紛紛。」論衡寒温篇：「前世用刑者，蚩尤、亡秦甚矣。蚩尤之民，湎湎紛紛；亡秦之民，赤衣比肩。」是以苗民即蚩尤也。○「罔中于信，以覆詛盟」者，俞樾云：「釋詞：『于，猶越也；越，猶與也。』『罔中于信』，無中與信也。中、忠字通。大司樂『中、和、祇、庸、孝、友』鄭注：『中，猶忠也。』此『中』字亦當爲『忠』，言三苗之民無忠信也。」案：詩傳：「覆，反也。」詛，詛祝。盟，誓。盟人無忠信，雖詛盟，不足恃，未有不反覆者。**虐威，庶戮方告無辜于上。上帝監民，罔有馨香德，刑發聞惟腥。**三苗虐政作威，衆被戮者方方各告無罪於天，天視苗民無有馨香之行，其所以爲德刑，發聞惟乃腥臭。〇「虐威，庶戮方告無辜于上」，古文也，今文作「庶僇旁告無辜于天帝」。「上帝監民，罔有馨香德，刑發聞惟腥」，今文無徵。〇今文云云者，論衡變動篇：「甫刑曰：『庶僇旁告無辜于天帝。』此言蚩尤之民被冤，旁告無罪於上天也。」亦以苗民爲蚩尤，無「虐威」二字，蓋今文本無。僇、戮同。古文作「方」者，今文多作「旁」，方、旁皆溥徧意。「天帝」與「上」義同。釋詁：「監，視也。」上帝監視苗民，罔有馨香之德上聞，惟刑之發聞腥薉耳。酒誥「弗惟德馨香祀登聞于天」，是此經「罔有馨香德」之所本。諸家訓「德」爲「升」，非。**皇帝哀矜庶戮之不辜，報虐以威，遏絶苗民，無世在下。**皇帝，帝堯也。哀矜衆被戮者之不辜，乃報爲虐者以威，誅遏絶苗民，使無世位在下國也。〇「皇帝哀矜庶戮之不辜」，古文也，今文無「皇」字。「報虐以威，遏絶苗民」，今文與古文同，「以」一作「用」。「無世在下」，今文無徵。〇今文無「皇」字者，困學紀聞云：「『皇帝』始見於吕刑。」趙岐注孟子引甫刑：「帝清問下民。」無「皇」字。案：王氏未知有「皇」字者，古文；無「皇」字者，今文也。此「皇帝」當同趙注謂帝爲天，此經今文說亦當訓「帝」作「天」，以爲天絶蚩尤矣。「報虐以威」者，漢書叙傳述酷吏云：「報虐以威，殃亦凶終。」顔注：「尚書吕刑曰：『皇帝哀矜庶戮之不辜，報虐以威。』言哀閔不辜之人横被殺戮，乃報答爲虐者以威而誅絶也。」「以」一作「用」者，論衡譴告篇：「周繆王任刑，甫刑篇曰：『報虐用威。』威虐皆惡也，用惡報惡，亂莫甚焉。」段云：「此今文説也。謂蚩尤報虐用威，而皇帝哀矜之也。」皮云：「『以』與『用』同義，故今文亦作『用』。蓋以此承『庶僇不辜』言之。用惡報惡，即淫刑之事，非謂帝報淫刑之虐以誅絶之威也。叙傳意亦當然，『報虐以威』，指酷吏之虐威，『殃亦凶終』，言其後受殃之事。顔注蓋非班旨。用惡報惡乃苗民之事，王充以爲周繆王任刑者，論衡非韓篇：『繆王任蚩尤之刑。』今文説以爲苗民即蚩尤，故以爲苗民之刑即周繆王所任之刑也。」先謙案：趙注訓「帝」爲「天」，則「報虐以威」乃謂天降誅絶之威，以報苗民虐待庶僇之罪，非用惡報惡之謂也。今文説各家不同，就趙注推之，似較王説爲長。「遏絶苗民」者，衆經音義引倉頡篇云：「遏，遮也。」言遮絶竄滅之也。今文同者，揚雄梁州牧箴云：「帝有桀、紂，湎沈頗僻，遏絶苗民，滅夏、殷績。」皮云：「此文雖同，然借用苗民爲梁州之苗，借古時遏絶苗民以言桀、紂時梁州聲教中絶，非今文本義。」「無世在下」者，言不令嗣世在下土。**乃命重、黎，絶地天通，罔有降格。**重即羲，黎即和。堯命羲、和世掌天地四時之官，使人神不擾，各得其序，是謂「絶地天通」，言天神無有降地，地祇不至於天，明不相干。○「乃命重、黎」三句，今文無徵。○「乃命重、黎」云云者，重、黎，顓頊時司天地官名。楚語：「昭王問於觀射父曰：『周書所謂重、黎，實使天地不通者，何也？若無然，民將能登天乎？』對曰：『非此之謂也。少昊之衰也，九黎亂德，民神雜糅，不可方物。夫人作享，家爲巫史，無有要質。民匱于祀，而不知其福。烝享無度，民神同位。民瀆齊盟，無有嚴威。神狎民則，不蠲其爲。嘉生不降，無物以享。禍災薦臻，莫盡其氣。顓頊受之，乃命南正重司天以屬神，命火正黎司地以屬民，使復舊常，無相侵瀆。是謂絶地天通。其後三苗復九黎之德，堯復育重、黎之後，不忘舊者，使復典之，以至于夏、商，故重、黎氏世叙天地，而别其分主者也。』」潛夫論志姓氏篇引其文。張衡應閒云：「重、黎又相顓頊而申理之，日月即次，則重、黎之爲也。」春秋文燿鉤云：「高辛受命，重、黎説天文。」以重、黎爲高辛時人。韋昭國語注：「顓頊、高辛氏作絶地天通，絶地民與天神相通之道也。」此即據春秋緯以重、黎爲顓頊、高辛兩朝人。法言重黎篇：「羲近重，和近黎。」是今文説不以重、黎爲羲、和也。「罔有降格」者，絶其相通之道，無有升降。「格」同「假」，釋詁：「升也。」**羣后之逮在下，明**

明棐常，鰥寡無蓋。羣后諸侯之逮在下國，皆以明明大道輔行常法，故使鰥寡得所，無有掩蓋。○「羣后之逮在下」三句，今文無徵。○「羣后之逮在下」云云者，釋言：「逮，遏也。」周禮禁殺戮：「掌遏訟者。」先鄭注：「遏，止獄訟者也。」釋詁：「棐，輔也。」「明明」義與堯典同。言顓頊時諸侯遏止在下之獄訟，皆顯明其明德之人輔行常典，故雖鰥寡，無有掩蓋不伸者。墨子尚賢中引「羣后之肆在下，明明不常，鰥寡不蓋」十四字，在「有辭有苗」下，「德威維威」上。江聲據以移易經文。又據書疏引鄭云「皇帝哀矜庶戮之不辜」至「罔有降格」皆說顓頊之事，「乃命重、黎」即是命重、黎之身，非義、和也，「皇帝清問」以下乃說堯事，顓頊與堯再誅苗民，故上言「遏絶苗民」，下云「有辭於苗」，異代別時，非一事也。是鄭本「降格」下即接「皇帝清問」云云，與墨子合；訓「肆」爲「陳」，「明明」爲「察」，讀「棐」爲「匪」，「言堯當除有苗之刑，先審問下民，皆有辭說，訟有苗之罪，且曰羣后之所陳在下，明其言之有徵也。帝明察匪常，周悉民隱，鰥寡之人，無有掩蓋不上達者。」段云：「果爾，釋文、正義不應無一字道及。正義隱括鄭注之語，不應拘泥。且墨子捃摭不同，又不應據子改經也。」

皇帝清問下民，鰥寡有辭于苗。帝堯詳問民患，皆有辭怨於苗民。○「皇帝清問下民」，古文也，今文無「皇」字。「鰥寡有辭於苗」，今文無徵。○「皇帝清問下民」云云者，釋文：「『清問』，馬云：『清訊。』」書疏云「帝堯清審詳問下民」是也。據表記，「皇帝」謂舜。今文無「皇」字者，趙岐孟子注引甫刑曰：「帝清問下民。」謂帝爲天，云天不能問民。（今本注疏俗增「皇」字，困學紀聞引趙注及曲阜孔氏所刻孟子善本皆無。）此今文甫刑無「皇」字。墨子引呂刑「皇帝清問下民，鰥寡有辭于苗」，此古文呂刑，有「皇」字。魏志鍾繇傳繇上肉刑疏引書「皇帝清問下民，鰥寡有辭于苗」用古文也。「辭」者，怨痛之詞。墨子「于」作「有」，「苗」下有「曰」字。

德威惟畏，德明惟明。言堯監苗民之見怨，則又增修其德。行威則民畏服，明賢則德明人，所以無能名焉。○「德威惟畏，德明惟明」，今、古文「畏」作「威」。○今文「畏」作「威」者，禮表記引甫刑曰：「『德威惟威，德明惟明。』非虞帝其孰能如此乎？」云「甫刑」，則今文也。古文作「威」者，墨子引呂刑二句「惟」作「維」、「畏」作「威」，云「呂刑」，則古文也。段云：「『威』改『畏』者，皆唐以前不通訓詁者所爲，與皋陶謨『明畏』、『明威』正同。表記釋文『惟威』讀者亦依尚書音畏，則知不始於衛包也。」先謙案：據上引書甫刑作「惟」、呂刑作「維」，是今、古文「惟」、「維」不定，與予禹貢說證合。表記鄭注：「德所威，則人皆畏之，言服罪也；德所明，則人皆尊之，言得人也。」案：以「尊」訓「明」者，史記高帝紀云：「吾能尊顯之。」尊則顯，顯即明也。故訓「明」爲「尊」。**乃命三后，恤功于民：伯夷降典，折民惟刑；禹平水土，主名山川；稷降播種，農殖嘉穀。**伯夷下典禮教民，而斷以法；禹治洪水，山川無名者主名之；后稷下教民播種，農畝生善穀。所謂堯命三君，憂功於民。○「乃命三后，恤功于民」，今文無徵。「伯夷降典，折民惟刑；禹平水土，主名山川」，古文也，今文「典」下一有「禮」字，「惟」一作「以」；古文「折」一作「悊」、「名」作「命」。「稷降播種，農殖嘉穀」，今文無徵。○「乃命三后，恤功于民」者，墨子引呂刑「命」作「名」，名、命字通。釋詁：「后，君也。」古諸侯皆有君后之稱。三后，伯夷、禹、稷。說文：「恤，收也。」「恤功于民」，猶言收功于民。○古文「折」作「悊」者，釋文：「折，馬、鄭、王皆音悊。馬云：『智也。』」段云：「此謂馬、鄭、王本字作『折』而讀爲『悊』，又單舉馬說以著其義也。」案：墨子引書作「哲民惟刑」，馬、鄭用墨子義也，言伯夷下典禮以爲教，所以開明民心者，兼用刑也。今文「典」下有「禮」字、「惟」作「以」者，大傳云：「孔子曰：『古之刑者省之，今之刑者繁之。』其教，古者有禮然後有刑，是以刑省也；今也反是，無禮而齊之以刑，是以繁也。書曰：『伯夷降典禮，折民以刑。』謂有禮然後有刑也。」陳云：「此引書，歐陽本也。皋陶謨以『有典』、『有禮』並舉，此有『禮』字於義尤備。伏生於甫刑傳屢言『禮』，曰：『吴、越之俗，其刑重而不勝，由無禮也。中國之教，其刑重而勝，由有禮也。』又曰：『有罪者懼，無罪者耻，民近禮矣。』蓋以經文本有『禮』字，故詳言之。」皮云：「世本：『伯夷作五刑。』是伯夷有作刑之事。伯夷典禮而兼作刑，所謂出於禮者入於刑也。白虎通王者不臣篇以伯夷爲老臣，則伯夷作刑，蓋在皋陶之先，甫刑所以言伯夷不及皋陶也。」漢書刑法志：「書云：『伯夷降典，悊民惟刑。』言制禮以止刑，猶隄之防溢水也。」顔注：「悊，知也。言伯夷下禮法以導民，民習知禮，然後用刑也。」段云：「『悊』當作『折』。班意以『制止』訓『折』，正〔一〕同大傳説，淺人用馬、鄭本改『折』作『悊』，小顔又取馬、鄭説注之，殊失班意。」先謙案：段説是也。潛夫論氏姓篇：「伯夷爲堯典禮，折民惟刑。」亦作「折」。班引書雖無「禮」字，其説云「制禮以止刑」，亦謂「典」即典禮也。○「主名山川」者，釋水〔二〕云：「從釋地以下至『九河』，皆禹所名也。」江云：「立山川之主，命山川之名。禹貢：『奠高山大川。』馬注以爲『定其差秩，祀禮所視』，是謂立山川之神主而修祀禮也。」「名」作「命」者，潛夫論五德志篇：「主平水土，命山川。」是王符所見今文「名」作「命」。○「稷降播種，農殖嘉穀」者，「降」與「伯夷降典」之「降」同義。大戴五帝德篇：「使后稷播種，務勤嘉穀。」文選藉田賦注引倉頡篇云：「殖，種也。」「嘉穀」，詩云

〔一〕「正」原誤作「止」，據段玉裁古文尚書撰異原文改。

〔二〕「水」下疑脱「注」字。下所引爲釋水注文，非釋水正文。

「貽我來牟」是也。**三后成功，惟殷于民**，各成其功，惟所以殷盛於民。言禮教備，衣食足。○「三后成功，惟殷于民」，今文與古文同。○「三后成功，惟殷于民」者，俞樾云：「『殷』有『正』義，『殷于民』謂正于民也。墨子引書作『假』，假、格字通，『格』亦『正』也。」今文同者，後漢楊賜傳賜曰：「『三后成功，惟殷于民。』皋陶不與焉，蓋吝之也。」李注：「吝，耻也。」蔡邕司空臨晉侯楊公碑亦引賜言。楊氏世習歐陽尚書，蓋歐陽說也。淮南人閒訓云：「三后之後無不王者，有陰德也。」三后舉禹、稷、契，亦無皋陶。**士制百姓于刑之中，以教祗德**。言伯夷道民典禮，斷之以法。皋陶作士制百官於刑之中，助成道化，以教民爲敬德。○「士制百姓于刑之中」，僞古文也，今文「士」作「爰」，「中」作「衷」。「以教祗德」，今文與古文同。○「士」作「爰」、「中」作「衷」者，後漢梁統傳統對曰：「經曰：『爰制百姓于刑之衷。』孔子曰：『刑法不衷，則人無所厝手足。』衷之爲言，不輕不重之謂也。」王鳴盛云：「僞孔釋『士』爲『皋陶』，以此篇言刑事，而皋陶不見，疑其不備，遂妄改以就其說，非也。」俞樾云：「此與上文一氣相屬，『制百姓于刑之中』，即所以正于民也。僞孔改『爰』爲『士』，則與三后無涉，『惟殷』句遂若結上之詞，而不知爲上下承接之語，此經『士制』之當爲『爰制』，以文勢求之，實無可疑。下文又云『今爾何監，非時伯夷播刑之迪』，可知此經不及皋陶，僞孔之誤顯然矣。」「百姓」，謂民。○「以教祗德」者，民服教，則莫不敬德。大傳云：「夏后氏主教以忠。」又曰：「周人之教以文。（陳云：「二句當相屬，中說殷人之教，脫文。」）上教以文君子，其失也小人薄。」白虎通三教篇：「王者設三教者何？承衰救弊，欲民反正道也。三正之有失，故立三教以相指授。夏人之王教以忠，其失野，救野之失莫如敬。殷人之王教以敬，其失鬼，救鬼之失莫如文。周人之王教以文，其失薄，救薄之失莫如忠。三者如順循環，周則復始，窮則反本。教所以三者何？法天地人，內忠、外敬、文飾之，故三而備也。即法天地人各何施？忠法人，敬法地，文法天。人道主忠，人以至道教人，忠之至也；人以忠教，故忠爲人教也。地道謙卑，天之所生，地敬養之，以敬爲地教也。教者何謂也？教者，效也。上爲之，下效之。民有質樸，不教不成。故尚書曰：『以教祇德。』」案：白虎通正本大傳爲説也。**穆穆在上，明明在下，灼于四方，罔不惟德之勤。**堯躬行敬敬在上，三后之徒秉明德明君道於下，灼然彰著四方，故天下之士，無不惟德之勤。○「穆穆在上」四句，今文無徵。○「穆穆在上」云云者，釋訓：「穆穆，美也。」廣雅釋訓：「灼灼，明也。」言堯、舜在上有穆穆之美，三后在下有明明之德，其政化彰灼於四方，當世之民無不思勤其德。惟，思也。**故乃明于刑之中，率乂于民棐彝。**天下皆勤立德，故乃能明於用刑之中正，循道以治於民，輔成常教。○「故乃明于刑之中」二句，今文無徵。「中」當作「衷」。○「中」作「衷」者，以上文推之當然，下同，不復出。釋詁：「率，循也。」「彝，常也。」説文：「棐，輔也。」言人皆明於用刑之中，非以爲虐也。循之以治於民，輔行彝常之教而已。**典獄，非訖于威，惟訖于富。**言堯時主獄，有威有德有恕，非絶於威，惟絶於富。世治，貨賂不行。○「典獄，非訖于威」二句，今文無徵。○「典獄，非訖于威」云云者，釋詁：「訖，止也。」言其時典主刑獄者，非止于威而廢去刑罰，惟止於富而禁絶貨賄。故獄事無不得其平。**敬忌，罔有擇言在身。**堯時典獄，皆能敬其職、忌其過，故無有可擇之言在其身。○「敬忌，罔有擇言在身」，古文也，今文「罔」上有「而」字，「身」作「躬」。○今文云云者，禮表記：「甫刑曰：『敬忌，而罔有擇言在躬。』」「甫刑」是今文，鄭注：「忌之言戒也。外敬而心戒慎，則無有可擇之言在于身也。」王引之云：「『擇』讀爲『斁』。洪範『彝倫攸斁』鄭注訓『斁』爲『敗』，説文：『殬，敗也。』引商書曰：『彝倫攸殬。』殬、斁、擇古音並同。『敬忌，罔有擇言在身』，言必敬必戒，罔或有敗言出乎身也。表記作『敬忌，而罔有擇言在躬』，而，汝也。言女罔或有敗言出乎身也。太玄玄挩云：『言正則無擇，行正則無爽，水順則無敗。無敗，故久也；無爽，故可觀也；無擇，故可聽也。』法言吾子篇：『君子言也無擇，聽也無淫。擇則亂，淫則辟。述正道而稍邪哆者有矣，未有述邪哆而稍正也。』然則邪哆之言謂之擇言，故孝經曰『非法不言，非道不行，口無擇言，身無擇行』也。蔡邕司空楊公碑云：『用罔有擇言失行在於其躬。』『擇言』與『失行』並言，蓋訓『擇』爲『敗』也。此又一證矣。」先謙案：王說是。楊、蔡皆用今文家說，蔡引作「躬」，與表記合，亦今文作「躬」之證。**惟克天德，自作元命，配享在下。」**凡明於刑之中，無擇言在身，必是惟能天德，自爲大命，配享天意，在於天下。○「惟克天德」三句，今文無徵。○「惟克天德」云云者，說文：「克，肩也。」詩敬止傳：「仔肩，克也。」箋：「仔肩，任也。」元，大也。書疏引鄭云：「大命，謂延期長久也。」洪範：「皇建其有極」、「斂時五福」，五行傳以皇極配五事爲六，鄭注：「五事象五行，則皇極象天也。」然則皇極即天德也，建極則能肩任天德矣。五福：一曰壽，五曰考終命，能建極則能斂是五福，延期長久，永配天命，而享上天之祿於下矣。

王曰：「嗟！四方司政典獄，非爾惟作天牧？主政典獄，謂諸侯也。非汝惟爲天牧民乎？言任重是汝。○「王曰：『嗟』」四句，今文無徵。○「王曰：『嗟』」云云者，左襄十四年傳：「天生民，而立之君以司牧之。」言今四方主政典獄之諸侯，作天之司牧者，非爾乎？言當承天意以恤民。**今爾何監？非時伯夷播刑之迪？**言當視是伯夷布刑之道而法之。○「今爾何監」，今文無徵。「非時伯夷播刑之迪」，古文也，今文「迪」上有「不」字。○「今爾何監」云云者，言今爾將何所監視而取法？非是伯夷布刑之道乎？「迪」上有「不」字者，禮緇衣：「子曰：『政之不行也，教之不成也，爵禄不足勸也，刑罰不足耻也，故上不可以褻刑而輕爵。甫刑曰：「播刑之不迪。」』云「甫刑」，今文也。鄭注：「播猶施也。不，衍字耳。迪，道也。言施刑之道。」先謙案：記言政教不行不成，刑罰不足耻，而引「播刑之不迪」爲證，則「不」字非衍，當讀「非時伯夷」句，「播刑之不迪」句，言今爾何所監視？若非是伯夷之爲，則布刑之不道矣。蓋今文義如此，鄭依古文爲注，非其恉。**其今爾何懲？惟時苗民匪察于獄之麗，**其今汝何懲戒乎？所懲戒惟是苗民非察於獄之施刑，以取滅亡。○「其今爾何懲」二句，今文無徵。○「其今爾何懲」云云者，其，語詞。表記鄭注：「懲，創艾也。」「麗」之言附也，「匪察于獄之麗」與多方「不克開于民之麗」句例同，言今爾何所懲艾以免咎？惟是苗民不詳察於刑獄之所附麗，語意直注下「乃絶厥世」，言此所宜懲戒也。**罔擇吉人，觀于五刑之中。惟時庶威奪貨，**言苗民無肯選擇善人，使觀視五刑之中正，惟是衆爲威虐者任之，以奪取人貨，所以爲亂。○「罔擇吉人」二句，今文無徵。「中」當作「衷」。○「罔擇吉人」云云者，吉，善也。言苗民不選擇善人，俾審觀於五刑之適中。「惟時庶威奪貨」下屬。**斷制五刑，以亂無辜。上帝不蠲，降咎于苗。**苗民任奪貨姦人，斷制五刑，以亂加無罪。天不潔其所爲，故下咎罪，謂誅之。○「斷制五刑，以亂無辜」，今文無徵。「上帝不蠲，降咎于苗」，今文當與古文同。○「斷制五刑」云云者，承上文，言惟是衆作威奪貨之人，使斷制五刑，以亂罰無罪。「上帝不蠲」云云者，書疏引鄭云：「天以苗民所行腥臊不潔，故下禍誅之。」詩傳：「蠲，絜也。」上帝不潔其所爲，故罪有苗，即上文云「報虐以威」也。崔寔諫議大夫箴：「虐及于天，慢德不蠲。」用此經義。此今文同之證。**苗民無辭于罰，乃絶厥世。**言罪重，無以辭於天罰，故堯絶其世。申言之，爲至戒。○「苗民無辭于罰」二句，今文無徵。○「苗民無辭于罰」者，言無説以自解於天罰也。「乃絶厥世」者，即上文云「遏絶苗民，無世在下」也。

王曰：「嗚呼！念之哉！ 念以伯夷爲法、苗民爲戒。○「王曰：『嗚呼！念之哉』」，今文無徵。**伯父、伯兄、仲叔季弟、幼子、童孫，皆聽朕言，庶有格命。** 皆王同姓，有父、兄、弟、子、孫列者。伯、仲、叔、季，順少長也。舉同姓包異姓，言不殊也。聽從我言，庶幾有至命。○「伯父、伯兄」三句，今文無徵。○「伯父、伯兄、仲叔季弟、幼子、童孫，皆聽朕言」者，呼族姓諸人，深戒之。時穆王百數十歲，子孫輩行甚衆，故云「幼子、童孫」。「童」當作「僮」，説文：「未冠之稱。」「庶有格命」者，書疏引鄭云：「格，登也。登命謂壽考者。」案：釋詁：「格、登，陞也。」謂登於天命，猶上文云「自作元命」也。**今爾罔不由慰曰勤，爾罔或戒不勤。** 今汝無不用安自居，日當勤之，汝無有徒念戒而不勤。○「今爾罔不由慰曰勤」二句，今文無徵。○「今爾罔不由慰曰勤」云云者，「曰」阮刊注疏本作「日」。釋文：「曰，人實反，一音曰。」猶皋陶謨「思曰贊贊襄哉」「曰」一作「日」也。江、孫皆以作「曰」爲是，今從之。詩傳：「由，用也。」「慰，安也。」「或」與「有」同義。釋詁：「勤，勞也。」言任職非勤事不可。今爾無不用安逸而自云勤勞，爾又無有以不勤爲戒者，則事何由得舉乎？**天齊于民，俾我一日，非終惟終在人。** 天整齊於下民，使我爲之，一日所行，非爲天所終，惟爲天所終，在人所行。○「天齊于民，俾我一日」，古文也，今文「于」作「乎」，「俾」作「假」。「非終惟終在人」，今文無徵。○「天齊于民，俾我一日」者，釋文：「『天齊于民』，絶句。馬云：『齊，中也。』『俾我』絶句。俾，馬本作『矜』，矜，哀也。」孫云：「言人受天地之中以生，天必矜哀其一日之命。」「于」作「乎」、「俾」作「假」者，後漢楊賜傳賜上封事曰：「夫善不妄來，災不空發。王者心有所惟，意有所想，雖未形顔色，而五星以之推移，陰陽爲其變度。以此而觀，天之與人，豈不符哉？尚書曰：『天齊乎人，假我一日。』是其明徵也。」李注：「我，君也。天意欲整齊乎人，必假於君也。」段云：「此今文也。賜通尚書桓君章句，即歐陽尚書。」宋吴棫書裨傳考異引「假我一日」，王應麟藝文志考引「天齊乎人，假（今本誤「俾」。）我一日」，與漢書同。「非終惟終在人」者，言天同此視人，其使有一日之命，非考終與？惟考終與？實在乎人。言敬刑成德，則邀天之眷而永年也。上文云「庶有格命」，此終其說。江云：「『假』讀爲『天假之年』之『假』，『終』謂『考終命』也。據賜引書意，則『非終』者，謂不邀天眷而短折不終；『惟終』者，謂邀天眷而考終也。天中乎人，而假我一日之命，其有修短，實在乎人之能敬德與否耳。下文即承之以『爾尚敬逆天命』，則可知此經義然矣。」先謙案：江說釋經甚明，而非賜意。賜言天符乎人，感應甚速，其引「天齊乎人」即天與人符之謂；「假我一日」，即未形顏色、推移變度之意。言天之昭假於我，在一日之閒耳。**爾尚敬逆天命，以奉我一人，雖畏勿畏，雖休勿休。**汝當庶幾敬逆天命，以奉我一人之戒。行事雖見畏，勿自謂可敬畏；雖見美，勿自謂有德美。○「爾尚敬逆天命」，今文「逆」作「迎」。「以奉我一人，雖畏勿畏」，今文無徵。「雖休勿休」，今文與古文同。○今文「逆」作「迎」者，以禹貢諸篇例之當然。說文：「奉，承也。」釋詁：「休，息也。」言爾庶幾敬迎天命，以承我一人之教戒。雖可畏，亦勿畏懼；雖可休，亦勿休息。今文同者，漢書宣紀五鳳三年詔曰：「書不云乎：『雖休勿休。』祇事不怠。」祇事不怠，申勿休意。外戚傳成帝報許皇后書引同。僞傳訓「休」爲「美」，非。**惟敬五刑，以成三德。一人有慶，兆民賴之，其寧惟永。」**先戒以勞謙之德，次教以惟敬五刑，所以成剛、柔、正直之三德也。天子有善，則兆民賴之，其乃安寧長久之道。○「惟敬五刑，以成三德。一人有慶，兆民賴之」，今文與古文同，「兆」一作

「萬」。「其寧惟永」，今文無徵。○「惟敬五刑，以成三德」者，「三德」，洪範「正直」、「剛克」、「柔克」是也。言敬五刑之中，以成三德之美。今文同者，漢書外戚傳、後漢陳寵傳、魏志陳羣傳、書緯刑德放引並同。江聲於此經增「祇事不怠」四字，以「惟敬五行」爲衍文，非。○「一人有慶，兆民賴之」者，白虎通號篇：「王者自謂一人者，謙也。欲言己材能當一人爾。」詩皇矣傳：「慶，善也。」內則鄭注：「萬億曰兆。」言一人有善，則衆民恃賴之也。今文同者，禮緇衣、孝經天子篇、説苑君道篇引甫刑如此；漢書賈誼傳引書曰：「一人有慶，兆民賴之。」荀子君子篇、左襄十三年傳引同。蔡邕上始加元服與羣臣上壽表云：「一人有慶，兆民賴之。」魏志王朗傳朗上疏曰：「易稱敕法，書著祥刑，一人有慶，兆民賴之，慎法獄之謂也。」「兆」一作「萬」者，大戴保傅篇、淮南主術訓引書曰：「一人有慶，萬民賴之。」漢書刑法志、後漢安帝紀同。張衡東巡誥云：「一人有⿺走豊，萬民賴之。」蓋三家異文。左傳：「天子曰兆民，諸侯曰萬民。」對文異，散文通。○「其寧惟永」者，左襄十三年傳引書同。釋詁：「寧，靜也。」言寧靜可致久長。

王曰：「吁！來！有邦有土，告爾祥刑。吁，歎也。有國土諸侯，告汝以善用刑之道。○「王曰：『吁！來！有邦有土，告爾祥刑』，古文也，今文「邦」作「國」，「爾」作「汝」。○「邦」作「國」，「爾」作「汝」者，周紀作：「王曰：『吁！來！有國有土，告汝祥刑。』」凡古文作「邦」，今文多作「國」，墨子尚賢下引書亦作「有國有土」。釋文：「吁，馬作『于』；于，於也。」墨子作「於」，「於」音烏，歎詞。「于」訓「於」，有兩義：詞助衣魚切，歎詞哀都切。今音如此分別。「有邦有土」者，有國，畿外諸侯；有土，畿內有采地者也。王鳴盛據汲古本史記「土」作「士」，云：「周禮『其附于刑者歸于士』，注：『士，謂主斷刑之官。或謂歸于圜土。』鄭以古『士』字有作『土』者，故復以『圜土』釋之。詩周頌『保有厥土』，義〔一〕作『士』；世本作篇云『相士作乘馬』，即『相土』也。」漢隸字「土」、「士」不別。案：作「士」於義亦通。「告爾祥刑」者，「祥」當爲「詳」。漢書叙傳：「威實輔德，刑亦助教，季世不詳，背本爭末。」顏注：「不詳，謂不盡用刑之理。周書吕刑曰：『告爾詳刑。』」後漢明帝紀永平三年詔曰：「詳刑慎罰，明察單辭。」十三年制曰：「詳刑察冤，存恤孤寡。」劉愷傳：「非先王詳刑之意也。」李注：「尚書曰：『有邦有土，告爾詳刑。』」鄭注：『詳，審察之也。』」文選王粲從軍詩：「司典告詳刑。」太宰、大司寇注皆引「度作詳刑」，而正義皆云：「詳，審。」是今、古文並作「詳」，不作「祥」。段云：「僞孔蓋亦作『詳』，而讀爲『祥』，後徑改作『祥』，如『鳥』讀爲『島』，後徑改作『島』也。史記作『祥』，亦後人所改。」墨子作「告汝訟刑」。段云：「訟刑，公刑也。古訟、公通。」俞樾云：「祥，古通作『常』。言告爾常刑也。左襄十四年傳：『周有常刑。』」**在今，爾安百姓，何擇非人，何敬非刑，何度非及？**在今，爾安百姓兆民之道，當何所擇？非惟吉人乎？當何所敬？非惟五刑乎？當何所度？非惟及世輕重所宜乎？〇「在今」五句，今文與古文同，「及」作「宜」。書疏引王肅云：「謀慮刑事，度世輕重所宜也。」肅傳合史記爲說，而僞傳與之同，此又僞傳出肅之一證也。〇「在今」者，言當今爲急務也。據潛夫論引，當斷句。墨子云：「『在今而安百姓，女何擇言人，（段云：「『言』是『吉』之譌，云何擇非吉人乎？承上苗民『罔擇吉人』言。」）何敬不刑，何度不吉〔二〕？』

〔一〕「義」字原脱，據王鳴盛尚書後案原文補。

〔二〕「吉」，墨子尚賢下原文作「及」。

能擇人而敬爲刑，堯、舜、禹、湯、文、武之道可及也。是何也？則以尚賢及之。」案：而，汝也。釋詁：「度，謀也。」言何謀度之不及乎？釋文：「度，馬云：『造謀也。』」今文同者，潛夫論本政篇：「是故將致太平者，先調陰陽；調陰陽者，先順天心；順天心者，先安其人；安其人者，在審擇其人。故國家存亡之本，治亂之機，在明選而已矣。書曰：『爾安百姓，何擇非人？』」此先王致太平而發頌聲也。」「及」作「宜」者，周紀作：「在今爾安百姓，何擇非其人，何敬非其刑，何居非其宜與？」度、居，故訓字。「及」作「宜」者，段云：「此今文尚書之駁異，非以『宜』訓『及』也。」先謙案：言擇人而敬刑，則處事無不得宜也。**兩造具備，師聽五辭。**兩，謂囚、證。造，至也。兩至具備，則衆獄官共聽其入五刑之辭。○「兩造具備，師聽五辭」，今文與古文同，「造」一作「遭」。○「兩造具備，師聽五辭」者，大司寇：「以兩造禁民訟。」鄭注：「造，至也。使訟者兩至。」詩節南山傳：「具，俱也。」師，士師。小宰鄭注：「聽，平治也。」兩至俱備其情實，士師平治其訟辭。言五辭者，入于五刑各有辭也。今文同者，周紀如此。「造」一作「遭」者，徐廣注如此。段云：「作『遭』者，今文尚書也。以大誥『造天役』王莽作『遭』證之，史記本作『遭』，淺人用古文改爲『造』，而徐中散不瞭。」先謙案：段說固是，然三家文多異，未必無作「造」之本與古文同者，宜兩存。皮云：「今文作『遭』，蓋叚借爲『曹』。說文：『𣍘，獄之兩曹也，在廷東。从棘，治事者。』徐鍇云：『以言辭治獄者，故从曰。』然則兩遭蓋即獄之兩曹。漢人謂官名爲曹，當本於今文。」**五辭簡孚，正于五刑。**五辭簡核，信有罪驗，則正之於五刑。○「五辭簡孚，正于五刑」，今文與古文同。○今文同者，周紀作「五辭簡信，正于五刑」；孚、信，故訓字。江云：「王制鄭注：『簡，誠也。』五辭誠實，信有罪，乃正之於五刑，定其獄。」**五刑不簡，正于五罰。**不簡核，謂不應五刑，當正五罰，出金贖罪。○「五刑不簡，正于五罰」，今文與古文同。○今文同者，周紀如此。「五刑不簡」者，有所傷害而陷於罪，意實無他，是所犯非其誠，故云不簡。堯典「金作贖刑」馬注：「意善功惡，使出金贖罪。」五罰同也。**五罰不服，正于五過。**不服，不應罰也。正于五過，從赦免。○「五罰不服，正于五過」，今文與古文同。○今文同者，周紀如此。王鳴盛云：「五過，即下文『五過之疵』也。五罰不服，則其人必有所恃，欲挾私倖免，故不服，宜察其是五過否，如非五過，然後赦之；如是五過，必正其罰。言此則人之挾私以倖免於五刑者，亦必正於五過可知。」**五過之疵：惟官，惟反，惟內，惟貨，惟來。**五過之所病，或嘗同官位，或詐反囚辭，或內親用事，或行貨枉法，或舊相往來，皆病所在。○「五過之疵」六句，古文也。今文作「五過之疵：官獄、內獄」。古文「來」或作「求」。○「五過之疵」云云者，釋詁：「疵，病也。」官，謂挾威勢；反，訓如孟子「惡聲至必反之」之「反」，謂報恩怨；內，謂從中制；貨，謂行賂；來，謂謁請。今文作「五過之疵：官獄，內獄」者，史記如此。孫云：「『官獄、內獄』者，舉其重也。官獄，謂貴官之獄；內獄，謂中貴之獄。或畏高明，或投鼠忌器也。」先謙案：言此二獄，五過尤甚。古文「來」作「求」者，釋文：「來，馬本作『求』」，云：『有求請賕也。』」說文：「賕，以貨物枉法相謝也。」孫云：「上文有『貨』，此又云『求』者，蓋『貨』爲勒索貨賄，『賕』則以財干請也。」惠云：「漢律有受賕之條，即此經『惟貨』也；有聽請，即此經『惟求』也。」**其罪惟均，其審克之。**以病所在出入人罪，使在五過，罪與犯法者同。其當清察，能使之不行。○「其罪惟均，其審克之」，古文也，今文「克」作「核」，一作「閱實其罪，惟鈞其過」。○「其罪惟均」者，史記集解引馬云：「以此五過出入人罪，與犯法者等。」案：此嚴枉法之律也。「其審克之」者，江云：「克，任也。聽獄之事，其詳審任之。」今文「克」作「核」者，漢書刑法志元帝詔曰：「書不云乎：『其審核之。』」下兩「克」字當同。段云：「蓋古文作『克』，今文作『核』也。『克』當爲『核』之叚借，僞孔訓『能』，非。」孫云：「『核』又通『覈』，說文：『覈，實也。考事，襾笮邀遮其辭得實曰覈。』」一作「閱實其罪，惟鈞其過」者，周紀如此。言簡閱實有枉法之罪，則與所犯者之過相等。禮投壺鄭注：「鈞，等也。」**五刑之疑有赦，五罰之疑有赦，其審克之。**刑疑赦從罰，罰疑赦從免。其當清察，能得其理。○「五刑之疑有赦」三句，今文無徵。「克」當作「核」。○「五刑之疑有赦」云云者，五刑、五罰之疑皆有赦也。書疏引鄭云：「不言『五過之疑有赦』者，過不赦也。禮記曰：『凡執禁以齊衆者，不赦過。』」案：鄭引王制文。執禁齊衆，謂有司所以禁民爲非；五過之疵，枉法亂政，不可赦。**簡孚有衆，惟貌有稽。**簡核誠信，有合衆心，惟察其貌，有所考合。重刑之至。○「簡孚有衆，惟貌有稽」，僞古文也，今文「貌」作「訊」，古文作「緢」。○「簡孚有衆」者，簡，誠也。「貌」作「訊」者，周紀云：「簡信有衆，惟訊有稽。」孚、信，故訓字。詩傳：「訊，問也。」孫云：「廣雅釋詁：『貌，治也。』故史記作『訊』。小司寇：『以三刺斷庶民獄訟之中：一曰訊羣臣，二曰訊羣吏，三曰訊萬民。』蓋欲其誠信有衆，必用三訊之法，與官民共治之也。『貌』或『藐』省文。」先謙案：據僞孔傳，則僞古文作「貌」甚明。小宰先鄭注：「稽，猶計也、合也。」言欲誠信有衆，惟訊治之下，衆議皆合，則無不允當矣。古文「貌」作「緢」者，說文：「緢，旄絲也。从糸苗聲。周書：『惟緢有稽。』」蓋壁書如此，隸古定本同，知唐初尚相承作「緢」，不以僞孔爲然也。旄絲，牛尾絲也，推言之則爲微細之義，故說文次「細」字、「纖」字後。言必詳細稽合於衆。**無簡不聽，具嚴天威。**無簡核誠信不聽理，具獄皆當嚴敬天威，無輕用刑。○「無簡不聽，具嚴天威」，古文也，今文「聽」作「疑」。○「無簡不聽」者，與王制文同，鄭注：「有其意無其誠者，不論以爲罪。」「聽」作「疑」者，周紀作：「無簡不疑，共嚴天威。」共、具，故訓字。「具」訓「俱」，「俱」訓「共」也。孫云：「言無誠則非疑獄，亦不可輕出人罪。」嚴，敬也，當共敬天威，無輕用刑。**墨辟疑赦，其罰百鍰，閱實其罪。**刻其顙而涅之曰墨刑，疑則赦從罰。六兩曰鍰，鍰，黄鐵也。閱實其罪，使與罰各相當。○「墨辟疑赦，其罰百鍰，閱實其罪」，古文也，今文「墨」作「黥」，「鍰」作「率」，一作「選」，一作「饌」，「辟」一作「罰」。○「墨辟疑赦」云云者，墨即黥，先刻其面，以墨窒之。辟，罪也。犯黥罪者，疑則赦而不罰；其罰者，百鍰，必簡閱當其實也。大傳云：「非事而事之，出入不以道義，而誦不詳之辭者，其刑墨。」白虎通云：「墨者，法火之勝金，墨其額也。」「墨」作「黥」、「鍰」作「率」者，周紀云：「黥辟疑赦，其罰百率，閱實其罪。」徐廣注：「『率』即『鍰』也，音刷。」案：古罰用銅，以爲兵器。職金：「掌受士之金罰、貨罰，入于司兵。」説文「鍰」下云：「亦（依段補。釋文引作「六鋝」，「六」是「亦」之誤。）鋝也。从金爰聲。周書曰：『罰百鍰。』」「鋝」下云：「十一（依段補「一」。）銖二十五分銖（依段補「銖」。）之十三也。（釋文云：「馬同。」）从金寽聲。周禮〔一〕曰：『重三鋝。』北方二十兩爲三（依戴震補「三」。）鋝。」（段云：「『北方』下，別一義。」）釋文：「鍰，徐户關反，六兩也。鄭及爾雅同。馬云：『賈逵説俗儒以鋝重六兩。』（段云：「此『鋝』是『鍰』之誤。賈説古文尚書語也。」）周官劍重九鋝。俗儒近是。」」段云：「職金疏云：『夏侯、歐陽説：「墨罰疑赦，其罰百率，古以六兩爲率。」古尚書説：「百鍰。鍰者，率也。一率十一銖二十五分銖之十三也，百鍰爲三斤。」鄭玄以爲古之「率」多作「鍰」。』」

〔一〕「周禮」原誤作「周書」，據説文解字原文改。

案：此蓋出五經異義。今文作「率」，古文作「鍰」，今文説率重六兩，古文説鍰重十一銖二十五分銖之十三。其字其説皆異。賈云「俗儒」者，謂歐陽、夏侯，即大傳之「一饌六兩」也，大傳鄭注：「死罪出鐵三百七十五斤。」亦即六兩之説。「爾雅」者，謂小爾雅也。小爾雅云：「二十四銖曰兩，兩有半曰捷，倍捷曰舉，倍舉曰鋝，鋝謂之鍰。」（案：以鋝、鍰聯合爲一，此出馬説。可證小爾雅之僞。）鄭、王以「六兩」訓「鍰」，此用今文説説古文尚書也。馬、許則用古尚書説，謂「鍰」即考工記之「鋝」字，馬注考工記云：「鋝，量名，當與呂刑『鍰』同。」（見書正義、周紀索隱。）此許謂「鍰」即「鋝」之所本也。王鳴盛云：「馬既不從古文説，而於俗儒亦但云『近是』，引周禮劒重九鋝爲證。考工記桃氏爲劒，『上制九鋝，中制七鋝，下制五鋝』。彼注以九鋝爲三斤十二兩，七鋝爲二斤十四兩三分兩之二，五鋝爲二斤一兩三分兩之一。十六兩爲一斤，則鄭意以一鋝爲六兩大半兩。考工記又有冶氏戈、戟『重三鋝』，彼注：『説文云：「鋝，鍰也。」今東萊稱或以大半兩爲鈞，十鈞爲鍰，鍰重六兩大半兩。鍰、鋝似同矣，則三鋝爲一斤四兩。』又弓人『膠三鋝』彼注：『鋝，鍰也。』彼疏云：『尚書「其罰百鍰」等言鍰，此與冶氏言鋝，鋝與鍰爲一物，皆是六兩大半兩也。』據此諸文，知鄭意以鍰即是鋝，其數當爲六兩大半兩，必與馬合。説文『鋝』下引周禮，『鍰』下引周書，兩經一義，故云：『鍰，鋝也。』鄭既從之以解考工記，馬注尚書又與之同，則其説不可易。十一銖二十五分銖之十三，此本尚書古文家説『鍰』字之義，非『鋝』字之訓，今乃入之『鋝』字，聊存古意。其下即繼以二十兩爲三鋝，然後次以『鍰』字，則許意以『鍰』即是『鋝』，俱爲六兩大半兩明矣。今文説雖脱去大半兩，但云六兩，猶爲近之，較古文説一鍰十一銖二十五分銖之十三，百鍰僅爲銅三斤，可贖黥面之罪，推之大辟，亦止用銅三十斤可贖死罪，有是理乎？」一作「選」者，索隱：「舊本『率』一作『選』。」漢書蕭望之傳張敞曰：

「甫刑之罰，小過赦，薄罪贖，有金選之品。」應劭曰：「『選』音刷，金銖兩名也。」師古曰：「音刷是也。字本作『鋝』，『鋝』即『鍰』也，其重十一銖二十五分銖之十三，一曰重六兩。」王鳴盛云：「史記平準書有『白選』，蘇林音『選擇』之『選』，包愷及劉氏音息戀反。尚書大傳：『死罪罰千鐉。』（段云：『「鐉」誤，當作「饌」。』）漢書食貨志作『撰』，音同。或作『率』，或作『選』、『饌』、『撰』，皆『鋝』之異文，音近而假借也。」一作「饌」者，大傳云：「禹之君民也，罰弗及强而天下治。一饌六兩。」「辟」一作「罰」者，職金疏引如此。（見上。）皮云：「『墨辟』，夏侯、歐陽作『墨罰』，則三家今文於下文劓、臏、宮、大辟等句『辟』字皆當作『罰』，蓋肉刑始於苗民，堯、舜時未盡廢，而至治刑措乃以畫象代之，所謂象以典刑也。至夏用肉刑，然亦未嘗輕用，乃制罰以贖罪。大傳云：『夏后氏不殺不刑，罰有罪而民不輕犯。』書序以此篇爲『訓夏贖刑』，蓋五刑不輕用，故不云『墨辟』而云『墨罰』。若罪可疑，則並不罰，赦之而已，故云『墨罰疑赦』，其不可赦者，乃罰之六百兩，故云『其罰百率』。」先謙案：五刑不輕用，非廢五刑也，言「墨辟」固無妨於疑赦，文義大同，史記作「墨辟」，或亦有異文作「罰」者。**劓辟疑赦，其罰惟倍，閱實其罪。**截鼻曰劓刑。倍百爲二百鍰。○「劓辟疑赦，其罰惟倍，閱實其罪」，古文也，今文「惟倍」作「倍灑」。○「劓辟疑赦」者，大傳云：「觸易君命，革輿服制度，姦軌盜攘傷人者，其刑劓。」白虎通云：「劓者，法木之穿土。劓墨者何？其下刑者也。劓者，劓其鼻也。」「惟倍」作「倍灑」者，周紀云：「劓辟疑赦，其罰倍灑，閱實其罪。」徐廣注：「一作『蓰』。五倍曰蓰。」段云：「此今文也。『灑』當讀如『釃酒』之『釃』，即倍差也。『五倍曰蓰』本孟子趙注。其實書之『倍差』，孟子之『倍蓰』，史記之『倍灑』，三字古音相近，謂倍之而又不止於倍也。『差』是正字。趙以下文云『十百』、『千萬』，故少於十而曰『五倍』，臆說也。」陳云：「以下文

「倍差」例之，則於倍爲二百之數，又加十之五，二百五十鍰也。徐以蓰爲五倍，則比剕辟有加，輕重失倫，非其義矣。」**剕辟疑赦，其罰倍差，閱實其罪。** 剕足曰剕。倍差謂倍之又半，爲五百鍰。○「剕辟疑赦，其罰倍差，閱實其罪」，古文也，今文「剕」作「臏」。○今文「剕」作「臏」者，周紀如此，集解引馬云：「倍二百爲四百鍰也，差者又加四百之三分一，凡五百三十三分一也。」大傳云：「決關梁、踰城郭而略盜者，其刑臏。」白虎通云：「臏者，法金之刻木。臏者，脱其臏也。」段云：「凡古文『剕』字，今文作『臏』。考司刑注、大傳注皆云『周改臏爲剕』，而駁異義云：『皋陶改臏爲剕，呂刑有剕，周改剕爲刖。』（亦見公羊疏。）鄭云『皋陶改臏爲剕，呂刑有剕』者，此據古文言之；云『周改剕爲刖』者，此據司刑言之。臏者，白虎通云『脱其臏也』。剕，説文作『𨁈』，云：『刖也。』刖，説文作『跀』，許、鄭皆云：『斷足也。』然則『臏』與『剕』異制，『剕』與『刖』制同而異字耳。鄭云『皋陶改臏爲剕』，謂改其制；云『周改剕爲刖』，謂改其名。但皋陶既改臏爲剕，夏刑用之，而今文作『臏』者，司刑注：『周改臏作刖，夏刑臏辟三百。』鄭此注獨從今文作『臏』，鄭意謂夏刑實用臏，至周乃改剕，今文得其實，古文乃用周制説夏政耳，與駁異義不同。」皮云：「鄭注周禮是也。駁異義蓋未定之説。」**宮辟疑赦，其罰六百鍰，閱實其罪。** 宮，淫刑也，男子割勢，婦人幽閉，次死之刑。序五刑，先輕轉至重者，事之宜。○「宮辟疑赦，其罰六百鍰，閱實其罪」，古文也，今文「六百鍰」作「五百率」。○作「五百率」者，周紀如此，徐廣注：「『五』一作『六』。」大傳云：「男女不以義交者，其刑宮。」白虎通云：「宮者，法土之壅水。宮者，女子淫，執置宮中，不得出也；丈夫淫，割其勢也。」段云：「『六百』作『五百』，此今文尚書之別本。」**大辟疑赦，其罰千鍰，閱實其罪。** 死刑也。五刑疑各入罰，不降相因，古之制也。○「大辟疑赦，其罰千鍰，閱實其罪」，古文也，今文「鍰」作「率」，一作「饌」。○「鍰」作「率」者，周紀如此。大傳云：「降畔、寇賊、劫略、奪攘、矯虔者，其刑死。」又云：「夏后氏不殺不刑，死罪罰二千饌。」（索隱引大傳如此，「二」字衍。）鄭注：「饌，所出金鐵，死罪出三百七十五斤，用財少爾。」白虎通云：「大辟，法水之滅火。大辟者，謂死也。」陳云：「鄭注云『三百七十五斤』，通合千饌六千兩之數，此用今文説也。如以鍰重六兩大半兩計之，當爲四百十六斤十兩大半兩。」**墨罰之屬千，劓罰之屬千，剕罰之屬五百，宮罰之屬三百，大辟之罰其屬二百，五刑之屬三千。**別言罰屬，合言刑屬，明刑、罰同屬，互見其義以相備。○「墨罰之屬千」六句，古文也，今文「剕」作「臏」，一作「髕」，「罰」一作「辟」。○今文「剕」作「臏」者，周紀如此。一作「髕」者，漢書刑法志：「昔周之法，建三典以刑邦國、詰四方：一曰刑新邦用輕典，二曰刑平邦用中典，三曰刑亂邦用重典。五刑，墨罪五百，劓罪五百，宮罪五百，刖罪五百，殺罪五百，所謂刑平邦用中典也。甫刑：『墨罰之屬千，劓罰之屬千，髕罰之屬五百，宮罰之屬三百，大辟之罰其屬二百，五刑之屬三千。』蓋多於平邦中典五百章，所謂『刑亂邦用重典』者也。」江云：「周禮司刑屬各五百，合二千五百。此云『三千』者，罪之條目，歷時輒增，同罪而犯者之情事各異，則一條輒分數條。此時去周公時百有餘年，宜其多於周禮也。然墨、劓倍於其初，宮與大辟皆減焉。以是差之，故爲輕矣。此穆王詳刑之意也。」皮云：「書序云：『穆王訓夏贖刑。』大傳云：『夏刑三千條。』是甫刑之五刑三千，乃用古法，非穆王自造，如甫刑爲亂邦之制，孔子必刪之矣。志又云：『宜刪定律令，纂二百章，以應大辟。其餘罪次，皆復古刑，爲三千章。』如此，則法可畏而民易避。』則班亦不盡以三千章爲重典也。孝經：『孔子曰：「五刑之屬三千。」』漢書成帝河平中詔曰：『甫刑云：「五刑之屬三千，大辟之罪其屬二百。」』鹽鐵論刑德篇：『親附之屬甚衆，上附下附而服不過五。五刑之屬三千，上殺下殺而罪不過五。』論衡謝短篇：『古禮三百，威儀三千；刑亦正刑三百，科條三千。出於禮，入於刑，禮之所去，刑之所取，故其多少同一數也。』後漢陳寵傳寵疏曰：『臣聞禮經三百，威儀三千，故甫刑大辟二百，五刑之屬三千。禮之所去，刑之所取，失禮則入刑，相爲表裏者也。』」「罰」一作「辟」者，白虎通五刑篇：「刑所以五何？法五行〔一〕也。科條三千者，應天地人情也。五刑之屬三千：大辟之屬二百，宮辟之屬三百，臏辟之屬五百，劓、墨辟之屬各千。」公羊疏引元命包云：「墨、劓辟之屬各千，臏辟之屬五百，宮辟之屬三百，大辟之屬二百，列爲五刑，罪次三千。」司刑鄭注：「周改臏作刖。夏刑大辟二百，臏辟三百，宮辟五百，劓、墨各千。周則變焉，所謂刑罰世輕世重也。」（疏云：「『臏辟三百，宮辟五百』，此傳寫之誤。」）據此，今文蓋有異本作「辟」。皮云：「五罰不能包五刑，五刑可以包五罰。下云『五刑之屬』，則上五句皆當據五刑言。若上五句皆作『罰』，則下當云『五罰之屬』，不當云『五刑之屬』矣。豈五刑三千條皆中罰，無中刑者乎？」似作「罰」之本爲勝。**上下比罪，無僭亂辭，勿用不行。**上下比方其罪，無聽僭亂之辭以自疑，勿用折獄，不可行。○「上下比罪」三句，今文無徵。○「上下比罪」者，禮王制云「凡聽五刑，必察小大之比以成之」是也，鄭注：「小大猶輕重。已行故事曰比。」疏云：「比，例也。」上下比與小大比同義。「無僭亂辭」者，詩傳：「僭，差也。」上比下比，期當其罪，無差亂其辭，使輕重失實。漢書路溫舒傳溫舒上書云：「囚人不勝痛，則飾詞以視之；吏治者利其然，則指道以明之；上奏畏卻，則鍛鍊而周內之。」是差亂罪人

〔一〕「行」原誤作「刑」，據白虎通改。

之辭，以文致其罪也。又刑法志云：「姦吏因緣爲市，所欲活則傅生議，所欲陷則予死比。」是又差亂其決獄之辭，以出入人罪，皆輕重失實者也。「勿用不行」者，既更定五刑之科條，則舊時之科條必有因有革，革即不行之謂也；若仍用之，刑罰不信，民無所措手足矣，故戒以勿用也。**惟察惟法，其審克之。**惟當清察罪人之辭，附以法理，其當詳審能之。○「惟察惟法」二句，今文無徵。「克」當作「核」。○「惟察惟法」者，大傳云：「聽獄之術，大略有三：治必寬，寬之術歸於察，察之術歸於義。是故聽而不寬，是亂也；寬而不察，是慢也。古之聽訟者，言不越情，情不越義，是故聽民之術，恐必畏，畏思義。」案：大傳蓋釋此經之義。寬之術歸於察，不可故從，故經云「惟察」；察之術歸於義，勿用非刑，故又云「惟法」，法得其宜，是義也。**上刑適輕下服，**重刑有可以虧減則之輕，服下罪。○「上刑適輕下服」，古文也，今文「適」作「挾」。○「上刑適輕下服」者，適，之也；「服」與「𠬝」通，說文：「治也。」言當在上刑之科者，而其情之輕則以下刑治之，下服，減等也。今文引見下。**下刑適重上服，輕重諸罰有權。**一人有二罪，則之重而輕并數。輕重諸刑罰各有權宜。○「下刑適重上服」，古文也，今文「適」作「挾」。「輕重諸罰有權」，今文無徵。○「下刑適重上服」者，當在下刑之科，而其情之重則以上刑治之，上服，加等也。「適」作「挾」者，後漢劉愷傳愷引尚書曰：「『上刑挾輕，下刑挾重。』如今使臧吏禁錮子孫，以輕從重，懼及善人，非先王詳刑之義也。」李注：「今尚書吕刑篇曰：『上刑適輕下服，下刑適重上服。』謂二罪俱發，原其本情，須有虧減，故言『適輕』、『適重』。此言『挾輕』、『挾重』，意亦不殊，與今尚書不同耳。」段云：「愷用今文也。以『策』字隸多作『筴』例之，『適』之爲『挾』，恐亦類此。」書疏云：「劉以爲『上刑適輕』、『下刑適重』皆以爲一人有二罪，『上刑適輕』者，若今律重罪應贖，輕罪應居作官，當者以居作官者爲重，是爲上刑適輕；『下刑適重』者，謂若二者俱是贓罪，罪從重科，輕贓亦備，是謂『輕并數』也。」蓋劉用今文家説如此。「輕重諸罰有權」者，上言刑，此言罰，言罰之宜輕宜重有權以審酌其平，春秋所謂反經而有善者，不可執一。**刑罰世輕世重，惟齊非齊，有倫有要。**言刑罰隨世輕重也。刑新國用輕典，刑亂國用重典，刑平國用中典。凡刑所以齊非齊，各有倫理，有要善。○「刑罰世輕世重」三句，今文無徵。○「刑罰世輕世重」者，荀子正論篇：「刑稱罪則治，不稱罪則亂，故治則刑重，亂則刑輕，犯治之罪故重，犯亂之罪固輕也。書曰『刑罰世輕世重』，此之謂也。」漢書刑法志引荀子文同。後漢應劭傳劭議曰：「夫時化則刑重，時亂則刑輕。書曰：『刑罰時輕時重。』此之謂也。」「時」、「化」二字，唐人避「世」、「治」諱改之，非有異本。○「惟齊非齊，有倫有要」者，江云：「上刑適輕，下刑適重，非齊也；輕重有權，隨世制宜，齊非齊也。」荀子王制篇：「勢位齊，而欲惡同，物則必爭，爭則亂。先王惡其亂也，故制禮義以分之，使有貧富貴賤之等，足以相兼臨者，是養天下之本也。書曰『維齊非齊』，此之謂也。」斷章取義，不關經恉。「倫」謂倫理，猶言條理，康誥云「茲殷罰有倫」；「要」謂綱要。**罰懲非死，人極于病。**刑罰所以懲過，非殺人，欲使惡人極于病苦，莫敢犯者。○「罰懲非死，人極于病」，古文也，今文「人」作「佞」。○「罰懲非死，人極于病」者，表記鄭注：「懲，謂創乂。」言罰所以懲創之，非欲其死，而人已極于病矣，所當深慎。「人」作「佞」者，王應麟藝文志考：「漢儒引尚書異字曰『罰懲非死，佞極于病。』」段云：「『佞』與『人』古同部同音，如國語『佞之見佞，果喪其田』，佞、田爲韻；大戴公冠篇祝雍辭曰『使王近於民，遠於佞』，民、佞爲韻；左氏春秋『佞夫』，公羊作『年夫』，皆其證。此漢人所引今文也。今未檢得出何書。」皮云：「今文説蓋以『佞』即『非佞折獄』之『佞』。」先謙案：罰鍰所以懲創罪不至死之人，但若使佞有口者臨之，則變亂是非，顛倒輕重，其病民亦至極也。**非佞折獄，惟良折獄，罔非在中，**非口才可以斷獄，惟平良可以斷獄，無不在中正。○「非佞折獄」三句，今文無徵。○「非佞折獄」云云者，言口才辨給之人，能使囚窮於辭，則容有辭屈無以自解而枉入刑者，故非佞人可以折獄，惟良善之人折獄公正不偏，無不在中也。中論賞罰篇：「賞重則民傲倖，罰重則民無聊。故先王明恕以得之，思中以平之，而不失其節。故書曰：『罔非在中，察辭于差。』」**察辭于差，非從惟從。**察囚辭其難在於差錯，非從其僞辭，惟從其本情。○「察辭于差」云云者，差謂不齊一，言囚證之辭，每有參差不一，折獄者於其辭之參差察之，以求其情，既得其情，非從其辭，惟從其情也。大傳云：「君子之於人也，有其語也，無不聽者，皇於聽獄乎！（皇，況也。今文「皇」多作「況」，詳見無逸。）必盡其辭矣。聽獄者，或從其情，或從其辭。」僞孔叢子以爲説此經之言，雖不可據，然大傳説有「從情」、「從辭」二義，與經恉合，故知非從其辭，惟從其情也。**哀敬折獄，明啟刑書，胥占，咸庶中正，**當憐下人之犯法，敬斷獄之害人，明開刑書，相與占之，使刑當其罪，皆庶幾必得中正之道。○「哀敬折獄」，古文也，今文「敬」作「矜」，一作「鰥」；「折」作「哲」，一作「制」。「明啟刑書，胥占，咸庶中正」，今文「啟」當作「開」。○「哀敬折獄」者，「敬」當爲「矜」，僞孔本作「敬」，非。「敬」作「矜」、「折」作「哲」者，大傳引孔子曰：「聽訟者雖得其情，必哀矜之，死者不可復生，斷者不可復續也。書曰：『哀矜折獄。』」「矜」一作「鰥」者，漢書于定國傳贊：「于定國父子哀鰥哲獄，爲任職臣。」段云：「矜、鰥古同音互借，借『矜』爲『鰥』，亦借『鰥』爲『矜』。漢書作『鰥』而訓『哀矜』，顔注非也。」皮云：「漢書於『明悊』字作『悊』，此引『哲獄』字作『哲』，其義當與『明悊』之『悊』不同。班意蓋以『明悊』字當從心，『哲斷』字當從口。應劭注：『哲，知也。』失之。」「折」一作「制」者，鹽鐵論詔聖篇：「甫刑制獄。」則今文「折」有作「制」者。墨子引呂刑作「折以刑」，緇衣引甫刑作「制以刑」，即其證。○「明啟刑書，胥占，咸庶中正」者，釋詁：「胥，相也。」史記平準書索隱引郭璞云：「占，自隱度也。」言當明視刑書，相與占度比附之，皆庶幾合於中正。「啟」當作「開」者，如「開明」、「開呱呱而泣」、「開籥見書」，可證。**其刑其罰，其審克之。**其所刑，其所罰，其當詳審能之，無失中正。○「其刑其罰」二句，今文無徵。「克」當作「核」。○「其刑其罰」云云者，言其爲當刑與？其爲當罰與？其務詳核任之，勿失中正之道。**獄成而孚，輸而孚，**斷獄成辭而信，當輸汝信於王。謂上其鞫劾文辭。○「獄成而孚，輸而孚」，今文無徵。○「獄成而孚，輸而孚」者，下「而」訓「汝」，言獄成而信，則輸汝信也。廣雅釋言：「輸，寫也。」秦策云：「常以國情輸楚。」輸猶達也。謂讞獄於王。**其刑上備，有并兩刑。**其斷刑文書上王府皆當備具，有并兩刑，亦具上之。○「其刑上備」二句，今文無徵。○「其刑上備」者，孫云：「具列爰書上之，勿增減其罪狀也。」「有并兩刑」者，有所犯之罪雖重，而其情有可原，論其罪當寘重典，原其情應從末減，介於兩刑之閒者，則并兩刑而上之，以待決於朝。御覽刑法部引鄭注大傳云：「二人俱罪，呂侯之説刑也，犯數罪以上，猶以一罪刑之。」（本作「犯數罪，猶以上一罪刑之」，依孫訂正。）皮云：「鄭注之意，蓋以五刑雖並列爲教，而犯罪則惟科其重罪之一，而輕罪不更科。後世有具五刑者，非古『并兩刑』法也。」

王曰：「嗚呼！敬之哉！官伯、族姓，朕言多懼。敬之哉，告使敬刑。官長，諸侯。族，同族；姓，異姓也。我言多可戒懼。以儆之。○「王曰」五句，今文無徵。○「王曰」云云者，伯，長也；官長，謂司政典獄。族姓，謂伯父、伯兄、仲叔季弟、幼子、童孫。朕言及獄甚多畏懼，下乃申言其故。**朕敬于刑，有德惟刑。**我敬於刑，當使有德者惟典刑。○「朕敬于刑」二句，今文無徵。○「朕敬于刑」云云者，言朕言所以多懼者，朕甚敬於刑之故也。欲有德於民，其惟刑乎！ 謂慎刑則人被其德。**今天相民，作配在下，明清于單辭，**今天治民，人君爲配天在下，當承天意聽訟，當清審單辭。單辭特難聽，故言之。○「今天相民，作配在下」，今文無徵。「明清于單辭」，今文當與古文同。○「今天相民」云云者，釋文：「相，馬云：『助也。』」言今天佑助我民，作之君以配天在於下土，責任重矣，可不愛民以答天乎？ 今文當同者，後漢明帝紀永平三年詔曰：「詳刑慎罰，明察單辭。」引經而微易其文，非有異本。朱浮傳：「有人單辭告浮事者。」李注：「單辭，謂無證據。書曰：『明清于單辭。』」案：「單辭」謂一偏之言，下文「兩辭」爲兩造之言，相對成義。聽一偏之辭，上明且清，不爲所惑，則聽兩造之辭，更無不明清矣。**民之亂，罔不中聽獄之兩辭。**民之所以治，由典獄之無不以中正聽獄之兩辭，兩辭棄虚從實，刑獄清則民治。○「民之亂」二句，今文無徵。○「民之亂」云云者，釋詁：「亂，治也。」言民之治，無他道，惟在聽獄兩造之辭無不得中。**無或私家于獄之兩辭，**典獄，無敢有受貨聽詐成私家於獄之兩辭。○「無或私家于獄之兩辭」，今文無徵。○「無或私家于獄之兩辭」者，「或」之言有也，取貨於獄以成私家之富，是「私家于獄之兩辭」也。無有如此者，則民之治可決矣。**獄貨非寶，惟府辜功，報以庶尤。**受獄貨非家寶也，惟聚罪之事，其報則以衆人見罪。○「獄貨非寶」，今文與古文同。「惟府辜功」，今文無徵。「報以庶尤」，古文也，今文「尤」作「訧」。○今文同者，大傳云：「獄貨非可寶也，然後寶之者，未能行其法者也。貪人之寶，受人之財，未有不受命以矯其上者也。親下以矯其上者，未有能成其功者也。」潛夫論班祿篇：「三府制法，未聞赦彼有罪，獄貨爲寶者也。」皆今文同之證。「惟府辜功」者，漢書司馬遷傳「智之府也」顏

注：「府者，所聚之處也。」辜，罪也。以貨爲寶，惟以府罪，知其非寶，惟以府功。「尤」作「訧」者，王應麟藝文志考：「漢儒引尚書異字『報以庶訧』。」是今文作「訧」。説文：「訧，罪也。」引周書此文同，與今文合。庶，衆也。報之以衆罪，是天所罰。**永畏惟罰，非天不中，惟人在命。**當長畏懼惟爲天所罰，非天道不中，惟人在教命使不中，不中則天罰之。○「永畏惟罰」三句，今文無徵。○「永畏惟罰」云云者，言長久可畏者，惟天之罰，非天道不中，惟人有以召之在其行政之命令不中耳。**天罰不極，庶民罔有令政在于天下。」**天道罰不中，令衆民無有善政在於天下，由人主不中，將亦罰之。○「天罰不極」二句，今文無徵。○「天罰不極」云云者，釋詁：「令，善也。」天罰不至極，則庶民不知畏懼，罔有善政在於天下矣。有苗民絶世之罰，然後庶民不敢濫刑；有實貨降訧之罰，然後庶民不敢鬻獄。天罰可畏，惟圖令政，以答天心耳。對天言，則在下者以庶民統之。

王曰：「嗚呼！嗣孫，今往何監？非德于民之中？尚明聽之哉！嗣孫，諸侯嗣世子孫，非一世。自今已往，當何監視？非當立德於民爲之中正乎？庶幾明聽我言而行之哉！○「王曰」六句，今文無徵。○「王曰：『嗚呼！嗣孫』」者，詔畿内、畿外諸侯，永戒其後嗣也。「今往何監？非德于民之中」者，與上「今往何監，非時伯夷播刑之迪」同一句例，非者，反言之，言自今以往，何所監視？非此立德於民之中乎？上云「有德惟刑」，又云「惟良折獄，罔非在中」，所謂「德于民之中」也。「尚明聽之哉」者，言庶幾皆明以聽獄也。**哲人惟刑，無疆之辭，屬于五極，咸中有慶。**言智人惟用刑，乃有無窮之善辭名聞于後世，以其折獄屬五常之中正，皆中有善，所以然也。○「哲人惟刑」四句，今文無徵。○「哲人惟刑」云云者，吴志步騭傳騭上疏曰：「『哲人惟刑』，書傳所美。自今蔽獄，都下則宜諮〔二〕顧雍，武昌則陸遜、潘濬，平心專意，務在得情。」言擇哲人而任之，乃能思惟慎刑，是「平心專意」、「惟刑」之謂也。詩傳：「疆，竟也。」「慶，善也。」周禮鄭注：「屬，猶合也。」五極，五刑之中。言雖有無竟之獄辭，哲人必反覆審詳，使合於五刑之中，能皆合於中，則必有善慶矣。**受王嘉師，監于兹祥刑。**有邦有土受王之善衆而治之者，視於此善刑。欲其勤而法之，爲無疆之辭。○「受王嘉師」云云者，釋詁：「嘉，善。」「師，衆也。」「嘉師」，若今俗言「好百姓」矣。王，穆王自稱。言有邦有土者，皆受王之民而牧之，當監視於此告爾之詳刑也。「祥」當作「詳」，説見上。後漢仲長統傳：「續吕侯之祥刑。」「祥」亦「詳」之誤，「吕」當作「甫」，後人以古文改之。

〔二〕「諮」字原無，據三國志吴志步騭傳原文補。

尚書孔傳參正三十二

文侯之命第三十　周書　孔氏傳　臣王先謙參正

文侯之命平王命爲侯伯。○書序：「平王賜晉文侯秬鬯、圭瓚，作文侯之命。」史記晉世家：「晉文公五年五月丁未，獻楚俘于周，駟介百乘，徒兵千。天子使王子虎命晉侯爲伯，賜大路，彤弓矢百，旅〔一〕弓矢千，秬鬯一卣，圭瓚，虎賁三百人。晉侯三辭，然後稽首受之。周作晉文侯命。」又自序云：「嘉文公，賜珪鬯，作晉世家第九。」新序善謀篇：「晉文公時，周襄王有弟太叔之難，出亡居鄭。晉侯以師逆王，入于王城，取太叔于温，殺之。晉侯朝王，王享醴，命之侑。其後三年，文公再會諸侯以朝天子，天子賜之弓矢、秬鬯，以爲方伯。晉文公之命是也。」先謙案：書序釋文云：「馬本無『平』字。」是馬説當與史記同，不以爲平王，鄭説與僞孔同，蓋有別本。後漢丁鴻傳：「永平十年召見，説文侯之命篇。」丁用今文，

〔一〕「旅」，史記作「玈」。

當無異義，李注：「平王東遷洛邑，晉文侯仇有功，平王賜以車馬弓矢而策命之，因以名篇。」亦非。

王若曰：「父義和，順其功而命之。文侯同姓，故稱曰父。義和，字也。稱父者非一人，故以字別之。○「王若曰：『父義和』」，今文與古文同。○今文同者，晉世家如此，集解引馬云：「王順曰：『父能以義和我諸侯。』」書疏引鄭云：「『義』讀爲『儀』，儀、仇皆匹也。故名仇字儀。」案：以「義和」爲字是也，馬説未圓。鄭義迂回，又於「和」字無解。**丕顯文、武，克慎明德，**大明乎文王、武王之道，能詳慎顯用有德。○「丕顯文、武」二句，今文與古文同。○今文同者，晉世家作「丕顯文、武，能慎明德」，克、能，故訓字。「丕顯文、武」者，丕，大；顯，明也。言大明哉文王、武王也。「克慎明德」者，康誥云：「克明德。」禮大學：「君子先慎乎德。」慎德斯明德矣，故云「克慎明德」。**昭升于上，敷聞在下。惟時上帝，集厥命于文王。**更述文王所以王也。言文王聖德明升于天，而布聞在下民。惟以是，故上天集成其王命，德流子孫。○「昭升于上，敷聞在下。惟時上帝，集厥命于文王」，古文也，今文「升」作「登」，「敷」一作「鋪」，一作「傅」，「惟」作「維」，「王」作「武」。○「昭升于上」者，集解引馬云：「昭，明也。上謂天。」「升」作「登」者，晉世家作「昭登于上」，班固典引云「昭登之績」，蔡邕注引尚書曰：「昭登于上。」又邕太尉汝南李公碑云：「懿鑠之美，昭登于上。」段云：「此今文也。凡古文作『升』，今文作『登』，如高宗肜日『升鼎耳而雊』，史、漢『升』皆作『登』。喪服鄭注：『布八十縷爲升。「升」字當爲「登」，今之禮皆以「登」爲「升」。（此當作「以『升』爲『登』」，謂用「升」字代「登」字。）俗誤已行久矣。』然則二字古通。三體石經『昭』作『卲』。」○「敷聞在下」者，集解引馬云：「下謂地。」今文同者，晉世家作「布聞在下」，敷、布，故訓字，禹貢「篠簜既敷」，夏本紀作「竹箭既布」，是其例也。典引云：「昭登之績，匪堯不興，鋪聞遺策在下之訓，匪漢不弘。」段云：「『鋪聞』即『敷聞』也，書以文、武爲上，襄〔二〕王爲下；班以堯爲上，漢爲下，此今文説也。」蔡邕太尉楊公碑：「敷聞于下，昭升于上。」「敷」、「升」字與今文不合，後人所改。一作「傳」者，後漢東平憲王傳：「傳聞在下。」凡古文作「敷」，今文多作「傳」，禹貢「禹敷土」，洪範「用敷錫厥庶民」、「皇極之敷言」，史記皆作「傳」；堯典「敷奏以言」，皋陶謨「敷納以言」，漢書文、宣、成紀皆作「傳」，是其證。〇「惟」作「維」、「王」作「武」者，晉世家作：「維時上帝，集厥命于文、武。」上言文、武，下不當單舉文王，今文是也。釋詁：「時，是也。」詩傳：「集，就也。」**亦惟先正，克左右，昭事厥辟，**言君既聖明，亦惟先正官賢臣能，左右明事其君，所以然。〇「亦惟先正，克左右」，今文與古文同。「昭事厥辟」，今文無徵。〇「亦惟先正，克左右」者，魏志武帝紀注引鄭云：「先正，先臣，謂公、卿、大夫也。」今文同者，漢書谷永傳永對曰：「經曰：『亦惟先正，克左右。』未有左右正而百官枉者也。」顔注：「周書君牙之辭。」段云：「僞古文君牙，永所不見，永正引文侯之命耳。」江云：「左右，助也。」「先謙案：永下云「左右正」，則「左右」不訓作虚字，克，任也，言先正任左右親臣之職。「昭事厥辟」者，昭，明也，明事其君，與詩「昭事上帝」同義。**越小大謀猷，罔不率從，肆先祖懷在位。**文王君聖臣良，於小大所謀道德，天下無不循從其化，故我後世先祖歸在王位。〇「越小大謀猷」三句，今文無徵。〇「越小大謀猷」云云者，越，魏三體石經篆

〔二〕「襄」，段玉裁古文尚書撰異原文作「平」。

作「粵」，於也；「猷」與「猶」同，禮緇衣引君雅曰：「爾有嘉謀嘉猶。」鄭注：「猶，道也。」釋詁：「率，循也。」「肆，故也。」詩箋：「懷，安也。」言先臣於善謀善道，無不循而從之，庶政惟和，故先祖安於其位。**嗚呼！閔予小子嗣，造天丕愆，**歎而自痛傷也。言我小子而遭天大罪過，父死國敗，祖業隤隕。○「嗚呼」三句，今文無徵。○「嗚呼」云云者，釋詁：「嗣，繼也。」釋言：「愆，過也。」過猶責也，言痛我小子繼位而遭天之大責。僞傳「我小子遭天大罪過」，疏引王曰：「遭天之大愆。」段云：「『造』字王、孔皆訓『遭』，此必今文尚書作『遭』，故用以注古文也。於大誥、呂刑知之。」**殄資澤于下民，侵戎我國家純。**言周邦喪亂，絶其資用惠澤於下民，侵兵傷我國及卿大夫之家，禍甚大。○「殄資澤于下民」二句，今文無徵。○「殄資澤于下民」云云者，釋詁：「殄，絶也。」「純，大也。」詩傳：「資，財也。」孟子趙注：「澤，禄也。」風俗通：「戎，兇也。」言下民之財禄，皆爲之殄絶。外夷侵淩兇禍我國家甚大，指謂王子帶以翟人入周事。**即我御事，罔或耆壽俊在厥服，予則罔克。**所以遇禍，即我治事之臣，無有耆宿壽考俊德在其服位，我則材劣無能之致。○「即我御事，罔或耆壽俊在厥服」，古文也，今文「或」作「克」，「俊」作「咎」，「服」作「躬」。「予則罔克」，今文無徵。○「即我御事」云云者，釋詁孫注：「即，猶今也。」御事，治事之臣；或，有字通；耆壽，謂老成；俊，謂賢才；服，事也。言即今治事之臣，無有老宿賢材任其事者。「或」作「克」、「俊」作「咎」、「服」作「躬」者，漢書成紀鴻嘉元年詔曰：「書不云乎：『即我御事，罔克耆壽，咎在厥躬。』」注：「文穎曰：『此尚書文侯之命篇中辭也。言我周家用事者，無能有耆壽賢者，使國之危亡，罪咎在其用事者也。』」顏注：「『咎在厥躬』，平王自謂，故帝引之以自責耳。」「予則罔克」者，克，能也，言予則自愧無能。**曰：惟祖惟父，其伊恤朕躬。嗚呼！**

有績予一人，永綏在位。王曰：同姓諸侯在我惟祖惟父列者，其惟當憂念我身。嗚呼！能有成功，則我一人長安在王位。言恃諸侯。○「曰：惟祖惟父，其伊恤朕躬。嗚呼！有績予一人，永綏在位」，古文也，今文作「恤朕身，繼予一人，永其在位」。○「曰：惟祖惟父」云云者，釋詁：「伊，維也。」「綏，安也。」「績，功也。」我意謂祖行父行之諸侯，其維收恤我身。嗚呼！有功於我一人，則長安在位矣。「恤朕身，繼予一人，永其在位」者，周紀如此。「恤朕身」承上「父義和」言之，躬，身，故訓字。釋詁：「績，繼也。」言文公能收恤我身，繼令我一人永其在位。功莫大焉，故歎而美之。**父義和，汝克昭乃顯祖，**重稱字，親之；不稱名，尊之。言汝能明汝顯祖唐叔之道，奬之。○「父義和」二句，今文無徵。○「父義和，汝克昭乃顯祖」者，顯祖，顯名之祖，蓋謂唐叔虞。言能光昭其顯祖之業。「昭」舊作「紹」，唐石經作「昭」，阮校勘記以作「紹」爲誤。段云：「魏三體石經篆、隸『汝』皆作『女』，知今本作『汝』之誤。」**汝肇刑文、武，用會紹乃辟，追孝于前文人。**言汝今始法文、武之道矣，當用是道合會繼汝君以善，使追孝於前文德之人。汝君，平王自謂也。繼先祖之志爲孝。○「汝肇刑文、武」三句，今文無徵。○「汝肇刑文、武」者，釋詁：「肇，敏。」「刑，法也。」文王伐密、莒、黎、崇，武王誅紂，滅國五十，有戡亂之功。今文公逐翟人，誅叔帶，以安王室，是敏於法文、武也。「用會紹乃辟」者，用，以也；會，謂合諸侯；釋詁：「紹，繼。」「辟，君也。」乃辟，襄王自謂。言文公以會合諸侯繼續汝君之王位，謂納王也。○「追孝于前文人」者，以宗廟祭祀言。翟人之難，王避居鄭，享祀廢墜，文公納王，然後宗廟血食，故特言此以大其功。俞樾云：「『追孝』乃古人常語。古鐘鼎款識每有『追孝』之文，追敦云『用追孝于前文人』，語與此同。楚良臣余義鐘云『以追孝先祖』，郜遺敦云『用追孝于其父母』，亦與此文義相近。又都公敦云『用享孝于乃皇祖于乃皇考」，陳逆簠云『以享以孝于大宗』，『享』、『孝』並言，可知所謂『追孝』者，以宗廟祭祀言也。禮祭統云：『祭者，所以追養繼孝也。』『追孝』即『追養繼孝』之謂。」**汝多修，扞我于艱，若汝，予嘉。」**戰功曰多。言汝之功多，甚修矣。乃扞我於艱難，謂救周、誅犬戎；汝功，我所善。○「汝多修」三句，今文無徵。○「汝多修」者，司勳鄭注：「戰功曰多。」引司馬法云：「上多前虜。」詩傳：「修，長也。」言文公之戰功，利賴長遠也。「扞」一作「敔」，說文：「敔，止也。从攴旱聲。周書曰：『敔我于艱。』」段云：「敔、扞古今字。衆經音義引說文：『捍，止也。』又引說文：『扞，止也。』蓋謂捍、扞皆即『敔』之別體。」釋詁：「嘉，美也。」言能捍衛我於艱難，如汝之功，朕實嘉美之。

王曰：「父義和，其歸視爾師，寧爾邦。遣令還晉國，其歸視汝衆，安汝國内上下。○「王曰」四句，今文無徵。○「王曰」云云者，釋詁：「師，衆也。」言歸國見汝百姓。覲禮：「伯父無事，歸寧乃邦。」**用賚爾秬鬯一卣，**黑黍曰秬，釀以鬯草。不言圭瓚，可知。卣，中罇也。當以錫命告其始祖，故賜鬯。○「用賚爾秬鬯一卣」，今文當與古文同。○今文當同者，晉世家云：「秬鬯一卣，圭瓚。」（引見上。）說文：「賚，賜也。从貝來聲。周書曰：『賚尒秬鬯。』」段云：「尒、爾古今字。『秬』下云：『𩰪，或从禾作「秬」。』疑壁中古文當是作『𩰪』，轉寫易爲『秬』耳。」**彤弓一，彤矢百，盧弓一，盧矢百，**彤，赤。盧，黑也。諸侯有大功，賜弓矢，然後專征伐。彤弓以講德習射，藏示子孫。○「彤弓一，彤矢百，盧弓一，盧矢百」，古文也，今文「盧矢百」當作「盧矢千」，「盧」一作「黸」。○「百」當作「千」

者，晉世家云：「彤弓矢百，旅〔一〕弓矢千。」（引見上。）左僖二十八年傳：「王賜晉文公彤弓一，彤矢百，旅弓矢千。」與史記合，則作「盧矢百」者非也。彤、盧弓皆一，據此經及史記、左傳推之可知。「盧」一作「黸」者，楊雄法言如此。（引見下。）段云：「書疏『盧』作『玈』，『玈』字凡六見，且曰『「彤」字从丹，「玈」字从玄，故「彤」赤、「玈」黑也』，據此，知尚書經、傳皆本作『玈』，今經、傳作『盧』者，未知孔疏本與釋文本所據有異，抑陸本亦作『玈』，天寶初改作『盧』，而音義『玈』字爲宋開寶中所刪也。凡訓『黑』之字作『黸』，見説文，經傳多假『盧』爲之，如公羊定四年傳何注作『盧弓』，漢書王莽傳『盧弓矢』是也。法言五百篇：『彤弓黸矢。』與説文合。『黸』之異體作『玈』，左僖二十八年、文四年傳皆云『玈弓矢千』，其字从玄、旅省聲，而非古字也。古音『旅』、『盧』無魚模斂侈之别，如『廬』即盧聲可證。古字假『旅』爲『黸』，魏三體石經遺字[illegible]、旅二文，一篆一隸，即此經『盧』字。廣雅釋器訓『黑』之字廿九而有『黸』無『玈』，則魏時無『玈』字信矣。左傳音義云：『玈，本或作「旅」。』此正古本之善，轉以爲非。詩彤弓音義亦云：『玈，本或作「旅」字者，非。』皆陸之疏耳。魏石經隸體不用『玈』字，則起於魏後，昧於假『旅』之恉，而改從玄旁爲傅合也。説文無『玈』字。孔疏云『説文「玈」从玄』似誤。」**馬四匹**，馬供武用，四匹曰乘。侯伯之賜無常，以功大小爲度。○「馬四匹」，今文無徵。○「馬四匹」者，晉世家云：「賜大路。」案：路駕四馬，則馬四匹，即大路之服也。曲禮疏引含文嘉云：「九賜：一曰車馬，二曰衣服，三曰樂則，四曰絑户，五曰納陛，六曰虎賁，七曰斧戉，八曰弓矢，九曰秬鬯。」此賜大路、虎賁、弓矢、秬鬯，是九

〔一〕「旅」，史記作「玈」。

賜已有其四。**父往哉！柔遠能邇，惠康小民，無荒寧。**父往歸國哉！懷柔遠人，必以文德。能柔遠者必能柔近，然後國安。安小人之道必以順，無荒廢人事而自安。○「父往哉」四句，今文無徵。○「父往哉」云云者，命往歸國也。釋詁：「柔，安也。」「柔遠能邇」，謂安遠如邇。古「能」與「而」、「而」與「如」字通。其在近之小民，則務加以惠愛而康定之，無荒怠而自安寧。周書謚法解：「好樂怠政曰荒。」**簡恤爾都，用成爾顯德。**當簡核汝所任，憂治汝都鄙之人，人和政治，則汝顯用有德之功成矣。不言鄙，由近以及遠。○「簡恤爾都」二句，今文無徵。僞傳「不言鄙」云云，用鄭說。○「簡恤爾都」云云者，書疏引鄭云：「都，國都也；鄙，邊邑也。言都不言鄙，由近以及遠也。」釋詁：「簡，大也。」說文：「恤，收也。」言大收恤汝國都之衆，以終成汝顯著之德也。

費誓第三十一　周書　孔氏傳　臣王先謙參正

費誓費，魯東郊之地名。○書序：「魯侯伯禽宅曲阜，徐夷並興，東郊不開，作費誓。」史記魯世家：「伯禽即位之後，有管、蔡等反也，淮夷、徐戎亦並興反。於是伯禽率師伐之於肸，作肸誓。」末云：「作此肸誓，遂平徐戎，定魯。」集解引：「徐廣曰：『一作「鮮」，一作「獮」。』」駰案：尚書作『粊』。」索隱云：「尚書作『粊誓』，今尚書大傳作『鮮誓』。『鮮誓』即『肸誓』，古今字異，義亦變也。鮮，獮也，言於肸地誓衆，因行獮田之禮，以取鮮獸而祭，故字或作『鮮』，或作『獮』」。段云：「說文：『粊，惡米也。从米比聲。周書有粊誓篇。」廣〔一〕韻引説文作『棐』，譌字。釋文、五經文字不誤。『粊』即『粃』或體，雍氏、禮曾子問（今禮記改「費」，釋文可證。）鄭注皆作『粊誓』。肸、鮮、獮三字雙聲，『鮮』音一讀如『斯』，『獮』古音如『徙』，故與『肸』音近，蓋許、鄭從古文作『粊』，史記用今文作『肸』也。據裴駰、司馬貞，唐初尚書本尚作『粊』，衛包用司馬貞『粊即魯卿季氏費邑』之陋説，改爲『費』字，（廣韻五至：『粊，魯東郊地名。』此用孔傳，蓋陸法言元文也，可證孔不作『費』。）陳鄂又改釋文之『粊』爲『費』耳。」王鳴盛云：「粊爲魯東郊地，應在今曲阜，而已無考；唐人改爲『費』，春秋初，費自爲國，左隱元年傳『費伯率師城郎』是也，後併於魯爲季氏邑，漢爲縣，屬東海，故城在今兖州府費縣西北二十里，去曲阜且三百里，後人疑作誓之地在此，非也。」大傳云：「已有三牲必田狩者，孝子之意，以爲已之所養不如天地自然之性逸豫肥美，禽獸多則傷五穀，因習兵事，又不空役設，故因以捕禽獸，所以共承宗廟，示不忘武備，又因以爲田除害。鮮者何也？秋取嘗也。秋取嘗何以也？習鬬也。習鬬也者，男子之事也。然而戰鬬不可空習，故於蒐狩閑之也。閑之者，貫之也。貫之者，習之也。已祭，取餘獲陳於澤，然後卿大夫相與射，命中者，雖不中也取；命不中者，雖中也不取。何以也？所以貴揖讓之取，而賤勇力之取也。卿之取也，於囿中，勇力之取也；於澤，揖讓之取也。」鄭注：「取禽嘗祭。澤，射宮也。」陳云：「傳文專釋『鮮』字，此鮮誓之傳也。」

〔一〕「廣」字原脱，據段玉裁古文尚書撰異原文補。

案：馬、鄭古文書序此篇列呂刑、文侯之命前，今文不可考。

公曰：「嗟，人無譁！聽命。伯禽爲方伯，監七百里内之諸侯，帥之以征。歎而勑之，使無喧譁，欲其靜聽誓命。○「公曰：『嗟，人無譁！聽命』」，今文無徵。○「公曰：『嗟，人無譁！聽命』」者，釋名：「嗟，佐也。言之不足以盡意，故發此聲以自佐也。」書疏引鄭云：「人，謂軍之士衆及粊地之民。」説文：「譁，讙也。」**徂茲淮夷，徐戎並興，**今往征此淮浦之夷、徐州之戎，並起爲寇。此戎、夷，帝王所羈縻統叙，故錯居九州之内，秦始皇逐出之。○「徂茲淮夷，徐戎並興」，今文無徵。○「徂茲淮夷，徐戎並興」者，言命往征此淮夷，且有徐戎並起爲亂也。淮夷不言「興」，徐戎不言「征」，互文見義。「淮夷」者，詩傳云：「東國，在淮浦而夷行也。」「徐戎」者，魯世家：「頃公十九年，楚伐我，取徐州。」郡國志：「魯國薛縣，六國時曰徐州。」孫云：「魯世家淮夷、徐戎反與管、蔡同時。（引見上。）其上文云：『周公於是卒相成王，而使其子伯禽代就封於魯。管、蔡、武庚等果率淮夷而反。周公乃奉成王命，興師東伐，作大誥。』周紀云：『召公爲保，周公爲師，東伐淮夷，殘奄。』又云：『既絀殷命，襲淮夷，在豐，作周官。』是伯禽伐淮夷，在管、蔡以殷畔之時；周公伐淮夷，在歸政踐奄之後。但伯禽封魯，據雒誥經文及『惟告周公其後』，則在七年歸政之時，此云即位後有管、蔡、淮夷等反，殊不可解。史公從安國問故，又用伏生所傳今文，故説有歧異。後漢東夷傳：『康王之時，肅慎復至。後徐戎僭號，乃率九夷以伐宗周，西至河上。穆王畏其方熾，乃分東方諸侯，命徐偃王征之。』此疑今文説。則魯公征徐戎在穆王時，故編篇於顧命後呂刑前也。」皮云：「孫説謬。此篇伏生今文雖不可考，而史記作

『肸』，一作『鮮』，與大傳合，則史公以淮夷、徐戎反與管、蔡同時，即伏生今文説也。論衡儒增篇：『成王之時，四國簒畔，淮夷、徐戎並爲患害。』王充用歐陽説，與史公説同。『四國』者，管、蔡、商、奄也。伯禽就封於魯，在管、蔡流言時，史公之説明甚。而成王又於七年歸政時封伯禽爲魯公後者，周紀云：『武王封弟周公旦於曲阜曰魯。』是魯於武王時已受封，其時周公在朝，使何人守國，不可考。至三監畔，乃使伯禽就封。然其時國猶周公之國，伯禽不過代攝國事。周禮：『凡諸侯之子誓於天子，則下其君之禮一等。』伯禽即位，蓋亦如是。其制猶後世之監國也。及公致政，當就國，成王留公輔政，乃加封伯禽以大國，命爲公後。於是公不之魯，魯爲伯禽之國。伯禽爲魯始封祖，故伯禽稱魯公。史記多用今文，則伏生今文亦當如史公説。魯之封國，在武王初定天下時，不在七年歸政後。孫讀史記不熟，何反以史公説爲歧異乎？若後漢書，並無魯公征徐戎之事，豈可傅會以爲今文？孫氏之疑，蓋拘於書序編次，不知馬、鄭書序，與史記所載今文書序多不合，必非孔子之舊。史記用書序作『肸』，與大傳合，而與古文作『粊』不同，此史記用今文書序之明證。若專據馬、鄭書序以定先後之次，則蔡仲之命明屬成王封蔡仲時事，而馬、鄭書序亦列於穆王之世、粊誓之前，豈亦可傅會爲穆王事乎？伏書二十九篇雖可考定，而其次序無以定之。書序有今、古文不同。據史記説，君奭當在康誥前，據漢書説，洪範當在微子前，此今文次序之略可考者。史公以肸誓在周公攝政時，似亦不應列此，惟今文編次不可盡曉，未敢以意更定耳。』

善敹〔二〕乃甲冑，敿乃干，無敢不弔。言當善簡汝甲鎧冑兜鍪，施汝楯紛，無敢不令，至攻堅使可用。

〔二〕「敹」原作「敹」，依阮元校勘記改。

○「善敹乃甲冑，敿乃干，無敢不弔」，古文也，今文作「陳爾甲冑，無敢不善」。○「善敹乃甲冑」云云者，書疏引鄭云：「敹，謂穿徹之。敿，猶繫也。弔，至也；至，猶『善』。」案：甲冑皆以革爲之，「穿徹」謂縫綴也。説文：「敿，繫連也。从攴喬聲。周書曰：『敿乃干。』」至，謂至於軍所。「陳爾甲冑，無敢不善」者，魯世家如此。説文：「敹，擇也。从攴𡨄聲。周書曰：『敹乃甲冑。』」夏小正云：「陳筋革者，省兵甲也。」「省」亦「擇」也，是「陳」有「擇」義。史記「敹」上無「善」字，以「善」代「弔」，亦訓「弔」爲「善」，與鄭意同也。段云：「『罙』从網米聲，或从〔二〕卣作𡨄，然則『敹』字古音不讀如了彫切，當讀如『彌綸』之『彌』。」**備乃弓矢，鍛乃戈矛，礪乃鋒刃，無敢不善。**備汝弓矢，弓調矢利，鍛鍊戈矛，磨礪鋒刃，皆使無敢不功善。○「備乃弓矢」四句，今文無徵。○「備乃弓矢」云云者，「備」與「葡」同，説文：「具也。」廣雅釋詁：「鍛，椎也。」礪，俗字，當爲「厲」，火鍊用椎，磨厲用石。説文：「鏠，兵耑也。」鋒，省字。刃，刀堅也。**今惟淫舍牿牛馬，**今軍人惟大放舍牿牢之牛馬，言軍所在必放牧也。○「今惟淫舍牿牛馬」，今文無徵。○「今惟淫舍牿牛馬」者，書疏引鄭云：「『牿』爲『桎梏』之『梏』，施牿於牛馬之腳，使不得走失。」此讀「牿」爲「梏」而易其字也。説文：「牿，牛馬牢也。从牛告聲。周書曰：『今惟牿牛馬。』」段云：「大徐本無『淫舍』二字，小徐本有『淫』無『舍』，此轉寫奪之，或據説文以改周書，此爲顛倒見。」先謙案：釋詁：「淫，大也。」釋詁郭注：「舍，放置也。」今惟大放置牢中牛馬使得散牧。説文義較長。**杜乃擭，斂乃穽，無敢傷牿。牿之傷，汝則有常刑。**

〔二〕「从」原誤作「省」，今據段玉裁古文尚書撰異改。

擭，捕獸機檻，當杜塞之。穽，穿地陷獸，當以土窒斂之，無敢令傷所牿牢之牛馬。牛馬之傷，汝則有殘人畜之常刑。○「杜乃擭，斂乃穽」、「牿之傷，汝則有常刑」，今文無徵。「無敢傷牿」，今文與古文同。○「杜乃擭，斂乃穽」者，書疏引鄭云：「山林之田，春始穿地爲穽，或設擭其中，以遮獸。擭，柞鄂也。」雍氏云：「秋令塞阱杜擭。」鄭注：「阱，穿地爲塹，所以禦禽獸。其或超踰，則陷焉。世謂之陷阱。擭，柞咢也，堅地阱淺，則設柞咢於其中。書柴誓曰：『敗乃擭，敜乃阱。』時秋也，伯禽以出師征徐戎。」釋文：「杜，本又作『敗』。」是古文有「杜」、「敗」兩作。大傳云：「擭，捕獸機檻。」書疏云：「檻以捕虎豹，穿地爲深坑，又設機於上，防其躍而出也。」鄭以「擭」爲柞咢者，雍氏疏云：「或以爲豎柞於中，向上咢咢然，所以載禽獸，使足不至地，不得躍而出，謂之柞咢也。」「機」但渾言之，「柞咢」乃實指其物，非異義。説文「敜」下云：「塞也。从攴念聲。周書曰：『敜乃穽。』」「阱」下云：「陷也。」「穽」下云：「重文『阱』。」穽捕小獸，不施機，爲與擭異。魯語：「鳥獸成，設穽鄂。」穽鄂猶擭穽也。所以杜擭斂穽者，便放牧牛馬也。「無敢傷牿」者，魯世家如此，明今、古文同，所謂「牿」者，即出牢而放牧之牛馬，承上文「牿牛馬」之文，故此不更言牛馬，直以「牿」言之，而文義自明。又云「牿之傷，汝則有常刑」，亦謂施刑於傷及牛馬之人耳，若以爲傷牛馬之牢則有刑，非也。**馬牛其風，臣妾逋逃，勿敢越逐，**馬牛其有風佚，臣妾逋亡，勿敢棄越壘伍而求逐之。役人賤者男曰臣，女曰妾。○「馬牛其風」三句，今文與古文同。○今文同者，魯世家如此。集解引鄭云：「風，走逸。臣妾，廝役之屬。」案：左僖四年傳賈注：「風，放也。牝牡相誘謂之風。」相誘，則追逐而走逸。「臣」者，公羊宣十二年傳：「廝役扈養死者數百人。」何注：「刈草爲防者曰廝，汲水漿者曰役。養馬者曰扈，炊烹者曰養。」故鄭以「廝役之屬」言之。雖賤役，皆必有統屬。

左昭七年傳：「隸臣輿，輿臣僕，僕臣臺。」此「臣」義同也。「妾」者，墨子備城門篇：「守法：五十步丈夫十人，丁女二十人，老小十人，計之五十步四十人。」是軍中有女子。書疏云：「古者或以婦女從軍也。」說文：「逋，亡。」「越，踰。」「逐，追也。」雖有此事，毋得踰越部伍而追逐，恐亂行列也。段云：「經言『無敢』者六，惟越逐作『勿敢』，唐石經及注疏本皆然，今坊本作『無敢』者，誤。」**祇復之，我商賚爾。** 衆人其有得佚馬牛、逃臣妾，皆敬還復之，我則商度汝功，賜與汝。○「祇復之」，今文與古文同。「我商賚爾」，今文無徵。○今文同者，魯世家作「敬復之」，以故訓代經。集解引徐廣曰：「一作『振』。」段云：「作『振』者，今文也。般庚篇『震動』石經作『祇動』，皋陶謨『祇敬』夏本紀作『振敬』，無逸篇『祇懼』魯世家作『震懼』，祇、振，語之轉。」「我商賚爾」者，言以人物還其故主者，我量度賜賚之。釋文：「商，徐音章。」段云：「此舊音也。漢書律曆志：『商之爲言章也，物成孰可章度也。』白虎通云：『商之爲言章也，章其遠近，度其有亡，通四方之物，故謂之商也。』（今本「章」皆誤「商」。）史、漢貨殖傳『千章之楸』、『木千章』如湻注：『舊將作大匠主材吏名章曹掾。』百官公卿表『將作大匠』屬官有『東園主章』，皆謂能度材爲章也。『章度』乃周、漢古語，『商度』即『章度』，不讀尸羊切。匡謬正俗云：『或問曰：今市井之人，謂算料量度爲章佐，有何義？答曰：周書粊誓云：「我商賚汝。」孔傳云：「商度。」徐仙民音章。然則「商」字舊有章音，章佐即商估也，謂度其貴賤，當其大小所堪爾。』」**乃越逐，不復，汝則有常刑。** 越逐爲失伍，不還爲攘盜，汝則有此常刑。○「乃越逐，不復，汝則有常刑」，今文無徵。**無敢寇攘，踰垣牆，** 軍人無敢暴劫人，踰越人垣牆，物有自來者，無敢取之。○「無敢寇攘，踰垣牆」，古文也，今文「垣牆」作「牆垣」。○作「牆垣」者，魯世家如此。集解引鄭云：「寇，劫取也。因其失亡曰攘。」釋詁：

「儴、仍，因也。」攘、儴字同。**竊馬牛，誘臣妾，汝則有常刑。**軍人盜竊馬牛，誘偷奴婢，汝則有犯軍令之常刑。○「竊馬牛」三句，今文無徵。○「竊馬牛，誘臣妾」云云者，説文：「𧦝，相訹呼也。」重文作「誘」。**甲戌，我惟征徐戎。**誓後甲戌之日，我惟征之。○「甲戌」二句，今文與古文同。○今文同者，白虎通誅伐篇：「征者何謂也？征猶正也，欲言其正也，輕重從詞也。尚書曰：『誕以爾東征。』誅禄甫也。又曰：『甲戌，我惟征徐戎。』」魯世家作「而征徐戎」，併入下文「甲戌築」下。**峙乃糗糧，無敢不逮，汝則有大刑。**皆當儲峙汝糗糒之糧，使足食，無敢不相逮及，汝則有乏軍興之死刑。○「峙乃糗糧，無敢不逮」，今文與古文同，「乃」作「爾」，「汝則有大刑」無「汝則」字；古文「糗糧」一作「餱粻」。○「乃」作「爾」者，魯世家作：「峙爾芻茭，糗糧、楨榦，無敢不逮。」史公以芻茭、糗糧、楨榦併入「峙爾」爲一句，列「魯人三郊三遂」下。「峙」當爲「峙」，轉寫之誤，下同。釋詁：「峙，具也。」即説文「偫」字。説文：「糗，熬米麥也。」釋詁：「逮、及，與也。」今文無「汝則」字者，魯世家作「有大刑」，併入末句，或本無，或史公渻之。集解引馬云：「大刑，死刑也。」古文一作「餱粻」者，説文：「餱，乾食也。从食侯聲。周書曰：『峙乃餱粻。』」釋言郭注：「粻，糧也。」**魯人三郊三遂，峙乃楨榦。甲戌，我惟築，**總諸國之兵，而但稱魯人峙具楨榦，道近也。題曰楨，旁曰榦。言「三郊三遂」，明東郊距守不峙。甲戌日，當築攻敵壘距堙之屬。○「魯人三郊三遂」四句，古文也，今文「遂」作「隧」，「乃」作「爾」。魯世家集解引王肅云：「東郊留守，故言三。」僞傳與之同，此又僞傳出肅之一證也。○「遂」作「隧」者，魯世家作：「魯人三郊三隧。」遂、隧字通。匠人：「廣二尺深三尺謂之隧。」釋文：「隧，本作『遂』。」是其證。禮王制疏引大傳云：「古者百里之國，三十里之遂，二十里之郊。七十里之國，二十里之遂，九里之郊。五十里之國，九里之遂，三里之郊。」正此篇之傳。（王制疏引尚書傳云多士傳，周禮典命疏云毋逸傳，皆誤。）魯國百里，則郊當在二十里之外，遂又在其外也。孫云：「釋地：『邑外謂之郊。』王制鄭注：『郊，鄉界之外者也。』『遠郊之外曰遂。』大司馬云：『凡制軍，大國三軍。』魯大國，宜爲三軍。小司徒疏云：『凡出軍之法，先六鄉；賦不止，次出六遂；賦猶不止，徵兵于公邑及三等采；賦猶不止，乃徵兵於諸侯，大國三軍，次國二軍，小國一軍，此軍等皆出於鄉、遂；賦猶不止，則諸侯有偏境之法，則千乘之賦是也。』左成元年傳疏云：『天子六軍，出自六鄉，大國三軍，出自三鄉，其餘公邑、采地之民，不在三軍之數。古者用兵，天子先用鄉，鄉不足取遂，遂不足取公卿采邑及諸侯邦國。若諸侯出兵，先盡三鄉、三遂，鄉、遂不足，然後總徵境内之兵。』今此淮夷、徐戎兩寇並發，其勢甚急，故悉起鄉、遂之兵應之，尚不至總徵境内也。王肅謂東郊留守，故不言四郊，非。」○「乃」作「爾」者，魯世家作：「峙爾楨榦。」統於「峙爾糗糧」句。（引見上。）集解引馬云：「楨、榦，皆築具。楨在前，榦在兩旁。」凡築牆及城者，以繩束板置於兩旁，更豎木於其耑首，乃取土實其中而築之。楨是其耑首之木，故云在前；榦則其兩旁之板也。「甲戌，我惟築」者，魯世家作：「我甲戌築而征徐戎。」以上文「我惟征徐戎」併入此「甲戌」下，此皆史公檃括録之也。

無敢不供，汝則有無餘刑，非殺。

峙具楨榦，無敢不供；不供，汝則有無餘之刑；刑者非一也，然亦非殺汝。○「無敢不供」三句，今文無徵。○「無敢不供」者，段云：「『供』本作『共』，衛包改也。釋文：『共，音恭。』開寶中又改大字作『供』，此與召誥『用共王能祈天永命』、無逸『惟正之共』同也。」○「汝則有無餘刑，非殺」者，書疏引鄭云：「謂盡奴其妻子，不遺其種類。在軍，使給廝役；反，則入於罪隸、舂稾，不殺之。」司厲：「其奴，男子入於罪隸，女子入於舂稾。」先鄭注：「謂坐爲盜賊而爲奴者，輸於司隸〔一〕舂人、槀人之官也。」禮檀弓杞梁妻云：「君之臣不免於罪，則將肆諸市朝，而妻妾執。」然則周之刑法，軍人有罪，固有没入妻孥者。**魯人三郊三遂，峙乃芻茭，無敢不多，汝則有大刑。**」郊、遂多積芻茭，供軍牛馬。不多，汝則亦有乏軍興之大刑。○「魯人三郊三遂，峙乃芻茭，無敢不多，汝則有大刑」，古文也，今文「遂」作「隧」，「乃」作「爾」，「多」作「及」，無「汝則」字。○「遂」作「隧」者，此「魯人三郊三隧」魯世家統於上句。「乃」作「爾」者，魯世家作「峙爾芻茭」統於「峙爾糗糧」句。（並引見上。）書疏引鄭云：「茭，乾芻。」「多」作「及」者，魯世家作：「無敢不及。」孫云：「芻茭不至，牛馬不得食，不可以戰，故有大刑。若及而不多，不應云大刑也。當從史記。『多』與『及』相似而誤。」無「汝則」字者，魯世家作「有大刑」，總括上句。（引亦見上。）皮云：「禮曾子問注：『伯禽，周公子，封於魯。時徐戎作難，喪卒哭而征之，急王事也。』疏云：『周公致政之後，成王即位之時，周公猶在，則此伯禽卒哭者，爲母喪也。』據史記，此篇之作，在周公居攝時。疏云『母喪』是也，而以爲周公致政之後，則與史記不合，蓋亦惑於周公致政乃封伯禽之文，不知公居攝時，伯禽已就封也。江聲以爲當次亳姑事在周公薨後，尤非是。」

秦誓第三十二　周書　孔氏傳　臣王先謙參正

秦誓貪鄭取敗，悔而自誓。○書序：「秦穆公伐鄭，晉襄公帥師敗諸崤。還歸，作秦誓。」史記秦本紀：

〔一〕周禮先鄭注「司隸」作「罪隸」。

「三十六年，繆公復益厚孟明等，使將兵伐晉，渡河焚船，大敗晉人，取王官及鄗，以報殽之役。晉人皆城守不敢出。於是繆公乃自茅津渡河，封殽中尸，爲發喪，哭之三日。乃誓於軍。」史公用今文説，與書序以爲在師敗還歸之後、左傳以爲在釋歸三帥之時不同。公羊文十二年傳：「何賢乎秦繆公？以爲能變也。」荀子大略篇：「春秋賢穆公能變。」楊倞注：「謂不用蹇叔、百里奚之言敗於崤函，而自變悔，作秦誓『詢兹黄髮』是也。」中論修本篇：「人之過，在於悔往而不在於懷來。故書舉穆公之誓，善變也。」

公曰：「嗟！我士，聽無譁，誓其羣臣，通稱士也。○「公曰：『嗟』」，今文與古文同。「我士，聽無譁」，今文「我士」作「士卒」。○「公曰：『嗟！我士，聽無譁』」者，書疏引鄭云：「誓其羣臣，下及萬民，獨言『士』者，舉中言之。」今文同者，白虎通號篇：「伯、子、男臣子，於其國中褎其君爲公何？以諸侯有會聚之事，相朝聘之道，或稱公而尊，或稱伯、子、男而卑，爲交接之時不私。其臣子之義，心俱欲尊其君父，故皆令臣子得稱其君爲公也。何以知諸侯得稱公？尚書曰：『公曰：「嗟！」』公謂秦伯也。」秦紀作：「乃誓於軍，曰：『嗟！』」「我士」作「士卒」者，秦紀作：「士卒，聽無譁。」以此時誓于軍中也。**予誓告汝羣言之首。**衆言之本要。○「予誓告汝羣言之首」，古文也，今文「予」作「余」，無「羣言之首」四字。○「予」作「余」、無四字者，秦紀作：「余誓告汝。」禮曾子問：「今之祭者，不首其義。」鄭注：「首，本也。」**古人有言曰：『民訖自若是多盤。』**言民之行己盡用順道，是多樂。稱古人言，悔前不順忠臣。○「古人有言曰」二句，今文無徵。○「古人有言曰」云云者，釋詁：「訖，止也。」「盤，樂也。」釋言：

「若，順也。」穆公述古人之言，謂民性喜承順，惡違忤，止以自順其意，是爲多樂耳。論語孔子引：「人之言曰：『予無樂乎爲君，惟其言而莫予違。』」與此古人之言合。俞樾云：「『盤』與『般』通，説文：『般，辟也。』多般猶多辟。詩板『民之多辟』鄭注：『民之行多爲邪辟。』民訖自若是多般，言民盡自順其意，故多辟也。」於義亦通。**責人斯無難，惟受責俾如流，是惟艱哉！**人之有非，以義責之，此無難也；若己有非，惟受人責，即改之如水流下，是惟艱哉！〇「責人斯無難」三句，今文無徵。**我心之憂，日月逾邁，若弗云來。**言我心之憂，欲改過自新，如日月並行過，如不復云來。雖欲改悔，恐死及之，無所益。〇「我心之憂」，今文無徵。「日月逾邁，若弗云來」，今文當與古文同。〇「我心之憂，日月逾邁，若弗云來」者，呂覽高注：「逾，益也。」釋言：「邁，行也。」詩傳：「云，旋也。」言我心之憂，日月行疾，如不旋來者，恐天不假年，改過不及。隸古定本「云」作「員」，書疏云：「『員』即『云』也。」則本是「員」字，衛包改「云」爲「員」〔二〕，下「雖則員然」同。困學紀聞云：「周益公（名必大。）云：『唐賦多用「員來」，讀秦誓正義，知今之「云」字乃「員」之省文。』」段云：「周猶未悟『云』係衛改。漢書韋賢傳顏注引作『員』，説之曰：『「員」與「云」同。』顏時未經衛改也。」今文當同者，後漢傅毅傳迪志詩云：「日月逾邁，豈云能復？」「豈云能復」即「若弗云來」意。**惟古之謀人，則曰未就予忌。**惟爲我執古義之謀人，謂忠賢蹇叔等也，則曰未成我所欲，反忌之耳。〇「惟古之謀人」，今文當與古文同。「則曰未就予忌」，今文無徵。〇今文當同者，秦紀云「古之人謀」，無「惟」字，省文；「謀人」

〔二〕依文義當作「衛包改『員』爲『云』」。

作「人謀」，蓋傳寫倒誤。史公檃括誓文，可爲今、古文同之證。疑此時蹇叔已死，杞子等尚存，故以蹇叔爲古之謀人。事具左、公羊傳。「則曰未就予忌」者，説文：「惎，毒也。从心其聲。周書曰：『來就惎惎。』」段云：「『來』是『未』之誤，『惎』上當脱『予』字，下『惎』字下當有脱文。如『圛，升雲半有半無』，『堲，疾惡也』，『𦱤席，纖蒻席也』，皆引書而釋之，與其字之本義不必合。考『惎』字，在左傳有訓『毒』者，如『惎間王室』、『惎澆能戒之』是也；有訓『教』者，如『惎之脱扃』，西京賦『天啟其心，人惎之謀』是也。『教』之訓，則『惎』與『諅』同；『毒』之訓，則『惎』與『忌』略同。説文蓋作『周書曰：「未就予惎。」惎，教也。』而脱誤與？惎、忌同部同音，壁書作『惎』，説古文者讀爲『諅』，『忌』蓋『諅』之省與？」俞樾云：「廣韻：『惎，教也。一曰謀也。』『未就予惎』者，未成我之所謀也。『惎』之訓『謀』，蓋古訓也。釋詁：『基，謀也。』玉篇：『諆，謀也。』『惎』與『基』、『諆』並聲近義通。」先謙案：訓「惎」爲「教」是也。言古之謀人，反以爲未就予教。孟子所云「好臣其所教，不好臣其所受教」也。俞訓「惎」爲「謀」，亦通。**惟今之謀人，姑將以爲親。**惟指今事爲我所謀之人，我且將以爲親而用之。悔前違古從今，以取破敗。○「惟今之謀人」二句，今文無徵。○「惟今之謀人」云云者，「今之謀人」指杞子輩其時尚存者。詩傳：「姑，且也。」言不可信之謀人，我且將以爲親厚我而從之。**雖則云然，尚猷詢兹黄髮，則罔所愆。**言前雖則有云然之過，今我庶幾以道謀此黄髮賢老，則行事無所過矣。○「雖則云然」，今文無徵。「尚猷詢兹黄髮，則罔所愆」，今文當與古文同，「罔」一作「無」，一「髮」下多「之言」二字。○「雖則云然」者，漢書韋賢傳、李尋傳顔注並引作「員然」，衛包未改本也。「尚猷詢兹黄髮，則罔所愆」者，顔注引「猷」並作「猶」，猷、猶同字。言雖則如是，自今以後，庶幾猶詢謀此黄髮之人，則無所過失矣。詢，俗字，當作「恂」，釋詁云：「謀也。」詩南山有臺：「遐不黃耇。」傳：「黃，黃髮也。」疏引釋詁舍人注：「黃髮，老人髮白復黃也。」今文當同者，秦紀：「黃髮番番，則無所過。」愆、過，故訓字。史公隱括上下經文。韋賢傳韋孟諷諫詩云：「追思黃髮，秦繆以霸。」又云：「咢咢黃髮。」李尋傳尋説王根曰：「思惟黃髮，任用百里奚，卒伯西域，德列王道。」論衡狀留篇：「百里奚之知，明於黃髮。」魏志管甯傳注引明帝詔曰：「以秦繆之賢，猶思詢於黃髮。」蜀志秦宓傳宓薦任定祖曰：「昔百里、蹇叔以耆艾而定策，故書美黃髮。」皆用此經文。漢官儀殤帝策曰：「張禹三世在上，黃髮罔愆。」是今文亦作「罔」。「罔」一作「無」者，新序雜事篇：「秦穆公敗其師，曰：『黃髮之言，則無所愆。』美用老人之言以安國也。」王應麟藝文志考：「漢儒引尚書異字亦作『無』。」皮云：「今文三家異字作『無』，猶康王之誥『乃心罔不在王室』今文作『無不在王室』也。史記亦云『則無所過』。」「愆」一作「僁」者，張超誚青衣賦云：「秦繆思僁，故獲終吉。」李尋傳顏注引秦誓：「則罔所僁。」是唐初尚有從籀文者。一多「之言」二字者，新序引作「黃髮之言」。（見上。）漢書息夫躬傳丞相嘉曰：「昔秦繆公不從百里奚、蹇叔之言，以敗其師，悔過自責，疾詿誤之臣，思黃髮之言，名垂於後世。」所引「黃髮」下亦有「之言」二字。

番番良士，旅力既愆，我尚有之。勇武番番之良士，雖衆力已過老，我今庶幾欲有此人而用之。〇「番番良士，旅力既愆」，今文與古文同，「番番」一作「皤皤」。「我尚有之」，今文無徵。〇「番番良士」云云者，江云：「秦紀云：『黃髮番番。』以『番番』屬於『黃髮』，則『番番』爲老人狀貌。説文：『皤，老人皃也。从白番聲。』此『番番』當讀爲『皤皤』。詩嵩高『申伯番番』傳：『番番，勇武皃。』僞孔據之以解此經。案：云『旅力既愆，我尚有之』，則不以勇武爲尚，豈猶稱美其勇武乎！僞傳非也。詩傳：『良，善也。』旅，『膂』省文。説文：『吕，脊骨也。』或作『膂』。」廣雅釋詁：「膂，力也。」王念孫云：「膂、力一聲之轉。」詩箋：「尚，猶也。」言番番然白頭之善士，膂力既過，我猶有之。今文同者，史記自序云：「番番黄髮，爰饗營丘。」與秦紀「黄髮番番」同。後漢王梁傳建武七年詔云：「旅力既愆。」皆其證。「番番」一作「皤皤」者，漢書叙傳：「營平皤皤，立功立論〔二〕。」後漢樊準勸崇儒學疏云：「故朝多皤皤之良，華首之老。」「皤皤之良」正用經文。**仡仡勇夫，射御不違，我尚不欲。**仡仡壯勇之夫，雖射御不違，我庶幾不欲用。自悔之至。○「仡仡勇夫」，今文與古文同，古文一作「訖訖」。「射御不違，我尚不欲」，今文無徵。○「仡仡勇夫」云云者，説文：「仡，勇壯貌。从人氣聲。周書曰：『仡仡勇夫。』」古文一作「訖訖」者，單行本釋文云：「馬本作：『訖訖，無所省録之貌。』」公言壯勇之夫，射御皆合法度無所違失，我猶不欲用之。左僖三十三年傳：「秦師過周北門，左右免冑而下，超乘者三百乘。王孫滿曰：『秦師輕而無禮，必敗。』」此「勇夫」，即謂超乘者，寡謀取敗，故公追悔之云「非我所欲」也。今文同者，李尋傳尋説王根云：「昔秦穆公説諓諓之言，任仡仡之勇，身受大辱，社稷幾亡，悔過自責。」此今、古文同之證。**惟截截善諞言，俾君子易辭，我皇多有之，昧昧我思之，**惟察察便巧善爲辨佞之言，使君子回心易辭，我前大多有之，以我昧昧思之不明故也。○「惟截截善諞言」三句，今文作「惟諓諓善竫言」，「竫」一作「靖」，一作「靜」，「諓諓」一作「戔戔」，「辭」作「怠」，「皇」作「況」。「昧昧我思之」，今文無徵。○「惟截截善諞言」者，釋文：「截，馬云：『辭語截削省要也。』諞，馬作『偏』，云：『少也，詞約指明，大辯佞之人。』」今

〔二〕「立功立論」之「立」字原皆誤作「主」，據漢書叙傳原文改。

文云云者，公羊文十二年傳稱此誓之辭云：「惟諓諓善竫言。」何注：「諓諓，淺薄之貌。竫，猶撰也。」李尋傳：「昔秦穆公說諓諓之言。」（詳上。）劉向九歎：「讒人諓諓，孰可愬兮？」王逸注：「諓諓，讒言貌。」引尚書「諓諓竫言」。鹽鐵論國病篇：「諓諓者，賊也。」論誹篇：「風疾小人諓諓面從，以成人之過也。」後漢書樊準勸崇儒學疏云：「習諓諓之辭。」國語范蠡曰：「又安知是諓諓者乎！」韋注：「諓諓，巧辯之言。」賈逵注：「諓諓，巧言也。」廣雅釋訓：「諓，善也。」皆本今文。「竫」一作「靖」者，潛夫論救邊篇：「諓諓善靖，俾君子怠。」一作「靜」者，楚詞九辯王逸注：「靜言諓諓而無信。」「諓諓」一作「戔戔」者，說文：「戔戔，賊也。周書曰：『戔戔巧言。』」段云：「說文：『殘，賊也。』是戔、殘同。易『束帛戔戔』，子夏傳作『殘殘』。引周書者，秦誓今文也。今文尚書作『戔戔靖言』，說文無『諓』字，蓋治經者加言旁耳。戔、諓、靖、竫，古文同音通用。『周書曰「戔戔」』，句絶，下當云『戔戔，巧言也』，如引商書『曰圛』，下文云『圛者，升雲半有半無』，後人轉寫脱去複出之『戔戔』字及『也』字，非『巧言』爲『竫言』之駁文也。」皮云：「堯典『共工靖言』一作『靜言』，是『靖』與『靜』通。史記以故訓改爲『善言』，是『靖』與『善』同義。論語：『異乎三子者之撰。』鄭訓『撰』爲『善』。何注：『竫，猶撰也。』與鄭義同。然則善靖言即善言，善言即巧言，非善惡之善。」〇「辭」作「怠」者，公羊文十二年傳：「俾君子易怠。」何注：「俾，使也。易怠，猶輕惰也。」段云：「『易怠』，疊字。易，讀如素問『解㑊〔二〕』之『㑊』，疏云『易』爲怠惰，非。史記三王世家齊王策云：『義之不圖，俾君子怠。』潛夫論救邊篇：『俾君子怠。』

〔二〕「㑊」原誤作「侒」，據段玉裁古文尚書撰異原文改。

皆用今文。」○「皇」作「況」者，公羊文十二年傳：「而況乎我多有之。」段云：「石經今文尚書『無皇曰今日躭樂』作『毋兄曰』，『則皇自敬德』作『則兄曰』，『兄』即今文『況』字，與『我皇多有之』作『況乎我多有之』合。然則作『皇』者古文，作『況』者今文也。徐彦疏引戴宏序云：『子夏傳公羊高，高傳子平，平傳子地，地傳子敢，敢傳子壽，至漢景帝時，壽乃共弟子齊人胡毋子都著於竹帛。』然則此傳成於伏生書已出之後，戴説可信，非公羊高成之也。尚書大傳『皇於聽獄乎』，此假『皇』爲『矧況』字也；公羊傳『而況乎我多有之』，此假『況』爲『皇暇』字也，皇、況互借。『而況乎我多有之』，猶言而何暇我多有之也。」○「昧昧我思之」者，江云：「昧昧，深思之意。穆公追悔不及，中心鬱結，若昏昧不明，故云『昧昧』也。秦紀云：『以申思不用蹇叔、百里奚之謀，故作此誓。』則『昧昧我思』者，是穆公自道思此一介臣，僞傳以此文上屬，非。」**如有一介臣，斷斷猗，無他技，其心休休焉，其如有容。**如有束脩一介臣，斷斷猗然專一之臣，雖無他技藝，其心休休焉，樂善其如是，則能有所容。言將任之。○「如有一介臣，斷斷猗，無他技，其心休休焉，其如有容」，古文也。今文作「若有一介臣，斷斷兮，無他技，其心休休焉，其如有容焉」，一作「惟一介斷斷焉，無他技，其心休休，能有容」。古文「斷」一作「㫁」。○古文「斷」一作「㫁」者，説文「斷」下云：「截也。从斤𢇍。𢇍，古文『絶』。」「㫁」下云：「古文『斷』，从皀，古文『叀』字。周書曰：『㫁㫁猗，無他技。』」釋文引馬云：「一介，耿介一心端慤者。」禮記釋文引鄭云：「斷斷，誠一之貌。他技，異端之技也。」「休休」，寬容貌。「若有一介臣」云云者，禮大學引秦誓如此，釋文：「一个，古賀反；一讀作『介』，音界。」尚書釋文：「『介』字又作『个』，音工佐反。」王鳴盛云：「説文無『个』字，公羊傳引作『介』。後漢杜詩傳『一介之才』李注引書亦作『介』，則作『个』非也。」皮云：「大、小戴記傳自夏侯始昌，與大夏侯同師，則大學所引是今文。『个』即『介』之別體，不當讀爲『箇』。公羊傳作『一介』，是今文本作『介』。東觀漢記建武元年詔曰：『故密令卓茂，束身自修，執節惇固，斷斷無他，其心休休焉。』後漢卓茂傳論曰：『卓茂斷斷小宰，無他庸能。』又謝弼傳弼上封事曰：『今之四公，惟司空劉寵斷斷首善。』皆用今文。「惟一介」云云者，公羊傳如此，何注：「一介，猶一槩。斷斷，猶專一也。他技，奇巧異端也。孔子曰：『攻乎異端，斯害也已。』休休，美大貌。能有容，能含容賢者逆耳之言。」案：公羊所引，與大學略異，或所據本不同，或省文。**人之有技，若己有之；人之彥聖，其心好之，不啻若自其口出，是能容之。**人之有技，若己有之，樂善之至也；人之美聖，其心好之，不啻如自其口出，心好之至也，是人必能容之。○「人之有技」六句，古文也，今文「如」作「若」，「是」作「寔」。○「如」作「若」，「是」作「寔」者，大學云：「人之有技，若己有之；人之彥聖，其心好之，不啻若自其口出，寔能容之。」鄭注：「『有技』，才藝之技也。『若己有之』、『不啻若自其口出』，皆樂人有善之甚也。美士爲彥。彥，或作『盤』。」案：「盤」與「般」同，大也。不啻，不但也。言語不盡，「好之」之意。**以保我子孫，黎民亦職有利哉！**用此好技聖之人，安我子孫，衆民亦主有利哉！言能興國。○「以保我子孫」二句，古文也，今文「保」上有「能」字，「職」作「尚」。○今文云云者，大學云：「以能保我子孫，黎民尚亦有利哉！」鄭注：「黎，衆也。尚，庶幾也。」論衡刺孟篇：「尚書曰：『黎民尚亦有利哉！』安吉之利也。行仁義，得安吉之利。」段云：「此今文尚書也。『子孫』上屬，『黎民』下屬爲句，依此爲長。書疏非也。」王引之云：「大學引秦誓曰：『尚亦有利哉！』『尚〔二〕亦』當爲『亦尚』，今秦誓作『亦職』，職、尚皆主也，與『亦尚一人』之『尚』同義。」皮云：「王說是也。論衡引經亦當作『亦尚』，作『尚亦』者，傳寫之誤。後漢魯恭傳恭上疏曰：『所以助仁德，順昊天，致和氣，利黎民者也。』」末用此經文。淮南高注、廣雅釋詁並云：「尚，主也。」**人之有技，冒疾以惡之；人之彥聖，而違之俾不達。**見人之有技藝，蔽冒疾害以惡之；人之美聖，而違背壅塞之，使不得上通。○「人之有技」四句，古文也，今文「冒」作「媢」，「達」作「通」。○「冒」作「媢」、「達」作「通」者，大學云：「人之有技，媢疾以惡之；人之彥聖，而違之俾不通。」鄭注：「媢，妒也。違，猶戾也。俾，使也。拂戾賢人所爲，使功不通於君也。」案：大學作「媢」，是；此經作「冒」，省借。「疾」同「㑵」，說文「㑵」下云：「妎也。或作『嫉』。」「妎」下云：「妒也。」「達」作「通」，與今文尚書合，禹貢、顧命等篇皆可證。**是不能容，以不能保我子孫，黎民亦曰殆哉！**冒疾之人，是不能容人用之，不能安我子孫，衆民亦曰危殆哉！○「是不能容」三句，古文也，今文「是」作「寔」。○「是」作「寔」者，大學云：「寔不能容，以不能保我子孫，黎民亦曰殆哉！」鄭注：「殆，危也。」案：寔、是古通用。據論衡所引，此「黎民」亦下屬爲句。**邦之杌隉，曰由一人。**杌隉，不安，言危也。一人所任用，國之傾危，曰由所任不用賢。○「邦之杌隉」三句，今文無徵。○「邦之杌隉」云云者，說文：「隉，危也。从自，从毀省。徐巡以爲：『隉，凶也。』賈侍中說：『隉，法度也。』班固說：『不安也。』周書曰：『邦之阢隉。』讀若『虹

〔二〕「尚」後原衍「書」字，據王引之經義述聞刪。

蜺』之『蜺』。」段云：「徐巡傳古文尚書，此古文説也。賈訓法度，如其説，則『杌』字連『隉』爲文，當是法度建立兀然之意。班則今文説也。」「阢，石山戴土也。」言邦之不安，爰自一人爲之。公自責，故云然。**邦之榮懷，亦尚一人之慶。**「國之光榮，爲民所歸，亦庶幾其所任用賢之善也。穆公陳戒，背賢則危，用賢則榮，自誓改前過之意。○「邦之榮懷」二句，今文與古文同。○「邦之榮懷」云云者，晉語韋注：「榮，樂也。」釋詁：「懷，安也。」詩傳：「慶，善也。」言邦之樂安，亦主一人之善也。今文同者，白虎通號篇：「尚書曰：『邦之榮懷，亦尚一人之慶。』知秦穆公之霸也。」孫云：「班氏據此經文知秦穆公之霸，是謂榮懷之言當在敗晉報怨之後，則是今文説，與史記同義也。」

尚書孔傳參正三十三

書序一　孔氏傳　臣王先謙參正

書序史記三代世表序云：「孔子因史文次春秋，紀元年，正時月日，蓋其詳哉。至於序尚書則略，無年月；或頗有，然多闕，不可録。故疑則傳疑，蓋其慎也。」孔子世家云：「序書傳，上紀唐、虞之際，下至秦繆，編次其事。」漢書藝文志云：「書之所起遠矣，至孔子篹焉，上斷於堯，下訖秦，凡百篇，而爲之序，言其作意。」儒林傳云：「孔子干於七十餘君，自衛反魯，究觀古今篇籍，於是序書則斷堯典。」劉歆傳歆移太常博士書云：「孔子序書。」書疏云：「此序，鄭、馬、王並云孔子所作。」段云：「案：書序亦有古文、今文之殊。藝文志云：『尚書古文經四十六卷。』此蓋今文二十八篇爲二十八卷，又逸篇十六卷，併書序，得此數也。伏生教於齊、魯之閒，未知即用書序與否。而史公臚舉，十取其八九，則漢時書序盛行，非俟孔安國也。假令孔壁有之，民間絶無，則亦猶逸篇十六卷絶無師説耳，馬、班安能采録？馬、鄭安能作注？以及妄人張霸安能竊以成『百兩』哉？孔叢子與連叢子皆僞書也，臧與安國書云：『聞尚書二十八篇，取象二十八宿，何圖古文乃有百篇邪？」學者因此說疑百篇序至安國乃出。然則其所云『弟素以爲堯典雜有舜典，今果如所論』者，豈亦可信乎？嘻！亦惑矣！惟内外皆有之，是以史記字時有同異，如『女房』、『女方』，『登鼎耳』、『升鼎耳』，『飢』、『盠』，『紂』、『受』，『牧』、『坶』，『行狩』、『歸嘼』，『異母』、『異畝』，『餽禾』、『歸禾』，『魯天子命』、『旅天子命』，『毋逸』、『無逸』，『息慎』、『肅慎』，『伯臩』、『伯冏』，『肸誓』、『獮誓』、『粊誓』，『甫刑』、『呂刑』之類，皆今、古文尚書之異也。」陳云：「尚書釋文云：『馬、鄭之徒百篇之序總爲一卷。』書疏云：『作序者不敢厠於正經，故謙而聚於下。』藝文志云：『孔子上斷於堯，下訖於秦，凡百篇，而爲之序。秦燔書，伏生獨壁藏之。』是伏生壁書有序也。古書序皆總爲一篇，置卷末，今所存逸周書猶可見。漢志：『周書七十一篇。』今案：逸周書篇目，自度訓至器服止七十篇，其一即卷末之序也。桓譚新論云：『古文尚書，舊有四十五卷，爲五十八篇。』而藝文志載尚書古文經四十六卷，新論合二十九卷及逸篇十六卷，除序數之；藝文志併序數之，著録從其實也。古文如是，今文度亦宜然。伏生之二十九篇，併序數之也。伏生本經有序，無太誓。太誓之合於伏書，其始於歐陽氏乎？漢武帝建元五年置五經博士，書惟有歐陽。當時既以太誓付博士讀說，立於學官，即合入伏書矣。況今文家顧命不分篇，盤庚亦不異卷，歐陽經獨三十二卷，是於伏生經文及序二十九篇外，增以後出之太誓三篇明矣。歐陽既增太誓，立於學官，故兩夏侯亦從而增入其書，特併太誓爲一篇，而除序不數，故仍爲二十九篇，以合伏生篇數之舊，與歐陽小異。書疏云：『伏生二十九篇，而序在外。蓋永嘉之亂，三家尚書已亡。」孔穎達嘗見漢石經拓本，所言似據石經即如此。要是夏侯之本後增太誓者。西漢經師不爲序作訓，故歐陽章句仍止三十一卷。詩、書之序，至馬、鄭始爲之注。毛詩篇首疏云：「毛傳不訓序，是漢初治經者，未有爲序作訓者也。」論衡佚文篇：「東海張霸通左氏春秋，案百篇，以左氏訓詁造作百二篇。」漢書儒林傳：「張霸分析合二十九篇以爲數十，又采左氏傳、書序爲作首尾，凡百二篇。成帝時求治古文者，霸以能爲百兩徵，以中書校之，非是。」霸所采書序，即出今文，非古文也。何言之？孔氏古文，天漢後獻，遂祕於中，外不得見，霸但見今文有百篇之序，而不見孔書，故霸作百兩篇以欺世。如所采書序出古文，是霸見孔壁之本矣，甯不知孔氏古文天子自有中書可校，敢更作之而獻於朝哉？故知霸所取書序，出今文也。今文有序，此其塙證矣。孔疏嘗引石經，其云「二十九卷而序在外」者，必見石經尚書有百篇之序，故爲是言耳。」皮云：「西漢馬、班，東漢馬、鄭，皆以書序爲孔子作，唐以前尊信無異詞，至宋儒始疑之。近治漢學者，以疑書序爲宋儒罪案，然今之書序出馬、鄭古文，實亦不無可疑。若今文書序，史記載其大半，與馬、鄭所注古文書序義多不同。周公作君奭，史記引書序在踐阼當國時，馬、鄭書序列復政後，遂有召公疑周公不當復列臣職之言。周公東征攝王，成王不親行，馬、鄭書序於『成王既黜殷命』、『成王既伐管、蔡』，皆冠以『成王』字，後人遂誤執爲周公未嘗攝王之證。舜典序云：『歷試諸難。』鄭注云：『入麓伐木。』與堯典『納于大麓』相混，遂開梅、姚分『愼徽五典』以下爲舜典之妄説。伊訓序云：『成湯既没，太甲元年。』於中失去外丙、仲壬兩朝，遂啟宋人以孟子『外丙二年」、「仲壬四年」爲年歲不爲即位紀年之謬論。然則馬、鄭古文書序不見於史者，多不可信；與今文不合者，尤爲可疑。蓋書序之有今文、古文，猶詩序之有今文、古文也。三家詩序雖亡，其僅存可考者，多與毛異。三家之序，皆有實事；毛詩之序，多衍空文。漢書藝文志：『毛詩自謂子夏所傳，未得立。』『自謂』者，甚不然之之詞。是謂毛詩序出子夏，乃漢儒所不信。而衛宏作毛詩序，明見於後漢書。説毛詩序者，或云首句子夏作，以後毛公合作；或云首句毛公作，以後衛宏續作。魏源以爲古文書序亦衛宏作，雖無明文可據，然古文書序爲後人改竄，不必是孔子之舊，亦猶毛詩序不必即子夏所傳也。宋儒一概疑之固非，近人一概信之亦未是。惟史記所載者乃可信耳。段分別書序有今、古文，最爲卓識。史記『升』作『登』、『受』作『紂』、『無』作『毋』、『吕』作『甫』，皆據今文尚書。『飢』即『耆』、『肸』即『鮮』，合於伏生大傳。據此，史記所引書序與古文書序字異者，皆今文與古文不同，而非史公改竄可知。陳説詳明，惟謂伏生二十九篇併序數之，顧命不分，説尚未塙。史記所引書序即伏生今文，明分顧命、康王之誥爲二，分之則二十九篇已具，不必併序數之。蓋歐陽博士增入太誓後，乃合顧命、康王之誥爲一篇，以符二十九篇之數耳。書疏云：『伏生二十九篇，而序在外。』其説甚塙。孔氏所見石經爲夏侯尚書，亦然，特歐陽太誓爲三，故較夏侯之合爲一篇者多出二篇耳。」

昔在帝堯，聰明文思，光宅天下，言聖德之遠著。○書疏引鄭云：「書以堯爲始，獨云『昔在』，使若無先之典然也。」釋文引馬云：「堯，諡也。翼善傳聖曰堯。」論衡須頌篇：「問説書者：『欽明文思』以下，誰所言也？曰：篇家也。篇家者誰也？孔子也。」陳云：「論衡以爲孔子所言者，蓋指堯典序。書序實孔子作也。據論衡，則今文序『聰明』作『欽明』爲異。」皮云：「後漢陳寵傳注引尚書考靈耀曰：『堯聰明文塞晏晏。』是今文堯典『欽明』字一作『聰明』；據論衡此文，則今文書序『聰明』字一作『欽明』。漢時今、古文互異如此。『文思』，據今文『思』當作『塞』，王充所引仍同古文作『思』，或三家之文不同，亦有作『文思』者；或後人依古文改之。未可知也。『光宅』，今文當作『光度』，班固典引云：『有不俾而假素，罔光度而遺章，今其如台而獨闕也！』班用『光度』字，蓋出今文尚書堯典序，今文尚書『宅』皆作『度』也。」**將遜于位，讓于虞舜，**遜，遁也。老使攝，遂禪之。○書疏引鄭云：「堯尊如故，舜攝其事。」段云：「公羊莊元年傳疏及左傳疏引『遜』作『孫』，知此淺人所改。」**作堯典。**○書疏引鄭云：「舜之美事，在于堯時。」

虞舜側微，爲庶人，故微賤。○書疏引鄭云：「虞，氏；舜，名。」孫云：「微，玉篇作『㣲』，引書云：『虞舜側微。』『㣲，賤也。』『㣲』即説文『𢼸』字。」**堯聞之聰明，將使嗣位，歷試諸難，**嗣，繼也。試以治民之難事。○書疏引鄭云：「入麓伐木。」**作舜典。**○趙岐孟子注云：「孟子時尚書凡百二十篇，逸書有舜典之叙，亡失其文。孟子諸所言舜事，皆舜典（今本誤「堯典」，依段訂正。）及逸書所載。」劉云：「禮大學引作『帝典』者，蓋堯典、舜典異序同篇。序言『將孫于位，讓于虞舜』，即前半篇『咨岳』舉舜之事也；又言『虞舜側微，堯聞之聰明，將使嗣位，歷試諸難』，即後半篇『賓四門』、『納大麓』以下之事也。今、古文二典皆合爲一篇，漢人多以百篇爲尚書，二十篇爲中候。孟子所載舜往于田、完廩諸事，不稱『典曰』又不稱『書曰』，其『祗載見瞽瞍』稱『書曰』，則逸書、大傳之類也。又曰『不及貢，以政接于有庳』、『此之謂也』，亦傳記書說，皆不足爲舜典之證。即史記云逸書得十餘篇，而不詳其篇目，且所作舜本紀，亦無出堯典所述之外者，可知非別有篇矣。至劉歆讓太常博士書，始云『逸書有十六篇』，而書疏載其目，云：『舜典一，汩作二，九共九篇十一，大禹謨十二，棄稷十三，五子之歌十四，胤征十五，湯誥十六，咸有一德十七，典寶十八，伊訓十九，肆命二十，原命二十一，武成二十二，旅獒二十三，冏命二十四。』九共九篇共卷，故十六篇。然馬融云：『逸十六篇，絕無師說。』則亦逸周書之類，未必孔壁中本。或劉歆輩增竄之，以抑今文博士耳。東漢初治古文者衛、賈諸子，皆不爲注說，故遂亡佚。要之，據舜典、皋陶謨序讀之，則典、謨皆完備。逸書別有舜典、大禹謨、棄稷等篇，必歆等之僞也。」皮云：「劉說是也。伏生傳書二十九篇，漢人以配二十八宿，其一曰斗，說見王充論衡。劉歆移太常博士書云『以尚書爲備』，是漢時今文家說謂尚書止有二十九篇也。孔壁古文逸書，史、漢皆不載篇目，書疏載鄭注書序有舜典、汩作、九共等篇，而孔穎達不信，以爲張霸僞書。孔以僞孔古文爲真，馬、鄭古文爲僞；自明以來，攻僞孔者則以孔氏古文爲僞，馬、鄭古文爲真；近之治今文者，又謂孔氏古文僞，馬、鄭古文亦僞。予謂逸書十六篇既亡，真僞固不可辨，而據鄭引斷句見於孔疏者，大有可疑。劉以爲逸周書之類，爲得其實。劉不駁書序，以爲典、謨皆異序同篇。案：史記所載今文書序無典、謨之序，典、謨有序獨見於古文。古文書序與逸書十六篇同出東漢以後，逸書既不可信，何以書序獨可信乎？鄭親見逸書舜典，而注舜典序云『入麓伐木』，『入麓』即書『納于大麓』，今文尚書『納』作『入』，見史記、漢書，其文本在堯典篇中，而鄭引爲「歷試諸難」之注，是鄭所見逸書舜典已以「納于大麓」分在舜典篇矣。且非獨鄭注可疑也，以書證序，所謂「將孫于位，讓于虞舜」，即書「汝能庸命，巽朕位」至「曰虞舜」云云也；所謂「將使嗣位，歷試諸難」，即書「納于大麓」云云也。然則據書序之文，所謂古文逸篇分堯典、舜典爲二者，已與僞孔本無大異，不過虛張篇目以示異於今文。僞孔分「愼徽五典」以下爲舜典，正襲書序之說而小變之者也。史記不載今文典、謨之序，而據今文家二十九篇爲備之說，必不同於古文所分，證以禮記引「帝典曰」之文，二帝之典應爲一篇。禮記出后蒼，與夏侯尚書同一師承，今文家說較古文爲有據矣。劉云「異序同篇」，因不敢駁書序，故爲調停之說耳。自趙岐以孟子所言舜事爲舜典逸書，閻若璩從之，毛奇齡作舜典補亡，遂盡摭拾以補舜典，且引舜本紀爲證。予謂史記所載，當即本於孟子，非必古文逸篇。魏源尊信劉氏，而書古微猶作舜典補亡，沿毛氏之誤，斯好奇之過也。」先謙案：二帝應爲一典，參證諸書，無可疑者。劉云「異序同篇」，乃尊信古文書序之過。龔自珍云：「同序異篇，以一序領衆篇，可也；若異序同篇，一身二首，名之不正，萬事失紀，何取？ 刜此駭論，其説躛矣。」

帝釐下土方，設居方，言舜理四方諸侯，各設其官居其方。○釋文：「釐，馬云：『賜也，理也。』『下土』絶句，一讀至『方』字絶句。」劉云：「商頌：『禹敷下土方。』則『方』字絶句是也。『設居方』，蓋即舜肇州封山濬成五服之事。」**別生分類，**生，姓也。別其姓族，分其類，使相從。○劉云：「此即『咸建五長』、『分北三苗』之事。定其疆域，設其君長，區其土俗。典、謨舉其綱，汩作、九共等篇詳其目，故十一篇同序也。」**作汩作。**汩，治。作，興也。言其治民之功興，故爲汨作之篇。亡。**九共九篇、槀飫。**槀，勞也。飫，賜也。凡十一篇。皆亡。○釋文引馬云：「共，法也。」汨作等十一篇同此序，其文皆亡，而序與百篇之序同編，故存。今馬、鄭之徒百篇之序總爲一卷，孔以各冠其篇首，而亡篇之序，即隨其次篇居見存者之間。書疏引鄭云：「汨作、九共已逸。」孫云：「鄭以有目無書者謂之亡，有書而不立學官者謂之逸，分别甚明。故漢人所云『逸十六篇』，亡於晉永嘉之時也。」魏源云：「九共之篇，疑即職方氏所陳九州。孔穎達云：『九州之志爲九丘。』則五行汨作之後，使禹治之而辨其風土，爲九共九篇。」皮云：「魏説本宋儒及近儒江聲。據大傳，是言諸侯來朝述職之事，魏説非也。大傳略説云：『天子太子年十八曰孟侯，孟侯者，於四方諸侯來朝，迎於郊者，問其所不知也。問之人民之所好惡，土地所生美珍怪異。』與九共篇云『土地美惡，人民好惡』正同。蓋諸侯來朝述之，故太子迎諸侯來朝者得問之也。」段云：「疏云：『左傳言犒師者，以師枯槁，用酒食勞之。』則唐石經作『槀』爲是，『槀』即『枯槁』字也。注疏、釋文本作『稾〔一〕』，从禾，非也。」

九共佚文：

予辯下土，使民平平，使民無敖。大傳虞夏傳九共篇：「九共以諸侯來朝，各述其土地所生美惡，人民好惡，爲之貢賦、政教。略能記其語。曰云云。」先謙案：九共在古文爲逸書，伏生誦習今文百篇有其全文，略舉所記之語如此。舜爲太子時，賓於四門，故於諸侯來朝，得問其人民土地而爲之貢賦、政教也。路史後紀十一引作「民以無敖」。

〔一〕「稾」原誤作「槀」，據段玉裁尚書古文撰異原文改。

説文：「辯，治也。」「敖，出游也。」詩采菽：「平平左右。」傳：「平平，辯治也。」

皋陶矢厥謨，矢，陳也。**禹成厥功，**陳其成功。**帝舜申之，**申，重也。重美二子之言。**作大禹、皋陶謨、**大禹謀九功，皋陶謀九德。○書疏引鄭云：「大禹謨逸。」**益稷。**凡三篇。○書疏云：「馬、鄭、王所據書序此篇名爲弃稷，又合此篇於皋陶謨，皆由不見古文，妄爲説耳。」先謙案：段玉裁云：「作僞者割分皋陶謨『帝曰：來，禹』之下爲益稷，因『暨益』、『暨稷』之文易『弃』爲『稷』。」劉逢禄云：「此即今書一謨三序，非三篇同序。典、謨皆完書也。逸書十六篇乃有大禹謨及弃稷，然書序孔子所定，周人以諱事神，必無以弃稷名篇之理。」詳益稷篇。予案：序云「作大禹、皋陶謨、益稷」者，謨首皋陶中有大禹昌言兼及益稷之功，因禹嗣位，故特先大禹以尊之，此皋陶謨並序大禹、益稷之故，史記不載今文典、謨之序。馬、鄭作弃稷，僞孔作益稷，閻、段、江、王以「弃」爲是，「益」爲非；劉以「弃」爲非，「益」爲是。予謂君前臣名，禹對帝言，無稱弃以官之理，篇中「暨稷」當爲「暨弃」，今作「稷」者，周人改之。書序果係孔子所作，以篇中「暨稷」例之，自必稱稷不稱弃，且官與名不須並舉連言，「弃稷」實爲贅文。篇中有「暨益」、「暨稷」之文，置益不言，尤爲漏義。以是見「益稷」是而「弃稷」非也。史記司馬相如傳封禪文云：「書曰：『元首明哉！股肱良哉！』因斯以談，君莫盛於唐堯，臣莫賢於后稷。」相如引書在皋陶謨篇，而專舉后稷爲言説者，因疑皋陶謨中兼有益稷篇文。閻若璩據法言「言合稷、契之謂忠，謨合皋陶之謂嘉」：「若稷、契無一遺言，雄不當遽立此論。知弃稷真篇，雄得見之。」予謂皋陶謨篇不及唐堯，法言稷外又增一契，雄特取上古名臣以配皋陶耳。文士華詞，未可泥也。

禹別九州，分其圻界。**隨山濬川，**刊其木，深其流。**任土作貢。**任其土地所有，定其貢賦之差。此堯時事，而在夏書之首，禹之王，以是功。○書疏引鄭云：「任土，謂定其肥磽之所生。」段云：「疑當有『作禹貢』三字。」史記河渠書引夏書云：「禹抑鴻水十三年，過家不入門。陸行載車，水行載舟，泥行蹈毳，山行即橋。以別九州，隨山浚川，任土作貢。」漢書溝洫志引夏書云：「禹堙洪水十三年，陸行載車，水行乘舟，泥行乘毳，山行則梮。以別九州，隨山浚川，任土作貢。」陳云：「史、漢引禹別九州云云，並冠以『夏書』，是自『禹抑鴻水』以下，皆禹貢篇之序也。古文作『濬川』，今文作『浚川』。」

啟與有扈戰于甘之野，作甘誓。夏啟嗣禹位，伐有扈之罪。○釋文：「扈，馬云：『姒姓之國也。』甘，馬云：『南郊地也。』甘，水名，今在鄠縣西。誓，馬云：『軍旅曰誓，會同曰誥。』」案：夏本紀云：「有扈氏不服，啟伐之，大戰於甘，將戰，作甘誓。」此今文書序也。皮云：「今文『啟』作『開』，白虎通、論衡引書皆作『開』可證。史記作『啟』，疑後人據古文改之。」

太康失邦，啟子也。盤于遊田，不恤民事，爲羿所逐，不得反國。**昆弟五人，須于洛汭，作五子之歌。**

太康五弟與其母待太康於洛水之北，怨其不反，故作歌。○釋文：「須，馬云：『止也。』」書疏引鄭云：「避亂於洛汭。五子之歌逸。」夏紀：「帝太康失國，昆弟五人，須于洛汭，作五子之歌。」案：此今文書序也，古文作「邦」，今文作「國」。今、古文序止有「昆弟五人」，僞孔增入其母，辨見本篇。楚詞離騷云：「不顧難以圖後兮，五子用失乎家衖。」蔡邕述行賦：「悼太康之失位兮，愍五子之歌聲。」與今、古文序相證合。諸家曲說，皆不取，餘詳本篇。墨子非樂篇引武觀文，江、段以爲五子之歌真篇之詞，未敢從。

羲、和湎淫，廢時亂日，羲氏、和氏，世掌天地四時之官，自唐、虞至三代，世職不絕，承太康之後，沈湎於酒，過差非度，廢天時、亂甲乙。**胤往征之，作胤征。**胤國之君，受王命往征之。○書疏引鄭云：「胤，臣名。」又云：「胤征逸。」夏紀：「帝中康時，（四字史記文。）羲、和湎淫，廢時亂日，胤往征之，作胤征。」案：此今文書序也。集解引鄭云：「胤，臣名。」僞傳以爲「胤國之君」，取與堯典「胤子」、顧命「胤之舞衣」曲說相傅合。

胤征佚文：

厥篚玄黃，昭我周王。堯典疏云：「鄭注禹貢引胤征如此。」郭注爾雅引逸周書「釗我周王」即胤征也。孫云：「『周王』者，禮記鄭注：『忠信爲周。』非殷、周之周也。」

自契至于成湯八遷，十四世凡八徙國都。○書疏引鄭云：「契本封商國，在太華之陽。」案：周語：「玄王勤商，十四世而興。」史記殷本紀：「契封於商，卒，子昭明立。卒，子相土立。卒，子昌若立。卒，子曹圉立。卒，子冥立。卒，子振立。卒，子微立。卒，子報丁立。卒，子報乙立。卒，子報丙立。卒，子主壬立。卒，子主癸立。卒，子天乙立，是爲成湯。」凡十四世也。世本：「昭明居砥石。」左傳：「相土居商丘。」王鳴盛云：「商，今陝西商州，其地是華山南也。王肅云『相土居商丘，故湯因以爲國號』，非也。商丘今縣屬河南歸德府，與商州無涉，湯必不舍商而取商丘。併亳四遷，餘未聞。」**湯始居亳，從先王居，**契父帝嚳都亳，湯自商丘遷焉，故曰從先王居。○書疏引鄭云：「亳，今河南偃師縣有湯亭。」地理志：「河南郡偃師尸鄉，成湯所都。」**作帝告、釐沃。**告來居治沃土。二篇皆亡。○書疏云：「今文既亡，其義難明。孔以意言耳。所言帝告，不知告誰。序言『從先王居』，或當告帝嚳也。」鄭云：「帝告、釐沃亡。」案：殷紀：「自契至湯八遷，湯始居亳，從先王居，作帝誥。」此今文書序也。皮云：「禮緇衣鄭注：『告，古文「誥」。』是『告』爲古文，『誥』爲今文；馬、鄭古文序作『告』，史記今文序作『誥』也。索隱云：『一作「俈」。』因僞孔解『先王』爲帝嚳，淺人遂改『誥』爲『俈』耳。亳非一地，六國表：『湯起於亳。』徐廣注：『京兆杜陵有亳亭。』是湯所起之亳在西方，即契所封之商。鄭以爲在太華之陽，皇甫謐云：『今上洛商是也。』商頌稱契爲玄王，故云『從先王居』。湯起亳得天下，遂以亳爲大名，故其後遷都偃師，偃師與景亳皆稱亳，盤庚遷殷亦稱亳，殷紂都朝歌，而國語云『紂踣于亳』，周時猶有三亳之稱，猶周起於京，遂以京爲大名，而豐、鎬、雒皆稱京也。至帝嚳，都偃師之亳，並無明證，何以知湯所居之亳即是嚳之所都乎？皇覽云：『帝嚳冢在東郡濮陽。』是河北，非河南，與偃師之亳相距甚遠。惟括地志分列三亳之名，而以偃師爲帝嚳及湯所都，云：『亳邑故城在洛州偃師縣西十四里，本帝嚳之墟，商湯之都也。』張守節正義據以爲證，不知括地志乃唐初人作，其時崇信僞傳，傳會僞孔及皇甫謐，所考之地，豈足徵信？帝告者，古二王後得郊天，詩生民：『以歸肇祀。』傳：『始歸郊祀也。』箋云：『得祀天者，二王之後也。』三國志注引虞喜志林云：『詩曰：「以歸肇祀，庶無罪悔，以迄于今。」言自后稷以來，皆得祭天，猶魯人郊祀也。』此后稷郊天之明證。稷、契皆帝嚳後，同有大功於國，稷之後得郊天，契之後亦得郊天可知。郊天祭感生帝，以祖配之。湯居亳時，未得天下，而已得郊祀，蓋告黑帝汁光紀，以契配之，故篇名帝告，謂告帝以從先王居之事也。江聲以『先王』爲契，『帝』爲黑帝，足正僞孔之失，惟以亳爲偃師，猶爲僞孔所誤。」先謙案：漢書地理志「弘農」「商」下云：「秦相衛鞅邑也。」水經丹水注：「丹水，自上洛東南過商縣南。契始封商。皇甫謐、闞駰並以爲斯縣也。殷商之名，起於此矣。」一統志：「商縣故城在今商州東八十五里。」尚書中候云：「天乙在亳，諸鄰國襁負歸德，東觀于洛，降三分沈璧。」洛即上洛之洛水也。（「洛」當作「雒」。）故六國表序言禹興西戎，湯起於亳，周以豐、鎬，秦用雍州，漢自蜀、漢，皆在西方。是湯都西亳即契始封商州之地，故曰「從先王居」，無緣降嚳稱王，且違諸侯不祖天子之義。封禪書：雍西亳社「有三社主祠」，説文：「亳，京兆杜陵亭也。」杜陵故城，今陝西咸甯縣東南；雍縣故城，今鳳翔縣南。秦本紀：「寧公三年，遣兵伐湯社與亳，戰，亳王奔戎，遂滅湯。」正義引括地志云其國在三原、始平之界。蓋湯之始大，商地兼有亳名，故自陝以西，皆蒙亳號，秦所伐之亳王，蓋以湯裔孫而稱祖號者。亦可爲湯時亳名不一之證。故湯遷都偃師，偃師遂擅亳稱，而在先之亳反不顯，至景亳、亳殷之流貤，更屬後起。可見皇甫三亳之説，爲不根也。「亳」亦借作「薄」，大傳云：「盍歸于薄，薄亦大矣。」是其證。

帝告佚文：

施章乃服，明上下。王應麟困學紀聞引大傳殷傳帝告書如此，云：「豈伏生亦見古文逸篇邪？」孫云：「王説非也。伏生以秦時藏百篇於壁中，親見其文，故記其賸語。若孔壁逸書，無帝告也。」皮云：「湯居亳，必『施章乃服，明上下』者，蓋如子産使『都鄙有章，上下有服』之義。古者遷都必改制度，盤庚遷殷，改奢即儉，以常舊服正法度。湯蓋與之同。考工疏、文選注引殷傳云：『未命爲士者，不得乘飾車、乘朱軒、有飛軨。』又外紀卷二：『成湯令未命之爲士者，車不得朱軒及有飛軨，不得乘飾車、駢馬、衣文繡。命，然後得，以順有德。』通志器服略：『湯令未命之士，不得朱軒及飛軨，不得飾車、駢馬、衣文繡。命，然後得，以旌有德。』此『施章乃服，明上下』之事也。」

湯征諸侯，爲夏方伯，得專征伐。**葛伯不祀，湯始征之，**葛，國；伯，爵也。廢其土地、山川及宗廟、神祇皆不祀，湯始伐之，伐始於葛。**作湯征。**述始征之義也。亡。○鄭云：「湯征亡。」殷紀：「湯征諸侯，葛伯不祀，湯始伐之，作湯征。」案：此今文書序，與古文同，惟「征」作「伐」。段云：「趙岐注孟子云『尚書逸篇』，不云『亡書』者，趙不見中古文，於亡與逸，不能如鄭之區分也。」

湯征佚文：

葛伯仇餉。孟子滕文公篇云：「湯居亳，與葛爲鄰。葛伯放而不祀，湯使人問曰：『何爲不祀？』曰：『無以供犧牲也。』湯使遺之牛羊。葛伯食之，又不以祀。湯又使人問之曰：『何爲不祀？』曰：『無以共粢盛也。』湯使亳衆往爲之耕，老弱饋食。葛伯率其民要其有酒食黍稻者奪之，不授者殺之。有童子以黍肉餉，殺而奪之。」引書如此。趙岐注：「葛，夏諸侯，嬴姓之國。仇，怨也。言湯伐葛伯，怨其害此餉也。」江云：「孟子未稱書篇名，然文與湯征序相應，則所引是湯征文。仇餉，謂葛伯殺餉者。」史記集解引地理志：「葛，今梁國寧陵之葛鄉。」皮云：「皇甫謐以此證湯都穀熟，不在偃師。但湯此時所居在商州之亳，非偃師，亦非穀熟也。葛必近商州之地，不可考。」

湯一征，自葛始。孟子梁惠王篇引書如此。江云：「彼文此下云：『天下信之，東面而征西夷怨，南面而征北狄怨，曰：「奚爲後我？」』不似尚書文。」又滕文公篇云：「湯始征，自葛載，十一征而無敵于天下。東面而征」云云。「湯始征，自葛載」與梁惠王篇引小異，而梁惠王篇明稱書曰，滕文公篇則否，故用梁惠王文，至言「十一征而無敵于天下」，與「天下信之」之文絶殊，皆非書文也。

徯我后，后來其蘇。孟子梁惠王篇引書如此，趙注：「徯，待也。后，君也。待我后來，則我蘇息已。」又滕文公篇引云：「書曰：『徯我后，后來其無罰。』」雖小異，非二文，不兩采。

湯曰：「予有言：人視水見形，視民知治不。」伊尹曰：「明哉！言能順，道乃進。君國子民，爲善者皆在王官。勉哉！勉哉！」湯曰：「女不能敬命，予大罰殛之，無有攸赦。」殷紀引湯征文如此，壁書增多之篇無湯征，此蓋如九共、帝告之佚文，載入大傳，史公據而録之。

伊尹去亳適夏，伊尹，字氏。湯進於桀。○孫云：「釋詁：『適，往也。』趙注孟子云：『伊尹爲湯見貢于桀，不用而歸湯。』案射義，古者諸侯有貢士於天子之制，蓋伊尹爲湯貢士而適夏也。**既醜有夏，復歸于亳。**醜惡其政，不能用賢，故退還。**入自北門，乃遇汝鳩、汝方，**鳩、方二人，湯之賢臣。不期而會曰遇。○皮云：「自夏歸亳，入自北門，則桀都在湯都之北，乃桀都在河北不在河南之證。若桀都河南，不入自北門。魏源書古微駁金鶚桀都河南，考甚覈，未及引此爲證。」**作汝鳩、汝方。**言所以醜夏而還之意。二篇皆亡。○鄭云：「汝鳩、汝方亡。」釋文云：「此五亡篇，舊解是夏書，馬、鄭之徒以爲商書。兩義並通。」書疏云：「鄭序以爲虞夏書二十篇，商書四十篇，周書四十篇。帝告、釐沃、湯征、汝鳩、汝方於鄭玄爲商書。」先謙案：太誓、牧誓等篇亦在周未得天下之前，而稱周書，以此例之，五亡篇應列商書。殷紀：「伊尹去湯適夏，既醜有夏，復歸于亳，入自北門，遇女鳩、女房，作女鳩、女房。」案：此今文書序也。「汝」作「女」，今、古文同。作「汝」者，衞包所改。「亳」作「湯」，無「乃」字，「方」作「房」，今、古文異。方、房古字通。詩大田「既方既皁」箋：「方，房也。」孟子：「五就湯，五就桀者，伊尹也。」大傳云：「夏人飲酒，醉者持不醉者，相和而歌曰：『盍歸乎薄，薄亦大矣。』伊尹退而閒居，深聽樂聲，更曰：『覺兮覺兮，吾大命格兮。去不善而就善，何樂兮！』」（見路史疏仡紀、夏后紀。）新序刺奢篇：「桀作瑤臺，罷民力，殫民財，爲酒池糟隄，縱靡靡之樂。一鼓而牛飲者三千人，羣臣相持，歌曰：『江水沛沛兮，舟楫敗兮。我王廢兮，趣歸薄兮，薄亦大兮。』又曰：『樂兮樂兮，四牡蹻兮，六轡沃兮。去不善而從善，何不樂兮！』伊尹知天命之至，舉觴而告桀曰：『君王不聽臣之言，亡無日矣。』桀拍然而作，啞然而笑，曰：『子何妖言！吾有天下，如天之有日也。日有亡乎？日亡吾亦亡矣。』於是接履而趨，遂適湯，湯立爲相。」

伊尹相湯伐桀，升自陑，桀都安邑，湯升道從陑，出其不意。陑在河曲之南。○釋文引馬云：「俗儒以『湯』爲謚，或爲號。號者似非其意，言謚近之。然不在謚法，故無聞焉。及『禹』，俗儒以爲名，帝系：『禹名文命。』王侯世本：『湯名天乙。』推此言之，『禹』豈復非謚乎？亦不在謚法，故疑焉。」**遂與桀戰于鳴條之野，**地在安邑之西。桀逆拒湯。○書疏引鄭云：「鳴條，南夷地名。」殷紀：「桀敗于有娀之墟。桀奔于鳴條。」張守節正義：「括地志云：『高涯原在蒲州安邑縣北三十里，南坂口即古鳴條陌也。鳴條戰地，在安邑西。』」書疏云：「或云：陳留平丘縣今有鳴條亭是也。」後漢隱逸傳：「昔湯即桀于鳴條而大城于亳。」注：「或云：陳留平丘今有鳴條亭也。」孫云：「案：言鳴條在安邑，本皇甫謐之說，不可信。呂覽簡選篇：『殷湯登自鳴條，乃入巢門，逐有夏。桀奔走。』淮南主術訓：『湯困桀鳴條，擒之焦門。』修務訓：『湯整兵鳴條，困夏南巢，以其過放之歷山。』觀下文『伐三朡』，三朡在今山東定陶，南巢在今安徽巢縣，則桀所奔地皆在東南，故鄭以鳴條爲南夷。周書殷祝解：『湯將放桀於中野，桀與其屬五百人南徙千里。』下又再徙，方至南巢也。『陑』字，說文所無，未知其地所在。」先謙案：序云「升自陑」，呂覽云「登自鳴條」，升、登義同，則自陑地距鳴條皆登山越險而過，與桀戰於其野也。**作湯誓。**○書疏云：「孔以湯誓在夏社前，於百篇爲第二十六。鄭以爲在臣扈後，第二十九。」殷紀：「湯乃興師，率諸侯，伊尹從湯。湯自把鉞以伐昆吾，遂伐桀。湯曰『格汝衆』云云，以告令師，作湯誓。」案：此今文書序也。湯誓在伐桀先，夏社在勝桀後，論先後之次，商書當以湯誓居前。今文書序是也，鄭本古文顛倒失次，不可據。

湯誓佚文：

湯曰：「惟予小子履，敢用玄牡，告於上天后曰：『今天大旱，即當朕身。履未知得罪于上下，有善不敢蔽，有罪不敢赦，簡在帝心。萬方有罪，即當朕身，朕身有罪，無以萬方。』」墨子兼愛篇引湯說如此。論語堯曰篇云：「予小子履，敢用玄牡，敢昭告于皇皇后帝：有罪不敢赦。帝臣不蔽，簡在帝心。朕躬有罪，無以萬方；萬方有罪，罪在朕躬。」孔安國注：「此伐桀告天之文。」墨子引湯誓，其詞若此。」周語引湯誓云：「余一人有罪，無以萬夫；萬夫有罪，在余一人。」韋注：「尚書伐桀之誓也。今湯誓無此言，則已散亡矣。」呂覽順民篇：「昔者湯克夏而正天下，天大旱，五年不收。湯乃以身禱于桑林，曰：『余一人有罪，無及萬夫；萬夫有罪，在余一人。無以一人之不敏，使上帝鬼神傷民之命。』」孫云：「合證諸文，知此桑林禱雨之詞，非伐桀誓師之詞也。方、夫聲近，當爲『萬夫』。蓋爲民請命之詞。韋云今湯誓散亡者，非也。或即夏社佚文，所謂既致其禱祀，明德以薦，而猶旱至七年，故告天以遷社也。周語既引作湯誓，姑附於此。」先謙案：孫說是也。史記全録湯誓，文與今書大同，是今、古文尚書具存，以上所引，必非湯誓之文。墨子引自作湯說，論語孔氏注因國語而誤耳。

聿求元聖，與之戮力同心，以治天下。墨子尚賢篇引湯誓如此。

湯既勝夏，欲遷其社，不可，湯承堯、舜禪代之後，順天應人，逆取順守而有慙德，故革命創制，改正易服，變置社稷，而後世無及句龍者，故不可而止。**作夏社、疑至、臣扈。**言夏社不可遷之義。疑至及臣扈，三篇皆亡。

〇書疏引鄭云：「犧牲既成，粢盛既潔，祭祀以時，然而旱暵水溢，則變置社稷。當湯伐桀之時，大旱致災。既致其禮祀，明德以薦，而猶旱至七年，故湯遷柱而以周棄代之。欲遷句龍，以無可繼之者，於是故止。」又引馬云：「疑至、臣扈，二臣名。聖人不可自專，復用二臣自明也。」鄭云：「夏社、疑至、臣扈亡。」先謙案：殷紀：「湯既勝夏，欲遷其社，不可，作夏社。」封禪書：「湯伐桀，欲遷夏社，不可，作夏社。」郊祀志與封禪書同。殷紀與古文書序合，實今文序也。勝夏之後，大旱連年，方議遷社，不能以伐桀之時即遷其社。封禪書撮叙古事，隨文改易，郊祀志襲其舊文也。下又云：「迺罨烈山子柱而以周棄代爲稷祠。」應劭注：「連大旱七年，明德以薦，而旱不止，故遷柱，以棄代爲稷。欲遷句龍，德莫能繼，故作夏社，説不可遷之意。」陳云：「大傳言湯大旱七年，禱於桑林之社而雨大至。是湯欲遷社，以旱故也。僞傳以爲湯革夏命遷社，謬。」江云：「先後之次，先湯誓，次典寶，次此三篇，次仲虺之誥及湯誥。知當然者，湯誓序言『伐桀』、『遂與桀戰』，典寶序言『夏師敗績』，則是既戰而敗，故湯誓宜先，典寶次之。此序言『既勝夏』，則是既敗夏師之後，故此三篇宜次典寶。仲虺之誥序云『湯歸自夏』，既勝夏而歸也；湯誥序云『復歸于亳』，則歸而至國矣；故此三篇後當次以仲虺之誥及湯誥。殷紀順序文而爲之次也。」皮云：「史記無疑至、臣扈篇目，蓋今文本無之。莊述祖疑臣扈爲大戊臣，不當列此，是也。」

夏師敗績，湯遂從之，大崩曰敗績。從，謂逐討之。**遂伐三朡，俘厥寶玉，**三朡，國名，桀走保之，今定陶也。桀自安邑東入山，出太行，東南涉河，湯緩追之，不迫，遂奔南巢。俘，取也。玉以禮神，使無水旱之災，故取而寶之。**誼伯、仲伯作典寶。**二臣作典寶一篇，言國之常寶也。亡。○鄭云：「典寶逸。」案：殷紀：「夏師敗績，湯遂伐三㚇，俘厥寶玉，義伯、仲伯作典寶。」「艘」作「㚇」，「誼」作「義」，無「遂從之」三字，此今文書序也。漢書人表義伯、中伯列第三等，「仲」作「中」，蓋夏侯本異。段云：「疏舉鄭注書序：湯誥十六，咸有一德十七，典寶十八，伊訓十九。據此，則典寶在咸有一德之後、伊訓之前。而疏説百篇次第，孔、鄭不同，但舉湯誓、咸有一德、蔡仲之命、周官、柴誓五篇，不舉典寶，用此知疏所舉次第不同者，尚未備也，但據二十四篇次第，知典寶在咸有一德後、伊訓前，而百篇次第伊訓之前尚有明居，未知鄭本典寶在明居後，抑在明居前也。」

湯歸自夏，至于大坰，自三朡而還。大坰，地名。**仲虺作誥。**爲湯左相，奚仲之後。○鄭云：「仲虺之誥亡。」案：殷紀：「湯歸至于泰卷陶，中𤰞作誥。」此今文書序也，無「自夏」二字。大坰、泰卷同，徐廣注：「一無『陶』字。」索隱云：「鄒誕生『卷』作『坰〔一〕』，又作『泂』。則『卷』當爲『坰』，與尚書同，非衍字也，其下『陶』字是衍耳。何以知然？解尚書者以大坰今定陶是也，舊本或傍記其地名，後人轉寫遂衍斯字也。」正義云：「陶，古銘反。」段云：「卷、坰雙聲，不必改字。正義：『陶，古銘反。』則誤謂『卷』爲衍字也。」皮云：「史記用今文，而『中𤰞』皆古字者，段謂伏生書中亦有古文是也。」孫云：「『𤰞』當爲『𤳳』省文，見説文。荀子堯問篇『其在中蘬之言也』，又作『蘬』。左定元年傳：『仲虺居薛，以爲湯左相。』孟子盡心篇：『若伊尹、萊朱則見而知之。』注：『萊朱亦湯賢臣也。一曰仲虺是

〔一〕「坰」原誤作「詗」，據史記索隱改。

也。』」

仲虺之誥佚文：

亂者取之，亡者侮之。左襄三十年傳鄭子皮引仲虺之志如此。襄〔二〕十四年傳中行獻子引仲虺有言同。宣十二年傳隨武子引仲虺有言曰：「取亂侮亡。」

我聞于夏，人矯天命，布命于下，帝伐之惡，龔喪厥師。墨子非命上篇引仲虺之告如此，中篇云：「于先王之書仲虺之告曰：『我聞有夏，人矯天命，布命于下，帝式是惡，用闕師。』」下篇云：「仲虺之告曰：『我聞有夏，人矯天命于下，帝式是增，用爽厥師。』」案：「式」作「伐」，形近而誤。之，「是」之誤。「厥」作「闕」，聲近而誤。「闕」上脱文，「天命」下無「布命」二字，脱文。「增」當爲「憎」，「爽」當爲「喪」。

諸侯自爲得師者王，得友者霸，得疑者存。自爲謀而莫若己者亡。荀子堯問篇吳起引楚莊王之言曰：「其在中蘬之言。」如此。吕覽驕恣篇李悝曰：「楚莊王曰：『仲虺有言，不穀説之，曰：「諸侯之德，能自爲取師者王，能自取友者存，其所擇而莫如己者亡。」』」案：疑者，有疑事就而問之，即疑丞輔弼之義，大傳所云「有問無以對，責之疑」也，詳臯陶謨「欽四鄰」下。

〔二〕「襄」原誤作「哀」，據左傳改。

尚書孔傳參正三十四

書序二　孔氏傳　臣王先謙參正

湯既黜夏命，黜，退也，退其王命。**復歸于亳，作湯誥。**○鄭云：「湯誥逸。」殷紀：「既絀夏命，還亳，作湯誥。」案：此今文書序也。絀、黜字通，文具史記，録見下。孫云：「此篇似是全文，史公即從孔安國問故得之者。馬、鄭諸儒不據以編入二十九篇中，而以爲逸文。漢人家法如此。」

湯誥佚文：

維三月，王至自於東郊，告諸侯羣后：「毋不有功於民，勤力迺事，予乃大罰殛女，毋予怨。」曰：「古禹、皋陶久勞于外，其有功乎民，民迺有安。東爲江，北爲濟，西爲河，南爲淮，四瀆已修，萬民乃有居。后稷降播，農殖百穀。三公咸有功于民，故后有立。徐廣曰：「一作『土』。」**昔蚩尤與其大夫作亂百姓，帝乃弗予，有狀。先王言不可不勉。」曰：「不道，毋之**徐廣曰：「一作『政』。」**在國，女毋我怨。」**末云：「以令諸侯。」索隱：「謂禹、皋陶有功於人，建立其後，故云『有立』。帝，天也。謂蚩尤作亂，上天乃不佑之，是爲弗與。有狀，言其罪大而有形狀，故黄帝滅之。先王，指黄帝、帝堯、帝舜等言。禹、皋陶以久勞于外，故後有立。及蚩尤作亂，天不佑之，乃致黄帝滅之。皆是先王賞有功，誅有罪，言今汝不可不勉。此湯誡其臣。不道，猶無道也，又誡諸侯云：汝爲不道，我則毋令汝之在國。」魏源云：「王至于東郊，告諸侯，明是自東歸於商亳，若景亳在桀都之東，則湯當歸至西郊，何爲反至於東？」江云：「『勉』當爲『勖』，史公以詁訓代經。」皮云：「言諸侯必有功於民，乃得有國。從徐本作『有土』，文義更明。」

成湯既没，太甲元年，太甲，太丁子，湯孫也。太丁未立而卒，及湯没，而太甲立，稱元年。**伊尹作伊訓、肆命、徂后。**凡三篇，其二亡。○鄭云：「伊訓、肆命逸，徂后亡。」殷紀：「湯崩，太子太丁未立而卒，於是迺立太丁之弟外丙，是爲帝外丙。帝外丙即位三年，崩，立外丙之弟中壬，是爲帝中壬。帝中壬即位四年，崩，伊尹迺立太丁之子太甲。太甲，成湯適長孫也，是爲帝太甲。帝太甲元年，伊尹作伊訓，作肆命，作徂后。」案：「太甲元年」以下，史公引今文書序也。正義云：「尚書孔子序云『成湯既没，太甲元年』，不言有外丙、仲壬，而太史公採世本有外丙、仲壬，二書不同，當是信則傳信，疑則傳疑。」漢書律曆志：「商十二月乙丑朔旦冬至，故書序曰：『成湯既没，太甲元年，使伊尹作伊訓。』曰：『惟太甲元年十有二月乙丑朔，伊尹祀于先王，誕資有牧方明。』言雖有成湯、太丁、外丙、仲壬之服，以冬至越茀祀先王於方明，以配上帝，是朔旦冬至之歲也。」皮云：「孟子曰：『湯崩，太丁未立，外丙二年，仲壬四年。』史記引世本文與孟子合，自可據信。謂史記、世本不可信，豈孟子亦不可信乎？書疏曲附僞孔，謂：『劉歆、班固不見古文，謬從史記；皇甫謐既得此經，作帝王世紀，乃述馬遷之語，是其疏也。顧氏亦云止可依經誥大典，不可用傳記小說。』孔穎達信僞孔古文而疑史記，所見與張守節相等。夫孟子非傳記小說，顧、孔、張氏非不讀孟子，而既信僞孔，則雖孟子有明文者，亦置之不顧。凡暖暖姝姝，守一先生之言者，弊必至此。今人皆知僞孔古文之不可信，未必知古文書序之不可信也。據劉歆所引書序與馬、鄭、僞孔本不異，則此序非僞孔臆造，然其文鶻突不明，脱誤已甚。『成湯既没』之下，即接『太甲元年』，脱外丙、仲壬兩代，説與孟子不合，必非孔子之舊。宋人解孟子，謂二年、四年是年歲之年，非謂即位年數，説尤難通。古者植遺腹，朝委裘，二歲、四歲之君，豈得謂不可立？殷法本兄終弟及，故不立太甲而立外丙、仲壬。若二年、四年非即位年數，孟子何必贅此二語，以疑誤後人乎？史記引今文書序，其前詳叙外丙、仲壬，可見古文書序之不可信。劉歆所引伊訓亦未必真孔壁古文，其説解云：『雖有成湯、太丁、外丙、仲壬之服，以冬至越茀祀先王於方明。』歆雖知有外丙、仲壬兩朝，其説亦謬。江聲云：『據孟子所説，太甲元年，湯與外丙之服皆除之久矣，況太丁之没又在其前乎？歆言有成湯、太丁、外丙之服，誕妄甚矣。太甲除喪即位，以月朔行吉禘之禮，宗祀成湯於明堂，以配上帝，太丁、外丙、仲壬亦從而與享焉。祀畢，乃見諸侯，遂率之以祀方明也。』案：江説亦未是。太丁未居帝位，不得與享明堂。若太丁可與享明堂，則明興獻王之入廟，不得云非禮矣。古文書序已不可信，其逸篇僞者僞，真者亦未必不僞，何必强爲之説。」劉逢禄云：「堯典疏載鄭注典寶序引伊訓曰『載孚在亳』，即『朕載自亳』，又曰『征是三朡』，即『遂伐三朡』，以是見十六篇毫無意義，故絶無師説，且疑劉歆僞作以厭伏今文博士者。」

伊訓佚文：

惟大甲元年十有二月乙丑朔，伊尹祀于先王，誕資有牧方明。漢書律曆志引，見上。注：「如淳曰：『覲禮：「諸侯覲天子，爲壇十有二尋，加方明于其上。」』孟康曰：『方明者，神明之象也，以木爲之，方四尺，畫六采：東青，西白，南赤，北黑，上玄，下黃。』」孫云：「釋詁：『誕，大也。』資，『咨』之借字；資有牧，如堯典『咨十有二牧』也。御覽四百八十引三禮圖曰：『方盟木，方四尺，設六色：東青，西白，南赤，北黑，上玄，下黃。設六玉：上圭，下璧，南方璋，西方琥，北方璜，東方圭。』方盟者，上下四方之神明，天之司盟。」江云：「『方明』即明堂六天，堯典所謂六宗也。」

天誅造攻，自牧宮。朕載自亳。孟子萬章篇引伊訓如此。趙注：「牧宮，桀宮。朕，我也，謂湯。載，始也。言意欲誅伐桀，造作可攻討之罪者，從牧宮桀起，自取之也。湯曰：『我始與伊尹謀之於亳，遂順天而誅之也。』」

載孚在亳，孫云：「孚、俘通。」**征是三朡。**堯典疏載鄭注典寶序引，見上。

從諫不拂，微諫而不倦，爲上明，爲下則遜。荀子臣道篇引書如此。楊倞注：「書伊訓也。」案：楊時伊訓已亡，此注或據舊說。

肆命陳天命以戒太甲，亡。○史記集解引鄭云：「肆命者，陳政教所當爲也。」

徂后陳往古明君以戒，亡。○史記集解引鄭云：「徂后者，言湯之法度也。」

太甲既立，不明，不用伊尹之訓，不明居喪之禮。伊尹放諸桐，湯葬地也。不知朝政，故曰放。三年，復歸于亳，思庸。念常道。伊尹作太甲三篇。○鄭云：「太甲三篇亡。」殷紀：「帝太甲既立三年，不明，暴虐，不遵湯法，亂德，於是伊尹放之於桐宮。三年，伊尹攝行政當國，以朝諸侯。帝太甲居桐宮三年，悔過自責，反善，於是伊尹迺迎帝太甲而授之政。帝太甲修德，諸侯咸歸殷，百姓以寧。伊尹嘉之，迺作太甲訓三篇，褒帝太甲，稱太宗。」集解引鄭云：「桐，地名也，有王離宮焉。」皮云：「孟子：『太甲顛覆湯之典刑，伊尹放之於桐。三年，太甲悔過，自怨自艾，於桐處仁遷義，三年，以聽伊尹之訓己也，復歸于亳。』史記之説與孟子文略同。太甲訓三篇雖亡，據史公所載，今文家説猶可得其大略。古文書序止云『太甲放桐三年』，無『太甲既立三年』之文。史公以爲太甲既立三年，乃放於桐，可補古文書序所不及。蓋今文家説如此。據孟子文，亦有六年。解者合兩三年爲一，謂止有三年，蓋爲古文所誤。太甲雖不明，暴虐，亦必經歷數年，訓之不改，乃不得已而放，未有甫立未久即驟然放之者。蓋太甲既立三年，即屬諒闇三年時事，百官聽於伊尹。伊尹且攝政，且訓王。諒闇三年既滿，伊尹當歸政矣，而太甲仍不明，故伊尹不得已而放太甲於桐，自攝行政當國也。」

太甲佚文：

民非后，無能胥以寧；后非民，無以辟四方。禮表記引太甲如此，注：「胥，相也。民非君，不能以相安。」

毋越厥命，以自覆也。若虞機張，往省括于度，則釋。禮緇衣引太甲如此，注：「『越』之言『蹷』

也。厥，其也。覆，敗也。言無自顛覆女之政教，以自毁敗。虞，主田獵之地者也。機，弩牙也。度，謂所擬射也。虞人之射禽，弩已張，從機閒視括與所射，參相得，乃後釋弦發矢。爲政亦當以己心參於羣臣及萬民，可，乃後施也。」

顧諟天之明命。禮大學引太甲如此，注：「顧，念也。諟，猶正也。『諟』或爲『題』。」

天作孼，猶可違；自作孼，不可活。孟子公孫丑篇引太甲如此，注：「言天之妖孼，尚可違避，若高宗雊雉，宋景守心之變，皆可以德消去也。自己作孼者，若帝乙慢神震死，是爲不可活。故若此之謂也。」禮緇衣引太甲曰：「天作孼，猶可違也；自作孼，不可以逭。」

伊尹作咸有一德。言君臣皆有純一之德，以戒太甲。○書堯典疏引鄭云：「『伊陟、臣扈曰』，下闕，未詳。」又云：「咸有一德逸。在湯誥後，第三十二。」殷紀伊尹作咸有一德次湯誥後。禮緇衣引「尹吉」鄭注：「吉，當爲『告』；告，古文『誥』。（句絶。）字之誤也。尹告，伊之誥也。書序以爲咸有一德。（句絶。）今亡。」段云：「是篇本逸而云『今亡』者，蓋逸篇十六，舊有此篇，至鄭時亡之，如武成逸篇，建武之際亡。然則馬、鄭未全見十六篇也。」陳云：「鄭本篇次與史記同，是今、古文次第皆如此，自是成湯時所作，僞孔以爲伊尹訓太甲，謬矣。鄭釋『尹吉』能訂正其誤，蓋本今文家相承師説，伏生傳尚書雖僅存二十八篇，然百篇書序尚具梗概，經文皆所誦習，大恉尚能言之，故佚文遺説散見大傳，惜殘闕過甚，無可徵證耳。」

尹告佚文：

惟尹躬及湯，咸有壹德。禮緇衣引尹告（即咸有一德。）如此，注：「咸，皆也。君臣皆有壹德，不貳，則無疑惑也。」**尹躬天見于西邑夏，自周有終，相亦惟終。**同上。注：「『天』當爲『先』字之誤也。忠信爲周。相，助也，謂臣也。伊尹言尹之先祖，見夏之先君臣皆忠信以自終。今天絶桀者，以其自作孽。伊尹始仕于夏，此時就湯矣。夏之邑在亳西。『見』或爲『敗』，『邑』或爲『予』。」

沃丁既葬伊尹于亳，沃丁，太甲子。伊尹既致仕老終，以三公禮葬。**咎單遂訓伊尹事，**訓暢其所行功德之事。**作沃丁。**咎單，忠臣名。作此篇以戒也。亡。○鄭云：「沃丁亡。」殷紀：「帝沃丁之時，伊尹卒。既葬伊尹於亳，咎單遂訓伊尹事，作沃丁。」案：此今文書序也。正義云：「帝王世紀：『伊尹名摯，爲湯相，號阿衡，年百歲卒，天霧三日，沃丁以天子禮葬之。』」書疏云：「皇甫謐云：『沃丁八年，伊尹卒，年百有餘歲。大霧三日，沃丁葬之，以天子禮葬，祀以太牢，親臨喪以報大德。』晉文請隧，襄王不許，沃丁不當以天子之禮葬伊尹也。孔言三公禮葬，未必有文，要情事當然也。」皮云：「僞傳疑謐作，而此傳與謐不合，則謂盡出謐手，亦未必然。僞傳與王肅説又不盡同，或肅、謐故爲參差以掩其迹也。沃丁以天子禮葬伊尹，成王葬周公亦然，蓋以伊、周曾攝位當國，不嫌於僭。僞傳乃易之曰『以三公禮葬』，書疏以爲情事當然。考古當有實徵，若以爲想當然，豈可信哉！伊尹卒，大霧三日，見論衡感類引百兩篇，亦非謐臆造。張霸百兩僅存此文，未知出於今文尚書否，而王充引之，則已見於今文家所稱説矣。」

伊陟相太戊，伊陟，伊尹子。太戊，沃丁弟之子。○釋文：「太戊，馬云：『太甲子。』」王鳴盛云：「殷紀太戊爲沃丁弟大庚子。世表以大戊爲沃丁弟，亦太甲子。馬據世表，僞孔據殷紀。案：下傳云：『仲丁，大戊子。河亶甲，仲丁弟。祖乙，河亶甲子。』疏云皆世本文。此疏獨不言世本文，則可知世本必云『大戊，太甲子』。世表、馬注皆據世本，本紀偶誤耳。僞孔非也。」**亳有祥桑穀共生于朝。**祥，妖怪。二木合生，七日大拱，不恭之罰。**伊陟贊于巫咸，作咸乂四篇。**贊，告也。巫咸，臣名。皆亡。○釋文：「巫咸，馬云：『巫，男巫也。名咸，殷之巫也。』」書疏引鄭云：「巫咸，巫官。」又云：「咸艾四篇亡。」殷紀：「帝太戊立，伊陟爲相，亳有祥桑穀共生於朝，一暮大拱。帝太戊懼，問伊陟，伊陟曰：『臣聞妖不勝德。帝之政其有闕與？帝其修德。』太戊從之，而祥桑枯死而去。伊陟贊于巫咸。巫咸治王家有成，作咸艾，作太戊。」案：「伊陟爲相」以下，今文書序也。集解引鄭云：「兩手搤之曰拱。」孫云：「漢書郊祀志孟康注：『贊，説也。』咸爲巫官，伊陟爲説桑穀之祥，使禳除之。」王鳴盛云：「疏引君奭傳云：『巫，氏也。』以鄭爲非。案：吕覽勿躬篇：『巫咸作筮。』則巫咸爲人可知。」先謙案：楚詞亦以巫咸主神，楚語云：「古者民神不雜。民之精爽不攜貳者，而又能齊肅衷正，其智能上下比義，其聖能光遠宣朗，其明能光照之，其聰能聽徹之，如是則明神降之。在男曰覡，在女曰巫。是使制神之處位次主，而爲之牲器時服。」周禮司巫掌羣巫之政令，屬有男巫、女巫。其制必因於古。是巫者，男女通得稱之。蓋咸爲巫官，其子賢，始以巫爲氏也。咸治王家有成，必其人才德邁衆，由巫官舉，非僅以巫著稱。伊陟贊之者，以其人之賢，進説於太戊。若桑穀枯死，由太戊修德所致，孫用索隱之説以爲使巫咸禳除之，失之遠矣。封禪書：「至帝太戊，有桑穀生於廷，一暮大拱，懼。伊陟曰：『妖不勝德。』太戊修德，桑穀死。伊陟贊巫咸。巫咸之興自此始。」是桑穀死在贊巫咸前，其非由咸禳除明甚。漢書五行志：「書序曰：『伊陟相太戊，亳有祥桑穀共生。』傳曰：『俱生乎朝，七日而大拱，伊陟戒以修德而木枯。』」郊祀志：「帝太戊有桑穀生於庭，一暮大拱，懼。伊陟曰：『妖不勝德。』太戊修德，桑穀死。伊陟贊巫咸。」說苑君道篇：「殷太戊時，有桑穀生于庭，昏而生，比旦而拱。史請卜之湯廟，太戊從之。卜者曰：『吾聞之，祥者福之先者也，見祥而爲不善，則福不生。殃者，禍之先者也，見殃而能爲善，則禍不至。』於是乃早朝而晏退，問疾弔喪。三日而桑穀自亡。」韓詩外傳三亦記此事，作「湯時問於伊尹，尹對曰」云云，與史、漢、說苑不同。陳云：「論衡感類篇、帝王世紀亦以桑穀共生爲太戊事。五行志又引：『劉向以爲殷道既衰，高宗承敝而起，盡諒陰之哀，天下應之。既獲顯榮，怠於政事，國將危亡，故桑穀之異見。桑，猶喪也。穀，猶生也。殺生之柄失而在下，近草妖也。一曰，野木生朝而暴長，小人將暴在大臣之位，危亡國家，象朝將爲虛之應也。』」案：困學紀聞引伏生大傳亦言「武丁之時，桑穀俱生於朝，七日而大拱」，是太戊、武丁皆有其事，故劉向著說苑亦兩載其事。劉所録，當即本之書傳也。呂覽又言：『湯時，穀生於廷，比旦而大拱。』然則殷時此祥三見。」皮云：「陳說是也。殷人尚鬼，蓋信祥異之事。桑穀當是三見，傳者各異，不必疑大傳與書序不合。說苑君道篇以桑穀爲太戊，又以爲武丁；敬慎篇與五行志引劉說亦以爲武丁；論衡感類、順鼓篇以桑穀爲太戊，又以爲武丁，異虛篇又以爲武丁。向、充皆習今文，而兼言太戊、武丁，是今、古文不異。」「作太戊」說見下。

太戊贊于伊陟，告以改過自新。**作伊陟、原命。**原，臣名。原命、伊陟二篇皆亡。○鄭云：「伊陟亡；

原命已逸。」殷紀：「帝太戊贊伊陟于廟，言弗臣，伊陟讓，作原命。」集解引馬云：「原，臣名也。命原以禹、湯之道我所修也。」江云：「殷紀『作咸艾』下有『作太戊』三字，太戊，篇名，因下『太戊贊于伊陟』疊『太戊』字而脱。但如此，則百篇之數多一篇。依史記，則書序作『伊陟原命』，原者，再也，因其讓而再命之也。如此，則適得百篇之數。」段云：「原命爲二十四逸篇之一，馬實親見而云然，命原非命伊陟也。史記脱『作伊陟』三字，賸『作太戊』三字，實轉寫之譌，不得緣誤立説。凡書序，有佚其序僅存其目者，如『作伊陟』句絶，『原命』别爲一句，其所以作原命者未著也；『作夏社』句絶，『疑至、臣扈』不上屬，所以作疑至、臣扈亦未著也。」莊述祖云：「史記有太戊無伊陟，是太戊篇即伊陟篇，史公從安國問故，因得聞百篇之説。曰『帝太戊贊伊陟于廟，言弗臣，伊陟讓，作原命』是也。」皮云：「馬、鄭古文書序與史記所載今文書序本不盡合，而如『康王命作策畢』之脱『公』字，『王錫晉文侯』之增『平』字，又經後人增竄，並非馬、鄭之舊，不如史記可信。馬、鄭所見逸篇，其真僞亦未可知。段以爲史記脱『作伊陟』三字，殊未必然。如其説，則史記之與古文書序異者，將悉以爲脱誤乎？」先謙案：史記明云作太戊、作原命，與古文書序判然不同，莊云太戊篇即伊陟篇是也，至以伊陟讓而作原命，今文書序情事分明。馬説以「原」爲臣名，自是古文異説，史公在馬、鄭前，又親問故於安國，今、古文皆其所通習，以言可信，馬不如史。皮説是也。

仲丁遷于囂，太戊子，去亳。囂，地名。○殷紀：「帝仲丁遷于隞。」囂、隞聲相近。「隞」一作「敖」，詩車攻「搏獸于敖」箋：「敖，鄭地，今近滎陽。」水經濟水注：「濟水又東徑敖山北，詩所謂『搏狩于敖』者也。其山上有城，即殷帝仲丁之所遷也。」史記正義引括地志云：「滎陽故城在鄭州滎陽縣西南十七〔二〕里，殷時敖地也。」**作仲丁。**陳遷都之義。亡。○鄭云：「仲丁亡。」殷紀：「中〔三〕丁書闕不具。」索隱：「蓋太史公知有仲丁書，今已遺闕不具也。」莊述祖云：「『仲丁書闕不具』當亦書序語。蓋百篇即有録無書，否則漢時亡逸者多，不應獨擧仲丁一篇也。」皮云：「史公不云『作仲丁，作河亶甲，作祖乙』，但言『仲丁書闕不具』，則似當時河亶甲、祖乙之書皆亡，而仲丁之書又闕不具也。」先謙案：史公但言「仲丁書闕」，而河亶甲、祖乙不言，則今文尚書有河亶甲、祖乙與否不可知，莊説是也。

河亶甲居相，仲丁弟。相，地名，在河北。**作河亶甲。**亡。○鄭云：「河亶甲亡。」殷紀：「河亶甲居相。」正義引括地志云：「故殷城在相州内黄縣東南三十里，即河亶甲所築都之所，名殷城也。」漢書地理志：「沛郡有相縣。」

祖乙圮于耿，亶甲子，圮於相，遷於耿。河水所毁曰圮。○釋文：「圮，馬云：『毁也。』」書疏引鄭云：「祖乙又去相居耿，而國爲水所毁。于是修德以禦之，不復徙也。録此篇者，善其國圮毁以改政而不徙。」**作祖乙。**亡。

〔二〕「十七」原誤作「七十」，據史記正義所引括地志改。
〔三〕「中」字史記殷本紀作「仲」。

○鄭云：「祖乙亡。」殷紀：「祖乙遷於邢。」地理志：「弘農郡皮氏有耿鄉。」案：在今山西河津縣西一里。索隱：「邢音耿。近代本亦作『耿』。」集韻三十九耿云：「邢，地名，通作『耿』。」本索隱。段云：「説文：『邢，鄭地，有邢亭也，祖乙所遷。』當是此地此字。」

盤庚五遷，將治亳殷，自湯至盤庚，凡五遷都。盤庚治亳殷。○書疏引鄭云：「祖乙居耿後，奢侈踰禮，土地迫近山水，嘗圮焉。至陽甲立，盤庚爲之臣，乃謀徙居湯舊都，治于亳之殷地，商家自此徙而改號曰殷。」段云：「書疏引汲冢古文云：『盤庚自奄遷于殷。殷在鄴南三十里。』束晳云：『尚書序：「盤庚五遷，將治亳殷。」舊説以爲居亳，亳殷在河南。孔子壁中尚書云：「將始宅殷。」是與古文同也。漢書項羽傳：「洹水南殷墟上。」今安陽西有殷。』案：此晳書所謂『晳在著作，得觀竹書，隨疑分釋，皆有義證』也。唐初尚存，今則亡矣。『與古文同』，謂與汲冢古文同也。今注疏本誤衍作『不同』。紀年作：『自奄遷于蒙北曰殷。』書疏又云：『「將治亳殷」不可作「將始宅殷」。「亳」字摩滅，容或爲「宅」。壁内之書，安國先得，「始」皆作「亂」，其字與「治」不類，無緣誤作「始」字。知束晳不見壁内之書，安國爲説耳。』案：此數語，淺人妄改，宋槧本作『「治」皆作「乿」，其字與「始」不類，無緣誤作「始」字』乃合。『乿』字見汗簡、集韻、古文〔二〕四聲韻、羣經音辨，用此知作疏時，已有將古篆寫成之古文尚書，即流傳至郭忠恕定其釋文，晁公武得

〔二〕「文」原誤作「之」，據段玉裁尚書古文撰異原文改。

本鐫石，薛季宣作書訓者。然其原流未可信，陸德明所訶爲「穿鑿之徒，務欲立異」者也。晳當晉初，未經永嘉之亂，或孔壁原文尚存祕府，所説殆不虚。鄭注尚書，或依今文讀「始宅」爲「治亳」，如「徵庸三十」易爲「二十」，未可知也。晳所見壁中本作「始」，而他本作「治」，正與臯陶謨篇「始滑」、「治曶」相類，又可以見壁中古文「始」、「治」相似，斷非作「亂」。或云古文尚書「始」作「乱」，則與「亂」相似。然「始」作「乱」者，亦汗簡云爾，無以見壁中本必然也。」**民咨胥怨，**胥，相也。民不欲徙，乃咨嗟憂愁相與怨上。○書疏引鄭云：「民居耿久，奢淫成俗，故不樂徙。」**作盤庚三篇。**○殷紀：「帝盤庚之時，殷已都河北，盤庚渡河南，復居成湯之故居，迺五遷，無定處。殷民咨胥皆怨，不欲徙。盤庚乃告諭諸侯大臣曰：『昔高后成湯與爾之先祖俱定天下，法則可修，舍而弗勉，何以成德！』乃遂涉河南，治亳，行湯之政，然後百姓由甯，殷道復興，諸侯來朝，以其遵成湯之德也。帝盤庚崩，弟小辛立，是爲帝小辛。帝小辛立，殷復衰。百姓思盤庚，迺作盤庚三篇。」索隱：「此以盤庚崩，帝小辛立，百姓思之，乃作盤庚，由不見古文也。」皮云：「『盤庚三篇』，今、古文皆有之，史公非不見盤庚及序者，史記所引今文書序亦與古文不異，云『五遷，無定處，遂涉河南，治亳』，即序云『盤庚五遷，將治亳殷』也；云『殷民咨胥皆怨，不欲徙』，即序云『民咨胥怨』也。惟古文書序無小辛時思盤庚迺作三篇之語，人遂不知盤庚作於何時，而『五遷』、『五邦』之數亦莫能定矣。」

高宗夢得説，盤庚弟小乙子，名武丁，德高可尊，故號高宗。夢得賢相，其名曰説。**使百工營求諸野，得諸傅巖，**使百官以所夢之形象經營求之於外野，得之於傅巖之谿。**作説命三篇。**命説爲相，使攝政。○書疏引馬云：「高宗始命爲傅氏。」鄭云：「得諸傅巖，高宗因以傅命説爲氏。」又云：「説命三篇亡。」殷紀：「帝武丁即位，思復興殷，而未得其佐。三年不言，政事決定於冢宰，以觀國風。武丁夜夢得聖人，名曰説。以夢所見視羣臣百吏，皆非也。於是迺使百工營求之野，得説於傅險中，是時説爲胥靡，築於傅險。見於武丁，武丁曰：『是也。』得而與之語，果聖人。舉以爲相，殷國大治。故遂以傅險姓之，號曰傅説。」案：史公述其事，不云作説命三篇。説文：「夐，營求也。从旻，从人在穴上。商書曰：『高宗夢得説，使百工夐求，得之傅巖。』（句絶。）巖，穴也。」許引商書是書序文。「營」作「夐」，蓋古文序。楚語韋注引書序曰：「高宗夢得説，使百工營求諸野，得之傅巖，作説命。」與史記合，蓋今文序也。段云：「説文：『㝵，取也。尚書「高宗夢㝵説」是也。』衆經音義引衛宏詔定古文官書（即孔穎達書疏、漢書顔注引用其序，及韓愈得諸李服之者。）三條曰『㝵』、『得』同體，『枹』、『桴』同體，『圖』、『啚』同體。今尚書作『得説』，蓋衛包所改。釋文無『㝵説』之文，又陳鄂所重定也。」

説命佚文：

高宗梁闇，三年不言。曰：「以余正四方，余恐德之不類，茲故不言。」曰：「若金，用女作礪。若津水，用女作舟。若天旱，用女作霖雨。啟乃心，沃朕心。若藥不瞑眩，厥疾不瘳。若跣不視地，厥足用傷。必交修余，無余棄也。」禮大傳説命引書如此。楚語白公子張曰：「昔武丁能聳其德，至于神明，以入於河，自河徂亳，於是乎三年默以思道。卿士患之，曰：『王言以出令也。若不言，是無所稟令也。』武丁於是作書，曰：『以余正四方，余恐德之不類，茲故不言。』如是而又使以象夢求四方之賢聖，得傅説以來，升以爲公，而使朝夕規諫，曰：『若金，用女作礪。若津水，用女作舟。若天旱，用女作霖雨。啟乃心，沃朕心。若藥不瞑眩，厥疾不瘳。若跣不視地，厥足用傷。』若武丁之神明也，其聖之叡廣也，其知之不疚也，猶自謂未乂，故三年默以思道。既得道，猶不敢專制，使以象旁求聖人，得以爲輔。又恐其荒失遺忘，故使朝夕規諫箴誨，曰：『必交修，無余棄也。』」孟子滕文公篇引書曰：「若藥不瞑眩，厥疾不瘳。」「瞑」一作「眄」，說文「丏」下云：「讀若周（「商」之誤。）書『若藥不眄眩』。」潛夫論五德志篇：「武丁即位，默以不言，思道三年，而夢獲賢人以爲師。乃使以夢象求之四方側陋，得傅說，方與胥靡築於傅巖，升以爲大公，而使朝夕規諫。恐其有惰怠也，則敕曰：『若金，用汝作礪。若濟巨川，用汝作舟楫。若時大旱，用汝作霖雨。啟乃心，沃朕心，若藥不瞑眩，厥疾不瘳。若跣不視地，厥足用傷。爾交修余，無棄。』故能中興，稱號高宗。」

念終始典于學。禮文王世子引兌命如此，注：「『兌』當爲『說』。說命，書篇名。殷高宗之臣傅說之所作。」學記引同，注：「『兌』當爲『說』字之誤也。高宗命傅說，求而得之，作說命三篇，在尚書，今亡。」段云：「禮記六引皆作『兌』，『說』亦兌聲，不必謂字之誤。」先謙案：禮記與大夏侯尚書同一師承，蓋夏侯本「說」作「兌」。

斅學半。禮學記引兌命如此，注：「己之學半。」

敬孫務時敏，厥修乃來。同上。注：「敬孫，敬道孫業也。敏，疾也。厥，其也。學者務及時而疾，其所修之業乃來。」

惟口啟羞，惟甲冑起兵，惟衣裳在笥，惟干戈省厥躬。禮緇衣引兌命如此，注：「『兌』當爲

『説』，謂殷高宗之臣傅説也，作書以命高宗，尚書篇名也。羞，猶辱也。衣裳，朝祭之服也。惟口啟羞，當慎言語也。惟甲冑起兵，當慎軍旅之事也。惟衣裳在笥，當服以爲禮也。惟干戈省厥躬，當恕己，不尚害人也。」

爵無及惡德，民立而正。事純而祭祀，是爲不敬。事煩則亂，事神則難。同上。注：「惡德，無恒之德。純，猶皆也。言君祭祀，賜諸臣爵，毋與惡德之人也，民將立以爲正，言倣傚之疾。事皆如是而以祭祀，是不敬鬼神也。惡德之人使事煩，事煩則亂，使事鬼神，又難以得福也。純，或作『煩』。」

高宗祭成湯，有飛雉升鼎耳而雊，耳不聽之異。雊，鳴。**祖己訓諸王，**賢臣也。以道訓諫王。**作高宗肜日、高宗之訓。**所以訓也。亡。○書疏引鄭云：「鼎，三公象也，又用耳行。雉升鼎耳而鳴，象視不明，天意若曰：當任三公之謀以爲政。」又云：「高宗之訓亡。」殷紀：「武丁祭成湯，明日，有飛雉登鼎耳而呴，武丁懼，祖己曰：『王勿憂，先修政事。』祖己乃訓王曰『惟天監下』云云。武丁崩，子帝祖庚立，祖己嘉武丁之以祥雉爲德，立其廟爲高宗，遂作高宗肜日及訓。」漢書五行志引書序曰：「高宗祭成湯，有蜚雉登鼎耳而雊。」史記作「武丁祭成湯」者，依經述事，故文有更易，多「明日」二字，蓋據經高宗肜日而言；古文作「升」，今文作「登」；呴，俗字；「飛」一作「蜚」，乃歐陽、夏侯本異。陳云：「大傳説高宗之訓，以桑穀共生事系之武丁，故五行傳言：『野木生朝，野鳥入廟，皆敗亡之異。武丁懼而修德用能，攘木、鳥之妖，致百年之壽。』蓋今文書説如是。」桑穀事，説苑、論衡皆載之，當在高宗之訓篇中。

高宗之訓佚文：

三年其惟不言，言乃讙。禮坊記引高宗云如此，注：「高宗，殷王武丁也。名篇在尚書。三年不言，有父小乙喪之時也。『讙』當爲『歡』，聲之誤也。其既言，天下皆歡喜，樂其政教也。」疏云：「尚書序有高宗之訓，此經有『高宗云』，謂是高宗之訓有此語，故云『名篇在尚書』。」

殷始咎周，咎，惡。○釋文引馬云：「『咎周』者，爲周所咎。」詩文王疏、左襄三十一年傳疏引鄭云：「咎，惡也。紂聞文王斷虞、芮之訟，又三伐皆勝，而始畏惡之，拘于羑里。」**周人乘黎。**乘，勝也。所以見惡。○詩疏、左傳疏引鄭云：「乘，勝也。紂得散宜生等所獻寶而釋文王，文王釋而伐黎。明年，伐崇。」**祖伊恐，**祖己後，賢臣。**奔告于受，**受，紂也，音相亂。帝乙之子，嗣立，暴虐無道。○釋文引馬云：「『受』讀曰『紂』。或曰受婦人之言，故號受也。」詩疏、左傳疏引鄭云：「紂，帝乙之少子，名辛。帝乙愛而欲立焉，號曰受德，時人傳聲轉作紂爾。史掌書，知其本，故曰『受』。」**作西伯戡黎。**戡，亦勝也。○殷紀云：「及西伯伐飢國，滅之，紂之臣祖伊聞之而咎周，恐，奔告紂曰」云云。周紀：「虞、芮之人俱讓而去，諸侯聞之，曰：『西伯蓋受命之君！』明年，伐犬戎。明年，伐密須。明年，敗耆國。殷之祖伊聞之，懼，以告帝紂。紂曰：『不有天命乎？是何能爲！』」皆在囚羑里後。尚書大傳殷傳云：「文王一年，質虞、芮。二年，伐于。三年，伐密須。四年，伐畎夷。紂乃囚之。四友獻寶，乃得免於虎口，出而伐耆。」據史記，「咎周」即祖伊，書序云「殷始咎周」，古文書序非與史記今文異。餘詳本篇。

殷既錯天命，錯，亂也。○釋文：「錯，馬云：『廢也。』」**微子作誥父師、少師。**告二師，而去紂。○

詩大明疏引鄭云：「微子啟，紂同母庶兄。紂之母本帝乙之妾，生啟及衍，後立爲后，生受德。」殷紀：「紂愈淫亂不止，微子數諫不聽，乃與太師、少師謀，遂去。」宋世家：「於是太師、少師乃勸微子去，遂行。」今文以太師、少師爲樂官，（詳本篇。）與古文作父師、少師以爲箕子、比干者大異。

尚書孔傳參正三十五

書序三　孔氏傳　臣王先謙參正

惟十有一年，武王伐殷。周自虞、芮質厥成，諸侯竝附，以爲受命之年。至九年而文王卒，武王三年服畢，觀兵孟津，以卜諸侯伐紂之心，諸侯僉同。乃退以示弱。○詩文王序疏引鄭云：「十有一年，本文王受命而數之，是年入戊午蔀四十歲矣。」**一月戊午，師渡孟津，**十三年正月二十八日，更與諸侯期而共伐紂。**作泰誓三篇。**渡津乃作。○周紀：「十一年十二月戊午，師畢渡盟津，諸侯咸會。曰：『孳孳無怠！』武王乃作太誓，告于衆庶」云云。齊太公世家：「武王即位九年，欲修文王業，東伐，以觀諸侯集否。師行，師尚父左杖黃鉞，右把白旄以誓，曰：『蒼兕蒼兕，總爾衆庶，與爾舟楫，後至者斬！』遂至盟津，諸侯不期而會者八百諸侯。諸侯皆曰：『紂可伐也！』武王曰：『未可。』還師，與太公作此大誓。」據此，太誓首篇，武王與太公共作，今略見於史記所載。司馬貞索隱於周紀「白魚躍入王舟中」下注云：「此已下至火復王屋爲烏，皆見周書及今文太誓。」又云：「案今文泰誓：『流爲鵰。』」齊世家「蒼兕蒼兕」下注云：「此文上下並今文泰誓也。」皮云：「小司馬及見今文太誓，其說當可信。周紀自『上祭于畢』至白魚、赤烏等語，皆見尚書大傳與尚書中候，必今文泰誓之文。據周紀說，則太誓下篇乃武王作，亦略見於史記所載。中篇其文早佚，史記亦未多引，所云『武王徧告諸侯曰：「殷有重罪，不可以不畢伐」』，蓋史公約中篇文也。古文書序云『一月戊午』，史記云『十二月戊午』，殷之十二月，周之一月。古文書序據周正言，史記用今文說，仍據殷正，其義非有異也。太誓三篇，首篇言觀兵事，中、下二篇言居二年再伐紂事，蓋三篇非一時之事，實一時所作，由伐紂追溯觀兵時事而並言之，故書序總云『作泰誓三篇』，史記亦未分列三篇之目。說者乃分十一年爲觀兵，一月戊午爲伐紂，前有年無月日，後有月日無年，文義甚不可通。或又謂序有脱文。據史記所引今文書序與古文書序不異，則序並無脱誤。史記云，虞、芮質成，『諸侯聞之，曰：「西伯蓋受命之君！」明年，伐犬戎。明年，伐密須。明年，敗耆國。明年，伐邘。明年，伐崇侯虎。而作豐邑，自岐下而徙都豐。明年，西伯崩。』與大傳云『七年而崩』合。是史公用今文說也。又云：『詩人道西伯，蓋受命之年稱王而斷虞、芮之訟，後七年而崩。』（「七年」今本誤「十年」，孔疏所引不誤。）詩人蓋魯詩，亦今文說也。云『武王即位，九年欲修文王業』，當以『位』字絕句。九年，蒙文王受命七年數之，乃武王即位之二年，所謂再期觀兵，觀兵還師，居二年而伐紂，蒙文王受命七年爲十一年。史記引今文書序云『十一年十二月戊午，師畢渡盟津』，與古文書序所云皆文義一氣相承，年月日必是一時之事。而漢志云：『書序曰：「惟十有一年，武王伐紂，大誓。」八百諸侯會。』又云：『序曰：「一月戊午，師度于孟津。」』是班氏始分觀兵爲十一年，師渡孟津爲十三年，其說本於劉歆。歆蓋據逸周書，以爲文王受命九年而崩，故以再期觀兵爲十一年，又二年伐紂爲十三年。僞孔傳用歆說，較史記皆差二年，與今文說不合。鄭兼用今、古文說，既從大傳、史記文王受命七年而崩，又從劉歆十一年觀兵、十三年伐紂，與再期觀兵年數不符，與史記大相枘鑿矣。漢書禮樂志云：『書序：「殷紂斷棄先祖之樂，乃變淫聲，用亂變正聲，以悦婦人。」』顔注：『今文泰誓之辭。』案：小顔時太誓見存，史記所引『乃爲淫聲，用變亂正聲』云云，塙是今文大誓。龔自珍、劉逢禄力辨太誓爲僞，謂伏生傳書無太誓，今考大傳、史記所引，伏生、史公實覩其書，史記此文與牧誓相出入，未可盡疑其僞也。」先謙案：書序疏引劉向别録云：「武帝末，民有得泰誓書於壁内者，獻之，與博士使讀説之，數月，皆起傳以教人。」又引後漢史獻帝建安十四年黄門侍郎房宏等説云：「宣帝本始元年，河内女子有壞老屋，得古文泰誓三篇。」漢書劉歆傳歆與太常博士書云：「太誓後得，博士集而讀之。」與别録合。論衡正説篇：「孝宣皇帝之時，河内女子發老屋，得逸禮、尚書各一篇，奏之。宣帝下示博士，然後逸禮、尚書各益一篇。（云一篇者，蓋今文以三篇連屬爲一，每篇空一字，如石經盤庚之式。）而尚書二十九篇始定矣。」書疏又云：「史、漢書皆云伏生得二十九篇，則司馬遷時已得泰誓，以并歸於伏生，不得云宣帝時始出也。或者爾時重得之，故於後亦據而言之乎？」余謂：一太誓也，劉向以爲得自武帝末，房宏、王充以爲宣帝時，傳記雜説所言，年代多不可信。伏生二十九篇，塙無太誓。漢書婁敬傳雖有「武王伐紂，不期而會孟津上八百諸侯」之語，不言是書，蓋自挾書律除，古籍閒出，敬連引周事，非必尚書之文。董仲舒對策在武帝七年，終軍上對在武帝十八年，皆引太誓。司馬遷作史記當武帝時，亦詳引之。是太誓已出之明證。别録若云景帝末或武帝初則合矣。尚書百二十篇，漢人以百二篇爲尚書，十八篇爲中候。白魚赤烏符瑞雜陳，與書經氣體不類，而並見於中候，其爲中候之文無疑。特以獻自民閒，朝命付學官集讀。古書初出，球璧同珍，既以并入尚書，不復致辨。至大傳一書，歐陽、張生相與撰録，非必盡出師傳。鄭君言「生終，後張生、歐陽數子各論所聞，以己意彌縫其闕」，即此類也。若以爲伏生親見太誓，失之誣矣。段云：「『泰』當作『大』。僞孔傳云『大會以誓衆』，王肅注『以大道誓衆』，則字本作『大』可知。疏云：『武誓非一，故史推義作名泰誓，見大會也。』顧氏以爲：『泰者，大之極也。猶如天子諸侯之子曰太子，天子之卿曰太宰，此會中之大，故稱泰誓也。』」據此疏，似顧彪當隋時，經已作『泰』，而以俗説解之，『大』讀爲『太』，而訓爲大之極。『太』與『泰』同，用此俗説也。困學紀聞云：「『泰誓』古文作『大誓』。」晁氏云：「『開元間衛包定今文始作「泰」，新經以交泰爲説，眞燕書哉！』大誓與大誥同，音『泰』者非。」玉裁謂：作『泰』在顧彪以前，非衛包始改。王氏所謂古文者，乃宋次道家之本；晁氏所謂今文者，即衛包改本也。自天寶以後，謂衛包改本爲『今文尚書』。」

太誓佚文：　以下，後得太誓。書疏引馬書傳序云：「太誓後得，按其文似若淺露，又云『八百諸侯，不召自來，不期同時，不謀同辭』，及『火復於上，至於王屋，流爲鵰，五至，以穀俱來』，舉火神怪，得無在子所不語中乎？」王肅云：「太誓近得，非其本經。」趙岐孟子注云：「今文尚書本無泰誓，後得以充學。」左襄三十一年傳引「民之所欲」云云，杜注：「今尚書亦無此文。」故諸儒疑之。蓋西漢時奉詔充學，傳習偏於學校，自魏晉以來，儒者皆深致不滿，至唐爲僞孔作疏，而此後得太誓亦亡。段云：「馬疑之而仍注之者，因壁中所有，合於博士所習也。」先謙案：段説非。孔壁得多十六篇具載堯典疏，無太誓也。説詳序例。

九年，唯四月，「九年」，周紀如此，蒙文王受命七年數之。「唯四月」，大傳引書如此，鄭注：「四月，周四月也。」孫云：「周四月爲夏二月，以再期觀兵言之，則是文王崩在七年之二月。」**太子發上祭於畢，下至于孟津之上，**大傳引書如此，鄭注：「發，周武王也。卒父業，故稱太子也。」周紀：「武王上祭於畢。東觀兵，至於盟津，爲文王木主，載以車，中軍。武王自稱太子發，言奉文王以伐，不敢自專。」集解引馬云：「畢，文王墓地名也。」孫云：「此史記釋經之詞，故不以爲經文。孟子離婁篇趙注引書曰：『太子發上祭於畢，下至於盟津。』是知經文稱『太子發』，史公改稱『武王』。白虎通爵篇：『天子之子稱太子。尚書曰「太子發升於舟」也。』詩文王疏引我應云：『文王之戒武王曰：「我終之後，但稱太子發，河、洛復告，遵朕稱王。」』御覽百四十六引尚書中候云：『予稱太子發，明慎父以名卒考。』注：『予，我也。父死曰考。』文王命武王，我終之後恒稱太子者，明順文王之命也。君存稱世子，薨稱太子，未葬稱太子，已葬稱公。今踰年猶稱太子發，若父業有不成者而將軍。此武王之稱太子發，遵父命之事也。」**乃告司馬、司徒、司空諸節：** 周紀如此，集解引馬云：「諸受符節有司也。」孫云：「吳中本大傳『司徒』在『司馬』前，誤也。藝文類聚十六、御覽百四十六引尚書皆作『司馬、司徒、司空』；詩大明疏引太誓『司馬』在前，謂此；月令疏引書傳有『司馬公、司徒公、司空公領三卿』，可見唐本大傳亦『司馬』在『司徒』前也。」**「齊栗，允哉！** 周紀作「齊栗，信哉」，蓋詁「允」爲「信」。經文當爲「允哉」。大傳無「齊栗」，作「亢才」二字，亢、允形近致誤，才、哉字通。孫云：「呂覽貴信篇引周書『允哉，允哉』，又説之云：『以言非信，則百事不滿也。』高注：『周書，逸書也。「滿」猶「成」。』疑用此文，而高偶不照。」齊栗，敬慎戰懼貌。**予無知，以先祖先父之有德之臣左右小子，予受先公，** 大傳引書如此。周紀作：「予無知，以先祖有德臣，小子受先功。」集解：「徐廣曰：『一作「予小子受先公功」。』」孫云：「釋詁：『公，事也。』魏志三少帝紀詔曰：『庶憑先祖先父有德之臣左右小子。』用此經文。」**必力賞罰，以定厥功于先祖之遺。」** 吳中本大傳引書如此。御覽百四十六引大傳「必」作「戮」，「于」作「明于」，白虎通諫諍篇引尚書同。孫云：「管子：『賞罰必，則下服度。』詩箋：『力，猶勤也。』淮南高注：『定，成也。』周紀『必』作『畢』，『厥』作『其』，無『于先祖之遺』句。」**遂興師，**周紀如此。齊世家作「師行」。**師尚父左杖黄鉞，右把白旄以誓，號曰：「蒼兕蒼兕，**周紀但作「師尚父號曰」，齊世家如此，集解引鄭云：「號令之軍法重者。」馬云：「蒼兕，主舟楫官名。」索隱：「此文上下並今文太誓。」伊耆氏疏引今文泰誓此文，「以誓，號曰」作「誓曰」。論衡是應篇：「師尚父爲周司馬，將師伐紂，到孟津之上，杖鉞把旄，號其衆曰：『倉光倉光。』倉光者，水中之獸也，善覆人船。因神以化，欲令急渡。不急渡，倉光害汝。」又云：「河中有此異物，時出浮揚，一身九頭，人畏惡之，未必覆人之舟也。」尚父緣河有此異物，因以威衆。」索隱：「本或作『蒼雉』。」馬云「主舟楫官」，以下文推知之。**總爾衆庶，與爾舟楫，後至者斬！」**周紀、齊世家如此。索隱：「此文，今文泰誓。」大傳無。**太子發升于舟，**大傳引書如此。白虎通爵篇引尚書曰：「太子發升于舟。」藝文類聚十六引尚書同。周紀作「武王渡河」，改説其文。**中流，白魚入于舟中，跪取，出涘以燎。**大傳引書如此。藝文類聚十六引尚書作：「王跪取，出涘以燎。」多「王」字。禮檀弓疏引：「泰誓言武王伐紂，而白魚入于王舟。」漢書董仲舒傳引書曰：「白魚入于王舟。」終軍傳云：「昔武王中流未濟，白魚入于王舟，俯取以燎。」又云：「白魚登舟，順也。」周紀作：「白魚躍入王舟中，武王俯取以祭。」集解引馬云：「魚者，介鱗之物，兵象也。白者，殷家之正色。言殷之兵衆與周之象也。」詩思文疏引鄭云：「白魚入舟，天之瑞也。魚無手足，象紂無助。白者，殷正也。天意若曰，以殷予武王，當待亡助。今尚仁人在位，未可伐也。得白魚之瑞，即變稱王，應天命定號也。涘，涯也。王出於岸上，燔魚以祭，變禮也。」詩文王序疏云：「太誓説武王升冊（疑「舟」誤。）稱太子，得魚即云

『王俯取』。」孫云：「王跪取者，太子至是稱王，所謂『河、洛復告，遵朕稱王』也。說文『跪』下云：『拜也。』『涘』下云：『水厓也。』引周書曰：『王出涘。』大傳『跪取』上無『王』字。說文約爲『王出涘』，則藝文類聚引有『王』字是也。董仲舒傳作『王舟』，是時未得魚瑞，疑非經本字。燎，說文作『尞』，云：『柴祭天也。』儀禮有司徹疏引尚書中候云：『魚者，水精，隨流出入，得申朕意。』鄭彼注引春秋璇璣樞云：『魚無足翼，紂如魚，乃討之是也。紂雖有臣，無益於股肱；魚雖有翼，不能飛。』亦與此意同。以仁人在位未可伐者，御覽百四十六引尚書中候云：『太子發以殷有三仁附，即父位不稱王。』注：『三仁：箕子、比干、微子。』稱仁者，論語『殷有三仁』是也。論衡初稟篇：『文王得赤雀，武王得白魚、赤烏。儒者論之，以爲雀則文王受命，魚、烏則武王受命。』故鄭以爲得瑞稱王，應天定號也。」詩文王疏云：「太誓止云白魚，不言魚之大小。中候合符后云：『魚長三尺，赤文，有字，題之目下：「授右。」』之下有一百二十餘字，王維退寫，成以二十字，魚文消。」後漢光武紀引中候合符后云：「武王伐紂，度孟津，中流，白魚躍入王舟，長三尺，赤文，有字，告以伐紂之意。」先謙案：諸書所引中候，亦不盡經文，蓋有傳、注在內，猶書傳、書說亦稱尚書也。**羣公咸曰：「休哉！」**大傳引書如此，終軍傳同，周紀無。孫云：「釋詁：『休，美也。』」**周公曰：「雖休勿休。」**楚詞天問王逸注云：「白魚入于王舟，羣臣咸曰：『休哉！』周公曰：『雖休勿休。』」大傳、周紀無。**○周公曰：「都！懋哉！予聞古先哲王之格言。」**以下。**太子發再拜稽首。**太祝疏引今文太誓如此，「以下」二字，疏約之詞。稱太子，當在白魚入舟未稱王之時。**○正稽古立功立事，可以永年，丕天之大律，**漢書郊祀志引泰誓如此，顏注：「今文泰誓，周書也。稽，考也。永，長也。丕，奉也。律，法也。言正考古道而立事，則可長年享有天下，是則奉天之大法也。」又刑法志引書曰：「立功立事，可以永年。」説之云：「言爲法而宜於民者，功成事立，則受天禄而永年命。」此或鄭注，顔所本也。**傳于亡窮。**漢書平當傳引書「正稽古建功立事，可以永年」下有此四字，顔注：「今文泰誓之辭。言能正考古道以立功立事，則可長年享國。」案：此文或以爲即周公所陳古先哲王之格言，亦無明文可據。**○附下而罔上者死，附上而罔下者刑，與聞國政而無益于民者退，在上位而不能進賢者逐。**説苑臣術篇引泰誓如此。漢書武紀元朔元年有司議曰：「夫附下罔上者死，附上罔下者刑，與聞國政而無益於民者斥，在上位而不能進賢者退。」潛夫論書績篇亦引此文。**○既渡，**周紀如此。**至于五日，**詩思文疏引太誓如此，周紀渻之。**有火自上復于下，至于王屋，流爲烏，其色赤，其聲魄云。**周紀如此，集解引馬云：「王屋，王所居屋。流，行也。魄然，安定意也。」董仲舒傳云：「『有火復于王屋，流爲烏』，此蓋受命之符也。」顔注：「今文尚書泰誓之辭也。」大傳作：「有火流於王屋，化爲赤烏，三足。」尚書帝命驗云：「太子發渡河，中流，火流爲烏，其色赤。」注云：「以魚燎於天，有火自上復於下，至於王屋，流爲烏。」是謂此火即燎魚之火，與太誓注「燎後五日有火」之説不同。元命苞云：「火流爲烏，烏，孝烏。赤烏，陽之精也。天意烏在日中，從天以昭孝也。」史記索隱云：「今文太誓：『流爲鵰。』」先謙案：據顔注及索隱，今文太誓有二本：一本作「烏」，一本作「鵰」也。索隱引馬云：「鵰，鷙鳥也。明武王能伐紂。」詩思文疏引鄭云：「五日，燎後數日〔一〕。王屋，所在之舍上。流，

〔一〕「數日」，詩思文疏原文引鄭注作「日數」。

猶變也。鵰，當爲『鴉』；鴉，烏也。燎後五日，而有火爲烏，天報武王以此瑞。書説云烏有孝名。武王卒父大業，故烏瑞臻。赤者，周之正色也。」書疏卷二引賈逵奏尚書疏云「流爲烏」。段云：「此分析今、古文『烏』、『鵰』異字之語。」先謙案：孔壁十六篇，實無太誓，其文字有不同者，蓋歷年久遠，傳寫互異，如「復哉」之爲「茂哉」是其明證，此非今、古文之異也。**五日以穀俱來。**詩思文疏引太誓如此。又引鄭注云：「武王赤烏穀芒，應周尚赤用兵。王命曰，爲牟，天意若曰，須暇紂五年，乃可誅之。武王即位，此時已三年矣。蓋牟麥也。詩云：『貽我來牟。』」尚書中候云：「有火自天出，于王屋流爲赤烏，五至以穀俱來。赤烏成文，雀、書之福，烏以穀俱來，云記后稷之德。」注：「五至，猶五來。文王得赤雀、丹書，今武王致赤烏，俱應周尚赤。故言『成文』也。后稷好農稼，今烏銜穀，故云記之也。」繁露同類相動篇引「尚書傳云周將興之時，有大赤烏銜穀之種，而集王屋之上」者，書傳，蓋大傳也。**武王喜，諸大夫皆喜。周公曰：「茂哉茂哉！天之見此以勸之也，恐恃之。」**大傳引書如此，繁露同類相動篇引尚書傳同。董仲舒傳引書曰：「復哉復哉！」顔注：「亦見今文太誓。復，報也。言周有盛德，故天報以此瑞也。」案：以上周紀渻文。釋詁：「茂，勉也。」「恐，懼也。」復、茂聲近。顔注非。孫云：「老子河上公章句：『恃，待也。』言天之見此，正以勸勉我君臣，當恐懼以待天命。」**使上附以周公書報誥于王，王動色變。**太祝疏引今文太誓如此，周紀渻文，大傳無。洪頤煊云，上附即四鄰之疏附，蓋周初官名；周公書，即上「茂哉」云云也。檀弓疏引尚書太誓云：「火流爲烏，王動色變。」動色變者，鄭以爲振動之拜。太祝：「辨九〔一〕㧑：四曰振動。」注云：「玄謂振動，戰栗變動之拜。書曰：『王動色變。』」漢書劉輔傳：「昔武王、周公承順天地，以享魚、烏之瑞，然猶君臣祗懼，動色相戒。」是說此經也。**遂至盟津，**齊世家如此，周紀省文，云「是時，諸侯不期而會盟津」，故知當有此四字。**八百諸侯，不召自來，不期同時，不謀同辭，**書疏引馬氏書序所稱太誓如此，周紀作：「是時，諸侯不期而會盟津者八百諸侯。」齊世家作：「諸侯不期而會者八百諸侯。」皆省文。漢書婁敬傳：「武王伐紂，不期而會孟津上八百諸侯。」繁露王道篇：「周發兵不期會於孟津之上者八百諸侯。」文選任彥升表李注引周書云：「武王伐紂，渡河，中流，白魚入于王舟，王俯取，出涘以祭。不謀同辭，不期同時，一朝會于武王郊下者八百諸侯。」又干令升晉紀總論注引周書云：「武王將渡河，不期同時，一朝而會于武王郊祀下者八百諸侯。」孫云：「據此，經文當有『郊祀下』三字，或即申燎白魚之意，不敢妄增。越絶書云：『文王死九年，天下八百諸侯皆一旦會於孟津之上，不言同辭，不呼自來，盡知武王忠信，欲從武王，與之伐紂。』水經河水注：『河南有鉤陳壘，世傳武王伐紂，八百諸侯所會處。尚書所謂「不期同時」也。河水至斯有盟津之目。』論衡云：『武王伐紂，陽侯波起，疾風逆流。武王操黄鉞而麾之，風波畢除。中流，白魚入于王舟，燔以告天，與八百諸侯咸同此盟。尚書所謂「不謀同辭」也。』」**諸侯皆曰：「帝紂可伐矣。」**文選幽通賦舊注引周書如此。周紀云：「諸侯皆曰：『紂可伐矣。』」齊世家「矣」作「也」。詩閟宫疏引「紂」作「受」。**武王曰：「女未知天**

〔一〕「九」原誤作「大」，據周禮改。

命，未可也。」乃還師歸。周紀如此。詩閟宮疏引太誓說：「十一年，觀兵孟津之時，八百諸侯皆曰：『受可伐。』王曰：『爾未知天意，未可伐。』」孫云：「言『十一年觀兵』者，用鄭義也。越絕書云：『是時，比干、箕子、微子尚在，武王賢之，未敢伐也。』樂記鄭注：『武王除喪，至盟津之上，紂未可伐，還歸。二年，乃遂伐之。』疏云：『並出今文太誓。』後漢鄭興傳：『八百諸侯，不謀同會，皆曰：「紂可伐矣。」武王以未知天命，還兵待時。』公孫述傳：『昔武王伐紂，先觀兵孟津，八百諸侯，不期同辭，然猶旋師，以待天命。』俱說此經也。」齊世家云：「武王曰：『未可。』還師，與太公作此太誓。」是此上爲太誓上篇。**丙午逮師。**堯典疏云：「劉歆作三統曆論武王伐紂引今文泰誓如此。」案：漢書律曆志引三統曆不云引太誓，疏云引太誓者，孔穎達親見今文太誓，故知劉所引爲太誓文也。詩大明疏引律曆志作「逮師」，今志作「還師」。御覽五百七十四引尚書大傳作：「惟丙午，王建師。」「還」與「建」，皆「逮」字之誤。釋言：「逮，及也。」諸侯之師以殷十一月二十八日戊子先發，而武王以周正月初三日癸巳始發，故至十六日丙午及之也。律曆志引三統曆云：「師初發，以殷十一月戊子，日在析木箕七度。是夕也，月在房五度。後三日，得周正辛卯朔，合辰在斗前一度。明日壬辰，晨星始見。癸巳武王始發，丙午逮師，戊午度於孟津。孟津去周九百里，師行三十里，故三十一日而度。明日己未冬至，晨星與婺女伏，歷建星及牽牛，至於婺女天黿之首。」今文太誓「丙午」上蓋言十一月戊子師初發，癸巳王始發，無成文，不敢臆增。殷〔二〕紀云：「居二年，聞紂昏亂暴虐滋甚，殺王子比干，囚箕子，太師疵、少師彊抱其樂

〔二〕「殷」當爲「周」，下文所引內容乃出自周本紀，非殷本紀。

器而犇周。於是武王偏告諸侯，曰：『殷有重罪，不可以不畢伐。』乃遵文王，遂率戎車三百乘，虎賁三千人，甲士四萬五千人，以東伐紂。」後漢袁術傳：「武王伐紂，曰：『殷有重罰。』」吴志孫策傳注引張紘云：「武王伐紂，曰：『殷有罪罰重哉！』」皆用此文〔一〕。**前師乃鼓𡔷譟，**大司馬注引書如此，大傳同。詩大明疏引太誓作：「師乃鼓譟。」孫云：「『鼓𡔷譟』者，大司馬職：『鼓皆駴，車徒皆譟。』注：『吏士鼓譟，象攻敵克勝而喜也。譟，讙也。』字書無『𡔷』字，當爲『拊』。文選長笛賦：『拊譟踴躍。』即用此文。拊者，拊手，字同『撫』，釋名：『撫，敷也。敷手以拍之也。』武王後至，諸侯先發，故曰『前師』。前師聞武王至，若已勝敵，皆駴鼓讙呼而喜也。」隸釋魏大饗碑：「士有拊譟之歡。」楚詞王注：「武王三軍，人人樂戰，並馳驅，赴敵爭先，前歌後舞，鳧藻讙呼。」「拊譟」、「鳧藻」字別而聲義同。後漢杜詩傳：「士卒鳧藻。」劉陶傳：「武旅有鳧藻之士。」蔡邕上加元服與羣臣上壽表云：「臣等不勝踴躍鳧藻。」魏志文帝紀注：「臣妾遠近莫不鳧藻。」班彪冀州賦：「感鳧藻以進樂兮。」李賢後漢書注云：「如鳧之戲於藻。」顏延年秋胡詩：「鳧藻馳目成。」似與李注同意，皆失之。**師乃搯，**說文「搯」下云：「搯，捾也。从手舀聲。周書曰：『師乃搯。』搯者，抽刃以習擊刺也。（依詩釋文引。）詩曰：『左旋右搯。』」段云：「此引書而釋之，明周書『搯』不訓『捾』，如『圛者，升雲半有半無』、『塈者，疾惡也』同一文法。古音搯、抽同在第三部，明此『搯』爲『抽』之叚借，又引詩以證之也。詩清人之『搯』亦訓『抽』，今本經作『抽』字，則以訓故字改其本字也。」大傳作「師乃慆」，鄭注：「慆，喜也。衆大喜。前歌後舞

〔一〕「文」原誤作「又」，依文義改。

也。」蓋所據太誓本異。莊述祖云：「『前師』是諸侯之師，此『師』則從王之虎賁三千人、革車三百兩。車右即虎賁，主擊刺，故云『師乃搯』。車有步卒七十二人，凡二萬一千六百人，故稱師也。」**前歌後舞，**詩大明疏引太誓如此，大傳同。白虎通禮樂篇：「樂所以必歌者何？夫歌者，口之言之也。中心喜樂，口欲歌之，手欲舞之，足欲蹈之，故尚書曰：『前歌後舞，假于上下。』」後漢西南夷傳：「板楯蠻俗喜歌舞，高祖觀之，曰：『此武王伐紂之歌也。』乃命樂人習之，所謂巴渝舞也。」華陽國志云：「周武王伐紂，實得巴蜀之師，著乎尚書。巴師勇鋭，歌舞以淩殷人，殷人倒戈，故世稱之曰：『武王伐紂，前歌後舞也。』」**格于上天下地，**詩大明疏引太誓如此，白虎通禮樂篇引尚書作「假于上下」。（見上。）格、假，三家文異；「上天下地」作「上下」，渻文。**十一年十二月，師畢渡盟津，諸侯咸會，曰：「孳孳無怠。**周紀如此，十一年殷十二月，周正月。律曆志引三統説，「戊午度於孟津」，蓋二十八日，去丙午逮師十有二日也。詩大明疏引太誓云：「咸曰：『孜孜無怠！』」無「十一年」以下云云，或渻文。詩譜序疏引太誓亦作「孜孜」。説文「孜」下云：「孜孜，汲汲也。从攴子聲。周書曰：『孜孜無怠。』」孜、孳，三家文異。漢書成紀：「羣公孜孜。」谷永傳：「夙夜孳孳，屢省無怠。」孫云：「詩大明云：『上帝臨女，無貳爾心。』疏云：『伐紂之事，本出武王之心，詩人反言衆人之勸武王，見其勸戰之甚。』引此經爲證。則此爲諸侯勸戰之詞。」**天將有立父母，民之有政有居。」**詩譜序疏引太誓「孜孜無怠」下如此，詩鴻雁箋引書同，疏云：「今太誓文。」又引鄭注云：「言將有立聖德者爲天下父母，民之得有善政有安居。」又申之云：「武王將欲伐紂，民喜其有安居。」孫云：「淮南高注：『立，置也。』」漢書谷永傳：「天生烝民，不能相治，爲立王者以統理之。」父母者，謂天子也。」**武王乃作太誓，告于衆庶：**周紀如此。莊述祖云：「經文當爲：『王曰：「告爾衆庶。」』」孫云：「前云『殷有重罪，不可以不畢伐』，是偏告諸侯之詞，疑是太誓中篇。史公約其旨爲『殷有重罪』也，其文即書傳所引太誓。此下篇，武王以紂罪告衆庶。」**今殷王紂乃用其婦人之言，自絶于天，毁壞其三正，離逷其王父母弟。**周紀如此，集解引馬云：「動逆天地人也。」鄭云：「王父母弟，祖父母之族。必言『母弟』，舉親者言之也。」案：甘誓：「怠棄三正。」釋詁：「逷，遠也。」

四方之多罪逋逃，是宗是長，是信是使，漢書谷永傳引書如此，上云「迺用婦人之言，自絶于天」，顔注：「亦泰誓之辭也。」周紀消之，因其文見牧誓。漢書五行志谷永引書云：「乃用其婦人之言，四方之逋逃多罪，是信是使。」顔注：「周書太誓也。」宗，牧誓作「崇」。呂覽先識篇：「武王告諸侯曰：『商王大亂，沈於酒德，辟遠箕子，爰近姑與息。』」注云：「箕子忠臣而疏遠之，姑息之臣而與近之。」**乃斷棄其先祖之樂，乃爲淫聲，用變亂正聲，怡悦婦人。**周紀如此。漢書禮樂志云：「書序：『殷紂斷弃先祖之樂，乃變淫聲，用亂變正聲，以悦婦人。』」顔注：「今文泰誓之辭。」集解引徐廣曰：「『怡』一作『辭』。」孫云：「辭，古文作『辝』，怡、辝形聲相近。漢志『怡』作『目』，亦聲相近。」**故今予發維共行天罰。勉哉夫子！不可再，不可三！」**周紀如此，集解引鄭云：「夫子，丈夫之稱。」「勉」當爲「勖」，史公以訓詁代之。孫云：「史記孫子傳有『三令五申』，軍法也。言勉從誓令，不可待三令五申。」

又：以下古太誓。馬書序又云：「又春秋引太誓曰『民之所欲』云云，今之太誓（疏誤「今之」爲「今文」，依段訂正。）皆無此語。吾見書傳多矣，所引太誓而不在太誓者甚多，弗復悉記，略舉五事以明之，亦可知矣。」僞孔竊取其說，乃別造太誓三篇，以實彼之僞，凡傳記諸子所引太誓語，盡組綴其中，以衒彼之真。

民之所欲，天必從之。左襄三十一年傳穆叔引太誓如此，注：「今尚書泰誓無此文，故諸儒疑之。」昭元年傳子羽引太誓同，注：「逸書。」周語單襄公引太誓同，注：「今周書太誓無此言，其散亡乎？」鄭語史伯引太誓同。

朕夢協朕卜，襲于休祥。戎商，必克。周語單襄公曰「吾聞之泰誓故曰」如此，注：「泰誓，伐紂之誓也。故，故事也。朕，武王自謂也。協，亦合也。休，美也。祥，福之先見者也。戎，兵也。言武王夢與卜合，又合美善之祥，以兵伐殷，當必克之。」

我武維揚，侵于之疆，則取于殘，殺伐用張，于湯有光。孟子滕文公篇引泰誓如此，注：「泰誓，古尚書百二十篇之時泰誓也。我武王用事之時惟鷹揚也，侵紂之疆界，則取于殘賊者，以張殺伐之功也。民有簞食壺漿之歡，比于湯伐桀爲有光寵。美武王德優前代也。今之尚書泰誓篇後得以充學，不與古泰誓同。諸傳記引泰誓，皆古泰誓也。」

獨夫紂。荀子議兵篇引泰誓如此。

予克紂，非予武，惟朕文考無罪。紂克予，非朕文考有罪，惟予小子無良。禮緇衣引太誓如此，注：「太誓，尚書篇名也。克，勝也。非予武，非我武功也。文考，文王也。無罪，則言有德也。無良，無功善也。此武王誓衆以伐紂之辭也。今太誓無此章，則其篇亡。」以上馬引「五事」。

紂有億兆夷人，亦有離德；余有亂臣十人，同心同德。左昭二十四年傳萇弘引太誓如此，注：

「紂衆億兆，兼有四夷，不能同德，終敗亡；武王言我有治臣十人，雖少，同心也。今太誓無此語。」成二年傳君子曰：「太誓所謂『商兆民離，周十人同』者。」又管子法禁篇引泰誓曰：「紂有臣億萬人，亦有億萬之心；武王有臣三千，而一心。」

文王若日若月，乍照光于四方、于西土。墨子兼愛下引泰誓如此。「乍」古與「作」通。

紂夷處，不肯事上帝鬼神，禍厥先神禔不祀。乃曰：「吾有民有命。」無廖排扁，天亦縱之，棄而弗葆。墨子非命上引泰誓如此，又非命中引泰誓之言然，曰：「紂夷之居，而不肯事上帝，棄闕其先神而不祀也。曰：『我民有命。』毋僇其務，天不亦棄縱而不葆。」天志篇中引泰誓之道之曰：「紂越厥夷居，不肯事上帝，棄厥先神祇不祀。乃曰：『吾有命。』無僇僨務天下，天亦縱棄紂而不葆。」

於去發曰：「惡乎君子！天有顯德，其行甚章，爲鑑不遠，在彼殷王。謂人有命，謂敬不可行，謂祭無益，謂暴無傷。上帝不常，九有以亡，上帝不順，祝降其喪。惟我有周，受之大帝。」墨子非命下云「泰誓之言也」如此。孫云：「『去發』未聞，或『太子發』三字之誤。」

小人見姦巧乃聞不言也，發罪鈞。墨子尚同篇引「太誓之言然，曰」如此。孫云：「此蓋言紂苛政。即漢書見知之法，先王所無。」

天視自我民視，天聽自我民聽。孟子萬章篇引泰誓如此，注：「泰誓，尚書篇名。自，從也。言天之視聽，從人所欲也。」

天聰明自我民聰明。詩烝民箋引書如此，疏云：「太誓文也。」

武王戎車三百兩，兵車，百夫長所載。車稱兩。一車步卒七十二人，凡二萬一千人，舉全數。○戎僕注、車僕注皆引書序此文。**虎賁三百人，**勇士稱也，若虎賁，言其猛也。皆百夫長。**與受戰于牧野，**詩大明疏引鄭云：「牧野，紂南郊地名。」**作牧誓。**○周紀：「武王遂率戎車三百乘，虎賁三千人，甲士四萬五千人，以東伐紂。二月甲子昧爽，武王朝至于商郊牧野，乃誓。」齊世家：「十一年正月甲子，誓于牧野。」魯世家：「十一年伐紂，至牧野，周公佐武王，作牧誓。」案：此史公皆用今文書序而增省其文也。孟子盡心篇、吕覽簡選貴因二篇、淮南泰族訓、風俗通正失篇皆作「三千」，與史記合，韓非子、戰國策亦云「武王將素甲三千領戰，一日破紂之國」。江云：「司馬法曰：『革車一乘，士十人，徒二十人。』樂記：『虎賁之士説劍。』然則虎賁，士也，一乘十人，三百兩則三千人矣。書序『百』字誤，今依史記諸書訂正。」皮云：「齊世家『十一年』徐廣注：『一作「十三年」。』是徐所見，有作『十三年』者。史記前後文皆作『十一年』，其作『十三』者，後人據僞孔説妄改之。周紀作『二月』，齊世家作『正月』，蓋周紀亦後人妄改，周紀徐廣注云：『一作「正」。』此建丑之月，殷之正月，周之二月也。」是古本史記有『正月』、『二月』兩本不同。武王師渡孟津，古文書序以爲一月戊午，周紀以爲十二月戊午，相去一月。殷之十二月，周之正月。史公既用殷正爲十二月戊午，戊午至甲子，相去七日，則甲子當爲正月，不當爲二月，齊世家作『正月』是也。據徐説，則周紀亦有作『正月』者，作『二月』乃誤本耳。漢志用古文書序一月戊午之説，則當作『二月甲子』。史記用今文書序十二月戊午之説，則當作『正月甲子』。自今文之説爲古文所汩，淺人多以古文妄改今文，乃致前後參差不合，猶幸其有參差之説，尚可考見今文遺説。牧誓乃周公佐武王作，猶太誓首篇乃太公與武王共作之也。」

武王伐殷，往伐歸獸，往誅紂克定，偃武修文，歸馬牛於華山、桃林之牧地。○魏都賦：「武人歸獸而去戰。」張載注引尚書「往伐歸獸」之文。**識其政事，**記識殷家政教善事以爲法。**作武成。**武功成，文事修。○書疏引鄭云：「著武道至此而成。武成，逸書，建武之際亡。」孫云：「建武，光武紀年，武成至此亡其殘文，僅存八十二字〔二〕，見漢書律曆志。古文尚書五十一篇，爲四十六卷，藝文志載之而注云『五十七篇』者，班氏當武成亡後，惟見存實數也。」周紀：「乃罷兵，西歸行狩，記政事，作武成。」案：此今文書序也。段云：「『行狩』即『歸獸』，古獸、狩通用。淮南覽冥訓：『狡蟲死。』高注：『蟲，狩也。』漢石門頌『蕙蟲蔣狩』即『惡蟲弊獸』也。」孫云：「詩車攻『搏獸于敖』，後漢安帝紀注引作『薄狩于敖』，漢張遷碑：『帝游上林，問禽狩所有。』以『狩』爲『獸』，古字通用。」皮云：「獸、狩通用是也，謂史記以『狩』爲『獸』則非。今文序是巡狩，古文序『往伐歸獸』乃叚『獸』爲『狩』。所以知史公非叚『狩』爲『獸』者，周紀以縱馬放牛、偃干戈、振兵釋旅之文，置於營成周於洛邑之後，則史公所據今文説，不以歸馬放牛爲罷兵西歸行狩時事，即不得以歸馬放牛之文當歸狩之文。古文序作『往伐歸獸』者，謂往而伐殷，歸而巡狩，其義與今文不異。解者

〔二〕「八十二字」前原脱「僅存」二字，據孫星衍尚書今古文注疏原文補。

誤以爲用本字，則『往伐歸獸』近於不辭矣。武王行狩，古有明徵，周頌時邁序云：『巡守告祭柴望也。』左傳以爲武王克商作頌，是時邁所云巡守，塙是武王之事，即在作武成之時。樂記云：『武始而北出，再成而滅商。』即『往伐』也；『三成而南，四成而南國是疆』，即『歸狩』也，『濟河而西』之後乃散馬牛，遠不相屬。作僞武成者，不知序『獸』字是叚借，取史記、樂記歸馬牛之文以當之，其謬固不待言，江、段諸儒，徒用顏師古匡謬正俗之説，改『獸』爲『嘼』，而不知用史記改『獸』爲『狩』，何也？孔廣森引周書世俘解武王狩禽之事，以爲狩是田狩，世俘解即古之武成。魏源書古微從之。案：世俘解語多誇張，不可信。劉歆三統術以世俘解爲武成，乃古文家傅會之詞。且狩在紂都，非歸後事，不得謂之『歸狩』，與今文序『西歸行狩』，尤不相合也。據史記今文義定之，即知以世俘當武成非是。」

武成佚文：

惟一月壬辰旁死霸，若翌日癸巳，武王迺朝步自周，于征伐紂。漢書律曆志引武成篇如此，説云：「序自『一月戊午，師度于孟津』，至庚申，二月朔日也；四月癸亥至牧壄，夜陳，甲子昧爽而合矣。故外傳曰：『王以二月癸亥夜陳。』」注：「孟康曰：『月二日以往，月魄死，故言月魄。魄，月質也。』」**粵若來三月既死霸，粵五日甲子，咸劉商王紂。**同上，志又説云：「是歲也，閏數餘十八，正大寒中，在周二月己丑晦〔一〕，明日閏月

〔一〕「晦」原誤作「朔」，據漢書律曆志原文改。

庚寅〔二〕朔。三月二日庚申驚蟄。四月己丑朔死霸。死霸，朔也。生霸，望也。是月甲辰望，乙巳旁之，故武成篇曰『惟四月既旁生霸』云云。」顔注：「今文尚書之辭。劉，殺也。」孫云：「『咸』與『戕』通，說文：『戕，絶也。讀若「咸」。』」**惟四月既旁生霸，粤六日庚戌，武王燎于周廟。翌日辛亥，祀于天位。粤五日乙卯〔三〕，乃以庶國祀馘于周廟。**同上，顔注：「亦今文尚書也。祀馘，獻于廟而告祀也。截耳曰馘。」

武王勝殷，殺受，立武庚，不放而殺，紂自焚也。武庚，紂子，以爲王者後，一名祿父。○殷紀：「封子武庚祿父以續殷祀，令修行盤庚之政。」**以箕子歸，作洪範。**歸鎬京，箕子作之。○周紀：「武王已克殷，後二年，問箕子殷所以亡，箕子不忍言殷惡，以存亡國宜告武王，王亦醜，故問以天道。」宋世家：「武王既克殷，訪問箕子，武王曰」云云。集解引馬云：「箕，國名也；子，爵也。」漢志引三統曆云：「惟十有一年，武王伐紂，大誓，八百諸侯會。還歸二年，乃遂伐紂克殷，以箕子歸。故書序曰：『武王克殷，以箕子歸，作洪範。』洪範篇曰：『惟十有三祀，王訪于箕子。』自文王受命而至此十三年。」案：劉歆所引，今文書序也，以滅紂、作洪範爲受命十三年一年内事，與史記異，說詳本篇。段云：「左傳三引洪範，說文五引洪範，皆曰商書。漢書儒林傳云『堯典、禹貢、洪範、微子、金縢諸篇』，且以

〔二〕「庚寅」原誤作「庚申」，據漢書律曆志原文改。

〔三〕「乙卯」原誤作「己卯」，依漢書律曆志引武成原文改。

洪範先於微子。案：商、周書各四十篇，今若移之，則皆非四十矣。疑洪範系商書者，今文尚書；系周書者，古文周書也。左氏所據，同於今文。」皮云：「説文引微子『咈其耇長』、『我興受其退』兩處，皆作周書；若以爲誤，不應皆誤。疑用今文家説，以微子爲周書，洪範爲商書，則商書、周書仍合各四十篇之數。故儒林傳以洪範列於微子之前也。」

武王既勝殷，邦諸侯，班宗彝，賦宗廟彝器酒罇賜諸侯。○釋文：「『班』一作『般』。」**作分器。**言諸侯尊卑，各有分也。亡。○史記集解引鄭云：「宗彝，宗廟樽也。作分器，著王之命及受物。」又云：「分器亡。」周紀：「封諸侯，班賜宗彝，作分殷之器物。」在武成後，洪範前。案：此今文書序也。「封諸侯」即「邦諸侯」。江云：「漢書嚴助傳淮南王安上書偁：『古者封內甸服，封外侯服。』即周語所謂『先王之制，邦內甸服，邦外侯服』也，明國語以『邦』爲『封』。康誥序云『邦康叔』，彼疏云：『古字邦、封同。』」史記多「賜」字，「分器」作「分殷之器物」，著其實也。鄭以彝爲尊者，釋器：「彝、卣，罍器也。」「卣，中尊也。」鬯人鄭注：「卣，中尊。尊者，彝爲上，罍爲下。」是彝、卣、罍統名曰尊，故序官鄭注云：「彝，亦尊也。鬱鬯曰彝。彝，法也。言爲尊之法也。」皮云：「武王訪箕子在克殷後二年，分器當在初克殷時，史公用今文説，較古文次序爲合，蓋古文家誤以克殷訪範爲一年內事，故移其次序耳，若知訪範不在克殷之年，則分器不當在訪範之後矣。」

西旅獻獒，西戎遠國貢大犬。○釋文：「獒，馬云作『豪』，『酋豪也』。」書疏引鄭云：「『獒』讀若『豪』。西戎無君，名强大有政者爲酋豪。國人遣其酋豪之長，來獻見於周。」**太保作旅獒。**召公陳戒。○鄭云：「旅獒已逸。」孫云：「廣雅釋詁：『旅，客也。』晉語：『禮賓旅。』遠國以客禮待之，故稱曰旅。獒，當爲『敖』，或爲『勢』，經文必不从犬。説文：『獒，犬知人心可使者。』春秋傳曰：『公嗾夫獒。』」若尚書有此字，許必不引後出之書，此僞孔所改字也。太保，僞傳以爲召公，非也。周書、史記並稱武王克殷有召公奭，不言太保。自成王幼，在襁褓中，召公爲太保，始見賈誼新書。作僞者以此太保爲召公，疏謬甚矣。」陳云：「今文尚書本有百篇之序，疑作『獒』者，古文尚書，用叚借字；今文尚書用『豪』，本字。故馬、鄭均讀『獒』爲『豪』，讀從今文也。」先謙案：此亦備一説。

尚書孔傳參正三十六

書序四　孔氏傳　臣王先謙參正

巢伯來朝，殷之諸侯。伯，爵也。南方遠國。武王克商，慕義來朝。○書仲虺之誥疏、王制疏、象胥疏引鄭云：「巢伯，殷之諸侯，伯爵也，南方之國，世一見者。聞武王克商，慕義而來朝。」大行人：「九州之外謂之蕃國，世一見。」巢，今安徽巢縣。**芮伯作旅巢命。**芮伯，周同姓，圻内之國，爲卿大夫，陳威德以命巢。亡。○詩桑柔疏引鄭云：「芮伯，周同姓國，在畿内。」僞傳所本。「旅」義與「旅獒」同。書疏引世本云：「芮，姬姓。」地理志：「左馮翊臨晉縣芮鄉，故芮國。」在今陝西朝邑縣南。

武王有疾，周公作金縢。爲請命之書，藏之於匱，緘之以金，不欲人開之。○釋文：「『有疾』，馬本作『有疾不豫』。」周紀：「武王病，天下未集，羣公懼，穆卜，周公乃祓齋，自爲質，欲代武王。武王有瘳。」魯世家亦載：「武王克殷二年，天下未集，武王有疾，不豫」云云。皆依經述事，或即今文書序也。孫云：「管子七臣七主篇：『武王伐殷，克之，七年而崩。』周書明堂解：『既克紂，六年而武王崩。』經文『武王既喪』云云在五年之後，非周公所作；又有『秋大熟，天動威』之文，今文以爲周公死後之事。序云『周公作金縢』，則『武王既喪』以下必非一篇明矣。說詳金縢本篇。大傳大誥在金縢前，今文如是。」

武王崩，三監及淮夷叛，三監，管、蔡、商。淮夷徐奄之屬皆叛周。○書疏、詩東山疏引鄭云：「三監，管叔、蔡叔、霍叔三人，爲武庚監於殷國者也。前流言於國，公將不利于成王。周公還攝政，懼誅，因遂其惡，開導淮夷與之俱叛。此以居攝二年之時繫之武王崩者，其惡之初，自崩始也。」**周公相成王，將黜殷，作大誥。**相，謂攝政。黜，絶也。將以誅叛者之義大誥天下。○書疏、詩東山疏引鄭云：「誅之者，周公意也。而言相成王者，自迎周公而來，蔽已解矣。黜，貶退也。」案：鄭以爲周公出奔，成王迎還，與史記異，說詳金縢本篇。周紀：「周公乃攝行政，當國。管叔、蔡叔羣弟疑周公，與武庚作亂，畔周。周公奉成王命，伐誅武庚、管叔，放蔡叔，以微子開代殷後，國於宋。頗收殷餘民以封武王少弟封爲衛康叔。晉唐叔得嘉穀，獻之成王，成王以歸周公於兵所。周公受禾東土，魯天子之命。初，管、蔡畔周，周公討之，三年而畢定，故初作大誥，次作微子之命，次歸禾，次嘉禾，次康誥、酒誥、梓材，其事在周公之篇。」魯世家：「管、蔡、武庚等果率淮夷而反，周公乃奉成王命，興師東伐，作大誥。」段云：「本紀與世家合，惟『二年』作『三年』，恐是譌字。蓋此與世家皆述金縢『居東二年，罪人斯得』也，不應世家作『二』，此作『三』。」皮云：「大傳云：『周公攝政，一年救亂，二年克殷。』即謂誅武庚及管、蔡之事。若三年踐奄，又在後。」

成王既黜殷命，殺武庚，一名禄父。**命微子啟代殷後，**啟知紂必亡而奔周，命爲宋公，爲湯後。**作微子之命。**封命之書。○詩有客疏引鄭云：「『黜殷命』，謂殺武庚也。微，采地名。微子啟，紂同母庶兄也，武王投之于宋，因命之，封爲宋公，代殷後，承湯祀。」又云：「微子之命亡。」案：禮樂記：「武王克殷，而投殷之後於宋。」注：「投者，舉徙之辭。」宋世家：「周公既承成王命，誅武庚，殺管叔，放蔡叔，乃命微子開代殷後，奉其先祀，作微子之命以申之，國於宋。」案：此引今文書序也。古文「啟」，今文作「開」。

唐叔得禾，異畝同穎，唐叔，成王母弟。食邑内得異禾也。畝，壟。穎，穗也。禾各生一壟，而合爲一穗。○史記集解引鄭云：「二苗同爲一穗。」**獻諸天子。**拔而貢之。**王命唐叔歸周公于東，**異畝同穎，天下和同之象。周公之德所致。周公東征未還，故命唐叔以禾歸周公。唐叔後封晉。**作歸禾。**亡。○鄭云：「歸禾亡。」周紀：「晉唐叔得嘉穀」云云。（引見上。）集解引徐廣云：「『歸』一作『餽』。」魯世家：「唐叔得禾，異母同穎，獻之成王，成王命唐叔以餽周公于東土，作餽禾。」索隱：「尚書作『畝』，此爲『母』，義亦並通。」陳云：「『母』疑『晦』之壞字。古文書序作『歸禾』，歸、餽古通，古論語『詠而饋』，魯論語讀『饋』爲『歸』是其證也。歸、餽，今、古文之異。史記據今文尚書本用『餽』字，周紀作『歸』，與魯世家異，疑後人依古文尚書改之，徐云『「歸」一作「餽」』，可見舊書本是『餽』字也。」皮云：「『歸』當爲『餽』是也，云『母』爲『晦』則非。大傳云：『成王時有苗異莖而生，同爲一穟，人有上之者，王召周公而問之，公曰：「三苗爲一穗，抑天下共和爲一乎？」果有越裳氏重譯而來。』大傳『異莖』，即史記所云『異母』。今文序作「異母」，與古文序作「異畝」，其義不同。」

周公既得命禾，旅天子之命，已得唐叔之禾，遂陳成王歸禾之命，而推美成王。善則稱君。○書疏引鄭云：「受王歸己禾之命與其禾。」**作嘉禾。**天下和同，政之善者，故周公作書以「善禾」名篇告天下。亡。○鄭云：「嘉禾亡。」周紀：「周公受禾東土，魯天子之命，作嘉禾。」魯世家：「周公既受命禾，嘉天子命，作嘉禾。」集解引徐廣曰：「『嘉』一作『魯』。」陳云：「案：春秋正義云：『石經古文「魯」作「𣥠」。』說文：『𣥠，古文「旅」，古文以爲「魯衛」之「魯」。』蓋古『旅』字、『魯』字皆作『𣥠』，故『旅』字亦作『魯』也。索隱云『「魯」字誤』，史意云周公嘉天子命，於文不必作『魯』，此由不知『魯』即『旅』字，見篇名嘉禾，遂改『魯』爲『嘉』耳。『旅』與『臚』通，漢書敘傳：『大夫臚岱。』鄭氏曰：『臚岱，季氏旅於泰山是也。』師古曰：『旅，陳也。臚、旅聲相近，其義一耳。』」此謂陳述天子之命也。

嘉禾佚文：

周公奉鬯，立於阼階，延登，贊曰：「假王莅政，勤和天下。」漢書王莽傳羣臣奏引書逸嘉禾篇如此。皮云：「王鳴盛以爲壁中書於增多外，別有殘章；陳喬樅以爲如九共、帝告逸文，皆載之伏生大傳；段玉裁以爲取諸張霸百二篇；劉逢禄以爲劉歆僞造。予謂：尚書自今文二十九篇外，其真僞皆不必深究。」

成王既伐管叔、蔡叔，滅三監。**以殷餘民封康叔，**以三監之民國康叔爲衛侯，周公懲其數叛，故使賢母弟主之。○段云：「疏引序云『邦康叔』，則知今本『邦』字作『封』，蓋亦衛包改之。」**作康誥、酒誥、梓材。**○書疏、詩邶鄘衛譜疏引鄭云：「言伐管、蔡者，爲因其國也。不言霍叔者，蓋赦之也。康爲號謚，初封于衛，至子孫而并邶、鄘也。」周紀：「頗收殷餘民」云云。（引見上。）衛世家：「周公以成王命興師伐殷，殺武庚禄父、管叔，放蔡叔。以武庚殷餘民封康叔爲衛君，居河、淇閒故商墟。周公旦懼康叔齒少，乃申誥康叔，謂之康誥、酒誥、梓材以命之。」漢書地理志引書序云：「武王崩，三監畔，周公誅之，盡以其地封弟康叔，號曰『孟侯』，以夾輔周室。」陳云：「志言康叔號曰『孟侯』，與大傳言太子年十八謂之『孟侯』義異，所引書序亦與古文書序不同，蓋引大誥之序，非康誥序也。大誥序云：『武王崩，三監及淮夷叛。』班引之以證三監耳。其云『周公誅之，盡以其地封弟康叔』者，班蓋約大誥序『周公相成王，將黜殷命』及康誥序『既伐管叔、蔡叔，以殷餘民封康叔』之語，非書序元文。其云號康叔曰『孟侯』，蓋本小夏侯說。固之從祖伯從鄭寬中受小夏侯尚書，知其家世習小夏侯之學也。」皮云：「陳説是。小夏侯尚書後出，間有與古文合者，已失伏生之恉。史記云衛康叔，康是號謚甚明，詳本篇。」

成王在豐，欲宅洛邑，武王克商，遷九鼎於洛邑，欲以爲都，故成王居焉。**使召公先相宅，**相所居而卜之，遂以陳戒。○詩王風譜疏引鄭云：「欲擇土中建王國，使召公在前視所居者，王與周公將自後往也。」**作召誥。**

召公以成王新即政，因相宅以作誥。

召公既相宅，周公往營成周，使來告卜，召公先相宅卜之，周公自後至，經營作之，遣使以所卜吉兆逆告成王。○公羊宣十六年傳疏引鄭云：「居攝七年，天下太平，而此邑成，乃名曰成周也。」**作洛誥。**周紀：「周公行政七年，成王長，周公反政成王，北面就羣臣之位。成王在豐，使召公復營洛邑，如武王之意。周公復卜申視，卒營築，居九鼎焉〔一〕。曰：『此天下之中，四方入貢道里均。』作召誥、洛誥。」案：此今文書序，同序異篇也。據史記今文說，召誥、洛誥同時作，詳本篇。魯世家云營洛乃復政，與周紀稍異。世家是，蓋制作定，然後致政也。

成周既成，洛陽下都。**遷殷頑民，**殷大夫士心不則德義之經，故徙近王都教誨之。○詩王風譜疏引鄭云：「此皆士也，周謂之民。民，無知之稱。」**周公以王命誥，**稱成王命告令之。**作多士。**○周紀：「成王既遷殷遺民，周公以王命告，作多士、無佚。」案：「無佚」上當有「作」字，謂同時作。

周公作無逸。中人之性好逸豫，故戒以無逸。○魯世家：「周公歸，恐成王壯，治有所淫佚，乃作多士、作毋逸。」案：二篇同時作，故牽連言之。論衡用歐陽尚書，引書正作「毋佚」，此作「逸」，上作「無」，蓋後人改之。

〔一〕「焉」原誤作「馬」，據史記周本紀原文正。

召公爲保，周公爲師，相成王爲左右，○釋文引馬云：「保氏、師氏，皆大夫官。」又云：「分陝爲二伯，東爲左，西爲右。」書疏引鄭云：「保氏、師氏，大夫之職，聖賢兼此官。」**召公不説，周公作君奭。**○史記集解引馬云：「召公以周公既攝政致太平，功配文、武，不宜復列在臣位，故不説。以爲周公苟貪寵也。」書疏引鄭云：「周公既攝王政，不宜復列於臣職，故不説。」燕世家：「成王時，召公爲三公，自陝以西，召公主之；自陝以東，周公主之。成王既幼，周公攝政當國踐阼，召公疑之，作君奭。君奭不説周公，周公乃稱『湯時有伊尹』云云。於是召公乃説。」案：「不説」者，疑公之當國踐阼也，此史公用今文説，裴引馬氏古文説注之，誤矣。周紀、魯世家不載作君奭事，無以考其篇次。據燕世家，以爲踐阼時作。當列大誥、金縢之次，不當在多士、無佚之後。古文書序但云「召公不説」，脱去「周公踐阼，召公疑之」之語，遂不知召公不説何事、此書作於何時，乃列之成王政、將蒲姑前，馬、鄭遂以召公不説周公復列臣位解之。由於篇次既淆，故事實全誤。殊不知周公退居臣列，躳躳如畏，聖德愈光，召公相得益章，豈有願其去而不説其留之理？周公舍天子而不爲，而召公乃以列臣位爲苟貪寵，於情事又豈有合乎？

蔡叔既没，以罪放而卒。**王命蔡仲踐諸侯位，**成王也。父卒命子，罪不相及。**作蔡仲之命。**册書命之。○案：僞傳以此篇列君奭後、成王政前，與古文書序不合。鄭云：「蔡仲之命亡。」今文次序無考。管蔡世家：「蔡叔度既遷而死。其子曰胡，胡乃改行，率德馴善。周公聞之，而舉胡以爲魯卿士，魯國治。於是周公言於成王，復封胡於蔡，以奉蔡叔之祀，是爲蔡仲。」史公述事蓋隱括序文。餘詳本篇。

蔡仲之命佚文：

王曰：「胡，毋若爾考之違王命也。」左定四年傳引蔡仲命書如此。

成王東伐淮夷，遂踐奄，成王即政，淮夷、奄國又叛，王親征之，遂滅奄而徙之，以其數反覆。○釋文：「踐，似淺反。馬同。」尚書大傳周傳云成王政：「遂踐奄。踐之者，藉之也，藉之謂殺其身，執其家，豬其宮。」段云：「此必篇中有此語，伏生記憶釋之，非釋書序也。左昭元年傳：『周有徐、奄。』疏引賈逵注云：『書序曰：「成王伐淮夷，遂踐奄。」徐即淮夷。』」先謙案：粊誓：「徂兹淮夷，徐戎並興。」淮夷、徐戎並舉，然則賈説非也。作成王政。爲平淮夷徙奄之政令。亡。○釋文：「政，馬本作『征』，云：『正也。』」書疏、史記集解引鄭云：「奄國在淮夷之北。此伐淮夷與踐奄是攝政三年事，其編篇於此，未聞。『踐』讀曰『翦』；翦，滅也。凡此伐諸叛國，皆周公謀之。成王臨事乃往，事畢則歸。」又云：「成王政亡。」書疏又云：「洛誥之篇言周公歸政成王，多士以下皆是成王即政初事，編篇以先後爲次，此篇在成王書内，知是成王即政，淮夷、奄國又叛，王親征之。又案：洛誥成王即政，始封伯禽。伯禽既爲魯侯，乃居曲阜。費誓稱魯侯伯禽宅曲阜，淮夷、徐戎並興，魯侯征之，作費誓。彼言淮夷並興，即此伐淮夷。王伐淮夷，魯伐徐戎，是同時伐，明是成王即政之年復重叛也。多方之篇責殷臣云：『我惟時其戰要囚之，至於再，至於三。』若武王伐紂之後，惟攝政三年之一叛，正可至於再爾，安得至於三乎？故知是成王即政又叛也。」皮云：「困學紀聞云：『大傳之序有揜誥。』孔廣林疑『揜』即『奄』，揜誥即成王政，然無明文可考。史記不載成王政篇目，周紀於多士、無佚後，多方前，有『東伐淮夷，殘奄，遷其君薄姑』之文，『東伐淮夷，殘奄』即此序所云『東伐淮夷，踐奄』也；『遷其君薄姑』即下篇將蒲姑序也。史記不載篇名，已詳事實，是史公所據今文書序，亦以成王政、將蒲姑二篇與多方相次，皆在周公反政之後矣。今、古文説無殊旨，則孔傳成王即政親征之説甚合經義。鄭偶有不照，以成王踐奄與周公踐奄誤合爲一，遂疑編次有誤。近儒不考史記，乃欲移序以就鄭説，謬矣。孔疏申傳不誤，而引費誓爲證則非。魯世家：『伯禽即位之後，有管、蔡等反也，淮夷、徐戎亦並興反。於是伯禽率師伐之於肸，作肸誓。』是伯禽伐淮夷，在居攝奄叛時，不在反政後奄再叛時。孔疏不考史記之文，乃謂成王即位，始封伯禽，殊誤。」

成王既踐奄，將遷其君於蒲姑， 已滅奄，而徙其君及人臣之惡者於蒲姑。蒲姑，齊地，近中國，教化之。

○釋文：「蒲，馬本作『薄』。」史記集解引馬云：「齊地。」詩破斧疏引鄭云：「奄既滅矣，其君佞人，不可復故，欲徙之於齊地，使服於大國。」左昭九年傳：「王使詹伯辭于晉曰：『蒲姑、商、奄，吾東土也。』」昭二十年傳晏子對景公曰：「昔爽鳩氏始居此地，季萴因之，有逢伯陵因之，蒲姑氏因之，而後太公因之。」漢書地理志：「齊地，殷末有薄姑氏，至周成王時，薄姑與四國共作亂，成王滅之，以封師尚父。」江云：「據大傳，蒲姑爲奄君名，此序當言『將遷其君蒲姑』，『于』乃衍字。成王遷奄君，其地遂爲齊有，故左傳云：『蒲姑氏因之，而後太公因之。』蒲姑氏即奄君也。」皮云：「周紀：『召公爲保，周公爲師，東伐淮夷，殘奄，遷其君薄姑。』殘奄，因奄再叛，與大傳所云『三年踐奄』並非一事，前之奄君名薄姑，後之奄君遷於薄姑，非一人，説在多士。古文書序以『召公爲保，周公爲師』爲君奭篇之序，史公據今文説以爲將蒲姑之序者，召公爲保，周公爲師，本反政後事，非踐阼時事。君奭乃周公踐阼時作。今文家説是也。」先謙案：志云殷末齊地有薄姑氏，是薄姑之在齊地，殷末已然，非周所遷也。薄姑與四國共作亂，四國乃管、蔡、商、奄，明奄與薄姑是二，非一。師尚父封齊在武王之世，成王滅薄姑，乃爲尚父益封。至奄君，特遷居薄姑之地耳，並非徙封。而謂太公所因之，薄姑氏爲即奄君，尤爲失實。蒲、薄形近，又係雙聲，故「蒲姑」一作「薄姑」也。古文作「蒲」，今文作「薄」，馬本仍用今文。**周公告召公，作將蒲姑。**言將徙奄新立之君於蒲姑，告召公使爲此册書告令之。亡。○鄭云：「將蒲姑亡。」先謙案：奄再叛，合武王伐討奄君之事，已三叛矣。其先世未聞有功德在人，亦非殷商可比，似不在興滅繼絶之列。屢叛復存，恐無其事，傳以意言耳。

成王歸自奄，伐奄歸。**在宗周誥庶邦，**誥以禍福。**作多方。**○周紀：「成王自奄歸，在宗周，作多方。」案：此今文書序也。皮云：「周公居攝三年踐奄，王不親行。此序云『成王歸自奄』，乃奄再叛而王親征之塙證。詳本篇。」

周公作立政。周公既致政成王，恐其怠忽，故以君臣立政爲戒。○段云：「凡言咎單作明居，伊尹作咸有一德，周公作無逸，周公作立政，皆讀尚書而義自見者也。」今文篇次在周官後。

成王既黜殷命，滅淮夷，黜殷在周公東征時，滅淮夷在成王即政後，事相因，故連言之。**還歸在豐，作周官。**成王雖作洛邑，猶還西周。○魯世家：「成王在豐，天下已安。周之官政未次序，於是周公作周官，官別其宜。作立政，以便百姓。百姓說。」據此，今文篇次周官在立政前。周紀：「成王既絀殷命，襲淮夷，歸在豐，作周官。」是今文書序與古文同。據堯典疏，鄭本周官亦在立政前。江云：「此序與上三序相承次，則事相聯接，皆在周公攝政三年時。立政經云：『孺子王矣。』則周公致政成王之後，其先後之次，當先周官而後立政。」王鳴盛云：「周禮疏引鄭志趙商問，有云『成王周官是攝政三年時事』，此語必本於鄭。立政是成王即政時事，自應在周官後。」皮云：「江、王二說非也。史記以周官、立政相接，連文爲義，則二篇一時所作，不得分三年、七年。史記云天下已安，官政未次序，於是公作周官、立政。若攝政三年時方踐奄，日不暇給，尚未建侯營洛，何得云『天下已安』？亦未制禮作樂，何遽能次序官政？史公以作周官、立政列於周公反政之後，『在豐，病將没』之前，則今文家説必不以作周官爲攝政時事矣。魯世家云『成王在豐』，與周紀云『在豐』相合。紀云『既絀殷命，襲淮夷』，亦與古文書序同者，蓋周官篇中必有絀殷命之語，故序追溯前事言之，如多士、多方皆去克殷已久，而皆追述克殷之事也。」

成王既伐東夷，肅慎來賀，海東諸夷駒麗、扶餘、馯貊之屬。武王克商，皆通道焉。成王即政而叛，王伐而服之，故肅慎氏來賀。**王俾榮伯作賄肅慎之命。**榮，國名，同姓諸侯，爲卿大夫。王使之爲命書，以幣賄賜肅慎之夷也。亡。○鄭云：「賄肅慎之命亡。」釋文：「『肅慎』，馬本作『息慎』，云：『北夷也。』俾，馬本作『辯』。」周紀：

「成王既伐東夷，息慎來賀，王賜榮伯，作賄息慎之命。」明今文書序作「息慎」。集解引馬云：「榮伯，周同姓畿内諸侯，爲卿大夫也。」五帝紀：「北發息慎。」集解引鄭云：「息慎，或謂之『肅慎』，東北夷。」是馬、鄭皆作「息」，與史記合。江聲本「俾」作「畀」，説云：「畀，賜也。書或爲『辨』。辨，古『班』字；班，亦賜也。王以息慎所貢分賜榮伯也。隸古定本凡『俾』字作『卑』，與『畀』字無異，而其傳或解爲『予』，或解爲『使』。唐天寶中，詔以時字改其文，凡其傳之解爲『使』者悉改作『俾』，故此『畀』字正義本亦改作『俾』。史記録此序作『王賜榮伯』，據『賜』義，則字當改爲『畀』。」

周公在豐，致政老歸。**將没，欲葬成周。**己所營作，示終始念之。**公薨，成王葬于畢，**不敢臣周公，故使近文、武之墓。**告周公，作亳姑。**周公徙奄君於亳姑，因告柩以葬畢之義，斥及奄君，已定亳姑，言所遷之功成。亡。〇鄭云：「亳姑亡。」孫云：「『亳姑』未詳其義。僞傳非也。」魯世家：「周公在豐，病，將没，曰：『必葬我成周，以明吾不敢離成王。』周公既卒，成王亦讓，葬周公於畢，從文王，以明予小子不敢臣周公也。」下文「周公卒後，秋，未穫」至「歲則大孰」與金縢後半篇文同。（詳見金縢。）又云：「於是成王乃命魯得郊祭文王，魯有天子禮樂者，以褒周公之德也。」皮云：「史記不載作亳姑之序。此『周公在豐』數語，在作周官、立政之後，與古文『作亳姑』序合，此即亳姑序也。」孫云：「『秋，未穫』以下，據史記，當是亳姑之篇。後人以其詞有云『開金縢書』，故連屬於金縢，傳之既久，不敢改易。」大傳云：「三年之後，周公老于豐，心不敢遠成王，而欲事文、武之廟。然後周公疾，曰：『吾死，必葬于成周，示天下臣于成王。』周公死，天乃雷雨以風，禾盡偃，大木斯拔。國恐。王與大夫開金縢之書，執書以泣，曰：『周公勤勞王家，予幼人弗及知。」』又説：『成王曰：（先謙案：「又」上奪文，當是「大夫」等。）「周公生欲事宗廟，死欲聚骨于畢。」畢者，文王之墓。故周公死，成王不葬于周，（先謙案：「周」上奪「成」字。）而葬之于畢，示天下不敢臣也，所以明有功、尊有德。故忠孝之道咸在成王、周公之閒。故魯郊，（句。）成王所以禮周公也。』案：『三年之後』，據路史高辛紀下有周公致政封魯，是當作『致政封魯，三年之後』也。」先謙案：魯世家「周公在豐」至「不敢臣周公也」，總叙欲葬成周終葬於畢之事，「周公卒後」云云，追叙葬畢前天變動王，與大傳叙述不同，事實無異。

周公既没，命君陳分正東郊成周，成王重周公所營，故命君陳分居正東郊成周之邑里官司。○肆師、載師疏、王制、郊特牲疏引鄭云：「成周，在近郊五十里。天子之國五十里爲近郊。今河南洛陽相去則然。東郊，周之近郊也，半遠郊。」**作君陳。**作書命之。○鄭云：「君陳亡。」案：毛詩譜：「周公子伯禽封魯，次子君陳世守采地。」正義曰：「鄭玄注中庸云『君陳，蓋周公子』者，以經云『周公既没，命君陳』，猶若『蔡叔既没，命蔡仲』故也。」皮云：「史記不載君陳書序，今文説無可考。戴記與夏侯尚書同一師承，坊記、緇衣皆引君陳篇文，鄭注禮記多引今文家説，或有所據，非必但以序文同蔡仲臆斷君陳爲周公子也。正義引坊記誤作中庸。」

君陳佚文：

爾有嘉謀嘉猷，入告爾君於内。女乃順之於外，曰：「此謀此猷，惟我君之德。於乎是維良顯哉！」禮坊記引君陳如此，注：「君陳蓋周公之子，伯禽弟也。名篇在尚書，今亡。嘉，尚也。猷，道也。」

『於是乎惟良顯哉』，美君之德。」

未見聖，若己弗克見。既見聖，亦不克由聖。禮緇衣引君陳如此，注：「克，能也。由，用也。」

出入自爾師虞，庶言同。緇衣引君陳如此，注：「自，由也。師、庶，皆衆也。虞，度也。言出入政教，當由女衆之所謀度，衆言同，則行之。政教當由一也。」

成王將崩，命召公、畢公，二公爲二伯，中分天下而治之。**率諸侯相康王，作顧命。**臨終之命曰顧命。○周紀：「成王將崩，懼太子釗之不任，乃命召公、畢公率諸侯以相太子而立之。成王既崩，二公率諸侯以太子釗見於先王廟，申告以文王、武王之所以爲王業之不易，務在節儉，毋多欲，以篤信臨之，作顧命。」案：「成王既崩」五句，史公叙述經意；「成王將崩」云云，乃今文書序也。

康王既尸天子，尸，主也。主天子之正號。○釋文云：「馬本此句上更有『成王崩』三字。」**遂誥諸侯，作康王之誥。**既受顧命，羣臣陳戒，遂報誥之。因事曰遂。○周紀：「太子釗遂立，是爲康王。康王即位，徧誥諸侯，宣告以文、武之業以申之，作康誥。」案：「康王即位」以下，今文書序也。史記以此與顧命爲二，即本伏書。康王之誥曰康誥，與康叔之誥曰康誥正同，康皆謚也。

康王命作册畢，命爲册書，以命畢公。分居里，成周郊，分別民之居里，異其善惡，成定東周郊境，使有保護。作畢命。○書疏引鄭云：「今其逸篇有册命霍侯之事，不同與此序相應。畢命亡。」周紀：「康王命作策畢公，分居里，成周郊，作畢命。」案：此今文書序，「册」作「策」，「畢」下有「公」字是也。古文書序脱「公」字。鄭云「逸篇有册命霍侯之事」者，漢書律曆志引三統術有「故畢命豐刑曰：『惟十有二年六月庚午朏，王命作策豐刑』」之文，是漢世別有畢命篇，鄭猶及見之，故云「逸」；云「不同與此序相應」者，江聲以爲疏引誤多「同」字是也；「畢命亡」者，言此畢命篇亡也。

穆王命君牙爲周大司徒，穆王，康王孫，昭王子。作君牙。君牙，臣名。○鄭云：「君牙亡。」案：史記不引君牙篇今文序。禮緇衣引作「君雅」。詳本篇。

君牙佚文：

夏暑雨，小民惟曰怨，資冬祈寒，小民亦惟曰怨。緇衣引君雅如此，注：「『資』當爲『至』，齊、魯之語，聲之誤也。『祈』之言『是』也，齊西偏之語也。夏日暑雨，小民怨天，至冬是寒，小民又怨天。言民恒多怨，爲其君難。」

穆王命伯冏爲周太僕正，伯冏，臣名也。太僕長，太御中大夫。作冏命。○鄭云：「冏命逸。」周紀：

「王道衰微，穆王閔文、武之道缺，乃命伯畀申誡太僕國之政，作畀命。」案：此今文書序也。古文作「冏」，今文作「畀」。太僕與太御不同，說詳本篇。

呂命呂侯見命爲天子司寇。**穆王，訓夏贖刑，**呂侯以穆王命作書，訓暢夏禹贖刑之法，更從輕以布告天下。**作呂刑。**○周紀：「甫侯言於王，作修刑辟，命曰甫刑。」案：此今文書序也。古文作「呂」，今文作「甫」。「呂命穆王」句，僞孔誤讀，說詳本篇。

平王錫晉文侯秬鬯、圭瓚，以圭爲杓柄，謂之圭瓚。○釋文：「平王，馬無『平』字。錫，馬本作『賜』。」**作文侯之命。**所以名篇也。幽王爲犬戎所殺，平王立而東遷洛邑，晉文侯迎送安定之，故錫命焉。○史記晉世家：「天子使王子虎命晉侯爲伯，賜大路，彤弓矢百，玈弓矢千，秬鬯一卣，珪瓚，虎賁三百人。晉侯三辭，然後稽首受之。作晉文侯命。」案：此今文書序，以爲文公重耳之事。據馬本，今、古文皆無「平」字也。鄭始以「義和」之「義」爲文侯仇字。書疏引王肅云：「幽王既滅，平王東遷，晉文侯、鄭武公夾輔王室。晉爲大國，功重，故平王命爲侯伯。」蓋本鄭說而申之。僞孔因於序首加「平」字，此又僞傳出肅之一證也。餘詳本篇。

魯侯伯禽宅曲阜，治封之國居曲阜。**徐、夷並興，東郊不開，**徐戎、淮夷並起爲寇於魯，故東郊不開。○釋文：「開，馬本作『闢』。」江云：「馬氏傳古文，古文『闢』作『閞』，馬本必作『閞』，蓋陳鄂改『闢』。」**作費誓。**魯侯征之，於費地而誓衆也。諸侯之事而連帝王，孔子序書，以魯有治戎征討之備，秦有悔過自誓之戒，足爲世法，故録以備王事，猶詩録商、魯之頌。○「費」當作「粊」，詳本篇。魯世家：「伯禽即位之後，有管、蔡等反也，淮夷、徐戎亦並興反，於是伯禽率師伐之於肸，作肸誓。」案：此今文書序也。集解：「徐廣曰：『一作「鮮」，一作「獮」。』」今文異字。

秦穆公伐鄭，遣三帥帥師往伐之。○事在左僖三十三年傳。**晉襄公帥師敗諸崤。**崤，晉要塞也。以其不假道，伐而敗之，囚其三帥。○續漢郡國志「弘農郡」「黽池縣」有二殽，風俗通山澤篇：「東殽、西殽，黽池所高。」崤，俗字。**還歸，作秦誓。**晉舍三帥，還歸秦，穆公悔過作誓。○秦紀：「繆公復益厚孟明等，使將兵伐晉，渡河焚船，大敗晉人，取王官及鄗，以報殽之役。晉人皆城守不敢出。繆公乃自茅津渡河，封殽中尸，爲發喪，哭之三日，乃誓於軍。」案：史公以爲敗晉後作誓，今文説也。左傳云：「三帥還歸，秦伯素服郊次，向師而哭。」不言有悔過作誓之事。以「還歸」屬之三帥，僞傳則然，無以見其必爲古文説。今案：「還歸」二字與上文義不屬，疑有奪文，僞孔不如史公可據。仍當從秦紀，以爲穆公敗晉還歸爲合。

尚書序

〇釋文：「此孔氏所作，述尚書起之時代，并叙爲注之由。」

古者伏犧氏之王天下也，始畫八卦，造書契，〇閻云：「説文序以初造書契爲黄帝史倉頡，本之易繫辭及世本，極確。此以爲伏犧，孔疏從而傅會，非也。『後世聖人易之以書契』，『後世聖人』指黄帝、堯、舜，豈謂伏犧乎！」以代結繩之政，由是文籍生焉。伏犧、神農、黄帝之書謂之三墳，言大道也；少昊、顓頊、高辛、唐、虞之書謂之五典，言常道也。至于夏、商、周之書，雖設教不倫，雅誥奥義，其歸一揆。是故歷代寶之，以爲大訓。八卦之説，謂之八索，求其義也；九州之志，謂之九丘，丘，聚也，言九州所有，土地所生，風氣所宜，皆聚此書也。春秋左氏傳曰：「楚左史倚相能讀三墳、五典、八索、九丘。」即謂上世帝王遺書也。

先君孔子，生於周末，覩史籍之煩文，懼覽之者不一，遂乃定禮樂，明舊章，删詩爲三百篇，約史記而修春秋，讚易道以黜八索，述職方以除九丘，討論墳、典，斷自唐、虞以下，訖于周，芟夷煩亂，翦截浮辭，舉其宏綱，撮其機要，足以垂世立教，典、謨、訓、誥、誓、命之文凡百篇，所以恢弘至道，示人主以軌範也。帝王之制，坦然明白，可舉而行，三千之徒，並受其義。〇梅云：「此序皆依傍左傳，推尋漢志而爲之。三墳、五典之説，用鄭玄周禮『外史掌三皇五帝之書』鄭云『楚靈王所謂三墳、五典』是也，賈逵又云：「『三墳，三皇之書；五典，五帝之典。』八索、九丘，則用馬融之說，馬云：『八索，八卦；九丘，九州之數也。』既曰『言大道』、『言常道』、『歷代寶之，以爲大訓』矣，又曰『討論墳、典，斷自唐、虞以下』，則言大道者盡刪，於言常道者亦去其三，而於歷代所寶以爲大訓者，亦爲寶非其寶，而不足以爲訓，所謂寶、訓，獨二典耳，豈夫子信而好古之恉哉！程子覺其言之失，遂爲之分疏曰：『所謂大道，若性與天道之說，聖人豈得而去之哉！若言陰陽、四時、七政、五行之道，亦必至要之理，非如後世之繁衍末術，固非常道，聖人所不去也。或者所謂羲、農之書，乃後人稱述當時之事，失其義理，如許行爲神農之言，及陰陽、權變、醫方稱黃帝之說耳，此聖人所以去之也。五典既皆常道，又去其三，蓋上古雖已有文字，而制立法度，爲治有迹，得以紀載，有史官以識其事，自堯始耳。』審如程子之言，則外史所掌玉石不分，而倚相所讀疏稗並蓄，此又不通之論也。先儒覺此言不足爲之分疏，則又曰：外史掌三皇、五帝之書，周公所録，必非僞妄，而春秋時三墳、五典、八索、九丘之書猶有存者。若果全備，孔子亦不應悉刪去之，或其編簡脱落不可通曉，或是孔子所見止自唐、虞以下，不可知耳。今亦不必深究其說也，蓋亦疑而不之〔二〕從矣。殊不知夫子贊易，雖穆姜之言亦在所取，況八卦之說，豈忍盡黜？誦詩，雖鳥獸草木之名亦貴多識，況九州之地志，豈忍盡除？誰謂聖人之闡孫而如此立論哉？」

及秦始皇，滅先代典籍，焚書坑儒，天下學士逃難解散，我先人用藏其家書于屋壁。漢室龍興，開設學校，旁求儒雅，以闡大猷。○徐嘉炎云：「『學士逃難解散』，何其俗！『漢室龍興，開設學

〔二〕「之」原誤作「知」，據梅鷟尚書考異原文改。

校，旁求儒雅，以闡大猷』，何其卑靡！竟類近代矣。」**濟南伏生，年過九十，失其本經，口以傳授，裁二十餘篇，以其上古之書，謂之尚書。百篇之義，世莫得聞。**○梅云：「『旁求』出楚語，僞古文屢用之。『大猷』見詩，謂大道也。『濟南伏生』云云，其言皆本衛宏，與史、漢不合。衛宏定古文尚書序云：『伏生老，不能正言，言不可曉，使其女傳言教錯，齊人語多與潁川異，錯所不知凡十二三，略以其意屬讀而已。』宏固作僞之尤者也，伏授錯時，年過九十，其先教於齊、魯之間，未至九十也。伏爲秦博士，以秦禁書，壁藏之，漢定，求其書，亡數十篇，獨得二十九篇。是今文二十九篇，正伏壁藏之本經也。僞孔云亡其本經，全非事實。其教於齊、魯間，豈有匿其本經而口以傳授之理！果使本經盡亡，數十年之久，何不録出成帙以相授？其羣弟子及其女，又何不以伏所口授者録出授人，而必由其女傳言教錯邪？隋經籍志謂伏生爲尚書傳四十一篇，以授同郡張生，源遠末分，端緒較然，豈伏生能作四十一篇之傳，而不能寫二十九篇之經邪？蓋漢自惠帝除挾書令，孝文博求遺書，則二十九篇之經已出，特無治之者，故帝使錯往受其講解之説以治經耳。餘皆衛宏及晋人附會之詞，史、漢所不載，不足據以爲信。其所以爲此妄説者，蓋不媒孽伏生之短，不能爲其古文增重耳。」王鳴盛云：「漢書云伏生有孫以治尚書徵，後漢伏湛傳：湛是生九世孫，歷叙其先，皆名學。則伏生固有子孫承學，何至家無本經？」

至魯共王好治宫室，壞孔子舊宅以廣其居，於壁中得先人所藏古文虞、夏、商、周之書及傳論語、孝經，皆科斗文字。王又升孔子堂，聞金石絲竹之音。乃不壞宅，悉以書還孔氏。○梅云：「家語云：『孔騰字襄，畏秦法峻急，藏尚書、孝經、論語於夫子舊堂壁中。』而漢紀尹敏傳云孔鮒所藏。

二說又不同。」**科斗書廢已久，時人無能知者。**○程云：「案：晉衛恒書勢云：『古文自黄帝始創，下至三代，其文不改。至周史籀始有異同，名大篆。秦人復增損大篆爲小篆，而焚書之後，古文絶矣。漢武時魯恭王壞孔子宅，得尚書、春秋、論語、孝經，時人不復知有古文，謂之科斗書。』又云：『魏正始中，立三字石經，誤因科斗之名，遂效其形，殊失古法。』據此，則古文本無異名，其曰科斗書者，世俗之訛言耳。又按：史、漢儒林傳及漢藝文志、劉歆移太常書，其稱壁中書但曰古文，並無科斗之説。今孔序云『皆科斗文字』，又云『科斗書廢已久』，夫古文廢絶時僅百有餘年，豈有安國不聞其源流遷變，而謬遵世俗稱爲科斗書者！誠所謂『若問遠焉，其焉能知之』矣！」閻云：「許沖說文序：『秦燒滅詩、書，滌除舊典，初有隸書，以趨約易，而古文由此絶矣。自爾秦書有八體，曰大篆、小篆、刻符、蟲書、摹印、署書、殳書、隸書。漢興，以八體試學僮。新莽居攝，時有六書，曰古文、奇字、篆書、佐書、繆篆、鳥蟲書。』古文者，即孔子壁中書。若自秦以後、壞孔宅以前無所爲古文也者，不知藝文志云『漢興，以六體試學童』，六體者，古文、奇字、篆書、隸書、繆篆、蟲書。皆以通知古今文字，豈得云『書廢已久，時人無能識』乎！張蒼修左傳，多古字古言；河閒獻王所得，皆古文先秦舊書；司馬遷十歲誦古文，皆章章明著，不待安國以今文字參考而可識也。許序云『古文由是絶』，亦絶經典之古文耳，非謂天下盡不識也；但云『以八體試學僮』不云六體爲誤，新莽時六書，即漢六體舊制，非自莽始也。太史公自序：『秦撥去古文，焚滅詩、書。』繼云：『漢興，百年之間，遺文古事，靡不畢集。』蓋秦有天下十五年，天下不明古文；漢興，而古文復矣。王伯厚云：『秦下令焚書，始禁古文。距漢興十七年。』又許序云：『今雖有尉律不課，小學不修，莫達其說久矣。』尉律，漢律篇名。蓋漢至和帝時學僮不試古文，僅有一二通人如賈逵輩，相從受古學。至晉衛恒作書勢，去漢逾遠，並謂共王得孔子書，時人已不復知古文，謂之科斗書。漢代祕藏，希得見，恒曾見書序與否不可知。要彼時自有此種議論散諸撰述，益徵此序不作於漢武時決矣！」**以所聞伏生之書考論文義，定其可知者爲隸古定，更以竹簡寫之，增多伏生二十五篇。伏生又以舜典合於堯典，益稷合於皋陶謨，盤庚三篇合爲一，康王之誥合於顧命，復出此篇并序，凡五十九篇，爲四十六卷。其餘錯亂摩滅，弗可復知，悉上送官，藏之書府，以待能者。**○梅云：「汩作、九共九篇、槀飫、帝告、釐沃、湯征、女鳩、女方、夏社、疑至、臣扈、典寶、明居、肆命、徂后、沃丁、咸乂四篇、伊陟、原命、仲丁、河亶甲、祖乙、高宗之訓、分器、旅巢命、歸禾、嘉禾、成王政、將蒲姑、賄肅慎之命、亳姑凡四十二篇，今亡。案：周宣王石鼓文摩滅不可讀，猶存一二，如『其魚維鱮』、『何以貫之，維楊及柳』云云可考。四十二篇之書藏之壁中，未及二三十年遽盡不可讀何邪？二十五篇之字句，以今文考定，無一脱誤，四十二篇曾不能考定其片言半語以傳後人又何邪？西漢之末，劉歆移書太常請立古文尚書博士，止言十六篇，未嘗言二十五篇。可見晉人妄説。」王鳴盛云：「疏曰：『「增多伏生二十五篇」者，以壁内古文篇題殊别，故知以舜典合於堯典，益稷合於皋陶謨。伏生之本亦壁内古文而合之者，蓋老而口授，因誦連之耳。其盤庚本當同卷；康王之誥以一時事連誦而同卷，當以「王出在應門之内」爲篇首，乃以「王若曰：庶邦」，亦誤矣。以伏生本二十八篇，盤庚出二篇，加舜典、益稷、康王之誥，凡五篇，爲三十三篇，加所增二十五篇，爲五十八，加序一篇，爲五十九，故云「復出此篇并序，凡五十九篇」。此云「爲四十六卷」者，謂除序也。下云「定五十八篇，既畢」，不更云卷數，明四十六卷故爾。又伏生二十九卷而序在外，故知然矣。此云「四十六卷」者，不見安國明説，蓋以同序者同卷，異序者異卷，故五十八篇爲四十六卷。何者？五十八篇内，有太甲、盤庚、説命、太誓皆三篇共卷，減其八，又大禹謨、皋陶謨、益稷又三篇同序共卷，其康誥、酒誥、梓材亦三篇同序共卷，則又減四，通前十二，以五十八減十二，非四十六卷而何？其康王之誥乃與顧命別卷，以別序故也。』余按：此段皆作僞者展轉遷就之詞，其謬不可勝言。何則？伏生之書二十九，歐陽則太誓分出二篇爲三十一，夏侯仍爲二十九，至杜林、衛宏、賈逵及馬、鄭則用歐陽本，又分出盤庚二、康王之誥一，爲三十四，而從無所謂三十三篇者，有之，自僞書始；孔壁增多之書十六，内九共出八，爲二十四，而從無所謂二十五篇者，有之，亦自僞書始。蓋作僞者貪太誓文多，易於剽襲，既已別撰三篇，乃於伏書去其太誓，則三十四者僅存三十一，又於其中妄分舜典、益稷，於是遂爲三十三矣。至增多之書雖亡其篇目篇數，鄭具述之，作僞者豈不欲照彼撰之，無奈中有汩作、九共等皆不能憑空構造，故不得已祇就其有可捃摭依傍者綴緝以成篇，而不顧其與鄭所述不合，於是遂爲二十五矣。夫真書五十八篇，僞書亦五十八篇，其篇數合，而不知真書乃三十四與二十四爲五十八，僞書則三十三與二十五爲五十八，此篇數似合而實不合也。真書四十六卷，僞書亦四十六卷，其卷數似合，而不知真書三十四篇内盤庚三篇同卷，太誓三篇同卷，顧命、康王之誥二篇同卷，實二十九卷；二十四篇内九共九篇同卷，實十六卷，共四十五卷耳。桓譚新論云『古文尚書舊有四十五卷，爲五十八篇』是也。漢藝文志云四十六卷者，兼序言之。而僞書乃除序爲四十六，此卷數似合而實不合也。作僞者既欲同於真書之篇數卷數，而無如不能盡合，進退兩無所據。疏曲爲附會，乃援伏書之序在卷數外以爲例，（朱氏彝尊以伏書止二十八，云二十九者，其一是序。非也。）一若以藝文志所載序即在卷數内爲非者然。然則何以篇數卷數又必有意曲與之合也？且所謂同序同卷、異序異卷者，亦非也。伏書康誥、酒誥、梓材同序而異卷，顧命、康王之誥異序而同卷，孔書汨作、九共、大禹謨、棄稷、伊訓、肆命皆同序而異卷，作僞者乃刱爲此例，何足信哉！」**承詔爲五十九篇作傳，於是遂研精覃思，傳考經籍，採摭羣言，以立訓傳。**○閻云：「傳注之起，實自孔子之於易。孔子自卑退，不敢干亂先聖正經之辭，故以己所作『十翼』附於後。漢藝文志：『易經十二篇。』十二篇者，經分上下二篇，餘則『十翼』是也。一亂於費直，再亂於王弼，而古十二篇之易遂亡。有宋諸儒出，始一一復古，唐孔氏詩疏謂漢初爲傳訓者猶與經別行，三傳之文不與經連，故石經書公羊傳皆無經文，而藝文志所載毛詩詁訓傳亦與經別，及馬融爲周禮注，乃云欲省學者兩讀，故具載本文，而就經爲注。朱子曰：『據此，則古之經、傳本皆自爲一書。故高貴鄉公所謂彖、象不連經文者，十二卷之古經傳也；所謂注連之者，鄭氏之注具載本經而附以彖、象，如馬融之周禮也。』愚考諸藝文志，周官經六篇，周官傳四篇，果各自爲書。然則馬融以前不得有就經爲注之事決矣。今僞孔傳出武帝時，詳其文義，明是就經下爲之，與毛詩引經附傳出後人手者不同，豈得謂武帝時輒有此邪？」**約文申義，敷暢厥旨，庶幾有補於將來。書序序所以爲作者之意，昭然義見，宜相附近，故引之各冠其篇首。**○閻云：「漢書藝文志載尚書古文經四十六卷。四十六卷之分，鄭以同題者同卷，異題者異卷；孔則以同序者同卷，異序者異卷。其同序者，太甲、盤庚、説命、太誓皆三篇共序，凡十二篇，止四卷；大禹謨、皋陶謨、益稷、康誥、酒誥、梓材亦各三篇共序，凡六篇，止二卷；外四十篇，篇各有序，凡四十卷，通共序者六卷，故爲四十六卷也。然鄭注四十六卷元無武成，而以百篇之序寘爲末卷。孔則有武成一篇，篇自爲序，已足四十六卷，故不便以百篇序復爲一卷，止得引之各冠其篇首，云『宜相附近』，此則遷就之詞耳。」**定五十八篇。既畢，會國有巫蠱事，經籍道息，用不復以聞，傳之子**

孫，以貽後代。若好古博雅君子，與我同志，亦所不隱也。○梅云：「史記言：『孔氏有古文尚書，而安國以今文讀之，因以起其家，逸書得十餘篇，蓋尚書滋多於是。』未嘗言二十五篇也。至漢書藝文志：『武帝末，魯共王壞孔子宅，得古文尚書，以考二十九篇，得多十六篇，安國獻之。遭巫蠱事，未列於學官。』楚元王傳亦云得書十六篇，未嘗言承詔作傳也。僞序云『悉上送官，藏之書府』，此語與漢書合；又云『承詔爲五十九篇作傳』、『會巫蠱事，不復以聞』，殊不可信。既藏之官府，故劉歆移書太常，請立學官，然亦但云十六篇，未以爲二十五篇，亦未以爲五十九篇也。且既承詔作傳，其時非有焚書禁學之令，安國豈得廢閣詔令傳成而不復以聞哉？」閻云：「後漢杜林傳：『林前於西州得漆書古文尚書一卷，常寶愛之，雖遭艱困，握持不離身。』後出示衛宏等，遂行於世。同郡賈逵爲之作訓，馬融、鄭玄之傳注解，皆是物也。夫曰『古文尚書一卷』，不言篇數，然馬融書序則云逸十六篇，是古文篇數見於東漢者又如此。此書不知何時遂亡，梅賾所上古文增多二十五篇，止此篇數之不合，僞可知矣！」又云：「論衡正說篇：『孝景帝時，魯共王壞孔子教授堂以爲殿，得百篇尚書於牆壁中。武帝使使者取視，莫能讀者，遂祕於中，外不得見。至孝成皇帝時，張霸僞造百兩之篇，帝出祕百篇以校之。』予謂成帝時向、歆父子校理祕書，東京班固亦典其職，豈有親見古文百篇而云爾者乎！」劉云：「十六篇逸。班云得多十六篇，確然可據。王充或得於傳聞，傳聞之與親見，固難並論，且不云安國獻之，而云武帝取視，此何據也！惟云『孝景時，魯共王壞孔子宅』，較漢志『武帝末』爲確。共王以孝景前三年丁亥徙王魯，二十七年薨。則薨當武帝元朔元年癸丑，武帝方即位十三年，安得云『武帝末』乎？且共王初好治宮室，季年好音，則壞宅廣宮，正初王魯之事，作『孝景時』爲是。」又云：「孔壁書出景帝初，而武帝天漢後安國始獻，遭巫蠱之難，倉卒未及施行，則相去六十餘年，而安國之壽必且高矣。及考孔子世家：「安國爲今皇帝博士，至臨淮太守，蚤卒。」則孔壁書出，安國固未生也。故僞序亦云「悉以書還孔氏」。予意書藏壁中不知幾何年，出壁外又幾何年，安國始以隸古字更寫之，則其錯亂摩滅，弗可復知，豈特汨作、九共諸篇已也！即安國所云可知者，二十五篇亦必字畫脱誤，文勢齟齬，而乃明白順易，無一字理會不得，又何怪吴氏、朱子及草廬輩切切然議之哉！」又云：「此作僞者知兩漢祕府有古文而無訓傳，今又並出訓傳，不得不遷就傳會其説以售其欺耳。孔子世家：『安國爲今皇帝博士，至臨淮太守，蚤卒。』史公親從安國遊，記其蚤卒應不誤。考漢兒寬傳：『寬以郡國選詣博士，受業孔安國。補廷尉文學卒史。時張湯爲廷尉。』據表，湯爲廷尉在武帝元朔三年乙卯，楚元王傳：『天漢後，孔安國獻古文書。遭巫蠱之難，未施行。』巫蠱難在武帝征和元年己丑，二年庚寅，相距凡三十五六年。漢制，擇民年十八以上儀狀端正者補博士弟子，則爲之師者，年又長於弟子。安國爲博士，即年最少如賈誼，亦應二十餘歲，越三十五六年而獻書，旋死，亦五十七八且望六矣，安得爲蚤卒乎？竊意或安國死後其家子孫獻之。後讀荀悦漢紀成帝紀云：『魯恭王壞孔子宅，得古文尚書，多十六篇。武帝時孔安國家獻之，會巫蠱事，未列於學官。』『安國』下多一『家』字，足補漢書之漏。而此序所謂『作傳畢，會國有巫蠱事』，出於安國口中，其僞不待辨矣！」又云：「百官公卿表：『武帝元狩五年，初置諫大夫。』儒林傳：『安國爲諫大夫，授都尉朝古文。』蓋置官後安國即爲之，何者？元狩五年癸亥，上距博士時乙卯凡九年，後又幾年至臨淮太守，遂卒，此安國之歷官也。爲博士二十餘，則諫大夫時年三十外，卒於郡太守應亦不滿四十，此安國之壽命也。博士秩比六百石，郡守秩二千石，由比六百石遷比八百石，由比八百石遷二千石，此安國之禄秩也。」